2016
中國僑聯年鑒

2016 Yearbook
All-China Federation of Returned Overseas Chinese

中国侨联年鉴编纂委员会　编

中國華僑出版社

图书在版编目（CIP）数据

2016中国侨联年鉴 / 中国侨联年鉴编纂委员会编著.
--北京：中国华侨出版社, 2016.8
ISBN 978-7-5113-6206-3

Ⅰ.①2… Ⅱ.①中… Ⅲ.①华侨组织—中国—2016—年鉴 Ⅳ.①634.1-54

中国版本图书馆CIP数据核字（2016）第189685号

● **2016中国侨联年鉴**

编　　著 /《中国侨联年鉴》编纂委员会
出 版 人 / 方　鸣
责任编辑 / 高文喆
装帧设计 / 中文天地
经　　销 / 新华书店
开　　本 / 889mm×1194mm　1/16　印张：44　字数：1100千字
印　　刷 / 北京鑫国彩印刷制版有限公司
版　　次 / 2016年10月第1版　2016年10月第1次印刷
书　　号 / ISBN 978-7-5113-6206-3
定　　价 / 450.00元

中国华侨出版社　北京市朝阳区静安里26号通成达大厦三层　邮编：100028
法律顾问：陈鹰律师事务所
编 辑 部：（010）64443056　64443979
发 行 部：（010）64443051　传真：（010）64439708
网　　址：www.oveaschin.com
E-mail：oveaschin@sina.com

《2016中国侨联年鉴》
编纂委员会

《2016中国侨联年鉴》
编辑人员

主　　　编： 张春旺

执行主编： 张秀明

编　　　辑： （以姓氏笔画排序）

王　祎　宁　一　乔印伟　巫秋玉　李　旭　李章鹏　李斌斌
张焕萍　罗　杨　胡修雷　娄正立　贾　源　高媛媛　密素敏
路　阳

特邀编辑： （以姓氏笔画排序）

丁　强　于　晖　马寅喜　王丽婷　王　鹏　牛海堂　方　红
方绪汇　邓冬子　叶文娟　刘先林　刘　勇　刘琳琳　刘衡清
齐永荣　安升存　孙　徽　运　伟　李开华　李　鸣　李晓霞
吴贵云　吴　琼　宋汶洮　张志龙　张　倩　陈苏琤　林　涛
罗士周　罗孔富　郑　慧　赵若晨　查　军　祝顺祥　姚　莉
格桑云丹　钱建忠　徐俊秀　高文喆　高庆国　高　慧　康利军
谢　江　蔺　轩　廖生力　魏　锐

编 辑 说 明

一、2016 卷力求全面、系统、客观、公正地记载自 2015 年 1 月 1 日至 12 月 31 日期间各级侨联工作取得的成就、经验和发展的新趋势、新动向，为各级侨联沟通信息、交流经验开辟渠道，为社会各界了解侨联工作开辟窗口。

二、2016 卷采用编纂年鉴通用的分类编辑法，主体内容分为类目、分目、条目三个层次。类目为大单元，其下设置若干个分目。分目下设条目，条目为年鉴的基本单位和主要内容载体。

三、根据中国侨联的工作性质和机构特点，本卷年鉴共设类目 8 个。各类目刊载的内容为：

1.“特载”，收录党和国家领导人公开发表的关于侨联工作和侨务工作的重要讲话和指示。

2.“中国侨联领导讲话”，收录会领导的有关讲话。

3.“大事记”，收录重要文件、2015 年会议活动等内容。

4.“综合”，围绕服务经济发展、依法维护侨益、拓展海外联谊、参政议政、弘扬中华文化、参与社会建设等职能，收录中国侨联机关各部门的工作情况。

5.“中国侨联直属企事业及社会团体工作”，收录中国侨联直属企事业单位及中国侨联所属各社会团体的主要工作。

6.“省级侨联工作”，收录各省级侨联和部分地市（含以下）侨联工作情况。

7.“侨情概览”，分地区概述 2015 年世界华侨华人总体状况，收录 2015 年海内外侨界发生的有影响力的大事、要事等。

8.“附录”，收录中国侨联第九届委员会最新名单及省、地市（含以下）侨联通讯录等内容。

四、本卷年鉴由各省级地方侨联，新疆生产建设兵团侨联，中央直属机关侨联，中央国家机关侨联，中央企业侨联，中国侨联机关各部门、直属企事业单位和社会团体提供稿件，稿件均经编委（各单位负责人）审阅。

五、《中国侨联年鉴》由中国侨联办公厅、中国华侨华人历史研究所主办，《中国侨联年鉴》编辑部编辑，中国华侨出版社出版。

1 月 21 日，中共中央政治局委员、国家副主席李源潮出席中国侨联九届二次全委会并讲话

2 月 12 日，林军主席在人民网发表新年祝词，向广大归侨侨眷和海外侨胞拜年

3 月底—5 月初，林军主席（前排左二）率调研组赴浙江、广东、福建等地调研侨联改革

5 月 10 日，林军主席率团在葡萄牙出席侨胞座谈会听取意见建议

8 月 11 日，林军主席（左五）为“亲情中华”纪念中国人民抗日战争暨世界反法西斯战争胜利 70 周年在香港的演出揭幕

8 月 12 日，林军主席（右七）出席澳门侨界纪念中国人民抗日战争暨世界反法西斯战争胜利 70 周年图片展开幕式

8 月 13 日，林军主席（左四）出席由中国侨联与香港侨界社团联会在香港联合举办的“一带一路”专题讲座

1 月 29 日，董中原副主席（前排左二）看望慰问南侨机工张修隆（前排中间）

12 月 29 日，党组副书记、副主席、直属机关党委书记董中原（右三）主持召开中国侨联机关党风廉政建设联席会议

5 月 13 日，李卓彬副主席参观第十八届中国北京国际科技产业博览会，听取华商企业介绍产品

8 月 26 日，李卓彬副主席在意大利米兰出席 2015“一带一路”中国品牌世博行活动

6 月 14 日，乔卫副主席出席两岸侨联和平发展论坛并致辞

8 月 19 日，乔卫副主席（前排右二）调研山东烟台开源社区侨联工作

2 月 13 日，康晓萍副主席（左二）在江西九江走访慰问困难归侨侨眷

8 月 31 日，东亚・东南亚华侨华人经济峰会在韩国首尔召开，康晓萍副主席致辞

中国侨联年鉴 2016

目录

CONTENTS

特　载

中国侨联领导讲话

大事记

综　合

中国侨联直属企事业及社会团体工作

省级侨联工作

侨情概览

附 录

中国侨联年鉴

特　载

中国侨联年鉴

2016 中国侨联年鉴

坚持中国特色社会主义发展方向 团结广大侨胞为实现中国梦作贡献

——在中国侨联九届二次全委会上的讲话

（2015年1月21日）

李源潮

中国侨联召开九届二次全委会，贯彻党中央要求和习近平总书记系列重要讲话精神，部署2015年工作。上午传达了刘云山同志主持中央书记处会议对侨联工作的重要讲话，我们要很好地学习贯彻。林军同志上午作了工作报告，刚才6位代表的发言讲得都很好，听了很受启发。

过去一年，在以习近平同志为总书记的党中央坚强领导下，中国侨联和各级侨联组织认真学习贯彻中央关于加强和改进新形势下侨联工作的意见（中办发〔2014〕20号文件），深入落实侨联“九代会”精神，团结发挥广大侨胞独特作用，为推动党和国家事业作出了积极贡献。**一是**认真学习贯彻习近平总书记系列重要讲话精神，引领广大侨胞为实现中华民族伟大复兴的中国梦团结奋斗。举办专题学习班，开展征文活动，组织法律知识竞赛，深化中国特色社会主义和中国梦宣传教育。**二是**加大引资、引智、引技力度，服务经济发展很有成效。主办侨界聚焦上海自贸区活动，与14个省区市政府合作开展招商引资，举办了首届新侨创新创业成果展。**三是**立足侨界实际培育社会主义核心价值观，弘扬中华优秀传统文化。发布《侨界文明公约》，深入开展“亲情中华”活动，合作举办“亲情中华·汉语桥”，大力宣传“嘉庚精神”、“侨界十杰”先进事迹，中国华侨历史博物馆成为爱国主义教育新阵地。**四是**在维护侨胞权益、帮扶困难群众方面办了不少好事实事。推广维权机制化建设“涵江经验”，持续推进健康光明行活动、侨爱心工程，筹划广西北海侨港镇扶贫项目。**五是**加强与周边国家侨社联系，配合做好香港反“占中”等工作，为维护国家和民族利益作出了积极努力。**六是**加强组织建设和工作覆盖，改进工作作风，各级侨联凝聚力、影响力进一步提升。推动15个省区市出台了贯彻中办20号文件、加强侨联工作的实施意见。年初，中央书记处听取中国侨联党组工作汇报，对2014年侨联工作给予充分肯定。

党中央最近下发《关于加强和改进党的群团工作的意见》（中发〔2015〕4号文件），对加强党的领导、推动群团工作改革创新作出全面部署。中央指出，新形势下党的群团工作更为重要和紧迫，只能加强、不能削弱，只能改进提高、不能停滞不前。文件的核心是要坚定不移走中国特色社会主义群团发展道路，这条道路主要内容是“六个坚持”：坚持党对群团工作的统一领导，坚持发挥桥梁和纽带作用，坚持围绕中心、服务大局，坚持服务群众的工作生命线，坚持与时俱进、改革创新，坚持依法依章程独立自主开展工作。习近平总书记强调，各级党委党组、各群团组织要认真学习贯彻好文件精神，结合实际制订实施方案，确保中央决策落地生根。今年中央将召开党的群团工作会议，推动贯彻落实文件精神。各级侨联要把贯彻落实中央4号文件与落实中办20号文件结合起来，作为今年第一件大事切实抓紧抓好。

关于2015年侨联工作，中央书记处明确要求：高举中国特色社会主义伟大旗帜，全面贯彻党的十八大和十八届三中、四中全会精神，贯彻习近平总书记系列重要讲话精神，贯彻中央群团工作意见和侨联工作意见，坚定不移走中国特色社会主义群团发展道路，牢牢把握时代主题，充分发挥独特优势，积极拓展海外工作、拓展新侨工作，进一步调动广大归侨侨眷和海外侨胞的积极性，为全面建成小康社会、全面深化改革、全面依法治国、全面从严治党作出更大贡献。下面，我就贯彻中央要求、做好侨联工作讲几点意见，供大家讨论。

一、深入贯彻中央关于加强和改进党的群团工作与加强和改进新形势下侨联工作的两个文件精神，坚持中国特色社会主义群团发展方向

在不到一年的时间里，中央接连下发了《关于加强和改进党的群团工作的意见》与《关于加强和改进新形势下侨联工作的意见》两个文件。这两个文件为侨联今后一个时期的活动与发展规定了明确的前进方向。坚持正确方向是人民团体健康发展的根本保证。对侨联来说，这个方向就是坚定不移地走中国特色社会主义群团发展道路，发挥侨界组织的特点和优势，围绕党和国家大局，引导广大侨胞坚定不移跟党走，为实现中国梦团结奋斗。党的十八大以来，中央关于全面建成小康社会、全面深化改革、全面依法治国、全面从严治党的部署，以及经济发展新常态下的各项安排，是当前全党全国工作的大局。习近平总书记系列重要讲话对这些重大决策部署作了集中论述。各级侨联要认真学习领会习近平总书记系列重要讲话精神和中央两个文件，把握党和国家大局，坚持侨联工作正确方向。**一是**联系侨联事业长期发展的实际，深刻领会中国特色社会主义群团发展道路，增强道路自信、理论自信、制度自信。**二是**联系侨界群众的独特作用，深刻认识侨联在“四个全面”中的责任，找准服务大局的切入点。**三是**联系海内外侨情变化的新特点、新要求，深刻认识推进“两个拓展”的紧迫性，加大侨联工作改革创新力度。**四是**联系党凝聚侨心的历史经验和现实需要，深刻领会从严治党、改进作风的新要求，切实加强自身建设，树立良好群众作风。在抓好侨联系统自身学习的同时，要面向侨界群众组织好习近平总书记系列重要讲话精神和中央两个文件的学习宣传，引导广大侨胞更好理解认同中国特色社会主义道路，大力弘扬中华优秀传统文化，团结一心为实现中国梦努力奋斗。

二、适应国内国际两个大局发展需要，充分发挥广大侨胞的独特作用

归侨侨眷和海外侨胞是中国改革开放和现代化建设的独特资源。在经济发展新常态下，在全面深化改革、扩大开放的进程中，祖国更加需要广大侨胞的独特力量，也为侨胞干事创业提供了更多新的机遇。侨联要紧紧围绕大局需要，引导广大侨胞与祖国人民同奋斗、同发展。**一是围绕经济转型升级激励广大侨胞创业创新。**经济发展新常态下，新技术、新产品、新业态、新商业模式不断涌现，个性化、多样化消费逐渐成为主流。侨商侨资反应敏锐，不少企业已经从制造业、房地产、矿产、商贸等传统领域转向现代商业、服务业、物流、文化产业、旅游休闲等新领域。“海归”新侨创办的中小企业在高新技术领域非常活跃。浙江“海归”创办企业自2009年以来年均增长24%。进军新领域会遇到许多新情况、新问题，侨联组织应该积极协调帮助解决，激发侨界创业创新活力。**二是围绕高水平引进来、大规模走出去，更好发挥侨胞牵线搭桥独特作用。**高水平引进来、大规模走出去，是新常态的一个重要特征。侨联以侨引资、引智、引技做得很好，今后要按照高水平引进的要求，在引进技术水平高、经济效益好、节能环保的项目上多下功夫。特别应注意的是，为走出去服务是一个更为重要的新领域。中国对外直接投资快速增长，2013年达901.7亿美元，2014年达1029亿美元，已经成为资本净输出国。中小企业在海外投资中日益活跃。2014年第四季度，非国有企业并购宗数约占3/4，10亿美元以下的中小额交易大幅增加。能源矿产、不动产、TMT高新产业这些海外并购的重点，也是侨商比较擅长的领域。希望侨联在服务引资的同时，更加重视服务海外投资，发挥好侨商网络的独特作用。**三是围绕推动全面深化改革，动员侨胞献计出力。**在

全面深化改革进程中，许多政策措施来自于侨胞的建议，对侨胞利好的消息也不断传来。《侨情专报》反映了侨界参与改革的热忱和智慧。侨胞了解世界见识广，提出的建议有见地、有可行性。希望侨联认真听取侨界各方面人士对改革的意见建议，同时做好改革政策的解读，凝聚侨界改革共识，一起为改革想招出力。**四是围绕促进民族团结和祖国统一大业，发挥侨胞的聚合作用**。民族团结、祖国统一是海内外中华儿女的共同愿望，中华文化是凝聚海内外侨胞的精神纽带。希望侨联以培育和践行社会主义核心价值观为基础，深入开展“亲情中华”活动，大力宣传“嘉庚精神”和侨界爱国爱乡的杰出代表，引导广大侨胞弘扬中华优秀文化和传统美德，共同维护中华民族大团结。**五是配合国家总体外交，发挥侨胞促进和平友好的民间使者作用**。现在中国与世界的互联互动日益密切，实施“一带一路”战略既需要利益纽带，也需要民意基础。中央外事工作会议对发挥民间外交作用、开创外交新局面作出新的部署。希望侨联按照中央和平发展合作共赢的外交方针，充分发挥广大侨胞民间使者作用，推动互利合作，讲好中国故事，传播中国好声音，为促进中国与世界各国人民的长期友好贡献力量。

三、把握侨情新变化、新特点，加快推进“两个拓展”

“两个拓展”是党中央对侨联九代会祝词、中办20号文件明确的新形势下改革发展侨联工作的战略方针，中央4号文件再次强调。侨联系统坚持“两个并重”，在“两个拓展”上做了不少工作，还要开阔眼界、开阔思路、开阔胸襟，加大力度、加紧推进。**一是加强侨情调查研究**。中国现在是世界第4大移民输出国，改革开放以来移民海外的中国人超过900万。新移民与老华侨有很大不同，各自生活工作状况也差异很大，对祖国对党的感情也不完全一样。另外，华侨二、三代在当地融入深、影响大，是增进中外友谊的新的有生力量，他们的情况也复杂多样。这些都是总体印象，具体每个群体的分布特点、发展状况、思想倾向，目前掌握得还不够。落实“两个拓展”必须有的放矢，希望你们加强调查研究，把工作和政策建立在科学可行的基础上。**二是加强与海外侨团侨领的联系合作**。海外华侨遍布五大洲近200个国家和地区，全球华侨华人社团有2万多个。拓展海外工作关键要有可依靠的人、可依托的组织。现在中国侨联海外顾问、海外委员和海外青年委员大约有1000人，如果能进一步联系1万个侨领尤其是青年骨干，工作基础就会大大加强。在2万个华侨华人社团中，如果能与1万个社团建立不同层次的联系，就有了很好的组织基础。这种联系，要以人为本，以中华文化为纽带。除了来往联谊、文化交流，还可以与侨团合作，让我们的对外投资、对外援助项目能够支持侨胞发展，形成一个比较稳固的联系网络，成为祖国联系服务海外侨胞的桥梁与纽带，成为中国人民与世界人民友好的桥梁与纽带。**三是加强对新侨骨干和社团的联系服务**。近年来，在国家“千人计划”带动下，形成了海外留学人才回国创新创业的热潮。目前“千人计划”引进专家4100多人，“海归”人员超过100万，2013年就回来35万。这个群体是侨联工作新的对象，也是主要对象之一，有的地方已经探索开展这方面工作。上海侨联在商业楼宇、高新园区、社区开办新侨驿站，为新侨学习、娱乐、联谊、创业对接提供平台。与老归侨相比，新侨的需求有很大变化，精神方面的需求更为突出。一些“海归”人员自己成立联谊会、专业协会、创业俱乐部，相互帮助、相互交流，也很需要引导、支持和服务。希望侨联组织抓早抓小，加强对新侨骨干和社团的联系服务，要不然在新侨工作上就可能会被边缘化。**四是加强侨联工作信息网络建设**。侨胞遍布全球，流动频繁，直接面对面做工作总是有限的，在互联网上面对面做工作空间无限。希望侨联加快信息化步伐，建设好网上工作平台，及时为华侨华人传递真实信息，深入介绍祖国真实情况，全面反映华侨华人心声，传播网上正能量，形成与侨团联络网双网互动、全面覆盖的良好格局。

四、持续改进作风，更好服务广大侨胞

联系服务侨胞是侨联组织的基本职责，群众作风是侨联组织最应有的作风。习近平总书记特别强调，群团组织要防止机关化等脱离群众的倾向。希望各级侨联持续改进作风，把以人为本、

为侨服务落到实处。**一是依法维护侨界群众合法权益。**全面推进依法治国是国家治理方式的重大变革，侨联维权工作也要进一步树立法治思维，善于运用法律手段。浙江文成县侨联与县法院沟通推行特邀海外调解员制度，以远程视频确认和特邀海外调解员现场确认方式，审理涉侨民商事案件，提高了审判的效率和质量。在立法、执法、司法各个环节，侨联组织在依法维护侨益上都可以发挥积极作用。**二是继续做好帮扶困难归侨侨眷的实事。**许多人说，出国之后更爱国。因为国外的遭遇让你懂得感激国家、热爱国家。归侨回国后，大多数人生活发展很好，但也有少数人面临特殊困难。侨联一直坚持开展送温暖工作，还要创新思路，努力争取更多政策项目扶持，用好侨界爱心力量，引导归难侨创业致富，从根本上解决问题，乘上改革发展的快车。**三是落实从严治党，持续改进作风。**希望侨联组织加强党的建设，巩固和用好群众路线教育实践活动成果，建立完善联系群众制度，切实防止机关化。希望中国侨联全委会委员和各级侨联干部带头树立群众作风，经常深入基层、深入侨胞，知侨情、连侨心、解侨忧，更好团结凝聚广大侨胞为实现中国梦共同奋斗。

各级党委要关心重视侨联工作，加强组织领导和统筹协调，及时帮助解决各种困难和问题，为侨联工作顺利开展提供有力保障。

认真贯彻落实中央党的群团工作会议精神 大力推进侨联工作改革创新

——在中国侨联九届四次常委会上的讲话

（2015年7月27日）

李源潮

中国侨联召开九届四次常委会，主要是学习贯彻中央党的群团工作会议精神。刚才，林军同志作了全面传达。习近平总书记在会上的重要讲话阐明了党的群团工作的一系列重要理论和现实问题，具有很强的战略性、思想性、针对性，是做好新形势下党的群团工作的纲领性文件。刘云山同志提出了“提高认识、明确责任、抓好落实”的要求，我们要很好贯彻。下面，我就学习贯彻中央党的群团工作会议精神、推进侨联工作改革创新，谈几点意见。

第一，深入学习领会习近平总书记重要讲话精神，把握新形势下群团工作的行动指南。习近平总书记的重要讲话统揽全党全国工作大局，从理论和实践上指明了党的群团工作的发展方向，各级侨联组织和广大侨联干部要深入学习领会，把握精神实质。总书记在群团会上的讲话内容很丰富，侨联作为人民团体要重点理解领会以下几方面：**一要**充分认识群团组织在党的群众工作“众星拱月”格局中所处的重要地位，增强做好侨联工作的责任感、使命感，当好党联系广大侨界群众的桥梁和纽带。**二要**牢牢把握群团组织的正确方向，坚持走中国特色社会主义群团发展道路，自觉接受中国共产党的领导，坚持为中国梦奋斗的时代主题，坚持为侨服务的组织生命线。**三要**深刻认识新形势下加强和改进党的群团工作最重要的是保持和增强政治性、先进性、群众性，引领广大归侨侨眷听党话、跟党走，团结凝聚广大归侨侨眷和海外侨胞为推进祖国现代化建设、促进祖国和平统一、弘扬中华文化、增进中外友好作出独特贡献。**四要**清醒认识和自觉克服群团组织脱离群众的现象，下大气力解决“四化”等脱离群众的突出问题，坚持群众路线，改进工作作风，满腔热情做好服务侨界群众工作。**五要**深刻认识推进群团工作改革的紧迫性，紧紧围绕“两个拓展”的目标要求，加快侨联工作和侨联组织自我革新的步伐。当前，要在全国侨联系统深入开展中央党的群团工作会议精神的学习宣传，引导广大侨联干部深刻领会习近平总书记重要讲话精神，联系实际，统一思想，提高认识，自觉贯彻落实到侨联的各项工作中去。

第二，坚持正确方向，坚定不移走党指引的中国特色社会主义群团发展道路。方向问题是一个组织发展最重要的问题。习近平总书记指出，“坚持党的领导是做好党的群团工作的根本保证，是必须坚持的正确方向”。“做好群团工作必须毫不动摇坚持中国特色社会主义群团发展道路”。侨联工作把正方向，就是要毫不动摇地走党指引的中国特色社会主义群团发展道路，全面把握、切实贯彻“六个坚持”和“三统一”的基本要求，在实际工作中把自觉接受党的领导、团结服务侨界群众、依法依章程开展工作有机统一起来。在党的领导下为振兴中华共同奋斗，是广大侨胞历史和现实的自觉选择。中国侨联是党领导的人民团体，要始终把自己置于党中央的领导下，在思想上政治上行动上同以习近平同志为总书记的党中央保持高度一致，坚决贯彻党中央的指示要求，高举爱国主义和中国特色社会主义伟大旗帜，引导动员广大海内外侨胞为共圆中国梦贡献力量。

第三，切实保持和增强侨联工作的政治性和侨联组织的先进性、群众性。习近平总书记鲜明提出并深刻论述了保持和增强群团工作的政治性和群团组织的先进性、群众性这一重要思想，明确了新形势下加强和改进党的群团工作的基本原则和现实任务。我们要按照保持和增强“三性”的目标要求，切实加强和改进侨联工作。**一要**切实保持和增强侨联工作的政治性。广大归侨侨眷是我们党执政的重要社会基础，广大海外侨胞是支持我国现代化建设的重要力量。能不能把广大归侨侨眷和海外侨胞团结联系在党的周围，是衡量侨联工作做得好不好的首要政治标准。各级侨联要加强与归侨侨眷和海外侨胞的联系，切实承担起为党凝聚侨心侨力的政治任务。去年以来你们与海外侨社合作，在港澳地区、东南亚和欧洲等国举办“血写的历史”——日本军国主义罪行图片巡展，对激发侨胞的爱国热情、宣传中国和平发展理念，起到了很好的作用。**二要**切实保持和增强侨联组织的先进性。中国革命、建设和改革开放的历史成就，包含着广大侨胞不可替代的独特贡献，侨联在其中发挥了重要的组织动员作用，这是侨联组织先进性的鲜明体现。明年是中国侨联成立 60 周年。希望各级侨联认真总结历史经验，把握新形势下保持和增强先进性的要求，围绕实现中国梦的时代主题，引导广大侨胞在国家实施创新驱动发展、加快走出去步伐、推动“一带一路”建设等重大战略中发挥独特作用。**三要**切实保持和增强侨联组织的群众性。侨联是侨界群众自己的组织，各项工作和活动要以侨界群众为中心。目前的主要任务是扩大与侨界群众的联系面，重点是在“两个并重”的基础上积极拓展海外工作，拓展新侨工作。在海外侨胞中的影响如何、在新侨中的影响如何，这是侨联保持和增强群众性要解决的大问题。要积极探索多种方式，加强在海外和新侨中的组织联络工作。

第四，满腔热情为侨界群众服务，切实解决群团组织脱离群众的问题。以人为本、为侨服务是侨联的宗旨。从“侨爱心工程”“亲情中华”这样的品牌服务到为基层侨胞提供公证、出境、翻译填表等方面具体帮助，都受到了侨界群众的欢迎。当前，侨界群众情况复杂多样，老归侨的脱贫致富、新归侨就业创业、新侨在当地的融入发展、华裔新生代的华文教育，这些都需要侨联帮助做服务工作。《侨情专报》反映了很多新归侨创新创业面临的问题，既有给党和政府的建议，又有侨联的一些考虑，很好。希望各级侨联紧紧围绕侨界群众面临的实际困难，发挥组织优势、挖掘服务资源，实实在在地帮助侨界群众解决难题。要更加关注侨界困难群众，多做雪中送炭的事情。要抓住国家实施新一轮扶贫计划的机遇，集中力量解决一些困难归侨的突出问题，让他们搭上国家改革发展的快车。

保持与侨界群众的密切联系是侨联组织的生命之本。习近平总书记讲话中指出的在一些群团组织中的“机关化、行政化、贵族化、娱乐化”现象，在不同的群团组织和不同的层级有不同的表现，其实质都是脱离群众。群团组织脱离群众，就会成为无本之木，无源之水。希望你们抓住巩固和拓展党的群众路线教育实践活动成果、开展“三严三实”专题教育的时机，把“四化”等脱离群众现象作为“四风”和“不严不实”在群团工作中的具体表现，有针对性地开展思想教育、问题整改、体制创新，下大气力解决群团组织脱离群众的倾向。要建立侨联干部直接联系侨界群众的制度，经常了解归侨侨眷和海外侨胞的工作生活状况和需求，更有效地积极为他们搞好服务。

第五，顺应时代要求，积极推进侨联工作改革创新。这次中央党的群团工作会议也是群团工作改革的动员会。要按照习近平总书记“看准了的可以先改，方向对头但办法还不成熟的可以先试”的指示精神，按照十八大以来中央对侨联工作的决策部署，积极谋划推进侨联工作改革创新。**一是创新与海外侨团和新侨骨干的联系方式，落实“两个拓展”的要求。**“两个拓展”是中央对侨联工作的明确要求，也是侨联系统的共识。拓展，要有可靠的组织网络和工作骨干。现在海外华侨华人大概有6000万，侨团2万多个。中国侨联应该确立一个路线图，从与我们联系比较紧密的侨团侨社侨领开始，切实与这些侨团和侨胞建立直接联系，要加强经常性联系，逐步巩固扩大，形成一个能够直接联络、可以发挥作用的联系网。现在新归侨建组织的积极性很高，各级侨联要密切关注，给予帮助，用符合新侨特点的方式，把他们吸引到侨联的组织体系中来。**二是大力推进“网上侨联”工作。**习近平总书记对群团组织开展网上工作高度重视。侨联的服务对象遍及海内外，面对面的联系和服务机会较少，互联网应该是侨联开展对侨服务和联系工作成本较低、普及面较广的手段。听说你们这次要举行“侨联通”开通仪式，这是个很好的起点。你们已经开展的“互联网+智慧侨联”建设，要有更加广阔的胸怀和视野，加强与互联网企业的合作，广泛运用各种资源和力量。比如，“侨联之友”微信群，就是侨胞自发建起来的，侨联干部加入进去，一起交流，提供侨胞关心的信息，也设置一些话题，与数百个微信群同步互动，影响很大。要创新手段和方式，大力用网、占网、建网，在网上亮出侨联的旗帜，发出侨联的声音，积极建设网上华侨世界，更好联系服务广大侨胞。**三是认真谋划侨联组织机构自身改革。**习近平总书记在中央党的群团工作会议上提出了群团组织自身的改革问题，侨联也要深入调查研究，要以问题为导向，推进侨联的自我革新，要注意各级侨联机构的代表性，鼓励基层组织探索扩大兼职工作人员比例，吸纳更多力量参与侨联工作。这次侨联常委会议要研究出台中国侨联学习贯彻中央党的群团工作会议精神的《实施意见》，里面有很多改革的考虑。群团工作改革创新，要注重总结实践、顶层设计、试点探索、循序渐进，改什么、怎么改，侨联自己要主动研究谋划。大的改革举措要在中央深化改革领导小组的统一部署下积极稳妥推进。要加强调查研究，摸清要解决的问题，从实际出发提出改革的具体任务和措施，为中央的改革决策提供依据。侨联工作创新的空间很大，要按照总书记要求立足自身的职能定位、解决存在的突出问题去抓改革创新，不断开创侨联工作的新局面。

中央党的群团工作会议是群团事业发展的重大机遇。侨联要以贯彻落实会议精神为动力，坚定不移沿着党指引的中国特色社会主义群团发展道路前进，解放思想、改革创新、锐意进取、扎实苦干，更好团结动员广大归侨侨眷和海外侨胞，在实现“两个一百年”奋斗目标和中华民族伟大复兴中国梦的进程中作出新的历史贡献！

到中国侨联看望干部职工时的讲话

（2015年12月24日）

李源潮

今天来中国侨联，主要是看望大家，检查工作，听取意见。先去了华侨华人历史研究所、华侨公益基金会，然后参观了华侨历史博物馆。刚才林军同志作了全面汇报，中原同志作了发言，黄军军同志也提了很好的意见，听了很受启发。

一年来，中国侨联坚决迅速贯彻落实党中央决策部署，积极推进“两个拓展”，凝聚侨界群众为实现中国梦奋斗，做了大量富有成效的工作。**一是**带头并抓好全系统学习贯彻中央4号文件和中央党的群团工作会议精神特别是习近平总书记重要讲话精神。召开侨联常委会、侨联机关务虚会、省级侨联主要负责人会议、侨界人大代表政协委员座谈会，编印百题思考辅导读本。**二是**认真落实中央党的群团工作决策部署，特别是中央提出的加大“两个拓展”力度。出台了中国侨联贯彻中央精神实施方案，推动30个省区市下发了加强侨联工作的实施意见。“网上侨联”建设初见成效，“侨联通”覆盖到市一级。**三是**落实中央纪念抗战胜利70周年活动部署，在20多个国家举办日本军国主义罪行图片展，组织2000多名海外青年侨胞参观抗战遗址。**四是**在国家“一带一路”和“大众创业、万众创新”等重大任务中发挥侨界优势。到土耳其、德国举办投资交流会，在印尼世界华商大会上举办华商峰会，在贵州举办海外青年创新创业大会，在香港举办中国经济形势展望报告会。**五是**坚持以人为本、为侨服务，积极推动解决侨胞反映的突出问题。你们调研反映的新疆籍侨胞出入境问题、海外侨胞回国后的证件问题，俞正声同志、郭声琨同志作出重要批示。**六是**扎实开展“三严三实”专题教育活动，领导班子带头深入查摆，机关作风建设得到新的加强。对中国侨联今年的工作要给予充分肯定。这些工作成绩和中国侨联党组带领全机关同志努力奋斗，和在座老同志的支持是分不开的。在此我向中国侨联机关的干部职工，也向侨联的各位老同志表示衷心的感谢和问候！

明年是“十三五”开局之年，也是侨联工作改革创新的关键一年。刚才林军同志谈了明年侨联工作的打算，我都赞成。侨联工作要放在党和国家工作大局中，放在“四个全面”的战略布局中来谋划、来考虑，有所作为、有所发展、有所创新。这里，我讲几点意见。

第一，认真学习贯彻党中央重大决策部署，引领广大侨胞在完成全面建成小康社会决胜阶段战略任务中发挥独特作用。凝聚侨心侨力、服务党和国家大局，是侨联工作第一位的要求。党的十八届五中全会对全面建成小康社会决胜阶段的目标任务作出部署，中央扶贫开发工作会议、中央经济工作会议、中央城市工作会议进一步提出明确措施。希望大家认真学习研究党中央重要决策部署，把握党和国家大局的新要求，找准侨联工作服务大局的着力点。**一是**要引领归侨侨眷和海外侨胞在全面建成小康社会中发挥独特作用，特别要在新的开放发展理念上有所作为。我国的改革开放进入到新的阶段，要求我们既要“引进来”，也要“走出去”。“引进来”不仅要引资引技，还要引才引智。引进留学人才是拓展新侨工作的一个重要方面，是服务大局和开放发展新阶段的需要。“走出去”目前也进入更高的形态，过去走出去的主要是商品，现在不光是商品和产品，还有中国的资本。去年和今年中国对海外投资都超过1000亿美元。“引进来”和“走出去”，表面上看是资本和产品的流动，实际上是人的活动。华侨华人是否积极参与其中，结果就很不同。侨联要积极响应开放发展的新理念，鼓励归侨侨眷和海外侨胞抓住改革开放发展的新机遇，积极创新创业发挥作用。**二是**抓住中央打脱贫攻坚战的机遇，很好解决困难归侨脱贫和发展问题。过去几次大的归侨浪潮，往往是在国外受到排挤、受到迫害、受到驱逐归国的，祖国给了他们巨大的关怀，帮助他们安家、立足，有一个比较稳定的生活，侨联在其中功不可没。但也要看到，这些年来有的归侨生活还比较贫困，你们统计贫困线以下有40万人，他们是国家扶贫脱贫的对象。除此之外，还有不少归侨虽然不算贫困人口，但由于发展落伍了，也处于相对贫困的状态，比如广西北海侨港镇的归侨。中央部署要在2020年前实现7000万农村贫困人口全部脱贫，这是一次难得的机遇。希望你们抓住时机，推动国家有关部门和各方面的力量，使这个群体乘上国家改革开放的大船，得到共享发展的红利。中国侨联要把归侨的脱贫工作深入地、具体地、扎实地、坚决地抓好，打好这场脱贫攻坚战。要针对归侨的特殊性，抓紧调查研究，具体到人、具体到户，依靠并积极推动地方党委、政府出台针对困难归侨的特殊帮扶政策，盯紧政策的落实，确保到2020年实现40万贫困线以下的和相对贫困的归侨全部精准脱贫。**三是**深刻认识中国经济社会发展的新形势、新挑战，引导广大侨胞坚定对党和国家的信心，积极维护侨胞权益，维护社会稳定，维护良好外部环境。中国越来越走进世界舞台的中心，国际地位和影响显著提升，但对中国的不同的看法和争议也越来越多。和平是我们第一位的外交目标，是我们所有对外政策的基石，侨联在促进和平方面大有可为。希望中国侨联密切联系华人华侨，引导广大侨胞坚定对党和国家的信心，对外讲好中国故事，传播好中国声音，与住在国民众建立良好关系，做中国人民和世界人民友好的桥梁。

第二，认真落实中央群团工作决策部署，紧扣“两个拓展”推进侨联组织和侨联工作改革创新。这些年，中国侨联认真落实中央“两个拓展”的要求，改革创新迈出很大步伐。明年要认真落实中央群团工作决策部署，进一步推进改革创新。中国已成为世界第二大经济体，连续多年增长规模世界第一，占世界增长总份额里的第一位，与10年前、20年前、改革开放之前相比，中国和世界关系发生了很大的变化。当年毛主席说，中国要对人类有较大的贡献。现在这已经成为现实，中国的发展进入一个新的阶段。侨联围绕中心、服务大局也要进入一个新的阶段，要面对新的对象和新的工作方式，适应“两个拓展”的新要求。侨联过去的工作对象主要是归侨侨眷，现在增加了新归侨和海外华侨华人。与侨胞的联系方式也与过去有很大不同了。推动侨联组织和工作的革新，就要把新的工作对象联系起来，用新的思路联系起来，用新的方法联系起来。中央要求侨联要做党和政府联系华侨华人的桥梁和纽带，现在迫切的需要就是和他们联系起来。只有和他们联系起来，才能把归侨侨眷与党和政府很好地联系起来，才能把广大华侨华人与祖国故乡联系起来。

联系起来不是一般性联系，而是要真的联系、实的联系、具体的联系，联系到具体的组织、联系到具体的个人，要用网络联、用信息联、用服务联、用活动联，侨联要有一张大表，织一张大网。这种联络网很重要，如果没有，工作就无从下手。前几天我会见阿联酋王储时说中国有20万华侨华人在阿联酋，而他说据阿联酋统计有40万。光阿联酋就有40万侨胞，全世界有多少？这些人都靠政府联系起来，有诸多不方便。侨联是民间的联系渠道，是一种亲情、语言、文化联系的渠道，联系起来为侨胞们服务，也让他们为祖国发展发挥作用，为中国人和世界人民友好发挥作用，为树立中国良好形象发挥作用。而发挥作用的前提，就是要联系起来。

侨联在“两个拓展”上做了很多工作，对海外顾问、委员、青年委员的联系加强了，大概有千把人。“侨联通”已经与120多个国家500多个侨团建立了联系，注册用户10万多人。这是很好的开端，但还远远不够。10万多人和6000多万相比，直接联系的不到1%，差距还比较大。过去群团工作干部“一呼百应”，现在能不能做到“一机（手机）百联”？国内4000多专职侨联干部，每人联系100个贫困归侨，就能把40

万贫困归侨全部联系上。下一点真功夫，切实地联系起来，这是最简单的事情，也是最难的事情。侨联首先要尽可能扩大联系覆盖面，再做具体的服务工作、引导工作、影响工作。

第三，按照全面从严治党的战略部署加强侨联机关思想作风建设，切实解决机关化、行政化等脱离群众问题。中国侨联机关是代表党和政府做侨界群众工作的，要巩固群众路线教育实践活动和“三严三实”专题教育活动的成果，把全面从严治党的要求全面落实到机关干部思想作风建设中。**一要**坚定政治立场，严格遵守党的政治纪律和政治规矩，始终同以习近平同志为总书记的党中央保持高度一致。**二要**加强理论政策学习，善于把党中央的要求、国家的政策化成侨界群众特别是海外侨胞能听得懂、愿意听的语言，有效地吸引、凝聚、引导广大侨胞。**三要**强化群众观念，要经常到基层去，与普通侨界群众交朋友。中国侨联的干部可以比一比，看谁先交到 100 位朋友。总书记说，过去群团工作干部都是一呼百应，现在一名群团干部能不能叫得动 100 人？这是时代的考验，也是搞群众工作的考验。现在我们的群众工作有一条经验，群团跟着党走，群众跟着群团走，就等于群团带领广大群众跟党走，这就是具体的模式。所以，机关干部要多交群众朋友，直接与侨界群众交朋友。明年中央还将部署“两学一做”活动，希望侨联按照要求搞好自己的活动，做好机关建设和各级侨联组织建设。

前面我讲了三个全面的落实，还有一个全面，即全面依法治国。侨联要加强法律意识，依法规范侨联工作，依法做好为侨服务。比如，通过各方的反映，包括侨联《侨情专报》的反映，现在国家在新侨中已经开始实行居住证制度。过去一些已经取得外国国籍的留学人员，回来后必须放弃在国外取得的绿卡和国籍才能在国内落户或享受公共服务。现在有了居住证，留学人员和新华人到中国工作生活就便利了许多，这就依法为侨服务的好事情。

明年是“十三五”起步年，也是侨联工作改革年。希望你们抓好各项任务落实，努力取得让党中央满意、让广大侨胞满意的发展成效，推动侨联事业迈上新台阶。

中国侨联年鉴

中国侨联领导讲话

中国侨联年鉴

2016 中国侨联年鉴

在中国侨联九届二次全委会议上的工作报告

（2015年1月21日）

林　军

各位委员，各位顾问，同志们：

现在，我代表中国侨联九届常委会作工作报告，请予审议。

一、2014年主要工作

2014年是我国全面深化改革的第一年，也是中国侨联贯彻落实“九代会”精神的开局之年。3月，中央办公厅印发《关于加强和改进新形势下侨联工作的意见》（以下简称中央《意见》），对推进和拓展侨联工作、动员广大归侨侨眷和海外侨胞为实现中华民族伟大复兴的中国梦作贡献具有重要意义。我们紧紧围绕党和国家的工作大局，坚持国内海外工作并重，老侨新侨工作并重，积极拓展海外工作，积极拓展新侨工作，服务经济发展、依法维护侨益、拓展海外联谊、有序参政议政、弘扬中华文化、参与社会建设，充分调动广大归侨侨眷和海外侨胞积极性，为全面建成小康社会积极贡献力量。一年来，我们主要做了以下几方面工作：

（一）深入学习贯彻宣传党的十八届三中、四中全会精神和习近平总书记系列重要讲话精神，把握正确政治方向。我们按照中央统一部署，把深入学习贯彻党的十八届三中、四中全会精神和习近平总书记系列重要讲话精神作为重要的政治任务抓实抓好。党组同志亲自抓、带头学、作表率，对机关和全系统学习提出明确要求。通过举办专题学习班，编印习近平同志系列重要讲话资料、习近平同志侨务工作论述摘编，开展“中国梦”征文活动，举办系列讲座和庆祝新中国成立65周年摄影书画展，组织观看教育影片等，强化学习效果。注重理论联系实际，将学习与教育实践活动相结合，与中国特色社会主义和中国梦宣传教育相结合，与培育践行社会主义核心价值观相结合，与推动落实中央《意见》和中央对侨联工作指示精神相结合，与贯彻“九代会”精神相结合，引导侨联广大党员干部不断深化理解，把讲话精神贯彻到侨联工作各方面，牢牢把握侨联工作的正确政治方向。各级侨联根据侨界群众特点，利用会议、论坛、调研、走访慰问等形式，通过侨联网站、短信微信平台、侨刊乡讯等载体，采取学习培训、集中宣讲、展览展示等方式，扩大学习宣传覆盖面，不断增强侨联干部和侨界群众的道路自信、理论自信、制度自信，把学习宣传活动引向深入。

（二）积极推动中央《意见》贯彻落实，努力营造党委高度重视、侨联主动作为、各方大力支持的生动局面。中央《意见》是党中央为加强和改进新形势下侨联工作而制定的重要文件，在侨联事业发展史上具有里程碑意义。我们认真学习、深刻领会，广泛宣传、推动落实，努力营造有利于侨联事业发展的生动局面。**一是**认真组织学习宣传。迅速召开全国各省区市和副省级城市侨联负责人工作会议，深刻领会中央精神，部署推动落实的具体措施。组织力量编写印发《中央〈意见〉学习问答》辅导读本，中国侨联领导先后到十多个省区市侨联举办的工作会议或培训班上进行宣讲。地方党委主要领导或分管侨联工作的领导纷纷作出批示，要求抓好中央《意见》的学习宣传和贯彻落实。**二是**多种形式推动落实。

认真分析当前工作中存在的主要问题，提出贯彻落实中央《意见》的具体措施；在4地分片召开省区市和副省级城市侨联调研座谈会，进行交流和督查；推广中央国家机关侨联深入各部委局开展侨情调研、浙江省侨联做好新侨工作、广东省侨联率先开展督查调研工作的典型经验；采取实地走访和问卷调查形式，对全国侨联特别是藏区侨联组织建设情况进行调研；督促各地侨联积极向党委建言，争取尽快出台实施意见。截至12月底，共有15个省区市和4个副省级城市党委出台了实施意见，地市级党委也陆续出台实施意见。**三是**力求务实解决问题。各地新增侨联组织174个，13个省区市侨联调整加强了班子或增加了机构、编制、经费等，许多地方侨联的办公条件、侨界群众活动场所得到改善，一些地方高校、科研院所、大中型企业新成立侨联组织并积极开展活动，中央金融单位机关侨联成立，四川、甘肃成立省侨联党组，青海省侨联与藏胞办实现“一个机构、两块牌子”，贵州、江西、安徽、浙江推动市县进一步理顺基层侨联组织领导体制和工作机制，一些地方侨联工作纳入了党委政府中心工作予以统筹部署，福建、海南等地为侨联干部发展创造了更好条件。

（三）认真贯彻中国侨联“九代会”精神，大力推进“两个拓展”。我们深入学习领会李源潮同志代表党中央在中国侨联“九代会”上提出的“两个拓展”战略部署，广泛开展调研，积极实践探索。**一是**加强调查研究，拓宽工作思路。中国侨联领导分别带队就新侨工作、海外联谊工作、归难侨帮扶、文化宣传工作等进行专题调研，深化思考和认识。召开务虚会，认真研究谋划侨联工作面临的新形势、新任务。开展“国际移民现状与发展”课题研究和海外联谊工作、广西北海侨港镇归难侨调研，设立委托课题，发挥科研院所优势，借助专家学者力量，为“两个拓展”提供理论支持。各地侨联结合实际开展调研，为创新工作方式方法摸清底数。**二是**突出顶层设计，提出中长期任务。加强海外联谊工作，积极涵养侨务资源，召开全国侨联联络工作会议，进一步明确侨联拓展海外工作的根本任务是服务侨胞更好生存发展，培育一支长期对我友好力量，为营造我国良好外部环境发挥积极作用。努力拓展新侨工作，推动侨务资源可持续发展，举办全国侨联新侨工作研修班，提出要努力将新侨的发展与中国的发展紧密联系起来，同时处理好吸引侨资与服务侨智、为我所有与为我所用、夯实基础与开拓创新、目标规划与现实可能的关系。**三是**探索有效形式，丰富工作载体。完善现有平台，创新活动方式，丰富工作内涵，扩大海外和新侨工作辐射范围。召开中国侨联青年委员会第三次全体委员大会，调整人员结构，聚集了一大批35岁以下的侨界杰出青年，扩大了联系面，增强了凝聚力。举办海外侨领中国国情研修班，举办两岸侨联和平发展论坛，开发即时通讯系统“侨联通”，加强与海外侨胞的联系。举办“友好中华·侨联五洲”活动，邀请一批关心、帮助海外侨胞的外国人士来华参访，发挥侨联组织和海外侨胞在公共外交中的独特优势与作用。举办第五届新侨成果交流会、首届“新侨创新创业成果展”和“创新成果与专利项目推介会”，成立“中国侨联特聘专家委员会创新创业指导委员会”，在新侨中大力倡导和弘扬创新创业精神。中国侨商联合会与联合国全球契约组织、法中委员会、英中贸易协会等国外知名商会协会组织深入沟通和交流。各地侨联采取各种形式对外交流，服务新侨，丰富了“两个拓展”的有效形式和载体。

（四）着力培育和践行社会主义核心价值观，努力建设全体中华儿女共有精神家园。我们贯彻党中央培育和践行社会主义核心价值观的重要部署，九届二次常委会议通过《关于侨联组织培育和践行社会主义核心价值观的实施意见》，提出充分发挥侨联组织的宣传作用、中华文化的独特作用、民间外交的桥梁作用和侨联组织的群众性特点，努力建设中华民族共有精神家园。**一是**树立良好道德风尚，引领侨界群众向上向善。从侨的特点出发，用爱国主义和中国特色社会主义引导侨界群众树立良好道德风尚，彰显社会正能量。认真学习习近平总书记给集美校友会的回信，弘扬“嘉庚精神”。通过主流媒体大力宣传“侨界十杰”，在侨界掀起学习先进模范、践行核心价值观的热潮。在全球华侨华人中发起“寻找最美侨胞”活动，鼓励广大侨胞积极融入和服务当地社会，树立海外侨胞的良好形象。主办“文明中华·和谐家国”活动，发布《侨界文明公约》。各地侨联积极开展有特色的活动，弘扬爱国主义精神，传承中华传统美德，树立民族自尊自信。**二是**广泛开展文化交流，弘扬传播中华优秀文化。全年组派32个艺术团赴21个国家和地区巡演近百场，组派7支中医、书画、摄影团组赴海外交流展示，首次开展亲情中华“进侨乡”文艺演出，主办“欢聚台湾”大型晚会、世界华人华侨摄影展、世界华人华侨美术书法展。各地侨联突出地域文化特色，在多国举办丰富多彩的系列文化活动，吸引当地主流社会和海外侨胞观演观展，展现中华文化多元特色。中国华侨华人历史研究所持续推进侨史工程，启动《中国华侨农场史》编纂工作。中国华侨出版社被评为“中国图书世界影响力评价”100强，《世界华侨华人通史》、《华侨革命史》、《世界华侨华人百科全书》等涉侨图书编纂进展顺利。支持国内首档青少年海外生存纪实真人秀电视节目赴海外录制，参与主办“公祭中华人文始祖伏羲大典”。各地侨联举办富有地方文化特色的清明祭祖活动、话剧公演、文化艺术节等活动，促进海内外文化交流。**三是**积极推动华文教育，增强华裔新生代文化认同。主动推进与国家汉办合作，启动“亲情中华·汉语桥”夏令营项目，组织华文学校师生参访交流。参与主办第15届世界华人学生作文大赛，27个国家和地区的700余万学生参赛，成为参与人数最多的海外华文教育项目。各地侨联主办多场活动，增进国内学校与海外华校交流，促进海外华文教育发展。**四是**中国华侨历史博物馆落成，努力打造宣传侨界的窗口和爱国主义教育基地。中国华侨历史博物馆由中国侨联首任主席陈嘉庚先生于1960年倡建，并捐款50万元。后几经延宕。在历届中央书记处的关心支持下，2005年国家重启博物馆的立项。中央和北京市政府共投资3亿元，用于征地拆迁、馆舍建设和展览布置。2011年动工，历经3年建设，2014年10月正式落成并对公众开放。博物馆总建筑面积12000多平方米，筹建期间海内外侨界5000多人共捐款4000多万元、捐赠藏品16000多件。我们将以此为载体，把博物馆打造成保护和利用华侨历史文化遗产的基地、宣传侨界的窗口、中外文化交流的平台、弘扬爱国主义精神的阵地，使之成为海内外侨胞凝心聚力的共有精神家园。

（五）大力开展引资引智引技活动，服务国家经济发展。我们围绕加快转变经济发展方式、提高经济发展质量和效益，发挥自身独特优势，强化服务、搭建平台，为我国经济稳中求进贡献侨界力量，配合国家人才战略和千人计划，凝聚侨界高端人才力量服务国家发展。**一是**服务地区经济建设有新成就。作为特邀支持单位参加中国北京国际科技产业博览会，主办“侨界聚焦中国（上海）自贸区”活动，为海内外侨商发展创设交流平台，建立对接机制。先后与14个省区市政府合作，邀请50多个国家2000多名侨商出席系列大型经贸活动。中国侨商联合会与台湾侨商联合会在台湾成功举办第二届两岸侨商发展峰会，两岸侨商组织互动良好。推动全国各级侨商组织经贸活动签订项目的落地。**二是**推动侨界人才引进有新亮点。在海外举办中国侨联新侨回国创业示范基地现场推介会，与澳大利亚、新西兰等多家海外华侨华人社团合作引智引技。与一些新侨专业社团和留学生组织建立联系，积极推动海外新侨人才工作网络建设。各地侨联举办海归创新创业交流会、中国智慧城市与海归创新创业论坛、侨智企对接交流会，成立新侨人才联谊会、青年海归创新平台、新侨创新创业实践基地等，传递政策信息，提供创业服务，吸引海外侨界人才回国发展。**三是**协助国内企业走出去有新举措。组织70多名侨商和侨界专家参加“亚太经合组织中小企业工商论坛”，在国际交流平台发出侨商企业家声音。中国侨商联合会与中外知名商会探讨深度合作事宜；在温哥华成功举办第二届中加投资峰会，并开展项目考察。一些省区市侨联组织侨商参加投资南非推介会、第四届迪拜国际投资年会、亚太经合组织车联网技术及其全球应用合作论坛暨展示会等活动，为企业走出去创造有利条件。

（六）弘扬法治精神，依法维护侨胞权益。我们围绕党的十八届四中全会精神的学习贯彻，积极引导广大归侨侨眷自觉学法尊法守法用法。**一是**弘扬法治精神。将学习宣传党的十八届四中全会精神和开展“六五”普法宣传教育活动有机结合，在侨界深入开展法治宣传教育。首个国家宪法日来临之际，与全国普法办联合组织29个省区市侨联参加“侨商杯全国侨联系统法律知识竞赛”，成为四中全会后首个举行全系统普法活动的中央和国家机关单位。活动通过央视网络平台进行直播，多家媒体作了深度报道，以现场竞答方式展开，有力促进了全社会学法尊法守法用法。编印发放上万册《涉侨法律法规政策汇编》、《侨联侨益宣传手册》，借助新兴媒体宣传涉侨法规政策，营造学法知法守法的良好氛围。**二是**有序参政议政。各级侨联与人大、政协共同组织侨界人大代表、政协委员深入基层，到侨资企业、华侨农场，倾听侨声，了解侨情，汇集侨意。组织全国政协侨联界委员赴广西、云南开展边贸合作和东南亚侨情专题调研，形成报告得到全国政协和国务院领导重视。发挥《侨情专报》作用，拓宽信息报送渠道，健全侨联信息报送机制和网络，全年编写报送《侨情专报》364期，积极向中央反映侨界意见建议。各级侨联加强对提案议案的协调督办工作，推动相关问题的解决。**三是**依法维护侨益。在不干预司法公正的前提下，提供法律援助、反映侨界诉求。组织侨联法顾委深入基层开展专项调研，提供法律咨询服务；组织法顾委海外律师委员回国访问考察，为国内企业走出去提供法律保障。召开维权机制建设现场会，推广福建涉侨维权工作“涵江经验”。召开案情研讨会，建立信访接待长效机制，解决侨界群众难题，化解社会矛盾。各地侨联进一步加强与司法系统沟通联系，建立联动协调机制；设立完善涉侨法律服务中心、侨胞工作站、为侨服务热线，助力侨胞维权服务工作。

（七）发挥传统公益品牌优势汇聚侨界爱心，重视民生改善和社会治理模式创新。我们强化在社会管理和服务中的职责，保障和改善侨界民生，为困难归侨侨眷排忧解难，促进社会和谐。**一是**加强公益慈善平台建设。中国华侨公益基金会积极推动和支持地方侨联创办基金会或设立中国华侨公益基金会省级分会，探索建立全国侨联系统分工协作的公益资源整合平台和公益项目培育实施体系，引导更多爱心人士投身慈善公益事业。2014年中国华侨公益基金会到账社会捐赠资金7000余万元，管理专项基金39支，新成立福建、浙江、重庆分会，延伸了工作触角。各地侨界基金会也加强规范化建设，积极发挥作用。**二是**发挥传统公益品牌优势。积极开展“送温暖，献爱心”活动，全年累计走访27个省区市，慰问8万余人。组织6批眼科专家赴新疆等5省区开展“健康光明行”活动，完成960例眼科手术，继续进行基层眼科医生培训计划。“健康光明行”实施10年来，累计免费帮助5280名白内障患者实现了光明梦。中国华侨公益基金会“侨爱心”公益项目深化捐资助学工作，持续援建侨爱心学校、幼儿园、“树人班”，设立专项助学金、奖学金，捐赠教学器材，培训教师队伍。**三是**丰富扶贫助困工作内涵。到侨界群众集中、困难归侨侨眷较多、发展滞后的地区，通过结对帮扶，对口援助等形式，将爱心捐赠，医疗服务，实用技术，项目资金等投放到当地。积极推动澳大利亚慈善机构“天籁列车新疆行”项目实施；中国侨商会扶贫项目在广西北海侨港镇落地，改善当地困难归侨侨眷生活。**四是**创新参与社会治理形式。利用侨务资源优势，鼓励和支持侨界人士积极投身社区综合治理和新农村建设。福建省侨联建立关爱侨乡留守家庭服务站，浙江省侨联积极培育侨界新农村建设带头人，新疆、西藏自治区侨联选派机关干部驻村工作，四川省侨联参与群团社会管理服务中心工作，广东省侨联创建侨界人文社区示范点等，提高了侨联参与社会建设的广度和深度。

（八）发挥侨联组织独特作用，主动配合中央港澳工作和周边外交工作大局。我们坚持发挥侨联具有民间性、涉外性的特点和优势，主动做好维护国家安全稳定工作。**一是**在港澳举办二战期间日本军国主义在亚太地区罪行图片展。为配合中央2015年开展纪念世界反法西斯战争胜利70周年活动，我们从2014年年初开始策划举办二战期间日本军国主义在亚太地区罪行图片巡回展，向全球华侨华人广泛征集日本军国主义罪行史料。截至2014年9月底，共征集60多个国家1万多名华侨华人提供的有价值的数字和实物图片1.2万余张、书籍1000余册、画册数百本、视频资料100多分钟、报纸1000多版、刊物200多本、回忆文章100多篇。12月中旬，我们联合中国抗日战争纪念馆和香港、澳门侨界社团，在首个南京大屠杀死难者国家公祭日到来之际，分别在香港会展中心、澳门塔石体育馆举行了“血写的历史——二战时期日本军国主义在亚太地区罪行图片展”，展出期间参观人数众多，展览以事实警示世人勿忘历史，维护和平，表达了共同反对日本右翼势力抬头的决心。**二是**配合中央港澳工作。（略）**三是**研究探索做好周边国家侨社工作。（略）

（九）巩固党的群众路线教育实践活动成果，持续推进机关作风建设。按照中央统一部署，我们继续深入贯彻落实中央八项规定精神，着力抓好整改落实工作，强化正风肃纪，不断巩固教育实践活动成果，机关作风建设明显改进。**一是**严格执行中央八项规定。及时清理以中国侨联名义举办的纪念会、庆祝会、表彰会、研讨会及各类论坛；精简各项活动，改进会风，精简文件简报；加强经费管理，厉行节约反对浪费，接待内宾均在食堂安排工作餐；严格执行公务人员出差、因公出国（境）管理的各项规定，加强对领导干部监督力度，严格执行外出报备制度；对办公用房进行整改，对重要节点及时提醒检查。**二是**切实做好教育实践活动整改落实工作。对照“两方案一计划”，建好整改台账，对提出的整改措施和制度建设规划，一件件抓落实，确保教育实践活动取得实效。整改和专项整治任务基本完成，制度计划完成率达98%。**三是**加强廉政建设和正风肃纪工作。对贯彻落实党风廉政建设“两个责任”作出具体部署，加强对党员干部的政治纪律和组织纪律教育，引导党员干部增强组织观念和组织程序，加强对重大项目、重要资金的监督管理，及时查处侨联组织党员干部涉嫌违纪违法的行为。**四是**建立健全教育培训机制。推动侨联系统党员干部学习和教育的经常化、制度化，先后举办多期侨联系统基层干部、机关青年干部、党员干部教育培训班，在侨联机关逐步形成刻苦学习、勤于思考、奋发作为的良好氛围。

一年来，侨联工作虽然取得新成绩、新进步，但在更有针对性地推动各地落实中央《意见》、加强侨联工作的顶层设计、整合各部门和各地侨务资源、鼓励指导帮助基层深入开展服务侨界群众工作、协调理顺地方侨联领导体制、加强干部队伍建设等方面仍需改进和深化，以更好地提高侨联工作的整体水平。

二、2015年工作任务

2015年是全面完成“十二五”规划的收官之年，是全面深化改革的关键之年，也是全面推进依法治国的开局之年。2015年侨联工作总体要求是：**高举中国特色社会主义伟大旗帜，全面贯彻党的十八大和十八届三中、四中全会精神，贯彻习近平总书记系列重要讲话精神，贯彻中央关于加强和改进党的群团工作和侨联工作的意见，牢牢把握侨联工作的时代主题，充分发挥侨联组织的独特优势，积极拓展海外工作，拓展新侨工作，进一步调动广大归侨侨眷和海外侨胞参与国内建设的积极性，为全面建成小康社会、全面深化改革、全面依法治国、全面从严治党作出新的更大贡献。**

（一）坚持深入学习贯彻习近平总书记系列重要讲话精神和中央大政方针，始终保持侨联工作正确的前进方向。继续深入学习贯彻习近平总书记系列重要讲话精神，把学习贯彻与推动侨联工作紧密结合起来。认真学习领会习近平总书记关于实现中华民族伟大复兴中国梦的重要论述，引导侨界群众把个人梦与中国梦紧密结合；认真学习领会习近平总书记关于全面深化改革的重要论述，进一步汇聚侨界支持改革、参与改革的强大合力；认真学习领会习近平总书记关于推动科学发展的重要论述，引导侨界群众为促进经济社会持续健康发展献计出力；认真学习领会习近平总书记关于社会主义民主政治和依法治国的重要论述，引导侨界群众坚持走中国特色社会主义政治发展道路；认真学习领会习近平总书记关于宣传思想工作的重要论述，引导侨界群众讲好中国故事、传播好中国声音、树立好中国形象；认真学习领会习近平总书记关于国际关系和我国外交战略的重要论述，引导广大海外侨胞当好中外友好交往的使者；认真学习领会习近平总书记关于侨务工作重要论述，充分发挥侨联组织的桥梁纽带作用；认真学习领会习近平总书记关于党的建设的重要论述，以改革创新精神加强侨联组织自身建设。近日，中央书记处在听取中国侨联党组工作汇报时指出，要坚持用中国特色社会主义和中国梦凝聚侨心，更好服务党和国家全局工作，大力弘扬社会主义核心价值观和中华优秀传统文化，扎实做好服务侨胞和维护侨益工作，不断提高做好新形势下侨联工作的能力和水平，我们要深入学习领会，认真贯彻落实。

（二）深入学习贯彻中央群团工作意见，推动中央关于侨联工作意见的贯彻落实向深度和广度拓展。在中国侨联九届三次常委会议上，我们传达了近日中央出台的《关于加强和改进党的群团工作的意见》并作了部署。这个意见站位很高、立意深刻、指导性强，对加强群团工作提出许多新理论、新举措、新要求。中央《关于加强和改进新形势下侨联工作的意见》体现了中央对侨联工作的高度重视，有效推动了侨联事业发展。全国侨联系统要把中央两个意见的学习贯彻落实紧密结合起来，进一步向深度和广度拓展。**一是**深刻认识中央两个意见的重要意义。全面建成小康社会，完成“两个一百年”的奋斗目标进而实现中华民族伟大复兴中国梦，要求我们最广泛最充分地调动一切积极因素，团结和凝聚各方面力量；全面深化改革，推动国家治理体系和治理能力现代化，要求我们进一步健全完善群团的组织体系，不断拓展工作领域，增强社会发展活力；全面推进依法治国，完善中国特色社会主义制度，要求我们更加善于处理新时期人民内部矛盾，充分发挥群团作用，最大限度增加和谐因素；社会群体结构的新变化，人民群众物质文化需求的多样化，要求我们必须更加深入做好新形势下的群众工作，进一步改进工作方式，更好地贴近群众、服务群众；境内外敌对势力与我争夺群众的斗争日益加剧，要求我们必须进一步增强党领导的群团的凝聚力、影响力，更好地团结群众、服务群众，凝聚群众、引导群众。**二是**通过谋划和推进“两个拓展”，深化中央两个意见的落实。深化侨情研究，在国际移民课题研究的基础上，加强对现实侨情变化、国际关系格局深刻调整背景下侨情新特征、关系侨胞切身利益等问题的研究，提出具有可操作性的政策建议。加强整体谋划，深入思考侨联工作的目标、优势、载体、方法，特别是比较侨联与其他涉侨单位的差异和优势，将工作的重心放到扩大优势的方面上来。奋力开拓创新，改进不适应侨情变化的工作方式方法，拓展适应新侨需求的载体平台形式，丰富全球化、信息化时代与侨胞联络的手段方式。注重整合资源，树立侨联工作整体意识，把各部门、各平台、各项目的资源整合起来，并通过相应工作机制予以保障。着力延伸手臂，借助互联网、新媒体，深化与驻外使领馆、驻外商务机构、涉侨部门、出入境管理部门、海外新侨专业社团的联系与合作，以多种方式把工作做出去。**三是**继续加强与各地党委沟通协调，促进中央两个意见的落实。积极与尚未出台加强侨联工作实施意见的地方党委进行沟通，促使他们充分认识中央两个意见的重要性，加强对侨联工作的领导，借鉴其他地方的好做法、好经验，制定出台符合本地实际、具有操作性的实施意见。指导督促已出台实施意见的地方，将中央和地方党委的要求落到实处，推动工作再上新台阶。抓住有利时机，召开全国侨联组织建设工作经验交流会，推动侨联基层组织建设，理顺体制机制。

（三）积极主动适应经济发展新常态，促进我国经济平稳健康发展。认真学习领会中央经济工作会议重要精神，把认识统一到中央对当前国内、国际经济形势的判断上来，认清我国经济发展“三期叠加”的阶段性特征，增强战略定力，适应新常态，发挥侨联组织优势和作用。**一是**持续深化“创业中华”行动。更加注重海外人才、海外智力引进工作，引导侨资侨智向创新创业、支撑扩大内需、消化过剩产能方向倾斜，向战略性新兴产业、先进装备制造业、现代服务业聚集。配合“一带一路”、京津冀协同发展、长江经济带三大战略的实施和自贸园区的开发建设，着力搭建好经贸平台，推动相关省区市联动，创建长江三角洲园区新侨联系机制，服务地方经济发展。继续与各省区市开展高层次经贸活动，鼓励引导侨资投向新型工业化、城镇化、信息化、农业现代化的新经济增长点，为加快转变经济发展方式，促进经济社会全面发展贡献力量。引导各地侨联在基础设施建设改造、科技创新、教育医疗、健康养老、文化娱乐、体育健身、电子商务、生态修复治理等潜在需求方面发现好的项目、设计合适平台，引导侨商积极投入、参与竞争、赢得主动。**二是**借助侨商网络推动国内企业走出去。进一步拓展与海外及港澳台地区工商社团和华侨华人商会的联系，推动国内企业借助遍布全球的海外侨胞商业网络走出去。在鼓励侨商将资金投入我国经济社会发展和公益事业的同时，鼓励侨商企业家发挥才能，增强在当地的实力，更好融入主流社会。办好两岸侨商发展峰会暨中国侨商论坛，组团出席第 13 届世界华商大会。**三是**以务实作风促进改革措施落地。推动各级侨联主动深入研究中央和各地出台的改革措施，熟悉和掌握其中惠及侨界的举措，以务实作风推动改革措施落地。深入侨资企业家、留学回国创业人员之中，了解他们在创新创业中遇到的实际困难，支持侨资企业转变生产经营方式，提高核心竞争力。发挥侨联特聘专家委员会智库作用，及时通过《侨情专报》等渠道，将侨界对改革措施的反映、改革举措实施的效果、亟需深化改革的领域等信息及时准确报送中央。**四是**多做帮扶困难侨胞的实事。深入开展“送温暖、献爱心”活动，从多渠道、多领域、多层面深入开展对困难归侨侨眷的社会救济、司法援助、就业帮扶等工作，推动“中国侨联扶贫济困专项基金”发展，资助侨界困难群众和特殊群体。不断拓展侨联参与社会建设的平台，推动各级侨联共同打造侨联公益活动品牌，构建全国侨联系统一体化公益运作模式。在继续做好“侨爱心工程”的同时，扩大“树人班”、“侨心图书室”、“侨爱心卫生院”等民生项目，开展“侨爱心 365 行动”。发扬侨帮侨优良传统，关心帮助侨界留守儿童、空巢老人，支持社会公益慈善事业发展。探索企业与基金会联手设立专项基金开展社会公益活动的发展模式，不断拓展侨联基金的领域和范围。

（四）抓好党的十八届四中全会精神学习贯彻，在侨联工作中落实加强法治建设要求。继续深入学习贯彻党的十八届四中全会精神，结合侨联工作的特点和实际，把全会精神贯彻落实到具体工作之中。**一是**进一步增强法律意识。深刻领会全面推进依法治国的重大意义，引导广大归侨侨眷和海外侨胞带头学法尊法守法用法，努力做到：依法治会，重大决定要依法，组织建设要依法，各项活动要依法；依法护侨，以宪法和法律为依据，引导侨界群众通过理性合法渠道反映利益诉求，畅通权益保障法律渠道；依法聚侨，汇集侨界智慧，引导侨界群众有序参加社会管理，推进完善涉侨法律法规体系；依法引侨，引导侨企守法经营和主动承担社会责任，海外侨胞自觉遵守住在国法律。**二是**充分发挥参政议政作用。发挥侨界人大代表、政协委员反映诉求、建言献策、参与国家和社会事务管理的主渠道作用，做好联络、服务工作，不断强化侨联参政议政工作职能。切实做好侨界人大代表、政协委员提案议案服务工作，继续组织好侨界政协委员视察活动，加强对全面深化改革、新侨回国创业发展及侨界人才建设等重大问题的调查研究。密切与侨界人大代表、政协委员的沟通联系，建立侨联参政议政常态化工作机制，为侨界人大代表和政协委员参与立法实践、修订法律法规、专题调查研究创造有利条件，推动侨界人大代表、政协委员提案议案的落实。**三是**依法主动科学维护侨益。以“法治中国，你我同行”为主题，开展多种形式普法宣传，召开全国侨联系统“六五”普法总结现场会。启动“七五”普法工作规划，继续深化“维权工作五侨联席会议”机制，研讨依法维护侨益的新方式、新方法，履行主动维权、科学维权、依法维权职责，共同推动解决涉侨政策性维权问题。继续做好涉侨案件转信、非涉诉事项协调工作，深入细致做好当事人思想工作。探索新时期侨联法顾委的工作内容和体制、机制创新，推动地方侨联法顾委建设。进一步扩大中国侨联法顾委律师委员队伍，优化和拓宽律师委员在地域和专业领域分布。通过驻外使领馆推荐增聘海外律师委员并组织回国访问考察，探索我国公民、法人在海外正当权益的维护方式和途径，开辟维护侨益工作新领域，服务国家“走出去”战略。召开中国侨联信访工作会议，举办全国侨联系统维权干部培训班，提高依法维权、为侨服务的能力与水平。

（五）全面拓展海外和港澳台工作，为侨胞长期生存发展、我国和平发展汇聚更多积极因素。深入学习中央外事工作会议精神，结合海外侨情新变化，深刻理解中央对世界发展态势和国际格局变化的分析判断，创新工作方式和载体。**一要**准确研判侨情，拓宽联系渠道和工作手段。按照习近平总书记提出的“树立世界眼光、把握时代脉搏”的要求，认清国际局势，研判海外侨情发展态势，坚持侨联海外工作思路和目标，研究设计有效可行的工作载体。做好借助信息技术加强与海外侨胞联系的大文章，推进“侨联通”

移动应用程序开发完善和普及使用，提供领事保护渠道、信息沟通交流、免费通讯等服务，实现全天候在线、实时互动、信息共享，使侨联组织与海内外华侨华人的联系更紧密、沟通更顺畅、办事更高效。**二要**配合外交工作大局，发挥侨界独特作用。精心筹备、组织好侨界纪念世界反法西斯战争胜利70周年、抗日战争胜利70周年系列活动，在总结在港澳办展经验的基础上，赴相关国家和地区举办“血写的历史——二战时期日本军国主义罪行图片展”巡展。围绕走出去和“一带一路”等重大战略部署，加强港澳侨界和少数民族地区侨胞工作，积极探索做好周边国家侨情调研、建设海外华侨华人智库。扎实做好港澳台地区侨界青年工作，深入推动两岸四地侨界青年交流。加大对港澳基本法的宣传。做好纪念孙中山诞辰150周年纪念活动，推进海外两岸侨胞融合交流。**三要**倡导核心价值观，引领海外侨社新风尚。鼓励华侨华人融入和回馈住在国社会，以“寻找最美侨胞”活动为契机，树立正确的价值观，引领海外侨社新风尚，营造更好生存发展环境。开展“华侨之友”主题活动，邀请外国友人到侨乡走访，增进华侨华人同住在国民众友好交往。以中国侨联青年委员会为抓手，做好青年一代侨胞工作。办好中国侨联海外侨领国情研修班。设立中国侨联“海外联谊专项基金”，开展重点地区海外侨胞联谊工作，支持海外侨团和海外企业捐助当地公益慈善事业，帮助国内企业在海外开展公益捐助活动。

（六）努力建好海内外中华儿女共有精神家园，推动中华文化走向世界。认真学习贯彻习近平总书记在文艺座谈会上的重要讲话精神，落实中央关于对外宣传工作指示要求，大力弘扬“嘉庚精神”，坚定文化自信，着力打造精品，完善活动机制和制度建设，发挥侨联文化工作“润物无声”的优势，建好海内外中华儿女共有精神家园，推动中华文化走向世界。**一是**深化和拓展“亲情中华”主题活动。继续配合国家外交战略，着眼海外侨社需求，加大各类文化团组的组派团力度，支持各地侨联着力提升出访质量，丰富文化交流内容和形式，推动“亲情中华”海外慰问演出行动创新发展。注重发挥海外华侨华人社团、艺术家和艺术团体在弘扬和传承中华文化中的独特作用，着力构建共同致力于开展“亲情中华”主题活动海外侨团体系。采取港澳台同胞容易接受的方式，继续组织实施“亲情中华·欢聚台湾”等文艺巡演活动。继续深入基层慰问侨界群众和返乡侨胞。**二是**面向海外不断推进华文教育工作。加强与国家汉办的战略合作，继续组织实施“亲情中华·汉语桥”夏（冬）令营项目，大力促进海外华文教育和侨界青少年交流。继续合作办好“世界华人学生作文大赛”暨获奖者夏令营和海外华文学校教师培训，组派“华文教育讲习团”到海外送教上门、培训教师，推动海外华校与国内中小学的校际合作与交流。积极促进海外孔子学院与华文学校交流合作。**三是**讲好中国故事，促进中外文化交流。积极探索培育一支讲好中国故事的海外侨胞精英队伍，用易于理解、认同和接受的手段传播中华优秀文化，充分展示中华文化的精神基因和精神标识，塑造我国良好国际形象，努力营造对我国有利的国际舆论环境。推进中国华侨国际文化交流基地规范化建设，巩固和扩大对外文化交流的工作基础。加强中国侨联所属文化社团建设，支持各社团自主开展海内外文化交流活动，延伸侨联对外文化交流工作手臂。与有关部门合作，拍摄反映抗战时期华侨回国服务壮举的电视剧《南侨机工英雄传》。坚持和完善侨联新闻发言人制度，利用新兴媒体等平台，扎实做好侨联宣传和外宣工作。**四是**进一步加强侨联文化企事业单位自身建设。支持中国华侨华人历史研究所深入开展侨史和侨情研究，推进侨史工程，完成《中国华侨农场史》、《中国侨联年鉴》编纂及出版工作，继续深入抓好国际移民等课题研究，推进与相关学术机构的交流与合作，加强国际华侨华人研究学术交流。以服务观众为中心完善中国华侨历史博物馆展览等各方面制度，以保护为重点安排藏品管理各项工作，着手建立形成以博物馆专业建设和公共文化服务为导向的研究交流工作基本框架，做好中国博协华侨博物馆专委会的工作。支持中国华侨出版社、《海内与海外》杂志社突出“侨”字品牌，支持各级侨联办好侨刊乡讯，提高出版质量，开辟合作新渠道，推动中华文化走出去。按照有关部门统一部署，全力做好事业单位分类改革工作。

（七）从严治党，打造一支过硬的侨联干部队伍，建好侨胞之家。认真学习贯彻习近平总书记在党的群众路线教育实践活动总结大会上的重要讲话精神，巩固侨联在教育实践活动中形成的制度化、常态化成果，落实全面从严治党要求，打造一支“知大局、懂本行、干实事”的侨联干部队伍。**一是**把加强党建作为从严治党的重要内容。各级侨联党组织要把党建作为重要工作来抓，做到两手抓两手都要硬；认真落实党建工作责任制，以责任落实推动工作落实。努力增强各级侨联机关党内政治生活的政治性、原则性、战斗性，着力推进党内生活规范化，切实提高党内生活质量。教育侨联干部坚决克服法不责众、得过且过、打擦边球等心态，牢固树立管党治党要严、修身自律要严的意识。按照“三严三实”要求严抓严管，让制度成为带电的高压线，让纪律成为不可逾越的红线。**二是**为拓展侨联工作做好思想和干部准备。随着全面深化改革的推进，政府职能转移的加快和侨界群众需求日趋多样，各级侨联干部要深刻认识侨联工作面临的机遇和挑战，从思想上提高拓展侨联工作领域重要性和紧迫性的认识。在侨联机关营造研读中央文件、研究侨情变化、学习各方面知识的氛围，提高侨联机关干部熟悉掌握政策的能力、与侨界群众沟通交流的能力、机关工作规范化正规化的能力。贯彻中央对抓好全国侨联系统干部培训工作的指示，严格执行中央有关培训工作的要求，结合实际，创新思路，采用多种形式办好侨联系统干部培训班。**三是**建好侨胞之家，当好侨胞之友。各级侨联和广大侨联干部要坚持从群众中来、到群众中去，践行党的群众路线，把密切联系群众作为根本的工作作风，把工作重心放在广大归侨侨眷和海外侨胞身上。健全防止和克服“四风”问题的长效机制，经常开展下基层进侨乡、请侨界群众评侨联等活动，坚决克服机关化、脱离群众现象。领导干部要带头树立经常联系侨界群众、直接服务侨界群众、真情同侨界群众交友的好作风，竭诚为侨界群众服务。

各位委员，各位顾问，同志们！

新形势下党的群团工作更为重要和紧迫，只能加强、不能削弱，只能改进提高、不能停滞不前。侨联组织要切实肩负起时代赋予的新使命、新任务。让我们紧密团结在以习近平同志为总书记的党中央周围，深入学习贯彻落实中央两个意见，解放思想、开拓进取、扎实工作，进一步凝聚广大归侨侨眷和海外侨胞的智慧和力量，努力为实现“两个一百年”奋斗目标，实现中华民族伟大复兴中国梦作出新的更大贡献！

“血写的历史——日本军国主义在亚太地区罪行图片巡展”奥地利展开幕式上的讲话

（2015 年 5 月 11 日，奥地利维也纳）

林 军

尊敬的赵彬大使、各位顾问、各位委员，

女士们、先生们：

大家下午好！

由中国侨联发起，奥地利侨界联合承办的“血写的历史——日本军国主义在亚太地区罪行图片巡展”今天在这里如期举行了。

今年是世界反法西斯战争胜利 70 周年，也是中国人民抗日战争胜利 70 周年。70 年前，日本军国主义冒天下之大不韪，悍然发动侵华战争和太平洋战争，先后在中国制造柳条湖事件、卢沟桥事变，妄图吞并中国；随后又与德、意法西斯结盟，偷袭珍珠港，轰炸澳大利亚，将战火烧遍菲律宾、马来西亚、新加坡、印尼、泰国、缅甸等东南亚国家，以及关岛、所罗门群岛、巴布亚新几内亚等太平洋岛屿，给受害国人民造成了巨大的生命财产损失和难以弥合的精神创伤。其侵略之野蛮、罪行之残暴、人性之泯灭罄竹难书。

70 年后的今天，左右日本政坛的日本右翼势力非但不能正视历史、反而一味美化侵略、欲盖弥彰。特别是安倍政权上台以来，颠倒黑白、混淆是非，一再伤害受害国人民的感情，公然参拜供奉二战甲级战犯的靖国神社，把早已被东京大审判所裁定的东条英机等罪恶昭彰的刽子手奉为神明，并不顾日本人民反对，试图修改和平宪法，不惜扩军备战，执意在“钓鱼岛”、“慰安妇”等问题上制造事端，破坏地区稳定，企图改变二战所形成的世界格局，为日本军国主义招魂，卷土重来。日本政界的这种右倾化趋势不能不引起全世界人民的高度警惕。

中国侨联从 2014 年年初开始筹备“血写的历史——日本军国主义在亚太地区罪行图片巡展”，公开向全球华侨华人征集日本军国主义罪行的史料图片。举办这次活动的目的：一是通过图片、视频、录音等大量史料征集，提醒世人不要忘记曾经发生过的历史真实，居安思危，警惕日本军国主义东山再起。二是通过史料、图片的广泛征集，让曾经饱受日本军国主义蹂躏的各国人民，不要忘记日本军国主义野蛮凶残、泯灭人性、穷凶极恶的法西斯本质，警钟长鸣，从而捍卫世界反法西斯战争取得的伟大成果。三是团结一切爱好和平的人民，包括因日本军国主义发动侵略战争而付出惨重代价的日本人民，防患于未然，为保卫世界和平、维护地区稳定、防止重蹈历史覆辙作贡献。

在整理材料的过程中，我们深深感到世界华侨华人对日本政府否认历史、掩盖罪行的强烈愤慨。他们的拳拳之心表达了他们维护世界和平的决心和对人类正义的坚守。侨心如此，罪证在手，我们有责任、有义务将广大华侨华人对日本军国主义的义愤表达出来、传扬出去，以警示后人。这次奥地利侨界举办展览所用的图片，就是中国侨联从世界华侨华人手中征集来的。中华人民共和国外交部部长王毅先生说得好：“七十年前日本输掉了战争，七十年后日本不应再输掉良知。”

前事不忘，后事之师。为了维护来之不易的世界和平、捍卫历史应有的尊严，中国政府将在今年的 9 月 3 日在北京举行盛大的纪念反法西斯战争暨中国人民抗日战争胜利 70 周年活动。让我们永远铭记历史、牢记国殇。以防止历史重演的实际行动保卫世界和平！

开展“三严三实”专题教育党课讲稿

（2015年5月25日）

林　军

党的十八大以来，习近平总书记多次强调，党员干部特别是各级领导干部要严以修身、严以用权、严以律己，谋事要实、创业要实、做人要实。“三严三实”，贯穿着马克思主义政党建设的基本原则和内在要求，体现着共产党人的价值追求和政治品格，丰富和发展了党的建设理论，明确了领导干部的修身之本、为政之道、成事之要。开展“三严三实”专题教育，是中央政治局常委会今年工作要点中的一项重要内容，也是今年党建工作的一项重要任务。4月10日，中共中央办公厅印发了《关于在县处级以上领导干部中开展“三严三实”专题教育方案》（以下简称《方案》），明确了专题教育的指导思想、原则要求和目标任务。4月21日，中央又召开“三严三实”专题教育工作座谈会，刘云山、赵乐际同志发表了重要讲话，对如何开展好专题教育提出具体要求。直属机关党委也结合侨联机关实际对《方案》进行了细化，对我会开展“三严三实”专题教育工作进行了部署。按照中央的要求，今天我围绕学习践行“三严三实”谈谈个人的认识和体会。

一、充分认识“三严三实”专题教育的重要意义

为什么要开展“三严三实”专题教育？特别是在党的群众路线教育实践活动刚刚结束不久就紧接着进行？关于这个问题，中央的《通知》讲得很清楚：“三严三实”专题教育是党的群众路线教育实践活动的延展深化，是持续深入推进党的思想政治建设和作风建设的重要举措，是严肃党内政治生活、严明党的政治纪律和政治规矩的重要抓手。这3句话，集中阐明了开展“三严三实”专题教育的重要意义。

开展“三严三实”专题教育意在深化作风建设。经过党的群众路线教育实践活动，“四风”蔓延势头得到有效遏制，党风政风呈现出许多新变化新气象。从我们侨联自身来看，也能很清晰地感受到反“四风”给侨联机关带来的清新之气。但同时也要清醒看到，“四风”问题的病原体还没有根除，顶风违规违纪现象只是比过去大为减少，但并非真正绝迹，许多深层次问题还需要进一步解决。特别是由于产生“四风”现象的土壤还存在，就一些党员干部来说，解决“四风”问题还只是停留在“不敢”而已，“不想”的自觉尚未真正形成。根本解决问题还要靠长期不懈的努力。从这个意义上说，转作风改作风正处在一个关键点、节骨眼上，乘势而上、持续用力，就能巩固和扩大成果；稍有放松、稍有懈怠，就可能故态复萌、前功尽弃。可见，防止“四风”反弹的任务还相当艰巨。开展“三严三实”专题教育，就是要在反对“四风”已见成效的基础上，再添把火、再加把力，进一步巩固和拓展教育实践活动成果，把迈出重要一步的作风建设良好态势保持和发展下去，使好的作风成为党员干部长久的思想自觉和行为习惯。开展“三严三实”专题教育要达到什么目的？我理解主要有二：

其一，开展“三严三实”专题教育意在营造守纪律、讲规矩的良好政治生态。没有规矩，不成方圆。纪律是党的生命，关系党的团结统一，关系党的肌体健康，关系党的创造力、凝聚力、战斗力。习总书记在党的十八届四中全会的报告中指出，当前，在我们的党员干部中还存在着许

多值得注意、需要加以纠正的问题，突出地表现在“七个有之”。即为一己之利搞任人唯亲、排斥异己的有之；搞团团伙伙、拉帮结派的有之；搞匿名诬告、制造谣言的有之；搞收买人心、拉动选票的有之；搞封官许愿、弹冠相庆的有之；搞自行其是、阳奉阴违的有之；搞尾大不掉、妄议中央的有之。如此等等。这“七个有之”严重腐蚀党的肌体、瓦解党的队伍、削弱党的战斗力，对良好政治生态的形成起着极为恶劣的破坏作用，需要引起我们的高度重视。分析这些问题，一个重要原因就是一些党员干部想问题、办事情、反映情况不能出于公心，无视党的政治纪律和政治规矩，我行我素，毫无底线意识，这是不能允许的。前不久，网上流传一段视频，中央电视台《星光大道》节目主持人毕福剑，在饭桌上肆意调侃嘲弄党的领袖和人民军队，诋毁党和军队的形象，引起轩然大波，从而引发了共产党员不能阳奉阴违、做“两面人”的讨论，就是典型一例。开展“三严三实”专题教育，就是要强化思想政治建设、严肃党内政治生活，进一步明规矩、严纪律、强约束，从而形成治党理政、从严从实的良好氛围。

其二，开展“三严三实”专题教育意在锻造过硬队伍、推进事业发展。办好中国的事情，关键在党、关键在人，在于有一支思想上、政治上、作风上全面过硬的执政队伍。习总书记在党的十八大报告中指出，我们正在进行具有许多新的历史特点的伟大斗争。十八大后，党中央又提出要协调推进“四个全面”战略布局，改革发展稳定任务之重前所未有，矛盾风险挑战前所未有，我们党治国理政的考验之大前所未有。开展“三严三实”专题教育就是要大力弘扬从严从实的思想和精神，造就忠诚、干净、担当的干部队伍，不断提高党的执政能力、执政水平，从而为全面建成小康社会、全面深化改革、全面依法治国、全面从严治党创造必要的条件。

锻造过硬队伍为的是推进事业发展。队伍过硬不过硬，除了干部自身是否忠诚、干净、担当之外，执政能力、执政水平的高低也是重要标尺。最近，中央召开了统战工作会议，总书记在会上批评一些同志不会做党外知识分子工作，不会做非公有制经济人士的工作。这自然使我联想到侨联。换句话说，检验侨联的执政能力、执政水平，从某种意义上说也在于我们会不会做归侨侨眷和海外侨胞这一特殊的群众工作。特别是在归侨、侨眷和海外侨胞中，党外知识分子和非公有制经济人士比例较高，善不善于和他们交朋友、怎样交朋友，能不能深交一些肝胆相照、能够和我们说心里话的诤友，这是对我们工作能力、工作水平的考验。俞正声同志说，做党外知识分子工作、非公有制经济人士工作，“如果开口闭口都是大道理，谁都会感到厌烦。要围绕企业的生产经营、个人的思想困惑来谈，有些话才能说到他们心里去。”可见锻造一支过硬的队伍，对我们而言就是要锻造一支善于做群众工作的队伍，这是起码的要求。因此，做好归侨侨眷、海外侨胞的工作，不仅要理解侨胞，还要懂得他们借以安身立命所维系的生产经营，了解他们对党的方针政策的各种反映，这样才能贴近他们、融入他们，有针对性地解惑释疑，从而凝聚起团结奋进、同心同德的强大力量，为顺利实现“两个一百年”奋斗目标和中华民族伟大复兴的中国梦提供坚实保障。

二、深刻领会“三严三实”的丰富内涵

“三严三实”是习近平总书记从审视历史的高度，着眼解决当前作风方面的突出问题提出来的，是对我们党始终重视作风建设的历史传承，与十八大以来中央加强作风建设的一系列措施交相呼应。“三严三实”体现了习近平总书记对党的作风建设的新思考、新提炼、新概括，彰显了马克思主义执政党的品格魅力，体现了党要管党、从严治党的基本要求，是世界观和方法论的有机统一、内在自律和外在约束的有机统一。

开展“三严三实”专题教育，首先要把握住“三严三实”的基本内涵。“三严”是党的核心价值、品格优势、优良传统。我们党就是靠崇高的革命理想和铁的纪律，一步一步从小变大，从弱变强，从胜利走向胜利；“三实”体现的是我们党的思想路线，体现了党始终坚持“理论与实践相统一”这一马克思主义基本原则。“三严”与“三实”的关系是相辅相成的，互为因果、相互转化、不可分割。“三严”既是领导干部做人的基本道德要求，又是作风建设的根本保障，集中体现了共产党人的理想信念、根本价值观和

党性原则。“三严”不立，“三实”就成空中之楼阁。同样，“三实”是对党员干部“谋事、创业、做人”的基本要求、是干事创业能够有所作为的前提。严以修身、严以用权、严以律己，谋事要实、创业要实、做人要实是共产党人的本色，也是共产党人言行一致的优良传统。我们一定要准确把握“三严”与“三实”两者的辩证关系，“严”字当头、“实”处发力，把“三严三实”贯穿做人从政全过程。具体说来，**严以修身，就是要加强党性修养，坚定理想信念，提升道德境界，追求高尚情操，自觉远离低级趣味，自觉抵制歪风邪气。**这就要求我们每一个党员干部，一是要讲信仰。要把共产主义信仰作为我们的安身立命之本，作为党性修养的总开关。信仰信仰，顾名思义，首先要“信”，其次是“奉为准则和行动指南”，离开这两条都称不上是信仰。一些党员干部之所以腐败堕落，最根本的原因就是缺了理想信念这个“钙”，所以才在糖衣炮弹面前栽了跟头。习近平总书记在谈到反腐倡廉时曾说过一段掷地有声的话，“人民把权力交给我们，我们就必须以身许党许国，报党报国，该做的事就要做，该得罪的人就得得罪。”党的总书记用“以身许党许国、报党报国”表露反腐的决心，体现的正是对党的事业的追求，是一种信念，那就是坚信反腐倡廉会得到最广大人民群众的真心拥护，坚信不反腐就不能实践党的根本宗旨。他是这样说的也是这样做的，这种驰而不息从严治党的决心和态度，正是源于信仰的力量、源于要把老一辈无产阶级革命家开创的事业继承下去的历史责任感；二是讲道德。修身立德是一个人为人处世的根本。道德是人们生活和行为的共同准则与规范，虽然属于非强制性约束法则，却往往代表着社会主流价值观，起着判断行为正当与否的作用。正因为此，普通人都应遵守的道德，作为党员领导干部更应该遵守，而且要做遵守道德的模范；三是讲境界。作为党员领导干部，人在高位，手中握有普通人所没有的权力，这就要看境界。如果境界不高，监督措施一旦不到位，那就很容易出问题。讲境界，其实就是讲世界观、人生观、价值观。只要我们把这道关管住了，不计较个人名利得失，能够站在党和人民的立场和高度去想问题、做事情，那么不管风云如何变幻，都能作到我自岿然不动。**严以用权，就是要坚持用权为民，按规则、按制度行使权力，把权力关进制度的笼子里，任何时候都不搞特权、不以权谋私。**权力是一把双刃剑，用好了能为民谋福利，用错了就会损害人民利益，损害党和政府的形象。作为党员领导干部，最关键的是要时刻牢记权力是人民赋予的，来源于人民、理应服务于人民。如果不搞清楚这一点，那么在权力的行使过程中就难免出现公器私用、以权谋私、任性用权等一系列问题。**严以律己，就是要心存敬畏、手握戒尺，慎独慎微、勤于自省，遵守党纪国法，做到为政清廉。**严以律己要具有“两心”：一是要常怀律己之心，时刻牢记“手莫伸，伸手必被捉”的道理，始终坚守共产党人的精神高地，不该去的地方不去，不该拿的东西不拿，不该做的事情不做；二是要常怀敬畏之心。古人云：“畏则不敢肆而德以成，无畏则从其所欲而及于祸。”也就是说，一个人如果失去敬畏之心，为人处世就可能变得狂妄自大、肆无忌惮，甚至贪得无厌、无法无天，最终吞下自酿的苦果。薄熙来是这样、苏荣是这样、周永康是这样、令计划也是这样，我们应当引以为戒。只有常存敬畏之心，敬畏人民、敬畏权力、敬畏法律、敬畏规矩，我们才能在完成党和人民赋予的使命时始终保持战战兢兢、如履薄冰、如临深渊的状态，不在权力面前迷失，不在诱惑面前动摇，以高度负责的精神状态完成我们的各项工作。**谋事要实，就是要从实际出发谋划事业和工作，使点子、定政策、提方案要符合实际情况、符合客观规律、符合科学精神，不好高骛远，不脱离实际。**马克思主义方法论的一个基本原则就是：一切要从实际出发，实事求是。这是我们党一直以来坚持的思想路线和工作作风。习近平总书记提出的谋事要实，实际上就是对实事求是精神的进一步阐释。具体到我们的工作，首先要尊重客观规律，按规律办事，如果起步阶段就不实，那么接下来的工作都等于无用功，干得越多错得也越多；其次要领会中央的精神意图，学深悟透，准确把握中央要求，谋定而后动；再次要加强调查研究，了解基层的实际情况，找准切入点，这样才能达到事半功倍的效果。**创业要实，就是要脚踏实地、真抓实干，敢于担当责任，勇于直面矛盾，**

善于解决问题，努力创造经得起实践、人民、历史检验的实绩。“空谈误国、实干兴邦”，这是习近平总书记在总结历史经验和现实教训后对全党特别是各级领导干部提出的要求。党员领导干部要以创业为民的历史责任感，把我们的工作和人民需求有机结合起来，脚踏实地、埋头苦干，用实际的工作来诠释我们的价值；力戒形式主义，坚决根除表面功夫、虚假业绩，去华求实，做到求长远、可持续。**做人要实，就是要对党、对组织、对人民、对同志忠诚老实，做老实人、说老实话、干老实事，襟怀坦白，公道正派。**要发扬钉钉子精神，保持力度、保持韧劲，善始善终、善作善成，不断取得作风建设新成效。有人说做老实人容易吃亏，这也有个“怎么看”的问题。老实人有时确实容易被投机取巧的人占了便宜，但从长远看，那些讲诚信、重品行，真心实意、与人为善的同志最终都能得到领导、同事的认可，而投机取巧的人即使得意于一时，最终也会自食其果，这是被多少例子所证明的。所以，从某种意义上来讲，吃点亏反倒是福气。

三、切实增强践行“三严三实”的思想自觉和行动自觉

“三严三实”明确了领导干部的修身之本、为政之道、成事之要，为加强新形势下党的思想政治建设和作风建设提供了重要遵循。我们要全面掌握其核心要义和精神实质，聚焦“对党忠诚、个人干净、敢于担当”这十二个字，进一步强化全面从严治党的政治自觉和忧患意识，对照“三严三实”，把全面从严治党的各项要求抓紧抓实抓出成效，加快形成全面从严治党新常态。

从侨联机关总体上看，经过党的群众路线教育实践活动的洗礼，“四风”问题得到了有效遏制，广大党员干部干事创业的热情不断激发，出现许多新变化、新气象。华侨出版社获得首都文明单位称号；海外联谊部、侨研所获得中直文明单位称号；权益保障部多年被评为全国普法先进单位；经济科技部获得全国防盲指导委员会颁发的光明行突出贡献奖；华侨基金会闯入全国公募基金会前十强，名列第八；中国华侨出版社截至今年四月底，图书市场占有率全国排名第十，其中心理自助类图书排名第一，《你若安好便是晴天》一书连续十二个月在心理自助类图书中排名第一，等等。但是，是不是侨联机关作风方面的问题已经得到根本解决了呢？我想还不能这么说。因为我们只要用“三严三实”这把尺子来衡量，就会引发我们对一些问题的深层思考：**一是对马克思主义的信仰、对社会主义和共产主义的信念是否始终不动摇。**“三严三实”专题教育聚焦的第一个方面就是对党是否忠诚，而看一名党员干部对党是否忠诚，关键就是看他有无坚定的理想信念。“共产党人是特殊材料制成的。”“特殊”就特殊在这里，这也是区别一个人是否从思想上入党的最重要的标志。习总书记在最近召开的中央统战工作会议上指出：统战干部要同各式各样的人打交道，有一个谁影响谁的问题，没有坚强的党性、坚定的立场是不能胜任的。越是做党外工作，越要心中有党，善于从政治上观察和处理问题，严格遵守党的政治纪律和政治规矩，在坚持什么、提倡什么、防止什么、反对什么上始终保持定力。当前社会发展已进入信息时代，网络信息铺天盖地。面对网络上出现的各种社会思潮、海外侨社中各种自由化的观点，我们的党员干部善不善于辨别，能不能坚定信念、站稳立场，能不能排除干扰、厘清是非，团结引导党外知识分子和非公有制人士占大多数的归侨侨眷和海外侨胞，坚定地走中国特色社会主义道路，增强“三个自信”，是检验对党忠诚的试金石。**二是有无存在不讲党性原则的情况。**侨联工作是党的统战工作的组成部分。面对情况各异、背景不同的广大侨胞，侨联工作的关键和难点是正确处理一致性和多样性的关系。毛泽东同志说过，因为不一致才有团结的任务，如果总是十分一致，那还有什么必要不断进行团结的工作呢？团结工作是侨联工作的永恒主题，究其原因是我们的工作对象在诸多方面存在着太多的不一致。这就要求我们必须牢固树立底线思维，正确处理原则性和包容性的关系，在大是大非面前不糊涂，在事关改革发展稳定的问题上态度鲜明、立场坚定。因此，作为侨联工作者能否始终在政治上、思想上、行动上与党中央保持高度一致；是否有大局观念，站在侨联事业长远发展的角度去考虑问题、开展工作；能否深入基层，心系群众，始终把侨界群众的利益和要求作为我们工作的出发点和落脚点，这些都值得我们用心去思考。**三是有**

无得过且过、不敢担当的问题。侨联工作刚性指标不多，软性任务很重。这种工作特点使得一些同志滋生了不作为、慢作为的惰性。自己工作不求进取，对别人的进步又眼红；当面摊开意见没勇气，背地里告状又很起劲。这种风气不可长。共产党人顶天立地，从不隐瞒自己的政治主张，在一些原则问题上又何必遮遮掩掩的呢？这是“另类”的一种“不敢担当”。此外，一些党员领导干部对于责任重、压力大的工作思路不清，不知道如何去抓，甚至不愿触及。遇到棘手的问题退避三舍，采取回避、推托、转嫁的态度，缺乏直面困难的勇气，这些都需要通过“三严三实”教育加以解决。**四是教育实践活动后，有无对于“四风”问题思想上松劲、行动上歇脚的倾向。**群众路线教育后，我们制定了一系列整改措施，完善了有关规章制度，但坚持得怎么样？对机关长期形成的痼疾，有多少死灰复燃？对党组、党委布置的党建工作是不是应付了事？党建责任制是不是落实到位，是否存在一手硬、一手软的现象？这些也都值得我们自查自省。**五是有无不讲党的政治纪律和政治规矩的问题。**习总书记指出，在所有党的纪律和规矩中，第一位的是政治纪律和政治规矩。这几年，随着机关新老交替步伐的加快，一大批年轻同志补充到侨联干部队伍中来。其中，35 岁以下的年轻人占到机关总人数的 35.9%。他们文化程度高，接受新生事物快，朝气蓬勃，日益成为侨联工作的骨干。但在充分肯定他们长处的同时，也要看到由于阅历的局限，他们特别缺乏党的政治纪律、政治规矩的熏陶。就有个别人，目无组织，热衷于搞团团伙伙，喜欢在人后嘀嘀咕咕。更有极个别人为达到一己私利，不惜盗用别人名义伸手要待遇，影响机关正常的干部推荐，扰乱职工住房分配秩序，嫁祸于人，这是要不得的，发展下去也是十分危险的。一些干部犯错误都是从不守纪律、不讲规矩、跟组织玩小聪明、个人膨胀、利欲熏心开始的。年轻同志有年轻同志的不足，老同志有老同志的责任。因此老同志，特别是负有领导责任的党员领导干部要常自问：党的民主集中制是不是坚持了？下级服从上级、少数服从多数的组织原则是不是遵循了？经常性的思想政治工作是否真正到位了？在年轻人中的表率作用是否树立起来了？

总之，按照“三严三实”这面镜子，值得反思的问题还有很多。中央要求我们做老实人、办老实事，这既是为人之本，也是从政之要。没有老老实实的精神、认认真真的态度，中央赋予我们“两个拓展”的任务就难以完成，教育实践活动取得的作风建设成果就有可能前功尽弃，几代侨联人为侨联事业发展所付出的努力最终也将成为泡影。正因为此，我们要以这次专题教育为契机，深入学习习近平总书记系列重要讲话精神，深刻理解“三严三实”的重大意义，自觉加强党性修养，自觉改进工作作风，自觉剔除那些“不严不实”的突出问题，实现党性、品格、境界、素质全面提升。

一是坚定政治品格，做到对党忠诚。对党忠诚首先是要认真学习、贯彻、遵守、维护党章，切实用党章规范自己的一言一行，这是作为共产党员最基本的要求；其次要坚决维护中央权威，自觉遵守党的组织原则，接受党的纪律约束，贯彻落实中央的路线方针政策，始终在政治上思想上行动上与党中央保持高度一致。第三要不断加强对中国特色社会主义理论和习近平总书记系列重要讲话精神的学习，坚定中国特色社会主义的道路自信、理论自信、制度自信。**二是坚守从政底线，做到清白干净。**什么是底线？底线就是人们应该遵循、不可逾越的最低警戒线，也就是大家平常所讲的凡事都要有个“度”。对于党员干部来讲，坚持清正廉洁，就是我们必须守好的基本底线。其基本要求就是：思想上要防微杜渐。能否廉洁自律，最大的诱惑是自己。所以要管住自己、战胜自己，筑牢思想防线，做到自警自律、慎独慎微，始终坚守共产党人的精神高地；不触犯党纪国法的“红线”和“高压线”，否则不念纲纪、不守法度，廉政上必然会出问题。党员干部不论职位多高，心中都要高悬法律明镜，手中紧握法律戒尺，筑牢廉洁从政的法治屏障；同时牢记“当官发财是两条道”。当官就不要老想着发财，想发财就不要当官，这也是底线。**三是坚持从政准则，做到敢于担当。**敢于担当是党员领导干部的基本素质。不管是主政一方，还是掌管一个部门，都需要领导干部特别是主要负责同志具有担当意识和担当精神。党把你放在领导的位置上，是对你的信任和重托，没有理由不把组织托付的工作做好、管好。因此针对侨联的实际，要做到“五敢”：一是面对大是大非要敢于亮剑，在重大原则问题上旗帜鲜明；二是面对矛盾要敢于迎难而上，不回避问题，不转嫁危机，在解决矛盾、化解问题中增长才干；三是面对突发事件要敢于挺身而出，关键时刻豁得出去、顶得上来，成为带领群众走出低谷的主心骨、领头人；四是面对失误要敢于承担责任，做到“思其过、改其行”，正视问题、总结教训、探索不止；五是面对歪风邪气要敢于坚决斗争，宁做挡风驱邪的泰山石，不做八面玲珑的老好人。只要每个同志都敢于较真、敢抓敢管，就一定能净化机关的从政环境，使风清气正的机关工作氛围牢固树立起来。

四、准确把握“三严三实”专题教育的总体要求和各项任务

（一）总体要求

深入学习贯彻党的十八大和十八届三中、四中全会精神，深入学习贯彻习近平总书记系列重要讲话精神，紧紧围绕协调推进“四个全面”战略布局，对照“严以修身、严以用权、严以律己，谋事要实、创业要实、做人要实”的要求，聚焦对党忠诚、个人干净、敢于担当，把思想教育、党性分析、整改落实、立规执纪结合起来，教育引导各级领导干部加强党性修养，坚持实事求是，改进工作作风，着力解决“不严不实”问题，切实增强践行“三严三实”要求的思想自觉和行动自觉，做到心中有党不忘恩、心中有民不忘本、心中有责不懈怠、心中有戒不妄为，努力在深化“四风”整治、巩固和拓展党的群众路线教育实践活动成果上见成效，在守纪律讲规矩、营造良好政治生态上见实效，在真抓实干、推动改革发展稳定上见实效。

坚持从严要求，强化问题导向，真正把自己摆进去，着力解决理想信念动摇、信仰迷茫、精神迷失，宗旨意识淡薄、忽视群众利益、漠视群众疾苦，党性修养缺失、不讲党性原则等问题；着力解决滥用权力、设租寻租，官商勾结、利益输送，不直面问题、不负责任、不敢担当，顶风违纪还在搞“四风”、不收敛不收手等问题；着力解决无视党的政治纪律和政治规矩，对党不忠诚、做人不老实，阳奉阴违、自行其是，心中无党纪、眼中无国法等问题。推动各级领导干部把“三严三实”作为修身做人用权律己的基本遵循、干事创业的行为准则，争做“三严三实”的好干部。

（二）方法步骤

这次“三严三实”专题教育虽然是作为党的群众路线教育实践活动的延展深化，但它与教育实践活动有明显的不同，就是不分批次、不划阶段、不设环节，不是一次活动。不能按照搞活动的方式来抓专题教育，而是要与中心组学习、“三会一课”、年度民主生活会结合起来，通过不断深化学习教育，实现由被动向主动的转变、由“不敢”向“不想”的转变。按照中央的要求，直属机关党委已经给大家印发了《关于做好“三严三实”专题教育工作的通知》，对“三严三实”专题教育的方法步骤进行了细化，具体来说主要是四个方面：

1. 组织动员，领导干部带头讲党课。

4月29日，党组召开了中心组学习会议，传达学习了刘云山、赵乐际同志在“三严三实”专题教育工作座谈会上的讲话精神。今天，我给全体党员讲党课。从现在起，其他党组成员也要结合实际，陆续安排在机关或所在党组织讲党课。各党支部要把讲专题党课纳入工作计划之中，及时召开动员会对专题教育工作进行再动员。支部书记要为所在支部的党员授课，授课内容要紧密联系部门党员干部的思想和工作实际，贴近现实，把“不严不实”的具体表现和危害讲清楚，把落实“三严三实”的实践要求讲清楚，入情入理、讲出共鸣，防止照本宣科、泛泛而谈。

2. 查找问题，开展“三严三实”专题学习研讨。

一是统一思想为专题学习研讨预热。各党支部在专题学习研讨前要提前进行预热，广泛开展谈心活动，采取多种形式认真查找本部门、本单位存在的问题，分析问题的原因，做到心中有数、有的放矢，确保学习研讨不走过场、不流于形式，为开展专题研讨做好准备。要把深入学习习近平总书记系列重要讲话作为学习教育的重中之重，领会核心要义，掌握精神实质，把握贯穿其中的立场、观点、方法，做到

学而信、学而用、学而行。要坚持个人学习与集中学习相结合，重点研读《习近平谈治国理政》、《习近平关于党风廉政建设和反腐败斗争论述摘编》等重点书目，要读原著、学原文、悟原理。要继续学好党章以及《习近平总书记五篇重要讲话材料摘编》，不断强化党的意识、党员意识、纪律意识、规矩意识，真正使党章内化于心、外化于行。要认真学习《优秀领导干部先进事迹选编》、《领导干部违纪违法典型案例警示录》，用好两面镜子，从优秀干部的事迹中，找到差距、见贤思齐；从反面典型的违纪违法案件中，汲取教训、自警自省。

直属机关党委将于近期举办党务干部培训班，强化职责，不断增强我会党员干部对“三严三实”的学习领会，争做“三个表率”。

二是组织开展三个专题的学习研讨。专题一是严以修身，加强党性修养，坚定理想信念，把牢思想和行动的“总开关”（集中在5月—6月）；专题二是严以律己，严守党的政治纪律和政治规矩，自觉做政治上的“明白人”（集中在7月—8月）；专题三是严以用权，真抓实干，实实在在谋事创业做人，树立忠诚、干净、担当的新形象（集中在9月—10月）。每两个月一个专题。各党支部还可结合本单位情况，调整学习研讨时间，注意研讨质量。三个专题研讨要在11月底前结束。

3. 联系实际开好“三严三实”专题民主生活会和组织生活会。

今年11月底前，各级党组织要根据2015年度民主生活会的要求，召开“三严三实”专题民主生活会和组织生活会。届时直属机关党委将派人参加。处级以上党员领导干部都要对照党章等党内规章制度、党的纪律、国家法律、党的优良传统和工作惯例，对照正反两方面典型，联系个人思想、工作、生活和作风实际，联系个人成长进步经历，联系教育实践活动中个人整改措施落实情况，深入查摆“不严不实”问题，进行党性分析，严肃认真开展批评和自我批评，并撰写书面材料。

4. 针对问题，抓好整改落实。

针对查摆出来的“不严不实”的问题，各党支部要列出清单，即知即改、立行立改，坚持思想问题和实际问题一起改，大问题和小问题都不放过。要结合教育实践活动的重点整治任务，做好“不严不实”问题专项整治，加强跟踪问效，保证工作力度，切实把群众满意不满意作为检验专题教育成效的重要标准。

五、从严从实组织实施，扎实开展“三严三实”专题教育

这次专题教育虽然不分批次、不划阶段、不设环节，但并不意味着可以放松要求、降格以求，还是要发扬认真精神，按照中央要求，认真谋划，精心把各项工作做扎实、做细致、做到位。在开展“三严三实”专题教育中，各基层党组织有三个方面一定要抓住：**一是要抓住思想政治建设这个根本。**刘云山同志指出，“三严三实”专题教育是持续深入推进党的思想政治建设和作风建设的重要举措。这就明确了“三严三实”专题教育的最终目的是为推进党的思想政治建设服务。“三严三实”是习近平总书记立足于当前管党治党的实际提出来的，是我们在新形势下加强党的思想政治建设和作风建设的重要遵循。只要我们理解了“三严三实”与加强党的思想政治建设的紧密关系，在“三严三实”专题教育中紧紧抓住思想政治建设这个根本，也就明确了专题教育工作的方向，就能够以更加自觉的态度和更加饱满的精神投身到“三严三实”专题教育工作中来。**二是要抓住领导干部这个“关键少数”。**领导干部是各项工作的先行者、推动者和落实者，是干事创业、推动发展的中坚力量。抓住了领导干部，这些工作就能落到实处。中央明确，这次开展“三严三实”专题教育，受教育的对象主要是县处级以上领导干部，这也是习近平总书记所讲的“关键少数”。作为党组书记我是机关党建第一责任人，各部门负责人和党支部书记则是本单位党建第一责任人，各级党组织主要负责同志务必行使好“一岗双责”的责任。比如，支部学习了没有，组织活动开展得怎么样，干部思想状态、精神面貌如何，班子是否团结，工作是否出成效。这些都需要各部门负责人认真研究，并加以落实。实践证明，部门党建工作做得好，就能出干部、出业绩。抓好领导干部这个关键少数，就能形成以上带下、层层示

范，人人争做“三严三实”好干部的良好氛围。**三是要抓住“作风建设永无止境”这个基本规律。**作风建设是党的优良传统，是党的生命线。历史实践反复证明，什么时候重视作风建设，党的事业就会发展和胜利，什么时候弱化作风建设，党的事业就会出现挫折和困难。在革命、建设和改革的不同历史时期，我们党始终把作风建设放在首位，为党的事业发展提供了重要保证。但是，作风建设不是一劳永逸的，不良作风犹如病毒，会不断变异。其长期性、反复性、顽固性等特征，必然要求“作风建设永远在路上”，永远没有休止符。侨联也是一样，要克服侨联无权无利，不会出问题的错误想法，绷紧廉政底线，不断加强作风建设。

开展“三严三实”专题教育是一项重大的政治任务。能否把这个重大政治任务完成好，是对党组、党委和各级党组织履行党建主体责任的直接检验、现实考验。下面，我就开展好这次专题教育再强调几点：**一是**各部门（单位）主要负责同志要坚持以身作则，以上率下，承担起第一责任人的责任，带头讲好党课，带头查找问题，带头学习研讨，带头开展批评和自我批评，带头抓好整改落实，从而带动专题教育有效开展；**二是**要贯彻从严从实要求，把严的标准、严的措施、严的纪律贯穿专题教育始终，以严格的要求推动学习的深入，以严格的要求换来整改的实效；**三是**要着重抓好学习教育，强化理论武装，研读重点书目、党章党规，打牢思想根基；**四是**要突出问题导向，强化问题整改，以解决问题的成果来检验专题教育成效；**五是**要把开展专题教育与做好当前改革发展稳定各项工作结合起来，与完成本部门本单位重点工作结合起来，做到专题教育与日常工作有机融合，两不误、两促进。各部门（单位）要以这次专题教育活动为契机，切实推动作风转变，以良好的精神状态助推侨联事业的不断发展。

抓住“一带一路”建设机遇
共促两岸关系和平发展

——在海峡两岸暨港澳侨界圆桌峰会上的讲话

（2015年6月13日）

林　军

尊敬的简汉生理事长、陈三井理事长，

尊敬的两岸侨界同胞、港澳侨界代表，同志们、朋友们：

大家好！很高兴与各位老朋友、各位乡亲在厦门再次相聚，借举办一年一度海峡论坛、两岸侨联和平发展论坛的机会，召开由两岸侨界人士和港澳侨界代表参加的圆桌会议，就大家共同感兴趣的问题交换意见。这种形式尚属首次，希望大家对共同关心的话题各抒己见、畅所欲言，围绕两岸关系和平发展的主题，为巩固以往的成绩、应对现实的挑战、铺就密切民间交往之路建言献策。实现中华民族伟大复兴的中国梦是海内外所有中华儿女的共同追求，相信通过这种形式，能够进一步凝聚共识，从而朝着两岸和平统一的方向继续前行，为扩大两岸人民福祉贡献智慧。

时光荏苒、抚今追昔。两岸侨界交流合作有今天这样的好局面，是两岸侨界攻坚克难、互信互助、共同培育的结果。早在1997年，我们与时任华侨协会总会理事长张希哲先生首度合作，共同就“华侨与抗日战争”展开对话。在追思和缅怀海外侨胞为中国人民的抗日战争所作出的巨大贡献时，我们对两岸侨界应当摒弃前嫌、携手做些于民族国家有利的工作共识甚多，从此开启了两岸侨界组织往来之先河。自2000年始，华侨协会总会先贤梅培德先生敢为人先，为祖国和平统一大业，奔走两岸，游说侨社。在梅先生的推动下，华侨协会总会与中国侨联的友谊得到进一步发展。2005年，台湾中华侨联总会吴振波理事长率团到访北京，就共同关心的问题交换意见，作为这次到访的重要成果之一，2006年首届两岸侨联和平发展论坛在北京拉开帷幕，从此一发不可收，成为两岸侨界交往互动的平台、增进互信理解的载体。从那以后，两岸侨联和平发展论坛连续成功举办了九届，相继取得了共同推动中国和平统一、共同促进两岸交流、共同继承中华文化、共同做好海外侨胞工作、共同推进两会交流的“五点共识”，发表了“携手创建和谐侨社”的倡议书，还取得了共商“携手推进两岸和平发展的美好明天”、为加深两岸侨联基层交流研讨建立有关机制、通过了“共同征集华侨华人历史文物文史的倡议书”、倡导“侨界携手弘扬中华文化、共同助推民族伟大复兴”等一系列重要成果。其中，我们鼎力推动的“促进全面、直接、双向‘三通’”的愿景通过两岸高层不懈努力已经实现。2009年，应中华侨联总会的邀请，我率团访问台湾，实现了中国侨联赴台的“破冰之旅”。此后中国侨联多次组团参访台湾，与台湾侨界进行了广泛深入的交流，认识了许多新朋友、结识了许多老少乡亲，一扫时空给我们造成的疏离，扩大了共识，增进了理解。特别是这几年，两岸侨界联手举办的活动丰富多彩，为进一步深化两岸侨界交流、促进两岸经济发展、融洽两岸同胞感情发挥了积极的作用。正可谓

"真诚赢得信任，行动深化友谊"。

回首两岸侨界风雨之路，我们深感这种局面来之不易，经验弥足珍贵，成果亦当倍加珍惜！正是由于我们坚信血浓于水、始终秉持共同的理念，使得两岸侨界交往得以顺风顺水，规模越来越大。**一是深明大义、坚定信念。**我们各方始终坚定不移走两岸关系和平发展道路，坚定不移坚持"九二共识"、反对"台独"，坚定不移为两岸同胞谋福祉，坚定不移携手实现民族复兴、为共圆中国梦不遗余力。**二是积累共识、增进互信。**两岸同胞同根同源、同文同种，都是"家里人、亲兄弟"。我们各方以情感为纽带、以活动为载体，厚德载物、重情尚义，共同传承中华优秀文化，齐心携手建设共有精神家园。**三是精诚协作、相互支持。**我们各方互访频繁、坦诚相见、互通有无、取长补短，在许多领域充分发挥专长，优势互补，共同为两岸经贸往来、合作共赢献计出力。**四是求同存异、相互包容。**我们坚持"海纳百川、有容乃大"的精神，各方都能尊重彼此关切和需求，以"一个中国"为圆心，和平发展为半径，努力寻求两岸最大公约数，增进理解、彼此包容，广泛团结两岸侨胞，共同致力于海外和谐侨社建设，使得我们画出的同心圆越来越大。这些既是我们在长期合作过程中共同形成的意志，也是承前启后、继往开来的基础。任凭风云变幻，这个意志不会改变，这个基础不容动摇。

各位朋友：

人无远虑、必有近忧。当前我们正处在一个经济全球化时代，人类社会相互依存空前加深，历史性机遇与全球性挑战复杂交织。中国以首善其身、兼济天下的大国胸怀，推动建立以合作共赢为核心的新型国际关系，倡建人类命运共同体，在实践中积极探索共圆发展之梦，并在此基础上提出共建"丝绸之路经济带"和"21世纪海上丝绸之路"的重大倡议，得到国际社会高度关注和有关国家积极响应。"一带一路"传承中华历史文化精髓，秉持讲信修睦、弘义融利、协和万邦的理念，致力于再筑东西方利益交融、文明辉映的和谐世界，从而将中国与世界更加紧密地联系在一起，推动更多国家和地区开展全方位合作，充分展示了中国主动参与国际事务的积极姿态和负责任大国的形象。"一带一路"建设蕴含着中华文化和平、和睦、和谐的价值追求，也是基于中国自身发展历程的历史启示。它突破了传统大国依靠经济殖民、文化殖民而崛起的陈旧逻辑，走的是和平崛起、反对霸权主义和强权政治的新型发展道路，从根本上摒弃了西方国家"国强必霸"的发展模式。其次，它突破了对抗性思维、零和博弈思维，既不划圈子，也不搞对抗，追求的是合作共赢。第二，它打造的是开放、包容、均衡、普惠的区域经济合作架构，着眼于开展更大范围、更高水平、更深层次的区域合作，与各国发展战略相衔接，助推沿线各国多元、自主、平衡、可持续的发展。中国合作共赢的理念日益得到国际社会越来越多的认同和理解，不久前50多个国家积极申请成为亚投行创始成员国就是生动的例子。

"一带一路"建设的宏伟蓝图为广大华侨华人特别是两岸侨界同胞提供了难得的历史机遇。广大华侨华人是联接祖（籍）国与所在国的桥梁和纽带，全世界6000多万华侨华人中有逾4000多万分布在"一带一路"沿线各国。据不完全统计，全球华商企业资产总规模约5万亿美元，其中"一带一路"主要覆盖区的亚洲华商经济实力约占2/3以上。世界华商500强中约1/3分布在东盟各国。他们既了解中国，也熟悉所在国的政治、经济、法律和社会状况；既熟练掌握中国及所在国的语言，又了解两国文化背景和民众心理差异，在提供市场信息、法律服务、传播文化、深化了解、增进互信等方面具有不可替代的作用，完全可以在"一带一路"建设中大显身手，是"一带一路"建设不可或缺的推动力量。

"一带一路"建设强化了中国与周边及沿线各国的战略互惠关系，也为华侨华人的生存、发展营造了更好的环境。广大侨胞应抓住机会，努力建言献策，积极寻找商机，踊跃参与互联互通项目合作，在最能体现自身价值的领域有所作为，不断壮大自己的实力。

前不久，我率团访问土耳其、葡萄牙、奥地利三国，在与当地侨胞座谈时，侨胞们对参与"一带一路"建设普遍存在两种倾向：一是积极参与"一带一路"建设热情高涨，又苦于不知从何入手；二是心情急切、跃跃欲试，都希望能从国家手中“分一杯羹”。广大侨胞热切投入“一带一路”建设的激情难能可贵，但必须指出，“一带一路”倡议旨在推动沿线国家实现发展战略对接、优势互补，以期推动更多国家和地区共同应对全球发展面临的重大挑战，为世界提供一种全新的发展构架与合作模式，从而创造新机遇、激发新活力。正是出于这种初衷，与其等着“分一杯羹”，不如抓住这个千载难逢的创业机会，凭借自己对市场的感悟以及因“一带一路”建设给沿线国家带来的新的市场需求，捷足先登。正可谓“春江水暖鸭先知”，努力开辟自己的天地，扬其所长，彰显作为，多做有利于推进“一带一路”建设、有益于沿线各国经济社会发展的实事。

投身“一带一路”建设是当前和今后一段时期侨联工作的重点，也为两岸关系朝着和平发展的康庄大道稳步前行注入新的动力。为此，我谈三点意见，供大家参考。

一、引导两岸侨界同胞凝心聚力，为“一带一路”建设发挥独特作用。要采取多种形式宣传、阐释“一带一路”建设的重大意义、整体规划和基本内涵，通过血缘、亲缘、业缘等渠道向“一带一路”沿线侨胞释疑解惑，鼓励他们根据各自的实际情况，积极参与“一带一路”建设。同时，充分发挥海外侨胞熟悉中国和住在国政治、经济、法律、风俗习惯等优势，在“一带一路”沿线国家做好前期项目论证、市场分析、社会公关、风险评估等工作，努力化解政治性风险、文化性差异、人才管理等技术性障碍，既为住在国的经济社会发展服务，也为中国企业“走出去”发展营造良好社会氛围，进一步深化利益融合，实现共赢发展。台湾同胞是中华民族不可分割的一部分，“一带一路”建设带来的发展机遇既有利于大陆，也有利于台湾，在“一带一路”建设中，台湾有许多自身优势，台湾不应缺席。我们热切期待广大台湾侨界同胞认清大势、群策群力，不失时机、借船出海，共享“一带一路”建设发展机遇。

二、团结两岸侨界同胞同心同德，巩固和发展两岸关系和平发展的民意基础。维系两岸关系和平发展就必须坚持“九二共识”、反对“台独”，不断夯实和强化“一个中国”的政治基础，坚持推进各领域交流合作，把不断扩大两岸民众福祉作为处理两岸关系的出发点和落脚点。为此要更加不遗余力地推动两岸侨界同胞以心相交、聚同化异，不断增强民族认同、文化认同和“一个中国”认同。通过“侨与中国梦”、“创业中华”、“亲情中华”、“生态中华”、“侨爱心”、“侨之家”等精品工程，筑牢两岸命运共同体的民意基础，进一步扩大两岸经贸往来，拓展务实合作，让更多的台湾民众共享和平发展的实惠，共享和平发展的成果。要继续依托宗亲、姓氏、寻根等文化交流活动，传承中华优秀文化，不忘故里乡愁，使“两岸一家亲”理念深入人心、化为血脉。

三、加大两岸青年交流合作力度，为年青一代实现人生梦想搭建广阔舞台。青年一代有理想、有担当，国家就有前途，民族就有希望，实现我们的发展目标就有源源不断的后续力量。要更加关注两岸侨界青年的所思所想、所期所盼，努力探索符合新生代价值取向的交流方式，传导和平发展、和平统一的正能量。借助微信群、QQ、侨联通等新媒体网络平台，使两岸交流更富活力和便捷，更为广泛与普及。要全力支持两岸侨界青年组织开展丰富多彩的联谊活动，加大两岸侨界青年互访频度，在交流中增进理解、消弭隔阂，扩大共识、祛除误解，融洽彼此感情，不断增强对中华民族的向心力。要帮助解决他们在学习成长、创新创业中遇到的实际困难和问题，积极维护他们的合法权益，引导和鼓励两岸侨界青年在推动两岸关系和平发展和践行中华民族伟大复兴的进程中实现人生价值。

各位朋友：

风起扬帆正当时，四海同心逐新梦。让我们携起手来，抓住机遇、排除干扰、奋力而上，踊跃投身“一带一路”建设，为两岸关系和平发展，为实现中华民族伟大复兴的中国梦继续顽强拼搏、砥砺前行！

在中国侨联九届四次常委会议上的讲话

（2015年7月27日）

林　军

各位常委、同志们：

我受中国侨联九届四次主席会议委托，向常委会报告九届二次全委会议以来的主要工作，部署下半年的工作任务。

一、今年以来的主要工作

今年以来，各级侨联深入学习贯彻习近平总书记系列重要讲话精神，认真贯彻落实中央《关于加强和改进党的群团工作的意见》（以下简称中发4号文件）和中办《关于加强和改进新形势下侨联工作的意见》（以下简称中办发20号文件），按照九届二次全委会议的工作部署，主要做了以下四方面的工作。

（一）深入学习贯彻习近平总书记系列重要讲话，坚持正确政治方向

各级侨联把深入学习贯彻习近平总书记系列重要讲话精神作为首要政治任务来抓，紧密联系侨联实际，提高思想认识，牢牢把握侨联工作正确政治方向。今年以来，各级侨联采取多种形式，着重深入学习贯彻习近平总书记在省部级主要领导干部专题研讨班开班式、中央外事工作、中央统战工作、中央党的群团工作会议和关于“三严三实”的系列重要讲话精神，深入广泛开展研讨交流。通过学习，使大家进一步强化了法治意识，树立以法治会观念，努力使侨联各项工作都能做到依法履责、依法行事、依法决策；进一步强化了外交大局意识，开展海外工作要树立服从、服务于我国外交战略的理念，充分发挥侨联组织民间外交作用；进一步强化了统战意识，认清侨联工作的统战性，做好争取侨界人心的工作，发展壮大对我友好力量；进一步强化要保持和增强侨联组织的政治性、先进性和群众性，坚定不移地走中国特色社会主义群团发展道路，努力把侨界群众紧密团结在党的周围，确保在思想上、行动上始终与以习近平同志为总书记的党中央保持高度一致；进一步强化了侨联工作的群众观念，增强了侨联干部的责任意识、担当意识，深化侨联机关作风建设。

（二）认真贯彻落实中央和中办两个《意见》精神，积极探索侨联工作改革创新

中发4号文件下发后，各级侨联结合贯彻落实中办发20号文件精神，认真学习、深刻领会，广泛宣传、全面落实。中国侨联在年初召开的九届二次全委会上，传达学习了中央关于加强和改进党的群团工作的意见精神并作了贯彻部署；在全国“两会”期间，分别组织由全国人大归侨代表、全国政协侨联界委员和列席“两会”的海外嘉宾参加的三场座谈会，传达贯彻有关文件精神；3月中旬，召开部分省区市侨联主要负责同志座谈会，传达学习中央领导同志对群团工作的批示精神，研究如何深入贯彻中发4号文件精神；组织力量编写了《侨联学习〈中共中央关于加强和改进党的群团工作的意见〉百题思考》辅导读本，印发各地侨联学习参考；会领导分别带队赴浙江、广东、福建、四川、上海、江苏、安徽、河南、四川等地开展调研，重点了解基层贯彻落实中发4号文件的情况，摸清侨联组织在全面深化改革中存在的困难和问题，探讨侨联工作改革创新的思路，形成的调研报告拟上报中央。自贯彻落实中办发20号文件以来，已有21个省区市、新疆生产建设兵团和6个副省级城市党委出台了贯彻中央文件的实施意见，一些地市级党委也陆续出台实施意见。

（三）主动融入党和国家改革发展大局，充分发挥侨联组织独特优势和作用

各级侨联围绕党和国家改革发展大局，积极履行职能，发挥优势，做了大量工作，突出体现在以下几个方面：**一是**围绕“一带一路”战略主动作为。中国侨联召开“一带一路”沿线25个相关省区市侨联工作沟通会，研讨如何发挥侨联组织作用；围绕“一带一路”沿线安排会领导出访，以便推进沿线国家的海外侨胞、侨团开展对接工作；中国侨商联合会在伊斯坦布尔和法兰克福分别成功举办中国—土耳其投资交流会和中国—德国企业投资交流会；在今年6月召开的全国侨联联络工作会上，将“一带一路”战略列为重要学习内容，增强侨联干部主动为“一带一路”战略服务意识。广东省侨联主办了“丝绸路·南粤梦”经贸系列活动，海内外侨商近500余人出席；陕西省侨联参与举办第十九届中国东西部合作与投资贸易洽谈会暨丝绸之路国际博览会，签署投资协议金额51.75亿元。**二是**围绕大众创业、万众创新彰显侨联作用。中国侨联组织各地侨联积极参加第十八届中国北京国际科技产业博览会，引导侨企创新发展；由有关省市侨联联合举办创业中华·2015世界知名侨商辽宁行主题系列活动和“创业中华·魅力大连”2015侨界助力金普新区创新发展高峰论坛，寻求科技成果研发与企业规模化生产合作的结合点。上海市侨联抢抓自贸试验区建设的机遇，签约启动了临港新侨新兴产业园，服务海内外新侨创新创业；江苏省侨联举办创业中华·2015侨资侨智对接交流会，安徽省侨联举办2015国际人才与安徽高新技术产业发展项目对接会，都取得较好效果。**三是**围绕纪念中国人民抗日战争胜利70周年，广泛开展侨特色活动。中国侨联在奥地利、菲律宾分别举行了“血写的历史——日本军国主义在亚太地区罪行图片巡展”，还有十几个国家的侨团正在积极筹备展览事宜；与国务院新闻办合作编辑出版《日本军国主义在亚太地区的罪行实录》，与云南省委宣传部合作拍摄的抗战题材电视剧《南侨机工英雄传》已完成；组织中国侨联青年委员开展赴贵州晴隆县纪念南侨机工活动，邀请台湾中华侨联总会参观云南腾冲国殇墓园和滇西抗战纪念馆等。通过中国华侨历史博物馆接受海内外有关人士捐赠的日本侵华罪证史料465件（套）；由中国华侨出版社出版的《华侨抗战影像实录》一书入选中宣部、新闻出版广电总局主题出版百种重点图书。云南省侨联参与承办“血写的历史——日本军国主义在亚太地区罪行图片巡展”暨“中国远征军纪念设施建设及南侨机工爱国精神宣传弘扬书画作品展及义拍活动”；福建省侨联、漳州市侨联分别主办了“海外华侨与抗日战争图片展”。**四是**围绕构建大文化、大外宣格局，发挥“亲情中华”品牌作用。上半年，中国侨联组派“亲情中华”艺术团4个，联合贵州、四川、新疆等地侨联组派艺术团7个，赴22个国家和地区进行海外巡演60余场，并全面启动“亲情中华·筑梦丝路”专项行动；联合江苏、浙江、安徽、广西等省区侨联，举办“亲情中华·走进侨乡”春节演出14场，推动文化宣传工作向高端迈进、向基层发力；深化与国家汉办的战略合作，全面启动2015“亲情中华·汉语桥”夏令营筹备工作；召开全国侨联系统文化宣传工作会议，围绕深化“侨与中国梦”主题活动培育和践行社会主义核心价值观；支持地方侨联承办祖地文化、宗亲文化、民俗文化活动，组织侨界群众开展丰富多彩的文化活动；12个省区市的58家单位和机构成为中国华侨国际文化交流基地，进一步推动侨联文化宣传工作基地建设；中国华侨华人历史研究所于上半年完成中办委托的“国际移民现状与发展趋势”课题研究，持续推进侨史工程建设，编纂《中国华侨农场史》进展顺利；华侨历史博物馆上半年试展期间，共接待团体参观113批次2560人次，已具备正式对外开放条件。**五是**围绕全面依法治国，深入抓好学习贯彻。中国侨联开通了普法办官方微信，为侨胞推送67期涉侨法治文章；依托法顾委等力量，先后对国家30余部法律文件草案提出修改意见和建议；在南宁、福州分别举行“法治中国·你我同行”——“一带一路”相关省份侨界群众法治学习活动。新疆自治区侨联专门部署全疆侨法学习和宣传，并作为对基层侨联工作考核的重要内容之一。

（四）扎实推进“三严三实”专题教育，进一步加强侨联思想、组织、作风建设

一是把“三严三实”专题教育作为头等大事

来抓。今年4月以来，中国侨联和各地侨联认真按照中央部署和要求，扎实推进“三严三实”专题教育。中国侨联召开多次党组中心组学习研讨会，深化“三严三实”专题教育；会领导、各部门主要负责同志亲自讲授专题党课；中国侨联直属机关党委举办支部书记、党务干部培训班，发挥他们在专题教育中的骨干作用，认真践行“三严三实”，持续加强作风建设。各地侨联严格按照中央要求，遵循地方党委的部署，扎实有序推进“三严三实”专题教育活动。**二是**强化干部队伍培训。上半年，中国侨联共举办了9期干部培训班，培训各级侨联干部459人；举办了海外侨领国情研修班，来自19个国家的80名海外侨领参加学习；河北、吉林、湖南、广西、江苏等侨联举办了多种形式的干部培训班，新疆自治区侨联举办了3期侨联系统的专职干部培训班，通过学习，增长了知识，拓宽了眼界，提高了素质。**三是**重视抓好基层组织建设。中国侨联指导省级侨联做好换届和领导班子人选工作，上半年浙江、湖北、辽宁、上海4个省级侨联顺利进行了换届。许多地方侨联锲而不舍抓基层、打基础，取得新成效。如福建省积极推动乡镇农村侨联会、侨联小组建设，推进基层侨联组织从“五有”向“五好”转变；安徽省侨联推动3个地级市所辖的17个县区侨联组织实现全覆盖；广东省揭阳市侨联乡镇一级侨联组织实现全覆盖；新疆自治区侨联超过一半的地、州、市侨联成立了维权机构。

二、下半年主要工作任务

下半年，各级侨联要继续深入学习贯彻习近平总书记系列重要讲话精神，认真贯彻落实中央党的群团工作会议精神，扎实开展“三严三实”专题教育，进一步加强侨联组织的作风建设，积极完成今年的各项工作任务。

（一）深入贯彻中央党的群团工作会议精神，推进侨联组织的改革创新

中央党的群团工作会议是党中央召开的一次十分重要的会议，是党的群团事业发展中的一件大事。各级侨联要把学习贯彻落实会议精神作为当前和今后一项重要的政治任务抓紧抓实抓好。

第一，要深入学习、深刻领会习近平总书记重要讲话精神。习近平总书记的重要讲话，从巩固党执政的阶级基础、群众基础的战略高度，从党和国家事业长远发展的全局高度，精辟阐述了做好新形势下党的群团工作的重大意义、方向目标和基本要求，深刻阐明了党的群团工作的一系列重大理论和实践问题，提出了许多新理念、新论断、新方针、新原则，具有很强的战略性、思想性、针对性，是指导新形势下党的群团工作、侨联工作的纲领性文献。通过学习习近平总书记重要讲话，要深化对党的群团工作重要性的认识，加深对有关重大问题的理解，明确新形势下加强和改进党的群团工作的聚焦点着力点，增强做好群团工作的使命感和责任感。要采取多种形式，把贯彻落实群团工作会议精神，与深入开展“三严三实”专题教育相结合，与学习贯彻中央两个意见相结合，与贯彻中央对侨联工作提出的“两个拓展”要求相结合，把学习贯彻不断引向深入。这次常委会将讨论《中国侨联关于学习贯彻中央党的群团工作会议精神实施意见》（征求意见稿），在充分吸收大家意见后印发。

第二，要切实保持和增强侨联组织的政治性、先进性和群众性。习近平总书记强调加强和改进新形势下党的群团工作，最重要的是要保持和增强政治性、先进性和群众性。各级侨联要紧密联系侨联实际，深刻领会“三性”对侨联组织的极端重要性。要深刻领会政治性是侨联组织的灵魂、是第一位要求。坚定不移坚持党的领导，坚决贯彻党的意志和主张，始终保持政治清醒、增强政治定力、严守政治纪律和政治规矩，在思想上政治上行动上同党中央保持高度一致，承担起引导侨界群众听党的话、跟党走的政治任务，牢固树立能否把自己所联系的侨界群众最广泛最紧密地团结在党的周围是衡量我们工作好坏的重要标准，这也是做好侨联工作的关键所在。要深刻领会先进性是侨联组织属性的题中应有之义和履行职责使命的内在要求。牢牢把握侨联工作的时代主题，服从服务党和国家工作大局，切实做好组织、宣传、教育、引导侨界群众的工作。以先进引领后进，以文明进步代替蒙昧落后，以真善美抑制假恶丑，不断提高侨界群众思想觉悟和道德水平，自觉践行社会主义核心价值观。要深刻

领会群众性是侨联组织的根本特点。坚持一切为了侨界群众，满腔热情服务侨界群众，建立健全联系侨界群众的长效机制，发挥好侨联的桥梁和纽带作用，着力建好侨胞之家，当好侨胞之友，不断创新和丰富组织形式、运行机制和活动方式，切实解决侨联工作中存在的种种脱离群众的问题，进一步加强自身组织建设。

第三，要强化问题意识、解决突出问题。习近平总书记在讲话中，深刻分析了群团工作面临的突出矛盾和问题，明确指出这些问题实质是脱离群众，必须下决心进行纠正。当前，侨联工作主要面临6个方面的问题：一是对侨联工作在党和国家大局中的地位作用认识不够。需进一步以历史的眼光、全局的高度明确侨联工作的定位，自觉把侨联工作放到“四个全面”战略布局中去认识、去思考、去部署。二是对新形势下侨情变化和特点了解不深入。受工作方法、能力手段等制约，各级侨联对海外华侨华人基本情况掌握不全面、不深入，存在底数不清等问题。三是与海内外形势发展要求不适应。各级侨联大多通过侨领与海外侨团联络，与普通侨胞联系不够；主要通过举办活动开展联系工作，而机制化、标准化、规范化的工作部署不够；海外工作对象、工作方法及工作内容都发生了较大变化，亟需进一步加强调查研究。四是干部队伍建设与经费保障不足。各级侨联的人员配备、编制、身份、待遇与所承担的大量招商引资、招才引智责任不相称，基层侨联干部很难有机会“走出去”开展海外工作，侨联干部的能力素质亟待提高。五是部分省区市侨联体制机制尚未理顺。各地侨联普遍反映，应完善党委领导侨联工作体制机制，明确由党委专职副书记分管侨联工作；对涉及归侨侨眷利益的重大决策，应认真听取侨联意见；按照“政群分开”的原则，从制度层面对政府和群团职能加以规范，等等。六是侨联组织深化改革工作有待进一步加强。各级侨联要在基层组织建设、侨联干部的配备和培养、承接政府转移职能、“走出去”开展工作等方面加快改革步伐。

第四，深化改革创新，发挥独特作用。一是进一步突出侨联工作群众化特点，切实改革活动方式。要深化侨情研究，深入归侨侨眷和海外侨胞听取意见，提出侨联活动方式改革的建议，使侨联组织的活动能够更为广大基层侨界群众所喜闻乐见，吸引更多普通侨胞参与。二是进一步提高侨联工作科学化水平，切实改革运行机制。要加强整体谋划，深化运行机制改革，注重整合资源，提升侨联工作决策、布局、手段的科学化水平；要把传统工作方式方法与现代新兴媒体结合起来，着力打造互联网线上线下相互促进、有机融合的侨联工作新格局。三是进一步加强侨联组织系统化建设，切实改革组织体制。要按照有组织、有队伍、有经费、有阵地、有活动的“五有”要求，进一步推动基层侨联组织建设，特别是引导新侨联谊会、各类“海归”组织等开展与其特点相符合的活动，使各级侨联组织更加充满活力，更加坚定有力。四是进一步树立侨联工作法治化思维，切实规范履职程序。树立法治思维，切实把坚持党的领导、依法办事、依照侨联章程主动开展活动紧密结合起来，把侨联的工作决策、活动组织、职能履行纳入到法律法规框架内进行，做到依法履责、依法行事、依法决策。五是进一步推进侨联工作社会化，努力承接政府职能转变。加强与各涉侨单位的协调配合，推进侨联工作社会化，形成党委领导、政府支持、社会参与、侨联运作的工作格局。

（二）切实抓好“三严三实”专题教育，深入推进侨联组织思想、作风和能力建设

开展“三严三实”专题教育是一项重大的政治任务，对于进一步增强党的创造力凝聚力战斗力，推进全面建成小康社会、全面深化改革、全面依法治国、全面从严治党，具有十分重要的意义。各级侨联要把“三严三实”专题教育与贯彻落实党的群团工作会议精神结合起来，进一步巩固和拓展教育实践活动成果，在深入深化、务求实效上下功夫，在解决突出问题上取得突破，以思想、作风和能力建设的新成效扎实推动侨联工作。**一是**要狠抓思想建设。“三严三实”明确了党员领导干部的修身之本、为政之道、成事之要，为加强新形势下党的思想政治建设和作风建设提供了重要遵循。各级侨联要切实增强践行“三严三实”要求的思想自觉和行动自觉，做到心中有党不忘恩、心中有侨不忘本、心中有责不懈怠、心中有戒不妄为。要始终坚持从“严”上要求，向“实”处着力，把严和实的要求贯穿侨联各项工作中，转化为干事创业的精气神，转化为攻坚克难的推动力，真正用“三严三实”要求武装头脑、指导实践、推动工作。**二是**要狠抓作风建设。作风建设关系党的形象，关系人心向背。各级侨联要结合巩固和深化党的群众路线教育实践活动成果，继续深入查摆问题，坚持不懈采取改进措施，驰而不息推进作风建设。例如：要改变就侨联论侨联，而较少从党执政的高度、党和国家事业发展全局的高度来规划侨联工作的思维模式，要转变以文件部署工作、以材料总结工作的运行机制，对地区差异性、群体差异性考虑不够的决策方式以及缺乏与时俱进的工作方式等等，都需要各级侨联组织发扬钉钉子精神，着力解决“不严不实”问题，保持力度、保持韧劲，善始善终、善作善成，不断取得作风建设新成效，以良好的精神状态助推侨联事业的创新发展。**三是**要狠抓能力建设。各级侨联领导干部要把“三严三实”作为修身做人用权律己的基本遵循、干事创业的行为准则，争做“三严三实”的好干部。要进一步提高业务素质和工作水平，特别是要努力提高做群众工作的本领，增强为侨服务的能力。要加快知识更新，优化知识结构，不断丰富推进工作所必需的知识，提高自身知识化、专业化水平。要增强调查研究能力，坚持深入基层，了解和掌握侨联基层组织建设的真实情况、侨界群众的真实诉求，努力解决制约侨联工作创新发展的瓶颈问题。通过开展“三严三实”专题教育，推动侨联干部队伍提高综合素质和能力，使侨联干部成为侨界群众信得过、靠得住、离不开的知心人、贴心人，成为党的群众工作的行家里手，使侨联组织成为深受归侨侨眷和海外侨胞信赖的侨胞之家。

（三）积极参与中央及各地区举行的中国人民抗日战争暨世界反法西斯战争胜利70周年纪念活动

今年是中国人民抗日战争暨世界反法西斯战争胜利70周年，中央及各地区各部门隆重举行纪念活动，对于团结动员全党全军全国各族人民在以习近平同志为总书记的党中央领导下，更加奋发有为地为实现中华民族伟大复兴的中国梦而奋斗，具有重要意义。各级侨联要按照中央和地方的统一部署，认真引导海外侨胞开展有关纪念活动，配合做好港澳台侨界代表、海外侨胞代表参加纪念活动的邀请、接待、访问等工作，配合完成侨界抗战老战士纪念章发放工作，组织开展走访慰问侨界抗战老战士、寻找华侨华人抗战老兵、华侨与抗日战争图片展等有侨特色的系列活动。通过开展系列纪念活动，大力宣传中国人民抗日战争胜利的伟大历史意义，大力宣传中国人民的伟大民族精神和伟大抗战精神，大力宣传海外侨胞为抗日战争胜利作出的积极贡献，进一步激发广大归侨侨眷和海外侨胞热爱祖国、报效祖国的热情。中国侨联在香港、澳门、奥地利、菲律宾等国家和地区举办“血写的历史——日本军国主义在亚太地区罪行图片展”巡展的基础上，拟于8月在韩国、澳大利亚、美国等地陆续展出，并提供有关材料支持德国、俄罗斯、缅甸、马来西亚、加拿大、波兰等国侨团举办图片展；做好与云南省委宣传部联合拍摄46集电视剧《南侨机工英雄传》的播放、宣传工作。

（四）切实抓好年内确定的几项重要工作

各级侨联要按照年初全委会议的工作部署完成下半年的工作。年内后几个月，中国侨联还有一些重点工作要抓好落实。即配合国家“一带一路”战略，联合地方侨联、港澳侨社团举办“一带一路”启航仪式及“一带一路”战略研讨会；会同专业化智库组织召开第二届智库筑基中国梦研讨会，集中专家的智慧开展交流；举办世界华商领袖峰会和“创业中华·聚焦跨境电商”主题活动，更好为企业走出去和地方经济发展服务；深化与香港卫视的战略合作，积极推进全球华人新闻联播、全球华人纪实等栏目开播，讲好中国故事，传播好中国声音；召开中国华侨国际文化交流促进会换届大会，延伸侨联对外文化交流工作手臂；继续开展侨界群众法治学习活动，研讨依法维护侨益的新方法、新举措；组织部分中国侨联青年委员赴台，与台湾侨界、工商界青年联谊交流；举办“团结·友谊·合作——周恩来与万隆会议”纪念亚非会议召开60周年图片展和“庆祝中加建交45周年——中加两地艺术家联袂画展”等活动。以上这些工作，都要精心筹备、周密部署、务求实效。

各位常委、同志们！今年时间已经过半，年初确定的各项工作有待我们共同努力去完成。我们要深入贯彻落实中央党的群团工作会议精神，求真务实、扎实工作，开拓进取、取得实效，为贯彻落实中央对侨联工作的新期待、新要求作出不懈努力！

在“历史不会忘记，嘉庚精神永存”图片展上的讲话

（2015年8月10日，香港）

林　军

尊敬的香港特别行政区行政长官梁振英先生，

尊敬的香港各界来宾，朋友们、老师们、同学们：

大家下午好！

“历史不能忘记，嘉庚精神永存”大型图片展今天在这里隆重开幕了。这是反映二战时期侵华日军罪行和华侨抗日救国史实的大型展览，是闽港两地侨界群众为纪念抗日战争暨世界反法西斯战争胜利七十周年、贯彻落实习近平总书记关于弘扬“嘉庚精神”指示的重要举措，对于进一步弘扬伟大的抗战精神、传承华侨爱国传统、增强海内外中华儿女的向心力具有十分重要的现实意义。

70多年前，日本法西斯悍然发动侵华战争和太平洋战争，所到之处，肆意狂轰滥炸、烧杀抢掠、奸淫妇女、残害儿童，给受害国人民造成了巨大的生命财产损失和难以弥合的精神创伤，其行为之野蛮、手段之残暴、人性之泯灭罄竹难书。

在民族危亡之际，包括广大爱国华侨在内的全体中华儿女众志成城、奋起抗争，不畏强暴、团结抗敌。在全民族的抗战中，闽籍华侨一马当先，他们或归国参战，或奔走声援，以各种方式投入抗日救亡的洪流之中，为抗日战争的胜利作出了重要的贡献，为中国华侨史、福建近现代史书写了气壮山河的一页。

在数以万计砥砺救国、共赴国难的海外华侨中，最杰出的当属被毛主席誉为“华侨旗帜、民族光辉”的陈嘉庚先生。嘉庚先生祖籍泉州同安县集美，也是中国侨联第一届主席。嘉庚先生崇文重教声名远播。他倾资办学，在海内外创办和资助学校多达118所，其办学时间之久、规模之大、范围之广、毅力之坚、思想之先，为中国及世界所罕见。抗战爆发后，嘉庚先生忧国忧民，以67岁高龄不远万里，率团回国慰劳考察，亲赴延安。所到之处，无不为共产党以国家民族利益为重的情怀所打动，为全民族的抗战形势所激励，毅然组织南洋华侨总会支援抗战，以“宁死不当亡国奴”的精神动员海外华侨以各种方式支援祖国的民族解放战争。据统计，在他的带动下，从1937年到1942年，海外华侨捐献各种飞机217架；捐献的大批卡车为战时滇缅公路的运输提供了有力保障；来自各方的巨额侨汇及时弥补了大量抗日军火进口所需资金。不仅如此，志愿回国的3913名南侨机工冒着枪林弹雨、克服重重困难，为确保“中国抗战生命线”的畅通，有1000余人在滇缅公路上献出了宝贵的生命。为挽救民族危亡，海外华侨以自己的血肉之躯与全国人民风雨同舟，同样为抗日战争的胜利建立了不朽的功勋。

今天，我们在这里举办“历史不能忘记，嘉庚精神永存”大型图片展，就是要让年青一代牢记历史，警惕日本军国主义死灰复燃；就是要弘扬华侨先贤国家兴亡、匹夫有责的爱国情怀，视死如归、宁死不屈的民族气节，不畏强暴、血战到底的英雄气概，百折不挠、坚韧不拔的必胜信念。以史为鉴，面向未来，为维护地区稳定、保卫世界和平续写新篇章！

同志们、朋友们：唤醒历史的记忆，为的是汲取前进的力量；弘扬嘉庚精神，为的是进一步激发广大侨胞的爱国热情和民族精神。让我们携起手来，以嘉庚先生为榜样，团结凝聚广大海外侨胞，为实现中华民族伟大复兴的中国梦作出新贡献！

在“亲情中华·历史不会忘记”纪念中国人民抗日战争暨世界反法西斯战争胜利70周年大型晚会上的致辞

（2015年8月11日，澳门）

林　军

尊敬的各位侨领、各位来宾，女士们、先生们：

大家晚上好！

在中国人民抗日战争暨世界反法西斯战争胜利70周年之际，我们在这里隆重举行“亲情中华·历史不会忘记”大型晚会，来纪念这个伟大的日子，目的是为了铭记历史、缅怀先烈、珍爱和平、开创未来。

70年前，面对野蛮残暴的日本侵略者，在中国共产党领导下，中国人民以前所未有的民族觉醒、同仇敌忾的民族团结、英勇不屈的民族抗争和惨烈巨大的民族牺牲，前仆后继、不屈不挠，在世界反法西斯战争的东方主战场，率先与日本法西斯展开了历时十四年的殊死搏斗，取得了近代以来中国反抗外敌入侵的第一次完全胜利。为关乎世界和平、人类命运的世界反法西斯战争的最后胜利，创建战后国际新秩序，作出了不可磨灭的重大贡献。

在这场关系民族生死存亡的伟大斗争中，广大海外侨胞、港澳台同胞同祖国人民风雨同舟、休戚与共，他们或无私援助、“共赴国难”、支援前线；或回国参战、“慷慨悲歌”、血洒疆场，以实际行动展现出“宁死不当亡国奴”的民族气节和“国家兴亡、匹夫有责”的爱国情怀。日寇的铁蹄使得中华民族的爱国主义比以前任何时候都体现得更为强烈、更为广泛、更为持久、更具战斗性。正是这种民族精神，激励着所有海内外中华儿女，为民族而战，为祖国而战，为尊严而战，谱写了一曲曲感天动地、可歌可泣的爱国主义英雄乐章。这种在爱国主义旗帜下所凝成的全民族的团结是抗日战争取得胜利的重要因素，也是那段历史给我们留下的最宝贵的精神遗产之一。

铭记历史，是为了警示未来。经过浴血奋战赢得胜利的中国人民，从抗日战争所付出的巨大代价中深深懂得：落后就会挨打，发展才能自强；团结就是力量，团结才有力量；胜利来之不易，和平弥足珍贵，必须倍加珍惜！

当前，全国各族人民正在为实现党的十八大绘就的宏伟蓝图、朝着实现“两个一百年”奋斗目标砥砺前行。共同的愿景、共同的福祉、共同的追求，再一次把全世界的海外侨胞联结在一起。前事不忘、后事之师，唤醒历史的记忆，为的是汲取前进的力量。让我们进一步弘扬抗日战争所凝成的伟大的民族精神，百折不挠、团结一心，积极投身祖国的改革开放，推动和平统一大业，为保卫世界和平、防止历史重演，不断增进中国人民与世界各国人民的友谊，实现中华民族伟大复兴的中国梦不懈努力。

借此机会，我代表中国侨联，向为举办这次晚会作出贡献的编创和演出团队以及对本次活动给予大力支持的有关方面表示衷心的感谢和崇高的敬意！

祝晚会取得圆满成功！祝各位来宾身体健康、万事如意！

沿着中国特色社会主义群团发展道路前进

——学习贯彻习近平总书记在中央党的群团工作会议上的重要讲话精神

（2015年9月1日）

林　军

习近平总书记在中央党的群团工作会议上的重要讲话，明确提出“坚定不移走中国特色社会主义群团发展道路”这一重要命题和任务，深刻阐明了党的群团工作的一系列重大理论和实践问题，是指导新形势下党的群团工作的纲领性文献，为侨联工作提供了根本遵循。我们要深入学习领会讲话精神，深刻认识中国特色社会主义群团发展道路是对党的群团工作历史经验的科学总结，是党领导群众实现共同梦想的历史选择，是群团组织与时俱进发展壮大的必由之路，牢牢把握侨联工作时代主题，切实保持和增强政治性、先进性、群众性，着力推动侨联组织改革创新，努力成为推进国家治理体系和治理能力现代化的一支重要力量。

一、牢牢把握保持和增强政治性先进性群众性这一根本要求

习近平总书记指出，要切实保持和增强党的群团工作和群团组织的政治性、先进性、群众性，组织动员广大人民群众更加紧密地团结在党的周围，把广大人民群众对美好生活的追求，汇聚成共同谱写实现“两个一百年”奋斗目标、实现中华民族伟大复兴中国梦新篇章的强大动力。侨联组织和侨联工作保持和增强政治性、先进性、群众性，要始终牢牢把握以下三点。

坚持党对侨联工作的领导不动摇。这是保持和增强侨联工作政治性的核心要义，也是做好侨联工作的根本保证。坚守正确政治立场，始终把侨联置于党的领导之下，自觉维护党中央权威，自觉接受党的政治领导、思想领导、组织领导，在思想上政治上行动上同以习近平同志为总书记的党中央保持高度一致。坚持正确政治方向，坚决贯彻党的意志和主张，严守政治纪律和政治规矩，经得住各种风浪考验，在大是大非问题面前不缺位、不失声，立场坚定、旗帜鲜明。承担起党赋予的政治任务，深入做好侨界群众思想政治工作，把党的决策部署转变为侨界群众的自觉行动，把党的关怀送到侨界群众中去，把所联系的侨界群众更广泛更紧密地团结在党的周围，引导侨界群众听党话跟党走，巩固党执政的阶级基础、群众基础。

坚持围绕中心服务大局不走偏。这是保持和增强侨联组织先进性的内在要求，也是侨联工作的价值所在。侨联组织要紧紧围绕中国特色社会主义事业五位一体总体布局，围绕“四个全面”战略布局，围绕外交工作大局和祖国统一大业，着力发挥自身独特作用。牢牢把握为实现中国梦而奋斗的时代主题，凝聚侨心、汇集侨智、发挥侨力，为完成党和国家中心任务献计出力。团结引导广大侨胞坚定走中国特色社会主义道路，自觉培育和践行社会主义核心价值观。坚持在大局下思考、在大局下行动，组织引导广大侨胞理解改革、支持改革、参与改革、推进改革，自觉守法、遇事找法、解决问题靠法，维护社会和谐、推进祖国统一、增进中外友好，使侨联组织真正成为党执政的坚实依靠力量、强大支持力量、牢固社会基础。

坚持倾力建好侨胞之家不懈怠。这是保持和增强侨联组织群众性的具体体现，也是侨联工作生命线的关键环节。侨联组织要坚持以人为本、为侨服务的宗旨，经常同侨界群众进行面对面、手拉手、心贴心的零距离接触，真心倾听其诉求，用心体察其冷暖，诚心解决其困难，做到服务侨胞有真情。坚持面向侨胞、面向基层，推进组织覆盖在基层扎根、向海外传导，做到凝聚侨胞有载体。坚持广泛性、代表性相统一，吸纳广大侨胞中的优秀人物成为组织成员，推动组织成员特别是领导干部密切联系侨胞，做到团结侨胞有骨干。坚持集中优势、保持特色，用“侨与中国梦”、“创业中华”、“亲情中华”、“侨爱心”等品牌活动搭建平台，吸引侨胞争当主角、施展才华、创新创业，做到活跃组织有品牌。坚持依法维权、主动维权、理性维权，切实担当侨界群众利益的忠实代表者和坚定维护者，做到维护侨益有能力。

二、充分发挥侨联组织在党的群团事业中的独特作用

习近平总书记指出，中国特色社会主义群团发展道路是中国特色社会主义道路在群团工作领域的具体展开，符合我国国情和历史发展趋势。侨联作为党领导的人民团体，是团结服务归侨侨眷和海外侨胞的群众组织。侨联组织要认真学习贯彻习近平总书记重要讲话精神，始终坚持党对侨联工作的领导，自觉围绕中心、服务大局，充分发挥自身的独特作用，最大限度把广大归侨侨眷和海外侨胞团结起来，推动汇聚海内外中华儿女共圆中国梦的磅礴力量。

服务经济发展的独特作用。配合国家重大战略实施，服务“一带一路”、京津冀协同发展、长江经济带等国家重大发展战略，搭建经贸平台。深化“创业中华”行动，引导侨资侨智向创新创业、支撑扩大内需、消化过剩产能方向倾斜，向新兴产业、先进装备制造业、现代服务业聚集。拓展与海外及港澳台地区工商社团和华侨华人商会的联系，推动国内企业走出去。

依法维护侨益的独特作用。强化侨联工作法治化思维，保护归侨侨眷和海外侨胞合法权益。搭建涉诉案件协调机制与合作平台，完善依法维护侨益工作机制。关注了解新侨回国就业和创新创业遇到的问题，协调政府部门落实或制定相关政策，为新侨和出国人员、企业提供法律服务。认真做好涉侨案件转信、非涉诉事项调解，深入细致做好当事人思想工作。

拓展海外联谊的独特作用。发挥与台湾有地缘、血缘的重点侨乡侨联作用，积极构筑促进两岸关系和平发展桥梁。加强与港澳同胞及各界侨团的联系，为维护港澳繁荣稳定发挥积极作用。增进与海外侨胞联系，为他们回国探亲等提供便利。鼓励海外侨胞与住在国主流社会及社会各界人士建立联系、密切往来，积极开拓民间外交渠道，不断积聚对外友好正能量。

有序参政议政的独特作用。发挥侨界人大代表、政协委员表达民意、反映诉求、建言献策，参与国家和社会事务管理的主渠道作用，努力做好联络、服务工作。不断强化侨联参政议政职能，建立侨界人大代表、政协委员参政议政常态化工作机制，为侨界人大代表和政协委员参与立法实践、修订法律法规、专题调查研究创造更为便捷的条件。

弘扬中华文化的独特作用。深化拓展“亲情中华”主题活动，推动“亲情中华”海外慰问演出推陈出新。组织实施“亲情中华·汉语桥”夏（冬）令营项目，促进海外华文教育和侨界青少年交流，推动中华文化走向世界。培育讲好中国故事的海外侨胞骨干队伍，用易于理解、认同和接受的方式传播中华优秀文化，传导中国声音，树立中国形象。

参与社会建设的独特作用。加强和完善侨联公益事业体制机制建设，打造更多面向基层、效果显著、群众欢迎的侨联公益品牌，促进侨联公益事业健康发展。实施“侨爱心工程”，扎实推进捐建学校、卫生院、图书室等惠民项目，做好贫困学生资助和教师培训工作。深入开展困难归侨普查，推动建立困难归侨侨眷帮扶机制，帮助他们实现脱贫致富和可持续发展。

三、在新的起点上着力推动侨联工作改革创新

习近平总书记指出，党的群团工作取得了显著成绩，但必须注重解决自身存在的问题，特别是脱离群众的问题；群团组织要增强自我

革新的勇气，深入推动思想教育、问题整改、体制创新，转变思想观念，强化群众意识，改进工作作风，提高工作水平。侨联组织要紧密结合实际，坚持问题导向，以改革精神推动侨联工作创新发展。

切实改进思想作风、工作作风。作风建设只有进行时，没有休止符。侨联组织要抓住巩固和拓展群众路线教育实践活动成果、开展“三严三实”专题教育的有利契机，下大力整治作风。着力抓好思想教育，持续深入学习习近平总书记系列重要讲话精神，坚定理想信念、强化宗旨意识、站稳群众立场，补足精神之“钙”。着力抓好调查研究，深入实际、深入基层、深入侨胞，问政于侨、问需于侨、问计于侨，心中装着侨胞、密切联系侨胞、竭诚服务侨胞，自觉践行群众路线，努力提升服务能力。着力抓好问题整改，坚持严字当头、从严从实，聚焦广大侨胞反映集中、反映强烈的问题，主动发现问题、敢于正视问题、认真解决问题，在破解问题、革除积弊中进一步改进工作、改进作风，以优良作风取信于侨、赢得侨心。

积极拓展海外工作、新侨工作。“两个拓展”是党中央对侨联工作提出的新要求，是新形势下侨联工作的大政方针，也是侨联工作与时俱进、改革创新的重要法宝。侨联组织要着眼海外侨胞长期生存发展，注重引导他们积极融入和回馈当地社会，传承传播中华文化，增进与住在国的民间友好，做“一带一路”建设的促进者，做连通中国梦与世界梦的践行者；引导他们积极推进和谐侨社建设，与侨联建立常态化沟通协作机制，共同构建以中华民族为向心的文化认同、愿景趋同、行动协同的全球侨团网络。要着眼新一代华人华侨的特点和需求，注重联系和服务新侨高层次专业人才，为他们发展事业、报效祖（籍）国铺路搭桥；关心和教育华裔青少年，让他们对祖国“魂”牵“梦”绕“根”常在；发现和培养一批侨社新秀，结交“新面孔”、吸收“新生代”、扩大“朋友圈”，以活力激扬生机、以生机提振号召力。

着力创新体制机制方式方法。创新是引领发展的第一动力。侨联组织要坚持依法依章程独立自主开展工作，着力推动体制机制创新。尊重基层首创精神，总结基层新鲜经验，借鉴他人成功做法，通过建章立制，逐步使创新成果制度化、规范化，使各项工作有法可依、有章可循；研究符合自身特点的干部管理模式，加强机关干部、工作人员内外交流，逐步打破岗位任职论资排辈限制，形成“能者上、庸者下、劣者汰”的干事创业氛围，积极稳妥地改革和改进机关机构设置、管理模式、运行机制。坚持以侨胞需求为导向，着力推动方式方法创新。以侨胞喜闻乐见、便于参与的形式和方法开展工作，组织活动请侨胞一起设计，部署任务请侨胞一起研究，表彰先进请侨胞一起评议；建立“侨联通”新媒体平台，实施“互联网 + 智慧侨联”网络工程，为广大侨胞提供高效便捷服务，不断扩大组织影响力。

做实做强侨联组织基层基础。基层是做好侨联工作的力量支撑。侨联组织要坚持重心下移，把力量配备、服务资源向基层倾斜，做到人往基层走、钱往基层花、劲往基层使，增强基层侨联工作实力和发展潜力；积极推动基层侨联进城乡社区、科技园区、大学校区，进新经济组织、新社会组织，接长手臂、形成链条，拓展组织覆盖面、传导工作影响力。坚持眼睛向下，提高基层一线人员在侨联领导机构成员和工作机关人员中的比例；建立侨联委员履职述职制度和直接联系侨胞、接受侨胞评议制度，探索建立侨联工作第三方评价机制，使侨联组织更有生气、侨联工作更接地气、侨联活动更聚人气，不断增强组织动员力。

（这是中国侨联党组书记、主席林军同志在2015年第17期《求是》杂志上发表的文章。）

在海上丝绸之路华商经济论坛暨世界桂籍侨领联谊大会上的讲话

（2015年9月18日）

林　军

尊敬的彭清华书记、危朝安副书记，

各位嘉宾，各位侨商朋友，女士们、先生们：

大家下午好！

在第十二届中国—东盟博览会隆重召开之际，中国侨联和广西自治区政府在美丽的南宁共同主办海上丝绸之路华商经济论坛，这是广大侨胞服务国家“一带一路”战略构想、积极参与“一带一路”建设的实际行动，也是对广西经济社会快速健康发展的有力支持。借此机会，我代表中国侨联对论坛的举办表示热烈的祝贺！对与会的各位领导、各位侨商朋友致以亲切的问候和良好的祝愿！

广西历史悠久、文化底蕴深厚、风光秀美，是中国唯一与东盟国家既有陆地接壤又有海上通道的省份，是我国与东盟开展经贸合作的桥头堡和重要窗口。近年来，广西自治区牢牢把握稳中求进的工作总基调，主动适应经济发展新常态，积极进取、精准发力、克难攻坚，统筹做好稳增长、促改革、调结构、惠民生、防风险各项工作，积极打造“一带一路”有机衔接的重要门户、构建西南中南地区开放发展新的战略支点，全面实施“双核驱动”战略，经济社会发展取得显著成绩，实现了稳中提质、稳中增效、稳中有进。这是广西区党委、区政府坚强领导的结果，也是包括广大侨界群众在内的全区人民共同奋斗的结果。

中国侨联与广西自治区党委、区政府有着良好的合作关系。长期以来，广西自治区党委、政府不仅高度重视侨联工作，始终关心和支持侨联事业发展，而且积极为前来广西投资的海外侨商、回国创业人员搭建发展平台、营造有利条件，从而使广西成为海外侨胞、港澳台同胞回国创业的首选地之一。

当前世界经济正处于国际金融危机后的深度调整期，不稳定因素较多，挑战与机遇并存。我国经济与世界经济深度融合，受全球经济影响加大，在这种大趋势下，中国以首善其身、兼济天下的大国胸怀，推动建立以合作共赢为核心的新型国际关系，倡建人类命运共同体，在实践中积极探索共圆发展之梦，并在此基础上提出共建“丝绸之路经济带”和“21世纪海上丝绸之路”的重大倡议，得到国际社会高度关注和有关国家积极响应，对我国改革开放和现代化建设具有重要的战略意义，而广西也因其较好的投资环境、联接内外的地缘位置，使得在“一带一路”中占有得天独厚的地位。下面，我就广大侨胞参与“一带一路”建设、服务广西发展讲三点看法，供大家参考。

一、“一带一路”建设为广西发展释放了巨大的潜力

广西是古代海上丝绸之路的重要发祥地之一。早在2000多年前的汉代，广西北部湾沿海就是我国古代海上丝绸之路的起源地之一，广西合浦也是我国古代海上丝绸之路最早的始发港之一。进入21世纪以来，国家高度重视广西的发展，先后批准实施珠江—西江经济带发展规划、左右江革命老区振兴规划、广西北部湾经济区发展规划修编，实现了国家战略规划对广西的全覆

盖。今年“两会”期间，习近平总书记在参加广西代表团审议政府工作报告时，提出要“发挥广西与东盟国家陆海相邻的独特优势，加快北部湾经济区和珠江—西江经济带开放发展，构建面向东盟的国际大通道，打造西南中南地区开放发展新的战略支点，形成‘21世纪海上丝绸之路’与‘丝绸之路经济带’有机衔接的重要门户”。这不仅为广西发展指明了方向，为广西发挥“一带一路”门户作用定了调。随着我国与东盟国家经贸和人文交流日益密切，广西区政府以东盟国家为重点，在“政策沟通、道路联通、贸易畅通、货币流通、民心相通”等方面下功夫，先后搭建了中国—东盟博览会、中国—东盟商务与投资峰会、中国—东盟自由贸易区论坛等重要区域性合作平台，建立的中国—马来西亚钦州产业园和关丹产业园“两国双园”、中国印尼经贸合作区、中国—柬埔寨现代农业示范中心、中国—越南跨境经济合作区、北海新加坡产业园等，也初具规模。事实证明，“一带一路”战略为广西激活历史基因、发挥独特优势、推动跨越发展提供了重大历史机遇、带来无限拓展空间。我们相信，广西区党委、区政府一定会以“一带一路”建设为契机，优化改革发展和对外开放布局，加快打通西南中南和东盟通道，深度融入中国—东盟自贸区升级版建设，进一步开拓中国与沿线国家市场，着力把广西打造成为“一带一路”陆海交汇、有机对接的重要门户，更好地服务于“两个建成”目标和国家开放发展大局。

二、“一带一路”建设广大侨胞作用不可或缺

“一带一路”建设的宏伟蓝图也为广大侨胞提供了千载难逢的创新创业商机。广大侨胞在“一带一路”建设中应积极发挥独特的桥梁和纽带作用，做连结中国与沿线国家合作共赢的使者。全世界几千万华侨华人中有逾4000多万分布在“一带一路”沿线各国。据有关部门统计，全球华商企业资产总规模超过5万亿美元，其中“一带一路”主要覆盖区的亚洲华商约占2/3以上。世界华商500强中约1/3分布在东盟各国。广大侨胞既了解中国，也熟悉所在国的政治、经济、法律和社会状况；既熟练掌握中国及所在国的语言，又了解两国文化背景和民众心理差异，在提供市场信息、法律服务、传播文化、深化了解、增进互信等方面具有不可替代的作用，完全可以在“一带一路”建设中彰显作为，是“一带一路”建设不可或缺的推动力量。

特别是广西是全国重点侨乡、侨务大省，也是五个少数民族自治区中侨务资源最雄厚的省份。其中归侨侨眷300多万、桂籍海外华侨华人和港澳台同胞700多万，他们当中有相当一部分分布于东盟地区。改革开放以来，广大桂籍华侨华人积极在广西投资兴业，引进新理念、新思维、新技术和先进管理经验，对广西改革开放事业多有贡献，也从广西经济社会的发展中受益匪浅。尤其值得一提的是，随着中国—东盟经贸合作的推进，桂籍华侨华人在促进中国与东盟各国多领域合作方面做了大量卓有成效的工作。希望大家一如既往地关心支持广西发展、积极投身国家“一带一路”建设，凭借自己的经济实力、成熟的侨商网络、广泛的人脉关系，在中国与“一带一路”沿线国家合作交流中发挥“催化剂”、“黏合剂”作用，实现共同发展、互利共赢。

三、侨联组织有责任有义务为“一带一路”建设牵线搭桥

今年5月，我率团访问土耳其、葡萄牙、奥地利三国，在与当地侨胞座谈时，侨胞们对参与“一带一路”建设普遍存在两种倾向：一是要求参与“一带一路”建设的意愿高涨，但又苦于不知从何入手；二是心情急切、观望等待，都希望能从“一带一路”建设中“分一杯羹”。广大侨胞热切投入“一带一路”建设的激情难能可贵，但同时也反映出大家对“一带一路”建设的初衷、目的还缺乏应有的了解。希望广西各级侨联采取多种形式向沿线国家侨胞宣传、阐释“一带一路”建设的重大意义、总体构想和基本内涵，释疑解惑，积极引导他们根据住在国的情况，发挥己之所长，为推动中国与东盟国家合作项目顺利实施，就项目的前期论证、市场分析、社会公关、风险评估等建言献策，努力化解政治性风险、文化性差异、人才管理等技术性障碍，既为住在国的经济社会发展服务，也为中国企业“走出去”发展营造良好社会氛围。“一带一路”追求的是“双赢”，带来的是“商机”，推进的是“共同发展”，派生的是“创业机会”。相信广大侨胞一定能在深化双边、多边经贸关系和互利合

作的同时，找到最能体现自身价值的切入点。总之，广西侨联不仅要在服务大局上开动脑筋，也要紧紧围绕广西自治区党委和政府的中心工作，为广大侨胞到广西投资兴业、创新创业穿针引线、铺路搭桥，积极引导侨资、侨属企业转型升级，不断提高企业竞争力，鼓励归侨侨眷和海外侨胞积极投身“大众创业、万众创新”浪潮，努力打造广西发展新引擎。

中国侨联按照与广西区政府签订的战略合作框架协议，将一如既往地为侨胞参与广西经济社会发展、推进海上丝绸之路门户建设做好服务。同时在“创业中华”、“亲情中华走进东南亚各国”、“青少年夏令营”、“侨爱心工程”等侨联品牌工作中，适当向广西倾斜，给予广西以务实支持，切实通过民间交往大平台，“亲、诚、惠、容”周边地区，为增进我国与沿线国家特别是东盟国家的政治互信和睦邻友好，为维护边疆稳定和国家安全以及广西经济社会的全面发展奉献绵薄之力。

各位来宾、朋友们，“潮涌风正劲，扬帆破浪行”，我们坚信，在党中央和国务院的关心和支持下，有广西自治区党委和政府的正确领导，有广大海内外侨胞的积极参与，一个穿越广西的“新丝路”，必将盛装启航！

最后，预祝海上丝绸之路华商经济论坛暨世界桂籍侨领联谊大会取得圆满成功！祝各位来宾、朋友们身体健康、工作顺利、阖家幸福、万事如意！

新机遇　新使命　新担当

——在第 13 届世界华商大会闭幕式上的讲话

（2015 年 9 月 27 日，印尼巴厘岛）

林　军

尊敬的印尼巴里省副省长格督苏弟格大先生，

尊敬的中国驻印尼大使谢锋先生，

尊敬的印尼中华总商会纪辉琦总主席，

尊敬的第 13 届世界华商大会筹委会张锦雄主席，

来自世界各地的华商朋友们：

大家晚上好！

感谢东道主印尼中华总商会热情周到的安排，感谢来自世界各地 2700 多名华商的热情参与，第 13 届世界华商大会围绕"融聚华商·共赢在印尼"的主题，展开各种交流研讨活动，已经完成各项议程，即将圆满闭幕。请允许我代表中国侨联、代表中国侨商联合会代表团向大会表示热烈的祝贺。我们非常珍惜世界华商大会这一与大家开展交流合作的机会，中国侨商联合会组织了 300 多名华商代表参会，是本次大会规模最大的单个代表团。

这次大会的重要成果之一，是大家通过广交朋友，深入交流，加深了对国际经济环境的认识。令人高兴的是，尽管世界经济复苏乏力，不少国际机构都调低了今年全球增长预期。经历了世界经济起起落落各种风浪的全球华商，面对当前复杂多变的局面，总是能够在困难中看到新的希望，积跬步而勃发。当前，包括中国在内的各个发展中国家以及各发达国家都在大力推进新的产业革命，比如美国提出"再工业化"计划，德国提出"工业 4.0"计划，中国已制定出《中国制造 2025》行动规划和"互联网 +"行动指导意见。各国正在为占领新一轮产业革命的制高点而展开激烈的角逐，相信在几年之后，全球的产业面貌将发生重大变化。这场全球性的产业变革将为全球华商新一轮发展提供新的机遇，华商面对全球产业变革的新时代负有新使命，应有新担当，也应该有新的贡献。

近几个月来，外界对中国的一些经济数据波动表示担忧，国际市场甚至出现一些过度反应。对于怎样看中国当前的经济形势，李克强总理多次向外界传递明确信息：中国目前经济形势是"形有波动，势仍向好"。今年上半年中国经济增长 7%，这个速度在世界主要经济体中仍居前列。中国目前就业、物价基本稳定，经济运行仍处在合理区间，中国经济不会出现"硬着陆"。

面对中国经济下行压力，中国没有超发货币大规模刺激经济，而是靠改革增强经济活力，靠"大众创业，万众创新"培育新的增长动力。中国经济结构正在加快优化升级，服务业已占 GDP 的半壁江山，国内居民消费对经济增长贡献率达到 60%，中国沿海地区的外向型传统产业虽然出现一些困难，但高新技术产业增速明显快于整个工业，新技术推广步伐加快，新的经济增长点正在形成。改革会出现阵痛，转型需要一定时间。再经过五年左右时间，也就是到 2020 年，相信中国经济的转型升级将产生明显效果，中国的产业竞争力和经济活力将大大增强。全球华商对中国经济前景应充满信心，并从中寻找新的商机。

各位华商朋友，经过 30 多年改革开放，中国已成为世界第二大经济体，外汇储备充裕，中国有 220 多种工业品产量位居世界第一，在高铁等基础设施建设方面，在中端装备制造业方面拥有强大的产能和性价比优势。面对许多发展中国家基础设施建设需求强烈，以及不少发达国家的装备和基础设施需要更新改造的情况，中国有能力、有诚意通过开展国际产能合作，实现合作共赢。中国倡导的“一带一路”建设，就是这一初衷的集中体现，得到国际社会高度关注和有关国家的积极响应，许多项目即将或正在推进之中。“一带一路”传承中华历史文化精髓，秉持讲信修睦、弘义融利、协和万邦的理念，致力于再筑东西方利益交融、文明辉映的和谐世界，从而将中国与世界更加紧密地联系在一起，推动更多国家和地区开展全方位合作。“一带一路”追求的是“互利合作”，带来的是“互惠双赢”，推进的是“深度融合”，派生的是“发展空间”。据了解全世界华人华商有4000多万分布在“一带一路”沿线各国，其中“一带一路”主要受益区的亚洲华商约占2/3以上。广大华商既了解中国，也熟悉所在国的政治、经济、法律和社会状况；既熟练掌握中国及所在国的语言，又了解中国与住在国的文化背景和民众心理差异，完全可在提供市场信息、法律服务、传播文化、深化了解、增进互信等方面扬其所长，是“一带一路”建设不可或缺的重要推动力量，不仅不应缺席，相反应从中积极寻找商机，不失时机借船出海，共享“一带一路”建设发展机遇。

各位朋友，中国侨联始终把致力于服务经济发展、拓展海外联谊、弘扬中华文化、参与社会建设作为己任。我们将一如既往地为广大华商开展经贸往来牵线搭桥，积极协助解决华商在中国投资兴业中遇到的困难，依法维护华商合法权益，热情为广大华商做好各项服务。

各位朋友，第十三届世界华商大会即将落幕了，窗外的明月为我们送来了又一个中秋，让我们再一次向为会议顺利召开作出贡献的印尼中华总商会以及各有关方面表示衷心的感谢！

海上生明月，天涯共此时，祝大家中秋节愉快，身体健康，事业发达，阖家幸福！

大力弘扬嘉庚精神　凝心聚力共圆中国梦

林　军

去年 10 月，习近平总书记为纪念陈嘉庚先生诞辰 140 周年给集美校友会回信。他指出，实现中华民族伟大复兴，是海内外中华儿女的共同心愿，也是陈嘉庚先生等前辈先人的毕生追求。希望广大华侨华人弘扬“嘉庚精神”，深怀爱国之情，坚守报国之志，同祖国人民一道不懈奋斗，共圆民族复兴之梦。时隔一年，习近平总书记的回信在海内外侨界所引起巨大反响，依然经久不衰。

陈嘉庚先生是中国侨联的首届主席，是名扬四海的爱国华侨领袖，是杰出的实业家、教育家和社会活动家，被毛泽东主席誉为“华侨旗帜，民族光辉”的侨界楷模。他的一生为辛亥革命、民族教育、抗日战争、解放战争、新中国的建设做出了卓越的贡献，形成了独树一帜的“嘉庚精神”。这就是始终不渝的爱国主义精神，重义轻利、公而忘私的奉献精神，诚实守信、嫉恶好善的重德精神，刚健果毅、坚韧不拔的自强精神，艰苦朴素、勤勉节俭的清廉精神和与时俱进、革故鼎新的创新精神。今天，我们弘扬“嘉庚精神”，就是要充分发挥侨联组织的桥梁和纽带作用，最大限度地把广大归侨侨眷和海外侨胞紧密团结在党的周围，牢牢把握中华民族伟大复兴中国梦的时代主题，为实现全面建成小康社会、全面深化改革、全面依法治国、全面从严治党的战略布局献计出力。

学习“嘉庚精神”，就是要学习他强烈的爱国情怀和不屈不挠的民族气节。抗日战争时期，陈嘉庚先生为支援祖国抗日奔走呼号，向华侨筹款募捐。为了不当俘虏，陈嘉庚先生组织募捐的时候，总是随身携带氰化钾，以备万不得已随时为国家和民族献身。据有关媒体披露，在陈嘉庚先生的组织与号召下，1937 年—1945 年，南侨商会共捐献飞机 217 架、坦克 27 辆、救护车 1000 辆、大米 1 万包以及大量药品、雨衣、胶鞋等用品，年运输总量达 3000 批（次）以上，捐款共达 13 亿多大洋。陈嘉庚先生还发动华侨青年组成南洋华侨机工服务团到滇缅公路运输抗战物资，3900 多名华侨青年先后有 1000 多人牺牲在滇缅公路上。广大爱国华侨为抗日战争所做的突出贡献是全民族抗战的真实写照。伟大的抗日战争所迸发出的以爱国主义为核心的民族精神，“天下兴亡、匹夫有责”的爱国情怀，视死如归、宁死不屈的民族气节，不畏强暴、血战到底的英雄气概，百折不挠、坚韧不拔的必胜信念，正是今天大力培育和弘扬社会主义核心价值观所需要的，也是抗日战争留给我们最宝贵的精神财富。我们倡导学习“嘉庚精神”，就是要引导广大归侨侨眷和海外侨胞把培育和弘扬社会主义核心价值观作为凝魂聚气、强基固本的基础工程，继承和发扬中华优秀传统文化和传统美德，广泛开展社会主义核心价值观宣传教育，积极引导人们讲道德、尊道德、守道德，追求高尚的理想情操，不断夯实中国特色社会主义核心价值观的思想基础。

学习“嘉庚精神”，就是要学习他教育兴国的远见卓识和倾资助学的实干精神。陈嘉庚先生一生热爱教育公益事业，很早就立下了“诚以救国既无术，亦只有兴学之一方”的宏伟愿望，提出“教育是立国之本，兴学乃国民天职”的理念，并于 1913 年开始创办教育，在海内外创办和资助学校多达 118 所，投入了毕生精力和全部财产兴学报国。嘉庚先生兴办教育，倾资之巨，时间之久，规模之大，范围之广，毅力之坚，思想之先，为中国及世界所罕见。嘉庚先生以其教育兴国的感人之举，为海外华侨华人树立了“言必行、行必果”的光辉榜样，其教育强国的思想和爱国主义精神早已连同他的名字一起，深深印刻在祖国人民的心中。当前，新一轮科技革命和产业变革正在兴起，各国争夺人才制高点、争创产业新优势的步伐加快。中国经济转型、产业结构调整，凸显人才强国、创新创造的紧迫性和重要性。各级侨联组织要积极引导广大归侨侨眷和海外侨胞，传承陈嘉庚先生崇文重教、重视人才的优良传统，紧密围绕国家深入实施人才强国战略、创新驱动发展战略，更好汇聚侨资、侨智、侨力，吸引海外高层次侨界人才回国创新创业，营造良好环境，帮助他们实现创业报国梦想。要加强海外华文教育工作，提高华文教育的针对性和适用性，进一步增强中华优秀文化对海外侨界青少年的影响力和感召力，不断累积海外侨胞对祖国的认同感和自豪感，将热爱祖国、振兴中华的历史传承代代延续，从而汇聚起实现中华民族伟大复兴中国梦的强大力量。

学习“嘉庚精神”，就是要学习他艰苦朴素的生活作风和克勤克俭的高尚人格。陈嘉庚先生是名副其实的鸿商富贾，但他从不贪图个人享乐，克勤克俭、布衣蔬食，义办私塾、仗义疏财，代父还债、信守诺言。集美校训“诚毅”二字最能体现他的中华传统美德，也是他对莘莘学子所寄予的厚望。嘉庚先生以“诚”立身，以“毅”处事，成为无数华侨景仰追随的榜样。党的十八大以来，经过群众路线教育实践活动的洗礼，世风政气焕发新貌，党心民意为之一振，创业谋事、深化改革、从严治党、推进法治成为社会共识。此时此刻我们重提“嘉庚精神”，就是希望广大侨联工作者能以嘉庚先生为楷模，在深入开展的“三严三实”教育实践活动中，严以修身，加强党性修养，坚定理想信念，提升道德境界；严以用权，时刻做到公私分明，不越轨、不谋私；严以律己，守得住清贫、耐得住寂寞、经得起考验，慎独慎微，保持一身正气。从而做到谋事出于公心，察民意、知实情、接地气；创业舍得付出，舍得吃苦，主动担当，善于在实干中破解难题。做人诚实守信，襟怀坦白，对群众饱含深情、对同志以诚相待，言行一致、表里如一。

嘉庚先生早已离我们远去，但是他留给我们的精神财富却长久地被一代代后人所传承。让我们学习嘉庚先生，弘扬嘉庚精神，努力实现嘉庚先生毕生追求的中华民族的伟大复兴之愿！

（这是中国侨联党组书记、主席林军同志2015年10月发表在《集美校友》2015年第5期上的文章。）

中国侨商愿与国际跨国公司合作共赢

——在第八届国际跨国公司领袖圆桌会议上的演讲

（2015年11月7日）

林　军

尊敬的十一届全国政协郑万通副主席，

尊敬的主持人、全国政协经济委员会李毅中副主任，

各位领导、各位嘉宾，女士们、先生们、朋友们：

大家上午好！

很高兴应邀出席第八届国际跨国公司领袖圆桌会议。这也是中国侨联第一次参加国际跨国公司领袖圆桌会议。首先我代表中国侨联对跨国公司领袖圆桌会议的顺利召开表示热烈的祝贺！自2007年以来，国际跨国公司领袖圆桌会议作为与联合国合作的机制性会议已先后成功举办了七届，日益成为全球经济具有重要影响力的高端国际论坛。我们衷心祝愿这次会议也能取得圆满成功！

各位来宾、各位朋友，自古以来，中国人移民海外、落地生根、举家兴业，多以经商为手段。百年来的商海沉浮历练了海外侨胞适应环境、爱拼会赢的本性，华商的商业天赋举世公认，他们在商务活动中所表现出来的勤俭耐劳、诚信友善、热衷公益的品质，他们对当地经济社会发展所做出的卓越贡献，得到全球商界的一致肯定。

中国侨联作为归侨侨眷自己的组织，深为侨商在中国改革开放进程中所发挥的独特作用感到欣慰。据统计，30多年来，海外侨商在中国投资创办的企业约占外资企业总数的70%，投入的资金约占中国实际利用外资总额的60%。中国侨联所属的中国侨商联合会，就是由在中国大陆投资的侨胞企业家组成的全国性社团，是联合国全球契约组织成员之一，汇聚了包括香港嘉里集团、马来西亚常青集团、新加坡丰益国际集团、泰国盘谷银行集团、印度尼西亚材源帝集团、新加坡金鹰集团、香港世茂集团、玖龙纸业集团、香港胜记仓集团等知名跨国公司和企业。目前侨商会会员总数已达14000多人。

中国侨商联合会自成立以来，充分利用自身平台的独特优势，积极促进侨商投资，推动区域经济发展，同时引导侨商热心公益，自觉承担社会责任。据统计，截至目前，仅侨商会会员慷慨捐献善款超过40亿元人民币。现在矗立在四川汶川地震灾区的新北川中学、雅安地震后在芦山县修建的佛图山隧道，就是由众多热心公益的侨商急国家之所急、参与援建的具有代表性的项目。

侨商企业与在座的国际跨国公司一样，十分关注中国经济的发展。目前，世界经济复苏乏力，中国经济面临较大下行压力，我们也因此不时听到一些有关中国经济“可能硬着陆”的担忧，例如股市震荡，市场流动性不足，一些传统企业经营困难，等等。但是我们在服务广大侨商创新创业过程中所听到和感受到的，更多的是通过对国内外市场的比较中得出的“看好中国”的淡定和理性。尤其是面对错综复杂的国际环境和艰巨繁重的国内改革发展稳定任务，党和政府保持定力，从容应对；张弛有度，始终坚持稳中求进；有条不紊，扎实推进各项改革，始终保持了新常态下经济社会发展和社会和谐稳定的主导权，国内外工作都有许多大手笔。特别是今年前

三季度，中国经济依然保持了6.9%的增速，处于合理发展区间；刚刚闭幕的十八届五中全会通过的“十三五”规划建议更是释放出明确信息：中国经济基本面长期向好没有改变，中国仍然处于“可以大有作为”的战略机遇期，“十三五”时期中国经济年均增长仍将保持在6.5%以上。特别值得一提的是，“十三五”规划建议提出牢固树立和深入推进“创新发展、协调发展、绿色发展、开放发展、共享发展”五大发展理念，预示着中国未来经济发展必将更趋稳健、更趋健康。这“五大发展”的理念也正是广大侨商所期待的，对此我们充满信心。

大家知道，中国制造业长期处在世界产业链的中下游，但不甘落后的中国企业长期坚持在逆境中求发展、苦练内功，成效日益显现。就在不久前，至少有三大喜讯显示部分中国产业已经迈上世界产业链的中高端，即中国高铁走进印尼、中国核电进军英国，中国大飞机正式下线。目前中国有许多产业已进入世界先进行列。今年中国政府开始推出的《中国制造2025》行动规划、“互联网+”行动指导意见，以及全民参与的“大众创业、万众创新”活动，一大批适应经济转型需求的新兴产业正在孕育之中。我们有充分的理由相信，5年之后，也就是2020年，中国的产业变革和产业面貌必将发生巨大变化。

中国的发展将为侨商和国际跨国公司提供更多发展机会。中国政府对广大侨商和国际跨国公司在中国投资兴业始终持欢迎和开放的态度。希望广大侨商和国际跨国公司能够把握中国经济发展的脉动，抓住机遇，正确抉择，做好企业发展的战略布局。

习近平主席提出的“一带一路”发展战略得到沿线国家的广泛支持，众多企业积极参与，也为广大侨商企业和国际跨国公司搭建了共赢发展的大舞台。中国侨联愿意为侨商和国际跨国公司来华投资兴业提供多方面的服务和支持。中国侨联支持下的香港胜记仓集团在京津冀的腹地——中国河北燕郊打造的“世界商谷·燕郊国际贸易城”项目就是一例。该项目倡导的国与国之间的多向贸易模式，致力于打造“永不落幕的世界商品博览会”，现在已初具规模。我们希望有更多具有创新意识的企业在中国各地发芽长叶、开花结果。

各位朋友，随着科学技术的发展和世界新兴市场的逐步形成与完善，跨国公司尤其是全球500强企业正成为影响世界经济资源配置优化，推动中国企业自主创新、产业结构升级的一个重要因素。在过去的几十年里，中国侨商企业和国际跨国公司都程度不同地分享了中国经济快速成长的发展机遇。在未来五年甚至更长时间里，中国仍然是世界上成长最快的经济体，商机无限。希望国际跨国企业、侨商企业、中国民营企业携手并进、强强联合，为推动中国经济社会发展、推动世界经济走向繁荣，共同书写新的华章！

在中国侨联直属机关第六次党员大会上的讲话

（2015年11月30日）

林　军

同志们：

在中直工委的领导下，经过全体党员同志的共同努力，中国侨联直属机关第六次党员大会今天隆重召开了。这是侨联机关全体党员政治生活中的一件大事，我代表会党组，向中直工委长期以来对中国侨联直属机关党建工作的关心支持表示衷心感谢！向长期以来为侨联事业耕耘不辍、辛勤工作、无怨无悔、无私奉献的广大党员同志表示崇高的敬意和良好的祝愿！

五年来，中国侨联直属机关党委，高举中国特色社会主义伟大旗帜，以邓小平理论、“三个代表”重要思想、科学发展观为指导，深入学习贯彻习近平总书记系列重要讲话精神，围绕中心、服务大局，从加强党的思想建设、组织建设、作风建设、反腐倡廉建设、制度建设入手，充分发挥基层党组织的战斗堡垒作用和共产党员的先锋模范作用，聚人心、促和谐、鼓干劲、谋发展，为侨联事业创新发展提供了坚强保证。各级党组织和党务工作者以强烈的事业心和责任感，忠于党的事业，认真负责、勤勤恳恳，勇于开拓、甘于奉献，做了大量艰苦细致的工作，圆满完成了中直工委和会党组交给的各项任务。

刚才，董中原同志代表第五届直属机关党委作了工作报告，回顾了5年来机关党建工作所取得的成绩，总结了经验，查找了不足，对今后一个时期的党建工作作了部署。段余应同志代表中直工委，对中国侨联直属机关5年来的工作给予充分肯定，并对今后侨联机关党建工作提出了明确要求。我们一定要认真学习领会，深入贯彻落实。下面，我就进一步做好新时期中国侨联直属机关党建工作，谈几点意见。

第一，深入学习贯彻习近平总书记系列重要讲话精神，不断强化思想理论武装

党的十八大以来，习近平总书记发表了系列重要讲话，深刻回答了新的历史条件下党和国家发展的重大理论问题和现实问题，提出了许多富有创见的新思想、新观点、新论断、新要求，对从严治党、巩固党的执政基础、始终保持党的旺盛生命力和战斗力作了更具时代要求的科学阐述。习总书记的系列重要讲话是做好新时期侨联工作、加强机关党的建设的行动指南。各级党组织要把学习贯彻习近平总书记系列重要讲话精神作为当前和今后一个时期机关党的建设工作的一项长期重要的政治任务。**一要突出抓好思想政治建设。**要紧紧围绕对党绝对忠诚、坚定理想信念这个核心，结合学习习总书记系列重要讲话，深入开展党员干部理想信念教育。通过精读讲话，从中学观点、学立场、学方法，从而补足精神之“钙”，才能拧紧世界观、人生观、价值观这个“总开关”。要大力开展社会主义核心价值观的宣传教育，引导广大党员干部进一步增强道路自信、理论自信、制度自信。**二要继续开展争做“三个表率”活动。**学习贯彻习近平总书记系列重要讲话精神，要坚持读原文、看原著、悟原理，深刻领会讲话的核心要义和思想精髓，不断提高理论思维的能力。机关党委要督促各级党员领导干部带头认真学习习总书记的系列重要讲话，从而带动全机关的学习。要通过学习，着重树立党员对党的忠诚，增强政治定力，做到大是大非面前不糊涂，自觉遵守党章不打折，坚决维护中央权威不动摇。要牢固树立大局观念和全局意识，坚决有力地执行中央各项部署，在侨联机关营造深入学习、广泛宣传、切实落实“三个表率”的浓厚氛围。**三要与侨联工作实际紧密结合**。机关党委肩负着组织群众、联系群众、团结群众，齐心协力完成上级党组织交办的各项任务的职责，因此，在五中全会学习的热潮中，要大力弘扬理论联系实际的学风，认真查找侨联工作在发展理念、工作思路、工作方法等方面的差距，按照会党组的部署，创新发展思路，破解发展难题，提高工作水平。要结合深入学习贯彻习近平总书记在中央党的群团工作会议上的重要讲话精神和中央关于群团工作、侨联工作的《意见》，以踏石留印、抓铁有痕的精神抓好有关要求的落实，切实保持和增强侨联组织的政治性、先进性、群众性，把中央的决策部署转化为侨联组织的实际行动，用改革创新的举措不断开创侨联工作新局面。

第二，全面贯彻党的十八届五中全会精神，把思想和行动统一到中央部署上来

党的十八届五中全会是在全面建成小康社会进入决胜阶段召开的一次重要会议。学习贯彻全会精神也是当前和今后一个时期侨联机关和系统一项重大政治任务。侨联各级党组织要按照中央和中直工委的要求，把认真学习贯彻全会精神，作为谋划明年乃至未来五年工作的依据，迅速在全机关形成想中央之所想、急侨界群众之所急，为全面完成“十三五”规划提出的任务群策群力、付诸行动的热潮，不断深化侨联自身改革，把思想和行动统一到中央的部署上来。**一要准确把握中央对形势的重大判断**。五中全会研究了“十三五”时期我国发展的一系列重大问题，审议通过了《中共中央关于制定国民经济和社会发展第十三个五年规划的建议》，习近平总书记在会上发表了重要讲话。学习全会精神，就是要准确把握中央“四个全面”战略布局，准确把握全面建成小康社会的奋斗目标，准确把握加强党的领导这个根本保证，引导侨界群众进一步坚定夺取全面建成小康社会伟大胜利的决心和信心。**二要深刻领会五大发展理念的深刻内涵**。要认清新常态、适应新常态，按照“创新、协调、绿色、开放、共享”五大发展理念，在推动经济发展方式转变、补齐发展短板，以及“一带一路”等国家重大战略实施中，主动作为、创新作为，充分调动海外侨胞参与祖国现代化建设的积极性，通过扬其所长，彰显侨联组织的独特优势和作用。**三要进一步发挥党组织领导核心作用**。机关党委作为会党组加强基层党组织建设的重要助手，尤其要加强干部队伍建设，协助会党组培养选拔政治强、懂专业、善治理、敢担当、作风正的领导干部，深化干部人事制度改革，提高侨联干部队伍的专业化水平，充分调动大家干事兴业的积极性。**四要进一步凝聚团结奋斗的共识和力量**。机关党委要按照创新群众工作体制机制和方式方法的要求，努力在机关营造既有统一意志又有个人心情舒畅的政治局面，以坚强有力的思想政治工作激发广大干部职工干事创业的热情，从而充分发挥侨联组织桥梁纽带作用，不断提高宣传动员和组织群众的能力，最大限度团结凝聚广大侨界群众为推进改革发展、维护社会和谐稳定贡献力量。

第三，严明党的政治纪律和政治规矩，努力在侨联机关形成讲政治、讲规矩、守纪律的风气

党的政治纪律和政治规矩是增强党的凝聚力、战斗力的重要武器，是党的事业取得胜利的可靠保障。要从维护党的团结统一的高度，认识和看待严明党的政治纪律和政治规矩的重要性。**一要深入开展政治纪律和组织纪律教育**。侨联工作特别是涉外工作、港澳工作、对台工作，无不与意识形态领域的风吹草动紧密相连，因此高度的政治敏感性、敏锐的辨别是非的能力、坚定的原则立场和谆谆善诱的工作作风是侨联干部所必需的，这就要求党员干部牢固树立政治意识和底线思维，党员必须自觉遵守政治纪律和组织纪律，使纪律成为管党治党的戒尺、党员不可逾越的言行底线。机关党委要通过组织党员干部认真学习贯彻党章和党的各项纪律规定，教育引导党员干部把讲政治作为最基本的和第一位的要求，做政治上的“明白人”。要始终坚持党的领导，坚持党的基本理论、基本路线、基本纲领、基本经验、基本要求，自觉维护党的集中统一和党中央权威，始终忠诚于党、忠诚于党的侨联事业，在思想上政治上行动上同以习近平同志为总书记的党中央保持高度一致。**二要严格党内政治生活。**机关党委要组织全体党员认真学习贯彻《党章》和《党和国家机关基层组织工作条例》，坚持和完善民主集中制，规范和严格组织生活，运用批评和自我批评武器防微杜渐，高质量地开好民主生活会。充分发挥党员在党内政治生活中的主体作用，发扬党内民主，行使党员权利，帮助党员干部增强党性意识、提高政治觉悟、强化组织观念。**三要加强对执纪情况的监督检查。**机关党委、纪委要坚持把纪律和规矩挺在前面，强化监督执纪问责。对少数党员干部存在不遵守政治纪律和政治规矩的现象，要常拉袖子或猛击一掌，及时进行批评教育、督促提醒，对问题突出的要追究责任，对严重违反政治纪律、组织纪律和政治规矩的人和事依纪依规从严查处。

第四，切实落实党建工作责任制，坚持和完善“一岗双责”的党建工作责任体系

强化党建责任，必须坚持和完善党组书记负总责、分管领导分工负责、机关党委具体抓、部门主要负责人“一岗双责”的党建工作责任体系。因此，**一要牢固树立党建责任意识。**党要管党、从严治党，关键在于落实各级党组织的主体责任。机关党委要督促各级党组织尤其是一把手要树立正确的政绩观，把抓好党建作为最大政绩，自觉形成“抓好党建是本职，不抓党建是失职，抓不好党建是不称职”的工作理念，将抓好党建工作作为分内之事和应尽之责，真正做到守土有责、守土负责、守土尽责。**二要进一步健全党建工作制度。**建立健全党建工作制度是机关党委的一项重要任务，要向制度要长效，找准切入点，明确突破口，完善切实管用的工作制度，形成科学有效的运行机制。要健全包括党建工作学习议事制度、领导干部基层联系点制度、党建述职评议在内的一系列制度，定期研究解决重点难点问题，督促落实阶段性任务，解决基层实际问题。通过党建制度的执行和监督，形成党建工作齐抓共管的整体合力和一级抓一级、层层抓落实的良好氛围，为侨联党的工作和各项事业发展提供制度遵循和有力保障。**三要进一步强化“两个责任”落实。**机关党委要紧紧抓住党风廉政建设主体责任这个“牛鼻子”，认真贯彻落实《中共中央直属机关基层组织落实党风廉政建设主体责任和监督责任实施办法》和《关于建立中央纪委驻中央统战部纪检组与归口监督单位工作机制的若干意见》，突出问题导向，发挥“关键少数”的作用，真正做到领导落实、制度落实、责任落实。在强化“两个责任”落实方面，会党组行使全面领导主体责任，直属机关党委具体负责基层党组织的党风廉政建设，直属机关纪委负责监督执纪，重点抓好对遵守党的政治纪律、政治规矩、组织纪律和落实中央八项规定精神等情况的监督检查。**四要进一步落实党建责任考核。**机关党委要协助会党组把党建工作作为考核评价领导班子和领导干部的重要内容，建立健全目标管理考核机制，进一步细化量化考核内容，并将考核结果作为干部选拔任用和奖励惩戒重要依据，切实增强党建工作责任制落实的导向性和权威性。评判考核的标准只有一个，就是看你是否真正把握了中央的精神、坚决执行了中央的有关规定、带领群众不折不扣遵循党的有关方针政策。

第五，强化党风廉政建设和反腐败工作，打造忠诚干净担当的侨联干部队伍

党要管党，首先是管好干部；从严治党，关键是从严治吏。侨联各级党组织要切实把党风廉政建设作为自身建设的一项基础性工作，管好干部，带好队伍。**一要加强反腐倡廉教育。**机关党委要采取多种形式开展《中国共产党廉洁自律准则》、《中国共产党纪律处分条例》的宣传教育，把树立正面典型和剖析反面案例结合起来，加大案件通报和曝光力度，引导侨联全体党员做克己奉公、廉洁从政的践行者，筑牢拒腐防变的思想道德防线，不断增强侨联党员干部拒腐防变的“免疫力”。**二要加大惩治腐败力度。**机关党委纪委要紧紧围绕党风廉政建设和反腐败斗争中心任务，认真履行受理和处理检举控告的职责，严格信访举报和问题线索管理，按规定上报有关线索，按职权查处违纪违法案件，做到抓小抓早，有案必查，以零容忍的态度保持惩治腐败的高压态势。**三要强化中央八项规定的贯彻落实。**机关党委要同会党组一道，按照中央“抓常、抓细、抓长”的要求，锲而不舍、驰而不息纠正“四风”，决不让“四风”问题反弹回潮。随着反腐败斗争的深入，现在中央对一些问题的规定越来越清晰了，对诸如个人出钱高消费、礼尚往来等都有了新的约束，我们要知规止步、依纪止行，不越雷池，盯住每一个具体问题，每一个重要节点，以点带面，持续释放执纪越来越严的强烈信号。**四要强化反腐倡廉制度建设**。机关纪委要进一步建立健全纪律检查工作制度，一手抓制度的制定和完善，一手抓制度的贯彻和执行，坚决维护制度的严肃性和权威性。通过扎牢制度的笼子，形成不敢腐的惩戒机制、不能腐的防范机制、不易腐的保障机制，不断提高侨联纪律检查工作的制度化、规范化水平。

第六，以改革创新精神推进侨联基层党建工作，进一步夯实党的组织基础

习近平总书记指出，必须把抓基层打基础作为长远之计和固本之举，努力使每个基层党组织都成为坚强战斗堡垒。各级党组织都要依据新常态和侨联党员干部队伍出现的新情况、新问题，调整工作思路，改进工作方法，努力做改革创新、保持先进本色的表率，不断推进党的建设制度创新、工作创新、方法创新。**一要切实加强基层党组织建设**。机关党委要认真贯彻《中央直属机关贯彻落实全面从严治党要求若干意见》，以争创学习型、创新型、服务型基层党组织为抓手，针对机关和直属企事业单位党组织在人员数量、队伍结构、工作任务上的不同特点和突出问题，强化分类指导。**二要从严从实教育管理党员**。各级党组织要按照“三严三实”的标准和要求，在从严从实教育管理党员上下功夫，坚持以严的标准要求党员、以严的措施管理党员、以严的纪律约束党员，推进党员管理规范化。**三要进一步创新活动方式**。机关党委要发挥基层党组织的作用，以干部职工喜闻乐见易于接受的方式，强化政治引领和服务功能，积极开展宣传教育活动。要在丰富基层党组织活动上下功夫，找准新时期党建工作与侨联中心工作的结合点，围绕中心、服务大局，不断增强基层党组织的创造力、凝聚力、战斗力。

同志们，侨联事业的创新发展离不开党建工作的坚强引领和有力支撑。让我们紧密团结在以习近平同志为总书记的党中央周围，高举中国特色社会主义伟大旗帜，以邓小平理论、“三个代表”重要思想、科学发展观为指导，深入学习贯彻习近平总书记系列重要讲话精神，坚决执行中央各项方针政策和工作部署，聚精会神抓党建，一心一意谋发展，为实现“两个一百年”奋斗目标和中华民族伟大复兴的中国梦做出新的更大贡献！

预祝大会圆满成功！

在香港厦门联谊总会成立二十二周年暨第十二届理监事就职典礼上的讲话

（2015 年 12 月 9 日，香港）

林　军

各位嘉宾、女士们、先生们：

大家晚上好！

今晚，风景迷人的维多利亚湾畔的会展中心喜气洋洋、高朋满座，大家齐聚一堂，为着一个目的，庆祝香港厦门联谊总会成立二十二周年暨第十二届理监事就职典礼。在这洋溢着浓浓乡情、融融友情的喜庆氛围中，我代表中国侨联向香港厦门联谊总会新一届理监事的就职表示热烈祝贺！向与会的各位乡亲和各界人士致以诚挚的问候和良好的祝愿！

以大力促进闽港经济合作、积极推动两地交往为己任的香港厦门联谊总会自成立以来，始终秉承创会宗旨，发扬爱国爱港爱乡的优良传统，广泛团结旅港乡亲，坚定拥护“一国两制”方针和基本法，积极支持特区政府依法施政，踊跃参与香港社会事务，热心投身公益事业，为维护香港繁荣稳定、促进社会进步以及回馈桑梓、助推厦门各项事业快速发展做出了积极贡献，已成为在香港乃至海外华侨华人中富有凝聚力和影响力的重要社团之一，中国侨联为此感到由衷的高兴。

中国侨联与香港侨界始终保持着友好关系，相互支持，精诚合作。今年以来，我们相继在香港举办了纪念中国人民抗日战争暨世界反法西斯战争胜利 70 周年系列活动，举办了“一带一路”专题报告会，得到了香港侨界的大力支持和踊跃参与。昨天上午我们又在会展中心举办了“中国经济形势与前景展望”专题报告会，就一年来的经济形势、如何认识经济新常态，以及未来五年的经济走向、完成十三五规划的有利条件和面临的挑战，请国家发改委领导同志作了具有说服力的说明。为我们正确估判形势、克服前进道路上的困难和问题，提振信心，提供了重要的依据。

各位来宾，各位朋友，不久前闭幕的中国共产党十八届五中全会是在全面建成小康社会进入决胜阶段召开的一次重要会议。全会审议通过了《中共中央关于制定国民经济和社会发展第十三个五年规划的建议》，习总书记发表了重要讲话。全会从党和国家战略全局出发，坚持目标导向和问题导向相统一、立足国内和全球视野相统筹、全面规划和突出重点相协调、战略性和操作性相结合，提出了创新、协调、绿色、开放、共享的发展理念，阐明了“十三五”规划的指导思想、基本原则、目标要求、重大举措，描绘了未来 5 年国家发展蓝图。其中也包括“提升港澳在国家经济发展和对外开放中的地位和功能”的内容，明确提出“支持香港巩固国际金融、航运、贸易三大中心地位，参与国家双向开放、‘一带一路’建设。支持香港强化全球离岸人民币业务枢纽地位，推动融资、商贸、物流、专业服务等向高端高增值方向发展”的举措。这些都充分表明中央对香港的持续关注和大力支持、始终把重视发挥香港在国家建设发展中的地位和作用作为长期战略的深远考虑，为香港与内地在社会、民生、科技、文化、教育、环保等领域向更深层次、更宽范围的合作提供有力保障，也为香港同胞乘势而上，在落实“十三五”规划的各项任务中展现作为提供更为广阔的舞台。

各位来宾，各位朋友，11 月 27 日中央扶贫开发工作会在北京隆重举行，这是党的十八届五中全会后召开的第一个中央工作会议。这次会议党中央向全国人民作出庄严承诺，为实现“两个百年”的第一个百年目标，全国上下要团结一心，汇集各方面的力量攻坚克难，瞄准全面实现小康社会的突出短板，彻底解决 7000 万农村贫困人口的脱贫问题。全会号召全党全军全国各族人民要立下愚公移山志，咬定目标、苦干实干，坚决打赢脱贫攻坚战，确保到 2020 年所有贫困地区和贫困人口一道迈入全面小康社会。面对这一艰巨的历史任务，有着爱国爱乡光荣传统的海外侨胞、港澳同胞和一切有志于推进祖国现代化建设的各方面人士都应积极行动起来，为打赢脱贫攻坚战献计出力、竭尽绵薄。

香港的命运从来都与祖国的命运紧密相连。我们衷心希望香港厦门联谊总会，继续坚定支持行政长官和特别行政区政府依法施政，切实增进在爱国爱港旗帜下的广泛团结，为保持香港社会和谐稳定与经济繁荣不懈努力！

再过十几天圣诞节就要到了，新年钟声敲响之后，紧接着中华民族的传统节日春节也将来临。在这儿盘点一年收获、筹划来年丰顺之际，我代表中国侨联向各位来宾并通过你们，向香港侨界同胞表示节日的祝贺！提前给大家拜个早年！衷心祝愿香港厦门联谊总会会务兴旺，衷心祝愿各位朋友身体健康、家庭幸福、事业发达、万事如意！

在中国侨联九届二次全委会议上的总结讲话

（2015 年 1 月 22 日）

董中原

各位委员、各位顾问，同志们：

中国侨联九届二次全委会议就要结束了。根据日程安排，我受九届三次主席会议的委托作大会总结。

本次会议是在党和国家推进全面建成小康社会、全面深化改革、全面依法治国、全面从严治党的大背景下召开的。会议认真学习贯彻党的十八大和十八届三中、四中全会精神，传达了《中共中央关于加强和改进党的群团工作的意见》（以下简称“中央群团工作意见”）和中央书记处关于侨联工作的重要指示；中共中央政治局委员、国家副主席李源潮同志与大家进行座谈并代表党中央发表了重要讲话；林军主席作了工作报告，全面总结了 2014 年工作，提出了今年的工作重点和总体安排。大家解放思想、踊跃建言献策，对进一步做好今年的工作进行了热烈讨论，提出了很多很好的建议。大家认为，中央群团工作意见充分体现了以习近平同志为总书记的党中央对群团工作的高度重视，是党中央适应新形势发展，着眼全面深化改革、全面推进依法治国、巩固党的执政地位、维护国家长治久安、保持党和人民群众血肉联系的战略部署和具体举措。中央群团工作意见提出了许多新思想、新观点、新论断、新要求，内涵丰富、观点鲜明，进一步明确了群团组织的性质、地位、作用、任务，对各级党委加强和改进群团工作的领导，对群团加强自身建设提出了新的更高要求。对侨联组织来讲，这是继去年中央印发《关于加强和改进新形势下侨联工作的意见》之后的又一重大机遇，是新形势下进一步做好侨联工作的重要遵循。大家谈到，中央书记处关于侨联工作的重要指示对 2014 年侨联工作做了充分肯定，对当前和今后一个时期的侨联工作提出了殷切期望和明确要求，提出要坚持用中国特色社会主义和中国梦凝聚侨心，更好服务党和国家全局工作，大力弘扬社会主义核心价值观和中华优秀传统文化，扎实做好服务侨胞和维护侨益工作，不断提高做好新形势下侨联工作的能力和水平，要求各级党委关心重视侨联工作，加强组织领导和统筹协调，及时帮助解决各种困难和问题，为侨联工作顺利开展提供有力保障。中央书记处的重要指示充分体现了党中央对侨联工作的关心、重视和支持，为侨联事业创新发展增添了不竭动力。大家表示，李源潮同志代表党中央发表的重要讲话，要求各级侨联全面贯彻党的十八大和十八届三中、四中全会精神，贯彻习近平总书记系列重要讲话精神，贯彻中央群团工作意见和侨联工作意见，坚持社会主义群团发展方向；适应国内国际两个大局发展需要，充分发挥广大侨胞的独特作用；把握侨情新变化新特点，加快推进“两个拓展”；持续改进作风，更好服务广大侨胞；结合实际制订实施方案，确保中央决策落地生根。李源潮同志的重要讲话思想深刻、语重心长，指导性、针对性很强，为各级侨联组织坚定不移走中国特色社会主义群团发展道路，牢牢把握时代主题，充分发挥侨联组织独特优势和作用指明了方向。特别是关于“两个拓展”的重要论述，为各级侨联主动作为，求创新、谋发展增添了新的动力。大家认为，林军同志的工作报告重点突出、内容实在，文风朴实、亮点纷呈。2014 年的工作总结既体现了中央对侨联工作的总体要求，又突出了侨联紧跟中央部署贯彻落实的具体措施；9 个方面的重点工作重品牌、求实效，尤其是中国侨联及时向中央提交针对香港“占中”事件的对策建议，主动作为、积极发声；组织的日本军国主义罪行图片展活动配合党和国家工作大局，走在了全国前列，受到广泛关注，充分发挥了侨联组织的独特优势和作用；2015年的工作部署，围绕着“一带一路”等国家战略进行，具有开创性和前瞻性，立意高、水平高、要求高，对基层侨联有很强的指导性和可操作性。

大家在讨论中还提出很多意见和建议。有的委员建议，中国侨联应加强对经济发展新常态的研究，找准侨联组织在“走出去”战略中的工作定位和发力点，成为“一带一路”的重要参与者和建设者。有的委员建议，应进一步强化侨联工作特点和规律的研究，加强侨联工作的顶层设计、统筹协调和科学谋划，加强对品牌活动的总结与提炼，加强理论分析，形成有深度的报告，不仅用作决策建议，更应形成对地方侨联的普遍性指导文件；应邀请港澳政协委员、其他界别有侨身份的政协委员共同参与侨联界政协委员的调研活动，提高参政议政的工作水平。有的委员建议，目前各级侨联在贯彻落实中央侨联工作意见的过程中遇到一些问题，建议采取问题倒逼机制，组派督查组帮助地方侨联解决制约发展的关键性问题。有的委员建议，群团组织承接政府职能转移的任务艰巨繁重，侨联组织应未雨绸缪，提前做好相关的准备工作；中国侨联应进一步加强对基层侨联的指导和培训工作，对侨联干部的培养要从单一型向复合型转变，侨联任务的落实要从靠觉悟完成向量化考核转变，进一步加强侨联组织的能力建设，克服侨联干部的“本领恐慌”，对侨联干部的培养应更具前瞻性，建立梯队意识，防止出现“断层”现象，为积极应对政府职能转变打下坚实基础。有的委员建议，在开展培育和践行社会主义核心价值观的工作中，应突出侨的特色，出高招、想实招，根据归侨侨眷和海外侨胞的不同特点有针对性地制定目标、设计载体，大力弘扬“嘉庚精神”，广泛宣传侨界旗帜性人物的先进事迹，引领侨界风尚；将开展“侨与中国梦”主题活动与培育践行社会主义核心价值观结合起来，找准聚焦点、突出着力点，真正做到在融入贯穿上下功夫。有的委员建议，应加快对周边国家侨情调研，适时召开侨情理论研讨会，研究比较侨联组织与其他群团组织的差异与优势，提出侨联组织改革创新的具体措施，配合我国周边外交工作大局加强与周边国家侨胞的联系交流。有的委员建议，中国侨联应对“建家当友”中“家”的标准具体化、明晰化，通过国家战略的实施加强侨联组织的区域化合作，构建联动机制，实现资源共享。有的委员建议，应集结侨界网络力量，发挥网络平台在开展中华文化宣传方面的作用，设立侨联组织的微信公众号，借助网络力量提升侨联的社会影响力。针对目前的香港问题，有的委员建议港澳委员积极行动起来，加强对香港《基本法》的广泛宣传和港澳侨界青年的爱国主义教育，增强侨界青年对国家、民族的认同感和向心力，形成思想共识，学会正确发声，勇于“做卫士而不做绅士”，进一步把爱国、爱港、爱澳力量发扬光大；应特别重视港澳侨界青年力量的培养，从大统战的角度多做工作，聚同化异，团结各种政治力量为我所用，为保持港澳地区长期繁荣稳定做出贡献。大家提出的建议很有针对性和可操作性，中国侨联机关将认真整理和归纳，把大家的智慧转化为全国侨联系统的决策部署和工作举措，进一步增强侨联工作的科学性、创造性和可持续性。

今年是全面贯彻落实党的十八届四中全会精神的开局之年，也是侨联组织深入贯彻中央两个意见精神、加快推进“两个拓展”的关键之年。下面，我结合林军同志提出的工作安排和任务要求，就进一步提高侨联工作法治化水平、切实做到“六个准确把握”、更好完成今年工作谈几点意见。

一、准确把握依法治国的要求，进一步树立法治思维

完成今年的各项工作任务，实现侨联事业的创新发展，必须主动把各项工作融入全面推进依法治国的工作布局，融入党依法执政的战略需要，融入依法治会、依法护侨、依法聚侨、依法引侨等重点环节，切实找准工作的切入点和着力点，进一步实现侨联工作法治化，不断提高运用法治思维和法治方式推进侨联工作的能力和水平。要把宣传贯彻四中全会精神作为联系侨界群众、服务侨界群众的重要内容，引导各级侨联干

部和广大侨界群众深刻认识全面推进依法治国是深刻总结我国社会主义法治建设成功经验和深刻教训做出的重大抉择，是全面建成小康社会和全面深化改革开放的重要保障，是着眼于实现中华民族伟大复兴中国梦、实现党和国家长治久安的长远考虑。各级侨联组织要面向广大侨界群众准确讲解好四中全会提出的中国特色社会主义法治道路、法治体系，讲解好全面推进依法治国的重点任务和重大举措，进一步增强宪法意识、公民意识、爱国意识和民主法治意识，在侨界群众中进一步形成崇尚宪法、遵守宪法、维护宪法权威的浓厚氛围。要把宣传重点放在归侨侨眷集中的侨乡、华侨农场、农垦系统，针对高校、科研单位、开发区和城市社区等新侨集中的地方，采取灵活多样的方式，扩大宣传工作的覆盖面，让依法治国理念深入侨界人心。

二、准确把握依法执政的要求，贯彻中央群团工作意见

依法执政是依法治国的关键，是我们党治国理政的基本方式，是实现国家治理体系和治理能力现代化、提高党的执政能力和执政水平的必然要求。中央群团工作意见是我们党坚持依法执政、实现群团工作法治化的重要举措。要把宣传贯彻中央群团工作意见、进一步落实中央加强侨联工作意见作为提高侨联工作法治化水平、完成今后各项工作任务的重要抓手。截至目前，全国已有15个省区市和4个副省级城市党委出台了加强侨联工作的实施意见，地市级党委也纷纷出台实施意见。去年底中国侨联召开4个片区会议督查贯彻落实中央对侨联工作意见的情况，取得了良好效果。要抓住贯彻落实中央群团工作意见的重要机遇，深化侨情研究，加强整体谋划，加快推进“两个拓展”。要深刻理解中国特色社会主义群团发展道路的基本特征、根本原则，增强政治意识，严守政治纪律和政治规矩，切实把自觉接受党的领导、团结服务侨界群众、依法依章程开展工作统一起来，自觉在思想上政治上行动上同以习近平同志为总书记的党中央保持高度一致，通过开展侨界群众喜闻乐见、形式多样的活动，真正把党的决策部署变成侨界群众的自觉行动，把党的关怀送到侨界群众的心坎上。要深刻领会中央群团工作意见的精神实质，逐项对照研究侨联工作需要加强和改进的问题，切实围绕中心、服务大局、践行社会主义核心价值观、维护侨界群众合法权益、参与民主建设、维护社会稳定。要适应国家治理体系和治理能力现代化的要求，提出进一步改革创新的措施，改进侨联工作方式方法，为承接政府转移职能做好思想、组织和干部准备，在我们党提高依法执政能力和执政水平的过程中充分发挥侨联组织应有的作用。

三、准确把握依法治会的要求，进一步形成系统合力

依法治国，对党是依法执政，对政府是依法行政，对群团组织是依法办事。各级侨联要切实树立法治思维，努力实现侨联工作法治化。今年侨联的各项工作任务都很重，要按照全面推进依法治国的要求，把侨联的工作决策、活动组织、职能履行纳入法律法规的框架内进行，使侨联工作的每个部署、每项工作都能做到依法履责、依法行事、依法决策。要从侨联组织在国家治理体系中的三个定位出发，即党领导的人民团体，党和政府联系广大归侨侨眷和海外侨胞的桥梁纽带，团结服务归侨侨眷和海外侨胞的群众组织，推动健全全国侨联组织体系，整合侨联系统资源，进一步形成全国侨联系统的工作合力，为完成今年的各项工作任务助力，也为侨联事业的长远发展打下更加坚实的基础。中国侨联章程是侨联组织的内部法规化制度，必须增强其严肃性、权威性，严格按照章程开展活动、推进工作。应尊重侨界群众的主体地位，支持基层侨联在组织形式、活动方式上创新，依据会员意愿开展活动。要认真贯彻习近平总书记“三严三实”要求，深化作风建设，防止“机关化”现象，推动各级侨联干部深入基层、深入侨界群众，知侨情、联侨心、解侨忧，真正使侨联组织成为深受海内外侨胞信赖的侨胞之家。

四、准确把握依法护侨的要求，进一步维护和谐稳定

侨联是侨界群众合法权益的代表者与维护者，坚持依法维护侨益，是推进“两个拓展”的基础性工作。《宪法》第50条规定，中华人民共和国保护华侨的正当权利和利益，保护归侨和侨眷的合法权利和利益。《归侨侨眷权益保护法》第8条规定：“中华全国归国华侨联合会和地方归国华侨联合会代表归侨侨眷的利益，依法维护归侨侨眷的合法权益”，第23条规定：“归侨侨眷的合法权益受到侵害时，被侵害人有权要求有关主管部门依法处理或向人民法院提起诉讼。归国华侨联合会应当给予支持和帮助。”这是国家以法律的形式明确中国侨联和地方各级侨联代表归侨侨眷利益，肩负维护归侨侨眷和海外侨胞合法权益所应承担的责任。中央群团工作意见指出，群团组织服务群众要盯牢群众所急、党政所需、群团所能的领域，重点帮助群众解决日常工作中最关心、最直接、最现实的利益问题和最困难、最操心、最忧虑的实际问题。群团组织维权工作应该主动有为，哪里的群众合法权益受到侵害，哪里的群团组织就要帮助群众通过合法渠道、正常途径，合理伸张利益诉求，促进社会公平正义。李源潮同志也多次对侨联组织“干实事”提出明确要求。侨联组织应发挥自身优势，积极推动做好涉侨法律法规的制定修改和贯彻落实，善于运用法治思维和法治方式维权，主动参与涉侨法律法规的执法检查、工作视察等活动，通过信访代理、推动公益诉讼、依法参与调解仲裁等方式为利益受到损害或侵犯的侨界群众提供帮助。要建立健全困难归侨侨眷帮扶机制，关注关爱侨界留守儿童、空巢老人等特殊群体，协助解决贫困归侨侨眷的实际困难。同时，要引导侨界群众识大体、顾大局，自觉守法、遇事找法、解决问题靠法，依法理性表达诉求，自觉维护社会和谐稳定。

五、准确把握依法聚侨的要求，进一步参与社会治理

广大归侨侨眷和海外侨胞中蕴藏着丰富的智慧，侨联组织应最大限度地把广大归侨侨眷和海外侨胞凝聚起来，把他们的智慧和力量汇集到实现中华民族伟大复兴中国梦上来。要按照有关政策规定，协助归侨侨眷人大代表、侨联界政协委员深入了解社情民意，为他们协商议政、建言献策做好服务。要深入侨界群众，认真听取他们的意见和建议，在开展立法协商中充分发挥应有作用。要加强侨史知名优秀人士、侨界先进人物事迹的宣传，弘扬“嘉庚精神”，用侨界先进人物的优秀品格、高尚人格、模范行为感召侨界群众、带动侨界群众。要弘扬侨界爱国主义传统，组织开展形式多样的侨史纪念庆典活动，唱响共筑中国梦的时代主旋律，多开展一些接地气、有感染力的宣传教育活动，在融入贯穿上下功夫，引导侨界群众学习践行社会主义核心价值观，增强他们的认同感和归属感。要坚持正确的舆论导向，壮大侨界主流思想舆论，切实增强正面声音的引导力和影响力；要正确表达党和政府声音，以清新之风发布党和政府正面声音，让积极健康向上的思想舆论成为侨界社会主流；要及时反映侨界群众的所思所盼，尊重群众第一时间获取权威信息的愿望；要善于运用新媒体，把用好新媒体作为服务发展的重要平台、作为党和政府更好联系群众的重要平台；通过加强网宣队伍建设，综合运用维权热线和网络论坛、手机报、微博、微信等新媒体平台进行网上引导和动员，主动发声、及时发声。要引导侨界群众积极参与基层自治，切实保障侨界群众对社会管理的知情权、参与权、表达权、监督权，在各个层次、各个领域支持和推动侨界群众实现自我管理、自我服务、自我教育、自我监督。

六、准确把握依法引侨的要求，进一步深化为侨服务

按照法治思维、法治方式团结引导广大归侨侨眷和海外侨胞为党和国家中心工作贡献力量，不断推进“两个拓展”，对做好今年的工作至关重要。要主动服务国家总体外交战略，组织动员侨界群众积极参与“一带一路”等国家重大战略的实施。要引导广大侨胞适应国内经济发展新常态，准确把握国内产业特点和市场需求，把资金、技术、人才等汇聚到转方式调结构、提高发展质量和水平上来。动员广大侨胞支持改革、参与改革，为解决改革难题、实现改革任务献计出力。要积极向有关部门反映侨资侨企、海外人才的愿望和需求，为他们创新创业牵线搭桥、提供服务，帮助他们解决遇到的实际困难和问题，为他们服务经济社会发展提供完善的法律保障。要鼓励侨资企业把企业发展与遵守相关法律结合起来，引导侨资侨企依法经营，自觉遵守经营、税收、劳动等各项法律法规，倡导侨资企业树立与职工利益相关、合作共赢的理念，主动承担社会责任。要引导海外侨胞遵守住在国的法律和国际惯例，依据住在国的相关规定成立侨团、开展活

动，主动融入当地社会，在住在国法律框架内当好民间外交使者，多领域、多渠道、多层次开展民间对外交流，讲好中国故事、传播好中国声音、当好中国形象代言人，以诚感人、以心暖人、以情动人，向世界展现一个真实、立体、全面的中国，为增进世界各国人民对中国的理解作出不懈努力。

中华民族的传统节日——春节即将到来，在这里提前给大家拜个早年，祝大家在新的一年里身体健康、工作顺利、全家幸福、万事如意！

弘扬“四个坚持” 做好“六个着力”

——在全国侨联文化宣传工作会议上的讲话

（2015年2月3日）

董中原

同志们：

前不久，中央书记处办公会议听取了中国侨联党组的工作汇报。受林军主席的委托，我向大家传达中央书记处关于侨联工作的重要指示精神中关于侨联文化宣传工作的有关论述。

（略）

以上传达的是中央书记处关于侨联工作的重要指示精神中关于侨联文化宣传工作的有关论述。我认为，中国侨联文化宣传工作近年来蓬勃发展，观念理念务实创新，内容领域不断拓展，方法手段不断改进，体制机制不断完善，传播实力明显增强，队伍素质显著提高，为传承中华文化、加强对外宣传、扩大侨联影响做出了贡献。特别是“亲情中华”主题活动，从启动到今天，七年来成果丰硕、影响广泛，特点突出。主要表现在“四个坚持”：**一是始终坚持群众性，不断加强与海外侨胞的互动交流**。无论是中国侨联组织的团组，还是地方侨联组织的演出，都能始终坚持演出团队的群众性，在演出方式上加强与海外侨胞互动交流，引导他们参与其中，使海外侨胞成为活动的主体，演出效果不断提升。**二是始终坚持民间性，充分彰显侨联组织的活力**。依托海外侨团做好海外演出的各项工作，邀请当地民众、主流社会政要观看演出，加强与当地文艺界人士交流，为“亲情中华”主题活动增添了持久的生命力。特别是赴台湾的交流活动，增进了同胞情感，在两岸民间交流中展现了侨联的特点和优势。**三是始终坚持民族性，展现中华文化的独特魅力**。中国侨联和地方侨联精心制订演出计划，组织富有地方特点、民族特色的演出团组，呈现出中华民族大家庭的融合性，充分展现了中华文化的多样性和独特魅力，得到了海外侨胞和住在国民众的喜爱和广泛欢迎。**四是始终坚持公益性，服务归侨侨眷和海外侨胞**。把满足归侨侨眷和海外侨胞的精神文化生活和弘扬中华优秀文化的愿望作为出发点和落脚点。根据归侨侨眷和海外侨胞的需求确定演出内容、方式和日程，把归侨侨眷和海外侨胞是否满意作为衡量活动成功与否的重要标准，成为中国侨联为侨服务的重要载体。

当前，我国已经进入实现中华民族伟大复兴中国梦的关键阶段。我国同国际社会的互联互通日益紧密，对国际事务的参与不断加深，需要统筹国内国际两个大局，从实际出发，努力维护和用好我国发展的战略机遇期，讲好中国故事，做好对外文化宣传工作。在这种形势下，广大归侨侨眷和海外侨胞日益成为传播中华文化的重要力量、展示中国形象的重要载体、推动中外文化交流的重要桥梁。

党和国家历来高度重视归侨侨眷和海外侨胞在传播中华文化、促进中外文化交流、开展对外宣传中的积极作用。各级侨联要认真学习贯彻习近平总书记系列重要讲话精神，按照中央关于加强和改进群团工作和侨联工作的意见要求，找准工作定位，把握正确方向，明确目标任务，在党和国家工作大局中充分发挥侨联文化宣传工作的重要作用。下面，我就侨联组织如何立足自身优势，努力做好“六个着力”，简要谈几点意见。

一、弘扬民族精神，着力增强海内外同胞的关系和谐

博大精深的中华文化是海外侨胞与国内联系的情感纽带，支持海外侨胞弘扬中华文化是侨联文化宣传工作的重要职责。要牢牢把握实现中华民族伟大复兴中国梦的时代主题，鼓励海外侨胞传承中华文化，弘扬自强不息、厚德载物、诚实守信、吃苦耐劳的伟大民族精神，积极支持华裔新生代、新华侨华人开展各种形式的寻根问祖活动，不断凝聚中国力量、弘扬中国精神，促进海内外中华儿女同圆共享中国梦，增强他们对坚持走中国道路的自信。要加强侨乡文化研究，推动华侨精神的挖掘和阐述，努力实现中华传统美德的创造性转化、创新性发展，把跨越时空、超越国度、富有永恒魅力、具有当代价值的侨乡文化和华侨精神发扬光大，不断牢固海外侨胞与家乡的感情。要着眼促进祖国和平统一，进一步深化两岸侨界文化交流与合作，以中华民族共同的精神纽带、鲜明的文化烙印为基础，面向来自香港、澳门、台湾的侨胞有序开展交流，不断增进文化认同和民族认同，共同维护两岸关系和平发展大局和一国两制成功实践成果。要深入了解海外少数民族侨胞的文化需求，通过组织特色演出，深入宣传中华民族大家庭的情深意长、心心相印，共同维护中华民族大团结。

二、夯实民意基础，着力增强与世界人民的文化交流

国之交在于民相亲，民相亲在于心相通。文化交流与合作有助于夯实我国同世界各国交流合作的民意基础。各国间的关系发展既需要经贸合作的“硬”支撑，也离不开文化交流的“软”助力。世界各国历史文化宗教不同，只有通过文化交流与合作，才能让各国人民产生共同语言、增强相互信任、加深彼此感情。各级侨联要立足发挥文化潜移默化的影响作用，着力做好与世界各国的文化交流合作，讲好中国故事，传播好中国声音，促进中华文化“走出去”，不断提升中国的国际话语权和国际影响力。要认识到各国文化互有千秋，都应该得到尊重，引导海外侨胞虚心学习、积极借鉴住在国民族文化的优点和精华，取长补短、兼收并蓄，使中华文化与世界各国文化和谐相融，让世界上不同肤色、不同语言、不同信仰的人们携起手来，共同创造更加美好的生活，使中国梦与世界各国人民的梦想息息相通。要支持海外侨团积极开展丰富多彩的文化活动，促进中华文化与当地族裔文化交流融合，鼓励他们与当地社会共同举办中华民族文化节庆活动，加强与当地民众的团结互助，充分展示中国人民讲信修睦、包容开放、和谐文明的优良传统，密切中国人民同世界各国人民的友好感情，夯实我国与世界各国合作的民意基础和社会基础。

三、加强统筹协调，着力增强侨联文化宣传工作活力

侨联的文化宣传工作既要符合侨联工作的总体要求，也应深深植根于服务经济社会发展、依法维护侨益、拓展海外联谊、有序参政议政、参与社会建设等职能作用之中。要树立侨联工作一盘棋意识，中国侨联与地方侨联应加强统筹谋划，坚持广泛活动与打造品牌相结合、巩固成果与创新发展相统一、做好文化宣传工作与履行侨联各项职能相协调，不断推动侨联文化宣传工作再上新台阶。要继续发挥侨联系统优势，上下联动，继续举办“亲情中华”主题活动、世界华侨华人少年作文比赛和“亲情中华·汉语桥”等各类华裔青少年夏（冬）令营活动，立足现有基础，打造新模式、探索新机制，扩展新视野，实现新突破，主动加强与有关方面联系，深入开展文化艺术、科学教育、观光旅游、地方合作等项目，为侨联文化宣传工作增添新活力、丰富新内容、实现新发展。要配合中华文化“走出去”战略，依托现有成果，统筹项目资源，与海外侨团联合举办形式多样、丰富多彩的文化、展览、演出活动，配合海外中国文化中心建设。加强与遍布世界各地的几万所中文学校、数万个华侨华人社团的联系，支持开展具有中华民族特点和独特魅力的民族节庆活动，增进各国民众对中华文化核心价值的了解，增强中华文化的亲和力、感召力和影响力。

四、树立精品意识，着力增强侨联文化宣传的整体效果

今年是中国人民抗日战争胜利和世界反法西斯战争胜利 70 周年，应引导海外侨胞结合各自情况，与相关方面加强联系，开展不同形式的纪

念活动。围绕打造周边国家命运共同体、加强同发展中国家的团结合作、积极推进“一带一路”建设、积极做好对外援助工作、切实维护我国海外利益等外交战略，各级侨联要根据本地区实际，确定活动主题，树立品牌意识和精品意识，深入发掘地方优势和文化资源，推动地方优秀文化项目“走出去”。通过协助具有国际竞争力的侨界文化企业参与文化产业发展，呈现出更多展现民族精神、时代精神和深受群众喜爱的文化精品。特别是配合“一带一路”国家战略的实施，发挥文化桥头堡作用，发挥沿线国家华侨华人作用，制定规划、整合资源、形成合力，积极有为地开展丰富多彩的文化交流活动，进一步推动中国同沿线国家全方位、多领域的交流合作，实现共同发展。要充分发挥侨联所属的学会、协会、委员会和专家学者、智库作用，群策群力，通过召开研讨会、专题调研等形式，为侨联文化宣传工作提供智力支持和有益指导。

五、讲好中国故事，着力增强中国声音传播的感召力

习近平总书记指出，要精心构建对外话语体系，发挥好新兴媒体作用，增强对外话语的创造力、感召力、公信力，讲好中国故事，传播好中国声音，阐释好中国特色。这是我们开展侨联文化宣传工作、创新工作载体和形式的重要遵循。改革开放以来，中国人民追求和实现中国梦的生动实践，是鲜活的“中国故事”。许多走出国门的海外侨胞，都有着坚持不懈努力打拼、与各国人民友好相处的生动故事。要把讲好中国故事作为做好侨联文化宣传工作的基本功，将中国道路、中国理论、中国制度、中国经验，融入一个个普通中国人、中国家庭和移民创业的故事之中，用具体、生动、有血有肉的方式与内容，呈现中国社会生活变迁，反映中国人民精神追求，使国外受众能具体形象地感知中国、理解中国、亲近中国。要坚持与时俱进，不断创新理念和方法，探索融通中外的新概念、新表达，坚持实事求是，努力出新、出彩，做到见人、见事、见思想、见精神，使中国话语讲得有底气，让人听得进、听得懂、传得开，不断增强中国在国际社会的影响力和公信力。

六、创新服务方式，着力增强侨联文化宣传的群众基础

体系健全、组织众多是侨联开展文化宣传工作的重要优势，海外侨胞与家乡的联系更多地要落到基层。加强基层侨联文化建设，需要做大量艰苦细致的工作。各级侨联要切实提高思想认识，把这项基础性工作做实、做好、做到位。要推动传统侨乡、经济发达地区的企事业单位、社区、镇、村侨联加强基层文化设施建设，积极参与群众性文化活动，挖掘本地文化精品，引导鼓励归侨侨眷与海外的亲朋好友通过新媒体加强联系、增进感情。要围绕侨界群众需求创新服务方式，加强新侨工作，满足侨界群众不同类型、不同层次的文化需求，增强服务的针对性和有效性，提高服务设施的利用效率。要培育侨联基层文化活动人才和积极分子队伍，开展群众性文化活动，让侨界群众当主角，成为基层侨联文化宣传工作的主体。要引导侨资侨企进入国家许可的文化建设领域，引导华侨华人专业人士回国开展文化领域的创新创业，鼓励他们与国内文化企事业机构开展有益合作。

同志们，春节即将来临，我代表中国侨联党组给大家拜个早年，祝大家身体健康，工作顺利，家庭幸福，万事如意！

预祝会议圆满成功！

在中国华侨历史学会六届七次理事会上的总结讲话

（2015年4月9日）

董中原

各位理事、各位顾问，同志们：

中国华侨历史学会六届七次理事会议已经顺利完成各项议程。这次会议虽然时间不长，但内容丰富、成果丰硕。会议全面总结了过去一年学会所做的工作，并对今年的工作作出了部署。李明欢、陈奕平、张国雄、张禹东、吴小安、李鸿阶、张秋生、范宏伟等8位专家作了学术报告，分享了自己的最新研究成果。他们的发言言简意赅、求真务实。李明欢教授关于海外藏胞的发展状况与多元分化的演讲，资料翔实、研究深入、分析深刻、结论合理，很有说服力。吴小安教授关于中华性与华人社会共赢发展的演讲，从政治、经济、文化、社会、国家主权、国际关系角度阐述了中华性与华人社会的内在联系与相互促进的关系。陈奕平教授关于软实力视野下的侨务工作的演讲，阐述了战略目标与政策思路，强调华侨华人独特作用不可替代，强调完善大侨务发展格局。张禹东教授关于加强协同创新，提高华侨华人研究的学术水平和服务水平的演讲，阐述了新常态下的新思路，学理性与实践性相结合，提出打造侨务外交公共智库，建立涉侨研究信息资源共享机制。张国雄教授关于华侨华人与海上丝绸之路的演讲，深入阐述了一带一路战略的要点，华侨华人如何在这一战略中发挥作用，以及海上丝绸之路申遗与华侨华人。张秋生教授关于21世纪以来澳大利亚移民政策的转型及其对华人新移民的影响的演讲，深刻剖析了经济理性主义与澳大利亚移民政策转型的关系，以及移民政策转型对华人新移民的影响。范宏伟教授关于缅甸华人与中缅关系的演讲，详细阐释了中缅“胞波”外交的历史与现实，以及当前缅甸反华情绪的由来，并提出了有关工作建议。以上7位教授的演讲素材都可以作为中国侨联侨情专报的内容，请学会秘书处认真整理上报。张癸、黄晓坚、夏凤珍、李庆新做了所提交论文的发言，就上海侨情新变化与侨务工作新思考，华侨华人在海上丝绸之路的作用，华侨村官研究，17—19世纪东华南亚华人建立的“非经典政权”等进行了生动的说明，他们的论文很有特点，都可以作为中国侨联侨情专报的内容。中国侨联近几年的工作，有人作过简要的概括，其中有两句话：“侨情专报走进中南海”，“亲情中华走向全世界”。侨情专报走进中南海的意义是将侨界的智慧转化为国家的决策，作用重大、意义深远。在刚才的讨论环节，许育红、李葳、陈世春、丘立本、梁英明等专家学者就当前华侨华人研究的相关问题提出了自己的见解和观点，对学会的工作提出了许多具有建设性的意见和建议。会后，请学会秘书处认真整理和归纳本次会议的成果和意见建议，并将其贯彻落实到学会今后的工作中去。

下面，我就如何加强侨联智库建设，深入推进华侨华人研究，进一步做好学会工作，简要谈几点意见。

一、以智库建设为己任，在战略布局中找准工作定位

智力资源是一个国家、一个民族最宝贵的资

源。推进“四个全面”战略布局，必须集中各方面智慧、凝聚最广泛力量，包括广大归侨侨眷和海外侨胞的智慧和力量。习近平总书记指出，要从推动科学决策、民主决策，推进国家治理体系和治理能力现代化、增强国家软实力的战略高度，把中国特色新型智库建设作为一项重大而紧迫的任务切实抓好。2014 年 11 月，中办、国办联合印发《关于加强中国特色新型智库建设的意见》，强调要深入贯彻习近平总书记系列重要讲话精神，以服务党和政府决策为宗旨，以政策研究咨询为主攻方向，以完善组织形式和管理方式为重点，以改革创新为动力，努力建设面向现代化、面向世界、面向未来的中国特色新型智库体系，更好地服务党和国家工作大局，为实现中华民族伟大复兴的中国梦提供智力支撑。中国华侨历史学会汇集了一大批华侨华人研究的专家学者，在课题研究、观点探讨、成果发布、人才培养等方面取得了显著成绩，相当比例的研究成果被《中国侨联侨情专报》采用并上报中央，很多成果已成为有关部门决策的重要参考，为推进侨务工作创新发展做出了重要贡献，建设侨联智库已经具备十分良好的基础。**一是服务“四个全面”战略布局。**决策咨询制度是我国社会主义民主政治建设的重要内容。当前，协调推进“四个全面”的战略布局，迫切需要健全中国特色决策支撑体系，大力加强智库建设，以科学咨询支撑科学决策，以科学决策引领科学发展。学会应深入开展调查研究，自觉把华侨华人研究放到“四个全面”战略布局中来认识和把握，植根于广大归侨侨眷和海外侨胞之中，分析研究形势，判断发展机遇，形成政策性建议，为国家有关部门科学决策和侨联工作创新发展提供政策咨询和理论支撑。**二是汇集侨界智慧建言献策。**广大归侨侨眷和海外侨胞中蕴藏着丰富的智力资源和创造热情，这是学会智库建设的不竭动力和思想源泉。学会要继续发挥人才荟萃、智力密集的优势，切实把握海内外侨情变化，广泛反映侨情民意，汇集广大归侨侨眷和海外侨胞对经济社会发展的意见建议，为归侨侨眷人大代表、侨联界政协委员参政议政提供帮助，通过多种形式的调查研究和座谈会、论证会，为各级侨联参与涉及广大人民群众切身利益的决策提供智力支持。**三是加强国际交流扩展视野。**树立中国良好形象，推动中华优秀文化走向世界，在国际舞台上发出中国声音、讲好中国故事，迫切需要发挥中国特色新型智库在公共外交和文化交流互鉴中的重要作用。学会应不断扩展国际视野，加强与国外相关研究机构的学术交流，站在华侨华人研究的国际前沿，加强国际移民发展的研究，把握华侨华人在住在国生存发展、融入当地社会、文化交流融合的内在规律，深入探讨华侨华人在推动中国全面走向世界的过程中发挥作用的渠道和方式，不断增强中国的影响力和话语权。

二、以重大问题为导向，进一步提高现实对策研究能力

习近平总书记强调，要有强烈的问题意识，以重大问题为导向，抓住重大问题、关键问题进一步研究思考，找出答案，着力推动解决我国发展面临的一系列突出矛盾和问题。我们开展华侨华人研究，推动党和国家侨务政策的贯彻落实，目的是为了发挥广大归侨侨眷和海外侨胞的独特作用，推动解决中国的现实问题。学会应当通过调查研究，不断发现问题、认识问题、研究问题，并提出解决问题的思路和办法。**一是着眼根本性、战略性问题。**实现“两个一百年”奋斗目标、实现中华民族伟大复兴的中国梦，已经具备非常坚实的基础和有利条件，但面临的矛盾和问题也日益增多。当今世界格局正在进行深度调整，全方位综合国力竞争日趋激烈，中国已经进入增长速度的换挡期、结构调整的阵痛期、前期刺激政策的深化期，许多问题相互交织、叠加呈现。学会应围绕党和国家面临的重大课题进行研究，提出具有根本性、战略性、可操作性的意见和建议。“一带一路”是习近平总书记统筹国内国际两个大局提出的战略决策，是相关国家合作共赢之路。学会应加强海外侨胞与“一带一路”沿线国家发展的关联性、系统性、可行性研究，特别是应加强顶层设计和整体谋划，推动引导海外侨胞参与“一带一路”战略在渠道举措上相互配合，在实施过程中相互促进，在实际成效上相得益彰。**二是着眼发展性、前瞻性问题。**随着经济全球化的深入发展，海外侨情发生了深刻变化，出现很多新情况新问题。在国际移民规模不断扩大的背景下，华侨华人在世界各地分布、生

存发展状况、流动方式、愿望诉求等方面呈现出新的特点；留学生群体和分布国家不断扩大，高层次专业人才日益增多，在国内大众创业、万众创新的良好氛围中，回国创新创业的海外人才越来越多。学会应深入分析形势发展和产生问题背后的原因，结合国际体系秩序、国际关系博弈、国际贸易资源等议题，运用社会学、经济学、政治学、人类学、民族学、管理学、哲学等学科理论和方法，找出问题的关键，深入开展华侨华人研究，在加强领事保护、联系服务侨胞、密切亲情联谊等方面提出切实可行的措施和建议。**三是着眼现实性、政策性问题。**随着中国全面深化改革、全面依法治国的不断推进，社会利益关系和人们的行为方式发生了很大变化。在新形势下，归侨侨眷权益保护法需要进一步修订、维权手段需要进一步丰富，侨资侨企投资合资需要与经济发展新常态、环境保护新要求相适应，海外人才回国创新创业的工作环境、生活待遇、子女就学、社会保障等政策需要进一步完善，海外侨胞服务家乡社会建设、传承中华优秀文化的愿望在城镇化发展中的新情况、华侨农场和散居困难归侨侨眷的生产生活的新问题需要进一步推动解决，华侨保护法需要制定。面对这些现实问题，学会应认真听取广大侨界群众的意愿和呼声，利用大数据、云计算、计量统计等方法，定性与定量相结合分析研究问题的成因、背景、现状及趋势，提出可以解决问题的政策性建议，推动国家有关方面加快解决侨界群众面临的实际问题和合理诉求，最大限度地凝聚改革共识，推动解决我国改革发展面临的突出矛盾和问题。

三、以自身建设为基础，充分发挥学会团结凝聚作用

近年来，学会在服务专家学者、加强学术交流、组织课题研究等方面卓有成效，应继续发扬“钉钉子精神”，不断加强自身建设，夯实学科基础，切实发挥学会智库应有的作用。**一是发挥侨联课题的引领作用。**经过几年的努力，中国侨联课题已经成为汇集专家学者、凝聚侨界人才的平台，成为广受学界关注、影响力较大的省部级课题，得到了侨史学界的积极参与和广泛好评。中国侨联课题应继续在选题、论证、评审等方面把握正确政治方向、顺应现实需要，在凝聚人才队伍、引导研究方向等方面发挥更大作用。希望各位理事、顾问、专家学者积极支持并完善中国侨联课题运行机制，围绕党和国家决策和侨务工作亟须的重大课题，积极参与中国侨联重大委托课题的设置、研究和交流合作，开展具有前瞻性、针对性、储备性的政策研究，提高持续产生高质量研究成果的能力，形成科学标准、严密规范的成果质量保证体系。**二是加强交流沟通的平台建设。**很多高校和科研院所设有华侨华人研究机构，不少地方侨联也成立了华侨历史学会。多年来，各会员单位立足自身优势，积累了大量研究成果，形成了各具特色的研究体系。学会应发挥能动作用，建立多层次、高标准的互动交流平台，分享华侨华人在长期实践中总结的成功经验和做法，汇聚学界智慧，形成研究合力。在做好学术交流和沟通的过程中，既要“走出去”，也要“请进来”。要充分借助参加国内外学术会议和考察调研机会，积极与国内外华侨华人研究机构、专家学者、广大侨胞进行深入广泛的交流，收集第一手资料、积累研究成果；要积极扩大侨史学会平台的影响，邀请海内外知名专家学者和侨领召开学术会议或座谈会，拓宽国际视野、提高研究境界，不断丰富研究成果。要充分调动在华侨华人研究领域有影响、有造诣和重要学术地位的专家学者的积极性，激发学术领军人物的热情，凝聚一支能打硬仗的研究团队，不断提高战略谋划和综合研判能力，为华侨华人研究事业的发展奠定人才基础。**三是完善研究成果的报送机制。**近年来，学会智库建设工作取得了很大进展。《中国侨联侨情专报》是中国侨联参政议政的重要渠道，得到中央领导的高度重视。目前，《中国侨联侨情专报》已经报送 3000 多期，中央领导批示超过 300 期，其中很多素材是各位理事及学会秘书处提供的。学会秘书处近期还圆满完成了中央办公厅委托的“国际移民现状与发展趋势”研究课题，为党和国家最高决策机构提供了具有建设性的意见建议，得到了中央领导同志的肯定。学会要进一步发挥研究成果报送的渠道作用，汇集各类智库的研究成果和政策建议，建立课题报告数据库，定期收集、整理、分析和反馈相关信息，加大报送力

度，建立定向征集、集中报送的工作机制，及时上报专家学者们围绕党和国家发展全局提出的意见建议。

各位理事、各位顾问，同志们，面对国际国内形势和侨情的发展变化，华侨华人研究大有可为。让我们围绕“四个全面”战略布局，进一步明确工作定位，强化学术理论研究和政策建议功能，深化侨史研究和现实侨情研究，为党和国家决策提供参考，为侨联事业发展提供咨询，加强学术队伍建设，拓展学术研究阵地，打造学术交流品牌，共同开创中国华侨历史学会和中国华侨华人研究事业新局面。

祝愿各位理事和专家学者取得更多更好的研究成果，祝愿学会工作取得新的更大成绩！

在中国侨联九届四次常委会议上的总结讲话

（2015年7月28日）

董中原

各位常委、同志们：

本次常委会议认真学习了习近平总书记在中央党的群团工作会议上的重要讲话精神，进一步深化了对加强党的群团工作的重大意义、战略部署、基本要求的认识；中共中央政治局委员、国家副主席李源潮同志发表了重要讲话，对侨联组织深入贯彻中央党的群团工作会议精神提出了明确要求；林军同志的工作报告总结了上半年工作，提出了下半年工作重点和总体安排。会议通过了《关于制定〈中国侨联学习贯彻中央党的群团工作会议精神实施意见〉的决议》。各位常委和与会同志围绕会议主题进行了深入研讨，提出了许多具有建设性的意见和建议。有的常委建议，应下大气力理顺地方侨联的体制机制，正确处理好侨联组织自身创新能力不足与顶层设计滞后的关系问题。有的常委建议，应突破传统行政关系的组织框架，不拘一格地实现侨联基层组织的有效覆盖。有的常委建议，各级侨联在坚持“政治性、先进性、群众性”的基础上，应进一步凸显侨联工作民间性、涉外性的特点，找准与其他群团组织的差异性和改革创新的着力点。有的常委建议，应制定长期规划，扩大与侨界群众的联系面，联系重点应当从侨界代表人物向基层侨界群众倾斜，各级侨联委员应适当扩大科技、医学、法律等特别是基层一线侨界人士的比例，进一步体现侨联组织和侨联工作的包容度与广泛性。有的常委建议，应当将《中国侨联学习贯彻中央党的群团工作会议精神实施意见》修改完善后，作为全国侨联系统的指导性意见在全系统推广实施。有的常委建议，侨联工作者应进一步增强自信心，防止侨联工作出现由“弱势”变为“弱智”的趋势。有的常委建议，在探索“高大上”项目的同时更应进一步做好抓基层、打基础和发动群众“接地气”的工作。有的常委建议，应进一步加强拓展海外工作的研究力度，持续扶持“亲情中华”主题活动等品牌建设，有效化解基层侨联干部出访“被行政化”的问题。有的常委建议，中国侨联应协调国家有关部门开展“一带一路”战略的权威解读，为地方侨联谋划自身工作、找准为国家战略服务的切入点，更好引导归侨侨眷和海外侨胞为积极参与“一带一路”建设指引方向、明确路径。有的常委建议，各级侨联应高度重视港澳侨界年青一代的培养工作，积极吸收热心社团事务、具有一定群众基础的青年人加入侨联组织。有的常委建议，应当进一步加强侨情调研，主动谋划侨联组织自身改革，正确理解行业协会、商会与行政机关脱钩的文件精神，突破侨联传统的工作模式，围绕侨界群众面临的实际困难，充分发挥侨联组织的独特优势、挖掘更多的为侨服务资源，多做雪中送炭、精准服务的事情，等等。中国侨联办公厅将认真加以归纳整理，并将其贯彻落实到侨联的各项工作之中。

深入学习中央党的群团工作会议精神，推进贯彻落实《中共中央关于加强和改进党的群团工作的意见》，是各级侨联组织当前和今后的重要任务。各级侨联要深刻领会加强党的群团工作的重大意义，切实把握党的群团工作和群团组织的政治性、先进性、群众性，把中央党的群团工作会议精神贯彻落实到侨联工作的各方面和全过程。下面，我结合这次会议精神，简要讲几点意见。

一、激发基层侨联活力，最广泛地团结联系侨界群众

习近平总书记指出，群团组织开展工作和活动要以群众为中心，让群众当主角，而不能让群众当配角、当观众。这就要求我们必须充分激发基层侨联的活力，建立直接联系侨界群众的制度，通过侨联基层组织扩大国内工作的覆盖面，扩展海外工作的联系面，真正做到四个“狠下功夫”。

一是立足基层，全员参与，在激发活力源泉上狠下功夫。“九代会”以来，各级侨联持续推进“两个拓展”工作部署，取得了显著成绩，形成了海外委员、海外顾问、港澳委员、港澳顾问、青年委员会委员以及侨商会会员、法律顾问委员会委员、特聘专家委员会委员等一大批实力强、影响大的骨干队伍。在此基础上，当前特别需要进一步密切与普通侨界群众的联系。基层侨联的联系对象是归侨侨眷，他们与海外侨胞有着很深的亲情、乡情、友情，最了解海外亲朋好友的所思、所想、所急、所需，通过他们与海外侨胞建立的联系最牢固、最持久，也最有生命力。基层侨联要组织动员广大归侨侨眷全员参与到“两个拓展”工作中来，把亲情联谊活动交给归侨侨眷去办，让他们当主角、唱重头戏，在扩展与海外侨胞联系的过程中充分发挥他们的独特优势和特点，使基层侨联各项联谊联系活动产生聚合、联动、扩展效应，一传十、十联百、百牵万，通过多种形式把海外的亲朋好友联系在一起。如果每个基层侨联组织每年能够联系100名海外侨胞，全国近两万个基层侨联累计起来，逐年扩展，就可以与几千万海外侨胞建立不同程度的密切联系。

二是常抓不懈，强化服务，在完善机制建设上狠下功夫。与海外侨胞见面认识容易，但如何建立长期持久的关系，需要各级侨联组织认真思考并积极探索。应当制定与海外侨胞联谊联系的工作目标与规划，建立联谊联系数据库，了解联谊联系对象的需求和他们在国内的亲朋好友、祖籍渊源等情况，有针对性地做好服务工作，使联谊联系成为面对面、心贴心、实打实的工作。要发扬钉钉子精神，久久为功，注重联谊联系的连续性，几年、十几年、几十年常抓不懈，使侨联组织联谊联系的海外侨胞人数不断增加，群体不断扩大。海外侨胞在异国他乡打拼奋斗，最牵挂国内的亲朋好友，最惦念家乡的一草一木。做好归侨侨眷的服务工作特别是关心、帮助困难归侨侨眷，推进侨乡的经济社会发展，同样可以促进和加强与海外侨胞的联系服务。这项工作做好了，可以使海外侨胞进一步认识侨联、了解侨联，增进与侨联组织的感情，增强对侨联组织的信任。要把做好归侨侨眷工作作为拓展侨联海外工作的基础和前提，坚持进万家门、访万家情、结万家亲，经常同侨界群众进行面对面、手拉手、心贴心的零距离接触，增进对侨界群众的真挚情感。要特别关注侨界留守儿童、空巢老人，及时为他们提供周到有效的帮助，使他们真切感受到侨联组织的关心关注，感受到亲人般的贴心呵护，通过不懈努力，为更多的海外侨胞解除后顾之忧。

三是着眼长远，创新方式，在可持续发展上狠下功夫。做好新华侨华人、出国留学人员等群体的联谊联系工作，是“两个拓展”的内在要求。在新的时代条件下，新华侨华人、出国留学人员的思想观念、价值追求、行为方式日益多元，很多人没有参加传统侨团，与这些群体的联谊联系应当着眼长远发展、可持续发展，着眼凝聚人心、增进共识，在扩大团结面、凝聚新群体方面做更多工作，不断探索新方法、新渠道，加快推进新领域、新阶层侨联组织建设，积极探索适应新的社会形态下组织形式和活动方式，把新回国创新创业人员组织到侨联中来。要支持回国创新创业人员通过沙龙讲座、专题研讨、相互走访等方式，介绍自己创新创业情况的人才需求和发展机遇。要运用侨界青年喜闻乐见的交流交往方式，创新工作渠道和平台，通过现代信息手段和网络资源吸引、凝聚侨界创新创业人才。要总结推广各地侨联留学生家属联谊会的有效做法和成功经验，关心关注海外留学人员的学习生活状况，与他们建立密切有效的联谊联系渠道。

四是眼睛向下、整合资源，在推进整体协同上狠下功夫。县级以上侨联要坚持以基层为重点，以服务为宗旨，以改革为动力，以问题为导向，创新侨联组织形式，认真研究侨联组织机构设置、职能分工，坚持力量配备和服务资源向基层倾斜，统筹各级侨联的工作重点和活动内容，根据需要调整部门设置，科学合理规划工作布局。要大力培育基层侨联积极分子队伍，健全侨联兼职干部体制机制。要根据本地实际和特点，确定海外联谊联系的规划和目标，加强分类指导，建立完善各级侨联分工明确、相互协调、整体推进的海外联谊联系新格局。要多做打基础、重长远的工作，各级侨联要建立海外侨胞联谊联系数据库，逐步把全国侨联系统的资源整合起来，使联系海外侨胞的工作更加扎实有效。要积极引导侨联所属的社会组织和骨干队伍联系更多的海外侨胞，不断增强基层侨联的吸引力、号召力、凝聚力和影响力。

二、适应信息时代发展要求，推动建设网上侨胞之家

长期以来，各级侨联深交老朋友，广结新朋友，队伍不断扩大。但是，各级侨联组织的联谊联系工作还远远不够，在信息快速发展的今天，人们的沟通交往、生活服务、获取信息等越来越借助互联网，这就要求各级侨联善于把“互联网＋”作为侨联经常性联谊工作的重要补充和手臂，建立具有自身特色的网上工作平台，倾心建设网上侨胞之家。

一是借助网络和新媒体成为开展为侨服务的行家里手。侨联是广大归侨侨眷和海外侨胞之家，侨联干部是广大归侨侨眷和海外侨胞之友，应当深刻认识信息时代开展侨联工作的特点、方式、手段、途径的变化，充分发挥主观能动性，从现实社会向网络虚拟社会延伸覆盖，主动开展网上联谊联系工作，借助已有的传统媒体和网络平台，实施上网工程，加强与有关党政部门、人民团体、主流媒体网站的合作，建立健全各具特色的网站、网页、公众号，针对广大归侨侨眷和海外侨胞的需要丰富相关内容，增强吸引力和凝聚力。要善于运用网络论坛、微博、微信、QQ群等新媒体平台发布侨联信息、收集侨界民意、回应侨界诉求。这次常委会议举办了中国侨联“侨联通”开通仪式，这是侨联工作适应互联网、新媒体发展的重要举措，对于汇集各级侨联智慧、集中全会力量，推进侨联工作网络化，具有重要意义。各级侨联要积极参与“智慧侨联”建设，提高侨联网络工作科学化水平，推广、介绍广大归侨侨眷和海外侨胞使用“侨联通”，使中国侨联与地方侨联之间、各级各地侨联之间、侨联与归侨侨眷和海外侨胞之间实现网上互联互通，形成全国侨联系统的整体合力。各级侨联的网站、新媒体平台建设要坚持结合自身实际，突出本地特色，注重实际效果，真正发挥服务侨胞、吸引侨胞的独特作用。各级侨联干部每天都要抽出时间上网，充分了解网络舆情，及时掌握侨界最新动态，不断增强服务归侨侨眷和海外侨胞的针对性和有效性。要把新媒体朋友圈作为开展侨联工作、密切联系侨界群众的方式方法，每个侨联干部都应主动联系几十个、上百个侨界朋友，经常与他们唠唠家常，说说心里话，使侨联干部和基层侨联工作者都能成为通过网络和新媒体开展为侨服务的行家里手。

二是让更多海外侨胞在网上充分感受家乡的发展变化。海外侨胞对家乡的感情永远难以割舍，他们与中国的联系更多地体现在与家乡的联系上。近年来，海外华裔新生代回祖籍地寻根问祖的人数日益增多，规模越来越大，他们带着“我是谁”、“我从哪里来”的好奇与疑问，带着长辈们“回去看看”的叮咛，来到了祖先们曾经居住、生息、成长、创业的地方，寻找自己的根和魂。弘扬、宣传、保护海外侨胞家乡的文化特别是传统侨乡文化，有助于海外侨胞牢固与家乡的情感，有助于凝聚海外华裔新生代与祖籍国的联系，也有助于发挥海外侨胞们在中外文化交流互鉴中的积极作用。各级侨联要通过文字、画面、音频、视频、数字化等多媒体手段对侨乡文化资源进行真实、全面、准确、系统的记录和保存，包括族谱、家谱、侨史、侨批、侨乡建筑、宗祠乡社、祖先墓葬、石刻牌坊等物质文化遗产，以及侨乡文学、传统音乐、舞蹈戏曲、杂技武功、民间技艺、中医中药、工艺美术和侨乡广大民众世代传承的人生礼仪、岁时活动、节日庆典等传统习俗，让海外侨胞和华裔新生代能够在网上寻找到自己的家乡，牢固自己家乡的文化记忆，随时上网了解家乡的发展变化，体会父老乡亲对自己的亲情关怀和深深惦念。

三是为海外侨胞营造网上交流和表达诉求的心灵家园。随着网络的普及，当今社会已经进入到“人人都是通讯社，个个都有麦克风”的时代，个人诉求的表达更加便捷、更加多样化。各级侨联要充分运用互联网和新媒体平台，为归侨侨眷和海外侨胞交流思想、表达诉求提供帮助。海外侨胞在海外工作、学习、生活，有成功的喜悦、有奋斗的艰难、有经历的感悟、也有思乡的情结，要引导海外侨胞讲述自己的酸甜苦辣，表达自己的经验思考，交流融入住在国主流社会的热点问题，增进相互之间理解和情谊。要倡导海外侨团之间通报各自开展活动的情况，相互讨论加强合作的途径、方法和经验，进一步推动和谐侨社建设。回国创新创业的高层次人才与海外的同学、同行之间联系紧密，他们更愿意借助现代化手段开展专业领域的交流。要支持他们探索开辟专业的互联网、新媒体交流园地，围绕高新科技、重点业务进行探讨，交流个人事业发展的心得，吸引更多的海外人才回国（来华）服务，开创崭新事业，实现理想和抱负。

四是通过互联网建立表彰侨界英模先进事迹的光荣榜。中华民族优良传统是海内外中华儿女共有的精神血脉。各级侨联要按照习近平总书记提出的切实保持和增强群团组织先进性的要求，把弘扬中华优秀文化作为互联网工程的重要内容，增强海外侨胞的民族认同、文化认同和情感认同，进一步凝聚起促进祖国统一、民族团结的磅礴力量。要倡导广大归侨侨眷和海外侨胞注重家庭、家教、家风，进一步发扬光大中华民族传统家庭美德。要以侨界群众为中心，让侨界群众当主角，探索选择不同主题、不同范围、不同地域、不同时期开展“侨界英模”、“最美侨胞”、“侨界公益大使”、“侨界文明榜样”、“侨界诚信模范”、“侨界法治先锋”、“侨界民间使者”、“侨界创新人才”、“侨界慈善之星”、“侨界见义勇为标兵”、“侨界新农村建设带头人”等群众性网上推选活动，在侨界树立崇德守信、传承文化、热心公益、心系家乡、服务侨胞的典型人物，弘扬正能量，凝聚最大公约数，以先进引领后进，以真善美抑制假恶丑，以文明进步代替蒙昧落后，自觉践行社会主义核心价值观。要牢牢把握为实现中国梦而奋斗的时代主题，围绕党和国家工作大局，多做组织侨界群众、宣传侨界群众、教育侨界群众、引导侨界群众的工作，多做统一思想、凝聚人心、化解矛盾、增进感情、激发动力的工作，为实现“两个一百年”奋斗目标和中华民族伟大复兴的中国梦提供更有内涵的精神引导。

三、体现“严”和“实”，提高侨联工作科学化水平

习近平总书记强调，群团组织要增强自我革新的勇气，抓住巩固和拓展党的群众路线教育实践活动成果、开展“三严三实”专题教育的时机，在群团组织中深入推动思想教育、问题整改、体制创新，转变思想观念，强化群众意识，改进工作作风，提高工作水平。目前，各级侨联正在按照中央的部署和要求，扎实推进“三严三实”专题教育。贯彻中央党的群团工作会议精神，就要努力树立和强化“严”、“实”作风，不断推进新形势下侨联工作创新发展。

一是在坚持群团发展道路上充分体现“严”和“实”。开展专题教育，必须着眼于坚定理想信念、强化党性观念、增强实干精神，深入学习贯彻习近平总书记系列重要讲话精神，学习党章和党的纪律规定，严守政治纪律和政治规矩。要坚定不移走中国特色社会主义群团发展道路，深刻认识这条道路是在党的群团工作长期实践中形成和发展起来的，符合中国国情和历史发展趋势。要坚持党对侨联工作的统一领导，坚持发挥桥梁纽带作用，坚持围绕中心、服务大局，坚持服务侨界群众的工作生命线，坚持与时俱进、改革创新，坚持依法依章程独立自主开展工作，承担起引导侨界群众听党话、跟党走的政治任务，把侨界群众最广泛最紧密地团结在党的周围。

二是在服务党和国家工作全局上充分体现“严”和“实”。在党的统一领导下，工青妇等群团组织从自身的性质和特点出发，做了大量卓有成效的工作，积累了很多成功经验。他山之石，可以攻玉。各级侨联要扩展视野，主动加强与工青妇等群团组织的联系，学习他们团结联系群众的有效做法、成功经验、运行机制和科学措施，认真解决侨联组织自身存在的突出问题，推动侨联工作改革发展和自我革新。促进海内外同胞关系和谐，侨联组织担负着重

要职责。要进一步增强大局意识、团结意识、合作意识，主动加强与有关部门的沟通协调，要有“功成不必在我”的胸怀，当配角时不遗余力，做本职时全力以赴，只要有利于党和国家工作全局，只要能够团结服务侨界群众，无论开展哪项活动，推进哪项工作，都要全心全意，尽职尽责。

三是在提高群众工作能力上充分体现“严”和“实”。习近平总书记对群团干部提出了“争当全心全意为人民服务宗旨的忠实践行者、党的群众路线的坚定执行者、党的群众工作的行家里手”的要求。各级侨联干部要按照这个标准，切实加强能力建设，努力把握新形势下侨联工作的特点和规律，不断提高政策理论水平，增强科学决策的本领，认真开展侨情调查研究，准确把握侨情现实状况，在认真分析研究的基础上决定侨联的工作目标和工作重点。要进一步增强为侨服务的本领，深刻理解和掌握党和国家的侨务政策、法律法规，把为侨服务、成就侨界群众个人梦想体现在每一件实事上。要进一步增强侨联工作创新的本领，不断提高知识化、专业化水平，在实践中不断解决新问题、实现新发展。要进一步增强密切联系群众的本领，在全心全意为侨服务的过程中不断取得新的成效。

四是在改进作风解决突出问题上充分体现“严”和“实”。作风建设永远在路上，只有进行时，没有休止符。习近平总书记强调，对党的群团工作取得的显著成绩，必须充分肯定，同时必须注重解决存在的问题，特别是要重点解决脱离群众的问题。各级侨联领导机关和领导干部要带头践行党的群众路线，把密切联系侨界群众作为根本的工作作风，把工作重心放在最广大普通侨界群众身上。要健全防止和克服“四风”问题的长效机制，坚决克服机关化、脱离侨界群众现象，树立经常联系侨界群众、直接服务侨界群众、真情同侨界群众交朋友的优良作风，竭诚为侨界群众服务。要在专题教育中紧密联系思想和工作实际，对照正反两方面典型，着力查找“不严不实”的突出问题，做到工作重心下沉、资源配置下沉、组织力量下沉，改革和改进侨联机关机构设置、管理模式、运行机制、活动方式，进一步推动侨联工作和组织职能与时俱进。

各位常委、同志们，本次常委会已经圆满完成各项议程。会后请各级侨联及时向同级党委汇报，抓好会议精神的传达学习，推动中央党的群团工作会议精神的贯彻落实，不断发展壮大党的侨联事业，为协调推进“四个全面”战略布局、实现“两个一百年”奋斗目标发挥侨联组织应有的作用。

在中国华侨国际文化交流促进会第四次理事大会上的致辞

（2015年10月13日）

董中原

各位理事，朋友们，同志们：

金秋十月，中国华侨国际文化交流促进会第四次理事大会隆重召开了。这是海内外侨界文化专业人士的一次盛会，对于全国侨联系统积极拓展海外工作、拓展新侨工作，进一步团结凝聚广大归侨侨眷和海外侨胞，弘扬中华优秀文化，促进国际文化交流，为实现“两个一百年”奋斗目标、实现中华民族伟大复兴中国梦做出新的更大贡献，具有重要意义。受林军主席的委托，我代表中国侨联，向大会的召开表示热烈祝贺！向参加会议的各位理事和朋友致以亲切问候和良好祝愿！

近年来，各级侨联坚持围绕中心、服务大局，坚持以人为本、为侨服务，在服务经济发展、依法维护侨益、拓展海外联谊、有序参政议政、弘扬中华文化、参与社会建设等方面发挥了重要作用，各项工作都取得了显著成绩。侨联文化宣传工作坚持整合资源、社会协作、突出特色、注重实效，以“亲情中华”主题活动为重要载体，紧紧依靠归侨侨眷和海外侨胞，团结引导海外侨界社团、华文学校、华文媒体和国内文化机构、文艺院团、相关媒体，为服务侨界群众文化需求、弘扬中华优秀文化、促进对外文化交流、推进祖国和平统一、增进中国人民与世界各国人民友好交往等方面做出了贡献。这些成绩的取得，离不开中国华侨国际文化交流促进会历届理事和在座各位朋友的真情奉献，离不开广大归侨侨眷和海外侨胞的积极参与。在此，我代表中国侨联，向大家表示衷心感谢！

前不久，习近平主席在美国侨界欢迎招待会上发表了重要讲话，高度肯定了海外侨胞的优秀品质和重要贡献，并对海外侨胞提出了殷切希望。加强中外文化交流，增进中外人文了解，是最大限度凝聚实现中国梦的力量、营造和平稳定国际环境的需要。中国华侨国际文化交流促进会要牢牢把握时代主题，发挥学贯中西、融通中外的优势，搭建平台、畅通渠道，健全机制、勇于创新，进一步彰显侨界文化社团特色，在传承中华优秀文化、促进中外文化交流的过程中发挥更大作用。

一、服务海外侨胞需求，共同弘扬中华优秀文化

博大精深的中华文化，是海外侨胞无法割舍的情感纽带。适应广大海外侨胞多层次、多样性的文化需求，传承弘扬中华优秀文化，是中国华侨国际文化交流促进会的重要任务。要着眼海外侨胞特别是新一代华侨华人群体的特点和文化需求，积极参与各级侨联组织的海外文艺巡演、寻根问祖、创新创业等活动，在组织协调、项目筹划、活动服务等方面主动提供帮助。通过多种形式支持海外华文教育，激发文化自觉，增强文化自信，让中华文化在海外华侨华人社会中生生不息、代代相传。要积极参与侨乡文化研究和文化建设，着力挖掘跨越时空、富有魅力、具有当代价值的侨乡文化，支持侨刊乡讯发展，探索和加强互联网、新媒体文化建设工作，拓展文化交流的时代性和兼容性，为进一步增进海外侨胞的故土乡情、弘扬中华优秀文化添砖加瓦。

二、维护中华民族团结，共同推进祖国和平统一

实现祖国完全统一，是海内外中华儿女的共同心愿，也是中华民族的根本利益所在。要以血缘、地缘、语缘为基础，以亲情、乡情、友情为纽带，开展形式多样的文化交流活动，推动营造中华民族大团结的浓厚文化氛围。要拓展各具特色、丰富多彩的少数民族文化，加强与少数民族侨胞联谊交往，增进服务少数民族侨胞文化需求的针对性和有效性，牢固他们对中华民族、中华文化的情感。要密切与港澳侨界的联系与合作，增进民族认同和国家认同，为维护中华民族大团结、维护祖国统一贡献力量。要积极参与和推动两岸侨界文化交流交往，用共同的民族利益、共同的文化渊源、共同的民族情感加深共识、积累互信，增进台湾同胞对“一个中国”原则的认同，为两岸关系和平发展打下更为扎实的民意基础。

三、加强国际文化交流，共同促进中外人民友好

国之交在于民相亲，民相亲在于心相通，心相通在于文相融。多年来中外人文交流的实践表明，丰富多彩的文化交流交往增进了各国人民的相互了解，拉近了彼此间的距离，使世界人民友好的理念更加深入人心。每一位海外侨胞都是中华文化的使者，中国华侨国际文化交流促进会要积极倡导海外侨胞身体力行介绍真实的中国，展示中华文化魅力，增进各国人民对中国的了解，加深各国人民与中国人民的友谊，夯实中国与各国发展友好关系的民意基础。要积极推进中外文化交流，构建以合作共赢为核心的新型国际关系，特别是要加强与“一带一路”沿线国家的人文交流，讲好中国故事，传播好中国声音，促进中华文化走向世界，不断提升中华文化的国际影响力。要倡导海外侨界与当地社会共同举办中华民族节庆活动，加强与当地民众的团结互助，充分展示中国人民讲信修睦、包容开放、文明和谐的优良传统，与住在国各族裔人民和睦相处，共同发展，密切中国人民同世界各国人民的友好感情。要引导海外侨胞尊重和借鉴住在国优秀文化，取长补短、包容并蓄，使中华文化与世界各国文化和谐相融，使中国梦与世界各国人民的梦想息息相通。

四、传承弘扬优良传统，共同促进侨界团结和谐

长期以来，广大海外侨胞秉承中华民族传统美德，顽强拼搏、艰苦创业，心系桑梓、胸怀天下，形成并传承了勤奋敬业的优秀品质。广大海外侨胞爱国爱乡的优良传统、乐善好施的公益情怀、和衷共济的互助精神，深深打下中华优秀文化的烙印。要发挥海外华文媒体在海外侨社中的影响力，挖掘海外侨胞生存奋斗、创业发展的精彩故事，推动侨界弘扬见贤思齐、弘扬正气的良好风尚，使他们的优秀品德代代相传，发扬光大。要倡导海外侨团相互沟通、互谅互让，相互支持、共同合作，使团结和谐成为海外侨社的主旋律。要通过现代传媒手段开展侨界优秀人物评选、公益事业捐助等活动，吸引更多海外侨胞踊跃参与，不断凝聚侨界正能量。

五、发挥侨界社团优势，共同推进侨联文化事业

中国华侨国际文化交流促进会具有广泛的社会影响和丰富的文化活动资源，集中了一大批侨界文化专业人士、华文传媒人士、热心文化事业的侨界人士，是开展工作、壮大事业的重要骨干。要充分发挥各位理事的主观能动性，坚持按照法律和章程开展工作，按照理事会工作程序和理事意愿决定重大事项，进一步增强会务工作的规范化、制度化、科学化。要扩展视野，开门办会，把更多的侨界优秀文化艺术人才吸收进来。侨界群众是中国华侨国际文化交流促进会开展活动、发展壮大的根基，要坚持面向基层，依托广大归侨侨眷和海外侨胞，突出民间性特点，深入开展基层侨界群众性文化交流活动，使中国华侨国际文化交流促进会的工作建立在深厚的侨界群众基础之上。

中国侨联将一如既往重视支持中国华侨国际文化交流促进会的工作，加强对侨联文化宣传工作的整体谋划，增强工作的指导性和针对性，为中国华侨国际文化交流促进会推进工作、开展活动创造更好的条件，提供更多支持。各级侨联要重视侨界文化社团建设工作，支持侨界群众成立各具特色的群众性文化艺术社团，依据各自的特点开展丰富多彩的活动，推动形

成整体联动、特色鲜明、全员参与的侨联文化交流工作的新局面。

各位理事，各位朋友，同志们，协调推进“四个全面”战略布局，实现“两个一百年”奋斗目标、实现中华民族伟大复兴的中国梦，需要海内外中华儿女共同奋斗，也为中国华侨国际文化交流促进会创新发展、发挥作用提供了难得的机遇，搭建了广阔舞台。相信通过大家的共同努力，中国华侨国际文化交流促进会一定会越办越好，中国华侨国际文化交流事业也一定会蓬勃发展，日益兴旺。

祝中国华侨国际文化交流促进会第四次理事大会取得圆满成功！祝各位理事、各位朋友身体健康、事业进步、阖家幸福、万事如意！

在“法治中国　你我同行”——“一带一路”相关省份侨界群众法治学习活动昆明班的讲话

（2015年9月13日）

李卓彬

同志们：

大家上午好。金秋时节，我们“法治中国　你我同行”——“一带一路”省份侨界群众法治学习活动第五期在气候宜人的美丽昆明举行了。在这里，我向云南和重庆等6个省市的各位侨界群众、侨商和基层组织的同志们的到来表示欢迎，向今明两天为我们授课的三位领导和专家表示感谢！

党的十八大以来，以习近平同志为总书记的新一届党中央高瞻远瞩、审时度势，带领全党和全国各族人民站在新的历史起点上，提出了“四个全面”指导思想，制定了“一带一路”、“长江经济带”和“京津冀协同发展”等一系列关系国计民生的大手笔发展战略并加紧付诸实施。党中央的英明正确决策使全党和全国各族人民再一次振奋精神，以饱满的激情和信心再一次踏上创业奋进建设中国特色社会主义现代化的新征程！

去年，党的十八届四中全会通过了《中共中央关于全面推进依法治国若干重大问题的决定》，提出了建设中国特色社会主义法治国家的目标。习近平总书记强调，发展中国特色社会主义、推进国家治理体系和治理能力现代化，关键要靠制度，制度是管根本、管长远、管长效的。《决定》对进一步提高全社会法治意识，完善社会主义法律体系，强化法治建设，对全面深化改革、对全面建成小康社会、对全面从严治党、对实现中华民族伟大复兴的中国梦意义重大。我国的法律和法治是人民民主专政的具体体现，是党作为执政党和广大人民群众作为国家主人翁的共同意志在制度层面的升华和体现。就是要把新中国成立以来和改革开放以来所取得的，有利于党的领导、有利于人民民主专政、有利于中国特色社会主义现代化建设的体制机制性成果和有益经验在法律层面体现出来，在法治层面深入持久地贯彻执行下去。

侨联组织是党领导的人民团体，是党和国家联系广大归侨侨眷和广大海外侨胞的桥梁和纽带，侨联工作已经成为党和国家工作的重要组成部分。我们的工作就是要通过联系和服务侨界群众，把他们最大限度地团结凝聚在党的周围，形成建设中国特色社会主义的巨大合力。十八大以来，中央高度重视侨联工作，中央主要领导和书记处多次听取中国侨联工作汇报。去年5月中办下发了《关于新时期加强和改进侨联工作的意见》，今年3月中央下发了《关于加强和改进群团工作的意见》，今年7月中央还首次召开了“党的群团工作会议”。中央对侨联工作既肯定了成绩，给予了鼓励和鞭策，也提出殷切期望，指出了工作上需要加强的方向。中央对侨联组织的要求和期望是我们认真努力工作的不竭动力和源泉。九代会以来，中国侨联和地方各级侨联组织认真学习领会贯彻中央精神，着力按照中央要求改进工作，积极谋划围绕中心服务大局，努力发挥特色推动各项工作全面开展。

十八届四中全会召开以来，中国侨联和地方各级侨联积极贯彻落实中央精神，广泛团结侨界群众，掀起了进行法治学习和教育宣传的高潮。在去年12月4日的第一个宪法日，中国侨联以“法治中国　你我同行”为名称，同全国普法办共同在北京主办了全国侨联系统法律知识竞赛。竞赛是四中全会后首个在京举办的全国性法治宣传活动，竞赛得到了党和国家领导的肯定，充分体现了侨联组织政治性和群众性结合的特点和优势，充分调动了地方各级侨联组织开展法治学习教育活动的积极性，凸显了侨界群众学法尊法守法用法的先进性，也为中国侨联普法工作树立了活动品牌。今年以来，各地侨联也相继精心组织开展了一系列旨在推进法治建设的普法和法治参与工作，取得了非常好的社会效果，突出了侨联组织在团结凝聚侨界力量，参与法治社会建设方面的重要作用和能力，扩大了侨联组织的社会影响，进一步得到了各级党委的重视和支持。

今年是全面启动依法治国的开头年。为了更好地围绕中心服务大局，加强参与法治社会建设，配合国家“一带一路”重大战略实施，也为了在六五普法最后一年开展好收官工作，中国侨联继续着力打造“法治中国　你我同行”品牌，在南宁、福州、乌鲁木齐、哈尔滨和昆明共举办五期“一带一路”省份法治学习活动。这次活动目的是要进一步紧密联系团结服务广大归侨侨眷，充分发动侨界群众、侨商和侨联工作者的积极性，为法治社会建设和“一带一路”战略服务，更好地在全国广大归侨侨眷、侨商和侨乡中普及法律常识，倡导并形成学法尊法守法用法的良好法治意识和社会氛围，进一步提高侨联工作者的法治素养和依法维护侨益的能力，努力把法治教育工作同密切联系服务侨界群众工作有机结合，把普法和法治学习活动同促进侨界群众、侨商和侨联工作者有效参与配合“一带一路”战略实施相结合。

同志们，习近平总书记指出，广大华侨华人要把握机遇、发挥优势，积极关心和参与中国改革开放和现代化建设，在互惠合作中实现自身事业更大发展。“一带一路”战略的实施不仅是国家行为，更需要沿线国家和地区的广大华侨华人以及国内的广大归侨侨眷发挥优势积极参与。另一方面，“一带一路”战略实施也需要进一步加强法治建设，需要一个良好的法治社会环境，需要在广大侨界群众、侨商和侨联工作者中进一步加强法治教育和学习、加强依法办事和依法维护侨益的意识和能力。在座各位要么是热心为侨服务的归侨侨眷和侨商，要么是侨联系统普法和维权领域的工作者，都是侨联工作的推动者和执行者。你们的法治素养和依法办事能力对带动广大归侨侨眷参与法治中国建设至关重要，对支持广大海内外侨界群众参与“一带一路”战略实施至关重要，对侨联组织围绕中心服务大局至关重要。在这里，我提出三点希望同大家共勉：

一是要有坚定的政治立场，要明确党的领导是社会主义法治的根本要求。党和法治的关系是法治建设的核心问题，也是我们侨联干部和广大侨界群众学习法治、参与法治建设必须要搞清楚的核心问题。我们全面推进依法治国的总目标是建设中国特色社会主义法治体系，建设社会主义法治国家。这就决定了全面推进依法治国这件大事能不能办好，最关键的是方向是不是正确、政治保证是不是坚强有力，具体讲就是要坚持党的领导，坚持中国特色社会主义制度，贯彻中国特色社会主义法治理论。把坚持党的领导、人民当家作主、依法治国有机统一起来是我国社会主义法治建设的基本经验。坚持党的领导是社会主义法治的根本要求，是党和国家的根本所在、命脉所在，是全国各族人民的利益所系、幸福所系，是全面推进依法治国的题中应有之义。

人类进入阶级社会以来，任何民族和社会形态都有自己的阶级理念、法律和治理体系。法治的代名词不能由当代发达资本主义国家独揽。这关系到道路自信和制度自信，关系到理论自信和文化自信，关系到民族自信和民族自尊，关系到中国特色社会主义法治建设的成败。对这一点，我们自己要清醒、要坚定，要向广大侨界群众讲清楚我国社会主义法治的本质特征，做到正本清源、以正视听。要坚定、自觉地同不符合中国特色社会主义法治建设的一切言行划清距离并进行斗争。要对所联系的广大侨界群众积极主动及时地开展工作，讲解我国法治建设的根本和方向，从国家发展和民族未来的高度分析利弊，用中华民族伟大复兴的中国梦来团结群众凝聚力量支持我国法治国家的建设。

二是要有大局观，要明确依法治国和“一带一路”战略实施的内在联系。依法治国与“一带一路”相辅相成，具有内在联系，都是在“四个全面”思想指导下，实现中国梦的重要举措和实施方面。当前，全面建成小康社会进入决定性阶段，改革进入攻坚期和深水区，依法治国作为治国理政的基本方式，在党和国家工作全局中的地位更加突出、作用更加重大。全面推进依法治国是推进国家治理体系和治理能力现代化的重要方面，是实现十八大和十八届三中全会所出的一系列战略部署，全面建成小康社会、实现中华民族伟大复兴的中国梦，全面深化改革做好顶层设计，完善和发展中国特色社会主义制度的重要保障。

十八大以来，以习近平同志为总书记的党中央准确把握国际政治经济格局新变化，立足我国改革开放所取得的伟大建设成就和新鲜经验，提出了“一带一路”战略构想。“一带一路”战略着力破除战略围堵，在海陆两个方向加强我国经济政治和文化辐射作用，打开对外开放新路径，有利于我国在新时期新阶段发挥比较优势深度融入国际经济体系，有利于我国赢得相对充裕的空间和时间以实现深化改革、建设法治国家、全面建成小康社会等既定战略目标。“一带一路”战略是政府搭台、经济唱戏、多层次广泛参与的过程，是跨越不同地域、民族、文化的政治经济耦合过程，离不开以法治为基础的从官方到民间的政治和信用保障，对内需要确立和理顺法治体制机制，按照法治精神办事，对外需要提供完善强大的制度和法律支撑，搭建经济良好运行的法律平台和桥梁。

我们围绕中心服务大局的一个重要方面就是要通过发动广大侨界群众积极参与法治建设，推动法治精神、法治意识和法律知识的普及应用，就是要通过参与法治建设为“一带一路”提供支持，从而推动侨界群众发挥优势正确有效参与到“一带一路”战略实施中去。这是摆在我们面前的一个大课题，今天的法治学习活动我们只是迈出了第一步，在推进侨界群众参与法治建设，参与“一带一路”战略实施的伟大工程中，我们还有很多内容要去学习和加强研究，还有很多工作要去贯彻落实。请同志们开动脑筋广观察多学习勤思考，共同为这项工作作出努力。

三是要以先进性统领工作，自觉作学法尊法守法用法的实践者和传播者，做服务“一带一路”战略的志愿者。侨联是党领导的人民团体，多年来侨联之所以能够把侨界群众紧密团结凝聚在党的周围，关键在于侨联组织的先进性，在于侨联事业同党和国家事业的一致性，同广大侨界群众根本利益的一致性。广大侨联干部，特别是各级基层组织工作人员以及围绕在侨联周围的侨界群众和热心侨商，是侨联组织响应党的号召团结群众、开展工作的主体和基础，是侨联事业不断发展壮大的依靠力量。在按照“四个全面”战略布局推进中华民族伟大复兴的中国梦实现进程中，要以保持和坚持先进性作为各项工作的出发点，始终以先进性作为检验工作的标准和培养教育干部的重要方面。要以先进性为指导，注意研究并遵循群众工作的特点和规律，重点是维护好广大侨界群众的合法利益，关键是要用热情的服务和真诚的交流来感染群众、发动群众，核心是要站在党和国家工作大局的立场以高度的使命感、责任感和事业心开展好工作。

法律的权威源自人民的内心拥护和真诚信仰。全民普法和守法是依法治国的一项长期性基础性工作。在侨界群众中普及法律知识、树立法治意识也是侨联参与依法治国建设体现，体现侨联的重要工作内容之一。在工作和生活中，一方面，我们要学法尊法，要自觉树立法治意识，加强在侨界群众中普及法律知识，尊重法律严肃地位，建立法治思维，不断加强侨联组织依法办事、服务侨胞和维护侨益的能力。另一方面，我们还要坚持守法和用法，积极参与多层次多领域的依法治理，研究建立参与社会事务、维护公共利益、救助侨界困难群众、预防涉侨违法行为和妥善化解涉侨纠纷的机制和制度化渠道。通过对侨界群众法律服务体系的建立和完善，进一步教育侨界群众学法尊法守法用法，增强法治观念，推进法治社会建设，帮助广大侨胞和侨商发挥优势积极参与到“一带一路”战略的实施中去。

同志们，全面推进依法治国为我们团结广大侨界群众共同为十八大制定的宏伟目标而共同奋斗提供了新的工作平台和方式方法，更是侨联组织围绕中心服务大局不可推卸的光荣历史责任。今年是“六五”普法活动的最后一年了。下月中旬，中国侨联将在长沙召开维权工作会议。会上将按照党的群团工作会议精神研究改进维权工作，将对全国侨联“六五”普法工作和信访工作进行总结和表彰，并对下阶段工作进行布置。请大家回去后着重做好“六五”普法的收尾工作，加强对新情况、新机制的研究和探讨，加强对广大侨胞和侨商参与协助“一带一路”战略实施的引导和服务，为侨联系统进一步团结凝聚侨界力量参与法治社会建设和“一带一路”的事实工作做出我们共同的努力。

最后，祝大家在昆明期间学习顺利、有所收获。

着眼新形势下党的群团工作“三性”要求 不断开创侨联维权工作新局面

——在全国侨联系统维权工作会议上的讲话

（2015年10月12日）

李卓彬

湖南省政协王晓琴副主席，

同志们：

大家上午好！

这次在湖南长沙召开全国侨联系统维权工作会议，是经中国侨联批准的一次重要会议。刚才，湖南省政协王晓琴副主席代表湖南省委、省政府致了热情洋溢的欢迎词，中国侨联权益保障部张岩部长总结了侨联系统五年来的维权工作并部署了新的任务，同时对侨联系统维权工作的先进单位和个人进行了表彰。借此机会，我谨代表中国侨联和林军主席，对本次会议的顺利召开给予大力关心支持的湖南省委、省政府和出席此次会议并指导工作的王晓琴同志表示衷心的感谢！向全国侨联系统维权工作战线上的同志们致以崇高的敬意和诚挚的问候！感谢大家对侨联维权工作的一贯重视和所作的贡献，向受表彰的单位和个人表示祝贺！同时向本次会议成功举办做出努力的湖南省侨联表示感谢！

这次会议的主要任务是：深入贯彻党的十八大、十八届三中、四中全会精神和习近平总书记系列重要讲话精神，深入贯彻党的群团工作会议精神和《关于加强和改进党的群团工作的意见》（中发〔2015〕4号）、《关于新时期加强和改进侨联工作的意见》（中办发〔2014〕20号）及中国侨联“九代会”要求，总结工作，交流经验，厘清思路，明确任务，进一步做好新形势下侨联系统维权工作。

这些年来，中国侨联党组高度重视侨联系统维权工作，并作为一项重要工作来抓。在2011年“六五”普法启动仪式上，林军主席就各级侨联要充分认识新形势下做好普法工作的重大意义，有针对性地开展普法工作，为夺取全面建成小康社会新胜利营造良好的法治环境提出了明确要求。在会党组的精心部署和正确领导下，“法治中国　你我同行”全国侨联系统法律知识竞赛活动得到了成功举办，受到中央和有关部门的高度肯定，取得了广泛影响。这是四中全会之后，中央和国家机关中举办的第一个全国性普法活动，央视、人民网等各大新闻媒体进行了直播报道，中国教育台全程回放，展示了侨联系统维权普法工作人员良好的精神面貌，是落实“三严三实”的成功案例。“九代会”以来，各级侨联围绕中心、服务大局，把握侨情变化，整合资源，发挥优势，全面开展普法、信访和法律服务工作，有效推动了各地涉侨和维权案件的妥善解决，提升了侨联组织在广大侨界群众中的影响力和号召力，推动了各级党委政府以及社会各界对广大归侨侨眷和海外侨胞合法权益的关注和重视。特别是在四中全会之后，侨联系统在涉侨重大案件的处理上，发挥了重要作用，取得了突出实效。

下面，我就如何贯彻落实新形势下党的群团工作“政治性、先进性、群众性”要求，开创侨联维权工作的新局面，谈三点意见。

一要深入学习贯彻党的十八届四中全会精神，沿着中国特色社会主义群团发展道路，坚持维权工作的正确方向。

党的十八届四中全会通过了《中共中央关于全面推进依法治国若干重大问题的决定》。依法治国，是坚持和发展中国特色社会主义的本质要求和重要保障，是实现国家治理体系和治理能力现代化的必然要求，是实现“两个百年”奋斗目标，实现中华民族伟大复兴中国梦的重要制度保障。这也是各级侨联在新时期开展维权工作的指导方针和重要依据。侨联是党的侨联，是国家的侨联，侨联工作是党的事业重要组成部分，要围绕党和国家的事业来开展工作，开创性地做好侨联系统维权工作，一方面需要各级侨联组织按照“法治中国”的要求，充分发挥优势，加强普法工作，引导带领广大侨界群众树立法治意识，参与到法治社会建设的进程中来。另一方面需要各级侨联组织积极参与社会治理，建立纠纷解决机制，丰富法律服务体系，依法维护好、保障好广大侨界群众的根本利益和合法权益。再一方面要坚持以侨为侨做好普法维权工作，积极处理好侨胞特色群体与群众、侨界群众之间的关系，坚决杜绝和防止激化矛盾，切实将侨界群众紧密团结在党中央周围。

贯彻好十八届四中全会精神，开展好维权工作，需要把坚持党的领导和坚持中国特色社会主义群团发展道路作为维权工作的正确政治方向。我们要坚决按照中央部署，坚持政治性、先进性、群众性，深刻领会关于法治中国和中国特色社会主义群团发展道路的重要论述和精髓，进一步强化大局意识、责任意识、服务意识、创新意识和法治意识，把我们的智慧和力量凝聚到维护侨界群众合法权益的各项任务上来。要按照四中全会精神，认真研究侨联维权工作的特点，以新方法新机制建设为重点，以很强的法律意识和专业的法律知识为基础，有效参与和推进法治社会建设，为贯彻执行“四个全面”和“一带一路”等国家战略的实施，提供优质高效的法律服务。

二要坚持以政治性、先进性和群众性为指导，科学把握侨联维权工作的规律和要求。

侨联作为党领导的人民团体，要充分发挥好桥梁和纽带作用，必须坚持政治性、先进性和群众性，把维护好广大侨界群众的合法权益作为工作的出发点和落脚点，最大限度地把广大侨界群众团结起来，把他们的独特优势发挥出来，把党的领导、群众的利益和侨联维权工作创新发展有机地结合起来。

一是加强维权工作，紧密团结侨界群众，是坚持侨联工作政治性的根本要求。侨联的重要政治任务是要把广大侨界群众最广泛最紧密地团结在党的周围，不断巩固党执政的阶级基础和群众基础。要切实维护好服务好侨界群众的合法权益，关心支持他们追求美好生活的权利和期盼。要进一步重视和加强维权工作，积极参与社会治理，调动各方面资源和力量，开展好扶贫济困、普法、信访和法律服务工作。要在全面维权、依法维权的基础上，全方位开展为侨服务工作，真正让广大侨界群众不断感受到党和国家的温暖，感受到侨联组织的关心，坚定侨界群众对党和国家的信心，极大激发广大侨胞的爱国之情、报国之心。

二是加强维权工作，促进侨联工作深化改革，是坚持侨联组织先进性的重要内容。随着国家改革的力度不断加大，改革的深度不断加强，深化改革是当前侨联工作的重中之重。维权工作要始终站在党和人民的立场，牢牢把握为实现中华民族伟大复兴中国梦而奋斗的时代主题；要紧紧围绕党和国家工作大局，组织动员广大侨界群众走在时代的前列，在改革发展稳定第一线建功立业。要注意研究并遵循侨界群众工作的特点和规律，妥善处理好维权工作与政府和司法工作的关系，要加强与公检法等政府机关部门的联系，以国内涉侨问题的解决，带动和促进海外涉侨工作。要通过团结群众、贴近群众、服务群众，构建高效的纠纷解决机制和有力的权益维护机制，促进侨联工作的深化改革。维权工作要以“三严三实”为指导，始终坚持先进性，以先进性保持对广大侨界群众的引领带动作用。

三是加强维权工作，推进侨联作风建设，是坚持侨联组织群众性的必然要求。群众路线是党的生命线。群众性是侨联组织的根本特点。习近平同志指出，当前群团工作存在行政化、机关化、贵族化和娱乐化倾向。这是群团工作脱离群众的危险信号。我们所开展的维权工作，是关系到群众冷暖和人心向背的关键性、基础性工作。维权工作开展得如何，直接关系到侨联组织践行党的群众路线的效果，关系到侨联组织作风建设和围绕中心、服务大局的能力建设。要从侨界群众实际需要出发，在政策和制度层面重点研究和解决群众关注度高，涉及范围广的普遍性和典型性问题。要不断改进维权工作方式方法，倾听群众的声音，把工作重心和各种资源下放到基层组织和群众工作第一线。要注重调动社会力量，充分发挥以侨帮侨的特点优势，动员各方面专业人士和热心群众参与到法律服务和志愿工作中来，努力形成群众性参与的新局面。

三要坚持与时俱进，围绕中心、服务大局，切实加强和改进侨联维权工作。

侨联维权工作是党和政府通过侨联组织开展的维护侨界群众合法权益的一项重要工作。我们必须根据形势和任务发展变化，理直气壮地加强和改进维权工作，使之成为侨联组织服务于侨界群众，推进国家治理体系和治理能力现代化的重要力量。在新形势下，侨联维权工作要在以下几个方面全面加强：

一是围绕经济建设开展工作。自十一届三中全会提出以经济建设为中心的要求以来，侨联各级组织围绕经济建设开展工作，并一直作为维权工作的重要内容，取得了很大成绩。十八届三中全会提出市场要在资源配置中起决定性作用。中国特色社会主义市场经济在当前亟待成熟的三个要素市场分别是金融、土地和知识产权，都是关系经济发展的核心要害。这三个要素领域也将成为今后一段时期涉侨纠纷矛盾和相关案件的高发领域。广大侨胞作为国家经济建设的一支重要力量，各级侨联要针对本地区招商引资或招才引智工作，组织力量积极应对经济新形势，加强侨胞在经济建设中的新情况、新问题研究，切实依法维护好他们的合法权益，吸引更多侨胞参与中国特色社会主义市场经济建设。

二是依法维权，积极参与法治社会建设。侨联通过依法维护侨界群众利益，提供法律服务，参与社会治理，推动法治社会建设，是作为党领导的人民团体的重要职责，也是侨联维权工作的重要努力方向。依法维权的前提和基础是要有完善的法律法规，各级侨联一定要重视推进涉侨立法工作，特别是要注重发挥侨界人大代表、政协委员的作用，推动归侨侨眷权益、华侨权益及华侨投资权益保护的法制建设，切实使维权工作做到有法可依。

三是服务国家发展战略。十八大以来，中央相继提出了“一带一路”、长江经济带、京津冀协同发展等发展战略，推动自贸园区的扩展与建设。这些战略的实施离不开广大侨界群众的积极参与，各级侨联要充分尊重侨界群众的首创精神，依法全力维护创业经济实体的合法权益。要注重发挥好包括法顾委海外委员在内的海外荣职人员的作用，为国家实施“走出去”战略，提供法律保障和服务。

四是加强侨界扶贫济困工作，促进全面建成小康社会。我国已把全民脱贫定为国家发展目标，到 2020 年要基本消除各类贫困。对困难归侨侨眷和贫困华侨的帮扶是侨联义不容辞的责任，也是维权工作中的一项人心工程、托底工程。要调动一切资源开展精准扶贫，在配合各级政府开展扶贫济困工作的同时，千方百计解决侨界贫困人口的社保、教育和就业等难题。

五是服务两个拓展，谋划维权工作新突破。“两个拓展”是中央根据形势变化和任务需要对侨联提出的新要求，也是侨联维权工作创新的方向。要把握好新归侨和新华侨的特点需求，主动为他们在国内投资兴业进行法律服务。要加强对海外侨胞在国内合法权益的关注，积极挖掘探索为国内企业到海外发展进行法律服务的新资源、新平台和新渠道。

六是加强普法教育，改事后维权为事前维权。要进一步深入开展普法工作，增强侨界群众的法治意识，增进社会对保护侨界群众合法权益的共识。要将防范法律风险放在维权工作的首位，深入基层、深入侨界群众，倡导和开展主动维权、事前维权、全面维权。

七是进一步加强维权队伍和维权机制建设。维权工作情况复杂、任务艰巨，需要把专兼职结合起来，最大限度发挥专业特长。要把法顾委建设成为维权工作的智库，充分发挥法顾委的作用，扩大海外委员队伍和影响力。要加快推进侨联公职律师制度，丰富普法讲师团师资。同时要加强研究，积极同公检法司、民政等部门和其他“四侨”单位沟通，深入推进以党和政府为主导的全面维权机制建设。

八是加强宣传，扩大维权工作效果。不断增进党的影响力和号召力，始终是侨联维权工作的根本出发点。维权系统多年来做了大量工作，取得了良好的社会效益。但是，由于宣传不够，不利于广大侨界群众充分感受党的关怀，不利于全社会知侨、护侨、爱侨氛围的形成。要研究维权宣传的新平台新方式，通过典型事例、先进维权经验介绍以及日常普法工作，进一步扩大维权工作的影响力。

新时期、新情况对侨联维权工作提出了新的更高要求，我们作为维护侨益的重要力量，在构建和谐社会、促进公平正义，建设社会主义法治国家进程中肩负着重要责任。即将召开的党的十八届五中全会将研究关于制定国民经济和社会发展第十三个五年规划的建议，将进一步加快我国经济转型和社会发展步伐。明年启动的“七五”普法也将加快推进我国法治社会建设的进程。我们要以高度的责任感和使命感，紧贴形势任务需要，不断开创维权工作新局面，为“法治中国”建设贡献自己的力量！

最后，预祝这次会议取得圆满成功！

在“聚焦十三五·侨界专家建言献策大会”闭幕式上的讲话

（2015年12月3日）

李卓彬

尊敬的万立骏主任，各位专家，同志们、朋友们：

大家下午好！

这次在安徽合肥召开的“聚焦十三五·侨界专家建言献策大会”，是我们侨联系统认真贯彻党的十八届五中全会精神，落实《中共中央关于制定国民经济和社会发展第十三个五年规划的建议》的重要举措。今天上午，安徽省委常委、统战部部长沈素琍同志代表省委、省政府发表了热情洋溢的讲话；万立骏主任总结了中国侨联特聘专家委员会2015年的工作，提出了明年的工作设想，各位委员分组进行了讨论；下午，9位专家委员从不同领域、不同侧面作了精彩的发言，颁发了新增专家委员聘书和建言献策奖。并借此机会，为安发生物科技有限公司（福建）和贝达药业股份有限公司（浙江）两个中国侨联创新创业基地授了牌，会议开得很好、很成功。在此，我谨代表中国侨联和林军主席，向对本次会议的成功举办给予大力关心支持的安徽省委、省政府和省侨联表示衷心的感谢！向全国侨联系统特聘专家委员会的同志们致以崇高的敬意和诚挚的问候！向新增聘的专家委员、媒体的朋友们以及受到奖励的同志表示热烈的欢迎和衷心的祝贺！

这些年来，中国侨联党组高度重视特聘专家委员会的工作，并作为一项重要工作来抓。中国侨联特聘专家委员会成立六年来，委员会队伍得到了不断发展壮大，专家委员数量从最初的46名增加到现在的197名，设立了5个专业委员会。地方侨联的专家人才组织建设也有了快速发展，今年四川省侨联、济南市侨联也分别成立了特聘专家委员会，目前共有13家省级侨联，9家副省级、地市级侨联成立了专家委员会或新侨专业人士联谊会。几年来，各位专家委员充分发挥自身专长，积极建言献策，很多建议受到了中央领导同志的高度肯定，有的还作出了重要批示，为提高侨联参政议政水平发挥了不可替代的作用；在国家经济建设和社会发展中，专家委员们积极响应国家战略，踊跃参与“创业中华”、“科博会”等招贤引智、创新创业活动，为推动国家产业优化升级、推动科技成果转化、服务地方经济建设做出了应有的贡献。可以说，特聘专家委员会已经成为侨联凝聚侨界高层次人才的重要载体和服务国家改革发展的有生力量，成为侨联开展“两个拓展”工作的有力支撑，成为侨联经济科技工作的一个重要平台。

下面，我就全面贯彻党的十八届五中全会精神，聚焦十三五规划积极建言献策，更好地发挥我们特聘专家委员会的作用，谈四点意见。

一是要正确认识和理解中央对当前经济形势的判断，切实发挥侨联特聘专家委员会的“宣传队”作用。对我国经济当前形势和未来走势，国内外都很关注，也有多种看法，正如李克强总理所说的“横看成岭侧成峰，远近高低各不同”。有的甚至妄测中国经济会“硬着陆”、“衰退论”。从国际看，世界经济可能在较长的时期内都难以走出困境，今年国际货币基金组织不断调低世界经济增长预测值。全球贸易也是低速增长，可能还要往下走。我国经济与世界经济深度交融，国际经济低迷对我影响很大。所以，必须看到国际经济走势低迷状态及存在的不确定因素，对我国经济的影响不可低估。从我国看，发展基数已经很高。随着经济总量不断增长，增长速度相应会慢下来，这是一个基本规律。我国经济规模已经超过10万亿美元。我国已是世界第二大经济体。现在GDP每增长1个百分点，相当于五年前增长1.5个百分点、十年前增长2.6个百分点。也就是说现在7%左右的增量比前些年两位数增长时还要大。今年在发达国家增速不高，大多数发展中国家和新兴经济体都出现较大困难，有的国家几乎进入衰退的情况下，我国前三季度GDP增长6.9%，新增城镇就业1000万人次以上，这个成绩来之不易。

我们侨联特聘专家委员会是一个学科门类较全的机构，侨界专家来自五湖四海，没有年龄、行业、界别的限制，既有国内的，也有海外背景的，有的是国内某个行业的领军人物，有的是具有国际视野，站在国际经济前沿的专家，具有一定的影响力和号召力。因此，不管是来自国内还是国外，在哪个行业领域工作的委员，都要正确认识和理解中央对当前经济形势的判断，增加正能量，增强自信心，增强发展的内生动力，人心齐泰山移，人心散搬米难。只有对当前国家的经济形势有一个正确、清醒的认识，才能找准方位、提振信心，形成凝聚力；只有正确地认识和理解中央对经济形势的判断，才能更好地宣传国家的经济政策，当好国家经济建设的宣传者。

二是要全面贯彻党的十八届五中全会精神，切实发挥在实现全面建成小康社会奋斗目标中的“高端智库”作用。党的十八届五中全会是在我国即将完成“十二五”规划，全面建成小康社会进入决胜阶段集中动员、对“十三五”时期经济社会发展科学谋划的一次重要会议，对于夺取全面建成小康社会伟大胜利，实现中华民族伟大复兴，具有重大的现实意义和深远的历史意义。可以说，认真学习贯彻党的十八届五中全会精神，是各党、全国各族人民当前和今后一个时期的重大政治任务。我们特聘专家委员会的全体同志要认真加以学习贯彻，并落实到实际工作当中去。

“十三五”时期是转方式、调结构的重要窗口期，是新旧动能转换、新旧体制切换的重要时期，需要我们专家用共同的实践来推动它。我们要切实通过认真学习习近平总书记的重要讲话精神，深刻认识到“十三五”时期我国发展的指导思想，全面建成小康社会的目标要求，以及实现这一奋斗目标必须遵循的基本原则和“五大”发展理念（创新、协调、绿色、开放、共享），这是对历史经验的总结，是对新常态下经济发展规律的深刻认识，是对现实问题的积极应对，也是发展理论和实践的创新。“五个发展”是一个整体，相辅相成，核心是创新发展，目的是实现共享发展，让更多的群众受惠，建成惠及13亿多人口的全面小康社会，方式是协调发展、绿色发展、开放发展。李克强总理说到创新包括两个方面，一个是科技创新，另一个是体制创新。创新发展与我们最直接，要切实把思想和行动统一到中央的决策和部署上来，把智慧和力量凝聚到十八届五中全会提出的目标和任务上来，努力为国家经济建设和社会发展改革大局建良言、献良策，在实现全面建成小康社会奋斗目标中，切实发挥侨联特聘专家委员会的“高端智库”作用。

三是要积极支持和配合国家重大战略布局，切实发挥在“大众创业万众创新”中的独特作用。“四个全面”战略布局和“五位一体”总体布局，是十八大以来党中央的重要决策部署，顺应了我国经济发展新常态的内在要求，必将开启我国经济社会发展的崭新时代。“一带一路”、长江经济带、京津冀协同发展，也是国家高瞻远瞩、审时度势提出的长远发展战略。“大众创业、万众创新”更是新常态下坚持创新驱动，不断激发市场活力潜力和社会创造力的重要手段，也是立足于我国可持续发展的一项重大举措。当前，我国发展进入新常态，正处在发展方式和新旧动能转换的关键期，要以大众创业、万众创新这一结构性改革激发全社会创造力，打造发展新引擎，特别是在应对今年世界经济低迷和金融市场动荡的挑战下，“双创”起到了重要支撑作用。“双创”也有力促进了结构调整，将推动我国发展从过度依赖自然资源转向更多依靠人力资源，促进经济中高速增长、迈向中高端水平。国家和政府对大众创业、万众创新的高度重视和有力推动，既为我们国家实现可持续发展注入了新的生机和活力，也为我们广大归侨侨眷和海外侨胞搭建了一个更广阔的创业创新平台。我们特聘专家委员会的委员，大都是各行各业的顶尖人才，是国家发展所需要的宝贵人力资源，希望大家既能在国家“大众创业、万众创新”活动中，切实发挥好委员的独特作用，又能利用与海外高端人才联系和交往密切的优势，充分发挥引才引智的“桥梁纽带”作用，把更多的人才吸引到国家发展战略中来，为实现中华民族伟大复兴做出新的更大贡献。

四是要认真贯彻中央扶贫工作会议精神，切实发挥智力优势，在打赢脱贫攻坚战中发挥积极的作用。在党的十八届五中全会上，中央明确提出：到2020年我国现行标准下农村贫困人口实现脱贫，贫困县全部摘帽，解决区域性整体贫困。上月底，中央集中两天的时间，专门召开了扶贫工作会议，会议认真分析了全面建成小康社会进入决胜阶段脱贫攻坚面临的形势和任务，对当前和今后一个时期脱贫攻坚任务作出了部署。会上，习近平总书记强调指出，全面建成小康社会，最艰巨的任务是脱贫攻坚，关键是要把经济社会发展的“短板”尽快补上，最突出的“短板”在于农村的7000多万贫困人口。全面建成小康社会，实现第一个百年奋斗目标，农村贫困人口全部脱贫是一个标志性指标。这是调动全党、全国、全社会力量，加快形成全社会参与扶贫大格局，齐心协力打赢脱贫攻坚战的一次动员令、总攻令。为此，我们侨联特聘专家委员会要充分运用智力密集的优势，加大侨界专家走基层力度，努力做好困难归侨侨眷的精准帮扶和脱贫工作，确保到2020年，在国家脱贫攻坚战中没有落下一个困难侨胞。要以科技创新促进成果转化，以智力帮扶贫困地区的经济发展，在国家脱贫攻坚战中发挥有力的助推作用。

各位专家，同志们！党的十八大以来，中央高度重视侨联工作，提出了很高的期望和要求，这两年中央先后印发了两个《意见》，今年又专门召开群团工作会议，习近平总书记作了重要讲话，为我们指明了工作方向。当前，侨联工作面临前所未有的机遇和挑战，希望各位专家继续发挥聪明才智，为推动我们侨联的改革和发展贡献力量。

从中国梦联通世界梦的大视野谈对海外侨胞的再认识

——在"侨联之友"微信群"五洲论坛"中的发言

（2015年4月3日）

乔 卫

今天，我很高兴能得到这样一个机会，在群里跟大家一起讨论对海外侨胞的再认识。我加入这个群也半年了吧，我是一名普通群友，大多数时间是在倾听大家的讨论，偶尔也会发表自己的观点。这个群对我有很大的吸引力，因此，我的出勤率比较高，专题讨论仅缺席3次，还是在飞行途中或在会议中，事后我也会补课。

一年多来，"侨联之友"已发展成为满500人的微信大群。这个群吸引了海外侨胞中具有正能量的各国侨领，还有一些做侨务工作的朋友。大家借助这个微信群平台加强沟通，互通信息，还在一起讨论有关社会经济发展、环保、家庭教育等问题。群友们在每周5个专题栏目中不仅平等交流，充分发表不同的看法和意见，而且通过"头脑风暴"，碰撞出思想的火花，拉近了相互之间的距离，增进了彼此间的了解和友谊。

这是一个自发的、纯民间的、充满正能量的新媒体社交平台，一年来多已取得了很好的传播效果和社会影响力。我会继续关注"侨联之友"的发展，并对新媒体的传播力进行跟踪研究和探讨。

今天，我想从中国梦联通世界梦的大视野，来跟大家一起探讨对海外侨胞的再认识。

海外侨胞素有爱国爱乡的光荣传统。在中国近现代史上，无论是在抵御外敌、民族危亡时刻，还是在经济发展、社会进步和人民追求生活幸福方面，海外侨胞都为中国做出了不可磨灭的巨大贡献，我们将永远铭记。随着中国的改革开放和经济的快速持续发展，我们对海外侨胞的关注点应该随着国家的发展、时代的进步而做相应的调整。或者说，中国在世界发展格局中的位置发生重大变化后，我们要从新的视角来认识海外侨胞的定位和作用，进而调整相关政策和工作的着力点。

一、海外侨胞始终是展示伟大中华民族形象的符号，也是社会经济发展的正能量

1. 海外侨胞是中华民族中一个相对优秀的群体。

无论身处何地，也无论条件多么艰苦，海外侨胞秉承中华传统美德，吃苦耐劳、顽强拼搏，与当地人民和睦相处，凭借自己的聪明才智在海外开创了各自成功的事业。这足以证明，海外侨胞是中华民族的优秀儿女。在过去的年代里，侨胞们怀揣梦想、凭着勇气走出国门，在起始阶段的逆境中顽强拼搏，在异国他乡成就一番事业；与此同时，又为祖籍国实现民族复兴、国家富强尽其所能。许多海外侨胞熟悉中华文化，这就使得他们成为住在国民众心目中了解中国的窗口和展示中国人形象的重要符号，成为祖籍国与住在国人民友好的天然纽带与桥梁。

2. 海外侨胞对中国革命、建设和改革的伟大事业一如既往地给予大力支持，在中华民族的史册上写下了光辉的篇章。

在辛亥革命时期，广大海外侨胞成为孙中

山先生领导的辛亥革命的最早一批追随者和支持者，成为中国反帝反封建的重要精神脉源和力量。在抗战期间，全球约有1000万海外侨胞，他们以民族为重，深怀爱国之情，坚守报国之志，同祖籍国人民一道开展了波澜壮阔的抗日救亡运动。如陈嘉庚先生领导的南侨总会先后组织招聘了3000多名南侨机工组成“南洋华侨机工回国抗战服务团”，有力地支援了抗战。毛泽东主席为陈嘉庚先生题写了“华侨旗帜，民族光辉”八个大字，是对爱国华侨重大贡献的高度评价。在陈嘉庚先生诞辰140周年之际，习近平主席专门给厦门市集美校友总会回信，“希望广大华侨华人弘扬‘嘉庚精神’，深怀爱国之情，坚守报国之志，同祖国人民一道不懈奋斗，共圆民族复兴之梦。”为纪念陈嘉庚先生诞辰140周年，中国侨联所属中国华侨历史博物馆正式开馆。在侨博中陈列的丰富史料和实物，真实地反映了以陈嘉庚先生为代表的海外侨胞对中国和住在国所做出的巨大贡献。人们将永远铭记侨胞的丰功伟绩。

新中国成立初期，广大海外侨胞通过投资兴业、捐款汇款帮助新中国度过了最为艰难的起步阶段。一大批旅居海外的专家学者放弃在当地优厚的科研和生活待遇，义无反顾地回国参加建设。在极其艰苦的条件下，他们呕心沥血，创造了举世瞩目的科学成就。在全国荣获“两弹一星功勋奖章”的23名专家里有21位是归国华侨专家和学者。从新中国成立后到20世纪80年代，一些国家的反华、排华运动使海外侨胞遭到歧视和迫害，但他们仍为新中国的建设倾心倾力，从1950年到1988年的39年间，海外侨胞邮寄给国内亲人的侨汇达96亿美元，成为当时国家非贸易外汇收入的重要来源。中国改革开放30多年来，广大海外侨胞以爱国爱乡的赤子情怀，为推动祖国的现代化建设、为促进祖国和平统一、为传播中华文化以及增进中国人民同世界各国人民的友谊发挥了独特的作用，并做出了重要贡献。

当祖籍国遇到大事、难事时，海外侨胞都会倾心倾力相助，表现出中华儿女血浓于水的深情厚谊。比如，我亲身经历的筹建北京奥运会国家游泳中心——“水立方”建设工程。这是由107个国家和地区35万多名港澳台侨同胞共同捐资9.4亿元建成的一个标志性建筑。在捐资人中，既有大额捐款者，也有普通的海外侨胞，在“水立方”内100多米长的捐款人留名墙上记录着许许多多感人的故事。我记得，有一批东南亚的华裔学生来京参加夏令营，他们在火车上舍不得买矿泉水，但当他们知道“水立方”是由海外侨胞捐助的，这批华裔学生义无反顾地把自己节省下来的零花钱全捐了出来，他们只说了一句话：我也是中国人！他们就是想以这种力所能及的方式为北京举办2008奥运会添一块砖，出一份力，献一份中华情。我还记得，汶川地震后，遍布全球的侨胞从天涯海角伸出援手，为灾区人民捐钱捐物，很多侨胞是全家一起到我驻外机构捐款，捧出了暖暖的爱心，表现出血浓于水的亲情。正如习近平主席所说，“中国改革开放事业取得伟大成就，广大华侨华人功不可没”。

3. 海外侨胞不仅是中国的宝贵资源，同样也是住在国的宝贵资源，他们对祖籍国贡献很大，但更主要、更直接的贡献是在住在国。

无论是可追溯千年的中国早期移民，还是近现代以来在北美修建铁路的华工，都为当地发展做出了不可磨灭的贡献。随着祖籍国的发展强大和海外侨胞自身的发展，他们逐步实现了从住在国“客居”到“主人”身份的转变，并发展成为一股新兴的政治经济力量。在一些国家，已有华人当选为国会议员、市长等，在政治上逐步融入了住在国的主流社会，社会地位也有了很大提升。与此同时，无论是促进当地的社会、经济、政治、科学和文化的发展，还是支持就业、增加税收、促进进出口、推动技术引进、服务公益事业等方面，海外侨胞都对当地做出了非常大的贡献。

海外侨胞蕴含丰富的智力资源，涵盖世界大多数高新科技领域，仅在美国国家科学院和工程院就有100多位华裔院士；每年，华侨华人科技人才在硅谷创办近1000家企业。海外侨胞已具有雄厚的经济实力和社会影响力，他们是最早投入到全球化和区域化潮流的群体之一。据统计，全球华商总资产已接近4万亿美元，已成为世界经济发展中的一支重要力量。在东南亚的经济中，华人企业已经成为住在国经济的一个重要组成部分。在东南亚经济危机对华人影响最严重的时候，许多华人企业勇于承担社会责任。如印尼林绍良老先生的所属企业，当时也面临极大的经济危机。但他克服重重困难，坚持不裁员，使所属企业的70多万当地雇员的生活免遭危难。

此外，海外侨胞也广泛参与了当地的公益事业，他们建医院、建学校，组建义务消防队、义务巡逻队、义务巡诊队，充当义工、奉献爱心。可以说，无数住在国贫困、弱势民众受到了他们的关爱和帮助。侨胞的这些爱心行动展现了中国民族的仁爱之美德，得到了当地人的赞扬，也为中国人争了光。

我用一个年轻侨胞群体的案例来说明这方面的情况：全球蓝丝带助残基金会（SDC）是2010年由一批中学生在加拿大创办的。目前，这个基金会已经发展到加拿大和美国等的9个城市，拥有500多名会员，其中大部分为华裔。5年来，“蓝丝带”的同学们捐献零用钱、搞义卖，捐赠金额已达100多万美元。他们已经资助了200多名加拿大、美国、法国、日本和中国的身患脑瘫、自闭症、多动症、唐氏综合征等的残障儿童。他们还利用课余时间，义务为患病孩子服务；并设立了奖学金，正在协助136名患病孩童完成学业。他们关心社会、勇于承担社会责任的爱心义举赢得了当地社会的交口称赞，并已成为青少年争相学习和效仿的榜样。

应该说，假如海外侨胞没有在住在国开创的事业，他们也就没有回馈家乡故土的能力和力量。我们应该就海外侨胞对住在国的贡献进行更加全面和深入的调研。

4. 由于种种原因，住在国和祖籍国民众在对海外侨胞的认识上，存在一些错觉和偏见，今后需要对侨胞所做的双份贡献多做解释和报道。

长久以来，一些部门和媒体一提到海外侨胞，往往只注重他们为祖籍国捐赠和投资情况。似乎海外侨胞的贡献主要是在中国，以至国内民众往往对侨胞在住在国所发挥的作用和贡献知之甚少。这其中既有中国所处发展时期的原因，也有当时宣传理念定位的问题，其结果形成了一种较广泛的错觉，甚至给住在国民众造成了一定的误解。

华侨华人的资金流动主要是根据资本走向流动。当然，回国投资也包含了海外侨胞对家乡、故土血浓于水的真挚情感；而很多住在国民众却认为这是由于中国传统文化所致。这些错觉对海外侨胞造成了负面影响。

一些东南亚、欧洲国家的民众认为：“华侨华人就是来别的国家赚钱的”，“他们有钱就捐给中国或寄回中国”，“他们只知道落叶归根”，等等。这些片面的看法和长期形成的舆论氛围，甚至成了某些国家反华、排华的导火线。

二、从中国梦联通世界梦的大视野，对海外侨胞对中国的意义和作用的再认识

1. 多年来，我们对海外侨胞的认识是在经济建设、祖国统一、促进中外人民友好交往等方面，尤其关注发挥海外侨胞参与祖籍国现代化建设的作用。

毋庸置疑，在中国努力实现“两个一百年”奋斗目标的过程中，中国政府依然欢迎和鼓励海外侨胞参与中国的现代化建设，并继续发挥经济建设、祖国统一、促进中外人民友好交往等三大作用。这既体现了中国发展现实的客观需要，更体现了中国希望海外侨胞利用自身优势，共同分享中国持续快速发展带来的大好机遇和红利。

经过30多年的改革开放，中国的社会经济发展取得了举世瞩目的巨大成就。我们比历史上任何时期都更接近实现中华民族伟大复兴的宏伟目标，与此同时，也面临着更加艰巨的任务和空前的挑战。无论是提高中国的对外开放水平，加快走出去的步伐，还是汇聚侨资、侨智、侨力；无论是推动两岸关系和平发展、促进祖国和平统一，还是发挥侨胞在传播中华文化中的作用，以及营造有利于我国发展的良好国际环境，我们都需要更好地凝聚海外侨胞的正能量，让他们与祖籍国人民携起手来，为全面建成小康社会、加快推进社会主义现代化的建设添砖加瓦。

在世界经济发展放缓的大背景下，放眼全球，中国仍是世界经济增长的最主要引擎之一。中国提出的各国合作共赢、共同发展的理念，特别是习近平主席提出的“一带一路”发展战略，不仅给各国提供了不可多得的发展机遇，更是给海外侨胞提供了新的大好发展机遇。广大海外侨胞对祖籍国怀有深厚情感、文化认同和思乡恋土的情怀。毫无疑问，我们也应鼓励和支持海外侨

胞发挥自身独特优势，与祖籍国人民共同分享中国持续快速发展带来的良机和红利。

2. 我们应逐步消除外界对中国发展的疑虑，为实现中华民族的伟大复兴营造良好的氛围。

伴随中国改革开放以来的日益崛起，世界的目光逐渐向中国聚拢；与此同时，一些国家担心中国的快速发展对己不利，产生了疑虑。站在这些国家的角度来看，这种担心和疑虑并非不可理解。

因为在历史上，大国与小国、强国与弱国之间的合作，在资本扩张的环境下，通常小国和弱国没有获得预期的发展机会。一些国家由于种种原因，害怕在与中国交往中利益受损，担心在经济上、政治上受制约。一些发达国家担心重现“修昔底德陷阱”，即新兴国家的迅速崛起威胁到守成大国的霸主地位，因此，刻意渲染所谓的“中国威胁论”。

事实上，对中国的这些担心和疑虑是没有必要的。在中国的传统文化中，讲求“亲望亲好，邻望邻好”，“一花独放不是春，百花齐放春满园”、“万物并育而不相害，道并行而不相悖”。中国压根儿不认同“国强必霸”的陈腐逻辑，不追求一家独大，而是追求共同发展和共赢发展。但也有些人误认为这是宣传口号，而不是中国政府真正的发展理念。我们期待大家对中国有进一步的了解后，会改变这样的想法。

习近平主席多次强调：“世界好，中国才会好”；“中国梦是中国人民追求幸福的梦，也同各国人民追求幸福的梦想相通”；“以和为贵”，“和而不同”。这些论述蕴含着深厚的中华优秀传统文化的内涵。从各方面的反馈来看，习主席的论述赢得了国际社会的高度赞誉。虽然发展国家间的关系都是出于实现国家利益最大化的目的，但在中国的传统文化中，“你”好了，“我”才会更好，“大家”都好了，“我”的明天就会更好，“我”的梦想就会更早地实现。

对于西方发达国家，中国积极倡导破除传统大国关系模式的束缚，以创新性思维应对大国间的分歧和矛盾，探索构建新型大国关系；对于周边国家，中国强调要打造周边命运共同体，秉持亲、诚、惠、容的周边外交理念，坚持与邻为善、以邻为伴，坚持睦邻、安邻、富邻，深化同周边国家的互利合作和互联互通。

应该看到，中国提出的这种共同发展、合作共赢的理念，仅仅通过官方媒介来传播，也许不太容易真正让各国政府和民众接受或令其信服；但以民间的传播渠道、通过文化的视角，由海外侨胞来展示和解读这一理念，也许更能打动人心、更易为人接受。民间方式传播的最大特点是讲故事，通过讲令人信服的故事折射出大道理。我觉得，海外侨胞在讲述好中国故事、传播好中国声音方面具有得天独厚的优势，是向世界解读中国、增进各国对中国了解的“民间大使”。

3. 海外侨胞是联通中国梦与世界梦的天然使者和可靠桥梁。

事实上，单方面的意愿是无法实现各国之间的联通的。作为联通中国梦与世界梦的天然使者，海外侨胞在促进住在国与中国“结缘”方面大有可为。他们既熟悉中国和住在国的社会、经济、政治和文化等方面的情况，又有国内成长经历、海外生活体验、国内外人脉资源和丰富的文化交流经验；既能在更大范围内传递祖籍国的信息，也能运用自身独特优势在当地社会讲述中国故事、传播中国声音。可以说，在中国梦联通世界梦的大背景下，侨胞是联通中国梦与世界梦的可靠、有效的桥梁，中国的发展离不开数千万海外侨胞的支持和贡献。

举个例子，美国百人会（Committee of 100）是一个华人精英组织，全部是在美国社会中有影响力与知名度的华裔组成，贝聿铭、吴健雄、李昌钰、朱棣文、马友友等都是其会员。25年来，百人会利用自身专长，积极开展有关中美民间关系的调查研究，通过推动教材改革加深美国人对中国和亚洲的了解，协助录制纪录片详细阐述美国华裔历史，为中国研究生提供奖学金，并组织美国黑人领袖访华等活动。百人会为推动中美关系健康发展所做出的努力得到李克强总理的称赞。

三、侨胞在联通中国梦与住在国人民梦想中具有不可替代的独特作用

1. 无论我们怎么来看待侨胞的作用，海外侨胞在住在国的平安、健康发展才是故乡对侨胞的最大惦念。

对于祖国母亲来讲，真的是“儿行千里母担

忧”。唯有侨胞在住在国的平安、健康发展，才能有利于在当地长期生存，同时也更加有利于展现中国的良好形象，展示中国传统文化中最优秀的特质。加上对祖籍国血浓于水的天然情感，侨胞已经成为一支延伸在海外助推中国发展的积极力量和生力军。从一定意义上讲，海外侨胞在住在国的平安、健康发展就是在为中国人争光，为中国争光。

2. 海外侨胞要在住在国平安、健康发展，就必须注重融入和回馈当地社会。

在《谈治国理政》一书中，习近平主席提出，“广大海外侨胞要运用自身优势和条件，积极为住在国同中国各领域交流合作牵线搭桥，更好融入和回馈当地社会，为促进世界和平与发展不断做出新贡献”。习主席关于侨胞“融入和回馈当地社会”的号召，令人耳目一新，一经提出就得到海外侨胞的一致拥护和热烈响应。

多年来，中国政府始终倡导和鼓励海外侨胞更好地融入当地社会。这不仅是为了树立作为中华民族符号的侨胞的良好形象、为祖籍国增光，更是为了侨胞更好地在当地长期生存和平安、健康发展。但是，总有一些人把侨胞融入当地社会歪曲为“中国的对外文化侵略”或者“意在影响当地民众的政治取向”，这是不值得一驳的。

事实上，海外华侨华人在融入和回馈当地社会方面已经取得了非常积极的社会反响。比如，这几年我走访了很多国家后发现，通过华侨华人的努力，中医治疗已经纳入美国、加拿大、瑞典、澳大利亚等发达国家的医疗保险。有一位80年代到瑞典落地的侨胞，凭借自己的努力，在瑞典取得中医行医资格。他的专长是中医针灸和按摩，已为数百名患者解除西医很难治愈的神经性头痛等病患，并用中医理论为患者解释病因和治疗原理。在近20年中，他在海德堡市还用中医治疗使得40多对不孕夫妇有了后代。他良好的医德和医术在当地口口相传，不仅赢得了当地人的尊敬和爱戴，而且使得越来越多的当地人了解和接受了具有悠久历史的传统中华医药。还有一位侨胞1990年在纽约开了一家中医车祸康复诊所。多年来，为众多车祸致残患者带来福音，为他们减轻病痛，有的受伤肢体得到康复。因为疗效好，中医康复治疗已纳入当地医保。

事实胜于雄辩，海外侨胞对当地社会做出的贡献、回馈当地社会的善举，已经得到越来越多的当地人的认可和赞誉。侨胞的奉献不仅增进了住在国民众对中国的了解，提升了对中国人的亲近感，也更有利于自身在当地的平安、健康发展，有利于为中国营造良好的国际氛围发挥独特作用。

3. 讲好中国故事，传播好中国声音，为中国的快速稳定发展营造良好的国际环境。

我们强调中国梦与海外侨胞住在国人民梦想的联通，这是中华文化的深厚内涵所在。我们希望所有想与中国共同发展的国家结良缘，实现我们共同发展的美好梦想。

无疑，在中国与各国“结缘”联通的过程中，双方会取长补短、互通有无、共赢发展。这就需要我们认真思考在新形势下讲好中国故事、传播中国声音、消除疑虑的途径和方法，以真心诚意和“润物细无声”的方式讲好中国故事，更广泛地取得当地政府和民众对中国的进一步了解和理解，以形成更加广泛的民意基础。

我们应关注老一辈侨胞与其后代之间的沟通和代际传播，鼓励海外侨胞讲好自身的奋斗故事，支持新老侨胞更多地通过国内外新媒体平台发声，以提升侨胞在当地的话语权。期待侨胞用更多轻松巧妙的民间方式传递中国声音，用更多更好的故事解读中国理念和中国文化，尽可能让更广泛的当地民众多多了解中国追求共同发展、合作共赢的信念与行动。

4. 促结缘，做住在国与中国之间的天然使者和桥梁。

中国人讲究一个“缘”字。具体讲，人与人乃至国与国间能建立起和睦关系，便是缘分的体现，也是中国老百姓常说的“善缘”。

我们不妨从三个层面来理解“缘”。一是始于交流。“邻国相望，鸡犬之声相闻民至老死，不相往来”便不能交往，更谈不上交融，哪能产生利益共同体、命运共同体、责任共同体这种缘分？二是贵在机遇。中国有机缘巧合、机不可失之说。总的来说，中国的发展、特别是“一带一路”的发展战略对世界各国来说是一个难得的发展机遇。能不能搭上中国发展的“东方快车”，仅是中国“一厢情愿”是不够的，还需要相关国家和民众择机随缘。三是面向未来。相关国家要想得到和平与发展这个“善果”，就必须存有相互尊重、互利共赢的“善念”，广结互通有无、同舟共济的“善缘”。

我认为，海外侨胞有机会、有条件协助住在国与中国广结善“缘”，寻找共同关注的领域、合作的方向和联通的便利点；深挖合作潜力、创新合作模式、深化利益融合，推动有关方面把握合作共赢的机遇。海外侨胞也能为双方的长期合作发展营造有利的氛围，增强密切与当地关系的能力，从而更好地联通中国梦与住在国人民的美好梦想。中国文化的内敛让我们过于含蓄，不善于讲故事，这一点，我们得改，我们得学习，我们要学会用讲好故事来讲好道理。

5. 海外侨胞在联通中国梦与世界梦的过程中，不仅能发挥独特的作用，还能寻求自身的发展机会。

也就是说，当侨胞把个人梦想更好地融入“中国梦”和住在国人民梦想时，也就把自身事业的发展与中国和住在国的发展更加紧密地联系在了一起，也就更有可能找到自身发展的良机和利益交会点，这是双赢的局面。

与此同时，作为侨联组织，我们也要进一步针对侨情的变化，特别是海外侨胞成长经历、知识层次、思维习惯所呈现的新特点，为侨胞创造更多实现人生理想的机会，帮助他们把自己的梦想融入到联通中国梦与住在国人民梦想的过程中，鼓励他们用自己的聪明才智既为住在国又为祖籍国的发展做出新的贡献，并实现自我价值，获得自身事业的更大发展。

人与人相遇相知靠的是缘分。500人能相聚在“侨联之友”的大家庭里就是缘分。大家能和谐相处、共襄盛举难能可贵！侨联是侨胞之家，我作为侨务工作者能为大家服务是我的荣幸，欢迎海外侨胞常回家看看，也欢迎对我们侨联的工作提出宝贵的意见和建议！让我们携起手来，共同把“侨胞之家”建设得更加温暖更加兴旺！

“一带一路”建设推动各国合作共赢也为华侨华人提供发展新机遇

——在“侨联之友”微信群“五洲论坛”中的发言

（2015年4月23日）

乔　卫

大家好！4月3日，我与群友们在我们“侨联之友”微信群的“五洲论坛”讨论后，很多侨领和群友对我的发言给予了很大的鼓励，在此，我首先向大家表示衷心的感谢！

与此同时，也有不少侨领和群友在讨论后提问，对我谈到的，国家高度重视侨胞们在共建“一带一路”中的作用很感兴趣，并且希望我能就这个问题再做更为详细的解读。大家提出的这个问题十分重要，同时对于建设好“一带一路”、维护好广大侨胞利益也是十分重要和现实的。

我不是这方面的专家，也没有参与“一带一路”战略规划的制定，但是我愿意和大家一起围绕华侨华人如何共建“一带一路”这个话题进行讨论，在讨论的过程中，希望大家各抒己见，我会认真听取，因为你们也是在帮助我加深对这个战略的认识，我非常珍惜这个学习的机会，在此对大家的参与表示诚挚的感谢！下面先谈谈我自己的认识，欢迎大家批评指正！

一、习近平主席提出的“一带一路”建设将会推动各国的务实合作，为发展绘就新蓝图。

1.“一带一路”的由来

2000多年前，勤劳勇敢的中国人民和亚欧大陆上相关国家的人民，探索和开辟出了多条连接亚、欧、非几大文明区域的贸易和人文交流通路，后人将其统称为“丝绸之路”。横贯欧亚大陆的古丝绸之路，留给了世界“和平合作、开放包容、互学互鉴、互利共赢”的精神遗产。

习近平主席沟通历史与未来，连接中国与世界，准确地把握新时期国际秩序深刻调整、经济全球化不断深入的大趋势，高屋建瓴提出共建“丝绸之路经济带”和“21世纪海上丝绸之路”的重大倡议，吸引了全世界的目光。

2013年9月7日，习近平主席在哈萨克斯坦发表重要演讲，首次提出了共同建设“丝绸之路经济带”的战略倡议；一个月后，习近平主席在印度尼西亚首提共建“21世纪海上丝绸之路”。“一带一路”是“丝绸之路经济带”和“21世纪海上丝绸之路”的统称。

打开世界地图，自东边亚太经济圈开始，贯穿亚欧非大陆，西进欧洲经济圈，所形成的一个环带即是中国所倡议“一带一路”的辐射范围。

其中，丝绸之路经济带重点畅通中国经中亚、俄罗斯至欧洲（波罗的海）；中国经中亚、西亚至波斯湾、地中海；中国至东南亚、南亚、印度洋。21世纪海上丝绸之路重点方向是从中国沿海港口过南海到印度洋，延伸至欧洲；从中国沿海港口过南海到南太平洋。

下面我们说说“一带一路”从愿景到行动的“五四三二一”发展新蓝图。

2.“一带一路”绘就“丝绸之路”发展新蓝图

“一带一路”的关键是五个合作重点，即“五通”。2013年9月7日，习近平主席在哈萨克斯坦纳扎尔巴耶夫大学发表重要演讲，首次提出了“加强政策沟通、道路联通、贸易畅通、货币流通、民心相通，共同建设‘丝绸之路经济带’”的战略倡议。

沿线国家要素禀赋各异，发展水平不一，互补性很强。建设“一带一路”，有利于中国与沿线国家进一步发挥各自的比较优势，促进区域内要素有序自由流动和资源高效配置，“五通”是关键。

“一带一路”传承四个理念：千百年来，“和平合作、开放包容、互学互鉴、互利共赢”的丝绸之路精神薪火相传，推进了人类文明进步。

“一带一路”是促进共同发展、实现共同繁荣的合作共赢之路，是增进理解信任、加强全方位交流的和平友谊之路。中国政府倡议，秉持四个理念，全方位推进务实合作，打造政治互信、经济融合、文化包容的利益共同体、命运共同体和责任共同体。

“一带一路”旨在打造“三个共同体”：政治互信、经济融合、文化包容的利益共同体、命运共同体和责任共同体。

迈向命运共同体，体现了中国的责任与担当。“一带一路”建设构想覆盖亚欧非三大洲，连接亚欧两大经济圈。无论从政治、经济还是安全角度考量，丝路沿线国家都是休戚相关、一荣俱荣、一损俱损。“一带一路”沿线国家唯有成为利益共同体、责任共同体、命运共同体才能更好地实现共赢。

“一带一路”着重打造“两个核心区”：即新疆丝绸之路经济带核心区、福建21世纪海上丝绸之路核心区。推进“一带一路”建设，中国将充分发挥国内各地区的比较优势，实行更加积极主动的开放战略，加强东中西互动合作，全面提升开放型经济水平。

一要发挥新疆独特的区位优势和向西开放重要窗口作用，深化与中亚、南亚、西亚等国家交流合作，形成丝绸之路经济带上重要的交通枢纽、商贸物流和文化科教中心，将其打造为丝绸之路经济带核心区。

二要利用长三角、珠三角、海峡西岸、环渤海等经济区开放程度高、经济实力强、辐射带动作用大的优势，加快推进中国的自由贸易试验区建设，支持福建建设21世纪海上丝绸之路核心区。

“一带一路”建设是一项系统工程：要坚持共商、共建、共享原则，积极推进沿线国家发展战略的相互对接。

3. 共商、共建、共享“一带一路”，欢迎五大洲共襄盛举

习近平主席在博鳌亚洲论坛2015年年会上指出，“一带一路”建设秉持的是共商、共建、共享原则，不是封闭的，而是开放包容的；不是中国一家的独奏，而是沿线国家的合唱。

目前，已经有60多个沿线国家和国际组织对参与“一带一路”建设表达了积极态度。据不完全统计，“一带一路”沿线大多是新兴经济体和发展中国家，总人口约44亿，经济总量约21万亿美元，分别约占全球的63%和29%。

“一带一路”将着力加强合作的重点方面包括，政策沟通，交通、能源、通信等基础设施互联互通，投资贸易，新兴产业，产业链分工布局，资金融通与金融监管，办学、旅游、科技等。

其中，基础设施互联互通是“一带一路”建设的优先领域。当前，全球经济复苏面临通缩压力和需求不足等多重挑战，而在众多经济体启动量化宽松政策之际，世界性资金过剩问题又成困扰，“一带一路”中庞大的基础设施建设成了弥补全球性需求不足、对接世界性资金过剩的出口。

为“一带一路”的建设，中国政府设立了400亿美元规模的丝路基金，还创立了出资金额高达1000亿美元的亚洲基础设施投资银行。

资金融通是“一带一路”建设的重要支撑。亚洲基础设施投资银行、金砖国家开发银行的筹建，丝路基金的组建运营等，将撬动大规模资金，保障包括基础设施互联互通在内的“一带一路”各项建设。

4. “一带一路”步入全面推进阶段

中国提出“一带一路”愿景后，广泛吸收了各方的反馈和看法，形成了更具可操作性的纲领。3月28日，中国政府发布了《推动共建丝绸之路经济带和21世纪海上丝绸之路的愿景与行动》，系统勾勒出了“一带一路”路线图，标志着“一带一路”步入全面推进阶段。

“一带一路”贯通亚欧，一旦落实将成就更

为活跃的经济走廊，造福40多亿人口；其建设历程可能会延续数十年，由此改变一代人乃至几代人的生活面貌。

“一带一路”作为一个视野宏大的开放性合作架构，正走出战略倡议阶段，伴随具体项目的落地生根，变为可触可感的现实，切实有效推动各国务实合作，为全球经济增长贡献新动能。一年多来，中国与沿线国家一系列务实合作结出了早期的果实。

“21世纪海上丝绸之路”的构想正促进沿线的合作，推动一些项目进展。中国和马来西亚的两个政府合作工业园区分别在关丹和广西钦州遥相呼应。

基础设施的联通是“一带一路”最直接的着力点。从土耳其已贯通的高铁，到巴基斯坦的瓜达尔港建设，中泰之间的多项合作，缅甸的电厂，斯里兰卡南部铁路项目，再到中蒙俄铁路合作，都在充实着“一带一路”构想，从而也相互促进。

在北方的中蒙俄经济走廊，各方也在讨论项目对接，出台提升铁路连通的规划，推进农牧业合作。吉尔吉斯斯坦也在与连云港合作酝酿建立物流园区，中吉还在讨论铁路合作。在斯里兰卡中方参与合作的南部铁路项目建设，则结合了不同国家的技术、环境标准和监理经验。

中国也在身体力行。海关总署日前发布公告，自5月1日起启动丝绸之路经济带海关区域通关一体化改革，与其他地区一起，推进全国区域通关一体化改革。

中国还已与一些国家签署了合作备忘录。如，中国和白俄罗斯去年底签署了共建丝绸之路经济带的合作文件，推进两国合作的工业园区建设，并以此为平台启动一批机械制造、通讯信息和基础设施项目。

蒙古国有“草原计划”，哈萨克斯坦、格鲁吉亚、土耳其等国也有一个名为“丝风计划”的跨境铁路项目。这些与丝绸之路经济带都存在契合点。过去百年间几近荒废的丝绸之路，如今在各国的推动下正在复苏。

5.“一带一路”构建对外开放新格局，让沿线国家分享中国发展的红利

“一带一路”建设是中国在全球化进程下做出的重大决策，也是进一步推进改革开放的重大战略举措。当前，中国经济和世界经济高度关联。中国将一以贯之地坚持对外开放的基本国策，构建全方位开放新格局，深度融入世界经济体系。

推进“一带一路”建设既是中国扩大和深化对外开放的需要，也是加强和亚欧非及世界各国互利合作的需要，中国愿意在力所能及的范围内承担更多责任义务，为人类和平发展做出更大的贡献。

分析人士认为，“一带一路”旨在推动世界性更大范围、更高水平、更深层次的大开放、大交流、大融合，植根于中国弘义融利、合作共赢的对外交往理念，这种抛弃零和思维的合作将开启一个新的世纪。

依托“一带一路”建设，构建亚欧非经济一体化发展新机制，可以促进沿线国家和地区间利益共同体的形成，助力其经济发展，推进国际区域经济分工、合作与融合。在全球经济复苏乏力的大背景下，各国都在寻找新的增长点，基础设施互联互通对发展中国家而言是比较现实的选择。

据有关部门预计，2014年—2020年，中国累计向国外提供的商机将达17万亿美元，对外直接投资存量将突破1.2万亿美元，将为世界其他国家贡献700万个新增就业岗位，对世界经济增长的平均贡献率将达到27%。

比如，中国积极倡导投建的泛亚铁路将织就巨大的经济合作网，增强货贸往来、人员交流，带动大湄公河次区域各国经济发展、民生改善。

中国企业承建的蒙巴萨—内罗毕铁路将促进肯尼亚经济年增长率的提升，并创造数万个就业岗位，助力肯尼亚实现经济转型。

连接中国重庆和德国杜伊斯堡的渝新欧铁路上的每趟货运班列可以运送41个集装箱的货物，来自中国的商品仅需16天就可以到达欧洲，比海运至少节省20天，比空运成本便宜五分之四。

“互利共赢”是“一带一路”建设的重要原则。通过“一带一路”建设，中国可以更好地融入世界经济，获得更大的发展空间；沿线国家可以更好地分享中国经济发展的红利。

6. 一些国际舆论对“一带一路”尚有误读甚至曲解

受当前国际上复杂政治因素的影响，部分国家心存疑虑，尚在观望等待，有的则出现误读甚至曲解。

一些西方舆论将中国倡导的“一带一路”与古老的地缘政治霸权进行挂钩，还将其与“马歇尔计划”相类比。

英国地理学家与地缘政治家麦金德1902年提出了“世界岛”的概念。他认为，当欧亚大陆被密集的铁路网覆盖时，一个强大的大陆国家将主宰这片广袤土地。

分析人士认为，将“一带一路”同“世界岛”相联系，是误读了中国推动“一带一路”建设中蕴含的互利共赢理念和中国向来秉持的义利观。“世界岛”是旧世界中霸权主义的理论，而“一带一路”是开启和平、稳定、合作新世界纪元的金钥匙。

不容否认，“一带一路”和“马歇尔计划”在形式上确有一些相似之处。比如，两者都以“走出去”为核心；都将交通基础设施建设作为投资的重点；都重视金融货币上的合作。但这些相似点并不能掩盖两者本质上的区别。

首先是背景不同。“马歇尔计划”出现在冷战时代，带着浓厚的意识形态色彩，具有时代局限性。而“一带一路”诞生于全球化时代，摒弃了制度模式偏见，超越了意识形态。

二是理念不同。“马歇尔计划”以美国为主导，对欧洲的援助建立在不对等的关系上，就像是美国的“独奏曲”。而“一带一路”坚持平等协商，充分尊重各国的自主选择，是一首各国共同参与的“交响乐”。

三是两者的目的也迥异。“马歇尔计划”的最终目的在于大国争霸，在根本上服务于美国的“遏制战略”；而中国的“一带一路”倡议意在通过互联互通，实现合作共赢的目标，不谋求地区事务主导权和势力范围，不干涉地区国家内政，与其他既有地区机制和倡议并行不悖。

对于如何更好地开展“一带一路”，习近平主席提出5点建议。第一，以亚洲国家为重点方向，率先实现亚洲互联互通；第二，以经济走廊为依托，建立亚洲互联互通的基本框架；第三，以交通基础设施为突破；第四，以建设融资平台为抓手，打破亚洲互联互通的瓶颈；第五，以人文交流为纽带，夯实亚洲互联互通的社会根基。

二、华侨华人在共建“一带一路”过程中能够发挥独特作用

通常我们一讲到华侨华人作用时，总是强调大家对中国的贡献。我相信，已有许多华侨华人也希望在推动共建“一带一路”的过程中，尽力为中国实施这个构想发挥自己的独特作用。这饱含着华侨华人对故土的一份真情，非常值得肯定和赞扬。但我想从另一个视角谈谈华侨华人的独特作用。

1. 兼顾中国和住在国的发展需求，关注住在国人民的利益和感受

在经济全球化的大背景下，中国成为世界经济发展的主要引擎之一，推动“一带一路”建设无疑对中国发展有巨大的好处，也是中国发展的客观需要。但是中国并不追求一家独大，是希望与各国共同发展，合作共赢。

习近平主席多次强调，欢迎各国搭上中国发展的快车。这与历史上大国向外扩张完全不同。共同发展、合作共赢是中国政府的真实发展理念，并具有丰富的中国文化内涵。

习近平主席在2015年博鳌论坛发表演讲，阐述建设亚洲“命运共同体”问题时，引用了东南亚朋友讲的“水涨荷花高”，非洲朋友讲的“独行快，众行远”，欧洲朋友讲的“一棵树挡不住寒风”等谚语，比喻的都是一荣俱荣，一损俱损的意思；同时，他还多次强调“世界好，中国才会好”。这些表述都与中国政府倡导共建“一带一路”的真实内涵有着异曲同工之妙。

作为住在国多民族大家庭中的一员，华侨华人与当地人民结下不解之缘和深厚感情，大家的人生已经融入第二故乡。因此，住在国发展的快慢和好坏，与华侨华人的生存发展息息相关。

鉴于华侨华人的生意、产业布局在当地，大家着重从住在国的角度来考虑，而不是单从中国的角度思考解读、思考“一带一路”建设，也是自身生存发展的客观诉求。从某个角度来讲，关注住在国人民的利益和感受，就是关注华侨华人自身在当地的长期生存和发展。

作为联结中国梦与世界梦的天然桥梁，华

侨华人融通中外。无疑，大家比中国民众更加了解住在国政府和民众需要什么、喜欢什么、信赖什么，更加熟悉以什么样的方式提供支持才能赢得当地民心，也更加懂得如何融合中外智慧破解文化差异带来的沟通、交往方面的困难。这就是华侨华人促进国家间、民众间共识的独特视角和作用。

或许有人会说，华侨华人要是站在住在国民众利益的立场上看“一带一路”，这不是淡化或轻视了他们对祖（籍）国的情感了吗？其实，我在上次《五洲论坛》的讨论中讲过，“无论我们怎么来看待侨胞的作用，海外侨胞在住在国的平安、健康发展，才是故乡对侨胞的最大惦念”。

从住在国的视角去考虑问题，才会更有利于华侨华人在住在国的长期生存和发展。更何况，中国推动“一带一路”建设，追求的就是与相关国家共同发展、互利共赢，也只有站在住在国民众利益的立场上去推动“一带一路”，才能获得相关国家民众的支持。

中国基于自身的发展实际提出“一带一路”建设，但中国政府也同样希望相关国家能够共同发展，联结中国梦与世界人民的梦想。所以说，华侨华人从住在国民众的利益出发去思考，有利于赢得更多住在国民众对“一带一路”和中国发展的支持。我们应该有这样的自信！

2. 华侨华人助推“一带一路”建设，促进沿线国家参与其中的有利条件

据相关统计，定居在“一带一路”沿线国家或往来于这些国家与中国之间的华侨华人在全球华侨华人中占有较大的比例。华侨华人中有一大批人具有较好的经济金融实力、知识人文素养、较发达的商业网络、社会资源关系和深厚的中华文化传统。

进入21世纪以来，虽然“和平、发展、合作、共赢”逐渐成为时代主流，但面对复苏乏力的全球经济及纷繁复杂的国际争端和地区战乱，传承和弘扬丝绸之路精神显得愈加弥足珍贵。我认为，华侨华人在传播丝路精神和促进住在国与中国“结缘”等方面大有可为！因为华侨华人不仅与住在国居民风俗近、语言通，而且与祖（籍）国同胞血缘亲、文化同，具有融通中外的独特优势。

华侨华人是联结中国梦与世界梦的天然使者，也将在推动“一带一路”过程中能发挥独特的作用。因为大家既熟悉中国和住在国的社会、经济、政治和文化等方面的情况，又有广泛的海内外人脉资源和丰富的文化交流经验；既能在更大范围内传递祖（籍）国的信息，也能运用自身的有利因素在当地社会讲述中国故事、传播中国声音和中国文化。

3. 华侨华人在推动“一带一路”建设中的着力点

中国领导人对广大华侨华人参与“一路一带”建设十分关心并寄予厚望，希望华侨华人能以自己方便和感觉舒适的方式，把个人事业的发展与“丝路”建设结合起来，在推进“一带一路”建设中发挥独特作用。大家应努力寻找推动“一带一路”建设的着力点。

（1）“一带一路”建设是一项造福沿线各国人民的伟大事业，共建“一带一路”，要求广大海外华侨华人更加紧密地携起手来，既积极为住在国的经济发展出力奉献，为中华民族的复兴添砖加瓦。

首先，要立足当地进行思考，促进民心相通，不断夯实国家间关系的社会民意根基。其次，期待海外华侨华人按照有关规则，在积极参与“一带一路”沿线国家的基础设施建设和产业投资的同时，大力助推当地发展经济，注重保护生态环境和生物多样性；主动承担社会责任，增加就业、改善民生，更好地融入和回馈当地社会。第三，也期待华侨华人大力弘扬和传承中华传统文化，促进中外文化相亲、相融，为实现中华民族伟大复兴的中国梦尽一分力量。

（2）从住在国的角度出发，加强政策沟通，是华侨华人参与建设“一带一路”的重要条件。去年以来，习近平主席和李克强总理先后出访了20多个国家，出席了多个加强互联互通的重要国际会议，就双边关系和地区发展问题，与有关国家元首和政府首脑进行会晤，深入阐释了“一带一路”的深刻内涵和重大意义，就共建“一带一路”达成广泛共识，并增进了政治互信。

在一些双边关系有待发展的沿线国家，华侨华人可以充分发挥民间大使的作用，积极争取住在国高层的引领，推动这些国家与中国在经济发展战略方面的交流和对接，助力相关住在国与中国签署“一带一路”合作备忘录，推进区域合作规划和措施的出台，协商解决合作中产生的问题。

（3）从住在国的角度出发，促进融通投资贸易合作，是华侨华人参与“一带一路”建设的重点内容。广大华侨华人在这方面可发挥不可替代的作用。

如大家有机会加强与沿线相关国家和地区的沟通磋商，在基础设施互联互通、产业投资、资源开发、经贸金融合作、生态保护、海上合作、人文交流等领域，推进一批条件成熟的重点合作项目；并在拓宽贸易领域、优化贸易结构、挖掘贸易新增长点和发展跨境电子商务等新业态方面也能有所作为。

（4）想方设法增进各方理解与务实合作也是华侨华人参与“一带一路”建设需要关注的重点。

我们注意到，国际舆论对“一带一路”建设的观察、思考和理解正在日益全面和深化。为了推动“一带一路”建设，中国政府已经出台了一系列政策措施，以便加强与沿线国家的沟通磋商，推动彼此间的务实合作。一年多来，越来越多的沿线和非沿线国家视“一带一路”为加快本国经济发展的历史契机，积极同中国开展合作，不断丰富合作内涵。

我认为，广大华侨华人可以从住在国人民可以接受和理解的层面，积极传承和弘扬丝绸之路友好合作精神，在住在国广泛开展学术文化交流、人才合作交流、媒体互动、青年和妇女交往、志愿者服务等活动，为深化双边和多边合作奠定坚实的民意基础，让“中国‘一带一路’的倡议将给沿线国家和地区带来实实在在利益”的理念在住在国逐步深入人心，并化为实际行动！

三、华侨华人要在“一带一路”的推进过程中寻找自己的发展机会

“一带一路”建设是惠及百姓的大工程，推动“一带一路”建设，开创中国与“一带一路”沿线各国互利共赢合作的美好未来，获利的不仅是相关的国家和政府，也包括广大华侨华人在内的社会各阶层民众。这是一个对中国有利、对住在国有利，同时也对华侨华人有利的大好机遇。

我认为，在“一带一路”沿线各国共同发展、合作共赢之中蕴藏着华侨华人诸多发展获益的新机会。所以，广大华侨华人应发挥天然纽带和桥梁的作用，一方面积极助力住在国搭乘中国发展的快车并分享发展红利，另一方面也要在这一过程中主动开拓适合自己的发展机会，为自身发展开辟更广阔的空间，更好地将个人的梦想融入到民族梦、国家梦、世界梦当中。

（一）“一带一路”建设为华侨华人带来多层面的发展机会

基础设施建设的机会。“一带一路”的全面实施将加快沿线周边国家和区域基础设施的互联互通建设，具体为道路、铁路、航运等联通项目。有专题报告称，“一带一路”建设将驱动基建行业中人口、资源红利向信息技术、商业模式红利转变。这将为海外华侨华人的工程企业带来巨大的市场机会。

推动合作的机会。专业人才是经贸合作中的重要因素。目前，尽管中国的国有和民营企业已培养和聚集了一大批世界上最优秀的具有国际商务经验的管理和经营人才，但真正能满足中国实施“走出去”战略的顶级人才尚显不足。

因国家之间语言、文化、价值理念、思维习惯等差异，人才储备中缺少了既通晓专业又精通外语的专才，往往会造成具体合作中的障碍。无论是中国企业“走出去”到沿线国家发展，还是“请进来”外国企业与中国合作，都需要既懂当地语言和社会背景、又谙熟经贸法律的业务能手。

我相信，能够提供语言服务、经营指导、企业诊断、信息咨询、市场营销、投资融资、贷款担保、产权交易、技术支持、展览展销和法律咨询等服务的华侨华人企业一定能够在“一带一路”的建设中找到自身的发展机会。

发展贸易、服务业的机会。在“一带一路”建设的推进过程中，中国与沿线国家的高铁公路等交通设施将更加完备，海关的互联互通使通关更加便捷，贸易壁垒将减少甚至消除，通关成本也将明显下降。这些都将给华侨华人企业带来重大利好；大家完全可以在国际大通道的建设和更加紧密的商贸联系中寻找新的发展机会。再比如，“一带一路”建设将提高人民币在国际结算

中的作用和分量，我相信这将给华侨华人防范金融风险带来更多选择。

此外，中国企业赴沿线国家的休闲度假和商务、旅游市场的发展潜力还很大，围绕人文交往的服务性产业的发展将风生水起，住宿、餐饮、旅行代理、导游翻译、游览与娱乐等服务及旅游商品供应等方面充满商机。

（二）华侨华人可为中国企业“走出去”化解合作风险和障碍

中国企业“走出去”是中国经济持续快速发展的客观需求，也受到华侨华人住在国的欢迎。在“一带一路”建设的推动下，这将成为更大的趋势，并孕育着无限商机，但对华侨华人来讲，引进的角色和方向发生了转换性的变化。中国在过去30多年的改革开放中是引进华商投资；现在，则需要华侨华人从住在国人民利益的出发，帮助住在国引进中国企业。

在当前的国际政治经济环境下，政治、贸易保护等因素直接干扰着中国企业“走出去”。中国企业“走出去”的合作风险和障碍主要有以下三种：

1. **政治性风险。**政治风险是指东道国以涉及重大国家利益为由，动用法律或者政策直接干预本国企业与中国企业合作所形成的障碍。

出于意识形态的本能排斥，一些政客极力把资本市场上的商业合作，涂上政治色彩，为中国企业“走出去”人为地设置障碍；当然，中国企业的官方背景也容易引起西方国家的警惕。从诸多案例来看，政治因素构成了中外合作不畅或失败的重要因素。

2. **文化性障碍。**主要表现在企业层面，西方国家的私人企业不习惯和他国国有企业打交道，因为他们认为国企不一定是从纯粹的经济角度考虑问题，企业行为有不可预见性。通常中国企业在“走出去”过程中，因对当地文化特点了解不深、重视不够，与当地媒体的沟通和对社会层面的公关不到位；或者只为独占，不追求共赢，破坏了当地的“规则”，故导致合作失败。

社会层面的文化性障碍十分复杂，把握不好会被演化成“经济民族主义”抬头或所谓的“新殖民主义”，进而发展成为政治性障碍。

3. **技术性障碍。**是指中国企业“走出去”的运作层面，因自身的理念、方式和人才等方面的问题所造成的不利于合作的障碍。

在可能的范围内尽可能多地获利，无疑是各类企业“走出去”追求的目的。但这只是买卖双方中一方的愿望。因此，中国企业“走出去”应破除“独赢”的理念，树立合作共赢的理念，要更多地综合考虑当地可持续发展的利益。

应消除合作方式上的障碍。如果中外双方在合作方式上不能达成高度一致，极容易使当地员工因无法预期自身的未来而产生焦虑，进而抵制合作；而一些中国企业“暴发户”的形象也很容易使所在国担心其背后的政府战略意图。

中国企业的高端人才储备严重不足，甚至形成瓶颈。2012年有研究报告称，中国迫切需要75万名具有国际商务经验的管理人才，而中国却仅有5万名左右。中国“走出去”企业迫切需要知识全面、有沟通能力和经商阅历的海外人才。

4. 海外华商群体可以为中国企业“走出去”在应对政治风险和其他障碍中发挥独特作用。

首先，华商企业可以规避政治性风险。中国企业的官方背景很容易引起西方国家的警惕，政治因素往往成为合作失败的重要因素。但华商企业均为私企，并且主体在海外。

在东南亚国家，一些华商企业也具有当地政府或政治实权人物的背景，但他们在与外企开展合作时，当地民众不会把这个外企当作其所在国政府的工具，对企业决策机制和并购后的发展战略也不存疑虑。因此，华商企业的参与可以自然而然地规避政治风险。

其次，华商企业在所在国容易形成“文化共识”。任何一个华商企业都是立足于住在国的经济社会环境，在异族文化的夹缝中逐步发展起来的。他们在住在国不断集聚实力，开拓、占领市场，深深地融入了当地的商业网络和政商人脉关系网。

华商在造福于当地社会和民众的同时，也成就了他们自己的事业，并在住在国与当地民众形成了“文化共识”。如果华商参与中国企业在“一带一路”沿线国家的合作建设，将不仅会使合作过程较为顺利，而且会降低合作的交易成本。

第三，华商企业在人才、经营理念方面有助

于逾越技术性障碍。各国的华商企业群体在百余年的大浪淘沙中逐步形成。纵观当今华商的大中型跨国企业，多数已有半个多世纪的发展历程，华商们在市场经济中，积累了丰富的经验，聚集了一大批优秀的国际商务人才，他们熟悉国际市场规则，懂得合作共赢，又适应住在国的文化氛围。华商的这些人才可以弥补“走出去”中国企业的人才不足。

（三）亚洲基础设施投资银行向华商展现了新的发展良机

亚投行是当今引起世界反响的中国热词，其筹建工作在全球引发了超出中国政府预期的热烈反响。亚投行创始成员国以达到 57 个。“一带一路”沿线的亚洲国家是华侨华人和顶级成功华商的聚集地，所以，亚投行也是亚洲华商谋求发展的新机遇。

1. 亚投行是亚洲发展的助推器

亚洲大部分地区是未来世界发展最活跃的地区。但目前这一地区较落后的基础设施条件成为制约其快速发展的瓶颈，亚洲地区国家应该搭上中国发展的快车。在“一带一路”建设促进互联互通的背景下，亚投行应运而生，得到了各方的热烈响应，足以证明亚投行建立的必要性和广阔前景。

然而，目前民间讨论的热点并未涉及“亚投行”这个中国标志的热词本质。民众更多谈论的是亚投行的治理模式、产生过程中的国家间较量以及其较量背后的利益。但对于亚投行的本质核心，即成立后要解决什么问题？反而关注得不多。

2. 亚洲华商要抓住亚投行的机遇

亚投行是亚洲发展的机会。“要想富，先修路”——这是中国的经验，也已得到世界的普遍认可。在改革开放的 30 多年中，中国的基础产业和基础设施建设得到快速发展，为国民经济的发展和人民生活水平的提高提供了坚实的基础。

中国通过大规模投资建设，使得曾经是国民经济“瓶颈”的基础产业生产能力和基础设施服务水平有了大幅度提高，城乡面貌有了极大改善，人民的生活质量得到显著提高，经济运行基础得以更加牢固，经济发展潜力不断增强。

亚投行是一个政府间性质的亚洲区域多边开发机构，按照多边开发银行的模式和原则运营，重点支持亚洲地区基础设施建设。总的来说，它的目的是解决亚洲地区基础设施发展和融资方面存在的巨大缺口，通过这个银行来促进地区内的互联互通。其原则就是合作共赢。这为亚洲华商的发展提供了难得的机遇。

值得一提的是，一些特别重大的基础设施投资项目，对于住在国来讲，或许在国家战略安全层面上比较敏感；但从“互联互通”和住在国人民利益的层面来看，又有可能得到很大的实惠。假如这些项目由中国企业直接投资，住在国有可能会产生疑虑和担心；这对中国企业而言也许就是很难克服的“政治性风险”。但华商企业完全可以与中国企业合作对接，按照亚投行的运行规则积极争取支持，促进“互联互通”这盘大棋局活起来，在造福住在国百姓的同时，获得自身的发展和利益。

3. 华商可乘亚投行快速蓬勃的发展之势，努力实现自身事业与住在国发展的共赢

华商有愿望，但靠自身力量推动住在国的基础设施建设力不从心。仅从我了解的情况来看，华商跨国公司企业规模还不够大，从国际资本市场常用标准来衡量，多数尚属中型企业，通常企业市值在二三十亿美元，不超过 50 亿美元的规模。面对这样的现实，华商企业应当主动出击，寻找机会，有所作为。

而南美、中亚和非洲仍属欠发达的资源输出地区。在这些地区的华商也大多处于成长期，尽管其中有些企业已初具规模，也已建立了与当地企业相关的网络和渠道，但毕竟规模较小，单靠华商的力量推动大规模基础设施建设的确尚力不从心。

但是，华商存在双重的“文化共识”，便于发现机会，便于发现本地区基础设施投资的关键点和安全的项目，也就更便于搭上亚投行快速发展的机会。

我们知道，基础设施建设投资需要民间资本支持，亚投行的实践也需要安全保障。因此助推亚投行的成功实践，通过当地政府、按照亚投行的运行规则积极寻求支持，也是华商应该争取的机会。今年以来，中国国家开发银行、中国进出口银行等政策性银行已率先开始全力推出先导性资金。据媒体透露，中国五大商业银行为“一带一路”建设准备的资金远超过亚投行预设的资金规模。

华侨华人应抢抓这一机遇，广泛接洽中国的“走出去”企业，主动进行项目、资金、技术、资源、人才等多方面的合作对接；在帮助中国企业熟悉当地的法律法规、市场规则和经商习惯的同时，为自身发展谋求更大空间。

从习近平主席在2013年金秋时节提出“一带一路”重大倡议以来，已得到沿线60多个国家的积极回应和广泛支持。从住在国的角度来解读“一带一路”，不仅仅是为住在国的发展考虑，也是为了推动中国与住在国发展的双赢。

共建“一带一路”承载着世界近三分之二人口对美好生活的强烈向往，呼唤着广大华侨华人的参与和支持，“一带一路”沿线各国携手前行，势必将推动更大范围、更高水平、更深层次的大开放、大交流、大融合，势必将进一步加深世界对中国追求和平、发展、合作、共赢的理解，这一进程也将华侨华人与中国和住在国的发展更加紧密地结合在一起，在推动“一带一路”建设中广大华侨华人也必将实现更多发展的新机遇。

合作共赢理念是中国倡导的新的国际关系价值观

（2015年10月9日）

乔 卫

各位群友：大家好！很高兴第三次来到《五洲论坛》与大家见面，与大家分享我的一些新思考。

今年9月28日，习近平主席在第七十届联合国大会一般性辩论上发表了题为《携手构建合作共赢新伙伴　同心打造人类命运共同体》的重要讲话，他提出，要构建以合作共赢为核心的新型国际关系，得到了国际社会的广泛好评和响应。

对“构建以合作共赢为核心的新型国际关系”这个话题，我在之前的不同场合做过多次介绍和解读。在习近平主席访美期间发表的一系列重要讲话中，他多次阐述了这一理念，受到各方高度赞誉，也使我对合作共赢理念是新的国际关系价值观有了更加深入的思考。

应广大群友的要求，我把自己的一些学习体会和思考与大家分享。我不是学习国际关系专业的，国际关系方面的书籍和文章读得很少，这次虽然系统地读了一些，但许多观点还都是用自己习惯的语言表达的，一旦说了外行话，还请大家谅解。

我今天讲的题目是《合作共赢理念是中国倡导的新的国际关系价值观》。

一、合作共赢理念的提出及其背景

（一）合作共赢理念的提出

据新华社有关报道，合作共赢理念最早是由胡锦涛同志于2004年4月在博鳌亚洲论坛年会开幕式上发表重要演讲时正式提出的。

2012年2月，时任中共中央政治局常委、国家副主席的习近平同志访问美国谈及构建中美新型大国关系时，进一步突出了合作共赢的理念。他在阐述中美新型大国关系的含义时说，“中美正在积极探索构建相互尊重、合作共赢的新型大国关系，这符合中美两国和世界的利益，也将是国际关系史上的一个创举”。

有学者指出，中美迈入新型大国关系时代，是建立21世纪新型国际关系的最关键环节。

今年9月习近平主席访美期间，以构建新型大国关系和新型国际关系为主线，面向最大发展中国家与最大发达国家的关系，面向最重要的国际多边场合，奏响了和平发展、合作共赢的时代强音，是运筹大国关系、完善全球布局的重要行动。

构建以合作共赢为核心的新型国际关系，是习近平主席总揽世界大势提出的一个重要理念。中国将通过在政治上树立伙伴关系新思路、经济上开创共同发展新前景、安全上营造各国共享安全新局面、文化上形成不同文明包容互鉴新气象等等，把合作共赢理念体现到政治、经济、安全、文化等对外合作的方方面面。

可以看出，习近平主席所倡导的合作共赢理念，与以往不同，已不仅仅局限于经济领域，而是一个战略理念，适用于国际事务的方方面面。

我们经济上寻求共同利益，共同发展繁荣；政治上相互尊重，平等相待；安全上寻求共同安全、集体安全、合作安全；文化上包容互鉴、共生共存。在“和平、发展、合作”的基础上增加“共赢”的内容，使共赢与和平、发展、合作一道，共同构成中国对外方针政策的核心内涵。

构建以合作共赢为核心的新型国际关系，得到国内外主流媒体和各界的高度评价。

俄罗斯俄新社发表题为《中国主席将在美国探索合作》的文章，韩国《中央日报》以《习近平对美国进行国事访问　引发全世界关注》为题撰写相关报道，CNN以《习近平表示中国经济没有问题》为题，关注中国经济改革。路透社认为，习近平主席在美国西雅图的讲话，重申和坚持中国改革不会走回头路，给予美国各界对中国经济的信心。

关于习近平主席访问美国的报道,《侨联之友》专题栏目已做了广泛介绍，在这里不再赘述。但我想借用哈佛大学著名中国问题专家傅高义的评价，他说，习近平主席让美国的普通民众也对中国领导人有更为直观、全面的印象，这对双方的互信、对于相互认知具有深远的意义。

（二）世界大背景发生的巨大变化，对国与国之间关系产生了深刻影响，决定了国际关系准则要适应时代变化而调整

当今世界，最重要、最显著的时代大背景特征就是经济全球化、世界多极化、社会信息化。这与以往人类社会发展进程中所有阶段的特征都不同，不仅对经济社会发展有重大影响，而且对国家间关系也不可避免地产生深远影响。旧时代的国际关系准则必须适应世界大背景而进行调整。

首先是经济全球化。20世纪90年代以来，经济全球化加速发展。对外贸易成为国际交往中最活跃的环节和各国经济发展中不可缺少的重要组成部分，国际投资的迅速增长带来了资本的国际化，国际金融交易大大超过世界生产和商品交易、服务贸易成为国际交往的重要组成部分，国际经济协调表现得越来越重要。

近些年来，在现代信息技术的催化作用下，资本、技术、劳动力等生产要素的流动和配置，以越来越大的规模在全球范围内展开。区域和双边合作的水平不断提高，各个国家的经济被越来越深地卷入统一的世界市场体系。

世界贸易组织、跨太平洋战略合作伙伴关系协定（TPP）、跨大西洋贸易与投资伙伴关系协定（TTIP）、区域国家间自由贸易区等一体化组织的出现，国家间的相互依存关系达到了前所未有的广度和深度。

在经济全球化的过程中，人类必须打开国门接纳更先进的科学技术和生产模式，在资源分配上互通有无，通过平等交换才能和平发展、共同发展。全球化新一轮的发展体现出合作的理念，是通过开放与制度上的合作实现共同发展，所以说，中国提出合作共赢理念是基于对世界经济发展趋势的最新把握。

其次是世界多极化。世界多极化是针对世界格局而言的，多极化是当今世界格局表现的一个主要特征。经济全球化、信息技术和资本、人口、生产要素自由化不仅驱动基本政治单位相互依赖的加深，而且使世界日益呈现多极化的趋势。

当今世界经济体制、治理体系基本上是第二次世界大战后由发达国家主导建立的，在经济全球化过程中，存在不公正、不合理的国际经济旧秩序阻碍全球化发展的情况，南北差距在扩大，发展中国家的经济安全和主权受到发达国家威胁的现象也时有发生。

世界经济的健康发展不可能长期建立在少数国家富裕、多数国家贫困的基础上，一大批新兴国家集体认识到世界力量的转变对其发展的战略意义。新兴国家推动世界多极化和国际关系民主化的政治意愿和经济意愿不断增强，国家主权意识不断提高，个体、次国家、非政府组织等行为主体大规模崛起。

全球经济治理，本质上是各国共同创建一套规则和体制，共同回答世界经济发展中的问题。这种合作要求对人类的共同利益形成共识，在平等和承认各国差异的基础上达成协议、制定规则、共同监管和认真遵守。

在这些人类共同利益的问题上，不可能由少数国家来主宰，只有通过合作共赢，寻求世界整体利益最大化，才能为全球治理的有效推进创造可能。

中国，由于经济快速发展、国家综合实力迅速增长、国家治理能力不断增强，已成为世界发展的主要引擎之一。

中国在全球经济治理和世界秩序建设上体现出主导者的姿态，积极参与国际货币体系改革、金融风险防控、大气治理温室气体减排、反恐、反洗钱、反走私、反腐败等事务中，在国际秩序和全球治理方面提出了很多建议，直接影响着地区利益的格局，进而促进了世界利益秩序的转变，体现出负责任大国的国际视野、战略主动性和使命担当。

第三是社会信息化。信息技术的迅猛发展正在改变着人类的传统思维方式，信息的时效性正在突破传统的信息传输方式，互联互通正在改变人类的生产、生活模式、技术传导、资源配置模式。

在信息大爆炸的时代，人们取得信息的来源更加便利广泛，沟通联络的方式更加畅通快捷，表达意见的渠道更加多样复杂。人们对国家主权意识的坚持和维护，更为直接地作用到所在国政府。

不可否认，这对世界多极化的进程有着重要的推动作用。

与此同时，在经济全球化、世界多极化和社会信息化的世界大背景下，文化多样化也是一个鲜明的时代特点。

文化多样化是关于文化形态及处理不同形态文化之间相互关系的一个理念，不同的文化形态都有其自身存在的价值。世界各民族文化传承、宗教信仰、经济发展、资源配置、政治体制不同，给建立命运共同体带来了诸多差异和挑战。

在人类社会越来越复杂化、信息流通越来发达、经济全球化节奏越来越快的情况下，文化的更新转型也在日益加速，各种文化的发展面临着不同的机遇，文化多样化也面临着前所未有的挑战，但同时，也影响着时代的进程。

面对国际政治、经济的激烈竞争，各个国家都在努力维护自己的文化特性，维系自己的文化根脉，国际社会促进文化多样化的努力一刻也未停歇。

（三）在世界大背景变化的条件下，社会生产力也在快速发展，成为调整国家关系准则的原动力

由于需求是发展的原动力，在当今世界的大背景下，发达国家生产能力和生产规模快速增长、生产水平大幅提高，而其与全球性的发展不均衡相比，形成了新的市场发展需求。

在这一背景下出现了一个特别现象，就是区域经济在动态平衡中发展，新兴市场改变国际格局结构。

区域发展的均衡——非均衡原理是区域经济学中的一个重要理论。该理论指出，区域发展的过程是由均衡到不均衡再到新均衡的循环往复，这是区域经济发展的一般规律。

世界市场是伴随着社会生产力水平的提高与国际分工的发展而形成和发展起来的。在国际大背景变化的条件下，社会生产力快速发展，而发达国家生产能力及生产水平的快速增长与全球性的发展从均衡到不均衡再到新的动态均衡，如此循环往复，形成了新的市场发展需求。在这一过程中，新兴国家大量兴起。

市场经济的基本规律之一就是生产能力无限扩张与居民有限支付能力需求间矛盾的不断发展。二战以后，发达市场经济国家通过加强经济预测和宏观调控，积极推行福利社会，扩大市场需求，使生产过剩造成的矛盾有所缓解。

20 世纪 90 年代以来，发达国家先后陷入衰退，发展中的新兴国家却保持了快速发展的势头。新兴国家的群体崛起导致国际经济力量对比南升北降，促进了全球经济实力分布的新均衡。

从经济增长态势看，世界经济增长的动力向新兴国家转移。新兴国家的崛起表现为以更加平等的身份参与全球治理，其代表性和话语权与过去比有了明显提高。在地区问题上，新兴国家的崛起推动着世界各地区蓬勃发展，这些国家不仅在地区事务上发挥着积极作用，而且“合力”推动国际格局发生变化。

由于经济需求是经济发展的动力，根据马克思主义政治经济学“经济基础决定上层建筑”的基本原理可以看出，在世界大背景变化的条件下，社会生产力快速发展所引发的一系列变化，已成为调整国际关系准则的原动力。

（四）大国历史性替代观念根深蒂固，对中国和平崛起尚有阻力和疑虑

当今世界，在经济全球化的过程中，中国经济迅速崛起、持续快速增长、经济总量已经达到世界第二位，而且在可以预见的未来，仍将保持平稳的发展势头。这无疑是经济全球化中最为亮丽的特色。

而在世界多极化的进程中，中国已经从一个

发展中国家中的大国崛起为世界性大国。国家综合实力显著增强，中华文化博大精深的魅力和中国制度、体制的特点，使中国对世界的影响力已不以人的意志为转移，成为国际治理体系中的重要一极。

对中国的崛起，世界各国因各自在世界格局中的位置不同，对应的考虑也不同。

世界历史上，从早期殖民主义国家到现代帝国主义国家，展现的是一幅世界大国轮番更迭的画卷。一些发达国家担心重现因新兴国家迅速崛起而威胁到守成大国霸主地位的"修昔底德陷阱"，渲染所谓的"中国威胁论"。

而对于中小国家来说，历史上，在资本扩张的环境下，大国与小国、强国与弱国之间的合作，通常是小国和弱国没有获得预期的发展机会。一些国家由于自身实力不强，害怕在与中国交往中利益受损。

这种担心和疑虑尽管从历史的角度看，似乎有其合理性。但从当今世界大背景来看，这是完全不必要的。

当今世界已处于经济全球化、世界多极化和社会信息化的背景下，不再是以往的强权政治、炮舰外交、资本输出的时代，国家与国家之间的关系也不再是基于大国与小国，强国与弱国的依附关系；而且，由于军事武器毁灭能力的发展和均衡，大国之间也只有坚守和平、避免相互之间的全面战争才是保护自己唯一可选择的路径。

因此，当今世界只能在国家平等相处、相互需求、共同发展的愿望之上，打造"命运共同体"。

（五）中国倡导的以合作共赢理念为核心的国际关系准则，顺应了时代的发展变化，其核心是打造命运共同体，将一定会成为新的国际价值观

共赢的可能性在于国际关系本质上的非零和性。合作共赢是追求"正和"博弈思维的体现。这一主张同西方国家长期固守的"非赢即输、你赢我输、赢者通吃"的"零和"心态形成鲜明对比。

人类命运共同体是世界各国之间的最大利益公约数。当今时代是一个你中有我、我中有你、利益共生的时代，命运共同体是一种愿景与期许。

中国提出打造命运共同体，充分体现了中国立足长远、构建和谐美好世界的愿景，将中国人民的利益同世界各国人民的共同利益结合起来，扩大同各方利益的共同点，实现全人类的共同繁荣。

正如习近平主席在联合国大会上庄严宣告，我们要坚持开放的发展，让发展成果惠及各方，尊重彼此的发展选择，相互借鉴发展经验，让不同发展道路交汇在成功的彼岸，让发展成果为各国人民共享！

中国提出的"一带一路"建设就是在新的国际关系价值观引导下共同发展的尝试，贯彻的是共商、共建、共享的原则，追求的是双赢、多赢、共赢的目的，将直接造福于沿线国家的人民，并惠及全世界。

二、中国倡导的合作共赢理念是中国真实的价值追求

不少人把中国倡导构建的国家关系价值观——"以合作共赢理念为核心，打造命运共同体"理解为是中国对外宣传的口号，质疑其并不是中国政府的真实价值追求和真实意图。这是错误的。

追求合作共赢既符合中国优秀传统文化的价值取向，又是中国在当今世界大背景下客观的战略选择。我们可以从以下六个方面去理解：

（一）构建以合作共赢为核心的新的国际关系价值观体现了中华民族优秀传统文化的精华

儒家文化中"己欲立而立人，己欲达而达人"的观念，是合作共赢理念的真实写照和历史渊源。

在中华民族优秀传统文化所蕴含的价值理念中，中国并不追求一家独大，而是追求"以和为贵"、"和而不同"，讲求"亲望亲好，邻望邻好"。

用现在的话来讲，就是"你好、我好、大家好"、"大家都好了我才会更好"。这是具有五千多年文明历史的大国，不同民族、不同时区、不同宗教信仰、不同生活方式甚至不同语言体系的庞大人群能够和谐相处在一起的文化价值精髓。

正可谓"一花独放不是春，百花齐放春满园"、"万物并育而不相害，道并行而不相悖"，"独行快，众行远"，"水涨荷花高"。

早在2000多年前，勤劳勇敢的中国人民和亚欧大陆上相关国家的人民，探索和开辟出多条

连接亚、欧、非几大文明区域的贸易和人文交流通路，后人将其统称为“丝绸之路”。

横贯欧亚大陆的古丝绸之路，留给了世界“和平合作、开放包容、互学互鉴、互利共赢”的精神遗产。丝绸之路精神薪火相传，推进了人类文明进步，是东西方交流合作的象征，是世界各国共有的历史文化遗产，更是中华民族优秀传统文化中所蕴含的价值取向的真实体现。

所以说，走和平发展道路、倡导合作共赢理念，是中国政府传承中华民族优秀传统文化，根据时代发展潮流和中国根本利益做出的战略选择。

（二）构建以合作共赢为核心的新的国际关系价值观是新中国外交实践的理论升华

自 1949 年新中国成立以来，中国外交波澜壮阔，成果丰硕。这种成果既体现在维护世界和平、促进人类发展、构建中国发展的良好外部环境等宏观方面，也体现在逐渐形成的一系列重大外交政策主张和战略思想上。

包括：独立自主的外交政策，坚持和平共处五项原则，高举和平、发展、合作、共赢的旗帜，坚持和平发展道路、推动建设和谐世界等等。

以合作共赢理念为核心的新的国际关系价值观是中国政府倡导的和平共处五项原则的继承和创新发展。

以合作共赢为核心的新的国际关系价值观与和平共处五项原则都是为了给世界各国创造和平发展环境，其认识根源都是承认差异性，强调要努力找到国家间利益的共同点和交会点，通过合作体现整体力量、反映共同需求，把自己的主张转变成全球治理的制度新安排。

和平共处五项原则于 1953 年底由周恩来总理在会见印度代表团时第一次提出，是各国建立正常外交关系及进行交流合作时应遵循的基本原则。“互相尊重主权和领土完整、互不侵犯、互不干涉内政、平等互利、和平共处”已被世界上绝大多数国家接受，成为规范国际关系的重要准则。

几十年来，和平共处五项原则经受了国际风云变幻的考验，显示了强大的生命力，在促进世界和平与国际友好合作等方面发挥了巨大作用。

中国不仅是和平共处五项原则的倡导者，而且是忠诚的奉行者。中国与绝大多数邻国解决了历史遗留的边界问题，与世界上大多数国家建立了外交关系。

当今世界，和平是发展的前提条件，发展是和平的重要保障。在和平中求发展，在发展中促和平，是人类社会走向美好未来的必由之路。

随着国家间关系的日益紧密，进一步突出合作共赢的理念，强调在合作中创共赢、在共赢中促合作，也是国家间关系健康发展的理性抉择，是中国外交理论适应新变化实现新升华的客观要求。

作为中国对外关系发展的新旗帜，合作共赢是一项重大战略创新。这一战略不仅创新了中国对外开放和经济发展战略，而且创新了国际经济关系和全球经济治理的基本原则。伴随着中国崛起的持续推进，合作共赢的内涵将更加丰富。

（三）构建以合作共赢为核心的新的国际关系价值观是经济全球化背景下中国发展变化的自我需求

中国经济是当今世界发展速度最快、变化最活跃的一支积极力量。

从经济实力看，2014 年中国 GDP 总量为 10.4 万亿美元，占全球比例为 13.4%，牢牢占据世界第二位；

从本国货币的国际影响力看，2015 年 8 月，人民币首次超过日元成为全球第四大支付货币；

从产业竞争力看，2014 年中国制造业产值占全球制造业产值份额上升至 25%，自 2010 年起稳居世界第一制造大国之位；

从科技实力看，科技经费投入规模位居世界第二，科技人员规模位居世界第一；

从基础设施看，高速铁路营业里程、高速公路通车里程、4G 网络规模、互联网用户规模均位居世界第一；

从国际竞争力看，货物贸易进出口总额自 2013 年起稳居世界第一位，2014 年使用外商直接投资规模首次位居世界第一，对外直接投资规模自 2012 年起稳居世界第三位。

30 多年来，中国经济乘风破浪，快速发展，经济总量增长了 100 多倍，人均 GDP 也从低收入国家进入到上中等收入国家的行列，人民生活水平不断提高，综合国力大幅提升，唱衰中国经济的预言屡屡落空。

在世界经济形势的发展变化中，中国越来越成为一个举足轻重甚至是不可或缺的因素。

国家发改委有关资料显示，“十二五”前4年，中国国内生产总值年均增长8.0%。虽然国际金融危机后中国经济增长速度比以前有所放缓，但这是在高基数上实现的增长，而且是质量效益稳步提高的增长。

与其他主要经济体相比较，中国仍然处于绝对领跑者地位。今年上半年，在错综复杂的形势下，中国依然保持了7%的增长速度，对世界经济增长的贡献率约为30%。这充分说明，中国是世界经济增长的动力源而不是风险源。

更引人瞩目、发人深省的是，日本经历了经济停滞的二十年，非洲和拉美经历了发展失落的二十年，东欧和苏联经济体经历了失去的十年。

西方发达国家的经济也在经历了20世纪五六十年代增长的黄金时期后，从70年代起陷入了危机不断、增长乏力的困境。正反两个方面的鲜明对照，使中国道路的影响力和吸引力与日俱增。

与此同时，中国与世界的关联度空前增强，广泛参与全球和区域合作，中国的发展变化正对世界产生广泛而深刻的影响。

中国在短短30余年的改革开放过程中，不仅解决了自身的温饱问题，而且形成了巨大产能、巨额的资金积累与外汇储备。

改革释放的能量使中国闲置的生产要素得到充分、有效的利用，经济规模的持续扩大、巨大的市场需求、对外投资的持续增长，中国对世界经济增长的贡献度显著提升，中国资本的双向流动和发展成果的世界共享，使中国经济与世界经济深度融合。

2005年10月中国共产党十六届五中全会明确提出实施互利共赢的开放战略以来，中国始终不渝奉行这一战略，以自己的发展促进地区和世界的共同发展。

中国按照通行的国际经贸规则，扩大市场准入，支持国际社会帮助发展中国家增强自主发展能力，缩小南北差距。中国积极参与国际发展合作，共向160余个国家和国际组织提供了近4000亿元人民币援助，派遣60多万援助人员。

中国支持完善国际交易和金融体制，推进贸易和投资自由化、便利化，主张通过协商妥善处理经贸摩擦，IMF在总结中国在国际金融危机中的作用时指出，“不敢想象，如果中国没有成为如此重要的增长引擎，那么之前的全球形势会恶化到何种程度”。

（四）构建以合作共赢理念为核心的新的国际关系价值观是世界经济格局发展变化的结果

中国提出合作共赢的理念，既是基于对世界经济发展趋势的把握，也是自身发展的需要。

改革开放以来，中国依靠劳动力充裕、价格低廉的要素优势，建立了以劳动密集型产业参与国际分工的开放模式。

随着人口红利的逐渐消失，这种比较优势的基础开始发生变化，中国需要适应这一变化并进行战略调整，发现并培育新的优势要素、建立新的比较优势产业，形成参与国际分工的新格局。

中国正走在快速崛起的道路上，实现经济的持续健康发展尤为重要。特别是2008年国际金融危机后，中国积极应对国际经济环境变化，顺应世界经济走向新常态的趋势，规划自身引领新常态的经济发展战略。

包括：提高消费在经济增长中的拉动作用、使投资在增长中继续发挥关键作用、培育新的比较优势、继续发挥出口对增长的支撑作用、形成产业组织新特征、使经济增长从依靠要素成本优势转向依靠人力资本质量与技术进步、形成统一透明规范有序的市场环境、推动低碳型发展方式、化解因增长率下降而显现的各种潜在风险、从刺激性政策调控转变为市场决定资源配置和更科学的宏观调控，等等。

在继续扩大吸引外资的同时，中国通过海外工程和基础设施建设、转移国内传统型成熟产业和加工制造业过剩产能、资源性产业的开发性投资、生产企业的并购、人民币国际化和资本项目国际化等来创新对外经济关系发展模式，形成中国与各国发展新的利益汇合点，努力开辟中国经济发展新空间。

（五）构建以合作共赢理念为核心的新的国际关系价值观的重要理论依据之一源自经济“压舱石”理论

国家间并不因社会制度的差异而彼此隔绝，合作能够创造和分享更为广泛的利益，没有共同利益也很难有合作的基础。

世界各国政治制度不同、价值观差异显著，国际战略目标有很大差别，而经济利益是最有可能取得共识的，也是最有可能共同获得的利益。

国际经济交易能够使参与国受益，这是一个早已被实践者共识，并且被亚当·斯密、大卫·李嘉图等在内的经济学家所证明的道理。

习近平主席在论述中美关系时提出经济关系是两国关系“压舱石”的理论，这一理论不仅回答了中美关系发展中的基础性问题，而且提出了中国国际关系发展的基本战略思想就是合作共赢，为创建新兴与守成世界大国共同发展的国际格局做出了重要贡献。

经济关系是国际关系压舱石的理论也是历史唯物主义观在国际关系理论中的发展。

即使像中美这样两个在政治制度、社会文化和国际主张上存在诸多不同甚至重大差异的国家，仍不排斥利益汇合点是经济利益，中美两国交往的实践充分证明经济关系的发展对两国都带来巨大的利益，是两国关系稳定发展的基础。中美两国如此，其他国家间也是这样。

经济全球化不断深化发展，各国经济发展联系日益紧密，全球化使利益关系不断增强，脱离了经济全球化任何国家都只能孤立、封闭自己，在发展中落后。

中国提出以经济关系的发展作为国际关系的压舱石，体现了中国把握经济全球化时代特征、积极引领全球化的战略取向，为合作共赢战略赢得国际共识奠定了基础。

新常态下中国对外经济关系发展的实践证明，发展中国家可以通过接受国际竞争规则，参与经济全球化进程并实现自身的快速发展。

中国的发展得益于现行国际体系、规则和经济全球化，中国参与国际分工的级别从低级走向高级，国际要素和生产资料流动从单向走向双向，中国与国际社会的联系更加紧密也更为深刻。

对于中国来讲，将继续秉持义利相兼、以义为先的原则，同各国一道为实现 2015 年后发展议程做出努力。

（六）构建以合作共赢理念为核心的新的国际关系价值观也是中国对世界的承诺

1945 年 6 月 25 日，制定联合国宪章的旧金山会议举行最后一次全会。当会议主席宣告联合国宪章最终草案一致通过时，雷鸣般的掌声在会场上响起。次日，中国作为最先遭受轴心国侵略的受害国，第一个签署了这份寄托着人类对和平殷殷期盼的文件。

联合国宪章确立了国家关系领域的基本行为规范和共同价值观念，巩固了世界反法西斯战争的胜利成果。

它的宗旨包括：维持国际和平及安全；发展国际间以尊重人民平等权利及自决原则为根据之友好关系，并采取其他适当办法，以增强普遍和平；促成国际合作，以解决国际间属于经济、社会、文化及人类福利性质之国际问题，且不分种族、性别、语言或宗教，增进并激励对于全体人类之人权及基本自由之尊重，等等。

2013 年 3 月，习近平主席在担任国家主席后首次出访时就呼吁：“面对国际形势的深刻变化和世界各国同舟共济的客观要求，各国应该共同推动建立以合作共赢为核心的新型国际关系，各国人民应该一起来维护世界和平、促进共同发展”，各国和各国人民应该“共同享受尊严”，“共同享受发展成果”，“共同享受安全保障”。

同年 6 月，习近平主席在会见联合国秘书长潘基文时指出，“联合国要抓住和平与发展的主题，高举公平正义的旗帜，讲公道话，办公道事。‘零和’思维已经过时，我们必须走出一条和衷共济、合作共赢的新路子。在这方面，联合国应该有所作为”。

2014 年 11 月，习近平主席在中央外事工作会议上强调，我们要坚持合作共赢，推动建立以合作共赢为核心的新型国际关系，坚持互利共赢的开放战略，把合作共赢理念体现到政治、经济、安全、文化等对外合作的方方面面。

2015 年 2 月，中国承担安理会轮值主席国的职责。中国构建以合作共赢为核心的新型国际关系的倡议，得到国际社会热烈支持和积极响应。

中国倡议举行的维护国际和平与安全的公开辩论会，10 余个国家外长专程与会，80 多个会员国和组织的代表踊跃发言，现场座无虚席。会议总时长达 10 个小时，会议规模之大、级别之高都创下近年来安理会纪录。

2015 年 9 月 28 日，习近平主席在联合国大会发言中强调，大家一起发展才是真发展，可持续发展才是好发展。要实现这一目标，就应该秉承开放精神，推进互帮互助、互惠互利。要将承诺变为行动，共同营造人人免于匮乏、获得发展、享有尊严的光明前景。

习近平主席还宣布，中国将设立“南南合作援助基金”，首期提供 20 亿美元，支持发展中国家落实 2015 年后发展议程。

中国将继续增加对最不发达国家的投资，力争 2030 年达到 120 亿美元。中国将免除对有关最不发达国家、内陆发展中国家、小岛屿发展中国家截至 2015 年底到期未还的政府间无息贷款债务。

中国将设立国际发展知识中心，同各国一道研究和交流适合各自国情的发展理论和发展实践。中国倡议探讨构建全球能源互联网，推动以清洁和绿色方式满足全球电力需求。

中国也愿意同有关各方一道，继续推进“一带一路”建设，推动亚洲基础设施投资银行和金砖国家新开发银行早日投入运营、发挥作用，为发展中国家经济增长和民生改善贡献力量。

从上述六个方面看，应该不难得出一个鲜明的结论：中国倡导的合作共赢理念并不是一句宣传口号，而是中国真实的价值追求。

三、践行合作共赢国际关系价值观将为中国同世界各国发展开辟新空间

在经济全球化、世界多极化、社会信息化的世界大背景下，当今中国是国家治理体系中一支举足轻重的重大积极力量。中国倡导了以合作共赢理念为核心的新的国际关系价值观，但是，中国自己会如何实践，无疑也是世界共同关注的问题。

（一）中国始终要做世界和平的建设者、全球发展的贡献者、国际秩序的维护者

我这里想先引用习近平主席在联合国大会一般性辩论上的几段赢得全场各国代表热烈掌声的精彩演讲：

“中国将始终做世界和平的建设者，坚定走和平发展道路，无论国际形势如何变化，无论自身如何发展，中国永不称霸、永不扩张、永不谋求势力范围！”

“中国将始终做全球发展的贡献者，坚持走共同发展的道路，继续奉行互利共赢的开放战略，将自身发展的经验和机遇同世界各国分享。欢迎各国搭乘中国顺风车，一起来实现共同发展！”

“中国将始终做国际秩序的维护者，坚持走和平发展道路。中国是第一个在《联合国宪章》上签字的国家，将继续维护以联合国宪章、宗旨和原则为核心的国际秩序和国际体系。

中国将继续同广大发展中国家站在一起，坚定支持增加发展中国家，特别是非洲国家，在国际治理体系中的代表性和发言权。中国在联合国的一票永远属于发展中国家！”

习近平主席代表中国政府和人民的庄严宣告，就是中国对构建新型国际关系做出最好的承诺。

中国广泛参与了全球热点问题的解决，不仅积极推动了当年的印度支那和平进程，发起并实现了柬埔寨问题的和平解决，创建了旨在实现朝鲜半岛无核化的六方会谈，现在又积极推动伊核、乌克兰、中东、南苏丹等热点问题的政治对话进程。

中国每天有 3000 多名维和人员坚守在世界各地，数十批次的军舰赴亚丁湾、索马里海域，为近 6000 艘中外船只守护安全。

中国不会去推翻当年自己亲手参与建立的国际体系和国际秩序，更无意另起炉灶、再搞一套。当今世界发生的各种对抗和不公，恰恰是由于《联合国宪章》的宗旨和原则没有得到有效履行。

同时，中国也愿与各国一道，与时俱进，推动国际秩序和国际体系进行必要改革和完善，使其更加公正合理，更加符合大多数发展中国家的愿望。

在此过程中，中国要加强国际关系的多边化而不是单边主义，推动国际关系的法治化而不是丛林法则，促进国际关系的民主化而不是强权政治。

我们同时应清醒认识到，习近平主席放眼全球，总揽全局，基于中国传统价值观提出并倡导构建以合作共赢为核心的新的国际关系价值观理论，要实现与西方主流的以实力为衡量标准的国际政治和国际关系价值观理论的平稳共存，一定

会存在相当大的难度和阻力，需要中国综合国力的持续发展增长、时间的推移以及把握好国际地缘政治此消彼长的演变所形成的战略机遇等几大因素共同作用，才能最终在国际关系理论体系中占据主导地位。

（二）推动“一带一路”建设是中国实践以合作共赢理念为核心的新的国际价值观的探索

“一带一路”建设从基础设施建设开始，主张为贸易投资关系的全面发展创造条件，构建命运共同体，有利于中国与沿线各国长期发展合作。

正如我在《五洲论坛》第66期中提到的，“一带一路”是促进共同发展、实现共同繁荣的合作共赢之路，是增进理解信任、加强全方位交流的和平友谊之路。

“一带一路”建设旨在打造“三个共同体”：即政治互信、经济融合、文化包容的利益共同体、命运共同体和责任共同体。“一带一路”建设构想覆盖亚欧非三大洲，连接亚欧两大经济圈。

无论从政治、经济还是安全角度考量，沿线国家都是休戚相关、一荣俱荣、一损俱损。“一带一路”沿线国家唯有成为利益共同体、责任共同体、命运共同体才能更好地实现共赢。

“一带一路”建设植根于中国弘义融利、合作共赢的对外交往理念，旨在推动世界性的更大范围、更高水平、更深层次的大开放、大交流、大融合，这种抛弃“零和”思维的合作将开启一个新的纪元。

依托“一带一路”建设，构建亚欧非经济一体化发展新机制，可以促进沿线国家和地区间利益共同体的形成，助力经济发展，推进国际区域经济分工、合作与融合。

在全球经济复苏乏力的大背景下，各国都在寻找新的增长点，基础设施互联互通对发展中国家而言是比较现实的选择。

大家应该特别注意到，中国在“一带一路”建设的过程中并没有简单延续过去“走出去”的模式，而是从一开始就强调合作分工，没有与沿线国家在低端劳动力密集产品上进行竞争，而是注重通过正常的市场渠道和尊重市场规律，在具体项目投资与基础设施的承包建设中寻找各方都能够获利的、有可持续的盈利模式，充分发挥国家战略优势，形成新的利益汇合点。

“一带一路”建设的合作方式是开放的，它不限于双边协议或以建立区域一体化为前提，而是在全面推进与各国自由贸易区谈判外的另外一种合作模式，这也展示出中国在引领地区和平发展、合作共赢中的大国形象。

在承接基础设施建设项目中，中国提供的贷款和融资不但极大缓解了东道国的资金压力，而且投资也带动了中国国内产品的出口，形成了开放型发展的新增长点。

与“一带一路”建设相呼应，中国建立了丝路基金，倡导成立了亚洲基础设施投资银行，这些机构的建立不但有助于满足沿线国家基础设施建设的资金需求，也发挥了中国在投资与基础设施建设方面的优势，有助于推动人民币国际化，为“一带一路”建设的实施提供保障。

需要指出的是，无论是国际合作还是援助发展，中国在积极参与国际体系改革、推进全球治理创新的同时，始终贯彻的是有助于相关国家民生改善、务实推动经济发展的原则，不附加政治条件、不以所谓的“民主化”为前提，不干涉别国内政。

可以说，在国家利益边界已向全世界扩散，中国外交不仅要处理与自己直接相关的问题而且越来越多“被介入”没有直接关系的国际和全球性问题的背景下，中国实施“一带一路”建设所采用的做法，既拓展了自身发展空间又夯实了与相关国家间相互合作的基础、助推了相关国家经济社会发展，是合作共赢理念的具体体现。

（三）华侨华人要发挥实现中国梦连接世界梦的桥梁与使者的作用

我曾多次讲过，在中国梦联通世界梦的大背景下，华侨华人是连接中国梦与世界梦的可靠、有效的桥梁和使者，中国的发展离不开数千万华侨华人的支持和贡献。

在世界的聚光灯进一步转向中国的同时，也有一些国家担心或疑虑中国发展起来后必然是“威胁”。这其中既包括发达国家担心重现“修昔底德陷阱”，也包括一些国家出于实力不强、发展放缓，害怕在与中国交往中吃到亏、被影响、少收益、受制约。

一些外国政治家、民众戴着有色眼镜看中

国，把中国领导人发自内心的真挚表达理解为宣传口号而不是中国政府的本质期待。

面对这种情况，我们也要思考，在已有良好机制平台的基础上，是否还应进一步发挥华侨华人的独特优势，运用更多的渠道、更好的方法、更加灵活的方式和更为多样的媒介来讲好中国故事、传播好中国声音、展示好中国形象。

与其他国家相比较，几千万华侨华人是中国软实力建设的独特优势。华侨华人有勇于为先的气魄，有自强不息的执着，拥有广泛的人际网络和丰富的融通优势，许多外国人都是通过他们了解中国、认识中国的。

我在之前做过的两期节目中，曾对华侨华人在新时期新形势下的地位、作用等进行了详细论述，我也曾多次在不同场合阐述这些观点。

我在这里想强调的是，华侨华人有巨大潜力把中国故事、中国声音和中国形象传播得更远、展示得更好，他们能够用最贴近住在国民众的语言和方式传播中国声音、展示中国形象，向住在国各界介绍中国倡导的以合作共赢理念为核心的新的国际价值观，为打造人类命运共同体做出自己的贡献！

各位群友，今天与大家分享了我的一些思考，里面会有许多外行话，欢迎大家指正。

我真诚地希望大家把中国政府倡导的以合作共赢理念为核心的新型国际关系价值观更广泛地传播出去，为构建当今世界的大背景下新型国际关系准则而努力。

在全国侨联文化宣传工作会议上的讲话

（2015年2月3日）

康晓萍

同志们：

这次全国侨联文化宣传工作会议，是中国侨联批准召开的一次重要会议。主要任务是，深入学习贯彻党的十八大和十八届三中、四中全会精神，学习贯彻习近平总书记系列重要讲话精神，学习贯彻中央有关指示和中国侨联九届二次全委会议精神，总结工作、交流经验、厘清思路、部署任务。

中国侨联党组高度重视侨联文化宣传工作。“八代会”前后，在会党组的精心部署和正确领导下，“亲情中华”主题活动得以创建、发展壮大、形成品牌，带动文化宣传工作大幅度跃升，不仅为推动文化宣传工作持续健康发展打下了坚实基础，而且为促进侨联事业全面建设增添了动力与活力。“九代会”以来，着眼新形势新任务，针对新情况新问题，林军主席在做好意识形态工作、深化文化交流活动、支持海外华文教育、配合搞好对外宣传、坚持理论武装头脑、切实改进工作作风等方面，多次提出明确要求、作出重要批示，为我们做好当前和今后一个时期侨联文化宣传工作指出了正确路径。受林军主席委托，我着重就总结去年工作，完成好当前和今后一个时期侨联文化宣传工作，谈几点意见。

过去的一年很不平凡，是新一届党中央治国理政总体战略全面展开的一年，也是全国侨联组织全面贯彻中国侨联“九代会”工作部署的开局之年。一年来，伴随着党和国家事业的蓬勃发展，伴随着侨联各项事业的风生水起，全国侨联文化宣传战线紧紧围绕党和国家工作大局，着眼构建大文化、大外宣工作格局，立足坚持“两个并重”、推进“两个拓展”，注重突出主题、统筹兼顾、整体推进、求实创新，倾力打造“亲情中华”品牌，大力促进海外华文教育，着力开展涉侨对外宣传，努力加强基层基础工作，各项工作取得新的重要进展，呈现出系统联动、稳中有进、加快发展的良好态势。中央书记处在听取中国侨联党组工作汇报时，对侨联文化宣传工作给予充分肯定和积极鼓励。认真盘点去年工作，具体来讲有以下几个特点。

一是“亲情中华”主题活动迈上新台阶，品牌效应更加凸显。作为中央《关于加强和改进新形势下侨联工作的意见》所明确的重要项目，“亲情中华”主题活动坚持以情交心、以文会友，注重在创新中发展、在深化中拓展，突出民间交往、文化交流、感情交融，进一步发挥在弘扬中华文化、激发民族情感、促进中外友好等方面的独特作用。一年来，中国侨联组派艺术团8个，联动地方侨联组派艺术团17个，赴21个国家和地区举办慰问巡演近百场，另外组派7支中医、书画、摄影等团组赴海外交流展示，并首次在浙江、福建和广西等地启动“亲情中华·走进侨乡”春节慰问演出。自2008年以来，全国侨联共组派136个艺术团，在64个国家和地区进行651场慰问演出，还组派17个非演出类文化团组出访交流。其中，中国侨联组派团组52个，在49个国家和地区、137个城市举办演出269场。目前，“亲情中华”已成为最具影响力和美誉度的中外文化交流品牌活动之一，得到党和国家领导人、中央书记处的充分肯定，赢得海内外侨胞、我驻外使领馆的高度赞誉，受到海内外媒体、当地政要的广泛好评，也吸引众多国内文化院团、有关机构、个人和海外侨团、侨领纷纷加盟。

二是协同推进海外华文教育实现新突破，持续发展更具潜力。认真贯彻中央领导同志有关指示，积极主动与国家汉办进行沟通协调，就合力推动海外华文教育达成一致意见，并签署双方战略合作备忘录。在国家汉办支持下，联合浙江、福建、江苏省侨联，先后启动并合办“亲情中华·汉语桥”夏（冬）令营，组织来自15个国家和地区的110余名海外华裔青少年参加，为整合各方资源、提升办营水平，探索了一条可借鉴、可推广的新路。牵头主办第十五届世界华人学生作文大赛，吸引27个国家和地区的700余万学生参赛，不断夯实海外华文教育国内工作基础。组派华文教育讲习团赴北美访问，送教上门、培训师资；组织来自13个国家和地区的30多位海外华文学校校长及教师来华参访交流，着重就解决教材设计、文本开发、师资培训、教法提升、场地拓展、经费筹措等问题，集思广益、共谋发展，为全方位、多角度、深层次推进海外华文教育，进一步增强发展潜力、发展后劲，积极做好必要准备。

三是对外和对港澳台文化工作有新亮点，对外影响更有力度。联合中国宋庆龄基金会、江苏省侨联、南京市政府和台湾中国青年大陆研究文教基金会、中华侨联总会等单位，举办“亲情中华·欢聚台湾”主题活动，先后在台北、苗栗、台中、高雄进行4场大型文艺演出，场场爆满、效果空前；台北演出实况经央视录制后向全球播出，备受关注、反响强烈；代表团与岛内诸多政要、贤达之间真诚交流沟通，在促进两岸交流合作、推动彼此善意表达、早日达成更广泛共识等方面，发挥重要作用、取得实质进展。积极推动国内媒体与海外侨团良性互动，参与主办《下南洋——起航吧，少年》海外录制，这一国内首档12集青少年海外生存纪实真人秀节目现已完成后期制作，即将在国内外有关电视台播出。集全会之力，开展二战时期日本军国主义罪行史料图片征集活动，赢得全球华侨华人积极参与和社会各界广泛支持，组织中国人民抗日战争纪念馆、香港侨界社团联会、澳门归侨总会，于首个南京大屠杀遇难者国家公祭日到来之际，在香港、澳门举办《血写的历史——日本军国主义在亚太地区罪行图片展》，引起海内外强烈反响，拉开了在世界相关国家和地区巡展的序幕。针对香港非法“占中”事件，旗帜鲜明、立场坚定，敢于发声、敢于担当，以侨界正当声音占据舆论场一席之地，团结引导侨界群众，为维护国家核心利益、保持香港长期繁荣稳定发挥独特作用。

四是面向侨胞文化宣传工作得到新加强，群众基础更为稳固。围绕深化中国梦宣传教育，培育和践行社会主义核心价值观，中国侨联在北京、湖南组织举办“亲情中华·追梦中国”安宁钢琴音乐会和“丝绸路·中国梦”中新斐文化交流区本书画展，在山东淄博傅山村、福建福州鼓楼区举办“亲情中华·世界华侨华人摄影展”，推动文化宣传工作向高端迈进、向基层发力。聚焦“侨与中国梦”，北京市侨联开展“侨心向党心”活动，天津市侨联推行“一网、二报、三平台”工作模式，上海市侨联举办的“中美青年高峰论坛”、“侨界聚焦自贸区”等活动层次高、效果好，山西省侨联编撰《三晋侨英剪影》、《海外晋人觅踪》反映侨胞爱国爱乡心路历程，河北、安徽、江西省侨联突出红色文化优势，浙江省侨联实施文化寻根、书画巡展、刊网并进、文艺巡演“亲情中华四大行动”，云南省侨联举办“忠魂归国”——中国远征军抗日阵亡将士遗骸回国安葬活动，弘扬主旋律、传播正能量。着眼服务文化强国战略、推动中华文化走向世界，福建、广东省侨联整合客家文化、海峡西岸、海上丝路等诸多要素，辽宁、黑龙江、吉林、湖北、重庆、贵州等省市侨联力推地域文化对外宣介，湖南省侨联加强宏观谋划推动工作，广西、海南等省区侨联力促中国与东盟传统文化传承传播，内蒙古、青海、宁夏等地侨联注重发挥少数民族文化特色，新疆侨联以文化交流拓展面向中亚的公共外交，河南、陕西、甘肃省侨联着力挖掘祖地文化、民俗文化内涵，搭平台、聚侨心、促和谐、广联谊，团结引领侨界向上向善力量，促进文化大发展大繁荣。

五是全方位多层次联合联动渐成新常态，整体合力更显强劲。联合中国文联、中国美协、中国书协，联袂台湾中华侨联总会、香港侨界社团联会和澳门归侨总会，成功举办第二届世界华侨华人美术书法展，收到来自42个国家和地区、近2000名作者选送的近4000幅作品，评选获奖作品292件，特邀国内著名书画家作品一同参展，组织百余名获奖书画家齐聚北京，举办交流笔会并赴怀柔参观考察，生动诠释面向侨胞、面向世界、面向未来，包容并蓄、交流互鉴、携手共进的活动宗旨。深化与新华社、中新社、《人民日报》、《经济日报》、《瞭望新闻周刊》、人民网和央视中文国际频道、海峡卫视等主流媒体的合作，着力健全通讯员网络、建好“亲情中华”网站，举办专题新闻发布会3场，促成对中国侨联领导专访4次，组织有分量、有深度的宣传报道20余场次，涉侨内宣外宣一体化发展初见成效。力促侨联文化交流、海外联谊、公益基金、侨史研究、华侨文博、新闻出版等部门和单位协调发展，中国华侨历史博物馆正式落成，国际移民问题研究扎实推进，各地侨刊乡讯蓬勃发展，各类文化机构不断涌现，文化与其他事业良性互动，形成了合力推进侨联文化宣传工作的有利态势。

六是顶层设计与基层探索取得了新进展，创新活力更趋显现。尊重基层和群众首创精神，深入调查研究，总结江苏等地侨联成功经验，注重运用法治思维和法治方式推动工作，制定下发《中国华侨国际文化交流基地管理办法（暂行）》，对认证范围、基本条件、认证程序、主要任务、工作机制、牌匾规制等方面作了明确规定，组织全国侨联系统展开相关工作，全面推进中国华侨国际文化交流基地规范化建设。对有关协会切实强化管理、热心服务，推进中国华侨国际文化交流促进会工作活跃，完成中国华侨摄影学会换届，支持有关协会依据章程创造性地开展工作，鼓励湖南等地侨联成立文促会等外围组织，延伸侨联文化宣传工作手臂。推出“亲情中华”主题活动新版标识，完善视觉识别规范VIS手册，严格立项审核和节目审查，优化组团计划和项目实施流程，用制度建设提升工作科学化水平。积极适应社会信息化持续推进的新情况，注重探索运用信息技术和新兴媒体，加大工作要素中的科技含量，用手段创新助推工作创新。

这些成绩的取得，是中国侨联党组正确领导的结果，是各级党委高度重视和有关部门、社会各界有力支持的结果，是广大侨胞广泛参与、热心投入的结果，也是侨联文化战线全体同志开拓创新、真抓实干的结果。这里，我代表中国侨联，对侨联文化战线同志们表示诚挚的问候和衷心的感谢！

在肯定成绩的同时，还要看到工作中的不足。比如，对新形势下侨联文化宣传工作的重要性认识不够高，紧迫感和责任感不够强，理论武装和工作研究还存在薄弱环节；文化交流、华文教育、涉侨外宣工作布局还需优化，应对意识形态领域复杂局面的能力还需提高，宣传引导把握时度效、扩大覆盖面还有大量工作要做；各地侨联文化宣传工作发展还不平衡，地方侨联之间区域、跨区域深度合作不够，等等。对这些问题，我们要高度重视、认真研究，拿出有力措施加以解决。

2015年是全面深化改革的关键之年，是全面推进依法治国的开局之年，也是全面完成“十二五”规划的收官之年。做好今年侨联文化宣传工作，要高举中国特色社会主义伟大旗帜，以邓小平理论、“三个代表”重要思想、科学发展观为指导，深入贯彻落实党的十八大和十八届三中、四中全会精神，贯彻落实习近平总书记系列重要讲话精神，贯彻落实中央有关意见精神和中国侨联工作部署，保持政治定力、坚持价值引领、优化工作布局、强化制度建设、锐意务实创新，为团结引导广大侨胞同心共筑中国梦，提供有力的思想保证、舆论支持和文化条件。保持政治定力，就是要坚持党的领导，坚持为大局服务、为侨服务统一，坚持以人为本、为侨服务宗旨，牢牢把握正确政治方向，把握以侨胞为中心的工作导向，把握以社会效益为首位、社会效益与经济效益相结合，确保侨联文化宣传工作持续健康发展。坚持价值引领，就是要坚持把中国梦作为凝聚侨心侨力的时代主题，以社会主义核心价值观为引领，贯穿结合融入侨联工作全系统全过程全要素，团结引导广大侨胞，坚定主心骨、弘扬主旋律，提振精气神、传播正能量，为巩固共同思想基础、建好共有精神家园发挥独特作用。优化工作布局，就是要围绕国内国际两个大局，着眼大文化、大外宣工作格局，立足深化“两个并重”、推进“两个拓展”，突出“亲情中华”主题活动，着力推进文化交流、华文教育和涉侨外宣三足鼎立、竞相发力，把中国故事讲得越来越精彩，让中国声音越来越响亮，使中华优秀文化传播越来越广泛、影响越来越深远，对内坚定信心决心，对外加深理解认同。强化制度建设，就是要贯彻落实全面推进依法治国要求，善于运用法治思维和法治方式推进工作，学习借鉴其他系统好的做法，系统总结基层侨联成功经验，通过建章立制，使其从工作层面上升到制度层面，逐步使各项工作有规为据、有章可循，确保在法治化轨道上推进工作。锐意求实创新，就是要适应时代发展，跟上形势变化，切合侨胞需求，紧贴工作实际，抓好理念创新、手段创新和基层工作创新，创造性地解决时代发展、实践深化提出的新课题，把工作做实做深做到位，不断取得新突破、创造新业绩、实现新跨越。

关于今年工作，文化交流部部长陈迈同志还要作具体安排。这里，我就做好当前和今后一个时期文化宣传工作，重点强调几个问题。

一、关于加强理论武装

习近平总书记指出，意识形态工作是党的一项极端重要的工作，事关党的前途命运，事关国家长治久安，事关民族凝聚力和向心力。侨联是党领导的人民团体，以党的意志为意志，用党的理论武装头脑、指导实践、推动工作，是侨联坚持党的领导的题中应有之义。侨联文化宣传工作具有意识形态属性，加强理论武装对侨联文化宣传战线来说，义不容辞、责无旁贷。

加强理论武装，首要是要加强学习。要抓住马克思主义理论这个看家本领，学习马克思列宁主义、毛泽东思想，学习中国特色社会主义理论体系这一马克思主义中国化最新成果，掌握立场观点方法，把理想信念建立在对科学理论的理性认同上，建立在对历史规律的正确认识上，建立在对基本国情的准确把握上，补足精神上的“钙”，练就“金刚不坏之身”。要把学习习近平总书记系列重要讲话精神作为重大政治任务，坚持学原著、读原文、悟原理，真正学深学透，把握精髓要义，深刻领会讲话贯穿的坚定信仰追求、历史担当意识、真挚为民情怀、务实思想作风和科学思想方法，提高理论素养，锤炼政治品格，以理论上的清醒来保持政治上的坚定，以自身表率作用来带动广大侨胞学习，最大限度地团结引导广大侨胞听党话、跟党走。

加强理论武装，关键是要加强研究。加强对侨联工作重大理论和现实问题研究，是深化理论武装的重要支撑。要强化问题意识、突出问题导向，以我们正在做的事情为中心，就如何服务国家外交大局，着眼海外侨情结构性差异，因地、因时、因人、因事地做好侨联文化宣传工作，如何把握建好侨胞之家这个战略基点，循序渐进地构建起以中华文化为主导的全球侨团网络，如何采取“非意识形态化”语言、“非官方”渠道，用中华文化让海外侨胞对中国“魂”牵“梦”绕“根”常在，如何宣扬海外侨胞为住在国经济社会发展所做出的贡献，增进外国民众对和平发展合作共赢理念的认同等一些前瞻性、全局性、战略性问题，拿出有价值的成果，作出科学有力的回答。要倡导深入实际调查研究，充分利用接触侨胞侨团的各种时机场合，了解其诉求，倾听其心声，由点到面、由表及里地研判侨胞群体的思想动态和主要动因，为有针对性地开展工作提供参考意见和决策依据。

加强理论武装，重点在于实际运用。在社会思想意识多元多样多变，各种思想文化交流交融交锋的情况下，这种实际运用既要有建设性的正面引导，又要有批驳性的必要斗争，尤其是在大是大非和政治原则问题上，一定要旗帜鲜明、理直气壮。对于西方“宪政民主”、“普世价值”、新自由主义、历史虚无主义、质疑改革开放等错误思潮，对于“中国威胁论”、“中国崩溃论”等荒谬言论，以及这些思潮言论的新变种，要敢于发出正确声音，帮助侨胞划清是非界限、提高辨别能力。对于一些不好把握的问题，要主动加强与宣传、文化、新闻、外事、民族、宗教及港澳台事务等主管部门的沟通合作，掌握情况、协调行动、规范口径、寻求支持，寓理论武装于合理议题中，使教育侨胞和扩大影响用于关键时、拿捏好力度、使在要害处，切实取得实际效果。

二、关于构建组织网络

习近平总书记指出，马克思主义政党力量的凝聚和运用，在于科学的组织。中央《关于加强和改进党的群团工作的意见》强调，充分发挥群团组织联系人民群众的桥梁纽带作用，最广泛地把群众组织起来、动员起来、团结起来。侨联文化宣传战线一定要胸怀大局、把握大势、着眼大事，把构建组织网络、加强组织建设，作为一项关乎事业兴旺发达的经常性、基础性工作，做到扎扎实实、步步为营、久久为功。

一是要切实加强自身建设，把组织网络上的“纽结”系得牢牢的。“打铁还需自身硬”。侨联文化宣传部门要强起来，首先是文化宣传干部特别是领导干部要强起来，不仅要在政治上可靠，在作风上过硬，而且还要在业务上有“几把刷子”，真正成为让人信服的带头人、内行人。要以今年筹备召开中国华侨国际文化交流促进会换届大会为契机，加强对文促会等各类文化协会的管理和服务，着力理顺侨联机关及其文化协会之间的工作关系，明确主体责任和监督责任，完善内部管控机制，避免出现“灯下黑”；着力支持扩大会员规模，积极推进会务革新，探索建立品牌化工作平台和专业化内设机构，以活力激扬生机、以生机提振感召力；着力强化依章治会，建立健全民主选举、民主决策、民主管理、民主监督机制，稳步推进扁平化管理、分众化服务、项目化运作，提高会务工作民主化、规范化和现代化水平。

二是要打牢国内工作基础，把组织网络上的“总绳”织得紧紧的。“壹引其纲，万目皆张。”要充分发挥侨联基层组织众多的优势，主动把更多的文化资源向基层引导、为基层服务，丰富基层文化生活，满足侨胞文化需求，不断增强侨联基层组织的吸引力凝聚力影响力。要着力建立地方侨联文化宣传工作区域、跨区域协作联动机制，鼓励发达地区侨联对老少边贫地区侨联开展文化援助与合作。要善于整合社会资源、推进优势互补、创新工作载体，把中国华侨国际文化交流基地建设作为一项重要任务、重要抓手，把承载中华文化、富有侨的特色、广大侨胞向往、社会广泛好评，旨在弘扬中华优秀文化、促进中外文化交流的各类场所纳入视野、纳入体系，适时召开现场会推广地方成功经验，巩固和发展侨联文化宣传工作上下一条线、全国一盘棋的良好局面。

三是要拓展海外工作渠道，把组织网络上的“网眼”编得多多的。“海纳百川，有容乃大。”有资料显示，海外侨胞广为熟知的侨界“三宝”中，华文学校近2万所，华文媒体约1000家，侨界社团逾2.5万之众。应当看到，如此体量庞大的文化资源，如此蕴含潜力的文化阵地，我们不去占领，人家就会去占领。侨联文化宣传工作空间广阔、大有可为，构建组织网络、拓展海外工作十分重要、日益紧迫。要进一步加大“请进来”、“走出去”的力度，充分利用各种时机，加强与侨校、侨报、侨社的联系，广结文缘、广交朋友，在对外联系上不断巩固存量、扩大增量。要统筹文化交流和海外联谊等各方面工作，深化信息沟通和资源共享，集全系统之力，织海内外之网，推动侨联组织网络实现聚变式融合、裂变式扩张。

三、关于讲好中国故事

习近平总书记在全国宣传思想工作会议上指出，要精心做好对外宣传工作，创新对外宣传方式，着力打造融通中外的新概念新范畴新表述，讲好中国故事，传播好中国声音。习近平总书记在中央外事工作会议上强调，要提升我国软实力，讲好中国故事，做好对外宣传。侨联文化宣传战线全体同志一定要深刻领会讲好中国故事的战略指导性和现实针对性，发挥独特优势，力争有所作为，在对外宣传工作中谱写出侨的精彩篇章。

讲好中国故事，首先要解决好“谁来听”、“谁来讲”的问题。应当看到，让海外侨胞认同中国比让外国人认同中国、争取海外侨胞比争取外国人容易得多，如果海外侨胞对我们的对外宣传不感兴趣、不能理解、不予认同，何谈外国的普罗大众和精英阶层？！从这个意义上说，海外侨胞应是对外宣传受众的首要战略人群，也是讲好中国故事的重要使者。要使海外侨胞不仅成为中国故事的忠实倾听者、重要评判者，而且成为中国故事的积极参与者、热心讲述者，进而影响当地政府、媒体、智库、民众，增进对中国和中国人民的友好感情。要特别注重发挥新一代华侨华人知识层次高、从业领域广、发展意识强的特点，为他们深度创作提供素材，为他们回国考察搭建平台，发现和培植一批关注中国发展、坚持正面评价、善于表达交流的意见领袖，不断发展壮大讲好中国故事的生力军。

讲好中国故事，其次要解决好“听得进”、“听得懂”的问题。要充分发挥海外侨胞熟悉中外文化、了解住在国社情民意、具有广泛人脉关系和社会影响力的优势，团结引导他们聚焦中国与住在国的话语共同点和利益交汇点，把中国想说的与当地社会关注的有机结合起来，吸引当地关注、影响舆论走向。要遵循对外传播规律，贴近国外受众的思维习惯和语言习惯，创新话语表达方式，多让事实说话，多用故事表达，多为海外侨胞回馈当地社会、促进中外友好的典型事例点赞，多一些人文关怀、民间色彩和娱乐因素，使国外受众对中国故事易于理解、便于接受，做“润物无声”的“看不见的宣传”。要通过海外侨胞和有关侨社，延揽一批对中国文化有浓厚兴趣和较深研究的国际友人、中国问题专家、汉学家、媒体人等，强化中国角度、国际表达，促进中国故事跨文化传播能力的提升。

讲好中国故事，还应要解决好“传得出”、“传得开”的问题。要积极配合外宣机构本土化战略，加强与国内主流媒体、海外华文媒体的联系，鼓励海外侨胞为国内媒体“阵地前移”牵线搭桥，为逐步实现机构、人员、内容包装本土化献计出力，为有效规避准入限制和法律壁垒提供帮助，推动形成中国故事的本土化表达。要适应传统媒体与新兴媒体融合发展的趋势，积极推进侨刊乡讯数字化，注重多把镜头、版面、栏目留给侨胞及其亲朋好友，让海外侨胞易于收看、乐于转发，使侨刊乡讯成为讲好中国故事的独特载体。要积极运用现代技术特别是短信、微信、微博、博客、播客、微博客、网站、论坛等新兴媒体和技术手段，主动融入信息化条件下海外侨胞特别是新一代华侨华人的社交圈、舆论圈，为助推中国故事的有效送达和广泛覆盖拓展传播渠道。

四、关于推进重点工作

习近平总书记指出，在任何工作中，我们既要讲两点论，又要讲重点论，没有主次，不加区别，眉毛胡子一把抓，是做不好工作的。侨联文化宣传战线要聚焦“亲情中华”主题活动，协调推进文化交流、华文教育、涉侨外宣工作，做到既注重总体谋划，又注重牵住“牛鼻子”。

一是要拓展深化文化交流。今年，中国侨联要继续组派多支具有较高水平和民族特色的艺术团，进行海外巡演和文化交流；继续在春节期间，开展“亲情中华·走进侨乡”慰问演出；继续支持地方侨联，组派“亲情中华”艺术团出访，以文化搭台形式宣传侨乡变化、介绍中国发展、配合地方政府引资引智引技；继续协同有关部门和单位，举办“亲情中华·欢聚台湾”大型文艺演出，举办第二届世界华侨华人摄影展，择机组派中医药、书画、摄影、武术、中华美食等专家团组出访，增强中华文化对外影响力。在保持全系统文化出访团组不少于 30 个的同时，更加注重配合“一带一路”战略构想，适时启动“亲情中华·筑梦丝路”专项行动；更加注重艺术团质量，真正代表中国水准；更加注重扶持民族地区侨联，促进少数民族文化“走出去”；更加注重向国外二三线城市挺进，扩大“亲情中华”活动的覆盖面和受益面。需要指出的是，在策划和举办这些活动过程中，一定要适应因公出国出境从严从紧管理的形势要求，注重早部署、早启动，坚持高起点、高标准，着力提升团组出访综合效益，坚决杜绝“为走出去而走出去”、华而不实、自娱自乐式的“镀金”表演。

二是要推进海外华文教育。要深化与国家汉办的战略合作，着力建立政府扶持、侨联投入、社会赞助并重的筹资机制，用足用活相关政策支持，推动“亲情中华·汉语桥”夏令营扩大规模、提高水平，保证今年海外华裔青少年入营不少于 1000 人，并促进海外华文学校与孔子学院、孔子课堂携手并进、共同发展。要继续开展“世界华侨华人学生作文大赛”，组派华文教育讲习团出国讲学，邀请海外华文学校教师回国研修，吸引更多海外侨胞青少年学习中文、认知祖（籍）国。要积极促成国内九年制义务教育名牌学校与海外华文学校建立结对帮扶关系，促进国内中初级教育开阔视野、海外华文教育提升水平。要争取社会力量支持，鼓励地方侨联探索建立中华文化书库，力所能及地为海外华文学校、华人社区、图书馆捐赠青少年简体中文读物，支持海外华文教育发展，增强中华文化对海外侨界青少年的影响力和感召力。

三是要加大涉侨外宣力度。要注重内宣外宣一体化发展，坚持和完善新闻发言人制度和新闻发布会制度，加强人民网—中国侨联文化交流部官方网站建设，注重推动与海内外重点媒体、网络媒体的合作，通过新闻发布、动态消息、深度报道、重点访谈、新闻言论、人物宣传、创设专栏等形式，及时向社会各界和海外侨胞发布涉侨重要信息，适时组织海外媒体中国行和国内媒体侨乡行、海外行等活动，努力提高宣传实效。要配合中国人民抗日战争暨世界反法西斯战争胜利70周年纪念活动，在世界相关国家和地区举办《血写的历史——日本军国主义在亚太地区罪行图片展》，把广大侨胞对日本军国主义的义愤表达出来、传扬出去。要积极筹划“亲情中华·精彩故事”活动，秉持见人见事见精神的理念，组织海内外侨胞以自己的独特视角，用自己的真实故事，生动诠释追逐共同梦想、坚守民族文化、难离故土乡愁、期盼祖国统一、回馈当地社会、增进中外友好等心路历程，为讲好中国故事、传播中国声音发挥独特作用。

同志们，我们胸怀伟大梦想、身处伟大时代，责任重大、使命光荣。让我们更加紧密地团结在以习近平同志为总书记的党中央周围，扎实工作、锐意进取，努力创造出无愧于党、无愧于侨胞、无愧于时代的新业绩，为全面建成小康社会、全面深化改革、全面依法治国、全面从严治党，实现中华民族伟大复兴的中国梦做出更大贡献。

建设和谐侨社　促进共同发展

——在东亚·东南亚华侨华人经济峰会上的讲话

（2015 年 8 月 31 日，韩国首尔）

康晓萍

各位侨领，各位朋友：

大家上午好！

很高兴和大家相聚在美丽的首尔，共同出席东亚·东南亚华侨华人经济峰会。首先，我代表中国侨联和林军主席，对峰会的召开表示热烈的祝贺！向为本次峰会付出辛勤努力的各位侨胞和韩国友人表示衷心的感谢！向广大侨胞致以亲切的问候和良好的祝愿！

今年 6 月 1 日，中韩自贸协定正式签署，标志着中韩自贸区建设正式完成制度设计，即将进入实施阶段。这具有里程碑意义，将为中韩经济增长注入强劲动力，为两国人民带来更多实实在在的好处，也将为推进东亚地区经济一体化进程乃至全球经济发展作出更大贡献。这正是我们在韩国举办这次峰会的一个重要考量。

各位侨胞、朋友们！

当前，东亚、东南亚地区形势总体稳定。区域内各国既是地区和平的直接受益者，也应当是地区稳定的坚定维护者，中国为此做出了积极贡献。作为世界上最大的发展中国家，中国要实现“两个一百年”奋斗目标，实现中华民族伟大复兴的中国梦，需要有一个长期和平稳定的国际和周边环境。中国将坚定不移地走和平发展道路，这是由中国的历史文化传统和长远发展利益所决定的，绝不因任何外界干扰或质疑而改变。中国坚持与邻为善、以邻为伴是真诚的、一贯的，也希望以自身发展带动地区、惠及周边。中国愿与周边国家和地区一道，为建设亚洲利益共同体、责任共同体和命运共同体作出不懈努力。

近年来，中国侨联坚持围绕中心、服务大局，坚持以人为本、为侨服务，坚持国内工作与海外工作并重、老侨工作与新侨工作并重，积极拓展海外工作、积极拓展新侨工作，着力发挥服务经济发展、依法维护侨益、拓展海外联谊、有序参政议政、弘扬中华文化、参与社会建设的独特作用，进一步增强了侨联在海内外侨胞中的凝聚力、影响力。

东亚、东南亚地区是华侨华人聚集的地方，一部波澜壮阔的华侨史就是从这里开始。这里有箕子赴朝、徐福东渡的美丽传说，有我们先辈筚路蓝缕、漂洋过海的动人故事。一代又一代侨胞，身居海外、情系桑梓，自强不息、艰苦创业，在各个领域取得了杰出成就，为推动中国革命、建设和改革，为促进住在国繁荣和进步，为增进中国人民同东亚、东南亚各国人民的相互了解和友谊，做出了不可磨灭的重要贡献。

海外侨胞的奋斗史，是中华民族不可或缺的重要精神财富。在新的历史条件下，海外侨胞如何弘扬中华文化，增进乡情亲情，实现中华文化绵绵延续；如何促进老侨新侨相互理解、相互支持、团结互助，实现侨社和睦和谐；如何增进海峡两岸交流合作，不断增强台湾同胞对中华文化和中华民族的认同；如何根据住在国国情，不断增进中外人民之间友谊等等，都是我们需要认真思考的重要课题。这次峰会，就是继续按照推动建设和谐侨社的目标，谋侨胞团结之策，行共同发展之举。为此，我提出以下 3 点建议。

一、促进侨界和睦相融，推动和谐侨社建设

构建和谐侨社，关键是实现侨团内部的团结和睦，实现侨团之间的团结协作，实现海外侨胞的团结互助。中国侨联坚持国内工作与海外工作并重、老侨工作与新侨工作并重，鼓励和提倡新、老侨胞之间，不同省籍、不同区域侨胞之间，爱国为先、紧密团结，相互包容、合作共赢，在关系民族整体形象的问题上，兼容并蓄、步调一致；在涉及海外侨胞生存发展的问题上，加强协调、和衷共济。在侨社中大力倡导和谐理念，大力培育和谐精神，积极维护侨社团结。在社团内部和社团之间要推动建立健全化解分歧、相互支持的长效机制，共谋侨社福祉，增强侨界力量，实现共同发展。实现海外侨社的团结与合作，骨干侨团和侨领要发挥表率作用。我们高兴地看到，中国侨联海外顾问作为德高望重的前辈，始终引领着侨社走向健康发展；中国侨联海外委员、青年委员正日益成为海外侨社的领导和中坚力量，带头在侨团中推进和谐和睦，不断增强社团吸引力和凝聚力，那种胸襟坦荡、恋祖爱乡、奉献社会的情怀和热情令人景仰。

二、推进民间友好交流，增进中外人民友谊

回顾东亚、东南亚地区的华侨史，我们不难发现，海外侨胞能否长期生存发展，与住在国经济、政治、文化、社会的包容性及与中国双边关系的冷暖息息相关。因此，处理好华侨与住在国的关系，促进海外侨胞同住在国人民和睦相处，提倡海外侨胞积极融入和回馈当地社会，是我们海外侨胞、侨社健康发展的重要前提。海外侨胞身在异国他乡、落地生根，经过几代人的艰苦奋斗，已经成为当地经济社会的重要成员；在为住在国带来实际利益和就业机会，促进当地经济社会繁荣的同时，自身事业也得到了发展。我们希望海外侨胞发扬吃苦耐劳、合群随众、团结互助、恋祖爱乡的优良传统，遵守住在国法律，尊重当地习俗，诚信文明经商，不忘回馈社会，热心公益事业，与当地人民友好交往，为住在国经济发展和社会进步贡献智慧和力量。同时，我们希望海外侨胞成为中国和平发展道路的宣传者、传播者、实践者。积极向住在国介绍中国国情、发展道路和内外政策，帮助他们客观看待和认识中国的发展进步；大力促进民间交流合作，增进相互了解和友谊，夯实中国和东亚、东南亚各国友好关系的社会基础和民意基础，共同维护东亚、东南亚地区的繁荣稳定。

三、投身“一带一路”建设，促进各方共同繁荣

国家富强、人民幸福是世界各国人民的共同梦想。中国提出建设“一带一路”的重大战略构想，对于推进中国新一轮对外开放，促进周边各国和沿线国家共同发展具有重要现实意义，开启新的机遇之窗，必将产生深远影响。在建设“一带一路”过程中，广大侨胞有着“天然”的独特优势，可以发挥不可或缺的独特作用。**一是助力宣传**。多讲“一带一路”的和平发展本质，多做增信释疑工作，使当地人民认识到“一带一路”充满和平、交流、理解、包容、合作、共赢的精神，不仅是实现中华民族伟大复兴的战略构想，更是周边各国的共同事业。**二是牵线搭桥**。利用熟悉当地和中国的贸易规则、经济状况、人文环境等优势，为当地企业到中国发展事业穿针引线，为中国企业到当地投资兴业铺路搭桥。**三是参与建设**。寻找事业发展新途径，抓住千载难逢新机遇，参与到“一带一路”基础设施互联互通等众多项目运作中。我相信，在和平合作、开放包容、互学互鉴、互利共赢的丝路精神指引下，广大侨胞一定能为中国与周边各国在交通基础设施、贸易与投资、能源合作等领域加深合作、扩大发展，做出新的更大贡献。

各位侨胞、各位朋友！中国与东亚、东南亚地区紧密相连、休戚与共，让我们携起手来，共同促进东亚、东南亚地区和平，共同推进中国与周边各国合作交流，为东亚、东南亚地区繁荣稳定做出积极贡献！

在中国华侨国际文化交流促进会第四次理事大会上的讲话

（2015年10月13日）

康晓萍

各位理事，朋友们，同志们：

在中国侨联领导下，在各有关方面、各驻外使领馆、各地侨联支持配合下，中国华侨国际文化交流促进会第四次理事大会今天隆重召开了。本次大会主要任务是，总结文促会五年来主要工作，选举产生新一届领导机构，研究部署当前和今后一个时期主要任务。

刚才，中国侨联党组副书记、副主席董中原受林军主席委托，代表中国侨联发表了致辞，对文促会团结联系海外侨界社团、华文学校、华文媒体和国内文化机构、文艺院团、相关媒体，在服务侨胞文化需求、弘扬中华优秀文化、促进对外文化交流、推进祖国和平统一、增进中国人民与世界各国人民友谊等方面所做出的重要贡献，给予了充分肯定；对进一步彰显侨界文化社团特色，发挥优势、畅通渠道、创新发展，为实现中华民族伟大复兴中国梦而努力奋斗，提出了殷切期望。这为我们做好当前和今后一个时期文促会工作乃至侨联文化宣传工作，提供了重要遵循，我们要深刻学习领会、认真贯彻落实。

自2010年以来，中国华侨国际文化交流促进会第三届理事会围绕党和国家工作大局，按照中国侨联工作布局，坚持以人为本、为侨服务宗旨，坚持为大局服务、为侨服务相统一，以“亲情中华”为主题，积极拓展海外工作、积极拓展新侨工作，着力推进中外文化交流、华文教育，服务地方经济发展，举办特色品牌活动、加强自身建设，各项工作都取得了成效和进展，呈现出潜力持续积聚、实力日益增强、活力不断迸发的发展态势。突出表现在以下几点。

——**海外文艺巡演影响广泛。**自2008年初“亲情中华”主题活动启动以来，全国侨联系统共组派艺术团155个，依托文促会遍布全球的组织网络，在67个国家和地区举办慰问演出720余场，并先后于2013年、2015年全面启动“亲情中华·欢聚台湾”、“亲情中华·筑梦丝路”等专项行动，可谓是亲情联四海、友谊传五洲。其中，中国侨联组派团组60个，在54个国家和地区、150个城市巡演304场，并于2014年起选调高水准特色节目，面向归侨侨眷和回家乡过节的海外侨胞，开展“亲情中华·走进侨乡”春节慰问演出，先后在江苏、浙江、安徽、福建、广西等地巡演20余场。目前，“亲情中华”已成为最具影响力和美誉度的中外文化交流品牌活动之一，得到了党和国家领导人、中央书记处的充分肯定，赢得了海内外侨胞、我驻外使领馆的高度赞誉，受到了海内外媒体、当地政要的广泛好评，也吸引了海内外有关政府部门、社会文化机构和个人的主动支持和热情加盟。

——**海外华文教育迅猛发展。**连续举办世界华人学生作文大赛，每年吸引近30个国家和地区的700多万学生参赛，有力促进了海外华文教育的开展。组派华文教育讲习团出访，送教上门、培训师资；组织海外华文学校校长及教师来华参访交流，着重研究交流教材开发、师资培训、教法优化、场地拓展、经费筹措等问题，聚力海外促进华文教育工作提升。每年举办“亲情中华”夏（冬）令营，2014年中国侨联与国家汉办开始实施战略合作并展开试点，2015 年全面启动“亲情中华·汉语桥”夏令营活动，组织北京、浙江、云南、贵州、广西等 14 个省区市侨联做好承接，全年夏令营班级总数达 27 个，接纳海外华裔青少年近千名，办营规模和办营水平实现了重大跨越，为全方位、多角度、深层次推进海外华文教育创造了有利条件。

——**服务地方建设彰显作为**。着眼配合国家区域发展战略、服务地方经济社会发展，连续两届参与举办公祭中华人文始祖太昊伏羲大典，举办“亲情中华”海外侨胞黄帝陵祭祖暨革命圣地红色之旅活动，组织海外侨领代表团西安行活动并参加西安文化产业投资环境说明会，组织海外理事赴湖南参访，着力发挥江苏、浙江、福建等 12 个省区市已创建的 58 家中国华侨国际文化交流基地等阵地作用，感受祖根文化、地域文化、红色文化，考察投资环境、产业基础、发展空间，推动深度交流、项目对接、务实合作。组织参加中国—东盟传统文化传承与传播论坛，为助推北部湾经济区发展、力促西江经济带建设献计出力，为促进人文交流、增进民心相通，为开启中国—东盟关系新的“钻石十年”建言献策。

——**文化交流合作亮点纷呈**。充分发挥自身优势，承接中国侨联组派的中医药、美术、书法、武术、华文教育、摄影、非物质文化遗产展示等 21 个出访团组，推动“首届国际太极拳暨健身气功锦标赛”裁判团出访，举办“2014 人文使者·中法亚欧万里行”，为中华文化走向世界畅通渠道、丰富内涵，受到各国朋友和海外侨胞的热烈欢迎。积极推动国内媒体与海外侨团良性互动，参与《下南洋——起航吧，少年》海外录制，成功推出国内首档 12 集青少年海外生存真人秀节目；参与由中国侨联与央视中文国际频道联合推出的百集大型系列节目《客家足迹行》的海外拍摄，对接 10 支采访团队在数十个国家采风采访，以追寻客家千年迁徙足迹，记录客家生活发展现状，展现客家人开疆拓土、爱国爱乡、勤劳刻苦的精神特质，节目播出后在海内外产生强烈反响。

——**会务品牌活动特色鲜明**。以“面向侨胞、面向世界、面向未来，包容并蓄、交流互鉴、携手共进”为宗旨，先后承办两届“亲情中华——世界华侨华人美术书法展”，共收到来自 42 个国家和地区、近 7000 幅参赛作品，评选出获奖作品 568 件，特邀国内著名书画家作品一同参展，组织部分获奖书画家举办交流笔会、开展考察活动。以“聚焦一瞬间、挖掘正能量、共筑中国梦”为导向，参与承办两届“亲情中华——世界华侨华人摄影展”，共收到来自 40 多个国家和地区、22000 余幅参赛作品，评选出金银铜奖作品 36 幅，并组织在江苏淮安、山东淄博、福建福州等地巡展。这些活动有力激发了海内外侨界美术家、书法家、摄影家及其爱好者的创作热情，有力提升了文促会在华人华侨社会书画摄影界中的影响力、公信力。

——**自身建设得到日益加强**。坚持入会标准、严格依照程序，先后两批增聘理事 127 位（其中，海外理事 100 位），第三届理事会成员共计 479 位（其中，海外理事 374 位），海外理事比例大幅提高、工作骨干力量不断壮大。坚持与时俱进、改革创新，系统总结办会经验，借鉴他人好的做法，注重抓好制度建设，对推进会务革新等问题进行调研论证，提出讲求实效、更加科学的方案意见。坚持准确定位、保持特色，着力突出民间交往、文化交流、感情交融，着力整合优势资源、聚焦重点领域，着力发挥独特优势、彰显独特作用，文促会会务工作日趋活跃，对海外理事、海外侨胞的吸引力、凝聚力不断增强，为中国侨联延伸工作手臂、健全组织网络提供了重要支撑。

回顾过去，我们深切感到，在“亲情中华”主题活动创建起步、发展壮大、形成品牌的非凡历程中，在文促会工作近年来所取得的累累硕果里，饱含着全体理事所倾注的大量心血和热情奉献，体现了全体理事的使命担当和鼎力支持。在此，我代表中国侨联，向在座的各位理事并通过你们向广大侨胞，致以崇高的敬意和衷心的感谢！

“雄关漫道真如铁，而今迈步从头越”。面对在世界范围内和平与发展的时代主题和海内外中华儿女共圆中国梦的光明前景，面对协调推进“四个全面”的战略布局和加速构建大文化大外宣的工作格局，面对侨联组织建好侨胞之家的宗旨使命和深化“两个拓展”的战略部署，文促会新一届理事会要胸怀大局、把握大势、着眼大事，坚持围绕中心、服务大局不动摇，坚持以人为本、为侨服务不懈怠，坚持深化“亲情中华”活动不松劲，按照强基固本、形成体系、实干兴业的总体思路，着力在助力重点项目、构建组织网络、加强自身建设上下功夫、见实效。

一、务实对接重点项目，充分发挥独特优势和独特作用

古语说，骏马能历险，犁田不如牛；坚车能载重，渡河不如舟。正所谓“好钢要用在刀刃上”。目前，中国侨联文化宣传工作已呈现出文化交流、华文教育、媒体宣传“三足鼎立”之势。文促会作为中国侨联领导下的社团组织，人才荟萃、联系广泛、实力雄厚、特色鲜明。担任文促会理事不仅是一种荣誉，更是一份责任。文促会有能力也有义务为巩固发展“三足鼎立”之势发挥独特优势和独特作用。

一要合力深化文化交流。“亲情中华”出访团组每年不少于30个，主题活动总体上将注重以下三点：一是配合“一带一路”战略构想，推动“筑梦丝路”专项行动走进沿线国家；二是扶持民族地区侨联，促进少数民族文化“走出去”；三是向国外二三线城市拓展，扩大覆盖面和受益面。以此为导向，畅通海内外文化交流渠道，做好团组在当地的服务保障、组织实施和宣传联络工作，共同把“亲情中华”打造成精品工程。

二要助力推进华文教育。着眼吸引更多华裔青少年学习中文、认知祖（籍）国文化，协力推动“亲情中华·汉语桥”夏令营扩大规模、提高水平，力争华裔青少年入营人数在今年1000人基础上有较大幅度提升。协助办好“世界华人学生作文大赛”，组织华文教育讲习团出国讲学，邀请华文学校教师回国研修，促成国内九年制义务教育名校与华文学校建立结对帮扶关系，不断增强中华文化对海外侨界青少年的影响力和感召力。

三要着力加强对外宣传。参与启动和开展“亲情中华·精彩故事”活动，引导海内外侨胞以自己的和发生在自己身边的真实故事，展示中国人民建设美好家园、追求共同梦想、期盼世界和平、促进共同发展的生动实践，呈现海外侨胞坚守民族文化、难离故土乡愁、回馈当地社会、增进中外友好的心路历程，诠释中国特色、中国道路、中国精神、中国主张，为讲好中国故事、传播中国声音发挥独特作用。

二、扎实构建组织网络，努力延展工作手臂和工作领域

“壹引其纲，万目皆张。”建立上下贯通、左右协同、内外联动的组织体系，对于建设成为富有活力的国际化、现代化、社会化社团组织至关重要。**要坚持立足国内。**切实加强与侨联及其外围组织的联系与沟通，积极推进与承载中华文化、富有侨的特色、广大侨胞向往、社会广泛好评，旨在弘扬中华优秀文化、促进中外文化交流的各类场所、各类机构，特别是与中国华侨国际文化交流基地的交流与合作，主动把更多的文化资源向基层倾斜、为侨胞服务，丰富基层文化生活，满足侨胞文化需求，不断打牢组织网络的国内基础。**要大力拓展海外。**鼓励倡导海外理事积极参与住在国多元文化和公益事业，积极推动海外和谐侨社建设，着力团结联系更多当地华侨华人，努力争做推动发展的开路人、当地侨界的带头人、海外侨胞的贴心人；加强与海外侨社、华文学校、华文传媒等组织机构的广泛联系，广结文缘、广建人脉，注重建立常态化、制度化协作机制，注重用重点项目推动务实合作、共赢共享，不断扩大组织网络的海外影响。**要积极运用现代信息手段。**参与“侨联通”新媒体平台建设和“互联网+智慧侨联”网络工程建设，建立文促会理事专属微信群，加紧调研创办侨特色微信公众号，鼓励引导理事创建基于统一信息平台的虚拟社区，不断推动组织网络实现聚变式融合、裂变式扩张，为共同构建以中华民族为向心的文化认同、愿景趋同、行动协同的全球侨团网络添砖加瓦。

三、切实加强自身建设，不断增强组织活力和发展后劲

“打铁还需自身硬”。谋发展、干事业、抓工作，必须要有一支精于谋划、敢于担当、甘于奉献的骨干队伍，有一套科学规范、协调高效的运行机制。**要坚持高标准、按程序聘任理事。**本次聘任第四届理事，注重广泛性、代表性相统一，460位理事分布在91个国家和地区，

汇集众多海外文化教育专业人士，出色的海外侨社、华文学校、华文传媒、文化机构负责人以及热心国际文化交流的企业家。按照广泛提名、层层遴选的原则，由各级侨联组织、海外侨界社团提名，经各驻外使领馆推荐和审核，而后报请中国侨联主席办公会议研究确认，其中绝大部分是近年来“亲情中华”主题活动的积极推动者、有力支持者和组织实施者，本次大会将选举会长、常务副会长、副会长、秘书长并决定副秘书长，产生文促会新一届领导机构。会后，我们要继续严守标准和程序，对海内外侨界不断涌现的相关热心人士，及时吸纳入会。**要积极推进会务革新。**探索建立区域化协作平台和专业化内设机构，支持海外理事在优势地域、领域发挥引领作用，支持海外理事在承担重点项目过程中发展自身事业，逐步充实秘书处工作人员力量，提高理事会服务能力；着力加强科学谋划、民主决策、规范管理，稳步推进扁平化管理、分众化服务、项目化运作，提高会务工作民主化、规范化和现代化水平。

各位理事，朋友们，同志们！伟大时代孕育伟大事业，伟大梦想凝聚伟大力量。我们相信，有党和政府的关怀，有中国侨联的领导，有广大侨胞的支持，有各位理事的同心协力、开拓进取、热情奉献，中国华侨国际文化交流促进会一定能为弘扬中华优秀文化，促进国际文化交流，实现中华民族伟大复兴中国梦做出新的更大贡献！

中国侨联年鉴

大 事 记

中国侨联年鉴

2016 中国侨联年鉴

·2015 年会议活动·

2015 年 1 月

1. 1 月 5 日上午，康晓萍副主席在京出席全国宣传部长会议。

2. 1 月 8 日下午，林军主席、董中原副主席在机关会见北京市侨联新一届领导班子成员。

3. 1 月 9 日上午，董中原副主席在京出席全国人大预算工委意见建议座谈会。

4. 1 月 9 日，李卓彬副主席在京出席全国政协港澳台侨委员会工作会议。

5. 1 月 10 日上午，林军主席，董中原、李卓彬、乔卫、康晓萍副主席列席中央书记处办公会议，林军主席作工作汇报。

6. 1 月 12 日—14 日，林军主席在京出席中央纪委第五次全体会议。

7. 1 月 13 日下午，董中原、邵旭军副主席在京出席中央金融单位机关侨联成立大会。

8. 1 月 14 日下午，李卓彬副主席在京出席中央统战部慰问活动。

9. 1 月 15 日上午，中共中央政治局委员、国家副主席李源潮同志到中国侨联机关走访看望并座谈。林军主席，董中原、李卓彬、乔卫、康晓萍副主席参加有关活动。

10. 1 月 16 日上午，中国侨联党组书记林军同志主持召开 2014 年度中国侨联党组民主生活会，董中原、李卓彬、乔卫、康晓萍同志参加，中央督导组刘京同志一行参加。

11. 1 月 18 日，李卓彬、胡胜才副主席在京出席“一带一路”沿线省市侨联工作沟通会。

12. 1 月 19 日上午，林军主席在机关出席直属机关全体党员大会传达贯彻十八届中纪委五次全会精神，董中原副主席传达全国机关事业单位养老保险制度改革工作电视电话会议精神。乔卫、康晓萍副主席出席。

13. 1 月 19 日下午，中国侨联九届三次主席会议在北京友谊宾馆举行。林军主席，董中原、李卓彬、乔卫、康晓萍、汪毅夫、李昭玲、邵旭军、万立骏、王荣宝、许荣茂、刘艺良、王亚君、胡胜才、沈敏副主席出席会议。

14. 1 月 20 日，中国侨联九届三次常委会议在北京友谊宾馆举行。林军主席，董中原、李卓彬、乔卫、康晓萍、汪毅夫、李昭玲、万立骏、王荣宝、许荣茂、刘艺良、王亚君、胡胜才、沈敏副主席以及常委共 116 人出席会议。

15. 1 月 21 日—22 日，中国侨联九届二次全委会议在北京友谊宾馆举行。中共中央政治局委员、国家副主席李源潮出席会议并代表党中央发表讲话。林军主席，董中原、李卓彬、乔卫、康晓萍、汪毅夫、李昭玲、邵旭军、万立骏、张玉卓、许荣茂、刘艺良、朱奕龙、王亚君、胡胜才、沈敏副主席以及全体委员、顾问、特邀代表共 400 余人出席。

16. 1 月 26 日上午，乔卫副主席在京出席中央对台工作会议。

17. 1 月 28 日上午，林军主席，董中原、李卓彬、乔卫、康晓萍副主席在机关出席领导班子述职和民主测评会。

18. 1 月 28 日—30 日，董中原副主席赴海南省慰问困难归侨侨眷。

2015 年 2 月

1. 2 月 2 日—6 日，林军主席参加中央党校省部级主要负责人“学习贯彻四中全会精神全面推进依法治国”专题学习班。

2. 2 月 2 日下午，董中原副主席出席全国人大常委会代表资格审查委员会会议。

3. 2 月 3 日，董中原、康晓萍副主席出席全国侨联文化宣传工作会议并讲话。

4. 2 月 3 日上午，乔卫副主席在机关会见中民慈善捐助信息中心负责人。

5. 2 月 4 日上午，董中原副主席出席中直机关党的工作会议。

6. 2 月 4 日下午，乔卫副主席出席基金会工作研讨会。

7. 2 月 5 日上午，乔卫副主席参加全国政协提案工作情况通气座谈会。

8. 2 月 7 日—8 日，乔卫副主席赴贵州省慰问困难归侨侨眷。

9. 2月9日，董中原副主席参加国务院第三次廉政工作会议。

10. 2月9日下午，林军主席主持召开九届12次主席办公会议，董中原、李卓彬、乔卫、康晓萍副主席出席。

11. 2月9日下午，林军同志主持召开九届22次党组会议，董中原、乔卫、康晓萍同志出席，李卓彬同志列席。

12. 2月10日，林军主席、康晓萍副主席赴中国华侨出版社看望干部职工并座谈。

13. 2月10日，乔卫副主席在京出席中央企业侨联全委会议。

14. 2月10日，康晓萍副主席赴《海内与海外》杂志社看望全体同志。

15. 2月11日，林军主席主持党组中心组学习，董中原、李卓彬、乔卫、康晓萍副主席出席。

16. 2月11日下午，中组部干部监督局有关领导向会党组通报“一报告两评议”结果，林军主席、董中原副主席参加。

17. 2月12日，林军主席通过人民网发表新春贺词，向全球华侨华人问候新春。

18. 2月12日—17日，李卓彬副主席赴广东省慰问困难归侨侨眷。

19. 2月12日—17日，康晓萍副主席赴江西、安徽省慰问困难归侨侨眷。

20. 2月13日，乔卫副主席出席海外联谊部年终总结会议。

21. 2月16日，林军主席，董中原、乔卫副主席到中国侨联机关各部门、各事业单位看望慰问干部职工。

22. 2月17日，林军主席出席2015年新春团拜会。

23. 春节前夕，林军主席，董中原、李卓彬、乔卫、康晓萍副主席以多种方式向中国侨联顾问庄炎林、林兆枢、肖岗、王永乐、黄军军、何添发、林明江、李祖沛、徐发淦、陈兰通、朱添华、郭麟恭、唐闻生、林淑娘致以新春问候。

24. 2月25日—27日，董中原副主席在京出席十二届全国人大常委会第十三次会议。

25. 2月27日—28日，李卓彬副主席参加全国政协十二届九次常委会议。

2015年3月

1. 3月2日下午，林军主席参加中国人民抗日战争暨世界反法西斯战争胜利70周年纪念活动领导小组会议。

2. 3月2日—13日，李卓彬、乔卫副主席参加全国政协十二届三次会议。

3. 3月1日—4月29日，康晓萍副主席参加中央党校57期省部级领导干部进修班学习。

4. 3月3日上午，林军主席在机关听取浙江省侨联关于换届工作的情况汇报。

5. 3月3日下午，林军主席在机关会见广东省江门市市长邓伟根一行。

6. 3月4日下午，林军主席，董中原、李卓彬、乔卫副主席出席全国人大归侨侨眷代表座谈会，林军主席通报侨联工作。

7. 3月5日上午，林军主席列席十二届全国人大三次会议开幕式。

8. 3月5日—15日，董中原副主席参加十二届全国人大三次会议。

9. 3月5日下午，林军主席，李卓彬、乔卫、康晓萍副主席参加全国政协十二届三次会议侨联界、海外列席侨胞代表联组讨论。

10. 3月7日下午，林军主席，李卓彬、乔卫、康晓萍副主席出席全国政协十二届三次会议海外列席侨胞代表座谈会，林军主席通报侨联工作。

11. 3月8日下午，林军主席列席十二届全国人大三次会议第二次全体会议。

12. 3月12日上午，林军主席列席十二届全国人大三次会议第三次全体会议。

13. 3月15日上午，林军主席列席十二届全国人大三次会议闭幕式。

14. 3月16日下午，林军主席，董中原、乔卫副主席出席中国侨联传达全国“两会”精神大会。

15. 3月19日上午，林军主席，董中原、乔卫、康晓萍副主席出席中国侨联九届24次党组会议，李卓彬副主席列席。

16. 3月19日上午，林军主席，董中原、李卓彬、乔卫、康晓萍副主席出席中国侨联九届13次主席办公会议。

17. 3月23日上午，董中原副主席为北京市部分归侨侨眷传达全国“两会”精神。

18. 3月24日—27日，林军主席赴浙江省湖州、绍兴、杭州等地调研侨联深化改革。

19. 3月24日上午，董中原副主席出席全国人大常委会专题调研动员部署会。

20. 3月26日下午，董中原副主席出席中办调研室召开的深化群团改革调研座谈会。

21. 3月26日，乔卫副主席分别会见荷兰文成同乡会考察团、日本统促会代表团。

22. 3月27日上午，董中原副主席出席中纪委驻中央统战部纪检组会议。

23. 3月30日—31日，李卓彬副主席在上海出席长江经济带沿线省区市侨联工作会。

24. 3月31日上午，林军主席在京出席刘艺书法脉络展。

2015年4月

1. 4月1日，乔卫副主席在京会见奥地利中国和平统一促进会代表团。

2. 4月2日，董中原副主席出席全国人大常委会代表资格审查委员会会议。

3. 4月3日，乔卫副主席在京会见中澳法学交流基金会（香港）考察团。

4. 4月7日—10日，林军主席赴广东省调研侨联组织深化改革工作。

5. 4月7日上午，乔卫副主席出席文化部“欢乐春节”工作会议。

6. 4月7日下午，乔卫副主席在京会见美国洛杉矶温州商会、温州旅美同乡会代表团。

7. 4月8日，李卓彬副主席、王宏秘书长到中国华侨历史博物馆参加植树活动。

8. 4月8日，乔卫副主席在京会见德国访京团。

9. 4月9日，董中原、李卓彬副主席出席中国华侨历史学会六届七次理事会。

10. 4月9日，乔卫副主席会见全美和统会联合会“中华文化之旅”代表团。

11. 4月10日，董中原副主席列席全国人大常委会委员长会议。

12. 4月10日，李卓彬、乔卫副主席出席“健康光明行”10周年主题活动。

13. 4月10日上午，乔卫副主席在京会见加拿大华人社团联席会访问团。

14. 4月13日—16日，董中原副主席赴四川省调研。

15. 4月14日上午，林军主席，李卓彬、乔卫、康晓萍副主席出席九届14次主席办公会议。

16. 4月15日—24日，李卓彬副主席赴江苏、安徽、河南、四川省调研。

17. 4月15日，李卓彬副主席在江苏出席“创业中华—— 2015侨资侨智对接交流会”。

18. 4月16日，林军主席、乔卫副主席在京会见菲律宾中国和平统一促进会访问团。

19. 4月20日—24日，董中原副主席出席十二届全国人大常委会第十四次会议。

20. 4月21日上午，林军主席在京出席中央“三严三实”专题教育工作座谈会。

21. 4月21日下午—24日，林军主席赴福建省调研侨联组织深化改革工作。

22. 4月21日，李卓彬副主席在河南出席由中国侨联、全国台联和河南省政府共同举办的乙未年黄帝故里拜祖大典。

23. 4月21日，乔卫副主席在京出席2015新疆侨联系统干部（第一期）培训班开班式并授课。

24. 4月22日，乔卫副主席在京会见澳门归侨总会客人。

25. 4月24日，李卓彬副主席在四川出席“2015中外知名企业四川行”活动。

26. 4月24日—26日，乔卫副主席赴贵州出席中国海外青年贵州创新创业发展大会。

27. 4月26日，董中原副主席在京出席2015新疆侨联系统干部（第一期）培训班结业式并讲话。

28. 4月28日上午，林军主席、李卓彬副主席出席五一国际劳动节表彰大会。

29. 4月28日，林军主席在京会见香港卫视董事局主席高洪星一行。

30. 4月28日，董中原副主席列席全国人大常委会党组会议。

31. 4月28日，乔卫副主席出席2014中国慈善排行榜颁奖典礼。

32. 4月29日下午，林军主席，董中原、李卓彬、乔卫副主席在机关参加党组中心组学习。

33. 4月30日，林军主席在京会见我会海外顾问、美国华人社团联合会理事长张素久女士和澳洲中国和平统一促进会常务副会长兼秘书长、澳大利亚多元文化经济发展联合会主席田飞先生等一行。

34. 4月30日，董中原副主席出席全国人大机关2015年外事工作会议。

2015年5月

1. 5月4日上午，中纪委驻中央统战部纪检组组长苏波率纪检组全体同志到机关调研党风廉政建设工作，林军主席汇报了有关工作，董中原、李卓彬、乔卫、康晓萍副主席参加座谈。

2. 5月4日下午，林军主席，董中原、李卓彬、乔卫、康晓萍副主席在机关出席九届25次党组会议和九届15次主席办公会议。

3. 5月5日—14日，林军主席率中国侨联代表团赴土耳其、葡萄牙、奥地利访问。

4. 5月5日上午，董中原副主席出席中国红十字会第十次全国会员代表大会。

5. 5月5日上午，乔卫副主席接受CCTV采访。

6. 5月5日下午，林军主席出席在伊斯坦布尔举办的中国—土耳其投资交流会。

7. 5月11日上午，林军主席出席在维也纳举办的中国侨联欧洲顾问、委员、青年委员会年会。

8. 5月13日，董中原副主席在京列席十二届全国人大常委会党组会议。

9. 5月13日，李卓彬副主席在京出席北京国际产业博览会相关活动。

10. 5月13日上午，乔卫副主席参加中国人民抗日战争暨世界反法西斯战争胜利70周年纪念活动外事工作领导小组会议。

11. 5月13日，康晓萍副主席在京出席北京侨校校友会30周年庆典大会并致辞。

12. 5月15日，全国政协副秘书长仝广成一行四人就重点提案办理工作来我会进行调研，李卓彬副主席、王宏秘书长参加座谈。

13. 5月17日—19日，董中原副主席赴浙江出席浙江省第九次归侨侨眷代表大会。

14. 5月18日上午，林军主席在京出席中央统战工作会议。

15. 5月18日下午，林军主席在京参加中国人民抗日战争暨世界反法西斯战争胜利70周年纪念活动领导小组会议。

16. 5月18日—20日，乔卫副主席在京参加中央统战工作会议。

17. 5月21日上午，林军主席在京出席“首届海外华文媒体高峰论坛暨《人民日报·海外版》创刊30周年座谈会”开幕式并致辞。

18. 5月25日上午，林军主席在机关出席中国侨联召开“三严三实”专题教育大会并讲授专题党课，董中原、李卓彬、乔卫副主席出席。

19. 5月25日，林军主席，董中原、李卓彬、乔卫副主席在中国侨联机关听取上海大度云公司关于“智慧侨联”的设计方案。

20. 5月26日—27日，林军主席赴湖北出席湖北省第十次归侨侨眷代表大会。

21. 5月26日，董中原副主席在京出席中国侨联直属机关党务干部培训班开班式并讲话。

22. 5月28日下午，乔卫副主席出席海外华裔杰出青年“华夏行”活动启动仪式。

2015年6月

1. 6月1日上午，林军主席，董中原、李卓彬、乔卫副主席参加邱维廉先生遗体告别仪式。下午，林军主席、乔卫副主席在京会见参加遗体告别仪式的部分侨胞代表。

2. 6月1日下午，林军主席，董中原、李卓彬、乔卫副主席在机关出席九届16次主席办公会议。

3. 6月2日上午，董中原副主席出席中国侨联第20期干部培训班开班式并讲话。

4. 6月2日下午，董中原副主席在京出席全国人大常委会代表资格审查委员会会议。

5. 6月2日，康晓萍副主席在广东江门市调研侨乡文化宣传工作。

6. 6月3日，康晓萍副主席在广州出席2015年全国省会、副省级城市侨联工作交流会并致辞。

7. 6月5日，李卓彬副主席在机关出席中国侨联法顾委主任会议。

8. 6月6日，林军主席、乔卫副主席出席蓝丝带助残基金启动仪式暨公益书画笔会。

9. 6月8日，乔卫副主席赴云南普洱出席世界云南同乡大会。

10. 6月8日，康晓萍副主席在京会见美国华盛顿中国和平统一促进会访问团。

11. 6月9日，林军主席在京会见美国中西部侨领回国参访团。

12. 6月10日，林军主席、董中原副主席出席中国侨联第20期干部培训班结业式。

13. 6月10日—11日，李卓彬副主席赴云南昆明出席第十三届东盟华商会并致辞。

14. 6月11日，乔卫副主席在浙江杭州为2015年河北、吉林、湖南、广西、新疆五省（自治区）侨联干部培训班授课。

15. 6月11日，林军主席在京会见了我驻澳大利亚等28个国家和地区的30位驻外大使和参赞。

16. 6月11日，乔卫副主席在杭州出席浙江省侨联海归创业创新座谈会。

17. 6月11日—12日，康晓萍副主席赴湖北出席世界华人炎帝故里行寻根节活动。

18. 6月12日，乔卫副主席在福建厦门会见美国大华府两岸时事论坛参访团。

19. 6月13日，林军主席出席海峡两岸暨港澳侨届圆桌峰会。

20. 6月14日，林军主席、乔卫副主席在福建厦门出席海峡论坛·两岸侨联论坛并致辞。

21. 6月15日，董中原副主席为直属机关党委、组织人事部、中国华侨华人历史研究所全体干部讲授“三严三实”专题党课。

22. 6月15日—17日，李卓彬副主席在京出席全国政协十二届十一次常委会议。

23. 6月16日上午，林军主席，董中原、乔卫副主席在机关参加党组中心组学习。

24. 6月16日中午，乔卫副主席会见世界吴氏宗亲总会寻根访问团。

25. 6月16日—17日，康晓萍副主席赴青海出席2015中国青海绿色发展投资贸易洽谈会。

26. 6月17日，董中原副主席在京列席全国人大常委会委员长会议。

27. 6月17日—19日，康晓萍副主席赴浙江省宁波、绍兴、杭州等地实地考察侨联文化宣传工作。

28. 6月18日，乔卫副主席在机关会见苏里南共和国土地森林规划部部长史蒂芬·雷利菲先生一行。

29. 6月19日下午，林军主席，董中原、乔卫副主席在机关参加党组中心组学习。

30. 6月23日，李卓彬副主席在甘肃天水出席2015年公祭伏羲大典。

31. 6月24日—7月1日，董中原副主席出席全国人大常委会第15次会议。

32. 6月24日—7月3日，乔卫副主席率中国侨联代表团访问菲律宾、印尼、马来西亚。

33. 6月24日，林军主席，陈有庆、许荣茂副主席在沈阳出席“创业中华·2015世界知名侨商辽宁行”活动。

34. 6月25日，林军主席在沈阳出席辽宁省第九次归侨侨眷代表大会并讲话。

35. 6月25日—26日，李卓彬副主席赴辽宁大连出席“创业中华·魅力大连”活动。

36. 6月26日下午，董中原副主席出席全国人大华侨委员会第十一次全体会议。

37. 6月26日，乔卫副主席在菲律宾出席《血写的历史——日本军国主义在亚太地区罪行图片展》活动揭幕式。

38. 6月29日，李卓彬副主席在京会见以蒋平主席为团长的全德华人社团联合会访问团一行。

39. 6月30日，林军主席在京参加中纪委派驻纪检组座谈会。

2015年7月

1. 7月1日，李卓彬副主席在湖北武汉出席2015华侨华人创业发展洽谈会。

2. 7月4日，林军主席，李卓彬、乔卫、李昭玲副主席出席“李辙先生、许伯夷先生捐赠日本军国主义侵华罪证史料新闻发布会”。

3. 7月6日下午，林军主席、董中原副主席陪同李克强总理会见首届世界华侨华人工商大会全体代表。

4. 7月6日下午，林军主席出席中央纪念抗日战争暨世界反法西斯战争胜利70周年活动领导小组会议。

5. 7月6日—7日，林军主席、董中原副主席在京出席中央党的群团工作会议。

6. 7月6日—7日，乔卫副主席赴香港出席香港侨界活动。

7. 7月6日—7日，康晓萍副主席赴安徽出席2015高新技术人才对接会暨安徽省侨联国际人才联合会成立大会。

8. 7月8日上午，林军主席，董中原、李卓彬、乔卫、康晓萍副主席在中南海出席研究贯彻落实全团工作会议精神座谈会。

9. 7月8日下午，林军主席，董中原、李卓彬、乔卫、康晓萍副主席在机关参加党组中心组专题研讨。

10. 7月8日下午，林军主席，董中原、乔卫、康晓萍副主席在机关召开中国侨联九届二十六次党组会议，李卓彬副主席列席。

11. 7月11日，李卓彬副主席在江苏南京出席“丝路新航·繁荣共享”纪念郑和下西洋610周年暨海内外侨商携手共建“21世纪海上丝绸之路”启航活动。

12. 7月12日—14日上午，林军主席、董中原副主席赴上海出席上海市第十一次归侨侨眷代表大会。

13. 7月13日上午，乔卫副主席在京出席中国侨联海外侨领培训班开班式并授课。

14. 7月13日下午，乔卫副主席出席纪念中国人民抗日战争暨世界反法西斯战争胜利70周年外事工作领导小组会议。

15. 7月15日，董中原副主席在京出席全国人大财经委员会全体会议。

16. 7月16日，林军主席，董中原、乔卫副主席在北京大学出席海外侨领中国国情研修班结业式。

17. 7月17日上午，林军主席，董中原、康晓萍副主席在机关参加党组中心组专题研讨。

18. 7月17日—18日，李卓彬副主席赴贵州出席致公党中央常委会议。

19. 7月17日，乔卫副主席出席上海新侨创新创业培训班结业式及中国（上海）国际青少年校园足球邀请赛闭幕式。

20. 7月18日，康晓萍副主席在京出席第16届世界华人学生作文大赛颁奖仪式。

21. 7月19日—24日，李卓彬副主席参加侨联界政协委员考察团活动。

22. 7月20日—21日，乔卫副主席率中国侨联海外侨领国情研修班赴陕西延安参访，出席罗掌权华侨教育中心揭牌仪式。

23. 7月20日，康晓萍副主席在京出席“亲情中华·汉语桥”夏令营北京营开营仪式。

24. 7月21日，董中原副主席在京列席十二届全国人大常委会第三十九次党组会。

25. 7月22日，康晓萍副主席参加万里同志遗体告别仪式。

26. 7月23日，乔卫副主席出席全国侨联公益事业发展培训研讨班开班仪式并授课。

27. 7月24日上午，林军主席在京出席团中央青联十二届全委会、全国学联二十六大开幕式。

28. 7月24日，董中原副主席在机关出席中国侨联直属机关党委五届二十一次会议。

29. 7月24日，董中原副主席在京出席“共和国部长与全国青联委员面对面”活动。

30. 7月24日，乔卫副主席赴浙江出席“海燕集结行动计划”活动总结大会。

31. 7月25日，乔卫副主席赴上海为中美杰出青年赴美夏令营成员授课。

32. 7月26日—28日，林军主席，董中原、李卓彬、乔卫、康晓萍副主席出席中国侨联九届四次主席会议和九届四次常委会议。

33. 7月28日，林军主席，董中原、李卓彬、乔卫、康晓萍副主席在京出席中国侨联“侨联通”开通仪式。

34. 7月30日，董中原副主席在京出席十二届全国人大常委会代表资格审查委员会第十五次会议。

35. 7月31日，董中原副主席在京列席十二届全国人大常委会党组会议。

36. 7月30日，乔卫副主席在京会见菲华联谊会访问团一行。

2015年8月

1. 8月3日，乔卫副主席在京会见以李阿平女士为团长的德国华人华侨联合会访问团。

2. 8月4日—6日，林军主席，董中原、李卓彬、乔卫、康晓萍副主席在京出席中国侨联深化改革专题研讨班。

3. 8月6日，李卓彬、万立骏副主席在山东青岛出席“聚焦东亚海洋合作，助力青岛更快发展”——2015海内外侨界专家服务“一带一路”战略研讨会。

4. 8月6日，康晓萍副主席赴福建出席“福建华侨与抗日战争图片展”开展仪式。

5. 8月8日，董中原副主席在京出席华裔青年大联欢暨水立方杯颁奖典礼。

6. 8月10日—16日，林军主席赴香港澳门出席纪念中国人民抗日战争暨世界反法西斯战争胜利70周年系列活动。

7. 8月10日，林军主席、王亚君副主席在香港出席“历史不能忘记，嘉庚精神永存”大型图片系列展。

8. 8月11日，李卓彬副主席赴四川成都出席四川省侨联特聘专家委员会成立大会。

9. 8月11日，乔卫副主席在京会见海外委员、英国侨领李雪琳女士和其先生麦克·贝茨勋爵一行。

10. 8月12日，林军主席、王亚君副主席在澳门出席“纪念中国人民抗日战争暨世界反法西斯战争胜利70周年”大型图片展。

11. 8月12日，林军主席，陈有庆、王荣宝副主席在香港出席由中国侨联和香港侨界社团联会共同主办“亲情中华·历史不会忘记——纪念中国人民抗日战争暨世界反法西斯战争胜利70周年”大型晚会。

12. 8月12日，李卓彬副主席在成都出席四川省侨联特聘专家委员会成立大会。

13. 8月12日，乔卫副主席在京会见我会海外委员、英国侨领李雪琳一行。

14. 8月12日，乔卫副主席赴深圳出席中国（深圳）华侨华人产业交易会暨华商高峰论坛。

15. 8月13日，林军主席，陈有庆、王荣宝副主席在香港出席由中国侨联与香港侨界社团联会主办的“一带一路”专题讲座。

16. 8月16日，李卓彬副主席在京出席北京第十届中国留学人员创新创业论坛。

17. 8月17日，李卓彬副主席在京会见土耳其OSAL集团董事长奥斯曼·阿里奥卢一行。

18. 8月18日上午，林军主席在机关会见内蒙古自治区组织部、统战部客人。

19. 8月18日上午，乔卫副主席在京出席“侨爱心校长、树人班负责人培训班”暨“李春平树人班”捐赠仪式。

20. 8月19日—27日，李卓彬副主席出访波兰、比利时、意大利三国。

21. 8月20日下午，董中原副主席在京出席张德江委员长主持召开的全国人大常委会专题会议。

22. 8月21日，康晓萍、李昭玲副主席在京出席“中国人民抗日战争暨世界反法西斯战争中的华侨华人图片展”。

23. 8月22日，乔卫副主席在香港出席“纪念中国人民抗日战争胜利70周年2015福佑香江普陀山南海观音庇护祈福千人斋宴”。

24. 8月24日，林军主席出席中央第六次西藏工作座谈会。

25. 8月24日—29日，董中原副主席在京出席十二届全国人大常委会第十六次会议。

26. 8月25日，林军主席代表中国侨联党组专程看望慰问我会顾问、抗战老战士庄炎林、肖岗，为他们颁发“中国人民抗日战争胜利70周年”纪念章，发放一次性生活补助。

27. 8月26日，李卓彬副主席出席2015“一带一路”中国品牌世博行活动并致辞。

28. 8月26日下午，王宏秘书长受会党组书记、主席林军同志和会党组副书记、副主席董中原同志委托，看望和慰问我会抗战时期参加革命工作的李湜、叶华两位老同志。

29. 8月29日，康晓萍副主席率团出访韩国、澳大利亚、新西兰三国。

30. 8月30日下午，康晓萍副主席在首尔出席“血写的历史——日本军国主义在亚太地区罪行图片展”开幕式并致辞。

31. 8月31日下午，董中原副主席在京出席全国人大常委会有关工作通报会议。

32. 8月31日下午，李卓彬副主席在京出席统战系统纪念抗战胜利70周年座谈会。

33. 8月31日，康晓萍副主席在首尔出席“东亚·东南亚华侨华人经济峰会”并致辞。

2015年9月

1. 9月1日下午，李卓彬副主席在京出席纪念抗战胜利70周年文艺演出。

2. 9月1日—3日，康晓萍副主席率团访问澳大利亚，分别在悉尼、布里斯班与当地侨界展开友好交流。

3. 9月2日下午，林军主席在京出席港澳台同胞、海外有关人士纪念抗战胜利70周年座谈会。

4. 9月3日，林军主席，董中原、李卓彬、乔卫副主席出席纪念中国人民抗日战争暨世界反法西斯战争胜利70周年阅兵活动。

5. 9月4日—6日，林军主席，李卓彬、乔卫副主席赴湖南参加2015中国（湖南）非公有制经济发展论坛暨海外侨领侨商三湘行。

6. 9月4日—6日，康晓萍副主席率团访问新西兰，分别在基督城、奥克兰与我驻当地领馆及侨界展开友好交流。

7. 9月6日，乔卫副主席在长沙会见了参加北京阅兵观礼并应邀出席中国（湖南）非公有制经济发展论坛暨海外侨领侨商三湘行的缅甸侨领、曼德勒福建同乡会理事长黄鹏飞一行。

8. 9月7日下午，林军主席在机关与各部室年轻同志交流公文写作心得。

9. 9月7日—8日，李卓彬副主席赴厦门出席厦门“9·8”投资贸易洽谈会。

10. 9月8日上午，林军主席，董中原、康晓萍副主席出席机关党组中心组学习。

11. 9月8日，董中原副主席会见全国总工会副主席、书记处书记、党组成员陈荣书，书记处书记、党组成员赵世洪一行。

12. 9月9日上午，林军主席、董中原副主席在机关会见中组部机关党委（人事局）巡视员、副书记（副局长）、机关工会主席许鹏一行。

13. 9月10日上午，林军主席，董中原、李卓彬、乔卫、康晓萍副主席出席党组机关中心组学习。

14. 9月11日，乔卫副主席赴厦门出席第八届世界缅华同侨联谊大会。

15. 9月12日，李卓彬副主席赴昆明出席“法治中国·你我同行”培训班。

16. 9月13日晚，林军主席出席北京市侨联2015年华侨华人艺术家中秋音乐会。

17. 9月14日—17日，董中原副主席赴辽宁丹东参加全国人大华侨委工作会议。

18. 9月14日晚，董中原副主席赴丹东市侨联机关调研，看望侨联干部，听取意见建议。

19. 9月15日—16日，李卓彬副主席赴南京参加特聘专家委员会医药股论坛、第二届南京国际美术展开幕式。

20. 9月16日上午，乔卫副主席出席中直机关落实党风廉政建设“两个责任”座谈会。

21. 9月16日下午，林军主席、乔卫副主席在京出席中国人民抗日战争暨世界反法西斯战争胜利70周年纪念活动总结大会。

22. 9月17日上午，林军主席，乔卫、康晓萍、沈敏副主席出席《金色道钉筑建中美和平发展之路——19世纪中期美国中央太平洋铁路建设中的华工》画册首发式活动。

23. 9月18日，林军主席、李卓彬副主席赴南宁出席中国—东盟博览会海上丝绸之路华商经济论坛。

24. 9月18日上午，乔卫副主席在机关会见中国侨联海外委员李斧、庞燕等“侨联之友”微信群部分群友。

25. 9月21日上午，林军主席、李卓彬副主席在京出席纪念董寅初同志诞辰100周年大会。

26. 9月21日上午，乔卫副主席在京会见新西兰侨领。

27. 9月21日下午，林军主席在京参加中国和平统一促进会第九届理事大会。

28. 9月21日，林军主席、李卓彬副主席在京会见法顾委海外委员访问团。

29. 9月22日上午，李卓彬副主席率海外律师团赴最高人民法院参观学习。

30. 9月24日—25日上午，乔卫副主席赴天津讲课。

31. 9月24日上午，李卓彬、康晓萍副主席参加机关干部职工健步走活动。

32. 9月25日—27日，林军主席率团赴印尼参加世界华商大会。

33. 9月25日中午，乔卫副主席在华侨大厦会见王建煊夫妇。

34. 9月29日上午，董中原、李卓彬副主席出席致公党中央成立90周年大会。

35. 9月29日中午，林军主席，董中原、李卓彬、乔卫、康晓萍副主席出席中国侨联国庆招待会。

36. 9月29日下午，董中原副主席会见中直纪工委检查组。

37. 9月29日晚，林军主席、董中原副主席出席 2015 年全国政协办公厅等联合举行的国庆招待会。

2015 年 10 月

1. 10 月 3 日，康晓萍、陈有庆副主席在香港出席香港侨界纪念抗战胜利 70 周年大会。

2. 10 月 5 日，康晓萍副主席在香港出席香港各界纪念抗日战争胜利暨台湾光复 70 周年大会。

3. 10 月 8 日下午，林军主席主持召开党组中心组“三严三实”专题研讨会，董中原、李卓彬、乔卫副主席出席。

4. 10 月 8 日下午，乔卫副主席在京听取西藏自治区党委统战部副部长洪涛、西藏自治区接待归国藏胞委员会秘书长洛桑旺堆关于西藏自治区侨联的工作汇报。

5. 10 月 8 日—10 日，康晓萍副主席赴厦门出席福建海外杰出女性联谊会成立大会。

6. 10 月 9 日上午，董中原副主席在京出席十二届全国人大常委会代表资格审查委员会会议。

7. 10 月 10 日，林军主席赴贵州贵阳出席 2015 世界侨商贵阳会议并致辞。

8. 10 月 10 日，董中原副主席在京出席中国侨联第三期青年干部培训班、2015 黑龙江省侨联系统干部培训班、2015 河南省侨联系统干部培训班联合开班式并讲话。

9. 10 月 10 日，乔卫、沈敏副主席在上海出席第二期“侨界青年创新创业·共谋发展”系列活动。

10. 10 月 11 日—12 日，李卓彬副主席赴湖南长沙出席全国侨联系统维权工作会议并讲话。

11. 10 月 12 日—13 日，董中原、康晓萍副主席赴安徽合肥出席中国华侨国际文化交流促进会第四次理事大会。

12. 10 月 13 日—16 日，李卓彬副主席参加中央统战部举办的学习贯彻中央统战工作会议精神和《条例》研讨班。

13. 10 月 14 日，康晓萍副主席赴福建泉州出席福建省第二届侨界文化艺术节启动仪式。

14. 10 月 15 日，康晓萍副主席赴浙江杭州出席侨界名媛相约杭州活动。

15. 10 月 16 日上午，乔卫副主席为中国侨联第三期青年干部培训班、黑龙江省侨联干部培训班、河南省侨联干部培训班授课。

16. 10 月 16 日，董中原副主席出席中国侨联第三期青年干部培训班结业式并为学员颁发结业证书。

17. 10 月 17 日上午，乔卫副主席出席黑龙江省侨联干部培训班、河南省侨联干部培训班结业式。

18. 10 月 19 日上午，董中原副主席列席十二届全国人大常委会第 55 次委员长会议。

19. 10 月 19 日下午，林军主席在京出席中央统战工作领导小组会议。

20. 10 月 19 日下午，董中原副主席在京出席党委（党组）意识形态工作责任制座谈会。

21. 10 月 20 日上午，李卓彬副主席出席全国政协征求意见座谈会。

22. 10 月 20 日下午，林军主席主持召开中国侨联九届 19 次主席办公会，董中原、李卓彬副主席出席。

23. 10 月 20 日—23 日，乔卫副主席赴四川成都出席世界越柬寮华人团体联合会会员代表大会开幕式并讲话。

24. 10 月 20 日—21 日，康晓萍副主席赴山东枣庄出席“侨聚枣庄，红色之旅”抗战图片展。

25. 10 月 21 日，林军主席赴四川绵阳北川中学考察调研，看望慰问北川中学师生。

26. 10 月 21 日，李卓彬副主席出席在中国华侨历史博物馆举行的《丝路之梦，一带一路》——张清智大型百米长卷展开幕式。

27. 10 月 22 日—23 日，林军主席赴四川成都出席中国西部（四川）进口展暨国际投资大会。

28. 10 月 22 日，董中原副主席在京会见全国政协海外列席侨胞回国考察团一行。

29. 10 月 22 日，康晓萍副主席赴上海出席 2015“侨之夜”摄影暨微视频大赛颁奖典礼。

30. 10 月 23 日上午，董中原副主席在京出席纪念台湾光复 70 周年大会。

31. 10 月 23 日下午，董中原副主席在京参加培养选拔年轻干部和女干部、少数民族干部、党外干部工作座谈会。

32. 10月23日下午，董中原副主席在京参加李源潮同志主持的有关单位负责同志座谈会。

33. 10月26日—29日，林军主席在京出席中共中央十八届五中全会。

34. 10月26日—30日，乔卫副主席参加全国政协提案委员会赴港澳友好交流活动。

35. 10月27日下午—28日，李卓彬副主席赴浙江杭州出席侨界精英走进中国（杭州）跨境电子商务试验区活动。

36. 10月30日下午，林军主席在机关主持召开传达学习贯彻十八届五中全会精神会议，董中原、李卓彬、康晓萍副主席参加。

37. 10月30日—11月4日，董中原副主席在京出席十二届全国人大第十七次常委会议。

38. 10月30日—11月4日，董中原副主席出席十二届全国人大常委会第十七次会议。

2015年11月

1. 11月2日上午，林军主席在机关出席青年干部座谈会。

2. 11月2日上午，李卓彬副主席在京参加杨纪珂同志遗体告别仪式。

3. 11月2日上午，乔卫副主席为北京市侨联港澳及海外侨领国情研修班授课。

4. 11月2日下午，乔卫副主席在华侨大厦会见哈萨克斯坦华人艺术家访问团。

5. 11月3日中午，康晓萍副主席在京会见宴请荷兰中国商会代表团。

6. 11月5日上午，林军主席，康晓萍、朱奕龙副主席在京出席第二届世界华侨华人摄影展开幕式。

7. 11月6日下午，林军主席、乔卫副主席在京会见菲华联谊总会访问团一行。

8. 11月6日，董中原副主席在京会见杨思育理事长率领的菲华联谊总会考察团一行。

9. 11月6日—8日，李卓彬副主席在京出席全国政协十二届常委会第十三次会议。

10. 11月7日，林军主席在京出席第八届国际跨国公司领袖圆桌会议开幕式并发表主旨演讲。

11. 11月7日—9日，乔卫、朱奕龙副主席赴浙江青田出席第二届世界青田人大会。

12. 11月9日上午，李卓彬副主席在京出席李济深同志诞辰130周年座谈会。

13. 11月9日下午，林军主席在京会见美国华裔会访京团。

14. 11月9日下午，康晓萍副主席出席第27届国际科学与和平周开幕式。

15. 11月9日晚，李卓彬副主席在华侨大厦会见以纽约州共和党财政委员会主席、美国华裔会会长邓龙为团长的美国政商友好代表团一行。

16. 11月13日—15日，李卓彬副主席赴湖南长沙出席致公党十四届十二次主席会议、中常会。

17. 11月17日，乔卫副主席在京会见以马颂明先生为团长的美国马氏宗亲总会访问团一行。

18. 11月19日下午—20日上午，乔卫副主席赴广东深圳出席2015第四届中国（深圳）海归创业大会。

19. 11月20日上午，李卓彬副主席在京出席全国政协常委集体学习。

20. 11月23日中午，林军主席、乔卫副主席会见孙中山先生曾孙孙国雄先生一行。

21. 11月25日—26日上午，林军主席赴江西南昌出席江西省侨联侨商会、青委会。

22. 11月25日，董中原副主席列席十二届全国人大常委会第49次党组会议。

23. 11月26日上午，康晓萍副主席出席灵璧钟馗画艺术晋京展开幕式。

24. 11月26日下午—27日，康晓萍副主席赴辽宁沈阳出席辽宁省青委会成立大会。

25. 11月27日，林军主席在京出席中央扶贫开发工作会议。

26. 11月27日—28日，李卓彬副主席在京出席中央扶贫开发工作会议。

27. 11月29日，康晓萍副主席赴广东广州出席第六届（广州）华人文化艺术节。

28. 11月30日，林军主席，董中原、乔卫副主席在京出席中国侨联直属机关第六次党员大会。会议经过选举，孔涛、苏渊海、李杰、李洋、张岩（女）、张春旺、陈权、陈迈、林美龄（女）、赵红英（女）、董中原等11人（按姓氏笔画排序）当选为中共中国侨联直属机关第六届委员会委员；马鑫、王厚增、祁德贵、李杰、何继宁、林美龄（女）、黄晖等7人（按姓氏笔画排序）当选为中共中国侨联直属机关第六届纪律检查委员会委员。

2015年12月

1. 12月2日—3日，李卓彬副主席赴安徽合肥出席聚焦十三五·侨界专家建言献策大会。

2. 12月4日上午，董中原副主席在京出席全国人大弘扬宪法精神报告会。

3. 12月4日上午，李卓彬副主席在安徽合肥出席侨界专家建言献策大会。

4. 12月5日，李卓彬副主席出席第三届国家潮籍博士论坛。

5. 12月6日下午—9日，林军主席赴香港出席中国侨联港澳地区顾问委员、青年委员会年会系列活动。

6. 12月6日—7日，李卓彬副主席赴澳门出席天下潮商经济年会。

7. 12月7日下午，董中原副主席在京出席全国人大常委会资格审查委员会会议。

8. 12月8日上午，林军主席，陈有庆、王荣宝副主席在香港出席“中国经济形势与前景展望”专题报告会。

9. 12月8日下午，林军主席，陈有庆、王荣宝副主席在香港出席中国侨联港澳地区顾问委员2015年会。

10. 12月8日，李卓彬副主席赴广东汕头出席中国（汕头）华侨经济文化合作试验区成立一周年活动。

11. 12月9日，林军主席在香港出席香港厦门联谊总会成立二十周年暨第十二届理监事就职典礼。

12. 12月9日，董中原、李卓彬、乔卫、康晓萍副主席在京出席中央“五侨”领导联席会议。

13. 12月10日上午，董中原副主席在京出席全国人大常委会财经委会议。

14. 12月11日，林军主席在京出席全国党校工作会议。

15. 12月14日下午，董中原副主席列席全国人大常委会委员长会议。

16. 12月14日—16日上午，乔卫、刘艺良副主席在澳门出席“一带一路·创新未来”相关活动。

17. 12月14日，康晓萍副主席赴新疆乌鲁木齐出席新疆生产建设兵团第六次归侨侨眷代表大会。

18. 12月15日上午，林军主席、李卓彬副主席出席法顾委主任会议。

19. 12月15日上午，董中原副主席出席中直机关学习贯彻《准则》和《条例》座谈会。

20. 12月16日，董中原副主席出席中国侨联离退休老同志趣味运动会。

21. 12月17日上午，林军主席，董中原、李卓彬、乔卫、康晓萍副主席出席中国侨联党组“三严三实”专题民主生活会。

22. 12月17日下午，林军主席，董中原、李卓彬、乔卫、康晓萍副主席出席九届二十一次主席办公会议。

23. 12月17日下午，林军主席、董中原副主席前往我会文化交流部原部长任梦云同志家中吊唁，慰问任梦云同志夫人、中国侨联兼职副主席、北京市人大常委会副主任、致公党北京市委主委李昭玲同志。

24. 12月18日—21日上午，林军主席在京出席中央经济工作会议和中央城市工作会议。

25. 12月18日下午—19日上午，乔卫副主席赴吉林长春出席吉林省侨联青年委员会第二届委员大会。

26. 12月20日，康晓萍副主席赴海南海口出席2015世界华商海口会议。

27. 12月21日—27日，董中原副主席出席十二届全国人大常委会第十八次会议。

28. 12月21日上午，李卓彬副主席主持召开中国侨联扶贫工作会议。

29. 12月22日，李卓彬副主席出席中国侨联法顾委年会。

30. 12月24日上午，林军主席，董中原、李卓彬、乔卫、康晓萍副主席在中国华侨历史博物馆参加重要活动。

31. 12月27日，乔卫副主席赴广东深圳出席中国侨联青委会讲坛。

32. 12月28日，邵旭军副主席受林军主席委托出席青海省侨联第七次归侨侨眷代表大会并代表中国侨联讲话。

33. 12月28日—29日，李卓彬副主席出席致公党十四届十二次主席会议、中常会、四中全会。

34. 12月29日，董中原副主席出席2015年度中国侨联机关党风廉政建设联席会议。

35. 12月29日，董中原副主席出席中国侨联直属机关党委会议。

36. 12月29日，康晓萍副主席出席中华全国体育总会九届三次常委会议。

37. 12月30日，董中原副主席出席组织人事部党支部民主生活会。

38. 12月31日，李卓彬副主席出席全国政协新年茶话会。

中国侨联年鉴

综　合

中国侨联年鉴

2016 中国侨联年鉴

办 公 厅

【领导成员名单】

主　　任：陈　权

副 主 任：刘　奇（正局长级）

　　　　　李　洋（2015年9月不再担任）

巡 视 员：李　洋（2015年9月任职）

副巡视员：赵志敏（2015年5月不再担任）

　　　　　李舰舶（2015年9月任职）

【综述】 2015年是党和国家全面深化改革的关键之年，中央关于加强党的群团工作的意见印发，中央党的群团工作会议召开，群团工作深化改革开始启动。2015年中央重大战略部署次第推出，中国侨联围绕党和国家工作大局开展了许多规模大、影响广的活动。2015年全面从严治党持续推进，“三严三实”学习教育扎实开展，有关改革举措陆续出台。在这样的形势下，办公厅领导班子在会党组坚强领导下，带领全厅同志团结一心、奋发有为，围绕服务会领导、服务各部门、服务侨界群众，深入调研、完善机制、带好队伍，圆满完成全年各项任务。

【谋划侨联深化改革大计】 中央加强群团工作意见印发后，按照会领导指示，办公厅立即部署各地侨联和机关各部门开展专题调研工作。全国“两会”期间，组织来北京参会的有关省区市侨联负责人和北京附近省区市侨联负责人会议，林军主席传达中央领导同志有关指示，部署调研任务。上半年，办公厅派员陪同会领导深入浙江、广东、福建侨乡基层和土耳其、葡萄牙、奥地利侨社开展侨联深化改革调研，组织厅内同志前往北京、广东、福建开展侨联组织参与社会建设专项调研，广泛听取基层侨联组织的意见建议，对存在的问题、深化改革的思路建议等进行深入研究，在此基础上撰写《中国侨联深化改革调研报告》、《访问土耳其、葡萄牙、奥地利情况的报告》。出访报告中提出的诸多工作建议得到中共中央政治局常委、全国政协主席俞正声，国务委员、公安部部长郭声琨的高度重视，推动公安部提出相关改进措施，为广大海外侨胞特别是少数民族侨胞解决实际问题。派员参与《侨联学习〈中共中央关于加强和改进党的群团工作的意见〉百题思考》编撰工作。组织力量制订《中国侨联关于贯彻落实〈中共中央关于加强和改进党的群团工作的意见〉实施方案》，分10类49项全面贯彻落实中央意见，提交中国侨联九届四次常委会议审议通过。组织侨联机关“三严三实”务虚研讨会，梳理侨联工作面临的问题和挑战，整理关于侨联组织深化改革的意见建议。认真学习中央领导同志关于党的群团组织改革的指示要求，草拟《中国侨联深化改革总体方案》等重要文稿。

【推进侨情专报工作稳中有进】 进一步完善侨情专报工作机制，规范工作流程，健全报送机制，建立专报数据库，有针对性地指导地方侨联专报工作。2015年全年共编印《中国侨联侨情专报》446期，共计946245字，向党中央和国务院领导报送建议1901条。紧密围绕时政热点、侨界焦点、发展难点问题，发挥侨界联谊特长和智力优势，向党和国家领导报送侨界信息，提出有针对性的意见建议，加深了党中央和国务院领导同志对侨联工作的认识，为党和国家有关部门决策提供了参考意见，推动了有关涉侨问题解决。全年中央领导同志在《侨情专报》上多次作出批示，仅我会收到的有12期共17条，其中政治局常委批示5条，政治局委员批示9条，国务委员批示3条。

【提升会议和文稿工作水平】 办公厅秘书处、研究处全体同志加强学习，不断提升办文办会质量和水平。2015年参与向中央书记处汇报稿，中央领导同志参加侨联常委会、全委会、政协座谈、地方考察等活动讲话稿6篇，九届二次全委会议、四次常委会议工作报告、总结讲话等会议文件，会领导出席各种活动讲话稿若干篇等重要文稿的起草工作。认真组织九届二次全委会议、四次常委会议、“三严三实”务虚研讨会、全国“两会”期间座谈会等重要会议的会务工作。做好全年10次主席办公会、40次周例会的组织、记录、纪要编发工作。为全国人大归侨代表、政协侨联界委员提供2015年“两会”提议案建议素材30篇，做好人大代表建议和政协委员提案的办理工作，及时与各相关部门沟通反馈意见。参与《中国侨联年鉴》编辑审稿工作，承担其中会领导讲话、大事记、办公厅工作等部分。编发《近日情况》12期，24万字；编发《重要讲话批示摘编》12期，30万字；编发《中国侨联工作》12期，80万字。

【提高机关公文运行管理】办公厅秘书处强化机要室日常工作，完善公文运转机制，确保机要文件安全高效运转。2015年机要室共处理中央和地方各级各类文件1920余份，各类内签报550余份，各类发文稿360余份，完成机要交换发文约3520件，机要通信720余件，通知各部门各单位取文共计240余份，完成各类盖章5200余份，完成领导交办的急件专送19次。在公文电子登记基础上，进一步优化公文存查流程，提高查文效率。完成2015年中央绝密文件取文、收文、登记、流转和管理工作，改进文件登记流程，确保绝密文件万无一失。完成信件邮寄的登记、通知取件工作等服务工作，继续做好档案工作。

【确保财务工作依法合规】办公厅资产财务处全体同志认真学习并严格执行中央及国家有关部委的各种规定及《中国侨联机关预算经费使用、报销管理办法》。严格财务制度和程序管理，完成近千项预算、决算及报销凭证的审核、报销工作；每季度拟定各部门预算执行进度和预算支出情况表，推动各部门预算执行。先后完成2014年结转结余报表、存量资金报表、2014年决算文件及2014年决算公开文件、2015年预算公开文件的编制、2016年“一上、二上”预算编制及决算报表、企业行政单位国有资产统计报表、机关运行统计报表等几十批次财务报表的编制与上报。完成公车改革交通费、采暖费、物业费的申报和批复，工资调整预算资金的申报和批复，对收回的存量资金申请返回预算及追加预算1045万元，积极测算并协调有关部门调剂用途以确保剩余资金用于应急项目支出，提高预算资金使用效率。在财政收入放缓、预算从严从紧安排的大形势下，经过努力确保2016年我会预算有一定程度增长，有效保障了我会各项工作的开展。

【做好行政后勤保障工作】办公厅行政处全体同志做好全年节假日、特殊时期的安全保卫工作，进一步规范机关值班制度和工作安排。清理整改办公用房，克服各种困难，逐个测量办公室、地下室，完成办公用房清理整改情况报告及电子系统报表填报工作。做好住房公积金管理和住房补贴发放，编制住房改革支出与决算表、国有资产配置计划表、供暖与物业费测算统计表等报表。建立健全职工住房档案，核算并申请使用售房款发放级差补贴项目，推进完成事业单位公积金账户分立与自主管理工作。做好离退休副部级干部公务用车改革，省部级干部住房和用车集中清理，办公设备家具登记配发，老旧电子办公设备报废申请，住房档案和土地档案信息系统维护更新，职工住房产权交易，老旧小区电力增容和锅炉房改造，职工住房配售配租，解决职工宿舍遗留和周转房房租收缴问题，供暖费和物业费的清理和报销审批，各部门和单位政府采购，人民防空宣传教育等工作。

【信息化建设取得突破】办公厅信息处全体同志调研先行，学习相关部委信息化建设经验，广泛征求机关干部职工对信息工作的意见建议，了解需求，查找不足，撰写相关调研报告并提出信息化的建议。为了使侨联能顺利接入国家电子政务内网，先后与近10家有相关涉密资质的公司深入沟通，根据侨联实际情况设计立项方案，通过专家评审，获得国政网办正式批准立项，实现信息化建设项目零的突破。做好侨联官方网站维护工作，网站访问量约400万人次，全年共发信息2605条。做好机关电子设备维护维修工作，维修电脑280余次。配合华兴公司组织8场协同办公系统培训，覆盖机关和事业单位80%干部职工。配合企业总机构在机关办公楼布置无线Wi-Fi，配合推进网上侨联工作。编制2015年网络安全自查报告、软件正版化工作报告、三年滚动项目等报表。

【召开中国侨联九届二次全委会】1月21日—22日，中国侨联九届二次全委会在北京召开。中共中央政治局委员、国家副主席李源潮出席会议并代表党中央发表讲话。中国侨联主席林军传达了中央书记处关于侨联工作的指示精神并作工作报告，副主席董中原、李卓彬、乔卫、

1 月 21 日，召开中国侨联九届二次全委会议

康晓萍、汪毅夫、李昭玲、邵旭军、万立骏、张玉卓、许荣茂、刘艺良、朱奕龙、王亚君、胡胜才、沈敏以及全体委员、顾问、特邀代表出席会议。李源潮指出，2014 年在以习近平同志为总书记的党中央坚强领导下，中国侨联和各级侨联组织认真学习贯彻中央关于加强和改进新形势下侨联工作的意见，深入落实中国侨联“九代会”精神，团结发挥广大侨胞独特作用，为推动党和国家事业做出了积极贡献。李源潮指出，要联系侨联工作实际，深刻领会中国特色社会主义群团发展道路，增强理论自信、道路自信、制度自信。要发挥联系侨界群众的独特作用，深刻认识侨联在“四个全面”中的责任，找准服务大局的切入点。要联系海内外侨情变化的新特点新要求，深刻认识推进“两个拓展”的紧迫性。要联系党凝聚侨心的历史经验和现实需要，深刻领会从严治党、改进作风的新要求，切实加强自身建设。林军主席代表中国侨联九届常委会作工作报告，并对 2015 年的侨联工作做出部署。会议审议通过有关决议，董中原副主席受九届三次主席会议委托作大会总结，李卓彬副主席主持会议，乔卫副主席通报表彰了全国侨联信息工作先进单位。

【召开归侨侨眷代表座谈会】3 月 4 日，全国人大华侨委、中国侨联在北京召开归侨侨眷代表座谈会。全国人大华侨委主任委员白志健，副主任委员黄华华、陈国令、杨邦杰；中国侨联党组书记、主席林军，副主席董中原、康晓萍、李昭玲、刘艺良以及全国人大华侨委办事机构负责人和中国侨联机关各部门负责人出席座谈会。白志健主任委员通报了全国人大华侨委近期主要工作和 2015 年工作安排。林军主席通报了中国侨联近期主要工作和 2015 年工作安

3 月 4 日，召开归侨侨眷代表座谈会

排。中国侨联党组副书记、副主席、全国人大华侨委副主任委员董中原主持座谈会。王鹏杰、陈世春、丁列明、郑奎成、寸茂鸿、麦庆泉等归侨代表畅所欲言，从修改归侨侨眷权益保护法、制定华侨权益保护法、充分发挥海外侨胞独特作用、加强与海外侨胞新生代联系、发挥侨联组织网络优势、提升华侨农场造血功能、加强五侨联动、发挥归侨人大代表监督作用等方面对全国人大华侨委和中国侨联的工作提出了意见建议。他们表示，作为广大归侨侨眷的代表，身上肩负着反映社情民意的重任，一定会认真履行好参政议政职能，积极反映广大归侨侨眷和海外侨胞的意愿和呼声。

【全国政协十二届三次会议侨联界委员和海外侨胞代表联组讨论】3月5日下午，全国政协十二届三次会议侨联界委员和列席全国政协会议的海外侨胞代表在北京举行联组讨论，中国侨联主席林军，副主席李卓彬、乔卫、康晓萍、王荣宝、朱奕龙、王亚君，中国侨联机关各部门主要负责人参加了联组讨论。乔卫副主席主持会议。联组会上，侨联界委员和来自27个国家的38位列席全国政协会议的海外侨胞代表就政府工作报告谈了自己的感受，并围绕中国侨联工作更好地发挥作用提出了意见和建议。海外列席侨胞代表分别从服务好中国企业走出去、加强网络技术在转型升级中的作用、保护知识产权、以外国人容易接受的方式传播中华优秀文化等方面提出了许多意见和建议。林军主席认真听取各位委员和海外侨胞的发言并不时插话互动。他表示，党中央高度重视侨联工作，2014年专门印发了《关于加强和改进新形势下侨联工作的意见》，2015年初中共中央又印发了加强群团工作的意见，为侨联事业发展创造了又一重大机遇。感谢侨联界委员和海外侨胞对中国侨联事业的关心，我们非常重视大家提出的意见和建议，并把这些宝贵的意见和建议落实到我们的工作中，推动侨联事业向前发展。

【举行列席全国政协会议的海外侨胞代表座谈会】3月7日，中国侨联在北京举行列席全国政协会议的海外侨胞代表座谈会。来自27个国家和地区的38位海外侨胞代表，中国侨联主席林军，副主席李卓彬、乔卫，全国政协港澳台侨委有关负责同志，中国侨联秘书长王宏和机关各部门主要负责人共70余人出席座谈会。林军代表中国侨联向列席全国政协会议的海外侨胞表示热烈的欢迎，向广大海外侨胞致以良好的祝愿。他介绍了中国侨联2014年主要工作亮点和2015年工作部署。希望海外侨胞代表在政协会议上积极建言献策，把广大海外侨胞的意见和建议反映出来，多做有益于住在国经济社会发展的事情，促进海外侨胞及侨社团和谐发展，增进住在国人民与中国人民友好往来。海外侨胞代表各抒己见，畅叙列席全国政协会议的荣誉感和自豪感，表示将努力为中华民族伟大复兴的中国梦做出自己应有的贡献。座谈会由乔卫副主席主持。

【李源潮看望全国政协侨联界委员并座谈】3月10日，中共中央政治局委员、国家副主席李源潮，全国政协副主席罗富和看望全国政协十二届三次会议侨联界政协委员并座谈，与各位委员共商国是。会上，王彬成、张元龙、庄绍绥、蔡建国、张茵、顾行发、高杰、陈红天、潘庆林等9位委员先后发言，就社会主义协商民主和侨界关注的相关问题谈了自己的看法和建议。政协十二届三次会议副秘书长孙怀山、全国政协港澳台侨委驻会副主任吕虹参加座谈。中国侨联党组书记、主席林军，中国侨联党组副书记、副主席董中原，副主席康晓萍，以及中国侨联有关部门负责同志到会听取大家的发言。会议由小组召集人、全国政协常委、中国侨联副主席李卓彬主持。

【召开机关大会传达“两会”精神】3月16日，中国侨联召开机关全体干部职工大会传达贯彻“两会”精神。中国侨联党组书记、主席林军主持会议并讲话。全国人大常委、全国人大华侨委副主任、中国侨联党组副书记、副主席董中原，全国政协委员、中国侨联副主席乔卫分别传达十二届全国人大三次会议和全国政协十二届三次会议的主要精神，中国侨联顾问庄炎林、林兆枢、王永乐、李祖沛、陈兰通、朱添华、郭麟恭、唐闻生、林淑娘及机关全体干部职工共100多人出席会议。林军说，2015年是全面深化改革关键之年、全面依法治国开局之年、“十二五”规划收官之年。中国侨联全体干部职工要认真学习领会、全面贯彻“两会”精神，一要深刻领会“两会”召开的重大意义，切实把全党和全国人民的思想和行动统一到中央的决策部署上来。

3 月 16 日，召开中国侨联机关大会传达贯彻“两会”精神

二要深刻把握“两会”的精神实质，认真研读政府工作报告和“两会”有关文件，努力做到真学、真懂、真用。三要把贯彻落实“两会”精神与侨联今年的各项工作结合起来。要着力抓好三件大事：一是抓好中央群团工作意见的贯彻落实。二是抓好中国侨联九届二次全委会议的贯彻落实。三是抓好重要活动的开展。要充分发挥侨联优势，积极参与世界反法西斯战争暨中国人民抗日战争胜利 70 周年纪念活动，继续做好“血写的历史——日本军国主义在亚太地区罪行图片展”巡展工作。董中原副主席传达了习近平总书记参加各代表团审议时发表的重要讲话，并围绕会议的重点、亮点、热点传达了全国人大十二届三次会议精神。乔卫副主席传达了习近平总书记对政协工作的重要指示精神、全国政协十二届三次会议概况、全国政协俞正声主席工作报告精神以及李源潮副主席看望全国政协侨联界委员并座谈的有关内容。

【全国政协领导到中国侨联交流重点提案办理工作】 5 月 15 日，全国政协副秘书长仝广成、全国政协港澳台侨局副巡视员吴芳等一行四人就重点提案办理工作来我会进行调研座谈，中国侨联副主席李卓彬、秘书长王宏、办公厅副主任李洋参加了座谈。仝广成副秘书长介绍了全国政协常委李卓彬副主席在全国政协第十二届三次会议提交的《关于加强邀请海外侨胞列席政协会议制度化的建议》，这一提案目前已被全国政协列为今年重点办理的提案之一。全国政协希望充分听取中国侨联的意见和建议，建立联络沟通机制，共同做好重点提案的办理工作。李卓彬对全国政协副秘书长亲自前来我会征询重点提案的办理表示感谢，指出这是全国政协切实改变作风、重视提案办理工作的具体表现。希望全国政协在推进邀请海外侨胞列席政协会议制度化和类似国家重大庆典中，能吸纳侨联作为海外侨胞列席的提名或者推荐单位，以便更好地发挥侨联组织联系海外侨胞的桥梁纽带作用。

【召开中国侨联九届四次常委会】 7 月 27 日上午，中国侨联九届四次常委会议在北京召开，中共中央政治局委员、国家副主席李源潮出席会议并作重要讲话。中国侨联主席林军主持会议并作工作报告，中国侨联副主席董中原、李卓彬、乔卫、康晓萍、陈有庆、李昭玲、邵旭军、万立骏、吴晶、王荣宝、刘艺良、王亚君、胡胜才、沈敏，秘书长王宏以及中国侨联常委共 110 多人出席会议。李源潮指出，中国侨联要深入学习领会习近平总书记重要讲话精神，联系实际提高认识、统一思想，抓好贯彻落实。坚定不移走党指引的中国特色社会主义群团发展道路，团结带领广大归侨侨眷和海外侨胞为实现中国梦共同奋斗。切实保持和增强侨联工作的政治性和侨联组织的先进性、群众性，更好发挥党和政府联系侨界群众的桥梁纽带作用。满腔热情为侨界群众服务，发挥组织优势，挖掘服务资源，实实在在地帮助侨界群众解决难题。要更加关注侨界困难群众，多做雪中送炭的事情，让他们搭上国家改革发展的快车。要积极推进侨联工作改革创新，大力推进网上侨联工作，创新与海外侨团和新侨骨干的联系，努力开创侨联工作新局面。林军传达了中央党的群团工作会议精神。林军在讲话中指出，由中央召开党的群团工作会议，在党的历史上还是第一次。各级侨联要将学习贯彻习近平总书记在群团工作会议上的重要讲话作为当前和今后一项重要任务。下半年各级侨联要继续深入

7 月 27 日，召开中国侨联九届四次常委会议

学习贯彻习近平总书记系列重要讲话精神，认真贯彻落实中央党的群团工作会议精神，扎实开展“三严三实”专题教育，进一步加强侨联组织的作风建设，积极完成今年的各项工作任务。一是深入贯彻中央党的群团工作会议精神，推进侨联组织的改革创新。二是切实抓好“三严三实”专题教育，深入推进侨联组织思想、作风和能力建设。三是积极参与中央及各地区举行的中国人民抗日战争暨世界反法西斯战争胜利 70 周年纪念活动。四是切实抓好年内确定的几项重要工作。7 月 26 日下午，林军主席还主持召开了中国侨联九届四次主席会议，审议通过了本次常委会的有关事宜。7 月 28 日，中国侨联九届四次常委会议在北京闭幕。中国侨联主席林军，副主席董中原、李卓彬、乔卫、康晓萍、陈有庆、李昭玲、王荣宝、朱奕龙、王亚君、胡胜才、沈敏，秘书长王宏等出席会议。会议通过了《关于制定〈中国侨联学习贯彻中央党的群团工作会议精神实施意见〉的决议》。董中原作会议总结，李卓彬主持闭幕式。

【参加纪念董寅初同志诞辰 100 周年座谈会】 9 月 21 日上午，纪念董寅初同志诞辰 100 周年座谈会在北京举行。中共中央政治局常委、全国政协主席俞正声出席座谈会。中共中央政治局委员、中央统战部部长孙春兰，全国政协副主席、致公党中央主席万钢出席座谈会并发言，中共中央书记处书记、全国政协副主席杜青林主持座谈会。林军主席代表中国侨联在座谈会上发言时指出，董寅初同志的一生是爱国的一生，是紧密联系海内外侨胞、满腔热情为侨服务的一生。他作为归国华侨、爱国侨领，对祖国、对人民、对侨胞始终保持着深深的情怀，积极投身党领导的波澜壮阔的革命、建设和改革事业，团结和引导广大归侨侨眷和海外侨胞，为中华民族的解放和振兴、推动侨务事业发展，贡献出自己毕生的精力。林军主席强调，董寅初同志用自身行动实践了自身的理想和追求，为侨界树立了光辉榜样。要学习他爱国爱乡、为侨护侨、无私奉献的崇高风范，要学习他光明磊落、实事求是、严于律己、乐于助人、谦虚谨慎的优秀品格，进一步激发广大归侨侨眷和海外侨胞的爱国之心、强国之愿、报国之志，努力为全面建成小康社会、实现中华民族伟大复兴的中国梦而不懈奋斗。

9 月 21 日，林军主席（右一）出席纪念董寅初同志诞辰 100 周年座谈会

【举办中国侨联国庆招待会】9月29日中午，中国侨联在北京举办庆祝中华人民共和国成立66周年招待会，欢迎来北京参加国庆活动的17个国家和地区的450余位海外侨胞和国内归侨侨眷代表。中国侨联主席林军，副主席董中原、李卓彬、乔卫、康晓萍、朱奕龙以及中国侨联各部门、各单位负责人出席招待会。乔卫副主席主持招待会。受林军主席的委托，董中原副主席代表中国侨联向各位来宾表示热烈欢迎，向长期以来关心和支持国家改革开放、现代化建设以及中国侨联事业发展的广大海外侨胞表示衷心感谢。董中原说，习近平主席几天前在西雅图出席美国侨界欢迎招待会时，对广大海外侨胞提出了殷切期望。祖国和亲人始终牵挂着每一位海外游子，中国侨联始终是归侨侨眷和海外侨胞之家。在新形势下，各级侨联将一如既往地发挥桥梁纽带作用，以为侨服务为己任，参与中国改革开放和现代化建设，增进中国与世界的交流互通。希望各位侨胞紧紧把握时代脉搏，分享世界各国共同发展、合作共赢的机遇，积极融入住在国经济社会发展，发挥融通中外的优势，身体力行展示好中华文化魅力，努力成为中国梦和世界各国人民的发展梦相互贯通，相互促进的参与者、建设者、推动者。

【传达贯彻十八届五中全会精神】10月30日，中国侨联于上、下午分别召开副部级以上老同志和机关、事业单位全体党员大会，传达贯彻党的十八届五中全会精神。十八届中央委员、中国侨联党组书记、主席林军介绍了十八届五中全会的情况，传达了习近平总书记受中央政治局委托在全会上作的工作报告、《中共中央关于制定国民经济和社会发展第十三个五年规划的建议》、习近平总书记就《建议（讨论稿）》所作的说明和在全会上发表的重要讲话。中国侨联副主席董中原、李卓彬、康晓萍，顾问庄炎林、林兆枢、王永乐、黄军军、李祖沛、徐发淦、陈兰通、朱添华、郭麟恭、唐闻生以及机关、直属事业单位、企业总机构和离退休党员干部共100多人出席会议。林军同志要求，要把深入学习贯彻五中全会精神，作为侨联当前和今后一个时期重要政治任务，把《建议》确定的各项决策部署和工作要求落到实处。一是要充分认识学习宣传贯彻落实党的十八届五中全会的重要意义。党的十八届五中全会是在全面建成小康社会进入决胜阶段召开的一次重要会议，对于坚持和发展中国特色社会主义，实现“两个一百年”奋斗目标、实现中华民族伟大复兴的中国梦，具有十分重大的现实意义和深远的历史意义。《建议》提出的创新发展、协调发展、绿色发展、开放发展、共享发展的理念，是“十三五”规划的灵魂，是指导今后经济社会发展的重要指针。二是要落实主体责任，加强组织领导，全面学习领会全会精神。侨联各部门、各单位领导干部要切实负起责任，带头学习，组织好本单位的学习活动；要把集中学习和自学结合起来，确保学习时间；通过开展内部学习研讨、专家辅导报告等灵活多样的方式，确保学习效果；要注重学以致用，结合当前形势和侨联工作进行学习，使五中全会精神印刻于心、贯彻于行。三是要扎实做好五中全会精神贯彻落实，推动侨联事业不断迈上新台阶。注意深刻领会和把握党中央对新常态下做好各方面工作的新部署和新要求，把学习贯彻五中全会精神与侨联工作紧密结合起来，与做好今年工作总结和研究部署明年的工作紧密结合起来。结合侨情实际，研究适应新的发展理念的工作思路和举措，团结带领侨界群众，凝聚侨心侨智侨力，为创新、协调、绿色、开放、共享发展做出侨界新的更大贡献。

【召开2015年中央“五侨”领导联席会议】12月9日下午，中央“五侨”领导联席会议在北京召开。联席会议由全国人大华侨委员会主办，全国人大华侨委员会主任委员白志健主持会议。国务院侨办主任裘援平，副主任任启亮、谭天星；全国政协港澳台侨委员会主任杨崇汇，副主任赵阳、吕虹；致公党中央常务副主席蒋作君，副主席闫小培；中国侨联党组副书记、副主席董中原，副主席李卓彬、乔卫、康晓萍以及中央“五侨”单位有关部门负责人出席会议。白志健主任委员介绍了全国人大华侨委员会2015年所做的主要工作。裘援平主任介绍了国务院侨办2015年主要工作及华侨权益保护法立法工作的推进情况。杨崇汇主任介绍了全国政协港澳台侨委员会2015年主要工作和2016年主要工作设想。闫小培副主席介绍了致公党中央2015年

12 月 9 日，2015 年中央“五侨”领导联席会议在北京召开

对外联络工作的基本情况和今后的工作思路。受林军主席委托，董中原副主席通报了中国侨联今年的有关工作。董中原说，多年来，海外侨胞通过各种途径、渠道和方式向各级侨联呼吁就华侨权益进行专门立法，使华侨真正享受宪法和法律规定的各项公民权益。华侨作为我国公民，理应享受宪法和法律规定的公民的各项权利。然而，由于华侨的居住地不在国内，一些与政治参与密切相关的权益，比如选举权、被选举权，与身份证联系密切的权益，比如加入社保、子女入学、开立金融账户、入住酒店等，在现实生活中面临着诸多困难和问题，有的地方甚至将华侨等同于华人对待，导致华侨正当权益得不到保障，享受不到正常的国民待遇。建议中央“五侨”单位联手共同推动归侨侨眷权益保护法修改工作，为华侨权益保护立法提供有益参考。《归侨侨眷权益保护法》自出台至今已有 25 年，随着我国对外开放日益扩大，侨胞数量逐年增加，许多新情况、新问题需要在法律上予以进一步规范和体现。近年来，全国人大归侨代表、全国政协侨联界委员多次呼吁，希望尽快对现行保护法进行修订完善，使该法更加适应世情、国情和侨情的发展变化，更加具有针对性和可操作性。中国侨联党组已向全国人大常委会法工委报送了建议函，建议将归侨侨眷权益保护法列入第十二届全国人大常委会立法规划，并列出了修改理由及具体修改建议。

海外联谊部

【领导成员名单】

部　　长：孔　涛

副 部 长：李　涛　桑宝山

【综述】2015 年是全面深化改革的关键之年，也是全国侨联联络工作深入推进的重要一年。中国侨联海外联谊部按照全会工作部署，认真学习贯彻中央和中办两个《意见》精神，主动适应新形势、新任务、新要求，坚持以人为本、为侨服务的宗旨，坚持为大局服务、为侨服务统一，解放思想，开拓进取，扎实推进各项工作，全年工作按计划全面推进。一是展现优势，精心组织抗战胜利 70 周年系列活动。2015 年，中国侨联作为中央纪念活动领导小组成员单位之一，积极配合中央纪念活动，在海内外营造浓厚的纪念氛围。在奥地利、菲律宾、巴西、德国、马来西亚、澳大利亚、波兰、加拿大、美国、缅甸、韩国、俄罗斯等几十个国家和地区举办“日本军国主义在亚太地区罪行图片展”；邀请海内外侨胞和港澳台同胞参观抗战主题馆；编辑出版《日本军国主义在亚太地区的罪行图片展》画册；拍摄抗战题材电视剧《南侨机工英雄传》；配合有关部门完成纪念抗战胜利 70 周年阅兵观礼的海外侨胞的邀请、接待工作。二是大力拓展海外联谊工作，充分发挥平台作用。中国侨联会领导分别率团访问土耳其、葡萄牙、奥地利、菲律宾、印尼、马来西亚、波兰、比利时、意大利、韩国、澳大利亚、新西兰等 12 个国家。积极组织中国侨联海外顾问、委员、青年委员赴各地参访，列席有关会议；举办“东亚·东南亚华侨华人经济峰会”；举办“块数据与城市发展”、“创新改变世界·创业成就梦想”等系列中国侨联青年委员会讲坛活动；举办中国侨联“侨界青年创新创业·共谋发展”高级研修班及系列活动；组织中国侨联海外顾问、委员、青年委员出席“2015 中国（湖南）非公有制经济发展论坛暨海外侨领侨商三湘行”活动；召开 2015 中国侨联欧洲顾问、委员、青年委员年会等。三是配合大局，加强对港澳台工作。召开 2015 海峡两岸暨港澳侨界圆桌峰会；召开第七届海峡论坛·2015 两岸侨联和平发展论坛；召开 2015 中国侨联港澳地区顾问委员年会；并在港澳举办“一带一路”专题讲座、“当前经济形势展望”专题报告会和“一带一路·创新未来”等系列主题活动；组织中国侨联港澳地区顾问、委员、青年委员赴内地参访；组织台湾嘉宾分别赴黑龙江、辽宁和云南等地参访。四是注重夯实工作基础。召开 2015 全国侨联联络工作会；举办 2015 中国侨联国庆招待会；认真做好海内外侨团接待工等；较好完成我会今年主要因公出访工作任务。

【李源潮同志到海外联谊部视察】1 月 15 日，

1 月 15 日，中共中央政治局委员、国家副主席李源潮到中国侨联海外联谊部视察

中共中央政治局委员、国家副主席李源潮到中国侨联海外联谊部视察、调研“两个拓展”工作开展情况。

【邀请中国侨联海外委员、青年委员代表列席九届二次全委会并召开座谈会】1 月 22 日，列席中国侨联九届二次全委会的中国侨联海外委员、青年委员座谈会在北京举行，中国侨联副主席乔卫出席。座谈会上，委员们就中共中央政治局委员、国家副主席李源潮在全委会议上的讲话、列席全委会感想、当地侨情、侨团工作开展及 2015 年侨联对外联络工作等展开座谈。中国侨联海外联谊部部长孔涛，副部长李涛、桑宝山等出席座谈会。

【举行纪录片《闽南望族》开机仪式】1 月 23 日，由中国侨联、福建省侨联指导，福建省闽南文化发展基金会、福建省新闻出版广电局等联合出品的“21 世纪海上丝绸之路”公益人文纪录片《闽南望族》在北京举行开机仪式。中国侨联主席林军、副主席乔卫在北京会见并宴请了出席人文纪录片“闽南望族”开机仪式的海外侨胞家族代表。

【孔涛部长出席港台青年交流促进会第六届理事会就职典礼】1 月 27 日，港台青年交流促进会第六届理事会就职典礼暨港台交流基金会第二届理事会就职典礼在香港举行，中国侨联海外联谊部部长孔涛到会祝贺，并与中国侨联青年委员会部分香港地区委员进行了座谈。

1 月 27 日，孔涛部长出席港台青年交流促进会第六届理事会就职典礼

【乔卫副主席会见斯洛伐克国家贸易发展局和欧华联会联合访问团】1 月 28 日，中国侨联副主席乔卫在北京会见了以 Robert Simoncic 局长为团长的斯洛伐克国家贸易发展局和欧华联会联合访问团一行。乔卫希望斯洛伐克贸发局多关注在斯华侨华人，给予他们发展机会，创造良好发展环境。Robert Simoncic 局长希望通过中国侨联的平台，借助华侨华人的力量，吸引更多的中资企业到斯洛伐克投资。中国侨联经济科技部副部长、侨商联合会秘书长安晨，中国侨联海外联谊部副部长李涛、桑宝山会见时在座。

【林军主席会见列席全国政协会议的海外侨胞代表】3 月 7 日，中国侨联在北京举行列席全国政协会议的海外侨胞代表座谈会。来自 27 个国家和地区的 38 位海外侨胞代表，中国侨联主席林军，副主席李卓彬、乔卫，全国政协港澳台侨委有关负责同志，中国侨联秘书长王宏和机关部门主要负责人共 70 余人出席座谈会。林军介绍了中国侨联 2014 年主要工作亮点和 2015 年工作部署。座谈会由乔卫主持。

【乔卫副主席会见欧洲文成华侨华人（社团）联合总会访问团】3 月 19 日，中国侨联副主席乔卫在北京会见了欧洲文成华侨华人（社团）联合总会访问团一行。中国侨联海外联谊部部长孔涛，中国侨联直属企业管理总机构党委书记、副总经理谷宜成，中国侨联海外联谊部副部长李涛、桑宝山等会见时在座。

3 月 25 日，乔卫副主席会见澳门缅华互助会访问团

【乔卫副主席会见澳门缅华互助会访问团】3月25日，中国侨联副主席乔卫在北京会见以中国侨联常委、澳门缅华互助会主席黄琼成先生为团长的澳门缅华互助会访问团一行。中国侨联海外联谊部部长孔涛，副部长李涛、桑宝山等陪同会见。

【李卓彬副主席会见全日本华侨华人中国和平统一促进会访问团】3月26日，中国侨联副主席李卓彬在北京会见全日本华侨华人中国和平统一促进会访问团一行。中国侨联海外联谊部部长孔涛、副部长李涛等陪同会见。

3月26日，李卓彬副主席会见全日本统促会访问团

【孔涛部长会见荷兰文成同乡会经贸文化考察访问团】3月26日，中国侨联海外联谊部部长孔涛在北京会见了以胡马钜先生为团长的荷兰文成同乡会经贸文化考察访问团一行。中国侨联海外联谊部副部长李涛等陪同会见。

【乔卫副主席会见奥地利中国和平统一促进会访问团】4月1日，中国侨联副主席乔卫在北京会见了回国开展红色之旅的奥地利中国和平统一促进会访问团。中国侨联海外联谊部部长孔涛，副部长李涛、桑宝山等陪同会见。

【乔卫副主席会见中澳法学交流基金会（香港）考察团】4月3日，中国侨联副主席乔卫在北京会见了中澳法学交流基金会（香港）考察团。中国侨联海外联谊部副部长李涛、桑宝山等陪同会见。

【乔卫副主席会见美国洛杉矶温州商会、温州旅美同乡会访问团】4月7日，中国侨联副主席乔卫在北京会见了美国洛杉矶温州商会、温州旅美同乡会访问团。中国侨联海外联谊部部长孔涛等陪同会见。

【乔卫副主席会见德国访京代表团】4月8日，中国侨联副主席乔卫在北京会见了德国访京代表团一行。代表团成员系德国青田同乡会和全德福建同乡会主要负责人。中国侨联海外联谊部部长孔涛等陪同会见。

【乔卫副主席会见全美和统会联合会“中华文化之旅”代表团】4月9日，中国侨联副主席乔卫在北京会见了全美和统会联合会“中华文化之旅”代表团一行。中国侨联海外联谊部部长孔涛、公益事业管理中心主任何继宁、企业总机构党委书记谷宜成等陪同会见。

【乔卫副主席会见加拿大华人社团联席会访问团】4月10日，中国侨联副主席乔卫在北京会见了以加拿大华人社团联席会访问团一行。中国侨联海外联谊部部长孔涛、公益事业管理中心主任何继宁、企业总机构党委书记谷宜成等陪同会见。

【林军主席、乔卫副主席会见菲律宾中国和平统一促进会访问团】4月16日，中国侨联主席林军、副主席乔卫在北京会见了菲律宾中国和平统一促进会访问团一行。中国侨联海外联谊部部长孔涛，副部长李涛、桑宝山等陪同会见。

【乔卫副主席会见澳门归侨总会访问团】4月22日，乔卫副主席在北京华侨大厦会见了澳门归侨总会访问团。中国侨联海外联谊部部长孔涛，副部长李涛、桑宝山等陪同会见。

【召开中国侨联青年委员会三届二次会长会议】4月24日，中国侨联青年委员会三届二次会长会议在贵阳召开，中国侨联副主席乔卫在会上发表讲话。中国侨联青年委员会常务副会长、澳门万国控股集团主席刘雅煌，副会长、香港福皇国际有限公司行政总裁庄创业等相继发言。

【召开中国海外青年贵州创新创业发展大会】4月25日上午，中国侨联青年委员会、贵州省委统战部、贵州省侨联共同主办的“中国海外青年贵州创新创业发展大会”在贵阳开幕。来自世界各地的200多位海外青年出席大会。中国侨联副主席乔卫、贵州省委常委、省委统战部部长刘晓凯、副省长蒙启良等出席大会。大会发布了《中国海外青年贵州创新创业发展倡议书》。

【举办中国侨联青年委员会讲坛——块数据与城市发展】4月25日下午，“中国侨联青年委

4 月 25 日下午，“中国侨联青年委员会讲坛——块数据与城市发展”在贵阳举办

田飞先生等一行。中国侨联海外联谊部部长孔涛、副部长桑宝山等陪同会见。

【林军主席率团出访土耳其、葡萄牙、奥地利】 5 月 5 日—13 日，中国侨联主席林军率代表团赴土耳其、葡萄牙、奥地利访问。在土耳其，代表团出席中国—土耳其投资交流会，并拜会主要侨团，召开侨领代表座谈会，走访慰问侨胞。在土期间，林军拜访了我驻土耳其大使馆和驻伊斯坦布尔总领事馆，会见我驻土耳其大使郁红阳、驻伊斯坦布尔副总领事丁小红，就做好土耳其侨社工作交换了意见。在葡萄牙，林军拜访了我驻葡萄牙大

员会讲坛——块数据与城市发展”在贵阳举办。中国侨联副主席、中国侨联青年委员会会长乔卫致辞，贵州省委常委、贵阳市委书记陈刚应邀发表了“块数据与筑梦贵阳”的主旨演讲。北京迈伴客信息公司创始人陈江作了“金融云展望：块数据的运用”演讲；安徽大学生命科学学院院长刘大海作了“大数据时代的生物医学革命”演讲。

【举办纪念南侨机工有关活动】 4 月 26 日，组织中国侨联青年委员赴黔西南州晴隆县，开展纪念中国人民抗日战争暨世界反法西斯战争胜利 70 周年活动，全体人员共同缅怀南侨机工支援抗战的赤子情怀和无私奉献的伟大精神。南洋华侨机工许志光后人许凯东、许向东向中国侨联博物馆赠送了陈嘉庚先生亲笔签署的书信复印件。中国侨联青年委员会向晴隆县碧痕镇大梨树小学捐赠学生食堂建设资金 30 万元。

【林军主席会见香港卫视有关人员】 4 月 28 日，中国侨联主席林军在北京会见香港卫视董事局主席高洪星等人。双方通过深入交流，就加强密切合作、共同推动服务侨胞的资讯平台达成了广泛共识。中国侨联办公厅主任陈权、海外联谊部部长孔涛、文化交流部部长陈迈、文化交流部副部长邢砚庄等参加活动。

【林军主席会见中国侨联顾问张素久一行】 4 月 30 日，中国侨联主席林军在北京会见了中国侨联海外顾问、美国华人社团联合会理事长张素久女士和澳洲中国和平统一促进会常务副会长兼秘书长、澳大利亚多元文化经济发展联合会主席

5 月 5 日—7 日，中国侨联主席林军出席中国—土耳其投资交流会

5 月 8 日—9 日，中国侨联主席林军率团访问葡萄牙

5 月 9 日，中国侨联主席林军出席葡萄牙侨胞座谈会

5 月 11 日，林军出席中国侨联在奥地利维也纳举行的“日本军国主义在亚太地区罪行图片展”揭幕式

5 月 11 日下午，召开奥地利侨胞座谈会

使馆，会见我驻葡萄牙大使黄松甫，就做好葡萄牙侨社工作交换了意见。5 月 9 日，来自 40 多家侨团的侨领代表在葡萄牙里斯本举行座谈会。林军率中国侨联代表团出席座谈会认真倾听侨胞发言，并同大家畅谈交流。座谈会由葡萄牙中华总商会会长蔡文显先生主持，我驻葡萄牙大使馆政务参赞龚韬出席。在奥地利，代表团出席中国侨联欧洲顾问、委员、青年委员年会，拜会当地主要侨团，召开侨胞代表座谈会，走访慰问，倾听侨声。5 月 11 日，中国侨联在奥地利维也纳举行“日本军国主义在亚太地区罪行图片展”揭幕式，中国侨联主席林军与中国侨联欧洲海外顾问、委员、青年委员和当地社会人士、华侨华人 300 多人参加了揭幕式。5 月 11 日下午，林军出席了新一届奥地利华侨华人总会就职典礼，并召开奥地利侨胞座谈会倾听侨声，侨胞代表陈安申、张维庆、王必光、于小莺等就奥地利侨团开展活动情况、中国侨务政策改革、侨界纪念抗战胜利 70 周年活动、推进华文教育等提出意见建议。中国侨联兼职副主席、宁夏自治区侨联主席朱奕龙，中国侨联办公厅主任陈权，中国华侨历史学会副会长赵红英，海外联谊

5 月 11 日上午，2015 中国侨联欧洲顾问、委员、青年委员年会在奥地利首都维也纳召开

5 月 11 日，中国驻奥地利大使馆庆祝 2015 中国侨联欧洲顾问、委员、青年委员年会召开招待酒会

部部长孔涛等参加有关活动。

【召开 2015 中国侨联欧洲顾问、委员、青年委员年会】5 月 11 日上午，2015 中国侨联欧洲顾问、委员、青年委员年会在奥地利首都维也纳召开，来自欧洲 20 个国家的 130 多名中国侨联海外顾问、委员、青年委员参加了年会。林军主席出席年会并致辞，希望旅欧侨胞：一是积极参与建设“一带一路”，夯实中欧合作根基。二是加强华文教育，增进中欧文化共识。三是树立良好形象，深化中欧民间交往。会上，中国侨联海外顾问单声、夏康民、胡志光、林加者，海外委员林云龙、龚礼明、姜际春、廖东明等先后发言。

【林军主席会见世界晋江同乡恳亲大会暨 2015 活动筹委会访京团】5 月 15 日，中国侨联主席林军在北京会见世界晋江同乡恳亲大会暨 2015 年纪念中国人民抗日战争暨世界反法西斯战争胜利 70 周年活动筹委会访京团。中国侨联海外联谊部部长孔涛等陪同会见。

5 月 15 日，主席林军会见世界晋江同乡恳亲大会暨 2015 活动筹委会访京团

【康晓萍副主席会见海外中青年骨干研修班学员】5月18日，中国侨联康晓萍副主席在北京会见了中华海外联谊会海外中青年骨干研修班学员一行。中国侨联海外联谊部部长孔涛、副部长桑宝山等出席活动。

5月18日，康晓萍副主席会见宴请统战部中青年骨干研修班学员

【举行中国侨联常委邱维廉先生遗体告别仪式】6月1日上午，杰出的社会活动家，著名侨领，中国共产党的亲密朋友，中国人民政治协商会议第十届、十一届、十二届全国委员会委员，中华全国归国华侨联合会第六届、七届、八届、九届常委，香港金晖国际集团董事长邱维廉先生遗体告别仪式在北京八宝山革命公墓礼堂举行。中共中央政治局常委、全国政协主席俞正声送花圈。全国政协副主席李海峰，全国政协原副主席罗豪才，国务院侨办主任裘援平，中国侨联主席林军，中国侨联副主席董中原、李卓彬、乔卫、李昭玲，国务院侨办副主任任启亮、谭天星、庄荣文，全国政协港澳台侨委副主任赵阳，中国侨联顾问林兆枢、王永乐、黄军军、林明江、李祖沛、唐闻生、郭麟恭等，在哀乐声中缓步来到邱维廉先生遗体前肃立默哀。中央统战部、中央政府驻香港联络办、全国人大华侨委、国务院侨办、全国政协港澳台侨委、致公党中央、中国侨联、贵州省委统战部，各省、自治区、直辖市侨联，中直机关、中央国家机关、中央企业侨联等单位致送花圈。在京涉侨单位及部门负责人，专程从澳大利亚、新西兰、美国、德国等国家和香港、澳门、台湾等地区赶来的友人200多人到八宝山革命公墓为其送别。6月1日，林军主席、乔卫副主席在北京会见出席邱维廉先生遗体告别仪式的澳大利亚中国和平统一促进会悼念团、香港侨界社团联会代表、西悉尼大学校长代表、国际狮子会基金会主席代表等侨胞。

【康晓萍副主席会见美国华盛顿中国和平统一促进会访问团】6月8日，中国侨联副主席康晓萍在北京会见了美国华盛顿中国和平统一促进会访问团一行。中国侨联海外联谊部部长孔涛等陪同会见。访问团还参观了中国华侨历史博物馆。

【林军主席会见美国中西部侨领回国参访团】6月9日，中国侨联主席林军在北京会见了由美国伊利诺伊州、堪萨斯州、密歇根州、明尼苏达州、密苏里州、印第安纳州、威斯康辛州等美国中西部7州的主要侨团代表组成的美国中西部侨领回国参访团。中国侨联海外联谊部部长孔涛等陪同会见。

【林军会见30位我驻外使节】6月11日，中国侨联主席林军在北京会见了中国驻澳大利亚、伊朗、巴哈马、保加利亚、老挝、马其顿、瓦努阿图、格鲁吉亚、伊拉克、巴基斯坦、泰国、罗马尼亚、韩国、蒙古、缅甸、帕皮提、美国、文莱、哈萨克斯坦、荷兰、苏丹、印尼、布里斯班、南非、孟加拉国、埃塞俄比亚、利比里亚、马达加斯加等28个国家和地区的30位驻外大使和参赞。中国侨联秘书长王宏、经济科技部部长陈桦、文化交流部部长陈迈、权益保障部部长张岩，中国侨联海外联谊部部长孔涛、副部长李涛等参加了会见。

【乔卫副主席会见美国大华府两岸时事论坛参访团】6月12日，中国侨联副主席乔卫在厦门会见了应邀出席第七届海峡论坛暨两岸侨联和平与发展论坛的美国大华府两岸时事论坛参访团一行。中国侨联海外联谊部副部长桑宝山等陪同会见。

综合

【举办 2015 海峡两岸暨港澳侨界圆桌峰会】 6 月 13 日，“2015 海峡两岸暨港澳侨界圆桌峰会”在厦门召开，来自香港、澳门和海外的侨界代表，以及中国侨联机关、全国各省市区侨联干部 150 多人出席活动。林军主席到会并讲话，中共福建省委常委、统战部部长雷春美，台湾中华侨联总会理事长简汉生，台湾华侨协会总会理事长陈三井，中国侨联副主席、福建省侨联主席王亚君，中国侨联副主席、澳门归侨总会会长刘艺良，港台青年交流促进会荣誉会长曾智明，中国侨联常委、香港华侨华人总会主席梁淦基，美国大华府两岸时事论坛社长潘玲荣，世界台湾商会联合总会总会长刘学琳等先后发言。会上，海峡两岸暨港澳侨领共同发表了《2015 海峡两岸暨港澳侨界圆桌峰会宣言》。

6 月 13 日，2015 海峡两岸暨港澳侨界圆桌峰会召开

【召开 2015 全国侨联联络工作会】 6 月 13 日上午，2015 全国侨联联络工作会在厦门召开，全国各省、自治区、直辖市、计划单列市和副省级城市侨联负责联络工作的干部共 80 余人参加了会议，中国侨联副主席乔卫发表讲话并就下一阶段侨联联络工作重点提出要求。清华大学国际传播研究中心主任、“一带一路”国际智库（RDI）发言人李希光教授作了题为《对一带一路战略意义的理解与思考》的报告。

6 月 14 日，两岸侨联和平发展论坛举行，林军主席接受记者现场采访

6 月 14 日，乔卫副主席出席两岸侨联和平发展论坛并致辞

【举办第七届海峡论坛·2015 两岸侨联和平发展论坛】 6 月 14 日，第七届海峡论坛·2015 两岸侨联和平发展论坛在厦门召开。论坛由中国侨联、台湾中华侨联总会、台湾华侨协会总会、福建省侨联主办，来自港澳台及美国、菲律宾等国家和地区的侨领，以及各省、自治区、直辖市侨联代表共 200 余人参加活动。中国侨联主席林军、副主席乔卫，福建省副省长郑晓松，台湾侨联总会理事长简汉生，台湾华侨协会总会理事长陈三井等出席活动。乔卫、郑晓松、陈三井、郑致毅分别致辞，两岸企业家峰会副秘书长王宪以《当前中国经济情况及海峡两岸经济合作前景》为题作主旨演讲。

【组织台湾中华侨联总会代表赴云南参访】 6 月 15 日—19 日，中国侨联邀请台湾中华侨联总会代表赴云南参访。参访团主要参观了云南腾冲的国殇墓园和滇西抗战纪念馆，向烈士敬献花篮，缅怀中国远征军在腾冲战斗中牺牲的先烈。

【组织台湾华侨协会总会代表赴黑龙江、辽宁等地参访】 6 月 15 日—20 日，中国侨联邀请台湾华侨协会总会代表赴黑龙江哈尔滨，辽宁沈阳、抚顺、大连等地，先后参访了侵华日军第

6 月 18 日，乔卫副主席（中）会见苏里南共和国土地森林规划部部长史蒂芬·雷利菲一行

七三一部队罪证陈列馆、九一八历史博物馆、抚顺战犯管理所陈列馆、旅顺日俄监狱旧址博物馆、旅顺口日俄战争遗址等处。

【乔卫副主席会见苏里南共和国土地森林规划部部长史蒂芬·雷利菲先生一行】6 月 18 日，乔卫副主席在中国侨联机关会见了苏里南共和国土地森林规划部部长史蒂芬·雷利菲先生一行。苏里南共和国驻华大使罗伊德·皮纳斯先生和苏里南浙江同乡会常务副会长胡志定先生陪同来访。中国侨联海外联谊部部长孔涛、文化交流部部长陈迈陪同会见。

【在菲律宾举办“日本军国主义在亚太地区罪行图片展”】6 月 26 日，“日本军国主义在亚太地区罪行图片展”在菲律宾马尼拉举行揭幕式。中国侨联副主席乔卫率团出席活动。菲律宾武装部队总参谋长格雷戈里奥·皮奥·卡塔潘，菲律宾主要侨团，菲律宾军、警、政界人士，参加过抗日斗争的菲律宾退伍军人和华侨抗日老战士，曾被日军强征为慰安妇的受害者，菲律宾青少年等 1000 多人参加了揭幕式。中央电视台新闻联播进行了报道。

【李卓彬副主席会见全德华人社团联合会访问团一行】6 月 29 日，李卓彬副主席在北京会见了全德华人社团联合会访问团一行。中国侨联海外联谊部副部长桑宝山、中国侨联直属企业管理总机构副总经理谷宜成等陪同会见。

【举行“捐赠日本军国主义侵华罪证史料新闻发布会”】7 月 4 日，中国侨联在中国华侨历史博物馆举行“李辙先生、许伯夷先生捐赠日本军国主义侵华罪证史料新闻发布会”。中国侨联主席林军，中国侨联副主席李卓彬、李昭玲等出席新闻发布会，中国侨联副主席、新闻发言人乔卫主持新闻发布。中国侨联海外联谊部部长孔涛、中国华侨历史博物馆馆长黄纪凯、中国侨联办公厅副主任李洋、海外联谊部副部长桑宝山、文化交流部副部长邢砚庄、服务中心副主任贾德成、中国华侨华人历史研究所副所长张秀明、中国华侨历史博物馆副馆长祁

6 月 26 日，乔卫副主席出席“日本军国主义在亚太地区罪行图片展”在菲律宾马尼拉举行的揭幕式

德贵、企业总机构副总经理郑学森以及30多家在京主流媒体记者共70余人参加新闻发布会。

【举办“侨界青年创新创业·共谋发展”系列活动】 7月15日—18日，以中国侨联作为指导单位，由中国侨联青年委员会、上海市侨联、《解放日报》社共同主办，上海市侨联青年委员会、复旦大学承办的“侨界青年创新创业·共谋发展”系列活动在上海举行。来自马来西亚、菲律宾和香港、澳门等16个国家和地区的中国侨联青年委员，以及上海市侨联海外及港澳嘉宾等共200余人参加活动。

【举办“相聚浦江　创新共融——海内外新侨聚焦上海科创中心建设”研讨会】 7月15日，“相聚浦江　创新共融——海内外新侨聚焦上海科创中心建设”研讨会举行，上海园区新侨创新创业服务联盟在会上正式成立。中国侨联青委会参会嘉宾，上海市侨联海外及港澳嘉宾，市区县、高校及园区侨联负责人及新侨代表200余人参加研讨会。中国侨联海外联谊部部长孔涛致辞，日本知名经济评论家莫邦富和上海交通大学经济学院执行院长陈宪分别以《走向世界经济大舞台的新华侨》、《聚焦上海科创中心的生态系统建设》为题作了主题演讲。

【举办“侨界青年创新创业·共谋发展”高级研修班】 7月16日，“侨界青年创新创业·共谋发展”高级研修班在上海复旦大学开班。中国侨联副主席乔卫受邀为学员授课并出席结业仪式，为学员颁发结业证书。活动期间，青年委员们还前往上海世博园区和江苏昆山进行了实地考察。

【举办2015海外侨领中国国情研修班】 7月16日，2015海外侨领中国国情研修班在北京大学举行，来自17个国家的71名中国侨联海外顾问和青年委员参加培训。中国侨联主席林军，北京大学党委副书记敖英芳教授会见了全体学员。中国侨联党组副书记、副主席董中原，副主席乔卫出席结业式并为学员颁发结业证书。

7月16日，2015海外侨领中国国情研修班在北京大学举行

【在巴西举办“日本军国主义在亚太地区罪行图片展”】 7月27日，“日本军国主义在亚太地区罪行图片展”在巴西里约热内卢举行揭幕式。巴西里约各侨团、华侨华人及当地社会人士200多人参加了揭幕式。

【乔卫副主席会见菲华联谊会访问团】 7月30日，中国侨联副主席乔卫在北京会见了菲华

7月20日，上海新侨创新创业高级研修班毕业合影

联谊会访问团一行。中国侨联海外联谊部部长孔涛、副部长李涛等陪同会见。

【乔卫副主席会见德国华人华侨联合会访问团】8月3日，中国侨联副主席乔卫在北京会见了德国华人华侨联合会访问团。中国侨联海外联谊部副部长桑宝山等陪同会见。

【举办《历史不能忘记，嘉庚精神永存》大型图片系列展】8月10日，在中国侨联指导下，由福建省侨联携手香港福建社团联会、香港晋江社团总会等联合主办的《历史不能忘记，嘉庚精神永存》大型图片系列展在香港会展中心启动。香港特别行政区行政长官梁振英，中国侨联主席林军，福建省政协主席张昌平，中央人民政府驻香港特别行政区联络办副主任林武、外交部驻港特派员公署副特派员胡建中等各界人士1000多人出席系列展启动仪式，并观看展览。

【乔卫副主席会见英国侨领李雪琳一行】8月11日，中国侨联副主席乔卫在北京会见了中国侨联海外委员、英国侨领李雪琳女士和英国上议院议员、英国内政部国务大臣麦克·贝茨勋爵一行。中国侨联海外联谊部副部长李涛陪同会见。

【在德国举办"日本军国主义在亚太地区罪行图片展"】8月12日，"日本军国主义在亚太地区罪行图片展"在德国柏林举行揭幕式。欧洲各国华侨华人社团代表及柏林当地社会人士300多人参加了揭幕式。

【在澳门举办"一带一路"专题讲座】8月12日，中国侨联与澳门归侨总会联合在澳门举办"一带一路"专题讲座，中国侨联主席林军，副主席刘艺良、王荣宝、王亚君和澳门侨界同胞约200人出席座谈会。中国侨联主席林军，副主席、澳门归侨总会会长刘艺良分别致辞，国家发展改革委秘书长李朴民为澳门侨界同胞作了关于"一带一路"的专题讲座。

【举办纪念中国人民抗日战争暨世界反法西斯战争胜利70周年大型图片展】8月12日，在中国侨联指导下，福建省侨联携手澳门福建同乡总会、世界晋江同乡总会，在澳门举办纪念中国人民抗日战争暨世界反法西斯战争胜利70周年大型图片展。全国政协副主席何厚铧、中国侨联主席林军、中央人民政府驻澳门联络办主任李刚、福建省政协主席张昌平、国务院港澳事务办副主任王志民、国务院侨务办公室副主任何亚非、外交部驻澳门特派员公署副特派员蔡思平等各界人士和民众1000多人参展，并观看《南侨机工》纪录片。

【在香港举办"一带一路"专题讲座】8月13日，由中国侨联与香港侨界社团联会主办的"一带一路"专题讲座在香港举行，香港特区行政长官梁振英，中国侨联主席林军致辞，香港中联办副主任仇鸿，中国侨联副主席、香港侨界社

8月13日，香港特别行政区行政长官梁振英、中国侨联主席林军等出席"一带一路"专题讲座

团联会荣誉主席陈有庆，中国侨联副主席、广东省侨联主席王荣宝，中国侨联香港侨界社团联会会长余国春以及香港侨界、工商政界、专业界人士逾300人出席。

【在马来西亚举办“日本军国主义在亚太地区罪行图片展”】8月15日，“日本军国主义在亚太地区罪行图片展”在马来西亚吉隆坡举行揭幕式。本次图片展结合了当地侨界的纪念抗战活动，吉隆坡华侨华人和当地各界人士500多人参加了揭幕式。

【在澳大利亚举办“日本军国主义在亚太地区罪行图片展”】8月16日，“日本军国主义在亚太地区罪行图片展”在澳大利亚悉尼举行揭幕式。本次图片展结合了澳大利亚新南威尔士州政府和悉尼市政府举办的纪念世界反法西斯战争胜利70周年活动，悉尼各界300多人参加了当天的活动。

【李卓彬副主席率团出访波兰、比利时和意大利】8月19日—28日，中国侨联副主席李卓彬率团访问波兰、比利时和意大利。访问期间，访问团在华沙出席了“以史为鉴、守望和平——纪念世界反法西斯战争暨中国人民抗日战争胜利70周年图片展”，举行了“二战期间犹太人在上海史料图片交接仪式”，在米兰出席了“2015‘一带一路’中国品牌世博行活动”。通过走访侨社、考察华侨企业、召开座谈会和举行联欢等多种形式广泛接触侨胞深入了解侨情，宣传抗战胜利70周年纪念活动，推动侨胞积极参与“一带一路”战略实施，同我有关驻外机构主要负责人就侨情变化、公共外交等进行了深入交流。

【在加拿大举办“日本军国主义在亚太地区罪行图片展”】8月20日，在加拿大温哥华举行“日本军国主义在亚太地区罪行图片展”揭幕式，加拿大联邦国防部长兼多元文化部长康尼、当地各界人士、华侨华人、二战老兵等600多人共同出席了揭幕式。

【在波兰举办“以史为鉴，守望和平——纪念中国人民抗日战争胜利暨世界反法西斯战争胜利70周年图片展”】8月20日，由中国侨联指导，波兰中国和平统一促进会主办的“以史为鉴，守望和平——纪念中国人民抗日战争胜利暨世界反法西斯战争胜利70周年图片展”在波兰华沙总统府广场步行街举行揭幕仪式，中国侨联副主席李卓彬到场致辞，并将展览的图片电子版赠送给波兰犹太纪念馆。波兰议员代表、国防部顾问、亚太博物馆馆长、文化和艺术界代表、旅波华侨及媒体界人士200多人参加了揭幕式。

【乔卫副主席出席“纪念中国人民抗日战争胜利70周年　2015福佑香江普陀山南海观音庇护祈福千人斋宴”】8月22日，中国侨联副主席乔卫赴香港出席“纪念中国人民抗日战争胜利70周年　2015福佑香江普陀山南海观音庇护祈福千人斋宴”等活动。

【在美国举办“日本军国主义在亚太地区罪行图片展”】8月26日，在美国洛杉矶举行“日本军国主义在亚太地区罪行图片展”揭幕式。美国国会议员赵美心、蒙特利公园市市长陈赞新、南加州各社团代表和当地各界代表300余人出席了当天的揭幕式。中国侨联海外联谊部部长孔涛出席并致辞。

8月26日，孔涛部长出席在美国洛杉矶举行的“日本军国主义在亚太地区罪行图片展”揭幕式

【在缅甸举办“日本军国主义在亚太地区罪行图片展”】8月29日，在缅甸曼德勒举行“日本军国主义在亚太地区罪行图片展”揭幕式。缅甸各侨团、青年学生及当地社会人士300多人参加了揭幕式。

8 月 30 日，康晓萍副主席出席“血写的历史”图片展韩国揭幕式

【在韩国举办“日本军国主义在亚太地区罪行图片展”】8 月 30 日，“日本军国主义在亚太地区罪行图片展”在首尔奖忠体育馆举办，中国侨联副主席康晓萍出席开幕式并致辞。图片展后举行了“中国人民抗日战争暨世界反法西斯战争胜利 70 周年纪念演出”。部分中国侨联海外顾问、委员、青年委员，在韩华侨华人以及首尔各界人士 3000 余人参加开幕式。

【在韩国举办“东亚 · 东南亚华侨华人经济峰会”】8 月 31 日，由中国侨联主办，中国在韩侨民协会总会和汉城华侨协会共同协办的“东亚 · 东南亚华侨华人经济峰会”在韩国首尔召开。中国侨联副主席康晓萍出席峰会并致辞。中国驻韩大使馆总领事董敏杰、中国侨联海外联谊部部长孔涛、中国侨联文化交流部部长陈迈、中国侨联海外联谊部副部长李涛、中国华侨出版社副社长刘凤珍、韩国汉城华侨协会会长谭绍荣、中国在韩侨民协会首席副总会长王海军等 150 多人参加了峰会。

【康晓萍副主席率团访问澳大利亚、新西兰】9 月 1 日—6 日，中国侨联副主席康晓萍率团到访澳大利亚、新西兰。在澳大利亚，在中国驻悉尼总领馆总领事李华新、中国驻布里斯班总领事赵永琛的主持下，康晓萍副主席与当地华侨华人文化社团进行座谈，了解当地侨社开展文化活动的情况，探讨如何在海外更好传承中国文化、加强中外友好交流。在新西兰，访问团一行拜访了我驻克赖斯特彻奇总领馆、驻奥克兰总领馆和相关侨团等，并与当地侨社召开了座谈会。中国侨联文化交流部部长陈迈、海外联谊部副部长李涛、中国华侨出版社副社长刘凤珍陪同参加了相关活动。

9 月 5 日，中国侨联海外顾问、委员、青年委员出席“2015 中国（湖南）非公有制经济发展论坛暨海外侨领侨商三湘行”活动

8 月 31 日，康晓萍副主席出席东亚 · 东南亚华侨华人经济峰会

【中国侨联海外顾问、委员、青年委员出席“2015 中国（湖南）非公有制经济发展论坛暨海外侨领侨商三湘行”活动】9 月 5 日—8 日，组织 40 多个国家的 150 余名中国侨联海外顾问、委员、青年委员赴湖南出席由中国侨联和民建中央、国家工业和信息化部、湖南省人民政府共同主办的“2015 中国（湖南）非公有制经济发展论

坛暨海外侨领侨商三湘行”活动。中国侨联副主席乔卫在论坛开幕式上作主题演讲。中国侨联顾问、马来西亚常青集团董事局主席、丹斯里拿督张晓卿代表海外侨领发言。

【乔卫副主席会见缅甸侨领黄鹏飞一行】 9月6日，中国侨联副主席乔卫在湖南会见了缅甸曼德勒福建同乡会理事长黄鹏飞一行，参加会见的还有曼德勒缅中友好协会副主席李祖清、缅甸华商商会荣誉会长杨钏玉、曼德勒多省籍同乡会副理事长谢世祥等。中国侨联海外联谊部副部长桑宝山等陪同会见。

9月29日中午，中国侨联在北京举办庆祝中华人民共和国成立66周年招待会

【在俄罗斯举办“日本军国主义在亚太地区罪行图片展”】 9月11日，在俄罗斯莫斯科著名的俄罗斯卫国战争纪念馆举行“日本军国主义在亚太地区罪行图片展”揭幕式，旅俄侨胞、当地友好人士等300多人参加了当天的揭幕式。

【林军主席出席第十三届世界华商大会并在闭幕式上发表讲话】 9月26日—27日，由印度尼西亚中华总商会主办的第十三届世界华商大会在印尼巴厘岛举行。中共中央政治局常委、全国政协主席俞正声向大会发来贺信。全国政协副主席、全国工商联主席王钦敏出席开幕式并发表讲话。中国侨联主席林军，国务院侨办主任裘援平，福建省副省长郑晓松，以及来自世界各地的3000多名嘉宾参加。印尼总统代表，政治、法律和安全事务统筹部长卢胡特，印尼人民协商会议主席祖尔基弗利·哈桑，印尼前总统梅加瓦蒂等多位主办国政要出席开幕式。林军主席率领中国侨商联合会代表团参加大会并在闭幕式上发表了讲话。中国侨商联合会参会华商代表达300多名，是本次大会规模最大的单个代表团。中国侨商联合会秘书长安晨、中国侨联海外联谊部副部长桑宝山陪同出席有关活动。

【举办庆祝中华人民共和国成立66周年招待会】 9月29日中午，中国侨联在北京举办庆祝中华人民共和国成立66周年招待会，欢迎来京参加国庆活动的17个国家和地区的450余位海外侨胞和国内归侨侨眷代表。中国侨联主席林军，副主席董中原、李卓彬、乔卫、康晓萍、朱奕龙以及中国侨联各部门、各单位负责人出席招待会。乔卫副主席主持招待会。

【康晓萍副主席出席“铭记历史·鉴往知来——香港侨界人士纪念抗战胜利70周年”大会】 10月3日，中国侨联副主席康晓萍在香港出席由香港缅华互助会、香港侨友社主办，香港华侨华人研究中心主办的“铭记历史·鉴往知来——香港侨界人士纪念抗战胜利70周年”大会暨《东南亚华侨抗日史料丛书》发布会等活动。中国侨联海外联谊部部长孔涛陪同出席上述活动。

【康晓萍副主席出席香港各界纪念抗日战争胜利暨台湾光复70周年大会】 10月5日，“香港各界纪念抗日战争胜利暨台湾光复70周年大会”在香港会展中心举行。中共中央政治局委员、中央统战部部长孙春兰，全国政协副主席董建华，香港特别行政区行政长官梁振英，台湾新党主席郁慕明，中央政府驻香港联络办公室主任张晓明，国务院台办主任张志军，中央统战部常务副部长张裔炯，中国侨联副主席康晓萍及来自两岸四地、海外的逾1300位嘉宾出席了大会。中国侨联海外联谊部部长孔涛陪同出席相关活动。

【举办第二期“侨界青年创新创业·共谋发展”高级研修班】 10月11日—15日，中国侨联为指导单位，由中国侨联青年委员会、上海市侨联共同主办，上海市侨联青年委员会、复旦大学新闻学院、《解放日报》文化传播中心联合承办的“侨界青年创新创业·共谋发展”第二期高级研修班在上海复旦大学举行。来自欧洲、非洲和大洋洲28个国家的60余名中国侨联青年委员出席活动。中国侨联副主席乔卫做了题为《华侨华人在“一带一路”中的作用和地位》的专题报告。复旦大学国际公共关系研究中心主任、新闻学院教授孟建，复旦大学经济学院教授陈建安，上海科学研究所战略规划研究室副主任朱学彦等先后为学员授课。

【邀请菲律宾中国和平统一促进会赴北京、江苏参访】10月16日—20日，中国侨联邀请菲律宾中国和平统一促进会纪念抗战教育基地访问团赴北京、江苏等地参访，该团以菲律宾和统会组织的纪念抗战胜利70周年征文比赛获奖青年学生为主，主要参观中国人民抗日战争纪念馆和南京大屠杀纪念馆等。

【乔卫副主席出席世界越柬寮华人团体联合会第七届文化商务交流暨会员代表大会开幕式并讲话】10月21日，世界越柬寮华人团体联合会第七届文化商务交流暨会员代表大会在四川成都开幕。来自全球20多个国家和地区的越柬寮华人社团负责人及企业家代表、港澳委员代表近800人参会。中国侨联副主席乔卫出席大会开幕式并讲话。中国侨联海外联谊部副部长桑宝山等出席活动。

【董中原副主席会见列席全国政协会议的海外侨胞考察团】10月22日中午，中国侨联副主席董中原在北京会见列席全国政协会议的海外侨胞代表回国考察团一行。来自12个国家的20位海外侨胞代表分别作了发言。中国侨联办公厅副巡视员李舰舶陪同会见。

10月22日，董中原副主席会见列席全国政协会议的海外侨胞考察团

【组织中国侨联港澳地区顾问、委员、青年委员赴四川参访】10月22日—27日，中国侨联组织中国侨联港澳地区顾问、委员、青年委员赴四川成都、凉山等地参访。港澳地区顾问、委员、青年委员应邀出席了2015中国西部（四川）进口展及国际投资大会，并参观考察了天府新区成都片区、凉山奴隶社会博物馆、华润雪花啤酒西昌生产基地、香港元昇集团橄榄油基地、西昌礼州花卉园区等。

10月21日，乔卫副主席出席世界越柬寮华人团体联合会第七届文化商务交流暨会员代表大会并致辞

【林军主席会见世界越柬寮华人团体联合会新一届理事会成员】10月22日，中国侨联主席林军、副主席乔卫在四川成都会见了世界越柬寮华人团体联合会第七届理事会成员。四

10 月 22 日，林军主席会见世界越柬寮华人团体联合会新一届理事会成员

川省侨联主席刘以勤，中国侨联海外联谊部副部长李涛、桑宝山等陪同会见。

【康晓萍副主席出席第八届世界福建同乡恳亲大会和福建海外杰出女性联谊会成立大会】 10 月 9 日，中国侨联副主席康晓萍出席在厦门举办的主题为“闽乡情·中国梦”第八届世界福建同乡恳亲大会，大会由第八届世界福建同乡恳亲大会筹委会主办，福建省侨办、厦门市政府承办。来自世界 70 多个国家和地区的近 1700 名海内外闽籍乡亲出席了开幕式。同一天，福建海外杰出女性联谊会在厦门举行成立大会，中国侨联副主席康晓萍，福建省委常委、统战部部长雷春美，中国侨联副主席、福建省侨联主席王亚君出席并讲话。来自 63 个国家和中国香港、澳门、台湾地区的 156 名闽籍海外杰出女性代表、13 名特邀代表出席大会。

【邀请世界越柬寮华人团体联合会代表团赴四川参访】 10 月 24 日—29 日，中国侨联邀请世界越柬寮华人团体联合会 70 余名主要负责人赴四川资阳、眉山、甘孜藏族自治州等地参访。代表团先后考察了资阳三岔湖香港世茂产业生态城、“两湖一山”规划建设、简阳·西部电子商务集聚发展区、眉山岷东新区、经济开发区新区等项目，参观了甘孜州非物质文化遗产博物馆，并向资阳捐赠了教学设施设备。中国侨联海外联谊部副部长李涛等参加活动。

10 月 24 日，世界越柬寮华人团体联合会代表团，向资阳捐赠了价值 40 余万元的教学设施设备

【林军主席会见菲华联谊总会访问团】 11 月 6 日，中国侨联主席林军、副主席乔卫在北京会见了菲华联谊会访问团一行。中国侨联海外联谊部副部长李涛等陪同会见。

【李卓彬副主席会见美国政商友好代表团一行】 11 月 9 日，中国侨联李卓彬副主席在北京会见了美国政商友好代表团一行。会见活动由中国侨联海外联谊部副部长李涛主持，中国侨商联合会秘书长安晨等陪同会见。

【乔卫、朱奕龙副主席出席第二届世界青田人大会暨第三届浙商大会青田分会】11 月 8 日，第二届世界青田人大会暨第三届浙商大会青田分会开幕，来自 50 个国家和地区的 500 余人出席活动。中国侨联副主席乔卫出席开幕式并致辞。联合国原副秘书长、联合国可持续发展大会秘书长沙祖康，中国侨联副主席、宁夏回族自治区侨联主席朱奕龙等出席开幕式。

【乔卫副主席会见美国马氏宗亲总会访问团】11 月 17 日，中国侨联副主席乔卫在北京会见了美国马氏宗亲总会访问团一行。中国侨联海外联谊部副部长李涛、国务院侨务办公室国外司副司长林旭等陪同会见。

【林军、乔卫会见孙中山曾孙孙国雄一行】11 月 23 日，中国侨联主席林军、副主席乔卫在北京会见了来访的孙中山曾孙、中国宋庆龄基金会理事、美国夏威夷孙中山中心基金会主席孙国雄一行。中国侨联海外联谊部部长孔涛等陪同会见。

【乔卫副主席出席梦想海归·2015 中国（深圳）海归创业大会】11 月 20 日，乔卫副主席出席由深圳市侨办、深圳市侨联主办，深圳市海归协会承办的梦想海归·2015 中国（深圳）海归创业大会。中国侨联直属企业管理总机构党委书记谷宜成陪同出席有关活动。

【孔涛部长率团出访南非、纳米比亚、肯尼亚】11 月 7 日—16 日，中国侨联海外联谊部部长孔涛率团赴南非、纳米比亚、肯尼亚三国访问，出席“全球华侨华人促进中国和平统一——2015 年约堡大会”、“纪念郑和下西洋 610 周年及肯尼亚华人华侨联合会暨肯尼亚中国和平统一促进会成立十周年庆典”等活动，拜会主要侨团，召开侨领座谈会，走访慰问侨胞。

【举办“亲情中华·徽风皖韵”专场文艺演出】11 月 8 日，“全球华侨华人促进中国和平统一大会——2015 年约堡大会”在南非约翰内斯堡召开，中国侨联选派的“亲情中华·徽风皖韵”艺术团举行专场文艺演出。中国侨联海外联谊部部长孔涛出席活动并致辞。

【孔涛部长出席第五届“中国和平统一亚洲论坛”】11 月 27 日，由菲律宾中国和平统一促进会主办的第五届“中国和平统一亚洲论坛”在菲律宾首都马尼拉举行。本次论坛的主题为“坚定不移推进两岸和平发展，共同实现中华民

11 月 14 日，孔涛部长出席纪念郑和下西洋 610 周年及肯尼亚华人华侨联合会暨肯尼亚中国和平统一促进会成立十周年庆典

11 月 26 日，孔涛部长一行走访菲华商联总会并举行座谈

族伟大复兴”，来自日本、韩国、泰国等亚洲国家和平统一促进会会员、海峡两岸和港澳地区的专家学者，以及海内外侨团代表共600余人出席。中国侨联海外联谊部部长孔涛出席开幕式并致辞。访菲期间，孔涛一行还先后走访了菲华各界联合会、菲华商联总会并举行座谈，听取旅菲侨胞对中国侨联海外联谊工作的意见和建议。

【康晓萍副主席出席辽宁省侨联青委会成立大会】11月27日，辽宁省侨商会第三届会员代表大会暨省侨联青委会成立大会在沈阳隆重召开，中国侨联副主席康晓萍，辽宁省委副书记曾维，辽宁省政协副主席、省委统战部部长孙远良出席会议并致辞。辽宁省侨商会和青委会代表、辽宁各地侨联负责人700多人出席了大会。

【李卓彬副主席出席2015（第三届）天下潮商经济年会】12月6日—8日，以“迎接资本大时代——汇聚潮商资本·共建一带一路”为主题的2015（第三届）天下潮商经济年会在澳门召开。全国政协副主席何厚铧、第十届全国人大副委员长许嘉璐、澳门特别行政区行政长官崔世安、泰国国家立法议会第一副议长素拉猜·良汶洛猜等国内外领导人出席会议并作重要讲话，李卓彬副主席代表中国侨联出席开幕式并致辞。中国侨联海外联谊部副部长桑宝山陪同参加有关活动。

【举办第二十四届港穗深珠澳侨界乒乓球联赛暨粤港澳台乒乓球友谊赛】12月6日，由中国侨联主办，香港侨界社团联会承办的第二十四届港穗深珠澳侨界乒乓球联赛暨粤港澳台乒乓球友谊赛开幕礼在香港举行。中国侨联主席林军，外交部驻港副特派员胡建中，香港乒乓总会主席余国梁，乒乓球世界冠军林慧卿等出席开幕礼。香港、澳门、台湾、广州、深圳、珠海侨界代表队参赛，香港中联办、外交部驻港特派员公署亦分别派出特邀组代表队参赛。

【举行侨界座谈会】12月7日，中国侨联主席林军先后走访了香港侨友社、香港缅华互助会、香港福建社团联会等社团，看望侨界同胞，并分别召开座谈会。

【举办“中国经济形势与前景展望”专题报告会】12月8日上午，中国侨联、香港侨界社团联会联合在香港会展中心举办“中国经济形势与前景展望”专题报告会。中国侨联主席林军，香港基本法委员会副主任梁爱诗，国家发展改革委秘书长李朴民，全国政协常委、香港侨界社团联会会长余国春，中国侨联副主席陈有庆、王荣宝，香港交易所首席中国经济学家巴曙松、一国两制研究中心总研究主任方舟，以及港区全国人大代表、全国政协委员，各大商会、各大社团负责人，智库机构顾问，律师、会计师等专业界人士，中国侨联港澳地区顾问、委员、名誉委员、青年委员，港澳侨界和各界人士共500余人出席报告会。中国侨联主席林军，香港侨界社团联会会长余国春分别致辞，国家发展改革委秘书长李朴民为港澳侨界和各界人士正确认识中国经济发展趋势，深刻理解“十三五”规划的重大意义和深刻内涵作了一场生动、全面的专题报告。专题报告会由中国侨联海外联谊部部长孔涛主持。

12月8日，林军出席“中国经济形势与前景展望”专题报告会并致辞

12月8日，“中国经济形势与前景展望”专题报告会现场

12 月 8 日，中国侨联港澳地区顾问委员 2015 年会在香港召开

【林军主席出席中国侨联港澳地区顾问委员 2015 年会】12 月 8 日下午，中国侨联港澳地区顾问委员 2015 年会在香港万丽海景酒店召开，林军主席出席并作重要讲话。林军对中国侨联 2015 年在港澳地区举办的主要活动进行了总结并就明年的工作设想进行了介绍，中国侨联副主席陈有庆、王荣宝和中国侨联港澳顾问、常委、委员、青年委员 110 多人出席年会。

【林军主席出席香港厦门联谊总会成立二十二周年暨第十二届理监事就职典礼并致辞】12 月 9 日，香港厦门联谊总会在香港会展中心隆重举行成立二十二周年暨第十二届理监事就职典礼。香港特别行政区行政长官梁振英，中国侨联主席林军，福建省委常委、统战部部长雷春美，厦门市市长裴金佳，国家发展改革委秘书长李朴民，中联办秘书长许东，外交部驻港副特派员胡建中，香港福建社团联会主席吴良好等作为主礼嘉宾。来自中央、福建省、厦门市、台湾、澳门、菲律宾等地的嘉宾 2000 多人出席。

【在澳门举行“一带一路·创新未来”主题活动】12 月 15 日，由中国侨联与澳门归侨总会共同主办的“一带一路·创新未来”主题活动在澳门举行揭幕仪式。中国侨联副主席乔卫，中国侨联副主席、澳门归侨总会会长刘艺良，澳门特区政府经济财政司司长梁维特，中央人民政府驻澳门特别行政区联络办公室秘书长王新东，澳门贸促局主席张祖荣，澳门特区政府经济局局长苏添平，与中国侨联海外顾问、委员、青年委员，澳门社会贤达及友好社团代表等 300 多人参加报告会。报告会邀请全国政协委员、中国社会科学院学部委员张蕴岭教授作了题为《一带一路：找回失去的记忆与创新未来》的专题报告。

12 月 9 日，林军主席香港厦门联谊总会在香港会展中心举行成立二十二周年暨第十二届理监事就职典礼

12 月 15 日，“一带一路 · 创新未来” 主题活动在澳门举行揭幕仪式

【组织中国侨联海外顾问、委员、青年委员赴珠海考察】12 月 16 日，组织中国侨联海外顾问、委员、青年委员前往珠海横琴自贸区考察，珠海市委常委、统战部部长陈洪辉陪同嘉宾先后考察了横琴环岛数据中心、产权交易中心、稀贵商品交易中心、中星微项目展厅等。

【组织中国侨联海外顾问、委员赴广西访问】12 月 16 日—19 日，组织部分中国侨联海外顾问、委员赴广西访问。访问团先后访问了广西凭祥综合保税区、广西民族博物馆以及中国侨联海外顾问投资的阳朔旅游集散中心、中国侨联海外委员投资的桂林两江四湖旅游项目等。

12 月 16 日—19 日，部分中国侨联海外顾问、委员赴广西访问

【乔卫副主席出席吉林省侨联青年委员会第二届委员大会】12 月 19 日，吉林省侨联青年委员会第二届委员大会在长春召开，中国侨联副主席、中国侨联青年委员会会长乔卫，吉林省委副书记马俊清、省人大副主任李龙熙、省政协副主席王尔智，以及 20 个国家和地区的省侨联青年委员和嘉宾共计 220 余人出席开幕式。

【召开中国侨联青年委员会三届三次会长会议】12 月 27 日，中国侨联青年委员会在深圳举行了三届三次会长会议。会议通报了增聘委员的决议，审议通过了《侨界青年创新创业深圳宣言》，听取了对青委会工作的意见和建议。中国侨联副主席、中国侨联青年委员会会长乔卫出席会长会议并讲话。中国侨联海外联谊部部长，中国侨联青年委员会常务副会长孔涛主持会议。

【举办“创新改变世界 · 创业成就梦想”侨界青年创新创业大会】12 月 27 日—29 日，中国侨联青年委员会在深圳举办以“创新改变世界 · 创业成就梦想”为主题的中国侨联青年委员会讲坛。各省（区、市）及副省级城市侨联青年委员会

12 月 28 日，乔卫副主席在“创新改变世界 · 创业成就梦想”侨界青年创新创业大会上接受现场采访

负责人和来自 30 多个国家和地区的侨界青年及侨界青年组织代表共 200 余人出席大会。中国侨联副主席、中国侨联青年委员会会长乔卫出席活动并发表主旨演讲。会上，上海交通大学经济学院执行院长陈宪教授作了题为《中国经济依然向好情境下的创新创业》的主题演讲，深圳 5 位侨界青年创业者代表分享了创业体会。会议发布了《侨界青年创新创业深圳宣言》。12 月 29 日，组织来自 30 多个等国家和地区的侨界青年及侨界青年组织代表参观了深圳前海自贸区、深圳腾讯计算机系统有限公司等地。

12 月 29 日，组织侨界青年及侨界青年组织代表前往深圳参观

经济科技部

【领导成员名单】

部　　长：陈　桦（女，2015 年 11 月退休）

　　　　　赵红英（女，2015 年 11 月任职）

副 部 长：安　晨

【综述】 2015 年是“十二五”规划的收官之年，是全面深化改革的关键之年，也是全面推进依法治国的开局之年。经济科技部紧紧围绕中国侨联党组工作部署，按照部门工作安排，在延续已有项目的基础上力求开拓创新，各项工作取得了新的成绩。

【召开“一带一路”沿线省市侨联工作沟通会】 1 月 20 日，“一带一路”沿线省市侨联工作沟通会在北京召开。会议主要研究探讨如何围绕“一带一路”战略进一步做好侨联的经济科技工作。来自 25 个相关省市的 70 余名侨联干部出席会议。会议邀请多位中国侨联特聘专家介绍“一带一路”战略提出的背景、蕴含的发展机遇和涉及的重点领域，为侨联发挥作用的方式和途径提供针对性的建议。会议内容充实、信息量丰富，既交流了各地侨联经济科技工作现状，又对如何配合国家战略进行了有益的探讨，还听取了侨界专家的精彩报告，对侨联工作主动融入国家战略发展起到了积极作用。

【召开京津冀侨联协作工作会】 2 月 4 日，继举行“京津冀协同发展座谈会”初步沟通预热后，京津冀侨联协作工作会在河北石家庄召开，此次会议针对性和实效性更强，更加注重侨资侨智的融合，更加注重新侨人才作用的发挥，更加注重跨界资源的整合，也更加注重侨联系统整体优势的释放。会议决定建立京津冀三省侨联主席联席会议机制，定期召开联席会议探讨协调工作情况，在三省侨联分设秘书处贯彻落实主席联席会议决定，中国侨联经济科技部承担协调服务工作。

2 月 4 日，京津冀侨联协作工作会在石家庄召开

【召开“长江经济带”相关省市侨联工作沟通会】 3 月 30 日，“长江经济带”相关省市侨联工作沟通会在上海召开。中国侨联副主席李卓

1 月 20 日，“一带一路”沿线省市侨联工作沟通会在北京举行

3 月 30 日，“长江经济带”相关省市侨联工作沟通会在上海举行

彬，中国侨联副主席、上海市侨联主席沈敏，中国侨联特聘专家委员会副主任董志勇等特邀嘉宾，以及来自 11 个相关省市的 40 余名侨联干部出席会议。会议由陈桦部长主持。会议重点研讨侨联组织如何发挥优势，整合侨界力量，共同策划长江经济带的品牌活动，积极主动地融入国家战略。会议特别邀请了中国侨联特聘专家侯汉坡介绍“长江经济带”战略提出的背景、蕴含的发展机遇和涉及的重点领域，相关省市如何协调发展，为侨联发挥作用的方式和途径提供有针对性的建议。会上，“长江经济带”相关省市侨联共同发起，形成《长江经济带侨联协作（上海）宣言》。

【开展“健康光明行”十周年系列活动】4 月—6 月，中国侨联组织开展“健康光明行”十周年系列活动。系列活动包括举办“人间有情·光明无限——健康光明行”十周年现场活动，组织患者代表赴天安门观看升国旗仪式，编辑印发《健康光明行十周年纪念画册》，以及拍摄宣传电视专题片等。现场活动邀请十年来参与和支持过中国侨联“健康光明行”的单位和社会各界人士出席，包括地方医院代表、捐赠企业和爱心人士代表、媒体代表，以及给予“健康光明行”大力支持的湖北、辽宁、黑龙江、浙江、安徽、福建、河南、重庆、云南、陕西、甘肃、新疆等十几个省市的侨联干部。中国侨联“健康光明行”活动举办十年来，为 5280 名贫困地区白内障患者免费实施复明手术。举办十周年系列活动，不仅是一次总结与回首，更是一次继续前行的动员大会，通过扩大中国侨联“健康光明行”的社会影响力，募集更多善款，帮助更多贫困白内障患者完成复明心愿。

4 月 10 日，“健康光明行”十周年主题活动现场

【参加“第十八届中国北京国际科技产业博览会”】5 月 13 日—17 日，作为支持单位第二

5 月 13 日，组织新侨创业企业参加第十八届科博会

5 月 13 日，中国侨联举办“新侨创新成果与专利项目推介会”

次参加科博会，并举办“新侨创新成果与专利项目推介会”。本次活动突出精品概念、彰显侨界特色，共组织 22 个省级侨联、7 个地级侨联，联系 108 家企业参展，获得科博会组委会颁发的“优秀组织单位奖”。通过深度参与科博会等大型经贸活动，积极融入主流平台，助力推动侨界科技创新成果转化，促进侨界科技产业创新、提质、增效。

【举办“创业中华·魅力大连”活动】6 月 26 日，“创业中华·魅力大连”2015 侨界助力金普新区创新发展高峰论坛在大连金普新区举行，300 余位侨界专家、侨商参加。整场活动由主旨报告、生物医药产业创新发展论坛和推介交流三大板块组成，与会侨商还实地考察了大连金普新区产业发展情况，并围绕 IT、物流、环保、旅游、电子商务等领域深入探讨合作途径。美国亚洲金融协会主席、德意志银行（美国）资产管理副总裁张克，澳大利亚创新金融学院院长郭生祥，西门子美国研究院主任、高级研究员方彤紧紧围绕大连的发展战略和产业布局，积极为当地发展建言献策，并努力寻求科技成果与企业合作的结合点，在充分发挥海外联系广泛的优势的基础上，结合自身专业优势和特长，助力大连更好更快地实现转型升级。

【参与举办“丝路新航·繁荣共享”纪念郑和下西洋 610 周年暨海内外侨商携手共建“21 世纪海上丝绸之路”起航活动】7 月 11 日，由中国侨联指导，南京市人民政府和江苏省侨联共同主办的“丝路新航·繁荣共享”纪念郑和下西洋 610 周年暨海内外侨商携手共建“21 世纪海上丝绸之路”起航活动在南京举行。这是侨联系统“一带一路”沿线省市侨联工作沟通会后，推进创新驱动发展、促进经济转型的重要活动。来自新加坡、马来西亚、南非、澳大利亚等 40 多个国家、80 多个侨团的 150 余名华侨、华商，以及国内外知名郑和研究专家学者 20 余人参加了此次活动。通过文化、经贸等多方面、多层次交流，发挥了叠加效应，成为侨联组织整合各方力量，带动侨胞融入“一带一路”发展的有益实践。

【出访“一带一路”沿线国家和参与米兰世博会】6 月 28 日—7 月 9 日，中国侨联代表团访问俄罗斯、波兰、荷兰三国。出访期间，在莫斯科、圣彼得堡、阿姆斯特丹举办“互联互通，共建共赢——中国商品海外专场推介会”，加强与所在国政界、商界、我驻外使领馆、驻外机构、海外侨界工商社团的交流互动，共谋发展、共话合作，推动各方对一带一路战略的理解与认同。8 月 26 日，2015“一带一路”中国品牌世博行活动在世界时尚之都意大利米兰举行。此次活动是中国企业寻求海外发展的一次积极尝试。

6 月 26 日，2015 侨资侨智丝路行走进俄罗斯

会议期间，百家中国品牌齐聚米兰，展示中国企业良好形象。多家参会的中国企业与“一带一路”沿线国家企业签订了战略投资与合作协议。

【参与“聚焦东亚海洋合作，助力青岛更快发展——2015海内外侨界专家服务‘一带一路’战略研讨会”】8月5日—7日，由中国侨联和山东省侨联支持、青岛市侨联、青岛蓝色经济区建设办公室联合举办的“聚焦东亚海洋合作　助力青岛更快发展——2015海内外侨界专家服务‘一带一路’战略研讨会”在青岛召开，中国侨联副主席李卓彬，山东省委常委、青岛市委书记李群出席会议并分别致辞，会议由中国侨联副主席、中国科技大学校长万立骏院士，青岛市委副书记王伟主持。40余位来自海内外的侨界专家、近30位海外侨领侨商代表齐聚青岛，共话东亚海洋交流合作，共谋“一带一路”战略发展。会上，中科院院长白春礼以“把握科技发展新趋势，助力‘一带一路’大战略”为题作了主旨报告。中科院院士、南京工业大学校长黄维，欧洲人文和自然科学院院士孙大文，华通资本管理合伙人袁浩，青岛国家海洋科学研究中心主任李乃胜，国家海洋局第一海洋研究所党委书记乔方利，中国东中西部区域发展和改革研究院院长于今等，也围绕青岛如何加快融入国家“一带一路”战略作了精彩的主旨发言。研讨会期间，还进行了青岛与海外项目合作需求发布暨签约仪式，青岛市蓝色经济区建设办公室、烨隆（中国）集团、青岛建设集团、马达加斯加龙飞国际投资有限公司等4家单位进行了项目发布。青岛市商务局与香港烨富控股集团等4个合作项目进行了现场签约。

【参与“第七届鲁辽吉黑桂省会暨口岸城市侨联工作协作会议”】9月11日，第七届鲁辽吉黑桂省会暨口岸城市侨联工作协作会议在日照市召开，中国侨联经济科技部部长陈桦，日照市委副书记孟庆斌，山东省侨联副主席李兴钰出席。会议从侨联的改革创新入手，对如何围绕中心服务大局、更好地发挥桥梁纽带作用，如何建设归侨侨眷海外侨胞之家等问题进行了深入探讨。同时，针对“发挥侨资源优势，服务‘一带一路’战略”，提出了很多有参考价值的对策和思路。会上发起成立了“一带一路”口岸城市侨联合作联盟，旨在通过搭建信息沟通、引资引智、海外联络、交流联谊四大平台，建立超越地域限制的侨社团联盟，促进侨界资源共享、优势互补、合作共赢。

9月11日，在日照举行第七届鲁辽吉黑桂省会暨口岸城市侨联工作协作会议

2015年8月，“2015海内外侨界专家服务‘一带一路’战略研讨会”青岛现场

【参与2015南京生物医药发展论坛暨国际临床转化医学高峰论坛】9月16日，由中国侨联、江苏省侨联支持，南京市高新区管委会和南京市侨联共同主办的“2015南京生物医药发展论坛暨国际临床转化医学高峰论坛”在南京高新区举行，“江苏南京高新——劳伦斯伯克利生命科学研发中心”正式揭牌

9 月 16 日，在南京举行第二届南京生物医药发展论坛暨国际临床转化医学高峰论坛

成立，南京市市长缪瑞林、中国侨联副主席李卓彬等出席活动。中国侨联特聘专家委员会生物医药专委会组织多位专家参加论坛，就生物医药产业发展及精准医学研究成果展开讨论交流。

【举办“创业中华·2015 侨界精英走进中国（杭州）跨境电子商务综合试验区”】10 月 28 日，由中国侨联、浙江省侨联、杭州市政府主办，杭州市侨联、《杭州日报》承办的“2015 侨界精英走进中国（杭州）跨境电子商务综合试验区”活动在杭州启动。中国侨联副主席李卓彬，中国侨联副主席、浙江省政协副主席、省侨联主席吴晶，杭州市委副书记、市长张鸿铭出席会议并致辞。中国侨联经科部部长陈桦，浙江省侨联副主席张维仁，杭州市人大常委会副主任吴春莲，市政协副主席张鸿建，市政府秘书长王宏、市委副秘书长周琪等领导出席。杭州市委常委佟桂莉主持会议。活动重点结合杭州跨境电子商务综合试验区建设，促进海外华侨华人新生代将传统产业与新兴经济融合，鼓励、引导传统产业电商化，以跨境电子商务推动传统产业改造提升。会上，杭州市人大常委会副主任吴春莲、市政协副主席张鸿建为“杭州市海外企业家投资联合会”及“乐富海邦侨界创客空间”揭牌。同时，主办方还联合阿里巴巴集团举办了“2015 侨界精英阿里培训班”。峰会现场有 3 个项目达成或基本达成合作意向，签订了初步合作协议。

10 月 28 日，举办“创业中华·2015 侨界精英走进中国（杭州）跨境电子商务综合试验区”活动

【举办创业中华·魅力无锡——新侨创新创业论坛】11 月 2 日—3 日，由中国侨联特聘专家委员会、江苏省侨联侨界专家委员会联合举办的“创业中华·魅力无锡——新侨创新创业论坛”活动在江苏省无锡市举行。中国侨联经济科技部部长陈桦，中共无锡市委常委、统战部部长陈德荣、无锡市人民政府副市长王进健，江苏省侨联副主席镇翔等出席开幕式。本次论坛邀请中国侨联特聘专家，以及在锡的侨界专家学者、企业家，与无锡市回国创业新侨企业代表约 150 人，开展交流互动和对接合作。

11 月 2 日，“创业中华·魅力无锡——新侨创新创业论坛”活动现场

文化交流部

【领导成员名单】

部　　长：陈　迈

副 部 长：邢砚庄（女）

副巡视员：郭敏燕（女）

【综述】2015年，中国侨联文化宣传工作在坚持“两个并重”的基础上，积极推进“两个拓展”，紧紧围绕党和国家工作大局，着眼构建大文化、大外宣工作格局，注重突出主题、统筹兼顾、整体推进、求实创新，不断提升“亲情中华”品牌价值，大力推动海外华文教育的开展，进一步加强涉侨对外宣传，继续推动地方侨联“走出去”，各项工作取得重要进展，呈现出系统联动、稳中有进、加快发展的良好态势。

8月11日，林军主席出席“亲情中华”纪念反法西斯胜利70周年在香港的演出现场

8月12日，“亲情中华”纪念反法西斯胜利70周年晚会在香港演出

10月26日，“亲情中华　欢聚台湾”演出谢幕

【组派“亲情中华”艺术团开展海外巡演】2015年，全国侨联系统共组派“亲情中华”27支艺术团开展海外巡演。其中，中国侨联组派6支艺术团，分赴15个国家和地区的28个城市，举行了28场正式演出和30多场联欢活动；联合或支持福建、四川、贵州、湖南、广西、黑龙江、安徽、上海、重庆、广州、南京、无锡、丹东、云南保山、新疆阿克苏、阿勒泰、塔城、昌吉等省区市侨联组派21支艺术团，在亚洲、非洲、欧洲、美洲共25个国家举办正式演出75场，各类联欢和文化交流活动近80场。截至2015年年底，全国侨联系统共组织了165个“亲情中华”艺术团，赴世界69个国家和地区200余个城市进行了770余场演出。其中，中国侨联组派了62个，分赴五大洲53个国家和地区的140多个城市巡演310场，并开展数百场联欢交流活动。2月6日—24日，以中国侨联文化交流部副部长邢砚庄为团长，由中国东方演艺集团、全总文工团、北京歌舞剧院、中国煤矿文工团、中国戏曲学院、中国武警文工团等院团演员组成的“亲情中华”艺术团一行16

陈迈部长向台湾有关方面赠送纪念品

10月26日，台北演出现场的观众

人，在希腊雅典、意大利都灵、威尼斯、博洛尼亚、普拉托、佛罗伦萨、罗马、那波利，举行了8场正式演出和多场联欢活动。2月11日—27日，以中国侨联文化交流部部长陈迈为团长，由中国广播艺术团、中国杂技团、中国东方演艺集团、中国国家交响乐团等院团演员组成的“亲情中华”艺术团一行28人，在纽约、费城、华盛顿、巴拿马、温哥华、维多利亚，共3个国家6个城市，举行了6场正式演出和多场联欢活动。3月5日—16日，以中国侨联文化交流部副巡视员郭敏燕为团长，由中央民族歌舞团、全总文工团、中央歌剧院、中国煤矿文工团等院团演员组成的艺术团一行19人，在印尼登巴萨、古邦、菲律宾马尼拉，举行了4场正式演出和多场联欢活动。6月24日—7月8日，以中国侨联文化交流部部长陈迈为团长，由中国广播艺术团、中国杂技团、中国东方演艺集团、中国国家交响乐团、香港卫视等单位成员组成的“亲情中华”艺术团一行33人，在土耳其、保加利亚、以色列、拉脱维亚、法国，举行了5场正式演出和多场联欢活动。8月9日—14日，为纪念中国人民抗日战争暨世界反法西斯战争胜利70周年，以中国侨联文化交流部部长陈迈为团长，由中国广播艺术团、中国杂技团、全总文工团、浙江歌舞剧院、央视星光大道演员组成的“亲情中华”艺术团一行93人，在澳门、香港分别举行了“亲情中华——历史不会忘记”纪念中国人民抗日战争暨世界反法西斯战争胜利70周年大型晚会。澳门演出当晚，中国侨联主席林军，中央政府驻澳联络办副主任陈斯喜，外交部驻澳特派员公署副特派员蔡思平以及来自全球各地参加世界晋江恳亲大会的1500名侨胞和澳门各界人士共4000余人出席晚会。香港演出当晚，全国政协副主席董建华、中国侨联主席林军、香港中联办主任张晓明、国家发展和改革委秘书长李朴民、外交部驻港公署副特派员宋如安、香港侨界社团联会会长余国春等作为主礼嘉宾出席晚会，香港归侨和社会各界人士共3000余人观看晚会。10月24日—11月3日，以中国侨联文化交流部部长陈迈为团长，由中国侨联、中国

2月26日，“亲情中华”在加拿大维多利亚演出

2月14日，“亲情中华”在纽约演出的谢幕合影

2月24日，“亲情中华”在温哥华的演出

宋庆龄基金会、安徽省侨联、安徽省芜湖市人民政府共同组派的“亲情中华”艺术团一行65人，应台湾中国青年大陆研究文教基金会、台湾中华侨联总会的邀请，分别在台北、花莲、屏东和嘉义举办了4场“亲情中华·欢聚台湾”大型文艺晚会和多场联欢活动。这是时隔一年中国侨联“亲情中华”艺术团第三次走进宝岛台湾，场场爆满、效果空前；台北演出实况经央视录制后向全球播出，备受关注、反响强烈；代表团与岛内诸多政要、贤达之间真诚交流沟通，在促进两岸交流合作、推动彼此善意表达、早日达成更广泛共识等方面，发挥重要作用、取得实质进展。此次艺术团参演团队分别来自中国广播艺术团、国家话剧院、中国杂技团、中国铁路文工团、北京舞蹈学院、北京歌舞剧院、安徽省黄梅戏剧院等7个大陆知名文艺院团。其中，来自中国杂技团的演员是参演团队的骨干力量。演出以民族歌舞节目为主，融合戏曲、杂技、武术、民族器乐表演等多种艺术形式。此外，还邀请了台湾歌手和台湾“原住民”艺术家加盟演出。4月21日—27日，丹东市侨联和中国侨联联合组派“亲情中华”艺术团，赴澳大利亚、新西兰举办2场文艺演出。艺术团由丹东市政协副主席、中共丹东市

2月11日，“亲情中华”在意大利都灵演出的谢幕合影

2 月 23 日，“亲情中华”艺术团在意大利那波利演出谢幕合影

委统战部部长于天大任团长。5 月 30 日—6 月 8 日，福建省侨联和中国侨联联合组派“亲情中华”福建侨联中医义诊团，赴巴布亚新几内亚、澳大利亚、新西兰三国开展中医义诊 4 场，举办中医健康养生讲座 2 场，并参加了在澳大利亚悉尼举办的澳洲首届中医药文化节活动，福建省侨联副主席陈式海担任团长。6 月 9 日—18 日，新疆阿克苏侨联和中国侨联联合组派“亲情中华·魅力阿克苏”文化交流团赴塔吉克斯坦和吉尔吉斯斯坦开展系列慰侨活动。新疆阿克苏地区行署副专员康菊同志担任团长、地区外办主任阿布拉·吾守尔和地区塔里木歌舞团团长买米提米尼·萨迪克担任副团长，出访期间，举办了 5 场演出，慰问了塔、吉两国 15 户各族侨胞；召开了 2 场中资企业负责人、留学生、各族侨胞参加的座谈会。6 月 18 日—29 日，四川省侨联和中国侨联联合组派“亲情中华·美丽四川”艺术团赴新加坡、马来西、印尼三国，为 7000 多名海外侨胞、70 多个侨团、当地政要、国际友人和我驻新、驻马、驻印尼使领馆工作人员献上了极富巴蜀特色的大型歌舞演出。艺术团由省侨联副巡视员李杨阳任团长，省侨联秘书长邱广华、乐山市文化广电新闻出版局副局长余波任副团长。6 月 24 日—29 日，福建省侨联和中国侨联联合组派“亲情中华”艺术团（小分队）赴加拿大多伦多市，参加纪念中国人民抗日战争暨世界反法西斯战争胜利 70 周年系列活动。6 月 26 日—7 月 4 日，由中国侨联、贵州省委统战部、贵州省侨联联合主办的“亲情中华·多彩贵州”相继在美国洛杉矶、加拿大温哥华举行，艺术团由黔东南州歌舞团团长常海任团长。7 月 24 日—31 日，新疆阿勒泰侨联和中国侨联联合组派“亲情中华”艺术团，以新疆阿勒泰地区行署副专员阿合卓力·艾乃斯为团长的一行 21 人赴哈萨克斯坦共和国阿克莫拉州、俄罗斯联邦阿尔泰边疆区开展了为期 8 天的文化交流、慰侨演出活动。演出活动得到俄罗斯联邦阿尔泰边疆区，哈萨克斯坦共和国阿克莫拉州政府和社团组织的高度重视，受到广大侨胞和当地社

3 月 10 日，“亲情中华”在古邦的演出

3 月 13 日，“亲情中华”在菲律宾马尼拉演出

综合

6 月 28 日，“亲情中华”保加利亚演出结束后演员与嘉宾、观众合影

会的热烈欢迎和广泛好评，达到了展示良好形象、融洽情感交流、探索合作机制的目的，活动取得了圆满成功。8 月 11 日—18 日，为庆祝中俄建交 66 周年、中瑞建交 65 周年暨纪念世界反法西斯战争胜利 70 周年，湖南省侨联联合中国侨联、湘潭市政府组织侨心艺术团赴俄罗斯、瑞典进行了 3 场“亲情中华·魅力湖南”文艺巡演，旅俄、旅瑞华人华侨，留学生和俄罗斯、瑞典各界友人及民众近 5000 人观看了演出。艺术团由湖南省侨联党组书记朱建山任团长。8 月 11 日—20 日，广州市侨联和中国侨联联合组派“亲情中华”艺术团一行 15 人，赴印尼泗水、万隆，马来西亚吉隆坡和泰国曼谷举行了 3 场大型专场演出和 3 场联谊演出，印、马、泰三国逾 3500 位华侨华人观看了演出。艺术团由广州市侨联副主席卢启明同志担任团长。8 月 18 日—25 日，新疆昌吉州侨联和中国侨联联合组派“亲情中华”文化交流慰问演出团赴俄罗斯开展文化交流及慰问演出活动。该团由昌吉自治州党委常委库兰·赛富汗任团长，先后赴俄罗斯新西伯利亚别尔茨克市、圣彼得堡、莫斯科等地开展 3 场慰问演出、3 次友城座谈交流并慰问了 6 户侨胞家庭。10 月 4 日—13 日，四川省侨联和中国侨联联合组派“亲情中华”艺术团赴南非、毛里求斯举办慰侨巡演并开展文化交流活动，3000 多名海外侨胞、当地政要和国际友人观看了演出。艺术团由四川省侨联副主席赵建忠担任团长。10 月 10 日—21 日，广西壮族自治区侨联和中国侨联联合举办的“亲情中华·海外华校行”文化艺术交流演出活动，在菲律宾首都马尼拉市的侨中

“亲情中华”艺术团在拉脱维亚表演杂技《抖空竹》

学院、中正学院，柬埔寨首都金边市的端华学校、暹粒市的中山学校进行了7场演出，活动受到我驻菲、柬使领馆，菲、柬华校师生、侨社及相关政府官员的广泛赞誉。艺术团由广西侨联副主席林振龙任团长。10月11日—15日，在中国侨联支持下，重庆市侨联、渝中区侨联组团赴美开展“亲情中华·印象重庆”——魅力渝中美食及图片展活动。代表团由重庆市委统战部副部长、市侨联党组书记李联军任团长，渝中区委常委、统战部部长戴伶等一行7人参加活动。10月23日—30日，以中泰建交40周年、中老建交54周年为契机，湖南省侨联党组成员、副主席兼秘书长孙民生在中国侨联支持下，率省侨联海外侨情调研团和“亲情中华·魅力湖南·青春娄底”文化交流侨心艺术团一行27人赴泰国举办慰问演出。10月24日—25日，黑龙江省侨联与黑龙江省暨哈尔滨市民间文化艺术交流促进会共同组织的“亲情中华·中俄民间文化交流演出”活动，在俄罗斯阿穆尔州布拉戈维申斯克市举办。艺术团由黑龙江省侨联文化交流部副部长苏雪晶任团长。10月29日—11月1日，在中国侨联支持下，由云南省侨联、云南省侨办、保山市人民政府主办，保山市侨联、保山市侨办承办的“亲情中华·相聚密支那”文艺晚会在缅甸密支那举办了4场演出。缅甸密支那克钦邦总理和密支那克钦邦政府官员，密支那云南同乡会侨胞以及来自缅甸仰光、曼德勒、东枝、腊戌等地华侨会的侨领和来自美国、泰国等地的侨胞以及密支那华校的师生代表6000多名观众出席晚会。艺术团由云南省侨联党组书记和向红任团长。11月5日—10日，福建省侨联和中国侨联联合组派“亲情中华”艺术团，赴新加坡开展慰侨演出和文化交流活动。其间共演出4场，参与文化交流活动1场，受众达2000多人，得到了海外乡亲与侨社团体的广泛欢迎和赞誉。艺术团由福建省侨联办公室副主任刘绍阳任团长。11月7日—18日，安徽省侨联和中国侨联联合组派“亲情中华·徽风皖韵”艺术团，赴阿联酋、肯尼亚、南非和印尼执行慰问演出和经贸文化交流推介任务。出访期间，艺术团共举办4场访问演出，观众达2000余人。艺术团由省侨联党组书

3月2日，“亲情中华　欢聚侨乡”在广西那马演出

6月3日，法国华人经贸协会主要侨领与“亲情中华”艺术家合影

记、主席吴向明担任团长，11 月 26 日—12 月 1 日，无锡市侨联和中国侨联联合组派的“亲情中华·锦绣江苏·魅力无锡”艺术团，一行 19 人赴法国巴黎开展慰问演出。艺术团由无锡市侨联副主席张筠担任团长。

【开展“亲情中华·走进侨乡”活动】2015 年，中国侨联组派 4 支“亲情中华”艺术团，赴浙江、安徽、江苏、广西四省，开展“亲情中华·走进侨乡”活动，共在 8 个城市演出 8 场。2 月 28 日—3 月 3 日，由中国侨联、浙江省侨联共同主办的“亲情中华·走进浙江”慰问演出在温州和嘉兴上演。晚会演员来自中央民族歌舞团、中国东方演艺集团、中国广播艺术团、中国铁路文工团、北京歌舞剧院、中央歌剧院、浙江歌舞剧院、浙江省曲艺杂技总团、温州市瓯海区文化馆等。中国侨联文化交流部部长陈迈代表中国侨联致辞。这是中国侨联“亲情中华”艺术团自开展海外巡演以来第二次走入国内侨乡。温州及嘉兴的归侨侨眷及从海外回国过年的华侨华人共 2000 余人出席晚会。3 月 2 日—4 日，由中国侨联、安徽省侨联共同主办的“亲情中华·走进安徽”慰问演出在合肥、马鞍山上演，中国侨联顾问郭麟恭代表中国侨联致辞，安徽省委常委、合肥市委书记吴存荣，安徽省政协副主席张学平出席晚会。来自中央民族歌舞团、中国东方演艺集团、空政文工团、全总文工团、安徽省黄梅剧院、安徽省杂技团、合肥演艺公司歌舞团的 30 余名演员为当地的归侨侨眷和海外回家过年的侨胞共 2000 余人送上了充满温情的“侨乡春晚”。3 月 2 日—3 日，由中国侨联、广西壮族自治区侨联共同主办的“亲情中华·走进广西”慰问演出在那马镇、南宁市、崇左市上演，中国侨联顾问唐闻生代表中国侨联致辞。空政文工团、广西杂技艺术团、中央民族乐团、广西艺术学院演员联袂献艺，深受欢迎和好评，来自东南亚国家回国探亲的海外侨胞以及三地侨界群众共 3000 余人观看了演出。3 月 5 日—6 日，由中国侨联、江苏省侨联共同主办的“亲情中华·走进江苏”元宵节慰问演出在南通、苏州上演，中国侨联顾问郭麟恭出席晚会。来自中国东方演艺集团、空政文工团、中央民族歌舞团、全总文工团的艺术家们，分别携手南通华侨艺术团、南通少儿杂技团，苏州评弹学校、苏州侨界艺术团的演员，用精彩的节目为当地归侨侨眷和海外回家过年的侨胞共 2000 余人奉献了充满亲情的“团圆晚会”。

【组派“亲情中华”中医药团开展海外交流】9 月 17 日—25 日，以中国侨联文化交流部副部长邢砚庄为团长，由北京中医药大学附属东直门医院知名中医专家组成的中国侨联“亲情中华”中医药交流团一行 5 人，赴巴西、阿根廷开展中医药文化交流和义诊。以东直门医院王耀献院长、刘长信主任、陈艳主任、王福医师组成的中医专家组举行了 6 场义诊，当地侨胞和国际友人 400 余人接受诊疗。访问期间，代表团应邀前往我驻阿根廷大使馆、驻巴西里约热内卢总领事馆为我驻外使领馆工作人员及家属义诊。中国驻巴西里约热内卢总领馆宋扬总领事、驻圣保罗总领馆胡英副总领事、驻阿根廷大使馆政务参赞王晓林对中医药专家团对巴西、阿根廷的访问给予充分肯定，高度评价中国侨联“亲情中华”中医药交流团在服务海外侨胞、促进中外文化交流、开展民间友好交往等方面取得的积极成果。

【召开全国侨联文化宣传工作会议】2 月 3 日，全国侨联文化宣传工作会议在北京召开，中国侨联副主席董中原、康晓萍出席会议并讲话。

2 月 3 日，召开全国侨联文化宣传工作会议

董中原副主席受林军主席委托，传达了中央书记处关于侨联文化宣传工作的重要指示精神，并作了弘扬“四个坚持”、做好“六个着力”的讲话。康晓萍副主席总结了去年工作，对完成好当前和今后一个时期侨联文化宣传工作的主要任务提出了要求。中国侨联文化交流部部长陈迈主持会议并具体部署 2015 年文化宣传工作。上海、江苏、浙江、福建、湖南、新疆、广州、武汉 8 个省区市侨联负责同志及香港卫视的代表作了大会交流发言。来自各省区市、中直机关、中央国家机关、中央企业和新疆生产建设兵团、副省级城市侨联领导和侨联文化宣传工作负责同志，部分地市侨联领导，中国侨联各部门各单位负责同志，以及首都部分新闻媒体代表 130 余人出席会议。

【召开中国华侨国际文化交流促进会第四次理事大会】10 月 13 日，中国华侨国际文化交流促进会（简称“文促会”）第四次理事大会在安徽合肥召开。中国侨联党组副书记、副主席董中原，安徽省委常委、统战部部长沈素琍，中国侨联副主席康晓萍等出席大会。来自 75 个国家和地区近 300 名理事以及各省级侨联负责人、列席嘉宾等共 400 余人出席大会。沈素琍代表安徽省委、省政府对大会在安徽召开表示祝贺。董中原副主席受林军主席委托，代表中国侨联向参会理事致以亲切问候，并提出五点希望。大会选举产生了新一届领导机构，中国侨联副主席康晓萍当选会长，中国侨联文化交流部部长陈迈当选常务副会长兼秘书长，马粤等 48 人当选副会长，马重星等 24 人被任命为副秘书长。康晓萍会长代表文促会理事大会向新当选的副会长、副秘书长颁发当选证书。第四届理事会共聘任理事 460 名，其中海外理事 416 名，来自 90 个国家和地区。理事大会结束后，海外理事还应邀参加了由中国侨联主办、安徽省侨联承办的“亲情中华·魅力安徽”经贸文化参访活动。来自海外 75 个国家和地区的文化领域侨领、侨商，海外华文媒体、华文学校负责人等 200 余位海外嘉宾分“合肥—池州—黄山”和“合肥—安庆—黄山”两条线路进行了文化考察和参观访问，并取得了丰硕成果。

10 月 13 日，中国华侨国际文化交流促进会第四次理事大会开幕式

10 月 13 日，中国华侨国际文化交流促进会第四次理事大会开幕式观众席

【举办第二届世界华侨华人摄影展】11 月 5 日，由中国侨联主办，中国华侨摄影学会、中国华侨国际文化交流促进会、中国华侨公益基金会、中国侨联青年委员会等承办的“第二届世界华侨华人摄影展”在北京中国华侨历史博物馆开幕。中国侨联主席林军，全国政协港澳台侨委员会副主任卢昌华，中国侨联副主席康晓萍、朱奕龙，中国侨联顾问庄炎林、林兆枢、黄军军、林明江、李祖沛、陈兰通、朱添华、郭麟恭、唐闻生、林淑娘，中国宋庆龄基金会副主席、中国摄影家协会顾问杨绍明等侨界、摄影界人士和来自 15 个国家、地区的海内外嘉宾出席了开幕式。此次摄影展共收到世界五大洲 26 个国家和地区华侨华人摄影家寄来的 14000 余幅 / 组作品，

11 月 5 日，林军主席等出席第二届世界华侨华人摄影展

较第一届增加了一倍多。来稿中既有国际知名摄影家的精品力作；也有年轻新锐摄影家充满视觉冲击力的新作；既有 80 多岁高龄老摄影家的作品，也有年仅 13 岁少年儿童的习作。展览组委会按社会摄影类、自然摄影类、创意摄影类对作品进行分类评选，评选出金奖 3 幅 / 组，银奖 6 幅 / 组，铜奖 9 幅 / 组，佳作奖 244 幅 / 组。加拿大余鹏的《穆桂英在加拿大》（组照）荣获社会摄影类金奖，中国福建林琦壂的《云蒸霞蔚》荣获自然摄影类金奖，中国福建梁艺枕的《无处可逃》荣获创意摄影类金奖。此次展览共展出 290 幅 / 组作品，除获奖作品外，展览还特别邀请了部分海内外侨界知名摄影家选送的作品一起展出。

【举办第十六届世界华人学生作文大赛】 7 月 18 日上午，来自中国、美国、加拿大、荷兰、奥

7 月 18 日，第十六届华人学生作文大赛颁奖典礼开幕式

地利、阿联酋等国家和地区的100多名获奖教师和学生代表欢聚北京，参加第十六届世界华人学生作文大赛颁奖典礼。中国侨联副主席康晓萍出席典礼并讲话。本届作文大赛由中国侨联、全国台联、《人民日报·海外版》、中国国际广播电台、《快乐作文》杂志等单位主办，吸引来自24个国家和地区的760万华人学生参赛。经过各地学校推荐和组织单位初评，大赛评委会组织专家复评、终评，共有15名同学获得特等奖，8800名同学获得一、二、三等奖，8600名教师获得辅导奖，300个单位获得组织奖。本届大赛的主题是"朋友"、"知行"。来自不同国家和地区的华人学生用共同的语言文字——汉字记录下了成长的伙伴和踏过的旅途，描绘了祖国的秀美河山和他们心中的风景，形式活泼，题材各异，富有童真童趣，展现了当代青少年勇于探索、知行合一的积极进取精神和昂扬向上的精神风貌。在颁奖典礼上，全国台联副会长杨毅周代表组委会宣布第十七届世界华人学生作文大赛正式启动，面向海内外的华人学生开始征集稿件。颁奖典礼由中国侨联文化交流部部长陈迈主持，《人民日报·海外版》科教部主任郑红深、中国国际广播电台华语中心事业发展部副主任刘丽斌、《快乐作文》杂志总编韩冰雪、中国侨联文化交流部副部长邢砚庄、副巡视员郭敏燕等一同出席颁奖典礼。

【举办"亲情中华·汉语桥"夏令营】 5月20日，由中国侨联、国家汉办共同主办的2015"亲情中华·汉语桥"夏令营筹备工作正式启动。2015"亲情中华·汉语桥"夏令营由北京、上海、江苏、浙江、安徽、山东、湖南、广东、广西、海南、贵州、云南12个省级侨联以及23家市、区、县级侨联和15家高校、中学参与承办，班级总数27个。6月—10月，共有来自20余个国家和地区的946名华裔青少年参加夏令营活动。入营华裔青少年一般在14—18周岁之间，具备一定中文基础或对学习中文有较大兴趣。在夏令营中会参加汉语课和文化课学习，参加丰富多彩的文化访问体验活动，并与当地青少年开展交流。与2014年相比，2015年承办单位同比增加300%，协办单位同比增加316%，营员总数同比增加730%。"亲情中华·汉语桥"夏令营是中国侨联、国家汉办的合作项目之一，旨在支持并促进孔子学院和华文教育的发展，推动"汉语桥"系列活动深入进行，弘扬中华民族优秀文化，帮助海外华裔青少年增进中华情愫和桑梓情怀，做中国与住在国人民的友好使者和联结中国梦与世界梦的桥梁与纽带。李源潮同志连续两年到中国侨联机关看望时提到中国侨联与国家汉办的合作，亲切关怀夏令营工作的发展。中共湖南省委书记、省人大常委会主任徐守盛专门对湖南省侨联承办2015年度夏令营工作做出批示，并请湖南省委常委、秘书长、省人大副主任韩永文出席湖南营开营仪式。贵州省委常委、统战部部长刘晓凯专门布置夏令营工作，并出席贵州营开营仪式。中国侨联副主席、浙江省侨联主席吴晶高度重视，多次出席夏令营有关活动。中央电视台有关栏目、人民网、新华网、新浪网、搜狐网、中新网、中国侨网等国内主要新闻媒体对主办单位和夏令营活动作了有力报道。目前，通过百度搜索"亲情中华·汉语桥"已有48000余个新闻报道链接，较2014年年底时增加了40000余条。报道正面积极，有很大比例是由新闻媒体自发转载扩散。承（协）办单位、营员家长通过微信群、朋友圈、微博、海外华文媒体等渠道传播讯息，进一步扩大了夏令营的品牌影响，拓宽了侨联组织的知名度，凝聚了侨界力量。

7月14日，"亲情中华·汉语桥"夏令营杭州开营仪式

【召开"亲情中华·汉语桥"夏令营工作研讨会】12月10日—11日，"亲情中华·汉语桥"夏令营工作研讨会在北京举行。会议总结交流了两年来各地举办"亲情中华·汉语桥"夏令营的情况和经验，研讨了明年夏令营的工作思路和部署安排。部分省级侨联文化交流部门负责人、部分参与承办的地市县级侨联负责人、协办单位代表以及文化交流部部分同志共60余人出席会议。中国侨联文化交流部部长陈迈出席座谈会并讲话，文化交流部文化处副处长张亮主持座谈会。在座谈会上，来自浙江杭州、温州、嘉兴、青田、文成、瓯海的侨联负责人结合办营实际情况，讲述了很多典型事例，并就如何争取党政领导重视、如何获得教育部门支持、如何设置课程、如何传承弘扬"孝"文化、如何确保营员健康安全、如何将夏令营办出特色等提出具体建议。来自贵州、湖南、福建、安徽、湖北、上海等省份的侨联文化交流部门负责人对本省开展"亲情中华·汉语桥"夏令营交流了经验，并就经费补助、营员年龄、营服设计、教材选择、教学时长提出具体建议。12月11日，出席座谈会的代表还一同赴《人民日报》社新媒体中心进行了参观考察。人民网总编辑余清楚对与会人员的到来表示热烈欢迎，并与陈迈部长就双方进一步加强合作、推进"亲情中华"网站建设、更好地服务归侨侨眷和海外侨胞进行了交流。人民网要闻部记者盛卉向代表们介绍了"亲情中华"官方网站的运行情况和改版计划，并对投稿方式和稿件要求做了详细说明。

【召开中国侨联新闻发布会】7月4日，中国侨联在中国华侨历史博物馆举行"李辙先生、许伯夷先生捐赠日本军国主义侵华罪证史料新闻发布会"。中国侨联主席林军，中国侨联副主席李卓彬、李昭玲等出席新闻发布会，中国侨联副主席、新闻发言人乔卫主持新闻发布会。该批史料已经由台湾运抵北京，经权威专家初步鉴定，该批文物有以下特点：一是数量种类丰富。首批整理登记的珍贵史料就达1000余件，涵盖军需、书籍、报刊、公文、票据、债券等诸多方面，是对现有大陆相关史料的重要补充和有机拓展。二是时间跨度较大。从1894年东京博文馆发行的日文版《日清战争实记》，1932年日本第三舰队司令部编纂的《上海事变记念写真贴》，到1936年南满洲铁道株式会社发行的《满洲概观》，涵盖了中日甲午海战、日本割占台湾、日俄战争、伪满洲国成立、九·一八事变、七·七事变等重大历史节点。三是日文史料居多。既有日本在台征兵的手书、日本政府发行的军票，也有战时储蓄债券、日军内部作战写真记录等，这些由日文撰写或由日本有关方面编纂的史料，使日本军国主义的罪行更加确凿。四是研究价值珍贵。其中，由东京朝日新闻社发行的整套《北支事变画

"亲情中华·汉语桥"夏令营学员参观河姆渡遗址博物馆

7 月 4 日，日军侵华罪证史料捐赠仪式新闻发布会上捐赠人与领导和嘉宾合影

报》第一至三十五辑，全套收藏已十分罕见；一些文物带有浓厚的台湾地域色彩，真切记录了日本军国主义在当地的所作所为。在新闻发布会上，李辙先生讲述了转运史料的目的初衷和曲折经历，中国人民革命军事博物馆原副馆长阮家新先生从史料研究角度介绍了这批史料的历史价值和学术价值。

【命名“中国华侨国际文化交流基地”】2015 年，中国侨联在全国 19 个省市命名了 85 个中国华侨国际文化交流基地（以下简称“交流基地”）。交流基地是侨联组织对承载中华文化、富有侨的特色、广大侨胞向往、社会广泛好评，旨在弘扬中华优秀文化、促进中外文化交流的各类文化场所等所予以确认的展示窗口，是侨联组织整合社会资源、推进优势互补、合力开展海内外文化交流活动的重要平台。交流基地总体上分为四类：一是文化遗产保护场所。主要是博物馆、纪念馆，文化遗迹，名人故居，非物质文化遗产展示体验中心等。二是知名旅游文化景点。主要是文化街区、文化园林、民俗村落，以及风景名胜的文化景点等。三是文化研究培训机构。主要是侨特色学校，侨史研究机构，以及书法、国画、武术、中医、民乐、戏曲、烹饪等具有中国传统文化特质的培训馆所等。四是其他文化交流单位。主要是由侨界人士或广大侨胞创办、参与创办、捐建的其他文化机构、文化场所、文化设施等。交流基地名单已分三次在中国侨联网站上公布，为确保交流基地管理有章可循，不断提高制度化、规范化、科学化管理水平，已制定《中国华侨国际文化交流基地管理办法（暂行）》，定期对交流基地进行考核，实施有效的退出机制。

权益保障部

【领导成员名单】

部　　长：张　岩（女）

副 部 长：黄　晖

【综述】2015年，在中国侨联党组领导下，权益保障部紧紧围绕贯彻党的十八大、十八届三中、四中、五中全会精神和习近平总书记系列重要讲话精神，深入落实中央群团工作会议精神及“九代会”精神，服务大局、认真履责，扎实工作、开拓创新，依法维护侨胞合法权益，促进社会和谐稳定，团结凝聚侨界群众为推进法治中国建设、实现中华民族伟大复兴的中国梦做出了应有贡献。

【组织侨界群众法治学习活动】6月—10月，为贯彻落实党的十八届四中全会精神、中央“四个全面”战略布局与“一带一路”战略，进一步围绕中心、服务大局，继去年成功举办“法治中国　你我同行”——“侨商杯”全国侨联系统法律知识竞赛后，权益保障部以中国侨联名义，先后在南宁、福州、乌鲁木齐、哈尔滨、昆明5个城市举办了“法治中国　你我同行”——“一带一路”侨界群众法治学习活动。此次活动是中国侨联致力于发挥侨界优势贯彻落实“四个全面”战略布局的一项重要举措，着重将普法工作同服务“一带一路”战略有机结合，将学习教育工作同密切联系服务侨界群众有机结合，进一步增强侨界群众、侨商、侨联法顾委委员和侨联干部的法治观念，在侨界推动形成崇尚宪法、厉行法治的良好氛围。活动邀请了国务院法制办工交商事法制司司长张建华，全国人大华侨委法案室原主任毛起雄，中国侨联法顾委委员、云博律师事务所高级合伙人王福江，中国侨联法顾委委员、中国政法大学民商经济法学院商法研究所副所长管晓峰，中国侨联法顾委委员、德恒律师事务所高级合伙人王建平，中国侨联法顾委委员、北京市威宇律师事务所高级合伙人张巍等法学界专家，他们分别以“依法治国：理念、历程与任务”、“‘一带一路’战略与侨联工作”、“侨商在参与‘一带一路’战略过程中的企业法律风险管理”、“依法治国与地方经济发展的关系”、“劳动关系中常见法律问题解析及风险防范”、“企业走出去应注意的法律风险及其防范”、“社会主义法律体系的形成与完善”为题进行了授课。中国侨联副主席李卓彬出席了最后一期学习活动并发表

2015年7月，中国侨联在福州举办“法治中国 你我同行”——“一带一路”侨界群众法治学习第二班

2015年8月，中国侨联在乌鲁木齐举办“法治中国 你我同行”——“一带一路”侨界群众法治学习第三班

讲话。学习活动期间，同志们围绕学习主题展开了热烈讨论。来自全国各地基层的侨联干部、侨界群众、法顾委委员、侨商代表等1000多人参加了此次学习活动。

【参与修改法律文件】2015年，权益保障部在中国侨联法顾委的协助下，对《食品安全法》、《广告法》、《国家安全法》、《种子法》、《刑法第九修正案》、《大气污染防治法》、《环境保护法》、《证券法》、《国家勋章和荣誉称号法》、《资产评估法》、《电影产业促进法》、《深海海底区域资源勘探开发法》、《反家庭暴力法》等74个法律文件提出了修改意见和建议，部分建议得到采纳。

【答复政协委员提案】2015年“两会”后，按照中国侨联办公厅要求，在广泛调查和详细了解的基础上，对王亚君委员提出的《关于保护华侨祖屋、祖坟的建议》、舒心委员提出的《关于解决部分归侨没有户籍的建议》等提案，从中国侨联的角度起草了答复意见，提出了解决建议。

【举办全国侨联系统维权工作会议】10月12日—14日，权益保障部在湖南省长沙市组织召开了全国侨联系统维权工作会议。湖南省政协副主席王晓琴致欢迎辞，中国侨联副主席李卓彬出席会议并发表重要讲话。中国侨联权益保障部部长张岩作五年来全国侨联系统维权工作报告。会议由中国侨联权益保障部副部长黄晖主持。会议全面总结了五年来全国侨联系统维护侨益工作取得的成绩和经验，分析了新形势下侨联维权工作面临的挑战和问题，提出了新时期侨联维权工作的四大任务。李卓彬副主席在讲话中指出，全国侨联系统要坚持维权工作服务党的中心工作、服务广大侨界群众的政治方向；要以保持政治性、先进性和群众性为指引，科学把握侨联维权工作的规律和要求；要坚持实事求是、与时俱进，不断加强和改进侨联维权工作，使侨联组织在服务国家战略、服务经济建设、服务法治社会建设、服务全面建成小康社会等方面做出新的更大贡献。大会对全国侨联系统就2011—2015年度维权工作评选出的49个维权工作先进单位和148名维权工作先进个人进行了表彰。湖南、北京、上海、江苏、浙江、福建、河南、大连8个省区市侨联代表作了经验交流发言。来自中国侨联和全国32个省级侨联的近200名维权工作负责人和干部代表出席了会议，并围绕会议主题进行了分组讨论。会后，与会人员参加了为期两天的业务培训，来自司法部、国家信访局、中国传媒大学等单位的领导和专家就普法、信访等工作进行了授课。

【组织全国政协侨联界委员考察】7月19日—26日，权益保障部以中国侨联名义，联合全国政协港澳台侨委员会，组织全国政协侨联界委员、全国政协港澳台侨委员会委员、侨界专家学者等20人，在团长全国政协常委、中国侨联副主席李卓彬，副团长全国政协委员、全国政协港澳台侨委员会副主任赵阳的率领下，以“发挥侨界资源和优势，为长江经济带战略实施建言献策”为主题，赴重庆市和湖北省进行了考察。考察团参观了重庆市两江新区规划馆、寸滩集装箱码头、重庆保税商品展示交易中心、西永微电子产业园、葛洲坝水力发电站、长江三峡坝区、秭归翻坝物流园区、荆州长江大桥、武汉新港，并分别与重庆市、湖北省有关领导座谈。重庆市政协主席徐敬业、副市长陈绿平，湖北省政协主席杨松、副主席王振有等同志会见了考察团一行。考察团认为，黄金水道建设具有巨大经济效益和重大战略意义。依托黄金水道产生的长江经济带是世界上最大的内河经济带，横贯我国东中西三大地区。长江经济带战略是目前我国唯一一个兼顾东中西部经济发展的国家战略，在国际环境发生深刻变化、国内发展

10月12日，全国侨联系统维权工作会议在湖南长沙召开

2015 年 7 月，全国政协侨联界委员赴重庆、湖北考察

面临诸多矛盾的背景下，有利于挖掘中上游广阔腹地蕴含的巨大内需潜力，缩小东中西部地区发展差距，推动东中西部经济均衡发展，实现我国经济新常态下的对外开放新格局。考察团针对目前长江经济带建设面临的几个主要问题提出了解决建议，形成报告上报了全国政协办公厅。重庆市政协副主席、致公党市委主委、市侨联主席张玲，湖北省侨联副主席舒正荣等先后陪同考察。

【设立侨联系统公职律师】 3 月，在中国侨联领导大力支持下，权益保障部先后拜访了全国总工会、司法部，就侨联系统设立公职律师事宜进行了沟通。在对全国侨联系统具备申请公职律师资格的干部进行摸底调查后，权益保障部以中国侨联名义向司法部发函请示成立侨联系统公职律师，并报送《侨联系统公职律师试点工作方案》。司法部复函同意，并对方案提出修改意见。该方案经九届 19 次主席办公会议审议通过，拟报送司法部备案。侨联系统设立公职律师，将有助于提高侨联干部的依法办事能力和水平。

【开通中国侨联普法办公众号】 2 月，权益保障部开通了中国侨联普法办微信公众号，每个工作日为广大侨胞推送涉侨法治文章，全年共推送 100 期。8 月，在侨联通开设中国侨联普法办公众号，全年推送文章 21 篇，不断扩大中国侨联普法品牌“法治中国　你我同行”在海内外的影响力。

【编印维权书籍】 为方便全国侨联系统维权干部参阅、提高维权工作水平。2015 年，权益保障部编印了《中国侨联维权工作手册》、《涉侨政策法律问答》、《“法治中国　你我同行”全国侨联系统法律知识竞赛试题汇编》、《全国侨联系统维权机制建设经验汇编》等工作书籍，发至各省（区、市）侨联和中国侨联机关各部门。

【组织法顾委调研】 根据中国侨联 2015 年工作部署及中国侨联法顾委工作安排，经主席办公会议同意，为深入了解新形势下侨情和侨胞利益诉求的变化，权益保障部组织由中国侨联法顾委主任、副主任分别带队的 4 个调研组，赴江苏、重庆、甘肃、宁夏开展调研，以听取各级侨联和法顾委工作汇报、召开座谈会、走访侨资企业和地方司法部门、召开案例分析会等形式，详细了解了基层侨联维护侨益工作情况和广大侨胞的意见呼声，共形成 4 篇调研报告上报会领导。

8 月 3 日—8 日，中国侨联法顾委主任张耕带队赴甘肃省调研

【组织法顾委海外委员回国访问】 9 月 21 日—25 日，权益保障部以中国侨联名义，邀请了来自 9 个国家的 18 名中国侨联法顾委海外委员，以“全面践行依法治国战略　依法维护海外侨胞权益”

9月21日，中国侨联主席林军、副主席李卓彬在北京会见中国侨联法顾委海外委员回国访问团

9月22日，中国侨联法顾委主任张耕在中国检察官文联会见海外委员回国访问团

为主题，在北京、四川进行了为期7天的考察访问。中国侨联主席林军、副主席李卓彬在北京会见了访问团一行。林军、李卓彬对各位委员回国访问表示热烈欢迎，对海外律师委员多年来对维护海外侨胞权益、维护国家核心利益、推动中西方文化交流、开展民间外交、促进侨胞与居住国人民的和平共处与发展等方面开展的工作表示衷心感谢。李卓彬主持会见。中国侨联法顾委常务副主任孙琬钟、林淑娘、王秀红，法顾委秘书长、权益保障部部长张岩，副部长黄晖等人陪同会见。

【处理来信来访】 2015年，在会党组领导下，权益保障部认真贯彻落实党的十八届四中、五中全会和中央党的群团工作会议精神，切实推进依法治国，推进“阳光信访”，信访工作形势持续平稳向好，来信来访总量及转办函件数呈现一定程度下降。全年共受理归侨、侨眷、海外侨胞和港澳台同胞来信192件，接待来访70余次，人数110余人，答复电话咨询320余次，转办函件27件，收到回复函7件。

【处理涉侨涉诉案件】 2015年，权益保障部严格按照中央及会党组对侨联依法维护侨益工作提出的要求，坚持以法治思维和法治方式办理涉侨涉诉纠纷，全年共办理归侨、侨眷和海外侨胞的涉诉案件28件，其中民商事案件20件，行政案件4件；刑事案件4件。28件案件中，转地方侨联及地方侨联法顾委办理的有10件；召开专家咨询会、出具法律意见、引导侨胞理性维权的有18件；开展专案调研6次；到相关机关听取意见、收集案情材料7次。跟往年相比，今年侨界群众到中国侨联反映的涉侨涉诉案件呈现“两少两多”的特点：案件总数明显减少、缠诉缠访侨胞减少；民商事诉讼多、复杂疑难案件多。通过中央“五侨”部门联动、与地方侨联协作等机制，有力推动了多起涉侨案件的解决进程，依法维护了侨胞的合法权益。

【“送温暖、献爱心”活动】 为深入贯彻落实《中共中央办公厅、国务院办公厅关于做好2015年元旦、春节期间有关工作的通知》精

2015 年元旦，中国侨联副主席董中原在海南看望南侨机工

【加强结对支部建设】4 月，权益保障部党支部书记张岩带队，赴共建支部——湛江奋勇华侨农场第二党支部，围绕基层侨联党组织建设、华侨农场改制与当地经济社会发展等内容开展调研。8 月，结合湛江奋勇高新区归侨侨眷的实际困难，回应侨界需求，权益保障部支部邀请中国中医研究院和湖南农业大学 4 位专家，赴湛江为结对支部开展了农业种植和园区规划指导及义诊活动，获得良好效果。

神，根据 2014 年各地侨联上报的申请和贫困归侨侨眷分布情况，权益保障部与办公厅研究制定了 2015 年中国侨联“送温暖、献爱心”慰问活动方案。元旦、春节期间，中国侨联会领导及机关党委、组织人事部、权益保障部等部门负责人分别带队，联合当地侨联对归侨侨眷集中的受灾地区、贫困地区、侨资企业进行走访慰问，共走访慰问 240 余户侨胞，向各省市发放慰问金累计 322 万元，为侨界群众送去了党和政府的温暖以及侨联组织的关怀。先后对西藏、新疆等突发自然灾害省区侨联拨付救灾款 16 万元，并通过湛江市侨联向该市在台风灾害中严重受损的归侨侨眷发放救灾款 10 万元。同时，权益保障部联合全国总工会农林水利工会集中对华侨农场进行了慰问。

8 月 27 日，权益保障部组织专家到广东省湛江市奋勇华侨农场（奋勇高新区）开展共建帮扶活动

【开展扶贫调研】2015 年初，权益保障部联合全国总工会农林水利工会赴 6 个省区华侨农林场开展帮扶工作。8 月，由权益保障部部长张岩带队，两家单位再次联合赴广西华侨渔村、渔港，对当地归侨侨眷的生产生活情况进行了调研，并就北海侨港镇侨房改造和渔村建设发展问题撰写了 2 份调研报告。

【完善规章制度】2015 年，根据《中国共产党廉洁自律准则》和《中国共产党纪律处分条例》规定，为进一步贯彻落实中央“三严三实”专题教育活动要求，规范部门重大决策行为，结合工作实际，权益保障部新制定了《中国侨联权益保障部“三重一大”事项决策制度实施细则》。同时，为了严格党的组织生活、健全党内生活制度，严格党员管理、加强党员教育，更好地发挥党员先锋模范作用和党支部的战斗堡垒作用，权益保障部党支部制定了《权益保障部党支部“三会一课”制度》，使部门工作和支部学习制度体系更加完善，为权益保障部进一步加强学习、规范办公、依法维权提供了制度保障。

组织人事部

【领导成员名单】

部　　长：李　杰

副 部 长：赵珊珊（女）

副巡视员：林美龄（女，2015年9月任职）

　　　　　高天仕（2015年4月退休）

【综述】 2015年，组织人事部在中组部等主管部门和会党组的领导下，深入学习贯彻党的十八大、十八届三中、四中、五中全会和习近平总书记系列重要讲话精神，按照全国组织部长会议和全国人事局长会议精神要求，紧紧围绕会党组工作的部署，自觉服务大局，本着"注重党建，从严管理，求真务实，注重实效"的原则，重点抓好从严治干、选好干部，机关企事业单位人事改革，省级侨联组织换届和干部培训，老干部服务等工作，着力践行"三严三实"要求，以"严"的精神和"实"的作风切实做好全年组织人事工作，取得了可喜的成绩，为全会各项工作开展提供了可靠的组织保证。

【侨联领导看望老同志及家属】 8月25日，中国侨联党组书记、主席林军代表中国侨联党组专程看望、慰问了我会顾问、抗战老战士庄炎林、肖岗两位老同志，为他们颁发了"中国人民抗日战争胜利70周年"纪念章，发放了一次性生活补助。12月17日，中国侨联党组书记、主席林军，中国侨联党组副书记、副主席董中原专程前往因病去世的中国侨联退休干部、文化交流部原部长任梦云家中吊唁。

【中国侨联2015年度招录公务员面试工作结束】 3月8日—9日，按照中组部、人力资源和社会保障部的有关部署，中国侨联2015年度招录机关工作人员面试工作经过规范、严密、公开、平等的程序，7位考生从35位面试者中脱颖而出，圆满完成面试工作。根据侨联工作涉外性的特点和加强办公信息化建设的需要，中国侨联还增设了专业考试，内容为公文写作、英语日常对话和计算机日常办公软件的使用。

【强化党支部思想和组织建设】 一是按照中央和中国侨联党组关于开展"三严三实"专题教育工作安排和要求，制订组织人事部党支部关于"三严三实"专题教育活动工作计划，利用每周一上午例会时间，认真学习贯彻习近平总书记关于"三严三实"重要讲话精神和刘云山、赵乐际同志重要讲话精神，以及林军主席、董中原副主席在全机关"三严三实"专题教育动员会上的重要讲话和党课教育内容。二是先后开展三次"加强党性教育、践行'三严三实'"专题讨论，部领导和各处处长、副处长带头联系工作实际谈思想、谈认识，对自己的工作进行了检查，并就如何在工作中践行"三严三实"提出本部门计划和安排。三是党组副书记、副主席，直属机关党委书记董中原以"三严三实"为题，党支部书记、部长李杰以"圣地延安求真理，'三严三实'做

6月15日，中国侨联党组副书记、副主席，直属机关党委书记董中原以"三严三实"为题讲授党课

表率”为题，结合典型事例，分别为全体党员讲党课，在活动中充分发挥示范引领作用。四是结合中央查处的系列严重违纪违法案件开展警示教育，组织党员干部认真学习新修订的《中国共产党廉洁自律准则》和《中国共产党纪律处分条例》，使全体党员干部受警醒、明底线、知敬畏。五是着力做好直属机关党委、纪委换届工作，进一步强化党建和纪检工作。

【举办中国侨联第二十期干部培训班】6月1日—11日，组织人事部在北京举办了中国侨联第二十期干部培训班，共培训来自全国33个省级侨联、10个副省级侨联，以及中国侨联机关各部门和企事业单位的学员近80名。中国侨联党组书记、主席林军出席结业式并为学员颁发结业证书；党组副书记、副主席董中原，中国侨联副主席兼天津市侨联主席、党组书记胡胜才出席开班式和结业式；中国侨联副主席乔卫，顾问王永乐、林明江、李祖沛，以及来自外交部、最高人民检察院、中央党校、国家行政学院、中国政法大学、国防大学等单位的专家教授分别为培训班学员授课，介绍了我国经济、政治、法律、文化、国防、外交、侨联工作等前沿信息和重要观点。培训班还组织学员前往中国华侨历史博物馆和中央电视台新址考察交流。

6月2日—11日，中国侨联第二十期干部培训班在北京举办

6月10日，中国侨联党组书记、主席林军，党组副书记、副主席董中原，中国侨联副主席兼天津市侨联主席、党组书记胡胜才，组织人事部部长兼干部培训中心主任李杰出席中国侨联第二十期干部培训班结业式

【举办中国侨联第三期青年干部培训班】 10月9日—17日，中国侨联第三期青年干部培训班在北京举行，共培训各省区市、新疆生产建设兵团、中央直属机关、中央国家机关、中央企业侨联和中国侨联机关及事业单位青年干部近70人。中国侨联党组副书记、副主席董中原出席结业式并为学员颁发结业证书；副主席乔卫、顾问李祖沛，直属机关党委常务副书记赵红英、组织人事部部长兼干部培训中心主任李杰、中国华侨华人历史研究所所长张春旺以及国家发改委、中央党校、国防大学等单位的专家教授分别为培训班授课。

10月16日，中国侨联党组副书记、副主席董中原出席中国侨联第三期青年干部培训班结业式

【做好侨联组织建设基础材料的收集整理工作】 2015年11月底—12月初，为了落实党的群团工作会议精神、掌握基层组织领导专兼职情况，按照中国侨联领导指示要求，组织人事部对全国县级以上侨联组织领导班子成员专兼职情况开展了调研。据不完全统计，截至2015年11月底，全国共有县级以上侨联组织2052个，领导班子成员6711人，其中专职领导班子成员1960人，兼职领导班子成员4751人，专兼职比例为1:2.42。

【与各省市组织部门建立良好沟通渠道】 2015年，组织人事部积极向各省区市党委有关部门宣传中央《关于加强和促进新形势下侨联工作的意见》中关于完善党委领导侨联工作体制机制、加强侨联领导班子和专职干部配备的有关精神。

10月13日，中国侨联第三期青年干部培训班组织学员赴中国人民抗日战争纪念馆进行现场教学

2015年8月，向31家省区市和新疆生产建设兵团党委组织部发出调查表，了解各省级侨联领导体制情况，为会党组决策事项提供重要参考。

12月16日，中国侨联党组副书记、副主席董中原出席中国侨联机关离退休老同志趣味运动会并与老同志代表合影留念

【做好离退休干部工作】一是进一步加强离退休干部思想政治建设，落实好离退休干部的政治待遇。利用每月例会时间，积极组织离退休干部学习贯彻党的十八大和十八届三中、四中、五中全会精神，深入学习贯彻习近平总书记系列重要讲话精神，认真领会中央统战工作会议精神和中央党的群团工作会议精神。二是进一步做好离退休干部服务管理工作，落实好离退休干部生活待遇。举办了春季、秋季老干部趣味运动会和两期书画系列培训班；组织老同志参加中央直属机关工委举办的“纪念中国人民抗日战争暨世界反法西斯战争胜利70周年书画摄影展”；扎实做好“纪念中国人民抗日战争暨世界反法西斯战争胜利70周年”走访慰问中国侨联抗战老战士工作；继续做好重大节日慰问、看望生病住院的老干部、药费报销、困难补助申请发放、协助去世老干部家属办理丧葬费、抚恤金的领取等工作。三是进一步加强离退休党支部建设。建立了离退休干部党支部与离退休干部办公室定期沟通协调机制，相互通报近期工作，对即将开展的工作、活动进行统筹谋划，增强支部凝聚力。四是不断加强部门自身建设。积极选派工作人员参加专题培训班，定期组织工作人员学习老干部政策和业务知识，努力提高服务水平。

2015年12月，中国侨联老干部办公室与中国红十字会老干处联合举办离退休老干部书画系列培训班

【举办离退休干部趣味运动会】12月16日，为贯彻落实中组部老干部工作会议精神，充分体现中国侨联党组对离退休干部的关心和关怀，进一步丰富离退休干部的精神生活，中国侨联举办了离退休干部趣味运动会。受林军主席委托，中国侨联党组副书记、副主席董中原代表会党组出席运动会，为运动会开赛鸣锣并与优胜者合影。本次趣味运动会共设有套圈、保龄球、蒙眼敲锣、投射飞镖、小球投篮、足球射门、筷子夹乒乓球等项目，近60名离退休干部参加了活动，老同志们积极参与、热情高涨，展现了良好的精神风貌。

【中国侨联2015年度考核顺利结束】12月3日—28日，根据《党政领导班子和领导干部年度考核办法》、《公务员考核规定》及《中国侨联机关工作人员年度考核实施办法》，中国侨联对机关、企事业单位174名工作人员进行了年度考核。经全会考核委员会审核，17名机关干部、18名直属企事业单位干部职工确定为优秀等次：办公厅：宁一、何长松、易超、高媛媛、李旭；海外联谊部：郑慧、陈小云；经济科技部：王鹤延、张卫东、袁野、陶小锁、苏宁；华侨历史研究所：密素敏、罗杨、路阳；华侨博物馆：周臻扬、白玉、张森、晏兴林、张志加；公益事业管理服务中心：林涛；侨联干部培训中心：寿长华；《海内与海外》杂志社：靳扬；企业总机构：聂秋云、赵伟。

12 月 28 日，中国侨联副主席、中央国家机关侨联主席邵旭军（右二）出席青海省侨联第七次归侨侨眷代表大会时会见青海省副省长王黎明，中国侨联组织人事部副部长赵珊珊陪同

【做好省级侨联领导班子人选调整工作】2015 年，中国侨联共接到浙江、湖北、辽宁、上海、兵团、青海等 6 个省级侨联换届和江西、内蒙、上海等 3 个省级侨联调整领导班子人选的征求意见函。组织人事部认真做好调整人选的身份审核工作并形成建议报党组会，经研究通过后予以复函。

巍、李文慧；文化交流部：姜英会、丁强；权益保障部：刘景春、蔺轩；组织人事部：张明磊、郑晓辉、林萧凡、赵叶子；机关服务中心：张

直属机关党委（纪委）

【领导成员名单】

直属机关党委书记：董中原

直属机关党委常务副书记、纪委书记：

赵红英（女，11 月 30 日离任）

李　杰（11 月 30 日任职）

直属机关党委副书记、纪委副书记：

林美龄（女，11 月 30 日任职）

【综述】2015 年是全面深化改革的关键之年，是落实全面从严治党、加强机关党的建设的重要一年，也是全面依法治国、加强社会主义法制建设、反腐倡廉建设的重要一年和完成“十二五”规划的收官之年。一年来，中国侨联直属机关党委在中直工委的领导和中国侨联党组的指导下，高举中国特色社会主义旗帜，以邓小平理论、“三个代表”重要思想和科学发展观为指导，深入学习贯彻党的十八大和十八届三中、四中、五中全会和习近平总书记系列重要讲话精神，按照党要管党、从严治党的要求，围绕中心，服务大局，加强机关党的思想建设、组织建设、作风建设和反腐倡廉建设，全面提高侨联机关党的建设的科学化水平，为党的侨联事业的创新发展提供坚实的思想基础和组织保证。

【深入学习习近平总书记系列重要讲话精神】2015 年，直属机关党委按照中直机关党的工作会议精神和会党组的要求，坚持把学习贯彻习近平总书记系列重要讲话精神摆在突出位置，切实以“三个表率”作为推动机关党的建设的总纲和主线。1 月 19 日，召开直属机关全体党员大会，党组书记、主席林军传达了习近平总书记在中央纪委五次全体会议上的重要讲话精神，强调各级侨联党员干部要将思想和行动统一到中央对反腐倡廉形势的判断和决策部署上来。2 月 11 日，召开党组中心组学习会议，认真传达学习习近平总书记在省部级主要领导干部学习贯彻十八届四中全会精神全面推进依法治国专题研讨班开班式上的重要讲话精神，林军同志强调要把讲话精神与侨联干部思想实际结合起来，与依法治会、依法护侨、依法聚侨、依法引侨结合起来，率先垂范，做尊法学法守法用法的典范。9 月 8 日，召开党组中心组学习会议，传达学习习近平总书记在会见全国优秀县委书记时的讲话等内容，林军主席要求侨联机关党员干部要深刻理解习近平总书记讲话的精神实质，始终保持政治性、先进性、群众性。12 月 2 日，召开全体党员会议，传达习近平总书记在中央扶贫开发工作会议上的讲话，要求侨联机关党员干部深刻认识打赢脱贫攻坚战的重要意义，围绕中央的决策部署，充分发挥侨联组织优势，认真履行职能，为脱贫攻坚战的胜利贡献力量。为抓好党员干部对习近平总书记重要讲话精神的学习，4 月 17 日，直属机关党委印发

1 月 19 日，中国侨联党组书记、主席林军在机关传达习近平总书记和王岐山同志在中纪委五次全体会议上的重要讲话精神

了《关于开展深入学习贯彻习近平总书记系列重要讲话精神　争做“三个表率”理论征文活动的通知》，各基层党组织认真组织党员参加，直属机关党委组织力量进行评选，共推荐出4篇文章报送中直党建研究会，直属机关党委撰写的《坚持正确的政治方向　争做“三个表率”　不断开创侨联工作新局面》获得二等奖；权益保障部党支部撰写的《以“三个表率”精神维护侨益　当好侨界群众“娘家人”》获得优秀奖。直属机关党委还编印了《习近平总书记五篇重要讲话材料摘编》，发放了《习近平用典》、《习近平总书记关于四个全面的重要论述摘编》、《习近平关于党风廉政建设和反腐败斗争论述摘编》等书籍并要求党员干部及时学用。

【贯彻落实中央党的群团工作会议精神】7月8日，党中央在党的历史上第一次召开党的群团工作会议。当天，中国侨联召开党组中心组学习会议，传达学习党的群团工作会议精神。7月17日，党组中心组召开会议，围绕贯彻落实中央党的群团工作会议精神进行深入研讨，并梳理了当前侨联工作面临的主要问题，提出要不断深化党的群团组织改革，加强侨联组织自我革新的勇气，发挥侨联组织的独特作用。直属机关党委办公室通过知识答题、编发简报等方式，深入宣传、积极营造学习群团工作会议精神、推动侨联改革发展的浓厚氛围。

【及时传达贯彻中央有关会议和文件精神】2015年，党组中心组学习了中央政治局常委会2015年工作要点，十八届五中全会精神，中央扶贫开发工作会议精神，全国组织部长、宣传部长会议精神，全国人大十二届三次会议精神和全国政协十二届三次会议精神，十八届中央纪委五次全会精神，中央纪委监察部就贯彻落实十八届中央纪委五次全会精神、强化监督执纪问责、深入纠正“四风”召开的电视电话会议精神，中直机关2015年党的工作会议精神，中直机关2015年纪律检查工作会议精神，中办和国办印发的《2015年上半年贯彻执行中央八项规定情况报告》，中央纪委《关于在中秋国庆期间贯彻中央八项规定精神坚决纠正“四风”的通知》和《陈希同志在中央和国家机关贯彻落实〈干部任用条例〉和推进“三严三实”专题教育工作座谈会上的讲话》等内容，切实在领会中央精神，增强大局意识和全局意识，围绕贴近和服务侨联中心工作等方面统一思想、提高认识。直属机关党委认真抓好学习任务落实，迅速印发通知、提出要求、进行部署。为方便党员干部及时领会中央会议精神，为党员干部订购发放了《党的十八届五中全会〈建议〉学习辅导百问》、《〈中共中央关于制定国民经济和社会发展第十三个五年规划的建议〉辅导读本》、《第四批干部教育培训教材》、《中国台湾问题》、《2014年政府工作报告》等学习用书。

4月16日，中国侨联举办“丝路经济带发展战略”专题讲座，由国家行政学院经济学教研部副主任、博士生导师张孝德教授主讲

5月26日，党组副书记、副主席、直属机关党委书记董中原出席中国侨联直属机关党务干部培训班开班式并作重要讲话

6 月 24 日，中国侨联在北京举办直属机关团员青年培训班

6 月 25 日，在中国侨联直属机关团员青年培训班上，直属机关党委常务副书记赵红英向参训团员青年授课并与大家谈心

9 月 10 日，董志勇教授在党组中心组学习会上作“在大众创业万众创新和经济转型中的新侨人才研究”主题讲座

【抓好党员干部教育培训工作】4 月 6 日，直属机关党委邀请国家行政学院经济学教研部副主任、博士生导师张孝德教授为全会干部职工作“丝路经济带发展战略”专题讲座。5 月 26 日—29 日，举办了直属机关党务干部培训班，董中原同志出席了开班仪式并作重要讲话。培训班上，学员们集中学习了“三严三实”重要论述、“四个全面”战略布局、党和国家机关基层组织工作条例、党支部书记的职责等方面的内容，并开展了认真热烈的讨论。6 月 23 日—26 日，直属机关团委举办中国侨联直属机关团员青年培训班，直属机关党委常务副书记、纪委书记赵红英向参训团员青年授课并谈心。9 月 10 日，邀请中国侨联特聘专家、北京大学教务部部长、经济学院董志勇教授为党组中心组作“在大众创业万众创新和经济转型中的新侨人才研究”的讲解。直属机关党委还组织党员干部参加中直工委举办的共 12 期“强素质·做表率”系列读书讲座活动、共 6 期“辉煌‘十二五’”系列讲座等，为党员干部提供了优质的学习资源。

【加强党建理论研究】2015 年，直属机关党委按照中直工委党建研究会的要求，组织力量参与党建论文和课题的撰写工作，共上报重点课题研究论文 1 篇，自选课题研究论文 10 篇。同时，对去年参与党建课题研究工作获奖的同志进行了表彰奖励，提高了机关和直属企事业单位的党员参与党建理论研究的积极性。

【开展知识答题活动】直属机关党委、纪委连续 8 年开展主题鲜明的知识答题活动，将活动打造成全会党建教育学习的重要品牌。7 月—8 月，组织了学习党史党章、学习中央群团工作意见和会议精神等为重点内容的知识答题活动，共编印“机关党建综合卷”、“贯彻群团工作意见卷”、“反腐倡廉卷”三卷。12 月组织了以学习《中国共产党廉洁自律准则》和《中国共产党纪律处分条例》为内容的答题活动。为保证答题活动的深入开展，直属机关党委、纪委为党员干部购买了相关参考资料。共有来自机关、企事业单位的干部职工180余人参加，会领导林军、董中原、李卓彬、乔卫、康晓萍带头参加该项活动。此项品牌活动还作为直属机关党委的典型思想政治案例，报送中直工委。

5月25日，中国侨联召开“三严三实”专题教育大会，党组书记、主席林军为全体党员、干部讲授党课

【开展“三严三实”专题教育】 4月27日，直属机关党委印发《关于做好“三严三实”专题教育工作的通知》，要求各党组织和党员充分认识“三严三实”专题教育的重要意义，深入把握“三严三实”专题教育总体要求和方法步骤，严格按照领导带头、从严要求、讲求实效的原则开展好专题教育。4月29日，党组书记、主席林军主持召开党组中心组学习会，对“三严三实”专题教育工作进行动员部署。5月25日，林军同志为机关和企事业单位全体党员、干部作了党课报告，董中原、乔卫、康晓萍等党组成员也先后为分管部门讲授党课。5月26日—28日，直属机关党委举办党务干部培训班，将“三严三实”教育作为培训班学习的重要内容，董中原副主席在开班式上结合开展“三严三实”专题教育的有关要求作了重要讲话。直属机关党委为全体党员干部分发了《优秀领导干部先进事迹选编》、《领导干部违纪违法典型案例警世录》等专题教育学习用书。6月—10月，党组中心组开展四次专题研讨，会领导、机关和事业单位的司局级干部敞开思想，联系实际，从不同角度交流了自己的学习心得和体会。在专题研讨过程中，直属机关党委随时按照中组部和中央“三严三实”专题教育工作领导小组提出的更深、更细、更具体明确的要求，及时部署和指导各基层党组织完成各自党支部（党委）的专题研讨，深化学习效果。8月4日—6日，直属机关党委会同办公厅举办了“扎

8月4日，中国侨联在北京举办“扎实推进‘三严三实’深化改革专题研讨班”

实推进‘三严三实’深化改革专题研讨班”，认真学习领会习近平总书记在中央党的群团工作会议上的重要讲话和中央有关文件精神。党组书记、主席林军，党组副书记、副主席董中原，副主席李卓彬、乔卫、康晓萍以及各部门、各单位负责人和副处长以上干部出席研讨。大家紧密结合“三严三实”专题教育，深入学习领会习近平总书记在中央党的群团工作会议上的重要讲话精神，结合多年侨联工作的经验和实践，深入思考、集思广益，查找出当前侨联工作中存在的30多个问题，提出了50多条建议，为扎实稳步推进侨联事业改革创新积极建言献策。按照《中共中央纪委机关　中共中央中组部关于开好“三严三实”专题民主生活会的通知》要求，12月4日，直属机关党委印发了《关于召开“三严三实”专题民主生活会　认真做好年终党建工作总结的通知》，要求各级党组织在12月底前，召开“三严三实”专题民主生活会和组织生活会，直属机关党委、纪委派员列席各党支部（党委）的民主生活会，确保会议开出民主、务实的效果；12月7日，直属机关党委协助会党组制订了《中国侨联领导班子2015年度“三严三实”专题民主生活会工作方案》。在深入学习重温“三严三实”核心要义、开展谈心谈话和征求群众意见的基础上，中国侨联领导班子成员认真撰写对照检查材料，12月17日，中国侨联领导班子召开“三严三实”专题民主生活会，中组部、中央纪委驻中央统战部纪检组和中直工委有关领导列席会议。各级党组织在会领导班子和直属机关党委的指导下，按照要求依次召开了民主生活会。

【明确“两个责任”，加强责任落实】2015年，直属机关党委根据中央和中直机关工委关于党风廉政建设“两个责任”的工作部署，进一步明确支部书记的责任，并对基层党组织工作提出了明确要求。9月16日，党组成员、副主席乔卫，直属机关党委常务副书记、纪委书记赵红英参加了中直工委召开的中直机关落实党风廉政建设主体责任和监督责任座谈会。为进一步明确基层党组织负责人在党风廉政建设中的责任，直属机关党委结合侨联实际制定了《中国侨联基层党组织负责人党风廉政建设责任书》，对责任的内容、落实、追究等进行了具体的规定。各基层党支部书记已全部签署该《责任书》，对落实“两个责任”做出承诺。

【加强基层党组织的基础性工作】4月8日—10日，直属机关党委派员参加了权益保障部党支部与广东湛江奋勇华侨农场党支部的共建调研活动，详细了解两个党支部结对共建情况，并于10月22日，将权益保障部党支部作为服务型党组织建设的典型向中直工委进行推荐。组织机关党员干部观看《筑梦中国》等宣传教育片；开通使用机关党委短信平台，及时发送节日、生日祝福和遵纪守法温馨提示，服务党员群众，本年度累计发送短信2000余条；鼓励和支持各支部开展有意义的活动，坚持开展慰问老党员、老党务工作者的活动；加强党组织建设，发放了《组织工作基本丛书·工作手册》系列书籍等，方便党员干部及时学用掌握；重新印发《中国侨联党支部工作手册》，督促基层党组织做好党内活动的情况记录，进一步规范党内生活和组织程序，方便支部开展活动；本年度新发展5名党员（其中，直属企业总机构党委发展3名党员），预备党员转正6名；1个支部进行了改选，4个支部增补了委员，加强了党支部的力量。

【完成党委和纪委换届工作】11月30日，中国侨联直属机关第六次党员大会在北京召开。

11月30日，中国侨联在北京召开直属机关第六次党员大会

中共中央直属机关工委副书记段余应，中国侨联党组书记、主席林军出席会议并讲话。中国侨联党组副书记、副主席、直属机关党委书记董中原主持会议并作工作报告，中国侨联顾问林兆枢、王永乐、李祖沛、陈兰通、朱添华、郭麟恭、唐闻生、林淑娘，中央纪委驻中央统战部纪检组副局级纪检员何学文以及中国侨联直属机关 202 名党员出席。会议审议通过了关于中共中国侨联直属机关第五届委员会和纪律检查委员会工作报告的决议；审议通过了中国侨联直属机关党委关于 2010 年—2014 年党费收缴、使用和管理情况的报告；选举产生了孔涛、苏渊海、李杰、李洋、张岩（女）、张春旺、陈权、陈迈、林美龄（女）、赵红英（女）、董中原共 11 人（按姓氏笔画排序）为中共中国侨联直属机关第六届委员会委员，马鑫、王厚增、祁德贵、李杰、何继宁、林美龄（女）、黄晖共 7 人（按姓氏笔画排序）为纪委会委员。在会议筹备过程中，直属机关党委严格按照有关规定，做好人选推荐、会议组织、文件起草等工作，并多次向中直工委汇报请示有关情况，按照要求，完成换届各项任务。

11 月 30 日，中国侨联直属机关第六次党员大会选举产生新一届党委会成员，左起：张岩、陈权、苏渊海、赵红英、董中原、李杰、孔涛、张春旺、李洋、林美龄

【抓好党员民主评议和支部书记述职工作】 根据中直工委的要求和安排，直属机关党委派员参加各基层党组织的民主评议会议，确保会议取得良好效果。12 月 29 日，召开机关党风廉政建设联席会议，听取各基层党组织负责人对本部门单位贯彻落实党风廉政建设责任制和开展党建工作情况的述职，党组副书记、副主席、直属机关党委书记董中原对下一年度基层党建工作提出要求，增强了各基层党组织负责人落实党风廉政建设的责任意识，完善了齐抓共管、相互配合的工作机制。

12 月 29 日，党组副书记、副主席、直属机关党委书记董中原主持召开中国侨联机关党风廉政建设联席会议

11 月 30 日，中国侨联直属机关第六次党员大会选举产生新一届纪委会成员，左起：王厚增、祁德贵、黄晖、李杰、林美龄、何继宁、马鑫

7月2日，中国侨联党组书记、主席林军（右）亲切会见来侨联作反腐倡廉专题讲座的最高人民检察院职务犯罪预防厅厅长宋寒松（左）

【开展反腐倡廉和守纪律、讲规矩教育】7月2日，邀请最高人民检察院职务犯罪预防厅厅长宋寒松作了题为“惩治和预防腐败犯罪的形势和任务”的反腐倡廉专题讲座。中国侨联主席林军，副主席董中原、李卓彬、康晓萍，顾问庄炎林、林兆枢、唐闻生以及机关、事业单位、直属企业的党员干部100余人参加了活动。7月，印制下发了《中国侨联机关加强廉政建设制度汇编》，进一步强化责任意识。

【持之以恒落实中央八项规定精神】2015年，直属机关党委抓住元旦、春节、端午、中秋等重要节点，按照林军同志“五个严禁”要求，及时召开各部门负责人会议，把纪律要求挺在前面；每月初及时上报《查处违反中央八项规定精神问题情况月报表》和《违反中央八项规定精神给予党纪政纪处分人员情况统计表》；给每位党员同志发送廉政短信，加强教育提醒；设置“四风”问题监督举报区，公布举报电话，拓宽监督举报渠道；重申领导干部外出报备要求，做到了及时提醒，令行禁止，把“节日病”整治工作落实到位。

【采取多种形式认真学习贯彻《准则》和《条例》】中央印发《中国共产党廉洁自律准则》和《中国共产党纪律处分条例》后，会党组高度重视，林军同志、董中原同志对学习贯彻《准则》和《条例》作出重要批示，党组迅速召开中心组会议专题学习。直属机关党委、纪委按照会党组部署，采取多种形式进行宣传教育。直属机关党委印发了《关于认真学习贯彻〈中国共产党廉洁自律准则〉和〈中国共产党纪律处分条例〉的通知》，要求全体党员干部深刻认识学习两个党内法规的重要意义，全面把握其基本要义，抓好文件的学习和贯彻落实工作，按照《条例》和《准则》的要求规范自身言行，切实做到内化于心，外化于行；为全体党员干部购买了《条例》和《准则》单行本；将《准则》的相关内容印制成海报，在机关各部门办公室及走廊等处进行张贴，时刻警示全体党员干部，营造浓厚的学习氛围。

【加强与纪检组联系，强化执纪监督】中央纪委驻中央统战部纪检组成立以来，中国侨联党组主动加强与驻部纪检组的工作联系，积极沟通、主动汇报，自觉接受监督。按照中央纪委有关规定，强化问题线索管理，按照拟立案、初核、谈话函询、暂存、了结五类标准分类处置，定期清理，规范管理；按照纪检组的要求，配合做好有关问题线索的核实工作；对纪检组《关于归口监督单位向驻中央统战部纪检组征求司局级干部党风廉政情况书面意见的暂行办法》征求意见稿进行研究并及时予以反馈，部分意见得到采纳；认真贯彻落实《关于建立中央纪委驻中央统战部纪检组与归口单位工作机制的若干意见（试行）》，中国侨联召开常委会邀请纪检组同志莅临指导；凡涉及中国侨联党风廉政建设和反腐败工作的文件、简报，都在第一时间报送驻部纪检组；对拟提拔的司局级领导干部和后备干部考察人选的党风廉政建设情况及时征求纪检组意见；对于任免司局级干部的文件，组织人事部门都及时抄送纪检组。9月29日，中直纪工委党风教育室主任贾鸿亮一行到我会调研，党组副书记、副主席、直属机关党委书记董中原介绍了直属机关纪委的有关工作；直属机关党委常务副书记、纪委书记赵红英，海外联谊部部长孔涛等汇报了中国侨联贯彻落实中直纪工委有关通知和会议精神情况及侨联干部出访出国情况。

【发挥群团组织积极作用，加强和谐机关建设】 2015年，直属机关党委大力支持直属机关工青妇侨等群团组织发挥作用。组织参与第九届全国五好文明家庭和第七届中央直属机关文明家庭评选；6月16日，组织党委、侨联、妇委会等有关同志参加中直工委举办的反法西斯战争胜利70周年书画摄影展开幕式；8月，组织干部参加中宣部《党建》杂志社举办的“纪念抗战胜利70周年知识竞赛”；8月—9月，组织有关领导同志参加纪念反法西斯战争胜利70周年纪念大会观礼活动；组织机关干部参加东城区“‘健康行走’2015年东城徒步大会”；协调《人民日报》社为机关办公楼安装文明北京智慧宣传平台。直属机关工会组队参加中央和国家机关第三届“公仆杯”羽毛球大赛；在奥林匹克森林公园举办中国侨联直属机关干部“健步走”活动；坚持开展慰问困难职工工作，元旦春节期间，董中原副主席带队慰问，各基层党组织也相继开展慰问活动，慰问生活困难党员47人，发放慰问金5.3万元；为罹患癌症的职工申请重大疾病互助金。直属机关团委组织团员青年在清明节期间开展“清明祭英烈，共铸中华魂”主题宣传教育活动；5月5日，组织团员青年开展纪念五四运动96周年参观中国华侨历史博物馆活动；9月25日，举办团委迎新座谈会，新考录的青年与青年前辈进行沟通，交流成长和工作经验，取得了良好效果。7月，妇委会组队参加由北京市总工会、北京市体育局主办的2015年首都职工健身操舞交流展示活动，获得“健身气功、太极拳类”二等奖；8月—12月，参加中直机关妇工委组织的“恒爱行动——百万家庭亲情一线亲”公益活动，妇女同志积极参与，共编织毛衣、围巾、帽子、手套等衣物60余件，捐赠给新疆少数民族家庭。

8月18日，中国侨联直属机关工会组队参加中央和国家机关在北京举办的第三届“公仆杯”羽毛球比赛

9月24日，中国侨联在北京举办直属机关干部“健步走”活动，副主席李卓彬、康晓萍出席活动

中国侨联
年鉴

中国侨联直属企事业及社会团体工作

中国侨联年鉴

2016 中国侨联年鉴

中国侨联直属企业管理总机构

【领导成员名单】

总　　经　　理：杜润民

党委书记、副总经理：谷宜成

副　总　经　理：郑学森

【综述】2015年，根据中国侨联党组对“互联网+智慧侨联”建设的总体部署，企业管理总机构紧紧围绕“智慧侨联”的建设目标，狠抓落实，积极推进“智慧侨联”项目及其子平台的立项、建设、推广和培训工作，项目取得了较大进展。“智慧侨联”得到了中华人民共和国副主席李源潮等中央领导的高度评价和重点批示。

【“智慧侨联”项目立项】在中国侨联党组的高度重视下，“智慧侨联”三大平台已经完成了“电子政务协同办公平台”和“侨联通”平台在中国侨联的立项工作，“智慧侨联”项目也即将列入“十三五”国家政务信息化工程建设规划。总机构将编写完成《中国侨联“十三五”国家政务信息化工程建设规划项目建议》报送办公厅，经会领导审阅批改后报送到国家发改委。6月16日，总机构根据九届16次主席办公会议精神，向办公厅报送了《全球华侨华人海外应急统一通讯平台——侨联通立项报告》并申请成立“中国同胞海外救助基金会”，得到了办公厅的立项批复和同意筹备组建的复函。侨联通建设项目第一阶段总投资为1.6324亿人民币，前期600万元经费由中国华兴（集团）公司自有资金支出。项目主管单位为直属企业管理总机构，项目承建单位为中国华兴（集团）公司。

【“侨联通”系统开发工作】在“侨联通”APP全球启动仪式发布会之前，“侨联通”软件研发已基本成功，技术逻辑和技术路线验证工作基本结束，云端服务器压力测试和客户端BUG修复工作进入常态化。在“侨联通”客户端研发方面，“侨联通”APP在2015年已经完成了10个小版本和1个大版本的升级工作，手机客户端已经迭代到3.3.1版本。目前，“侨联通”已经可以支持市场上200多款主流手机。“侨联通”云服务器的全球化部署工作逐步进行，目前已在欧洲、北美、东南亚等华侨分布地区搭建了云服务器系统；在系统稳定性和安全性方面，对全系统增加了端到端加密。为进一步提高“侨联通”的全球化运作，为海内外华侨华人的沟通提供便利，增加了全球拔打电话功能，不同国家与地区之间可以进行电话拨打。目前，全球电话互拨系统研发已完成，全球各个国家正在逐步开放中。“侨联通”增加了全球短信认证功能，使得海外的华侨华人无论身处何地，都可以进行侨联通的注册、下载和登录。

【电子政务协同办公平台工作情况】2015年5月，对侨联电子政务协同办公平台的机房进行了整体升级改造，保障了服务器安全无故障运行。前三季度，完成了中国侨联机关和省级、副省级侨联组织架构的搭建工作，中国侨联机关和省级、副省级侨联工作人员共计985人已经全部开通了工作账号和工作邮箱，VPN账号开通96个；建设完成了中国侨联发文稿纸、中国侨联会内签报、中国侨联传阅文件登记表、福建省侨联公文处理单、山东省侨联拟稿纸、重庆市侨联发文单、江西省侨联发文稿纸等9个公文流程，制作完成了中国侨联医疗报销单、中国侨联借款单、福建省侨联干部出差审批单、山东省侨联信息上报审批表等28个办事表单流程；截止到2015年10月底，各地方侨联通过侨联内部办公系统提交信息共1966篇，平均每月报送信息200篇。

【华侨华人应急救助与互助平台工作情况】华侨华人应急救助与互助平台的线上工作取得了重大突破，在“侨联通”的“应急”板块中增加了全球近200个国家的中国使领馆信息和联系方式，可以让海外遇险遇困华人快速拨打当地使领馆电话，也可以一键免费拨打外交部的领事保护热线。增加了通话过程中记录经纬度进行定位的功能，便于当地的使领馆或华侨华人应急救助中心开展快速高效的救助；增加了外交部权威安全预警信息发布功能，可以全天候发布预警信息，帮助海外华侨华人及时了解当地最新的安全信息；增加了中国使领馆的地图定位功能，可以直观地查看附近中国使领馆的线路与距离，可以

12 月 17 日，谷宜成书记带领中国侨联信息化领导小组在华侨大厦召开汇报讨论会

快速地找到身边最近的中国使领馆；增加了海外应急安全指南，帮助出境国人及海外同胞解决出国后的一些常见问题；增加了小侨翻译功能，应对语言不畅的问题。我们已经将全球华侨华人应急救助中心和中国同胞海外救助基金会报民政部审批，依托中国华侨公益基金会成立了中国同胞海外救助基金，首笔募集资金 300 万元人民币已到账。通过组织动员各界力量，合法募集资金，为中国同胞海外救助基金和全球华侨华人应急救助中心的发展壮大打牢基础。8 月 21 日和 8 月 26 日，中国同胞海外救助基金德国代表处和奥地利代表处分别在法兰克福和维也纳成立。

【“智慧侨联”项目的推广】 7 月 19 日，组织召开了第一届“互联网 + 智慧侨联”专家论坛。参加本次论坛的有原中国驻德大使以及中央直属机关工委、中国外文局、新闻出版广电总局、新华社、《人民日报》、中国华侨华人历史研究所、国务院政策研究会、北京大学国家竞争力研究院、欧洲华侨华人社团联合会等单位的专家。与会专家对中国侨联的“互联网 + 智慧侨联”项目进行了热烈的交流，并按照五个主题进行了研讨。本次论坛倡议成立“智慧侨联”专家委员会，以形成“智慧侨联”的智囊机构。7 月 28 日，配合办公厅组织召开“互联网 + 智慧侨联”——中国侨联“侨联通”APP 全球开通仪式。中国侨联主席林军，副主席董中原、李卓彬、乔卫、康晓萍及中国侨联常委、有关单位来宾近 300 人出席了会议。中国侨联“侨联通”正式开通是侨联组织主动适应互联网时代发展潮流，创新侨联工作手段和为侨服务载体的一项重要举措，是运用“互联网 +”思维加强与侨界群众的联系，利用网络空间凝聚共识、培育理性、涵养美德向前迈出的重要一步。9 月 22 日，中国侨联信息化领导小组办公室派员参加广东省侨联十届二次常委会，在会议期间向参会的常委进行了“智慧侨联”的培训。会后，相关人员与广东省侨联党组及负责信息化的同志进行了交流，双方认为要加快“智慧侨联”的建设和“侨联通”的推广。10 月 10 日，中国侨联信息化领导小组办公室、“侨联通”负责人马寅喜应福建省侨联主席王亚君邀请，参加福建海外杰出女性联谊会成立大会并做了“智慧侨联”项目介绍，号召广大福建海外杰出女性参与到“智慧侨联”项目当中。11 月 4 日，黑龙江全省侨联系统信息化工作会议在哈尔滨召开，黑龙江省侨联党组成员、副主席曹明龙主持了会议，侨联信息化领导小组办公室派人参加并

7 月 28 日，举行“互联网 + 智慧侨联”——中国侨联“侨联通”APP 全球开通仪式

5月9日，总机构组织中国侨联局级以上干部到清华大学网络工程研究中心交流学习，清华大学网络科学与网络空间研究院李贺武主任现场演示了CERNET主干网的运行情况

进行了“智慧侨联”的介绍。

【“侨联通”海外推广工作】8月21日—26日，分别在德国的法兰克福和奥地利的维也纳举办了中国侨联“侨联通”APP德国开通仪式和奥地利开通仪式。出席开通仪式的有欧洲华侨华人社团联合会、奥地利华商总会、全德华人社团联合会、德国华助中心、德国华侨华人中国和平统一促进会、全德华侨华人联合总会、德国福建同乡联合总会等近100家社团的会长和主席及100多位华侨华人代表。“侨联通”在德国、奥地利的推广得到了欧洲侨界的盛赞，认为这是中国侨联体察海外侨情，团结和帮助侨胞的一次盛举，广大侨胞将得到更多发展壮大的机遇和时空。从7月28日“侨联通”APP正式开通至年底，注册用户已经达到了10万多人，分布于全球126个国家的500多家华侨华人社团已经加入到了“侨联通”系统；全国侨联系统已经覆盖到了市级以上侨联组织1100余家，纳入侨联通组织架构的侨联工作人员达5000多人。

8月21日，“侨联通”德国开通仪式和“中国同胞海外救助基金德国代表处”成立揭牌仪式在法兰克福举行

【“智慧侨联”项目的培训与合作】2015年5月，总机构配合办公厅，用一周的时间先后在中国侨联机关715会议室、中国华侨历史博物馆三层报告厅对机关办公人员和事业单位全体人员进行了中国侨联内部协同办公系统培训工作，讲授了“中国侨联内部协同办公系统”相关内容和使用方法，加强了信息安全、网络安全管理培训。此次信息化培训班共计四个场次，机关及事业单位参加人数达100余人。5月9日，由乔卫副主席带队，组织中国侨联局级以上干部到清华大学网络工程研究中心交流学习，参观了下一代互联网核心网国家工程实验室。此次交流学习，向侨联各部门领导展示了“智慧侨联”的顶层框架和技术逻辑，提高了侨联各部门领导对“智慧侨联”的整体了解和认识。8月18日—19日，中国侨联“智慧侨联”网络管理员培训班在山东烟台举办。各省、自治区、直辖市侨联，新疆生产建设兵团侨联和副省级城市侨联的网络管理员共80余人参加培训。乔卫副主席在会议上发表讲话，要求努力打造“侨联通”工作品牌。培训中，中国侨联信息化领导小组办公室技术人员分别就“智慧侨联”建设情况、“侨联通”APP操作使用、“侨联通”APP公众账号及后台管理方法进行了辅导授课，各省网络管理员围绕中国侨联《关于加快“智慧侨联”建设的实施

7 月 19 日，召开第一届“互联网＋智慧侨联”专家论坛

8 月 18 日—19 日，中国侨联“智慧侨联”网络管理员培训班在山东烟台举办

意见（讨论稿）》及“侨联通”APP 在侨联活动、侨团交流、海内外华人中的应用推广进行了分组讨论。结班仪式上，王宏秘书长宣读了《关于表彰中国侨联信息化先进单位和优秀网络管理员的决定》。乔卫副主席依次向获奖单位和管理员颁奖。8 月 18 日，中国侨联信息化领导小组办公室派人参加福建全省侨联工作会议及第十二期侨联主席培训班，在会上做了“智慧侨联”的系统化培训。

【华文媒体建设工作】在“侨联通”华文媒体公众账号的建设与推广方面，积极与各地方侨联及海内外侨团联系，帮助他们在“侨联通”上注册公众账号，鼓励在“侨联通”上发布消息文章。截至 2015 年 10 月底，“侨联通”已经建立了 42 个公众账号，共发布信息 5558 篇。地方侨讯发布板块共计 19 个公众号，分别为北京侨联、广东省侨联、云南省侨联、山西省侨联、山东省侨联、辽宁省侨联、黑龙江侨联、河南省侨联、安徽省侨联、湖南省侨联、津侨荟（天津市侨联信息平台）、福建省侨联、江苏省侨联、四川省侨联、山西省侨联、云南省侨联、青岛市侨联、茂名市侨联、大连侨界。海外侨讯发布板块共计 9 个公众号，分别为北美华侨华人信息平台、澳洲华侨华人信息平台、欧洲华侨华人信息平台、东南亚华侨华人信息平台、非洲华侨华人信息平台、南美洲华侨华人信息平台、亚洲华侨华人信息平台、海外教育文化信息平台、澳新观察。侨情侨讯信息板块共计 11 个公众号，分别为中国侨联信息平台、财经资讯、中国侨联普法办、领事保护、侨情研究、侨讯速递、环球咨询平台、中国华侨华人历史研究所、侨联之友、中国侨联团委、港澳台之窗。其他信息发布板块共计 2 个公众号，分别为新视角、网海拾贝。

中国华侨华人历史研究所

【领导成员名单】

所　长：张春旺

副所长：张秀明（女）

【综述】 2015年，在中国侨联党组和董中原副主席的领导下，中国华侨华人历史研究所深入学习习近平总书记系列重要讲话精神，紧紧围绕侨联工作大局，紧贴侨研所工作实际，努力推进华侨华人研究工作的开展。在研究任务繁重、工作头绪繁多、联系对象众多的情况下，坚定“事业单位干成事业、干好事业”的信念，全所同志齐心协力、努力拼搏，充分发挥了踏实肯干、求真务实和“一正四多”的工作作风，圆满完成了年度工作和中国侨联交办的各项任务。

【推进“三严三实”专题教育】 为深入贯彻执行党中央要求，切实做好“三严三实”专题教育，侨研所通过传达学习中央和中国侨联专题教育文件、党支部书记讲党课、开展三次“三严三实”专题教育研讨等形式，加强了同志间的沟通、理解和支持，增强了合作意识，努力将“三严三实”教育与侨研所自身工作相结合、相促进，增强践行“三严三实”的思想和行动自觉。10月20日，侨研所党支部进行了改选，选举张春旺为党支部书记，并对支部工作进行了分工。认真抓好党风党纪教育，筑牢拒腐防变的思想防线，把党风廉政建设的各项责任落到实处，把自觉遵守党风党纪和相互监督相结合，狠抓管理机制的落实，从源头上筑牢全体党员反腐倡廉的思想防线，从而更好地推动侨研所工作和侨联事业向前发展。

【举办2015习近平总书记侨务论述研讨会并编辑《习近平同志侨务工作论述摘编（2015年版）》】 11月24日，由中国华侨华人历史研究所和中国侨乡文化研究中心联合主办的“2015习近平总书记侨务论述研讨会”在北京举行。来自北京大学、清华大学、华中师范大学、暨南大学、华侨大学、五邑大学、国务院侨务办公室侨务干部学校、北京华文学院、中国华侨华人历史研究所等高校和科研机构，以及《人民日报》海外版、中国侨联机关、中国华侨历史博物馆、

11月24日，共同举办“2015习近平总书记侨务论述研讨会”

9月18日，侨研所召开“三严三实”专题教育研讨会

中国华侨出版社等相关部门和单位的专家学者和侨务工作者参加了本次研讨会。在研讨会上，与会专家学者就习近平总书记关于侨务工作重要论述的时代背景、主要内容、构成体系、对新时期侨务工作实践的指导作用及其对党和国家领导人侨务思想的继承和创新等不同方面内容展开了热烈的研讨。在2014年版的基础上，侨研所

集中力量编辑整理了《习近平同志侨务工作论述摘编（2015 年版）》，对截至 2015 年 9 月习近平总书记重要讲话中有关涉侨工作的重要论述进行了摘编。该书共分为“重要论述编”、“学习参考编”和“附录”三个部分。“重要论述编”主要内容为党的十八大以来至 2015 年 9 月习近平同志关于侨务工作的重要论述，共计 37 篇；“学习参考编”主要内容为 1991 年 11 月—2012 年 10 月习近平同志在担任地方领导和担任中央政治局常委、国家副主席期间涉侨方面的论述，共计 25 篇。

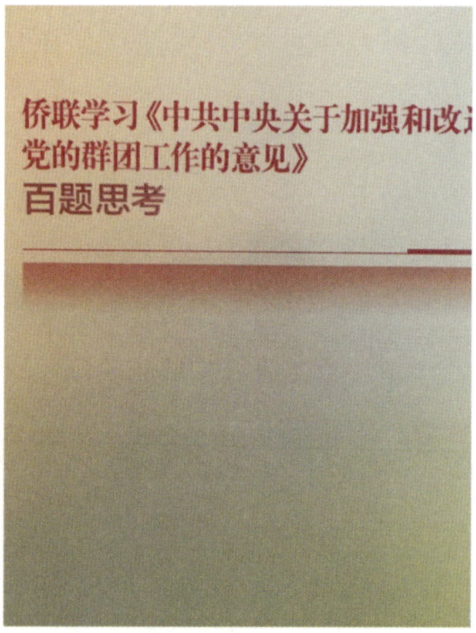

《习近平同志侨务工作论述摘编（2015 年版）》、《侨联学习〈中共中央关于加强和改进党的群团工作的意见〉百题思考》封面

【编印《侨联学习〈中共中央关于加强和改进党的群团工作的意见〉百题思考》】 2 月，中共中央印发了《中共中央关于加强和改进党的群团工作的意见》。为更好地为全国各级侨联学习贯彻中央《意见》服务，侨研所充分发挥研究人员集中的优势，自觉把编写学习辅导材料作为义不容辞的责任。在时间紧、任务重的情况下，第一时间组织编印了十余万字的《侨联学习〈中共中央关于加强和改进党的群团工作的意见〉百题思考》，发放至全国各级侨联，为各级侨联干部准确解读、全面理解《意见》精神做出了贡献。本书受到了全国各级侨联的欢迎，大家学习热情高涨，图书供不应求，多次加印。

【刊物发展再上新台阶】《华侨华人历史研究》杂志作为侨史研究领域唯一入选全国中文核心期刊和中文社会科学引文索引（CSSCI）来源期刊的双核心期刊，在华侨华人研究领域享有较高声誉，也是中国侨联的重要品牌。2015 年，杂志被中国社科院列为拓展期刊。2015 年，《华侨华人历史研究》在继续坚持高标准、严要求的办刊宗旨的同时，进行了扩版，杂志由之前的 80 页扩版为 96 页；针对不法之徒冒用《华侨华人历史研究》期刊名义创办虚假网站欺骗读者和作者的行为，侨研所第一时间在微信、QQ 群及侨联网站上发表声明，向学者广而告之，并向网信办举报不法行为，积极维护杂志声誉和作者权益。

【完成国际移民课题系列研究】 侨研所根据中央有关机构要求承担的“国际移民课题研究”，站在国家发展全局、全面“走出去”战略的高度，对我国如何顺应国际移民发展的大趋势和我国的具体情况，做好海外移民工作提出了具有建设性的观点和对策性的意见。该课题的最终成果得到了中央领导和中国侨联主席林军的高度肯定。

【2013—2015 中国侨联课题结题】 中国侨联 2013—2015 年度课题共立项 80 项，其中一年期课题共 33 项，包括 10 项青年课题、20 项一般课题和 3 项委托课题；两年期课题共 47 项，包括 12 项青年课题、31 项一般课题和 4 项委托课题。10 月，2013—2015 年度侨联课题结题，并内部出版《中国侨联

《中国侨联课题研究成果文集 2013—2015 年度第一册》

课题研究成果文集 2013—2015 年度第一册》（上、下）。该书共收录 27 项课题报告，展示了部分专家学者的研究成果。

【2015—2017 中国侨联课题立项】10 月，2015—2017 年度中国侨联课题共立项 86 项，其中，全国各高校、科研机构申报中择优立项 65 项课题（包括重点、一般、青年三个类别），全国侨联系统申报课题全部列入委托课题类别，立项数共 21 项。侨研所将一如既往跟进课题研究进展，严抓课题质量，促进理论研究成果在实际工作中的应用转化。

2015 年度中国侨联华侨华人研究系列讲座——刘海铭

2015 年度中国侨联华侨华人研究系列讲座——龙登高

【召开中国侨联课题工作会议】3 月 21 日，2015—2017 年度中国侨联课题指南研讨会在北京召开，会议主题是针对 2015—2017 年度的课题指南和如何进一步提高中国侨联课题的社会效益和学术价值进行讨论。11 月 25 日—26 日，“2015 年中国侨联课题工作会议”在北京召开，本次会议系统总结了 2013—2015 年度中国侨联课题情况，并对中国侨联课题工作的进一步完善进行了研究探讨。

【继续办好“中国侨联华侨华人研究系列讲座”】2015 年，侨研所共举办了多场学术讲座。4 月 15 日，暨南大学特聘教授李明欢应邀来所访问，就研究方法、治学经验、研究方向等与全体同志进行交流座谈；7 月 31 日，美国加州州立理工大学普莫纳分校历史系王作跃教授、亚裔学刘海铭教授分别应邀作了题为“华人华侨科学家：留美科学家历史研究”和“美国华人饮食历史与文化”的学术讲座；9 月 23 日，中国华侨历史学会副会长、清华大学华商研究中心主任、经济学教授龙登高，以“比较视野下的海外华商经营”为题作了精彩的学术讲座；10 月 20 日，暨南大学国际关系学院 / 华侨华人研究院副院长陈奕平教授来侨研所就研究方法和治学理念与全所同志进行交流。

2015 年度中国侨联华侨华人研究系列讲座——王作跃

【联合举办“华侨华人与世界反法西斯战争”国际学术研讨会】7 月 25 日，由国务院侨办政策法规司、暨南大学主办，暨南大学华侨华人研究院、中国华侨华人历史研究所、暨南大学出版社承办的“华侨华人与世界反法西斯战争”国际学术研讨会在暨南大学举行。来自美国、日本、新加坡、马来西亚、菲律宾、中国以及中国香港、台湾等国家和地区的近百名学者参加了会议。侨史学会秘书长、侨研所副所长张秀明代表侨研所致辞并作大会发言，侨史学会副秘书长、

7 月 25 日，联合举办“华侨华人与世界反法西斯战争”国际学术研讨会

侨研所理论政策研究部主任巫秋玉，助理研究员王祎博士和张焕萍博士提交了会议论文，并作小组发言。此次会议共收到论文 50 余篇，大会共分为“海外主要侨居国的华侨华人与二战”、“华侨华人与中国抗战”、“抗战时期华侨华人与民族意识”、“抗战时期华侨华人的经济活动”、“华侨华人史料与文献”等八个专题进行了分组讨论。

【联合举办第十届“海外人才与中国发展”国际学术会议】 9 月 26 日—27 日，由国务院侨办政策法规司、湖北省外事侨务办公室、中国华侨华人历史研究所、武汉市外事侨务办公室、华中师范大学主办，国务院侨办侨务理论研究武汉基地承办的“国际移民与海外华人研究中心”成立十周年暨第十届“海外人才与中国发展”国际学术会议在湖北省武汉市华中师范大学举行。30 多位学者参加了此次会议，共提交论文 30 多篇。侨研所副所长、侨史学会秘书长张秀明代表侨研所致辞并做主旨报告。学者们围绕“华侨华人与长江经济带‘一带一路’协同发展”这一会议主题，围绕“华侨华人与‘长江经济带’‘一带一路’”、“华侨华人与华文教育”、“华侨华人与国际移民”等议题为主进行了深入讨论。

【派员参加“国际移民与人才流动论坛”】 4 月 21 日，由中国与全球化智库（CCG）、中国国际人才专业委员会（CGTS）和国际大都会组织（Metropolis）联合主办的“国际移民与人才流动论坛”在北京召开。中国与全球化智库主任、国务院参事、侨史学会副会长王辉耀博士主持了论坛开幕式。侨史学会副秘书长、侨研所理论政策研究部主任巫秋玉，研究人员胡修雷和路阳博士参加了本次论坛。在本次论坛开幕式上，国

4 月 21 日，派员参加“国际移民与人才流动论坛”

9 月 26 日—27 日，联合举办第十届“海外人才与中国发展”国际学术会议

家外国专家局副司长徐皓庆、国际大都会组织总干事 Howard Duncan、国际移民组织高级官员 Ovais Sarmad、中国人事科学研究院副院长柳学智四位嘉宾分别致辞。本次论坛旨在探讨世界各国、各地区在国际移民和人才流动方面的现状和对策，学习西方发达国家人才引进经验，搭建世界各地政府官员、国际组织代表和专家学者之间交流与合作的平台和网络。

【派员参加世界海外华人研究学会 2015 年度地区性研讨会】5 月 29 日—30 日，世界海外华人研究学会（ISSCO）2015 年度地区性研讨会在韩国首尔召开。侨研所副所长、侨史学会秘书长张秀明，侨研所理论政策研究部主任、侨史学会副秘书长巫秋玉，助理研究员王祎、罗杨参加了此次研讨会并提交论文。此次研讨会由世界海外华人研究学会和韩国首尔国立大学国际大学院共同主办，主题是“东亚与华人”，来自美国、加拿大、英国、德国、比利时、丹麦、匈牙利、马来西亚、新加坡、越南、韩国、日本、中国以及中国香港、台湾等 20 多个国家和地区的 100 余名学者参加了此次研讨会，会议共收到参会论文 85 篇。在为期两天的会议中，参会学者围绕东南亚、欧洲、美洲、东亚等不同区域的华人社会，海外华人的政治变幻、经济发展、华文教育、身份认同、中华文化与艺术、华人文学等不同专题，以及现代跨国移民对新环境的适应、中国崛起对海外华人社群的影响、比较视野中的华侨华人等 15 个议题进行了分组研讨。

5 月 29 日—30 日，派员参加世界海外华人研究学会 2015 年度地区性研讨会

【派员参加“跨国视野下的近代中国与世界”学术研讨会】9 月 21 日—22 日，由韩山师范学院潮学研究院、中国社会科学院近代史研究所和首都师范大学文明区划研究中心主办的“跨国视野下的近代中国与世界”学术研讨会在韩山师范学院举行。侨研所理论政策研究部主任、侨史学会副秘书长巫秋玉，研究人员李章鹏、胡修雷、密素敏参加会议并提交论文。本次研讨会共有 40 余位学者报告了研究成果，主要围绕跨国史研究的理论和方法、世界经济体系与近代中国、他者视域中的中国问题、离散社群与跨文化生存、国际交流与区域网络、海外华侨与中国等专题展开探讨。学者们在跨国视野下，从中国看世界的同时，也从世界看中国，对经济史、政治史、军事史、社会史、思想史、文化史乃至民俗学等学术领域的研究议题进行了全新阐释与深入讨论。其中既有关于跨国视野的总体研究方法的探讨，也有新议题的出现，讨论异彩纷呈，学术价值较高。

【共建“中国侨乡文化研究中心”】10 月 15 日，由中国华侨华人历史研究所和广东五邑大学共建的“中国侨乡文化研

10 月 15 日，共建“中国侨乡文化研究中心”

究中心”揭牌暨系列抗战史料出版首发仪式在广东江门举行。侨研所所长、侨史学会副会长张春旺，广东省人民政府侨务办公室副主任林琳，江门市委常委、市委宣传部部长柯文仲，五邑大学校长张运华，暨南大学华侨华人研究院院长张振江，暨南大学特聘教授李明欢等各方嘉宾以及五邑大学师生100余人参加了本次活动。该中心以开拓中国侨乡研究学术领域、服务国家侨务政策为宗旨，重在推动全国各地侨乡的高等院校、研究院所、博物馆等根据各自具有优势的侨乡历史文化资源开展侨乡研究，形成具有中国特色的侨乡文化学术理论和研究方法；加强与国际学术界的联系，通过与其他国家侨乡的比较研究，讲好中国侨乡与世界发展联系的故事；组织整合全国各地侨乡研究的力量，进行侨务智库建设，服务国家“一带一路”合作共赢大战略。

10月27日—28日，派员参加“海丝·陶瓷国际学术论坛暨饶宗颐教授百岁华诞庆典”

【派员参加“第六届海外华人研究与文献收藏机构”国际会议】10月16日—18日，由华侨大学华侨华人研究院、厦门大学南洋研究院和美国俄亥俄大学图书馆联合主办的“第六届海外华人研究与文献收藏机构”国际会议在福建省华侨大学厦门校区举行。本届会议主题为“当代亚洲的海外华人”，来自13个国家和地区的近200位专家学者参加了本届大会。侨研所助理研究员路阳博士参加会议并提交论文。与会者围绕海上丝绸之路与海外华人等20余个研究主题展开讨论。

【派员参加“海丝·陶瓷国际学术论坛暨饶宗颐教授百岁华诞庆典”】10月27日—28日，由中国国际广播电台、国际商报社、广东省文化厅主办，广东省潮州市人民政府、韩山师范学院承办的“海丝·陶瓷国际学术论坛暨饶宗颐教授百岁华诞庆典”在韩山师范学院伟南国际会议中心举行。侨研所副所长、侨史学会秘书长张秀明，研究人员贾源、李斌斌参加庆典。2015年适逢国际汉学大师饶宗颐教授百岁华诞。饶宗颐教授于20世纪70年代就提出了“海道之丝路”的概念。此次论坛在进行学术研讨的同时，也为饶宗颐教授庆贺百岁华诞。论坛共收到论文近百篇，与会的120多位专家学者在“海丝·陶瓷”和“饶学与华学”两个分论坛进行了深入研讨。

【派员参加“华侨华人与海上丝绸之路研讨会”】11月27日—30日，由《福建华侨史》编撰委员会主办，国务院侨办侨务理论研究福建基地、福建省侨办及华侨大学共同承办的“华侨华人与海上丝绸之路研讨会”在福建省厦门市华侨大学厦门校区举行。120余名学者参加研讨会。侨研所理论政策研究部主任、侨史学会副秘书长巫秋玉参加会议并发言。此次研讨会旨在探讨华侨华人在海上丝绸之路建设过程中的历史贡献与现实作用。会议共收到学术论文80余篇。

11月27日—30日，派员参加“华侨华人与海上丝绸之路研讨会”

12 月 16 日，派员参加“中国沿边侨情”会议

【派员参加“中国沿边侨情”会议】12 月 16 日，由暨南大学卓越智库主办的“中国沿边侨情”成果汇报暨学术研讨会在暨南大学举行。20 余名专家学者参加了本次会议。侨研所所长、侨史学会副会长张春旺参加会议。本次会议集中就我国沿边民族地区海外侨胞群体的历史、现状及其与边疆稳定团结的关系等方面展开了深入研讨。会议认为，我国沿边地区少数民族跨境人口众多，在“一带一路”沿线国家和地区分布广泛。少数民族华侨华人作为我国侨力资源的重要组成部分，推动沿边民族地区归侨侨眷与海外华侨华人的交流与合作，完善沿边民族地区侨务工作的体制和机制，是最终开拓沿边民族地区侨务工作新局面的基础。

【派员参加上海五缘文化研究所成立二十周年学术座谈会】12 月 12 日，由上海五缘文化研究所主办、上海太清宫协办的“上海五缘文化研究所成立二十周年暨《五缘文化与中华民族复兴》出版发行学术座谈会”在上海太清宫（钦赐仰殿）举办。侨研所理论政策研究部主任、侨史学会副秘书长巫秋玉参加座谈。此次座谈会主题是“回顾与前瞻”，对二十多年来五缘文化研究进行回顾，并就五缘文化研究今后的发展献计献策。与会者围绕五缘文化研究历程与各阶段成果评介、五缘文化研究的价值与意义等议题展开了热烈的讨论。

12 月 12 日，派员参加上海五缘文化研究所成立二十周年学术座谈会

【编撰《中国华侨农场史》取得进展】为推进侨史工程建设，打造具有亮点的精品工程，侨研所组织编写《中国华侨农场史》一书以填补侨史学界对华侨农场历史研究的空白。课题组先后赴福建省、云南省、海南省等地调研，在调研过程中翻拍了大量相关史料、图片，并进行了归侨侨眷口述史采访，收集整理了珍贵的资料。同时课题组也积极联络汇集文稿撰写《中国华侨农场史》，从历史角度全面呈现华侨农场的发展历程，总结历史经验。目前,《中国华侨农场史》撰稿任务已初步完成，进入审稿阶段。

【做好《中国侨联年鉴》编纂工作】侨研所在原有经验和积累的基础上，进一步组织协调中国侨联机关各部门、各单位和省级侨联参与《中国侨联年鉴》稿件的撰写工作，2015 卷力求全面、系统、客观、公正地记载自 2014 年 1 月 1 日—12 月 31 日期间各级侨联工作取得的成就、经验和发展的新趋势、新动向，为各级侨联沟通信息、交流经验开辟渠道，为社会各界了解侨联工作开辟窗口。2015 年首次增加了侨情概览内容，改进和完善了编纂方式，使 2015 年《中国侨联年鉴》内容更加充实、排版更加合理，年鉴编纂工作再上新台阶。

【修订出版《华侨史概要》】《华侨史概要》自 1994 年出版以来，因充分归纳了当时的学术观点与成果，受到侨史学界的重视，成为侨务干校、国内及海外高校讲授华侨史的基本书目之一。本书由侨研所全体同志参与修订，在充分考虑近 20 年来华侨华人这一群体自身

《华侨史概要》

变化的基础上，全面吸收学界最新的研究成果，对原章节进行了大量的扩充，由原书 25 万字增至修订本的 55 万字，全面概述了华侨华人历史的发展脉络，是一本资料翔实、简明扼要的世界华侨华人简史。

【信息工程建设取得进展】为更好地适应信息时代要求以及侨情变化、侨联工作大局以及华侨华人研究需要，侨研所在信息工程建设方面取得了进展。一是侨研所在原来资料室的基础上，成立了侨情信息中心，将华侨华人研究及侨情动态进行数字化处理和保存。二是将原来的《华侨华人资料》与《外刊快讯》进行合并，8 月改版为《侨情快讯》，每月 2 期，主要刊发华侨华人最新信息，充分利用新媒体，以电子化出版为主，为侨务工作者和专家学者提供及时、便捷的资讯服务。三是依托侨情信息中心这一平台，通过侨研所微信公众号、侨联通公众号、《华侨华人历史研究》QQ 群等网络新媒体，展示侨研所工作动态和研究成果，传达最新侨情动态资讯。四是主动提高技术水平，积极参加业务培训。侨研所先后派员参加“智慧侨联”培训、中直机关共青团网络宣传工作培训等。五是获得 2015 年度全国侨联系统信息工作一等奖。侨研所提供的侨情素材，有 26 条被采纳，并有多期素材得到中央领导批示。

《侨情快讯》

中国华侨出版社

【领导成员名单】

社长兼总编辑：方　鸣

副　社　长：刘凤珍（女）

【综述】2015年，在图书市场不景气的大环境下，出版社全体职工在社委会的带领下，解放思想，应对挑战，抓住心灵励志、社会科学等传统优势项目的同时，开发青春文学、传统文化、人物传记等新的出版方向，获得良好的市场反响。

【林军主席、康晓萍副主席到中国华侨出版社慰问调研】2月10日，中国侨联党组书记、主席林军，党组成员、副主席康晓萍到中国华侨出版社看望干部职工，并与部分同志进行了座谈。林军主席对中国华侨出版社2014年的工作给予了充分肯定。林军指出，华侨出版社要牢牢把握党和国家大局的要求，充分认识意识形态领域斗争的复杂性，切实增强政治敏锐性与政治鉴别力，切实保证华侨出版事业健康发展。他强调，2015年国民经济不容乐观，面临的挑战依然很多，中国华侨出版社要从严管理，夯实基础，加强沟通交底，职工以社为家，达成共识，才能共创辉煌。他希望华侨出版社坚持经济效益与社会效益相统一，适应市场竞争，往多元化、集团化方向发展；打好侨牌，积极推动中国图书走出去，在中华文化走出去战略中发挥应有的作用。中国华侨出版社社长方鸣、副社长刘凤珍以及出版社中层干部参加了座谈。

【中国华侨出版社入选“中国图书世界馆藏影响力百强”】8月27日，《2015中国图书世界馆藏影响力调查报告》（以下简称《报告》）在北京举办发布礼。《报告》显示，2014年中国大陆出版机构入藏世界馆藏品种年增20%，这意味着，中国大陆出版机构的馆藏国际影响力初步形成。中国华侨出版社再度入选“中国图书世界馆藏影响力百强”。据主办方《中国出版传媒商报》方面介绍，本次报告的数据来源与往年相同，基础数据为OCLC（Online Computer Library Center）的WORLDCAT全世界图书馆联机书目数据，并以日本的CiNii数据库的数据，弥补OCLC数据偏重欧洲、北美地区的不足。同时，本次检索中文图书的出版时间是2014年1月—2014年12月，中国大陆近600家出版社出版的所有中文图书。《报告》数据显示，2014年中国大陆出版机构特别是一些出版大社、强社增长明显，中国大陆出版机构的馆藏国际影响力初步形成。这也意味着，中国大陆出版机构知识生产能力逐年提高。中国华侨出版社入选“中国图书世界馆藏影响力百强”并排名27位。

【举办《追求公平·加拿大华人领袖陈丙丁律师》新书发布会】6月15日，由中国华侨出版社出版的《追求公平·加拿大华人领袖陈丙丁律师》一书在京举办推介会，《追求公平》一书主要围绕陈丙丁在加拿大移民社会勇于开拓的40余年历程，透视了他半个世纪的律师人生。中国驻加拿大多伦多领事馆前总领事夏仲成、本书的作者之一昆明理工大学张桂芳教授、中国华侨出版社编辑部主任高文喆等出席了推介会。该书从陈丙丁的祖籍地福建永春写起，叙述了他在出生地马来西亚的生活成长情况，着重围绕他在

6月15日，举行《追求公平·加拿大华人领袖陈丙丁律师》新书发布会

加拿大移民社会勇于开拓的40余年历程，记录了他半个世纪的律师人生。“读懂了陈丙丁，就读懂了半个多世纪的加拿大和华人成功创业的历史。”陈丙丁祖籍福建省永春县，出生于马来亚，并在那里长大，30岁到加拿大西安大略大学学习法律，顺着法律的道路，陈丙丁成为了加拿大著名律师、教育家、社会活动家，曾担任全加华人联会执行主席18年。陈丙丁为争取在加华人的权益和地位贡献颇多，在担任共同主席兼执行主席期间，他与华社同仁一起争取并平反了加拿大人头税和排华法案，促成加拿大总理哈珀于2006年在加拿大国会向全加华人正式道歉。作为加拿大华人领袖，他既协助海外华人办理在中国境内的种种事务，也帮助中国公民解决在海外遇到的法律问题。陈丙丁曾荣获加拿大联邦政府颁发的加拿大建国125周年勋章、伊丽莎白女王登基60周年钻石勋章等。同时，他还是中国侨联首批海外顾问之一。

【《华侨抗战影像实录——历史的诠释》一书入选纪念抗战重点出版物选题】为做好纪念中国人民抗日战争暨世界反法西斯战争胜利70周年主题出版工作，中央宣传部办公厅和国家新闻出版广电总局办公厅2月15日联合印发了《关于做好纪念中国人民抗日战争暨世界反法西斯战争胜利70周年主题出版工作的通知》，各地区各部门高度重视，精心组织，全国出版单位共报送图书、音像制品、电子出版物选题1012种。经过专家论证，中宣部和国家新闻出版广电总局领导审核同意，最终确定了纪念中国人民抗日战争暨世界反法西斯战争胜利70周年重点出版物选题120种，包括图书选题100种、音像和电子出版物选题20种。其中，由我社出版的《华侨抗战影像实录——历史的诠释》一书入选。

【出版《每个人都有天使守护》引爆关注】国际中国美术家协会副主席、亚洲时尚联合会主席团主席、中国服装设计师协会副主席张肇达与台湾著名色彩心理学家上官昭仪首次强强联手出版的新书《每个人都有天使守护》，先后被新华网、人民网、搜狐网、新浪时尚及腾讯网等各路媒体宣传报道，该书以其独特的艺术视角与独具“色彩”的文字风格陆续获得了读者的一致好评。该书首次以艺术形式作为切入点展现，可谓出版界的一次创新之举。该书在图书网店预售期间引起了读者极大关注，网站预售期间的销量屡次被刷新，并以迅猛的势头冲到各大图书网站心理学图书的榜首。

【出版《孤独的反义词》】这部获奖随笔和小说集是22岁的耶鲁天才大学生玛丽娜·基根的遗稿，她才华横溢，其文章感人至深。她的经典随笔创造了2012年的社交媒体轰动效应，令她成了一代人的偶像。她是《耶鲁日报》的特约撰稿人，为《纽约时报》写随笔，创作精彩的短篇小说、剧本和文章。她获得了许多重要奖项，包括诺曼·梅勒学院写作竞赛和华莱士小说奖。她去世后，短篇小说《寒冷的田园牧歌》发表在《纽约客》上，进入芝加哥大学年度短篇小说赛前五名。

2015年1月出版的《孤独的反义词》

【《夏梦狂诗曲》一书大结局出版】《夏梦狂诗曲》早在2011年—2013年就开始连载于广州漫友文化杂志《新蕾》和晋江文学城，由知名插画师黑色禁药及猫树绘制插图及海报，获得了广大读者的支持，三部曲均荣登月度季度排行榜榜首。在这之前，君子以泽的长篇小说《奈何》、《思念成城》等多部作品畅销港澳台地区，在全国新华书店和各大网络书店多次登上图书销量排

《夏梦狂诗曲》

行榜。君子以泽文风优雅精致，华丽大气，情节跌宕起伏、催人泪下，塑造了多个高人气角色。《夏梦狂诗曲》凝聚了悬疑剧情、古典乐、小提琴、浓郁的英伦风、浪漫而纠葛的爱情故事，不仅涵盖了很多流行的元素，同时也涵盖诸多古典元素，不仅受到各大影视公司的追捧，英国伦敦议会、《电影》杂志主编赵娟、总监制余治林导演也给予鼎力推荐。被英国华夏文化协会称作是“充满才华与促进国际文化交流的文学作品”。

【《我心向阳，无谓悲伤：梵高传》上榜开卷标准书目网文艺类】在 BBC 评选的“世界上最贵的十幅画”中，《向日葵》、《星空》、《夜空下的咖啡馆》、《加歇医生》赫然在列，拍卖成交价格已然达到千万美金，屡屡刷新艺术界的纪录。这几幅画作者来自同一个画家：文森特·梵高。梵高的一生是孤独的一生。家人和朋友的不解、周围人的白眼和嘲笑、艺术界的不认可都像一阵阵暴风雨，把他的世界吹得彻骨冰冷，能为他御寒的只有他自己对艺术和生活的热情。然而，在日益严苛的外部环境下，这一火苗也慢慢熄灭，在 37 岁那年他用手枪终结了这一世孤独。所以，要体会梵高人生体悟之深和画作韵味之浓，我们必须要和当年的梵高一样，沿着他探索自我的足迹，深入他的艺术殺堂。《我心向阳，无谓悲伤：梵高传》向读者展现了梵高凄苦、挣扎的一生，出版一周即在标准书目网文艺类上榜，位居第 15 名。

2015 年 3 月出版的《梵高传》

海内与海外

【领导成员名单】

法定代表人：陈　权

【综述】《海内与海外》杂志为中国侨联主管、主办的社会性、涉外性、文化性综合月刊，在国内外公开发行。2015年是传统媒体继续遭受新媒体冲击的一年，传统媒体杂志、报纸乃至电视媒体，一方面面临着市场萎缩的不利局面，另一方面也迎来了背水一战的机遇和动力。《海内与海外》素来在纵深、专业、原创性的报道上占有优势，此优势与网络的快速传播并不冲突。需要做的，只是在既定的技术道路上走得更好，进一步彰显原创、专业、纵深优势。基于此等设想，杂志社在2015年不断开拓创新，广开门路组织重点稿件，兢兢业业锤炼编辑业务，进一步强化在纵深、专业、原创上的优势；进一步强化在国内外公开发行之社会性、涉外性、文化性综合月刊定位，秉承突出侨联特色，落实社会主义核心价值观，始终坚持正确的舆论导向和办刊宗旨，以及"为侨服务"的传播、宣传职责。讲好中国故事，加大对有影响力的侨商人物的报道，如报道了著名侨界人士和大师级人物龚澎、钱伟长、项南、钟健生、檀泽芳等，广受好评；增加了相关中华传统文化内容，使刊物更显特色和新意。编辑部约请原外交部副部长乔宗淮撰写其母龚澎的文章，受到读者好评；约请原中国侨联主席庄炎林撰写钱伟长副委员长的回忆文章，发表后在海内外受到关注。此外，为更加契合中国桥联主管、中国侨商会主办的刊物定位，更好秉持为海内外华侨服务的方针，杂志社在资源有限、人手短缺的情况下，克服重重困难，以较低稿酬约请了顶级经济学家、资深媒体人撰写了近30篇宏观、微观经济类稿件，作为重头文章刊出，显示了杂志的分量与厚度、实力与品位。媒体的竞争力，很大程度上体现在对热点事件的追踪报道上。杂志社自2014年3月开始在杂志开辟"勿忘抗战"专栏，产生一定反响，初步形成了品牌栏目。2015年是纪念抗日战争胜利暨世界反法西斯胜利70周年，中国和世界舆论关注的焦点所在。此重大事件对媒体而言是次难得的持续整年的饕餮大餐，而在如何享用此大餐上，分出媒体的高下。在相关消息铺天盖地的海量轰炸下，如果拾人牙慧，根据主流媒体的报道编纂，因为毫无特色，势必被埋入主流媒体报道的滚滚洪流中，而告失败。为此，杂志社在年初多次召开编务会，就报道的可行路线反复研讨论证，最终确定了"提供级别最高、来源切实可靠、内容真实感人"的《勿忘抗战》栏目的约稿、编辑标准。选取的稿件提供者，或为中国人民抗日战争纪念馆的专家，或为战争亲历者之后，或为抗日战争的专门研究者；报道内容经编辑结合当时历史条件和战争环境反复比对考证，确信无疑后再行刊出；所选取稿件的内容，均为重大事件史书未记部分的钩沉，或参与者的一己亲历，或新高度的新组合再认识，迥异于普通媒体的寻常报道，而别具特色。报道刊登后，得到读者尤其是专家、领导的高度评价。在专栏刊发揭露日寇侵华罪行及中共和八路军浴血抗战等文章近40篇，在封二"勿忘抗战"摄影专栏，刊载有关照

2月16日，林军主席、董中原副主席看望杂志社工作人员

2 月 10 日，康晓萍副主席到杂志社指导工作并与大家合影

片、图片 30 余幅。在 9 月抗战暨世界反法西斯战争胜利 70 周年之际，在杂志开辟近一半页面共 34 页的特辑，共刊发文章 13 篇，图片、书法 40 余幅。以本刊编辑部名义撰写《华侨抗战的四大贡献》，并特别约请东京审判大法官梅汝璈之子梅小璈、杨靖宇之孙马继民、《五月的鲜花》作者闫述诗之婿王铁成撰写回忆文章，受到广泛好评，产生了影响。就海内外华人华侨普遍关注的热点社会问题，编发了《赴美“产婴游”受到严打》、《中国“绿卡”放宽申请门槛》、《中国的辛德勒何凤山》、《啊，“致远”》、《后方战场的情报战》等文章，产生了广泛影响。在当前实现中华民族伟大复兴中国梦的背景下，杂志社结合自身定位，侧重于讲好中国故事和海内外华侨华人的中国梦，在对华侨华人的人物、事件报道中，凸显华侨华人是实现中国梦重要资源的重要论断——海内外华侨华人在中国革命和新中国建设、改革开放中做出了巨大贡献，是实现中华民族伟大复兴中国梦弥足珍贵的资源。杂志社及时突出报道了中国侨联在港澳举办“血写的历史——日本军国主义在亚太地区罪行图片展”、第二届华侨华人摄影展、中国华侨历史博物馆馆藏抗战文物介绍、中国侨商会及省市侨商会等重要活动，较好履行了作为中国侨联主管、中国侨商会主办刊物的宣传职责。杂志社全年主动配合中国侨商会宣传工作，动用资源、花大力气组织权威经济专家为本刊撰写重头稿件，全年经济报道紧跟经济发展现状，对经济发展过程中遇到的难题高屋建瓴，提出许多专业、权威、可行的解决方案，为商会会员企业提供了重要的决策参考，为侨商会的工作增光添彩。在北京市侨联支持下，为北京市侨联开辟了《侨之家》专栏，及时报道北京市侨联侨之家为侨服务所取得的成绩。由于办出了特色，受到各地侨联关注，辽宁省辽阳市侨联强烈要求在此平台上刊出他们为侨服务的消息。全年继续刊出《缅甸华裔王国达传奇》，选用过程中对此文精雕细刻，反复修改，终能以比较好的文笔展现在读者面前。在办刊质量提高上，全年 12 期发表的各类文章，无一例违反国家有关法规和规定。为提高业务水平，杂志社组织编辑全年两人次参加了中国侨联干部培训班、在京刊物编采人员资格培训班，夯实了业务基础。在发行上，杂志社在面临网络冲击和报刊业激烈竞争的严峻形势下，群策群力，不仅保住了原有的发行量，而且做到了稳中有升，全年发行量总计增加约 5000 本。在美编上，本年内刊物封面设计实现了由物到人、由理性到情感、由冷峻到热情的变化，着意选用事件焦点中焦点人物的图片，展示其内心情感，以求在读者中产生共鸣，收到了既美观又动人的良好效果。

【2015 年 1 月号】2014 年的中央经济工作会议提出了标志性、关联性的改革举措，其中一些措施与海内外华侨华人的事业发展和切身利益紧密相关。为配合中国侨商会全年工作预热宣传，杂志社组织了《中国深化改革》、《深化改革啃下的硬骨头》、《跨境金融连接世界》等三篇重头文章，对相关政策进行了深度解读，有助于华侨华人对深化改革的理解和实操，凸显了新闻的有用性和相关性，且兼具可读性，获得读者好评，进一步提高了本刊的地位和影响力。此外，第一期还刊发了《来自中国的救命签证——中国的辛德勒何凤山》、《沦陷时期的辅仁》、《随军增援台儿庄》等历史钩沉，独家报道了为一般性历史记载所忽略的重要史实，从而丰富和翔实

2015 年 1 月号

了一般性历史记载的纬度。刊发了在大文化范畴的《梅兰芳与京剧改良》、《毛泽东箴言与鲁迅箴言》、《万历年间》、《清寒作家》、《感觉汪曾祺》等文章，视域开阔，引人深思。

【2015 年 2 月号】为配合中国侨商会的宣传工作，刊发了《政府和市场成为中国经济双引擎》、《财政活水存量来》、《怎样用好 400 亿美圆丝路基金》等三篇重头文章，对深化改革的方针举措进行了多纬度解读。对中国侨联九届三次常委会议、九届二次全委会议和李源潮同志重要讲话以及全国侨联文化宣传工作会议进行了重点报道。刊发了《老舍的言传身教》、《北京的庙会》、《北京的老规矩》、《消逝的沈从文故居》等大文化概念文章。刊发了《桂北抗战的记忆》抗战文章，丰富了本刊历史记载报道的纬度。

【2015 年 3 月号】在两会召开之际，配合中国侨商会工作，刊登了解读政府工作报告的三篇文章《依法行政　有权不可任性》、《将内需激发为经济增长的发动机》、《政府工作报告 10 大关键数据》。在同类媒体此类报道中，文章理解到位，分析合理，数据翔实，结论可信，专业、全面、权威，广受好评。在社会热点报道方面，抓住了华侨华人关心的就业话题，刊登了《盘点

6 月 12 日，本刊作者、95 岁的中国侨联原主席庄炎林（中）与编辑交流

海外华人奇葩职业》，就海外华人就业流向进行了最新跟踪和盘点，趣味性强，又与华人的生活紧密相关，反响良好。大文化方面，刊登了《戏痴焦晃》、《也谈三国热》、《说不完的八大山人》、《访李滨声先生小记》、《富连成社的见证者班世超》、《扑朔迷离贵妃墓》，皆是文化长河中的珠玑文章，特色鲜明，对传统文化的回归和适应当代社会新文化的建立，具有现实意义。抗战题材，独家刊登了庄炎林先生撰写的《新加坡大屠杀序》，等等。

【2015 年 4 月号】主动配合中国侨商会工作，刊发《中国经济未来靠什么实现增长》、《亚投行——一带一路的核心》、《中国缘何持续减持美债》等文，对中国经济持续增长进行了雄辩的说明，对“一带一路”的战略决策和亚投行设立的必要性，进行了全方位解读。在讲好中国故事和华侨华人中国梦方面，刊登了《怀念我的母亲龚澎》、《真心相爱》等文章；在历史方面，刊登了《蜀中名士梁正麟》、《广济寺史话》、《血肉筑成的乐西公路》、《我随川军出川抗战》等文章。在热点方面，刊登了《赴美“产婴游”被严打》等文章；在大文化方面，刊登了《根深才能叶茂》、《寄情墨花》、《美丽的夏威夷》、《山水风韵识焦作》、《乡村水村》等文章。

【2015 年 5 月号】主动配合中国侨商会工作，刊登《新丝路成就中国梦》，进一步解读“一带一路”战略，及其之于中国梦的伟大意义；刊登《农业调结构：从种养开始》、《春种之思》，从产业层面阐述农业调结构的可行高效路径。在大文化方面，刊登《认识你真好——忆诗人汪国

真》、《过士行：求变的戏剧人生》、《写给值得追忆的人》、《中国围棋的推动者》、《北美造访名人墓》等文章，对艺术文化名人的过往给予记载与追忆。在抗战方面，推出沉石的《谋杀与反谋杀——八路军总部与冈村宁次的较量》，补正了一段历史记载遗漏的重要史实。内容翔实生动，十分感人。

【2015 年 6 月号】经济类刊登《亚投行点燃经济发展新引擎》、《亚投行书写国际金融体系新篇章》、《人民币国际化推进新思路》等三篇文章，将亚投行与人民币国际化话题引向深入；人物类刊登《檀泽芳　年轻海归的家国情怀》，将目光投向新侨对祖国建设做出的巨大贡献；《项南印象》则追忆一代政治家对反腐倡廉重要性的认识；大文化方面《静心方正　静中求索》，记录了著名书法家启骧其人其书，《采采流水　蓬蓬远春》则是对戏曲教育家叶蓬的记录，以及名家撰写的《避免顶点》等文章。

在抗战题材方面，刊登了《单昭祥沂蒙蒙难记》，是对单昭祥抗战一个片段的真实记录。

【2015 年 7 月号】经济类刊登《新思路将全面推动中阿产能合作》，从地方的角度探讨中阿丝路产能合作的需求、路径与前景；热点类刊登《中国“绿卡”放宽申请门槛》，对中国的签证政策新变化及给侨胞带来的入境方便进行了解读和报道；党史类推出了《隐蔽战线上的无名英雄》重点文章，对中共与国民党隐蔽战线的优缺点进行了比较分析；抗战类刊登《日寇侵华初期的笔部队》，从日寇对我进行文化侵略的角度，进行了全方位的分析，揭露了日本军国主义文化的侵略本质；《抗日根据地的挺进报》则记录了抗战时期我军于艰难困苦的斗争环境中重视宣传，奋力抗战的感人事迹；大文化类刊登《宋代的酒楼与食店》，考证了宋代酒楼与食店的繁荣兴替与民俗风情；《墙》、《豁然开朗》，则展示了名家的文思，等等。

【2015 年 8 月号】经济类刊登《自贸区打造国际贸易格局新亮点》、《中欧互连互通　利益与标准融合至关重要》；热点类刊登了《世界兴起汉服热》，对在现代服装运用古装里的中国元素的热情和争论进行了报道；大文化方面，刊登了《悼朱琳　忆雷雨》、《中波文化交流的使者马丁》、《庄则栋的乒乓人生》、《京胡名家李亦平》等文章。

【2015 年 9 月号】用 31 页篇幅刊载《纪念中国人民抗日战争暨世界反法西斯战争胜利 70 周年特辑》，其中的重点文章为《华侨抗战的四大贡献》，对华侨抗战的贡献进行了总结归纳；《勿忘数字中的抗战》，搜集权威数据，在数字层面再现抗战；《纪念抗战 70 周年》林军主席等人书法作品选登。刊登特稿《我的父亲梅汝敖与东京审判》、《回忆爷爷杨靖宇》、《我的岳父闫述诗》等文章；刊登抗战类《后方战场上的情报战》、《中国空军投向日本的“人道炸弹”》、《三秦子弟　血荐中华》、《日本有“反战文学”吗》等文章。特辑史料性强，内容丰富，选材新颖，可读性强，在同期媒体报道中独树一帜。

2015 年 9 月号

【2015 年 10 月号】经济类刊登《扎实推进农产品质量安全监管》、《严刑峻法保障农产品安全》，聚焦农产品质量安全问题，为存在的问题开出解决良方；热点方面刊登《华人中西合璧寻教子良方》，报道华人社会对教育子女最佳方案的探索；《悄然兴起的老年旅游》则对近些年兴起的老年旅游现象进行了反映。大文化方面刊登

2015 年 10 月号

《蔬食第一》、《开拓之星》、《话说袁枚》等文章。在人物方面，刊登了《于蓝：从延安出发的银幕征程》、《从俞珊说到田汉》、《有一个惠州人——名将叶挺》等文章；抗战方面，刊登了《战歌似的生命》等文章。

【2015 年 11 月号】经济类刊登《十三五发展目标五大理念》，对“十三五”发展目标进行解读；刊登《共享新丝路新机遇》，进一步拓展丝路报道。历史方面，推出《啊，“致远”》重点文章，结合致远号打捞出水新热点，详细记述了致远号从购买到服役的过程，并对北洋水师军舰与同期日舰进行了全方位的数据对比，并对北洋水师战而不胜的原因，进行了科学、客观分析，可读性强。新闻报道方面，刊登了《林军出席第二届世界华侨华人摄影展》以及林军主席等人参展书法作品，等等。

【2015 年 12 月号】经济类刊登《中国企业走出去面临四大挑战》，对中国企业走出去出谋划策；刊登《加快实施我国品牌农业发展战略》，拓展了本刊农业报道的广度、深度。人物方面刊登了《一片丹心爱中华》，回忆泰语翻译家钟健生；刊登《焦菊隐：一生最后要做的事》、《臧克家的邻里情》、《忆凤翔尊师》等文章。大文化方面，刊登《且说黄酒》、《诗的启示》、《燕山雪花大如席》等重点文章，均底蕴深厚，可读性强。

中国华侨历史博物馆

【领导成员名单】

馆　长：黄纪凯

副馆长：祁德贵

【综述】2015 年，中国华侨历史博物馆（以下简称“博物馆”）全面贯彻落实党的十八大和十八届三中、四中、五中全会精神，深入学习贯彻习近平总书记系列重要讲话精神，勇于改革创新，切实加强自身建设，推动博物馆工作不断发展。2015 年成为博物馆全面对外开放并取得丰硕成果的一年，馆领导凝聚全馆人员的智慧，充分调动和发挥大家的积极性，团结一致、务实创新，狠抓各项工作的落实，取得了显著成绩。

【全面对外开放，服务社会公众】2014 年 10 月 21 日—2015 年 10 月 20 日，博物馆以团体预约的方式接待观众，先后接待了国务院侨务办公室、致公党中央和各省市侨联组织的侨务工作人员，海外华侨华人和归侨侨眷，中国博物馆协会、国内外华侨博物馆及国家文物局等文博系统团队，还有大、中、小学校的学生以及街道等社会各界团体。观众纷纷表示，博物馆展览形式设计新颖、藏品多样，展览内容翔实，参观后使他们对华侨华人的历史和贡献有了更清晰的认识，发挥了“第二课堂”的教育作用，取得了良好的社会效益。截止到 12 月初，共接待观众超 10000 人次，来自海内外团组 270 批次，观众留言 66 人次。自 2015 年 10 月 21 日起，博物馆全面对外免费开放，开放时间为每周二至周日（9:00—17:00），周一闭馆，节假日照常开放。

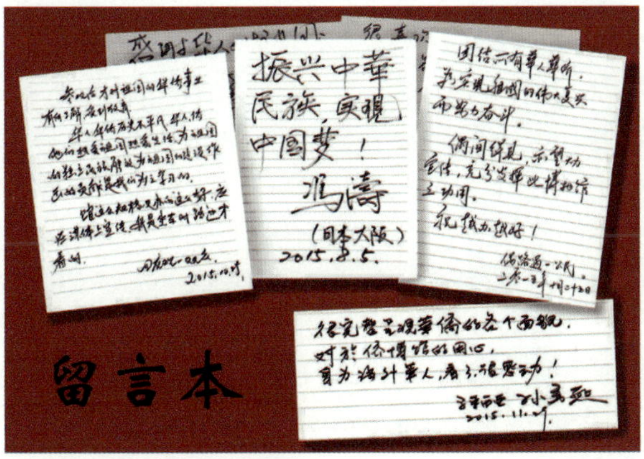

2015 年部分参观博物馆观众留言

2015 年部分参观博物馆的团队

日　期	团队名称
1 月 22 日	列席中国侨联九届二次全委会的海外委员一行 60 余人参观博物馆。
2 月 4 日	致公党中央常务副主席蒋作君、副主席闫小培、原副主席王宋大、吴明熹及机关各部门干部 20 余人参观博物馆。
2 月 12 日	外交部机关党委副书记金红军率外交部侨联干部 70 余人参观博物馆。
3 月 26 日	澳大利亚格里菲斯大学马克林教授参观博物馆。
4 月 2 日	奥地利中国和平统一促进会一行 10 余人参观博物馆。
4 月 3 日	中澳法学交流基金会（香港）一行 32 余人参观博物馆。
4 月 10 日	加拿大华人社团联席会一行 30 余人参观博物馆。
4 月 16 日	菲律宾和平统一促进会一行 32 余人参观博物馆。
4 月 20 日	澳门中华商会青年委员会一行 50 余人参观博物馆。
4 月 23 日	新疆侨联系统干部培训班一行 70 余人参观博物馆。
5 月 17 日	庄佩源会长率美国洛杉矶中华总商会一行 10 余人参观博物馆。
5 月 18 日	中国侨联副主席、天津市侨联党组书记、主席胡胜才率天津市侨联干部 40 余人参观博物馆。
6 月 8 日	华盛顿中国和平统一促进会一行 15 余人参观博物馆。
6 月 8 日	中国侨联第二十期干部培训班一行 80 余人参观博物馆。
6 月 11 日	外交部 2015 年第三期大使参赞学习班一行 30 余人参观博物馆。
6 月 23 日	中国侨联顾问王成云带领温州市侨联干部一行 10 余人参观博物馆。
7 月 15 日	2015 年海外侨领中国国情研修班一行 40 余人参观博物馆。
7 月 27 日	希腊侨领联合访问团一行 12 人参观博物馆。
8 月 7 日	东城区委书记杨柳荫率区委干部一行 10 余人参观博物馆。

续表

日　期	团队名称
9 月 11 日	审计署旅游侨务审计局一行 20 余人参观博物馆。
9 月 15 日	中华全国供销合作总社党组成员、理事会副主任肖仲凯来博物馆参观。
9 月 14 日	陈立人带领马来西亚河婆同乡联合会、马来亚二战历史研究会一行 20 余人参观博物馆。
9 月 20 日	台湾大学校友会一行 60 余人参观博物馆。
9 月 23 日	东城区政协主席邵鹏率部分区政协委员一行 20 余人参观博物馆。
9 月 24 日	清华大学华商研究中心代表与 20 余名加拿大华侨华人参观博物馆。
9 月 28 日	意大利米兰妇女联合会成员一行 10 余人参观博物馆。
9 月 28 日	出席中国致公党成立 90 周年纪念大会的海内外 200 余名嘉宾参观博物馆。
11 月 5 日	北京市侨联 2015 年港澳及海外侨领国情研修班学员 50 余人参观博物馆。
11 月 19 日	巴拿马“中巴专业协会”访问团一行 16 余人参观博物馆。
12 月 17 日	国侨办侨务干校学员一行 90 余人参观博物馆。

【国家文物局副局长宋新潮参观博物馆】2 月 6 日，中国博物馆协会新春座谈会在中国华侨历史博物馆召开。国家文物局副局长、中国博物馆协会理事长宋新潮出席并致辞，博协副理事长、常务理事共计 80 余人参加座谈会。会前，宋新潮及部分副理事长在黄纪凯馆长陪同下参观了博物馆基本陈列。参观过程中，宋新潮对基本展展览形式、陈列效果给予了充分肯定。

2 月 6 日，国家文物局副局长宋新潮参观博物馆

【举办特色临时展，提升博物馆社会形象】2015 年，博物馆以展品的人文价值、展陈的艺术水平以及社会效益为目标举办特色临时展览。先后主办了“中国人民抗日战争暨世界反法西斯战争中的华侨华人图片展”、“美华侧影——万晓燕摄影展”、“丝路之梦·一带一路——张清智大型百米长卷展”、“南加州华人新侨图片展”、“庆祝中华人民共和国与加拿大建交 45 周年加拿大华侨华人及中国书画家作品全国巡展北京站”、“宋建华‘禅·境’中国书法作品巡回展”、“一路好风光——刘玉社个人画展”；承办了“金水桥之恋华裔青少年作品大赛”、《团结·友谊·合作——周恩来与万隆会议》图片展等 10 余个展览。这些展览均以独具匠心的内容设计和精彩纷呈的展示形式，为广大观众奉送了高层次的文化艺术盛宴，产生了强烈社会反响，受到社会各界的高度赞誉，为开办丰富多彩的临时展览迈出了坚实一步。

【举办“美国南加州华人新侨图片展”】6 月 16 日，中国华侨历史博物馆联合美国华人华侨研究院、美国华人总商会、美国南加州华人华侨史记编委会主办的“美国南加州华人新侨图片展”在中国华侨历史博物馆开幕。这是在中国华侨历史博物馆展出的一次具有地域特点的海外华人新侨图片展览。中国侨联顾问李祖沛、中国侨联海外联谊部部长孔涛，国侨办国外司司长王晓萍、国侨办侨务干部学校副校长赵健，中国华侨历史博物馆馆长黄纪凯、副馆长祁德贵等出席开幕式。这批照片反映了从中国大陆移民至美国南加州的新侨在各自事业方面取得的成就，为当地建设及促进中美友好和交流做出的卓越贡献，华人社团的成长历程，特别是华人新移民及其侨团发展中的重大历史事件。包括新侨在内的广大华侨华人，在促进当地经济社会发展和促进中外友好交往方面，将发挥越来越突出的积极作用。经过精心整理和编辑，此次《美国南加州华人新侨图片展》多层次、多角度、多方位地

6 月 16 日，中国侨联顾问李祖沛（前排左六）、海外联谊部部长孔涛（前排左五）、国侨办国外司司长王晓萍（前排右五）、国侨办侨务干部学校副校长赵健（后排右三）出席“美国南加州华人新侨图片展”

反映美国南加州华人新侨的面貌和风采。通过此次展览，观众对美国南加州华人华侨有了更多的了解。此次展出的 100 余幅照片，分为美国南加州华人新侨社团的建设、美国南加州华人新侨社团的贡献、美国南加州华人新侨的风貌三个部分，观众既可以看到美国南加州华人华侨思乡爱国的情怀和为促进中美友好所做的努力和贡献，也会感受到华侨华人与祖国人民心连心的情感。

【举办《中国人民抗日战争暨世界反法西斯战争中的华侨华人》图片展】 2015 年，由中国博物馆协会华侨博物馆专业委员会 5 个成员单位共同举办的《中国人民抗日战争暨世界反法西斯战争中的华侨华人》图片展在广东、福建、江苏、北京等地同期多点展出。8 月 21 日，图片展在中国华侨历史博物馆开幕。本次展览以中国人民抗日战争与世界反法西斯战争的历史进程和重要节点为背景与视角，从战争前的动员、宣传，到战争中的捐款捐物、参军参战，从支持中国抗击日寇到参与世界各国正义力量投身反法西斯同盟等多方面，讲述了华侨华人浓浓的家国情怀和追求和平的进步理念。展览不仅展现华侨华人在支持中国人民抗日战争中的突出贡献，更突出了华侨华人在整个世界反法西斯战争中扮演的角色和意义，充实还原了华侨华人历史形象。全国人大华侨委员会委员、中国侨联副主席李昭玲，国务院侨务办公室副主任谭天星，全国政协港澳台侨委员会副主任陈丽华，中国侨联副主席康晓萍出席开幕式。康晓萍副主席代表中国侨联在开幕式上致辞。中国博物馆协会华侨博物馆专业委员会主任委员、中国华侨历史博物馆馆长黄纪凯代表主办方发表讲话。作为中国博物馆华侨博物馆委员会秘书处责任单位，中国华侨历史博物馆牵头组织各主办单位将各馆的资源整合起来，整体设计，分别制作展出，实现了展出藏品更加丰富，展出内容更加充实，从而产生更大的社会影响，取得了更好的社会效益。

8 月 21 日，全国人大华侨委员会委员、中国侨联副主席李昭玲（右七）、国务院侨务办公室副主任谭天星（左七）、全国政协港澳台侨委员会副主任陈丽华（右六）、中国侨联副主席康晓萍（左六）出席《中国人民抗日战争暨世界反法西斯战争中的华侨华人》图片展开幕式

【举办“美华侧影——万晓燕摄影展”】10月9日，由中国华侨历史博物馆主办、江苏省华侨公益基金会和南通市侨联协办的“美华侧影——万晓燕摄影展”在中国华侨历史博物馆举行。本次展览以美国华侨华人的生活为主线，选取了美籍华人万晓燕女士自20世纪90年代至近期拍摄的200余张照片进行展示。作者用镜头聚焦在美华人生活，每张图片都从特定视角定格美国华人生活的鲜活侧面，使观众增进对美国华人社会的了解。今后，中国华侨历史博物馆将继续支持海内外华侨华人艺术家创作，为广大华侨华人艺术家提供展示其作品的平台。

10月9日，举办“美华侧影——万晓燕摄影展”

【举办《丝路之梦·一带一路》画展】10月21日,《丝路之梦·一带一路》——张清智大型百米长卷展开幕式在中国华侨历史博物馆举行。中国侨联副主席李卓彬、中国侨联顾问林明江，中国国际文化传播中心第一副主席唐天标上将，阿塞拜疆驻华大使拉季夫·甘基洛夫等出席开幕式。开幕式上，中国华侨历史博物馆馆长黄纪凯代表主办方对张清智以及《丝路之梦·一带一路》百米长卷作品给予肯定，认为这次展览不仅展示了张清智先生丰厚的艺术功力，还可以让观众体会到画家强烈的使命意识。他说，选择今天的画展开幕式作为博物馆第一个全面开放日的核心活动，就是要借以表达博物馆全体干部职工的一个共同心愿，继承侨界先贤们的爱国主义传统，努力传播中国声音，积极讲好中国故事。展览展出的是张清智倾情创作完成的《丝路之梦·一带一路》大型百米长卷作品。画作高2.2米，长165米，以天安门为中心，向右为“一带”，途经上海、海南、泰国、马来西亚、印度等地一直到地中海及周边国家；天安门向左为“一路”，途经西安、嘉峪关、敦煌、天山、哈萨克斯坦、伊朗、俄罗斯等国家。长卷通过对“一带一路”沿线各国的文化遗产、文化名人、文明古迹、历史人文、民俗风情、特色建筑、城市环境等描绘，生动展现了各国过去和现在的风貌及愿景。此次展览还同时展出了张清智另一幅百米长卷作品《版纳风情》。

10月21日，李卓彬副主席（右）参观《丝路之梦·一带一路》画展

【承办《金色道钉，筑建中美和平发展之路》首发式】9月17日上午，在中国华侨历史博物馆举办了《金色道钉，筑建中美和平发展之路——十九世纪中期美国中央太平洋铁路建设中的华工》新书及画册首发式。全国政协原副主席罗豪才，中国侨联主席林军、副主席乔卫、康晓萍，新华社秘书长刘正荣，中国侨联副主席、上海市侨联主席沈敏，致公党中央秘书长曹鸿鸣等以及来自协办单位的代表和学者近百人出席

9 月 17 日，中国侨联主席林军（左六），副主席乔卫（右四）、康晓萍（左四），新华社秘书长刘正荣（右六），中国侨联副主席、上海市侨联主席沈敏（右三），致公党中央秘书长曹鸿鸣（左三）出席《金色道钉——建筑中美和平发展之路》首发式

首发式。首发式上，罗豪才代表作者向中国华侨历史博物馆赠送了画册，林军主席向作者颁发了证书。该书由中国侨联主席林军作序，上海市地方志编纂委员会办公室副主任生键红博士撰著，上海中西书局出版发行。

【举办“涉侨可移动文物普查登记工作”培训班】为贯彻国务院开展第一次全国可移动文物普查的工作部署，更好地完成涉侨可移动文物普查登记，进一步提高华侨馆的文物保护与专业化管理水平，3 月 24 日，“涉侨可移动文物普查登记工作”培训班在广东江门开班。中国华侨历史博物馆馆长、中国博协华侨博物馆专业委员会主任委员黄纪凯出席开班式并讲话。黄纪凯说，国内绝大多数华侨博物馆都建于 20 世纪 90 年代以后，各馆现有文物总数有限，鉴定、分类、定级标准有待制定与完善。普查工作给所有华侨博物馆提出了新的要求和任务，目前华侨博物馆面临的困难是大部分工作人员并非博物馆专业出身，相关文博知识和业务水平亟待加强与提升。要以此次培训班为契机，认真学习、广泛交流，取得优异成绩。国家文物局可移动文物普查工作办公室副主任王莉、首都博物馆副馆长黄雪寅等为培训班授课。广东省文物局局长龙家有、江门市政府副秘书长许彩华、广东华侨博物馆馆长、中国博协华侨博物馆专业委员会副主任委员王明惠、江门市文化广电新闻出版局副局长刘利元等参

3 月 24 日，“涉侨可移动文物普查登记工作”培训班在广东江门开班

加开班式。培训期间，还对可移动文物普查登记工作主要问题释疑，开展多种专业交流、讨论，组织参观五邑华侨华人博物馆基本陈列、涉侨文物登账、保管等情况。本次培训班由中国博协华侨博物馆专业委员会主办，学员来自全国 14 个华侨博物馆共 50 余人。

【完成第一次可移动文物普查工作】2015 年，根据北京市可移动文物普查工作办公室《关于可移动文物普查的通知》要求，藏品部结合博物馆现有近 2 万件藏品，文物和非文物藏品急需区分、刚搬入库房文物亟待上架的实际情况，制订本馆《第一次可移动文物普查工作方案》，首先进行文物和非文物藏品鉴选，其次重新建立文物账和非文物藏品账（参考品、礼品）、重新贴签上架，与此同时，完成文物的信息采集上报工作。为了鉴选工作有据可依，制定了《中国华侨历史博物馆藏品鉴选办法（暂行）》。部门人员分工合作，组成鉴选、建立新分类账、贴签上架三个小组，既确保工作质量，又尽量提高工作效率。11 月，按照可移动文物信息采集的标准，如期完成上报工作。鉴选出文物 9327 件，参考品 9506 件，礼品 730 件。

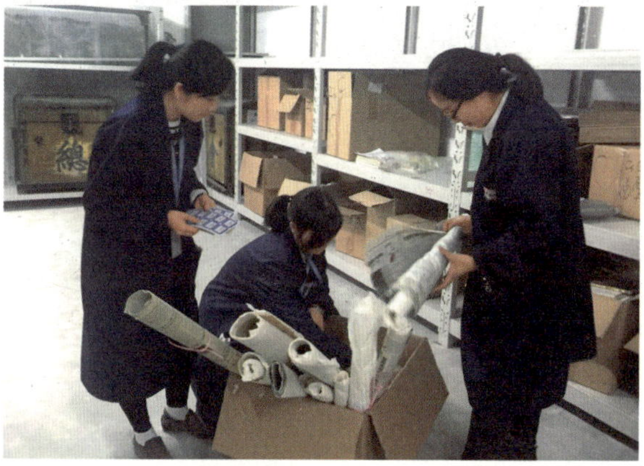

博物馆藏品部同志对可移动文物进行整理和清点

博物馆书画、纺织类藏品库房内

【举行捐赠日本军国主义侵华罪证史料新闻发布会】7 月 4 日，在博物馆举行了“李辙先生、许伯夷先生捐赠日本军国主义侵华罪证史料新闻发布会”。中国侨联主席林军，副主席李卓彬、李昭玲等出席发布会，乔卫副主席主持新闻发布会。30 多家在京主流媒体记者和各界人士共约 70 人与会。经专家鉴定，该批文物有以下特点：一是数量种类丰富。首批整理登记的珍贵史料就达 465 件（套），涵盖军需、书籍、报刊、公文、票据、债券等诸多方面，是对现有大陆相关史料的必要补充和有机拓展。二是时间跨度较大。从 1894 年东京博文馆发行的日文版《日清战争实记》，1932 年日本第三舰队司令部编纂的《上海事变记念写真贴》，到 1936 年南满洲铁道株式会社发行的《满洲概观》，涵盖了中日甲午海战、日本割占台湾、日俄战争、伪满洲国成立、九·一八事变、七·七事变等重大历史节点。三是日文史料居多。既有日本在台征兵的手书、日本政府发行的军票，也有战时储蓄债券、日军内部作战写真记录等，这些由日文撰写或由日本有关方面编纂的史料，使日本军国主义的罪行更加确凿。四是研究价值珍贵。其中，由东京朝日新闻社发行的整套《北支事变画报》第一至三十五辑，全套收藏已十分罕见；一些文物带有浓厚的

7 月 4 日，林军主席（中）向李辙（左一）和许伯夷（右一）颁发了捐赠证书

台湾地域色彩，真切记录了日本军国主义在当地的所作所为。新闻发布会上举行了李辙先生、许伯夷先生向中国华侨历史博物馆捐赠日军侵华罪证史料仪式，林军主席向李辙先生和许伯夷先生颁发了捐赠证书。

【召开“华侨博物馆与华侨华人研究”学术研讨会暨2015年华侨博物馆专业委员会年会】 11月28日—30日，中国华侨历史博物馆与北京大学华侨华人研究中心共同举办“华侨博物馆与华侨华人研究”学术研讨会暨2015年华侨博物馆专业委员会年会。会议就如何进一步推动华侨华人研究的多视角考察，使“华侨博物馆”与“华侨华人研究”这两个互有交集印证，但又各有侧重不同且自成体系的专业机构和学术力量，能够取长补短、相辅相成，共同致力于涉侨学术研究的繁荣与发展开展讨论。出席本次学术研讨会的有中山大学特聘教授陈志明、复旦大学文物与博物馆学系教授陆健松等70多位华侨历史及文博专业的专家学者，以及广东华侨博物馆馆长王明惠、泉州华侨历史博物馆馆长吴翠荣等20多位华侨博物馆专业委员会的专家学者。

【举行“波茨坦和平钟”捐赠仪式】 12月29日，在博物馆举行了“波茨坦和平钟”捐赠仪式。中国侨联主席林军、全国政协港澳台侨委员会副主任楼志豪、国务院台湾事务办公室港澳涉台事务局局长顿世新、民革中央联络部部长李霭君、中国和平统一促进会副秘书长宋为、国务院侨办国外司副司长林旭、全国人大华侨委员会法规室副主任王佳惠、北京市侨联副主席马坚、北京市侨办副巡视员史立臣、中国廉政法制研究会副秘书长宋道胜出席捐赠仪式，黄纪凯馆长主持捐赠仪式。为纪念中国人民抗日战争胜利暨世界反法西斯战争胜利七十周年，欧洲华侨华人集资铸造“波茨坦和平钟”，经欧洲中国和平统一促进会、德国华侨华人中国和平统一促进会共同协商，将这个有重要历史意义的纪念品捐赠给中国华侨历史博物馆。林军主席为欧洲和平统一促进会和德国华侨华人中国和平统一促进会代表颁发捐赠证书，并代表中国侨联接收两位代表赠送的礼品。中国和平统一促进会副秘书长宋为、欧洲中国和平统一促进会主席张曼新、德国华侨华人中国和平统一促进会会长韩苏荣、欧洲中国和平统一促进会高级顾问陈贻成分别致辞。仪式完毕后，出席活动的领导和嘉宾在黄纪凯馆长的陪同下参观了中国华侨历史博物馆。

12月29日，中国侨联主席林军（左二）、全国政协港澳台侨委员会副主任楼志豪（右一）为“波茨坦和平钟”揭幕

【做好党建工作】 2015年，博物馆党支部在中国侨联党组和直属机关党委的领导下，重视支部组织建设，支委会成员带领全体党员，团结努力，紧密围绕博物馆实际工作任务，认真学习习近平总书记系列重要讲话，深刻领会精神实质，确保学习扎实深入、不走过场。7月16日，召开“三严三实”专题教育会，博物馆党支部书记、馆长黄纪凯以《党性分析》为题，结合典型事例为全体党员干部讲授党课。黄纪凯认为开展“三严三实”专题教育要重点把握六点内容：一是千方百计加强修养；二是如履薄冰管好权力；三是自觉主动严守纪律；四是脚踏实地谋划事业；五是真抓实干开创事业；六是老实本分做人为官。7月13日、14日下午，博物馆党员干部结合分集解说词，集体观看了《筑梦中国》。7月15日下午，博物馆党支部召开专题学习会，以“中国共产党为什么是领导我们事业的核心

力量”为主题展开讨论。会上，同志们结合会议主题，联系自身实际，纷纷踊跃发言，气氛十分热烈。最后，祁德贵副馆长提出三点希望，一是进一步坚定理想信念，二是进一步提高学习能力，三是进一步增加工作干劲。此外，博物馆支部还组织党员学习《中国共产党廉洁自律准则》和《中国共产党纪律处分条例》，学习中纪委关于违反八项规定的情况通报和中纪委副书记张军在中纪委网站接受在线访谈时回答网友有关提问的说明，加强了全体党员的廉洁自律和防腐意识。

7 月 15 日，博物馆组织全员消防演习

【强化安全意识】自博物馆对外开放接待观众以来，参观人数逐渐增加，博物馆安全管理工作尤显重要。第一，加强管理，建立规章制度，将安全检查规范化、制度化；第二，开展经常性的安全宣传和专业技能培训；第三，进一步明确了各岗位安全工作职责，把安全管理工作目标分解到各部门，责任落实到人；第四，加强考核力度，使考核制度更具操作性、更全面、更有力，做到警钟长鸣，防患于未然。为加强博物馆工作人员和物业服务公司全体人员的消防安全意识，7 月 15 日，博物馆组织了一场消防演习。随着指挥组的一声令下，消防演习正式开始。灭火抢险组、疏散引导组、后勤保障组、防护救护组和综合协调组联动响应，有的迅速利用灭火器进行扑救，有的疏散观众，有的全力救治伤员，积极配合专业消防人员施救。整个演习反应快速，各司其职，配合有序，处理到位，取得圆满成功。为增加大家对消防知识的了解。11 月 9 日，博物馆与物业公司联合组织了第一届博物馆消防知识竞赛，确保为观众提供一个安全舒适的参观环境。

中国侨联公益事业管理服务中心

【领导成员名单】

主　任：何继宁

8 月 6 日，“侨爱心健康光明行”走进侨乡，为贫困地区白内障患者实施复明手术，患者重见光明

【综述】2015 年，中国侨联公益事业管理服务中心（以下简称“公益中心”）以两个中央《意见》精神为指导，按照“两个服务”和“两个拓展”的总要求，在中国侨联党组的直接领导下，积极凝聚海内外侨界爱心力量，努力服务侨胞福祉、服务侨联工作、服务社会发展，拓展领域搭建平台，培育项目发展品牌，整合资源创新渠道，扩大规模优化效益，强化宣传管理监督，不断推进机构建设，培植全国侨联系统公益力量，不断开创侨联公益事业发展新局面。2015 年，全国各级侨联推动侨界社会捐赠超过 5 亿元人民币，实施公益项目和活动近千个。

【“侨爱心工程”实施情况】2015 年，公益中心协调联络海内外热心人士捐建侨爱心学校 20 所，图书室（馆）15 间，侨爱心卫生院 2 所，捐建侨爱心食堂 1 间。新开设树人班 14 个，协助完成资助珍珠班 132 个，培训树人班班主任和优秀学科教师、项目负责人 57 名。

【乔卫副主席出席“第五届中国慈善年会”】1 月 15 日，“慈善的力量·2014 中国慈善年会”在北京举办。第十二届全国人大常委会副委员长陈昌智、第十一届全国政协副主席张梅颖、民政部副部长窦玉沛出席活动。来自政府部门、慈善组织、爱心企业及其他社会各界的近 300 名嘉宾与会。中国侨联副主席、中国华侨公益基金会理事长乔卫出席活动并致辞。他说，谈到中国慈善事业，就不能不提到海外华侨华人这个群体。目前在海外的数千万华侨华人，分布在全球 198 个国家和地区，他们既是中国的宝贵资源，也是住在国的宝贵资源。据不完全统计，改革开放 30 多年来，海外侨胞及港澳台同胞捐资中国公益慈善事业的总额已超过 850 亿元人民币，成为我国慈善事业一支稳定的、可持续的、

1 月 15 日，乔卫副主席出席第五届中国慈善年会并致辞

8 月 18 日，乔卫副主席（左二）出席树人班捐赠活动，与捐赠者、受助学生合影

不可或缺的重要力量。年会回顾了 2014 年慈善行业的整体成就，用四个篇章展示了 23 名“年度中国慈善推动者”的风采。

【探望老归侨】2 月 3 日，公益中心工作人员驱车前往朝阳区大柳树康复中心探望归国华侨。工作人员送去了慰问金，还带去了老人喜爱的新鲜果篮。大家在一起聊时事、话家常，寒暄拜年，气氛温馨融洽。受访归侨表示，自己身体恢复得很好，精力也更充沛了，并感谢党、政府和侨联组织长期以来对他们的关爱。

【举办“树人班”项目负责人培训班】8 月 7 日—11 日，中国侨联举办第二届“树人班项目负责人培训班”，共有来自 14 所合作学校的 57 名老师参加培训。此次培训通过集中培训、座谈、交流互鉴教育工作经验，优化更新教学观念，提升校长及骨干教师的人文素养，多方位促进学校的发展，进一步加强“树人班”合作学校的校长、班主任、优秀学科老师的管理工作，加深教师对华侨基金会公益项目的理解，取得了很好的反响。中国侨联副主席、中国华侨公益基金会理事长乔卫等出席开班典礼。中国侨联公益事业管理服务中心主任、中国华侨公益基金会副理事长兼秘书长何继宁主持开班式。

8 月 7 日，举办第二届“树人班项目负责人培训班”

【“微”平台上传递侨之爱】7 月 18 日，陕北遭遇极端天气的侵袭，陕西省榆林市子洲县突降暴雨。据统计，暴雨形成的山洪导致 1 人死亡，受灾人口超过 1.5 万人，2.74 万亩农作物受灾，直接经济损失高达 7830 万元。陕北其他地区同样损失惨重。中国侨联副主席、中国华侨公益基金会理事长乔卫以及几十位参加中国侨联组织的 2015 海外侨领中国国情研修班的学员正在延安进行实地教学。大家当机立断，利用微信这个新平台，迅速展开了募捐。从凌晨 1 时 40 分发起捐款，到 9 时左右就已经有超过 100 万元人民币的认捐，乔卫及研修班成员的火速决断，更是海外侨胞血浓于水的赤子之情。侨胞借力“微”平台，再一次展现了赤子之情，在祖籍国有难的时候，和祖籍国站在了一起。

【举办首届全国侨联公益事业发展培训研讨班】7 月 23 日，由中国侨联公益事业管理服务中心、公益时报社、中国华侨公益基金会共同主办的全国侨联公益事业发展培训研讨班在北京开班，各省级侨联和部分地市侨联相关负责同志及中国华侨公益基金会全体工作人员共 77 人参加培训研讨班，中国侨联副主席、中国华侨公益基金会理事长乔卫出席开班式并讲授第一课。培训研讨班上，中国侨联公益事业管理服务中心主任何继宁、公益时报社总编辑赵冠军、中国青少年发展基金会常务副秘书长杨晓禹、民政部民间组织管理局基金会管理处副处长沈东亮等先后作专题讲座，就侨联公益的概念、媒体视角下的公益事业的分析、公益品牌、公益项目实施体系、公益竞争及关键客户管理、微公益等内容，从法规政策、实践操作等方面进行了深入、具体、实用的分析和介绍。大家还就基金会定义、运作、管理、监督等进行了交流和探讨。通过此次学习、研讨和交流，学员们进一步明晰侨联公益事业是什么、做什么、怎么做的问题，推进侨联公益事业开拓进取、创新发展。研讨会由中国侨联公益事业管理服

7 月 23 日，中国侨联副主席乔卫（前排正中）出席首届全国侨联公益事业发展培训研讨班与学员合影

务中心主任、中国华侨公益基金会秘书长何继宁主持。

【看望因公受伤医生】8 月 13 日，中国侨联公益事业管理服务中心主任、中国华侨公益基金会副理事长兼秘书长何继宁，赴天津看望天津医科大学眼科医院李筱荣院长并探访基金会组织的“光明天使培训计划”来津学习进修的学员。李院长率医疗队专家组在湖北省荆州市，参加中国侨联组织的“侨爱心光明行”活动，为贫困白内障患者义诊手术期间，因医院地面湿滑，不慎摔倒，致肩部骨折。何继宁主任代表中国侨联各位主席对李筱荣院长因参加“侨爱心光明行”公益活动而受伤表示慰问，希望李院长早日康复重回工作岗位。

【爱心衣物暖娃心】11 月 21 日，北京大雪纷飞，气温骤降，却挡不住公益中心同事们和人民大学志愿者对捐赠棉衣整理工作的热情。一大早，大家干得热火朝天，忙碌着打包捐赠衣物，每一件衣物都经过分拣、按尺码，仔细叠好，装袋，并在袋外标注，以实际行动传递爱心和温暖。此次捐赠活动从 10 月上旬开始，由中信银行爱心储户捐赠，共收到爱心衣物 300 多件。所有衣物整理打包装箱，通过货运公司直接送至青海省互助县民族中学的贫困学生手中，为他们送去公益中心和爱心人士的爱心和温暖，帮助他们度过一个温暖的冬天。

【举办全国侨联开展财政支持社会组织参与社会服务项目申报策略培训班】12 月 23 日，由中国侨联公益事业管理服务中心、南京工业大学浦江学院、中国华侨公益基金会共同主办的全国侨联开展财政支持社会组织参与社会服务项目申报策略培训班在南京开班，各省级侨联和部分地市侨联相关负责同志、中国华侨公益基金会专项基金负责人及公益中心工作人员共 105 人参加培训。培训班上，何继宁主任介绍了中国侨联公益事业管理服务中心、中国华侨公益基金会开展公益项目情况及对“侨联公益”概念的理解，指出“侨联公益”是侨联工作的重要组成部分，是侨联组织发挥职能、服务群众、整合资源、彰显作为的重要抓手。江苏省侨联副主席镇翔介绍了江苏省侨联基金会发展情况、开展的公益项目及所面临的问题，南京工业大学浦江学院公益慈善管理学院创始院长刘蔚介绍了学院办学现状。上海交通大学国际与公共事务学院公共管理系教授、博士生导师、上海交通大学第三部门研究中心执行主任徐家良，北京市委社会工委研究室主任岳金柱，全国社会组织舆情研究中心马树海等先后就政府服务购买、财政支持社会组织参与社会服务的相关政策、实际案例、项目申报策略和第三方评估等作专题讲座。会后，全体学员前往南京工业大学浦江学院公益慈善管理学院学习参观考察。黑龙江省侨联主席迟国强、山东省侨联副主席李兴钰等出席开班式并参加培训。

【“2015 中国慈善年会”发起《联合慈善力量　打赢脱贫攻坚战》联合倡议】2016 年 1 月 19 日，“2015 中国慈善年会”在北京召开。第十一届全国人大常委会副委员长、原国务委员陈至立，民政部部长、中国慈善联合会会长李立国出席年会。“慈善的力量”主题晚会，从资源、服务和行业支持三个方面，重点梳理了 2015 中国慈善领域年度成就，展现行业成就背后的推动力量。何继宁与来自全国各地的慈善组织代表以及热心于公益事业的红色革命后人，共同发起《联合慈善力量　打赢脱贫攻坚战》的联合倡议，致力于通过精准扶贫、专业扶贫，助力国家实现扶贫战略目标。

2016 年 1 月 19 日，何继宁秘书长与来自全国各地的慈善组织代表以及热心于公益事业的人士，共同发起《联合慈善力量　打赢脱贫攻坚战》的联合倡议

【整合资源做好三个服务】2015 年，公益中心协同基金会，与侨联各部门、各单位密切配合，为侨联事业发展整合资源搭建平台。努力做好三个服务，即服务社会发展、服务侨胞福祉、服务侨联工作。与文化交流部合作，共同参与主办第二届“世界华侨华人摄影展”筹集捐款并共同承办系列活动。为中国侨联“健康光明行”十周年主题活动提供协助配合，筹集活动善款，拍摄活动专题。为纪念世界反法西斯战争暨中国人民抗日战争胜利 70 周年，进一步推动纪念中国远征军公益活动的开展，与云南省侨联合作在云南芒友地区捐建远征军纪念塔。推广宣传《南侨机工英雄传》专题片。与《文明》杂志社合作宣传《海外侨胞是传播中国梦的桥梁和使者》。为侨商会援建四川雅安地震灾区芦山隧道、陕西水灾救助活动提供专项服务。与华侨华人历史研究所合作编著《华侨华人与公益事业资料汇编》。

【加强机构建设】2015 年，公益中心特别重视机构建设，不断强化管理监督，找准机构建设中存在的不足和难题，加强战略性、前瞻性、全局性问题研究，提高工作的针对性和科学性。按照国家事业单位登记管理局的要求，完成公益中心相关年度报告的报验工作。开展“三严三实”专题教育，研读《准则》和《条例》，加强党风廉政建设，落实中央八项规定，争做“三个表率”。定期召开工作例会、支部民主生活会，健全学习制度，沟通情况，交流思想，研究工作。以打造侨界公益品牌为重要载体，创新项目为抓手，积极作为。加强干部的业务培训，努力构建一支政治好、视野宽、业务精、纪律严、作风正、能力强的工作者队伍。按照公开、透明、规范的原则要求，认真执行各项规章制度，进一步加强机构工作制度建设，创新能力建设，建立完善的项目管理、专项基金管理、财务管理、资助管理、人事管理、信息公开、办公规范等制度。在加强管理、严格自律的同时，不断强化社会监督，自觉接受主管单位和民政部的领导与管理，主动接受社会、合作方、捐赠人、新闻媒体、政府的监督和独立第三方的评估，接受审计部门的审计，做到捐赠者满意、受助者高兴、主管部门放心、社会公众好评。

中国华侨历史学会

【领导成员名单】

会　长：林　军

副会长：（以姓氏笔画排序）

王辉耀　方雄普　龙登高　庄国土

李安山　李明欢（女）　李　崴

李祖沛　吴小安　张应龙　张春旺

林明江　赵红英（女）　谢小建

董中原

秘书长：张秀明（女）

【综述】 2015年，中国华侨历史学会紧紧围绕党和国家工作大局、侨务工作全局，认真学习贯彻党的十八大和十八届三中、四中、五中全会精神，学习贯彻习近平总书记系列重要讲话精神，努力推进新时期华侨华人研究工作的开展，积极广泛开展学术交流，加大力度推进自身建设，各项工作都取得了良好成绩。

【举行侨史学会六届七次理事会】 4月9日，中国华侨历史学会六届七次理事会议在北京召开。受中国侨联主席、中国华侨历史学会会长林军委托，中国侨联副主席、中国华侨历史学会常务副会长董中原作工作报告。中国侨联副主席李卓彬主持开幕式。会议认真总结侨史学会过去一年工作，研究2015年工作安排，同时举办了"侨情新变化与研究新动态"学术研讨会。董中原在工作报告中指出，2014年，中国华侨历史学会紧紧围绕党和国家工作大局和侨务工作全局，努力推进新时期华侨华人研究工作，广泛开展学术交流，大力加强自身建设，各项工作取得新进展。一是理论建设重高度，认真学习贯彻习近平总书记系列重要讲话精神；二是服务大局重水平，努力加强建设性侨务工作对策研究；三是课题管理重成果，不断扩大中国侨联课题的影响力；四是人才培养重方法，青年学者队伍表现出色茁壮成长；五是学术交流重实效，不断拓宽研究视野和交往渠道；六是精品工程重质量，努力填补侨史研究和文献空白。董中原表示，2015年中国华侨历史学会要以习近平总书记侨务工作论述研究为主题，以侨史与侨情研究并重、基础研究与对策研究并重为主线，以中国侨联课题、侨史工程、学术交流、编辑出版为抓手。一是明确新任务，深化习近平总书记关于侨务论述研究；二是确立新项目，推进"两个拓展"服务侨联工作大局；三是打造新亮点，加强侨史工程品牌建设和编辑出版工作；四是超越新高度，扩大侨联课题立项规模和重大委托课题；五是完善新格局，持续推动学术交流与海内外学术合作；六是着眼新发展，做好第七次会员代表大会换届筹备工作。董中原对中国华侨历史学会工作提出三条建议。一是以智库建设为己任，在战略布局中找准工作定位。要服务"四个全面"战略布局，汇集侨界智慧建言献策，加强国际交流扩展视野。二是以重大问题为导向，进一步提高现实对策研究能力。要着眼根本性、战略性问题，着眼发展性、前瞻性问题，着眼现实性、政策性问题，开展相关研究。三是以自身建设为基础，充分发挥学会团结凝聚作用。要通过侨联课题引领作用，加强交流沟通的平台建设，完善研究成果的报送机制，共同开创中国华侨华人研究事业新局面。

4月9日，侨史学会六届七次理事会议在北京举行

【编发《侨史研究动态专报》】 2015年，学会秘书处不断加强与学会理事与顾问的联

2015年出版的部分《侨史研究动态专报》

历史学会联合主办的第六届“国际华商清华论坛”在清华大学举行。侨研所副所长张秀明，研究人员乔印伟、路阳、罗杨、王祎、贾源和李斌斌参加会议。此次论坛以“国际华商与丝路交流：源流与比较”为主题，沟通历史与现实，连接国内与海外。来自新加坡、澳大利亚、美国、加拿大、英国、意大利以及中国学界、商界、政界的30多位专家学者参加会议。清华大学副校长谢维和、国务院参事室参事施祖麟分别致辞。此次论坛围绕“一带一路”与沿线华商：机遇与挑战、海外华商在相关产业中的经营特征、移民网络与人力资源、渊源流变四个主题进行讨论。

系服务工作，编辑出版《中国华侨历史学会文库》，向学会会长、顾问、理事、会员寄送学会成果；编发7期《侨史研究动态专报》，分享华侨华人相关研究机构的活动信息、研究成果和侨情动态，有效加强了学会理事、会员对学会工作的了解，同时加强了侨联系统的信息互通、资源共享和活动互联，进一步发挥了平台作用。

7月20日，派员参加第六届“国际华商清华论坛”

【派员参加“比较视野下的中国侨乡研究”学术研讨会】5月9日，广西民族大学在南宁举行“比较视野下的中国侨乡研究”学术研讨会。侨研所理论政策研究部副研究员李章鹏博士参加本次会议。本次研讨会由中国华侨历史学会、五邑大学和广西民族大学联合主办，旨在推动广西侨乡的研究和促进广西在中国—东盟经济文化交流与合作中的独特作用，为国家“一带一路”战略服务。来自广西、广东、福建、海南、浙江、云南等省区重点侨乡的40多名专家学者参加了研讨会。

【派员参加第六届“国际华商清华论坛”】7月20日，由清华大学华商研究中心和中国华侨

【接待国内外学者和来宾】2015年，侨史学会先后接待了来访的香港华侨华人研究社许丕新，美中文化交流促进会陈德富，萧玉灿之女萧群等，澳大利亚昆士兰大学黎志刚教授，美国加州州立理工大学普莫纳分校亚裔研究教授刘海铭，美国加州州立理工大学普莫纳分校历史系教授王作跃，俄罗斯科学院远东研究所研究员阿丽娜，五邑大学张国雄副校长、刘进教授，暨南大学教授陈奕平，广西民族大学东盟学院常务副院长杨晓强及20余名北美地区华商等。

中国华侨公益基金会

【领导成员名单】

理 事 长：乔　卫

副理事长：何继宁　刘　奇　庄少卿　庄永兴　何宏兴　沈伟娟（女）　林少迈　林龙安　姚志胜　程超辉　颜宝铃（女）

秘 书 长：何继宁（兼）

【综述】2015 年，中国华侨公益基金会（以下简称“基金会”）按照中国侨联“坚持国内海外工作并重、老侨新侨工作并重，积极拓展海外工作，积极拓展新侨工作”的总要求，按照侨特色、差异化、社会化、国际化的发展目标，进一步找准定位、谋划布局、整合资源、培育项目，不断提高专业化管理水平，加强制度建设和能力建设，努力服务社会、服务侨胞、服务侨联事业发展。基金会全年共接受社会各界捐款 9000 万元人民币，支持各地侨联和专项基金开展多项具有侨特色的公益活动。

【侨爱心工程】2015 年，基金会继续实施“侨爱心工程”，不断扩大“树人班”、“珍珠班”、“侨心班”资助规模和覆盖范围，做好“侨爱心学校”教师培训和后续扶持工作。联络海内外热心人士捐建“侨爱心学校”20 所，捐建“侨爱心图书室”15 间，捐建“侨爱心卫生院”2 所，捐建“侨爱心食堂”1 间，为凉山州大营盘中学、甘肃靖远二中捐赠衣物和书包等物资。全年开设“树人班”14 个，分布在 12 个省份，700 名优秀贫困高中生得到资助，资助额达 525 万元。目前共有 15 个省份，19 所合作学校开设“树人班”，990 名高中生接受资助，该项目累计资助 1590 人。协助新华爱心教育基金会与 121 所学校合作，完成资助 132 个珍珠班 6600 名学生，累计资助 42138 名学生。继续举办培训“树人班”班主任和优秀学科教师、项目负责人。积极牵线搭桥为延安新区高级中学建设筹款 1000 余万元，为四川雅安芦山县隧道项目筹款 700 余万元，为北川中学后续发展筹款 200 余万元，通过“侨联之友”微信群为陕西商洛、延安水灾赈灾筹款 160 余万元，有力支援了老区、西部地区建设发展。

罗掌权捐赠延安新区高级中学教学楼

8 月 18 日，乔卫副主席（前排右三）与参加中国侨联“树人班”项目负责人培训班的学员合影

5月26日，王琳达副会长为北川中学高三学子作“爱在北川”主题励志演讲，同与会嘉宾、学生合影

【服务推动专项基金工作】2015年，基金会新设立了佰圆顺众、蓝丝带助残、金恒丰爱心、海外救助基金、易康公益等多支专项基金，基金会专项基金已达40余支，涵盖的领域和范围不断拓展，募集资金的力度和渠道不断增强。专项基金在扶贫帮困、救助孤残、弘扬文化、奖教助学、医疗卫生、环境保护、青年发展、对外交流等方面，开展了一系列丰富多彩的活动。如和睦家爱心基金携手著名球星斯蒂芬·马布里（Stephon Marbury）实施“和睦家马布里青少年康复救助项目”，救助病患292人，资助款项达200余万元；笑玮儿童血管瘤胎记治疗专项基金携手长峰医院集团开展“还笑童颜、爱满人间”活动，资助300余名贫困血管瘤胎记患儿实施手术。有关基金资助或参与开展的南侨机工帮扶项目、全民医疗项目、胜记仓爱心基金项目、绿色未来人才基金、朱奕龙爱心基金、全国三甲医院院长专题培训项目、未来学院案例研读项目、希望之翼项目、贫困学生助学奖学项目、国际自我保健日活动、第三届V时代青年当代艺术展、中兴守护宝项目、佳信爱心基金项目、国际文化交流项目等都取得了良好效果和广泛影响。

11月12日，开展惠侨助侨行动，为白内障患者实施复明手术前的检查

【推进侨联公益事业发展】探索建立全国侨联系统分工协作的公益资源整合平台和公益项目培育实施体系。举办首届全国侨联公益事业发展培训研讨班、全国侨联开展财政支持社会组织参与社会服务项目申报策略培训班，进一步明晰侨联公益事业是什么、做什么、怎么做的问题，更好地理解国家政策的导向，抓住政策的支持，做好项目设计，创新侨联公益模式，推进全国侨联系统公益事业开拓进取、创新发展。与福建、浙江、重

6月22日，“中国梦 童颜梦”公益晚会活动现场

庆、黑龙江、湖北等省市侨联协作，指导、推动中国华侨公益基金会分会工作，加强与上海、江苏、广西、广东等省市侨联基金会的项目合作，积极为各省市侨联筹集社会公益捐赠提供咨询、帮助和服务。推动和支持地方侨联设立基金会，进一步整合社会力量发展侨联公益事业，更好凝聚和服务侨界群众。与中国侨联文化交流部合作，共同举办“第二届世界华侨华人摄影展”。开展“侨爱心健康光明行”走进侨乡活动，为数千名归侨侨眷排忧解难。与中国侨联权益保障部合作，通过设立“中国侨联扶侨帮困”专项基金，开展送温暖活动，为特困归侨侨眷排忧解难，关心帮助侨界留守儿童、空巢老人。配合中国侨联企业总机构，筹划设立“中国同胞海外救助”专项基金，为海外侨胞提供救助和应急服务，关心海外侨胞融入和发展问题。

【庄永兴副理事长捐资设立阳光爱心基金】 副理事长庄永兴先生再行捐资助学义举，捐资人民币 300 万元设立“华侨大学阳光爱心基金”。1 月 4 日上午，华侨大学阳光爱心基金成立暨颁发仪式在陈嘉庚纪念堂举行。中国侨联副主席、中国华侨公益基金会副会长、福建省侨联主席、华侨大学校董王亚君，副校长刘斌，泉州市侨联主席陈晓玉及校董事会办公室、部分师生代表参加仪式。根据庄永兴先生的意愿，他将从今年起，连续六年每年为阳光爱心基金注入人民币 50 万元，合计 300 万元，基金用于资助因重大疾病、突发事件等原因而遇到阶段性困难的学生。据了解，庄永兴校董热心捐资助学，在 2010 年华侨大学建校 50 周年之际，捐资设立了华商研究生助学金，数年来累计资助学生 773 人次，总金额达 193.7 万元。

【“伙实团”树人班资助者与受助同学座谈】 4 月 11 日，“伙实团”团长孙力女士、团员魏上云先生来到位于河北省的衡水中学，看望 2014 级“伙实团”树人班的同学们，与树人班学生座谈家访。河北省侨联高琪部长、衡水市侨联主席王丙树、衡水中学工会主席梁辉、教育处主任张玉滨陪同孙力女士一行参观了南校区的校史馆，介绍了衡水中学的历史发展和办学理念，介绍了“树人班”项目组建以来的一系列工作，学校抽调了经验丰富、德才兼备的老师负责组织树人班学生的学习和生活等各项活动，得到孙力女士和魏上云先生的肯定。学生刚吃完午饭，大家就坐在一起，亲切交流。现场气氛非常温馨融洽，与孩子们一起聊学习，谈理想，孙力女士告诉同学们如何勇敢面对现在的困境，不被眼前的困难打倒，鼓励孩子们要让自己在高中的生活和学习更加有意义。衡水中学“伙实团”树人班是中国华侨公益基金会在河北省设立的第一个“树人班”，共资助了 40 名家庭贫困、成绩优秀的高中生，每人每年 2500 元资助款，学校免除了学费和住宿费，让他们能够顺利完成高中三年学业。

4 月 11 日，“伙实团”树人班资助者看望慰问受助同学

1 月 4 日，华侨大学阳光爱心基金成立暨颁发仪式在陈嘉庚纪念堂举行

【希望之翼专项基金】 4月17日，希望之翼专项基金发起人、台湾著名女作家张平宜女士一行到访基金会，就进一步激发专项基金活力，如何行之有效地筹集和使用善款，成立专项基金以来的收获及困难，打造“希望之翼梦工厂”等相关事宜与基金会秘书长何继宁等进行座谈。5月14日—22日，基金发起人张平宜女士邀请到台湾五星主厨志工团和中国医药大学国际志工中医医疗服务队的近50余位志愿者，从千里之外的台湾来到四川省越西县大营盘学校参加送爱到麻风村活动。与华敦国际集团合作，在上海举行“I DARE I DREAM I FLY”系列慈善义卖活动。在基金发起人张平宜女士的爱心感召下，台湾裕隆集团大陆总部组织的纳智捷爱心车队一行从杭州来到四川省凉山州越西县大营盘村学校，展开扶幼希望之旅，送上来自海峡两岸爱心人士的善款10万余元以及衣服、书籍等物资。据悉，十多年来台湾爱心人士张平宜女士致力于大陆西部贫困地区教育事业，并于2003年在台湾成立中华希望之翼服务协会，2013年在中国华侨公益基金会成立希望之翼基金，专心投入四川省凉山州越西县大营盘村助学的慈善事业，取得了巨大成果，大营盘学校成为凉山州麻风村孩子们共同的希望学园。2011年学校成为全凉山州首次招收初中生的九年一贯制麻风村学校，现有学生近500名。

【基金会获评2014年度“中国公益基金会榜TOP10”】 4月28日，第12届（2015中国）慈善榜在北京水立方发布，揭晓中国慈善家榜、中国慈善企业榜、中国慈善明星榜、中国公益基金会榜等四张榜单。中国华侨公益基金会荣获“中国公益基金会榜TOP10”，中国华侨公益基金会副理事长兼秘书长何继宁出席活动并讲话。何继宁表示，“我来自中国华侨公益基金会，海内外侨胞是我基金会的主要捐赠人，他们不仅是中国公益慈善的一支重要力量，也是全球公益慈善的一支重要力量，华侨基金会将联合广大侨胞，共同为中国乃至全球公益慈善助力”。中国华侨

4月28日，基金会获评2014年度“中国公益基金会榜TOP10”，何继宁秘书长出席活动并讲话

公益基金会2014年度捐赠收入达9802.86万元，支出9875.13万元，捐赠收入位居全国公募基金会第八位。

【乔卫副主席出席2015年度中国慈善榜发布活动】 4月28日，第12届（2015中国）慈善榜在北京水立方发布，揭晓中国慈善家榜、中国慈善企业榜、中国慈善明星榜、中国公益基金会榜等四张榜单。司马义·艾买提、中国社会工作联合会会长徐瑞新、中国侨联副主席乔卫等出席活动并向获奖者颁奖。据统计，上榜企业家共199位，捐赠总额约219.02亿元；上榜企业360家，捐赠总额约54.32亿元；上榜慈善明星100位；上榜的公募基金会以年度捐赠收入为标准，上榜的非公募基金会以年度支出为标准。同时，活动现场还发布了《2013中国慈善捐赠发展蓝皮书》、成立“大爱公益基金”等公益活动。由中国华侨公益基金会推荐的胜记仓集团董事局主席郭泰诚先生、笑玮儿童胎记血管瘤专项基金发起人陈笑玮女士，分别进入中国慈善家榜和中国明

4月28日，乔卫副主席（右四）出席2015年度中国慈善榜发布活动

星慈善榜。另有侨界多家企业和个人进入榜单，许荣茂、黄如论、许连捷家族、古润金、林龙安、林树哲等均获殊荣。中国慈善榜由《公益时报》社自2004年开始每年编制发布。数据主要来源于六个方面：民政系统接受捐赠数据、捐赠者提供的数据、公益机构接受捐赠数据、上市公司年报公布数据、媒体公开报道的捐赠数据等。

【侨心教育慈善基金看望“怡海树人班”师生】5月17日—18日，侨心教育慈善基金王敬秘书长来到四川省西昌市第一中学，看望“怡海树人班”的50位同学，与同学们开展座谈。座谈会上，王敬秘书长向“怡海树人班”的师生们介绍了“侨心教育慈善基金”近年来对“树人班”项目的资助情况，转达了基金会副会长、怡海集团董事长王琳达对同学们的问候和祝愿。王敬秘书长一行与树人班的同学进行了逐一交流，西昌一中校长马庆国介绍了“树人班”的同学在一年中的表现情况。座谈会后，王敬秘书长在凉山州侨联、学校领导和班主任的陪同下走访了6名“树人班”学生的家庭，通过家访发现同学们的家境十分困难，有些家庭只能靠母亲独自在外务工贴补家用，但他们表示，不管现在处境多难，也会坚持鼓励让孩子完成学业，孩子将来长大成人了必将孝敬父母，回馈社会。“侨心教育慈善基金”近年来已在湖北、甘肃、江苏和四川等地资助了4个“树人班”，受资助的第一批“树人班”学生去年全部顺利毕业，以优异的成绩圆了“大学梦”。

【“佳信侨心班”举行主题班会活动】5月21日，河南省安阳市实验中学2014级“佳信侨心班——您，我生命中的那一缕阳光”主题班会在中学多功能厅举行。基金会副理事长兼秘书长何继宁、河南省侨联副巡视员耿诚聪、安阳市侨联主席薛红及中学校长董惠军一行，陪同捐赠人佳信集团董事长林正佳先生参加了主题班会。班会上，同学们纷纷与林正佳先生进行了交流和互动，有的向他提问，有的表示感谢，有的明示志愿，有的反映困惑。林先生都一一地为大家解答，同时还与同学们分享了他参加这个班会的感受和带来的感动，鼓励同学们克服困难，勇往直前，未来一定很美好。同学们得到鼓励以后，每个人写了一张字条，把心里

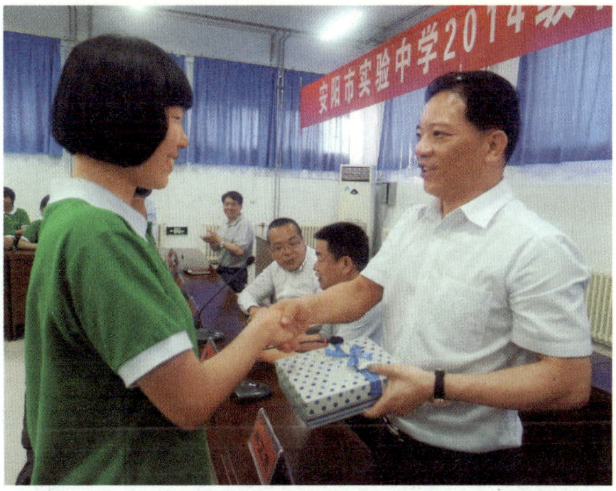

5月21日，佳信爱心基金发起人林正佳先生为资助的树人班学生发放学习用品

话悄悄地传给了他。对于“佳信侨心班”的成立，学校提出了“全员育人、全程育人、全方位育人”的理念和要求，制定了安阳市实验中学佳信侨心班的发展规划，包括班级管理模式、全员导师制实施方案、家访活动的安排和要求、特色班会的主题选择、社会实践活动的开展计划等内容。通过一系列活动的开展和班级精细化管理，侨心班取得了骄人的成绩，除了各项考核位居学校前列以外，在全市统考中孩子们的成绩取得了突飞猛进的超越。

【举行“蓝丝带助残基金”启动仪式暨公益书画笔会活动】6月6日，“蓝丝带助残基金”启动仪式暨公益书画笔会活动在中国华侨历史博物馆举行。中国侨联主席林军，中国侨联副主席、中国华侨公益基金会理事长乔卫，中国部长将军书画院院长张新，中国残联副主席王乃坤，著名书画家、中国美术家协会理事王阔海、张清智，加拿大华裔青年、SDC蓝丝带基金会主席David Wang（王钦）等出席了活动。该活动由中国侨联指导，中国华侨公益基金会、中国部长将军书画院主办，活动得到了侨联之友、中国华侨历史博物馆、北京星光京颖文化艺术发展有限公司等的大力支持。“蓝丝带助残基金”共同发起人、国内知名书画艺术家、爱心人士、媒体记者等共150人参加了活动。启动仪式上，乔卫副主席肯定了海外侨胞对住在国和祖籍国的贡献，对基金倡议发起人David Wang（王钦）、基金主席庞燕和基金9位共同发起人表示了感谢，对基金未来的发展和管理提出了要求。中国残联副主席王

6月6日，林军主席（左四）、乔卫副主席（左一）出席“蓝丝带助残基金”启动仪式

6月6日，林军主席（右三）、乔卫副主席（右二）出席“蓝丝带助残基金”公益书画笔会活动，林军主席为笔会开笔

乃坤介绍了近年来中国残疾人事业发展成就和智障青少年现状及面临的问题。林军主席与出席启动仪式的嘉宾共同启动“蓝丝带助残基金”，并和王阔海先生一起为公益书画笔会开笔。60多位知名艺术家在中国华侨历史博物馆挥毫泼墨，参与公益书画笔会活动，向中国华侨公益基金会捐赠书画作品100余幅，将通过公益拍卖等方式，全部用于支持“蓝丝带助残基金”公益活动。启动仪式暨书画笔会由基金会副理事长兼秘书长何继宁主持。由9位共同发起人捐资100万元人民币在中国华侨公益基金会设立的“蓝丝带助残基金”，主要通过为国内的残疾青少年提供物质支持、能力提升、社会融入等个性化的帮扶活动，解决残疾青少年在教育、医疗、心理和就业等方面的问题。据悉，SDC蓝丝带基金会是由一批充满激情的高中学生于2010年9月在加拿大不列颠哥伦比亚省列治文市创办的，现在已经发展到加拿大和美国的多个城市，拥有500多位会员，大部分为华裔。基金会成立5年来，收到的捐赠金额已达100多万美元，惠及加拿大、美国等多国残障儿童。

【王琳达副会长慰问北川中学师生】6月8日，中国侨联常委、中国华侨公益基金会副会长、北京怡海集团董事长王琳达一行赴四川绵阳看望了北川中学的学子，并与来自北京的支教教师进行了座谈交流。座谈会上，中国华侨公益基金会、怡海集团和北川中学就六年来支教北川中学的工作进行全面总结。大家一致认为，通过孩子们的表现、学校各方面取得的进步，证明了支教工作的意义和北川中学教育的成功，各方对北川中学支持将不会停止，将通过更多方式，利用更多资源助推北川中学实现跨越发展。同时，王琳达还与北川中学的师生分享了个人奋斗经历和教育理念，为北川中学即将高考的学生们加油打气，并嘱咐他们今后无论身在何处一定要学会感恩，牢记祖国和家乡人民的嘱托，将来为新北川的建设贡献力量。四川省侨联主席刘以勤感谢中国华侨公益基金会和怡海集团长期以来对北川中学的无私援助和大力支持，也恳请他们今后继续关注北川中学的发展。王琳达一行还参观了四川省潮汕商会，考察了侨资企业四川温资房地产开发投资有限公司，并就如何进一步深化公益事业，推动侨资企业创新发展与侨资企业负责人交换了意见。

【“和睦家爱心基金”携手马布里成立青少年康复救助项目】6月18日，中国华侨公益基金

6 月 18 日，“和睦家爱心基金”携手篮球明星马布里成立青少年康复救助项目，提高孩子们康复治疗及救助的条件

会“和睦家爱心基金”携手著名球星斯蒂芬·马布里（Stephon Marbury）成立“和睦家马布里青少年康复救助项目”，项目启动签约仪式在北京和睦家康复医院举行。和睦家医院董事长李碧菁女士表示，我们希望通过与马布里先生的合作，提高大众对康复医疗重要性的认识，帮助更多需要康复治疗的儿童及青少年，使他们通过康复治疗及救助，提高孩子们的生命质量，让他们有一个更加美好、健康的未来！马布里表示，和睦家是一家在运动康复领域非常先进的医院，中国华侨公益基金会“和睦家爱心基金”正在救助大量贫困家庭的儿童。从今天开始，我们将在一起开创“和睦家马布里青少年运动康复救助项目”，每年投入数百万人民币，用于帮助来自贫困家庭，需要康复治疗的孩子们。签约仪式上，双方都准备了一份特殊的礼物。马布里赠送给李碧菁女士一件签名“战袍”，背后写着“Love is Love”，马布里表示这是 3 年前第一次带领北京队夺冠后的黄金战袍，共有 3 件，目前这是世上最后一件。李碧菁女士则赠送给老马一个十分具有中国特色的景德镇陶瓷的雷锋帽，寓意“老马”是真正的爱心“活雷锋”。

【乔卫副主席出席救助贫困血管瘤胎记患儿“中国梦　童颜梦”公益晚会】6 月 21 日，在“中国儿童慈善活动日”到来前夕，救助贫困血管瘤胎记患儿的“中国梦　童颜梦”公益晚会在全国政协礼堂上演。本场晚会是我国首次以贫困血管瘤胎记患儿公益救助为主题的慈善晚会。中国侨联副主席、中国华侨公益基金会理事长乔卫，中国红十字总会副会长兼秘书长王汝鹏，中国华侨公益基金会秘书长何继宁，中国妇幼保健协会副秘书长宋岚芹女士，中国中医科学院首席研究员、中国工程院院士李连达，长峰医院集团董事长汪文杰与众多慈善企业家、血管瘤医疗专家等社会各界爱心人士齐聚现场，为贫困血管瘤患儿公益救助事业助阵。晚会上，血管瘤胎记患儿与爱心大使陈笑玮演绎了笑玮基金主题曲《爱与美同行》，孩子们的表演略显稚嫩，却使现场很多人感动落泪。晚会还发布了《中国婴幼儿血管瘤胎记发病情况警示》、《笑玮儿童血管瘤胎记治疗基金》、《长峰医院新型“云医疗”生态圈》等视频，使现场爱心人士全方位了解了我国血管瘤发病与公益救助的新形势。晚会现场，笑玮基金发起人陈笑玮女士再次向社会各界呼吁：“希望全社会爱心力量能汇聚

6 月 21 日，乔卫副主席（左九）出席救助贫困血管瘤胎记患儿“中国梦 童颜梦”公益晚会与嘉宾合影

到贫困血管瘤胎记患儿的公益救助事业中来，一起真正实实在在造福更多患儿，让这些患儿重拾笑颜，拥有健康美丽的人生。”据了解，我国每年新增数十万血管瘤患儿。与社会知晓度高的先心病、唇腭裂等疾病相比，血管瘤患儿群体一直未被社会公众广泛关注。同时，由于家庭经济条件限制及对病情认识不足，我国相当一部分的血管瘤儿童未接受有效治疗，错失治疗的最佳时机，留下无可弥补的遗憾，血管瘤胎记给孩子一生带来严重影响。

7 月 9 日，“胡国赞爱心基金”捐助贵州省黔西南布依族苗族自治州捐赠仪式在贵阳举行，中国侨联顾问唐闻生（前排左四）出席活动

【“胡国赞爱心基金”捐助贵州省黔西南州扶贫助教事业】7 月 9 日，中国华侨公益基金会“胡国赞爱心基金”在贵阳举行。中国侨联顾问唐闻生，贵州省委常委、省委统战部部长刘晓凯、贵州省侨联主席吕虹、中国华侨公益基金会秘书长何继宁等出席捐赠仪式。此次“胡国赞爱心基金”捐赠善款 100 万元及 100 部手机给贵州省黔西南布依族苗族自治州用于中国华侨公益基金会“树人班”、“资助贫困大学生”、“关爱空巢老人”等项目。刘晓凯在致辞中说，胡国赞先生积极关注社会公益事业，长期坚持回报社会，善举令人感动。近年来，贵州以侨为桥、以商招商，促进对外开放，助力贵州发展等方面做了大量工作，特别是“侨爱心工程”获得了海内外侨界和省内受益民众的一致认可，成为贵州公益事业的重要品牌之一。基金会副会长胡国赞先生是一位热心公益事业的香港商人。他从 1983 年开始，为中国侨联“侨爱心工程”、中国扶贫基金会、中国少年儿童基金会等捐款已多达数千万元人民币。

【乔卫副主席出席支教北川中学纪念活动】7 月 10 日，“支教北川中学纪念活动”在第八中学怡海分校举行。中国侨联副主席乔卫，中国华侨公益基金会副会长、怡海集团董事局主席王琳达，四川省侨联主席刘以勤，北京市西城区政协副主席沈桂芬、中国教育学会副秘书长田京生，绵阳市教体局副局长罗盛军、绵阳市侨联主席蒋蓓、北川县县长瞿永安、北川中学校长刘亚春等有关领导和人士出席活动。大家首先通过纪录片《大爱如山》回顾了自 2008 年汶川地震后，中

7 月 10 日，乔卫副主席（前排左十四）出席北川中学支教活动同与会代表合影

国侨联与全球华侨华人共同援建北川中学，与怡海集团、北京市西城区教委等社会各界对北川中学开展支教活动的心路历程。中国侨联副主席、中国华侨公益基金会理事长乔卫表示，北川中学的援建汇聚了世界各地侨胞的爱心和力量，我们一定会与北川中学共同发展好这所学校。怡海集团和西城区教委联合支教 6 年，使得这所学校在援建完成后，把教育质量推上一个又一个高峰，使得援建工程的价值得到了提高，这也是对支援北川中学的海外侨胞们的一种尊重和回馈。北川县县长瞿永安和北川中学校长刘亚春都表示，6 年支教行动，非常不易，北川愿意与社会爱心人士共同去帮助比北川更需要帮助的人。据了解，该支教项目于 2009 年 8 月到 2015 年 7 月实施，历经六年，西城区教委与怡海集团分六批派遣来自 40 所学校共计 73 人次参与北川中学支教工作。

【海外侨胞愿为中国青少年足球“走出去”保驾护航】 7 月 11 日—17 日，由教育部、中国侨联、上海市人民政府联合主办的 2015 中国（上海）国际青少年校园足球邀请赛高峰论坛在上海举行。海外侨胞，体育界、文化界中外人士 60 多人参加论坛。中国侨联顾问唐闻生出席活动。论坛倡导“以侨连球，以足球连全球”新理念，聚焦各国青少年校园足球发展经验，探讨青少年足球运动员的培养方式与机制，广泛联系海外侨社、侨领，运用侨胞在住在国的影响力，发挥语言、文化等优势，积极为中国青少年足球“走出去”保驾护航。

【乔卫副主席出席延安罗掌权教学楼捐赠仪式】 7 月 20 日，“情系延安·爱心奉献——罗掌权教学楼捐赠仪式”在延安新区高级中学举行。中国侨联常委、施美兰集团主席罗掌权和中国侨联青委会委员、施美兰集团董事罗俊隆向延安新区高级中学分别捐赠 1000 万元、200 万元。中国侨联副主席乔卫，陕西省委常委、延安市委书记徐新荣，陕西省政协副主席郑小明等出席捐赠仪式。中国侨联副主席乔卫在致辞中说，中国侨联、中国华侨公益基金会将进一步密切与延安市的联系，为延安地方经济社会发展提供力所能及的支持，也希望海外侨胞能够经常来延安参观考察，多感受灿烂悠久的华夏文明，深刻体会延安精神、长征精神、民族精神和中国梦的丰富内涵，努力做连接中国梦和世界各国人民美好梦想的桥梁纽带。徐新荣代表延安市委、市政府对罗掌权先生、罗俊隆先生捐资助学活动表示衷心感谢。罗掌权作为捐赠方发表了热情洋溢的讲话，他表示会以此为起点，争取为国家教育事业创造更加美好的明天。

7 月 20 日，罗掌权教学楼捐赠仪式在延安新区高级中学隆重举行，乔卫副主席出席捐赠仪式并致辞

7 月 17 日，乔卫副主席（左一）出席 2015 中国（上海）国际青少年校园足球邀请赛决赛与亚军队斯洛伐克队教练亲切握手并祝贺

【蓝丝带助残基金为残障孩子插上“翅膀”】 7月28日—31日，参加“SDC蓝丝带青少年助残基金会”活动的蓝丝带小志愿者们前往江苏徐州彭城与培智学校残障学生同吃、同住、同学习，给他们以关爱、辅导。中国华侨公益基金会设立的“蓝丝带助残基金”发起人庞燕通过微信记录下14名海内外志愿者4天里与智障儿童同吃、同住、同学习的瞬间，满满都是回忆。一开始，庞燕还担心这些平常在家养尊处优的小孩子无法适应艰苦的环境，但几天下来，她放心了，孩子们都接受了一次心灵的洗礼，“蓝丝带”并不仅仅是提供物质支持，它更提倡一种精神的关爱，带去一种服务和关心。此次活动中，蓝丝带向12名家庭困难的学生捐助了4万元人民币的助学金，江苏省华侨公益基金会给学校捐助了1万元人民币。

【慈善家李春平捐款资助“树人班”项目】 8月18日，慈善家李春平通过中国红十字会“李春平博爱基金”向中国华侨公益基金会捐赠120万元，用于资助3个“春平树人班”，帮助150名家庭贫困、成绩优异的初中毕业生完成高中学业。中国侨联副主席、中国华侨公益基金会理事长乔卫出席捐赠仪式并讲话。他说，树人班学生是社会的宝贵资源，需要社会各界的关爱。我们相信，在李春平先生等爱心人士的大力支持下，“树人班”的队伍将更加庞大，将会更加关注学生的身心健康、全面发展以及在未来的联系与引导，帮助他们提升视野、增强能力，发掘出更多的人生机遇。李春平在捐赠仪式上表示，支持参与公益慈善事业，是他回国后的一项重要生活内容。他说，自己也是一位海外归侨，更要为华侨组织倡导的公益慈善事业做出应有的贡献。李春平先生乐善好施，积极参与公益慈善活动，已累计向社会各界捐款达6亿元，为公益慈善事业做出了重要贡献。捐赠仪式由中国华侨公益基金会副理事长兼秘书长何继宁主持。

【召开基金会五届十一次理事会】 9月16日，基金会召开五届十一次理事会会议（通讯会议）。会议以电话、邮件的形式审议并通过了《中国华侨公益基金会2015年上半年工作报告和下半年工作任务》的报告、《中国华侨公益基金会2015年上半年财务报告》、《关于设立“蓝丝带助残基金”、“佰圆顺众专项基金”、“金恒丰爱心基金”三支专项基金的报告》的决议和《关于征询各位理事、监事对基金会工作的意见和建议》。中国华侨公益基金会理事长乔卫，副理事长何继宁、刘奇、庄少卿、庄永兴、何宏兴、沈伟娟、林少迈、林龙安、姚志胜、程超辉、颜宝铃，理事王乐茵、刘霞、张佳春、张威武、邵诚、陈驰、姚国华、郝彬、徐大群、袁卓京、高美真、詹开勇、林正佳、林冠标，监事耿诚聪、高天仕参加会议。

【林军主席到北川中学调研】 10月21日，中国侨联党组书记、主席林军一行在绵阳市委副书记、市长刘超，北川县委书记赖俊的陪同下，回访北川中学看望师生。林军一行先后来到北川中学校史馆、学生食堂、学生宿舍等地参观，详细了解询问学校教学和学生生活、学习情况，听说学校从2010年到2014年，在校生人数翻了一番，本科上线人数翻了两番，北京大学、复旦大学等名牌大学录取人数逐年增长，林军非常高兴。他说，北川中学校园环境好、学习氛围浓，近年来在教育教学方面取得了长足进步，成果丰硕，爱心桥、侨心楼都体现了广大师生的感恩之情，希望进一步大力弘扬感恩文化，以北川中学的办学实绩来回报祖国、回报党、回报全国

10月21日，林军主席（左三）回访北川中学看望师生

10 月 21 日，林军主席（左五）来到北川中学调研，在学校校训前合影留念

人民。“5·12”特大地震中，北川中学遭受惨重损失。中国侨联主动请缨援建新北川中学，得到 73 个国家和地区 80 多万华人华侨慷慨解囊，捐资达 2 亿元。援建结束后，中国侨联又募集 450 万元，专项用于特色项目发展和助教助学，有力促进了北川中学教育教学质量快速提升。中国华侨公益基金会副理事长兼秘书长何继宁陪同考察。

【开展侨爱心健康光明行走进侨乡活动】 2015 年，公益中心、基金会联合地方侨联，通过惠侨助侨行动，在湖北、甘肃、云南、新疆、重庆、陕西、黑龙江等省市为 1500 名贫困地区白内障患者实施复明手术为归侨侨眷和社会困难群众提供医疗健康服务。

【崇世爱心基金】 2015 年，崇世爱心基金资助开展了多项公益活动。在四川省甘孜藏族自治州资助协庆慈善孤儿学校，甘肃靖远厚修重建爱心小学；助学甘肃、青海等地学生 252 人；青海三川联合支教彩虹行动：每年由通过甄试的全国优秀大学生在青海三川地区进行初高中生暑期辅导。纸路益行活动，即针对云南彝良民族中学、甘肃民乐一中、云南昭通凤池中学等偏远、地震地区的初高中生，通过长期书信、短期支教和入户探访等活动，进行青少年成长关怀，开展各项支援及扶持活动。梦享同行公益励学分享会，即由各地优秀学子组成，到宁夏的高中分享专业经验和正确的人生观、价值观，传递爱心关怀，

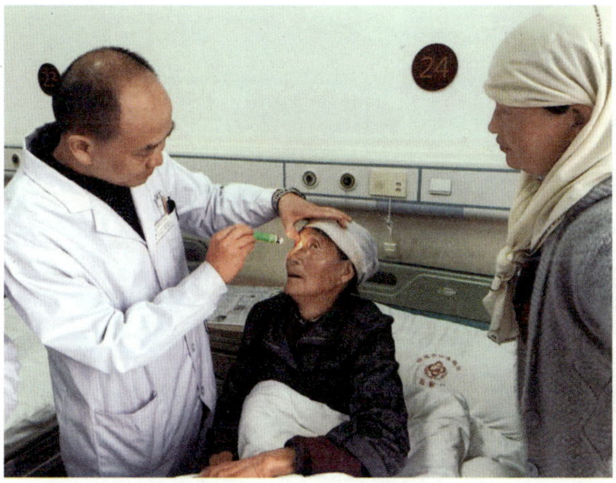

开展侨爱心健康光明行走进侨乡活动

崇世爱心基金小花关爱计划

引领高中生走过求学的关键阶段。实施崇世励学白银支教活动；由获得崇世励学金的大学生自发组织，来到甘肃靖远县大芦乡厚修爱心小学，用实际支教行动传承爱心、播种感恩。开展爱希学校计划；崇世基金为来自贫困家庭、在京打工者家庭及失学的青少年进行职业技能培训提供所需费用与物资。资助“人大雁行”项目。实施小花关爱计划，为帮助有先天性缺陷弃婴的义工服务计划，崇世基金自2011年起持续实施，旨在为贫困地区福利院的疾病孤儿提供以“集中”及“教育寄宿家庭”模式的治疗、养育、教育、康复、心理疏导、促进收养等服务，并让孩子最终回归家庭，即成功收养或进入稳定家庭寄养。

和睦家爱心基金举办公益活动

【和睦家爱心基金】2015年，和睦家爱心基金成功发起了两个新的医疗救助项目“和睦家马布里青少年康复救助项目”、“和睦家爱心移动医疗车项目”，新增被救者475人。和睦家爱心医疗车是移动的医疗诊所，方便及时地把医疗关怀带给在北京郊区的孤儿院、儿童寄养中心、打工子弟学校工作或生活的妇女儿童中，使患者得到及时救助医治。篮球明星斯蒂芬·马布里与和睦家爱心基金合作，通过自己的影响提高大众对康复医疗重要性的认识，受益的救助对象可通过北京和睦家康复医院的治疗及救助提高其生活质量。与四川省范围内四家福利机构和三家医院开展合作，通过远程医疗与培训项目共为120名患儿提供远程会诊，帮助患儿提供更加完善的治疗意见，并为20名患儿提供了治疗支持。和睦家爱心基金发起的“2015为希望奔跑”北京马拉松公益跑活动，得到了大约2500人的支持，总共筹集到约40万元人民币。基金将用此次活动筹款资助5个孩子完成手术，帮助这些患儿重享家庭温暖。

【链家公益项目】链家房地产公司捐赠30万元在云南兴建学校，捐赠17所爱心图书馆46453册价值67万元，为云南和甘肃两所学校捐赠近1058件冬衣和资助小学生，2015年共捐赠40万元。

【笑玮儿童血管瘤胎记治疗基金】2015年，笑玮儿童血管瘤胎记治疗基金在全国开展了57场“学术助力慈善会议”，培训基层医生4982人，资助患者500余人，募捐善款101万。组织了还笑童颜大型公益晚会，受到社会各界广泛赞誉。截至2015年年底，笑玮基金走过了北京、上海、陕西、济南、郑州、广州、沈阳、重庆、鄂州、成都等十几个省、自治区和直辖市，以长峰医院集团及旗下医院为定点医疗机构，救助了全国近400名贫困血管瘤患儿，减轻他们的治疗压力，帮助他们重新走上正常的生活轨道。

【正心正举专项基金】2015年，正心正举专

9月15日，正心正举专项基金举办中国医院院长人文素养高级研修班

项基金与卫生部人才交流服务中心、清华大学心理学系等相关单位开展合作，举办了4期“中国医院院长人文素养高级研修班”，共200名院长参加了培训课程。通过系统培训，提升了医院院长的人文素养，提高了管理能力，逐步帮助医院探索出行之有效的医院创新管理之路，并有针对性地提出怎样建立有效的医患沟通渠道，为创建和谐医患关系找到了突破口。本项活动在医院院长及相关部门中产生了积极反响。

【承办第二届世界华侨华人摄影展】 11月5日，由中国侨联主办，中国华侨摄影学会、中国华侨国际文化交流促进会、中国华侨公益基金会、中国侨联青年委员会等承办的“第二届世界华侨华人摄影展”在中国华侨历史博物馆开幕。中国侨联主席林军，全国政协港澳台侨委员会副主任卢昌华，中国侨联副主席康晓萍、朱奕龙，中国侨联顾问庄炎林、林兆枢、黄军军、林明江、李祖沛、陈兰通、朱添华、郭麟恭、唐闻生、林淑娘，中国宋庆龄基金会副主席、中国摄影家协会顾问杨绍明，全国政协委员、中国蔬菜协会会长薛亮等侨界、摄影界人士和来自15个国家和地区的海内外嘉宾出席了开幕式。“第二届世界华侨华人摄影展”共展出290幅/组作品。活动得到海内外华侨华人摄影家的积极支持。展览共收到世界五大洲26个国家和地区华侨华人摄影家寄来的14000余幅/组作品，较第一届增加了一倍多。参展作品内容广泛，思想深刻，风格多样，佳作云集，充分展现了海外华侨华人摄影家、艺术家独具匠心的艺术功底和独特优势。展览得到山水山文园集团、甘肃中贸集团的大力支持。中国侨联主席林军，全国政协港澳台侨委员会副主任卢昌华，中国侨联顾问庄炎林、林兆枢，中国侨联顾问、中国华侨摄影学会会长林明江等为获奖者颁发了获奖证书。开幕仪式后，林军主席亲切接见了出席开幕式的获奖摄影家。开幕式由中国华侨公益基金会副理事长兼秘书长何继宁主持。

【法国华侨捐建侨心小学】 12月1日，由法国华侨李新云先生捐建的湖北省鄂州市新云侨心小学在梁子湖区茅圻村举行揭牌仪式。揭牌仪式上，李昌富先生代表父亲李新云先生为学校落成致辞祝贺。少先队员给嘉宾敬献红领巾。学生代表满怀感激之情，朗诵了题为“世界上最亮的不是黄金”的感谢诗，献给李新云先生父子。梁子湖区东沟镇茅圻小学始建于1954年，教学楼因年久失修，墙体多处断裂，已多次被有关部门定为重点危房。为确保全体师生安全，湖北省和鄂州市侨联积极通过中国华侨公益基金会申请，经推荐由法国爱国华侨李新云先生捐赠25万元人民币，地方配套135万元人民币，对该校进行扩建。如今的校园，焕然一新，教学楼明亮干净，教学设施齐全，全体

11月5日，林军（前左三）主席观看第二届世界华侨华人摄影展参展作品

12 月 1 日，由法国华侨捐建的湖北省鄂州市新云侨心小学举行揭牌仪式

师生精神焕发，感谢爱心人士的无私奉献，表示要努力学习，报效国家。

【成功寒窗基金】 12 月 11 日，第十二届成功寒窗奖学金颁发仪式暨获奖学生座谈会在泉州师范学院举行。中国侨联副主席、福建省侨联主席王亚君，福建省侨联副主席、泉州市侨联主席陈晓玉，校领导游小波、张舟和学校相关部门教师代表和获奖学生出席会议。五名获奖学生代表畅谈获奖心得体会，纷纷表示将自强立志、感恩立德、务实立业，以实际行动回报捐赠人庄永兴先生的关爱和母校的培养。庄永兴先生热心公益事业、慷慨捐资、兴学助教，设立成功寒窗基金在人才培养、教育研究、科研创新、文化传承创新等方面服务地方经济和社会发展事业。庄永兴先生 2004 年开始在泉州师范学院设立“成功寒窗奖学金”，至今已奖励资助 300 名品学兼优的家庭经济困难学生。

【探索移动互联网公益的新模式】 2015 年，基金会针对不同客户群的要求，满足捐赠者的需求，设置了华侨公益微信公众号、微信支付平台。策划并实施了腾讯乐捐众筹，从项目的策划、立项、文案撰写、项目对接、执行、后期跟进更新等方面全程跟进，为 4 个项目筹集资金 396618.77 元，在腾讯公益 9 月 9 日—11 日推行的“9·9 公益日”配捐 208277.55 元。在这次众筹活动中，共筹集资金 604881.57 元。这次活动拓展了基金会的筹款渠道，利用网络公益平台，向更多大众展示基金会理念、项目、信息等，不仅起到筹款的作用，更起到宣传展示的作用，有效探索移动互联网公益的新模式。

【福建华侨公益基金会开展资助多项公益活动】 2015 年，福建华侨公益基金会开展资助多项公益活动：一是继续助推省级扶贫开发工作重点县新农村建设。以参与省侨联开展的“情暖八闽”、“百侨帮百村——共建美丽乡村”专项活动为工作着力点，积极帮扶福建省级扶贫重点县发展民生事业。协助陈家泉副理事长、佘德聪理事捐赠帮扶松溪县第二期新农村建设支持款，使松溪县文化广场项目顺利完工并投入使用；配合许清流理事向福建省 5 个省级扶贫开发重点县各捐赠一部医疗救护车，帮助当地解决了医疗急救设施短缺的亟须困难。二是务实推进“侨爱心工程”支教公益活动。拨款助建漳州平和县大溪镇大松村教学楼，为当地师生提供安全完备的教学环境。陈式海副理事长受中国华侨公益基金会副理事长、香港金龙科技集团董事局主席胡国赞委托，赴平和广兆中学、平和职业技术学校两所学校调研，了解办学条件、设备设施、师资配备等情况，促成胡国赞先生捐赠奖教助学专项基金，用于鼓励学校师生勤奋工作、刻苦学习。

12 月 11 日，第十二届成功寒窗奖学金颁发仪式暨获奖学生座谈会在泉州师范学院举行

配合佘德聪理事捐赠支持石狮市港边村公益慈善会设立奖教助学基金，帮助改善该村学龄儿童受教育条件。三是积极支持侨界联谊交流活动。协助侨商曾国岁先生捐款支持“亲情中华·福建省第二届侨界文化艺术节”；协助施锦珊理事捐款支持“第八届世界惠安泉港台商同乡联谊大会”；捐款支持举办有800多位海外华侨华人和侨界群众参加的“华侨心·中国梦”2016侨界群众迎新春联欢活动。四是认真组织实施扶贫助学公益项目。继续争取香港信和集团“黄廷方慈善基金”支持，为福建省160户低保特困侨户发放资助款，为改善侨界民生办实事、办好事；拨出专门工作经费，支持全省100个县级以上侨联组织更加深入开展“百侨帮百村”为新农村建设服务活动；配合做好“骏马育才基金”、“成功寒窗奖学金”和“陈祖昌助学基金”等专项奖助学金的组织发放工作，切实将侨胞的爱心和温暖传递给莘莘学子。此外，基金会还响应中国侨联号召，发动引导周永伟理事、林定强理事捐赠200万元，支持四川雅安佛图上隧道灾后重建工作，为灾区恢复生产和经济发展贡献力量，并且协助黄朝阳理事捐赠支持贵州省赫章县的扶贫工作。

【重庆华侨公益基金会开展扶贫帮困资助活动】2015年，重庆华侨公益基金会发挥直辖市的特点，着重在扶贫济困、帮扶侨界困难群众方面开展多项公益活动。一是组建了中国华侨公益基金会重庆分会理事会班子，并于6月召开了分会第一次理事会，提出了工作思路。二是积极申办中国华侨公益基金会举办的“树人班”，申报相关材料。三是11月开展了中国侨联“侨爱心光明行”公益项目走进重庆活动，采取各区县侨联参与，与专业医院全面合作方式，免费为全市100名贫困白内障患者实施了复明手术，活动在全市38个区县全面展开，受到了社会各界人士的广泛关注和高度赞赏。据统计，接受筛查人员505名，免费实施复明手术100名。四是筹集善款20万元资金，捐助涪陵区焦石镇中心小学，并得到当地政府配套资金支持，修建了学生宿舍楼。五是协助浙江新华爱心基金会在重庆开展的“有你真好”公益项目活动。六是积极参加由中国华侨公益基金会举办的各类公益培训班的业务培训学习，进一步提升业务能力和专业知识水平。

【浙江华侨公益基金会发挥优势积极开展资助活动】作为新侨乡，2015年浙江华侨公益基金会发挥全省新侨多、分布广、层次高，侨资源优势独特的特点，开展了多项公益活动。举办“华侨与抗战”电视专题晚会，弘扬伟大的抗战精神，为抗战老兵捐赠爱心善款200多万元，在海内外侨界产生良好反响。组织发展侨界人士从事公益互助事业，筹建成立以“侨连公益、爱侨助侨、与侨结缘、共促发展”为宗旨的浙江侨缘公益互助促进会。发挥侨商资源优势，积极引导会员履行社会责任，开展捐助慈善公益事业活动。据不完全统计，2015年来，浙江省侨商会会员单位向文化、教育、卫生等社会公益和慈善事业捐款（物）达2500多万元人民币，为推进“两富”“两美”浙江建设做出了贡献。意大利华人企业协会向中国华侨公益基金会账号捐赠14560欧元定向用于浙江省温州医科大学困难学生的奖学金、助学金发放。香港永嘉同乡会副会长黄天候捐赠200万元人民币，在温州市永嘉桥头镇中学设立“乐天教育基金会”，奖励母校品学兼优的学生和德教双馨的教师。港胞顾兆田夫妇捐赠120万元人民币设立“顾兆田卞裘莉慈善基金”，专门用于安老助老、奖教奖学、应急帮扶等慈善公益性项目。温州市鹿城区侨联海外顾问、意大利佛罗伦萨华人华侨联合总会会长周志敏先生为家乡藤桥镇竹桥村捐款50万元，用于建造登山步道。浙江省丽水市莲都区雅溪镇里东村发生山体滑坡，塞尔维亚华人华侨商业总会、塞尔维亚华人商业联合会等发起了“为雅溪祈福”的募捐倡议活动，共募集善款10多万元人民币。新西兰温州同乡会名誉会长、中国普光慈善理事会理事长陈安生女士向温州市慈善总会侨爱分会捐资20万元，专项扶贫100名贫困学生。西班牙瑞安华侨华人经贸总会热心公益，捐资10万元帮扶20名贫困生。香港同胞张小幼女士捐款10万元给浙江省嘉兴桐乡市濮院镇慈善总会，善款将用于家乡教育事业，帮助困难学生和奖励优秀学子。

中国侨联法律顾问委员会

【领导成员名单】

荣 誉 主 任：邹 瑜
主 任：张 耕
常务副主任委员：孙琬钟 林淑娘（女） 张鸣起 王秀红（女） 王培生
副 主 任：王振川 高卢麟 方忠炳 何少存 储亚平 毛志君 胡毅峰 梁钦汉 姜凤岩 应松年 马怀德
（胡毅峰、应松年、马怀德于12月22日受聘）
秘 书 长：张 岩（女）

【综述】 2015年，中国侨联法顾委根据《宪法》、《归侨侨眷权益保护法》、《中国侨联章程》以及《中国侨联法顾委章程》，遵照《中国侨联法顾委工作规则》，认真履行职责，依法维护侨益，为中国侨联维权工作开拓新局面、取得新成绩做出了贡献。法顾委通过赴基层授课、举办讲座、组织活动等形式，协助中国侨联开展"五五"、"六五"普法工作，推动侨界形成尊法学法守法用法的良好氛围，为全面推进依法治国做出新贡献；紧紧围绕侨联中心工作，坚持每年由主任、副主任带队赴各地进行维护侨益专题调研，不断提高调研的质量和水平，为参政议政服务做出新贡献；充分发挥法学专长，应全国人大常委会法制工作委员会、国侨办等部委要求，对法律草案、我国与其他国家的合作协议、政府工作报告、侨务工作指导意见等规范性文件提出修改意见和建议，为推动我国社会主义法制建设做出新贡献；本着对侨联事业高度负责的精神，认真贯彻中央书记处提出的主动维权、依法维权、科学维权的要求，不断加大协调涉侨案件力度，为依法维护侨益做出新贡献。

【成立民事经济专业委员会、刑事委员会】 根据法顾委2015年工作计划，经过紧张筹备，法顾委先后于7月29日、30日成立民事经济专业委员会和刑事专业委员会。民事经济专业委员会主任由中国侨联法顾委副主任、全国人大常委、全国人大法律委员会副主任、中国法学会副会长，中国社会法学研究会会长张鸣起担任；刑事专业委员会主任由中国侨联法顾委副主任、最高人民检察院原副检察长、二级大检察官、武汉大学法学院兼职教授王振川担任。专业委员会成员均由法顾委相关领域执业律师和专家、教授组成。在成立大会上，与会人员对法顾委适时成立专业委员会给予一致肯定，认为此举顺应了新形势下侨联维权工作实际，有利于提升侨联维权工作专业化和规范化水平，有利于进一步充分发挥侨联人民团体在依法治国、参与国家治理中的积极作用。大家围绕专业委员会的职能任务展开热烈讨论，纷纷表示要充分发挥专业委员会作用，围绕党和国家工作大局、围绕侨联中心工作，重点开展以下工作：一是对相关法律法规提出修改意见；二是独立或集中研讨相关涉侨涉诉案件，提出法律意见；三是参加相关领域的法律宣讲、咨询等；四是参与个别贫困侨的法律援助活动；五是参加法顾委或专业委员会的其他活动。与会委员还推选了民事、刑事专业委员会副主任，并对如何进一步更好地发挥专业委员会的作用，加强和改进法顾委的工作提出意见和建议。

【赴江苏调研】 6月8日—11日，中国侨联法顾委副主任姜凤岩，中国侨联法顾委委员、权益保障部副部长黄晖，中国侨联法顾委委员谢炳光、郭珊、昌孝润等一行7人赴江苏省以"关注新侨投资创业发展、以法治思维和法治方式维护侨益"为主题开展调研。调研组一行围绕各级侨联贯彻落实十八届四中全会精神情况、新侨回国投资创业过程中遇到的问题及意见建议、新时期法顾委依法开展维权工作的方式方法等内容，听取了江苏省、南京市、苏州市侨联及其法顾委工作汇报，召开了4场座谈会，回答了知识产权保护、税法、出入境法等法律问题，就个别涉侨案件进行了研讨和解答。调研组还深入到南京市侨联法顾委办事机构——南京市侨界法律服务中心进行实地参观。调研中，姜凤岩充分肯定了江苏省各级侨联深入贯彻十八届四中全会精神，加强

6 月 8 日—11 日，中国侨联法顾委副主任姜凤岩带队赴江苏调研

侨联法顾委组织建设和机制创新所做的工作，希望江苏省侨联及其法顾委在总结经验的基础上，进一步研究新形势下维护侨益的新情况、新问题、新方法，推动侨联维权工作不断创新发展。江苏省侨联副主席镇翔、权益保障部副部长杨宁等陪同调研。

【赴重庆调研】7 月 6 日—9 日，中国侨联法顾委常务副主任、上海市人大常委会原副主任王培生，中国侨联法顾委委员、权益保障部副部长黄晖，中国侨联法顾委委员王顺安、张小炜等一行 7 人赴重庆市就新侨回国投资创业情况及维护侨益情况开展调研。调研组一行先后召开了 2 场座谈会，听取了当地侨联工作汇报，探讨了新时期维护侨益的新方法、新途径，就建立涉侨涉诉案件沟通协调机制，畅通权益法律保障渠道，发挥侨联在参与社会管理、维护社会和谐稳定中的积极作用进行了广泛交流。王培生高度评价了重庆市侨联近年来运用法治思维和方式推动维护侨益工作创新发展，充分发挥了侨联法顾委作用，有效维护了广大侨胞的合法权益，为促进侨界和谐、维护社会稳定做出了积极贡献。调研期间，调研组一行考察了侨资企业摩登时代广场、香港融恒时代广场、江北区留学归国人员创业园以及重庆慕懿文化艺术传播有限公司、重庆火蚁电子商务有限公司等 6 家留学回国人员创办的小微企业，详细询问了他们在创业发展过程中遇到的政策法律问题，并进行了解答。调研组一行还慰问了 2 户困难归侨和南侨机工遗孀，为他们送去了侨联组织的关怀。重庆市政协副主席、致公党重庆市委主委、市侨联主席张玲会见了调研组一行，重庆市委统战部副部长、市侨联党组书记李联军，重庆市侨联专职副主席兼秘书长刘松勇分别陪同调研。

【赴甘肃调研】8 月 3 日—8 日，中国侨联法顾委主任张耕率队，中国侨联法顾委秘书长、权益保障部部长张岩，中国侨联法顾委委员张巍等一行 6 人赴甘肃省调研。甘肃省委书记王三运、省长刘伟平以及省委常委、统战部部长王玺玉等分别会见了张耕一行。调研组一行分别在兰州市、酒泉市、阿克塞哈萨克族自治县等地召开了省、市、县三级侨联座谈会，参观了新侨高科技企业——兰州百源基因技术有限公司，慰问了 2 位蒙古归侨。调研中，张耕指出，甘肃虽然地处祖国西北部，侨的资源比较少，归侨中贫困侨和少数民族侨比例较大，但甘肃省侨联根据本省特点，工作开展得有声有色，取得了很大的成绩，积累了宝贵的经验，对中西部地区侨联工作具有示范作用。张耕表示，通过此次调研对法顾委工作有了新的认识：一是法顾委的工作必须纳入“四个全面”战略的全局中去，在法治国家建设中发挥独特的作用；二是法顾委的工作

7 月 6 日—9 日，中国侨联法顾委常务副主任王培生带队赴重庆调研

8月3日—8日，中国侨联法顾委主任张耕带队赴甘肃省调研

长沈凡，区高院常务副院长陈钢等会见了调研组一行。调研组走访了宁夏银帝集团、同帮新能源有限公司以及石嘴山明清家具文化展示馆等侨资企业，参观了石嘴山市大武口区朝阳街道怡心社区侨胞之家、石嘴山市侨胞法律服务中心，慰问了南非侨眷柴培科，美国侨眷刘平、王开举，缅甸侨眷利桂英等多户侨胞，并与当地侨商、归侨侨眷、侨联干部代表及涉侨部门代表一起座谈，详细了解了老侨、新侨的生产生活情况和亟待解决的问题及当地侨务工作情况和工作建议等。王秀红在听取了侨联工作汇报后对他们的工作给予了充分肯定。她指出，宁夏回族自治区虽然不是侨务资源大省，但各级侨联在自治区侨联领导下积极贯彻落实中央两个《意见》精神，不拘一格、大胆创新，工作开展得风生水起。宁夏虽然本地籍侨胞少，但风光秀美、资源丰富，对各地侨商都有巨大的投资吸引力，希望当地各级侨联紧紧围绕区委、区政府的工作中心，多交流、多活动，全力支持和配合宁夏发展大计；她也希望宁夏区委、区政府一如既往地重视侨联工作，多指导、多关怀，充分发掘和借助侨胞力量推动宁夏经济社会发展，助力“一带一路”战略在宁夏的贯彻实施。宁夏回族自治区侨联副主席姜晓玲、办公室主任杨立华等全程陪同调研。

要围绕“一带一路”战略布局展开，在国家战略中发挥积极作用；三是在全媒体时代，法顾委要充分发挥互联网的作用，加强联系、凝聚力量、扩大宣传、发挥优势；四是法顾委工作要承载起法治文化宣传作用，增强全民族对法治文化的认同，作法治文化的传播者；五是法顾委工作要坚持以维权为导向，在依法维权、主动维权和科学维权的基础上，进一步加强全面维权和合理维权，积极引导侨胞维护自身的合法权益。甘肃省委统战部副部长、省侨联党组书记张文学、省侨联秘书长芦小燕、办公室主任肖礼祥全程陪同调研。

【赴宁夏调研】8月17日—21日，中国侨联法顾委副主任王秀红带队，中国侨联法顾委秘书长张岩，委员管晓锋、游志雄等一行7人赴宁夏回族自治区开展专题调研活动。宁夏回族自治区党委常委、区统战部部长马廷礼，统战部副部

8月17日—21日，中国侨联法顾委副主任王秀红带队赴宁夏回族自治区调研

【为侨界群众法治学习活动授课】6月—10月，法顾委协助中国侨联先后在南宁、福州、乌鲁木齐、哈尔滨、昆明5个城市举办了“法治中国　你我同行”——“一带一路”侨界群众法治学习活动。中国侨联法顾委委员、云博律师事务所高级合伙人王福江，中国侨联法顾委委员、中国政法大学民商经济法学院商法研究所副所长管晓峰，中国侨联法顾委委员、德恒律师事务所高级合伙人王

2015 年 7 月，中国侨联法顾委委员、北京云博律师事务所高级合伙人王福江在“法治中国　你我同行”——“一带一路”侨界群众法治学习福州班上授课

建平，中国侨联法顾委委员、北京市威宇律师事务所高级合伙人张巍，分别以《侨商在参与“一带一路”战略过程中的企业法律风险管理》、《依法治国与地方经济发展的关系》、《劳动关系中常见法律问题解析及风险防范》、《企业走出去应注意的法律风险及其防范》、《社会主义法律体系的形成与完善》为题进行了授课，得到广大基层侨联干部和侨界群众的称赞和肯定。

【协办首届中国—南亚法律论坛】11 月 3 日—4 日，由中国法学会主办、中国侨联法顾委协办的首届“中国—南亚法律论坛”在昆明举行，主任张耕率团，委员王建平、王福江、郭珊、李德成参加了论坛。论坛主题为：共谋“一带一路”法律战略、同商中国—南亚法治愿景。张耕主任在开幕式上致辞，介绍了中国侨联法顾委的性质、职能，以及法顾委成立 33 年来开展的工作和取得的成绩，并表示中国侨联法顾委将与中国法学会进一步加强合作，为推动中国—南亚国家的法治发展以及政治、经济、文化等方面的发展做出应有的贡献。李德成委员在论坛上作了《中国—南亚“互联互通”的法律问题——以知识产权纠纷与争议为视角》的发言；王福江委员就中国、缅甸、印度、斯里兰卡等国家针对“中国—南亚国家法律服务与司法合作的法律问题”进行了认真点评。论坛上还举行了“中国—南亚法律研究中心”研究院聘任仪式和“中国—南亚法律人才培训基地”成立授牌仪式，各国代表签署了《昆明宣言》。中国法学会副会长任海泉，中共云南省委常委、省政法委书记、省法学会名誉会长孟苏铁，以及来自中国和南亚各国的法学法律界近 200 余名专家学者参加了论坛。

11 月 3 日，中国侨联法顾委主任张耕在“中国—南亚法律论坛”开幕式上致辞

【协助组织海外委员回国访问】9 月 21 日—25 日，来自 9 个国家的 18 名海外委员以“全面践行依法治国战略　依法维护海外侨胞权益”为

9 月 21 日，林军（左二）主席在会见中国侨联法顾委海外委员回国访问团时向团长温天敏律师赠送锦旗

9 月 22 日，中国侨联法顾委主任张耕（前排左六）、中国侨联副主席李卓彬（前排左五）在中国检察官文联会见海外委员回国访问团

主题，在北京、四川进行了为期 7 天的考察访问。中国侨联主席林军、副主席李卓彬在北京会见了访问团一行。中国侨联法顾委常务副主任孙琬钟、林淑娘、王秀红，法顾委秘书长、权益保障部部长张岩，副部长黄晖等同志陪同会见。林军通报了中央经济体制改革最新动态和经济政策。他指出，我国全面深化改革的持续推进以及习近平主席倡议的"一带一路"建设与世界和平发展的时代主题相契合，与中国改革开放的进步大势相一致，与构建人类命运共同体的现实需要相适应，给世界带来的是机遇，给各国人民带来的是福祉。他寄语海外律师委员充分发挥自身优势和作用，进一步加强海内外法律、经济、文化等各方面往来，多做促进中西方了解和互信的工作，为我国"一带一路"建设和全面深化经济体制改革注入更多正能量。

【召开法顾委主任会议】根据工作需要，中国侨联法顾委先后于 6 月 5 日和 12 月 15 日在中国侨联机关召开两次主任会议。中国侨联主席林军，中国侨联法顾委主任张耕，中国侨联副主席李卓彬，中国侨联法顾委副主任孙琬钟、林淑娘、王秀红、王振川、梁钦汉、姜凤岩，中国侨联法顾委秘书长、权益保障部部长张岩，中国侨联法顾委委员、权益保障部副部长黄晖等 10 余人参加了会议。林军主席在会上传达了中央对侨联工作最新指示精神并通报了侨联今年重点工作。他指出，中央高度重视侨联工作，去年以来先后下发两个文件，对侨联履行维护侨益职能、服务大局、做好"两个拓展"赋予了新任务。法顾委是帮助侨联履行维护侨益工作职能的一支重要力量，侨联党组对法顾委的工作寄予厚望，新形势下法顾委的工作任重而道远。希望法顾委充分发挥自身优势和作用，在全面推进依法治国大背景下，帮助侨联树立法治思维，以法治方式进一步提高维权工作水平和实效。张耕表示，2015 年法顾委做了大量工作，取得一定成绩，这要感谢中国侨联党组一年来对法顾委工作的关心和支持，感谢法顾委各位委员始终以饱满的精神状态和十足的工作劲头为维护侨益提供无偿的帮助和服务，也要感谢法顾委办公室同志一年来的辛勤工作和努力付出。2016 年法顾委将紧紧围绕进一步落实中央精神和中国侨联"九代会"工作部署，依法履行工作职责，认真谋划、大胆创新，使法顾委工作再上新台阶。会议审议了中国侨联法顾委章程和工作规则修改稿，征求了对 2015 年法顾委工作报告的意见，通过了拟增聘法顾委副主任、国内和海外委员人选以及 2015 年年会议程等事项。会议同意法顾委办公室按照审议意见修改文件后送交法顾委年会讨论通过，同意在年会上对新聘任委员颁发聘书。

12 月 15 日，中国侨联法顾委主任会议在北京召开

【召开法顾委2015年年会】 12月22日，中国侨联法顾委2015年年会在北京召开。中国侨联法顾委主任张耕作工作报告，中国侨联副主席李卓彬主持会议并作了总结讲话。张耕对2015年侨联法顾委开展的各项工作进行了总结。他指出，2015年法顾委在中国侨联党组的领导下，在全体委员的共同努力下，依法开展各项工作，取得了一定的成绩。一是弘扬法治精神，参与法治宣传和法律草案修改；二是充分发挥职能作用，依法维护侨益；三是拓宽合作渠道，加强对外交流；四是推进法顾委自身建设。对2016年法顾委即将开展的工作，他提出要继续以国家“一带一路”、“四个全面”战略和“大众创新，万众创业”为主线，依法开展维护侨益工作；要通过继续深入开展调研、大力开展法治宣传、继续健全维权机制，继续深化“两个拓展”、继续推进法律援助、继续加强法顾委自身建设，组织好中国侨联成立60周年纪念活动等各项具体工作，立足法顾委工作职责，努力开拓创新，进一步开创法顾委工作新局面。李卓彬充分肯定了张耕主任所作的工作报告，他寄语中国侨联法顾委在2016年再接再厉，以“创新、协调、绿色、开放、共享”理念为引领，将“政治性、先进性、群众性”要求贯穿工作始终，树立法顾委依法为侨服务工作新思维，为参与社会管理和创新做出新贡献。会上，应松年、马怀德、莫于川、余凌云、钱列阳、金莲淑等27位同志被增聘为法顾委国内委员，胡毅峰、应松年、马怀德同时被聘为中国侨联法顾委副主任，邹瑜、张耕等为他们颁发了聘书。姜凤岩副主任作了关于法顾委章程及工作规则的修改说明。与会人员进行了分组讨论和审议。中国侨联法顾委常务副主任孙琬钟、林淑娘、王秀红、王培生，副主任高卢麟、王振川、方忠炳、梁钦汉等出席会议。中国侨联法顾委委员、权益保障部干部等近100人参加了会议。

12月22日，中国侨联法顾委2015年年会在北京召开

12月22日，在中国侨联法顾委2015年年会上，新聘副主任和委员接受聘书

中国侨商联合会

【领导成员名单】

荣誉会长：（以姓氏笔画为序）

庄启程　张　茵（女）　张晓卿

李祖沛　陈有汉　陈有庆

陈江和　周泽荣　林　军

林文光　林文镜　林兆枢

林建岳　林淑娘（女）　郭孔丞

黄双安　黄如论　彭云鹏

创会会长：邱维廉

会　　长：许荣茂

1 月 27 日，中国—斯洛伐克经贸投资合作沙龙在北京举行

【综述】2015 年，在中国侨联的领导下，在许荣茂会长和第四届理事会的共同努力下，中国侨商联合会全面贯彻党的十八大、十八届三中、四中、五中全会精神和中国侨联九届二次全委会及李源潮同志重要讲话精神，准确把握中国经济新常态和海内外侨情新变化、新特点，紧密围绕“一带一路”、京津冀协同发展、长江经济带三大战略及西部开发、东北振兴、中部崛起、东部率先的区域发展总体战略，按照中国侨联“两个拓展”的战略部署，坚持以人为本、为侨服务，重点在服务国家三大战略、深化走出去发展、开展社团评估评优、强化依法管理商会、加强侨资企业调研、积极参与社会公益事业等方面做了大量工作，努力为全面建成小康社会、全面深化改革、全面依法治国做出新的贡献。2015 年年底，中国侨商联合会荣获国家民政部组织的全国先进社会组织提名，并已通过全国范围公示。

【出席中国—斯洛伐克经贸投资合作沙龙】1 月 27 日，中国—斯洛伐克经贸投资合作沙龙在北京举行。斯洛伐克驻华大使弗兰季谢克·德霍波切克、斯洛伐克投资贸易发展局希蒙奇奇、欧洲华侨华人社团联合会联合秘书长牟国量和中国侨商联合会秘书长安晨等出席会议并致辞。活动期间，安晨与张曼新、牟国量等就发挥欧洲侨商社团力量、促进“一带一路”国家战略实施等相关问题深入交流。中国侨商联合会参与此次活动，为会员联合东欧华商参与“一带一路”建设奠定了基础。

【组团出席“2015 中国国际酒业博览会”】3 月 23 日，由四川省人民政府重点支持、中国酒业协会主办的 2015 中国国际酒业博览会在四川泸州开幕。中国侨商联合会常务副会长薛水和等来自 10 多个国家和地区的 30 余位侨商组团出席此次活动。

【支持举办“丝绸路·南粤梦”经贸活动】3 月 30 日—4 月 1 日，由中国侨商联合会支持，广东省侨联、汕头市政府主办，广东国际华商会承办的“丝绸路·南粤梦”经贸系列活动在广州举

3 月 30 日—4 月 1 日，支持举办“丝绸路·南粤梦”经贸活动

行。中国侨联副主席、广东省侨联主席王荣宝，中国侨商联合会副会长兼秘书长安晨，汕头市委市政府有关领导以及海内外侨商近500余人出席活动。

【赴江西考察扶贫公益事业】 4月8日，中国侨商联合会副会长兼秘书长安晨，嘉里集团（中国）有限公司郭孔丞董事长助理唐鲁东先生一行赴江西考察扶贫公益事业。在南昌考察了SOS儿童村，与市民政局、儿童村干部进行了座谈；实地考察了中国侨联定点扶贫上饶县儿童福利院项目选址，并与当地民政局、发改委、侨联等部门就项目具体规划进行了协调座谈。目前，已捐资280万元的上饶县儿童福利院项目正在顺利进行，预计2017年3月竣工。另外，捐资60万元的婺源小学项目已经竣工。

4月14日—17日，在江苏南通举行2015侨资侨智对接交流会

洪敬南先生在婺源参加活动

【联合举办“创业中华——2015侨资侨智对接交流会”】 4月14日—17日，由中国侨商联合会、江苏省侨联、江苏省侨商总会、江苏省侨界专家委员会联合南通市政府、镇江市政府共同举办的“创业中华——2015侨资侨智对接交流会”在南通、如东、镇江三地举行。中国侨联副主席李卓彬、常务副会长王钦贤、于集华、朱建德、颜岑，副会长段律文及来自美国、加拿大、俄罗斯、智利、瑞典、荷兰和中国香港、中国台湾等十余个国家和地区的有关侨商会的百余位侨商企业家、侨界专业人士出席了活动。

【组团出席2015中外知名企业四川行活动】 4月24日，由四川省人民政府主办、中国侨商联合会支持的“2015中外知名企业四川行”活动在四川成都市举行。中国侨联副主席李卓彬出席活动，包括由100余名侨商、侨领组成的中国侨商联合会代表团在内的共计800

4月24日，举行2015中外知名企业四川行活动

多位海内外嘉宾、423 家中外知名企业和商协会负责人出席了活动。活动共签约投资额 3000 万元以上的投资类合同项目 842 个，总投资额 6015.6 亿元。

【组团出访土耳其、德国、瑞士】5 月 5 日，由中国侨商联合会、土耳其对外经济关系委员会、土耳其中资企业商会、土中丝绸之路协会共同主办的中国—土耳其投资交流会在欧亚大陆交接处最大的城市伊斯坦布尔举行。中国侨联主席、中国侨商联合会荣誉会长林军，土耳其—中国商务理事会执行主席雅乌兹·欧乃，中国驻伊斯坦布尔总领事馆副总领事丁小红，中国驻土耳其大使馆商务参赞朱光耀，土耳其经济部激励政策实施和外国直接投资司专员媪兹兰姆·努德拉勒，中国侨商联合会常务副会长郭泰诚，土中丝绸之路协会主席赛乃西出席会议并致辞。中土两国工商界代表、土耳其华商社团负责人、中土两国新闻媒体近百人出席会议。

5 月 16 日，联合主办第二届中国（漯河）华商食品项目投资峰会

5 月 5 日，中国侨联主席、中国侨商联合会荣誉会长林军在开幕式上致辞

【联合主办第二届中国（漯河）华商食品项目投资峰会】5 月 16 日，由中国侨商联合会、河南省侨联、漯河市人民政府主办的第二届中国（漯河）华商食品项目投资峰会在漯河举行，中国侨联顾问王永乐，常务副会长畅瑞刚，副会长蔡红专、唐丽英及来自新加坡、泰国、菲律宾和中国香港、中国台湾等多个国家

中国侨联主席林军向土耳其—中国商务理事会执行主席雅乌兹·欧乃赠送纪念品

和地区近 70 名海内外知名侨商代表出席峰会。会上，中国农产品企业发展有限公司与漯河市双河农产品批发交易市场签署了总额达 2 亿美元的投资协议。

【组团出席第九届中国中部投资贸易博览会】 5 月 18 日，由商务部、中部六省政府等主办，中国侨联等单位支持的第九届中国中部投资贸易博览会在武汉开幕。中国侨商联合会组织常务副会长颜芝，副会长陈少荣、王新军等来自 10 多个国家和地区的 40 多位侨商代表出席博览会。会后，与会侨商考察了武汉新港潘湾（物流）工业园、孝感市临空经济区等园区。

6 月 11 日，李卓彬副主席在第十三届东盟华商会上致辞

5 月 18 日，组团出席第九届中国中部投资贸易博览会

【联合主办第十九届西洽会相关活动】 5 月 19 日—23 日，由中国侨商联合会、陕西省侨联、扶风县人民政府、长武县人民政府共同举办的“海内外侨商投资联县（区）行”活动在西安召开。此次活动是第十九届“中国东西部合作与投资贸易洽谈会暨丝绸之路国际博览会”系列重要活动之一，中国侨商联合会组织来自美国、加拿大、荷兰、巴西等国家和地区的几十位海内外知名侨商侨领出席了此次活动。其间，与会企业与扶风县有关部门签署了投资协议，总金额达 51.75 亿元。

【组团出席第十三届东盟华商会】 6 月 11 日，由国务院侨办、中国侨联和云南省政府共同主办的第十三届东盟华商会在昆明举行，中国侨联副主席李卓彬出席活动，中国侨商联合会组织副会长严陆根、钟保加、陈少荣、郭俊琴、罗祖晓等近 40 位侨商组成的代表团，与来自海外 42 个国家和地区的 750 余名侨领、华商洽谈合作。其间，共有 700 余个招商引资项目进行推介洽谈。其中签约经济科技项目 12 个，协议总投资金额合计人民币近 70 亿元。近 50 名海外知名华裔专业人士携带 91 项科技成果参会。

【协办“2015 青洽绿色发展投资贸易洽谈会”】 6 月 16 日，由青海省人民政府、中国侨联等主办，中国侨商联合会协办的“青海绿色发展投资贸易洽谈会”在青海省西宁开幕。中国侨联副主席康晓萍出席活动，中国侨商联合会副会长钟保加及来自中国香港、美国、意大利、新西兰等海内外知名侨商代表出席了开幕式及 2015 青洽会·民营企业、港澳台商、侨商专场项目对接会及签约仪式。此次签约项目共

6 月 16 日，协办“2015 青洽绿色发展投资贸易洽谈会”，中国侨联副主席康晓萍出席活动

33 个，总金额达 19.79 亿元。

【组团出席“创业中华 2015 世界知名侨商辽宁行”系列活动】 6 月 24 日，由中国侨联和辽宁省人民政府共同主办的“创业中华 2015 世界知名侨商辽宁行”主题系列活动在沈阳举行。全国政协副主席李海峰，中国侨联主席、中国侨商联合会荣誉会长林军，辽宁省委书记、省人大常委会主任李希，省政协主席夏德仁出席启动仪式。辽宁省省长陈求发、中国侨商联合会会长许荣茂致辞。中国侨商会荣誉会长陈有庆，常务副会长王钦贤、于集华、畅瑞刚，副会长段律文、宋吉春、王新军、林枝春、白晓飞、吕安民、罗祖晓、黄晓冬及来自美国、俄罗斯、法国、意大利、南非、澳大利亚和中国香港等 50 多个国家和地区的 400 多位知名侨商参会。现场签约 18 亿美元，实现了侨商事业与地方经济发展的双赢。

【协办第 21 届中国兰州投资贸易洽谈会】 7 月 7 日，由中国侨联、甘肃省政府等主办，中国侨商联合会等协办的第二十一届中国兰州投资贸易洽谈会在兰州隆重开幕。全国政协常委、中国侨联顾问、中国侨商联合会常务副会长王永乐出席开幕式。来自 46 个国家以及联合国工业发展组织、中国—东盟中心等组织的 400 多名嘉宾出席兰洽会开幕式暨高端论坛和重点项目签约仪式。

7 月 7 日，第二十一届兰洽会暨丝绸之路合作发展高端论坛签约仪式

【组团出席海内外侨商携手共建“21 世纪海上丝绸之路”系列活动】 7 月 11 日，由中国侨联支持，南京市政府和江苏省侨联共同主办的“丝路新航　繁荣共享”纪念郑和下西洋 610 周年暨海内外侨商携手共建“21 世纪海上丝绸之路”活动正式启动。中国侨联副主席李卓彬与来自 40 多个国家、80 多个侨团的 150 余名侨领、华商以及 20 余位郑和研究专家出席本次活动。开幕式上，中国侨商联合会秘书长安晨宣读了海内外侨商联名签署的“21 世纪海上丝绸之路”侨商共建倡议书。多家境外商会与新加坡·南京生

中国侨联主席、中国侨商联合会荣誉会长林军（右三）与辽宁省有关领导会见

7 月 11 日，“21 世纪海上丝绸之路” 起航活动

态科技岛管委会签署了战略合作协议，中新南京生态科技岛的大明文化旅游度假区“万国风情街”、“侨商博物馆” 等项目正式签约。会后，部分侨商赴连云港考察。

【组团访问印尼民丹岛市】 7 月 15 日—18 日，应澳门太和集团邀请，以中国侨商联合会常务副会长、香港胜记仓集团董事局主席郭泰诚为团长、副会长段律文为副团长的侨商会代表团一行 7 人访问印尼民丹岛市。代表团考察了太和集团投资 300 亿美元正在建设的印尼街城项目，拜会了民丹岛市市长，并与太和集团就共同建设“南亚商谷——亚洲国际贸易城”项目进行了充分的洽谈，并一致同意争取该项目在 9 月巴厘岛世界华商大会上签约。代表团在过境新加坡期间，还专程拜访了世界五百强企业——新加坡丰益国际集团。

【接待土耳其 OSAL 集团董事长奥斯曼·阿里奥卢一行】 8 月 17 日，中国侨联副主席李卓彬在北京会见了土耳其 OSAL 集团董事长奥斯曼·阿里奥卢一行。李卓彬首先代表中国侨联和林军主席对奥斯曼一行到访表示真诚的欢迎。OSAL 集团是土耳其最大的铁路运输制造公司，业务范围包括能源控制系统、建筑承包、环境工程、固废回收系统、铁路运输系统、旅游和研发等工业领域。这次奥斯曼先生访华的重要目的就是与重庆长客轨道车辆公司洽谈合作在土耳其修建城市单轨

7 月 15 日—18 日，侨商会代表团一行 7 人访问印尼民丹岛市

8 月 17 日，中国侨联副主席李卓彬在北京会见土耳其 OSAL 集团董事长奥斯曼·阿里奥卢一行

铁路项目。中国侨商联合会副会长唐丽英、秘书长安晨陪同出席相关活动。

【出席贵州海外青年创新创业协会成立仪式】 8月21日，贵州海外青年创新创业协会与深圳海外留学归国人员协会才智转化贵阳基地揭牌暨有关项目签约仪式在贵阳举行。贵州省委常委、省委统战部部长刘晓凯出席并讲话。中国侨联经济科技部副部长、中国侨商联合会副会长兼秘书长安晨，贵州省委统战部副部长王茂爱，省侨联主席吕虹，省侨联副主席陈新伦等出席。贵州海外青年创新创业协会是由省委统战部、省侨联领导的由留学归国青年自愿组成的联谊性组织，现有会员300多人，在贵州省内主要从事现代制造业、金融业、教育、IT、旅游文化、生态农业等产业。该会以广泛团结、凝聚、培养海外青年为中心任务，倡导“大众创业、万众创新”精神，服务海外青年成长成才和事业发展，开展海内外经济、科技、文化交流与合作，为贵州发展大数据、大健康等高科技产业输送新鲜血液，为促进贵州改革开放和经济社会发展做出贡献。

8月21日，贵州海外青年创新创业协会成立仪式

【承办“2015’中国（湖南）非公有制经济发展论坛”】 9月6日，由民建中央、工业和信息化部、中国侨联、湖南省人民政府共同主办的2015中国（湖南）非公有制经济发展论坛暨海外侨领侨商三湘行活动在长沙举行。本次论坛以“适应新常态，促进新转变，谋划非公经济新发展”为主题。来自全国各地的600多位非公经济精英人士和400多位海外侨胞代表齐聚长沙。中国侨商联合会组织常务副会长王钦贤、朱建德，副会长罗祖晓、颜岑、唐丽英、谢湘蓉、郭俊琴等近50名侨商参会。

【主办2015第二届南京国际美术展】 9月16日，由中国侨商联合会、中国公共外交协会、香港江苏社团总会、百家湖国际文化投资集团、南京财富投资集团有限公司联合主办的“美丽新世界”——2015第二届南京国际美术展在南京国际展览中心开幕。中国侨联副主席李卓彬出席开幕式并宣布第二届南京国际美术展开幕。江苏省

9月16日，李卓彬副主席出席“2015第二届南京国际美术展”开幕式

政协副主席范燕青、中国公共外交协会副会长吕凤鼎以及来自40多个国家和地区的800多位海内外艺术家、收藏家及近200家媒体出席了规模盛大的开幕仪式。南京国际美术展自2014年创办以来，凭借其成熟的运作体制、权威的学术水准、公正透明的评选机制，受到了艺术界的广泛关注，展出作品水准和展会精彩程度也一直备受公众和媒体的期待。中国侨商联合会秘书长安晨、江苏省侨联主席史宇陪同出席上述活动。

【承办第十二届东盟博览会海上丝绸之路华商经济论坛】 9月18日，由广西壮族自治区政府、中国侨联联合主办，中国侨商联合会、广西壮族

9 月 18 日，承办第十二届东盟博览会海上丝绸之路华商经济论坛，中国侨联主席、中国侨商联合会荣誉会长林军出席并致辞

自治区侨联、中国—东盟博览会秘书处承办的第十二届东盟博览会海上丝绸之路华商经济论坛在广西南宁市举行。中国侨联主席、中国侨商联合会荣誉会长林军，广西壮族自治区党委书记彭清华，中国侨联副主席李卓彬，广西壮族自治区党委副书记危朝安，广西壮族自治区党委常委、秘书长范晓莉，以及来自 30 多个国家和地区的海外华商近 300 人出席活动。中国侨商联合会组织 30 多位知名侨商出席。

【组团出访印尼、澳大利亚、新西兰】9 月 25 日—10 月 4 日，中国侨商联合会代表团出访印尼、澳大利亚、新西兰，在印尼巴厘岛出席第十三届世界华商大会、举办世界华商领袖峰会；在悉尼举办澳大利亚—中国企业投资交流会；在新西兰先后与新西兰中国团体联合会、新西兰潮属总会、新西兰侨商总会等华商社团举办三场交流活动。

中国侨联主席、中国侨商联合会荣誉会长林军出席第十三届世界华商大会联欢晚宴并致辞

9 月 26 日—27 日，组团出席第十三届世界华商大会

9月26日晚，中国侨联主席、中国侨商联合会荣誉会长林军出席世界华商领袖峰会并致辞，中国侨联副主席、中国侨商联合会会长许荣茂主持会议

【主办2015世界侨商贵阳会议】10月10日，中国侨商联合会、贵州省委统战部、贵州省侨联联合主办的2015世界侨商贵阳会议在贵阳召开，来自全球30多个国家和地区的200多位侨商齐聚贵阳共谋发展。中国侨联党组书记、主席林军，贵州省委副书记、省委政法委书记谌贻琴致辞。贵州省委常委、省委统战部部长刘晓凯，贵州省副省长陈鸣明，贵州省政协副主席谢晓尧出席。会上，林军、谌贻琴向13家海外贵州商会授予了会牌。部分侨商代表作了发言。贵州省4个市州政府与国内4家侨商会、省侨联与3家海外侨商会、部分侨商投资项目在会上正式签约。中国侨商联合会副会长兼秘书长安晨主持会议。

10月10日，主办2015世界侨商贵阳会议

【联合主办中国西部进口展暨国际投资大会】10月23日，由中国侨联、四川省人民政府支持，中国侨商联合会、中国国际商会、中国西部国际博览会组委会秘书处共同主办的中国西部（四川）进口展暨国际投资大会在成都开幕。四川省委书记王东明，法国前总理、参议院军队国防和外交委员会主席让－皮埃尔·拉法兰，俄罗斯前第一副总理奥列格·索斯科维茨出席开幕式并分别致辞。四川省委副书记、省长魏宏主持开幕式。中国侨联主席林军、四川省政协主席柯尊平、四川省委副书记尹力和罗马尼亚阿尔杰什省省长格里高利·泰格乌出席。中国侨商联合会荣誉会长张茵应邀出席大会。

【联合举办中美经济文化交流峰会】11月9日，由中国侨商联合会、美国华商会共同主办的中美经济文化交流峰会在北京举行。中国侨商联合会副会长谢湘蓉、郭俊琴、郑芮，中国侨商联合会副会长兼秘书长安晨，美国政商友好代表团团长、美国纽约州共和党财政委员会主席、美国华商会会长邓龙，美国政商友好代表团共同主席林建中，美国纽约州众议院副议长菲利兹·欧提兹，美国佛罗里达州迈阿密海滩市市长乔治·瓦莱

11 月 9 日，由中国侨商联合会、美国华商会共同主办的中美经济文化交流峰会在北京举行

豪，美国佛罗里达州梅德利市市长罗伯托·马特尔，美国联邦商业部前助理部长董继玲，美国联邦商业部纽约梅丽莎·希尔以及来自美国的政商名流、中美工商界代表及相关专家学者 100 余人参会交流，共同探讨中美合作共赢之路。

【组团出席第二届楚商大会】11 月 11 日，由湖北省人民政府主办的第二届楚商大会在武汉开幕。本届大会主题为“楚商携手合作，共促转型发展”。中国侨商联合会组织了以全国政协委员、常务副会长刘志强为团长，包括副会长陈少荣、罗祖晓、段律文和全国政协委员潘庆林在内的海内外侨商代表团出席会议，与来自全球 20 个国家和地区的 1100 名嘉宾济济一堂，共话楚商发展，共享长江经济带商机。

【支持“第三届海外侨商沧州行”活动】11 月 16 日，由中国侨商联合会支持，沧州市华商联合会主办的“第三届海外侨商沧州行”在河北沧州举行。中国侨商联合会副会长兼秘书长安晨率团出席。

【支持 2015 世界华商海口会议活动】12 月 20 日，由中国侨商联合会指导，海南华商联谊会主办的 2015 世界华商海口会议暨 2015 世界华裔小姐选美大赛总决赛在海南省海口市隆重举行。中国侨联副主席康晓萍、王荣宝，国务院国资委监事会主席刘顺达、科技部原副部长吴忠泽、香港侨界社团联会会长余国春，中国侨商联合会常务副会长刘志强、郭泰诚、王钦贤、薛水和，副会长宋吉春、郭俊琴、刘江、罗祖晓，香港华侨华人社团总会会长李碧葱以及来自世界各地华商 500 余名出席活动。

中国侨联特聘专家委员会

【领导成员名单】

主 任 委 员：万立骏

副主任委员：邓秀新　王辉耀　王执礼　江　雷　李稻葵　李曙光　陈　桦（女）　麦康森　贺　林　钟南山　顾行发　徐德龙　高益槐　高　福　黄　维　黄路生　董志勇　樊　纲

秘　书　长：李曙光（兼）

副 秘 书 长：于　今　闫长明　李　莹（女）　李筱荣　汤立群　杨宝庆

【综述】 中国侨联特聘专家委员会自2010年创建以来，已成长为侨联凝聚侨界高层次人才的重要载体和服务国家改革发展的重要力量。2015年，中国侨联专委会进一步发挥各专业委员会作用，积极建言献策，助力地方经济转型发展，取得了一定成绩。

【加强队伍建设】 中国侨联专委会新增聘20位专家，涉及建筑建造、地震工程、控制科学、医学、投资、高分子材料、生物制药、信息安全、经济学、哲学10个学科领域，其中享受国务院政府特殊津贴专家4人，国家“千人计划”特聘专家6人，千人计划评委1人；有的在国际权威期刊任职、在国际重要会议任领导职务，有的进入世界最具影响力科学家榜单，有的创造了多个中国第一，有的在细分领域填补了国内空白，大多承担若干项国家级课题、重大专项、基金资助。特聘专家周琪和曹晓风新当选为中国科学院院士，张建伟当选为德国汉堡科学院院士，在北德地区现共有67名该类院士，张建伟教授是首位机器人专业的院士。特聘专家逯高清被聘为英国萨里大学校长，聘任华人担任一所名校的正校长，这在英国历史上也是首次。

【主动建言献策】 自2010年成立以来，中国侨联特聘专家委员会充分发挥自身专业优势，在经济、科技、社会、民生、文化、医疗、环保、国家安全、外交策略、人才引进等诸多领域积极建言献策。截至2015年11月，委员们共提供了450余篇有价值的建议，其中150余篇被采用，并引起相关部门的重视。组织发起“美丽中国永续发展”建言献策活动，汇编《特聘专家建言集》共七辑，内容合计近60万字。其中许多建议通过中国侨联提交全国“两会”委员和代表作为提案议案的素材，为提高侨联参政议政水平做出积极贡献。

【出席第四届海西国际新能源产业博览会暨高峰论坛】 3月27日，第四届海西国际新能源产业博览会暨高峰论坛在厦门召开，材料与工程

3月27日，第四届国际新能源产业博览会暨高峰论坛开馆式

3月27日，第四届国际新能源产业博览会在厦门举行

及资源与信息两个分委会的30余位特聘专家出席论坛。活动期间，专家们充分发挥专业优势、解读新能源最新政策、分析发展策略、展示研究成果、分享发展经验、寻求合作商机，共商新能源发展大计，为促进交流、实现共赢贡献智慧和力量。特聘专家高益槐、李宁、谢高地、陈颉等作了精彩发言，汤立群针对展会产品现场提出了改进建议。

6月26日，澳洲精算师协会荣誉主席郭生祥、北京大学教务部部长董志勇、安发集团董事局主席高益槐、贝达药业副总裁谭芬来等专家在“生物医药产业创新发展主题论坛”发言

【参与“第十八届中国北京国际科技产业博览会”】5月13日—17日，中国侨联作为支持单位，第二次参加科博会，突出精品概念、彰显侨界特色，共组织22个省级侨联、7个地级侨联，联系108家企业通过不同形式参展，并获得科博会组委会颁发的“优秀组织单位奖”。其中，特聘专家发挥了重要作用。特聘专家闫长明等带领自己的研发团队在科博会现场推介创新成果与专利项目，并达成合作意向。李曙光秘书长在科博会期间主持侨界专家论坛，高益槐、戴立忠、谭芬来等特聘专家作了精彩发言，博得称赞，成为科博会亮点。特聘专家闫长明、许春静在新侨创新成果与专利项目推介会上签约。

5月15日，特聘专家闫长明、许春静在新侨创新成果与专利项目推介会上签约

【举办“创业中华·魅力大连——2015侨界助力金普新区创新发展高峰论坛”】6月26日，举办“创业中华·魅力大连——2015侨界助力金普新区创新发展高峰论坛”。活动旨在充分发挥海内外侨商和侨界专家的人才、智力、资本优势，助推大连金普新区创新发展，扩大金普新区在国内外的影响力。特聘专家张克以“突破、成功与发展”为题，作了主旨发言，董志勇、郭生祥、高益槐、张丹、谭芬来等专家参与了“展望十三五·生物医药产业创新发展论坛”，围绕我国生物医药产业存在的机遇、面临的问题、突破的方向等进行讨论。顾行发院士现场向金普新区赠送了“中国高分遥感卫星金普新区影像图”。

【“创业中华·魅力无锡——2015侨界专家助力新侨创业发展”活动】11月2日—3日，由中国侨联特聘专家委员会、江苏省侨联侨界专家委员会联合举办的“创业中华·魅力无锡——新侨创新创业论坛”活动在江苏省无锡市举行。活动邀请特聘专家与无锡学者、企业家共话经济转型，助力无锡打造现代产业发展新高地。特聘专家高益槐作了“凝聚新侨侨领力量，实现创业创新梦想”的演讲；谭芬来作了“风好扬帆正当时：生物医药创新创业机遇与挑战”的主旨发言；许晓椿在会上慷慨分享自己回国创业的经验体会。主旨演讲结束后，活动还特别推出了“2015侨界大众创业、万众创新访谈对话”。侨界专家、政府部门领导、创投基金、新侨创业代表作为访谈嘉宾，交流互动，探讨高新技术企业创业成功必须解决的关键问题。

【服务三大战略，发挥专家作用】1月20日，召开“一带一路”沿线省市侨联工作沟通会，研究探讨如何围绕“一带一路”战略进一步做好侨联的经济科技工作。会议邀请多位专家介绍“一带一路”战略提出的背景、蕴含的发展机遇和涉及的重点领域。特别是中国侨联特聘专家于今、李乃胜、侯汉坡在会上作了精彩发言，对侨联在“一带一路”战略中发挥作用的方式和途径提出有针对性的建议。8月，组织召开“聚焦东亚海洋合作，助力青岛更快发展—— 2015海内外侨界专家服务一带一路战略研讨会”，来自海内外的40余位侨界专家和近30位海外侨领侨商代表齐聚青岛，共话东亚海洋交流合作，共谋“一带一路”战略发展。会上，中科院院长白春礼以“把握科技发展新趋势，助力‘一带一路’大战略”为题作了主旨报告；特聘专家黄维、孙大文、李乃胜、于今等围绕青岛如何加快融入国家“一带一路”战略作了精彩的主旨发言；青岛市商务局与香港烨富控股集团等4个合作项目进行了现场签约，为“一带一路”战略献力献策。2月4日，在京津冀侨联协作工作会上，中国侨联特聘专家、北京工商大学物流管理系主任侯汉坡作了题为《京津冀一体化发展思路和机遇》的报告，从京津冀一体化的历史与现状、京津冀产业布局和合作现状、经济及一体化的政策展望和对策与建议四个方面进行阐述，受到与会代表广泛好评。3月30日，积极支持“长江经济带”相关省市侨联工作沟通会。特聘专家董志勇、侯汉坡作了精彩报告，为相关省市如何协调发展，侨联如何积极发挥作用提出有针对性的建议。

【支持和服务侨企建立产学研平台】5月20日，中国侨联特聘专家委员会副主任高益槐教授创建的安发国际控股集团与同济大学合作成立安发天然药物研究院，侨企出资、高校出人才、技术，强强联合，不但响应了国家科技创新的号召，也必将促进中草药、中医药和生命科学研究领域的发展和提升，这种合作是高层次领域的合作，是国际间生物科技的合作。支持参与此类活动，有助于侨联在服务新侨人才创新的过程中，研究总结新侨工作的模式和规律。

【“大众创业，万众创新——新侨人才在经济转型中的特色研究”课题】人文社科专业委员会主任董志勇率领北大课题组承担了中国侨联新侨研究课题，赴北京、上海、厦门、杭州、南京、成都等地，通过发放问卷、召开座谈会、单独访谈等形式深入调研，几易其稿，最终形成“大众创业，万众创新——新侨人才在经济转型中的特色研究”报告10余万字。报告对归国后新侨概况、新侨企业概况进行了分析总结，对支持新侨创新创业的孵化园及基金进行了案例分析，对影响新侨在创新创业中进一步发挥作用的问题进行了探究，并在此基础上借鉴美国、欧盟、日本等发达国家经验提出八条政策建议。课题组的研究报告得到中国侨联领导的充分肯定和高度评价。

【参加“聚侨智，促发展，侨界专家吉林行”】7月7日—9日，受吉林省侨联邀请，中国侨联特聘专家委员会副主任、新西兰皇家科学院首席科学家、新西兰安发集团董事局主席高益槐教授率团赴吉林，参加“聚侨智，促发展，侨界专家吉林行”活动，并赴延吉市高新开发区进行考察，并在延边大学医学院召开座谈会，正式启动安发国际长白山北药战略投资项目。吉林省委书记巴音朝鲁，吉林省委常委、省委秘书长房俐，省委常委、延边州委书记张安顺等在长春会见了高益槐教授一行。

【出席“2015南京生物医药发展论坛暨国际临床转化医学高峰论坛”】9月16日，“2015南京生物医药发展论坛暨国际临床转化医学高峰论坛”在南京举行。论坛上，专家们就生物医药产业发展及精准医学研究成果展开讨论交流。多位国内外著名专家在论坛上作报告，报告议题覆盖肿瘤基因组学、表观遗传学、肿瘤临床诊断以及精准医疗等研究领域，是了解国际转化医学研究前沿工作的高水平学术盛会。生物医药专委会主任贺林院士作大会主题报告。论坛中，特聘专家委员会主办了“展望十三五·生物医药产业创新发展论坛”，几位专家围绕近年来国家生物医药产业的发展状况，就未来的医药创新方向，以及如何建立自主创新的医药强国展开交流探讨。特聘专家贺林与美国劳伦斯伯克利国家实验室顶级

9 月 16 日，侨界专家在“生物医药产业创新发展论坛”上交流探讨

专家同台演讲，谭芬来、常兆华、侯汉坡、肖志雄等专家也作了精彩发言，并围绕近年来国家生物医药产业的发展状况，就未来的医药创新方向，以及如何建立自主创新的医药强国展开交流探讨。

【举办“聚焦十三五·侨界专家建言献策大会”】 12 月 2 日—3 日，中国侨联特聘专家委员会在安徽合肥召开“聚焦十三五·侨界专家建言献策大会”，中国侨联副主席李卓彬，安徽省委常委、统战部部长沈素琍，中国侨联副主席、中国侨联特聘专家委员会主任、中国科技大学校长万立骏，特聘专家委员会副主任陈桦，中国侨联经济科技部部长赵红英，安徽省侨联党组书记、主席吴向明等领导出席会议。来自海内外的 130 余位专家、学者和创业人才齐聚合肥，为中国“十三五”规划积极献计献策。中国政法大学研究生院院长李曙光、美国亚洲金融协会董事会联席主席张克、澳大利亚精算师协会荣誉主席郭生祥，以及特聘专家丁列明、高益槐、张廷斌、陈忠仁、方彤、马骏等 9 位专家作了主题发言。大会还向李曙光、郭生祥等 17 位专家颁发“建言献策奖”；向新增聘的马骏、陈尚义等 20 名专家颁发聘书；授予贝达药业股份有限公司、安发（福建）生物科技有限公司“中国侨联新侨创新创业基地”称号。

12 月 3 日，聚焦“十三五”·侨界专家建言献策大会会场

中国侨联年鉴

省级侨联工作

中国侨联
年鉴

2016 中国侨联年鉴

北京市归国华侨联合会

【领导成员名单】

党组书记：周开让
主　　席：荣　洋
专职副主席：马　坚（回族）　李冬娟（女）
　　　　　苏　泳
副巡视员：李红军
兼职副主席：李曙光　陈　杰　高　杰
　　　　　陶庆华　石　岳（女）　李　辙
　　　　　孙庚文　邢新会　魏英杰
秘 书 长：李登新

【综述】 2015年，北京市侨联全面贯彻党的十八大和十八届三中、四中、五中全会精神，深入贯彻习近平总书记系列重要讲话精神，按照"四个全面"战略布局，认真落实中央统战工作会议、党的群团工作会议精神和侨联工作意见；围绕国家"一带一路"战略和京津冀协同发展战略，立足首都"四个中心"功能定位，坚持"两个并重"，深化"两个拓展"，建好侨胞之家；围绕加强基础性建设，扎实做好新形势下首都侨联各项工作；围绕"三严三实"专题教育，不断加强自身建设。一年来，侨联各项工作取得显著成效，侨联自身建设得到进一步加强，为建设国际一流的和谐宜居之都贡献了侨界力量。

【林军主席、董中原副主席会见北京市侨联新一届领导班子】 1月8日，中国侨联主席林军、副主席董中原在中国侨联机关会见了北京市侨联新一届领导班子成员。北京市侨联党组书记周开让、主席荣洋汇报了北京市第十四次归侨侨眷代表大会的情况、近期主要工作开展情况和2015年工作主要设想。林军代表中国侨联对北京市第十四次归侨侨眷代表大会的成功召开和领导班子成员高票当选表示祝贺，对北京市侨联班子成员积极主动到中国侨联汇报有关情况表示欢迎，对北京市侨联上一届领导班子所做工作给予了充分肯定。林军强调，北京市地处首都，人口基数大，又邻近中央机关，高等院校、科研院所、大型国企聚集，归侨侨眷相对集中，侨联工作做得如何，对其他省区市侨联具有示范带动作用，做好北京市侨联工作，责任重大。最后，林军主席对北京市侨联新一届领导班子提出了六点希望。

1月8日，中国侨联主席林军、副主席董中原在中国侨联机关会见北京市侨联新一届领导班子成员

【戴均良部长到北京市侨联调研】 12月4日，北京市委常委、统战部部长戴均良来到北京市侨

12月4日，北京市委常委、统战部部长戴均良（右四）到北京市侨联调研指导工作

省级侨联工作

联调研指导工作。北京市委统战部副部长、市侨联党组书记周开让代表市侨联领导班子汇报了侨联工作情况。戴均良对近年来北京市侨联工作取得的成绩给予了充分肯定，他指出，近年来，北京市侨联在市委、市政府的领导和中国侨联的指导下，围绕服务中心工作，发挥了很好的作用。对如何进一步加强首都侨联工作，他要求，市侨联要深入贯彻落实党的十八届三中、四中、五中全会，市委七次、八次全会，以及中央、市委关于加强和改进侨联工作的意见和实施意见精神，按照“两个拓展”要求，针对新形势下国家和北京市经济社会建设的新特点、海内外新侨情来开展工作。

【中国侨联调研组到北京市侨联调研】4月30日，中国侨联办公厅副主任李洋带调研组到北京市侨联调研“枢纽型”社会组织建设工作情况。北京市侨联副主席马坚、秘书长李登新、社会工作部工作人员以及北京市侨联归国留学人员联合会工作人员参加了调研。马坚、李登新和社会工作部副部长陈赞兴先后向中国侨联调研组介绍了近年来北京市侨联开展“枢纽型”社会组织工作情况，就下一步工作的思考和探讨提出思路。

【开展出访联谊活动】1月1日—6日，北京市侨联副主席马坚率“北京情思”艺术团赴巴西为当地侨胞进行慰问演出，受到我驻当地使领馆的高度赞扬，得到广大海外侨胞的热烈欢迎以及当地政要和友人的赞誉。其间，还出席了巴西青田同乡总会建会二十周年庆典、巴西中国和平统一促进会组织的联谊会、“巴西中国和平统一促进会第六届监理事会就职典礼”等活动，进行沟通联谊和外事活动。6月7日—16日，应比利时华人青年联合会、荷兰华侨华人经济技术中心和美国福建公所邀请，北京市侨联副主席苏泳率团访问比利时、荷兰和美国；6月28日—7月6日，应德国华侨华人公共外资协会、英国中华总商会、意大利华商会总会的邀请，北京市侨联社会工作部部长陈赞兴率团出访德国、英国和意大利；8月15日—22日，应美国北加州北京同乡会、加拿大潮商会邀请，北京市侨联办公室调研员刘金凤率团出访美国、加拿大；9月19日—28日，应马来西亚尊孔独立中学、菲律宾华文教育研究中心、第十三届世界华商大会组委会邀请，北京市委统战部副部长、市侨联党组书记周开让率团出访马来西亚、菲律宾和印尼，海外工作得到进一步拓展。

9月21日，北京市委统战部副部长、市侨联党组书记周开让（左八）率团出访期间拜访马来西亚沙巴中华工商总会

1月1日—6日，北京市侨联副主席马坚率“北京情思”艺术团赴巴西慰问演出

【北京市侨联党组召开民主生活会】1月29日，北京市侨联党组召开2014年度民主生活会，市委第十指导组组长、市政协经济委员会主任吴杰到会指导，市侨联主席荣洋列席会议。会议由市委统战部副部长、市侨联党组书记周开让主持，他代表市侨联党组向指导组汇

报了教育实践活动整改落实情况，进行了党组班子自我对照检查；党组成员依次进行了个人对照检查发言，并互相开展批评。吴杰代表督导组对市侨联党组民主生活会情况进行了点评。

3 月 26 日，北京市侨联召开第十四届委员会二次全体会议

【举办首都侨界迎新春游乐会】 2 月 9 日—10 日，北京市侨联在北京市华侨服务中心举办首都侨界迎新春游乐会，首都侨界群众 600 余人参加，共庆佳节。中国侨联副主席、北京市人大副主任李昭玲，市侨联主席荣洋，副主席李冬娟，副巡视员、北京市华侨服务中心负责人李红军，市侨联秘书长、办公室主任李登新等领导出席了活动。

【召开列席全国政协会议的海外侨胞代表座谈会】 3 月 13 日，北京市侨联组织列席全国第十二届三次政协会议的海外侨胞代表召开座谈会。全国人大代表、中国侨联副主席、北京市人大常委会副主任李昭玲出席座谈会，并向大家介绍了全国人民代表大会十二届三次会议的情况；全国政协委员、北京市侨联主席荣洋作了讲话；大家就“充分发挥海外侨胞的桥梁作用，为中外文化交流贡献力量”等问题进行了交流座谈。市侨联副主席马坚主持会议。

【召开北京市侨联十四届二次全委会】 3 月 26 日—27 日，北京市侨联第十四届委员会二次全体会议顺利召开。会议审议通过了市侨联主席荣洋代表第十四届常委会所作的工作报告、委员会工作暂行办法，研究确定了北京市侨联 2015 年主要工作任务；市委统战部副部长、市侨联党组书记周开让在会上作了讲话；市侨联副主席马坚就全委会情况进行了全面总结。会议期间，还对 2014 年度信息和理研调研工作进行了总结，对 2015 年工作进行了部署安排，对理研调研优秀成果和 DV 大赛获奖者予以通报表彰并颁发证书。

【组织参加北京国际科技产业博览会】 5 月 13 日—17 日，北京市侨联组织华商企业参加第十八届中国北京国际科技产业博览会，北京希翼新兴能源科技有限公司等 9 家企业携带了 10 多个高科技项目，参加了科博会展览展示活动。中国侨联副主席李卓彬、北京市侨联主席荣洋先后走进侨联展区浏览参观，对北京华商企业的许多高科技产品能够达到国际先进水平表示赞许，对北京华商会重视新侨创新工作、重视科学技术推广工作，给予充分肯定。

5 月 13 日—17 日，北京市侨联组织华商企业参加第十八届中国北京国际科技产业博览会，中国侨联副主席李卓彬参观博览会

【举办“亲情中华 · 汉语桥”夏令营活动】 7 月 19 日—31 日，由中国侨联、国家汉办主办，

7 月 19 日—31 日，联合举办“亲情中华·汉语桥”夏令营活动，中国侨联副主席康晓萍等出席

北京市侨联与中国共青团北京市委员会、北京首都开发控股（集团）有限公司和北京市朝阳区侨联联合承办的“亲情中华·汉语桥”夏令营活动取得圆满成功。参加夏令营活动成员共 59 人，分别来自西班牙、美国和加拿大，年龄在 14 岁至 18 岁之间。开营以来，夏令营组织了系统的汉语培训课程、多彩的国学体验课程、特色的科普知识课程，还组织成员探访体验了许多最具北京特色的名胜古迹、参加了丰富多彩的文体活动，让他们充分领略中华文化的魅力。

【共同举办第十五届海外侨界高层次人才为国服务团活动】8 月 2 日—8 日，由中国侨联、北京市侨联、河北省侨联共同举办的“创业中华·牵手京冀——第十五届海外侨界高层次人才为国服务活动”取得圆满成功。共有来自美国、芬兰、英国、法国、加拿大、澳大利亚、荷兰、泰国、新加坡、日本等 10 个国家的 30 名海外侨界高层次人才携带 47 个高科技项目齐聚京冀。其间，为国服务团在京、冀两地推介洽谈、寻求合作。在京考察期间，中国侨联副主席李卓彬和北京市委常委、统战部部长戴均良分别会见了为国服务团一行。

【为中国企业走出去开辟渠道】8 月 7 日，北京市委统战部副部长、市侨联党组书记周开让会见了以会长史丽君为团长的西班牙北京同乡会访京团。组织参观了通州区的一些在建项目，与海淀区的一些企业进行了实质性接洽。市侨联主席荣洋、副主席马坚、秘书长李登新陪同出席接见活动。通过此次会见和座谈交流，北京市侨联发挥优势，为中国企业走出去开辟渠道，助力中国“敦煌网”开拓西班牙市场。9 月，在北京市侨联、海淀区侨联以及海淀区商委的帮助下，西班牙北京同乡会在西班牙首都马德里迎来了以刘丽萍副总裁率领的中国“敦煌网”商务代表团一行，双方就跨境电商合作进行了热烈友好并卓有成效的会谈。9 月 9 日，首届“中西跨境电商论坛”在马德里召开，现场座无虚席，“敦煌网”在西班牙市场的开拓迈开了重要一步。同时，也为西班牙华人企业转型与升级打开了大门，北京同乡会数家会员企业即将与敦煌网展开实质性合作，双方交流协作将更上一个台阶。

8 月 3 日，“创业中华·牵手京冀——第十五届海外侨界高层次人才为国服务活动”在北京市通州区考察

【举办华侨华人艺术家中秋音乐会】9 月 13 日，北京市侨联举办了以纪念中国人民抗日战争暨世界反法西斯战争胜利 70 周年为主题的“2015 华侨华人艺术家中秋音乐会”。此次“2015 华侨华人艺术家中秋音乐会”主要以唱响抗战歌曲的形式，纪念中国人民抗日战争暨世界反法西斯战争胜利 70 周年，在北京市侨界群众心中、在海外

9 月 13 日，北京市侨联举办以纪念中国人民抗日战争暨世界反法西斯战争胜利 70 周年为主题的“2015 华侨华人艺术家中秋音乐会”

华侨华人心中掀起了爱国思乡的深厚情怀，勉励侨界群众在未来的工作和生活中更加努力奉献，不辜负先辈用鲜血换来的美好生活。中国侨联主席林军、副主席康晓萍，北京市委常委、统战部部长戴均良，中国侨联副主席、市人大副主任、致公党北京市委主委李昭玲，市委副秘书长赵玉金，市委统战部副部长、市侨联党组书记周开让，市侨联主席荣洋，京演集团董事长康伟及其他涉侨单位负责人和侨界群众 700 余人出席活动。

【举办庆祝建国 66 周年侨胞联谊会】 9 月 30 日，北京市侨联在北京饭店举办庆祝建国 66 周年侨胞联谊会。中国侨联副主席乔卫，全国政协港澳台侨委副主任赵阳，北京市委常委、统战部部长戴均良，中国侨联副主席、北京市人大常委会副主任、致公党北京市委主委李昭玲，北京市委副秘书长赵玉金，北京市委统战部副部长、市侨联党组书记周开让，北京市委统战部副部长赵宏生，市侨联主席荣洋以及有关部门的负责同志出席联谊会。出席今天联谊会的还有市侨联领导、顾问，各城区统战部部长，来自 20 多个国家和地区的 100 多位海外嘉宾以及首都归侨侨眷代表 500 多人。此前，9 月 3 日，北京市侨联组织来自海外 20 多个国家和地区的近 50 位海外侨胞参加了在天安门广场举行的纪念中国人民抗日战争暨世界反法西斯战争胜利 70 周年大会。

【举办第七届首都新侨乡文化节】 10 月 10 日，北京市侨联举行“亲情中华·侨韵北京——

10 月 10 日，北京市侨联举行“亲情中华·侨韵北京——第七届首都新侨乡文化节闭幕式”

9 月 30 日，北京市侨联举办庆祝中华人民共和国成立 66 周年侨胞联谊会

第七届首都新侨乡文化节闭幕式”。北京市委常委、统战部部长戴均良，中国侨联副主席、北京市人大副主任、致公党北京市委主委李昭玲，北京市委统战部副部长、市侨联党组书记周开让，北京市侨联主席荣洋，中国侨联文化交流部副巡视员郭敏燕，北京市人大民宗侨办副主任吴宝华，北京市政府侨办副主任李纲出席闭幕式。“第七届首都

新侨乡文化节”自 2015 年 3 月启动以来，唱响时代主旋律，展示侨胞新风采，在 4 个多月的时间里，共举办文艺表演、体育智力竞技比赛等专项活动 9 场，直接参加活动人数达 2000 多人。其中，既有来自首都侨界的广大归侨侨眷，又有社会各界人士，基本涵盖了全市各行各业和社会各界，进一步巩固和扩大了“文化节”的群众基础，增强了北京市侨联的影响力和凝聚力。出席活动的还有市侨联副主席马坚、李冬娟、苏泳、石岳，秘书长李登新以及侨界群众共计 500 余人。

10 月 26 日—30 日，联合举办“海外侨领看北京”活动

【举办“海外侨领看北京”活动】10 月 26 日—30 日，北京市侨联与所属 6 个社团联合举办“海外侨领看北京”活动，来自 9 个国家和地区的 20 多位海外侨领参加了活动。此次活动的主要目的是进一步密切与海外侨团侨领的联系，通过组织参观，让大家感受首都北京的改革开放成果和变化，通过搭建沟通交流的平台，增进了解，加深感情。活动安排参观了雁栖湖 APEC 会址、中国华侨历史博物馆、北京华侨服务中心、天津滨海新区、北京华文学院等地。

【成立北京西城归国留学人员联谊会】11 月 1 日，北京西城归国留学人员联谊会在北京西城区正式成立。市侨联主席荣洋、副主席苏泳，西城区人大副主任郑然、区政协副主席姜兆春，中共西城区委统战部副部长、区侨联党组书记、主席安亚荣和来自美国、法国、加拿大、澳大利亚等 17 个国家的归国留学人员代表 100 余人出席成立大会。北京西城留联会由西城区侨联发起成立，旨在为工作、生活在西城区的归国留学人员，搭建与政府对接、与不同领域“高精尖”人才交流合作的公共平台。在协调政府和社会组织、为归国留学人员创新创业、提供切实高效服务的同时，积极团结凝聚广大归国留学人员，以多种形式参与西城建设。

【联合举办“港澳及海外侨领研修班”】11 月 2 日—6 日，中国侨联和北京市侨联联合举办、北京大学承办了“2015 港澳及海外侨领国

11 月 2 日—6 日，中国侨联和北京市侨联联合举办“2015 港澳及海外侨领国情研修班”，中国侨联副主席乔卫等出席

情研修班”。中国侨联副主席乔卫在开班仪式上作动员讲话。本次研修班为期七天，课程内容涉及我国政治、经济、外交、侨务和国防等领域，包括如何当一个好侨领、中国经济形势、中国政治体制、“一带一路”战略解读、中国民族政策解读——西藏、新疆问题研究、习总书记“四个全面”战略解读、当前国际形势与中国安全环境等方面的专题课程。其间，还安排嘉宾到中关村创业大街进行了实地参观、考察。来自 27 个国家和地区共 56 名港澳及海外侨领参加了此次研修班。

【举办专题辅导报告会】11 月 18 日、19 日，北京市侨联举办了学习贯彻十八届五中全会、中央群团工作意见专题辅导报告会。目的主要在于切实抓好党的十八届五中全会精神和中央群团工作意见的学习贯彻，让侨联委员和专职干部、侨界社团负责人，了解侨联组织面临的形势任务和国家未来五年的发展蓝图，提升自身政治理论水平和为侨服务的本领。市侨联主席荣洋作了动员讲话，市侨联领导班子成员、侨联委员，市、区侨联专职干部，各侨界社团负责人等 140 余人参加了专题辅导报告会。

【召开 2015 年度特聘专家委员会工作会】11 月 19 日—20 日，北京市侨联特聘专家委员会工作会议在北京召开。此次会议主题是“凝智聚力、科学创新，为北京市经济社会发展贡献力量”，主要目的是总结特聘专家委员会 2015 年工作，研究提出 2016 年工作计划，更好地凝聚侨界高端人才，为推动首都经济社会发展和实现中华民族伟大复兴中国梦贡献力量。会议由北京市侨联兼职副主席、特聘专家委员会专家高杰主持。北京市侨联主席荣洋、副主席苏泳出席会议并讲话，市侨联副主席陶庆华、孙庚文，秘书长李登新等出席会议，中国侨联、北京市侨联、天津市侨联和河北省侨联经济科技部领导以及北京市侨联特聘专家委员会成员参加会议。会后，特聘专家一同参观了华商企业北京发景绿色环保工程有限公司，听取了公司的发展历史、主营业务和未来规划，并实地参观了厂房设备。

【联合举办“侨法宣传月”活动暨依法维护侨益工作研讨会】12 月 4 日，北京市委统战部、市人大民宗侨办、市法宣办、市政府侨办、市政协港澳台侨委、致公党市委、市侨联共同在北京国际会议中心举办“北京市 2015 年侨法宣传月活动启动仪式暨依法维护侨益工作研讨会”。中国侨联副主席、北京市人大常委会副主任、致公党北京市委主委李昭玲出席活动并讲话。北京市司法系统、市涉侨联席会成员单位、市涉侨单位、区侨办和侨联的负责同志出席了会议。市侨联法律顾问委员会、维权和社会工作专委

12 月 4 日，联合举办“北京市 2015 年侨法宣传月活动启动仪式暨依法维护侨益工作研讨会”

11 月 19 日—20 日，北京市侨联召开特聘专家委员会工作会

会、侨界普法志愿者以及街道、社区侨联负责人和侨务干部260余人参加活动。

【举办新闻报道通讯员培训班和首都高校侨联工作研讨班】12月10日—11日，北京市侨联系统新闻报道通讯员培训班和首都高校侨联工作研讨班在北京召开。此次研讨班旨在巩固市侨联系统新闻通讯员队伍，提升侨联新闻通讯工作水平，强调信息安全管理制度，规范信息审批报送流程，进一步加强市侨联信息工作。研讨班上，各高校侨联主要负责人就高校侨联工作进行了广泛而深入的讨论，重组了高校侨联联组会，并重新划分了片区，为今后开展高校侨联工作奠定了基础。全市各城区侨联，部分局总公司、高等院校侨联、侨界社团和市侨联机关各部室专门负责新闻报道工作的专兼职人员参加了培训。

【召开“三严三实”专题民主生活会】12月30日，北京市侨联党组召开“三严三实”专题民主生活会，市纪委派驻统战部纪检组组长徐维功、成员张婷，市委第四巡回指导组成员、市直机关工会副主席高峰，市委统战部干部处处长蒋澄瑛、联络处处长江岚等到会指导，市侨联主席荣洋列席会议。会议由市侨联党组书记周开让主持。会上，周开让代表市侨联党组进行了党组班子自我对照检查；党组成员依次进行了个人发言，并互相开展批评。徐维功对民主生活会情况作了点评讲话。

【东城区侨联】2015年，东城区侨联大力加强党风廉政建设，与区委常委、统战部部长周永明和副区长颜华签订党风廉政建设责任书。积极履行参政议政职能，召开区侨界参政议政工作会，确定提交2016年区政协全会的团体提案；组织侨界政协委员参加东城区政协十三届四次全会，提交团体提案2个，个人提案9个；引导归侨侨眷积极参政议政，团结动员广大归侨侨眷建言献策，广泛征集社情民意和侨界群众关于国家、北京市建设发展方面的意见建议，共上报信息132条。举办了两期侨界代表性人士培训班，就市委办公厅《关于加强和改进新形势下侨联工作的意见》、《中共中央关于加强和改进党的群团工作的意见》、党的十八届五中全会等文件会议精神和“四个全面”战略中侨联发挥什么样的作用等进行了专题辅导，区卫计委、和平里、景山、体育馆和东花市街道介绍了在“侨胞之家”建设中的经验和做法。在第二期培训中，区侨联主席谭菲还介绍了区侨联2015年的工作及2016年工作安排，区侨联、17个街道和卫生局、教委两个系统侨联委员和秘书长共150余人次参加了培训班。召开了成立30周年座谈会，市侨联副巡视员李红军、副区长颜华出席会议并讲话，区侨联党组书记、主席谭菲主持会议，区人大内司委、区民宗侨办、区政协港澳台侨专委会、区委统战部、致公党东城区工委相关负责人出席座谈会，7名归侨侨眷代表发言；历届主席、部分现任委员、全区19个基层侨联组织秘书长及侨联工作者参加了座谈会；同日举行了侨联30年发展历程的图片展，编印了主题为《永恒的瞬间》纪念侨联成立30周年的画册。

【西城区侨联】2015年，西城区侨联积极服务区域发展，开展《优化首都功能大背景下的中心城区交通拥堵问题研究》专项调研；侨界人大代表、政协委员履行参政议政职能，围绕推动西城科技企业发展、基础设施建设、解决停车难等问题建言献策；召开“拓展海外联谊，助力西城发展”座谈会，来自11个国家和地区的30余名侨团负责人参加会议。积极开展“学习宣传侨法·维权凝聚侨心”侨法宣传系列活动，成立西城区侨界法律顾问团，开展《婚姻家庭法律知识》等主题授课，编撰印发《涉侨法律法规政策100问》1200册、举办侨法知识巡展，引导归侨侨眷依法维护自身权益。开展“情暖侨心”走访慰问活动，拜访侨界党外代表人士、知名人士20余名，探望困难归侨侨眷20余户，慰问不同领域归侨侨眷200余人次；发挥区红十字会侨联工作委员会的平台优势，发放区红十字会困难补助金和市侨联“送温暖、献爱心”困难补助金共计41400元；全年接待来信来访14人次。举办“西城文化体验行”活动，与区金融办联合举办“快乐融合·凝聚侨心”为主题的新侨和留学归国人员融合培训活动。11月1日，成立西城归国留学人员联谊会，搭建相互交流、共享资源、加强合作、谋求发展的平台。4月16日，召开一届九次全委（扩大）会议，审议通过区委统战部副部长、区侨联党组书记、主席安亚荣代表区侨联常委会所作《西城区侨联工作报告》，研究确定2015年工作思路；选举王璐为区侨联副秘书长，聘请斯洛伐克侨胞王平为海外顾问。

【朝阳区侨联】6月15日，中共北京市朝阳区委正式下发《关于切实加强和改进新形势下我区侨联工作的实施意见》，对于推动朝阳区侨联事业的发展具有重要意义。朝阳区侨联就基层组织建设和深化为侨服务工作，深入5个基层侨联片区，分别与25个街乡侨联工作主管领导、负责同志以及侨界群众代表进行了座谈交流；到侨网文化公司进行工作调研，就2015年侨联在经济“新常态”下，如何更好地发挥侨联组织和专委会作用，拓展海外联谊和新侨工作进行了交流和研讨，为区侨联创新发展广纳谏言。受邀赴江苏省南京市就新侨工作进行考察学习，与江苏省侨商总会签订了《友好合作协议》，与南京市侨联缔结友好侨联。开展“友好朝阳（北京）·《中国梦》欧洲行”活动，率上海戏剧学院写意话剧《中国梦》亮相第二十二届锡比乌国际戏剧节，得到了锡比乌国际戏剧节组委会、当地民众和华人的一致好评。组织“亲情中华·汉语桥”夏令营北京朝阳营活动，来自美国、加拿大的20多名营员们通过学习国学、京剧、中国书法、绘画、软陶等，切身感受到中华传统文化的博大精深，通过在北京的实地参观，进一步了解北京，了解朝阳，加深作为中华儿女和炎黄子孙的认同感。召开2014年工作总结会暨新春团拜会，深入开展“送温暖、献爱心”活动，全区各级侨联组织共走访慰问侨界群众近千余人次。联合朝阳区委组织部、中国人民大学统战部、中国人民大学侨联在中国人民大学逸夫会议中心举办朝阳区侨联工作研修班，来自朝阳区43个街乡、商务楼宇以及功能区侨联（侨务）工作主管领导和负责同志参加了培训。

【海淀区侨联】2015年，海淀区侨联发挥优势服务核心区建设，成立“中关村归国留学人员联合会”，海淀区委书记崔述强等领导亲临成立大会，中国侨联副主席乔卫、海淀区人大常务副主任王鲁豫分别担任“中归会”总顾问和顾问；邀请接待海外人士近400人次访问海淀。开展新侨沙龙活动，举办海淀创新创业生态环境建设以及中关村创业大街整体建设运营宣讲会、“中关村数字文化创新与发展研讨会”。设立“海创基地”、成立“归国留学人员生涯发展服务与研究中心”及“海归”商学院，开设“微讲堂”，助力海归创新创业发展；加强与驻区高校的交流合作，推进侨界人才智库建设，促进产学研协同发展。与海淀区人大内司委、政协港澳台侨委员会、民宗侨办、致公党、统战部、文明办、文化委、体育局共同举办“第四届海淀区新侨乡文化节”系列活动；组织开展纪念抗日战争胜利70周年系列活动、邀请侨界人士讲述抗日战争老故事。强化信息、舆情工作，全年报送提案、信息、舆情等共计80余件（条），内容涉及核心区建设及其他海淀政治、经济、社会、文化建设等多方面内容。开展“送温暖、献爱心”活动，全年区、街道侨联入户走访慰问及通过开展活动集体慰问计3200人次，发放慰问品、慰问金共计28.05万元。

天津市归国华侨联合会

【领导成员名单】

党组书记、主席：胡胜才

党组副书记、常务副主席：陈钟林（女）

兼职副主席：潘庆林　王执礼　胥家宏　刘书瀚　黄　田　李兰兰（女）　黄骁卓　李璞琪（女）　周宁宇　王学利

秘书长：杨　晖

【综述】2015年，天津市侨联全面贯彻党的十八大、十八届三中、四中、五中全会精神，认真学习习近平总书记系列重要讲话精神，落实天津市委十届六次、七次、八次全会目标要求，深入贯彻落实中央群团工作会议精神和关于加强和改进群团工作、侨联工作的两个《意见》及市委《关于加强和改进新形势下侨联工作的实施意见》，坚持“两个并重”，着力“两个拓展”，带领全市各级侨联组织，解放思想，大胆实践，凝聚侨心，汇集侨智，发挥侨力，主动作为，立足基本职能，树品牌，创特色，全市侨联工作取得新进展，侨联自身建设得到进一步加强。

【出访联谊活动】9月8日—17日，天津市侨联党组书记、主席胡胜才率市侨联代表团访问加拿大、美国和中国香港。其间，代表团一行先后拜访了加拿大中国专业人士协会、加拿大天津同乡会、加拿大温哥华海河联谊会、加拿大温哥华天津友好协会、美国西雅图天津同乡会、美国洛杉矶天津同乡联谊会、香港天津联谊会、香港侨界社团联会。举办了4场推介宣讲会；分别与南开多伦多校友会、西雅图天津同乡会、洛杉矶中华总商会签订了友好合作协议；聘请了加拿大多伦多天津同乡会名誉会长王培忠、西雅图天津同乡会会长刘岳、加拿大中国专业人士协会会长杨静、洛杉矶南加州大学终身教授白春生、美国华人教授科学家学社王勋为“天津市侨联智库”海外专家，为市侨联更好地拓展海外联谊工作奠定了新基础。应中华两岸文化经济发展协会的邀请。10月15日—21日，市侨联党组副书记、常务副主席陈钟林率天津市侨界代表团一行6人，赴台湾参加世界客属第28届恳亲大会并进行工作访问。代表团分别拜会了中华侨联总会、旺旺中时集团、中华妇女党和中华海峡两岸交流促进会，到台湾清华大学、台北市大理国中、台北故宫博物院和松山文创园区进行了参观访问，进一步加强了天津市侨联同台湾同胞的沟通和联系，积累了海峡两岸的工作资源。11月5日—14日，市侨联党组副书记、常务副主席陈钟林率天津市侨联代表团赴日本、印度尼西亚、新加坡三国进行友好访问。代表团分别拜访了日本中部中华总商会、名古屋市议会、名古屋市选举管理委员会、名古屋市市民经济局、中部日本华人桌球协会、全日本华侨华人联合会、在日天津同乡会、日本天津经济发展促进会、日本南开校友会、印尼中华总商会、印尼泗水市三语教学协会、印尼东爪哇省合作署、新加坡天津同乡会，向当地侨胞进行了“津洽会”和天津自贸区的推介；分别与日本中部中华总商会、中部日本华人桌球协会、在日天津同乡会、日本天津经济发展促进会、日本南开校友会签订了友好交流合作协议；聘请了在日天津同乡会会长赵新为、新加坡天津会副会长张维齐为“天津市侨联智库”海外专家，聘请日本南开校友会会长李振溪、新加坡天津会会长陈力萍为“天津侨联侨情研究员”，访问了乒乓外交发祥地爱知县体育馆、爱知大学和新加坡南洋理工大学；出席了由天津市侨联与在日天津同乡会共同主办的《谈旗优雅》女性雅学修养讲座；在新加坡出席了由天津市侨联、新加坡天津会、中国长城书画院联合主办的“丝路传风韵——五彩贝中国画展”开幕仪式，增进了天津市侨联与“一带一路”国家的了解和友谊，访问取得圆满成功。

【举办天津侨海人员迎春杯乒乓球友谊赛】1月17日，天津市侨联、天津高新区共同举办了天津侨海人员迎春杯首届乒乓球友谊赛。天津市委常委、统战部部长刘长喜，天津市原副市长叶迪生，河北省原高级人民法院院长高勇，天津市滨海高新区工委书记荣建勋，天津市委统战部副部长王平，天津市侨联党组书记、主席胡胜才以

1 月 17 日，天津市侨联、高新区举办天津侨海人员迎春杯乒乓球友谊赛

及各参赛单位主要领导出席开幕式，比赛开闭幕式分别由滨海高新区工委副书记张世军和市侨联常务副主席陈钟林主持。市侨联委员、乒乓球前世界冠军马文革应邀出席并与刘长喜、高勇、叶迪生三位领导共同为比赛开球。来自天津市侨联、市委统战部机关、市政协港澳台侨和外事委员会、滨海高新区机关、滨海高新区留联会代表队 5 支队伍参加了男女混合团体赛。

【天津市侨联荣获信息工作三等奖】1 月 21 日，在北京召开的中国侨联九届二次全委会上，天津市侨联荣获“2014 年度全国侨联系统信息工作三等奖”。一年来，在侨联党组的领导下，天津市侨联宣传工作注意把握大局，围绕中国侨联和市委工作部署，在宣传党的方针政策，弘扬社会主义价值观，传递侨界声音，维护侨胞权益，报道侨界典型人物事迹等方面进行了大量宣传报道，利用天津侨联网和微信互动平台全年累计刊发各类信息 227 条，图片资料 522 张，33 条信息被中国侨联网和《中国侨联工作》采纳刊登，报送《侨情专报》9 期，对扩大侨联影响发挥了积极作用。

【胡胜才主席出席京津冀侨联协作工作会】2 月 4 日，京津冀侨联协作工作会在河北省石家庄市召开。中国侨联副主席、天津市侨联主席胡胜才，河北省侨联主席包东、副主席季加宇、封燕燕，北京市侨联副主席马坚、苏泳出席，中国侨联经济科技部部长陈桦主持会议。胡胜才主席在发言时指出，作为党和国家事业的重要组成部分，天津市委市政府高度重视京津冀协同发展战略，侨联也应发挥自身独特优势，更新观念、积极参与、多做贡献，要建立担当意识和大局观念，让引进来的落地生根，让走出去的开花结果，努力促成共赢多赢的局面。会议一致同意建立京津冀三地侨联主席联席会议机制，确定工作思路，设计工作项目，协调各方资源和力量。加强信息平台建设，合力打造公开透明、及时高效的信息共享平台，汇总更新海内外侨商侨智数据库，发布地方项目、优惠政策、重大活动信息。加强京津冀侨联智库建设，充分发挥侨界智力密集、人才荟萃、观念超前的优势，集中研究京津冀协同发展过程中涉及的重大问题和关键领域，前瞻性地提出对策建议。促进京津冀人才交流、成果共享、产业对接。

【开展岗位技能演讲竞赛】2 月 6 日，天津市侨联举办以“转作风、强素质、比贡献”为主题的岗位技能演讲竞赛，参赛成员为三个部门选送的六位同志，选手们紧密结合自身经历和工作实际，结合侨联工作重点和重心，就如何立足岗位、踏实工作，更好地服务归侨侨眷，如何做好侨联新侨工作、文化宣传工作，如何服务国家“一路一带”总体战略等主题，畅谈体会和思考。市侨联党组班子成员担任评委，按照演讲内容、语言表达、形象气质、综合印象四个方面，对参赛选手进行现场打分、点评和颁奖。党组书记胡

2 月 6 日，天津市侨联举办“转作风、强素质、比贡献”岗位技能演讲竞赛

胜才在讲话中指出，主题演讲比赛旨在侨联促进青年干部提高书面和口头表达能力、推动学习型机关、和谐型机关、创新型机关建设，带动全体干部牢固树立以人为本、为侨服务的宗旨，进一步转作风、强素质、比贡献，增强从事侨务工作的责任感和荣誉感，成为讲大局、懂本行、敢担当的侨联干部。

【召开各区和高校侨联负责人工作会】 2月10日，天津市侨联召开各区、高校侨联负责人和全体机关人员工作会议，传达学习中国侨联九届二次全委会议精神，市侨联党组书记、主席胡胜才主持会议。会上传达学习了中央书记处关于侨联工作的意见、国家副主席李源潮在中国侨联九届二次全委会议上的重要讲话及林军主席在中国侨联全委会议上所作的工作报告。各区、高校侨联负责人汇报2014年工作亮点和2015年工作要点。胡胜才主席在讲话中指出，中央书记处专门就新时期侨联工作作出重要指示，充分体现了中央对当前侨联工作和群团工作的高度重视。各区、高校侨联要认真学习贯彻落实。要牢牢把握“时代主题”发挥侨联独特优势，把握侨情新变化新特点，在坚持“两个并重”基础上加快推进“两个拓展”，经常深入基层、联系群众，知侨情、连侨心、解侨忧。侨联组织要正确认识经济发展新常态带来的新挑战、新机遇，找准位置，顺势而为，谋划好2015年度侨联工作，为实现中央对天津城市发展的定位要求和建设美丽天津做出侨界应有的贡献。

2月10日，天津市侨联召开各区、高校侨联负责人工作会议

【“天津市新华侨基本情况调研报告”获奖】 天津市侨联研究课题“天津市新华侨基本情况调研报告”荣获2014年天津市统战理论研究成果二等奖，天津市侨联被评为2014年度天津市统战信息工作先进单位，文宣部谢江被评为2014年度天津市统战信息工作优秀信息员。市侨联党组对此次课题研究高度重视，成立了由党组书记、主席胡胜才为组长，党组副书记、常务副主席陈钟林为副组长，南开大学教授王建光和机关文宣部组成的课题组。开展了深入细致的调研，多次深入到各区、高校侨联、侨资企业进行座谈调研，发放问卷700余份。课题组围绕天津市新侨群体的数量、结构和特点，新侨群体面临的主要问题，及其政治、经济、法律等相关诉求，各单位开展新侨人才工作方面的具体做法，新侨工作中存在的难点和问题，以及对做好新时期新侨工作的建议，进行了深入的调研，最后形成了8000余字的调研报告。

【召开天津市侨联八届八次全委会】 3月26日，市侨联召开了八届八次全委会，市侨联党组书记、主席胡胜才作了《抢抓新机遇，顺应新要求，在美丽天津建设中开创侨联工作新局面》的工作报告，党组副

3月26日，天津市侨联召开八届八次全委会

书记、常务副主席陈钟林主持会议，近百名市侨联委员，区、高校侨联干部出席会议。胡胜才主席在报告中全面总结了2014年侨联工作，指出2015年的工作要着重做好七方面的工作：深入学习领会习近平总书记系列重要讲话精神和中央大政方针，确保侨联工作始终坚持正确的政治方向；深入学习贯彻中央两个《意见》和市委《实施意见》，推动全市侨联工作向深度和广度拓展；主动适应经济发展新常态，把握天津发展新机遇，彰显侨界新作为；在全面推进法治天津建设中，发挥归侨侨眷和侨联组织的积极作用；积极拓展海外和港澳台工作，巩固和发展对我友好力量；弘扬中国优秀传统文化，建好海内外儿女共有的精神家园；加强自身建设，打造过硬的侨联干部队伍，建好侨胞之家。会议增补了14名市侨联第八届委员会委员，审议通过了《关于建立天津市侨联经济科技工作委员会的决定》，通过了《关于天津市侨联八届八次全委会工作报告的决议》。

【天津市“侨界大讲堂”首场讲座开讲】3月27日，由天津市侨联主办，和平区侨联承办的天津市“侨界大讲堂”启动仪式暨首场公益讲座在和平区兆丰路社区活动中心举行。市侨联党组书记、主席胡胜才出席并做动员讲话，市侨联党组副书记、常务副主席陈钟林介绍了“侨界大讲堂”活动方案，和平区侨联主席、天津医大总医院副院长、医学专家高硕教授作为首场嘉宾，为大家作了“如何做一个聪明的患者”的高水平讲座。市内各区侨联主席、专职干部及归侨侨眷代表80余人参加了启动仪式及授课活动。胡胜才主席从国家发展战略、天津发展机遇、侨联系统建设、侨界群众期盼四个方面对开展侨界大讲堂工作的重要意义进行了阐述。他希望大讲堂要精心选题，突出侨界特色；精心组织，打造侨界品牌；搞好宣传，扩大受众层面。把“侨界大讲堂”打造成侨联工作的品牌、宣传侨联的阵地、服务侨界群众的窗口、传授知识的课堂、联系侨界群众的载体，为美丽天津建设贡献侨界力量。

【召开天津市侨联群团工作调研座谈会】4月10日，天津市侨联召开了群团工作调研座谈会，邀请各区、高校侨联主席就如何发挥群团的特点和优势，如何创新基层侨联工作，增强组织活力各抒己见。市侨联主席胡胜才出席会议并讲话，会议由常务副主席陈钟林主持。河西区委统战部有关领导和区侨联班子成员也参加了座谈。会上首先学习了中央关于加强群团工作的文件精神，各区高校侨联负责人围绕各自的经验和做

3月27日，天津市侨联“侨界大讲堂”首场讲座开讲

4 月 10 日，天津市侨联召开群团工作调研座谈会

培训班在天津举行。培训由天津市侨联常务副主席陈钟林主持，市侨联胡胜才主席作总结讲话，各行、各领域的专家学者，各区、高校侨联主席、秘书长，侨联专职干部、信息员和市侨联机关干部共计 60 余人参加了培训。常务副主席陈钟林传达了中国侨联信息工作会议和文化宣传会议精神；副主席刘书翰宣读天津市侨联聘任 34 名特约侨情研究员的决定，并向受聘的特约侨情研究员代表颁发聘书；中国侨联办公厅处长何长松就"《侨情专报》工作的目的意义和方法"，天津市今晚报业集团、《今晚经济周报》总编刘强就"侨联工作与媒体运用"，如何写好新闻分别进行了专题辅导。胡胜才主席在总结中指出，这次培训班内容丰富，效果明显，办得非常成功，达到了预期目的。要高度重视做好新时期的侨联信息宣传工作，充分认识做好新形势下侨联信息宣传工作的重要性；要积极作为，努力提高信息报道和侨情专报的数量和质量；要加强学习，打造一支高素质的信息宣传工作队伍。

法，侨联工作中亟须解决的问题进行了畅谈。胡胜才主席对今后的工作提出了三点要求：要学深吃透文件精神，抓好文件精神落实，以天津实施意见为指导，夯实基层侨联工作基础充实力量，扩大群团组织的覆盖面，不断增强组织的创造力、凝聚力、战斗力；要主动向分管领导汇报侨联工作，争取领导的支持，从最急需解决的问题入手，力争全市侨联组织建设和事业发展有新突破；要按照侨联八届八次全委会的工作部署，解放思想大胆探索，主动作为，创造性地开展工作，要把改革创新精神贯穿到群团工作的各个方面，创新工作理念、创新工作方法、努力实现群团工作的科学化和制度化。

【举办天津市侨联 2015 信息宣传工作培训班】6 月 19 日，天津市侨联 2015 信息宣传工作

【召开天津市侨联八届十一次常委（扩大）会】8 月 6 日，天津市侨联召开了八届十一次常委（扩大）会议，市侨联党组书记、主席胡胜才出席会议并讲话，党组副书记、常务副主席陈钟林主持会议。市侨联常委，侨联界别政协委员，各区、高校侨联专职干部和侨联换届后当选的主席、侨联机关干部 60 余人出席会议。胡胜才主席传达了习近平总书记在中央群团工作会议上的重要讲话精神和市委十届七次全会精神，代表八届十五次主席会向大会报告了上半年工作并部署了下半年的主要任务。他希望各级侨联要继续深入学习贯彻习近平总书记系列重要讲话精

6 月 19 日，天津市侨联主席胡胜才在 2015 信息宣传工作培训班上作总结讲话

8 月 6 日，天津市侨联召开八届十一次常委（扩大）会议

神，认真贯彻落实中央党的群团工作会议和市委十届七次全会精神，把推进侨联组织的改革创新和进一步加强侨联组织建设、作风建设紧密结合起来；要深入贯彻市委十届七次全会精神，为推动京津冀协同发展汇集侨智、贡献侨力；要切实抓好“三严三实”专题教育，振奋精神，稳步推进，使全市侨联工作整体水平获得新提升。

【主办《胜兵如歌——全国百家书画作品展》】 7 月 31 日，为纪念中国人民抗日战争暨世界反法西斯战争胜利 70 周年，由天津市侨联、天津市文化产业协会、《天津日报》与长城书画院联合举办的《胜兵如歌——全国百家书画作品展》在《天津日报》美术馆开幕。中国侨联副主席、天津市侨联主席胡胜才，《天津日报》副社长霍静，中国国际文化交流中心美术委员会主任杨炳延，天津市文化产业协会会长曹秀荣出席开幕式并先后讲话。天津警备区原司令员滑兵来，天津市侨联常务副主席陈钟林，天津市书协主席唐云来，天津市文联副主席、书协常务副主席张建会，书协副主席李泽润，著名画家庄正、孙长康、姬俊尧、纪振民、“五彩贝”工作室等本次参展的书画作者代表，与来自全市各区和高校侨联负责人、归侨侨眷、书画爱好者 300 余人出席开幕式并参观展览。胡胜才主席在致辞中指出，举办纪念中国人民抗日战争暨世界反法西斯战争胜利 70 周年活动，是今年党和国家政治生活中的一件大事。广大海外华侨华人为抗战胜利也做出了很大贡献。通过举办展览激发大家的民族自尊心、自信心和自豪感，让我们铭记历史、珍爱和平、传承精神、开创未来，为实现中华

7 月 31 日，天津市侨联参与主办的《胜兵如歌——全国百家作品书画作品展》开幕

民族伟大复兴的中国梦而努力奋斗。这次展览，汇集了孙其峰、孙伯翔、霍春阳、庄征、欧阳中石、杨炳延、任之通等全国百名书画家的作品。

【举行第四届海外天津人联谊大会】9月24日—25日，由天津市委统战部与市侨联、市侨办共同主办的第四届海外天津人联谊大会在津举行，来自五大洲28个国家和地区的53个海外天津人社团负责人及华侨华人代表人士近140人出席大会。市委代理书记、市长黄兴国在开幕式前会见了全体代表，对大会召开表示祝贺。市人大常委会主任肖怀远，市委常委、市政协副主席、市委统战部部长刘长喜，市委常委、市委秘书长成其圣，副市长何树山参加会见。刘长喜在开幕式上致辞，何树山作大会主旨报告，中国侨联副主席乔卫作大会主题演讲。会议期间，市委常委、统战部部长刘长喜会见了中国侨联副主席乔卫。自2009年开始，海外天津人联谊大会每两年举办一次，已成为天津港澳台海外统战工作的

天津市侨联主席胡胜才（右四）、副主席陈钟林（右三）与出席“第四届海外天津人联谊大会”的部分嘉宾合影

10月1日，天津市侨联参与主办的旗袍《长卷》经典展在民园广场开幕

10月29日，天津市侨联开展“依法治国　你我同行”学法实践教育活动

品牌活动。目前，海外天津籍华侨华人约有40万，遍布五大洲90多个国家和地区，其中24个国家和地区建立了100多个社团，他们互助、互帮，对于促进海外与天津密切联系，促进天津与海外的经贸、科技、文化交流，招商引资，扩大天津在海外的影响力起到了重要作用。

11月12日—14日，由天津市侨联参与主办的“海上丝路传风韵——五彩贝中国”画展在新加坡举行

11月11日，京津冀侨联经科部长会议在天津召开

11月24日，天津市侨联举办“三严三实”专题党课教育活动

河北省归国华侨联合会

【领导成员名单】

党组书记、主席：包　东

专职副主席：季加宇　封燕燕（女）

兼职副主席：巨永建　付辉东　杨宏伟

余良琪　张海林

屈　恩（女）

胡　翎（女）

秘书长：封燕燕（女，兼）

2月3日，河北省侨联召开九届二次全委会议

【综述】2015年，河北省侨联深入学习贯彻落实习近平总书记系列重要讲话精神，贯彻落实中央两个《意见》和省委《关于加强和改进新形势下侨联工作的实施意见》，扎实开展"三严三实"专题教育和解放思想大讨论活动，坚持"两个并重"和"两个拓展"，在服务经济发展、依法维护侨益、拓展海外联谊、积极参政议政、弘扬中华文化、参与社会建设等方面取得了新的成绩。推动县级以下侨联组织建设，秦皇岛市县区侨联组织实现全覆盖，张家口市各县区和大专院校基层侨联组织达到13家，省直管县辛集市侨联成立。邀请多个国家200余名海内外侨商参加省内经贸考察活动，积极推动侨商科技园区等项目建设，鼓励海外侨界人才创新创业；积极"走出去"，拜访了6个国家33个侨团，与260多名海外华侨华人座谈，海外联谊工作得到拓展；大力弘扬燕赵文化，支持"唐山感恩·海外寻亲"活动，组织"两岸四地大学生交流营"活动，传播河北声音；解决涉侨问题60多件，推进"侨帮侨"机制建设，侨胞权益得到保障，侨界群众生活得到改善。

【召开河北省侨联九届二次全委会】2月3日—4日，河北省侨联召开九届二次全委会议，会议审议通过《省侨联第九届委员会关于加强侨联委员会建设暂行办法的决议》，向全省侨界发出践行社会主义核心价值观的倡议。其间，组织举办了京津冀协同发展专题报告会。

【召开"珍珠班"工作座谈会】3月12日，河北省侨联召开"珍珠班"工作座谈会。省侨联联络部、7个设区市侨联公益慈善活动的负责人员及19名驻石高校的珍珠班大学生代表共42人参加会议。会议总结了"珍珠（树人）班"工作，并就今后如何积极搭建服务联谊平台、助推珍珠班工作创新发展进行了深入研讨。与会学生代表表示，一定加倍努力、自强不息，感恩助人、传递爱心，勇于担当、奉献社会。

3月12日，河北省侨联举行"珍珠班"工作座谈会

【调研基层组织建设】2015年上、下半年，河北省侨联分2次深入各设区市侨联，有关县（市）、区侨联以及侨资企业，采取座谈交流、个别走访、填表统计、实地查看相结合，进行调查研究。听取县区主要领导及侨联负责人、侨界群

在石家庄市召开侨界座谈会

部践行“三严三实”的新思想、新观点、新要求，学习《中国共产党章程》和《中国共产党廉洁自律准则》、《中国共产党纪律处分条例》等规章制度，重点学习习总书记对河北工作的重要讲话和批示指示，学习赵克志同志在省委中心组学习会议、全省开展“三严三实”专题教育党课暨领导干部警示教育大会、省委八届十二次全会上的讲话精神。围绕“调整工作状态、转变工作作风、狠抓工作落实”的总要求，在全面查摆问题、深入剖析反思的基础上，坚持问题导向、聚焦“八破八立”，建立“四个机制”、细化“四项措施”，借力“四个载体”，跟进“四项活动”，注重抓好领导干部上党课、领导班子民主生活会等重要节点活动，确保“三严三实”专题教育取得实效。12 月 21 日，省侨联召开领导班子“三严三实”专题民主生活会。会议在严肃认真、实事求是、民主团结的气氛中进行，包东代表省侨联领导班子作对照检查，并带头进行个人对照检查，带头开展批评和自我批评。会议结束时，包东作总结讲话，并对今后工作提出要求。省侨联党组成员季加宇、封燕燕，副巡视员高琪参加会议，省侨联机关处级党员干部列席会议。

众的情况汇报，了解河北省海内外侨情实际和基层侨联工作的现状、工作经验、存在的主要问题，收集加强和改进新形势下侨联工作、深化侨联改革的意见建议。

【召开法顾委工作座谈会】 4 月 10 日，河北省侨联召开法顾委委员座谈会，法顾委常务副主任李学斌等 8 名委员参加了座谈会。会议学习传达了中办《关于加强和改进新形势下侨联工作的意见》、中央《关于加强和改进党的群团工作的意见》、省委办公厅《关于加强和改进新形势下侨联工作的实施意见》以及李卓彬副主席在中国侨联 2014 年法顾委年会上的讲话的主要精神。围绕贯彻落实中央、省委和中国侨联的指示精神，如何发挥法顾委委员的作用，积极做好依法维权工作进行了深入讨论。

【开展“三严三实”专题教育】 2015 年，河北省侨联深入学习习近平总书记关于党员领导干

【与新疆巴州侨联签署友好合作协议】 4 月 28 日，新疆巴州侨联主席曹文宗一行 3 人到河北省侨联拜访。双方就两地侨联组织建设、服务地方经济发展、促进两地联谊交流等方面进行了深入探讨。会后，河北省侨联与巴州侨联，石家庄市侨联与库尔勒侨联分别签订了“友好合作协议”。

【举办“海外侨商合作项目对接洽谈会”】 5 月 19 日，“海外侨商合作项目对接洽谈会”在廊坊举行，河北省副省长秦博勇出席并讲话，河北省侨联主席包东主持洽谈会。此次“海外侨商合作项目对接洽谈会”由河北省侨联、河北商

5 月 8 日，河北省侨联党组书记包东讲授“三严三实”专题党课

5月19日，在廊坊举办“海外侨商合作项目对接洽谈会”

务厅、廊坊市政府承办，是“2015年中国·廊坊国际经济贸易洽谈会”的专场活动之一。应邀出席洽谈会的有来自16个国家和地区的80余位海外侨团代表和侨商，甘肃省侨联、河北省外宣局、河北省商务厅有关处室的负责同志，张家口市商务局、张家口市侨联、廊坊市侨联以及河北省部分企业代表，共计120余人。其间，海外侨商还参加了“2015年中国·廊坊国际经济贸易洽谈会开幕式”、“京津冀生态环境协同发展高端会议”、“廊坊市重点园区摆牌招商对接会”、“韩国·中国（河北）贸易投资论坛”等活动。

【召开河北省国际华商联合会第二次会员代表大会】7月4日，河北省国际华商联合会第二次会员代表大会在石家庄召开。中国侨商联合会副会长兼秘书长安晨到会祝贺并致辞。来自海内外的侨商160余人参加会议。会议审议通过河北省国际华商联合会第一届理事会工作报告、财务报告，审议通过《河北省国际华商联合会章程》，审议通过《河北省国际华商联合会理事会选举办法》。会议选举产生第二届理事会常务副会长18人、副会长10人、理事50人。香港胜记仓集团董事局主席郭泰诚当选河北省国际华商联合会第二届理事会会长，省侨联经济部部长王晓光当选商会秘书长。

【举办“圆梦中华”系列活动】6月—7月，河北省侨联举办“圆梦中华·情系燕赵·海外高层次侨界人才走进河北”座谈会、“圆梦中华·创业河北”2015国际华商推介会，河北省委常委、统战部部长范照兵出席会议并讲话。活

7月4日，召开2015“圆梦中华·创业河北”国际华商推介会

7月4日，河北省国际华商联合会第二次会员代表大会召开

动共邀请到12个国家的160余名海内外侨商、侨界专家学者参会，收集了200余项专利成果。活动宣传推介了河北的投资环境、相关政策和大好商机，对于扩大河北的国际影响力，促进更多的海外优势企业、高端项目和人才技术到河北落户，也为省内企业“走出去”起到了重要推动作用。活动得到省委组织部、省发改委、省商务厅、省科技厅等部门的大力支

持。其间，河北省国际华商联合会与中国银行河北分行签署了战略合作协议。

【学习贯彻中央党的群团工作会议精神】 7月10日，河北省侨联召开机关干部会议，传达学习中央党的群团工作会议和习近平总书记在中央群团工作会议上的重要讲话精神，对下一步贯彻落实中央党的群团工作会议精神进行了安排部署。会议强调，要深刻剖析全省侨联组织存在的各种脱离群众的现象和问题，坚决进行整改；要坚定不移地走党指引的中国特色社会主义群团发展道路；要自觉践行党的群众路线，满腔热情做好服务全省侨界群众工作；要牢牢把握为实现中华民族最伟大复兴中国梦而奋斗的时代主题，团结带领全省各级侨联组织和广大侨界群众，为实现绿色崛起，建设全面小康的河北、富裕殷实的河北、山清水秀的河北共同奋斗。

【举办2015两岸四地大学生交流营活动】 7月，河北省侨联两岸四地大学生交流营在张家口、北京举办。来自中国台湾、香港、澳门及河北23所大学的40名大学生齐聚张家口，共同开启河北之旅。省侨联副主席兼秘书长封燕燕出席开营仪式并致辞，张家口市侨联主席吴一凡主持开营仪式。活动秉承“弘扬燕赵文化，展示河北形象，搭建交流平台，促进共同发展”的理念，让越来越多的台港澳在校大学生亲身感受祖国大陆传统历史文化，加深对民族、历史、文化的认同，让两岸四地大学生在文化交流中互相学习、增进友谊，使中华民族的博大精神得以不断传承、弘扬。活动得到台湾中华侨联总会、冀鲁旅港同乡会、香港燕山发展有限公司、中央人民政府驻澳联络办的大力支持。

7月15日，2015两岸四地大学生交流营在张家口市大境门举行开营仪式

【召开河北省侨联九届三次常委会】 8月18日，河北省侨联九届三次常委会议在石家庄召开，会议深入学习党的中央群团工作会议精神，传达中国侨联九届四次常委会议精神，总结2015年上半年工作，并对下半年工作做出具体安排。会议指出，全省各级侨联干部要充分认识中央党的群团工作会议的重大意义，增强做好新形势下侨联工作的责任感、紧迫感和使命感。要立足基层，狠抓落实，解决侨联组织发展中面临的现实问题。要抢抓机遇，攻坚克难，创造性地做好下半年的各项工作。省侨联主席包东，副主席季加宇、封燕燕、杨宏伟、余良拱、张海林、胡翎以及省侨联常委30余人出席会议，有关设区市、省直管县侨联负责人，省侨联机关干部列席会议。

【参加2015年涿鹿共祭中华三祖大典】 9月13日，由张家口市委、市政府举办的“各界人士涿鹿共祭中华三祖大典”活动在涿鹿县中华三祖堂举行。省侨联邀请了欧洲中华商会、中国侨联侨商会、省国际华商会等海内外华侨华人客商40多人参加大典。此次祭祖大典旨在弘扬中华三祖文化，激发中华儿女的爱国情怀，为实现中国梦凝聚起强大的精神力量。在张家口期间，参会各位嘉宾参观考察了怀来经济开发区和部分侨资侨属企业。

9月13日，河北省侨联邀请海外华人华侨参加涿鹿共祭中华三祖大典活动

【承办“第十五届海外侨界高层次人才为国服务团”活动】为进一步推动落实京津冀协同发展战略，河北省侨联与中国侨联、北京市侨联共同举办了主题为“创业中华、牵手京冀”的“第十五届海外侨界高层次人才为国服务”活动。8月5日—8日，为国服务团一行先后在保定、石家庄参观考察，同保定市政府有关部门、石家庄高新区进行了合作交流和项目推介，为国服务团推介的多个项目得到保定市和石家庄市领导的高度重视，并要求相关部门在会后进一步加强联系，共创合作商机。河北省委常委、统战部部长范照兵会见了为国服务团一行。他对本次活动给予充分肯定，指出京津冀协同发展战略的实施，为河北提供了千载难逢的发展机遇，这次活动顺势而为，必将为促进河北经济转型、绿色崛起起到积极作用。

【新华爱心教育基金会看望张家口一中“珍珠生”】9月23日，浙江省新华爱心教育基金会创办人王建煊先生、财团法人台北市无子西瓜社会福利基金会董事长苏法昭女士、浙江省新华爱心教育基金会副秘书长胡爱华女士、北京敏实汽车零部件有限公司总经理王显朵先生等一行到张家口市一中，就“捡回珍珠计划”项目的开展情况进行了回访，看望“珍珠班”的师生，进行演讲并与“珍珠班”学生们交流互动、合影留念。王建煊先生此行目的是为了把慈善事业做大、做强，动员全社会有爱心人士深入到“捡回珍珠计划”活动当中来。“有爱走遍天下”是浙江省新华爱心教育基金会的口号，亦是“捡回珍珠计划”的驱动力。王先生在与一中珍珠班同学的讲演中，提出“爱就是在别人的需要上看到自己的责任”。鼓励同学们克服当下困难，刻苦学习，倡导“有你真好”的人生目标，做对社会有意义的人。从2008年开始，在省、市两级侨联共同努力下，张家口市一中已招收了八届“珍珠班”学生，共计480多人，爱心基金会资助珍珠生生活费360多万元，市一中优惠珍珠生住宿费、学费、校服费140多万元。

【召开解放思想大讨论动员会】10月10日，省侨联召开机关全体会议，学习传达省委“解放思想、抢抓机遇、奋发作为、协同发展”大讨论活动主要精神，对省侨联解放思想大讨论进行动员部署。省侨联党组书记、主席包东主持会议并作动员讲话，副主席兼秘书长封燕燕宣读了省侨联大讨论《实施方案》。会议强调，全体同志要高度重视，充分认识这一大讨论的重要意义，迅速按照省侨联《实施方案》开展讨论；要狠抓落实，把开展大讨论与侨联工作职能结合起来，对照“三严三实”，聚焦“八破八立”、“四风”、“四化”，对照侨联工作贯彻中央两个《意见》和省委《实施意见》、服务建设经济强省美丽河北，切实找问题找差距；要取得实效，通过

10月10日，河北省侨联召开解放思想大讨论动员会

9月23日，新华爱心教育基金会创办人王建煊先生看望张家口一中“珍珠生”

开展大讨论达到侨联机关干部思想大解放，达到侨联工作创新发展，更好地服务京津冀协同发展，更好地服务“一带一路”战略。

【召开基层组织建设座谈会】10 月 29 日，河北省侨联基层组织建设座谈会在石家庄召开，省内 11 个设区市及华北油田侨联，部分省属高校、辛集、定州及 22 个县区共 41 个单位负责侨联工作的 60 多名同志参加会议。张家口市侨联等 6 个单位从不同侧面交流了推动侨联基层组织建设的做法、经验、体会和思考。会议围绕加强基层侨联组织建设、增强侨联组织的影响力、促进建设“经济强省”、“美丽河北”进行了讨论。会议要求各设区市侨联把这次会议精神转化成具体行动，通过多种渠道、多种形式推进基层组织建设，切实把侨联基层组织建设工作抓紧抓好、抓出成效；要及时总结好的经验和做法，做好推广工作，不断为推进基层组织建设营造良好的环境。

10 月 29 日，河北省侨联召开基层组织建设座谈会

【拓展海外联谊】2015 年，河北省侨联共组织 3 个代表团，访问澳大利亚、新西兰、匈牙利、奥地利、印尼、泰国，出席第十三届世界华商大会，为第三次中国—中东欧国家地方领导人会议和 2016 年世界园博会服务搭桥。代表团拜访当地侨团，促进侨团间相互团结，宣传河北优秀文化和发展变化，扩大河北影响，推动有关项目在河北落地投产，推介海外人才回国创业，服务河北经济社会发展，了解当地侨资企业发展情况，为推动河北企业“走出去”做好服务，同时，代表团还拜访驻当地使领馆，并与当地政要进行交流，增进了解，建立友谊。

11 月 7 日—13 日，包东主席（中）率省侨联工作代表团访问澳大利亚、新西兰

8 月 3 日—10 日，季加宇副主席（右）率省侨联考察团赴匈牙利、奥地利进行访问

9 月 23 日—30 日，封燕燕副主席率省侨联代表团出访泰国、印尼

【举办“省侨联港澳委员、国际华商会港澳理事，港澳京津冀社团、友好社团联谊座谈会”活动】12 月 5 日—6 日，“河北省侨联港澳委员、河北省国际华商会港澳理事、港澳京津冀社团、港澳友好社团联谊座谈会”活动在深圳举行。河北省侨联港澳委员、河北省国际华商会港澳理事

和来自中央政府驻香港联络办、香港北京海外联谊会、香港冀鲁旅港同乡会、香港河北联谊会、香港河北青年会、香港侨界社团联会、香港华侨华人总会、香港侨友社、澳门归侨总会、澳门归国华侨商人联合会、澳门河北同乡会、香港胜记仓（集团）有限公司、香港燕山发展有限公司等社团和部门负责人及新老朋友60余人参加了联谊座谈活动。会议学习传达了省委八届十二次全会和省委统战工作会议精神，围绕京津冀协同发展、2022冬奥会、河北省“十二五”规划、侨联工作创新等问题进行了讨论，提出了许多具有建设性的意见和建议。

【成立河北医科大学侨联】12月10日，河北医科大学归国学者联谊会成立大会在河北医科大学召开。河北医科大学党委书记翟海魂、校长崔慧先和来自河北医科大学本部及附属医院的150多位归国学者参加了成立大会。省侨联副主席季加宇应邀出席大会并致辞。会议审议通过了联谊会章程，省侨联副主席、河北医科大学副校长张海林当选会长。会议期间，归国学者们进行了学术交流。

【张家口市侨联开拓京张体育文化旅游休闲带】8月19日，张家口市侨联与中国建筑文化研究会举行战略合作协议签字仪式。此次合作旨在推进在张家口区域内组织、建设10个房车露营地和10个特色古村落（镇）。双方共同整合资源，组织投资，保护性地开发北京到张家口沿途地方城镇乡村旅游经济，促进奥运经济和地方旅游经济的共同发展。

【沧州市侨联举办“第三届海外侨商沧州行”活动】11月17日，沧州市侨联举办“第三届海外侨商沧州行”活动，来自11个国家的300余位侨商参加洽谈。中国侨商联合会副会长兼秘书长安晨，市委副书记、组织部部长梅世彤，市政协副主席、市委统战部部长刘兆印参加会议并出席签约仪式。活动达成投资意向协议13个，意向总金额22.31亿元。“海外侨商沧州行”活动之前已举行两届，达成投资意向8个，完成项目落地6个，引进外资1亿美元、人民币33亿元。

【唐山市“海外学子归国创业基地”成立】12月17日，唐山市侨联、市侨商会在宝升昌全球创客孵化中心举办“海外学子归国创业基地”揭牌仪式。中国侨联经济科技部原部长陈桦、市政协副主席苏春生为“创业基地”揭牌并致辞。“创业基地”是市侨联、市侨商会与宝升昌全球创客孵化中心合作搭建的海外学子创业创新平台，目的是通过高校、社会、政府三者的互动共赢扶植优秀创业团队，构建区域创新氛围，为唐山市经济转型发展服务。“创业基地”将对海外学子在唐创业从行政、商务、融资、后勤等方面提供周到的服务。

【秦皇岛市县区侨联组织全覆盖】近年来，秦皇岛市侨联在省侨联的指导下，在市委统战部和县区党委的重视支持下，以贯彻落实中央两个《意见》以及省委办公厅《关于加强和改进新形势下侨联工作的实施意见》精神为契机，发挥侨联海外资源优势，围绕县域经济发展，通过组织卓有成效的经济活动，提升侨联组织影响力，推动侨联组织建设实现突破。截至2015年年底，秦皇岛市四区三县已全部成立侨联组织，实现了县区侨联组织全覆盖。

山西省归国华侨联合会

【领导成员名单】

党 组 书 记：王立业
主　　　席：许并社
专职副主席：范安龙
兼职副主席：刘越泽（女）　王　帆（女）
　　　　　　方敬爱（女）　李　慧（女）
　　　　　　张三货　郭晋普　黄成胜
　　　　　　庄金洲　刘新民
秘　书　长：陈　蕾（女）

【综述】2015年，在山西省委的坚强领导和中国侨联的具体指导下，山西省侨联认真学习贯彻党的十八大和十八届三中、四中、五中全会及习近平总书记系列重要讲话精神，认真贯彻中央和省委党的群团工作会议精神及中央《关于加强和改进党的群团工作的意见》、《关于加强和改进新形势下侨联工作的意见》，深入学习贯彻省委十届六次、七次全会和王儒林书记重要讲话精神，按照省委统一部署，认真开展学习讨论落实活动，扎实开展“三严三实”专题教育，坚持以习近平总书记在中央党的群团工作会议上重要讲话为基本遵循，紧紧围绕中央“四个全面”战略部署和省委“五句话”总体要求，着力加强班子和机关自身建设，充分发挥侨联组织独特优势，积极开展各项活动，助力服务全省六大发展，圆满完成全年工作任务。

【发挥独特优势助力山西省经济发展】一是助“展会经济”服务涉侨企业。组织全省18家涉侨企业参加“第十八届北京国际科技产业博览会”、“中国·海拉尔第十一届中俄蒙经贸洽谈暨

6月28日—30日，王立业（左二）带队参加“中国·海拉尔第十一届中俄蒙经贸洽谈暨商品展销会”

7月9日，范安龙（左）参加清控科创“山西省新侨创新创业示范基地”挂牌仪式

8月12日—14日，组团参加首届中国（深圳）华人华侨产业交易会和第二届侨商高峰论坛

7 月 8 日，范安龙出席史沁卫博士工作站揭牌仪式

商品展销会”和“首届中国（深圳）华人华侨产业交易会”，签订技术及销售合同 30 余项，签订 5 亿港币的环保动力电动汽车项目合作意向一个。二是积极助推“项目落地”。助推加拿大史沁卫博士“医用高科技检验试剂研发”项目在长治市落地，并在长治市高新区成立“博士工作站”；积极促成美国渠志灿博士与有关单位就健康物联网线上系统、创新生物传感等先进技术和项目进行接洽，助推双方合作进程。三是创建“新侨创新创业示范基地”，拓宽招才引智的方式和渠道。首批确定清控创新等 7 家“山西省新侨创新创业示范基地”，依托示范基地举办“海归创业论坛”等各类交流活动，为新侨创新创业提供示范和引领。

【拓展海外工作和新侨工作】一是加强海外工作。山西省侨联积极邀客邀商，接待了澳洲—纽西兰山西会会长梁东、美国休斯顿中国人活动中心董事杜湧、卢旺达华侨华人协会会长尹晴日等海外侨领、侨商；接待了东南亚五国王氏宗亲代表团、菲华联谊总会访华团等海外侨社（团）。2015 年共接待来访的海外侨领、侨商、侨社（团）计 20 余批，近 200 人（次）。与多伦多山西同乡会等 11 个海外侨社（团）签订海外联系点友好合作协议，持续拓展“订单式”服务信息平台。参加澳门“第十二届世界华商高峰会”，与 76 位海内外知名华商、侨领开展交流。二是加大新侨联系与服务力度。参加“第十三届中国国际人才交流大会”，参与组织“海外高层次人才对接洽谈会”，进一步汇聚侨心侨力，积极宣传山西、推介山西。接待中国侨联“2015 海外侨领中国国情研修班”来自美、加等 13 个国家的近 50 名海外新侨、侨领来晋观摩教学，推进了山西与海外各界人士的交流与合作。举办“海外侨领及驻外联络站山西交流活动”，对山西高科技项目和文化产业项目进行推介与交流。举办“山西在港人员联谊会第四届年会”，促进 70 余名在港澳山西籍新侨与港澳深三地 10 余个涉侨团体和企业增进交流、共享资源、分享机遇。

4 月 17 日，王立业（前排右一）与昆士兰中国人协会阳云博士（前排左一）签订友好协议

3 月 2 日，王立业（左四）等会见美国达拉斯晋商会庞勇（右三）

支持省海外亲属联谊会首次在伦敦举办山西在英人员联谊活动，为在英旅居及学习工作的山西籍新侨提供了交流、联谊、合作的平台。

【拓展外宣和文化交流活动】山西省侨联充分发挥“互联网＋侨联宣传工作”作用，创建省侨联“微信公众号”、“山西侨联之友”微信群和海外华人媒体信息发送平台，定时向海外 45 个国家的 151 个侨团发布山西经济社会动态和侨联信息，按照一月一市、一周二县、一周一文化一景点的节奏宣传推介山西，向 30 多家海外华文媒体发送涉及山西经济、社会、民生、文化、旅游等方面信息 180 余篇，省侨联国际信息网发布侨界信息 800 余篇。组织参加“世界华人学生作文大赛”，山西 251 人获奖，省侨联荣获组织奖；参加“第二届世界华侨华人摄影展”，报送作品 230 余幅。组织开展“中国华侨国际文化交流基地”创建工作，全省 25 个单位和机构参与创建，中国侨联首批确认皇城相府、解州关帝庙、王家大院民居艺术馆和永乐宫为“中国华侨国际文化交流基地”。

9 月 18 日，范安龙（右）为“中国华侨国际文化交流基地阳城皇城相府”授牌

【开展“走基层、访侨户、凝心聚力助发展”走访调研】2015 年，按照中国侨联要求，山西省侨联开展深化群团改革专题调研，及时向中国侨联提交了调研报告。同时，赴全省各市侨联和县级侨联机关进行调研，实现了对市县侨联组织调研全覆盖；深入 11 个地市对全省特困侨户开展入户调研，实现了对特困侨户走访调研全覆盖；走访了 20 余家涉侨企业；扎实开展领导干部下乡住村工作，深入帮扶村进行调研。

1 月 7 日，陈蕾（右一）慰问新侨代表亲属

3 月 10 日，山西省侨联调研组入户调研困难侨户

7 月 23 日，山西省侨联调研组在沁水县调研

7 月 23 日，山西省侨联调研组在临汾市调研

8 月 24 日，王立业（左）在帮扶点中阳县宣化庄村调研

【王立业调研太原留学人员创业园】1月8日，山西省侨联党组书记王立业赴太原留学人员创业园就新侨工作进行调研。在与创业园负责同志座谈中，王立业听取了园区发展、科技创新孵化培育服务体系和留学人员的创业情况介绍，并围绕优化新侨创业创新环境、创建新侨创业基地、园区侨联组织建设等方面的内容进行深入交流。双方表示，要进一步加强联系和沟通，发挥各自优势，共同做好海外人才服务工作，吸引更多海外人才来晋创业，助推山西经济发展。王立业还实地考察了归国留学人员创办的企业，与归国留学人员进行交流。

5月27日，省侨联召开“三严三实”专题教育动员会暨专题党课

1月8日，王立业（右）在太原留学生创业园调研

【召开2014年度目标责任考核大会】2月11日，山西省侨联召开2014年度目标责任考核大会。省考核组对省侨联2014年度目标责任完成情况、领导班子和领导干部2014年度履职情况、落实党风廉政建设责任制推进惩防体系建设等情况进行全面考核。考核组副组长王文保作了讲话，省侨联党组书记王立业主持会议并作省侨联领导班子述职述廉报告和个人述职述廉报告。考核大会上，省侨联机关全体人员参加了测评活动。会后，考核组进行了个别谈话和查访核验。经过考核组和省考核工作领导小组综合评定，省侨联被评定为“良好”档次。

【开展“三严三实”专题教育】5月27日，山西省侨联召开“三严三实”专题教育动员部署会暨专题党课，省侨联“三严三实”专题教育正式启动。党组书记王立业围绕“三严三实”为机关全体党员干部进行了专题授课。王立业指出，领导干部要带头学习践行“三严三实”，要做到对党忠诚、廉洁自律、勇于担当、一心为民，筑牢两条防线，坚持“五个必须”，做到“五个严格”，充分发挥“三个作用”，从严从实组织开展好侨联机关“三严三实”专题教育。12月22日，省侨联召开领导班子“三严三实”专题民主生活会。省侨联党组书记王立业主持会议，副主席范安龙、秘书长陈蕾及机关各部室负责人参加。王立业代表省侨联领导班子做对照检查，对领导班子存在的“不严不实”问题进行深刻剖析，提出今后的努力方向和改进措施。领导班子成员分别对照“三严三实”有关要求，联系侨联工作实际，展开对照检查和批评与自我批评，剖析产生问题的原因，针对存在的问题提出整改措施，并虚心听取了机关各部室负责人的意见和建议。25日上午，省侨联机关党支部召开“三严三实”专题组织生活会，王立业通报领导班子“三严三实”专题民主生活会情况，以普通党员身份参加并对会议进行点评。

【乐山市侨商团来山西开展商务考察】6月17日，乐山市侨联副主席张学茹率队的侨商考察团一行来晋，与山西思迈斯电子商务有限公司进行商务对接。省侨联副主席范安龙、秘书长陈蕾会见了考察团一行。中小企业在线国际山西公司——山西思迈斯电子商务有限公司，是“国家电子商务示范基地”、“山西省新侨创新创业示范基地”，是山西省侨联牵线引进的“百人计划”海外高层人才企业。山西思迈斯电子商务有限公司总裁吴明瑄博士向客人介绍了公司的发展状况及近期发展规划，张学茹就此行的目的和全面加强“互联网＋传统行业”建设，推进乐山发展谈了个人的看法，双方在友好的气氛中进行了深入的交流。

【传达学习中央党的群团工作会议精神】7月20日，山西省侨联召开党组中心组（扩大）会议，传达学习中央党的群团工作会议和省委部分群团组织负责人座谈会精神。会议传达学习了习近平总书记在中央党的群团工作会议上的讲话和楼阳生副书记在省委部分群团组织负责人座谈会上的讲话精神。会议认为，侨联是党领导下的人民团体，代表了党的形象，要增强政治性、提高先进性、保持群众性，注重改革创新，把工作做深、做细、做扎实，继续深入面向群众、面向基层，多维护广大侨界群众的利益，多倾听广大侨界群众的呼声。

【“2015海外侨领中国国情研修班”在山西开展现场教学】7月17日—18日，由中国侨联举办的“2015海外侨领中国国情研修班”在山西太原、晋中、临汾开展现场教学活动，通过绿色生态环境之旅，感受自然生态、政治生态和三晋文化，了解山西经济发展政策，促进海外侨社团和谐发展，推进侨联工作的创新发展。7月17日中午，山西省侨联在太原举行欢迎活动，中国侨联组织人事部部长、干部培训中心主任李杰，省侨联党组书记王立业、秘书长陈蕾出席，副主席范安龙致欢迎词。范安龙代表山西省侨联向海外各位嘉宾来晋考察表示热烈欢迎。他希望通过这次现场教学，各位海外嘉宾能更加深入了解山西、关注山西，不断推进山西与海外各界人士的交流与合作。

【会见东南亚五国王氏宗亲代表团】8月19日—21日，来自新加坡、泰国、菲律宾、缅甸、马来西亚5个国家的王氏宗亲代表团一行29人，在山西开展寻根祭祖及参观访问活动。8月20

8月20日，山西省侨联接待东南亚五国王氏宗亲代表团

7月17日—18日，“2015海外侨领中国国情研修班”在晋现场教学

省级侨联工作

日，省侨联党组书记王立业、秘书长陈蕾，省外侨办副主任田亦军亲切会见代表团一行。省侨联副主席范安龙致欢迎辞。新加坡太原王氏公会常务副会长王汉章代表王氏宗亲代表团向山西省侨联表示感谢。他谈到，多年来，生活在海外的华侨华人与全国侨联组织联系密切，大家通过侨联认识了国情、商情和民情，并了解了许多国内重大事件。他希望可以通过此次活动加强交流，增进友谊，进一步加深与王氏祖源地的联系，弘扬和传承王氏历史文化，激励王氏后裔进一步弘扬祖德，为促进山西经济、社会、文化发展做出积极的贡献。

【联合主办山西省首届“海归创业论坛”】 8月29日，由省委统战部、省人力资源和社会保障厅、省侨联主办，旨在推动海归创业优秀项目、创业孵化基地优势和国际性风投资源对接，助推“大众创业、万众创新”的山西省首届“海归创业论坛”在太原举行。省委统战部副部长夏振贵，省侨联副主席范安龙、秘书长陈蕾和来自全省的青年海归代表近300人参加活动。范安龙代表省侨联讲话，省人力资源和社会保障厅副厅长张其光主持活动。在论坛上，相关部门介绍了山西省海归创业优惠政策；中科招商集团高级副总裁、中科创大常务副总经理刘海光导师进行了创投经验交流；山西省“百人计划”特聘专家与大家分享了创业心得；部分海归创新企业在现场进行项目推介。论坛受到与会海归代表的一致认可，大家围绕海归创新创业，敞开心扉、畅所欲言、各抒己见，提出很多建设性意见和建议。

【菲华联谊总会访华团来晋考察访问】 11月7日—10日，以杨思育理事长为团长的菲华联谊总会访华团一行22人来晋考察访问。11月7日，省侨联党组书记王立业、省外侨办副主任田亦军会见访华团一行，省侨联副主席范安龙、秘书长陈蕾等出席。菲华联谊总会创立于中菲建交前夕的1974年，以促进中菲友谊、增进双方互相了解为宗旨，为促进中菲经贸往来及文化交流和海峡两岸的和平发展，做出了重要贡献。会见中，省侨联、省外侨办领导对访华团一行的到来表示热烈欢迎。杨思育对山西省侨联、省外侨办的热情接待表示感谢，并表示，愿为促进两地民间交往搭建桥梁。访华团一行还在太原、晋中、大同等地开展了考察访问活动。

11月7日，菲华联谊总会访华团来晋考察访问

8月29日，范安龙（右四）、陈蕾（右二）出席首届海归创业论坛

【举行海外侨领及驻外联络站山西交流活动】 11月12日，由山西省人力资源和社会保障厅、省侨联共同主办的海外侨领及驻外联络站山西交流活动在太原启动。来自澳大利亚、卢旺达、俄罗斯、加拿大、新加坡、巴西、美国、新西兰等国的20余名侨领出席活动。省侨联秘书长陈蕾出席启动仪式并致辞。省人社厅副厅长张其

光向参会的海外来宾简要介绍了山西省情和山西省人才引进政策。海外侨领介绍了住在国华侨华人发展情况、资源优势、所在侨团基本情况和当地政治、经济、文化现状，共同探讨山西省海外联系点的建设与发展，对山西的发展和下一步合作提出意见建议。

【举办山西在港人员联谊会第四届年会】 11月14日，山西在港人员联谊会第四届年会在深圳举办，在香港学习、工作的山西籍青年，港澳学习、工作后在深圳发展的山西籍青年，部分在港人员亲属共70余人参加了本届年会。省委统战部、深圳市侨商智库研究院、深圳市海归协会、香港山西青年会、省侨青委的有关领导和人员也应邀参加了本次联谊会。省侨联副主席范安龙代表省侨联致辞，省海亲会常务副会长赵白兰主持联谊活动。活动中，与会青年踊跃登台介绍自己，展示特长和才艺，现场一片欢声笑语，感动与温馨并存，大家纷纷感叹，山西人在异乡有了“家”。中国国际晋商联合会会长李振环、深圳市山西商会秘书长刘珍分别畅谈了多年来在外打拼的经验和感悟，希望大家能够格外珍惜同乡情谊，在学有所长、业有所成的基础上反哺家乡，为山西发展建设献计出力。

【召开山西省侨联工作座谈会】 12月1日，山西省侨联工作座谈会在太原召开。各市侨联对2015年度工作情况及2016年度工作思路进行了汇报交流。省侨联党组书记王立业主持会议并讲话，省侨联副主席范安龙、秘书长陈蕾出席会议并对各市侨联2015年度工作进行点评和对2016年度工作提出希望。各市侨联主要负责人和省侨联部分机关干部参加会议。王立业对2015年度

12月1日，山西省侨联工作座谈会在太原召开

11月14日，山西在港人员联谊会第四届年会在深圳召开

全省和各市侨联工作予以充分肯定，并就进一步做好2016年度侨联工作提出要求：要进一步增强“等不起”的紧迫感、“慢不得”的危机感、“坐不住”的责任感，履职尽职地抓落实、干事情。要有“事不避难、知难不难”的韧劲，努力思之在先，谋之在前。站位全局看侨联，跳出侨联抓侨联，围绕当地党委政府工作大局和省侨联的工作安排，找准侨联工作服务大局的契合点和着力点，认真谋划安排好2016年度工作，齐心协力、真抓实干，树立侨联组织有为有位的新形象，为实现弊革风清、促进富民强省做出积极贡献。

【太原市侨联建设网上侨胞之家】2015年，太原市侨联主动适应“互联网+”的新常态，通过太原侨联官网、太原市侨联微信公众号、“侨之家”微信群等网络工作平台，全面掌握海外侨胞工作、生活之所需所急，建设“网上侨胞之家”，实现侨资侨智信息化、为侨服务智能化，打造了“互联网+智慧侨联”的新模式。一是借助网络平台扩大对外宣传。坚持向海外120个侨团和200余名友好人士分别发出《致海外华人华侨的一封信》，春节前夕还向海外侨团及华人华侨专家学者及代表人士寄送了民间剪纸和贺年信。二是开办“侨之家”微信课堂。创办了由省侨联组织、涉侨社团、社会各行业专家代表人士以及广大归侨侨眷及海外侨胞共同参与的“侨之家”微信群，通过网络平台增进友谊，互通有无。开通法律专家实时在线服务和“每日一句”英语口语训练、“每日一字”中国文字普及、“每日一词”古语成语解析等，邀请侨心艺术团专家学者举办英语技能、侨法知识、民族器乐、诗词朗诵、书法民歌等专题课堂12场，围绕纪念抗战胜利70周年主题，举办南洋华侨机工讲抗战故事、青年作家解析抗战文学、纪念抗战胜利诗歌创作等主题活动。三是举办“侨连四海·文化太原”侨界群众艺术节。一年来共举办华人华侨“侨眼看家乡”摄影展、华人华侨“瀚墨寄乡情”书画展、民族音乐雅集、“平凡的幸福”品书会、“童年的记忆”趣味运动会、“八一”拥军慰问、金秋阳光助学、海外亲属扑克大赛等体现侨界特点的群众性文化活动17场。海内外侨友见微知著、闻风而动，欧洲中国书法家协会主席金岳祺、荷兰欧洲侨报社长陈文彬专程从海外寄来书画作品参赛，英国华人华侨联谊会会长杨剑国多次带国外朋友参与侨之家活动。

【阳泉市侨联】2015年，阳泉市侨联各项工作取得了新成绩。在服务经济发展方面，市侨联牵线匈牙利阳泉籍华侨樊赛光先生实地考察天元废旧家电回收基地，向天元家电旗下的绿环科技有限公司推荐了线路板处理等国际技术性项目，目前已经签署了中国市场总代理的合同。邀请香港环保科技联盟主席、中国动力（控股）有限公司总裁容嘉和一行到阳泉市考察新能源汽车产业，项目对接正在积极推进。促成阳泉市华商企业山西首能泉润煤炭销售有限公司与台湾方面签订大麦数字音乐山西培训基地合作意向。作为首届中国华人华侨产业交易会支持单位，在市委市政府的大力支持下，阳泉市侨联会同市投资促进局、市经济和信息化委员会和市侨联法律顾问委员会组织3个华商企业、8个单位组团前去参展并进行了项目签约，展会上完成商品交易额计6万余元人民币。在参政议政方面，阳泉市侨界省人大代表、政协委员在省两会上共提出意见、建议、议案8件，在阳泉市两会上，提交团体提案1件、侨界委员个人提案6件。侨界委员梁静代表市侨联就《尽快解决煤矿老窖水对娘子关泉域污染问题》进行大会发言。2015年，阳泉市侨联向市政协报送社情民意信息35篇。在依法护侨方面，连续7年开展为老侨免费健康体检活动。2015年为老侨体检30人，计14000元。坚持“三必访”原则，即生活困难的必访，身体生病的必访，年龄大的必访。2015年共走访慰问老侨、困难归侨侨眷、侨联工作者和新移民亲属76户，发放慰问品、慰问金30000余元。在侨法宣传和信访接待方面，举办了“新时期侨联工作第三期培训班”，印制《市侨联维权知识手册》300本，发放给各县区侨联及同心共建联系点。聘请智阳律师事务所的律师进行法律知识讲座和法律咨询，开展送法进社区活动。接待来信来访20余次，协调解决90%以上。多年来，阳泉市侨联无一例侨界上访事件。获得中国侨联“2011—2015年度全国侨联系统维权工作先进集体”荣誉称号。

【晋中市实现县级侨联组织全覆盖】晋中市侨联始终坚持把基层组织建设作为重点工作来抓，早在2006年市侨联成立之初，就提出了“四建、两搞好”的工作方针，从建组织入手，积极为县级侨联组织争取机构和编制并指导完成成立和换届工作。截止到2010年，榆次、太谷、祁县、平遥、介休、灵石、寿阳7个重点县全部成立了侨联组织，实现了归侨侨眷重点县（区、市）侨联组织全覆盖。近年来，晋中市侨联进一步明确侨联基层组织建设工作方向，厘清工作思路，为全市基层侨联工作的全面开展做了一些扎实有效的工作。依托县级侨联“侨友之家”、“留学生联谊会”、“海归俱乐部”、“新侨创业服务中心”、“海外华人华侨接待中心”等平台开展各类活动。2015年，在市委有关部门和市侨联的推动下，为左权、昔阳、和顺、榆社4个侨联组织空白县“挂上了牌子”，成立了县级侨联组织，实现了全市11个县（区、市）侨联组织全覆盖。在多年来与市侨联有合作项目的山西农业大学和晋中市职业技术学院两所高校也建立了侨联联系点，为进一步强基固本、开展活动、凝心聚力提供了强有力的载体。

【晋城市侨联实施双百计划推动创新创业】2015年是晋城市建市三十周年，为服务市委、市政府弊革风清、富民强市发展战略，晋城市侨联开展了双百计划并取得成效，双百计划即5年内在国内外各联系100名留学创新创业人才为晋城服务。一是扎实调研，摸清实情。从2015年3月起，各县（市、区）侨联在市侨联统一指导下，对全市留学、留归人员及其创业情况进行了一次调查统计，汇总更新了侨情数据库，掌握了首批留学创新创业人才共59人的基本情况。2015年5月，市委常委、统战部部长焦光善在市侨联党组书记朱瑜国的陪同下，深入城区和泽州县，对留学生企业和侨胞企业运行情况进行了调研。在太行娲皇玉公司、安东机动车检测站，详细了解了企业的生产经营现状，并听取了企业负责人的有关意见和建议。二是搭建平台，集聚能量。举办晋城市侨联双百计划启动暨座谈会，为富民强市献计献策。邀请有海外留学经历的海内外高层次人才、创投机构及侨商负责人座谈，开展“我为一争三快两率先发展献一策”活动。三是主动服务，成效斐然。为双百计划人才——留美博士碗海英创办的阿邦迪新能源公司申请到全省首批新侨创新创业基地并挂牌。作为主办单位，协同双百计划人才田晓共同举办晋城市第三届欸犸音乐节，在音乐节上开通了世界信箱，为身处全球的晋城籍留学生寄出电子明信片，寄去乡情和亲情，真诚邀请在外晋城籍人士常回家看看。借田晓筹备在英国伦敦举行山西文化周之机，市侨联积极组织侨企、留学生创新创业企业与他对接，力争为更多留学生创新创业人才提供在国际舞台上展现的机会。

内蒙古自治区归国华侨联合会

【领导成员名单】

主　　　席：吴化民（蒙古族，11 月 10 日卸免）

　　　　　　史　晴（11 月 10 日任职）

专职副主席：高庆国

兼职副主席：（以姓氏笔画排序）

　　　　　　乌晓光（蒙古族）

　　　　　　卢世翔（蒙古族）　白晓飞

　　　　　　田来怀　刘广义（蒙古族）

　　　　　　闫　贺（女）

　　　　　　毕力夫（蒙古族）

　　　　　　胡日嘎（蒙古族）

秘书长：孙忠华（女）

【综述】2015 年，在中国侨联的指导下，内蒙古自治区各级侨联组织深入学习习近平总书记系列重要讲话精神，认真贯彻中央《关于加强和改进党的群团工作的意见》、《关于加强和改进新形势下侨联工作的意见》以及内蒙古党委《关于加强和改进新形势下侨联工作的实施意见》精神和中国侨联九届四次全委会精神，紧紧围绕各级党委政府的中心工作和侨界心声，坚持“两个并重”、深化“两个拓展”，为服务内蒙古自治区“8337”发展思路做出了积极贡献。

【组织文化经贸参访团赴台湾考察交流】2015 年 1 月 7 日—14 日，应台湾中华侨联总会邀请，内蒙古侨联副主席高庆国一行 10 人组成的参访团，赴台湾进行了文化经贸交流考察活动。访台期间，参访团与台湾中华侨联总会举行了两地侨联工作交流座谈会。台湾中华侨联总会理事长简汉生代表台湾中华侨联总会对内蒙古侨联文化经贸参访团的到来表示热烈欢迎。

【推荐作品在第二届世界华侨华人美术书法作品展中获奖】由中国侨联、中国文联、中国美术家协会、中国书法家协会、台湾中华侨联总会、香港侨界社团联合会、澳门归侨总会共同举办的“第二届世界华侨华人美术书法展”在北京炎黄画院开展，画展共展出海内外书画作品 4000 多幅，从中评选出佳作奖 91 幅，优秀奖 201 幅。内蒙古侨联推荐的 36 名书画家的 74 幅书画作品中，有 3 幅获佳作奖、4 幅获优秀奖。

【开展“送温暖”活动】2 月 3 日—6 日，中国侨联秘书长王宏一行 3 人，在内蒙古呼和浩特市、鄂尔多斯市、包头市开展“送温暖”慰问归侨侨眷活动。自治区政协副主席梁铁城会见了王宏秘书长一行。内蒙古侨联主席吴化民，包头市委常委、统战部部长金满仓，鄂尔多斯市委常委、统战部部长王峰，内蒙古侨联副主席、包头市侨联主席田来怀，内蒙古侨联副主席、鄂尔多斯市侨联主席胡日嘎，呼和浩特市侨联主席宛正以及相关部门负责人一同参加了慰问活动。春节前夕，内蒙古侨联在全区积极组织开展了“送温暖”慰问归侨侨眷活动。此间，内蒙古侨联主席吴化民和侨联机关工作人员深入呼和浩特市、包头市、鄂尔多斯市、乌兰察布市、乌海市、赤峰市和二连浩特市，走村入户慰问了近百家归侨侨眷。

2015 年 1 月，内蒙古侨联文化经贸参访团赴台湾考察交流

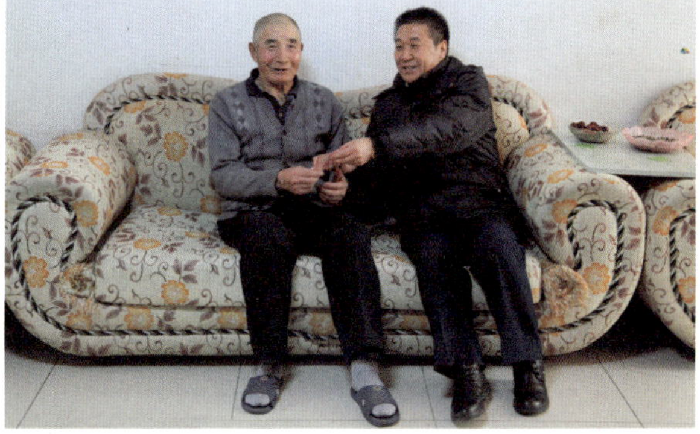
2015 年春节前夕，内蒙古侨联开展“送温暖”慰问归侨侨眷活动

5月19日—23日，内蒙古侨联参加“丝路情·海内外侨商投资联县（区）行”活动

【组团参加“丝路情·海内外侨商投资联县（区）行”活动】5月19日—23日，内蒙古侨联主席吴化民应邀率领由内蒙古“国家千人计划”专家、归国创业人员及鄂尔多斯市工业园区管理委员会人员组成的10人团队，并携带一批全区新侨科技创新成果，赴陕西省西安市参加了由中国侨商会、陕西省侨联共同举办的“丝路情·海内外侨商投资联县（区）行”活动。本次活动中，内蒙古侨联带去的5个科技创新项目分别是：美国留学归国博士张建旗研发的战略新型铝基稀土非晶高端合金材料、技术与装备产业化项目；内蒙古博特科技有限公司美籍华人王亚雄博士的高效相变热超导项目；内蒙古君子津环境科技有限公司日本归侨马瑞强的富铝煤粉基污泥脱水/废水处理无机凝固剂产业化项目；包头市汉诺威工业装备科技有限公司澳大利亚华侨栗世芳博士的储能式太阳能采暖、不用电的被动式空调、PM2.5太阳能新风、空气能热水四联工系统项目；包头稀宝博为医疗系统有限公司美籍华人连建宇博士的医疗磁共振影像系统等项目。

【开展侨联工作深化改革专题调研和座谈会】为深入贯彻中央《关于加强和改进党的群团工作的意见》精神和习近平总书记关于“群团工作要深化改革”等重要指示精神，按照中国侨联的部署，内蒙古侨联从4月中旬起，在全区范围内开展了侨联工作深化改革专题

4月20日，内蒙古侨联开展侨联工作深化改革专题调研

7月15日，内蒙古侨联召开学习贯彻中央群团工作会议精神座谈会

调研。在调研过程中，调研组采取点面结合的方式，通过有侧重地深入盟市考察、召开座谈会和盟市报送材料，了解了盟市侨联工作情况，以及基层侨联组织适应新形势创新体制和工作机制问题。7 月 15 日，内蒙古侨联在呼和浩特召开学习贯彻中央群团工作会议精神座谈会。自治区侨联在呼常委、委员和各高校侨联负责人、老归侨侨眷代表、侨联机关全体干部 50 多人参加了座谈会。内蒙古侨联主席吴化民主持会议。会议传达了中央《关于加强和改进党的群团工作的意见》文件精神，学习了习近平总书记在党的群团工作会议上的讲话精神。

【举行“侨爱心健康服务站”揭牌仪式】 6 月 9 日，内蒙古侨联“侨爱心健康服务站”挂牌暨揭牌仪式在呼和浩特市如意综合门诊部举行。自治区侨联主席吴化民和门诊部负责人阿拉坦敖其尔为“侨爱心健康服务站”揭牌，自治区侨联副主席高庆国、秘书长孙忠华、呼和浩特市侨联副主席兼秘书长王彤以及部分医务工作者和有关人员参加了揭牌仪式。“如意综合门诊部”由蒙古国归侨、原内蒙古医科大学教授、主任医师阿拉坦敖其尔创办，秉承为侨服务为基层百姓服务的宗旨，聘请自治区及呼和浩特市一些著名医学专家，开设了心血管科、中蒙医科、儿科、妇科、眼科等多个医疗门诊项目。

6 月 9 日，内蒙古侨联举行“侨爱心健康服务站”揭牌仪式

【吴化民主席出席自治区归侨侨眷子女培训就业基地校园开放日活动】 6 月 12 日，内蒙古航空职业技术学校举办第十二届校园开放日活动，其间举行了学生军训会操表演、教学成果展示和学生家长座谈会等活动。内蒙古人民政府外侨办巡视员王毅出席活动并讲话，内蒙古航空集团和机场有关负责人、内蒙古教育厅和呼和浩特市教育局领导及学生家长等出席了此次开放日活动。内蒙古侨联主席吴化民出席活动并致辞。该校是自治区归侨侨眷子女培训就业基地。

6 月 12 日，吴化民主席（右八）出席自治区归侨侨眷子女培训就业基地校园开放日活动

【布小林常委参加内蒙古侨联党支部“严以修身”专题研讨会】 6 月 17 日，内蒙古侨联党支部召开了“严以修身”专题研讨会，自治区党委常委、统战部部长布小林参加研讨会并发言，她结合自身实际，结合贯彻落实中央统战工作会议和《条例》精神，结合开展好内蒙古“统战工作能力建设年”活动，深入浅出地阐述了党员领导干部“严以修身”，努力践行习总书记“三严三实”的感想体会。

6 月 17 日，内蒙古自治区党委常委、统战部部长布小林（中）参加内蒙古侨联党支部“严以修身”专题民主生活会

【王建煊先生看望内蒙古“珍珠生”】 6 月 21 日，浙江新华爱心基金会创办人、理事长王建煊先生一行 3 人来到内蒙古，看望已就读大学的

6 月 20 日—21 日，浙江新华爱心基金会创办人、理事长王建煊先生（右一）看望内蒙古“珍珠生”

“珍珠生”。内蒙古侨联吴化民主席接见王建煊先生一行。21 日上午，王建煊理事长一行在内蒙古农业大学参加了“珍珠生”联谊会，内蒙古侨联、呼和浩特市侨联、内蒙古农业大学统战部、侨联有关领导和在呼和浩特市、包头市、鄂尔多斯市三地大学就读的 60 多名“珍珠生”参加了联谊活动。

【吴化民主席接见列治文代市长区泽光先生一行】 8 月 2 日，内蒙古侨联主席吴化民在呼和浩特接见了加拿大不列颠哥伦比亚省列治文市华人议员、代市长区泽光先生及加拿大国际多元文化发展基金会主席魏美蓉女士一行 10 人。区泽光先生是著名的加拿大籍华人。多年来，利用他在加拿大及海外的资源优势，为促进祖籍国与住在国之间的政治、经济、文化和科技间的友好往来不懈努力，做了大量卓有成效的工作。

【吴化民主席为呼和浩特市侨联干部培训班授课】 8 月 5 日，内蒙古侨联主席吴化民应邀为呼和浩特市侨联举办的县区侨联干部培训班授课，主要讲授了华侨华人及侨联组织的历史渊源及沿革、“侨务政策与侨务工作”、侨联人的履职尽责，传达和解析了中央《关于加强和改进新形势下侨联工作的意见》和自治区党委的《实施意见》、中央《关于加强和改进党的群团工作的意见》。呼和浩特市侨联主席宛正、副主席兼秘书长王彤及近 40 位各县区的侨联专职干部和统战部兼职侨联工作人员参加了培训。

8 月 5 日，吴化民主席为呼和浩特市县（区）侨联干部培训班授课

【旅日华侨萨仁高娃“念乡·情展”——美术作品举行开展仪式】 8 月 8 日，内蒙古旅日华侨萨仁高娃“念乡·情展”——美术作品开展仪式在呼和浩特市美术馆举行，有关部门负责人、部分美术家和美术爱好者近百人出席了开展仪式。内蒙古侨联主席吴化民出席仪式并讲话。

【共同举办“俄蒙侨商——内蒙古行”活动】 8 月 10 日—15 日，内蒙古政协台侨对外友好界别组和内蒙古侨联共同举办了“俄蒙侨商——内蒙古

8月10日—15日，内蒙古侨联举办“俄蒙侨商——内蒙古行”活动

行”活动，来自俄罗斯、蒙古国的30位知名侨领、侨商应邀参加活动。内蒙古党委常委、统战部部长布小林，内蒙古政协副主席牛广明会见俄蒙嘉宾并座谈交流。

【内蒙古侨联负责人史晴会见墨西哥、蒙古国、挪威等国侨领】 9月15日，内蒙古侨联负责人史晴会见了受邀参加纪念中国人民抗日战争暨世界反法西斯战争胜利70周年阅兵式观礼并返乡探亲访友的墨西哥中国和平统一促进会会长、墨西哥华人华侨社团联合总会常务副会长焦美俊先生一行。10月23日，会见了前来参加“首届中国—蒙古国博览会”的挪威广东同乡会会长、挪威华人音乐歌舞团团长关志辉先生一行，蒙古国旅蒙华侨华人协会常委赵润林先生及妇女协会会长原妙珍女士一行。

【开展送医送药义诊暨送温暖活动】 9月22日—24日，由内蒙古侨联牵头，组织带领内蒙古医科大学附属医院和附属人民医院的专家教授及有关人员赴巴彦淖尔市开展送医送药义诊暨送温暖活动。内蒙古侨联负责人史晴，巴彦淖尔市委常委、统战部部长于海宇出席启动仪式。本次活动为近300名归侨侨眷和周边居民进行医疗义诊，并免费发放4万余元的各类药品。其间，史晴和于海宇在有关人员的陪同下，深入临河区和杭锦后旗10户贫困归侨侨眷家中进行了走访和慰问。

9月22日—24日，内蒙古侨联赴巴彦淖尔市开展送医送药义诊暨送温暖活动，史晴主席在活动现场致辞

【内蒙古侨联维权工作获表彰】 10月12日—16日，中国侨联在湖南省长沙市召开维权工作

10月23日，内蒙古侨联负责人史晴（右五）会见前来参加“首届中国—蒙古国博览会”的海外侨领

会议。会议对2011—2015年度评选出的全国侨联系统维权工作先进单位和个人进行了表彰，内蒙古自治区侨联、赤峰市松山区侨联被评为全国侨联系统维权工作先进单位，内蒙古鄂尔多斯市侨联副主席杨亚平、呼伦贝尔市鄂温克旗侨联主席赵丹、锡林郭勒盟侨联副主席郝俊华、巴彦淖尔市五原县侨联秘书长徐秀春被评为全国侨联系统维权工作先进个人。自治区侨联负责人史晴带队参加了维权工作会议和维权工作培训班。

12月1日—4日，内蒙古侨联主席史晴（中）赴阿拉善盟、乌海市调研侨联工作并慰问归侨侨眷

【召开内蒙古侨联六届七次全委会】11月10日，内蒙古侨联六届七次全委会在呼和浩特召开。自治区党委统战部副部长向东出席会议并讲话，自治区党委统战部研究室、三处和四处负责人应邀出席会议。会上，按照《中国侨联章程》和有关规定，经全体委员选举，史晴、宛正、清玉当选为内蒙古侨联常委；经全体常委选举，史晴当选为内蒙古侨联主席。

11月10日，内蒙古侨联召开六届七次全委会议，史晴全票当选为内蒙古侨联主席

【史晴主席率队调研慰问】11月16日—17日，内蒙古侨联主席史晴一行深入乌兰察布市集宁区、察右后旗慰问归侨侨眷。慰问期间，就乌兰察布市贯彻落实自治区《关于加强和改进新形势下侨联工作的实施意见》及市侨联开展扶贫帮困的方式方法和机制创新等情况进行调研，市委常委、统战部部长李建平出席了调研座谈会。12月1日—4日，史晴主席率调研组赴阿拉善盟、乌海市调研侨联工作。调研期间深入到阿拉善盟阿左旗，乌海市海勃湾区、乌达区13户侨界代表人士以及贫困归侨侨眷家中，向他们表达了自治区侨联对归侨侨眷生活的关心，转达了党和政府对归侨侨眷的关怀和问候。12月25日，史晴主席一行到赤峰市松山区振兴街道木兰社区、玉龙街道富河社区调研，听取两个社区侨联工作情况的汇报，并与侨界代表进行了座谈。

【史晴主席会见澳大利亚、马来西亚、日本等国侨领】11月20日，史晴会见了澳大利亚内蒙古同乡会副会长韩丽萍女士一行；11月24日，会见马来西亚华侨、AEA亚洲国际教科研集团创办人兼总裁叶濰鸣先生一行；11月26日，会见了日本内蒙古经济文化交流协会会长乌日金一行。

【举办内蒙古侨联干部培训班】12月14日—19日，内蒙古侨联在上海交通大学举办了2015年内蒙古侨联干部培训班。来自全区12个盟市、2个计划单列市及其部分旗县区、高校的侨联负

12 月 14 日—19 日，内蒙古侨联在沪举办侨联干部培训班

责人共 40 余人参加了培训。内蒙古侨联主席史晴、秘书长孙忠华带队参加培训。

【呼和浩特市侨联助力经济发展】在呼和浩特市侨联、托克托县侨联的共同努力下，华侨苏小燕、苏小河邀请由美国波特兰州立大学建筑系“公共利益设计中心”主任 Todd、Sergio 等教授组成的专家小组，来呼和浩特市托克托县进行实地选址考察，拟在托克托县河口村——兴建“益民中心”项目。目前，该项目已取得实质性进展。河口村“益民中心”项目的实施，体现了呼和浩特市侨界积极发挥侨智侨力、海外人才资源丰富等优势参与呼和浩特市新农村建设的创新模式，助力呼和浩特市经济社会及各项事业健康发展。

【鄂尔多斯市侨联成立法律顾问委员会】9 月 17 日，鄂尔多斯市侨联法律顾问委员会成立大会在鄂尔多斯市康巴什举行。中国侨联法顾委主任张耕，中国侨联法顾委秘书长、中国侨联权益保障部部长张岩，内蒙古侨联负责人史晴出席会议。会议表决通过了《鄂尔多斯市侨联法律顾问委员会章程》以及鄂尔多斯市侨联第一届法律顾问委员千那日苏等 27 位委员名单。

【乌兰察布市侨联协调解决特困归侨住房问题】乌兰察布市侨联针对集宁区特困归侨魏丕住房问题进行了专题协调。乌兰察布市侨联主席杨玉莲，集宁区委常委、统战部部长王继成，区委常委、副区长孙明德及各相关部门负责人出席了会议。会议首先就自治区侨联调研、慰问时关于解决特困归侨魏丕的住房问题的意见建议及其住房情况进行了通报，并就相关优惠政策及应享受的特殊照顾作了说明。按照《中华人民共和国归侨侨眷权益保护法》及相关政策的规定，特事特办，经与乌兰察布市龙翔置业有限公司协商，决定将之前已达成的拆迁补偿未完工两套房屋中的一套，先行置换为同等面积的已完工房屋一套，且企业本着关心归侨、为政府分忧的原则，对新房进行免费装修后，交付使用。至此，困扰市侨联 5 年之久的难题得到解决。

辽宁省归国华侨联合会

【领导成员名单】

党组书记：王朝霞（女）
主　　席：王之锋
专职副主席：王曲娜（女，2015年4月去世）
　　　　　胡　平（女）
兼职副主席：裴达树　王庆伟　伊效民
　　　　　侯明晓　白　玮　许　丽（女）
　　　　　王文良　张　伟　董喜刚

6月25日，召开辽宁省第九次归侨侨眷代表大会，选举产生了省侨联九届委员会。

党组书记、主席：王朝霞
专职副主席：胡　平（女）
巡　视　员：王之锋
兼职副主席：（以姓氏笔画排序）
　　　　　王大鸣（女）　王文良　王庆伟
　　　　　白　玮　吕安民　孙晓冰
　　　　　张　伟　杨　凯　林枝春
　　　　　荣伟东　赵继红（女）　柴学伟
　　　　　黄庆祝　景　平　董喜刚

【综述】2015年，辽宁省侨联深刻理解和准确把握“十三五”时期国家发展的指导思想和全面建成小康社会新的目标要求，全面贯彻党的十八大和十八届三中、四中、五中全会精神，深入学习习近平总书记系列重要讲话精神，始终坚持将全省侨联工作统一到中国侨联决策部署上来。用中国梦凝聚侨心侨力，发挥好党联系侨界群众的桥梁纽带作用，切实把侨界群众组织起来、活跃起来，紧密结合辽宁省委、省政府改革发展实际，扎实推进省侨联各项工作顺利开展，积极建言献策、建功立业，为建设新辽宁做出了积极的贡献。

【坚持侨联事业正确政治方向】辽宁省各级侨联组织认真学习贯彻党的十八大、十八届三中、四中、五中全会和习近平总书记系列重要讲话精神，按照“四个全面”战略布局的总要求，全面落实《中共中央关于加强和改进党的群团工作的意见》、《中共中央关于加强和改进新形势下侨联工作的意见》和省委《关于加强和改进新形势下侨联工作的实施意见》，牢牢把握侨联工作正确政治方向。各级侨联利用会议、调研、走访等多种时机，通过侨联会刊、网站、板报等多种手段，采取培训班、报告会、座谈会等多种形式，深入学习贯彻习近平总书记在省部级主要领导干部专题研讨班开班式、中央外事、统战、群团工作会议和关于“三严三实”的系列重要讲话精神，不断保持和增强侨联组织的政治性、先进性和群众性，坚定不移地走中国特色社会主义群团发展道路，努力把侨界群众紧密团结在党的周围，确保在思想上、行动上始终与以习近平同志为总书记的党中央保持高度一致。不断推进侨联组织体制、工作机制和活动方式的创新，进一步提升为侨服务的工作水平。

【召开辽宁省第九次归侨侨眷代表大会】6月24日，辽宁省第九次归侨侨眷代表预备会议在辽宁大厦召开，会议审议通过了代表大会主席团和秘书长名单、代表资格审查委员会名单和大会议程，大会主席团成员共41名，选举胡平兼任秘书长，选举付万荣、冯福斌、孙晓鸣担任副秘书长。随后召开的代表资格审查委员会会议，审议了《辽宁省第九次归侨侨眷代表大会代表资

6月25日，辽宁省第九次归侨侨眷代表大会在辽宁人民会堂召开

在辽宁省第九次归侨侨眷代表大会召开期间，省委副书记许卫国（右七）等领导出席

格审查报告（草案）》。主席团会议选举王朝霞、王文良、王庆伟、白玮、张伟、胡平、董喜刚为大会常务主席。大会通过了《辽宁省第九次归侨侨眷代表大会代表资格审查报告（草案）》，审议《省侨联第八届委员会工作报告（审议稿）》、《代表大会选举办法（草案）》、《代表大会总监票人、监票人建议名单（草案）》、《省侨联第九届委员会委员候选人名单（草案）》、《代表大会聘请省侨联第九届海外顾问名单（草案）》、《代表大会聘请省侨联第九届海外委员名单》。6 月 25 日，在辽宁人民会堂召开了辽宁省第九次归侨侨眷代表大会，中国侨联主席林军出席并讲话，省委书记、省人大常委会主任李希出席开幕式并讲话。省长陈求发、省政协主席夏德仁出席开幕式。会议选举产生省侨联第九届委员会主席、副主席、秘书长、常务委员。为团结联系省侨联委员，发挥委员作用，省侨联第九届委员会下设五大工作委员会，分别是文化宣传工作委员会、维护侨益工作委员会、参政议政工作委员会、海外联谊工作委员会和经济工作委员会，省侨联委员分别安排到五大工作委员会中，每个工作委员会定期开展活动，研究落实相关工作。

【创办“世界知名侨商辽宁行”主题系列活动】辽宁省侨联围绕省委、省政府加快新一轮振兴和经济社会发展的战略部署，积极从辽宁实际和振兴大业需要出发，于 6 月 23 日—27 日举办了“世界知名侨商辽宁行”主题系列活动。全国政协副主席李海峰，中国侨联主席林军，省委书记、省人大常委会主任李希，省政协主席夏德仁，中国侨联副主席、中国侨商会荣誉会长陈有庆，辽宁省省委副书记许卫国、省委常委、省委秘书长谭作钧、省委统战部部长孙远良等有关部门负责人及侨商代表出席启动仪式。辽宁省省长陈求发、中国侨联副主席、中国侨商会会长许荣茂致辞，辽宁省副省长邴志刚主持会议。本次活动共有来自五大洲 50 多个国家和地区的 400 余位世界知名或实力雄厚的侨商和海外华人华侨社团的领袖、商界精英汇聚辽宁，与省内 400 家企业、800 个项目进行洽谈和对接，现场签约 24 个项目，意向投资额达 18 亿美元。活动后续项目络绎于途，一大批项目在持续深度磋商中。此次活动对接的项目，涵盖了互联网、金融、生物医药、高端医疗设备、环保节能、文

6 月 24 日，举行世界知名侨商辽宁行启动仪式，全国政协副主席李海峰（左四）、中国侨联主席林军（左三）、省委书记李希（右三）、省政协主席夏德仁（左二）、省长陈求发（右二）、中国侨联副主席、中国侨商会荣誉会长陈有庆（左一）、中国侨联副主席、中国侨商会会长许荣茂（右一）出席

9 月 11 日，辽宁省侨联主席王朝霞（右四）出席民建金融交易博览会

化创意、地铁商铺、跨境电商平台等众多领域。活动举办前，省委常委会专门听取“世界知名侨商辽宁行”活动的筹备工作汇报，李希书记、陈求发省长对办好此次活动高度重视，提出明确要求，为活动圆满成功奠定了坚实基础；省委、省政府专门下发相关文件，保证活动顺利进行；邴志刚副省长亲自召集相关单位进行统筹协调，成立筹备小组、制订活动方案、细化部署安排。特别是李希书记、陈求发省长、夏德仁主席在会议期间连续多次出席活动并发表讲话，让大家倍感振奋，深受鼓舞，引发了广大海外侨胞和归侨侨眷的强烈共鸣，坚定了在辽宁干事创业的信心和决心。

【发挥侨联优势助推经济发展】为贯彻“一带一路”战略、落实“两个拓展”的工作方针，同时配合“世界知名侨商辽宁行”主题系列活动的深入开展，6 月 29 日—7 月 8 日，省侨联主席王朝霞带领省内侨商企业代表 6 人出访俄罗斯、波兰、荷兰三国，并参加了由中国侨联举办的“互联互通 共建共赢——2015 侨资侨智丝路行”活动。此次出访活动，不仅加强了与俄中和平统一促进会、莫斯科中国北方华人商会、圣彼得堡华侨华人联合会等重点海外侨团和当地侨商社团的联系与交流，更增进了出访国对辽宁省的了解，为贯彻“一带一路”战略打开突破口，对进一步开展国际商贸合作，寻求省内企业、产品“走出去”的新模式、新路径起到推动作用。省侨商会坚持以服务聚侨心、以载体聚侨力、以合作促发展，相继组织侨商代表参加“2015 中外知名企业四川行”、“第二届中国（漯河）华商食品博览会投资峰会”等活动，还走出国门参加“中国—土耳其投资交流会”等活动。省侨联还邀请美籍华人律师张军做了题为“中资企业美国投资并购的法律环境”的报告会，讲解在美国投资经常遇到的问题，为辽宁企业在更广阔的空间进行产业结构调整和资源优化配置支招。沈阳、大连、抚顺、丹东、辽阳、葫芦岛市侨商会活动频繁，充分利用侨资、侨智两种资源，招商引资成效显著。

【召开辽宁省侨商联合会换届大会】11 月 27 日，辽宁省侨联召开了侨商联合会换届大会，新一届侨商会吸收会员近千人，选举产生省侨商联合会第三届理事会会长、常务副会长、副会长、秘书长等职务，并向全体侨商发出倡议。党组书记、主席王朝霞参会，并向新一届侨商会会长王文良颁发证书。王文良为新当选的侨商会副会长吕安民、李发达、林枝春、赵继红、黄庆祝、黄晓冬、李红、吴苗苗、林俊、贾玉杰等人和理事长景平、秘书长金锋颁发证书，并进行座谈。侨商会充分发挥团结侨商、发挥侨力的

11 月 27 日，省侨联主席王朝霞（左六）、副主席胡平（左五）出席辽宁省侨商换届会

作用，是凝心聚力、团结包容、备受信任的侨商之家，是省侨联引领侨界企业家有序参与经济社会建设的重要载体。活动中还举办了“侨商辽宁情·创业创新论坛”，邀请了省内著名企业家结合当前经济发展形势，就企业如何创新创业做主题演讲，进而激发侨商会员的创业热情。同时，筛选省内侨界优秀企业代表围绕“一带一路”、“互联网 +”、农业、医疗、物流等领域做专题项目推介，并请省发改委、省科技厅、省经信委等单位领导分别就辽宁经济结构调整后发展方向、企业科技创新、中小企业创业发展等内容进行发言，搭建企业与企业、企业与政府之间的交流对接平台。本次活动广泛凝聚海内外来辽创业发展的侨界精英，共谋振兴辽宁蓝图，助推辽宁老工业基地加快转型发展。

11 月 27 日，辽宁省侨联青年委员会成立，省侨联主席王朝霞（左五）、副主席胡平（左四）出席

【召开辽宁省侨联青年委员会成立大会】 11 月 27 日，省侨联举行辽宁省侨联青年委员会成立大会。中国侨联副主席康晓萍，省侨联党组书记、主席王朝霞，副主席胡平等领导和侨界青年委员共有 300 余人参加了大会。会议听取《辽宁省侨联青年委员会筹备工作报告》；审议通过《辽宁省侨联青年委员会章程（草案）》；审议通过《辽宁省侨联青年委员会选举办法》。省侨联文化交流部部长冯福斌在作侨青会筹备工作报告时介绍了今后侨青会的发展方向和工作目标，希望侨青会要通过组织更加丰富多彩、生动活泼的活动，把广大青年委员的积极性调动起来，把他们的作用充分发挥出来。大会选举产生第一届辽宁省侨联青年委员会共同会长刘磊、孙波、李蕴哲、吴旭洋、张立、张雷、张乐天、姚笛、黄达、霍春辉 10 人，执行会长孙波 1 人，常务副会长李栋 1 人，副会长 20 人，以及秘书长戴一凡等人。大会聘任王大鸣、王庆伟、白玮、孙晓冰、张桂平、林枝春、赵继红、荣伟东、黄庆祝、梁启东 10 人为辽宁省侨联青年委员会创业导师。

【提升辽宁省侨联服务水平】 2015 年，辽宁省各级侨联进一步拓展了扶贫手段，增强了扶贫力度，在“两节”扶贫救助活动中，省侨联累计救助款物 67 万余元，救助贫困归侨侨眷 530 人，重点解决“急、危、重”26 户，取得了良好的成效。各级侨联通过采取切实有效的帮扶措施，把党的温暖送到贫困归侨侨眷的心坎上。辽宁侨

2 月 12 日，省侨联副主席胡平赴辽阳前河洪村扶贫

2 月 13 日，省侨联主席王朝霞（右二）赴大连慰问扶贫

联在中国侨联“健康光明行”十周年主题活动中受到表彰。本溪市侨联打造“侨心工程”品牌，第八次引进台资设立“珍珠班”，让侨胞爱国之心化为报国之举。阜新市侨联积极争取澳大利亚华人魏基成“天籁列车”项目，为残障失聪人士捐赠助听器4000台。盘锦市侨联建立归侨侨眷信息库，对贫困归侨侨眷情况进行动态管理，帮助有困难的归侨侨眷解决实际问题。

【依法护侨水平稳步提升】辽宁省侨联规范维权方式，有效发挥维权“接待日”制度作用，每月两次组织法顾委中的资深法官、检察官和著名律师为侨界群众提供法律咨询，2015年上半年共解答法律咨询82人次，处理企业职工遗留问题96人次，平息无理上访2件，向省高法发出维权公函2件，移交市级侨联处理2件。开展全省各级侨联信访工作统计活动。积极参与中国侨联举办的“法治中国 你我同行”、“一带一路”相关省份侨界群众法治学习活动。辽宁省侨联荣获2011—2015年度全国侨联系统维权工作“先进单位”称号。营口、锦州、朝阳、铁岭市侨联积极协调相关部门，维护归侨侨眷和侨商的合法权益。

【参政议政工作积极推进】2015年，辽宁省各级侨联围绕中心工作、关注热点问题，积极组织侨界人大代表、政协委员通过调查研究深入了解侨情，主动为他们履行政治协商、民主监督、参政议政职责服务，推动各项权益保障和民生改善政策的落实。与省政协港澳台侨（外事）委员会针对新时期涉侨工作进行深入探讨交流，就如何开展新时期华侨华人涉外法律法规工作和更好发挥政协平台做好侨务工作提出了建议。省侨联牵头召开“五侨”联席会议，与省“五侨”部门加强沟通，密切联系，进一步发挥了侨联组织在“五侨”部门中的独特作用，形成做好全省侨务工作的合力。积极参与《〈中华人民共和国归侨侨眷权益保护法〉辽宁省实施办法》的修改工作。

【努力营造积极向上的文化氛围】辽宁省侨联艺术团正式成立，并举办了“侨界一家亲 共圆中国梦”、“侨聚辽宁情 共筑中国梦”两次专场演出，充分展示了辽宁的风土人情，为推动辽宁艺术“走出去”打下了坚实基础。樱花时节，以辽宁省侨联美术家协会会长马光、摄影家协会会长陈秀庆、书法家协会会长赵洪星为团长的“亲情中华”辽宁侨界书画家代表团，赴日本参加“2015中日韩国画展”，此次参展作品共计260余幅，其中辽宁105幅。活动在当地引起

6月24日，举行世界知名侨商辽宁行省政府晚会，中国侨联主席林军（二排右五）、省委副书记许卫国（二排右六），中国侨联副主席、中国侨商会荣誉会长陈有庆（二排右四）等出席

11 月 27 日，省侨联举行慈善公益晚会，中国侨联副主席康晓萍（二排左六）、省委统战部部长孙远良二排（左七）等领导出席

【首次开展侨界名媛庆“三八”联谊活动】 3 月 4 日，辽宁省侨联邀请 40 余名辽宁省侨界名媛举办了庆“三八”联谊会，会上，侨界杰出女性代表热烈交谈，部分女性企业家还对辽宁侨联工作提出了中肯建议。此次活动为筹备成立省侨联“名媛俱乐部”打下了基础，“名媛俱乐部”将邀请侨界杰出女性入会，提供专门活动场地，定期开展特色活动，为侨界女性搭建沟通和交流的平台。

强烈反响。推动阿根廷足球训练中心落户沈阳，开展青少年足球爱好者培训、运动员培训和教练员培训，为辽宁足球事业发展拓宽国际化视野，探索建立可持续发展的足球精英培养体系。丹东市侨联组派艺术团赴澳大利亚和新西兰进行 2 场海外巡演。抚顺市侨联组织“快闪行动”，向海外侨胞发出“弘扬中华文化，传播雷锋精神”的倡议。

3 月 4 日，举办辽宁侨界名媛庆“三八”联谊会，省侨联主席王朝霞、副主席胡平出席

【举行纪念抗战胜利 70 周年活动】 11 月 27 日辽宁省侨联举办了“铭记历史 珍爱和平”纪念反法西斯暨抗战胜利 70 周年书法美术作品展，并组织开展抗日老战士慰问活动、抗日战争全景图片纪实展、书画展等侨特色活动。鞍山市侨联举办日本侵华史实图片展，沈阳市侨联举办纪念抗战胜利 70 周年美术书法摄影展，铁岭市侨联举行纪念抗战胜利 70 周年文艺汇演。通过开展纪念活动，大力宣传中国人民抗日战争胜利的伟大历史意义，大力宣传海外侨胞为抗日战争胜利做出的积极贡献，进一步激发广大归侨侨眷和海外侨胞热爱祖国、报效祖国的热情。

【组织建设取得丰硕成绩】 辽宁省侨联党组书记、主席王朝霞上任之初连赴 10 个市调研基层侨联落实中央《意见》情况，详细了解各市侨联工作开展情况，掌握第一手资料，并征求市级侨联的意见和建议，研究解决各市实际问题。所到之地，受到了市委书记和市长的热情

8 月 14 日，辽宁省侨联副主席胡平（左八）欢送印尼总统大学留学生

1 月 13 日，辽宁省侨联主席王朝霞（前排左五）、副主席胡平（前排右四）在丹东调研

1 月 17 日，辽宁省侨联主席王朝霞（左）在大连调研，与大连市委书记唐军（右）会谈

7 月 20 日，省侨联主席王朝霞（左二）赴阜新调研

会见，并现场办公，协调相关部门落实具体问题。为此，鞍山市侨联今年新增人员编制 2 人，其他市级侨联组织建设和办公经费等得到了进一步改善。省侨联还召开了青年委员会成立大会，选举产生共同会长、副会长、秘书长等。县区侨联协助委员会工作、高等院校侨联和大中型企业侨联建设稳步推进。省侨联还指导市级侨联做好换届工作，沈阳市侨联顺利进行了换届。

【“三严三实”专题教育扎实推进】辽宁省侨联按照省委的具体部署和要求，持续加强作风建设，扎实有序推进“三严三实”专题教育。制订了《关于在省侨联开展“三严三实”专题教育的实施方案》，明确相关责任人、各个阶段的活动方式、时间安排和工作目标。省侨联多次召开党组中心组学习探讨会，深化“三严三实”专题教育。7 月 17 日，在省侨联机关召开了“三严三实”专题报告会，省侨联党组书记、主席王朝霞作专题党课，讲解“三严三实”的深刻内涵、具体要求和工作部署。省侨联副主席胡平主持会议并宣读《关于在省侨联开展“三严三实”专题教育的实施方案》，省侨联机关全体工作人员和所属企事业单位领导和相关人员参加会议。全省各级侨联严格按照省委要求，扎实有序推进“三严三实”专题教育活动。

【大连市侨联推动侨联工作健康发展】由大连市侨联和金普新区管委会共同承办的“创业中华·魅力大连——2015 侨界助力金普新区创新发展高峰论坛”于 6 月 26 日在大连金普新区举行，吸引了 35 个国家 300 余名侨界专家、侨领、侨商出席，促成金普新区与京东商城、抠抠集团、抠抠网达成了多项电子商务合作协议，与南京三和超维新材料科技有限公司达成兴建新型建筑材料生产基地的合作意向，与 25 位来自美国、日本、韩国等国家侨商达成了入户跨境电商综合实验区的意向。10 月 21 日，大连市侨联与来连访问的沙特阿拉伯、科威特和卡塔尔华人华侨协会签订友好侨团协议，为大连国际合作公司和 30 家企业开拓中东市场牵线搭桥。研发并启动了“侨商通”信息平台，加强海内外侨商之间的沟通与交流。11 月 19 日，由大连市侨联和亚洲证券交易集团共同主办的“亚洲股权交易所东北区（大连）金融峰会”在富丽华酒店举行，组织了亚洲股权交易所与大连侨界企业家见面活动，近 300 名企业家参加，3 家企业在现场签订了挂牌协议，为中小企业解决融资难问题开辟了新渠道。11 月 28 日，大连市侨联、普湾新区管委会在香格里拉大酒店举办了“实施‘一带一路’战略 助推企业走向海外——大连与中东、澳洲企业商品交易洽谈会”，300 多家企业参会，38 家企业达成合作意向。认真贯彻《实施意见》精神，基础性工作得到进一步夯实。制订并下发了《加强大连市国有企业侨联实施意见》和《加强大连市高校侨联工作实施方案》，在 3 家企业、4 家高校建立了侨联组织。以“五有”标准建立区市县“侨之家”场所，已完成 10 个区市县、6 个社区的建设并开展活动。组建了大连市侨商联合会。6 月 4 日，大连市侨联组织召开了青年委员会第二次委员大会，对侨联青年委员会进行了换届，产生了新一届领导班子。

【鞍山市侨联各项活动扎实有效】2015 年，鞍山市侨联坚持“两个并重”，践行“两个拓展”，积极作为，努力夯实工作基础，积极开展各项活动，取得实效。3 月 27 日，开展了鞍山侨家微信群首次线下小型沙龙活动，10 多位有代表性的华侨华人、青年海归、侨联干部等新朋老友欢聚一堂，就侨胞开展活动、联谊交友等展开了热烈的讨论，收到了预期效果。4 月 17 日，举办鞍山市侨联干部理论学习班，重点研读、讨论了中央《关于加强和改进新形势下侨联工作的意见》、《关于加强和改进党的群团工作的意见》和侨联章程。各县（市）区侨联主席、秘书长，各企事业单位侨联主席、秘书长共 20 人参加学习。4 月 23 日，组织归侨侨眷、华侨华人、青年海归等 50 人赴郊外开展踏青活动，加深了相互理解，浓化了侨胞之情。同日，召开服务工作座谈会，与会者就如何组织侨胞进一步开展好活动、提供更好的服务，进行了热烈的交流和讨论。5 月，一本厚达 500 页、记载近年来鞍山侨界大事、侨界风采，反映侨联工作动态，记录侨界代表委员议政建言业绩的资料性文集《鞍山市侨联纪实》问世。9 月 3 日—18 日，举办了“华侨发掘的战争记录——日本侵华史实图片展”。展览在鞍山两所高校辽宁科技大学和鞍山师范学院以及部分县城、街道、社区等 7 个场所同时进行，很多市民、学生驻足参观。9月 25 日，组织开展了“老归侨走进新岫岩”参观活动。40 位老归侨老侨眷、海外侨胞、侨界老模范、老代表、老委员等应邀参加活动。

【丹东市侨联再创新业绩】2015 年，丹东市侨联在纳米比亚设立第一个“侨联海外工作站”。此外，还与澳大利亚、新西兰、加拿大 3 个国家的海外华人华侨社团签订了友好合作协议，并签署了建立“侨联海外工作站”的意向书。侨联工作有新进展。一是组织“亲情中华艺术团”赴澳大利亚、新西兰进行慰问演出。“亲情中华艺术团”所到之处吸引了数十家当地华人报纸杂志电台及网站的跟踪报道，影响十分广泛。澳洲华语电视台 Channel C 对丹东市侨联主席张利红进行了专访，并在当地电视台及国内网站中播出。二是继续举办“中国梦、侨之情”系列文化活动。分别举办“中国梦、侨之情”纳凉晚会及“中国梦、侨之情、月是故乡明”中秋文艺晚会。对部分留学归国人员进行走访了解，整合资源，将“中国海归协会丹东分会”成员全部纳入市侨联青年委员会，对市侨联青年委员会领导班子进行调整，最大程度地凝聚新侨精英，发挥新侨力量。与市委组织部人才办联手，对“海创人员”进行走访，初步起草对“海创人员”鼓励政策。三是举办侨联系统干部法治培训讲座，讲座由丹东市委常委、市政法委书记杨峰主持，部分省市领导及市中级人民法院、市检察院、市公安局、市监察局、市司法局、市政府法制办和“五侨”部门及县（市）区分管侨联工作的领导和县（市）区侨联主席、市侨联委员、基层侨联干部 200 余人参加本次法治讲座。四是召开侨界部分人大代表、政协委员座谈会暨市侨联服务侨商恳谈会，会议邀请市委副书记及相关职能部门及金融机构负责人和侨资侨属企业家 40 余人参加会议。

吉林省归国华侨联合会

【领导成员名单】

党组书记、主席：陈香林（女）

专职副主席：关　波（满族）

兼职副主席：孔维　牛利　张越杰　李静（女）　董江宏

秘书长：关　波（满族，兼）

【综述】2015年是落实吉林省侨联“六代会”精神的开局之年，全省各级侨联认真学习贯彻习近平总书记系列重要讲话精神和中央、省委文件精神，围绕全省中心工作，充分调动归侨侨眷和海外侨胞的积极性，为促进吉林经济社会发展、推动吉林新一轮振兴贡献出侨界力量。

【配合吉林省委出台实施意见】2015年初，吉林省侨联把积极推动吉林省出台《关于加强和改进新形势下侨联工作的意见》的《实施意见》作为全年重点工作来抓。首先，通过召开座谈会等形式广泛征求基层侨联和侨界代表人士的意见，代拟起草了《实施意见》（征求意见稿）。之后，又征求了19个省直有关单位的意见，形成《实施意见》（送审稿）。经过10个多月的不懈努力，10月8日，中共吉林省委办公厅印发了吉林省《关于加强和改进新形势下侨联工作的实施意见》（吉办发〔2015〕35号），为全省各级侨联解决工作中面临的一些突出问题和未来侨联工作的发展指明了方向，得到了中国侨联主席林军和副主席董中原的肯定。

【拓展海外联谊】2015年，吉林省侨联共接待来自27个国家和地区的海外华侨华人、团体近200人（次），组织了3个出访团组。8月15日—19日，以省侨联副主席关波为团长的吉林省侨联代表团，赴美国纽约参加了由纽约东北同乡会、省侨联、省政协主办的“以史为鉴、珍爱和平”——纽约侨界纪念反法西斯战争暨中国人民抗日战争胜利70周年大型活动。经侨联牵线，吉林省政协为此次活动提供了200幅珍贵历史图片。近300名侨领和华侨华人参加了活动。8月29日—9月1日，吉林省侨联作为唯一一个地方侨联，由主席陈香林为团长，出席了中国侨联在韩国主办的“血写的历史——日本军国主义在亚

7月8日，陈香林主席（前排左五）和关波副主席（前排右一）在长春会见华侨华人工商社团负责人考察团一行

8月17日，关波副主席（左）在纽约陪同中国驻纽约总领馆副总领事钟瑞民（中）观看图片展

8 月 29 日，陈香林主席（右）出访韩国期间向中国在韩延边同乡联合会会长玄春顺授会旗

日本，拜访了当地侨界社团和侨领，涵养了侨务资源，为吉林省侨联进一步拓展海外工作和新侨工作奠定了基础。

【服务吉林经济发展】2015 年，吉林省侨联组织无墨喷水打印技术和长春市中俄科技园股份有限公司参加了第十八届北京科博会，并荣获第十八届“科博会”组委会颁发的“优秀组织奖”。联合松原市侨联以“创新与可持续发展”为主题召开了侨属企业家座谈会。组织侨属企业参加中国侨联、兄弟省侨联等举办的商务洽谈会、招商会等活动，如第十三届中国（漯河）食品博览会及第二届中国（漯河）华商食品项目投资峰会、厦门第七届海峡论坛·2015 两岸侨联和平发展论坛、四川成都世界越柬寮团体联合会第七届会员代表大会、中国华侨国际文化交流促进会第四次理事大会等，支持侨属企业转型发展，帮助他们做大做强。加拿大华商创办的吉林伊通海帝矿业有限公司在吉林省扩大生产时遇到困难，省侨联及时伸出援手，协调有关部门帮助他们渡过难关。积极做好新西兰皇家科学院生物活性研究中心首席科学家、同济大学安发天然药物研究院院长、安发国际控股集团董事局主席高益槐落户吉林的服务工作，并出席了在延吉高新技术产业开发区举行的安发国际（长白山）北药生物科技园的奠基仪式。为澳大利亚华商严立投资吉林省城市地下智能管廊建设做好穿针引线等服务工作。吉林省侨联建立了海内外侨胞资源库，并按照代表人士、文体人才、侨界青年、侨联专职干部等栏目进行分类。通过走出去和请进来活动，共发出自编的《吉林省侨联招商引资项目册》近 1000 份。在东北亚博览会期间，吉林省侨联完成第十届“东北亚博览会”部分海外嘉宾的接待任务，积极支持公主岭市侨联工作，帮助组织 20 余位华商参加了公主岭市政

太地区罪行图片展”等系列活动。其间，陈香林主席随中国侨联领导拜访了中国在韩侨民协会总会、韩华中国和平统一促进联合总会和社团法人汉城（韩国）华侨协会等侨团，并拜访了中国驻韩国大领馆，受到韩特命全权大使邱国洪亲切接见。8 月 29 日，陈香林主席受邀出席在韩国首尔召开的在韩延边同乡联合会成立大会并讲话，还向在韩延边同乡联合会会长玄春顺授会旗。9 月 1 日，代表团参加了延边州侨联组织的在韩延边同乡代表恳谈会，并实地考察了在韩吉林人创办的企业。9 月 22 日—10 月 1 日，应印度尼西亚第十三届世界华商大会组委会、马来西亚中国总商会、日本吉林同乡会邀请，组成以陈香林主席为团长的吉林省侨联代表团，出席了“第十三届世界华商大会”。其间还出席了中国侨商联合会主办的世界华商领袖峰会，积极向与会侨商推介吉林省的对外合作产业优势和长吉图开发先导区的战略投资优势等。代表团顺访了马来西亚和

9 月 23 日，吉林省侨联代表团在马来西亚中华大会堂总会与总会长丹斯里拿督斯里方天兴等合影留念

7 月 9 日，陈香林主席（主席台前排左六）出席在延吉高新技术产业开发区举行的安发国际（长白山）北药生物科技园奠基仪式

府举行的招商引资说明会，受到地方政府好评。2015 年，经全省各级侨联联系，促进合作，实现域外侨商来吉林省投资近亿元人民币。

【成立吉林省侨联青委会海归协会】近年来，吉林省海外归国留学青年日益增多，他们一直面临一些困扰：一是回到国内朋友少造成人脉断层；二是国内外社会环境差异造成回国后“水土不服”；三是有心报答社会却苦于平台缺失等问题。于是一部分人自发组织成立了海归联盟，吸收成员 200 余人，联系了一批海外归国留学青年，但一直游离在体制之外。吉林省侨联了解到这一情况后，及时将“海归联盟”纳入工作视线。2015 年，省侨联经过认真研究，决定在省侨联青委会下新设“海归协会”，将“海归联盟”整体吸收纳入进来，成为由侨联和青委会直接领导下的工作机构，并在青委会第二届委员大会上为他们授牌。2016 年 1 月 9 日，省侨联青年委员会海归协会在长春召开第一次会员代表大会。吉林省关心下一代工作委员会主任、原吉林省政协副主席孙耀廷，原吉林省政协秘书长王富远，吉林省关心下一代工作委员会副主任、原吉林省政府副秘书长王葆光，吉林省侨联党组书记、主席陈香林，吉林省侨联副主席兼秘书长、吉林省侨联青年委员会会长关波，吉林省人社厅就业促进处处长姜铁民，吉林省侨联青委会秘书长王惠等出席会议。来自省内各地区的杰出海归青年代表、新闻媒体以及各界友好人士等近 300 人参会。

【开展新春送祝福活动】2015 年初，吉林省侨联联合凤凰网及吉林电视台都市频道，开展新春送祝福活动。在新立城水库，大家以皑皑白雪为背景，穿上唐装，举起红灯笼、中国结，手捧吉祥羊，拉起印着“吉林侨联”的红色横幅，向吉林省广大归侨侨眷和海外侨胞送上新春祝福。陈香林主席发表了新春祝词。视频一经播出，在社会各界引起广泛反响，《人民日报》海外网、中新社、凤凰网等媒体给予了转载、链接。多地吉林籍侨胞也纷纷制作短片，向家乡的父老乡亲们拜年。这一举措有效地搭建起侨联组织与海内外侨胞之间的“心桥”。

1 月 11 日，吉林省侨联全体职工和部分青委会委员在长春市新立城水库录制向海内外侨胞拜年视频

【中国侨联调研组到吉林省延边州调研侨情】2 月 3 日—6 日，中国侨联海外联谊部副部长李涛率中国侨联、中国社科院联合调研组到吉林省延边朝鲜族自治州进行侨情调研并慰问困难归侨侨眷。吉林省侨联主席陈香林，省侨联副主席、延边州侨联主席李静及省社科院东北亚研究中心的有关专家等陪同调研。调研组在延边州政务中心分别召开了专家学者和侨胞座谈会，听取了延边大学学者对朝鲜和韩国与延边州往来贸易投资和延边大学华文教育基地情况的介绍，并与侨属

企业家代表、朝鲜华侨、韩国新华侨代表和延边州各县市侨联主席、秘书长进行了座谈。走访慰问了龙井市、和龙市、珲春市贫困归侨家庭。

【加强机关建设】1月13日，吉林省侨联召开了在长春部分归侨侨眷代表座谈会，就省侨联在贯彻中央“八项规定”和省委十项具体规定精神、反对“四风”及教育实践活动整改落实、为侨服务和自身建设等方面征求了意见。4月26日，举办了机关干部职工知识竞赛，有效促进了干部职工提高业务素质和理论水平。吉林省侨联认真开展“三严三实”专题教育。认真贯彻省委专项巡视三组的巡视意见，立行立改。坚持每周三下午学习制度。多管齐下，使机关自身建设得到有效加强。12月22日，吉林省编办下发《关于同意吉林省海外招商中心更名等事宜的批复》（吉编事字〔2015〕80号），同意将吉林省侨联下属吉林省海外招商中心更名为吉林省华侨事务信息中心，核定全额拨款事业编制7名（核增全额拨款事业编制1名）。调整后，吉林省华侨事务信息中心原机构规格、领导职数、隶属关系、经费渠道等均不变。吉林省侨联下属吉林省华侨历史学会退出事业单位管理序列，编制及实有在编人员划入吉林省华侨事务信息中心。2016年1月8日，省侨联党组班子召开2015年度“三严三实”专题民主生活会。党组成员联系班子和个人实际，剖析班子和自身存在的不严不实的问题及产生的原因，直言不讳、实事求是地对其他同志提出批评，诚心诚意、认真负责地提出整改建议，进一步明确了今后的努力方向和改进措施。

【开展侨爱心工程】2015年，吉林省侨联分

9月17日，关波副主席（左）接待浙江省新华爱心教育基金会创办人王建煊先生（右）

别到全省9个市、州及梅河口、公主岭市开展了“送温暖，献爱心”活动。在中国侨联拨款8万元的基础上，吉林省侨联配套10万元，买了米、面、油等生活用品和慰问金，一起送到了65户贫困归侨侨眷家中；为扶余华侨农场敬老院、徐大群侨心小学、松原市实验高中送去了慰问金和海外侨胞捐赠的羽绒服。3月，省侨联在春耕时节开展了全省帮扶贫困归侨侨眷农户购买种子化肥活动，下拨扶助款3万元，帮助了57户贫困归侨侨眷农户。全省各级侨联累计走访近千户，把党和政府的关怀送到了贫困归侨侨眷家中。全省各地“珍珠班”184名贫困学生全年共收到资助款46万元。毕业班的珍珠生在高考中取得优异成绩，上线率100%，其中杜彦征同学以686分的成绩考入清华大学。11月，省侨联联系日本侨胞为吉林省“侨爱心小学”捐赠了近10万只防尘口罩。

3月11日，陈香林主席（右）和关波副主席（左）代表吉林省侨联为松原市徐大群侨心小学学生送去学习用品

【维护侨胞权益　积极参政议政】吉林省侨联建立了来访来电登记、沟通处理、案件移交、跟踪服务等工作机制，提高了来访来电的处理率。2015年，全省各级侨联共处理来电、来信、来访案件300多件。对每一起信访案件，全省各级侨联组织都积极与有关单位、当事人反复联系沟通，以“跑破鞋底子，磨破嘴皮子”的精神，力争把矛盾化解在萌芽状态，做到了无越级上访。全省各级侨联积极做

好参政议政工作，一年来，全省侨界政协委员共提交提案100余件、社情民意信息30多篇。其中一些作为重点提案被转交当地政府相关部门进行办理或落实，受到社会各界的关注。

11月9日—13日，吉林省侨联在省社会主义学院举办全省侨联系统干部培训班

【组织三期侨联干部培训班】 6月10日—19日，吉林省侨联委托中国侨联在浙江大学举办了全省侨联系统干部培训班。49名侨联专兼职干部参加了培训。8月8日—11日，组织全省19名侨联干部、法顾委律师、侨商代表和青年委员会委员代表赴哈尔滨参加了由中国侨联主办、黑龙江省侨联承办的“法治中国　你我同行”——“一带一路”相关省份侨界群众法制学习活动。11月9日—13日，在省社会主义学院举办了由101名专兼职干部参加的全省侨联系统干部培训班。中国侨联组织人事部部长李杰为学员们讲授了《转变角色，做好新形势下侨联工作》，中国侨联办公厅秘书处副处长宁一讲授了《如何做好侨联侨情专报工作》。陈香林主席做了《认真学习贯彻中央和省委精神，坚定信心做好新形势下侨联工作》的专题讲座。培训期间，省侨联还举办了“基层侨联工作漫谈沙龙”。一年来，通过组织学习培训活动，在全省侨联系统营造起爱侨护侨、团结拼搏、求知向上的浓厚氛围。

7月17日，陈香林主席（左一）向“2015吉林省归侨侨眷青少年红色之旅”夏令营营员代表授旗

【举办“红色之旅”夏令营】 7月16日—

6月11日，2015吉林省侨联干部培训班在浙江大学合影

21日，由吉林省侨联主办的2015吉林省归侨侨眷青少年"红色之旅"夏令营在长春、通化等地举行。来自长春、通化、延边、松原的35名贫困归侨侨眷青少年学生参加了活动。营员们参观了伪满皇宫博物院、东北沦陷史陈列馆、杨靖宇烈士陵园等爱国主义教育示范基地和一汽红旗轿车博物馆、吉林大学、长影世纪城等地，并参加了侨务知识宣讲、艺术素养培训、国学大讲堂等丰富多彩的文化活动，受到了良好的教育引导，充分感受到侨联大家庭的温暖和对他们的深切关怀。

7月20日，关波副主席在"侨联工作进社区"吉林市活动现场为群众发放宣传资料

【举办"亲情中华·侨联与你心心相连"文艺汇演和侨联工作进社区活动】7月17日，吉林省侨联在长春市举办了"亲情中华·侨联与你心心相连"文艺汇演，来自全省各市州和扩权强县市的370多名归侨侨眷参加了活动。这是一场完全由归侨侨眷自编、自导、自演的演出，通过歌曲、诗朗诵、快板等表演形式，歌颂党和伟大祖国，宣传侨界文明公约。侨界群众成为名副其实的主角，展现了全省侨界群众心系吉林、热爱吉林、建设吉林的良好精神风貌。7月18日，在敦化市影剧院举办了"亲情中华·侨系敦城，侨联工作进社区"活动，来自敦化市4个街道、19个社区的700多名侨界和社区群众参加。7月19日，在吉林市龙潭区榆树街道秀山社区举办了"亲情中华·侨系江城，侨联工作进社区"活动，400多社区居民参加。通过在演出现场向观众发放《侨法宣传手册》，宣传《归侨侨眷权益保护法》和吉林省《实施办法》，推动侨界群众学法、尊法、守法、用法，拉近了侨联与基层侨界群众的距离，增进了与侨界群众的感情。

7月17日，吉林省侨联在长春举办"亲情中华·侨联与你心心相连"文艺汇演

【举办 2015 吉林省侨界青少年作文比赛】 5 月—10 月，吉林省侨联举办了 2015 吉林省侨界青少年作文比赛，共收到投稿 220 余篇。省侨联专门成立评奖领导小组，评审出一等奖 5 篇、二等奖 10 篇、三等奖 15 篇、优秀奖 30 篇，并将一、二、三等奖中的 20 篇中小学生作文统一推荐参加第十七届世界华人学生作文大赛。长春市侨联、吉林市侨联、延边州侨联、白城市侨联、白山市侨联、梅河口市侨联被授予“优秀组织奖”。吉林省侨联在六届二次全委会期间举办了颁奖活动。

【举办 2015 吉林省归侨侨眷乒乓球赛】 11 月 18 日—20 日，由吉林省侨联主办、辽源市侨联承办、辽源市文化广电新闻出版局协办的亲情中华·2015 吉林省归侨侨眷乒乓球赛在辽源市举行。吉林省侨联和各市、州及扩权强县市侨联组织的 14 个代表队共 80 多名归侨侨眷乒乓球爱好者参加了比赛。经过激烈角逐，长春市侨联代表队荣获冠军，通化市侨联代表队、辽源市侨联代表队分别荣获亚军和季军，珲春市、吉林市、公主岭市侨联代表队分获第四、第五、第六名。12 个侨联代表队获得“优秀组织奖”。比赛前夕，吉林省侨联举办了“吉林省侨界运动损伤的预防沙龙”。辽源市侨联还结合“纪念世界反法西斯战争胜利 70 周年”这一主题，组织大家参观了辽源市侵华日军辽源高级战俘营旧址，为此次活动增添了教育意义。

【召开吉林省侨联六届二次全委会暨全省侨联工作会议】 12 月 18 日，吉林省侨联六届二次全委会暨全省侨联工作会议在长春召开，65 名省侨联委员和 15 名县市驻会干部参加了会议。会议审议并通过了陈香林主席所做的《省侨联 2015 年工作总结和 2016 年工作要点》的报告。传达贯彻了中共吉林省委办公厅《关于加强和改进新形势下侨联工作的实施意见》（吉办发〔2015〕35 号）文件精神。会上，为 2015 年全省侨联优秀通讯员张岩、刘学建颁发了证书和奖品；为荣获 2015 吉林省侨界青少年征文比赛优秀组织奖的单位和获奖学生（各地侨联代领）颁发了奖品和证书。会前召开了吉林省侨联六届三次主席会和六届三次常委会，陈香林主席主持，副主席兼秘书

12 月 18 日，吉林省侨联六届二次全委会暨全省侨联工作会议在长春召开

11 月 18 日—20 日，吉林省侨联在辽源市举办亲情中华·2015 吉林省归侨侨眷乒乓球赛

省级侨联工作

长关波，副主席牛利、张越杰、李静、董江宏出席。

【召开吉林省侨联青年委员会第二届委员大会】12月19日，吉林省侨联青年委员会第二届委员大会在长春召开，来自19个国家和地区的海外嘉宾、委员及省内青年委员、省侨联委员共220余人出席了大会。吉林省委副书记马俊清和中国侨联副主席、中国侨联青年委员会会长乔卫出席会议并讲话，省领导李龙熙、王尔智出席会议。共青团吉林省委书记、吉林省青年联合会主席程龙代表团省委、省青联致贺词。中共吉林省委副秘书长徐崇恩，省侨联主席陈香林、专兼职副主席及省人大民侨外委、省外侨办、省政协台港澳侨委有关负责人出席了会议。会议审议了吉林省侨联青年委员会第一届委员会工作报告，通过了《青委会章程》，选举省侨联副主席兼秘书长关波为会长，马云国、王海军、杨雨潇、吴波、陈云斌、林振辉、高炜、彭华为海外及香港副会长，于春燕、王思迪、史一博、平继栋、李健、杨扬、崔永为省内副会长，王惠为秘书长。聘请泰国和平统一促进总会会长王志民、香港博大东方董事局主席王金狮、俄罗斯莫斯科北方商会会长关百新、马来西亚华商经贸总会荣誉主席洪来喜、香港建设（控股）有限公司监事会主席徐正文为名誉会长。会上，陈香林主席为吉林省侨联青年委员会海归协会授牌。大会还请党的十八届五中全会精神省委宣讲团成员、吉林财经大学党委书记周知民为海内外侨界青年以“决胜全面建成小康社会‘大图样’”为题解读“十三五”规划。会后，省侨联组织近40名海外青年委员和嘉宾到四平考察，参加了四平市重点项目推荐会，考察了四平市九洲光电公司，参观了四平战役纪念馆。四平市委书记赵晓君等主要领导亲切会见了考察团成员。双方就一些具体合作项目进行了洽谈。四平市委21日召开各职能部门负责人参加的专门会议，对项目进行逐一落实。

12月19日，吉林省侨联青年委员会第二届委员大会在长春召开

12月20日，吉林省侨联组织近40名海外青年委员和嘉宾赴四平参加四平市重点项目推荐会并进行参观考察

【四平市侨联帮扶企业走出困境】2015年，四平市侨联结合市里开展的“万名干部服务万企”活动，充分发挥“侨”的优势，帮助企业解决困难。市侨联负责帮扶的两家企业是四平市兴华液压有限公司和四平帝玛生物饮品有限公司。四平市兴华液压有限公司目前主要困难是生产能力有限、产品知名度不高、销路不畅。针对这一情况，市侨联充分发挥“侨”的优势，在“吉林省第八届海外华侨华人专业人士恳谈暨项目对接会”上，将他们的产品推介给参会的200余位侨商，广为宣传，扩大产品知名度。为解决该企业生产能力有

限、业务量增加难以及时供货的情况，市侨联给出了订单共享的建议，即联系本市其余10余户液压企业，采取联合生产、利益共享的方式弥补产能不足。此举基本上解决了企业生产能力不足的问题，得到了企业负责人的认可。针对四平帝玛生物饮品有限公司在新建厂房土地征用中遇到的问题，市侨联积极帮助他们协调相关部门，完成了被征地农民的社保审批和耕保审查工作，把征地前期所有手续办理完毕。目前，企业厂房、研发中心已竣工并即将投入生产。

【白城市侨联服务地方经济建设】2015年，白城市侨联共接待俄罗斯、美国、韩国、德国、英国等国的海外华侨华人及域外客商32人（次），对招商引资项目进行宣传推介。与佳木斯市和舟山市侨联签订了友好侨联协议书，携手结对，实现科学发展。借助省侨联的力量，宣传推介白城市招商引资项目。利用省侨联在长春接待出席首届世界华侨华人工商大会代表的机会，结识来自15个国家的25位侨领。白城市侨联成立工作组，专门负责与侨商企业联系，引领侨商加强合作，探索做大做强企业的方法和途径。已在白城市投资的侨商郭晓光先生又投资3500万元，成立了吉林亚亨农牧科技发展有限公司；大连绿波集团又向大连绿波白城甘草科技开发有限公司增资2000万元，用于发展生产。协调中国银行白城分行与我市有需求的侨商进行金融对接。为白城宝鑫汽车销售服务有限公司、白城市兴达泡沫厂等3户侨商企业协调流动资金贷款200多万元，解决了企业临时性资金短缺问题。

【辽源市侨联解决多起涉侨维权案件】一是积极维护侨企职工利益，解决了原华侨物质供销公司和原台联实业公司职工长达10余年的上访积案。2005年企业改制时，两家公司因种种原因，未能给职工缴纳养老保险金，导致职工无法办理退休手续。市侨联副主席许霞上任后，高度重视此事，先后多次与市工信局、财政局、社保局协商，并积极向市长汇报。经过不懈努力，终于为49名职工争取到政府补发的60.1万元养老金，上访人员满怀感激地为市侨联送来锦旗。二是解决了侨企职工的集体上访问题。华侨玩具服装厂因多种原因档案丢失，职工集体上访。市侨联领导热情接待，并积极协调市社保局及企业负责人，最终为职工们补办了个人档案，使上访职工满意而归。三是积极为侨界群众排忧解难。归侨刘全满的儿子转业，考虑到他们家的实际困难，市侨联多次与市民政局的领导及安置办的同志协商，恳请他们优先考虑归侨子女。在市侨联的努力下，该归侨子女被优先安排到了一家外企。归侨肖德民在厂房拆迁中，被人盗卖设备，利益受到严重损失。了解情况后，市侨联积极帮助他们寻求法律援助，运用法律武器维护了归侨的权益。

【松原市侨联积极服务侨爱心工程】自2011年向新华爱心教育基金会申请“珍珠班”以来，先后有“瑞冬珍珠班”、“宝岛珍珠班”、“新华珍珠班”、“创价珍珠班”落户松原市实验高中。截止到2015年年底，松原市“珍珠班”总数达到4个，受益学生300人，得到累计捐款147万元。松原市侨联领导多次到松原市实验高中，对“珍珠班”情况进行调研。5月，经市侨联联系，基金会决定在松原市实验高中再设立1个“珍珠班”。经市侨联组织，崔碧峰等8名珍珠生在第十六届世界华人华侨学生作文大赛中获奖，其中一等奖1人，二等奖2人，三等奖5人，郭艳凤等3名教师荣获优秀辅导奖。9月16日，市侨联陪同浙江省新华爱心教育基金会创始人王建煊先生到松原实验高中探望了“珍珠生”，通过召开座谈会等形式对珍珠班的情况进行调研了解，勉励珍珠生成为有爱、有能力的人，用自己的力量和爱心去帮助更多的人。该基金会在近2年中还启动了“精英计划”，对考入大学仍没有脱贫的“珍珠生”给予每年4000元的资助，目前，松原市已有34名“珍珠生”受益。

【白山市侨联维权工作取得实效】一是白山市侨联有效推进华侨企业公司改制工作。多年来，由于华侨企业公司改制“量化方案”引起58名被除名的下岗职工极度不满和大范围上访。经市侨联汇报，受到市委、市政府领导的高度重视，在认真听取市侨联意见的基础上，市政府做出停止执行华侨企业公司“量化方案”的决定，得到企业下岗职工和归侨侨眷的一致拥护。

此外，2015年华侨企业公司改制工作在市侨联改制领导小组领导下，对参加华侨企业公司改制人员身份进行了确认，对企业资产进行了清产核资，清回了拖欠企业的欠款30万元，完成了华侨企业公司资产审计和评估工作。市侨联在华侨企业公司改制过程中，克服困难，敢于碰硬，坚持维护归侨侨眷的合法权益，受到归侨侨眷的好评。二是努力做好为侨排忧解难工作。9月，市侨联收到“全美华人委员会”副主席、美国罗格斯大学王朝勃博士的来信，反映他弟弟在白山市遇到麻烦，恳请侨联伸出援手。市侨联主席张洪玉带着侨联干部详细了解情况后，积极向有关部门反映，进行沟通，解除了王朝勃博士的后顾之忧。王博士从美国打来电话，感谢白山市委、市政府对海外侨胞和归侨侨眷的关怀和重视，并深有感触地说“侨联就是侨胞之家”。

黑龙江省归国华侨联合会

【领导成员名单】

党组书记、主席：迟国强

专职副主席：曹明龙

兼职副主席：冯　燕（女）　蒋贤云　杨世民　孙柏涛　刘　英（女）　刘国超　陈佐东　孟宪奎　尚　宇

【综述】 2015年，黑龙江省侨联在省委、省政府的正确领导下，在中国侨联的有力指导下，认真贯彻落实党的十八届三中、四中、五中全会精神和习近平总书记系列重要讲话精神，扎实开展“三严三实”专题教育，坚持“国内海外并重、老侨新侨并重”，深化“拓展新侨和海外工作”，团结全省广大侨界群众，主动服务国家大局，全心全意为侨服务，参与经济建设效果显著，依法维权取得实效，海外联谊不断拓展，“亲情中华”实现突破，公益事业成果丰硕，参政议政彰显作为，发挥了侨联组织的独特作用，为服务“龙江丝路带”建设，促进黑龙江省经济社会发展做出了应有的贡献。

【贯彻落实中央群团工作会议精神】 黑龙江省侨联组织紧密结合侨联工作实际，贯彻中央群团工作会议精神，学习《关于加强和改进党的群团工作的意见》（以下简称《意见》）精神和习近平总书记系列重要讲话精神。第一，省侨联先后多次组织机关干部集体学习《意见》全文和习近平总书记在中央群团工作会议上的讲话，学习由中国侨联编撰的《侨联学习〈中共中央关于加强和改进党的群团工作的意见〉百题思考》。通过举办培训班、召开市（地）侨联主席会议，转发《中国侨联关于贯彻落实〈中共中央关于加强和改进党的群团工作的意见〉实施方案》等，推动对中央《意见》精神和习近平同志系列重要讲话精神的深入学习贯彻。省侨联党组书记、主席迟国强在省委《奋斗》杂志第八期上发表了题为《凝心聚力 团结广大侨胞为实现中国梦贡献力量》的署名文章，围绕群团组织“政治性、先进性和群众性”全面总结了全省侨联落实习近平总书记系列重要讲话精神的具体举措，简要阐述了进一步做好全省侨联工作的思路。第二，结合贯彻《意见》精神，深入开展工作调研。省侨联先后赴牡丹江、鸡西、伊春、鹤岗、佳木斯、绥化、七台河、齐齐哈尔、哈尔滨和黑龙江外国语学院等地，围绕侨联组织在全面深化改革中存在的困难和问题进行调研，推动侨联工作深入开展。鸡西市率先出台了《关于加强和改进新形势下侨联工作的实施意见》。

【开展“三严三实”专题教育】 2015年4月以来，黑龙江省侨联按照中央、省委部署，扎实推进“三严三实”专题教育工作。黑龙江省侨联党组分三个专题，多次召开党组中心组学习研讨会，深化“三严三实”专题教育；领导班子成员坚持以问题为导向，亲自讲授党课，亲自撰写对照检查材料，切实查摆侨联组织存在的“机关化、行政化、贵族化、娱乐化”方面存在的问题。组织机关全体党员干部赴哈尔滨烈士陵园、东北烈士纪念馆等教育基地参观，净化思想、深化认识。召开党支部组织生活会，机关处级党员干部认真查摆问题，制定整改措施，发挥了在教育实践活动和“三严三实”专题教育工作中的骨

6月17日，黑龙江省侨联开展“三严三实”专题教育党课

干作用。

【服务“一带一路”战略和发展大局】第一，围绕国家“一带一路”和黑龙江省发展战略主动作为。围绕“中蒙俄经济带”和黑龙江省“龙江丝路带”建设，黑龙江省侨联邀请海外侨胞和国际友人参加中俄国际博览会，指导齐齐哈尔市侨联与鲁辽吉黑桂等省会、口岸城市签订了《“一路一带”沿线城市侨联合作联盟》。第二，围绕大众创业、万众创新发挥侨联作用。黑龙江省侨联组织全省侨界企业赴大连参加“创业中华　魅力大连——2015侨界助力金普新区创新发展高峰论坛”，并与大连多家企业达成合作意向。支持哈尔滨市侨联出台了《关于推进创新创业工作的实施意见》，搭建交流、对接、协作和激励等多个创新创业平台。第三，助力“十三五”规划。在12月召开的中国侨联“聚焦十三五·侨界专家建言献策大会”上，黑龙江省侨界知名专家中国地震局工程力学研究所所长孙柏涛、哈工大智能控制与系统研究所所长高会军和黑龙江省肿瘤研究所副所长徐向英教授被聘为中国侨联特聘专家委员会专家，他们关于国家发展战略的专家建议被中国侨联采纳。第四，发挥优势助力地方经济发展。黑龙江省侨联组织侨青会20余位侨界企业家赴牡丹江，考察为当地经济发展做出积极贡献、被中国侨联授予“亲情中华·中国华侨国际文化交流基地”荣誉称号的黑龙江中北建设工程有限公司，并与当地侨属企业家就如何服务地方经济发展进行座谈交流。七台河市侨联通过调研及时为当地侨资企业提供智力支持，促进其转变经营模式，找到新的经济增长点。

【精准扶贫　为侨服务】第一，深入开展走访慰问贫困归侨侨眷活动。2015年，黑龙江省各级侨联累计走访慰问贫困归侨侨眷5000多人，送去慰问金50多万元。哈尔滨、齐齐哈尔、牡丹江、佳木斯、鹤岗、伊春、大兴安岭等市地侨联都相继走访慰问当地贫困归侨侨眷、侨界空巢老人、留守儿童，并发放了慰问金。第二，逐步

1月23日，中国侨联机关党委常务副书记赵红英（左二）、省侨联主席迟国强（右一）走访慰问贫困归侨侨眷

12月3日，黑龙江省侨界专家被聘为中国侨联特聘专家委员会专家，中国侨联副主席李卓彬（右三）、省侨联主席迟国强（左二）出席会议

完善贫困归侨信息台账。截止到2015年12月底，黑龙江省共有贫困归侨侨眷2183户，农村贫困归侨侨眷1392户，城镇贫困归侨侨眷791户。在农村贫困归侨侨眷当中，因疾病致贫879户，因残弱致贫223户，因自然灾害致贫169户，因缺乏知识致贫80户，因自然环境恶劣致贫17户，因劳动力缺乏致贫408户，其他原因致贫103户。在城镇贫困归侨侨眷当

中，因疾病致贫 359 户，因残弱致贫 96 户，因自然灾害致贫 5 户，因缺乏知识致贫 74 户，因自然环境恶劣致贫 5 户，因劳动力缺乏致贫 200 户，其他原因致贫 52 户。

【开展情暖侨心——焦视眼科光明行义诊活动】黑龙江省侨联鼓励和支持侨界群众为社会服务，与侨属企业——哈尔滨焦视眼科医院合作开展“情暖侨心——焦视眼科光明行义诊活动”，仅在牡丹江穆棱市就为 400 余名眼病患者进行了免费检查，为 20 多名贫困白内障患者成功进行了手术治疗。这次活动在社会和侨界群众中产生了积极反响，受到当地群众一致好评。

7 月 7 日，开展健康光明走进穆棱义诊活动

【开展“侨爱心 365 行动”】2015 年，黑龙江省侨联和黑龙江省华侨经济文化基金会共接受捐款近 200 万元。这些捐款在推动教育文化建设、帮扶贫困归侨侨眷等方面发挥了重要作用。黑龙江省侨联通过黑龙江省华侨经济文化基金会的“侨爱心 365 行动”项目，为哈尔滨道里区养老院捐赠 8 万元，为七台河市归侨侨眷活动中心捐款 8 万元；帮建绥化安达市侨界群众活动中心；联系浙江新华爱心教育基金会在鸡西市第二中学、佳木斯桦南一中分别设立“珍珠班”、“树人班”。12 月 22 日—26 日，省侨联组织哈尔滨、齐齐哈尔、牡丹江、佳木斯 4 个市地侨联参加了由中国华侨公益基金会举办的“侨联系统开展财政支持社会组织参与社会服务项目申报策略”培训班，系统学习了侨联组织参与社会服务项目的相关知识。

【切实维护侨益】第一，黑龙江省侨联启动了《侨联组织与公检法涉侨案件通报制度》，发挥了法顾委法律专业优势，协调相关部门解决了中国侨联常委、海南省侨联副主席黄和伍先生被哈尔滨警方错拘案等在侨界较有影响的案件。第二，加强法顾委建设。黑龙江省侨联重点推进基层侨联法顾委组织建设，培养基层侨界法律专业人才，发挥律师、公检法等法律专业人才在法顾委工作中的作用。2015 年，七台河市、哈尔滨市侨联分别成立了由当地较有影响的律师、法官和检察官组成的法顾委，实现了侨联维权工作的专业化。齐齐哈尔、牡丹江、佳木斯、绥化等市地侨联法顾委都发挥了法律服务的专业作用，建立了与有关部门涉侨案件协调机制和合作平台。

【“六五普法宣传教育”成果显著】黑龙江省侨联“六五普法宣传教育”工作实施以来，全省各级侨联积极组织广大归侨侨眷和海外侨胞学习涉侨法律法规，通过“法律进机关、进社区、进学校”等多个主题活动开展普法工作，以发放涉侨法律宣传单、设置宣传栏等形式宣传涉侨法律。在中国侨联维权工作会议上，黑龙江省侨联、齐齐哈尔市侨联获得“全国侨联系统维权工作先进单位”称号，哈尔滨市侨联申建平、七台河市侨联滕义海、汤原县侨联许德文、安达市侨联高辉、宁安市侨联赵春华获得“全国侨联系统维权工作先进个人”称号。在全省侨联系统维权工作会议上，省侨联表彰了哈尔滨、牡丹江等 19 个基层维权工作先进组织和 20 名维权工作先进个人。

【拓展海外联谊　增进民族认同感】第一，接待侨胞、国际友人来访。黑龙江省侨联借海外侨胞和国际友人来黑龙江出访之际，主动与他们联系接触，广交新朋友，与他们建立友谊。先后接待了 10 余个国家和地区的 100 余位海外侨界人士，比较有影响的有斯洛伐克驻华大使弗兰季谢克·德霍波切克及夫人、俄罗斯青年音乐指挥家焦飞虎、莫斯科伊万诺沃儿童院革命后代、归侨、新华社侨联原主席李树华、曾经为中国抗日战争和中国航空事业做出贡献的日本岩手县日中友好协会会长小山富男、美国斯坦福大学坎特视觉艺术中心亚洲主任杨晓能教授、印尼侨胞（中国）联合总会总主席钟家燕教授等。在接待乍得著名侨领杨丽娜女士及其丈夫欧苏先生时，与黑龙江外国语学院达成了与乍得合作开展中文教育和培训留学生等文化教育交流协议。第二，接待侨（社）团来访。先后接待了由美国密尔沃基市马丁路德高中校长韦恩·詹森、美国精英路德教育集团董事长刘川等组成的美国教育机构代表团；在北京会见了由澳大利亚塔斯马尼亚州上议院议长吉姆·威尔金森、澳大利亚国际商会首席执行官、黑龙江省侨联海外顾问麦克·果等组成的澳大利亚经贸代表团。6月，接待了以台湾华侨协会总会会长陈三井先生为团长的台湾侨联代表团。省委常委、统战部部长赵敏会见了代表团一行，双方在促进两地深入开展文化、教育交流

5 月 25 日，黑龙江省侨联副主席曹明龙（左四）接待俄罗斯归侨

8 月 15 日，乍得著名侨领杨丽娜女士（右三）参观黑龙江外国语学院，省侨联主席迟国强（左二）陪同

6 月 15 日，接待台湾华侨协会总会赴黑龙江访问团

等方面达成了共识。邀请暨南大学华侨华人研究院就旅俄华侨华人史等课题进行座谈交流。接待安徽省侨联一行来黑龙江省参观学习“纪念中国人民抗日战争暨世界反法西斯战争胜利 70 周年图片展”。

【建言献策　参政议政】第一，黑龙江省侨界人大代表、政协委员向各级人大、政协提出建议、提案 110 余件。省侨联提交的《关于落实医疗责任险的建议》和《关于促进我省工业设计产业发展的建议》等多份团体提案被有关部门采纳。省侨联党组书记、主席迟国强提出的《关于媒体免费宣传哈尔滨音乐的建议》、《关于在雪博会设立永久民俗园的建议》得到有关部门的支持。由迟国强联名提交的《关于合理化解旅游名镇建设难题科学盘活旅游名镇闲置资产的建议》被评为“优秀提案”。佳木斯市侨联主席郭雪梅被评为省政协“优秀委员”。七台河市侨联主席滕义海被评为市政协“优秀委员”。第二，省侨联共向中国侨联报送信息 11 份，其中中国地震局工程力学研究所所长孙柏涛教授的《关于加强我国现阶段地震预警系统建设及信息发布管理的建议》和知名侨界节能专家林国海的《关于在我国农村大力推广低能耗抗灾房屋的建议》被采纳。

【加强信息建设】第一，围绕“互联网 + 智慧侨联”，进一步加强黑龙江省侨联系统信息化建设，开通了“侨联通”等网络信息平台。第二，进一步加强网站和《黑龙江侨联》期刊建设，加大信息报送力度，不断扩大侨联社会的影响力。2015 年共出版《黑龙江侨联》期刊 6 期，刊登 30 余万字。侨联网站共登载信息 250 余条，合计约 15 万字。多篇信息在中国侨联网站、省委统战部网站、中国侨网、人民网、中国新闻网刊载。

【举办纪念抗战胜利 70 周年系列活动】第一，举办大型图片展。该展览以旅俄华侨华人参加世界反法西斯战争为主线，反映了旅俄华侨华人在欧洲和亚洲两个战场上，抗击德国纳粹和日本军国主义斗争的史实。图片展共 40 块展板，分为前言、导语、党和国家领导人重视华侨工作、正义之士的正义之战、不能忘记的欧洲战场、中俄友好共谋发展等 9 个部分共 145 幅图片，包括习近平总书记在《俄罗斯报》署名文章中提到的毛岸英、唐铎、胡济邦等旅俄抗战英雄。图片展在哈尔滨、齐齐哈尔、牡丹江、佳木斯、伊春、鹤岗、绥化、鸡西、七台河等 9 个市（地）、县（区）11 站进行了巡展，参观人数

6 月 28 日，纪念中国人民抗日战争暨世界反法西斯战争胜利 70 周年图片展开幕

7 月 17 日，当地中小学生参观图片展

近万人。黑河市旅俄华侨纪念馆和中国华侨历史博物馆、江苏省侨联共同举办纪念抗战胜利图片展，并在北京、江苏等地进行了巡展。第二，举办讲座。省侨联副主席曹明龙在“龙江大讲堂”、东北农业大学学生讲堂、人民网、黑龙江交通广播等多种场合做专题讲座，宣讲旅俄华侨华人在抗日战争中做出的突出贡献。第三，举办黑龙江省少儿书画大赛。黑龙江省侨联邀请海内外侨胞参加以“铭记历史·缅怀先烈·珍爱和平·开创未来，纪念中国人民抗日战争暨世界反法西斯战争胜利70周年”为主题的少儿书画比赛和图片展，促进侨界青少年交流，激发他们拥护统一、珍惜和平的正能量和爱国爱乡的桑梓情怀。第四，黑龙江省高校归侨侨眷联合会赴虎林开展以纪念抗战胜利70周年为主题的纪念活动。省侨青会组织60余名侨界青年赴佳木斯市汤原县开展“重走抗联路”系列活动。

【组织参加第十六届世界华人学生作文大赛】2015年，黑龙江省侨联共向13个市（地）和省农垦总局、省森工总局和哈尔滨铁路局系统侨联征集作品4600篇，报送1864篇稿件，有290篇作品获得奖项，其中一等奖29篇、二等奖87篇、三等奖174篇。黑龙江省侨联和齐齐哈尔市侨联等12家参赛单位获大赛组委会颁发的“组织奖”。省侨联还举办了第九届黑龙江省世界华人学生作文大赛，从未获国家奖的作品中评选出特等奖3篇，一等奖110篇，二等奖168篇，三等奖285篇。

【开展“亲情中华”系列活动】2月1日，黑龙江省侨联举办了“亲情中华——2015侨界新春联欢会”演出。这台文艺节目是从全市近百个民间艺术团体的360多个节目中精选出来的。

2月1日，举行“亲情中华”新春联欢会

10月25日，“亲情中华”赴俄罗斯布拉戈维申斯克市演出

10月，应俄罗斯阿穆尔州文化部的邀请，省侨联与黑龙江省暨哈尔滨市民间文化艺术交流促进会在俄罗斯阿穆尔州布拉戈维申斯克市成功组织了“亲情中华·中俄民间文化交流演出”活动。这是亲情中华系列活动开展以来首次出访的民间艺术团体，成员都是社会文艺爱好者和侨联工作的热情参与者。侨联组织通过“亲情中华”品牌，借势发力，打开了一条通过民间文化艺术交流方式传播中华优秀文化的“丝绸之路”。

5月13日，哈工大教授高会军（右）为省侨联主席迟国强（左）讲解“全方位移动平台车”

【召开黑龙江省侨联七届四次常委（扩大）会议暨全省基层侨联组织建设绥化现场会】 4月13日—14日，黑龙江省侨联七届四次常委（扩大）会议暨全省基层侨联组织建设绥化现场会分别在哈尔滨、绥化召开，省侨联党组书记、主席迟国强出席会议并讲话。省侨联副主席孙柏涛、陈佐东及省侨联常委出席会议。会议总结了绥化市基层侨联组织建设的有益经验和做法，观看了《绥化市侨联基层组织建设工作专题片》，参观了基础档案材料簿册、照片、图版展示等资料。与会人员赴安达市开发区参观侨资侨属企业，考察安虹社区“侨之家”创建情况。

4月13日，省侨联常委考察安虹社区“侨之家”创建情况

【参加第十八届中国北京国际科技产业博览会】 5月13日，由科技部、工信委等国家八部委主办，中国侨联特约支持的第十八届中国北京国际科技产业博览会在北京开幕。黑龙江省侨联组织省侨联青年委员会副会长、哈尔滨工业大学教授高会军率领其机器人研究团队参加了本次展会，展出了灵活性、操作性世界领先，且具有多种感知功能、高度智能化和集成化的机器人多指灵巧手，能够直接对机器人进行控制、降低机器人操作难度的可穿戴式机

5月13日，中国侨联副主席李卓彬（左二）参观黑龙江展区

器人控制设备，能够360度全方位移动、应用于狭小空间监控拍摄的全方位移动平台车等多项哈工大最新机器人研究成果。黑龙江省侨联获得组委会颁发的“优秀组织奖”，哈尔滨工业大学获得“最佳展示奖”。

【举办黑龙江省侨界乒乓球联谊赛】7月17日—18日，由黑龙江省侨联主办、伊春市侨联承办、黑龙江省华侨经济文化基金会和黑龙江彩格工业设计有限公司协办的“彩格杯”第六届黑龙江省侨界乒乓球联谊赛在伊春市举行。此次赛事共有全省市地侨联15支代表队、46名运动员及来自全省各市地的归侨侨眷及侨联系统干部近百人参加。比赛包括男单、女单和团体三个项目，并按年龄分为老年和青年组。经过角逐，哈尔滨侨联代表队和七台河侨联代表队分别获得团体赛冠亚军，牡丹江、伊春侨联代表队获得团体赛并列第三名，鹤岗、黑河、鸡西、齐齐哈尔侨联代表队获得团体赛并列第五名。

【举办黑龙江省英语教师培训班暨黑龙江外国语学院城乡英语教师培训班】8月3日—7日，黑龙江省英语教师培训班暨黑龙江外国语学院城乡英语教师培训班在黑龙江外国语学院举行。省侨联党组书记、主席迟国强出席开班式并讲话。黑龙江外国语学院选派出5名来自英国、美国、加拿大的外籍教师专家团队为全省100余位英语教师授课。培训班旨在提高城乡教师对“互联网+”时代英语教师面临各种挑战的认识，拓宽城乡教师国际视野，提升城乡英语

8月3日，外籍教师为参加英语培训班的学员授课

7月17日，“彩格杯”第六届黑龙江省侨界乒乓球联谊赛在伊春开幕

省级侨联工作

教师特别是偏远地区英语教师的口语水平。此次培训采取全封闭的“沉浸式”纯英语教学模式和生活环境。

【承办中国侨联“法治中国 你我同行”系列活动】8月9日—10日，由中国侨联主办、黑龙江省侨联承办的“法治中国 你我同行”——“一带一路”相关省份侨界群众法治学习活动第四期在哈尔滨市举办，共有来自北京、天津、河北、辽宁、吉林、黑龙江6省市的130余名侨界群众、侨商、侨联法顾委委员和侨联干部代表参加了学习活动。中国行政法学会副会长青锋，中央国家机关侨联副主席、全国人大华侨委法案室原主任毛起雄，中国侨联法顾委委员王建平，分别以《社会主义法律体系的形成与完善》、《“一带一路”战略实施与侨联工作》和《企业人力资源管理中常见的法律问题解析及风险防范》为主题进行了授课。

9月21日，省侨联主席迟国强（右一）出席哈尔滨派特森英语学校侨联成立仪式

【成立哈尔滨派特森英语学校侨联】9月21日，哈尔滨派特森英语学校侨联在哈尔滨成立。省侨联党组书记、主席迟国强，哈尔滨市侨联党组书记、副主席钟萍，哈尔滨派特森英语学校校长杨杨及该校20余名归侨侨眷代表参加了成立大会。会议选举杨杨为哈尔滨派特森英语学校侨联主席。哈尔滨派特森英语学校是新侨精英聚集

8月9日，“法治中国　你我同行”——“一带一路”相关省份侨界群众法治学习活动第四期在哈尔滨市举办

的新经济组织，是全省侨联组织的新生力量。

【举办黑龙江省侨联系统干部培训班】10月10日—17日，黑龙江省侨联系统干部培训班在北京举行。中国侨联副主席董中原、乔卫分别在开班式和结业式上讲话。省侨联主席迟国强、副主席曹明龙及来自全省侨联系统20余名侨联干部参加了培训。培训内容丰富，中国侨联副主席乔卫、中国侨联顾问李祖沛、国家发改委国土开发与地区经济研究所所长史育龙、国防大学战略研究所教授王宝付、中央党校教授李晓兵、办公厅秘书处副处长宁一等分别为学员授课。

【召开黑龙江省侨联系统信息化工作会议】11月3日—4日，黑龙江省侨联系统信息化工作会议在哈尔滨召开。省侨联党组书记、主席迟国强，省侨联党组成员、副主席曹明龙，中国侨联信息化领导小组办公室副主任马寅喜出席会议。马寅喜副主任和赵娟分别讲授了“侨联通”的功能和具体使用方法，并在现场进行了具体操作流程的演示。省侨联信息工作负责同志分别就如何为侨联刊物投稿、侨联网站应用的具体操作方法等进行了讲解。市（地）侨联主席、部分省侨联委员、侨联信息员等80多人参加了会议。

【哈尔滨市侨联助力经济发展】哈尔滨市侨联通过搭建多个创新创业等平台，服务哈尔滨市经济发展，2015年引进域外大项目3个，协议资金3亿元人民币，到位资金0.68亿元人民币。第一，搭建有效学习平台。举办“中国经济新常态与十三五战略规划”论坛，邀请著名经济学家魏杰教授为500多位企业家授课；举办《新思路　新模式　南北经济对话》专题论坛、中国金融与经济形势分析“思享会”等，拓宽侨商企业经营思路。第二，搭建合作共赢平台。与大连市侨联共建工作互助交流资源共享平台，拓宽了两地企业家信息联动、资源共享、携手发展的渠道；哈尔滨市侨商会与格兰特欧洲商会缔结友好商会，并达成旅游、农产品加工、汽车零部件配套以及留学移民等多个项目合作意向。第三，搭建对外交流平台。组织侨商企业家“走出去、取真经、拓视野、商洽谈”，先后赴欧洲四国进行商务考察；开展“湘、鄂招商行”活动；参加创业中华——2015江苏侨资侨智对接交流会、第十三届中国（漯河）食品博览会、第九届中国中部投资贸易博览会、第十九届东西部合作与投资贸易洽谈会暨丝绸之路博览会等九次全国大型商贸洽谈会，与国内外企业达成40多个合作意向。

【七台河市侨联建设“侨胞之家”】2015年，七台河市侨联将该市归侨侨眷最集中的兴城社区作为基层组织建设试点，成立了七台河市第一家服务侨界群众的“侨胞之家”。该社区向当地侨界群众免费提供法律维权、帮扶助困、活动健身、音乐娱乐、医疗保健、联谊交流、学习培训、读书上网、心理辅导、政策宣传等服务。第一，进行侨情调查。七台河市侨联联合社区通过入户走访、座谈等多种形式，掌握第一手资料，建立健全了归侨侨眷信息台账，完成了对七台河市新兴区归侨侨眷的调查摸底。第二，提供多种服务。联合卫生服务中心，为辖区14名老归侨进行定期健康体检，建立个人健康档案。社区还为特困侨胞免费提供棉裤、被褥、旧衣物等共计150余件，对在校的侨眷儿童提供免费特长课辅导。该社区设立了为侨服务一站式服务大厅，为归侨侨眷提供职业介绍、就业创业服务、联系贷款业务等服务内容。第三，开展文娱活动。社区针对侨界群众的需求开设侨法、侨情宣传、健康养生知识、生活小窍门、国学课堂、国家政策宣讲等内容的讲座。社区将每周二和周三作为侨胞活动日，归侨侨眷可以免费进行室内健身、看电影、图书阅览，上网与海外亲人视频通话。社区还开展了象棋比赛、跳棋比赛、台球比赛、羽毛球比赛、红歌比赛等内容丰富、形式多样的文体活动。

上海市归国华侨联合会

【领导成员名单】

党组书记、主席：沈 敏（女）

专 职 副 主 席：杜宇平

兼 职 副 主 席：陈 刚 屠 杰 顾佳丹 郭景平 屠海鸣 程 东

秘 书 长：杜宇平（兼）

7月13日—15日，上海市第十一次归侨侨眷代表大会选举出新一届委员会。

党组书记、主席：沈 敏（女）

专 职 副 主 席：杜宇平 徐大振

兼 职 副 主 席：陈 刚 屠 杰 顾佳丹 屠海鸣 程 东 徐学敏（女） 张国蕊（女） 左建平 王 勇

秘 书 长：陶 勇

【综述】 2015年，上海市侨联在上海市委的坚强领导和中国侨联的正确指导下，在上海市委统战部的具体指导下，带领全市侨联干部贯彻党的十八大和十八届三中、四中、五中全会精神，贯彻习近平总书记系列重要讲话精神，贯彻中央和上海市委党的群团工作会议精神，发扬主动加压、主动创新、敢于担当的精神，充分发挥侨联组织的独特作用，积极拓展海外工作，积极拓展新侨工作，团结凝聚广大归侨侨眷和海外侨胞，各项工作取得了新成效。

【召开上海市第十一次归侨侨眷代表大会】 7月13日—15日，上海市第十一次归侨侨眷代表大会召开。中共中央政治局委员、上海市委书记韩正，中国侨联党组书记、主席林军，上海市委副书记、市长杨雄，上海市人大常委会主任殷一璀，上海市政协主席吴志明，中国侨联党组副书记、副主席董中原等领导出席开幕式。中国侨联党组书记、主席林军，上海市委常委、统战部部长沙海林在会上分别作重要讲话。中国侨联副主席、上海市侨联党组书记、大会主席团常务主席沈敏代表市侨联第十届委员会作《高举旗帜 凝心聚力——团结动员广大归侨侨眷和海外侨胞为上海当好全国改革开放排头兵和创新发展先行者而努力奋斗》的工作报告。大会审议通过了市侨联十届委员会工作报告和《上海市归国华侨联合会工作细则修正案》，选举产生了市侨联新一届领导班子和委员会，沈敏连任主席，杜宇平、徐大振、陈刚、屠杰、顾佳丹、屠海鸣、程东、徐学敏、张国蕊、左建平、王勇当选副主席，陶勇当选秘书长。会议聘请了上海市侨联第十一届顾问、名誉委员和海外及港澳委员、海外及港澳顾问、海外及港澳名誉委员，表彰了2010—2014年度上海市“侨界

7月13日—15日，上海市侨联举行第十一次归侨侨眷代表大会

7月13日，中共中央政治局委员、上海市委书记韩正，中国侨联党组书记、主席林军等领导出席上海市第十一次归侨侨眷代表大会开幕式

十杰”、侨联先进个人和集体。同期举办了“相聚浦江　创新共融——海内外新侨聚焦上海科创中心建设”研讨会。

【打造“园区＋联盟＋基地＋驿站”四大新侨工作平台】 2015年，上海市侨联通过打造“四大平台”，积极拓展新侨工作。上海临港新侨新兴产业园在土地保障和项目对接等方面加大了推进力度，落实127亩首期开发用地，并委托上海乾洋投资公司在美国硅谷和波士顿与30多家新侨社团机构进行沟通和项目对接，共收到海外高新技术及企业项目35个；上海园区新侨创新创业服务联盟于7月成立，通过聚集10家全市已成立侨联组织的园区，把原来碎片化的服务方式、组织形式统筹起来。联盟下设“出入境服务、教育咨询、医疗服务和法律咨询”四个工作组；上海新侨创业实践基地的成员单位增加了上海微松工业自动化有限公司等4家侨资企业，总数达到6家。基地通过向新侨分享创业史和信息、技术、人脉等各类资源，“侨帮侨”的新模式正在形成；新侨驿站加大推广力度，一是与上海师范大学侨联、徐汇区侨联形成联合课题组，总结分析基层新侨工作的新经验，并提出在全市层面推广新侨驿站的思考。二是召开新侨驿站建设推进会，在徐汇区新侨驿站实现全覆盖的基础上，加大向全市的推广力度。在打造新侨工作“四大平台”的同时，上海市侨联通过与中国侨联共同举办“长江经济带”相关省市侨联工作沟通会、开展新侨工作专题调研，与上海市政府发展研究中心共同召开“科创中心建设中发挥新侨作用”专题座谈会，办好“上海新侨”微信公众号，向基层新侨赠送新版《新侨回国来沪创

7月13日，中国侨联主席林军在上海市第十一次归侨侨眷代表大会开幕式上致辞

7月15日，上海市侨联十一届委员会领导班子合影

7月15日，举办“相聚浦江　创新共融——海内外新侨聚焦上海科创中心建设”研讨会

11月5日，举行上海园区新侨创新创业服务联盟暨新侨创业实践基地授牌仪式

3 月 30 日，中国侨联副主席李卓彬出席长江经济带相关省市侨联工作沟通会

11 月 5 日，召开上海“新侨驿站”建设推进会

新创业服务指南》等，为广大新侨提供发展机会和服务。

【召开上海市侨联十届十一次全委会】 1 月 29 日，上海市侨联召开十届十一次全委会议。会议传达了在中国侨联九届二次全委会议上中共中央政治局委员、国家副主席李源潮代表党中央所作的重要讲话精神和中国侨联主席林军所作的侨联工作报告。上海市委统战部副部长赵卫星代表市委统战部讲话，中国侨联副主席、市侨联党组书记、主席沈敏代表市侨联常委会作工作报告。

【召开上海市侨联十届十二次全委会】 4 月 28 日，上海市侨联召开十届十二次全委会议。会议审议了上海市侨联第十届委员会工作报告（讨论稿）和市侨联工作细则修正案（草案），审议通过上海市第十一次侨代会组织方案和先进表彰方案。

【举办 2015 中国（上海）国际青少年校园足球邀请赛】 7 月 11 日—17 日，由教育部、中国侨联、上海

7 月 11 日—17 日，举办 2015 年中国（上海）国际青少年校园足球邀请赛

市人民政府联合主办；上海市教委、上海市体育局、上海市侨联、中国中学生体育协会、上海市华侨基金会共同承办的 2015 中国（上海）国际青少年校园足球邀请赛在上海举办。赛事共邀请 8 个国家的 12 支 U18 男子青少年校园足球队参加。喀麦隆雅温得第一高中队夺得冠军。教育部副部长杜占元、中国侨联副主席乔卫、上海市副市长翁铁慧出席闭幕式并颁奖。海外侨领在联系海外政要、募集资金、志愿服务等方面起到重要作用，海外侨团侨领资助的机票及保险、公益捐赠款、物资等累计达到 930 万元人民币，凸显了侨联组织和海外侨胞的独特资源优势，创造了“以球连侨”凝聚侨心、拓展海外工作的新经验。

【举办两期“侨界青年创新创业·共谋发展”高级研修班】以中国侨联为指导单位，由中国侨联青年委员会、上海市侨联共同主办，上海市侨联青年委员会、复旦大学、《解放日报》联合承办的“侨界青年创新创业·共谋发展”高级研修班分别于 7 月 15 日—18 日（第一期）、10 月 11 日—15 日（第二期）在复旦大学举行。中国侨联副主席乔卫为来自 28 个国家和地区的近 300 名海外侨界青年就“一带一路”战略和“上海建设具有全球影响力的科创中心”等热点内容进行授课。

【积极拓展海外工作】2015 年，上海市侨联先后在比利时、斯洛伐克、日本、韩国、巴西、智利建立“海外工作联络站”，推进海外联系网络的设点布局工作；通过举办中美青年培训项

12 月 19 日，海外工作斯洛伐克联络站建立

7 月 24 日—25 日，举办“2015 年中美杰出青年培训项目”国内培训

7 月 17 日，中国侨联副主席乔卫与“侨界青年创新创业·共谋发展”高级研修班（第一期）学员合影

7 月 26 日—31 日，举办第十七届两岸四地青少年普通话朗诵比赛

目、建立上海侨界金融投资沙龙等，积极培育和发展海外对我友好力量；接待海外侨胞和港澳台客人 149 批 1648 人次，讲好中国故事，传播中国声音；当好东道主，办好两岸四地青少年朗诵比赛，拓展了两岸四地青少年交流交往的深度与广度；继续与台湾中华侨联总会、台湾华侨协会总会等开展交流联谊活动，强化与港澳台侨界社团常态化的交流。

【打造“亲情中华”活动品牌】 2015 年，上海市侨联召开全市侨联文化宣传工作会议，要求继续深化和丰富“亲情中华”活动品牌，汇成有海派文化特点、上海侨界特色的精神文化产品；联动各区县、高校侨联，举办“亲情中华 · 海上律动”侨界运动会、“亲情中华 · 百侨百愿中国梦”摄影暨微视频大赛、“亲情中华 · 汉语桥”、“亲情中华 · 海上韵律——高雅艺术进校园”等系列活动，关心侨界群众的精神文化生活，推动社会主义核心价值观深入侨心。

【畅通侨界利益诉求渠道，完善反映侨情民意机制】 2015 年，上海市侨联共接待来访 91 批 129 人次，受理来信 105 封，电话咨询 1000 多人次；在上海市“两会”期间，上海市侨联提交的《关于大力扶持上海临港新侨新兴产业园的建议》获市政协优秀提案奖,《关于发挥海外高端人才为上海全球科创中心建设服务的对策建议》被列入市政协专题督办件；发挥《侨情专报》“直通车”作用，将侨界对改革措施的反映、改革举措实施的效果、亟须深化改革的领域等信息及时准确报送中国侨联，获全国侨联信息工作一等奖；推进委员（代表）工作室建设，进一步强化政协侨联界别委员述职制度、深化服务功能，推动“调研课题转化为侨界重点提案或大会发言”机制的形成。在上海市政协十二届

10 月 22 日，中国侨联副主席康晓萍出席“亲情中华 · 百侨百愿中国梦”摄影暨微视频大赛颁奖典礼

四次全会首场大会发言上，上海市侨联主席沈敏作《充分发挥新侨人才在上海科创中心建设中的独特优势》的发言。

12 月 16 日，召开 2015 年区县侨联特色工作（项目）评审会

【坚持做好为侨服务工作】 上海市侨联大力推进基层组织建设和特色工作项目。截止到 2015 年年底，全市共组建基层街镇侨联分会 198 个，“侨之家”600 个。继续发挥“侨爱心休养中心”上师大奉贤校区基地的作用，落实专人、专车、专项；坚持做好老侨“三节”送温暖和健康体检等项目，得到了老侨的高度认可。继续推进“同心侨爱 · 贵州遵义助学项目”，并邀请部分受助遵义学生参与国际青少年足球邀请赛等海外项目。制定《上海侨界公益奉献奖评奖标准》，助推侨联公益事业持续发展；各区县侨联因地制宜开展各类公益特色项目，如黄浦区侨联组织开展“暖巢行动”，闵行区侨联赴遵义开展支教捐赠活动，虹口区侨联深入推进“心境港湾”心理服务平台，宝山区侨联开展空巢侨界互助工程，松江区侨联开展“扶侨帮困、温暖侨心”活动，普陀区侨联开展“同心、侨爱”圆梦助学活动，募得 11.5 万元捐款资助贵州遵义贫困高中学生。

9 月 1 日，举行“同心侨爱 · 贵州遵义助学项目”捐赠仪式

【强化枢纽型组织建设】 一是通过开展区县特色工作、星级侨之家评选等工作，不断完善基层侨联阵地、制度和品牌建设，如嘉定区侨联成立侨联议事会，青浦区侨联探索以“团体 + 个人”为形式的会员制，奉贤区侨联在新侨聚集的企业和村居发展联络组，金山区侨联探索以侨居国为依据开展社区侨联工作，普陀区侨联以特色侨之家为抓手打造侨界文化艺术节，这些都有效发挥了基层侨联在参与社区治理、基层民主等方面的积极作用。二是召开高校（院所）侨联工作会议，打造高校侨联特色品牌，开拓为侨服务的新领域，建立侨务工作的新网络。在上海市侨联支持下，上海科学院成立侨联组织。三是华侨基金会、华商会、青委会、海促会、华侨摄影协会、留学生企业协会等社团，通过参与中西部建设、出席世界华商大会、参加“侨青之家”系列活动、举办两岸四地青少年朗诵比赛、举办郎静山慈善摄影大赛、与高校侨联开展跨界交流等进一步凝聚广大侨界人士。

【改进工作作风】 一是以扎实推进“三严三实”专题教育活动为契机，针对不严不实问题建立问题清单，制订整改方案和整改措施，实行销号整改，确保每一个问题整改落到实处，切实改进领导班子和干部队伍的工作作风、服务方式。二是根据中央和上海市委的要求，坚决克服“机关化、行政化、贵族化、娱乐化”等突出问题，围绕组织设置、管理模式、工作方式、干部队伍的管理和完善保障机制等方面形成侨联改革初步思路报送市委，并在中共中央政治局委员、国家副主席李源潮来沪调研群团工作期间以及上海市委副书记应勇出席的统战系统等群团改革工作调研座谈会上分别作专题汇报。

【静安区侨联】一是召开静安区第八次归侨侨眷代表大会，产生新一届区侨联班子。认真做好静安、闸北两区侨联“撤二建一”工作，制订《静安区侨联联合工作组工作机构方案》，报送《关于区侨联机构设置和人员编制的建议方案》。二是指导各街道侨联分会开展“六五”普法活动，侨法宣传月期间在社区文化活动中心、街道图书馆中开辟侨法宣传资料的专门阅读区域，并举办“2015 年静安区基层侨务培训班”。2015 年共处理来访、来电、来信 40 余件。注重发挥侨界人大代表、政协委员、侨联委员、智囊团及其他侨团的作用，“两会”期间提交意见建议 30 余篇。三是开展区老归侨、老同志体检活动，组织老归侨 3 批 60 人到“侨爱心”基地开展疗休养，并做好“侨爱心工程”早期归侨大病重病救助及早期归侨“三节”送温暖工作和早期困难、重病老归侨医疗帮困卡发放工作。四是开展弘扬中华传统文化系列活动，依托“克勒门文化沙龙”，发挥“文化专员”和“克勒之家”的作用，继续开展海派文化“侨之家”工作，参加“亲情中华美丽梦——侨界文化系列活动”、“侨与中国梦”主题宣传系列活动和“亲情中华·百侨百愿中国梦”摄影和微视频大赛。五是加强街道侨联分会建设，完成 5 个街道侨联分会换届工作，产生新一届分会侨联班子。指导街道分会创新新侨工作品牌，静安寺街道在全区首推三大平台“新侨联盟、义工驿站、玫琳凯新侨之家”凝聚新侨人士。加强“侨之家”建设，指导各街道侨联分会定期研究“侨之家”工作，探索规范建设的新思路新举措，依托“侨之家”平台将侨联活动最大限度覆盖到区域侨界群众。

【杨浦区侨联】一是开展为侨服务。2015 年走访慰问患病及困难侨界人士 300 余人次，发放慰问助困金 16.7 万余元。组织 124 名 80 岁以下早期归侨健康体检，安排三批 80 名侨界“五老”参加疗休养。为 11 位 80 岁早期归侨举办集体祝寿活动，为两位早期无业归侨解决生活补助待遇。二是依法维护侨益。举办以“贯彻落实侨法，维权凝聚侨心”为主题的侨法宣传月活动。与同济大学和四平街道联合签署同济大学早期归侨结对服务共建协议。坚持侨联法律顾问委员会每月接待轮值制度，义务为侨界群众提供法律咨询服务。三是积极参政议政。开展“我为杨浦发展献一计”活动，为侨界人大代表、政协委员参政议政征集侨情民意，围绕杨浦区域经济社会发展、科创中心重要承载区建设及“十三五”建设规划的大局积极建言献策。黄新跃委员的《加强制度创新、促进社区统战工作队伍“新陈代谢”》、宋轶涵委员的《关于加强对留学归国人员（新侨）创业扶持的若干建议》提案，得到了区有关部门的高度重视。四是大力推进新侨工作。积极发展新侨人士加入青委会，组织开展新侨工作培训、崇明拓展训练、足球友谊比赛，召开具有杨浦特色的“私人董事会”，联手致公党杨浦区委青委会开展海宁潮跑、环长兴岛亲子游自行车赛、慈善义卖、新江湾城欢乐跑等活动凝聚共识。五是加强品牌建设。牵头召开区域侨联组织共建联席会议，与复旦、同济、财大等单位共议深化区域侨联合作共建项目，利用高校人才聚集优势，组织专家讲座，服务侨界人士。六是加强对外联谊，组织参加京沪“侨界人才聚扬州”暨“创业·创新·创富”论坛活动。与上海徐汇、北京朝阳、海淀及江苏扬州等地侨联签订“侨界创新发展联盟”协议。为贵州遵义道真中学捐款助学 20 人，共计 6 万元。

【长宁区侨联】一是开展主题教育活动，组织参观上海淞沪抗战纪念馆、聆听“中国抗战与世界反法西斯联盟”讲座。联手区“五侨”举办“让生活精彩，让梦想放飞——长宁区侨界健身文化节”等系列活动。二是多层面开展关爱服务，举行“真情、真心、真爱——长宁区 2015 年‘侨帮侨·献爱心’慈善活动”，共募集 17 万元帮困款，举行“点亮微志愿　暖侨关爱行”项目启动仪式，10 家侨资企业（侨商）与侨界知名人士、困难群众进行结对。制定早期归侨（包括侨界代表人士）发生重病住院、突发事件等给予一定慰问补助的规定。以政府购买服务的形式，启动“银发无忧”关爱老年归侨侨眷家庭服务项目，为早期归侨和侨界空巢老人提供日常生活上门服务。三是提高参政议政水平，全年共向区政协全会递交提案 17 件，《关于整合海外人才资源，服务长宁创新发展的建议》、《关于引入第三方探索市场化多途径居家养老的建议》列入主席督办重点提案，并荣获2015年度区政协优秀提案。区侨联副主席邱夷平撰写的《关于加强内地大学师生与港澳台大学师生交流的建议》被全国政协单篇录用。四是不断夯实基础，下发了《关于各街道（镇）侨联会换届工作的意见》，对各街道（镇）侨联换届工作进行调研和指导。6月—8月全区基层侨联组织换届全部完成，呈现出年龄结构更合理、行业分布更广泛、上下联动更紧密三大亮点。

【浦东新区侨联】一是积极做好海内外侨界资源的涵养。2015年，与全德华侨华人联合总会等4家海外侨团签订了海外人才交流合作协议，海外引智引资联系点拓展为17家。通过举办“塘桥杯”第三届全国社区围棋邀请赛，吸引了来自加、澳、日和中国港澳台等近千名围棋精英参赛，以棋交友，以赛促情。坚持重点人物走访联系制度，加大侨界代表人士队伍建设。在工作中发掘了一批活跃在浦东的新侨代表人士。二是发挥侨界自身独特优势，积极为浦东经济发展服务。在新区侨联大力推动下，上海捷泰新能源汽车有限公司正式落户张江高科技园区。一期投资总额2亿元人民币，未来五年计划投资10亿元人民币，用于新能源汽车的推广和运营。积极组织开展“创新创业大讲坛”、“科技创新交流大会”等活动，为科创中心建设贡献力量。由新区侨联副主席郑好、海外委员丁瑜积极牵线，上海市侨联青年委员会携手中国金融信息中心成立了“上海侨界金融投资沙龙”，为侨界人士搭建互惠共赢的交流平台。三是提高自身建设水平，夯实组织基础。积极筹建陆家嘴金融贸易区侨联分会，充分借助陆家嘴金领驿站平台推动工作。运用微博、微信等网络载体为新侨人士沟通联谊搭建交流平台。加强代表人士队伍梯队建设的新渠道，成立浦东侨联青年委员会，成为服务新侨、引导新侨的新抓手。四是注重挖掘侨界先进典型，提升社会影响力和组织吸引力。利用“亲情中华·百侨百愿”摄影、微视频比赛等平台，积极推荐浦东的一批侨界先进人物，艾琪康医药科技（上海）有限公司董事长卢寿福荣获第五届中国侨界贡献奖（创新人才）；新侨代表人士、区侨联副主席王洁荣获区“三八红旗手”荣誉称号；沙拉·伊马斯荣获“浦东好人”荣誉称号，向全社会展示了侨界爱国奉献的精神风貌。

10月27日，“上海侨界金融投资沙龙”成立

江苏省归国华侨联合会

【领导成员名单】

党组书记、主席：史　宇

专职副主席：镇　翔（蒙古族）

宫　琳（女）

兼职副主席：黄　维　李　琨　张辰宇

曾焕沙

秘　书　长：宫　琳（女，兼）

副巡视员、办公室（组织人事部）

主任（部长）：李正新

党组成员、经济科技部（权益保障部）

部长：李发勇

【综述】2015年，江苏省各级侨联在各级党委的领导下，坚持以党的十八大、十八届三中、四中、五中全会和习近平总书记系列重要讲话精神为指导，认真贯彻落实中央、省委关于群团工作和侨联工作的文件和会议精神以及中国侨联的部署要求，紧紧围绕中心、服务大局，坚持国内海外工作并重、老侨新侨工作并重，积极拓展海外工作和新侨工作，广泛凝聚侨界力量，勇于开拓创新，努力建侨家当侨友，各方面工作取得明显成效。江苏省委书记罗志军对省侨联报送的《江苏省侨联2015年主要工作和2016年主要任务》作出批示："省侨联2015年工作取得良好成效，望在新的一年里贯彻落实省委要求和中国侨联部署，为'迈上新台阶，建设新江苏'做出新的贡献。"

【学习贯彻中央群团工作意见】江苏各级侨联在深入贯彻落实中央关于侨联工作意见的同时，通过学习会、座谈会和工作交流会等形式，认真学习贯彻中央群团工作意见和会议精神，深刻认识加强和改进新形势下群团工作、侨联工作的重要性和紧迫性，不断增强走中国特色社会主义群团发展道路的坚定性、自觉性，主动围绕群团组织五大职能和侨联组织六项任务出思路、谋发展。江苏省侨联就侨联组织深化改革问题广泛调研，并向中国侨联作了专题汇报，向省编办等部门提出意见建议；组织召开各市侨联负责同志座谈会，就侨联工作改革创新问题进行专题研讨。江苏各级侨联主动向党政领导和有关部门宣传中央、省委关于群团工作特别是侨联工作的一系列新精神、新要求，推动工作落实，部分市、县（市、区）侨联在解决影响侨联组织发展等问题方面有新突破。苏州市侨联、无锡市侨联在增加侨联机关

4月15日—18日，中国侨联副主席李卓彬（左四）率调研组在江苏就侨联工作如何深化改革进行调研

2016年1月5日—6日，江苏省侨联六届五次全委会议在南京召开

内设机构、建立县级侨联党组、成立开发区和乡镇（街道）侨联组织等方面取得新进展；徐州市侨联通过召开协调会、联合市编制部门下发文件等举措，推动新成立 3 个县级侨联组织。

4 月 16 日，“创业中华——2015 侨资侨智对接交流会”在镇江举行

【增强服务经济工作实效】 2015 年，江苏省侨联、中国侨商联合会与南通市、镇江市、如东县政府分别联合举办“创业中华——2015 侨资侨智对接交流活动”，邀请近 20 个国家（地区）的 150 多名侨商和侨界专业人士参加活动，达成多项合作意向，其中投资 6 亿元人民币的项目落户如东。由中国侨联支持、江苏省侨联与南京市政府联合主办、南京市侨联和南京市建邺区政府等单位承办的“丝路新航・繁荣共享”——纪念郑和下西洋 610 周年暨海内外侨商携手共建“21 世纪海上丝绸之路”起航活动，向海内外侨商发出了参与海上丝绸之路建设倡议，来自 40 多个国家（地区）的 200 多名侨领、侨商以及侨界专家学者参加活动，分别就新加坡・南京生态科技岛、“侨商博物馆”等项目签署多项合作协议。江苏省侨联与连云港市政府联合主办“云连五洲侨商・共谱丝路新篇”——海内外华侨华人共建“一带一路”走进连云港活动暨投资项目恳谈会，宣传推介园区平台、产业发展、“连博会”等重点合作项目。江苏省侨联联合省商务厅等部门开展第三届“江苏优秀侨资企业”评选表彰活动，激励侨资企业为建设新江苏做贡献；组织省侨界专家委员会与中国侨联特聘专家委员会在无锡举办“创业中华・圆梦无锡——2015 侨界专家助力新侨创业发展”活动，发挥侨界专家优势为新

7 月 11 日，“丝路新航・繁荣共享”——纪念郑和下西洋 610 周年暨海内外侨商携手共建“21 世纪海上丝绸之路”起航活动在南京举行，中国侨联副主席李卓彬（右五）、南京市市长缪瑞林（左五）、江苏省侨联主席史宇（左四）等出席

侨创新创业提供指导服务；组织部分新侨企业参加由科技部、工业和信息化部、中国侨联等共同主办的第十八届中国北京国际科技产业博览会，获优秀组织奖；组织省侨商总会与匈牙利华人联合总会、刚果（金）中华总商会等 11 个海外商会签订战略合作协议；组织部分侨商参加“第十三届世界华商大会”；新命名 14 家单位为“江苏省侨界人才创新创业基地”；与省人才办、团省委共同指导省侨青总会与苏浙沪青商会联合主办“第八届长三角青商论坛”；与部分市侨青组织联合举办“携手圆梦·走进南京江北新区”活动。扬州市侨联联合北京等地侨联邀请 60 多名侨界高层次人才参加“侨界人才聚扬州”活动，并共同发起成立“侨界创新发展联盟”。2015 年，江苏各级侨联共协助引进经济、科技等项目 100 多个，协议利用外资 27.3 亿美元，实际到账 5.3 亿美元；协助引进海外高层次人才 300 多人，邀请和接待海外人才回国考察 2600 多人次。

【扩大文化宣传工作影响】 江苏省侨联组织“亲情中华”艺术团赴阿联酋开展新春慰问侨胞演出和文化交流活动，受到当地使领馆、华侨华人以及国际友人的热烈欢迎和高度评价，中国驻迪拜总领馆专门向江苏省政府和江苏省侨联发来感谢函；支持苏州市侨联、南通市侨联协助中国侨联首次在江苏举办“亲情中华”文艺演出活动，观众达数千人；连续第五年举办“亲情中华·汉语桥”夏令营活动，邀请并组织海外 30 多名华裔青少年来江苏集中学习体验中华优秀传统文化；组织召开全省侨联文化宣传工作会议，以会代训，推进工作落实；印发了《江苏省华侨文化交流基地管理办法（暂行）》，进一步规范“华侨文化交流基地”命名工作，目前共命名省级“华侨文化交流基地”36 家，其中 12 家被中国侨联命名为首批“中国华侨国际文化交流基地”，数量位居全国省级侨联第一。无锡市侨联成功组织“亲情中华”艺术团赴法国开展文化交流；苏州市侨联促进“亲情中华”品牌本土化，开展一系列具有地域特色的侨文化活动；淮安市侨联以品牌化、项目化、实事化推动侨联文化工作发展；扬州市侨联围绕建城 2500 周年在

6 月 26 日，2015“亲情中华·汉语桥”江苏夏令营在江阴市天华艺术学校开营

2 月 9 日—15 日，江苏省侨联组织“亲情中华·欢聚阿联酋”艺术团赴阿联酋迪拜、阿布扎比两地举办慰侨演出

侨界开展系列文化庆祝活动；镇江市侨联通过编辑出版《侨海镇江人》宣传侨界先进典型。

【有效开展海外联谊工作】2015 年，江苏省侨联组团出访俄罗斯、冰岛和中国香港、澳门等地，走访当地侨团，就项目合作、联办活动、互访交流达成共识和多个合作意向，并向省委省政府提出扩大江苏对外交流合作等方面的建议；邀请美国经贸文化联合会、德国中华文化促进会、澳大利亚江苏总商会等 40 多个海外侨团来江苏参加相关活动，接待菲律宾中国和平统一促进会、澳门青年联合会等海外侨团以及泰国中华总商会主席刘锦庭、美国北加州江苏同乡会会长吴有义、博兹瓦纳中国和平统一促进会会长南庚戌、美国联邦最高法院出庭律师张军等一批侨界重要人士来访，以多种形式保持和加强与江苏省侨联海外联系点的联系与交流。一年来，江苏各级侨联共接待海外侨胞 5800 多人次，组团或参团出访 400 多人次，建立充实了一批重点海外侨团侨领名单和相关信息。

9 月 1 日，江苏省侨联主席史宇（右三）、副主席镇翔（右二），江苏省侨联副主席、省侨商总会会长曾焕沙（左一）在南京会见了泰国中华总商会主席、省侨商总会荣誉会长、泰大实业有限公司董事长刘锦庭（左三）和夫人

【认真履行参政议政职能】江苏各级侨联大力实施“建言行动”，关注社会热点问题，主动收集侨界提议案素材，积极支持“两会”侨界代表委员撰写提案议案，推动有关提议案的办理落实工作。2015 年，全省侨联系统共向各级“两会”提交提案 609 件、建议案 181 件、社情民意 474 条、调研报告及大会发言 94 篇。江苏省侨联组织省侨界专家委员会围绕江苏经济社会发展“十三五”规划征集建议，形成 26 个方面的建言成果；通过江苏省“五侨”联动机制，邀请省涉侨单位参加侨界相关活动，宣传反映侨情；与江苏省政协港澳台侨（外事）委员会联合组织省政协侨联界委员就新侨企业创业孵化、创新发展、转型升级等问题赴常州等地调研考察；支持侨界人士参加日常性参政议政，认真抓好侨情信息收集和报送工作，全年共被中国侨联采用侨情信息 87 篇、被省委省政府采用 26 篇，在连续多年被中国侨联评为信息工作特等奖的基础上，首次跃居全国侨联系统第一位，部分信息得到中央领导批示。盐城市侨联就推进盐城开放型经济发展的建议，得到市委主要领导的充分肯定；泰州市侨联与市社科联共同开展了《新华侨华人促进泰州经济发展》课题研究；南京中医药大学侨

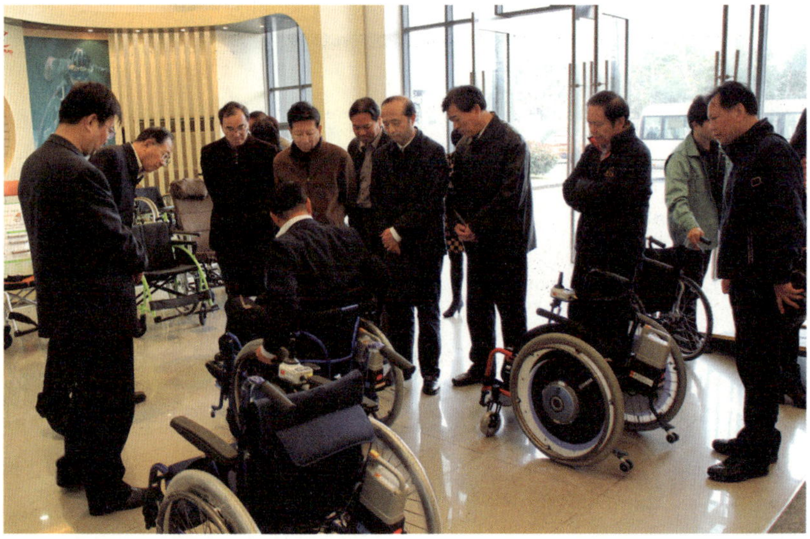

11 月 17 日—18 日，江苏省侨联与江苏省政协港澳台侨（外事）委员会联合组织省政协侨联界委员在常州开展调研活动

省级侨联工作

联、河海大学侨联组织侨界专家学者就相关社会热点问题撰写了多篇有质量的提案和建议。

【依法维护侨益】江苏省侨联率先提议并积极参与《江苏省保护和促进华侨投资条例》立法及调研工作，收集汇总海内外侨界的意见建议，多次就《条例》（草案）的修改完善向省人大反映情况；组织江苏省侨界法律顾问委员会和法律咨询服务中心开展法治宣传、法律咨询服务和涉侨纠纷处理等工作，积极协调地方政府和相关部门解决了长达30年未决的侨房政策落实以及经济合同纠纷等一些难点问题，多位海外侨胞专程送来锦旗表示感谢；邀请中国侨联法顾委专家与省级机关侨联联合在"南京市民讲堂"举办专题讲座，扩大普法宣传，深化侨界群众和社会各界对依法依宪治国、依法维护侨益的认识；首次举办全省侨联维权信访干部培训班，进一步提高侨联干部运用法治思维和法治方式化解矛盾纠纷、解决信访问题的能力。无锡市侨联、南通市侨联被评为"全国侨联系统2011—2015年度维权工作先进单位"。连云港市侨联与市法院联合推进涉侨矛盾多元化调处的相关做法得到中央政法委领导的肯定。一年来，全省各级侨联共处理来信300多件，接待来访1100多人次，协助解决涉侨纠纷和案件100多起，为侨胞挽回经济损失7700多万元。

10月26日，加拿大侨胞万津（右二）专程向江苏省侨联送来锦旗，对省侨联帮助协调解决长达30年未决的侨房政策落实问题表示感谢

【真心关爱侨界群众】江苏省各级侨联通过实施"关爱行动"，认真做好对归侨侨眷的日常走访联系工作，坚持走基层、访侨情、听侨声，全年共走访、慰问困难归侨侨眷6200多人次，发放慰问金362万元。江苏省侨联为侨界群众举办了"当前国际形势"专题讲座，组织了省直单位、在宁高校归侨侨眷国庆中秋联谊活动；组织开展全省老归侨养老现状专题调研并向有关部门提出关心侨界老人"老有所养"的建议；组织侨青志愿者积极参与"侨界空巢老人关爱行动"，举办志愿者骨干培训和空巢老人兴趣培训班；总结全省关爱行动开展情况，37家单位、81名个人受到通报表扬。苏州市侨联联合相关养老机构在社区推进关爱行动；南通市侨联率先设立侨界空巢家庭关爱基金，并发起成立"南通华侨博爱康复养老中心"；镇江市侨联通过开展"知侨情、连侨心、排侨忧、聚侨力"主题实践活动，大力营造爱侨、助侨、兴侨的社会氛围；南京大学侨联、东南大学侨联、南京师范大学侨联主动关心老年归侨侨眷的晚年生活，定期开展走访慰问、联谊交流等活动，受到学校领导和侨界群众好评。

2016年1月20日，由江苏省侨联主办的省直单位、在宁高校老归侨迎新春联谊会在南京举行

【推进"侨爱心工程"】江苏省侨联指导省华侨公益基金会创新思路、完善制度、多措并举，更好发挥凝聚侨界爱心的作用。2015年，江苏省华侨公益基金会共募集捐赠款物近1800万元，公益项目捐赠支出近1700万元，新增6个专项冠名基金。"魏基成天籁列车"公益项目累计向

4月30日，江苏省华侨公益基金会、利源集团联合举办的“百家湖艺术助学金”捐赠签约暨颁发仪式在南京举行

10月17日全国“扶贫日”当天，江苏省侨联、江苏省华侨公益基金会组织侨界爱心人士在泗阳县捐赠款物

全省捐赠价值1300多万元的物品，成为基金会成立以来捐赠数额最大的公益项目。坚持以帮助困难侨界群体为主的方向，对全省享受困难补助且大病住院的老归侨进行重点救助，完成了第二批全省老归侨意外伤害保险参保工作；弘阳助侨基金向全省350名困难归侨发放慰问金20多万元。江苏省侨联组织省侨商总会、省华侨公益基金会、省侨青总会通过开展“侨商爱心行动”、“定点定向帮扶”等活动，坚持为贫困地区学校捐赠图书和学习用品，帮助改善办学条件。一年来，江苏省侨联组织社会力量，在泗阳县共捐赠款物500多万元。江苏省侨联组织省华侨公益基金会与南京市浦口区教育局、徐州医学院、利源集团、新浦化学集团等单位合作，实施公益助学项目，帮助一大批贫困学生完成学业。省级机关侨联积极动员澳大利亚侨界爱心人士在泗洪县捐建教学楼，在响水县组织开展捐赠助学活动。一年来，海内外侨胞通过江苏各级侨联捐赠款物共计4400多万元。

【纪念抗日战争胜利70周年系列活动】江苏省各级侨联积极参与纪念中国人民抗日战争暨世界反法西斯战争胜利70周年系列活动。江苏省侨联在辽宁举办“铭记历史·珍爱和平——2015海外侨领寻根之旅”活动，组织来自20多个国家（地区）的近百名侨领参访“九·一八”纪念馆等抗战遗址，帮助海外侨胞了解中华

9月21日—25日，江苏省侨联在辽宁举办了“铭记历史·珍爱和平——2015海外侨领寻根之旅”活动

民族英勇抵抗外来侵略、争取民族独立的历史，引导侨胞铭记历史、缅怀先烈、开创未来。江苏省侨联发起并与中国华侨历史博物馆共同收集史料、拟定大纲，组织省华侨公益基金会、省侨商总会，联合各市侨联，动员并支持20多个海外侨团，在省内和海外举办《中国人民抗日战争暨世界反法西斯战争中的华侨华人》图片巡回展，大力宣传海外侨胞的历史贡献和奉献精神。江苏省侨联组织省华侨书画院举办“铭记历史·珍爱和平——江苏省侨界纪念中国人民抗日战争暨世界反法西斯战争胜利70周年书画作品展”，在侨界弘扬爱国主义和民族精神。经连云港市及赣榆区侨联提案和江苏《侨情专报》反映，在连云港抗日山烈士陵园举办纪念抗日战争胜利70周年活动被列入全省重要纪念活动之一。淮安市侨联积极推动著名华裔作家张纯如纪念馆筹建，该馆被列入市委市政府“纪念抗日战争胜利70周年暨两淮战役胜利70周年重大项目”。

8月2日—10日，江苏省侨界纪念中国人民抗日战争暨世界反法西斯战争胜利70周年书画作品展在南京展出

9月2日，《中国人民抗日战争暨世界反法西斯战争中的华侨华人》图片巡回展开幕式在南京举办，中国华侨历史博物馆馆长黄纪凯在开幕式上致辞

【加强侨联组织自身建设】 江苏省各级侨联把开展“三严三实”专题教育作为重要政治任务，认真落实专题党课、专题学习研讨、专题调研、专题民主生活会等“规定动作”，精心安排“自选动作”，着力解决党员干部身上存在的“不严不实”问题。江苏省侨联机关坚持每月一次中心组理论学习、一次大会研讨交流；建立领导班子成员基层联系点制度，与

6月4日，江苏省侨联组织机关党员干部集体瞻仰周恩来纪念馆并召开“三严三实”专题教育学习交流会

7 月 23 日，江苏省侨联主席史宇（右）与宜兴市经济技术开发区管委会副主任骆永辉（左）为新成立的宜兴经济技术开发区侨界联合会揭牌

全省 13 个县级侨联建立定点联系，全年深入联系点共 46 人次；开展机关在职党员进社区志愿服务活动，引导党员干部在服务群众中自觉践行“三严三实”要求；再次与中国侨联干部培训中心联合举办侨联干部培训班，参训人数逐年增多。江苏各级侨联结合开展“三严三实”专题教育，持续推进“强基工程”。江苏省侨联在全省市级侨联试行开展职能工作绩效考核，促进市级侨联认真履职；在县级侨联中开展双“五有”侨联组织创建活动，推进县级侨联提升建家标准。南京市、苏州市侨联顺利进行换届，进一步加强了组织建设；常州市侨联以“基层组织建设年”为主题，组织召开有关分管领导参加的座谈会，大力推动乡镇侨联组织建设；宿迁市侨联不断加强自身建设，努力开展各项工作，被表彰为全市统一战线工作先进集体。

【南京市侨联举办 2015 年南京生物医药发展论坛】9 月 17 日，在中国侨联、江苏省侨联的大力支持下，由南京市侨联、南京高新区管委会、南京市商务局共同主办，南京生物医药谷承办的 2015 年南京生物医药发展论坛暨国际临床转化医学高峰论坛在南京举行。中国侨联副主席李卓彬、南京市市长缪瑞林致辞，江苏省侨联主席史宇、南京市侨联党组书记周雯、南京高新区管委会及南京市相关部门负责人出席活动。论坛汇集了中国科学院院士贺林、美国劳伦斯伯克利国家实验室 Mina J. Bissell 博士、Gary H. Karpen 博士等世界著名生物医学专家和相关学者。论坛期间，劳伦斯伯克利国家实验室与南京生物医药谷合作创办了“江苏南京高新——劳伦斯伯克利生命科学研发中心”。为举办此次论坛，南京市侨联发挥海外联络广的优势，主动联系协调相关部门，提出设想、制订方案，认真做好专家邀请、会务组织等工作，确保了活动顺利进行。

【无锡市侨联广泛开展文化交流活动】无锡市侨联围绕“亲情中华”主题，广泛开展文化交流活动。一是推动中华文化走向海外。11 月，应法国华人进出口商会、法国法华工商联合会邀请，受中国侨联、江苏省侨联委派，无锡市侨联组织“亲情中华·锦绣江苏·魅力无锡”艺术团赴法国开展慰问侨胞演出和文化交流活动。艺术团是巴黎遭到恐怖袭击后国内最早前往法国的团体之一，受到了法国侨界的热烈欢迎，也得到了当地各界的高度赞誉。中国驻法大使馆领事公参李平、欧拜赫维利耶市副市长嘎赫曼、法国华侨华人联合会主席池万升、法国潮州会馆会长吴武华以及法华社团侨领、各界代表 600 余人观看演出。二是在华裔青少年中弘扬中华文化。6 月，无锡市侨联在江阴天华艺校承办了由中国侨联、国家汉办主办的 2015“亲情中华·汉语桥”夏令营活动，组织来自美国、澳大利亚等 8 个国家的 31 名华裔青少年学习感悟中华文化；组织参加“第十六届世界华人学生作文大赛”，获得一等奖 8 名、二等奖 36 名、三等奖 52 名，获奖质量与人数创新高，第八次荣获大赛组织奖。三是举办多场中外文化交流活动。9 月，无锡市侨联联合无锡海外联谊会、无锡市博物院等单位共同举办纪念荣德生先生诞辰 140 周年暨旅美画家荣智安女士个人作品展；10 月，与无锡市博物院、无锡市美术家协会等单位联合举办“跨越四海”——美籍女画家 Loa Sprung 现代水彩画展。经无锡市侨联积极推荐，无锡市博物院被中国侨联确认为首批“中国华侨国际文化交流基地”。

【连云港市侨联推进涉侨矛盾多元化调处工作】连云港市侨联通过完善和创新涉侨案件协调解决工作机制，积极维护广大归侨侨眷、海外侨胞及侨商的合法权益，得到了中央政法委领导的肯定。2015 年 5 月，连云港市侨联与市中级人民法院联合下发了《关于建立全市涉侨案件诉调对接工作机制推进社会矛盾多元融合调处工作的实施意见》，聘请了 13 名侨界调解员积极参与化解涉侨纠纷，在连云港市“两会”上受到了侨界人大代表、政协委员的一致好评。这一做法进一步完善了涉侨民商事纠纷案件的协调解决，努力化解社会矛盾，是通过侨界和谐促进社会和谐的重大举措。连云港市侨联还与市司法局共同下发了《关于成立侨联组织法律服务中心的实施意见》，健全侨联维权保障机制，依托专业律师团队为侨界群众提供免费法律咨询和服务，积极开展法律服务进社区等活动，认真细致做好侨法普及工作。

【泰州市侨联建成“泰州侨胞之家”】2015 年，泰州市侨联以中央、江苏省委、泰州市委相继出台关于群团工作和侨联工作的文件为契机，及时向泰州市委提出了建设侨界群众活动场所的建议。在泰州市委的关心支持下，泰州市侨联主动与住建、财政等相关部门联系协调，先后解决了经费、选址、设计、工程建设、装修和人员聘用等问题。12 月 28 日，泰州市华侨服务中心（“泰州侨胞之家”）正式建成并对外开放，泰州市委书记蓝绍敏、市长陆志鹏等领导到场视察指导，并对“侨胞之家”的建设管理予以充分肯定。“泰州侨胞之家”位于泰州市稻河文化古街区，面积约 500 平方米，具有开放性、公益性、服务性等特点，由泰州市侨联负责筹建和管理，是泰州市侨商会、泰州市侨界联谊会、泰州市侨界艺术团、泰州市侨联法律顾问委员会、泰州市华侨书画院等侨界组织的固定活动场所，主要功能有展示侨界风采、促进侨商合作、开展侨界群众活动等。“泰州侨胞之家”开放以来，已累计接待侨界群众和各界观众 2 万多人。

浙江省归国华侨联合会

【领导成员名单】

主　　席：吴　晶（女）
党组书记：岑国荣
专职副主席：张维仁
兼职副主席：陈励君（女）　余梅生　连小敏
章明伟　朱筠筠（女）　郑　耀
林　东　汤春甫　陈乃科
陆雅仪（女）　冯定献　卓旭光
秘 书 长：周松一

5月20日，浙江省第九次归侨侨眷代表大会选举产生了第九届领导班子。

主　　席：吴　晶（女）
党组书记：岑国荣
专职副主席：张维仁
兼职副主席：章　燕（女）　李承戌
王丽峰（女）　项芳云（女）
郑　耀　林　东　汤春甫
陈乃科　冯定献　卓旭光
沈　浩　丁列明　杨宝庆
吴超英（女）　詹洪良
尹霄敏　刘光华　季志海
虞安林
秘 书 长：周松一

【综述】2015年是浙江省侨联换届履新开局之年。一年来，在浙江省委、省政府的正确领导和中国侨联的有力指导下，浙江省侨联坚持党的领导，认真学习贯彻中央、省委系列重要会议和文件精神，保持和增强群团组织的政治性、先进性和群众性，以开展"三严三实"专题教育为契机，团结带领全省广大侨界群众和干部职工，坚持为中心大局服务和为侨服务，在国内海外工作和老侨新侨工作并重基础上，积极拓展海外工作和新侨工作，开拓进取，扎实工作，完成了年初既定的工作目标和任务。

【坚持政治理论学习】浙江省各级侨联把传达学习十八届四中、五中全会和习近平总书记系列重要讲话精神作为重要政治任务来抓，通过召开中心组理论学习会、主席例会、读书会、培训会、研讨会等方式，运用侨联网站、侨刊乡讯、微信公众号等载体，广泛组织广大归侨侨眷、海外侨胞和侨联干部职工，深入学习党的十八届四中全会关于全面推进依法治国的精神，准确把握依法治国、依法执政、依法治会、依法护侨、依法聚侨、依法引侨的要求，运用法治思维和法治方式做好新形势下侨联工作；认真传达学习党的十八届五中全会精神，准确把握"十三五"时期我国经济社会发展的指导思想、目标理念和战略任务，深刻领会创新、协调、绿色、开放、共享五大发展理念的重要内涵；认真学习贯彻习近平总书记在中央党的群团工作会议、中央统战工作会议和"三严三实"专题教育等系列重要讲话精神，进一步统一思想，提高认识，牢牢把握侨联工作正确政治方向，坚定不移地走中国特色社会主义群团发展道路，努力把全省侨界群众紧密团结在党的周围，确保在政治上、思想上、行动上始终与以习近平同志为总书记的党中央保持高度一致，不断增强做好新形势下侨联工作的责任感和使命感。

【学习贯彻中央《意见》和中国侨联《实施方案》精神】2015年，《中共中央关于加强和改进党的群团工作的意见》及中国侨联《贯彻落实中央意见实施方案》下发后，浙江省各级侨联先后向各级党委做了专题汇报，开展了形式多样的学习宣传活动。浙江侨联向11个地市侨联翻印了中国侨联《实施方案》文件，向基层侨联下发了《学习中央〈意见〉百题思考》辅导读本1800多册，举行了学习贯彻中央《意见》精神座谈会等。会领导结合赴各地参会、调研、督导之机，大力宣讲中央《意见》、群团工作会议和中国侨联《实施方案》精神，全省侨界掀起了学习贯彻的热潮，各级侨联组织的政治性、先进性和群众性意识不断增强。

【学习贯彻浙江省委有关会议和文件精神】2015年，浙江省侨联组织侨界群众认真学习贯彻浙江省委十三届八次全会精神，学习宣传"十二五"时期浙江省经济社会发展取得的重大成就，准确把握浙江省《"十三五"规划建议》

的主要内容。通过《钱江侨音》、浙江侨联网站、浙江省侨联各微信群等媒体和渠道，组织全省侨界群众广泛学习宣传省委党的群团工作会议精神，积极参加省委群团工作座谈会，参与省委《关于加强和改进党的群团工作的实施意见》和群团工作改革制度等文稿起草工作，认真做好浙江省侨联贯彻落实群团工作会议情况的材料报送工作。全省各级侨联和广大侨联系统干部职工通过学习贯彻活动，不断保持和增强“三性”，努力克服“四化”，开创全省侨联工作新局面。

【召开浙江省第九次归侨侨眷代表大会】经过一年多的精心筹备，5月18日—20日，浙江省第九次归侨侨眷代表大会在杭州召开，来自全省各地370多名归侨侨眷代表、世界74个国家和地区的300多名海外嘉宾出席大会，浙江省委、省人大、省政府、省政协和中国侨联领导，浙江省直机关有关单位、各人民团体、在杭有关高校统战部等负责人到会祝贺。中共浙江省委书记、省人大常委会主任夏宝龙，中共浙江省委副书记王辉忠，中国侨联党组副书记、副主席董中原等领导出席大会并作重要讲话。大会回顾总结了过去五年的工作和经验，研究部署了今后五年的主要工作，选举产生了新一届浙江省侨联领导班子和156名委员、65名常委，聘请和缔结了一批浙江省侨联第九届港澳、海外顾问和委员、国际友人及友好侨（社）团，表彰了一批侨界先进集体和个人。

5月18日，浙江省第九次归侨侨眷代表大会在杭州召开

【开展“三严三实”专题教育】浙江省侨联以学习和践行“严以修身、严以用权、严以律己，谋事要实、创业要实、做人要实”为主题，制订浙江省侨联党组《开展“三严三实”专题教育实施方案》，召开“三严三实”专题党课暨专题教育动员会，先后开展了3次“三严三实”专题教育研讨会，召开了党组民主生活会和支部组织生活会，聚焦对党忠诚、个人干净、敢于担当，查找和解决了“不严不实”问题，推动

5月20日，浙江省侨联第九届领导班子合影

12 月，浙江省侨联开展大走访调研活动

领导干部坚定理想信念，强化党性原则，增强纪律意识和规矩意识，坚持为民用权、秉公用权、依法用权、廉洁用权，做到心中有党、心中有民、心中有责、心中有戒，分六个组赴各地市相关县开展“进万家门、访万家情、结万家亲”年终大走访大调研活动，努力在深化“四风”整治、巩固和拓展党的群众路线教育实践活动成果上见实效，在守纪律讲规矩、营造良好政治生态上见实效，在真抓实干、推动侨联事业发展上见实效。

【举办“创业中华”主题活动】2015 年，浙江省侨联邀请 150 名海外知名侨商参加第三届世界浙商大会，深化重点侨商投资项目联系制度，持续开展“侨商回家”系列活动，服务“浙商回归”工程。与中国侨联、杭州市政府联合主办“创业中华——2015 侨界精英走进中国（杭州）跨境电子商务综合试验区”活动，邀请来自 23 个国家的 138 名海外侨界精英、浙江省 12 个部门负责人、4 个侨界社团会员企业和侨界代表人士等 300 余人参加活动，现场有 4 个项目达成意向，西班牙青田同乡会等 6 个海外侨团组团来杭深入考察跨境电商，活动成效显著、反响良好。组织高层次人才暑期

10 月 26 日，海外侨商参加第三届世界浙商大会

10 月 28 日，在杭州联合举办“创业中华”侨界精英峰会

为国服务志愿团赴松阳县开展活动，20多名博士专家为田园松阳的五水共治、城市规划、生态旅游等方面献计献策，服务地方经济发展。在杭州电子科技大学举办“牵手侨企·相约高校”浙江省2016届高校毕业生就业招聘会侨商企业专场，130多家侨商企业提供了近2000个就业岗位，有5000多名学生应招并投递简历，服务侨企，吸引人才，推动转型升级。组织浙江省侨联“九代会”与会海外嘉宾赴开化、遂昌县考察生态旅游业和美丽乡村建设，举办侨商嘉善行、缙云行活动，举行浙江省侨联青年总会会长团（扩大）会议暨创业创新青年大讲堂，创新设立金融、电商、国贸、实体、文创等5个分会，并组织青年总会会员赴杭州、海宁参观考察。

【举办“亲情中华”主题活动】2015年，浙江省侨联联合中国侨联赴温州、丽水、嘉兴等侨乡举行“亲情中华·欢聚浙江”巡演，富有侨滋侨味的节目，浓郁的地方特色，饱含着侨联的牵挂惦念，厚植了侨胞的血脉亲情。与中国侨联、国家汉办联合，在杭州、宁波、温州瓯海和文成、丽水青田、湖州、嘉兴等地举办“亲情中华·汉语桥”浙江夏令营活动，历时2个月，共7个分营，涉及18个国家和地区的255名华裔青少年，人数占中国侨联总量的四分之一，得到了中国侨联领导的高度评价和海外侨胞的充分肯定。举行浙江省侨联新春联谊活动，举办海归人士和“五大社团”迎新联欢会，举办高校侨（留）联羽毛球赛，开展省外浙籍侨联之友联谊活动，浙江省直机关侨（留）联赴舟山、桐庐开展活动，组织浙江省侨友社成员和会机关离退休干部参观考察活动，开展归侨侨眷“送温暖、献爱心”走访慰问活动，进一步团结凝聚归侨侨眷、海归人士和留学人员家属。

【开展“友好中华”主题活动】浙江省侨联坚持“请进来”、“走出去”，加强与海外侨（社）团和国际友人的联系，缔结澳大利亚浙江大学校友会等33个侨（社）团为浙江省侨联九届友好侨（社）团，聘请柬埔寨国王最高顾问诺罗敦·施里武亲王等5人为省侨联九届国际友

10月5日，英国麦克·贝茨勋爵“2015中国北京—杭州徒步行”活动走进浙江大学

7月13日—8月3日，中国侨联与国家汉办联合举办“亲情中华·汉语桥”浙江夏令营活动

8 月 2 日，接待柬埔寨暹粒省省长代表团来访

人，邀请英国麦克·贝茨勋爵开展“2015 中国北京—杭州徒步行”活动，国际货币基金组织秘书长林建海到访省侨联，接待由南非总统事务部副部长马纳梅拉带领的 2015 中国（杭州）——非洲经贸洽谈会考察团一行等。大力拓展海外工作，先后组织 3 个代表团赴塞尔维亚、法国、意大利、奥地利等 9 个国家开展侨务访问。2015 年，浙江省侨联先后接待浙籍海外侨团及重要人士共 60 余批 1100 多人次，健全完善海外侨（社）团、侨领资料卡片 2355 张，接待福建、天津、贵州等省市侨联代表团 50 多人次，赴上海、福建等省外学习考察和参加论坛活动等。

【开展“智慧中华”主题活动】 2015 年，浙江省侨联贯彻中央和浙江省委统战工作会议精神，加强海外名校留学生工作，与中国侨联、杭州市侨联联合主办以“海燕集结激扬青春·英才汇聚众创空间”为主题的“海燕集结行动计划”，来自 8 个国家 32 所世界名校的 40 名浙籍留学生报名参加，聘请了 10 余名杰出企业家作为“金牌导师”参与指导，活动形式多样，方式灵活，吻合“海燕”“胃口”，探索出了浙江省海外留学生工作的新路子。在省侨联的带动和影响下，舟山、温州、金华、衢州等地市侨联积极响应，相继开展各具特色的“海燕集结行动计划”，产生了良好反响。配合浙江省政协开展“四张清单一张网”专项集体民主监督工作，认真开展专题调研和民意调查工作，得到浙江省政协领导的充分肯定。全年上报《侨情反映》85 期，其中得到中央和省领导重要批示有 10 多篇，连续六年被评为中国侨联系统信息工作特等奖。赴宁波、温州、舟山等地开展“浙江远洋渔业发展”课题调研，加强浙江省政协侨联界委员与政府部门的对口协商活动，积极建言献策。一年来，累计向全国政协提交提案 11 件，向浙江省“两会”提交提（议）案 15 件，会领导在全

7 月 16 日—24 日，浙江省侨联在杭州举办“海燕集结行动计划”活动

国政协常委会上作题为《国歌请你放声唱出来》的专题发言，关于制定出台《浙江省公共信用征集使用条例》的议案列入省人大议案。

8 月 3 日，浙江省侨联举办“亲情中华 · 水墨浙江——浙派书画名家作品澳门展”活动

12 月 25 日，旅法钢琴家吴牧野钢琴独奏音乐会在杭州举行

【开展“文明中华”主题活动】浙江省侨联与中国美术学院、新疆龟兹研究院联合举办 2015 年克孜尔石窟壁画国际学术研讨会，助推国家“一带一路”建设。联合中国美术学院、外交部驻澳门特区特派员公署，组织浙江省 6 名浙派资深艺术名家创作的 38 幅书画精品，在澳门特区特派员公署举办“亲情中华 · 水墨浙江——浙派书画名家作品澳门展”活动，取得了圆满成功。赴澳门参加“澳门妈祖文化旅游节”，进一步促进浙澳文化交流。在浙江省侨联系统开展最美“家风家训”、最美“侨之家”、最美“白忙官”、最具影响力和最有创新工作的评选宣传工作，大力宣传《侨界文明公约》，制作省侨联会歌《侨联与你心心相连》中国侨联版 MTV，培育和践行社会主义核心价值观，弘扬侨界正能量。举办“聆游子之音 · 圆中国之梦”旅法华人钢琴演奏家吴牧野钢琴独奏音乐会，传递侨界正能量。大力加强“网上侨联”建设，开发升级“浙江侨联”微信公众号，先后建立了侨联主席、委员、侨联之家、名媛会、青年总会、侨界文协、侨商会、机关侨（留）联等 10 多个微信群，打造侨界线上线下相互促进、有机融合的侨联宣传服务工作新格局。开展全省“中国华侨国际文化交流基地”申报和挂牌工作，浙商博物馆等 10 家单位荣获首批“中国华侨国际文化交流基地”称号，发挥了华侨国际文化交流基地的独特作用。在丽水、衢州等地市举行“文明中华 · 万马奔腾耀浙江——姚迪雄、童亚辉、沈浩书画展”，推动侨界文化建设。加强《钱江侨音》采编发行和浙江侨联网站更新运作工作，举办海外华文媒体专题研讨会，组织侨界青年精英出席中国 · 缙云祭拜黄帝大典，做好《浙江通志 · 侨联章》、浙江年鉴、中国侨联年鉴的编撰，推动侨联外宣工作。

【开展“侨爱中华”主题活动】2015 年，浙江省侨联与省民政厅、民革省委会和中国美术学院等联合，开展“铭记与关怀”纪念中国人民

10 月 15 日，“铭记与关怀——华侨与抗战”电视专题晚会在杭州举办

12 月 16 日，浙江省侨联在杭州举办《绘兵纪》抗战老兵肖像画展览暨画册首发仪式

12 月 25 日，浙江省侨缘公益互助促进会在杭州成立

抗日战争暨世界反法西斯战争胜利 70 周年系列活动，举办“铭记与关怀——华侨与抗战”电视专题晚会，弘扬伟大的抗战精神；开展“侨爱中华·爱在深秋——侨界名媛相约杭州”活动，侨界名媛等为抗战老兵捐赠爱心善款 200 多万元，在海内外侨界产生良好反响。历时数月为 2000 多名浙江抗战老兵拍照片、画肖像，举办《绘兵纪》抗战老兵肖像画展览暨画册首发仪式。筹建成立以“侨连公益、爱侨助侨、与侨结缘、共促发展”为宗旨的浙江侨缘公益互助促进会（简称“浙江侨缘会”），采用“1+X”的组建形式，组织发展侨界人士从事公益互助事业。

【致力推进干部队伍建设】 浙江省侨联换届履新后，下发了《浙江省侨联领导班子成员对口联系地市安排》和《浙江省侨联兼职副主席分工联系重点工作项目安排》，制定实施《浙江省侨联九届兼职副主席履职守则》和《浙江省侨联九届常委、委员履职守则》，召开领导班子述职述德述廉评议会，加强领导班子建设。制定出台了《浙江省侨联系统干部教育培训五年规划》，举办全省侨联主席读书班暨新委员培训会，在委员中开展了“七个一”主题活动，加强干部队伍建设。浙江省侨联机关每季度报送党风廉政建设工作情况，每周开展机关干部“周记式”监督管理工作，选派 1 名省管干部和 2 名处级干部参加浙江省委党校干部培训，组织处级以上干部参加党章党纪培训班，开展机关党支部和工会系列活动，开展机关保密工作宣传月活动，致力机关自身建设。

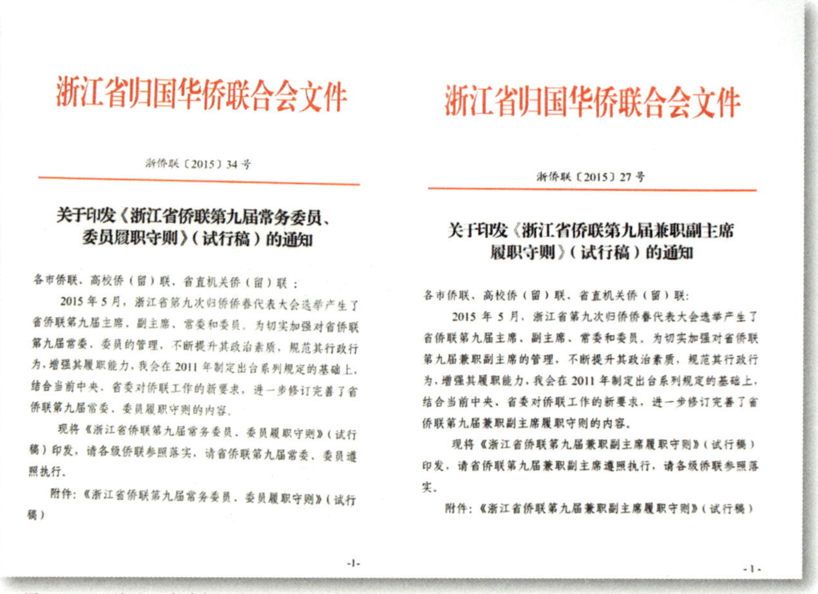

浙江省归国华侨联合会文件

浙侨联〔2015〕34 号

关于印发《浙江省侨联第九届常务委员、委员履职守则》（试行稿）的通知

各市侨联、高校侨（留）联、省直机关侨（留）联：

2015 年 5 月，浙江省第九次归侨侨眷代表大会选举产生了省侨联第九届主席、副主席、常委和委员。为切实加强对省侨联第九届常委、委员的管理，不断提升其政治素质，规范其行政行为，增强其履职能力，我会在 2011 年制定出台系列规定的基础上，结合当前中央、省委对侨联工作的新要求，进一步修订完善了省侨联第九届常委、委员履职守则的内容。

现将《浙江省侨联第九届常务委员、委员履职守则》（试行稿）印发，请各级侨联参照落实，请省侨联第九届常委、委员遵照执行。

附件：《浙江省侨联第九届常务委员、委员履职守则》（试行稿）

-1-

浙江省归国华侨联合会文件

浙侨联〔2015〕27 号

关于印发《浙江省侨联第九届兼职副主席履职守则》（试行稿）的通知

各市侨联、高校侨（留）联、省直机关侨（留）联：

2015 年 5 月，浙江省第九次归侨侨眷代表大会选举产生了省侨联第九届主席、副主席、常委和委员。为切实加强对省侨联第九届兼职副主席的管理，不断提升其政治素质，规范其行政行为，增强其履职能力，我会在 2011 年制定出台系列规定的基础上，结合当前中央、省委对侨联工作的新要求，进一步修订完善了省侨联第九届兼职副主席履职守则的内容。

现将《浙江省侨联第九届兼职副主席履职守则》（试行稿）印发，请省侨联第九届兼职副主席遵照执行，请各级侨联参照落实。

附件：《浙江省侨联第九届兼职副主席履职守则》（试行稿）

-1-

8 月 6 日，浙江省侨联制定实施兼职副主席、常委、委员《履职守则》

安徽省归国华侨联合会

【领导成员名单】

党组书记、主席：吴向明（满族）

党组成员、专职副主席：杨　冰

兼职副主席：吴晓勤　叶向东　沙奇志

　　　　　　夏　萍（女）　方　玲（女）

党 组 成 员：叶丽雪（女，2015 年 12 月任职）

秘　书　长：杨　冰（兼，2015 年 2 月补选）

【综述】 2015 年，安徽省侨联在各级党委、政府的正确领导下，深入学习贯彻党的十八大、十八届三中、四中、五中全会和习近平总书记系列重要讲话精神，认真学习中央、省委关于群团工作和侨联工作的指示精神，紧紧围绕全省中心工作，以"两个拓展"为抓手，以"三严三实"的工作作风，凝心聚力、开拓创新、奋发有为，各项工作扎实推进。在引资引智方面，举办"2015 国际人才与安徽高新技术产业发展项目对接会"，承办中国侨联"聚焦十三五·侨界专家建言献策大会"，引进江苏农乐欣庆环保科技有限公司总经理傅剑锋等 3 个人才团队，促成安庆南美进口商品直销中心等多个项目落户安徽。在深化联谊方面，组团出访美国、日本、韩国、南非、肯尼亚、阿联酋、印度尼西亚等国家，邀请美国国际华人科技工商协会代表团等 40 多个海外侨团侨社代表团等来皖考察。在为侨服务方面，联合省司法厅、省高院分别出台了《关于在全省侨联系统设立法律援助工作站的通知》、《关于开展涉侨纠纷诉调对接工作的意见》。在文化宣传方面，联合中国侨联及地方政府共同主办了"亲情中华·欢聚侨乡"、"亲情中华·欢聚台湾"慰问演出，承办中国华侨国际文化交流促进会第四次理事大会，主办了以弘扬华侨与抗战精神为主题的纪念抗日战争暨世界反法西斯战争胜利 70 周年图片展。在参政议政方面，牵头承办 2015 年度省政协"海外高层次人才引进服务工作"界别协商会，参与起草《安徽省华侨投资保护条例》、《安徽省侨务工作发展纲要》等。在兴办侨心工程方面，接受捐款 207 万元，3000 余名困难群众从中受益；争取澳大利亚华侨魏基成捐助的"天籁列车"项目落户安徽，为全省听障儿童验配、发放 7400 余套助听器和 2 万件过冬棉衣。在加强自身建设方面，扎实开展"三严三实"专题教育，举办全省侨联系统培训班，积极推动芜湖市侨联单设党组，安庆市侨联成功换届，马鞍山市侨联、合肥市侨联增加了领导职数。

【召开安徽省侨联六届二次全委会】 2 月 6 日上午，安徽省侨联六届二次全委会在合肥召开，省委书记张宝顺作出重要批示，省委副书记李锦斌出席会议并讲话，省委副秘书长李中出席会议，省侨联党组书记、主席吴向明作工作报告，省侨联党组成员、专职副主席杨冰主持会议，省侨联副主席吴晓勤、叶向东、沙奇志、夏萍、方玲出席会议，特邀省侨联高级顾问、海外委员、海外侨胞代表列席会议。会议传达了中央书记处对侨联工作的指示精神、国家副主席李源潮在中国侨联九届二次全委会上的讲话精神和中国侨联九届二次全委会精神，补选杨冰同志为六届委员会秘书长、增补王永定等 9 位同志为省侨联六届委员会委员，还向

2 月 6 日，安徽省委副书记李锦斌（主席台居中）出席省侨联六届二次全委会

新增补的省侨联六届委员会海外委员代表颁发了聘书。与会委员和海外特邀代表在分组讨论时，纷纷建言献策，为做好2015年侨联工作提出了意见建议。

【康晓萍副主席来皖看望慰问困难归侨侨眷】 2月14日—15日，中国侨联党组成员、副主席康晓萍来皖慰问困难归侨侨眷，省侨联党组书记、主席吴向明陪同。康晓萍一行深入到安庆和六安，慰问了日本归侨陈礼秀，印度归侨胡永生，日本侨眷罗开祥、何历川，美国侨眷蔡以德、宋继英，澳大利亚侨眷夏桂平和香港眷属储兆青等。他们多是年迈多病、下岗失业或是因病致贫，生活十分贫困。康晓萍实地察看了他们的家庭居住环境，详细了解他们的生活情况及遇到的困难，代表中国侨联向他们送上慰问金，祝他们新春愉快、阖家幸福，并通过他们向远在海外的亲人送去新春的祝福。康晓萍叮嘱随行的当地侨联干部要多关心他们的生活，及时了解他们遇到的困难，想方设法帮助他们去呼吁、去协调、去解决，把党和政府的温暖送到广大困难归侨侨眷之中，让他们共享改革开放的成果。慰问期间，康晓萍、吴向明分别与安庆市市长魏晓明、六安市市长毕小彬和副市长王安义进行了座谈交流。

【举办"亲情中华·欢聚侨乡"慰问演出】 3月2日—3日，由中国侨联、安徽省侨联共同主办的"亲情中华·欢聚侨乡"、"亲情中华·欢聚马鞍山"两场慰问演出分别在合肥、马鞍山两市上演，安徽省侨联顾问、常委、委员、所属社团代表、部分省内归侨侨眷，特邀回皖过春节的海外侨胞等3000余人观看了演出。安徽省委常委、合肥市委书记吴存荣，中国侨联顾问、原副主席郭麟恭，省政协副主席张学平，省政府副秘书长张武扬，马鞍山市人民政府市长魏尧等现场观看了演出。这场由空政文工团、中国东方演艺集团、中央民族歌舞团、中国铁路文工团、全总文工团的知名艺术家和安徽省杂技团等专业演员的联袂演出，为现场观众呈现了一场高水准的文化盛宴，为安徽人民羊年春节增添了浓浓的节日气氛。精彩的演出赢得了现场观众的普遍好评，通过电视台、报纸、微信、微博等载体的传递，引起了海外侨胞强烈共鸣和热烈回应，纷纷为"亲情中华·欢聚侨乡"的高水平、高质量的演出点"赞"。

3月2日，举行"亲情中华·欢聚合肥"慰问演出

2月13日—15日，中国侨联党组成员、副主席康晓萍（右二）在安徽省侨联主席吴向明（左一）陪同下走访慰问归侨侨眷

【李卓彬副主席来皖调研】 4月18日—20日，全国政协常委、中国侨联副主席李卓彬来皖调研，安徽省委副书记李锦斌，省政府副省长谢广祥，中国科学技术大学党委书记许武等分别与李卓彬会面交流。中国侨联经济科技部部长陈桦、权益保障部部长张岩等参加调研，安徽省侨联

4 月 18 日—20 日，全国政协常委、中国侨联副主席李卓彬（右二）一行来皖开展调研

党组书记、主席吴向明，省侨联党组成员、副主席兼秘书长杨冰，合肥市委副书记凌云，省侨联副主席叶向东、方玲等陪同调研。调研组还先后赴合肥市包河区滨湖世纪社区、中国科学技术大学先进技术研究院、安徽量子通信技术有限公司（合肥市高新区海联会副会长企业）、安徽安科生物工程（集团）股份有限公司（合肥市高新区海联会会长企业）实地调研，并在中国科学技术大学召开座谈会，与侨资企业管理团队、新侨代表、归国留学生代表等座谈交流。调研期间，李卓彬副主席还专程来到省侨联机关，亲切看望省侨联干部职工。

【召开安徽省侨联新闻发布会】 6 月 19 日下午，省侨联召开新闻发布会，部分中央驻皖新闻单位、省内各主要媒体等 10 余位记者到会，省侨联党组成员、副主席兼秘书长杨冰出席，省侨联各部室负责同志参加。发布会上，杨冰介绍了安徽侨情和省侨联基本情况，通报了省侨联贯彻落实中央、省委有关文件精神和围绕中心、服务大局发挥职能作用情况，以及近期省侨联重大活动安排。

【举办安徽省法律援助中心侨联工作站集中授牌活动】 7 月 29 日，全省法律援助中心侨联工作站集中授牌活动在合肥举行。省侨联党组书记、主席吴向明，省司法厅副厅长夏月星出席会议并发表重要讲话，省侨联党组成员、专职副主席兼秘书长杨冰主持会议。省司法厅法律援助处、省辖市侨联及省、市法律援助中心负责人，省侨联法顾委委员及省侨联机关工作人员 80 余人参加会议。

7 月 29 日，省司法厅、省侨联联合举行全省法律援助中心侨联工作站集中授牌仪式

6 月 19 日下午，安徽省侨联召开新闻发布会

【举办纪念中国人民抗日战争暨世界反法西斯战争胜利 70 周年图片展】 为了更好地铭记历史、缅怀先烈、珍视和平、警示未来，省侨联联合合肥、蚌埠、滁州、芜湖、铜陵、池州

9月1日，省委常委、统战部部长沈素琍（左三）观看安徽省侨联“纪念中国人民抗日战争暨世界反法西斯战争胜利70周年图片展”

6个省辖市侨联，共同主办了以“华侨与抗战”为主题的纪念抗日战争暨世界反法西斯战争胜利70周年图片展，全面展现华侨为祖国抗战和世界反法西斯战争建立的卓越功勋，深刻缅怀在战争中牺牲的华侨先烈，党政机关干部、武警官兵、中小学生、归侨侨眷、海外侨胞、港澳同胞和社会各界群众5000余人次观看了展览，接受了深刻的爱国主义传统教育。省委常委、统战部部长沈素琍也在合肥观看了展览。

【举办2015国际人才与安徽高新技术产业项目对接会】7月6日，由中国侨联指导、省侨联主办的2015国际人才与安徽高新技术产业项目对接会在合肥举行，中国侨联副主席康晓萍，省政府副省长花建慧，省政协副主席赵韩，美国国家科学院院士许靖华、朱健康，中国科学院院士吴一戎，中国工程院院士杨善林，省政府副秘书长张武扬，省侨联党组书记、主席吴向明等出席会议，省侨联党组成员、副主席杨冰主持会议，省人才办、省科技厅、省经信委、省人社厅、省商务厅、省外侨办、省旅游局、省致公党、省科协、省贸促会、省工商联等省直单位领导及各省辖市分管领导出席开幕式，来自美国、加拿大、英国、法国等25个国家和地区的170余位高层次人才参加会议。会上，安徽省科技厅、省商务厅等单位对全省人才政策、投资发展环境、高新技术产业等进行推介，中国旅美科技协会前任会长盛晓明作项目推介发言，各市政府、开发区、相关企业负责人与海内外高层次人才进行深入交流和专项对接，双方围绕电子信息、环保能源、交通水利等领域，就项目建设、配套服务、合作方式等方面达成诸多合作意向。会后，部分参会嘉宾赴合肥市、芜湖市、马鞍山市等地开展了项目投资考察。

【举办“亲情中华·汉语桥”夏令营活动】8月4日—17日，“亲情中华·汉语桥”夏令营安徽歙县营在具有千年历史的歙县中学举办。来自美国、加拿大、意大利、马来西亚等国家20余名华裔青少年齐聚歙县，开展为期两周的夏令营活动。省侨联党组成员、专职副主席兼秘书长杨冰出席开营式，为夏令营授旗并讲话；黄山市侨联副主席陈灶林主持开营式，歙县副县长孙洁出席并致辞。在歙县侨联的精心组织下，营员们学习了汉语、书法、民乐、剪纸、绘画、黄梅戏等中华传统文化，实地参观了徽墨歙砚厂、徽州府署、陶行知纪念馆、徽州历史博物馆、新四军纪念馆，还与歙县中学师生开展了丰富多彩的文体活动。闭营式结束后，营员们与歙县中学师生一起进行了才艺表演，展示了浓厚的地域风情，赢得台下观众阵阵掌声。

7月6日，举行“2015国际人才与安徽高新技术产业发展项目对接会”

8 月 4 日—17 日，“亲情中华 · 汉语桥”夏令营安徽歙县营在歙县中学举办

【召开安徽省“珍珠班”经验交流会】9 月 25 日，由安徽省侨联主办，宿州市侨联、宿州市二中承办的全省“珍珠班”经验交流会在宿州市二中召开。省侨联党组成员、副主席兼秘书长杨冰出席会议并讲话，宿州市政协副主席、市侨联主席武敏，浙江省新华爱心教育基金会秘书长姚霁光，宿州市政府及教育主管部门领导，全省“珍珠班”所在学校校领导及“珍珠班”班主任等参加会议。杨冰代表省侨联感谢浙江省新华爱心教育基金会多年来对安徽教育事业的关心与支持，同时希望加强与基金会的合作，扩大安徽“珍珠班”的规模，让更多的寒门学子通过“珍珠班”的培养实现大学梦。

10 月 12 日，中国侨联党组成员、副主席康晓萍出席安徽省华侨国际文化交流促进会成立大会并讲话

【成立安徽省侨联华侨国际文化交流促进会】10 月 12 日，安徽省侨联华侨国际文化交流促进会在合肥召开，中国侨联党组成员、副主席康晓萍出席会议并致辞，省政协副主席王秀芳出席会议，并与康晓萍为安徽省侨联华侨国际文化交流促进会揭牌。中国侨联文化交流部部长陈迈，省侨联党组书记、主席吴向明，省政协常委、人口资源环境委员会副主任邱江辉，致公党安徽省委副主委高雪松，省外侨办副主任陆友勤，省侨联党组成员、副主席兼秘书长杨冰，省侨联

9 月 25 日，安徽省“珍珠班”经验交流会在宿州市二中召开

副主席方玲出席会议。来自30余个国家和地区的侨领、侨界文化人士100余人参加会议。会议通过了《安徽省侨联华侨国际文化交流促进会章程》，选举产生了第一届理事会会长、副会长、秘书长，邱江辉当选为安徽省侨联华侨国际文化交流促进会第一届理事会会长。

10月13日，中国华侨国际文化交流促进会第四次理事大会在合肥召开

【中国华侨国际文化交流促进会第四次理事大会在安徽召开】 10月13日，中国华侨国际文化交流促进会（以下称“文促会”）第四次理事大会在安徽合肥召开。中国侨联党组副书记、副主席董中原，安徽省委常委、统战部部长沈素琍，中国侨联副主席康晓萍等出席大会。大会的主要任务是总结五年来的工作，选举产生新一届领导机构，研究部署今后五年的工作。来自75个国家和地区的近300名理事以及各省级侨联负责人、安徽省侨联主席吴向明、安徽各地市侨联负责人、列席嘉宾、媒体记者共400余人出席大会。中国侨联文化交流部部长、文促会常务副会长兼秘书长陈迈主持会议。安徽省委常委、统战部部长沈素琍代表安徽省委省政府对大会在安徽召开表示热烈祝贺。沈素琍在致辞中说，安徽省委省政府高度重视文化建设，将“文化强省”与“经济强省、生态强省”并列为三大强省战略之一，作为推进经济发展转型升级的重要抓手，作为满足人民群众多样化文化需求的重要举措。近年来，安徽大力实施文化产业重大项目和龙头企业带动战略，努力做大做强徽字号文化“航母”。“十二五”以来，全省文化产业增加值年均增速超过16%，2014年达970亿元，占GDP比重为4.65%，提前一年实现“十二五”目标。沈素琍表示，中国侨联历来关心和支持安徽经济社会发展，充分利用智力密集、人才荟萃、联系广泛、影响巨大的独特优势，为推动徽文化走出去、提升安徽在海内外的知名度和美誉度、加速安徽经济社会转型发展做出了重要贡献。

【联合主办“亲情中华·欢聚台湾”活动】 10月25日—11月3日，由中国侨联、中国宋庆龄基金会、安徽省侨联、安徽省芜湖市人民政府，以及台湾方面的中国青年大陆研究文教基

10月25日—11月3日，举行“亲情中华·欢聚台湾”四场大型演出

省级侨联工作

金会、台湾中华侨联总会共同主办的“亲情中华·欢聚台湾”大型演出活动，分别走进台北、花莲、屏东、嘉义举办了四场大型演出，获得圆满成功。中国侨联文化交流部部长陈迈、副部长邢砚庄，安徽省侨联党组成员、副主席兼秘书长杨冰，芜湖市委常委、副市长郝芳华率团参加。在台期间，安徽省侨联、芜湖市人民政府联合举办 2015 安徽芜湖交流座谈联谊会，宣传和推介安徽、芜湖的资源禀赋、区位优势、后发潜力、文化旅游等，现场解答新能源汽车、新材料等有关行业问题，耀华电子、国票综合证券等 30 多家台湾知名企业高层出席。

【中国侨联“聚焦十三五·侨界专家建言献策大会”在合肥召开】12 月 3 日—5 日，中国侨联“聚焦十三五·侨界专家建言献策大会”在合肥召开，省委常委、省委统战部部长沈素琍出席开幕式并致辞，中国侨联副主席李卓彬出席会议，中国侨联副主席、中国科学技术大学校长、中国侨联特聘专家委员会主任万立骏作工作报告，来自海内外的 130 多位专家人才参加会议。沈素琍代表安徽省委、省政府向大会的召开表示祝贺，对中国侨联长期以来给予安徽经济社会发展的关心和支持表示衷心感谢。会议期间，与会专家参观考察了中国科学技术大学重点实验室、安徽名人馆等地。中国侨联特聘专家委员会副主任陈桦、经济科技部部长赵红英，以及安徽省侨联党组书记、主席吴向明，黑龙江省侨联党组书记、主席迟国强，四川省侨联党组书记、主席刘以勤，山西省侨联党组书记王立业等有关省市侨联负责同志出席会议，安徽省侨联特聘专家委员会部分专家委员列席会议。

12 月 23 日—26 日，安徽省侨联系统培训班在合肥举行

【举办安徽省侨联系统培训班】12 月 23 日—26 日，安徽省侨联系统培训班在合肥举行，省侨联委员、全省侨联系统干部、在肥侨商侨领代表以及省侨联特聘专家委员会、省侨联青年委员会、省老侨联谊会、省侨联法律顾问委员会、省华侨国际文化交流促进会等省侨联所属社团有关人员共 150 余人参加培训学习。省侨联党组书记、主席吴向明，党组成员、副主席兼秘书长杨冰，副主席、合肥市侨联主席方玲出席开班和结业典礼。整个培训内容丰富，知识覆盖面广，先后邀请中国侨联特聘专家委员会副主任、澳大利亚创新金融研究院院长郭生祥，中国科学技术大学教授韩正甫，省委党校教授汪兴福、邵明，省卫生厅原厅长戴光强，安徽历史文化研究中心主任翁飞等为学员们授课，台上台下互动热烈，反响良好。省侨联党组书记、主席吴向明结合全省侨联工作实际和侨情发展变化情况，讲解了新形势下侨联工作面临的新机遇、新任务，与学员交流了侨联工作心得。

12 月 3 日，中国侨联“聚焦十三五·侨界专家建言献策大会”在合肥举行

11 月 8 日，安徽省侨联主席吴向明（左）率团出访南非，并出席在约翰内斯堡召开的全球华侨华人促进中国和平统一大会

【积极拓展海外工作】2015 年，安徽省侨联先后组团出访美国、日本、韩国、南非、肯尼亚、阿联酋、印度尼西亚等国家，与中国在韩侨民协会总会、韩华中国和平统一促进联合总会、日本日中协会、美国南加州安徽同乡会、全非洲中国和平统一促进会、阿联酋安徽商会暨同乡会、肯尼亚华人华侨联合会、印尼安徽商会等侨团商会、中资机构代表 500 余人开展座谈交流，出席在南非约翰内斯堡举办的全球华侨华人促进中国和平统一大会、在肯尼亚内罗毕举办的纪念郑和下西洋 610 周年、肯尼亚华人华侨联合会暨肯尼亚中国和平统一促进会成立十周年庆典等活动，并与出访国有关侨团侨社签订了友好协议，进一步深化与海外侨团侨社的联络联谊。

【滁州市侨联为侨服务取得新突破】2015 年，滁州市侨联服务滁州经济社会发展，创新工作机制，提升为侨服务水平，侨联工作取得新进展。一是创新为侨服务机制，打造维权工作平台。成立了“滁州市侨联法律顾问委员会”，聘请 15 名知名律师为全市归侨侨眷、华侨华人及侨资侨属企业提供无偿服务。成立滁州市法律援助中心“侨联工作站”，聘请 2 名律师和 1 名公证员，为贫困归侨侨眷提供法律援助。成立了“滁州市侨联留学生及家属联谊会”，建立“留学人员资料库”，互通信息，加强交流，培育新侨，逐步将优秀留学人才列入滁州经济社会发展人才储备库。依托新媒体，建立了“滁州海外大家庭”微信群，为海内外侨界人士提供政策咨询、工作信息交流平台，宣传服务滁州经济社会发展。二是开展国际文化交流。在滁州首次举办“亲情中华·追梦中国”中美青年文化交流音乐会。6 月，通过美国侨领邀请了美国在校青年学生及钢琴老师，与滁州学院音乐学院共同筹备策划，将中西方音乐文化艺术融为一体，为滁州侨界代表、社会各界人士和滁州学院师生约 500 人献上了一台精彩演出。三是积极开展侨情调查，深入基层专题调研。在全市大规模开展侨情调查，成立了由市委常委、常务副市长任组长，市人口计生委、公安局、市统计局、商务局、工商局、开发区及各县市区侨务工作分管领导为成员的侨情调查领导小组，指导全市侨情调查工作。充实完善了全市《留学人员信息库》、《知名侨胞信息库》、《归侨侨眷信息库》、《侨资侨属企业信息库》、《贫困归侨侨眷信息库》。10 月，市政协对全市 8 个县市区贯彻落实《关于加强和改进新形势下侨联工作的意见》进行专题调研，推动了县市区侨联组织建设。

【安庆市侨联着力加强侨联自身建设】2015 年，安庆市高度重视县域侨联组织建设工作，按照“搭建架构、配备班子、完善条件、召开大会”等步骤推进基层组织建设，实现全市 8 县（市）县域侨联组织全覆盖。一是领导重视。2014 年 7 月和 2015 年 10 月市委常委会两次听取侨联工作情况汇报，市委书记虞爱华作了重要讲话，要求各级党委政府高度重视侨联工作，定期听取侨联工作情况汇报，研究解决侨联工作中存在的问题，对尚未成立侨联组织的县限期成立。二是完善机制，出台了有关文件，对县域侨联组织的设立提出了明确要求。根据中央关于人员、机构、编制只减不增的规定，各县可以根据实际情况，采取内部调剂、兼职、加挂牌子等做法，先把侨联架构搭起来，再逐步完善的办法，从而突破了政策的“瓶颈”。三是狠抓落实，组成检查组进行督查。市委副书记陈冰冰，市委常委、市委统战部部长、市委秘书长宋圣军高度重视，要求市委、市政府以“两办”名义下发的通知，对各县（市）区贯彻落实中央、省、市《关于加强和改进新形势下侨联工作的意见》进行督查，督查结果通过一定的方式向有关方面进行反馈，要求没有配备主要负责人、没有召开成立大会、没有及时换届的限期整改，从而推动了文件精神的贯彻落实。四是组织保障，配齐配强市侨联领导班子。针对市侨联主席一直由市级领导兼任的情况，市委根据中央文件精神，明确市侨联主席不再兼职，提拔了一名年富力强、热爱侨务工作、有一定领导能力的同志驻会担任侨联主席，同时配备了一名年轻同志担任专职副主席，从组织上保证了侨联工作的顺利开展。

【马鞍山市侨联着力弘扬中华传统文化】 2015年，马鞍山市侨联在积极服务侨界群体的基础上着力弘扬中华传统文化。一是依托中国侨联文化活动品牌沟通海内外。3月，中国侨联“亲情中华·走进侨乡”慰问演出活动走进马鞍山，全市归侨侨眷、海外侨胞、侨联工作者及社会各界人士1000余人观看演出。活动筹办期间，市侨联将海外侨胞的祝福汇总集结，制成视频合集循环播放，在观众中引起强烈反响。二是积极引导马鞍山市文化景点参评中国华侨国际文化交流基地。经马鞍山市侨联积极推荐，安徽省侨联审核，中国侨联评选，马鞍山市“李白文化园”项目被确认为首批20个中国华侨国际文化交流基地之一。三是华文大赛成绩再居全省首位。在公布的第十六届世界华人学生作文大赛获奖结果中，马鞍山市再次名列全省首位。获大赛特等奖1人，一等奖29人，二等奖52人，三等奖13人，马鞍山市是安徽省唯一获特等奖地市。四是开通全省首个基层侨联微信公众平台。7月初，经过前期精心谋划，马鞍山市侨联的第三个对外宣传平台——“侨家大院”（市侨联微信公众平台）正式上线，与马鞍山市侨联网站、《情系江东》杂志一起共同发声，传递侨界声音，成为安徽省侨联系统首个开通微信公众平台的基层侨联。五是《情系江东》杂志全新改版。六是打造海外志愿者队伍。先后建立“马鞍山——海外志愿者”、“小马海创群”微信群，定期通过微信群传递国家大政方针、本地经济社会发展状况，聚集侨界正能量。七是宣传服务新侨创业创新政策。编印《侨界创业创新指导手册》。八是坚持开展特色侨界活动。全年开展10余场各具特色的侨界活动，参与人数1000余人次。

【芜湖市侨联积极服务地方经济建设】 2015年，芜湖市侨联发挥侨联独特优势，积极探索开发利用侨脉资源，为地方经济建设服务。一是主动适应转型升级新常态，加入到市人才工作领导小组。2015年4月，市侨联经争取被吸收为市人才工作领导小组成员单位；推进人才柔性引进，探索建立海外人才同乡会、海外人才工作站，积极引进海外高层次人才来芜创业发展；会同有关部门研究制定有关政策办法，推动引进华侨华人、港澳同胞人才工作、服务保障工作。二是依托信息化手段，建立起方便快捷的侨脉资源通道。建立芜湖海籍海外人士信息库，将芜湖籍海外高层管理人才、高技术人才、经济实力雄厚人才分类梳理建库；建立微信群、QQ群等信息互通资源共享的便捷通道，为双方提供方便快捷的信息资源。三是创新传统工作手段，积极开展以侨引侨、以侨引商、以侨引资引智工作，为全市经济建设服务。7月，组织120多人参加的2015年国际人才与芜湖高新技术产业发展项目对接会，全市各载体单位与海外来芜高层次人才洽谈项目50多个，达成意向10多个；8月，协助侨资企业达辉生物组织举办由中国旅美科技协会2016总会会长、美国匹兹堡大学数学博士、美国纽约玛希学院教授、信息系统安全国际注册师陈志雄等11位旅美博士参加的《达辉生物2025智能制造与B—X精准医疗、个性化诊断学术研讨会》；11月，由市侨联、科技局主办，市侨青会、芜湖软件科技产业园承办“芜湖创新创业项目推介会”，邀请到70多家海内外企业120多名高管参会，共同就创新创业寻求合作。四是积极实施“走出去”战略，借兄弟地市侨联力量拓展引资引智工作途径，宣传芜湖、推介芜湖。先后在青岛、泉州、成都等地举办招商引资推介活动，特别是在台北举办了“2015安徽芜湖交流座谈联谊会”，台湾耀华企业集团会长、海峡两岸商务发展基金会董事长张平沼等30位涉及电子、证券、服务的企业家参会。

福建省归国华侨联合会

【领导成员名单】

党组书记、主席：王亚君（女）

专职副主席：谢小建　陈式海　翁小杰

副巡视员：林俊德

兼职副主席：（按姓氏笔画排序）

王德贤　许健康　李　敏（女）
吴换炎　陈水波　陈明金
陈泽峰　陈晓玉（女）　陈家泉
林泽春　林树哲　周永伟
郭加迪　黄朝阳　程　璇（女）
蓝桂兰（女）　赖庆辉　潘邦炎

秘书长：吴武煌

【综述】2015年，在省委、省政府的坚强领导和中国侨联、省委统战部的指导支持下，福建省侨联深入学习贯彻习近平总书记系列重要讲话精神，坚持“两个并重”，深化“两个拓展”，围绕“三个服务”，聚侨心汇侨力，为实现“两个一百年”的奋斗目标，共筑中国梦家乡梦。

【夯实侨联组织建设】2015年，福建省侨联抓好中央《加强和改进党的群团工作的意见》、《加强和改进新形势下侨联工作的意见》以及省委办《实施办法》的贯彻落实，推动漳州、三明、莆田、宁德、龙岩、泉州等设区市和龙海、涵江等县（市、区）出台《实施办法（意见）》。在全省开展“侨胞之家”建设年活动，推动县乡村三级“侨胞之家”组织建设，成立基层侨联组织202个，393个村将侨联小组升格为侨联会，全省侨联组织达到4243个，基本实现“三覆盖”。成立福建省直侨联，支持侨联法顾委、侨商会、青年总会、新侨人才会、华侨历史学会、老体协等开展工作。开展“三严三实”专题教育，对照理论理想、党章党纪、侨心侨声、先辈先进、反面典型的“五面镜子”，组织“双学双查双比”活动。举办第12期全省侨联干部培训班，与龙岩市侨联联合举办片区侨情信息员培训班，通过交流轮岗、下派外派挂职等方式，提高侨联干部的综合素质和能力水平。

【服务地方经济发展】主办“一带一路”·自贸试验区与金融创新论坛、海丝侨商健康产业馆等，宣传和引导侨胞侨商投身参与各项会展和经贸考察活动，引导和协助万国国际商品交易中心有限公司、中诺发展有限公司、福建华侨海丝产业投资管理基金、亚洲农业投资公司等“一带一路”项目落户福建；推进招贤引智工作，推荐一批高校、科研单位的高层次人才担任侨联特聘专家，依托省新侨人才会、各种侨界人才团体及4·18、5·18、6·18等引智平台，发挥桥梁纽带作用，促进人才引进和项目合作；举办14期《侨智沙龙》，发挥新侨研究中心、新侨互联网金融创新论坛等作用，推动智、企、银三方对接，设立安发生物科技有限公司等一批新侨创新创业示范基地。一年来，全省侨联协助举办各类招商推介会134场次，邀请参会侨商1700多人次，参与洽谈引进侨外资项目57个，资金总额54多亿美元；协助科研院所和侨资企业引进新侨高层次人才（团队）13个，科技项目成果8项，投资额1.05亿元；同1306家侨资企业建立挂钩联系制度，其中513家企业被正式授予县级以上“侨联服务联系点”称号。莆田市侨商会积极在海外开展工作，协助侨联和政府做好引资引智工作。

【服务社会公益事业】出台《贯彻省委省政府〈扶持省级扶贫开发工作重点县加快发展若干意见〉的实施意见》、《“百侨帮百村——共建美丽乡村”的实施方案》、《精准帮扶贫困归侨家庭的实施方案》、《残疾侨医疗康复及基本辅助器具救助工作的通知》等指导意见，建立“山海协作联动帮扶”、“党员干部联系帮扶”等机制，推出“1+5”扶贫方式，用“三严三实”精神落实精准扶贫工作。争取省财政支持年度扶贫救助专项资金120万元，泉州、福州、厦门、漳州市财政支持年度扶贫救助专项资金100多万元，筹集各类华侨公益基金、俞朝阳助残资金等，对全省5529名重点贫困侨、残疾侨、侨界失依儿童、空巢老人等进行帮扶。全省侨联2015年共引导和服务侨胞捐赠公益事业3.21亿元，其中，公益慈善项目118个，金额1.86亿元；侨心工程捐款1.2亿元，捐建侨心中小学17所，科教项目33个，资助学生6970多名；“侨爱心365”行动捐款300多万元，全部用在“暖侨心”和为侨服务上。积极参与全国“青运会”筹备工作，帮助筹款筹物2000多万元。

【启动“网上丝绸之路”公共平台建设】携手中国侨联信息中心、跨境电商、互联网金融等，成立“福建省侨商企业‘互联网+’专家服务团”，开启福建“互联网+侨资源”行动，服务网上贸易、金融与“一带一路”战略融合发展。建设“侨联通”APP、“福建侨联”微信，引领侨界群众网上网下交流。福建省侨联被中国侨联评为信息化工作先进单位。泉州市侨联启动建设“南洋华裔族群寻根谒祖综合服务平台”，现各项工作正在积极建设中。

【深入开展“百侨帮百村——共建美丽乡村”行动】在泉州永春召开“百侨帮百村——共建美丽乡村”现场会，推广永春及各设区市一批典型经验。携手侨商会、华侨公益基金会，筹措2900多万元支持松溪、政和、明溪、平和等县开展经济社会文化工程建设，推动挂钩帮扶的松溪县连续两年进入全省“十佳”。全省各级侨联助建挂钩帮扶村的卫生院、学校、新农村建设，一批新项目、资金落户“百村”中。省侨联青年总会持续开展“情暖八闽”行动，为扶贫开发工作重点县继续捐赠了一批医疗救护车。

【加强海外文化交流】2015年，福建省侨联组织和参加22个团组访问22个国家和地区，触角延伸到世界边缘。“走进非洲610年，丝路再扬帆”纪念郑和下西洋610年活动在非洲举行，意义重大，反响良好。全省侨联共接待海外社团700多批17000多人次，与1214个海外和港澳台社团建立密切联系，引导和发动海外侨胞参与“一带一路”建设；组织8个富有地方特色的“亲情中华”慰侨团组，赴12个国家演出（义诊）17场，观众及服务对象达14000多人次；组织文化寻根夏（冬）令营29场次，邀请40多个国家（地区）的1500多名华裔青少年参加，推动了海内外文化交流。

【深化闽港澳台工作】开展“两岸侨界携手，共建美丽家园”行动，举办2015年两岸侨联和平发展论坛，召开2015海峡两岸暨港澳侨界圆桌峰会。连续2年与省台联联合组织世界台商侨领福建行，连续4年组织基层侨联共同入岛举办两岸侨界交流周，开展两岸侨界人才创业创新文化交流活动等，组织省侨联台湾特邀委员活动日活动，密切两岸侨界联系。开展“港澳、海外委员活动日”活动，组织服务港澳侨商侨领回家乡考察，密切闽港澳合作关系。携手港澳乡会社团、侨联委员开展爱国爱乡和爱港爱澳活动，服务港澳乡亲尤其是青年一代回国学习、观光、考察、创业，支持侨联港澳委员在反“占中”及维护港澳长期繁荣稳定中发挥积极作用。

【弘扬嘉庚精神和中华优秀文化】福建省侨联开展“大爱中华”、“侨与中国梦”等主题活动，进一步贯彻落实好习近平总书记给集美校友会的回信精神。结合纪念中国人民抗日战争暨世界反法西斯战争胜利70周年，在内地和港澳台举办8场“历史不能忘记，嘉庚精神永存”大型

8月10日，“历史不能忘记　嘉庚精神永存”大型图片系列展在香港举办，图为展览推杆仪式启动现场。主礼嘉宾左起：余国春、叶刘淑仪、施子清、林树哲、胡建中、曾钰成、张昌平、梁振英、林军、林武、蔡永中、洪祖杭、吴良好、陈有庆、王亚君

图片展，举办“福建华侨与抗日战争”讲座等，编辑出版《福建华侨与抗日战争》、《福建华侨抗日名杰列传》、《烽火赤子情（再版）》等书籍，填补福建华侨史部分空白。系列纪念活动得到港澳特区政府、中联办、中国侨联、省委统战部及省直有关部门、闽籍乡会社团的高度重视和大力支持，1.5 万多名群众参加。举办“华侨心·中国梦”福建省、福州市侨界群众迎新春联欢会、福建省第二届侨界文化艺术节（泉州）、“海丝缘·华大情”华侨大学生境外端午节活动等，协助做好海丝公益人文纪录片《闽南望族》拍摄工作。与哈兔公司联合展开远程海外华文教育，编辑出版《八闽侨声》等一批侨刊乡讯，讲好中国故事，传递福建乡音。

【推进华侨文化阵地建设】打造福建华侨文化展示中心，举办一系列主题展览，如举行“血写的历史——日本军国主义在亚太地区罪行”图片展、“赤子情怀——福建华侨与抗日战争”图片展、“拳拳赤子心，铮铮爱国情——陈嘉庚与南侨机工”等图片展。支持各地建设一批市、县、乡（镇、街道）、村（社区）华侨历史博物馆和纪念馆等，推动陈嘉庚纪念馆、闽清黄乃裳纪念馆、武夷学院朱子学研究中心、湄洲妈祖祖庙、中国闽台缘博物馆、泉州少林寺、安溪清水祖师庙、福建土楼博物馆、宁化客家祖地文化园 9 个单位被确定为中国华侨国际文化交流基地，打造一批侨界爱国主义教育基地，建设“留根工程”。

8 月 7 日，“赤子情怀——福建华侨与抗日战争”图片展开幕式现场，省侨联领导与省侨联艺术团、群众共同演唱抗日歌曲

【维权工作有新拓展】调整充实福建省侨联涉侨维权工作领导小组，与省公安边防总队新建立为侨服务联动工作机制，维权工作机制进一步健全；依托各级侨联法律顾问委员会，聘任一大批热心侨联事业的离任领导、学者、律师参与维权工作，各设区市侨联法顾委实现全覆盖并向县级延伸；设立各级法律服务中心、涉侨法律事务部、侨界群众接待室、维权岗等，借助各界力量推动一大批涉侨涉诉案件和侨界困难问题的妥善解决。2015 年，全省侨联开展侨法宣传活动 150 场次，受理侨界群众来信来访 2930 人次，妥善处理信访件 1470 起，省侨联荣获省综治委表彰的第三届“平安单位”。推广关爱侨乡留守家庭、失依儿童、贫困家庭等“合力维权、全面维权”新经验、新做法。省侨联、福州市侨联和莆田市涵江区侨联被中国侨联授予 2011—2015 年度全国维权工作先进单位。

【侨界建言献策有新成效】通过组织侨联委员、侨联界政协委员“活动日”活动，提高了侨界人大代表、政协委员参政议政和反映社情民意的意识，促使他们提交提案议案 900 余篇，发挥了参政议政的作用。持续开展“我为建设美丽福建献一策”行动，组织侨界建言献策论坛，编辑征文 91 篇，推动侨界建言策献活动深入开展。编报《侨情专报》111 篇，省侨联获得 2015 年度全国侨联系统信息工作特等奖、全省统战信息工作先进集体。王亚君主席在全国政协上《关于实行“回乡证”方便台胞往返大陆》的建议得到采纳并于 2015 年 7 月施行，从此开始，台胞回大陆免签证。

【召开福建省侨联九届四次常委会暨九届五次全委（扩大）会】1 月 25 日—26 日，福建省侨联九届四次常委会暨九届五次全委（扩大）会议在福州召开。会议审议通过了年度工作报告和《福建省侨联贯彻省委省政府〈关于进一步加快福建科学发展跨越发展的行动计划〉的实施意见》，增补叶谋锋等 11 人为省侨联常委，江爱荣等 17 人为委员；增聘李然等 14 人为海外常委，丁建志等 16 人为海外委员，吴木川等 3 人为台湾特邀委员，苏大阵等 7 人为荣誉委员。以福建省人民政府名义向陈家泉兼职副主席、佘德聪常委颁授了“福建省捐赠公益事业特别贡献奖”奖牌；对上海豪盛投资集团有限公司等 25 个 2014 年度向福建省华侨公益基金和“365 侨爱心基金”捐赠公益善款的单位和个人进行了授牌表彰。会议还传达了中国侨联九届二次全委会精神，通报了 2014 年全省侨联工作情况，并提出了 2015 年工作意见。会议期间，组织了“我为建设美丽福建献一策”活动成果交流，开展了“侨爱心 365 行动”现场募捐活动，澳门金满集团执行董事俞朝阳先生当场向省侨联捐赠 200 万元用于设立“金朝扶贫助残基金”。

【林军主席在福建调研】 4 月 21 日—24 日，中国侨联党组书记、主席林军一行 6 人来闽，就“深化侨联改革创新”开展专题调研。林军一行先后赴宁德、福州、莆田、厦门，考察了省侨联侨资企业联系服务点——安发生物科技有限公司、先进基层侨联组织——马尾区亭江镇侨联、省侨联新侨人才服务点——“侨智沙龙”、新经济组织侨联——厦门国际银行大厦楼宇侨联等。同时，在宁德、福州、莆田、厦门连续召开了四场专题座谈会。林军一行边考察边座谈边研究，对福建侨联各项工作予以充分肯定。他指出，中央对群团工作和侨联工作非常重视，先后下发了两个《意见》，侨联工作

4 月 21 日—24 日，“侨智沙龙”活动现场

4 月 21 日—24 日，中国侨联专题调研座谈会现场

4 月 21 日—24 日，福建省委副书记于伟国（右六）和省委常委、统战部部长雷春美（右五）会见中国侨联主席林军（左六）一行

迎来了大发展大变革的历史机遇。他对各级侨联、侨资企业家和新侨人才提出了要求和希望，希望福建省侨联要更多更好地依托“侨智沙龙”这类平台，了解新侨诉求，为新侨创业服务，当好桥梁纽带。省委副书记于伟国，省委常委、统战部部长雷春美会见了林军主席一行。

【王亚君主席陪同省领导赴松溪县调研帮扶开发工作】6 月 25 日—26 日，福建省侨联主席王亚君陪同省人大常委会副主任张广敏、省政府副省长郑栅洁到松溪县调研扶贫开发等工作。在 25 日晚召开的扶贫开发工作座谈会上，张广敏、郑栅洁和与会人员一同面对面，话家常、理思路、谋发展，现场协调解决松溪县提出的问题和困难，王亚君提出了“举办‘中国福建周’活动、借助跨境融资租赁平台引进外资、借力台湾工业设计优化传统工业产品”等建议。26 日上午，王亚君陪同张广敏、郑栅洁一行走访了松溪畅宏电子商务园、松溪经济开发区，考察了文秀湖文化旅游项目、大布民俗文化村建设、河东乡长江村生产建设。松溪县是 23 个省级扶贫开发工作重点县之一，与福建省侨联结为对口帮扶单位。据统计，从 2012 年起，省侨联支持松溪县各类帮扶资金 2213.55 万元，共助建 2 所侨心学校、1 座青少年校外活动中心、1 座博物馆和 1 座文化馆，支持大布民俗文化村及长江村基础设施建设。长江村和大布村是省侨联、省侨联青年总会、省侨商会的帮扶村，在省侨联的帮扶下，长江村的人均收入由一年前的 1980 元增加到 3200 元，村财政收入由 5 万元增加到 15 万元。在大布村，王亚君了解了省侨联助建的“侨心幸福院”和“侨心讲理亭”项目建设情况，并就大布村民俗文化建设提出水面旅游开发等指导性意见。

【召开福建省侨联工作会议暨第十二期侨联主席培训班】8 月 17 日，福建省侨联工作会议暨第十二期侨联主席培训班在福州召开。福建省委常委、统战部部长雷春美出席会议并作重要讲话。中国侨联副主席、福建省侨联主席王亚君作工作报告，省侨联专职副主席、秘书长、部门领导及全省市、县、区侨联主席等共 120 多人出席会议。在 18 日—20 日举办的第十二期侨联主席培训班上，中国侨联、省侨联工作者和省内外专家学者，分别就“互联网 +”、互联网 + 智慧侨联、“一带一路”愿景与行动、自贸区发展现状与政策走势、侨务政策与法律法规、侨联章程、侨联维权新情况、侨联组织建设、侨情信息 9 个专题作讲座，进一步提高省市县三级侨联主席的业务素质、工作能力和服务水平。培训期间，与会人员参观了福建华侨文化展示中心。

【赴浙江、上海学习交流】8 月 24 日—28 日，福建省侨联组织各设区市侨联和机关部室负责人赴浙江、上海学习交流。中国侨联副主席、上海市侨联主席沈敏，浙江省侨联党组书记岑国荣，当地市（县、区）侨联负责人等陪同。王亚君一行先后参观了青田县汤垟乡侨楼、侨颐幸福苑，温州市七都侨界留守儿童快乐之家、五马街道侨联侨务工作站，宁波帮博物馆，浙江省华侨产业发展基金、哈兔中文网络学院，杭州市梦想小镇互联网村、未来科技城、华侨活动中心，浙江省海外高层次人才联谊会、海邦人才基金会、唐桥科技（杭州）有限公司，上海临港新兴产业城等，拜访了当地侨联，召开了 8 场工作座谈会，就如何贯彻落实中央党的群团工作会议精神及做好新形势下侨联工作进行深入交流。王亚君一行还看望了在浙江、上海的福建籍侨商王铭、陈家泉、蔡文革、蔡红专等，关心他们在外发展

6 月 26 日，王亚君主席陪同省领导考察文秀湖文化旅游项目、大布民俗文化村建设、河东乡长江村生产建设

8 月 24 日—28 日，王亚君主席一行与浙江省侨联同志合影留念

8 月 25 日，参观宁波帮博物馆，学习宁波帮精神

8 月 28 日，福建省侨联与上海市侨联互赠纪念品

情况。王亚君将各地的经验总结成“四新”、“四强”和“四好”，“四新”即工作思路新、工作举措新、拓展领域新、服务内容新；“四强”即党建带侨建、保障强，基层基础工作强，干部队伍强，系统运作能力强；“四好”即干部精神状态好、侨联工作品牌打造好、工作成效好、海内外影响好。王亚君要求，福建侨联干部通过这次考察学习要认真思考以下 6 个方面工作：一是如何进一步营造良好的侨联工作氛围；二是如何进一步完善侨联工作体制机制；三是如何进一步加强基层组织和干部队伍建设；四是如何进一步加强党建带侨建，推动侨联更加有为有位、有位有为；五是如何开展“建家交友”活动，进一步建好侨胞之家；六是如何进一步打造好工作品牌，凸显新形势下侨联工作新贡献。

【举办 2015 年福建侨联片区侨情信息培训班暨龙岩市侨联系统干部培训班】10 月 28 日—29 日，福建侨联片区侨情信息培训班暨龙岩市侨联系统干部培训班在龙岩举办。此次培训班一改以往由省侨联单独办班、面向全省 9 个设区市侨联干部的方式，而是由省侨联和龙岩市侨联联合举办，面向龙岩、漳州、三明 3 个设区市的侨联干部，缩小培训幅度，拓展培训的广度和深度，增强培训的针对性。龙岩、漳州、三明市县两级侨联综合文字和信息宣传工作人员以及龙岩乡（镇）、村侨联干部等 70 多人参加。培训班设置了维权工作、章程讲解、礼仪知识、侨情专报写作、信息写作、公文写作等 6 个专题，时间紧凑、内容丰富。开班前，龙岩市侨联组织当地侨联干部参观了新罗区东城街道侨联服务中心、东肖镇侨联侨胞之家、溪连村华侨展室等基层侨联工作示范点。

【出访法国、智利、阿根廷】5 月 19 日—28 日，福建省侨联主席王亚君率团访问法国、智

2015 年 5 月在法期间，访问团拜会法国福建会馆

2015 年 5 月在智利期间，王亚君主席（中）走访智利华侨家庭

利、阿根廷，泉州市侨联主席陈晓玉、福州市侨联副主席余岸明随同访问。在法国，访问团一行走访了法国福建商会、法国福建会馆，看望慰问了戴英泰等一批老侨，与法国华裔互助会等侨团代表和会馆乡贤进行座谈；拜会了巴黎 19 区、20 区的两位青年华裔副区长王立杰、施伟明先生，走访巴黎 20 区区政府并拜会区长，就加强两地文化交流、贸易合作等方面达成合作共识。在智利，访问团一行拜会了智利福建总商会会长王银乐、智利中国和平统一促进会副会长王建鸿、智利广州总商会会长何国强等，鼓励他们来福建投资兴业。在阿根廷，访问团一行与来自 15 家侨团的 50 多名侨领及乡贤代表在阿中福清会馆举行座谈，还深入华人超市、华侨家庭，看望侨胞，走访由闽籍乡亲钟清先生主办的阿根廷中国医药学学院；同时拜访了中国驻阿大使馆特命全权大使杨万明等，就做好阿根廷侨社工作、打击危害华侨经营生产的黑恶势力工作交换了意见。

【赴巴布亚新几内亚、澳大利亚、新西兰开展“亲情中华”中医义诊活动】受巴布亚新几内亚友好联合会、澳大利亚维多利亚州福建同乡会、新西兰福建同乡会的邀请，5 月 30 日—6 月 8 日，福建省侨联首次率“亲情中华 · 福建侨联中医义诊团”，赴巴布亚新几内亚、澳大利亚、新西兰 3 国开展中医义诊、健康讲座等活动。义诊团中有多位福建省中医专家，包括福建中医药大学副校长李灿东、护理学院院长赵红佳、研究馆员肖林榕、福建医科大学附属协和医院中医科主任郑关毅等。在海外共开展义诊

2015 年 6 月在巴布亚新几内亚期间，访问团开展中医义诊活动

4场、讲座2场，参加了在澳大利亚悉尼举办的澳洲首届中医药文化节，在活动中，义诊团的中医专家还与澳洲中、西医界的专家学者们就大健康管理、中医药国际走势等课题展开深入交流和研讨。在新西兰亚洲图书文化中心，省侨联副主席陈式海、新西兰中国文化艺术交流协会会长李逸群共同为“闽侨书屋”和“闽侨文化中心”揭牌。在新西兰，义诊团还参观了由福建籍新西兰皇家科学院首席科学家高益槐教授主持的新西兰安发国际集团的生产基地、研发中心。

【组织港澳、海外委员赴云南开展“委员活动日”活动】6月10日—14日，福建省侨联组织14个国家和地区的27名侨商侨领赴云南开展“委员活动日”活动。活动以参加会议、实地考察、调研和座谈会等形式展开。省侨联作为协办单位，参与了在昆明召开的第13届东盟华商会，出席第三届中国—南亚博览会，组织参会侨商考察云南省弥勒浩翔科技有限公司、弥勒协兴科技有限公司、玉溪国家高新技术产业开发区、红塔集团、云南喵哆咪集团、香港联塑集团等知名企业。其间，省侨联主席王亚君主持座谈会，与马来西亚福建社团联合总会会长郑福成、香港福建同乡会理事长陈聪聪等委员进行讨论和交流。

2015年6月在昆明期间，王亚君主席主持委员座谈会

【参与主办两岸侨联和平发展论坛】6月13日—14日，第七届海峡论坛·2015两岸侨联和平发展论坛、2015海峡两岸暨港澳侨界圆桌峰会在厦门召开。福建省侨联作为主办方之一参与了整个论坛的活动。本届论坛以“牵手合作、共同发展”为主题，首次举办了2015海峡两岸暨港澳侨界圆桌峰会。会上，海峡两岸暨港澳侨领发表了《2015海峡两岸暨港澳侨界圆桌峰会宣言》。在本届论坛中，福建省侨联组织90多位嘉宾参加了海峡论坛开幕式，组织60余名台湾及海外嘉宾参观了闽台民间信仰交流基地——厦门海沧青礁慈济宫，并于论坛结束后，组织台湾特邀委员赴龙岩参访。

【赴台举办第四届“两岸侨界交流周”系列活动】6月27日，福建省侨联和福州市侨联在台北隆重举办第四届“两岸侨界交流周——闽都文化走进台湾”系列活动。活动以闽都文经交流为载体，举办了《陈嘉庚与南侨机工》图片展、“闽都风情摄影书画展”；组织文艺小分队，表演福州主题歌、闽剧、福州话歌曲等曲艺；组织厨艺人员，开展美食交流；组织福州侨商、侨青，与台湾农会、青创会等开展经贸考察、合作。在台期间，交流团一行拜会了台湾中华侨联总会、台北市福建同乡会、台北市福州十邑同乡会、台中市福州十县同乡会、台湾玉融两岸文化经济发展促进会、高雄市福建同乡会、高雄市福清同乡会等乡会社团。

【成立福建海外杰出女性联谊会】10月9日，福建省侨联在厦门举行福建海外杰出女性联谊会成立大会。福建省委常委、统战部部长雷春美，中国侨联副主席康晓萍，福建省侨联主席王亚君，福建省委统战部副部长陈飞，福建省妇联主席吴洪芹，厦门市委常委、统战部部长黄菱，辽宁、青海、宁夏等省（区）侨联主席（或副主席），以及来自65个国家和港澳台地区的156名闽籍海外杰出女性代表、13名特邀代表出席大会。第十四届中央政治局候补委员王汉斌和第十一届全国人大常委会副委员长陈至立分别发来贺电。会议选举产生福建海外杰出女性联谊会第一届理事会，李然当选会长；廖彩珍当选理事长；林璒利当选监事长；徐新英当选副监事长；林锦姗等11人当选常务副会长；唐清慧等13人当选副会长；张瑶当选秘书长。会议聘任了一批荣誉职务，傅海燕、许晓晖为荣誉

10 月 9 日，福建省委常委、统战部部长雷春美（中）为福建海外杰出女性联谊会授牌

10 月 9 日，王亚君主席颁发支持福建华侨妇女事业特别贡献奖和贡献奖

顾问，李玉玲等 5 人为特邀顾问，张巍为法律顾问，王亚君为名誉会长。雷春美、康晓萍、王亚君分别在会上讲话。当天，还举办“梅兰传香”会员艺术作品展、杰出女性艺术家现场献演等，并颁发了支持福建华侨妇女事业特别贡献奖和贡献奖。10 日上午，新成立的福建海外杰出女性联谊会还举办了“新女性 · 新视野 · 新贡献”主题论坛。

【举办“亲情中华 · 福建省第二届侨界文化艺术节”】 10 月 14 日晚，由福建省侨联主办、泉州市侨联承办的“亲情中华 · 福建省第二届侨界文化艺术节”启动仪式和“中国梦 · 华侨情”联欢文艺晚会在泉州举行。中国侨联副主席康晓萍，泉州市人民政府市长康涛，中国侨联副主席、福建省侨联主席王亚君，中国侨联文化交流部部长陈迈，省侨联副主席谢小建、陈式海，美国、加拿大、墨西哥等 20 多个国家和地区的侨领、侨商、侨亲以及各设区市、平潭县侨界“老朋友”代表、泉州市归侨侨眷代表等出席。开幕式由泉州市侨联主席陈晓玉主持，康晓萍宣布开幕。康涛、王亚君分别在开幕式上讲话。启动仪式上，康晓萍分别向中国闽台缘博物馆、泉州少林寺和安溪清水岩风景旅游区等 3 个单位颁发“中国华侨文化交流基地”牌匾；组委会分别向协骏实业集团（香港）有限公司、澳门恒和集团和泉州市睿星汽车公司等 3 个支持单位赠送纪念品。联欢会围绕“亲情中华进侨乡”主题，以歌舞、曲艺类为主，重点突出“侨”的特点和地方文化特色。大会期间，还举行了第 24 届侨界羽毛球友谊赛、健步行比赛、侨界趣味游园活动，设置涉侨法律咨询和医疗咨询服务

10 月 9 日，福建海外杰出女性联谊会会员们登台展示旗袍秀

11 月 14 日，王亚君主席（左）在肯尼亚内罗毕庆典活动上，与中国驻肯尼亚大使及驻联合国环境署和人居署代表刘显法交换纪念品

点，举办“华侨旗帜　民族光辉——陈嘉庚”、“赤子情怀——福建华侨与抗日战争”图片展以及“梅兰传香——福建海外杰出女性联谊会艺术作品展”等。

【出访马达加斯加、纳米比亚、肯尼亚】11 月 7 日—16 日，福建省侨联主席王亚君率团出访马达加斯加、纳米比亚、肯尼亚三国，开展“走进非洲 610 年，丝路再扬帆”系列活动。11 月 14 日，中国侨联、福建侨联、安徽侨联在肯尼亚首都内罗毕联合主办“纪念郑和下西洋 610 周年暨肯尼亚中国和平统一促进会、中国华侨华人联合会成立 10 周年”活动。该活动由肯尼亚中国和平统一促进会、华侨华人联合会承办，安徽侨联“亲情中华·徽风皖韵”艺术团慰侨演出同场献演。中国驻肯尼亚大使及驻联合国环境署和人居署代表刘显法，肯尼亚华联会暨统促会会长郭文昌，以及中国侨联、福建省和安徽省侨联来宾、在肯华人华侨和中资机构企业代表、肯中友好人士等 400 余人出席活动。王亚君主席在会上发言。在非洲期间，代表团还访问了马达加斯加、纳米比亚，拜访了中国驻马达加斯加、纳米比亚大使馆，并与马达加斯加、纳米比亚等当地侨领、华人华侨、社团负责人、中资企业代表座谈交流。代表团还实地考察了中国武夷集团肯尼亚分公司内罗毕大学综合大楼工程、漳州先行交通建设有限公司在纳鲁克工程，走访福建良和工贸有限公司，参观纳米比亚渔业码头、福建高时石矿以及一些华侨华人企业，了解他们的创业环境、发展趋势、运营资本等情况；走访慰问了肯尼亚华人华侨社团、中资企业员工、留学生，马达加斯加华商总会、京城华侨总会、福建同乡会青年团、塔那那利佛大学孔子学院以及纳米比亚华商总会、中华福建同乡会等，加强与他们的交流联谊服务。

【举办“法治中国　你我同行”——“一带一路”相关省份侨界群众学习活动】7 月 5 日，由中国侨联主办，福建省侨联协办的“法治中国　你我同行”——“一带一路”相关省份侨界群众学习活动在榕举办。中国侨联权益保障部部长张岩，国务院法制办工交商事法制司司长张建华，中国侨联副主席、福建省侨联主席王亚君，省侨联副主席翁小杰，党组成员、秘书长吴武煌，以及来自浙江、上海、江苏、山东、安徽侨联等 120 多人参加学习活动。翁小杰介绍了福建侨情以及近年来省侨联的工作思路、做法和成效，并希望通过学习，共同开展好“法治中国　你我同行”品牌活动。活动以《依法治国理念、历程与任务》为主题，围绕“一带一路”热点法律问题、法治社会建设、工作研讨等内容进行学习培训。

7 月 5 日，“法治中国　你我同行”——“一带一路”相关省份侨界群众学习活动在福州举办

【福建省侨联牵头召开“五侨”联席会】12月15日，2015年度福建省“五侨”联席会在福清召开。会议由福建省侨联牵头举办，省侨联主席王亚君主持，省人大常委会华侨（台胞）工作委员会主任路平、副主任叶勇鹏，省侨办主任杨辉，省政协港澳台侨和外事委主任翁星、副主任卢德昌，省侨联副主席谢小建、陈式海，致公党福建省委秘书长吴棉国以及省“五侨”机关相关部门负责人共20人出席了会议。受省委常委、统战部部长雷春美委托，省委统战部联络处副处长陈燕影参加了会议。会前，与会人员参观了江阴港、国电码头、宝利特科技股份有限公司和银河国际汽车园，实地了解了江阴港及福建自贸区建设、当前侨资企业发展的一些具体工作情况。会上，“五侨”单位负责人分别通报了今年以来各自单位涉侨工作情况，分享和交流了侨务工作体会，剖析了存在的主要问题，展开了积极讨论，并提出了很好的意见建议。会议达成了六项共识：一是联合推动《福建华侨权益保护条例》的出台；二是加强“五侨”部门信息共享力度，每半年开展一次互动沟通，每年底交流年度工作情况及新一年工作思路，一年保证两次以上的交流互动；三是联手打造“五侨”工作品牌，形成大侨务工作格局，特别是在大型的“请进来，走出去”活动中，由侨办牵头，“五侨”部门协同组织、合力落实；四是更加关注侨界民生，整合“五侨”部门资源和力量协同开展“精准扶贫”，推动贫困侨家庭脱贫致富、残疾侨胞困难、侨界失依儿童生活学习保障等问题更好解决；五是继续大力推动在省会城市建设福建华侨历史文化纪念馆（博物馆）；六是共同维护海外华侨华人的团结，推进和谐侨社建设。会议决定2016年省“五侨”联席会由致公党福建省委牵头组织。

【召开福建省侨联青年总会2015年会长会议暨常委会议】3月30日—31日，福建省侨联青年总会2015年会长暨常委会议在晋江召开，100多人莅会。会议由省侨联副巡视员林俊德主持，泉州市侨联主席陈晓玉致欢迎词，省侨联青年总会执行会长吴华新传达了中国侨联青年委员会第三次委员大会会议精神和福建省侨联全委会会议精神，会长许清流作工作报告。会议增补吕清泉等8人为常务副会长，丁思泉等8人为副会长，马国峰等8人为常委，并颁发证书；倡议全国首届青年运动会合作伙伴项目。会议期间，组织全体常委参观了恒安纸业工厂，举办创新创业交流座谈会。

3月31日，福建省侨联青年总会会长会议暨常委会议现场

5 月 9 日，第三届厦门市侨界联欢节活动在厦门环岛路音乐广场举办

【厦门市侨联举办侨界联欢节】 5 月 9 日，“同心聚侨力 · 共筑中国梦”——第三届厦门市侨界联欢节活动在厦门环岛路音乐广场举办，近千名归侨侨眷参加。活动由思明区委和厦门市侨联主办，思明区侨联、滨海街道党工委承办。福建省侨联副主席谢小建，厦门市侨联主席王德贤，鼓浪屿 / 万石山风景名胜区管委会主任、区委副书记郑一琳，思明区委常委、统战部部长胡延洵，市“五侨”及思明区四套班子等领导出席启动仪式。思明区 10 个街道侨联推出富有娱乐性、趣味性的游园活动；厦门市各归侨联谊会和基层侨联举行歌舞表演。此外，还特设了医疗、法律、环保、海域安全、计生等便民宣传服务点。特别引人注目的是，区侨联结合纪念抗日战争胜利 70 周年，举办“厦门华侨与抗日”战争图片展，展览沿着广场一字排开，吸引大家走进“厦门华侨投身抗日救亡，建立丰功伟绩的历史”。

【南平、龙岩侨商联合会成立】 4 月 10 日，南平市侨商联合会在南平成立，刘建忠当选侨商会会长、林毅当选执行会长、郑友忠当选监事长。这是 2012 年以来，继厦门、泉州、福州、莆田之后成立的全省第 5 个、山区地级市第 1 个成立的侨商联合会。首届吸纳会员 110 人。会上侨商会与市工行、中行、建行、农商行等 4 家银行签订了《战略合作协议》，累计授信 40 亿元。会议还举行捐赠仪式，侨商会向统战系统“同心生态园”捐资 2 万元，会长刘建忠向侨心工程项目捐资 25 万元，执行会长林毅为顺昌县高阳乡 60 名贫困生捐资助学。9 月 29 日，龙岩市侨商联合会成立，首批会员 41 人。大会听取了《筹

10 月 14 日，“亲情中华 · 福建省第二届侨界文化艺术节”启动仪式和“中国梦 · 华侨情”联欢文艺晚会在泉州举行

备工作情况报告》，审议通过了《章程（草案）》、《会费收取和使用管理办法（草案）》、《第一次会员大会选举办法（草案）》，选举产生了第一届领导班子。龙岩东南洋供水发展有限公司总经理陈伯安当选会长。至此，福建迄今已成立 6 个侨商联合会。

【三明市华侨历史学会成立】 12 月 16 日，福建省三明市华侨历史学会第一次会员代表大会在三明召开。福建省侨联副主席、福建省华侨历史学会会长谢小建到会祝贺并讲话，三明市侨联主席关文良，三明市外侨办副主任肖光炎及来自三明各界的专家、学者和侨务工作者 40 余人参加了会议。会议审议通过了三明市华侨历史学会章程，选举产生了三明市华侨历史学会第一届理事会。三明市侨联副主席、《三明侨报》社社长陈志忠当选会长，蔡登秋、刘晓迎、曾春根、吕理财、张中斌五人当选副会长。会议聘请三明市侨联主席关文良为第一届理事会名誉会长，刘胜开、杨珍英、郑树钰、廖开顺为顾问，并颁发了聘书。

【三明市侨联青年委员会成立】 12 月 28 日，三明市侨联青年委员会成立，福建省侨联领导、三明市侨联、侨办领导到会祝贺。来自三明各界的侨界青年和各县（市、区）侨联负责人共 80 余人参加会议。会议审议并通过了三明市侨联青年委员会章程，选举产生了三明市侨联青年委员会第一届委员会，福建省汉堂生物制药股份有限公司董事长魏佰兴当选会长，市侨联副主席邓江当选执行会长，王雁等 18 人当选副会长。三明市侨联青年委员会现有会员 86 人，由来自俄罗斯、意大利、美国、加拿大、澳大利亚、印尼、阿联酋、南非和中国香港、澳门、台湾等 22 个国家（地区）的华侨华人、归侨侨眷和留学人员等组成。

【市县区侨联“百侨帮百村·共建美丽乡村”经验交流】 福州市侨联选择有一定侨务基础的村作为结对单位，因地制宜，发挥农民主体作用，将挂钩帮扶活动同培育新型农民、提高帮扶点农民素质等紧密结合起来，实现助推项目的多元化与多样化。如引导连江籍侨胞以梅花为媒举办文化节，带动当地旅游、生态、休闲产业的整体发展。泉州永春县侨联推出“县乡两级侨联挂钩美丽乡村”、“乡镇侨联副主席常驻美丽乡村”等多项创新工作机制，建立美丽乡村侨益维权岗、贫难侨帮扶制度，积极探索“永春海内外侨胞共建美丽侨乡”的新途径，做到五个“更加注重”（更加注重规划引领、引资引智、基础建设、资金保障、长效管理），发动海外侨胞捐资或投资重大项目 40 多个，有力促进侨乡产业扶贫和特色农业的发展。厦门市侨联以“党建带侨建”为抓手，市区侨联同 13 个挂钩点签订共建协议书，通过送项目、送文化、送医疗、送温暖等方式，促进了单位与社区在精神文明创建、社区文化活动和社区服务工作中的联动与联创。漳州长泰县侨联设立“侨缘长泰”微信公众号，并在挂钩村建立“华侨文化广场”，开展包括侨法宣传、文化交流等内容在内的“大爱中华·侨圆长泰梦”主题活动，搭建帮扶主体、受助对象、侨界人士之间的沟通平台，扩大了“百侨帮百村”活动的海内外影响。莆田荔城区侨联帮扶挂钩西天尾镇后黄村，由村党支部书记兼任侨联主席，建立华侨故居“流转”机制，制定旅游发展规划，协助探索文化产品开发模式，做到既保护华侨祖屋，又开展旅游项目招商，实现了经济效益和社会效益的双赢。龙岩漳平市侨联帮扶挂钩南洋镇北寮村，从医疗和帮困做起，从种茶产业着手，联合县直部门争取华侨捐赠和上级资金近千万元，帮助挂钩村步入“特色产业＋旅游经济”的发展轨道，走出了一条借势使力、集聚社会资源、共建美丽乡村的有效途径。三明明溪县侨联立足帮扶挂钩村旅欧侨胞众多的特点，借助海外侨领担任村主任的优势，鼓励侨胞积极回归，通过华侨捐赠一点、向上级争取一点、村民自筹一点，为村庄的农田水利、基础设施、特色种植和文化场馆开发建设输入了侨力支持。南平松溪县侨联发挥省侨联挂钩帮扶该县的优势，落实好省侨联引导投入的 2200 多万元帮扶资金，一个村一个村地推动，一个项目一个项目地做，打好“侨心”品牌，助推松溪县连续 2 年成为全省发展十佳县。宁德屏南县侨联结合“侨胞之家”建设，注重发挥村党支部书记兼任侨联主席的优势，注重发动侨资企业同挂钩村长期结对，注重侨联与侨村的互动联动，为推进新农村建设创造了有利的条件。

江西省归国华侨联合会

【领导成员名单】

主　　席：马志武

党组书记：张知明（女）

专职副主席：周　浪（2015 年 1 月任职）

　　　　　　王　强

兼职副主席：郑兆国　辛洪波　于集华

　　　　　　李江山　梁安琪（女）

　　　　　　万志新（2015 年 1 月任职）

党组成员：许晓燕（女）

秘 书 长：罗丽都（女）

【综述】2015 年，在江西省委、省政府领导和中国侨联指导下，江西省各级侨联认真贯彻党的十八届四中、五中全会精神，习近平总书记在参加全国人大江西代表团审议时发表的重要讲话精神，中央两个《意见》精神、中央书记处关于侨联工作的指示、省委十三届十二次全会、统战、经济、扶贫工作会议和中国侨联会议精神，深入全省各地侨资企业、侨界社团开展工作调研，召开“江西省侨联深化改革工作专题调研会”，广泛征询社会各界对侨联工作的意见建议，夯实群众基础。践行“三严三实”要求，牢牢把握侨联工作正确政治方向，团结动员广大侨界群众，凝心聚力、善谋实干，推动侨联工作创新发展，保障侨联事业稳步推进。

11 月 5 日，江西省侨联传达学习党的十八届五中全会精神

【召开江西省侨商会第二次会员大会暨省侨联青委会第三次委员大会】11 月 26 日，江西省侨商会第二次会员代表大会暨省侨联青委会第三次委员代表大会在南昌召开。来自世界各个国家和地区的侨界青年代表、侨商代表 600 余人参会。中国侨联及省委省政府领导对会议高度重视。25 日晚，江西省委书记强卫、省长鹿心社亲切会见中国侨联党组书记、主席林军及赴赣参会的 26 名海外侨商。省委副书记莫建成，省委常委、省委秘书长朱虹，省委常委、统战部部长蔡晓明，省人大常委会副主任、省侨联主席马志武，省政府副省长谢茹、省政协副主席胡幼桃等参加会见。26 日上午，中国侨联党组书记、主席林军，省委副书记莫建成出席开幕式并讲话。林军主席表示，江西省委、省政府历来高度重视和支持侨联工作，积极为来赣投资的海内外侨商、回国创业人员搭建发展平台、创造有利条件。江西省侨商会、省侨联青委会已经成为团结服务全省侨商、侨界青年在赣投资发展、创新创业的重要载体。他强调，中国侨联高度重视侨商会和青委会

11 月 26 日，江西省侨商会第二次会员大会暨省侨联青委会第三次委员大会在南昌召开

省级侨联工作

11 月 25 日，江西省委书记强卫（右二）亲切会见中国侨联党组书记、主席林军（左二）

联党组召开“三严三实”专题民主生活会，党组书记张知明主持会议，党组成员、副主席王强，党组成员、办公室主任许晓燕参加会议，副主席周浪、秘书长罗丽都列席会议，省直工委委员、组织部部长章官生，省委组织部干部二处副处长陈冰，省纪委驻省委统战部纪检组正处级纪检员廖振宁参加会议并对民主生活会进行点评。

的工作，始终不渝地支持侨商会和青委会开展活动。各级侨联要把巩固、扩大、提升侨商会和青委会影响力作为侨联工作分内职责，不断引导广大侨商和青年委员把爱国情怀、强国梦想、报国行动统一起来。省领导马志武、谢茹、胡幼桃等出席会议。会议选举产生了新一届江西省侨商会及青委会，侨商会现有会员、青委会会员人数分别为 371 人和 259 人。在赣期间，林军主席考察了侨资企业易佰家集团有限公司。部分海外侨商参观考察了景德镇、上饶等地。

【开展“三严三实”专题教育】2015 年，江西省侨联扎实推进“三严三实”专题教育，制订专题教育实施方案并召开动员部署会议，通过专题党课、主题研讨和民主生活会，党员干部的工作目标更加明确、态度更加务实。5 月 14 日，江西省侨联召开“三严三实”专题教育动员部署暨党课报告会。10 月 29 日，江西省侨联党组中心组（扩大）学习成员 10 人参观江西省“三严三实”专题教育展览。12 月 30 日，江西省侨

10 月 29 日，江西省侨联党组中心组（扩大）成员参观江西省“三严三实”专题教育展览

【搭建平台服务地方经济发展】2015 年，江西省侨联邀请侨商参加江西省重点产业集群投资合作（香港）推介会以及第二届华侨华人赣鄱投资创业洽谈会开幕式暨重点项目签约仪式等活动，圆满完成了邀商工作任务。做好对 2014 年举办的海内外侨商上饶行活动成果的服务跟踪，已落实开工项目 5 个，投入资金近 5 亿元人民币，

4 月 21 日，江西省侨联党组书记张知明（左四）出席“江西最具吸引力投资目的地”授牌仪式

其中向干细胞产业园投入资金逾 1 亿元，企业发展态势良好。与南昌高新开发区就开拓侨务资源、支持侨商在高新开发区做大做强进行座谈。与中新社合作举办“江西最具吸引力投资目的地”授牌仪式。省侨联连续第 6 年被江西省人民政府授予“全省服务开放型经济工作先进单位”。

【走访慰问暖侨心】春节前夕，中国侨联党组成员、副主席康晓萍一行在江西省南昌、九江市走访慰问归侨侨眷。全国总工会、中国侨联联合组成赴赣慰问组，走访慰问华侨农场的困难职工。江西省侨联制定实施了《密切联系服务群众制度》，按照“知侨情、暖侨心、办实事、解侨

2 月 13 日，中国侨联副主席康晓萍（左二）在九江走访慰问困难归侨侨眷

2 月 13 日，江西省侨联在南昌市老年归侨侨眷活动中心举办南昌宝鹏实业爱心捐赠仪式

困”的工作要求，会领导带头多轮次在基层群众中开展“连心”服务。省侨联组成 4 个工作组，赴全省各市县慰问困难归侨侨眷。连续两年在南昌市老年归侨侨眷活动中心举办南昌宝鹏实业爱心捐赠仪式，向南昌市老年归侨联谊会捐赠经费和物资。得知侨界群众罹患重症，省侨联领导专程前往上饶、九江等地看望缅甸归侨倪木和、美国侨眷章梅生、越南归侨肖淑香等，送上侨联组织的真情关怀。据统计，2015 年，江西省各级侨联走访慰问困难群众 1300 户，发放慰问金 36.9 万元，送去慰问物资价值 24.9 万余元。

【弘扬侨界爱心助力公益】4 月 8 日—11 日，中国侨联经济科技部副部长、中国侨商联合会副会长兼秘书长安晨，嘉里集团（中国）有限公司董事长助理唐鲁东先生一行来江西考察扶贫公益事业。江西省侨联党组书记张知明陪同考察，引进嘉里集团爱心捐资 300 余万元建设上饶县儿童福利院、婺源侨心学校等公益项目。梁安琪副主席向江西省 3 个华侨农场捐助 30 万元用于改善文教卫生设施，在井冈山举行了爱心捐助仪式；万志新副主席为南昌县向塘镇莲西村卫生所捐赠价值 18 万余元的医用器材；省侨联顾问施能船捐赠 15 万元在万年县兴建檀树村卫生院；引荐中国华侨公益基金会、香港“两地一心”、“雁心乐幼基金会”及龙赛教育基金来赣捐资助学、扶贫帮困，在泰和、赣县、安远县建设 3 所侨心小学，在崇义、大余、赣县开展“爱・越野”四驱助学活动。浙江新华教育基金会在吉安白鹭洲中学、九江同文中学和赣州中学设立 2015 年“珍珠班”，澳门真善之友协会到彭泽县芙蓉镇开展捐资助学活动。省侨联分别在南昌县、万年县、余江县、余干县及贵溪樟坪畲族乡、芦溪县新泉乡等地举行“省侨联暨海外侨领董淑贞女士爱心慰问活动”仪式、香港吴星可慈善基金会“公益慈善、爱心助学”轮

4 月 23 日，江西省侨联副主席梁安琪（右三）爱心捐助华侨农场文教卫生设施仪式在井冈山举行

椅捐助活动、江西省侨界青年爱心捐赠仪式等活动，向江西师大附中和南昌县黄马官田小学分别发放助学金。

9 月 15 日，江西省侨联捐建的广昌县驿前镇庄下村文化工作室开工暨爱牙护齿宣传义诊和科技培训启动仪式

【开展“天籁列车”爱心助残活动】4 月—5 月，江西省侨联在全省范围内开展了澳大利亚“魏基成天籁列车”助听器免费发放活动，这已是“魏基成天籁列车”连续第 3 年到江西开展慈善捐赠活动。此次活动中，“天籁列车”的爱心团队走访了全省 62 个县市的 65 所特校，行程 5300 多公里，给 2000 多名听障学生配戴了助听器。省侨联海外顾问、澳洲 ABC 卫生用纸品厂创始人魏基成伉俪还向以上特校和当地群众免费捐赠助听器 9600 多台，价值人民币近 2000 万元。澳大利亚“魏基成天籁列车”总指挥、台湾元勋公司董事长吴志贤先生向各特校捐赠语音教学机 131 台，价值 200 多万元，助力江西公益慈善事业发展。

4 月 24 日，魏基成天籁列车江西省遂川县“同心天籁行”活动启动仪式在遂川艺达特殊教育学校举行

【开展精准扶贫工作】2015 年，江西省侨联积极参与省委统战部“同心·振兴赣南等原中央苏区广昌示范区”活动，派出侨联干部驻扶贫点乡镇挂职副镇长，为广昌县驿前镇庄下村捐建村文化工作室，邀请南昌大学附属口腔医院口腔医疗专家为村民开展了“爱牙护齿宣传义诊广昌行”活动，邀请江西农业大学教授进行水稻新品种种植技术培训。争取省教育厅、省交通厅、慈善书画院及侨界爱心人士支持，筹集 96.28 万元解决该村教育、交通、水利、医疗等多项实际困难。引荐澳门爱心人士赴省直扶贫点——余干县洪家嘴乡双港村爱心捐赠、扶贫连心，派出干部挂职村党支部第一书记，为龙津村、双港村贫困户家庭送上慰问金和物资，并向村中小学校优秀师生发放奖金。组织省侨联特聘专家、法律顾问赴上高敖山华侨农场开展“送科技、送法律进农场”活动，实地调研皇菊、果树等种植情况，赠送法律和农业知识书籍，指导农场创新发展。省侨联始终坚守“以人为本、为侨服务”的工作宗旨，倾心竭力维护侨益，获评“全国侨联系统维权工作先进单位”。

【随江西省友好交流访问团赴英国、荷兰访问】2014 年 12 月 31 日—2015 年 1 月 7 日，省委常委、统战部部长蔡晓明率领江西省友好交流访问团一行 6 人赴英国、荷兰进行了为期 8 天的友好访问。省侨联党组书记张知明随团出访并全程陪同拜访及参加座谈等活动。其间，代表团分别拜访了两地知名商会、侨界社团、侨商侨领，并就加强海外联谊、搭建经贸文化合作平台、推介江西省投资环境和相关投资项目、加强海外高层次人才引进、促进海外留学生回国创业等进行了座谈交流，并调研了有关侨情。

6 月 27 日—29 日，江西省侨联组团赴邕参加“一带一路”相关省份侨界群众法治学习班

【江西省侨联侨务和文化交流访问团出访加拿大、美国】应加拿大温哥华江西同乡会和美东华人社团联合总会邀请，以江西省侨联副主席王强为团长的江西省侨联侨务及文化交流访问团，于 12 月 2 日—9 日出访加拿大和美国。省政协副秘书长、港澳台侨和外事委员会主任冷芬俊，上饶市侨联主席周卫东参加访问考察。这次访问进一步拓宽了海外联谊渠道，既看望慰问了海外侨胞，加深了了解，深交了老朋友，又结识了新朋友，发展了友谊，吸收了他们中优秀的侨胞 8 人成为省侨联海外委员或顾问或青委会委员候选人，促成了景德镇陶瓷工艺大师的两个精品项目与美国加州艺术品拍卖公司的深度合作。

12 月 5 日，江西省侨联侨务和文化交流访问团拜访美东华人社团联合总会

【策应国家“一带一路”重大战略决策】2015 年，江西省侨联接待了“一带一路”相关的马来西亚、阿联酋、法国、荷兰、美国、南非等 10 多个侨团（企）来昌访问，围绕拓展经贸合作开展交流。出席了全国侨联联络、维权工作会议、长江经济带相关侨联工作沟通会，学习借鉴兄弟省区侨联工作经验；参加省四侨 2015 年第二次联席会议，研究了外向型企业策应“一带一路”政策，积极“走出去”开拓国际市场的服务举措。邀请并接待了香港瓷画会会长张徐菊霞带领的美国、德国、澳大利亚等国艺术家访问团 20 余人来赣与景德镇艺术家开展艺术交流活动，宣传中华陶瓷精品文化。接待了世界 30 多个国家和地区的 40 多个侨团 100 余人次来赣联谊，达成了密切经贸文化交流、建设慈善事业、引进高新技术等多项成果，进一步丰富了全省侨务资源。

【助推万众创新创业】2015 年，江西省侨联组织 4 家高新科技侨资企业参加第十八届中国北京国际科技产业博览会，省侨联推荐的科技项目被组委会授予“优秀创新项目奖”和

5 月 13 日—17 日，江西省侨联组织 4 家高新科技侨资企业参加第十八届中国北京国际科技产业博览会，中国侨联副主席李卓彬（左二）看望江西侨联参展企业

“最佳展示奖”。引荐侨企上海光频网科技股份有限公司与省工信委、科技厅、交通厅洽谈全省高速公路和轨道交通建设中无线通信等技术合作。促成易佰家集团有限公司与日本东芝公司商贸合作。省侨联副主席于集华应邀赴印度尼西亚参加第二届中国—东南亚民间高端对话会。组织侨商分别参加“创业中华 2015 世界知名侨商辽宁行”、“创业中华 2015 侨资侨智（江苏南通）对接会”等活动。

9 月 5 日，民革江西省委会、江西省侨联、江西省黄埔军校同学会在南昌举办纪念中国人民抗日战争暨世界反法西斯战争胜利 70 周年活动

【共同举办纪念抗战胜利 70 周年活动】9 月 5 日，民革江西省委会、江西省侨联、江西省黄埔军校同学会在南昌举办“纪念中国人民抗日战争暨世界反法西斯战争胜利 70 周年活动”。活动以“铭记历史·圆梦中国”为主题的文艺演出为主要形式，再现了 70 多年前中华儿女为解救民族危亡浴血奋战的壮丽诗篇，展现了广大人民群众在抗日战争中的突出贡献和中国共产党同人民群众的血肉联系。省人大常委会副主任、民革省委会主委、省侨联主席马志武出席并致辞，省政协原副主席、民革省委会名誉主委张华康，全国政协常委、民革中央监督委员会副主任陈清华，中共江西省委宣传部常务副部长、省网信办主任郭建晖，民革省委会副主委、省农业厅厅长胡汉平，省委统战部副部长胡志平，省台办副主任徐建星，省委统战部副巡视员、省侨联党组书记张知明，省侨联副主席王强、辛洪波、于集华、万志新，党组成员许晓燕，秘书长罗丽都参加了活动。

9 月 5 日，江西省人大常委会副主任、民革省委会主委、省侨联主席马志武出席纪念活动并致辞

【召开 2015 江西省侨商会会长会议】1 月 29 日，以“筑平台引领新常态，汇侨力谋划新发展”为主题的 2015 江西省侨商联合会会长会议在南昌召开，70 余名来自各国各地区的侨商齐聚一堂、共话发展。省政协港澳台侨外事委员会主任冷芬俊，副主任、省侨联六届委员会主席周锦，省侨联党组书记张知明，副主席王强、郑兆

1 月 29 日，以“筑平台引领新常态，汇侨力谋划新发展”为主题的 2015 江西省侨商联合会会长会议在南昌召开

1 月 29 日，南昌大学工商管理系主任郭朝晖教授作题为《企业管理与创新》的专题讲座

国、于集华、李江山、万志新出席会议。会议邀请了南昌大学工商管理系主任郭朝晖教授作题为《企业管理与创新》的专题讲座，深刻分析了当前企业普遍存在的问题，并提出了意见建议，引发了大家对企业管理模式及手段的深层次思考。

【组织开展“2015 年侨商寻商机谋发展靖安行”活动】 5 月 8 日，江西省侨联党组书记张知明率部分侨资企业家赴靖安县开展“2015 年侨商寻商机谋发展靖安行”活动。张知明书记及侨资企业家一行考察了当地部分投资项目并出席了“寻商机谋发展”招商推介会。县委书记田辉看望了与会侨商。县委副书记、县长江伟斌致欢迎词。会上，县旅游局、城建局等分别作了招商项目推介，侨资企业家们就有关招商项目与相关部门进行了交流互动，气氛热烈。大家表示，靖安良好的生态资源、投资环境，便利的交通使之成为南昌都市区的“后花园”，今后将进一步与靖安开展全方位、多层次的交流，投资兴业实现双赢。省侨联秘书长罗丽都，县委常委、纪委书记徐云珍，县委常委、副县长熊敏剑等参加了活动。

【开展侨法宣传教育进社区活动】 2015 年，江西省侨联制定了《法律顾问工作规则》，聘请求正沃德律师事务所刘卫东和赣江律师事务所张辉担任省侨联法律顾问，为处理涉侨维权事务提供专业支持。12 月 25 日，由江西省侨联主办，青云谱区委、青云谱区政府、南昌市侨联承办，青云谱区委统战部、青云谱区侨联、三店街办协办的“江西省侨联侨法宣传教育进社区活动——走进青云谱祥和社区”活动在青云谱区祥和社区举行。省侨联党组书记张知明，党组成员许晓

5 月 8 日，江西省侨联开展“2015 年侨商寻商机谋发展靖安行”活动

12 月 25 日，江西省侨联主办“江西省侨联侨法宣传教育进社区活动——走进青云谱祥和社区”活动

燕，南昌市委统战部副部长、市侨联主席刘小坚等出席，区委书记胡晓海，区委常委、统战部部长巫滨等陪同，辖区近 200 名归侨侨眷参与活动。本次活动中，省侨联邀请求正沃德律师事务所和赣江律师事务所以及区人社局、手工技艺项目单位在现场设置咨询服务台，为侨胞、侨眷开展免费法律事务咨询，就医保、社保、就业、劳动保障等政策进行宣传，现场展示串珠、编织、丝网花等手工技艺，并免费向群众发放侨法宣传册、劳动保障政策宣传册、手工技艺作品等宣传品。

【召开南昌市第十一次归侨侨眷代表大会】12 月 18 日—19 日，南昌市侨联召开第十一次归侨侨眷代表大会。省侨联党组书记张知明，市委副书记、政法委书记欧阳海泉，市委常委、统战部部长高鹰群出席开幕式。来自全市各条战线的 200 多名归侨侨眷代表参加了会议。会议审议并通过了姚向红同志代表南昌市侨联第十届委员会作的工作报告，表彰了南昌市侨联工作先进集体，聘请了南昌市侨联顾问，选举产生了南昌市侨联第十一届委员会，刘小坚当选为主席，陈铭、许日强、高新民、刘卫东、翁海光、陈晓娟、郑建生当选为副主席，尚飞当选为秘书长。

【召开吉安市第二次归侨侨眷代表大会】1 月 8 日，吉安市侨联召开第二次归侨侨眷代表大会。省侨联党组书记张知明、吉安市委书记王萍出席开幕式并作重要讲话。吉安市委副书记王少玄，市人大常委会主任吴敏，市委常委、市总工会主席彭涉晗，市政府副市长王大胜，市政协副主席王伴青，省侨联秘书长罗丽都、市侨联主席刘勇及 190 余名海内外嘉宾、代表参加了会议。会前，吉安市委书记王萍会见了省侨联党组书记张知明及部分海外嘉宾。

【宜春市建立涉侨联席工作会议制度】2015 年，宜春市建立了涉侨联席工作会议制度。6 月 25 日，宜春市“涉侨”联席会议第一次会议召开，市委常委、市委统战部部长钱薇，市人大外侨民宗工委主任彭宜平，市政府外侨办副主任谢慧、市政协港澳台侨外事和民宗委主任刘晓维，市侨联主席张荷花、党组书记陈爱红出席会议。会议审议并原则通过《宜春市“涉侨”联席会议制度（讨论稿）》，讨论确定“涉侨”联席会议成员单位由市委统战部、市人大常委会外事侨务民族宗教工作委员会、市政府外事侨务办、市政协港澳台侨外事和民族宗教委员会、市侨联组成。

【萍乡市侨联成立青年委员会和法律顾问委员会】5 月 29 日，萍乡市侨联青年委员会和法律顾问委员会成立大会在萍乡召开。萍乡市侨联主席李小青、副主席郭子新和有关县区侨联负责人出席会议。大会推选郭子新任市侨联青委会第一届委员会会长，刘京尧、许琼萍、赖世波任副会长，熊佳磊任秘书长，来自各县区的 11 位青年代表当选为委员。同时，聘请了江西鸿天律师事务所李悬律师和江西和圆律师事务所李健律师为法律顾问委员会委员。青委会和法顾委是市侨联工作的重要平台，也是新时期侨联工作的扩展和延伸，将为推进萍乡经济社会改革发展做出新的更大贡献。

山东省归国华侨联合会

【领导成员名单】

党组书记、主席：梁　波

专职副主席：李兴钰

兼职副主席：吴玉明　胡　辛　张悦英（女）

副 巡 视 员：李运才

党组成员、秘书长：卢文朋

【综述】山东是全国重点侨乡省份之一，山东籍海外华侨华人、旅居港澳同胞约120万人，分布在世界97个国家和地区；全省归侨侨眷约120万人，多分布在济南、青岛、烟台、潍坊、威海、日照、临沂等地市，改革开放以后出去的新华侨华人约15万人。2015年，山东省各级侨联认真贯彻落实中央、省委党的群团工作会议精神，扎实开展“三严三实”专题教育，按照“两个拓展”的工作要求，坚持为大局服务和为侨服务相结合，扎实工作，开拓进取，在加快经济文化强省建设中发挥了积极作用。山东省侨联机关被授予“2015年度山东省省级文明单位”称号。

【学习贯彻中央和省委党的群团工作会议精神】中央党的群团工作会议召开后，山东省侨联迅速组织全省侨联系统通过各种形式认真学习会议精神，把习近平总书记重要讲话作为理论中心组学习的重要内容，通过集中学习、专题讲座、个人自学和开展深入研讨等方式，提高学习效果。向广大归侨侨眷和基层侨联干部宣讲会议精神，征求对侨联深化改革的意见建议。组织精干力量负责学习宣传和贯彻落实工作的统筹协调和整体推进。会领导分别带队赴各市开展专题调研，掌握侨联面临的新形势、新问题、新任务。参与起草山东省《关于加强和改进党的群团工作的实施意见》。山东省委召开党的群团工作会议并印发《中共山东省委关于加强和改进党的群团工作的实施意见》后，山东省侨联于9月25日召开了由各市侨联主要负责同志和机关处级以上干部参加的全省侨联工作座谈会议，传达省委书记姜异康在省委党的群团工作会议上的重要讲话，学习《实施意见》，要求各级侨联深刻领会、准确把握讲话和文件的精神实质，以政治性、先进性、群众性引领侨联工作，把贯彻落实会议和文件精神与学习贯彻习近平总书记系列重要讲话和视察山东讲话、重要批示精神结合起来，与贯彻落实中央党的群团工作会议精神结合起来，与贯彻落实中央关于加强群团工作和侨联工作的意见结合起来，抓住机遇主动做好侨联工作，多措并举加强自身建设，努力把侨联组织建设成为工作活跃、作用明显、党政重视、群众信赖的侨胞之家。

9月25日，山东省侨联召开全省侨联工作会议传达学习省委党的群团工作会议精神

【开展“三严三实”专题教育】4月28日，山东省侨联召开党组（扩大）会议，对在领导干部中开展“三严三实”专题教育作出安排。5月11日和5月15日，山东省侨联党组书记、主席梁波和党组成员、副主席李兴钰结合自身学习心得和工作实际，给机关全体党员干部上党课。“三严三实”专题教育开展以来，山东省侨联共召开“三严三实”专题学习14次，集中研讨5次。对查摆出来的“不严不实”问题，省侨联党组一抓到底，务求实效。山东省侨联成立了调研组，由主席、副主席带队，先后到临沂、菏泽、潍坊、青岛等地调研，了解侨界群众工作生活中存在的问题和困难，听取侨界群众对侨联工作的意见建议。根据“即知即改与专项整治相结合”的要求，修订了《省侨联机关会议管理规定》和《省侨联机关国内公务接待管理规定》两项制度，制定了《省侨联机关差旅费管理规定》和《省侨联机关培训费管理规定》两项制度，对机关接待、培训、出差等工作要求进行了细化，进一步规范了行政经费预算执行，严格控制经费支出，加强了省侨联机关制度建设。

5月11日，山东省侨联党组书记、主席梁波讲授“三严三实”专题党课

8月11日，山东省侨联组织机关党员参观“三严三实”专题教育展

【乔卫副主席调研烟台开源社区侨联工作】8月19日，中国侨联副主席乔卫、秘书长王宏，在山东省侨联副主席李兴钰、烟台市侨联主席孙学光的陪同下，到烟台市芝罘区开元新村视察社区侨联工作。乔卫副主席一行参观了开源社区建设，听取了烟台市侨联副主席、开源社企联合党委书记陈希亮对社区侨联工作的汇报。乔卫副主席对社区侨联工作所取得的成绩给予充分肯定，认为社区侨的工作做得扎实有效，并带动了社区其他群团工作的全面发展。他希望社区侨联工作要以归侨侨眷沟通联系平台为

8月19日，中国侨联副主席乔卫调研烟台开源社区侨联工作

依托，充分发挥社区侨务资源优势，推进社区侨联工作上品牌、上台阶。

10月22日，山东省侨联在济南召开“侨聚齐鲁　红色之旅”座谈会

【举办“侨聚齐鲁　红色之旅”系列活动】 10月17日—22日，山东省侨联与阿联酋侨联共同举办了“侨聚齐鲁　红色之旅”爱国主义教育系列活动，来自10个国家的数十位侨领、侨商参加，中国侨联副主席康晓萍、海外联谊部副部长李涛，山东省侨联主席梁波、副主席李兴钰、副巡视员李运才等领导分别参加相关活动。10月17日—20日，侨领、侨商们在李兴钰副主席陪同下，赴临沂参加了“侨聚临博会　红色沂蒙行”活动。21日，在枣庄市台儿庄区参加了由中国侨联指导、山东省侨联主办、枣庄市侨联和台儿庄区政府承办的“侨聚枣庄　红色之旅”抗战图片展开幕式，并参观展览。中国侨联副主席康晓萍，枣庄市委常委、宣传部部长张宝民出席开幕式并分别讲话，中国侨联海外联谊部副部长李涛、中国华侨历史博物馆副馆长祁德贵、山东省侨联副主席李兴钰出席活动。22日，在济南召开了“侨聚齐鲁　红色之旅”座谈会，梁波主席主持座谈会并发表讲话，李兴钰副主席、李运才副巡视员参加座谈。各侨领、侨商畅谈了参加活动的感受，纷纷表示，通过参观考察，切身体会到在艰苦卓绝的中华民族抗日战争和波澜壮阔的解放战争中，发生在齐鲁大地上的那些惊心动魄、可歌可泣的故事，让大家心灵受到震撼与洗礼、灵魂得到净化与升华，受到了一次深刻的爱国主义教育。

【召开山东省侨联八届八次全委（扩大）会】 12月8日—9日，山东省侨联八届八次全委（扩大）会议在济南召开。山东省侨联主席梁波，山东省侨联副主席、济南市侨联主席吴玉明，山东省侨联副主席李兴钰，山东省侨联副巡视员李运

10月19日，山东省侨联组织侨领、侨商参观孟良崮战役纪念馆

12 月 8 日—9 日，山东省侨联八届八次全委（扩大）会议在济南召开

才出席会议。省侨联委员、各市侨联不是省侨联委员的驻会主要负责人、机关干部等 100 余人参加会议。会议要求全省各级侨联组织全面贯彻党的十八大和十八届三中、四中、五中全会精神和习近平总书记系列重要讲话和视察山东重要讲话、重要批示精神，认真落实中央党的群团工作会议、山东省委党的群团工作会议和省委十届十二次、十三次全体会议的工作部署，按照《中共中央关于加强和改进群团工作的意见》和山东省委实施意见的要求，凝聚侨心侨力，改革创新，开拓进取，扎实工作，为加快建设经济文化强省贡献力量。会议听取并审议了梁波主席代表八届常委会所作的工作报告，卸免常委 1 名、委员 4 名，增补委员 11 名。

【服务地方经济发展】2015 年，山东省各级侨联共组织或参与各类经贸交流活动 120 多次，邀请 1000 多名侨商参加。山东省侨联联合省人社厅留学人员和专家服务中心、菏泽市侨联，举办了“2015 侨星耀菏泽”和“留学归国专家菏泽行”活动，组织包括国家“千人计划”、“泰山学者”在内的 20 余位留学归国专家和 100 多位侨商参加活动，促成 4 个项目落地。山东省侨联、临沂市侨联联合组织海外侨商 64 人出席了第六届中国（临沂）国际商贸物流博览会和国际采购商大会。青岛市侨联举办了“聚焦东亚海洋合作　助力青岛更快发展——2015 海内外侨界专家服务一带一路战略研讨会”，70 余位来自海内外的侨界专家和海外侨领为助力青岛更快发展提出宝贵建议，促成 4 个项目签约。德州市侨联牵线西班牙 RPK 集团投资 8000 万欧元的汽车弹簧项目投入试生产。泰安市侨联促成投资 10 亿元的奥地利农业休闲旅游观光项目落地宁阳。山东省侨联继续开展以“帮扶发展、解决问题”为重点的“访侨企·送服务”品牌活动，走访侨资侨属企业，帮助协调解决企业发展中的困难和问题。济南市侨联开展了“苏陕侨商泉城行”、“驻济外商泉城行”、“美国侨客商泉城行”活动。各级侨联积极参与招才引智工作，开展“侨界创业创新”活动，引导海外高层次人才来鲁创新创业，协助落实“千人计划”、“泰山学者”等政策，努力构建海外人才联系和引进网络。济南市侨联成立了侨联特聘专家委员会。青岛市侨联召开“创新、创业、创客——侨界‘三创’”工作交流会，推出典型引路、聘请导师、设立示范基地等服务新举措。威海市侨联举办了

4 月 8 日，梁波主席到山东奥冠新能源科技有限公司进行调研

“2015 海外华商博士投资创业合作交流会”。临沂市侨联与市委组织部共同举办了“高层次人才临沂行暨才智兰陵发展论坛”。聊城市侨联召开了“2015 中国聊城旅美科协合作交流座谈会”。

【拓展海外联络联谊】山东各级侨联积极“请进来，走出去”，深交老朋友，广交新朋友，不断拓展海外联络联谊空间。一是请进来。2015 年山东各级侨联接待来访团组 180 多个。济南、青岛、枣庄、烟台、济宁、日照、德州、聊城等市侨联积极邀请海外访问团参观考察，增进了解，共谋发展。二是走出去。山东各级侨联共组团或参团出访近 80 人次，与 50 多家海外侨社团签订友好合作协议。山东省侨联率领东营、临沂两市侨联赴巴西、埃及等 4 国访问，省、市侨联分别与有关海外侨社团签署了《建立友好合作关系协议书》和《共同为山东企业“走出去”服务合作备忘录》，探索了为省内企业“走出去”发展服务的新途径。青岛市侨联把海外联谊工作与实施“一带一路”战略有机结合起来，出访南非、阿联酋等 5 个国家。德州市侨联在世界华侨华人社团总会设立侨联办事处，定期搜集信息项目。枣庄市侨联随团出访澳大利亚、新西兰，并赴印尼参加第十三届世界华商大会。三是注重侨联系统内沟通交流。日照市侨联承办了鲁辽吉黑桂省会暨口岸城市侨联合作交流会议，发起成立侨联“一带一路”合作联盟，促进侨界优势互补、合作共赢。菏泽市侨联组织成立了菏泽市侨商联合会和华侨留学服务中心，延伸了联谊的工作手臂。淄博、莱芜等市侨联积极开展侨情普查和调研，建立和完善侨情资料库；临沂市侨联建立了侨情资源电子信息管理系统。

【加强对外文化交流】山东各级侨联充分发挥齐鲁文化底蕴深厚的优势，主办、组织、参与各类演出、展览、比赛等对外文化交流活动近 20 场次。认真做好中国华侨国际文化交流基地申报工作，山东省 5 个单位被中国侨联确认为第一批中国华侨国际文化交流基地。山东省侨联和济南、青岛、枣庄、潍坊、济宁、泰安等 6 市侨联共同组织，举办了“亲情中华·汉语桥”夏令营山东营活动，20 余位荷兰华裔青少年多方位了解了山东，亲身感受到齐鲁文化的魅力。淄博、威海、聊城和莱芜市侨联组织承办了 2015 年海外华裔青少年“中国寻根之旅”春、夏令营。组织发动山东省中小学生参加第十六届世界华人学生作文大赛，山东省侨联及 12 市侨联和部分县级侨联获得组织奖。山东省侨联还组织侨界群众参加了中国侨联第二届世界华侨华人摄影展，做好中国华侨国际文化交流促进会理事提名推荐工作，并组织参加了第四次理事大会。青岛市侨联举办了纪念抗日战争胜利 70 周年座谈会等主题活动。潍坊市侨联组织编写出版了《潍水侨心》图书，收录了 24 名新、老归侨口述回忆的真实历史。济宁市侨联承办了“中国儒商东方圣城行”活动，推进儒家文化走向海外。泰安市侨联组织实施了“中华泰山文化寻根之旅”主题旅游活动，邀请、接待华侨华人、港澳台同胞、

8 月 11 日—19 日，梁波主席率团访问巴西、智利，拜会当地主要侨团侨领，出席侨胞代表座谈听取意见建议

"亲情中华·汉语桥"夏令营山东营在济南开营

国外友人来泰旅游、考察近2万人。滨州市侨联积极参与"海峡两岸（滨州）孙子文化论坛暨中国（惠民）国际孙子文化旅游节"活动，将孙子文化推向世界。山东省侨联利用山东电视台、《大众日报》、《齐鲁乡情》、齐鲁网、山东省侨联网站等媒体，认真做好山东政治经济文化的宣传工作，在《齐鲁乡情》杂志开展侨界典型人物宣传活动，发挥引领示范作用。及时开通山东省侨联微信公众平台和"侨联通"网上信息推送功能，济南、淄博、潍坊、济宁、临沂、日照、菏泽等市侨联开通了微信公众号。

【推进侨界公益事业】山东各级侨联积极引导侨界爱心人士投身公益事业，参与和谐社会建设。2015年山东侨联系统新申请侨爱心小学3所，树人班1个，威海、济宁、枣庄3所侨爱心小学举行了落成仪式。经山东省侨联牵线，深圳侨界爱心人士资助梁山县一个五胞胎困难家庭，将五个孩子及其父母接至深圳学习和生活。山东省侨联青委会联合济南润尼康复器材有限公司赴贫困村开展"安全用耳　保护听力——助听器捐赠活动"，向村民们赠送了价值20余万元的助听器；在"六一"儿童节前夕，联合大森（菏泽）生物质能源有限公司，向帮包村幼儿园的小朋友发放爱心书包和文具。泰安市侨联"中国泰山华侨（华商）慈善基金会"为教育、医疗、扶贫济困等捐赠400万元。枣庄市侨联争取社会各界公益捐款192万元用于扶贫助学。山东侨联推进公益事业在制度建设、宣传引导、发挥优势、强化外联等方面的做法得到了中国侨联公益基金会的肯定，并作为优秀工作代表在全国

经山东省侨联牵线，深圳侨界爱心人士资助梁山县一个五胞胎困难家庭，将五个孩子及其父母接至深圳学习和生活

侨联公益事业发展培训研讨班上做了经验介绍。

【提高为侨服务水平】2015 年，山东各级侨联坚持多渠道筹措资金做好“送温暖、献爱心”活动，春节期间，山东各级侨联共走访慰问老归侨和侨界困难群众 800 多户。省侨联领导先后到济南、枣庄、烟台、临沂、聊城等市走访。济南市侨联依托“侨爱心 365 基金”，救助特困归侨 67 人次。烟台、日照、东营、潍坊、临沂、德州等市侨联通过协调解决早期归侨补助、组织为归侨侨眷查体、建立侨联志愿者队伍、促进归侨侨眷毕业生和下岗人员就业等工作。山东省侨联法律事务中心、齐鲁网、北京德恒律师事务所济南分所联合举办了“山东省侨联首届法律知识（有奖）竞赛”活动，扩大了涉侨法规的社会影响。山东省侨联法律事务中心、枣庄市侨联联合开展了“关爱侨胞　服务侨企　法律伴我行”活动，邀请专业法律专家讲授法律知识，现场提供法律咨询服务。青岛、济宁、日照、临沂市侨联举办侨联干部培训班，威海市侨联举办涉侨法律知识讲座，宣传《侨法》和《条例》。努力做好涉侨信访工作，山东省侨联坚持会领导首访接待制度，2015 年共接到来信来访 20 余件次，每一次来信来访都做到有登记、有落实、有复函、有总结。

【履行参政议政职能】山东各级侨联以“两会”为阵地，深入开展“汇集侨智·建言献策”主题活动，组织所联系人大代表、政协委员着眼地方中心工作，围绕侨界群众普遍关心的问题，加强调查研究，积极建言献策，发挥港澳委员、海外顾问作用，广泛收集海内外经济、社会以及侨情信息，为党委政府科学决策提供支持。2015 年，山东各级侨界人大代表、政协委员共提交议案、提案和建议 1000 多个，内容涉及各地政治经济发展、对外开放、侨务工作等，议案提案的质量和水平不断提高。

2015 年，梁波主席多次到阳谷县帮包村看望“第一书记”并调研

1 月 7 日—8 日，梁波主席到烟台走访慰问，送去新春的问候

【加强侨联组织建设】2015 年，山东省侨联通过组织党员干部参加培训班、读书会、辅导报告会等多种形式，抓好党员干部教育培训，2015 年全省侨联系统约 140 多名干部参加了各级党校、行政学院和中国侨联组织的培训。临沂市侨联健全完善县区（开发区）侨联机构设置，配备了县区侨联工作人员，落实了人员编制和工作经费。青岛、烟台、菏泽等市侨联积极推动大学和科研院所成立侨联组织，有效扩大了侨联组织的覆盖面。省侨联第一轮“第一书记”帮

包工作获优秀等次，今年又选派了1名干部到贫困村担任“第一书记”，履行抓党建、促脱贫的工作职责。

【济南市侨联】一是为侨服务工作水平不断提升。1月23日成立“侨e法援”侨界网上法律援助平台，为侨界群众提供便捷的法律援助服务。6月26日举行了第二届侨界趣味运动会。9月15日举行侨界中秋联谊会，并为部分老归侨举行祝寿仪式。10月9日，免费为全市归侨查体。10月23日，侨商朱立书先生出资20万元在长清区捐建的侨心小学举行了挂牌仪式，成为市侨联协调捐建的第8所侨心小学。分别于5月14日、12月18日、12月25日成立了市侨联特聘专家委员会、侨媛会和老归侨联谊会，进一步拓展了联络联谊的平台。在第十六届世界华文中小学生作文大赛活动中获优秀组织奖。二是服务中心工作得到创新发展。启动了“鸿雁传书一线牵，侨情乡谊两相连”活动，向海外归侨介绍济南的发展环境，开展海外理事聘任工作，首批从16个国家聘请20名知名侨界人士任海外理事，以侨界优质资源汇聚海外侨界力量。分别于5月26日、7月12日、12月9日组织苏陕侨商、浙江侨商和粤辽吉冀侨商泉城行系列活动，参观考察济南市重点项目，在多个项目上达成初步合作意向。9月1日—3日，邀请纳米比亚温得和克市政商考察团参加“儒通世界·慧聚泉城”文化体验活动，考察济南市知名企业，促成两市缔结友好合作城市协议。三是侨联自身建设迈上新台阶。圆满完成“第一书记”帮扶工作。建立了“廉勤”日志记录制度，通过个人自省、党员互助、党组监督的形式，坚决杜绝机关庸、懒、散、奢现象的发生。1月28日召开八届二次全委会，确定了全年“联络联谊年”的主题。4月17日组织全市侨联委员、侨联干部和侨联示范社区负责人赴临沂台儿庄进行红色主题教育，强调了为侨服务工作要紧扣“群众路线”。5月20日组织全市侨联负责人和侨联示范社区负责人观摩市中区优秀示范社区，并召开侨联工作经验交流会，推广“侨与社区”双向服务的特色经验。7月6日结合“三严三实”教育活动，组织侨联干部参观济南第一个企业党支部——机车工厂党支部，为侨联干部上了生动的党课。

【青岛市侨联】一是紧扣发展大局，服务国家战略展现新作为。2015年8月，创新举办“聚焦东亚海洋合作　助力青岛更快发展——2015海内外侨界专家服务一带一路战略研讨会”。中国侨联副主席李卓彬，中国侨联副主席、中国科技大学校长万立骏院士，山东省委常委、青岛市委书记李群等领导出席会议并致辞。中国科学院院长院士白春礼等40余位海内外侨界高层次专家和近30位海外侨领侨商代表应邀参会，取得良好的经济社会效益。中国侨联九届三次全委会议和市委常委会将研讨会列为重大活动写入工作报告，中国侨联特聘专家委员会工作报告对此次活动成效给予充分肯定。二是发挥桥梁纽带作用，服务经济工作有新成效。全年围绕14个项目进行了洽谈，积极促成蓝色硅谷核心区的生物科技城项目等6个项目签约或落户青岛。三是加强海外联谊，促进交流合作有新进展。青岛市侨联组团出访南非、坦桑尼亚、阿联酋，推介“一带一路”，开辟了非洲海外联络基地；随中国侨联出访俄罗斯、波兰、荷兰，多家企业随团考察洽谈项目，开拓国际市场。围绕经贸合作、人才引进、文化交流等方面，先后联络邀请24个国家和地区的32批次海外客人来青考察洽谈。拓展联系9个海外侨社团，与6个侨社团签署友好合作协议书，共同推进青岛市与海外开展多种形式的交流与合作。四是汇集高端智慧，议政建言工作有新成果。策划举办青岛市侨联特聘专家及侨界政协委员专题调研侨资企业等活动，近20名侨界高层次专家与会提出诸多中肯的建议，促成产学研合作项目。广泛征集侨界专家学者的意见建议，全年共向中国侨联报送侨情信息38篇，信息工作荣获2015年度全国侨联系统特等奖。

河南省归国华侨联合会

【领导成员名单】

党组书记：赵太安

主　　席：董锦燕（女）

专职副主席：王鹏杰

姚新文（女，2015年5月离任）

副巡视员：耿诚聪（2015年3月退休）

刘合生（2015年11月任职）

兼职副主席：董子明　朱任发　罗建中

康玛水　陈锦艳　陈长宝

邢玉华　刘东晓　沈钊昌

屈　晓

秘书长：姚新文（女，兼，2015年5月离任）

【综述】河南省侨联成立于1959年，现有归侨侨眷和海外侨胞300多万人，分布在100多个国家和地区，是新兴侨务资源大省。2015年，在省委的正确领导和中国侨联的关怀指导下，河南省侨联深入学习贯彻党的十八大和十八届三中、四中、五中全会精神和习近平总书记系列重要讲话精神，认真贯彻落实中央和省委群团工作会议精神，围绕中心，服务大局，发挥优势，团结带领全省侨界群众为加快全面建成小康社会，实现富强文明平安美丽河南做出了积极贡献。

【学习贯彻中央和省委党的群团工作会议精神】2015年，中央、河南省委相继召开党的群团工作会议，习近平总书记就新形势下党的群团工作发表重要讲话。中央、省委先后下发关于加强和改进党的群团工作的意见和实施意见，关于加强和改进新形势下侨联工作的意见和实施意见。这是指导当前和今后一个时期侨联工作的纲领性文件。河南省侨联把学习贯彻中央和省委会议精神作为重要政治任务。一是深化学习。省侨联通过召开党组会议、中心组学习会议、常委会议、务虚会、座谈交流会等形式统一思想，提高认识，深化理解。为准确把握中央和省委文件精神，省侨联在北京举办了第4期侨联干部培训班。各省辖市侨联、省直管县侨联通过举办学习培训，及时向党委分管领导汇报等形式，传达学习会议精神，推动贯彻落实。二是深入基层开展调研。先后组织13个调研组深入基层开展调研，了解掌握侨情，总结工作经验，协调解决基层侨联和侨界群众的困难问题。根据省委要求，省侨联派出专人参与全省群团工作大调研活动，先后4次参加省委副书记邓凯组织召开的群团工作座谈会，为全省群团工作、侨联工作发展提出意见建议。结合侨联实际，出台省侨联《贯彻落实〈省委加强和改进党的群团工作的实施意见〉实施方案》，推进侨联工作开展。三是积极推进基层侨联建设发展。各级侨联抓住机遇，主动向党委汇报侨联工作，争取支持。洛阳市、郑州市侨联积极争取并配合党委出台加强和改进新形势下侨联工作的实施意见；鹤壁市委专题听取侨联工作汇报；漯河侨联工作在市委党的群团工作会议上受到市委主要领导表扬；信阳、濮阳市委主要领导对侨联工作作出重要批示；驻马店市侨联开展的“零距离聚侨心”工程，作为品牌载体纳入《市委加强和改进党的群团工作的实施意见》文件，为基层侨联建设发展创造了有利条件。

【服务发展大局，贡献侨界力量】2015年，河南省侨联积极适应经济新常态，围绕服务三大国家战略，服务河南省全面融入“一带一路”，发挥侨的优势，贡献侨界力量。一是积极参与全省重大文化经贸活动，成效明显。依例中国侨联作为主办单位，省侨联为组委会成员单位，全国政协常委、中国侨联副主席李卓彬及海内外嘉宾、重要客商130人参加乙未年黄帝故里拜祖大典和第九届中国（河南）国际贸易投资洽谈会。邀请全国政协常委、中国侨联顾问、中国侨商联合会常务副会长王永乐率中国侨商会代表团出席第十三届中国（漯河）食品博览会。中国侨商联合会与河南省侨联、漯河市人民政府共同主办了第二届中国（漯河）华商食品项目投资峰会，邀请新加坡、菲律宾、加拿大和中国香港、中国台湾等海内外华商企业70多家120人与会，促成中国农产品企业发展有限公司与漯河市双河农产品批发交易市场签署总额2亿美元的投资协议，共同打造宏进农副产品国际物流中心。11月19日，河南省人民政府与华特迪士尼（中国）有限公司

11 月 19 日，河南省人民政府与华特迪士尼（中国）有限公司战略合作备忘录签约仪式在郑州举行

战略合作备忘录签约仪式在郑州举行，省侨联主席董锦燕作为特邀嘉宾参加签约仪式，省侨联积极联络服务，为促成该项目的落地做出了贡献。联络促成韩国首尔市江南瑞草区厅长赵恩禧率团访问鹤壁市，双方签订《促进文化·旅游协议》。作为豫商大会承办单位，邀请海外豫商侨社团及侨商会企业参加在信阳市举办的第十届豫商大会，协助做好项目洽谈对接工作。参与主办“唐人故里·闽台祖地”第七届中原（固始）根亲文化节。积极参与支持河南、广东、福建省旅游部门举办“重走客家路”主题活动。二是持续开展“圆梦中华·知名侨商中原行”活动，成果丰硕。围绕服务经济发展，持续打造“圆梦中华·知名侨商中原行”工作品牌。通过积极联络，促成省政府与华特迪士尼（中国）有限公司签署战略合作备忘录，合作项目“郑州国际文化创意产业园”拟投资 100 亿元人民币，该项目的签约实施将加快推动河南乃至整个中部地区旅游休闲文化创意产业发展。牵线搭桥，跟踪服务，投资近 3 亿元人民币的归真堂洛宁中草药基地项目在洛宁签约。许昌市侨联发挥姓氏根亲文化优势，邀请世界各地许氏企业家 60 多人参加“许昌三国文化周·百名客商许昌行”活动，促成香港宝龙集团与东城区签订投资 40 亿元人民币的“城市综合体”项目。漯河市侨联促成知名侨商企业上好佳集团签约投资 5 亿元人民币打造中西部地区休闲食品基地。促成中国侨商会食品行业分会落户漯河。2015 年，全省侨联共邀请海外重要侨商团组 40 多个，重要嘉宾 50 余人，知名侨商 1000 余人次来豫投资考察、参与文化经贸活动，促成 10 多个项目签约

7 月 31 日，河南省委副书记邓凯（左三）在郑州会见澳大利亚华人慈善家“ABC 天籁列车”慈善机构创办人魏基成夫妇（左二、左一），省侨联党组书记赵太安（右三）、主席董锦燕（右二）陪同会见

5 月 16 日，全国政协常委、中国侨联顾问、中国侨商会常务副会长王永乐在第二届中国（漯河）华商食品项目投资峰会上致辞

落地，有效服务了经济社会发展。三是拓展侨联公益事业，成效显著。积极联络，争取到中国侨联海外顾问、澳大利亚著名华人慈善家、“ABC天籁列车慈善机构”创办人魏基成先生“天籁列车”助听器捐赠项目，共捐赠23000台助听器和352台语音教学机，覆盖全省115所特殊学校学生和部分校外患者，价值近2亿元人民币，为全省贫困群众捐赠过冬棉衣2700件，价值80余万元。省委副书记邓凯在郑州亲切会见魏先生一行，对他的善行义举给予高度赞扬。2015年，全省侨联还争取到海外捐赠的亮晶工程、侨心学校、资助贫困学子等公益项目资金1017万元。

【打造侨联发展新平台】2015年，河南省侨联积极拓展海外联谊工作。一是走出去广泛联谊。9月，应澳大利亚商业峰会组委会、新西兰河南商会及第十三届世界华商大会组委会的邀请，省侨联党组书记赵太安率团出访新西兰、澳大利亚和印度尼西亚，出席澳大利亚悉尼青年商会理事会，参加在印尼巴厘岛举办的第十三届世界华商大会，拜会中国驻悉尼总领馆、澳中商业峰会组委会、澳洲河南商会、新西兰河南商会、澳大利亚广东工商联合会、悉尼上海商会等侨社团，看望海外侨胞，联络豫籍新侨人士，广交深交新老朋友，有效拓展海外工作、新侨工作。10月，省侨联副主席王鹏杰率团赴台湾出席第28届世界客属恳亲大会，广泛联络客家乡亲、知名侨领，积极开展根亲文化交流活动，拜会在豫投资台商，促进豫台交流合作。二是请进来深化交友。2015年，省侨联促成韩国国会副议长郑甲润率领10位韩国国会议员组成的高级代表团访问河南，省委书记、省人大常委会主任郭庚茂在郑州会见郑甲润副议长一行。邀请韩国前国务总理李寿成率领的韩国文化经贸高端考察团赴“老子故里”鹿邑考察。先后接待美国中华海外总商会、意大利和统会、法国华侨华人会、澳大利亚河南商会、加拿大海峡两岸河南同乡会及韩国商务考察团等30多个来访团组。全省侨联以根亲文化为纽带，加强与海外联谊交流，共邀请接待来豫寻根谒祖、探亲访友、投资考察的海外侨胞2000余人次。三是创新联谊联动载体。各级侨联深入基层、高校园区、大中型企业摸侨情、联新侨，加强与新阶层、新媒体、新经济组织中留学归国人员、新侨代表人士的联络联谊，了解他们的生产生活状态，了解他们的所思所求，为他们就业创业、创新发展提供服务。洛阳市侨联在洛阳国家大学科技园成立留学归国人员创业创新基地，在炎黄科技园设立为侨服务产业园，在八里唐文化艺术公园成立留学生创业园、文化创意园、青年创客园，拍摄《海归创业　引领时尚》专题片在市电视台播放。

9月19日—28日，河南省委统战部副部长、省侨联党组书记赵太安出访新西兰、澳大利亚和印度尼西亚，拜会侨社团及河南籍侨领

1月13日，韩国国会副议长郑甲润（左三）访问河南期间，会见河南省侨联主席董锦燕（右三）

6月4日，河南省鹤壁市市长范修芳（前排左一）与韩国首尔市江南瑞草区厅长赵恩熙（前排右一）签订《促进文化·旅游协议》，省侨联主席董锦燕（后排左七）出席

信阳留学归国人员创业园、漯河留学人员创业创新协会等一批新侨组织和服务新侨载体陆续建立，成为吸引服务海外高层次人才回豫发展的新平台，为实现“两个拓展”进行了有益探索。

【加强基层组织建设】2015年，河南省各级侨联深入开展下基层、入侨企、进侨家活动，以活动促活力，基层侨联建设全面发展。在省委、省政府的重视下，省侨联机关增设了权益保障部，为依法维护侨益奠定基础。南阳、信阳、兰考、滑县等侨联机构、规格、编制等得到充实加强。指导鹤壁、南阳、驻马店市侨联顺利换届，指导河南省客家联合会在整合客家资源基础上，成功更名并换届。“侨胞之家”建设持续推进。对首批命名的10个基层“侨胞之家”进行跟踪指导，完善制度，丰富载体，推动“侨胞之家”建设规范、有效运行。第二批基层“侨胞之家”建设有序推进。信阳商城县李贽书院等8个文化遗产保护场所被中国侨联命名为“中国华侨国际文化交流基地”，为宣传优秀中原文化、加强河南对外文化交流、扩大河南国际影响增添了新阵地。信息宣传工作不断提升。着力打造侨联工作网上平台，积极融入“智慧侨联”建设，推动侨联信息网络互联互通。省侨联微信公众平台、“侨联通”、“河南省侨联委员交流群”、“河南省侨联圈”以及“商丘侨联之友”、“洛阳河洛侨声”等全省一大批微信公众平台、QQ群、微信群等新媒体平台，已成为密切侨界联系、创新侨联工作的新形式、新载体。2015年，全省侨联报送信息1000余篇，省侨联网站刊登信息共822篇，信息工作获得中国侨联表彰二等奖。

【提升为侨服务能力】河南省侨联学习贯彻《中共河南省委关于贯彻党的十八届四中全会精神全面推进依法治省的实施意见》，运用法治思维和法治方式为侨服务的能力得到提升。一是广泛开展普法宣传活动。积极参加中国侨联“法治中国你我同行”一带一路侨法宣传培训。举办全省侨联法律知识竞赛活动，29个市县和基层单位参与，在侨界营造了尊法学法守法用法的浓厚氛围。二是扎实做好信访维权工作。认真落实信访工作制度，发挥省侨联法顾委法律服务优势，形成“五侨”维权合力。邀请中国侨联领导、法顾委专家会商督办侨胞重大信访案件，有效推动了案件解决进度。2015年，全省侨联接待侨界信访群众来电来访来信1560件（次），推动协助办结案数452件，挽回经济损失16.288亿元。10月12日，全国侨联系统维权工作会议在湖南长沙召开，省侨联副主席王鹏杰参加会议并做典型发言。河南省侨联、驻马

10月12日，全国侨联系统维权工作会议在湖南长沙召开，李卓彬副主席（中）与河南获奖代表合影

2015 年春节，中国侨联权益保障部副部长黄晖（左二）在豫慰问老归侨

店市侨联荣获全国侨联系统维权工作先进集体，谢富强等 5 名同志荣获先进个人。三是认真做好扶贫济困工作。深入开展“情暖侨心”、“百侨帮百困”、“结对帮扶”等活动，完善全省特殊困难归侨资料库，建立“侨帮侨”志愿者队伍，为侨界空巢老人、留守儿童送关爱、办好事。一年来，全省侨联系统看望老归侨和困难归侨侨眷 1508 户，慰问经费物资 96.1 万元。四是积极参政议政建言献策。建立全省侨界人大代表、政协委员信息库，召开全省侨联系统参政议政工作座谈会，探索建立侨联参政议政工作的新机制。组织侨界人大代表、政协委员深入侨资企业和侨界群众，围绕党和政府中心工作，抓住事关侨界群众切身利益的问题，开展调查研究，共撰写提、议案 780 件，为经济社会发展建言献策。

【服务社会建设，扩大侨联影响】 2015 年，河南省侨联系统 5 名机关干部选派为驻村第一书记，各级侨联和驻村干部克服困难，统筹兼顾，积极作为，确保了驻村扶贫工作顺利开展。开展“亲情中华——讲好老家河南故事”系列活动，弘扬根亲文化。与郑州市政协、《河南商报》联合出版发行 50 万字的《我从哪里来》一书，支持筹划《中华百家姓·起源故事》中原寻根行暨电视剧摄制活动。2015 年是中国人民抗日战争暨世界反法西斯战争胜利 70 周年，省侨联与省海外交流协会、省工商联、省青联、河南工业大学联合举办中国人民抗日战争胜利 70 周年暨《义勇军进行曲》唱响 80 周年纪念活动，特邀爱国旅日侨胞田伟女士出席，弘扬爱国主义精神，推动中日民间友好，引起良好社会反响。

【开展“三严三实”专题教育】 2015 年，河南各级侨联扎实开展“三严三实”专题教育活动。坚持领导带头，以上率下。坚持学习引领，提升素能。坚持问题导向，分析查摆“不严不实”问题，建立整改台账，扎扎实实整改。严格落实党风廉政建设主体责任，严格执行中央八项规定，严格执行公务人员出差、出国（境）管理制度、公务接待等纪律规定，加强侨联机关精神文明建设，开展党建社区共建活动，丰富活跃机关文化生活，营造侨联工作良好环境，专题教育取得实实在在效果。一年来，侨联工作虽然取得了新成绩、新进步，但也存在

12 月 26 日，纪念抗战胜利 70 周年暨《义勇军进行曲》唱响 80 周年座谈会等系列活动在郑州河南工业大学举行

许多不足，如在贯彻中央和省委党的群团工作会议精神方面各地很不平衡问题，侨联基层组织建设薄弱问题，实现“两个拓展”工作的载体、渠道、方法需要大胆探索、积极探索等，这些都需要在今后的工作中积极谋划，着力推进。

【召开河南省侨联九届五次全委（扩大）会】 1月8日，河南省侨联九届五次全委（扩大）会议在郑州召开。省侨联委员、省辖市省直管县侨联负责同志及省侨联机关干部160余人出席会议。会议学习传达了中国侨联工作部署、省委九届八次全会、省委经济工作会议精神；听取省侨联主席董锦燕代表侨联九届常委会所作题为《发挥独特优势，凝聚侨界力量，为“四个河南”建设作出新贡献》的工作报告；大会对2014年度全省侨联系统20个先进集体进行了表彰，并命名首批10个基层“侨胞之家”。

4月21日，全国政协常委、中国侨联副主席李卓彬（左）出席乙未年黄帝故里拜祖大典并敬献花篮

1月8日，河南省侨联九届五次全委（扩大）会议在郑州召开

【李卓彬副主席出席乙未年黄帝故里拜祖大典并召开调研座谈会】 4月21日上午，乙未年黄帝故里拜祖大典在新郑市黄帝故里举行。大典主题为“同根同祖同源，和平和睦和谐”。来自美国、加拿大、巴西、俄罗斯、德国、荷兰、西班牙、澳大利亚、马来西亚等30多个国家和地区的华侨华人、海外姓氏宗亲社团代表与社会各界人士，共同拜谒人文始祖轩辕黄帝，祈福中华民族伟大复兴。全国政协常委、中国侨联副主席李卓彬代表主办单位中国侨联出席拜祖大典，并向黄帝像敬献花篮。下午，李卓彬副主席率调研组就侨联工作深化改革在郑州召开专题座谈会，征求侨联深化改革、权益保障、新侨工作等方面的意见建议。省侨联党组书记赵太安，主席董锦燕，副主席王鹏杰、姚新文，部分省辖市侨联和省直管县侨联负责同志、侨资企业和法顾委代表及省侨联机关同志参加座谈会，8名代表作汇报发言。李卓彬对大家的发言给予肯定，表示将认真整理归纳，吸收到调研报告中，为侨联深化改革提供决策参考。

【启动魏基成“天籁列车”助听器捐赠活动】 7月1日，澳大利亚魏基成“天籁列车”捐赠活动河南站启动仪式暨河南省侨联“庆七一·党员服务日”活动在郑州市管城区文庙举行。河南省侨联主席董锦燕、澳大利亚魏基成“天籁列车”慈善机构代表黄兆邦先生出席仪式并讲话。省侨联机关全体人员、郑州市侨联机关及各县区侨联干部职工和管城区听障孩子260人参加启动仪式。启动仪式上，为庆祝中国共产党成立94周年，河南省侨联举行“庆七一·党员志愿者服务”活动，成立河南省侨联志愿者服务团队，并进行授旗仪式。

战部副部长、省侨联党组书记赵太安作总结讲话。

7月1日，澳大利亚魏基成“天籁列车”捐赠活动河南站启动仪式暨河南省侨联“庆七一·党员服务日”活动在郑州市文庙举行，省侨联主席董锦燕（左四）、捐赠方代表黄兆邦（右三）先生出席仪式

【召开河南省侨联系统参政议政工作会议】 8月14日，河南省侨联参政议政工作会议在郑州召开。省“五侨”单位代表，部分侨界人大代表和政协委员，以及省侨联法顾委委员出席会议。会议传达了中央党的群团工作会议精神，省侨联主席董锦燕通报全省侨联系统参政议政工作情况，省委统战部副部长、省侨联党组书记赵太安作讲话，郑州、洛阳、平顶山、信阳、驻马店五市侨联交流了参政议政工作经验做法。省侨联副主席王鹏杰主持会议。

【召开河南省侨联九届七次常委（扩大）会】 8月13日，河南省侨联九届七次常委（扩大）会议在郑州召开。省侨联常委，省辖市、省直管县侨联负责同志及省侨联机关干部80余人出席会议。会议传达贯彻了中央党的群团工作会议、省委学习贯彻中央党的群团工作会议座谈会精神和中国侨联九届四次常委会议精神。省侨联主席董锦燕报告上半年工作并部署安排下半年工作任务，省委统

8月14日，河南省侨联参政议政工作会议在郑州召开

8月13日，省侨联九届七次常委（扩大）会议在郑州召开

【召开河南省客家联合会第一届第一次会员代表大会】 10 月 9 日，河南省客家联合会第一届第一次会员代表大会在郑州召开，省委统战部副部长、省侨联党组书记赵太安，省侨联主席董锦燕出席成立大会，赵太安作致辞讲话。大会选举省委宣传部原副部长赖谦进为河南省客家联合会会长，省侨联副主席、省建设投资集团董事长罗建中为执行会长，奚亮等 21 人为副会长，王友谊为秘书长。

【举办河南省第四期侨联系统干部培训班】 10 月 10 日—17 日，河南省第四期侨联系统干部培训班在北京举办。中国侨联副主席董中原出席开班仪式并作重要讲话，中国侨联副主席乔卫出席培训班结业仪式，并为学员颁发结业证书。其间，邀请中国侨联领导、国家有关部委专家学者授课。参训学员一致认为，本期培训班适应新形势下侨联事业科学发展的需要，增强了政治意识、全局意识、侨务意识和团队意识，对加强侨联队伍建设和促进侨联干部健康成长很有益处。表示一定充分用运用培训成果，抓好中央和省委党的群团工作会议精神的贯彻落实，不断提高侨联工作水平。

【参加第四届世界客商大会】 10 月 11 日—13 日，河南省侨联主席董锦燕率团参加在广东梅州举办的第四届世界客商大会。作为客家人祖地的河南代表团受到梅州市委市政府及活动组委会的热情接待。其间，拜会来自海内外的客家领袖和客属企业家，宣传推介了“老家河南”经济社会发展新形势。

10 月 11 日—13 日，第四届世界客商大会在梅州举办，省侨联主席董锦燕，原省委宣传部副部长、省客家联合会会长赖谦进，省侨联副主席、省客家联合会执行会长罗建中出席大会

10 月 17 日，中国侨联副主席乔卫（后排左三）出席河南省侨联第四期侨联系统干部培训班结业，为学员颁发证书

【出席第 28 届世界客属恳亲大会】 10 月 16 日—18 日，第 28 届世界客属恳亲大会在台湾新竹举行。中国国民党荣

10 月 16 日—18 日，第 28 届世界客属恳亲大会在台湾新竹举行，省侨联副主席王鹏杰赴台出席大会并开展交流活动

誉主席、世界客属总会总会长吴伯雄，世界客属总会理事长、新竹县县长邱镜淳，全国台联副会长陈杰等出席活动。河南省侨联副主席王鹏杰率团赴台出席大会，参加大会主席团会议、“天下客家相见欢”联谊会、国际客家文化嘉年华、世界客家之夜暨国际花鼓艺术节等活动，并考察拜会台籍在豫企业家。

【洛阳新侨组织助力政府双招双引双创】洛阳市侨联把做好新侨工作作为侨联事业可持续发展的重要途径。成立洛阳市留学归国人员联谊会，组织“归国留学创业者沙龙活动”，搭建交流平台和信息通道，促进新侨创业。依托洛阳丰富的科技教育和文化旅游资源，挂牌成立洛阳市留学归国人员创新创业基地、洛阳市为侨服务产业园、八里唐留学生创业园、汝阳侨商产业转化基地等创业创新平台，为党委、政府“双招双引”和广大留学归国人员创新创业战略架起合作桥梁和纽带。倾力打造“侨·爱心书屋”公益品牌，在9个县（市）区中小学校捐建“侨·爱心书屋”11个，为每个书屋捐赠价值2万元的书籍，坚持定期与受捐赠学校联系，跟踪书屋发挥作用的情况，不断补充“侨·爱心书屋”新书，现已成为侨联服务社会一张响亮的名片。

【驻马店侨联“零距离聚侨心”】驻马店市侨联倾力打造零距离贴近侨情、零距离温暖侨心、零距离维护侨益、零距离服务创业的“零距离聚侨心”工程，赢得侨界群众赞誉。一是深入调研，科学制订方案。坚持问题导向，深入基层摸清侨情，深入侨界群众征求意见建议，完善出台《侨联干部下访制度》、《侨界困难群众结对精准帮扶办法》、《侨界维权守则》系列规章制度，组织定期督查指导，推进活动有效开展。二是严密组织，扎实推进。开展“零距离活动月”，全市侨联深入85个重点乡镇，走进852家侨户和侨资企业，发放“为侨服务联系卡”近1000张，了解归侨侨眷的家庭生活状况、亲友在海外的工作学习情况、侨资企业的生产经营情况等，建立侨情动态工作台账，加强与公安、民政、卫生、教育等有关部门协调，帮助归侨侨眷解决子女入学、社会保障、就业安排等实际问题32件，协调解决3名困难归侨享受到3倍最低生活保障标准实际问题。开展“零距离暖侨心”。坚持“四必访”制度，先后对15户归侨、41户侨界空巢老人和100余户困难侨眷进行走访慰问，送去米、面、油等慰问品慰问金达15万元。三是广泛宣传，扩大影响。加强与宣传媒体沟通联系，积极提供活动新闻信息，制作活动简报专刊，在全市形成重视、关心、支持侨联事业的良好氛围。先后被中国侨网、省政府网、大河网、《驻马店日报》等媒体报道。确山县委将“零距离聚侨心”工程作为统战工作的一项重要内容纳入了党委领导班子、领导干部考核和《确山县2015年度四项重点工作考评体系》，驻马店市委将“零距离聚侨心”工程作为群团组织服务群众的品牌载体纳入《中共驻马店市委关于加强和改进党的群团工作的实施意见》文件。

【鹤壁市侨联海外联谊结硕果】2015年，鹤壁市侨联加强与省侨联、省中韩文化交流协会、省形象文化协会的联系，积极向海内外宣传鹤壁文化旅游资源、经济建设和社会发展成就。一是对外联络经常化、制度化。市侨联同世界9个国家和地区的14个华侨华人社团80多名重点人士建立了联系。通过微信群、QQ群等网络信息平台和规范定期联络制度，向海外100多名重点对象发送慰问函、邀请函以及宣传材料300余份，接待来自世界8个国家和地区的50多名海外华侨华人和港澳同胞来鹤寻根问祖、经贸考察和文化交流。二是完善“海外重点人才信息库”建设，积极推动海外高层次人才参与鹤壁新型职业教育、新能源研发利用等领域的研究合作。促成鹤壁籍旅法华侨、博士生导师李洪武先生续聘鹤壁市职业技术学院客座教授事宜。三是推动鹤壁市与韩国首尔市瑞草区缔结国际友好城市。经多方努力，6月4日，韩国首尔市江南瑞草区厅长赵恩熙率领瑞草区政府文化旅游友好交流考察团，在省侨联主席董锦燕的陪同下，到鹤壁市考察文化旅游产业，洽谈交流合作，双方签订了《促进文化·旅游协议》，为正式缔结国际友好城市奠定了基础。邀请以韩国前国务总理李寿成为团长的韩国经贸考察团，出席鹤壁市首届樱花节和商务考察活动。

【濮阳市“龙文化”声播海内外】河南濮阳是“中华第一龙”的发现地，也是五帝之一颛顼建都之地，被称为“华夏龙都”。濮阳市侨联充分发挥濮阳龙文化、姓氏文化、杂技文化资源，积极组织“濮阳文化海外行”活动，邀请《大公报》、大公网、凤凰网等香港媒体来濮采风，组织开展“拜谒根脉圣地·溯源中华姓氏”暨《中华百家姓·起源故事》媒体联盟濮阳寻根活动，向世界展示濮阳厚重的历史文化。支持配合濮阳龙文化研究会开展龙文化发掘、研究、弘扬和发展工作，会同濮阳张姓、范姓、孙姓等姓氏宗亲组织举办系列祭祖联谊活动，让海内外华侨华人认识到龙的传人根在中国，根在濮阳。濮阳素有“杂技之乡”之称，2007 年被列入第二批国家级非物质文化遗产保护名录。2015 年，濮阳市侨联积极参与濮阳杂技海外演出活动，先后出访美国、加拿大、澳大利亚等 30 多个国家和地区，观看演出的海外观众 80 余万人次，濮阳杂技文化声名远播海内外。河南省杂技集团董事长、濮阳市侨联副主席付继恩精心制作杂技剧目《水秀》，将国际行为艺术与传统杂技融合，打破单一艺术的局限，采用空中、地面、水上舞台，融入龙文化和黄河文化等地域文化符号，创造出一种全新的艺术形式，深受海内外广大观众喜爱。该剧还吸引了世界级大型娱乐演艺公司——美国梅高美公司与濮阳杂技团达成合作事宜。

湖北省归国华侨联合会

【领导成员名单】

党组书记、主席：谢余卡（2015年5月卸任）
谭作刚（2015年5月任职）
专职副主席：刘文华（女）
何光源（2015年1月卸任）
舒正荣（2015年5月任职）
兼职副主席：梁亮胜　刘雅煌　余鹏春
陈义红　舒　心　谢俊明
谢思训　闫大鹏
副巡视员：罗连运（2015年8月卸任）
王家桥（2016年1月任职）
秘书长：舒正荣（兼）

【综述】2015年，湖北省各级侨联认真贯彻落实中央群团工作会议、中央统战工作会议和湖北省有关会议精神，深入学习领会习近平总书记在党的中央群团工作会议上的讲话精神，围绕中心，服务大局，锐意改革，开拓创新，各项工作都取得了新的进展。2015年，湖北省第十次侨代会召开，选举产生了省侨联第十届委员会领导班子。近一年来，新一届领导班子积极转变工作作风，扎实开展“三严三实”专题教育、“三抓一促”主题活动，从严从实谋划全省侨联工作，各项工作有了新气象、新变化。“侨（爱）心工程”共接受捐款300余万元，续办“树人班”2个，“珍珠班”5个，新增“珍珠班”2个，落实侨爱心学校2所，侨心卫生室3个，图书室1个。“健康光明行”活动完成了300例白内障免费复明手术，累计为困难群众免除手术费用150余万元；全省各级侨联走访慰问归侨侨眷2000多户，发放慰问金200余万元；组织4个访问团访问了8个国家和港澳台地区，进一步涵养了侨务资源，增加了与海外华侨华人及社团组织的联系和友谊。

【召开湖北省第十次归侨侨眷代表大会】5月27日—28日，湖北省第十次归侨侨眷代表大会在武汉举行。省委书记李鸿忠，中国侨联党组书记、主席林军出席并讲话。省领导王国生、张昌尔、侯长安、傅德辉、梁惠玲、梁伟年、张岱梨、甘荣坤、陈天会到会祝贺。会议由梁惠玲主持。李鸿忠代表省委向大会召开表示祝贺，对广大归侨侨眷、海外侨胞和全省各级侨联组织、侨联工作者为湖北经济社会发展做出的重要贡献表示感谢。他说，侨联组织是党领导的人民团体，侨联工作是实施“四个全面”战略布局的重要一环。中央和省委高度重视侨联工作，并就加强和改进新形势下的侨联工作作出了全面部署。全省各级侨联组织要坚定正确的政治方向，高举中国特色社会主义伟大旗帜，坚定不移地走中国特色社会主义道路，在思想上政治上行动上始终同以习近平同志为总书记的党中央保持高度一致。要把握时代主题，自觉把侨联工作放到全省科学发展大局中去谋划、去部署、去推进，坚持发挥桥梁和纽带作用，充分凝聚侨心侨智侨力，团结动员广大归侨侨眷和海外侨胞为实现中华民族伟大复兴中国梦的湖北篇贡献力量。林军对湖北侨联的工作给予充分肯定，并就进一步做好新形势下的侨联工作提出殷切希望。他说，湖北各级侨联组织要深刻领会“四个全面”战略布局的重要意义，把服务“四个全面”战略布局与侨联实现大跨越、共圆中国梦的时代主题结合起来，凝聚侨心侨力，汇聚改革共识，树立法治意识，加强自

5月27日—28日，湖北省第十次归侨侨眷代表大会在武汉举行

省级侨联工作

身建设，在新时期实现新的更大作为。湖北省总工会党组书记、常务副主席马建中，加拿大华人联合会主席蔡宏安分别代表省人民团体和海外侨团致贺词。省侨联党组书记谭作刚代表省侨联第九届委员会作工作报告。会议表彰了全省侨联系统先进集体、先进工作者和全省归侨侨眷先进个人，选举产生了省侨联第十届委员会领导班子，谭作刚当选主席，刘文华、舒正荣、梁亮胜、陈义红、余鹏春、舒心、刘稚焯、谢俊明、谢思训、闫大鹏等 10 人当选为副主席；舒正荣兼任秘书长。大会还聘请了 12 名内地顾问、22 名港澳顾问和 74 名海外顾问。

【湖北省委常委梁惠玲来省侨联调研】 9 月 10 日，湖北省委常委、统战部部长梁惠玲一行来到省侨联调研指导工作。省侨联主席谭作刚代表省侨联领导班子汇报了省侨联贯彻落实党的中央群团工作精神的工作情况及下一步工作思路。梁惠玲在听取汇报后对省侨联新一届领导班子的工作给予了充分肯定。她指出，新一届领导班子成立以来，在基层组织建设、开展活动、海外联谊、争取侨团资源等方面，取得了良好开端，呈现出好的态势。梁惠玲要求省侨联在下一步工作中，一是要深入学习贯彻党的群团工作会议精神，推动侨联组织和工作的改革创新；二是要围绕全省中心工作和发展大局，充分发挥侨联组织独特优势和重要作用；三是抓基层，强基础，充分发挥基层侨联的作用。梁惠玲还要求各级党委要为侨联工作创造条件，特别是基层组织建设、工作保障的条件，要加大支持力度。

【加强侨联基层组织建设】 2015 年，湖北省侨联从项目、资源、资金等方面切实加大对基层侨联的支持力度，会同各地侨联积极争取各级党委重视和支持，基层组织建设有所加强，基层侨联活动日趋活跃。武汉、襄阳、宜昌、黄石等地出台了关于加强和改进侨联工作的实施意见，为地方侨联事业进一步发展提供了政策依据；武汉市、长江水利委员会侨联进行了换届；荆州市侨联侨情资源网格化管理工作写入中国侨联九届三次全委会议报告，《中国侨联工作》、《侨情专报》予以肯定并推广；襄阳樊城区、黄石大冶市、湖北理工学院、湖北医药学院、湖北工业职业技术学院等成立了侨联组织。黄冈市在浠水召开了全市侨联基层组织建设推进会，全市 5 个县区取得成立侨联组织批复，仙桃市侨联单设申请得到市委、市政府同意，人员、经费明显增强。省内侨众较为集中的高校、企事业单位侨联组织建设和活动开展得到加强。新侨工作面貌明显改观，新侨专业人士联谊会理事会、青年委员会顺利完成换届，"活跃起来"成效显著，广大新侨和侨

10 月 10 日，谭作刚主席出席湖北医药学院侨联成立大会

9 月 10 日，湖北省委常委梁惠玲到省侨联调研指导工作

9 月 11 日，湖北省侨情信息采集会在武汉举行

界青年的归属感、使命感日益增强。网上侨联工作开始启动，湖北侨界信息网建设初具规模，各级侨联与广大侨众之间、省侨联之间信息互动进一步增强。

【全国政协侨联界委员来鄂考察】 7 月 22 日—25 日，以全国政协常委、致公党中央副主席、中国侨联副主席李卓彬为团长，全国政协港澳台侨委员会副主任赵阳为副团长的全国政协侨联界委员考察团，对湖北省经济社会发展状况、归侨侨眷及侨务工作情况、长江经济带战略情况和利用海外联系促进经济社会发展情况进行了考察。考察团一行在武汉、宜昌、荆州、潜江等地，实地参观考察了侨资侨属企业、葛洲坝、三峡水利工程、武汉新港等国家重点工程和企业，对长江中上游的通航运输能力，长江经济带在国家经济建设中的重要作用，进行了详细的了解。

【召开湖北省高校、科研院所、企事业单位侨联第十次联席会议】 5 月 12 日，湖北省高校、科研院所、企事业单位侨联第十次联席会议在武汉大学召开。会议学习了中共中央《关于加强和改进党的群团工作的意见》，交流了工作经验和做法。省侨联党组书记谭作刚出席会议，他希望各高校、科研院所、企事业单位侨联发挥智力密集、人才荟萃的优势，形成具有高校、科研院所、企事业单位侨联工作特点的工作机制，不断开创侨联事业新局面。

【召开湖北省侨情信息收集工作会】 为进一步摸清湖北省基本侨情，逐步建立和完善全省侨情、侨联组织信息平台，充分利用和发挥“互联网 +”、大数据等在侨联组织建设中的积极作用，9 月 11 日，全省侨情基本信息收集工作会在武汉召开，省侨联副主席舒正荣和各部门负责人，以及各市州、直管市、神农架林区、在汉部分大专院校、科研院所、大型企事业单位侨联负责人和侨务工作者 50 多人参加了会议。11 月 27 日，省侨联召开了侨情信息收集工作总结会，为下一步工作打下了坚实基础。

【召开 2015 年湖北侨界文化交流促进会年会】 8 月 13 日，湖北侨界文化交流促进会（简称“侨界文促会”）2015 年年会在湖北宜昌市召开。湖北省侨联副主席、湖北侨界文化交流促进会会长刘文华，中共宜昌市委常委、统战部部长刘学甫，以及来自湖北各市州、各单位理事等近 50 人参会。会议总结了文促会年度工作，增补了 9 位理事。各文促会理事就怎样利用文促会平台、发挥理事的优势与作用，如何做好新时期侨界文化交流工作，如何打造文促会品牌与影响力等展开了研讨。其间，与会理事举行了交流笔会，参观伍家岗区实验小学“侨爱心钢琴音乐教室”，出席了宜昌袁裕校家庭博物馆“湖北省华侨文化交流基地”授牌仪式。

10 月 30 日，新一届湖北省侨联青委会委员合影

【召开湖北省侨联青年委员会委员大会】 10 月 29 日—30 日，省侨联青年委员会委员大会在湖北黄石市召开。会议总结了前期工作，增聘了 21 位委员。省侨联主席谭作刚在会上讲话，希望各位青年委员组织起来、活跃起来，充分发挥眼界开阔、见多识广的优势，通过穿针引线、铺路搭桥，积极推荐海外人才，为湖北的经济、科学、文化、社会建设服务，为促进全省科学发展、跨越式发展做出贡献。会议选举了万颖博士为省侨联青委会新一任会长。

【召开湖北新侨专业人士联谊会理事会】 11 月 27 日，湖北新侨专业人士联谊会（简称“湖北新侨会”）二届一次理事会议和湖北新侨创新创业论坛在武汉举行。会上选举产生新一届湖北新侨会理事成员，陈义红继续当选会长。会上，武汉市农村商业银行还与湖北省新侨会签下 10 亿元授信额度，支持新侨在湖北创新创业发展。专业人士还介绍了公司上市的程序以及上新三板的经验。新侨会成立 3 年来，多次组织理事成员赴各地交流考察，寻找投资创业商机；协助理事申报各类科技基金和人才项目，为理事成员排忧解难；发挥理事专业人才优势，组织理事赴高校演讲，为学生答疑解惑。

【举办湖北省侨联系统第九期干部培训班】 11 月 23 日—27 日，湖北省侨联第九期干部培

11 月 24 日，湖北省侨联系统第九期干部培训班正式开班

训班在武汉举办，全省各市州、直管市、高校、大型企事业单位侨联73名侨联干部参加培训。培训班邀请到海内外知名专家教授讲授了《如何做好新时期侨联工作》、《新经济环境下，侨联如何更好发挥自身功能及作用》、《楚文化的正能量》、《手机背后的谍网》、《群众工作的科学与艺术》、《涉外礼仪》、《中国周边外交现状与挑战》等课程，为全省参训的广大侨联干部做好新时期侨联工作提供了宝贵的理论知识和案例。

【开展“献爱心，送温暖”活动】2015年“两节”期间，湖北省侨联领导分批带队赴全省有关市州，慰问困难归侨侨眷，做好侨界民生工作。全省各级侨联走访慰问归侨侨眷2000多户，发放慰问金200余万元。省侨联领导班子成员还利用在基层调研期间，多次看望困难归侨侨眷，送去党和政府的关怀。

2015年5月“三万”活动期间，湖北省侨联积极联系侨商捐资建立侨心卫生室

10月10日，谭作刚主席（中）在十堰看望慰问困难老归侨

【“侨（爱）心工程”】湖北省侨联积极与中国华侨公益基金会、浙江新华爱心教育基金会等机构联系，进一步拓展湖北侨界公益事业。2015年，续办“树人班”2个，“珍珠班”5个，新增“珍珠班”2个，襄阳、荆州、十堰等地“珍珠班”、“树人班”在2015年高考中均取得优异成绩；落实侨爱心学校2所，侨心卫生室3个，图书室1个，促成澳门“仁慈堂”、香港慈教社基金会意向捐建3所侨心小学，澳门医生协会捐建3所卫生室。

【开展第五轮“三万”活动】1月—5月，湖北省侨联充分发挥群众工作优势，争取多方支持，除省侨联出资10万元以外，争取侨资侨属企业捐助资金100万元（劲酒集团95万元，钓鱼王集团5万元），省直有关部门扶持资金15万元，累计共筹集资金125万元支持联系村7个项目建设；联系有关高校侨联捐赠10台电脑，支持村办公自动化建设；开展春节前送温暖活动，走访慰问老党员、老干部和贫困户、五保户、孤寡老人32户。“村村通客车”如期实现，圆满完成了工作目标。

【开展“健康光明行”活动】2015年“健康光明行”活动先后走进荆州市、荆门市等地，中国侨联、湖北省侨联与地方政府、有关医院、爱心企业、地方侨联通力配合，完成免费复明手术300例，全程零费用，累计为困难群众免除手术费用150余万元。

【开展精准扶贫工作】9月29日，湖北省侨联精准扶贫工作队正式进驻湖北英山县四棵枫村。工作队成员积极行动，摸准当地贫困户基本情况，找准致贫原因，因人因户制定精准的脱贫措施，村集体经济发展方向，发展壮大村集体经

2016 年 1 月 22 日，谭作刚主席深入到精准扶贫联系村——英山县四棵枫村走访慰问

济，帮助四棵枫村早日脱掉贫困村帽子。省侨联主席谭作刚先后 3 次下村指导精准扶贫工作，为当地发展牵线搭桥。

【侨联“科技下乡”服务新农村活动】 11 月 2 日—3 日，湖北省侨联党组成员、副主席舒正荣率华中农业大学教授等一行 6 人来到襄阳市南漳县，开展 2015 侨联“科技下乡”活动。在南漳县九集镇彭家营村，来自华中农业大学的专家教授现场查看了生猪养殖场，并在村委会集中为村里的生猪、家禽、水产养殖户作技术讲解和指导，回答了养殖户的技术难题，在长坪镇五官山茶场，专家们认真查看茶园，为茶叶种植户讲解种植和管理知识，并就技术难题作出了详细解答，解决了长期困扰当地茶农的技术难题，深受农民群众的欢迎。

【协办第九届“中博会”】 5 月 18 日—20 日，第九届中国中部投资贸易博览会在武汉举办。省侨联作为协办单位之一，积极邀请侨商参会。湖北省政协副主席陈天会在武汉会见了出席第九届“中博会”的侨商代表团一行。代表团成员由来自加拿大、新西兰、意大利、罗马尼亚等国家和地区的侨商共计 86 人组成。陈天会对代表团一行出席“中博会”表示热烈欢迎，并向客人简要介绍了湖北的经济社会发展情况和发展规划，诚意邀请各位侨商来湖北投资发展。

【协办第十五届“华创会”】 7 月 1 日—3 日，由国务院侨务办公室、湖北省人民政府暨武汉市人民政府主办的第十五届“华侨华人回国创业发展洽谈会”（以下简称“华创会”）在武汉举办。作为本届“华创会”的协办单位之一，省侨联按照目标任务分工，积极协助做好邀商和接待工作，陪同接待好中国侨联领导参会，协助完成了邀商和海外侨商接待工作，邀请海外客商 80 多人参加大会，积极联系参与德国科技项目推介会，邀请 27 位海外侨商出席荆门项目推介会，较好地完成了目标任务。

【举办第二届楚商大会】 11 月 11 日，第二届楚商大会在武汉举行。来自国内外的 1000 余名楚商代表、知名企业家汇聚一堂，共商携手合作、推动转型发展。按照省委、省政府的要求，省侨联成立了以党组书记、主席谭作刚为组长的领导小组，抽调人员成立工作专班，积极参与大会邀商和接待工作。在中国侨联和中国侨商联合会的大力支持下，共邀请了海外侨商、侨领和国内侨商 31 人出席了本届大会，其中海外侨商分别来自美国、日本、加拿大、意大利、泰国、智利、毛里塔尼亚 7 个国家以及中国香港、澳门地区。会议期间，海内外侨商一行还应邀参观了华中科技大学文华学院并进行座谈，就利用侨务资源促进学院可持续发展进行了可行性探讨。会后，应荆门市委、市政府的邀请，出席第二届楚商大会的 13 名海内外侨商前往荆门市进行了商务考察，为下一步合作共赢打下了基础。

【组织参加第十六届世界华人学生作文大赛】 2015 年，湖北省侨联组织参加了由中国侨联、《人民日报》海外版等 8 家单位举办的第十六届世界华人学生作文大赛，全省 4000 余名学生参赛，684 名学生分别获得特等奖和一、二、三等奖，省侨联和参赛的 6 家市级侨联获得组织奖，其中鄂州市新民街小学周一阳小朋友所作的《乡下人家》获得全省唯一一个特等奖（全国仅 12 个）。

【湖北各级侨联开展文化交流活动】 2015 年，湖北各级侨联创新活动方式，推进文化交流。武汉市、黄冈市侨联分别举办海外华裔青少年寻根之旅；荆州市侨联筹资采访海外侨界精英和归侨代表，出版《侨界风采》，宣传侨界精英；

宜昌、黄石市侨联在本地主流媒体开辟专栏，宣传侨联工作和优秀归侨侨眷事迹；十堰市侨联在推动武当山武术学院建成“中国华侨国际文化交流基地”的同时，积极向海外侨商宣传道教、养生文化；随州市侨联借举办炎帝故里寻根节，邀请海内外知名侨领35人到随州参观；鄂州市、天门市侨联积极推动同乡会、乡友会组织建设，密切了乡情友谊。

【出访巴西、阿根廷】6月16日—25日，应巴西华商总会、阿根廷福州十邑同乡会的邀请，湖北省侨联副主席刘文华率湖北省侨联代表团一行5人，对巴西、阿根廷进行了友好访问。代表团先后在圣保罗、里约热内卢、伊瓜苏、布宜诺斯艾利斯举办了6场联谊活动，与当地侨领、工商界人士及新侨代表进行了座谈和沟通，看望了省侨联海外顾问雷滨、蒋菊英，海外委员袁建平、彭桂兰等，参观考察了部分侨团会所，深入了解南美洲华侨华人在住在国的生活、工作状况，送去了省侨联对海外侨胞的关心和问候。在座谈中，代表团认真听取了海外侨胞的意见和建议，积极宣传湖北的发展，并热情邀请他们参加在湖北武汉举办的“第二届楚商大会”，欢迎他们组团来湖北进行旅游、考察和投资。

【赴台湾地区考察】7月6日—12日，应台湾中华侨联总会邀请，湖北省侨联副巡视员罗连运率团对台湾进行了为期7天的交流访问。在台期间，参访团一行分别前往台北、台中、嘉义及高雄等地，专程拜访了台湾中华侨联总会、中华文化民主党、台湾电力工会、高雄闽商发展促进会、台湾传统伦理文化发展协会及台湾华侨总会高雄分会。同时与台湾大日生医股份有限公司、高雄崧育生物科技股份有限公司等部分台商进行了座谈。代表团在台期间积极宣传推介湖北，充分展示了湖北侨界的良好风采，通过与台湾相关社团、企业和台湾人士的交流交往，加深理解，增进友谊，扩大共识。

【出访加拿大、美国、墨西哥】8月19日—29日，应国际潮团总会暨第十八届国际潮团联谊年会筹委会和美国海外湖北联谊会及墨西哥西北地区华侨联合总会的邀请，湖北省人大民宗侨外委员会副主任、省侨联顾问谢余卡率团一行6人对加拿大、美国和墨西哥进行了访问。代表团一行出席了在温哥华举办的第十八届国际潮团联谊年会，拜访了加美墨三国湖北同乡会、福建同乡会、美国华人商会等，还看望了省侨联海外顾问委员，感谢他们一直以来对湖北和省侨联的大力支持和协助，并就下一步深化合作达成了共识。

【出访缅甸、泰国、柬埔寨】为服务“一带一路”战略，拓展周边国家侨务资源，12月3日—12日，湖北省侨联主席谭作刚一行6人率湖北侨联代表团赴泰国、缅甸、柬埔寨访问，代表团一行详细考察了当地的华侨华人社团和经济社会发展情况，为湖北产业产能走出去作了积极探索。

【加强与香港、澳门侨团的交流】5月12日，由湖北省侨联、澳鄂大专人士协会、十堰市侨联共同举办的“春日暖阳、雷锋颂扬”义教活动启动仪式在湖北十堰市柳林小学举行，17名澳门籍大学生在柳林小学开展为期一周的义教活动。大学生们以课堂讲授和互动游戏等形式与学生进行交流，通过文化、语言、科学、烹饪、手工等课程，让孩子们在活动中了解澳门文化，促进澳鄂文化教育交流。7月2日，湖北省侨联与澳门仁慈团在澳门签署协议书，仁慈堂将向湖北通山县捐资25万元帮助兴建小学，这是仁慈堂第四次捐建湖北小学。8月7日—10日，香港愆教社教育基金主席张树根一行来鄂考察“侨心小学”项目，实地了解了湖北贫困地区的学校校舍、留守儿童等问题，为下一步建校助学打下了基础。 9月17日—20日，由省侨联港澳常委陈国成先生推荐，澳门卫生局医生协会一行来鄂考察访问，先后到访了宜昌、荆州，感受荆楚文化，与有关医疗机构开展学术交流，在湖北贫困地区捐建卫生室。考察团表示希望与湖北有更多交流合作。9月23日，由澳鄂大专人士协会、湖北侨界文促会主办的澳门学生中秋晚会在武汉大学举行，来自武大、华中科大、华中师大的100余名澳门籍大学生参加。

【武汉市侨联举办“城市合伙人侨界行动计划·海外高层人才武汉行”活动】11月4日，“城市合伙人侨界行动计划·海外高层人才武汉行”座谈会在武汉会议中心召开。武汉市委副书记、市委政法委书记胡曙光出席座谈会并讲话。

11 月 4 日，武汉市“城市合伙人侨界行动计划”座谈会在武汉会议中心举行

19 位国家“千人计划”专家，市委组织部、市委宣传部、市人社局、市城建委、市城管委、市网信办、市公安交管局等与人才引进和智慧城市相关的市直单位领导参加座谈。座谈会的主题是“产城融合·畅想智慧城市新生活 ”，浙工大智慧城市研究所所长李伟等 3 名“千人计划”专家围绕武汉城市合伙人计划作了重点交流，其他与会专家学者进行了交流发言，从侨界视角畅谈武汉“城市合伙人”计划，共同谋划参与“城市合伙人”武汉侨界行动计划。这是在加快推进武汉“城市合伙人”计划、落实武汉全面创新改革实验区的关键时期，由市侨联创新人才引进机制，充分发挥侨联海外联系广泛、智慧密集的独特优势积极参与武汉“城市合伙人”计划的具体举措。

【襄阳市侨联自身建设取得新突破】2015 年，襄阳市侨联召开了五届七次全委（扩大）会议，邀请省侨联领导就贯彻湖北省《省委办公厅〈关于加强和改进新形势下侨联工作的实施意见〉的通知》（鄂办发〔2014〕39 号）来襄调研座谈，全面助推全市基层组织建设。2015 年 1 月市委常委会议专题听取市侨联工作汇报，市委书记王君正对侨联工作给予充分肯定并提出明确要求。市委常委会以专题纪要的形式明确了“把市侨联纳入市外事工作领导小组成员单位”等具体内容，市委以襄办发〔2015〕1 号文件下发了《中共襄阳市委办公室关于加强和改进新形势下侨联工作的实施意见》。市委常委、统战部部长李跃华亲自带队督办县市侨联组织建设，促成枣阳市落实了侨联专职干部，保康县在统战部确定了相对固定的工作人员。在樊城区施营、高庄和解放西路 3 个社区建立归侨侨眷之家，其中，解放西路社区和高庄社区被评为“湖北省社区侨务工作示范单位”。在老河口成立海归留学生服务站，为本市海归创业人员提供创业政策咨询服务、“一带一路”及海外相关投资信息、会同相关部门争取资金扶持等服务，建立共享机制，构建联谊平台。

【宜昌市启动“侨爱心钢琴音乐教室”计划】6 月 10 日，宜昌市首个“侨爱心钢琴音乐

6 月 10 日，宜昌市“侨爱心钢琴音乐教室”举行揭牌仪式

9 月 7 日，荆州市侨联组织侨商联谊会会员企业及开发区部分企业召开新三板上市及债券发行交流辅导会

教室”在伍家岗区实验小学揭牌，标志着宜昌市“侨爱心钢琴音乐教室”计划正式启动，市委常委刘学甫出席揭牌仪式。多年来，为提高宜昌市小学阶段学生综合素质和音乐素养，深入推进“钢琴进校园”活动，共同打造宜学之城、钢琴音乐城，彰显侨界人士爱心，宜昌市侨联与侨资企业柏斯琴行商定：自 2015 年开始，每年在小学设立 1—2 个“侨爱心钢琴音乐教室”，为每个“侨爱心钢琴音乐教室”配置 55 台电钢琴、4 台立式钢琴。宜昌市侨联侨心基金负责筹集购置钢琴的部分资金；柏斯琴行捐赠部分钢琴，每年为“侨爱心钢琴音乐教室”提供培训、比赛、考级和各类演出等支持；开设“侨爱心钢琴音乐教室”的学校安排专业钢琴老师和场地，每周开设两次以上钢琴音乐课，力争使每个小学阶段的学生完成 3 年以上的钢琴基础课程。

【荆州市侨联扎实做好为侨服务工作】 2015 年，荆州市侨联扎实开展“依法维权年”建设，先后荣获中国侨联健康光明行“优秀组织奖”、2011—2015 年全国侨联系统“维权工作先进单位”。全职引进“百人计划”特聘专家 1 人。组织中小企业新三板上市及债券发行交流辅导会；帮助“国际华侨城”解决市政工程拆迁及建设问题；协助熊家冢股份有限公司引进公共自行车交通系统；开展“万名干部进万企”活动，帮助企业招租厂房，协调运输不畅等问题。深化侨情资源网格化管理，录入侨情信息 5000 条，组织 80 名侨情信息员集中培训，指导编印了《沙市区侨情信息员工作手册》。筹措资金 230 万元，为 200 名贫困白内障患者免费实施复明手术；捐建 1 个树人班、1 个珍珠班，资助 100 名贫困学子完成学业，慰问走访侨界群众 260 余人。

湖南省归国华侨联合会

【领导成员名单】

党组书记、副主席：朱建山

主　　　席：朱道弘（兼）

党组成员、副厅级纪检员：章伯岗

党组成员、副主席兼秘书长：孙民生

副 巡 视 员：兰杨杰（2015 年 10 月任职）

兼职副主席：吴金水　唐亚武　张　欣　翁少兰（女）　庄启宁　张季宝　向长江　胡野碧

【综述】 2015 年，湖南省侨联围绕建设全国一流侨联组织和温馨侨胞之家的目标，发扬“同心、务实、创新、奉献”的湖南侨联精神，全面推进各项工作。省侨联继续保持省直文明标兵单位称号，在全省绩效评估中被评为良好等次；在年初李源潮副主席参加的中国侨联全体委员座谈会上，湖南省侨联党组书记朱建山作为全国 30 多个省级侨联组织的唯一代表在会上就“两个拓展”作了典型发言。

【推进“三严三实”专题教育】 2015 年，湖南省侨联按照中央和省委的部署与要求，扎实推进“三严三实”专题教育。湖南省侨联三次组织党组中心组学习研讨会，切实加强思想政治建设。先后两次召开市州、高校、省直、企业侨联主要负责人会议，传达学习中央统战工作会议、中央群团工作会议精神，做到坚持党对侨联工作的领导不动摇，坚持服务大局不走偏。在年初省委对省直 154 个厅局级单位 2014 年度领导班子考核中，省侨联领导班子建设优秀率荣获全省第一；在年末省委“三严三实”专题教育督导检查、省委组织部后备干部调研考察、省委落实党风廉政建设责任制检查考核、省绩效评估考核等 4 个专项督导检查中，省侨联各项工作均获得督导与检查组的高度评价。

【贯彻群团工作和侨联工作《意见》精神】 一是各级党委政府更加重视和支持侨联工作。湖南省委在湘办发〔2012〕5 号文件的基础上，出台了《关于加强和改进新形势下党对侨联工作领导的实施意见》（湘办发〔2015〕22 号）。湘西自治州侨联报送的关于进一步推进湖南武陵山片区精准扶贫的信息，长沙市侨联报送的关于新生代“海归”就业创业面临困难的信息都得到了中央和省领导的批示。二是组织开展了《意见》落实情况的督查。根据 2014 年第 22 次省委常委会议精神和湖南省委领导指示，省委督查室会同省侨联对各市州和 34 所本科院校贯彻落实中

12 月 9 日—10 日，湖南省侨联系统领导干部培训班在长沙举行

湖南省侨联党组书记朱建山（中）主持召开省侨联党建会议

办发〔2014〕20 号文件、湘办发〔2015〕22 号文件及 2014 年省委侨联工作会议精神等情况进行了全面督查部署和书面督查。省委督查室下发了《中央、省有关侨联工作〈意见〉贯彻落实情况的督查报告》(《湖南督查通报》第 4 期)。中国侨联领导对此作出重要批示。三是加强了侨联组织自身建设和发展。省侨联联合中国侨联组织人事部在浙江大学举办了全省侨联系统新侨工作培训班，自主举办了全省侨联系统领导干部培训班。长沙市、永州市、郴州市侨联举办了侨联工作专题培训。全省侨联基层组织不断壮大，县市区侨联组织已经突破 110 个；湖南科技学院成立了侨联；湖南海归协会成为省侨联团体会员。常德市侨联实现单列，郴州、岳阳已由市委常委会议研究同意单列。

8 月 28 日，省侨联党组成员、副主席、秘书长孙民生（左）向长沙黄金创业园总经理沈科授“湖南省新侨创新创业示范园”牌

【服务经济发展】2015 年，湖南省各级侨联着力打造“创业中华 · 兴业湖南”经济科技工作品牌，全年共牵线引进资金 130 多亿元，为湖南经济发展增添了新动力。为服务新侨创新创业，省侨联在长沙市望城区黄金创业园挂牌设立了“湖南省新侨创新创业示范园”，已新引进创新企业 38 家。与蓝山县签订《合作框架协议》，在该县创建了湖南省首个“湖南省华侨同心产业园”，现已入驻 7 家企业，签约总额 12 亿元。娄底市侨联成立了市侨商会，现场签约 6 个项目，投资总额 15 亿元。常德市侨联率柑橘供销社负责人赴泰国、柬埔寨开拓海外市场取得成效。邵阳市引进海外侨胞兴建邵东湘商产业园，首期开发的标准厂房招商销售圆满完成。郴州市侨联举办了郴州（香港）旅游招商推介会，参与举办了第三届中国（湖南）国际矿物宝石博览会。省侨联主动与省参事室进行对接，吴金水、王义高、戴立忠等 9 名省侨联特聘专家被聘为湖南智库联盟研究员。省侨联特聘专家谭蔚泓教授当选中国科学院化学部院士。湘潭市侨联承办了中部地区首届国家“千人计划”专家科技前沿与创新研讨会。

【拓展对外文化交流】2015 年，湖南省各级侨联精心打造“亲情中华 · 魅力湖南”对外文化交流工作品牌。一是海外联谊有效拓展。省侨联

8 月 11 日—15 日，湖南省侨联联合湘潭市政府组织侨心艺术团赴俄罗斯开展文化交流活动

10 月 23 日—30 日，湖南省侨联与娄底市人民政府共同主办的"亲情中华·魅力湖南·青春娄底"慰问演出在泰国曼谷举行

首次组织市州侨联负责人组成"湘台侨界联谊交流团"一行赴台进行了为期 6 天的海峡两岸侨联社团联谊交流与友好访问。省侨联在泰国召开了省海外侨社团联谊总会第二次会员代表大会，实现了湘籍海外侨团的资源整合。邵阳市举办了首届新加坡双语教育夏令营活动。二是文化交流持续推进。省侨联与湘潭市、娄底市组织侨心艺术团分别走进东北欧和东南亚，开展"亲情中华·魅力湖南"慰问演出。长沙黄兴故居、长沙湘绣城、益阳何凤山纪念馆、常德桃花源景区 4 个文化传承单位被中国侨联授予首批"中国国际文化交流基地"。永州市侨联邀请澳门弱智人士家长协进会到永州开展了文化艺术联谊。邵阳市侨联组织学生赴香港参加了"童心同行"音乐晚会。三是活动方式不断创新。全省侨联系统组织开展了"亲情中华"第十七届世界华人学生作文大赛。李丽"亲情中华"主题演讲 2015 年共进行 10 余场。岳阳市侨联邀请印尼棉兰陈姓颍川堂宗亲会到张谷英村开展寻祖认亲活动。衡阳市在市书画院举办了"亲情中华·魅力衡阳"侨界书画作品展暨艺术文化交流活动。长沙市、张家界侨联邀请新西兰著名侨领、画家区本来湘开办了巡回画展。怀化市侨联与市书画艺术研究会组织书画作品进学校、厂矿、机关展演。

【科学主动依法维权】2015 年，湖南省各级侨联积极贯彻落实中央"科学、主动、依法维

10 月 12 日，2015 年全国侨联系统维权工作会议暨维权工作培训班在长沙举行

11 月 26 日，由省侨联法顾委主任、省司法厅原厅长周敦扣带队的调研组一行赴常德开展涉侨案件办理情况专题调研

权”的要求，全面、全程、热心为侨服务，湖南省信访维权工作被评为全国侨联系统先进单位。一是开展涉侨法律宣传普及活动。省侨联党组书记朱建山多次到有关市州党校开展侨务理论和涉侨法律法规政策讲座，并在《湖南侨联》会刊上开设了涉侨法律法规和侨务知识讲座专栏；省侨联联合湖南卫视公共频道举办了“法治湖南·侨联同行——赤子情·中国梦”“侨商杯”湖南省侨联系统涉侨法律知识电视大赛。省侨联承办了 2015 年全国侨联系统维权工作（现场）会议暨维权工作培训班，中国侨联副主席李卓彬出席会议并讲话。二是加强侨联维权基础建设。省侨联修订编印了《维权手册》，编印了《政策汇编》，向全国推介了湖南侨联维权体制机制建设等维权经验。湘潭市侨联与市委政法委、公安、教育、人社、民政等部门建立常态化联系。郴州市侨联和永州市侨联编印下发了相关工作资料汇编，为基层侨联工作的开展提供了指南。三是大力协调涉侨侵权案件。省侨联充分发挥侨联法律顾问委员会等平台作用，协调公安、检察、法院、司法、行政等相关职能部门主动依法维权，推动了华兴实业公司与邵阳市交警支队合同纠纷案、福建侨眷在衡阳县采矿权纠纷案等一大批典型侵权案件妥善解决，为侨界群众挽回数亿元经济损失。

【汇聚侨智，积极献计湖南发展】省侨联出台了《湖南省侨联侨务理论研究课题管理办法》，参照哲学社科课题的评审办法规范课题管理，对 2 个重大课题、6 个重要课题、1 个委托课题给予资金资助，娄底市侨联的侨务理论研究课题获中国侨联立项。发动全省各级侨界人士积极献言献策，起草了省“两会”侨界人大代表建议、侨联界政协委员集体提案，形成参政议政合力。召开了全省侨联信息工作会议，省侨联《侨情专报》出刊 30 期，多篇文章被中国侨联和省委办公厅采用，一系列关于侨界发展的问题引起中央和省里领导的重视，得到了相关部门的支持或解决。省侨联信息工作荣获中国侨联一等奖，在全省群团组织中排名第二。

【做大公益事业品牌】全省各级侨联组织积极打造“慈善中华·爱心湖南”公益事业工作品牌，2015 年全省侨联系统共引进侨爱心公益资金 2000 余万元，获得海外侨胞和中国侨联领导好评。一是依托省华侨公益基金会大力开展慈善活动。经省侨联与长沙、怀化、株洲市侨联协调，香港金轮集团捐资 120 万元用于全省贫困地区医疗、学校项目建设。省侨联公益基金会联合省侨商会、衡阳市侨联、南华大学侨联、衡阳师院侨联在常宁市洋泉镇举行了“慈善中华·爱心湖南”义诊义捐义演活动。湖南海归协会承办了“绿色环保·海归在行动·全民拾起最美湘江”公益活动。中南大学侨联参与江华“留住乡愁·中南同心”公益活动。二是拓展与海内外机构和慈善家的联系渠道。经省、市侨联对接，省侨联副主席胡野碧、李灵修夫妇为常德市第一人民医院捐款 200 万元设立“爱心病房”。湘雅海外校友会捐助 50 万美元设立奖学金，资助湘雅贫困优秀大学生完成学业。继续实施“捡回珍珠”计划，续开邵阳、益阳、衡阳、怀化等 12 个“珍珠班”。三是加强部门协作，推进精准扶贫。省侨联选派 1 名干部到安仁县关王镇赤滩村开展扶贫挂职锻炼 3 年，建立了“省侨联联村、党支部联组、党员联户”制度，深入开展“一进二访三联”活动，多方筹集 100 多万元资金用于扶贫建设，扶贫驻村工作被省里考核为优秀。

11 月 5 日，由香港金轮集团董事局主席王钦贤捐赠的"金轮侨心卫生院综合楼"落成典礼在怀化市通道县大高坪苗族乡举行，省侨联党组书记朱建山出席

香港嘉里集团郭氏基金会在湘西投资扶贫项目 4 亿多元，被国务院扶贫开发领导小组授予"全国社会扶贫先进集体"荣誉称号。

【召开湖南省侨联七届二次全委会】 3 月 18 日—19 日，湖南省侨联七届二次全委会议在长沙召开。省委常委、统战部部长李微微，省委常委、常务副省长陈肇雄出席会议。李微微代表省委讲话，充分肯定省侨联和广大侨胞为湖南经济社会发展所做的重要贡献。她强调，全省侨联系统要积极主动服务"四个全面"战略布局，要在助推经济社会发展中汇集新智力，要在参与实施同心工程中激发新活力，要在创新侨联工作中彰显新作为，为湖南经济社会发展做出更大贡献。省侨联领导章伯岗、孙民生、唐亚武、张欣、翁少兰、庄启宁、张季宝、胡野碧及省"五侨"部门领导彭清国、章定国、李国雄出席会议。省侨联委员、在长省侨联顾问及部分海外委员、省侨联处室负责人、省侨联工作平台负责人等 150 余人参加会议。

3 月 18 日—19 日，湖南省侨联七届二次全委会议在长沙召开

【承办全国侨联系统维权工作会议暨维权工作培训班】 10 月 12 日，全国侨联系统维权工作会议暨维权工作培训班在长沙开幕。近 200 名来自全国各

省市侨联分管权益保障工作的领导、权益保障部门负责人齐聚长沙出席活动。中国侨联副主席李卓彬、湖南省政协副主席王晓琴出席并讲话，中国侨联权益保障部部长张岩作维权工作报告，中国侨联权益保障部副部长黄晖主持会议。李卓彬指出，开展好维权工作要充分认识新时期加强维权工作的重要性，以政治性、先进性和群众性为指导，科学把握侨联维权工作的内在要求。王晓琴指出，湖南省高度重视侨联工作，将一如既往地支持侨胞在湘发展。

中国侨联副主席乔卫在 2015’中国（湖南）非公有制经济发展论坛暨海外侨领侨商三湘行活动开幕式上发表主旨演讲

【举办 2015’中国（湖南）非公有制经济发展论坛暨海外侨领侨商三湘行活动】 9 月 6 日，由中国民主建国会中央委员会、工业和信息化部、中国侨联、湖南省人民政府共同主办的 2015’中国（湖南）非公有制经济发展论坛暨海外侨领侨商三湘行活动在长沙开幕。全国人大常委会副委员长、民建中央主席陈昌智出席开幕式并致辞。中共湖南省委副书记、省长杜家毫出席开幕式，省委副书记孙金龙宣读省委书记、省人大常委会主任徐守盛的书面致辞。会议由民建中央副主席张少琴主持，国家部委领导莫玮，湖南省领导许又声、黄兰香、何报翔、赖明勇和老同志龙国键出席会议。中国侨联副主席乔卫作主题演讲。开幕式现场签约项目 30 个，总金额 237.38 亿元人民币。此次海外侨领侨商三湘行活动分两条线路开展项目考察、洽谈签约、投资合作等活动。北线（益阳市—常德市线路）由中国侨联副主席乔卫带队，分赴益阳、常德两市开展投资交流活动。南线（永州市）由中国侨联经科部副部长安晨带队走进蓝山，先后举行了湖南华侨同心产业园（蓝山）揭牌仪式和蓝山县县情工作汇报及项目推介会。

9 月 6 日，2015’中国（湖南）非公有制经济发展论坛暨海外侨领侨商三湘行活动在长沙开幕

9 月 8 日，百余名海外侨领侨商在桃花源里的城市——湖南常德进行考察

两条线路开展的活动形式新颖，内容丰富，得到海内外各界人士的高度赞誉和一致好评。

【首次举办“亲情中华·汉语桥”夏令营湖南营活动】7月5日—17日，“亲情中华·汉语桥”夏令营活动首次在湖南举行。湖南省委常委、省委秘书长、省人大常委会副主任韩永文出席开幕式并作重要讲话。此次夏令营活动有营员及海外领队共67名，分别来自美国、澳大利亚、新西兰、瑞典、泰国、老挝等国家和地区，活动内容丰富，形式多样，主要包括汉语课程、中国文化课程、丰富多彩的交流活动及文化体验活动。

湖南省侨联举办“法治湖南·侨联同行——赤子情·中国梦”“侨商杯”湖南省侨联系统涉侨法律知识电视大赛，湖南师范大学侨联代表队荣获冠军

7月6日“亲情中华·汉语桥”夏令营开营仪式在湖南第一师范学院新校区举行

【举办湖南省侨联系统涉侨法律知识电视大赛】为学习贯彻落实十八届四中全会精神，全面推进依法治国、依法治省工作，增强侨界群众和侨联工作者尊法学法用法守法意识，湖南省侨联联合湖南电视台公共频道，在长沙举办了“法治湖南·侨联同行——赤子情·中国梦”“侨商杯”全省侨联系统涉侨法律知识竞赛。经过初赛，7月16日，常德市侨联、衡阳师范学院侨联、娄底市侨联、湖南师大侨联、湘西州侨联5支队伍和特邀队——海归代表队，在湖南电视台演播厅举行了决赛。湖南师范大学侨联代表队获得冠军。省委常委、省委统战部部长李微微，中国侨联权益保障部部长张岩，湖南省侨联党组书记朱建山等20多名省直相关部门领导到比赛现场观看了本次电视大赛，并为获奖代表队颁发了奖杯和获奖证书。本次电视大赛由省侨商会冠名资助。

【湖南侨心艺术团赴俄罗斯、瑞典慰问演出】8月11日—18日，为进一步加强中俄、中瑞文化交流，受中国侨联委派，湖南省侨联联合湘潭市政府组成湖南侨心艺术团赴俄罗斯、瑞典进行了“亲情中华·魅力湖南·美丽湘潭”文艺巡演及文化交流活动。交流团团长、省侨联党组书记朱建山分别拜会了我国驻俄罗斯大使馆、驻圣彼得堡总领事馆和驻瑞典大使馆。我国驻俄罗斯大使馆公使张霄、驻圣彼得堡总领事馆副总领事于骏、驻瑞典大使馆大使陈育明分别会见了交流团主要成员一行，并对交流团表示热烈欢迎和充分肯定。

【湖南省侨联海外侨情调研团侨心艺术团赴泰国、老挝慰问演出】10月23日—30日，为庆祝世界反法西斯战争胜利70周年，受中国侨联委派，湖南省侨联党组成员、副主席兼秘书长孙民生率湖南省侨联海外侨情调研团侨心艺术团

10 月 26 日“亲情中华 · 魅力湖南 · 青春娄底”慰问演出在泰国曼谷举行，泰国前副总理功 · 塔帕朗西致辞

一行赴泰国、老挝开展侨情调查，并进行“亲情中华 · 魅力湖南 · 青春娄底”文化交流慰问演出。此次演出团由省侨联和娄底市政府联合组织。出访期间分别拜会了我国驻老挝大使关华兵、泰国中国和平统一促进总会会长王志民等。泰国前副总理功 · 塔帕朗西，老挝人民党中央委员、国家社会科学院院长哲伦 · 雅宝合等分别观看了演出。交流团还分别与泰国湖南商会、老挝湖南商会进行了座谈和联谊活动。

【召开湖南省海外侨社团联谊总会第二次会员代表大会】 10 月 26 日，湖南省海外侨社团联谊总会第二次会员代表大会在泰国曼谷举行，来自 30 多个国家和地区的湘籍侨社团侨领参加会议。联谊总会会长王钦贤作第一届理事会工作报告。省侨联党组成员、副主席、秘书长孙民生，娄底市政协副主席席伏应出席会议。会议由联谊总会常务副会长刘纯鹰主持。会议选举产生了第二届理事会领导班子，孙民生任会长，刘纯鹰、常琪、褚远征等为常务副会长。此次会议进一步深化了“侨联联社团、社团联侨胞”的工作机制。

【朱建山参加湖南文化交流团赴台湾考察】 6 月 6 日—11 日，省委常委、省委统战部部长、省海外联谊会会长、省海峡两岸交流促进会名誉会长李微微率湖南省文化交流团，深入台湾地区台北、南投、台南、高雄等地考察台湾农业农村建设，湖南省侨联党组书记朱建山参加考察活动。

【“湘台侨界联谊交流团”赴台友好访问】 6 月 6 日—12 日，湖南省侨联党组成员、副主席

6 月 6 日—12 日，“湘台侨界联谊交流团”一行赴台进行海峡两岸侨联社团联谊交流与友好访问

10 月 26 日，湖南省海外侨社团联谊总会第二次会员代表大会在泰国曼谷举行

兼秘书长孙民生率领省侨联及9个市州侨联负责人组成的“湘台侨界联谊交流团”一行15人，赴台进行为期6天的海峡两岸侨联社团联谊交流与友好访问。这是湖南省侨联首次组织市州侨联负责人赴台开展侨联对台工作和湘台两地侨界联谊交流活动，受到了台湾岛内各侨界组织和湖南籍乡亲的热情接待，取得了丰硕成果。

12月27日—31日，省侨联副巡视员兰杨杰一行赴中国香港、澳门开展侨情调研和联谊工作

【创办“湖南省华侨同心产业园”和“湖南省新侨创新创业示范园”】为服务湖南县域经济发展，经省侨联与蓝山县人民政府协商，“湖南省华侨同心产业园”于5月落户永州市蓝山县，9月8日揭牌。规划面积3000亩，一期规划面积938.5亩，投资10亿元。至2015年年底，产业园已入驻企业8家，投资10多亿元人民币。省侨联党组书记朱建山、中国侨联经济科技部副部长安晨出席揭牌仪式。为服务全省新侨创新创业，8月28日，“湖南省新侨创新创业示范园”授牌仪式在长沙望城举行，这是湖南省第一个新侨创新创业示范园。省侨联党组成员、副主席兼秘书长孙民生出席仪式并讲话。该园区挂牌后，新引进企业38家，目前入驻企业已超过百家。

9月8日，中国（湖南）非公经济发展论坛暨海外侨领侨商三湘行活动走进湖南蓝山，共同见证“湖南省华侨同心产业园”揭牌

【加强港澳交流】4月9日—13日，湖南省侨联党组成员、副主席兼秘书长孙民生，省侨联副主席、省侨商会会长庄启宁率省侨商会代表团赴中国香港、澳门两地，与香港和澳门侨界社团、知名人士进行了广泛深入的交流考察。在香港期间，交流考察团重点参观考察了香港睿智金融集团，并与该集团主席、省侨联副主席胡野碧就侨界金融投资等问题进行了深入探讨。在澳门期间，交流考察团一行拜会了全国政协委员、澳门立法会议员陈明金等社会贤达，与澳门归侨总会、澳门湖南同乡会、澳门城市大学等进行了深入的交流。中国侨联副主席、澳门归侨总会会长刘艺良会见了考察团一行。12月27日—31日，省侨联副巡视员兰杨杰一行赴中国香港、澳门开展侨情调研和联谊工作。考察团一行先后拜访了香港侨友社、睿智金融集团、澳门台湾总商会、澳门湖南同乡会等友好社团和侨企。与香港睿智金融集团主席、省侨联副主席胡野碧，澳门世界华人企业家联合会主席曾呈本，澳门台湾总商会理事长叶惊涛等进行座谈交流。

【省侨联特聘专家委员会9名专家被聘为湖南智库联盟研究员】2015年，省侨联特聘专家委员会推荐的吴金水、王义高、戴立忠、罗攀柱、杨春平、肖浪涛、熊正德、冯凯、刘沛林等9名专家被聘为湖南智库联盟研究员。湖南智库联盟专家库由省政府参事、特聘专家和特聘研究员构成，旨在共建平台、共享资源、共享成果，联合调研、协同创新，研究湖南经济社会发展中面临的理论与实践问题，更好地服务省委、省政府科学决策、民主决策。

12 月 27 日，开展“绿色环保·海归在行动·全民拾起最美湘江”公益活动

【湖南省侨联机关开展“一进二访三联”工作】9 月 17 日—18 日，根据省委开展“三严三实”专题教育“一进二访”工作要求，湖南省侨联全体机关干部职工在党组书记朱建山的率领下，深入省侨联扶贫联点——安仁县关王镇赤滩村，开展“一进二访三联”（进村入户、访困问需、访贫问计，省侨联机关联村、支部联组、党员联户）工作，按照“严”和“实”的要求，访贫问计，推进精准扶贫。

9 月 17 日—18 日，湖南省侨联全体机关干部职工深入扶贫联点——安仁县关王镇赤滩村开展“一进二访三联”工作

【开展“绿色环保·海归在行动·全民拾起最美湘江”公益活动】12 月 27 日，由湖南省侨联主办、湖南海归协会承办的“绿色环保·海归在行动·全民拾起最美湘江”公益活动在长沙橘子洲举行，来自社会各界的 500 余名志愿者现场参与活动。本次活动是湖南海归协会成为省侨联团体会员后首次承办的大型活动。

【召开湖南科技学院第一次归侨侨眷代表大会暨侨联成立大会】9 月 25 日，湖南科技学院第一次归侨侨眷代表大会暨侨联成立大会召开。湖南科技学院党委书记陈弘，湖南省侨联党组成员、副主席兼秘书长孙民生及永州市侨联负责人出席会议。大会选举产生了湖南科技学院侨联第一届委员会委员，罗映红当选为湖南科技学院第一届侨联主席。至此，湖南省已有 11 所高校成立了侨联组织。

【成立娄底市侨商联合会】11 月 2 日—3 日，娄底市侨商联合会正式成立并召开第一次会员代表大会。湖南省侨联党组书记朱建山、娄底市委书记龚武生出席会议并讲话，省侨联副主席、省侨商联合会会长庄启宁致辞。市委副书记、市长李荐国，市人大常委会主任易春阳，市政协主席姚兵，市委常委、组织部长、统战部部长华学健，市政协副主席席伏应等出席会议。娄底市长青人防房地产开发有限公司董事长贺志元当选为市侨商联合会会长。会上还举行了

省级侨联工作

11 月 3 日，娄底市侨商联合会正式成立并召开第一次会员代表大会

项目签约仪式，现场共有 6 个项目签约成功，签约金额达 15 亿元。

【长沙市侨联搭建海归创业沟通平台】长沙市侨联加强对全市新侨海归组织的整合与指导，走访多家海归社团，密切联系收集意见建议，两次召开新侨座谈会。积极搭建新侨海归人员与党委、人大、政府间的沟通平台。与市委统战部共同主办了“长沙归国留学人员创新创业座谈会”，省委常委、长沙市委书记易炼红率多位市领导和市有关部门负责人出席会议，听取全市归国留学人员代表创新创业意见建议。报送的《新生代“海归”就业创业面临困难 湖南省长沙市侨联提出三条建议》信息，中央、省、市领导相继作出批示。

【湘潭市侨联充分激发平台活力】一是树立“互联网 +”思维，密切与侨友联系。先后建立和完善了“湘潭侨友”、“湘潭侨商侨企”等 QQ 群和“湘潭市侨联”、“湘潭市老归侨联谊会”等微信群，建立了“湘潭市归国留学人员联合会”微信公众号。二是完善平台组织架构，做大市留学生联谊会，已入会会员达 700 多人。三是打造和培养品牌。如老归侨联谊会重阳节举办的“归侨话健康”讲座，市直单位侨联在中秋佳节之际举办的“别样中秋 · 美丽家园”摄影采风和联谊交流活动，留联会举办“海归之夜”圣诞联欢活动等。

【常德市侨联服务项目建设】一是积极邀请客商来常德考察。南粤食品集团有限公司与西洞庭管委会达成初步投资协议，将合作兴建供港澳环保蔬菜基地等农业项目。香港中国文化公司董事总经理孙嘉鸿来到常德实地考察了柳叶湖马拉松国际赛道，争取在常德举办湖南省首届国际马拉松赛。二是参与承办“德商大会”和 2015“港洽周”常德招商活动。三是承办 2015 中国（湖南）海外侨领侨商三湘行——常德之旅活动，来自 51 个国家和地区的海外知名侨领、侨商 168 人参加了活动。

广东省归国华侨联合会

【领导成员名单】

党组书记、主席：王荣宝（女）

专职副主席：程学源　李　丰　戴文威

兼职副主席：李　瑜　马勇智　麦庆泉　纪少雄　黄少良　曾智明　余志勇　谢惠蓉（女）　罗掌权　郭泽伟　庄创业

秘书长：曹堪宏

【综述】 2015 年，广东省侨联紧紧围绕“创新发展、协调发展、绿色发展、开放发展、共享发展”五大发展理念，坚定不移走中国特色社会主义群团发展道路，充分发挥联系广大归侨侨眷和海外侨胞的桥梁纽带作用，坚持“上下贯穿一条主线”工作机制，围绕中心，服务大局，认真履行职能，推进“党建带侨建、侨建为党建”试点工作和“广东侨界人文社区”创建工作，努力建好侨胞之家。

【学习贯彻中央党的群团工作会议精神】 7 月 6 日—7 日，中央党的群团工作会议召开，并印发了《中央关于加强和改进党的群团工作的意见》，广东省各级侨联及时学习部署，深刻领会精神实质，广泛宣传丰富内涵，全面把握精神实质，主动作为推动落实。广东省侨联通过召开党组会、中心组学习会、主席会、常委会、全委会或侨联工作会等多种形式，认真组织学习、深刻领会文件精神，对全省侨联系统就如何贯彻落实《意见》进行部署，向全省各级侨联组织发放了《侨联学习〈中央关于加强和改进党的群团工作的意见〉百题思考》辅导读本，要求各级侨联干部认真组织学习。省侨联领导利用出席各地侨联举办的会议、活动或培训班等机会，对《意见》进行宣讲。各级侨联采取座谈会、培训班、宣讲会等形式，通过报纸杂志、网站、微信等大众传播方式广泛宣传，掀起了学习宣传《意见》的热潮。各地侨联积极主动向分管领导汇报，市委主要领导、分管领导作出批示要求贯彻落实。广州、清远召开市委常委会议听取侨联工作专题汇报。云浮市委主要领导专程到市侨联调研座谈。肇庆、韶关、江门以市委市政府名义印发了加强和改进侨联工作的实施方案，肇庆四会市、封开县和清远连南县分别以市（县）委名义印发了实施方案。

【林军主席到广东调研】 4 月 7 日—10 日，中国侨联党组书记、主席林军一行 5 人就侨联如何深化改革到广东调研。林军主席在广东国际华商会与知名侨商座谈，探讨新常态下侨资企业如

4 月 8 日下午，中国侨联主席林军（前排左六）参观考察中山侨胞之家和“广东侨界人文社区（示范点）”

4 月 8 日上午，中国侨联主席林军（前排左六）到东莞调研新侨工作情况，参观考察新侨企业，广东省委常委、统战部部长林雄（前排右六）陪同调研

何进一步密切与侨联组织的联系，在服务地方经济发展中更好地发挥侨的作用；在东莞重点了解了东莞市侨联拓展新侨工作情况；在中山走访了侨胞之家和“广东侨界人文社区（示范点）”；在广州参观了华侨新村纪念馆，有感于华侨新村 60 年来的发展历程，欣然提笔写下了“强大的祖国永远是海外华侨的坚强靠山”。林军主席高度赞扬了广东省各级侨联组织在服务经济发展、依法维护侨益、拓展海外联谊、参政议政、弘扬中华文化、参与社会建设 6 个方面发挥的重要作用，对广东各级侨联干部队伍素质和对侨联组织深化改革进行的深入思考给予了充分肯定。广东省委对这次调研工作高度重视，中共中央政治局委员、广东省委书记胡春华在百忙之中会见了林军主席，就群团工作改革交换了意见。广东省委常委、统战部部长林雄陪同林军主席在东莞调研。广东省委常委、广州市委书记任学锋会见了林军主席，就进一步加强新形势下的侨联工作进行了深入交流。东莞、中山等市主要党政领导也对这次调研给予了大力支持，纷纷表示愿意承担侨联深化改革的具体工作任务，今后将更加突出发挥侨联在经济社会发展中的独特作用。中国侨联副主席、广东省侨联党组书记、主席王荣宝，广东省政协常委、广东省侨联党组副书记、副主席程学源，广东省侨联党组成员、秘书长曹堪宏全程参加调研。

4 月 9 日下午，中国侨联主席林军参观考察“中国华侨第一村”——广州市华侨新村，写下“强大的祖国永远是海外华侨的坚强靠山”

【启动“党建带侨建、侨建为党建”试点工作】为贯彻落实中央党的群团工作会议精神，广东省侨联启动了“党建带侨建、侨建为党建”试点工作，作为侨联组织参与社会建设和

9 月 16 日，清远市作为全省"党建带侨建、侨建为党建"工作试点，在清远市国际会展中心召开全市"党建带侨建、侨建为党建"试点工作动员大会

管理的重要举措。广东省侨联十届二次常委会议下发了《广东省侨联关于推进"党建带侨建"试点工作的意见》，主要是通过"党建带侨建"带动基层侨联组织的思想、组织、班子、队伍、作风建设和工作发展，主动把侨联组织建设融入党建网格化建设之中，夯实侨联基层组织基础，延伸工作手臂。2015 年下半年广东省侨联在清远试点"党建带侨建、侨建为党建"工作，推动清远市委组织部和市侨联联合印发了《关于清远市开展"党建带侨建、侨建为党建"试点工作的实施意见》，召开全市"党建带侨建、侨建为党建"试点工作动员大会，举办了全市侨联干部推进"党建带侨建、侨建为党建"试点工作专题培训班。试点工作得到清远市委的高度重视，市委副书记黄兆芬亲自参与试点工作策划。清远市侨联成立专题调研组到各县区侨联、华侨农场等基层单位督导试点工作，短短几个月时间推动成立基层侨联工作站、工作组、工作小组 396 个，对比原来仅有 19 个市、县、镇级侨联组织，在数量上增长了数十倍。2016 年 1 月 12 日，清远市"党建带侨建、侨建为党建"试点工作现场推进会上，中国侨联副主席、广东省侨联党组书记、主席王荣宝，广东省政协常委、广东省侨联党组副书记、副主席程学源，清远市委副书记黄兆芬共同为全市新成立的 396 个基层侨联工作站、工作组、工作小组集体揭牌。

【推进"广东侨界人文社区"创建工作】 广东省侨联自 2012 年年底开展"广东侨界人文社区"创建工作，至 2015 年年底全省已创建 22 个"广东侨界人文社区"示范点。2015 年，广

2015 年 11 月，清远市第一个"广东侨界人文社区（示范点）"在清城区飞来峡镇新华村挂牌

东省侨联进一步在清远、肇庆推进“广东侨界人文社区”创建工作。肇庆市侨联充分调动基层侨联组织的积极性，成功创建了5个“广东侨界人文社区”示范点，顺利通过了检查验收。12月18日，广东侨界人文社区（示范点）授牌仪式在肇庆高新区华侨新城社区居民活动中心举行，中国侨联副主席、广东省侨联党组书记、主席王荣宝，广东省政协常委、广东省侨联党组副书记、副主席程学源等领导分别向将军岗、正隆、城区、龙湖、一村5个社区授牌。清远市侨联积极向中山等地学习，推动清城区飞来峡镇清华社区成功创建“广东侨界人文社区”示范点。这项工作已经成为广东省侨联参与社会建设的一项重要举措，也是新时期全省各级侨联积极发挥枢纽型社会组织作用，参与创新社会管理的新平台，得到中国侨联充分肯定和高度重视。2015年，中国侨联主席林军、副主席康晓萍先后到中山、江门参观考察侨界人文社区，中国侨联办公厅副主任李洋率调研组专程到广东调研侨界人文社区创建成果。

9月24日，广东省侨联联合广州市侨联在广州举办《广东省华侨权益保护条例》宣讲会

12月5日，广东省侨联联合省人大侨民宗委、省侨办、省政协外侨委、致公党广东省委在广东华侨博物馆举办《广东省华侨权益保护条例》暨涉侨法规政策宣传咨询活动

【推动《广东省华侨权益保护条例》的出台和实施】10月1日，《广东省华侨权益保护条例》（简称《条例》）正式实施。广东省侨联积极参与了《条例》立法工作，组织暨南大学法学院有关专家、学者对《条例》（征求意见稿）进行研讨，协助省政协开展加强华侨权益保护立法建设专题调研，综合调研情况形成报告在省政协会议上发言，配合省人大常委会召开《条例》宣传贯彻座谈会。9月24日，为进一步加强《条例》的宣传力度，在全社会营造依法护侨的良好氛围，广东省侨联联合广州市侨联在广州珠江宾馆会议中心举办了《广东省华侨权益保护条例》宣讲会，省委宣传部、省人大法工委、省市“五侨”单位领导和侨界群众约600人参加了宣讲会。12月5日，广东省侨联联合省“五侨”单位在广东华侨博物馆举办《广东省华侨权益保护条例》暨涉侨法规政策宣传咨询活动，选派了资深律师参与咨询，400多名归侨侨眷和各界群众冒雨参加了活动。

【举办第六届（广州）华人文化艺术节】由广东省侨联和广州市侨联共同打造的文化交流工作金字品牌——华人文化艺术节已举办六届，充分展示了中华优秀文化的魅力，拓展了侨联海外联谊领域，有效地凝聚了广大海内外侨胞的力量。11月29日—12月2日，第6届（广州）华人文化艺术节在广州举行，主要由6项活动内容组成：开幕式暨文艺演出，广东地区戏曲音乐交流，海内外书画名家联谊笔

11 月 30 日，第六届（广州）华人文化艺术节在广州珠江宾馆开幕，中国侨联副主席康晓萍，广东省委常委、统战部部长林雄和海内外侨胞 800 多人参加活动

11 月 30 日，第六届（广州）华人文化艺术节举行盛大的文艺演出

会，广东自贸区招商引智推介会，参观考察南沙自贸区，闭幕联欢晚会。中国侨联副主席康晓萍，广东省委常委、统战部部长林雄，中国侨联副主席、广东省侨联党组书记、主席王荣宝，广州市委常委、组织部部长王世彤，美国华盛顿州中国统一促进会会长方伟侠等领导和海外嘉宾以及省、市五侨单位领导出席了开幕式。来自美国、加拿大、澳大利亚、法国等 20 多个国家和地区的 80 多个侨社团 430 多位侨胞，以及国内文化、音乐、艺术专业人士等 800 人出席了此次文化盛会。本届华人文化艺术节各项活动亮点纷呈、精彩连连，既保留了深受海内外侨胞喜爱的活动项目，又结合形势的新发展、侨情的新变化、侨胞的新要求，增设了一些主题突出、富有时代特色的活动内容，展示中华文化魅力，凸显岭南文化神韵。

12 月 1 日晚，第六届（广州）华人文化艺术节闭幕，书画家代表向组委会赠送书画作品

【举办第七期友好社团负责人研讨班】 11月28日—12月5日，由中国侨联、广东省侨联、暨南大学联合主办的第七期海外友好社团负责人研讨班在暨南大学举办。11月29日上午，第七期友好社团负责人研讨班开班，中国侨联副主席、广东省侨联党组书记、主席王荣宝，暨南大学党委副书记叶勤，广东省政协常委、广东省侨联党组副书记、副主席程学源，广东省侨联副主席李丰、戴文威，广东省侨联秘书长曹堪宏以及来自22个国家和地区的42个友好社团负责人近70人参加了开班仪式。王荣宝主席作广东省侨情与侨联工作专题报告，对海外社团的发展提出了希望和建议。此次研讨班为期一周，既安排了暨南大学的知名教授作广东省经济形势、食品与健康等专题讲座，又邀请了省侨办领导解读《广东省华侨权益保护条例》，以及广东省出入境管理局领导讲解出入境知识，还安排了学员参加第六届华人文化艺术开幕式和第二届世界广府人恳亲大会活动。其间举行了暨南大学广东侨联国际校友会理事扩大会议，讨论通过了《暨南大学广东侨联国际校友会组织机构（草案）》，增补了香港湾仔区各界协会会长庄创业、美国华人华侨联谊会创会主席马树荣为校友会副会长。

【举办广东省侨联系统干部培训班】 12月13日—18日，广东省侨联在广东省社会主义学院举办了第一期全省侨联系统干部培训班。此次培训邀请了暨南大学、省委党校、省社会主义学院知名教授进行专题讲座，全省各地（市）侨联领导班子成员、县（区）侨联主要领导及省侨联机关干部共60人参加。广东省政协常委、省侨联党组副书记、副主席程学源出席开班仪式作动员讲话，并作了题为《加强和改进新形势下侨联工作》的专题讲座，围绕新形势下侨联的使命和任务、以十八届五中全会提出的五大发展理念引领侨联工作、以中央党的群团工作会议精神推进侨联改革创新等三个方面阐述了新形势下的侨联工作。培训期间，广东省侨联安排了丰富的培训内容，主要有《学习党的十八届五中全会精神》、《中央党的群团工作会议精神解读》、《中央统战工作会议与〈条例〉对统一战线的新发展》、《侨情变化与研判》、《国际形势与我国周边安全》、《香港政治生态及涉港统战工作》、《“一带一路”国家发展战略》等专题讲座，还组织了学员分组讨论交流。

11月28日—12月5日，由中国侨联、广东省侨联、暨南大学联合主办的第七期海外友好社团负责人研讨班在暨南大学举办

12 月 13 日—18 日，广东省侨联在广东省社会主义学院举办第一期全省侨联系统干部培训班，程学源副主席作专题报告

【组团出访拓展海外工作】 2015 年，为了进一步拓展海外工作，广东省侨联分三批出访海外。王荣宝主席率团对南非的约翰内斯堡和开普敦，阿联酋的迪拜进行访问，出席南非·中国文化艺术交流协会成立一周年纪念活动和阿联酋广东商会暨同乡会第二届理事会就职典礼，填补了广东省外联工作的空白。程学源副主席率团赴美国、加拿大、墨西哥三

10 月 8 日，戴文威副主席（左三）率团出访墨尔本，与澳洲墨尔本广东总商会等侨团及当地政界、侨界、商界等各界代表人士联谊

8 月 17 日，程学源副主席率访问团拜访温哥华潮州同乡会

10 月 15 日，王荣宝主席（前排左四）率访问团出访南非，与当地侨领、侨胞合影

国访问，拜会老朋友，与他们共叙友情，共谋发展，访问期间代表团出席了在加拿大温哥华举办的第十八届国际潮团联谊年会。戴文威副主席率团出访新加坡、澳大利亚和斐济三国，参加了在悉尼举行的第八届世界广东同乡联谊大会暨第二届世界广东华人华侨青年大会，与广大参会社团组织负责人及有关侨界人士沟通交流。三个访问团都创新了随团出访新闻信息报道工作的新模式，访问期间在广东省侨联网站和广东省侨联微信公众号刊发稿件 20 余篇。

2 月 5 日，《华夏》杂志改版首发仪式暨创刊三十周年座谈会在广州举行

【打造“一网一刊一平台”丰富宣传手段】 2015 年，广东省侨联全力打造“一网一刊一平台”，丰富侨联宣传手段，充分利用新媒体扩大影响。一网即广东省侨联网站，广东省侨联及时更新维护侨联网站，充实网站信息，全省各市、县侨联上传广东省侨联网站的信息量比去年同期有所增长，上报信息的质量不断提高，网站每个工作日都有新信息上传，2015 年网站发稿 2000 多条，总点击量超千万人次；一刊即《华夏》杂志，2015 年《华夏》杂志全面改版，年初举办了《华夏》杂志改版首发仪式暨创刊三十周年座谈会，历任《华夏》杂志社长、主编等参加活动，在全省各级侨联组织建立了通讯员队伍，推动杂志在全省发行，开通了《华夏》杂志微信公众号，推送信息数十条；一平台即微信平台，2015年8月，广东省侨联创办了微信公众号（广东省侨联宣传文化中心），短短几个月时间推送信息 147 条，点击量近 4 万人次。

【清远市归国留学人员联谊会开展“走进企业”系列活动】 为进一步加强会员间的沟通联系，清远市归国留学人员联谊会（简称市留联会）开启了“走进企业”系列活动，每月走访一家会员单位。3 月 21 日，市留联会一行 42 人在黄于于会长的带领下，首次走进清远市德晟投资集团有限公司（以下简称“德晟集团”），参观了德晟集团资金运营中心，并与德晟集团管理层举行了交流座谈会。系列活动不仅搭建了市留联会与公司之间沟通的桥梁，增加了相互之间的了解，也为未来的合作奠定了良好的基础。

【江门市侨联创新海外侨青、海归回国创业服务模式】2015 年，江门市海归人员发展联合会（简称市海归会）在加拿大多伦多和美国洛杉矶分别成立了海外人才联络站，举办海归创业交流分享会等各种活动推动海归创业发展。7 月 4 日，江门市侨联和市海归会联合举办了“2015 江门海归创业分享交流会”，江门市副市长、市海归会创会荣誉会长易中强，市发改局、外侨局等职能部门代表以及会员、嘉宾参加交流会，交流会设立了政策解读、创业经验分享、名师指导、现场互动等环节，充分展现了海归、海创会员的朝气和活力。7 月 14 日，由江门市海归会、珠西智谷公司、美国美亚创新促进会共同建设的“江门海创空间”在珠西智谷举行揭牌仪式，在“珠西智谷对话美国硅谷科技创新产业发展论坛”上签署了《三方友好合作框架协议》，协议约定了建设“海创空间”、设置联络办事机构、定期组织互访、推动中美两地人员与项目对接、建立互惠机制等事项。江门市市长邓伟根，美国硅谷市长中国行访问团团长、加州商务和经济发展办公室副董事布莱恩·佩克见证签约仪式。

【广州市侨联直属社团举行纪念抗战胜利 70 周年系列活动】2015 年是抗日战争胜利 70 周年，广州市侨联直属社团举办了系列纪念活动。7 月—8 月，广州市归侨老人福利会和广州华侨文化发展基金会先后联合举办了“牢记历史·珍视和平”系列活动：一是纪念中国人民抗日战争胜利 70 周年交流活动，邀请了林朝宗先生、杨薏玲女士讲述抗战故事；二是纪念抗日战争胜利 70 周年珠江华侨农场抗日老归侨慰问活动，10 多名抗日老归侨代表追忆他们在抗战中所走过的艰难历程；三是纪念中国人民抗日战争胜利 70 周年抗战归侨老兵座谈会，广州市侨联主席李瑜等为参加座谈的抗战归侨老战士佩戴“向抗战归侨老兵致敬”绶带。8 月 25 日，广州市华侨历史学会举行了纪念中国人民抗日战争暨世界反法西斯战争胜利 70 周年座谈会，围绕“华侨华人与抗日战争”主题进行了讨论。

【汕头市领导干部创新侨务管理华侨文化交流专题研修班】9 月 17 日—24 日，由汕头市委组织部、市侨联等主办的“汕头市领导干部创新侨务管理华侨文化交流专题研修班”在华侨大学举行。全市涉侨部门领导和各区（县）党政负责人、侨联主席、外侨局长等 40 多人参加了培训。本次研修班是“汕头市提高领导干部创新能力、推动华侨经济文化合作试验区建设”系列专题研修班之一，专门邀请了国务院侨办专家咨询委员会、华侨大学的专家学者，为学员讲授了“海上丝绸之路战略背景下的华文教育”、“海外华侨华人经济与投资权益保障”、“21 世纪侨情新动向、新特点与思考”、“新时期侨务工作创新的做法与体会”、“新时期侨务政策和侨情变化”、“侨联工作与‘一带一路’建设”、“海外华侨华人与 21 世纪海上丝绸之路建设”、“海外潮人宗教信仰与华文经济文化合作”等 8 门课程，并组织学员到平潭综合试验区开展现场教学。

广西壮族自治区归国华侨联合会

【领导成员名单】

党组书记、主席：韦　干

专职副主席：刘汉祥　林振龙

兼职副主席：冯祖华　陈保善　肖开宁　李　东　王钦贤　温深文

秘书长：刘汉祥（兼）

【综述】广西壮族自治区是全国重点侨乡之一，2015年全区归侨侨眷有300多万人，其中归侨18.5万人。广西籍海外侨胞和港澳台同胞有700多万人。广西是安置归侨的重点省份，全区安置归侨农林场46个，共安置有归侨6万多人。其中华侨农林场22个，安置归侨3万多人；农垦系统14个，安置归侨2.3万多人；林业系统10个，安置归侨0.9万多人。2015年，自治区各级侨联组织及广大侨联工作者在自治区党委的领导和中国侨联的指导下，充分发挥自身优势，认真履行职能，广泛团结广大归侨侨眷和海外侨胞，开拓创新，真抓实干，为广西建设"一带一路"有机衔接的重要门户服务，做了大量富有成效的工作，取得了较好成绩。

【侨联组织】2015年广西自治区有各级侨联组织约420个，其中自治区级侨联1个，地级市侨联15个（含自治区农垦局侨联），县（市、区）侨联50多个，大中专院校侨联9个，归侨安置单位侨联46个，其他侨联小组、联谊会近300个。自治区侨联现任领导机构是第九届委员会，设主席1人；副主席8人，其中兼职6人；常委32人，其中港澳常委6人；委员151人，其中港澳委员18人；顾问80人。内设机构3个：办公室、经济联络部、海外联谊部。建立的载体11个：广西华侨历史学会、广西越柬老归侨侨眷联谊会、广西壮族自治区侨联青年委员会、广西高校归侨侨眷联谊会、广西华商会、广西华侨爱心基金会、广西壮族自治区侨联法律顾问委员会、广西侨联"侨声"艺术团、《八桂侨刊》、广西侨联网站、广西印尼归侨侨眷联谊会。

【开展纪念抗战胜利70周年系列活动】广西自治区侨联组织纪念中国抗日战争胜利70周年暨南侨机工回国抗战胜利76周年座谈会，与会

7月2日，纪念中国抗日战争胜利70周年暨南侨机工回国抗战76周年座谈会在南宁举行，自治区侨联主席韦干（右二）发表讲话

9月18日，来自26个国家和地区的200多名侨领来到南宁昆仑关抗战遗址参加祭奠昆仑关战役抗日英烈仪式

省级侨联工作

12 月 21 日，广西侨联组织各市侨联干部开展“重走滇缅公路，弘扬嘉庚精神”活动

在中国侨联九届二次全委会上的讲话精神在自治区的贯彻落实情况；自治区党委副书记危朝安关于自治区侨联要积极推进 21 世纪海上丝绸之路建设的批示；自治区领导危朝安、邓卫平、张晓钦关于来宾市华侨农场国有资产问题等批示精神；危朝安副书记对自治区侨联出访新加坡、印尼情况的批示以及有关河池鑫福矿业公司信访件的督查任务。自治区侨联就其中内容提出了自己的意见和建议，按时按期完成此 5 项督查任务。其中，国家副主席李源潮关于要求自治区妥善解决侨港镇归侨扶贫和发展问题批示的贯彻落实情况，自治区侨联及时上报自治区党委和中国侨联。

人员畅谈南侨机工爱国支持抗战的光荣事迹，观看南侨机工回国支援抗战的视频纪录片；组织参加桂籍侨领联谊大会的世界各国侨领们赴昆仑关祭奠抗战英烈；借出访新加坡之机，自治区侨联主要领导拜访了著名爱国华侨领袖陈嘉庚的长孙陈立人先生，共同缅怀先辈丰功伟绩，弘扬嘉庚精神；组织各市侨联干部赴云南开展“重走滇缅公路，弘扬嘉庚精神”及侨乡文化调研活动，缅怀侨界英烈。

【完成五项督查任务】2015 年，中央和自治区领导对区侨联工作多次做出重要批示，自治区党委办公厅要求自治区侨联密切配合，以积极认真的态度抓好督查落实，主要有：李源潮同志

【举办“海上丝绸之路华商经济论坛”】9 月 18 日，由中国侨联和广西区政府主办的第 12 届中国—东盟博览会“海上丝绸之路华商经济论坛”在广西南宁开幕，中国侨联主席林军、副主席李卓彬，自治区党委书记彭清华、副书记危朝安、秘书长范晓莉等领导出席，30 多个国家和地区的 63 个侨社团、商会 300 多人应邀参加了活动。林军主席、彭清华书记先后在论坛开幕式上作了重要讲话，李卓彬副主席主持论坛开幕式，特邀嘉宾作了专题演讲，这次活动为自

9 月 18 日，“海上丝绸之路华商经济论坛”在广西南宁开幕，图为中国侨联主席林军作重要讲话

9 月 18 日，广西自治区党委书记彭清华在“海上丝绸之路华商经济论坛”上作重要讲话

治区建设“一带一路”有机衔接的重要门户做了宣传。

【助推华商经济发展】9 月 20 日，广西自治区侨联组织“华商八桂行——走进崇左”活动。在活动中自治区侨联与崇左市政府签订战略合作协议，这是自治区侨联和地方政府的首个战略合作协议。此次活动集中签约招商项目 34 个，总投资 168.46 亿元。其中，境内项目 32 个，总投资 167.23 亿元；境外项目 2 个，总投资 2000 万美元（折合人民币 1.23 亿元）；合同项目 13 个，总投资 41.51 亿元；协议项目 21 个，总投资 126.95 亿元。签约项目投资领域以旅游业和相关行业、制造业、租赁和商务服务业为主。组织广西新侨企业参加第十八届中国北京国际科技产业博览会，广西侨联荣获优秀组织工作奖。防城港市侨联积极帮助侨商企业走出去，沿“海上丝绸之路”将侨商企业业务拓展到越南河内和胡志明市；河池市侨联在自治区侨联帮助下，引入香港金龙科技集团董事长胡国赞投资 5000 多万元开发大洛福源景区项目；桂林市侨联积极组织国内外侨资企业参加第二届中国—东盟博览会旅游展（桂林）；钦州市侨联牵头与市有关部门到深圳考察洽谈投资“30 万吨 / 年车用醇烃燃料生产及销售项目”，项目总投资额约 2.8 亿元；玉林市侨联促成中泰（广西玉林）国际旅游文化产业园成为南博会的签约项目；贺州市侨联邀请美国科学家奉向东先生到贺州举办“全球应对环境变化的策略”专题讲座和开展考察活动。

【开展“亲情中华”文化交流活动】2015 年，自治区侨联组织“亲情中华——走进海外华校”演出活动，演出团走进菲律宾、柬埔寨华校演出 5 场，受到当地各侨社团和各华校师生 3000 多人的欢迎，并得到菲律宾马尼拉市市长的接见。

9 月 20 日，广西自治区侨联组织“华商走进崇左”活动，自治区侨联并与崇左市政府签订战略合作协议

3 月 2 日，由中国侨联、广西壮族自治区侨联、南宁市委、市政府共同主办的“亲情中华 · 欢聚坛板”大型文艺演出在南宁市那马镇坛良村村民广场举行

春节期间，自治区侨联与中国侨联再度合作，在南宁、崇左两市开展“亲情中华——走进侨乡”慰问演出，慰问团团长由中国侨联顾问、中国侨联原副主席唐闻生担任。其中在南宁市良庆区那马镇坛良村坛板坡文化广场（李克强总理 2013 年专程视察的社会主义新农村建设示范点）的“亲情中华 · 欢聚坛板”慰问演出活动，上千村民观看；南宁、崇左市组织市区、华侨农场归侨侨眷达 5000 人观看，精彩演出得到了侨众的好评。

【做好华侨新生代工作】 2015 年，自治区侨联共举办两期寻根活动，其中由中国侨联、国家汉办主办，自治区侨联承办，南宁市侨联、广西华侨学校协办的“亲情中华 · 汉语桥夏令营南宁营”活动，邀请了 40 名泰国学生到广西参加寻根之旅活动，增加了他们对祖籍国传统文化的认同感，南宁营活动经验在中国侨联文化交流工作会上做了典型发言。另邀请广西大学国际学院来自东盟十国的 40 名留学生参加“亲情中华 · 八桂故乡行”活动，增强了他们对中华文化和中华民族的认知感。

【主办世界桂籍侨领大会】 9 月 18 日晚，世界桂籍侨领联谊大会在南宁召开，来自 30 多个国家的 60 多个侨社团近 300 名桂籍侨领参加了世界桂籍侨领大会，中国侨联和自治区领导、陈香梅女士、中国侨商会领导、海外华商、自治区有关涉侨部门以及部分新闻媒体参加了大会。自治区主席陈武会前会见了侨领代表。中国侨联副主席李卓彬、自治区党委副书记危朝安在联谊大会上作重要讲话。会上增聘一批广西侨联海外顾问，向全世界桂籍侨胞发出倡议书。同时，举办了第 12 届中国—东盟博览会港澳台侨贵宾招待会，邀请美国著名社会活动家陈香梅女士到柳州、桂林“飞虎队”旧址参观，以及组织华商参加招商引资和项目推介活动。桂籍侨社团之间达成多项合作意向，就相互支持桂籍侨社团之间的重大活动、桂籍青少年夏

10 月 22 日，为期 14 天的“2015 亲情中华 · 汉语桥夏令营南宁营”在广西华侨学校举行闭营仪式

9 月 18 日晚，世界桂籍侨领联谊大会在南宁召开，图为中国侨联主席林军（左八）、副主席李卓彬（右五），广西自治区党委副书记危朝安（左四）、自治区侨联主席韦干（右四）为新聘的广西侨联海外顾问颁发聘书

第 12 届中国—东盟博览会期间，自治区侨联举办了港澳台侨贵宾招待会，图为与会部分嘉宾合影

9 月 19 日—21 日，自治区侨联主席韦干陪同美国著名社会活动家陈香梅女士到柳州、桂林“飞虎队”旧址参观

令营、第 18 届世桂联大会、反对台独、开展好“亲情中华”活动等方面取得了共识和丰硕成果。这次大会是广西邀请桂籍侨社团最全、桂籍侨领参加人数最多的一次盛会，在广西尚是首次。

【加强民间外交工作】印尼、菲律宾是华侨华人较多的国家，也是海上丝绸之路沿线的主要国家。2015 年在印尼访问期间，自治区侨联访问团走访了印尼中华总商会、福建社团总会、广东社团联谊会总会、中小企业协会等印尼重要华人社团，参观考察了印尼重点华商企业。以民间外交的形式拜见了印尼政界要员经济金融工业统筹部部长 Sofya.Djalil 和投资统筹机构（BKPM）主任 Franky Sibarani。双方达成多项合作意向。如印尼方提出在防城港市创建印尼中小企业产业园，提出广西与印尼合作开发巴厘岛旅游项目，合作开发泗水综合性

4 月 17 日，自治区侨联主席韦干在出访印尼期间，参观印尼爱凯尔企业集团

工业园，合作发展海洋渔业资源项目等。自治区侨联及时将出访成果上报自治区党委，并积极组织区内华商企业赴印尼进行专项项目考察。有关合作建议得到自治区领导及自治区旅发委、北部湾港务集团等有关区直部门的高度重视，取得了很好效果。其间，还拜会了印尼雅加达省首位华人省长钟万学，双方建立了友好亲密的关系。组成“亲情中华”演出团出访菲律宾，得到菲律宾前总统，现马尼拉市市长约瑟夫·埃斯特拉达先生的重视，盛情邀请演出团到市政厅进行专项演出，并希望自治区侨联牵头，促成马尼拉市与南宁市结成友好城市。在南海局势复杂的情况下，自治区侨联利用民间外交形式出访菲律宾、印尼，增进了双方的了解，缓和了紧张气氛。

【强化侨联维权职能】2015 年，自治区侨联在全区范围内组织开展华商服务月活动，会领导亲自带队分组走访华商企业，听取华商的意见和建议，了解华商企业在生产和经营中面临的困境和压力，协调了广西恒大集团土地置换、广西崇盟投资有限公司违建被拆、华商水晶城商铺经营纠纷、社科院归侨职工多次上访问题等重点案件，切实维护归侨侨眷的合法权益。在中国侨联开展全国侨联系统维权工作先进单位和先进个人的评选活动中，自治区侨联和玉林市侨联被评为维权先进单位，全区有 6 名侨联干部被评为维权先进个人。

【有序参政议政】2015 年，自治区侨联发挥侨界人大代表、侨联界政协委员参政议政作用，组织侨联界政协委员抓住当前群众普遍关心的热点和归侨困难问题等撰写提案，向自治区政协会议提交提案 6 件。当中有的列入了重点提案，受到自治区政府及有关部门的重视和关注。举办了全区地市以上的侨界人大代表、侨联界政协委员专题培训班，请自治区人大、政协专委会领导及党校教授进行针对性授课，提高侨界参政议政能力。

【促进侨联公益慈善事业】2015 年，自治区侨联通过广西华侨爱心基金会、澳门香港广西侨联委员、浙江新华爱心教育基金会、希腊华侨华人总商会等机构和个人，大力开展扶贫助困助学等社会公益慈善活动。其中，广西华侨爱心基金会 2015 年共筹集善款 342.8 万元，落实侨心项目工程 35 个，支出 405 万元帮助全区社会公益。引荐 3 个“珍珠班”共 112.5 万元到百色市两所高中和南宁市一中，共招收学生 150 人，每班每年扶持金额 12.5 万元，连续扶持三年。争取中国侨联公益基金会 55.8 万元在玉林市容县高中建立一个 62 人的“树人班”，每名特困优秀学生将获得高中三年每人每年 3000 元的生活补助费。促成希腊华侨华人总商会在百色市隆林县资助贫困大学生 10 名，连续四年，每年资助 72550 元。美国广西同乡会执行会长、自治区侨联海外顾问韦诚捐赠 200 万人民币给广西师大作为优秀青年教师奖励基金。元旦春节期间，各级侨联组织积极开展“送温暖、献爱心”活动，筹集善款 100 多万元慰问侨界留守儿童、空巢老人、特困及病残归侨侨眷，获得了侨界好评。

【加强自身建设】2015 年，自治区侨联代区党委起草了全区《实施意见（代拟稿）》，由自治区党委办公厅 4 月以桂办发〔2015〕12 号文件下发。经自治区侨联党组建议，自治区党委同意将自治区侨联列入自治区党委外事工作领导小组成员单位。贺州市委主要领导和分管领导要求市相关部门按文件要求，及时抓好文件贯彻落实，并要求市侨联提出贯彻意见上报市委。防城港市委主要领导亲自接见来访的玉林及防城港两市侨联主席，就侨联为经济建设服务，为全区 21 世纪海上丝绸之路建设服务提出了具体要求。南宁、柳州、梧州、玉林多市市委办出台《实施意见》，南宁市侨联成为市外事工作领导小组成员单位，贵港市侨联成立了党组。各市市委、政府帮助解决侨联工作的实际困

1 月 13 日，玉林市容县十里镇大坡村成立广西首家村级侨联，自治区侨联主席韦干（前排左三）亲临指导

6 月 28 日，“法治中国　你我同行”群众法治学习培训班在南宁举办开班仪式，图为自治区侨联主席韦干（左）与中国侨联权益保障部部长张岩（右）在开班仪式上讲话

11 月 16 日，全区侨联内部事务办公系统培训班在南宁召开，自治区侨联主席韦干在讲话

难，较多市县侨联增加了经费。有的市新成立了县级侨联组织，如柳州市三江县、崇左市江州区；有的市成立了街道侨联如柳南区河西街道侨联、村级侨联组织如容县十里镇大坡村侨联；有的市则成立新小组如合山市 14 个基层侨联小组，桂林市侨联新成立东南亚、欧洲海外联谊会多个直属社团；有的市侨联增加了专职工作人员，如钦州市、玉林市。自治区侨联与中国侨联合作在浙江大学举办侨联干部培训班，选派全区侨联系统干部 50 人参加了培训；与中国侨联在广西南宁联合举办“法治中国　你我同行”群众法治学习培训班，周边 5 个兄弟省区侨联也派出干部参训；举办了全区侨联内部事务办公系统培训班。

【崇左市侨联参与承办“华商陆路东盟崇左行”活动】9 月，由自治区侨联、崇左市委、市政府主办的“华商陆路东盟崇左行”在崇左召开。活动当天，自治区政协、中国华商会、自治区侨联的领导和友谊城市国家政府领导出席了活动开幕式，1000 多名领导、嘉宾参加活动，活动级别、规模都创崇左历届招商活动之最。活动前，崇左市侨联组成招商小分队，分别走访了广东、江苏、上海等地，并拜访了中国侨商会、广西华商会、广东国际华商会、江苏省华商会、上海市华商会和当地的华商企业，向他们积极推介崇左，发出友好邀请。在华商陆路东盟崇左行活动中，崇左市侨联共邀请到 149 名侨商、侨领参加活动，其中，中国侨商会和广西华商会有 80 多名华商，广东、江苏、上海等地有 60 多名华商组团参加。在投资推介会上，共签署战略合作协议 4 个，集中签约招商项目 34 个，总投资 168.46 亿元。其中，境内项目 32 个，总投资 167.23 亿元；境外项目 2 个，总投资 2000 万美元（折合人民币 1.23 亿元）；合同项目 13 个，总投资 41.51 亿元；协议项目 21 个，总投资 126.95 亿元。

【桂林市侨联成立新侨专业团体】应旅居东南亚和欧洲的桂林籍新侨的请求，2015 年桂林市侨联成立了桂林东南亚海外联谊会和桂林欧洲海外联谊会。又在民政部门注册成立了桂林海外华侨交流协会，协会框架下包括新成立的 4 个联谊会和原有的印尼华校桂林校友会、印尼巨港桂林校友会、桂林中外美术交流协会、桂林华侨摄影协会。桂林市侨联改版升级了侨联网站，并建立了侨联微信公众平台，大大提升了为新侨服务的能力。

【南宁市侨联推进“美丽南宁·清洁乡村”活动】2015 年，南宁市侨联继续牵头和市南湖公园组成“美丽南宁·清洁乡村”工作队，负责青秀区南湖街道屯里社区开展清洁乡村活动。工作队与社区全年共组织广大党员干部、居民群众开展大扫除约 36 次，疏通排污水沟 6 次，整治居民住宅区门前屋后环境 15 次，清理小广告上百次，劝阻乱停乱放车辆和发放紧急通知 8 次，清理道路小巷两旁、公共场所杂草约 5000 米，粉刷亮化墙面 250 多平方米，清运垃圾 120 多吨。同时，在社区成立督查小组，每周不定期巡查 3 次，发现问题，及时对接责任单位发放整改措施，对于难以整改的问题即时向南湖街道办事处请示汇报，使屯里社区的农贸市场、辖区单位、工地、居民住宅区等场所 85% 以上整洁畅通有序，环境面貌焕然一新。

【防城港市侨联协助企业走出去】2015 年，防城港市侨联协助世界钦廉同乡会筹备第四届恳亲大会，先后邀请并接待回乡探亲访友和商务考察的包括澳洲钦廉同乡会，美国加州、屋崘钦廉灵防同乡会，英国世界越南华侨联谊会，越南钦廉灵防同乡会，世界越棉寮华人团体联合会等侨社和侨胞共约 300 批（次），3000 余人（次）。侨联领导陪同侨领们走亲访友、寻根问祖、帮助他们办理国内事务。动员海内外防城港籍华侨华人、国内归侨侨眷积极参与国家“一带一路”战略和中越边境“跨合区”、防城港市的“边海经济带”建设，协助企业走出去。侨资企业东兴创世纪房地产公司、广西安得投资发展集团均在东兴经营房地产和边境贸易。创世纪公司将他们的旅游和房地产业务拓展到越南河内和胡志明市；东兴侨资企业华鸿科技有限公司，也将他们的眼镜产品远销到东南亚和越南等国家；安得集团以其雄厚的实力，参与了中越边境“跨合区”建设，在北仑河中越二号公路大桥建设项目中，在越方一侧引桥范围，投资建设 BT 型项目。

海南省归国华侨联合会

【领导成员名单】

党 组 书 记：符宣国（2015 年 7 月任职）
主　　　席：何云霞（女，2015 年 1 月卸任）
专职副主席：王小玉（女）
兼职副主席：彭隆荣　王　胜　黄和伍
　　　　　　李柱英（女）　吴青展
副 巡 视 员：陈　勇
秘　书　长：潘建雄

【综述】2015 年，海南省各级侨联认真学习贯彻党的十八大、十八届四中、五中全会精神和习近平总书记系列重要讲话精神以及中央、海南省委党的群团工作会议精神，围绕中心工作，服务海南发展大局，认真履行服务经济发展、依法维护侨益、拓展海外联谊、参政议政、弘扬中华文化、参与社会建设六项工作职能，积极推进“两个拓展”，在推动解决侨界群众利益问题中创新侨联工作，抓重点、创品牌，取得了明显成效，为海南科学发展、绿色崛起做出了应有贡献。

【董中原副主席在海南调研座谈】1 月 30 日，中国侨联党组副书记、副主席董中原到海南省侨联看望机关干部和部分市侨联主席并座谈，就进一步加强新形势下的侨联工作进行深入的交流探讨。董中原副主席希望各级侨联组织在推进中央群团意见的贯彻落实过程中切实做到“四个结合”。一是要与学习贯彻习近平总书记系列重要讲话精神相结合，坚持群团工作的发展方向；二是要与贯彻十八届三中、四中全会精神相结合，把侨界群众紧密团结在党的周围；三是要与贯彻落实中央加强和改进侨联工作的意见相结合，进一步提高侨联工作水平；四是要与加快推进“两个拓展”战略部署相结合，不断开创侨联事业创新发展新局面。海南侨务资源丰富，要力争在推进“两个拓展”中走在前列。他希望海南侨联切实做好“三个服务”：一是为推动海南经济社会全面发展做好服务工作；二是为海南全面走向世界做好服务工作；三是为广大归侨侨眷和海外侨胞做好服务工作。侨研所所长张春旺等参加座谈，海南省侨联副主席王小玉主持座谈会并作工作汇报。在海南

1 月 30 日，中国侨联副主席董中原（前排左四）到海南省侨联看望机关干部、部分市县侨联主席并座谈

1 月 29 日，中国侨联副主席董中原（左四）看望慰问中国侨联顾问林明江（右四）

期间，董中原会见了海南省委副书记李军，就进一步加强新形势下的侨联工作进行了深入交流。董中原还看望了中国侨联顾问林明江，中国侨联常委、海南省侨联原主席何云霞，以及海南省侨联兼职副主席彭隆荣、黄和伍、吴青展等。

1 月 29 日，中国侨联副主席董中原（前排左二）看望慰问南侨机工张修隆（前排中间）

【开展“送温暖、献爱心”活动】2015 年春节前夕，海南省侨联深入基层开展“送温暖、献爱心”春节慰问活动，与中国侨联、全国总工会一起对困难归侨侨眷、侨界有影响的人物、南侨机工及遗孀、侨联机关离退休老干部和老党员进行看望慰问。1 月 28 日—30 日，中国侨联党组副书记、副主席董中原深入海口市、文昌市等地的南侨机工、困难归侨侨眷家中，详细了解慰问对象的生产生活困难情况，与海南省侨联共同研究进一步推进解决归侨侨眷脱贫致富的有效措施。侨研所所长张春旺、海南省侨联副主席王小玉等陪同看望。2 月，由全国总工会农林水利工会主席盛明富和中国侨联权益保障部调研员肖炜蘅带领的联合慰问组，对兴隆华侨农场等地的困难归侨侨眷职工进行了慰问，向他们转达来自中国侨联和全国总工会领导的关怀与问候，并送上慰问金及油、米、面等年节用品。海南省侨联副主席王小玉、秘书长潘建雄、副巡视员陈勇也分别带队深入基层开展了慰问活动。据统计，海南省侨联此次春节慰问活动共走访慰问了侨界困难群众 300 多户，发放慰问金和慰问品近 30 万元。

【开展民族歌舞文化交流访演活动】应日本海南总商会、香港海南社团总会等侨团的邀请，3 月 19 日—26 日，以海南省侨联副巡视员陈勇为团长的 2015“亲情中华”海南民族歌舞文化交流访问团一行 23 人赴日本和香港进行访问演出，先后在日本横滨、东京以及中国香港 3 个城市共举办了 3 场演出和 2 场联欢交流活动。承担此次演出任务的海南省民族歌舞团，为海外乡亲

3 月 22 日，“亲情中华”海南民族歌舞文化交流访问团与日本东京华侨华人合影

3 月 24 日，“亲情中华”海南民族歌舞文化交流访问团参加香港社团总会春茗宴会暨“亲情中华”香江献演活动

带去了富有鲜明黎苗民族特色和浓郁海南风情的节目，如海南经典民歌《久久相见才有味》、荣获中国第七届“荷花奖”提名奖和海南省首届舞蹈大赛第一名的舞蹈《筛、筛、筛》等黎族舞蹈、原生态黎语民歌《捡螺歌》、黎族传统乐器表演的《咧咧悠悠叮咚响》，还有深受海外乡亲喜爱的黎族传统舞蹈《竹杆舞》。访演团受到了当地海南乡亲、华侨华人和外国朋友的热烈欢迎。此次访演活动得到中国驻外使领馆及办事处的高度重视和媒体的广泛关注。中国驻日本大使馆总领事刘亚明，中央政府驻香港联络办副主任林武等分别出席日本海南总商会成立一周年暨“亲情中华”民族歌舞献演活动、香港海南社团总会 2015 年春茗暨“亲情中华”民族歌舞献演活动并致辞。访演团还通过播放或分发宣传资料片，大力宣传海南国际旅游岛建设，利用演出间隙拜访琼属社团，开展侨情调研。此次活动既促进了乡亲之间的联系交流，加深了乡情亲情，增强了凝聚力，也增进了海外华裔新生代对海南的认识和了解。

【开展“海南微笑”唇腭裂义诊活动】在海南省侨联和新加坡海南会馆的联合组织下，“海南微笑”唇腭裂高端义诊团分别于 4 月 8 日—10 日和 11 月 12 日—19 日，两次派出 77 人次来海南省澄迈县开展唇腭裂义诊活动。在义诊活动中，以新加坡中央医院高级顾问、国际著名唇腭裂治疗专家李胜德教授为首的整形科、齿科、麻醉科等新加坡义诊团医护人员以及澄迈县人民医院五官科医护人员共完成整形手术 33 例，齿科手术 23 例，看诊 153 人次。2015 年的义诊活动中有 2 名患者经过专家诊断，因病情复杂无法在当地实施手术。他们在新加坡海南会馆、新

11 月 17 日，新加坡唇腭裂义诊团医护人员与患者及家属合影

11 月 17 日，唇腭裂患者及家属代表向海南省侨联赠送锦旗

加坡中央医院、海南省侨联、澄迈县政府多方的支持和帮助下，5 次赴新加坡进行免费治疗，目前取得了良好的治疗效果。据统计，“海南微笑”唇腭裂义诊活动在海南省侨联和新加坡海南会馆的共同合作下，并得到澄迈县人民政府的大力支持，已连续 7 年开展了 13 次活动，共为海南唇腭裂患者义诊 700 多人次，实施免费手术 162 例。

【开展“四下乡”活动】海南省侨联于 5 月在全省侨联系统部署开展了为期一个月的“送科技、送文化、送法律、送医药”的“四下乡”活动，这是海南省侨联连续 7 年部署开展助侨惠侨活动。5 月 12 日—15 日，海南省侨联副主席王小玉、秘书长潘建雄、副巡视员陈勇分别带领农林业、医疗和法律等方面的专家队伍，深入到东方市华侨农场、万宁市和乐镇、海口市琼山区大坡镇白水塘村等归侨侨眷较集中、较偏远的侨场侨镇侨村和海南省侨联扶贫点——琼中县吊罗山乡什插村开展送医送药送文化、农林种殖技术培训、涉侨涉农涉林法律法规宣传等活动，并为侨界群众送去一批农林科普、法律、励志和少儿读物等书籍。全省各级侨联组织结合实际，开展形式多样、内容充实、惠侨助侨亮点多的“四下乡”服务月活动。据统计，本次“四下乡”活动受益人数达 3 万多人次，受到侨界群众的普遍欢迎。

5 月，海南省侨联在全省侨联系统开展“四下乡”活动

5月26日，海南省侨联法顾委2015年年会在海口市召开

【召开海南省侨联法顾委年会】5月26日，海南省侨联法顾委在海口召开2015年年会，海南省侨联法顾委委员、律师团成员、各市县侨联相关负责人等40多人参加了会议。海南省侨联法顾委副主任廖向琦代表法顾委作了2014年工作报告，并部署了2015年工作。会议主要研讨在依法治国的背景下，如何强化侨联维权工作。经过研讨，律师团成员与市县、农垦等侨联负责人对印制案例汇编、建立维权信息交流共享机制、创新普法方式、购买法律服务、多途径维权等方面达成了共识。同时，律师团成员还对基层侨联提出的一些个案给予了处理意见。此次年会气氛热烈，讨论议题针对性强，取得较好成效。

【开展纪念抗战胜利70周年系列活动】7月18日，在海南省侨联的指导下，海南省侨联下属社团海南省南侨机工历史研究会和海口市龙华区侨联在海口市联合举办了纪念海南南侨机工回国抗日76周年暨《喋血滇缅》新书首发仪式。中国侨联原副主席林明江，海南省政协原副主席周松，海南省政协教科文卫体委员会主任潘建，海南省委统战部副部长、省侨联党组书记符宣国出席仪式并致辞。海南南侨机工及后代、南侨机工历史研究会会员，以及省内侨界人士70余人参加了仪式。8月，海南省侨联组织4批16人次分赴省内外走访慰问了琼崖华侨回乡服务团团员、南侨机工及其遗孀和亲属。9月2日，海南省侨联副主席王小玉、秘书长潘建雄走访慰问海南省侨联离休老干部——原琼崖纵队老战士云平同志，为其颁发了“中国人民抗日战争胜利70周年”纪念章，并送上慰问金、轮椅、助听器和慰问品，表达了党和政府对侨界抗战老战士政治上的尊重和生活上的关怀。

8月13日，海南省侨联党组书记符宣国（左一）、副主席王小玉（右一）看望慰问南侨机工吴惠民

【开展助学助困活动】7月，在海南省政协原副主席周松的倡导下，海南省侨联牵头海南省残联、海口市委统战部等部门联合开展关爱侨属无手女学生廖玉婷的活动，发动社会各界捐款以及提供生活补贴10多万元。8月，海南省侨联向全省各市县和农垦系统侨界的35名特困大学生发放11.3万元奖助学金，帮助侨界困难学子圆梦大学。

8月11日，海南省侨联党组书记符宣国在“亲情中华·汉语桥”夏令营海南营开营仪式上与香港领队王宝华女士交接营旗

【举行“亲情中华·汉语桥”夏令营海南营活动】8月10日—21日，46名来自香港的琼籍青少年参加了中国侨联和国家汉办主办、海南省侨联承办的“亲情中华·汉语桥”夏令营海南营。在为期12天的夏令营活动期间，营员们学习汉语，体验中国书法、剪纸、功夫、乐曲等中华传统文化，以及观摩学唱海南琼剧，参观游览了海南省博物馆、红色娘子军纪念园、博鳌亚洲论坛会址、琼海北仍文明生态村、兴隆华侨农场、保亭甘什岭槟榔谷黎苗文化旅游区、三亚南山佛教文化苑等自然人文景点。此外，海南省侨联还组织营员们在兴隆热带花园“侨心林”植树，与琼海嘉积中学海桂学校的学生开展联谊交流活动等。香港海南社团总会常务会董、海南营领队王宝华女士认为此次夏令营活动内容丰富、多姿多彩，营员们回去后将努力成为联系香港和海南两地的坚实纽带。

【举行“中国华侨国际文化交流基地”揭牌仪式】8月13日，受中国侨联委托，海南省侨联党组书记符宣国和副主席王小玉等人在万宁市

8月11日，“亲情中华·汉语桥”夏令营海南营在海南师范大学开营

8 月 13 日，海南省侨联在兴隆热带花园举行“中国华侨国际文化交流基地”揭牌仪式

兴隆热带花园举行“中国华侨国际文化交流基地”揭牌仪式。兴隆热带花园建于 1992 年，其宗旨是为保护和恢复热带雨林资源，优化生态环境，促进海南绿色旅游可持续发展。经过 20 多年的建设，兴隆热带花园现拥有 4000 多个品种近百万株植物，被国家旅游委评为 4A 级旅游景区，被国家确认为四大环境生态示范教育基地之一和物种基因库，并作为国家向全球“环境 500 佳”推荐的评选项目。近年来，兴隆热带花园积极参与侨联活动，多次为海内外青少年夏令营组织植树造林等活动，还划区建设“侨心林”，因此被中国侨联评为“中国华侨国际文化交流基地”，这是海南省唯一获评单位。参加揭牌仪式的还有万宁市委书记张美文、兴隆华侨旅游经济区工委书记林志飞、兴隆热带花园董事长郑文泰等。

【举行海南省委党的群团工作会议精神专题学习会】9 月 30 日，海南省侨联召开传达学习海南省委党群工作会议精神专题学习会，机关全体党员干部参会。与会人员认真学习了省委书记罗保铭的重要讲话精神，深刻领会省委对群团工作的具体要求，一致认为，此次省委党的群团工作会议，是海南建省以来第一次以省委名义召开的，这充分体现了省委对群团工作的高度重视，为全省群团组织的工作指明了方向。海南省侨联党组书记符宣国在会上提出要求：一是要认真学习领会省委党的群团工作会议精神，充分认识到侨联工作的重要性；二是要对照省委党的群团工作会议精神，检查侨联工作中存在的不足，特别是在行政化、机关化、娱乐化和贵族化方面存在的问题，努力加以改进；三是要按照政治性、先进性、群众性的要求，找准侨联工作的准确定位，充分发挥侨联在服务改革发展的独特作用；四是要增强工作主动性、创造性和积极性，开创侨联工作新局面；五是要按照“三严三实”的要求，做好本职工作，形成风清气正、奋发向上、开拓进取、团结和睦的工作氛围。

【参加第十四届世界海南乡团联谊大会】10 月 31 日—11 月 1 日，第十四届世界海南乡团联谊大会在澳大利亚悉尼召开，来自世界 20 多个国家和地区的近 2000 名海南乡亲欢聚一堂。大会围绕“联谊 · 共赢与可持续发展暨如何推进‘一带一路’”主题举办了海南文化节、青年发展论坛、海南省华侨纪念馆筹建交流会等多项联谊交流活动。海南省侨联以第十四届世界海南乡团联谊大会为契机，推动海南省华商会与其他商会在大会期间举办了 2015 年世界海商论坛，促进

10 月 31 日，第十四届海南世界乡团联谊大会在澳大利亚悉尼歌剧院开幕

海南省侨联党组书记符宣国（左三）在第十四届世界海南乡团联谊大会上与澳大利亚海南社团总会主席吴昌茂（右三）交换纪念品

海内外海商企业的交流合作。来自世界各地的300多名琼属商人以“一带一路，海商带路”为主题，就澳洲投资环境、海南与沿线各国在“一带一路”框架下的合作发展等议题进行了广泛深入的探讨。海南省侨联还借此机会把海南侨界好声音传播到海外去，与《海南日报》联合推出28版的《百年乡团》特刊，集中展现了海南华侨百年沧桑和世界海南乡团大会的奋斗历程，并将《百年乡团》特刊作为家乡的特别“彩礼”，在澳大利亚悉尼第十四届世界海南乡团联谊大会上送给与会的海外乡亲，得到普遍好评，扩大了侨联在海外的知名度和影响力。

【举办法制宣传系列活动】6月26日，海南省侨联联合海南省农村信用社在琼海市博鳌镇培兰村举办了“法治宣传·金融惠民”活动。海南省侨联副主席王小玉为琼海市博鳌镇培兰村普法联系示范点举行揭牌启动仪式。海南省侨联法顾委律师团吴冬梅律师为村民作了关于《中华人民共和国土地法》、《中华人民共和国治安管理处罚法》的法制讲座，并发放宪法宣传资料200多份。10月，编印发放《海南省侨联律师团优秀案例集》。12月3日，在侨资企业海南美都贸易有限公司组织开展法治宣传咨询活动，邀请省侨联律师团资深律师邢小娟，为美都贸易有限公司中层以上管理人员50多人作法治讲座，并提供咨询服务。12月7日，组织机关干部参加全省统一战线2015年法治宣传月活动启动仪式暨国家宪法日宣誓活动，并听取了以《维护宪法尊严　推进依宪治国》为题的讲座。

12月3日，海南省侨联深入侨企开展法治宣传活动

【维护侨益】2015年，海南省侨联不断健全维权机制，主动依法维护侨益。一是建立涉侨案件协调机制。协调海南省高级法院与海南省侨联建立有关涉侨案件联系、处理机制，得到省高级法院支持，与省高级人民法院、省外侨办、省台办联合出台了《关于建立涉外、涉港澳台和涉侨司法事宜协调解决机制的若干意见》，创新了涉侨案件纠纷协调联系机构和信息通报机制、定期联席会议制度、重大事项专报和协商工作机制。二是推动重点涉侨案件处理。积极协调推动琼海涤纶厂借款纠纷案等重点涉侨案件的处理，取得了初步成效。10月，中国侨联协调中央“五侨”部门召开联席会议，研究案情和对策。三是积极参政议政。充分发挥侨界人大代表和政协委员作用，围绕社会热点、难点问题提交了做好海外引才工作、引导海南华侨返乡参与建设、加快华侨农场改革发展、给予省政协港澳委员机场通关便利、推进海南省新侨乡建设等议案、提案和建议，得到有关部门的关注和重视。四是扎实做好信访

工作。2015 年，全省侨联系统通过多种渠道处理信访件达 2730 人（件）次，代理诉讼 2 宗，有效化解了社会矛盾。由于维权工作突出，海南省有 2 个基层侨联被中国侨联评为“2011—2015 年度全国侨联系统维权工作先进单位”，4 名侨联工作者被中国侨联评为“2011—2015 年度全国侨联系统维权工作先进个人”。

【举办世界黄氏宗亲恳亲大会】在海南省侨联的指导和支持下，下属社团海南省江夏文化源流研究会于 11 月 21 日—22 日在海口市举办了世界黄氏宗亲总会第十二届第二次恳亲大会暨第一届世界（江夏）华人投资商贸博览会。本次活动旨在通过恳亲大会、投资贸易展览、招商引资项目推介及经济高峰论坛、专项合作洽谈等多种形式，为海内外客商搭建经济交流、合作的平台，互利共赢，共同发展，促进海南国际旅游岛建设。大会共有海内外近 5000 人参加，是世界黄氏宗亲总会史上规模最大的一次盛会。海南省侨联副巡视员陈勇到会祝贺并讲话。

【组团赴台交流】12 月 6 日—12 日，应台北市海南同乡会、高雄市海南同乡会的邀请，以海南省侨联副巡视员陈勇为团长的海南省侨联经济文化交流访问团一行 13 人，赴台湾开展为期 7 天的参访交流和考察学习活动。目前旅居台湾的海南乡亲有 10 余万人，主要分布在台北、高雄、台中、台南等地。参访期间，访问团受到了旅台海南乡亲的热情欢迎，台北市海南同乡会理事长李选能、高雄市海南同乡会会长符树霜分别组织旅台乡亲与访问团座谈。此次参访活动围绕“增进情谊、拓展交流”的主题，加深了对台湾社会经济、生态环境和文化风俗等方面的了解，进一步加强了琼台侨团组织的交流和联系，为促进琼台商务交流和合作、弘扬中华传统文化做出了积极努力，收到良好效果。

11 月 21 日，海南省侨联副巡视员陈勇出席世界黄氏宗亲第十二届第二次恳亲大会开幕仪式

12 月 10 日，海南省侨联经济文化交流访问团与高雄市海南同乡会乡亲合影

7 月 31 日，海南省侨联接待香港青年才艺优胜者访琼团

【举办 2015 世界华商海口会议】 12 月 20 日，海南省侨联指导下属社团海南省华商会同海南省科技企业联合会联合举办了以“一带一路　华商责任”为主题的 2015 年世界华商海口会议，来自世界各地的 300 多名华商欢聚一堂，共谋发展。中国侨联副主席康晓萍，国务院国资委监事会主席刘顺达，国家科技部原副部长吴忠泽，海南省委统战部部长王勇，中国侨商联合会秘书长安晨，海南省委统战部副部长、海南省侨联党组书记符宣国，海南省外侨办主任王胜，海南省商务厅厅长吕勇，海南省国资委主任倪健，海南省侨联副巡视员陈勇等参加会议。康晓萍副主席代表中国侨联对 2015 世界华商海口会议表示祝贺，她希望广大华商牢固树立“五大发展理念”，共谋海南发展大业；抓住“一带一路”重大机遇，努力形成侨商事业与海南发展共赢的新局面。

12 月 20 日，中国侨联副主席康晓萍出席 2015 世界华商海口会议并致辞

【拓展海外联谊】 2015 年，海南省侨联共接待来自美国、南非、苏里南、泰国、文莱和中国港澳台地区的海外乡亲 400 多人次，包括世界海南乡团联谊会理事会议代表、香港亲民党考察团、香港青年才艺优胜者访琼团、美国南加州海南会馆访问团等，并主动利用文昌市“南洋文化节”等宗亲恳谈活动契机拜访回乡祭祖探亲的海外乡亲，增进与海外乡亲的情谊。海南省侨联还积极组团走出去开展联谊活动。2015 年，海南省侨联共组织 7 批团队出访澳大利亚、泰国、中国港澳台等国家和地区，参加第十四届世界海南乡团联谊大会和琼属社团庆典等活动，增进对外交流与合作。

【海口市侨联组织纪念抗战胜利 70 周年系列活动】 2015 年，海口市侨联在全市侨界中广泛开展纪念中国人民抗日战争暨世界反法西斯战争胜利 70 周年主题教育活动。6 月，与琼山区侨联、秀英区侨联、龙华区侨联联合主办“侨之声”爱国主义教育报告会，分别在琼山第四小学、海秀中心小学、海口市第九小学和海南侨中初中部举行，让学生们接受了一场生动感人的爱国主义教育。7 月 18 日，指导龙华区侨联举办了纪念海南南侨机工回国抗日 76 周年暨《喋血滇缅》新书首发仪式，向海内外宣传和弘扬琼侨爱国精神。8月，派员参加海口市统一战线纪念中国人民抗日战争暨世界反法西斯战争胜利70周年大合唱。9月3日，组织机关全体干部职工认真收看中国人民抗日战争暨世界反法西斯战争胜利70周年纪念大会直播。9月9日，组织召开了海口市侨联纪念中国人民抗日战争暨世界反法西斯战争胜利70周年座谈会。

【三亚市侨联开展公益助侨活动】三亚市侨联关注侨界民生工作。2月，组织开展“新春送温暖”等慰问活动，组织筹集资金7万多元，共走访慰问200多户困难归侨侨眷家庭，并送上慰问金和慰问品。5月，按照海南省侨联“四下乡”服务月活动的部署，专门购买科技书籍、《天涯华文》、《南华时刊》等侨刊文化书籍以及印刷侨法选编等资料，同时组织医疗队和律师服务队到4802工厂和港务局及南岛、南田农场等侨民集聚地送医送药、送法律、送文化，帮助侨界群众解决一些生活困难。8月，为当年考取大学的困难侨生组织筹集捐款，资助21名困难侨生，每人3000元助学金。10月，开展“重阳敬老爱侨”活动，组织120多名老年归侨侨眷到乐东县尖峰岭进行登高望远活动。10月底，组织三亚华侨医院为70名老年归侨侨眷进行重点项目的免费体检。三亚市侨联还多次组织人员前往看望慰问8名因重病住院治疗的归侨侨眷，并送上慰问金。在纪念抗战胜利70周年期间，三亚市侨联筹集资金4万元到4802军工厂慰问为部队后勤建设做出贡献的归侨侨眷代表及南侨机工遗孀代表。

【儋州市侨联积极维护侨益】儋州市侨联积极为侨界群众排忧解难。一是认真做好群众的来信来访接待服务工作，2015年累计接待来信来访群众442人次，调解案件5宗。二是积极跟踪协调解决老归侨阮女士的宅基地补偿问题，年初为其落实了限价房，圆满解决其宅基地被占补偿案。三是向儋州市政府上报《关于四个地方农场2001年7月至2007年7月职工个人补缴医保问题的问责建议》，积极主动协调人社局、社保局解决农场退休职工住院难问题，达成了“男性满30年，女性满25年工龄的退休职工免于补缴医保款”的协定，维护了4个地方农场的382位退休职工的切身利益。四是配合海南省侨联开展“四下乡”服务月活动，深入南辰农场处理信访案件，协调解决职工与农场因上项目占用承包土地而发生冲突的问题。五是配合海南省侨联、农垦侨联前往八一农场，对春江水库淹没侨民农用地引发的补偿问题开展调研。六是聘请海南省侨联律师团律师代理侨植农场职工诉讼当地砖厂因污染导致橡胶苗死亡补偿案件，配合海南省侨联委托中国热带科学院橡胶研究所对橡胶苗死亡原因进行论证鉴定。七是配合海南省侨联承办中国侨联转来的侨植农场联名信访件。八是通过购买法律服务的方式，与律师签订法律服务合同，为开展依法维权工作提供了基本保证。

【海南大学侨联海外联谊工作】海南大学侨联围绕“学校内涵发展，建设百强高校”中心，抓住“国内海外并重，新侨老侨工作并重”的工作主线，不断加强海外联谊工作，充分调动海外华侨、港澳台同胞积极性，吸引更多海外人才和资金支持学校“建设百强高校”。2015年，海南大学派出及接待涉侨团组5个，共200多人次。一是走出去，扩大交流。10月，海南大学副书记陈封椿随团赴澳大利亚悉尼参加“第十四届世界海南乡团联谊大会暨2015海南文化澳新行”活动。二是请进来，合作共赢。1月，泰国海南会馆代表团一行50多人到校参观访问。7月，海南大学接待全港青年学艺比赛大会文化交流团一行90多人，举办了全港青年学艺比赛大会文化交流团访问海南大学欢迎仪式暨交流座谈会。7月底，接待由国务院侨办文化司与海南省外事侨务办公室联合举办的“2015海外华裔青少年‘中国寻根之旅’夏令营”代表团。代表团一行观看了《海南大学宣传片》，还参观了留学生教室、活动中心、阅览室、宿舍等。2015年，海南大学侨联通过访问交流、邮寄、电邮等方式向海外华侨、海外海南社团等大力宣传学校国际学生招生项目，吸引更多的海外华侨子弟来校就读，留学生招生人数比去年有所增长，其中海外华侨子弟来校就读人数逐年增加。

重庆市归国华侨联合会

【领导成员名单】

主　　　席：张　玲（女）

党 组 书 记：李联军

党组成员、专职副主席：刘松勇

党 组 成 员：王　巍

兼职副主席：彭应吉　钟　燕（女）　蒋绍华

代焕江（满）　邓明鉴　李百战

宋晓平　鲁　进　董瑞葆

张自力　蔡耀平

秘　书　长：刘松勇（兼）

【综述】2015 年，重庆市侨联在市委的坚强领导下，在中国侨联、市委统战部的有力指导下，紧紧围绕市委、市政府中心工作，坚持“以人为本、为侨服务”的工作理念，严格按照“两个并重、两个拓展”工作方针，引导广大归侨侨眷和海外侨胞，积极服务重庆五大功能区域发展，为助推“科学发展、富民兴渝”做出了应有贡献。邀请海内外知名侨界人士来渝开展经贸考察和交流活动，组团参加华商系列会议，服务重庆“请进来”、“走出去”发展战略。加强文化交流和宣传工作，开展“亲情中华”系列活动，广泛传播中华文化、巴渝文化。引导侨界人士积极参与公益活动，组建中国华侨公益基金会重庆分会，继续办好“珍珠班”，组织“健康光明行”和开展系列“送温暖”活动，发扬扶贫济困传统美德。侨界人大代表、政协委员积极参政议政，为重庆经济社会发展建箴言、献良策。2015 年，重庆市侨联荣获了“第十六届世界华人学生作文大赛”优秀组织奖、中国侨联信息工作二等奖、重庆市统战系统信息工作二等奖、中国侨联“健康光明行”活动优秀组织奖。

【助推经济发展】重庆市侨联举办“知名华商重庆行”活动，中国侨商联合会秘书长安晨率团来渝，中国侨商联合会副会长唐丽英、中国企业经营咨询公司总经理杜润民、土耳其 OSAL 集团董事长奥斯漫·阿里奥卢等企业家来渝参加活动。2015 年，还先后邀请威尼斯华侨华人企业家联合总会、成岛·洛宾弗 CTNBF 国际投资集团、中国侨商联合会等国内外商业团体组团来渝开展经贸考察，先后组织华商赴泸州参加“亲情中华·侨胞醉酒乡”活动、参加“第二届中国（漯河）华商食品项目投资峰会”、赴广西参加“海上丝绸之路华商经济论坛暨世界桂籍侨领联谊大会”、参加“2015 世界侨商贵阳会议”、“2015 世界华商海口会议”等华商交流活动，参

8 月 18 日，土耳其 OSAL 集团董事长奥斯漫·阿里奥卢（右四）、中国侨商联合会秘书长安晨（左二）、中国侨商联合会副会长唐丽英（左一）、中国企业经营咨询公司总经理杜润民（右一）、重庆市侨联副主席、秘书长刘松勇（右三）一行参观重庆长客

与“重庆国际人才创新创业洽谈会”，邀请 46 名海外人才参会，为重庆引资引智引才牵线搭桥。

【参政议政】在 2015 年全市“两会”上，重庆市侨联共组织撰写和提交议案、提案、建议 30 件，其中集体提案 7 件，市政协领导重点督办提案 1 件，撰写关于“侨务公共外交”的调研文章被作为市政协四届三次全会交流发言材料。组织侨界市人大代表、市政协委员，开展专题视察，撰写专题调研报告报送市政协专委会。组织侨联界别市政协委员，围绕发挥好政协民主监督

职能的方法途径进行深入研究，形成理论研讨文章，获得市政协优秀论文二等奖。

【公益活动】组建“中国华侨公益基金会重庆分会”理事会班子，引导和鼓励侨界人士献爱心。石柱县国玲侨心小学等5所侨心学校累计收到侨界人士捐款近70万元。截至2015年年底，全市共有10个“珍珠班”，累计招收学生480人，接受捐款365万元。“侨爱心光明行”捐助贫困白内障患者复明手术在重庆市开展100例。澳大利亚魏基成先生捐赠给重庆听障人士1万台助听器和74台语言教学机，已全部发放（安装）完毕。

2月12日，在老归侨回娘家活动上为特困归侨侨眷发放慰问金

【文化宣传工作】在“第十六届世界华人学生作文大赛”中，重庆1名学子荣获特等奖，另有一等奖84名、二等奖236名、三等奖301名，重庆市侨联、重庆市万州区侨联等26个侨联获得优秀组织奖。重庆已连续5年成为西南片区选送作品最多、获奖人数最多的省市。参加“第二届世界华侨华人摄影展”，重庆市侨联推荐的5幅摄影佳作入围。组团赴美国和中国台湾开展“亲情中华”系列活动，传播中华文化和巴渝文化。2015年，出版《新华侨》6期，刊发各类侨讯2000余篇。

【维权工作】2015年，设立重庆市侨联维权服务部，配备维权服务部部长1名，维权工作力量进一步加强。7月，中国侨联法顾委调研组来渝开展“关注新侨投资创业发展、以法治思维和法治方式维护侨益”主题调研工作。市侨联还邀请知名法律专家赴垫江做法律专题报告。组织部分侨联干部和侨界群众赴昆明参加中国侨联举办的“法治中国·你我同行”法治学习专题活动。全年接到30余件涉侨来信来访件，大部分得到妥善处置。渝北区侨联和重庆市5名侨联工作者分别被评为全国侨联系统维权工作先进集体和先进个人。

【举办“百名老归侨回娘家”活动】2月12日，重庆市侨联举办2015新春团拜暨“百名老归侨回娘家”活动。市政协副主席、致公党重庆市委主委、市侨联主席张玲，市委统战部副部长、市侨联党组书记李联军出席活动并讲话，市侨联副主席、秘书长刘松勇主持活动。市人大民宗侨外委等涉侨单位领导、重庆市侨界部分人士应邀出席活动，与老归侨一道共迎新春，共叙情谊。活动中，重庆市“侨爱心基金”向4名特困归侨侨眷发放了慰问金2万元。

【召开重庆市侨联三届七次全委会】2月27日，重庆市侨联召开三届七次全委会。市政协副主席、致公党重庆市委主委、市侨联主席张玲作了题为《牢记使命敢担当、忠诚履职有作为——为推动“科学发展富民兴渝”汇聚侨界力量》的工作报告，全面总结全市侨联在2014年度取得的九个方面的主要成绩，安排部署2015年的八项重点工作。会议还传达了中共中央《关于加

2月27日，重庆市侨联召开三届七次全委会

强和改进党的群团工作的意见》主要精神和中国侨联九届二次全委会精神，通报了2014年度信息工作情况和重庆市在“第十五届世界华人学生作文大赛”中的获奖情况。

重庆市侨联副主席邓明鉴（后排左四）带团赴江西省考察

【召开长江经济带沿线区县侨联工作座谈会】3月12日，长江经济带沿线区县侨联工作座谈会在忠县召开，市侨联副主席、秘书长刘松勇出席会议，万州区、涪陵区等14个长江经济带沿线区县侨联负责人参加会议。座谈会上，刘松勇副主席介绍了长江经济带战略提出的背景及意义，传达了《国务院关于依托黄金水道推动长江经济带发展的指导意见》的精神。随后，市侨联相关部门负责人介绍了市侨联关于服务长江经济带战略的初步构想，与会人员纷纷发言，就如何立足本职，为长江经济带战略服务，加强经济科技方面的交流与合作展开热烈讨论，提出意见建议。

3月12日，长江经济带沿线区县侨联工作座谈会在忠县召开

【组团赴江西、福建学习调研】3月22日—28日，重庆市侨联组织部分区县侨联负责人赴江西省、福建省学习调研新形势下侨联参政议政、维护侨益工作，重庆市侨联副主席邓明鉴、蔡耀平分别出席了在江西省和福建省的学习调研活动。江西省侨联党组书记张知明和福建省侨联副主席翁小杰分别与学习调研组一行进行了深入座谈交流，介绍两省侨联在新形势下开展参政议政、维护侨益的经验和做法，共同探讨新形势下参政议政、维护侨益的创新和探索性工作。学习调研组一行还分别到江西省、福建省部分市区侨联进行走访调研，详细了解“涵江经验”的做法和经验。

【党组书记上专题党课】5月22日，市委统战部副部长、市侨联党组书记李联军为市侨联及分管单位的党员干部上了一堂“三严三实”专题教育党课。李联军书记强调，全体党员干部特别是县处级以上领导干部，一定要深刻认识开展专题教育的重要意义，准确理解“三严三实”的历史渊源和现实基础，全面掌握“三严三实”的深刻内涵，牢牢把握专题教育的基本要求，并就党员干部如何自觉践行“三严三实”提出了五点要求。

【重庆市政协副主席刘光磊督办市侨联提案】7月15日，重庆市政协副主席刘光磊对由市侨联提交市政协四届三次会议的第0913号提案《关于提高我市农业综合检测能力，增强农产品质量安全管理的建议》进行督办。督办会上，提案主办单位市农委表示，目前全市已建立三级监督检测体系，正在推进全市农产品质量安全追溯管理省级平台。刘光磊副主席强调，农产品质量安全问题关键是管理问题，各级党委政府要给予高度重视，对问题逐步进行解决，保证"舌尖"上的安全；要建立协同机制，各相关部门责任要落实到位，以农产品安全为共同目标寻求解决方法；要从源头上下功夫，重点做好农民的教育工作，让他们认识到农产品有毒的危害；要高度重视土地污染问题，实现可持续和长远发展；要打击违法犯罪，依法保护广大人民群众的食品安全。

【召开重庆市侨联三届十次常委会】8月28日，重庆市侨联召开了三届十次常委会议。重庆市政协副主席、致公党重庆市委主委、重庆市侨联主席张玲作工作报告，重庆市委统战部副部长、市侨联党组书记李联军到会指导，重庆市侨联党组成员、专职副主席、秘书长刘松勇主持会议。会上，张玲主席总结了全市侨联上半年的工作，部署了下半年的工作任务，李联军书记传达了《中国侨联关于学习贯彻中央党的群团工作会议精神实施意见》的主要精神，刘松勇副主席传达了中国侨联九届四次常委会议精神。会议要求，要认真学习《中国侨联关于学习贯彻中央党的群团工作会议精神实施意见》的主要精神，与中央、市委对侨联工作的意见精神结合起来，与地方党委、政府的中心工作结合起来，与自身工作实际结合起来，抓好贯彻落实。

【开展纪念抗战胜利70周年教育活动】9月8日，重庆市侨联组织机关全体干部职工开展纪念抗战胜利70周年教育活动，先后参观了"中共中央南方局致力抗日民族统一战线的伟大实践"专题展览和重庆抗战遗址博物馆。参观结束后，大家围绕抗战胜利70周年纪念活动主题，结合"三严三实"专题教育进行了热烈的讨论。刘松勇副主席强调，要大力弘扬抗战精神，不断锤炼党性作风，切实改进工作方法，广泛团结凝聚侨界力量，为实现"科学发展、富民兴渝"做出应有的贡献。

9月8日，重庆市侨联副主席、秘书长刘松勇（右六）带领机关干部开展纪念抗战胜利70周年活动

8月28日，重庆市侨联召开三届十次常委会

9 月 23 日，重庆市侨联副主席、重庆华商会常务副会长彭应吉（前排左二）应邀参加美国侨界欢迎招待会

【彭应吉应邀出席美国侨界欢迎国家主席习近平招待会】国家主席习近平 9 月 23 日在西雅图出席美国侨界欢迎招待会并发表讲话。重庆市侨联副主席、重庆华商会常务副会长彭应吉作为侨界代表应邀出席了此次活动。他表示，作为侨界代表应邀出席招待会，感到无比荣幸。听了习近平主席的讲话，感到无比激动。尝了习近平主席和夫人彭丽媛送的月饼，甜到了心里。习近平主席对华侨华人提出的殷切希望，让大家充满了使命感和责任感。在以后的工作生活中，一定会竭尽全力，为祖国繁荣做出更多贡献。

【赴美开展“亲情中华”活动】应世界越柬寮华人团体联合会邀请，经中国侨联同意，重庆市侨联“亲情中华”代表团于 10 月 11 日—15 日，赴美开展“亲情中华 · 印象重庆”——魅力渝中美食及图片展活动。代表团由重庆市委统战部副部长、市侨联党组书记李联军任团长，一行 7 人参加活动。活动期间，代表团拜访了圣地亚哥郡政府，受到圣地亚哥郡郡长罗伯茨先生的会见；重庆厨师现场展示了重庆小面、水煮牛肉、重庆火锅等地道重庆传统美食的制作过程，与本地厨师切磋厨艺；在圣地亚哥州立大学（SDSU）校友会馆韦伯厅举办“魅力渝中图片展”，呈展新老渝中的精选图片 50 幅；与圣地亚哥州立大学教授代表、当地侨领及媒体代表 28 人进行了座谈；参观圣地亚哥中国人历史博物馆、当地侨领余建强先生创办的美国东亚集团、SDSU 大学孔子学院以及当地华侨家庭，看望慰问圣地亚哥华侨华人，积极邀请海外华商来渝参观考察、投资兴业。

【组织专题视察调研】10 月 27 日，重庆市侨联组织侨界市人大代表、市政协委员赴沙坪坝区、长寿区开展以“发挥海外人才优势，推进我市科技创新”为主题的专题视察调研活动，重庆市政协委员、市侨联副主席、秘书长刘松勇，重

10 月 14 日，圣地亚哥郡郡长罗伯茨（前排左五）会见重庆市委统战部副部长、市侨联党组书记李联军（前排右五）一行

10月27日，重庆市侨界人大代表、政协委员视察长寿，重庆市侨联副主席、秘书长刘松勇（右五）、重庆市侨联副主席邓明鉴（右四）、长寿区政协副主席、长寿区侨联主席涂奇微（右三）等参加活动

庆市人大代表、市侨联副主席邓明鉴，重庆市政协常委李昭等参加视察调研活动。调研组一行围绕调研主题，分别听取了沙坪坝区、长寿区领导和两区有关部门的情况介绍，与他们作了深入交流，实地考察了沙坪坝区西永微电子园、科技企业足下众创空间、推猫电商平台和长寿区经济技术开发区、科技企业云天化研发中心，并就如何更好地引进海外人才、推进重庆市科技创新提出了一些好的建议。

【会见南非和加拿大重庆侨领】 11月5日，重庆市政协副主席、致公党重庆市委主委、市侨联主席张玲，市委统战部副部长、市侨联党组书记李联军，市侨联副主席、秘书长刘松勇在渝会见了南非重庆总商会会长唐红女士、重庆人力资本发展银行董事长黄子华先生，加拿大蒙特利尔重庆同乡会、重庆商会会长罗君女士、南非齐鲁同乡会秘书长钱程先生。会见结束后，唐红女士、钱程先生参观了位于渝中区的全国创业孵化示范基地。

【会见浙江新华爱心教育基金会创办人王建煊先生】 11月19日，重庆市政协副主席、致公党重庆市委主委、市侨联主席张玲，市委统战部副部长、市侨联党组书记李联军，市侨联副主席、秘书长刘松勇会见了来渝的浙江新华爱心教育基金会创办人王建煊先生和夫人苏法昭。会见中，张玲主席、李联军书记详细介绍了重庆市侨联公

11月5日，重庆市政协副主席、市侨联主席张玲（中），市委统战部副部长、市侨联党组书记李联军（左三），市侨联副主席、秘书长刘松勇（右三）会见南非重庆总商会会长唐红（左四）、重庆人力资本发展银行董事长黄子华（右二），加拿大蒙特利尔重庆同乡会、重庆商会会长罗君（右四）、南非齐鲁同乡会秘书长钱程（左二）

省级侨联工作

11 月 19 日，重庆市政协副主席、市侨联主席张玲（右二），市委统战部副部长、市侨联党组书记李联军（左一），市侨联副主席、秘书长刘松勇（右一）会见浙江新华爱心教育基金会创办人王建煊夫妇

益事业发展的相关情况，表示将进一步加强与浙江新华爱心教育基金会的交流与合作，努力办好现有北碚兼善中学和梁平红旗中学的“珍珠班”。王建煊先生介绍了浙江新华爱心教育基金会开展教育公益事业的情况，介绍了“有你真好”公益活动的目的，并表示将进一步与重庆市侨联开展公益交流与合作，共同推进“捡回珍珠计划”，共同努力办好在渝“珍珠班”。

【“侨爱心光明行”走进重庆】 12 月 3 日，由中国侨联、中国华侨公益基金会开展的“侨爱心光明行”重庆公益活动在重庆市正式启动。活动期间，重庆市侨联专职副主席刘松勇、中国华侨公益基金会合作部主任王魁嵩分别到重庆江北爱尔眼科医院、南坪爱尔眼科医院活动现场进行了实地考察和指导，分别听取了两家医院开展活动的筹备情况介绍，看望慰问受到帮助的贫困白内障患者及家属。这次活动由重庆市各区县侨联组织人员报名登记，爱尔眼科医院负责筛查、术前检查和复明手术工作，按照“贫困优先、有侨身份优先、军烈属优先、残疾人优先”的原则，免费为重庆市 100 名贫困白内障患者实施复明手术，帮助他们重见光明。

12 月 3 日，重庆市侨联副主席、秘书长刘松勇（右四），中国华侨公益基金会合作部主任王魁嵩（右三）参加“侨爱心光明行”重庆公益活动启动仪式

渝台餐饮文化交流团与台湾中华文化国际交流协会签署意向协议

【赴台开展“亲情中华”餐饮文化交流】 12月18日—23日，重庆市侨联副主席、秘书长刘松勇率“亲情中华·印象重庆”——渝台餐饮文化交流团，走进台湾开展交流活动。代表团前往南投县、花莲县，与当地相关人士进行深入交流，在体验客家餐饮的同时，推介重庆餐饮文化。代表团还专程前往台湾开平餐饮学校参观考察，学习交流。12月23日，代表团与台湾中华文化国际交流协会签署2016年在台湾开展“亲情中华·印象重庆”渝台餐饮文化交流活动的意向协议。

【召开“三严三实”专题民主生活会】 12月30日，重庆市侨联党组召开“三严三实”专题民主生活会。会议由市委统战部副部长、市侨联党组书记李联军主持，市侨联副主席、秘书长刘松勇，市侨联党组成员、办公室主任王巍参加会议，重庆市政协副主席、市侨联主席、致公党重庆市委主委张玲，市侨联副主席邓明鉴应邀列席会议。会上，刘松勇副主席通报了2014年度民主生活会整改落实情况，李联军书记代表领导班子作了对照检查，班子成员逐一进行批评与自我批评，同时对《市侨联党组“三严三实”专题民主生活会整改落实方案》进行了认真讨论。李联军书记在总结讲话时强调，领导班子、班子成员一定要振奋精神，昂扬斗志，巩固和发展专题民主生活会的成果，把整改工作抓好抓实。

【史迪威国际基金创新中心落户重庆】 12月8日，史迪威国际基金创新中心落成典礼暨签约

12月8日，史迪威国际基金创新中心落成典礼暨签约仪式在重庆渝中区举行，美国史迪威基金会主席詹姆斯（中）、意大利驻重庆总领事馆总领事马非同（右三）、重庆市委统战部副部长、市侨联党组书记李联军（右四）出席签字仪式

仪式在重庆渝中区举行。美国史迪威基金会主席詹姆斯，意大利驻重庆总领事馆总领事马非同，重庆市委统战部副部长、市侨联党组书记李联军参加活动。史迪威国际基金创新中心由美国史迪威基金会与跨境电商 B2B 商机平台大龙网共同设立。该中心将致力于平台搭建，利用自身的国际资源优势，以渝中为基点，串联中国、美国以及英国等欧洲国家，把经济、科技、教育、文化、资本等方面的资源进行整合，加深多领域创新发展与合作，促进中国与美国及欧洲国家关系纵深发展。

【大渡口区侨联“五新”做好侨联工作】重庆市大渡口区侨联认真学习中央统战工作会议、中央党的群团工作会议精神，以“三严三实”专题教育为工作主线，围绕全区中心工作，“五新”做好侨联工作。一是围绕全区中心工作，引智有新突破。积极与中国侨联、市内外各侨联（团）组织沟通交流，做好牵线搭桥引智工作。二是紧扣依法治区主题，为侨服务有新举措。充分发挥侨联社区服务队、归侨侨眷法律服务站等平台作用，维护好归侨侨眷的合法权益。三是清醒认识全面深化改革，参政议政有新思路。积极推荐侨联委员、侨青委会成员参加各类培训学习，深入基层，了解群众关心的热点、难点问题，围绕区域经济发展、改善民生等建言献策，发挥好侨联“智囊”作用。四是结合自身优势，联络联谊有新形式。开展好世界华人学生作文大赛，加强与友好侨联、区县侨联的联系，充分利用侨资企业资源，紧密与“一带一路”沿线国家往来。五是夯实侨联工作基础，自身建设有新进展。贯彻落实中央统战工作会议精神，做好留学人员的普查工作，组建相应机构，引导区内侨界青年、留学人员为大渡口“新区品城”建设贡献力量。

【巴南区侨联维权服务紧扣“三个到位”】重庆市巴南区侨联高度重视维护归侨侨眷权益，紧扣“三个到位”，搭建起维权服务联络网，用热情、饱满、积极的态度切实做好维权服务工作。一是普法宣传到位。 按照“上下联动、条块结合”的工作思路，以镇街为基础，侨务干部接受群众不定期咨询。加强侨法宣传，利用侨法宣传周、网络微博微信、有奖问答、展示画等形式加大宣传力度。注重基层侨务干部培训，每年开办专题讲座 3 次以上，增强基层侨务干部掌握运用侨法的能力。二是温暖关爱到位。多方筹措资金，看望帮扶困难归侨侨眷，充分利用中秋、国庆、春节等重大节日，每年集中对 7 名老归侨、20 名困难侨眷和 110 多名归侨侨眷开展慰问活动，近三年累计发放慰问金及慰问品 6 万余元；走家串户，与侨界群众进行亲切交谈，详细了解他们的生活情况、身体状况及子女情况。三是纠纷解决到位。加强侨界矛盾纠纷和利益受损事件的排查工作，积极疏导和调节侨界矛盾纠纷，积极争取“五侨”部门领导及司法系统侨界人士，参与协助涉侨纠纷和案例的协调处理，为归侨侨眷提供法律咨询和服务。

【奉节县侨联助推扶贫攻坚】奉节县侨联充分发挥自身优势，以思想引导、广泛宣传、调查研究和助力推动等方面为着力点，组织团结县内侨界人士多方位、多角度、多层次地参与扶贫攻坚工作。一是加大宣传发动力度。参加县委统战部组建的 3 个宣传工作组，深入海外侨胞、侨眷侨属等侨界人士中，采取发放宣传单和“扶贫攻坚倡议书”等形式进行宣传发动，共计发放宣传单 100 余份、倡议书 20 余份。二是深入开展调查研究。参加县委统战部联合县工商联、民革奉节支部、县侨联等统一战线成员单位组织专家学者分组赴贫困村开展调研活动，认真围绕农业发展方向、产业结构调整、农民增收渠道、基础设施建设等热点难点课题，带着贫困侨界群众“想做什么、能做什么、扶贫工作组能帮他们做什么”的问题，深入基层、深入群众、深入一线，开展实地调研，帮助贫困地区制定整体发展规划和贫困侨界群众支招增收脱贫措施。三是切实助力精准扶贫。助力教育扶贫，充分利用资源，推荐优秀应届初中毕业贫困生报考梁平红旗中学“珍珠班”。助力医疗扶贫，认真组织开展“侨爱心光明行”活动，筛选推荐贫困户白内障患者接受免费治疗；助力社会扶贫，积极组织全县机关事业单位工作的侨眷侨属帮扶建卡贫困户，截至 12 月底，已成功对接贫困户 20 户。

四川省归国华侨联合会

【领导成员名单】

党组书记、主席：刘以勤（女）

专 职 副 主 席：赵建中

兼 职 副 主 席：成　甦　石应康　张家点

姚志胜　薛水和　黄焕明

蒋　蓓（女）

秘　书　长：邱广华（女）

【综述】2015 年，在四川省委、省政府的领导下，在中国侨联的指导下，全省各级侨联认真贯彻落实习近平总书记系列重要讲话精神和中央两个《意见》以及省委两个《实施意见》的指示精神，围绕增强侨联工作和侨联组织政治性、先进性、群众性的根本要求，体现“群众性、民间性、涉外性、统战性”特点，履行服务经济发展、依法维护侨益、拓展海外联谊、积极参政议政、弘扬中华文化、参与社会建设六大职能，围绕中心，服务大局，为侨服务，各项工作取得了积极成果。

【承办四川天府新区投资推介会暨合作项目签约活动】1 月 22 日—23 日，四川省侨联作为承办单位之一（省投促局、省发改委、省住建厅、天府新区成都管委会共同承办），邀请中国侨联副主席、中国侨商联合会会长、香港世贸集团董事局主席许荣茂出席活动。来自海内外 220 余家知名企业、商协会机构等 460 余位嘉宾出席活动，其中世界 500 强企业 50 家。此次天府新区与国内外投资者签约投资合作项目 32 个，投资总额 987.86 亿元，涉及电子信息及新一代信息技术、装备制造、能源电力、汽车制造等领域，其中在 23 日举行的四川天府新区投资推介会暨合作项目签约仪式上，现场集中签约 18 个重大项目，投资总额 553.6 亿元。

【举办四川发展机遇推介会】4 月 2 日，四川省侨联作为牵头主办单位，与省投促局、省友协、四川海外联谊会联合主办以“新常态新经济新平台”为主题的“四川发展机遇推介会”，应邀出席推介活动的嘉宾有省政协副主席杨兴平、阿联酋环境水利部总司长赛义夫·默罕默德·萨拉，150 余名参加 2015 年成都·迪拜国际杯——温江·迈丹赛马经典赛的国内外知名企业家和列席全国政协会议的来自意大利、匈牙利、阿联酋、巴基斯坦、马来西亚、泰国的侨商代表推介会介绍了天府新区的规划建设情况、比较优势、发展重点、支持政策等，并介绍了赛马赛事举办地温江的投资发展情况。嘉宾们还就“创新服务模式，致力于新型城镇化建设”作了积极发言。眉山、资阳市相关领导与参会嘉宾进行了亲切交流和项目对接。活动期间，与会侨商代表还参观考察了天府新区成都片区，并出席成都·迪拜国际杯——温江·迈丹赛马经典赛。

【董中原副主席率队来川调研】4 月 15 日，由全国人大常委会委员、全国人大华侨委副主任委员、中国侨联党组副书记、副主席董中原率队的全国人大华侨委调研组来川，就“十三五”规划进行专题调研，并召开涉侨专题调研座谈会，听取四川涉侨工作情况汇报。调研组就加快推进中国特色社会主义侨务法治建设，充分发挥侨务资源为实施“十三五”规划做贡献等方面，对四川省侨务工作提出了新要求。座谈会上，省政府相关厅局代表先后发言，表示将结合各单位实际情况，创造性地开展四川侨务工作，共同推进四川侨务法治建设，服务四川经济社会发展。同时，建议尽快修订《中华人民共和国归侨侨眷权益保护法》，根据华侨回国投资创业新特点增加一些新内容，建议全国人大在制定修改民法、税法、公司法等公共法律法规时吸纳侨务政策法规专家参与。

【李卓彬副主席率队来川调研】4 月 22 日，李卓彬副主席一行在侨资企业成都华西海圻医药科技有限公司召开座谈会，与四川省侨联邀请到的来自美、英、加、澳、日、新加坡和南非 7 个国家涵盖生物医药、电子信息、人工智能、生态环境等领域的 20 余名新侨专业人士进行交流。座谈中，新侨专业人士畅所欲言，纷纷就回国创新创业过程中遇到的困难和需求提出了有关人才引进政策、高新产业项目支持、家属子女社会福利保障、国籍护照办理等方面的意见和建议，李卓彬副主席针对相关问题进行了回应和解释。在

4 月 22 日，中国侨联副主席李卓彬（左一）一行在新侨企业——成都华西海圻医药科技有限公司调研

听取了大家的发言后，李卓彬副主席作了总结讲话。他对四川省各级侨联近年来取得的显著成绩给予充分肯定，对海归高层次人才的创新创业成果和侨资企业的发展壮大给予高度评价。

【承办“2015 中外知名企业四川行”】 4 月 22 日—24 日，四川省政府主办，省侨联作为承办单位之一，邀请中国侨联副主席李卓彬以及来自 18 个国家和地区的 103 名侨商出席活动。李卓彬副主席考察调研了侨联工作，分别召开新侨专业人士座谈会和涉侨经济科技工作座谈会。活动期间，省委、省政府主要领导及相关省领导会见了“2015 中外知名企业四川行”活动的重要嘉宾代表；各市（州）及德国北威州经济代表团分别举办了专题投资推介会；举行了“2015 中外知名企业四川行投资推介会暨合作项目签约仪式”。侨商团重点参加了雅安市和自贡市的专题投资推介会，省侨联副主席张家点作为侨界代表参加了眉山市的投资说明会。雅安市政府在推介会上向支持芦山地震灾后重建的侨商代表颁发了捐赠荣誉证书。省人大副主任张东升、副省长甘霖、省政协副主席杨兴平、罗布江村分别参加了相关涉侨活动。

【芦山县佛图山侨心隧道贯通】 5 月 18 日，由中国侨联和四川省侨联捐建的芦山县佛图山侨心隧道贯通。在中国侨联支持下，四川省侨联已将筹措的 1000 万元隧道建设资金拨付到位。佛图山隧道是国道 351 芦山连接线的关键性控制工程，是国家规划建设的“4・20”灾后恢复重建重大基础设施项目国道 351 线的组成部分。该隧道的贯通，对于提升芦山县的外向快速通达能力，改善芦山县的区位条件，具有十分重要的意义。

【李登菊常委率团出访意大利】 6 月 6 日—10 日，应欧盟委员会邀请，四川省侨联作为组团单位，陪同省委常委李登菊出访意大利。其间，带领成都市高新区及 70 余家川内民营企业参加了第 42 届米兰世博会“欧盟—中国日”中欧合作论坛，李登菊常委与意大利外交部副部长贝内德托・黛拉・维多瓦同台发表主旨演讲。欧

4 月 22 日，“2015 中外知名企业四川行”活动期间向援建芦山佛图山隧道的爱心企业颁发证书

6月6日—10日，四川省委常委李登菊（右一）率团赴意大利访问

盟委员会市场、工业、创业与中小企业总司司长迪迪埃·赫伯特，企业与工业总司亚洲事务主任安娜·索拉·美琳，欧盟委员会相关机构、欧盟国家商协会和企业界代表，以及四川民营企业代表团共计200余人参加了活动。访问进一步树立了四川对外开放的良好形象，对助力川企“走出去”，加强四川与欧盟特别是意大利龙头企业、重点侨团的联系，为双方在新能源、服装、旅游、餐饮、民间交往等领域深化合作起到了积极的推动作用。

【开展“创业中华·创新四川”侨界人才内江行】6月18日—19日，四川省侨联邀请来自9个国家的20余名侨界高层次人才、侨界艺术家、侨商代表汇聚内江，参加第六届大千龙舟经贸文化节。这是继2月侨界高层次人才为内江创新驱动发展建言献策之后，侨界代表再一次助力内江的建设发展；也是省侨联凝聚侨界力量服务地方经济，利用传统节日弘扬中华文化的又一具体举措。

【“亲情中华·美丽四川”系列活动】6月20日—29日，组织“亲情中华·美丽四川”代表团赴“一带一路”沿线的新加坡、马来西亚、印尼开展慰侨和对外文化交流活动。巡演历时10天，分别在新加坡、亚庇、雅加达、棉兰4个城市向7000多名海外侨胞和国际友人献上了极富巴蜀特色的大型歌舞演出。艺术团走进社区、学校和侨社，演绎巴蜀文化、讲述四川故事、传播四川声音。所到之处，观众反响热烈，演出场场爆棚。10月4日—13日，由中国侨联、中国驻毛里求斯大使馆主办，四川省侨联、毛里求斯华商总会承办的“亲情中华·美丽四川”文艺晚会走进毛里求斯进行慰侨演出。中华人民共和国驻毛里求斯大使馆代办陈志宏、毛里求斯公职部部长王纯万、毛里

6月18日—19日，举办“创业中华·创新四川”侨界人才内江行活动

6 月 20 日，《亲情中华·美丽四川》艺术团与沙巴州首席部长穆萨·阿曼特别代表沙巴州首席部长署特别事务部长、YB 拿督张志刚太平绅士及当地政要、国际友人和侨领合影留念

求斯华商总会会长杨宗贵、四川省侨联专职副主席赵建中、ABC 集团总裁朱长坪等侨团领袖、商界翘楚，以及毛里求斯华侨华人 1000 余人观看了艺术团的精彩节目。

【开展“亲情中华　川针引线”——侨爱“绣”公益·旗袍上的藏羌彝公益活动】7 月 5 日，由四川省华侨公益基金会主办，四川省侨联、省妇女手工编织协会支持，绵阳市侨联、甘孜州侨联、凉山州侨联等共同承办的“亲情中华　川针引线”——侨爱“绣”公益·旗袍上的藏羌彝公益活动在成都举行。本次活动共筹得善款 27 万余元。用于侨爱暖冬行动“爱心包”、“绣娘缝纫机”服务包和绣娘培训计划三个慈善项目，为更多偏远贫困地区人群送去温暖。据悉，活动结束几个小时后，省华侨公益基金会已经收到来自欧洲和北美部分侨团的邀请，希望“亲情中华　川针引线”——侨爱“绣”公益旗袍上的藏羌彝系列活动到当地举办，宣传巴蜀文化，拓展藏羌彝绣海外市场，为帮助解决少数民族地区妇女居家灵活就业，为藏羌彝绣文化传承发展努力。

【开展精准扶贫工作】7 月 28 日—29 日、11 月 24 日—25 日、12 月 17 日—18 日，四川省侨联党组书记、主席刘以勤，党组成员、副主

7 月 5 日，“亲情中华　川针引线”——侨爱“绣”公益活动爱心人士合影

12 月 17 日，四川省检察院检察长邓川率省侨联赴古蔺开展精准脱贫工作

席赵建中，党组成员、秘书长邱广华分别多次带领机关干部、侨界专家学者、爱心企业家等深入古蔺县大寨苗族乡富民村和永乐镇西华村调研，访民生，查实情，掌握第一手资料，针对性地制订精准扶贫计划，实施精准脱贫。省侨联和富民村签订了省侨联精准扶贫 20 万元项目协议，助力水、电等基础设施建设和助学、关爱留守儿童等。制订了健康饮水工程、关爱留守儿童、助学计划、助养孤儿等细化方案，并分步实施。在充分调研的基础上，制订的帮扶永乐镇西华村脱贫攻坚方案正在有力推进中。根据省直工委要求，在继续配合好省检察院做好古蔺县大寨苗族乡富民村帮扶的基础上，重新确定永乐镇西华村作为精准扶贫帮扶点，并派出第一书记，按要求拟制新的帮扶方案，落实帮扶措施，积极开展走访慰问活动，力所能及解决群众生产生活困难。

【开展“亲情中华·汉语桥”夏令营四川营活动】 7 月 31 日—8 月 2 日，四川省侨联联合致公党四川省委、成都社区大学、省千人计划联谊会举办“海归高层次人才子女夏令营”活动，近 30 名美国华裔营员及家长参加。四川省政协副主席、致公党四川省委主委杨兴平和来自马来西亚、刚果、匈牙利、波兰的多位海外侨领受邀

7 月 31 日—8 月 2 日，“亲情中华·汉语桥”夏令营四川营团员合影

省级侨联工作

出席了开营仪式。此次夏令营活动，营员和家长们走进成都大熊猫繁育研究基地，近距离观看了憨态可掬的小熊猫和国宝大熊猫；学习了刚柔并济的国家非物质文化遗产——太极拳；观看了传统川剧精粹——滚灯、变脸和喷火；在茶文化基地，学习传统茶艺表演。通过这次短暂的夏令营活动，营员及家长们不仅加深了对中国文化的了解，而且也增进了彼此间的感情交流。9 月 13 日—23 日，省侨联、成都社区大学承办的“亲情中华·汉语桥”夏令营四川营在成都举行。20 余名澳大利亚营员参与活动。通过一系列形式多样、内容丰富的中文语言学习活动，帮助海外华裔青少年加深对中国语言文化的了解和体验，激发学习汉语的兴趣和热情，增进中华情愫和桑梓情怀。

【成立四川省侨联特聘专家委员会】8 月 12 日，四川省侨联特聘专家委员会成立，中国侨联副主席李卓彬、四川省委常委李登菊、省委组织部副部长戴允康、省科协副主席黄竞跃、省海外联谊会副会长李明全、省外国专家局局长李强出席会议。会议聘任石应康为主任委员，邓绍平等 10 人为副主任委员，康裕健等 110 人为特聘专家。受聘专家是来自 20 多个国家和地区的侨界高层次人才，85% 具有博士学位，大部分是国家和四川省“万人计划”、“千人计划”、“百人计划”的引进人才，“长江学者特聘教授”或享受政府特殊津贴的专家。

【召开中国侨联海外律师团莅川调研座谈会】9 月 23 日，中国侨联权益保障部组织来自 10 个国家的 16 位海外律师代表来川调研，与省侨联、成都市侨联及四川法律界、四川侨资企业界的代表召开座谈会。围绕“加强对外经贸合作，保护侨商合法权益”主题进行深入探讨。会上，省侨

9 月 23 日，海外律师团赴川考察座谈会在蓉举行

8 月 12 日，四川省侨联特聘专家委员会成立

10 月 21 日，世界越柬寮华人社团联合会第七届文化商务交流暨会员代表大会合影长卷

联聘请来自海外的温天敏等 16 位海外律师为四川省侨联法律顾问委员会海外顾问。

【出席第十三届世界华商大会】 9 月 24 日—28 日，第十三届世界华商大会在印尼巴厘岛召开，四川省侨联率侨资企业代表团参加大会。会议期间，四川省侨联代表团参加大会开幕式、主旨论坛和“海上新丝路·合作创未来：海洋合作发展论坛”、“世界青年华商企业家论坛”等分论坛。在中国侨商联合会主办的世界华商领袖峰会上，与参会华商领袖进行互动交流，宣传四川、推介四川，展现了四川侨资企业的风采。四川省侨联代表团与大会召集人商会负责人，新加坡中华总商会会长蔡其生、香港中华总商会永远名誉会长蔡冠深、泰国中华总商会主席刘锦庭以及黄双安、许世经等知名侨领友好交流，热忱欢迎他们到四川考察投资。侨资企业代表积极与参会各国侨商协会朋友交流，寻找“走出去”“请进来”合作商机。

【承办世界越柬寮华人团体联合会第七届文化商务交流暨会员代表大会】 10 月 21 日—24 日，由世界越柬寮华人团体联合会主办，四川省侨联、成都市侨联承办的世界越柬寮华人团体联合会第七届文化商务交流暨会员代表大会在成都举行。中国侨联副主席乔卫，四川省委常委、省总工会主席李登菊出席并致辞。本届大会既是世界越柬寮华人团体联合会每两年召开一次的盛会，也是中国西部（四川）进口展暨国际投资大会的专项活动，以“汇聚能量·拓展实力·纵横视野·连线全球”为主题，旨在凝聚更多力量，不断壮大自身，助力团结，与四川共谋发展。来自欧洲、大洋洲、北美洲、亚洲四大洲 20 多个国家和地区的越柬寮华人社团负责人及企业家代表、港澳委员代表 700 余人参会。省人大常委会副主任彭渝出席了大会推介会和欢迎晚宴，并会见了中国侨联副主席乔卫和世界越柬寮华人团体联合会首席代表一行。会议结束后，部分文化商务代表还分别前往天府新区成都、眉山、资阳片区，科技城（德阳、绵阳），革命老区（巴中），藏区（甘孜）等市（州）实地考察。

【中国侨联港澳委员访问团来川参会并考察】 10 月 22 日—26 日，中国侨联主席林军率香港侨界社团联合会会长余国春、中国侨商联合会荣誉会长张茵等 50 余名中国侨联港澳委员，赴成都参加中国西部（四川）进口展暨国际投资大会。省委书记王东明会见了林军主席一行。王东明说，四川侨务资源丰富，有 100 万川籍海外侨胞、100 万归侨侨眷。长期以来，中国侨联和广大侨界朋友对四川经济社会发展、对外开放、抗震救灾等给予了大力支持。希望中国侨联发挥海外联系广泛的独特优势，继续支持四川做好“请进来”、“走出去”各项工作，

9 月 25 日—27 日，四川省侨联代表团参加第十三届世界华商大会，与大会主办方印尼中华总商会总主席纪辉琦（右四）合影

10 月 21 日，四川省委书记王东明（中）与中国侨联主席林军（左五）及部分侨联港澳委员代表合影

促进四川经济社会持续健康发展。会后，访问团赴凉山州进行了实地考察。

【开展“侨智精英·天府讲堂”走进大学校园活动】 11 月 17 日—24 日，四川省侨联特聘专家委员会与四川省“千人计划”联谊会和部分在川高校合作，共同举办“侨智精英·天府讲堂”。来自经济金融、材料工程、电子信息、生物医药等领域的吴良、邓建华、余江、潘锦功、姜和、陈焕、罗彬等专家，对西南民族大学、西南石油大学、成都中医药大学、成都大学、西华大学、成都工业学院、成都纺织高等专科学校的大学生进行创新创业辅导。专家们从各自的专业领域出发，分别以《金融创新与互联网》、《国家创新驱动发展战略下的工科院校创新人才教育与发展的机遇与挑战》、《当今医药产业的机遇与挑战》、《互联网金融的创新发展》等为题，带来了一场场精彩的讲座，受到同学们的热烈欢迎。

【举办海智迎新联谊晚会】 12 月 12 日，由四川省侨联支持，省侨联特聘专家委员会联合省千人计划联谊会、市人才发展促进会共同举办的海智迎新联谊晚会在成都举行，省委组织部副部长、省人才办主任戴允康等参加。来自生物医疗、金融经济、材料工程、电子信息等多个领域的近 200 位在川创新创业人才及侨界精英受邀参加。

11 月 17 日—24 日，“侨智精英 · 天府讲堂”成都中医药大学讲座现场

12 月 12 日，省侨联机关工作人员，省侨联特聘专家，省千人计划联谊会、市人才促进会专家同台演唱《走向复兴》

本次活动旨在促进在四川创新创业海归专家和侨界精英之间的交流合作，共谋发展，多面合作，团结凝聚海归人才，为四川跨越式发展提供人才支持和智力保障。

【成都市侨联】2015 年，成都市侨联参与承办“世界越柬寮华人团体联合会第七届文化商务交流暨会员代表大会”，组织世界越柬寮华人社团联合会参会代表和中国侨联港澳委员 300 多人考察天府新区，邀请市投促委领导作成都投资机遇推介。促成美籍华人收藏家陈灿培先生专程来蓉向成都博物院捐赠抗日战争时期美军第 14、第 20 航空队的 358 件文物。加强与“海外侨界杰出青年天府行”代表团的对接交流，与来访的 18 个国家 25 名华裔新生代建立了联系；聘请来自 9 个国家的 18 名法律专家为市侨联海外法律顾问。围绕“大众创业、万众创新”，主动融入成都“创业天府”行动计划，推动 20 家新侨创新团队入驻郫县菁蓉镇“华侨创业园”，实施海归创业项目 25 个，涉及创业项目资金达 1.5 亿元。

【内江市侨联】2015 年，内江市侨联会同市级有关部门制定了《内江市海外人才合作项目需求表》，主动加强同旅美科技协会、四川省归国人士企业联合会等的战略合作，借助“东盟华商会”、“中国西部海外高新科技人才洽谈会”、“中外知名企业四川行”、“中国西部博览会”等活动平台，为内江经济社会发展、引资引智牵线搭桥，服务内江“三大发展”战略；积极配合市政府实施“创新驱动发展”战略，全年共承办引资引智活动 3 次。2 月，省侨联主席刘以勤率侨界高层次人才一行 13 人到内江交流考察，市委书记彭宇行，市委副书记、市长杨松柏会见了刘以勤主席一行，侨界高层次人才与市级有关部门进行了座谈交流，对内江的发展积极建言献策。6 月龙舟节期间，邀请省侨联副主席赵建中率侨界人才赴内参加“创业中华·创新四川”侨界人才内江行活动，助力全市引资引智。9 月，参与承办“2015 中国西部海外高新科技暨高端人才洽谈会·内江专场”活动，向海外高端人才发送 216 份邀请函，成功吸引 72 名海外高层次人才携带 80 个高新科技项目参会，活动现场促成签约项目 10 个，投资金额 0.6 亿元。

【达州市侨联】2015 年，达州市侨联坚持把促进经济建设、维护大局稳定作为侨联工作的重中之重，精心做好首届达商大会筹备工作，成功邀请部分达州籍侨界精英回乡参会；积极参与省侨联组织的涉侨经贸活动，选派工作人员参与越柬寮华人大会及 2015 中国西部（四川）进口展及国际投资大会服务工作，涵养了侨务资源；大力实施“侨爱心工程”，及时争取并落实了 160 名学生享受侨爱心助学金，每年资助金额近 40 万元；全力做好脱贫攻坚工作，选派 1 名中层干部到万源市铁矿乡泥溪沟村驻村帮扶，挤出工作经费 4 万元用于扶贫工作，通过一年努力，该村 24 户贫困户得以减贫。

【巴中市侨联】巴中市侨联主动融入全国重点涉侨活动，先后派出小分队 10 余批次“走出去”。一是率南江县侨联、农业局、四川北牧南江黄羊集团等参加了由外交部等四部委主办的第十八届北京国际科技产业博览会和第二届新侨创新成果展。全程参与中国金融、科技创新与城市发展、国际服务贸易等论坛，发放宣传资料 350 余套，巴中市侨联获得组委会优秀组织奖。二是参加中国侨联“一带一路·法治中国”专题研讨会，巴中侨联代表省侨联作经验交流发言。三是积极服务省委、省政府主办的“2015 中外知名企业四川行”活动，围绕市委“六大”发展领域邀请重点客商参与巴中在成都举办的恳谈会，服务巴中签约项目 31 个，涉及金额 122 亿元。四是率平昌县侨联、招商局及四川兆润摩托集团参加了“第十九届西洽会暨丝绸之路国际博览会”，对接了汽车制造、生物医药等项目，就今麦郎集团来巴投资特色饮料、特色农业等项目达成了意向。五是率通江县侨联、通江县促投局负责人参加了“2015 海外知名侨商南通行”活动，向菲律宾、越南和中国港澳深等 40 余知名侨企、社团负责人推介了巴中。学习了南通“侨之家”建设的成功经验，为深化巴中与发达地区交流合作开辟了新的“绿色通道”。

贵州省归国华侨联合会

【领导成员名单】

主　　席：吕　虹（女）
专职副主席：郑茂学（布依族）　陈新伦
兼职副主席：王保生　潘志建　程剑平
尹晓勤（女）　程　燕（女）
黄世兴
秘 书 长：郑茂学（布依族，兼）

【综述】2015 年，贵州省侨联紧紧围绕省委、省政府发展大局，在中国侨联的大力支持下，举办了 2015 世界侨商贵阳会议和中国海外青年贵州创新创业发展大会，发布《中国海外青年贵州创新创业发展倡议书》；举办中斯贵州山地城镇化论坛，斯洛伐克前总理恰尔诺古尔斯基出席并作主旨演讲；举办“亲情中华　多彩贵州”文化海外行活动；“踩深”了侨商来黔投资的足印，有效地调动了海内外侨胞参与贵州经济社会发展的积极性，向外宣传展示了贵州省对外开放新形象。引导新成立了美国贵州商会、日本贵州商会、意大利贵州商会、葡萄牙贵州商会、阿根廷贵州商会、巴西贵州商会、匈牙利贵州商会；中国侨联主席林军指出：贵州是中西部地区第一个提出并由侨联实践了系统性建立海外商会的省份。成立了贵州海外青年创新创业协会，是全国第一个以创新创业为主旨的侨联青年组织。召开贵州侨商企业联合会第二届会员大会，选举产生新一届理事会。全省各级侨联积极牵线搭桥，推动贵州省与海外在科技教育、文化旅游、医疗卫生以及友好城市等多层次多领域加强合作，签署各类具有实质性的合作协议 30 余个；引导和推荐海内外慈善基金会、华侨华人社团和侨胞个人向贵州捐赠项目款物折合人民币 4600 多万元，惠及困难群众 30000 余人，为全省贫困山区教育、医疗、基础设施建设和群众生产生活做出了贡献。各级侨联深入侨界困难群众，发放 151 位困难归侨补助金 27.3 万元，送去慰问款物折合人民币约 30 余万元。《贵州省侨务工作信息平台》通过省经信委技术评审。

【贯彻落实中央《意见》】2015 年，贵州省各级侨联通过召开全委会、常委会、举办全省基层侨联干部培训班、专题讲座等系统学习贯彻中央《意见》，利用侨联网、侨联通讯、微信平台广泛宣传。9 月 7 日—18 日，贵州省侨联在贵州省社会主义学院、广东省社会主义学院举办 2015 全省基层侨联干部培训班，30 多人参加培训。此次培训班是省侨联成立以来首次举办异地培训班。组织开展贯彻落实中办《意见》和省委《实施意见》督查工作，查找各市（州）侨联在学习宣传、贯彻落实中存在的困难和问题。省委《实施意见》下发后，安顺、遵义、黔南、六盘水等地相继出台了本级党委实施意见。铜仁市碧江区、安顺市贵飞公司成立侨联；六盘水市委批复 4 个县区全部成立侨联组织，并给予每个县区侨联组织 4 个编制，其中水城县、钟山区于 12 月中旬召开成立大会；遵义市习水县、务川县、道真县获批成立侨联组织；铜仁市思南县、毕节市七星关区、威宁县、黔西县、省直机关工委正在积极筹备成立侨联组织。

【举行“2015 世界侨商贵阳会议”】10 月 9 日—12 日，由中国侨商联合会、中共贵州省委统战部、贵州省侨联主办的 2015 世界侨商贵阳会议在贵阳举行，来自全球 30 多个国家和地区的 200 多位侨商齐聚贵阳共谋发展。中国侨联

10 月 10 日，召开“2015 世界侨商贵阳会议”，来自全球 30 多个国家和地区的 200 多位侨商齐聚贵阳共谋发展

10 月 10 日，“2015 世界侨商贵阳会议”召开，中国侨联主席林军致辞

党组书记、主席林军，中共贵州省委副书记、省委政法委书记谌贻琴致辞。中共贵州省委常委、省委统战部部长刘晓凯，贵州省副省长陈鸣明，贵州省政协副主席谢晓尧出席。林军、谌贻琴向 13 家海外贵州商会授会牌。贵州省侨联主席吕虹作题为《贵州侨情和侨资企业的发展》的报告，部分侨商代表作了发言。上海华商会、江苏省侨商总会、重庆华商会、广东国际华商会分别与遵义、六盘水、黔南、黔西南 4 个市州签订战略合作协议，充分发挥上海、江苏、重庆、广东等地的侨务资源优势，实现资源与资本的有效对接，促进遵义、六盘水、黔南、黔西南改革开放步伐和经济社会发展。加拿大中华商

中国侨联主席林军、中共贵州省委副书记谌贻琴向海外贵州商会授牌并合影

遵义市政府、六盘水市政府、黔南州政府、黔西南州政府分别与上海华商会、江苏省侨商总会、重庆华商会、广东国际华商会签约

10 月 9 日，中共贵州省委常委、省委统战部部长刘晓凯，省委常委、常务副省长秦如培会见中国侨商会嘉宾和海外贵州商会代表

会、香港华侨华人总商会、欧洲华侨华人社团联合会分别与贵州省侨联签订合作协议。4 个侨商投资项目在会上签约，签约金额 1.7 亿元。10 月 9 日，刘晓凯和中共贵州省委常委、常务副省长秦如培在贵阳会见了中国侨联经济科技部副部长、中国侨商联合会副会长兼秘书长安晨，全国人大代表、中国侨联常委、华昱高速集团有限公司行政总裁麦庆泉，全国政协委员、日本共同高技术有限公司董事长潘庆林等重要嘉宾和海外贵州商会代表。10 月 10 日下午，2015 世界侨商贵阳会议·黔南分会在都匀召开，黔南州委副书记吴胜华、安晨等为参会侨商代表颁发黔南州海外联谊会顾问、理事聘书，会后，侨商代表考察了都匀茶博园和荔波大小七孔风景区。

【召开中国海外青年贵州创新创业发展大会】 4 月 25 日，由中国侨联、贵州省委统战部、贵州省侨联联合举办的中国海外青年贵州创新创业发展大会在贵阳召开，来自世界各地的 200 多位海外青年出席会议。中国侨联副主席、中国侨联青年委员会会长乔卫讲话，刘晓凯致辞。贵州省副省长蒙启良作贵州省情和发展优势介绍。大会发布了《中国海外青年贵州创新创业发展倡议书》，号召广大海外青年勇敢地肩负起为实现中国梦奋斗的历史使命，展现海外青年的时代风采，树立海外青年的崭新形象，团结携手在贵州创新创业，与贵州共赢发展。大会举办了“在贵海外青年创新创业成果推介展示”，展示了厦门以晴集团、贵州圣济堂等 20 多家海外青年在贵投资企业的创新创业成果。大会共签约 5 个项目，总投资 4 亿元，涉及旅游、新材料、IT、人才引进等多个领域。

【举办中国侨联青年委员会“块数据与城市发展”专题讲坛】 4 月 25 日下午，由中国侨联、贵州省委统战部、贵州省侨联联合举办的中国侨联青年委员会“块数据与城市发展”专题讲坛在贵阳举行。中国侨联副主席

4 月 25 日，由中国侨联、贵州省委统战部、省侨联联合举办的中国海外青年贵州创新创业发展大会在贵阳召开

中共贵州省委常委、贵阳市委书记陈刚受邀作了题为“块数据与筑梦贵阳”的主题演讲

乔卫致辞，中共贵州省委常委、贵阳市委书记陈刚受邀作了“块数据与筑梦贵阳”的主题演讲。此次讲坛是中国海外青年贵州创新创业发展大会系列活动之一，旨在促进贵州、贵阳加快经济社会发展、提高对外开放水平，为在大数据时代的贵州、贵阳企业的转型升级寻求解决之道，为在黔在筑海外青年探索创业创新发展道路。北京迈伴客信息公司创始人陈江作了“金融云展望：块数据的运用”的演讲；安徽大学生命科学院院长刘大海作了“大数据时代的生物医学革命”的演讲。

【中国侨联青年委员会走进黔西南】4 月 26 日，中国侨联青年委员会纪念中国人民抗日战争暨反法西斯战争胜利 70 周年活动在黔西南州晴隆县举行。云南省侨联南侨机工联谊会的老侨与中国侨联青年委员会、贵州海外青年创新创业协会、贵州省侨联青年委员会、贵州省侨联青年委员会黔西南州分会的近 200 位青年参与此次活动，实地参观著名的“二十四道拐”抗战公路。乔卫副主席致辞，南洋华侨机工许志光后人许凯东、许向东向中国华侨历史博物馆赠送了陈嘉庚先生亲笔签署的书信复印件。中国侨联青年委员会向晴隆县碧痕镇大梨树小学捐赠学生食堂建设资金 30 万元。4 月 27 日，在兴义召开中国侨联青年委员会走进黔西南座谈会，针对黔西南州的旅游文化资源开发、宣传推介工作等，考察团成员提出了意见和建议，部分侨商还实地考察了感兴趣的项目，并与当地有关部门、企业进行投资意向性商谈。在黔西南期间，参会代表参观了马岭河大峡谷、万峰林风景区。

4 月 26 日，中国侨联青年委员会赴黔西南州晴隆，开展纪念中国人民抗日战争暨世界反法西斯战争胜利 70 周年活动

【举行“亲情中华　多彩贵州”北美文化交流周】6 月 26 日—7 月 4 日，应美国洛杉矶蒙特利公园市、加拿大本拿比市和素理市的邀请，由中国侨联、贵州省委统战部、贵州省侨联联合主

“亲情中华　多彩贵州”晚会在当地时间 6 月 30 日于本拿比的 Michael J Fox Theatre 上演

美国国会华裔众议员赵美心、蒙特利公园市市长林达坚为“亲情中华　多彩贵州”北美文化交流（演出）团演员颁发贺状

7 月 1 日，“亲情中华　多彩贵州”文化交流团参加素里市加拿大国庆庆祝活动，艺术团演员与游行群众互动

办，由美国兰姆师集团和加拿大贵州同乡会、北美贵州商会承办的“亲情中华　多彩贵州”北美文化交流（演出）相继在美国洛杉矶、加拿大温哥华举行。演出团由黔东南民族歌舞团、遵义演艺集团的部分演员共同组成，在美加期间举行 6 场民族歌舞公益演出及参加素里市举办的纪念加拿大国庆日演出和游行活动，表演了侗族大歌、苗族飞歌、牛腿琴独奏、苗族舞蹈、木叶演奏、杂技、贵州民族服饰展示等 10 余个节目，展示了贵州民族文化特色。活动得到加拿大总理哈珀、美国国会议员、美加总领事馆等主流社会的关注和祝贺，当地 40 多家华侨华人社团积极参与，30 多家媒体及当地外文电视台关注报道。哈珀向所有参加“亲情中华　多彩贵州”表演的成员致以最诚挚的问候，他在贺信中指出，这次表演将提供绝佳机会让加拿大人更多地了解中国贵州。6 月 27 日上午，蒙市华人市长林达坚周末邀请演员做客市政府并为每位演员佩戴市徽，带领大家参观消防局，体验消防表演。

【举行首届“亲情中华·汉语桥·多彩贵州”华裔中学生夏令营】7 月 2 日—18 日，首届“亲情中华·汉语桥·多彩贵州”华裔中学生夏令营在贵阳、黔西南举行。7 月 2 日，刘晓凯出席开营仪式讲话并授营旗。夏令营

7 月 5 日，首届“亲情中华·多彩贵州·汉语桥”华裔中学生夏令营在贵阳开营

由贵州省实验中学承办。来自澳大利亚、新西兰、美国、斯洛伐克、意大利等国的25名华裔中学生先后在贵州省实验中学、兴义八中参与汉语、书法、水墨画、围棋、射击、乒乓球等课程学习，并考察了贵阳孔子学堂、省博物馆、阳明祠、天河潭、黄果树瀑布、万峰林、马岭河大峡谷及双乳峰等景点和文化遗产。通过丰富多彩的课程学习、互动交流、旅游观光、家庭体验等学习了解中国文化，领略多彩贵州的神奇魅力，见证贵州改革开放的成就，体验贵州民俗风情，有效加深了对“多彩贵州”的了解和理解，增进了学员们的贵州情结和桑梓情怀。本次夏令营活动，贵州省侨联与新西兰贵州联谊会、澳大利亚贵州同乡会、斯洛伐克中国友好协会、斯洛伐克贵州商会、意大利青田同乡会、北美贵州商会等侨团共同在海外宣传推介贵州、招募营员。

7月23日，贵阳市乌当区和黔西南州兴义市分别与布拉迪斯拉发市卢日诺夫区签订友好城市合作框架协议，兴义民族师范学院与普列索夫大学签订友好合作协议，黔东南州中医医院与纳梅斯托沃市中医医疗中心签订友好合作协议

【举办中斯贵州山地城镇化论坛】7月20日—26日，中共贵州省委统战部、贵州省侨联邀请斯洛伐克共和国前总理恰尔诺古尔斯基及其夫人率布拉迪斯拉发市卢日诺夫区区长杜尚·佩卡尔，纳梅斯托沃市中医医疗中心主任艾蕾娜·弗莉措娃，恰尔诺古尔斯基先生助理、斯洛伐克—中国友好协会常务副会长兼秘书长毛春海，斯洛伐克中国友好协会常务副会长、斯洛伐克中国贵州商会会长、斯中教育文化交流协会会长卢荣玉，斯洛伐克普雷肖夫大学副教授，校长助理卢伯米尔·杜纳伊访问贵州，先后考察了贵阳市 、黔东南州、黔西南州的旅游、教育、农业、民族文化、医疗卫生。7月20日，刘晓凯、谢晓尧在贵阳拜会了斯洛伐克共和国前总理恰尔诺古尔斯基先生一行。23日，在贵阳举办了中国·斯洛伐克贵州山地城镇化论坛，恰尔诺古尔斯基作主旨演讲，分享了欧洲在城市管理建设、高等教育以及医疗卫生等方面的经验，希望能进一步深化斯洛伐克与贵州在经贸、教育、文化及医疗等方面的交流与合作。刘晓凯致辞，贵州省政协副主席左定超出席，贵州省住建厅，布拉迪斯拉发卢日诺夫区、乌当区政府、兴义市政府作了交流发言。促成了布拉迪斯拉发卢日诺夫区与黔西南州兴义市、贵阳市乌当区建立友好城市合作、纳梅斯托沃市中医医疗中心与黔东南州中医医院建立友好医院合作、普列索夫大学与兴义民族师范学院建立友好院校合作，高规格地搭建了友谊的桥梁，开启了贵州与斯洛伐克全面合作交流的新篇章。

7月23日，由贵州省委统战部、省侨联主办的中国·斯洛伐克贵州山地城镇化论坛在贵阳举行，斯洛伐克共和国前总理恰尔诺古尔斯基作主旨演讲

【建设海外贵州商会】2015年，贵州省侨联引导成立葡萄牙贵州商会、美国贵州商会、阿根廷贵州商会、巴西贵州商

会、日本贵州商会、匈牙利贵州商会、意大利贵州商会7家海外贵州商会，使海外贵州商会达到16家。截止到2015年年底，海外贵州商会遍及五大洲，商会会员总数超过千人，既有贵州籍的海外侨商，也有非贵州籍的在贵州有投资项目的海外侨商以及对贵州有感情、有兴趣并欲前往投资发展的海外侨商。中国侨联，贵州省委、省政府对省侨联海外贵州商会的建设工作高度重视。2015世界侨商贵阳会议期间，省侨联邀请了海外贵州商会的代表出席会议，林军、谌贻琴为海外贵州商会授牌。10月9日下午，贵州侨商企业联合会第二届会员大会上，刘晓凯、安晨为海外贵州商会贵阳办事处授牌。贵州省侨联在贵阳国家高新区设立海外贵州商会办事处，并安排专人负责办事处的日常工作，为海外侨胞来黔投资提供服务。

中国侨联主席林军题写会名，中国侨联副主席乔卫（左一），中共贵州省委常委、省委统战部部长刘晓凯（右一）为贵州海外青年创新创业会授牌

【成立贵州海外青年创新创业协会】 4月24日，贵州海外青年创新创业协会在贵阳成立，并召开第一次会员大会。林军题写会名，乔卫、刘晓凯出席大会并为协会授牌。贵州海外青年创新创业协会会长由以晴集团董事长周以晴担任，贵州圣济堂药业集团董事长丁林洪担任名誉会长。詹建华、文黔 、陈婧濡、邓一、朱方舟、曹阳、杨明、刘孛、霍雨佳、王旭、旷宗义、罗坤、叶凯、黄金宝、文筱婷等15人担任副会长。朱方舟兼任秘书长。杨鹏等7人担任顾问。成立贵州海外青年创新创业协会是贯彻落实中央《关于加强和改进新形势下侨联工作的意见》和“大众创业、万众创新”精神，贯彻落实省委、省政府提出的把贵州建设成为“中国人才创业首选地”要求和加强新侨工作的有力举措。截止到2015年年底，有会员300余名，来自欧洲、北美洲、

4月24日，贵州海外青年创新创业协会在贵阳成立，并召开第一次会员大会

亚洲、大洋洲等 20 多个国家和地区；平均年龄 28 岁，90% 的会员学历为硕士以上。他们很多都具有海外留学背景，思想活跃，熟练使用各种新媒体，是现代制造、金融、医药、教育、IT、旅游文化、生态农业等领域的创新创业能手。贵州海外青年创新创业协会依托贵阳国家高新区等创业孵化园地，倡导“大众创业、万众创新”精神，以服务海外青年在贵州“创新创业”为主要目标，服务海外青年成长成才和事业发展。8 月 21 日与深圳市海归协会加强合作，在贵阳建立才智转化贵阳基地，刘晓凯讲话，安晨出席。

【召开贵州侨商企业联合会第二届会员代表大会】10 月 9 日下午，贵州侨商企业联合会第二届会员大会在贵阳召开。刘晓凯出席。安晨代表中国侨商会致辞，省委统战部副部长王茂爱代表省委统战部致辞。100 多家侨资企业负责人出席会议。会议审议通过了贵州侨商企业联合会首届理事会工作报告、财务收支情况报告；表决通过了《贵州侨商企业联合会章程修改正案（草案）》、《贵州侨商企业联合会会费收取及经费管理办法修正案（草案）》；第二届会员大会选举产生了 44 名理事组成的新一届理事会，二届一次理事会选举王保生连任会长，叶保立为常务副会长，王海虹、白贵春、旷宗义、林水钦、罗坤、周以晴、姜成林、徐卓扬、詹建华、樊全胜为副会长，聘请谢湘蓉为名誉会长，聘请 14 家海外贵州商会主要负责人担任顾问。大会明确了贵州侨商企业联合会未来五年计划建立基层侨商组织、健全商会学习机制、加强与政府职能部门互动、引导侨商走出去服务“一带一路”战略的主要工作思路。

【举行魏基成“天籁列车”和“温暖列车”大型公益捐赠】8 月 6 日，中国侨联海外顾问、著名华人慈善家魏基成“天籁列车”贵州捐赠仪式在贵阳市特殊教育学校举行，刘晓凯出席并为魏基成夫妇颁发“贵州省侨爱心大使”证书。魏基成“天籁列车”为贵州省捐赠听障青少年、儿童助听器 7000 台，听障成年人助听器 3000 台，特殊学校语音教学机 500 台，魏基成“温暖列车”为贵州贫困地区老年人和留守儿童捐赠御寒冬衣 1 万件，总价值 3400 万元。此次捐赠是贵州省侨联成立以来的最大一项捐赠。为做好发放工作，实现全省听障学生的全覆盖，贵州省侨联联合省教育厅、省残联开展助听器发放工作，联合下发《关于做好“天籁列车”慈善机构为我省听障青少年、儿童捐赠助听器工作的通知》，在全省残障特殊学校和普通中小学组织全面申报，并组建了“天籁列车”助听器服务队赴全省 9 个市州开展验配工作。

8 月 6 日，中国侨联海外顾问、著名华人慈善家魏基成“天籁列车”贵州捐赠仪式在贵阳举行

10 月 9 日，贵州侨商企业联合会召开第二届会员大会

【组织或参与招商推介活动】2015年，贵州省各级侨联积极请进来，主动走出去，大力开展引资引智工作。积极组织侨商参加酒博会、生态文明论坛，组团赴广东、上海、浙江、福建、云南、新疆等地考察。12月，贵州省侨联主席吕虹率贵州侨商会代表团出访西班牙、斯洛伐克、意大利，鼓励贵州侨商会员企业勇敢“走出去”拓展海外市场。黔南州侨联积极承办“第八届世界华人传媒论坛”，组织州内优秀企业参加第十三届昆明东盟华商会；遵义市侨联与市投资促进局合作赴上海举行“遵义大健康产业项目推介会”，协助市委统战部组团赴英国、德国开展招商引资工作；黔西南州侨联参与第三届“中国美丽乡村 · 万峰林峰会”等；铜仁市侨联推动成立翻译协会，为政府涉外接待工作和大型涉外活动提供翻译支持，在贵州省是首例；安顺侨联荣获“安顺市2015年度招商引资工作优秀奖”。

【为推动贵州对外合作牵线搭桥】贵州省各级侨联积极牵线搭桥，推动贵州与国外在科技教育、文化旅游、医疗卫生以及友好城市等多层次多领域加强合作，签署各类具有实质性的合作协议30余个。在贵州省侨联的积极推动下，促成澳大利亚联邦科学与工业研究组织（CSIRO）和中铝贵阳铝镁设计研究院有限公司签署技术合作协议；加拿大堪纳多应用文理学院与贵州轻工职业技术学院、贵州交通职业技术学院成功签署合作协议；促成铜仁市与美国蒙特利公园市建立友好城市关系，铜仁学院、凯里学院、贵阳学院与西来大学建立友好合作伙伴关系，兰姆师集团与铜仁一中、凯里一中签署合作协议书；贵州侨商会与西班牙华侨华人协会、意大利威尼斯地区华侨华人总会签署合作协议；贵州侨商会会员企业贵阳白志祥骨科医院与斯洛伐克纳梅斯托沃市中医医疗中心建立友好医院合作。贵阳市侨联牵线促成加拿大本拿比市与贵阳市建立友好城市关系；美国华人医药科学家协会、美南中国专家协会联合会与贵阳市签订《引进海外高层次人才合作框架协议》。安顺市侨联积极促成安顺市政府与葡萄牙塞沙尔市建立了初步联系等。

【做好参政议政工作】2015年，贵州省各级侨联与人大、政协共同组织侨界人大代表、政协委员深入基层，到侨资企业、侨界群众中，倾听侨声，了解侨情，汇集侨意。入选中共贵州省委办公厅“服务决策专家智库”专家的王保生副主席提出的《申请设立贵州数据银行等三建议》，被省委办公厅《观点摘编》采用并呈报省委领导参阅。积极主动与贵州省人大外侨委、省政协港澳台侨委一道共同组织侨界人大代表、政协委员就“一法两办法”贯彻落实情况开展调研和执法检查。参与省人大外侨委组织的《贵州省华侨捐赠条例》起草修改和赴省外调研，形成调研报告。各级侨联加强对提案议案的协调督办工作，推动解决相关问题。

【依法维权促进侨界和谐稳定】2015年，贵州省各级侨联为侨界群众提供法律咨询、维权服务，接待来信来访500余人次。遵义市、黔南州侨联与当地司法局共建“法律援助中心驻侨联工作站”。各市州侨联积极帮助归侨侨眷和在黔侨商依法维护合法权益，如毕节市侨联为加拿大侨商段律文协调解决陵园搬迁问题，黔西南州侨联协调解决侨企心意药业厂房上空因高压线横跨长期不能正常施工问题，六盘水侨联协调解决香港侨胞土地权属纠纷问题等。为纪念贵州省实施《中华人民共和国归侨侨眷权益保护法》颁布10周年，

3月10日，在北京中铝国际总部，省侨联牵线澳大利亚联邦科学与工业研究组织和贵阳铝镁设计研究院签署了技术合作协议

遵义市、黔南州、六盘水侨联积极组织开展纪念活动。全省侨联系统1个单位、3名个人获中国侨联表彰维权工作先进基层组织和先进个人；组织全省侨联15名基层干部参加中国侨联在昆明举办的“法治中国 你我同行”——“一带一路”相关省份侨界群众法治学习培训班。

【巩固“侨心工程”品牌参与精准扶贫】贵州省各级侨联引导和推荐海内外慈善基金会、华侨华人社团和侨胞个人向贵州捐赠项目款物折合人民币4600多万元，惠及困难群众30000余人，为全省贫困山区教育、医疗、基础设施建设和群众生产生活做出了贡献。澳大利亚魏基成“天籁列车”慈善机构捐助金额3000多万元。中国华侨公益基金会、匈牙利侨胞瑞安同乡会、马来西亚祝福文化基金会、香港吴星可慈善基金会、香港希望之友教育基金会、浙江新华爱心基金会资助珍珠班等长期捐赠项目达700万元。各市州侨联主动争取，其中遵义市、铜仁市、黔南州、黔西南州侨联募集慈善款物折合人民币均在200万元以上。2015年，完成全省151位困难归侨补助金27.3万元的发放工作；遵义市侨联积极争取，促成《遵义市侨联困难归侨侨眷定额生活补助暂行办法》的实施。各级侨联深入侨界困难群众，送去慰问款物折合人民币30余万元；毕节市侨联成立了“毕节侨之家”，丰富了为侨服务的内容和载体。各级侨联充分发挥优势，积极引荐海外资源，全年为挂帮点争取各类帮扶资金数百万元。

【创新宣传手段提升侨联影响力】贵州省各级侨联充分利用新媒体、新手段，建立QQ群、微信公众平台加强对外宣传，展示侨联新形象，提升侨联影响力。贵州省侨联制作的《我在贵州创业》宣传视频荣获2015年度全省统一战线微信宣传作品二等奖，《拓展侨联工作新平台 为贵州对外开放作出新贡献》荣获2015年度全省统一战线微信宣传作品三等奖。依托“侨联之友”、“世界华人华侨友好群”微信平台，加大互联网宣传力度，省侨联在侨联之友·《五洲论坛》作《贵州誓别“富饶的贫困”》（92场）专题讲座，贵阳市侨联在侨联之友·《四海风情》贵州专题（67—69期）讲座，向海外侨商侨领宣传贵州概况、发展的潜力和扶贫开发取得的成就。省侨联网站上网信息1000余条，新开通毕节、六盘水、铜仁侨联网站。侨联工作被贵州电视台新闻联播播报13条，《贵州日报》报道24条，其中整版报道3版，头版报道10条，头版头条1条，被中国新闻网转载400余次，新华网、人民网、搜狐等其他主流网站转载1000余次。贵州省侨务信息平台已通过省经信委技术评审。贵州省侨联荣获2015年度全省统一战线宣传工作二等奖。

7月9日，中共贵州省委常委、省委统战部部长刘晓凯、宋庆龄基金会副主席唐闻生出席中国华侨公益基金会——胡国赞爱心基金捐助黔西南州仪式

云南省归国华侨联合会

【领导成员名单】

党 组 书 记：童凤华（女，土家族，2015 年 5 月卸任）
　　　　　　和向红（女，纳西族，2015 年 5 月到任）
主　　　席：李　嵘（纳西族）
专职副主席：段　林（傣族）　聂河云
兼职副主席：周　凡　周碧奋（女，傣族）　于欣力　伍达天　庄哲猛　徐　杰
秘　书　长：高　峰

【综述】 2015 年，云南省侨联在省委的正确领导下，在中国侨联的指导下，深入学习贯彻习近平总书记系列重要讲话精神和对云南工作的重要指示精神，全面贯彻党的十八大、十八届三中、四中、五中全会和省委九届十次、十一次、十二次全会精神，坚持为大局服务、为侨服务，坚持国内海外工作并重、老侨新侨工作并重，积极拓展海外工作和新侨工作，凝聚侨界力量，在服务经济发展、依法维护侨益、拓展海外联谊、积极参政议政、弘扬中华文化、参与社会建设等方面取得了新成效，为全面建成小康社会积极贡献力量。

【召开云南省侨联九届六次全委会】 2 月 28 日，云南省侨联召开九届六次全委会议，云南省侨联主席李嵘作了工作报告。会议要求贯彻中央群团工作意见、社会主义协商民主建设意见和侨联工作意见，贯彻省委九届九次全会精神，紧紧围绕省委、省政府中心工作，牢牢把握时代主题，充分发挥独特优势，积极拓展海外工作、新侨工作，进一步调动广大归侨侨眷和海外侨胞的积极性，为云南全面建成小康社会、全面深化改革、全面依法治省、全面从严治党做出更大的贡献，以优异成绩迎接云南省第十次归侨侨眷代表大会的召开。

【推进“三严三实”专题教育】 按照中央、省委关于开展“三严三实”和“忠诚干净担当”教育实践活动的统一部署，1 月 15 日，云南省侨联党组召开“三严三实”和“忠诚干净担当”专题教育动员会，传达学习省委有关要求部署，制订专题教育方案，成立组织机构，及时启动专题教育，认真抓好专题党课、学习研讨、民主生活会和整改落实四个“关键动作”。组织开展了争创“三型”党组织、争做“四有”党员活动（争创学习型、服务型、创新型党组织，争做“心中有党、心中有民、心中有责、心中有戒”党员）；组织党员干部深入怒江州独龙江乡学习高德荣同志先进事迹。

1 月 15 日，召开云南省侨联机关“三严三实”和“忠诚干净担当”专题教育动员会

2 月 28 日，召开云南省侨联九届六次全委会

【加强党风廉政建设】 2015 年，云南省侨联认真贯彻落实中纪委十八届六次全会和省纪委九届八次全会精神，组织学习《中国共产党党章》、《中国共产党廉洁自律准则》、《中国共产党纪律处分条例》等，将党

风廉政建设工作任务细化分解，班子成员分别与分管部门负责人签订了责任书，4次专题研究分析党风廉政建设工作；4次进行党风廉政建设情况专题调研；主持开展了理想信念宗旨和党风廉政教育4次；主动走访各处室，与班子成员、各处室负责人交心谈心50余次；组织观看中央、省委反腐倡廉电影教育片，到云南省反腐倡廉警示教育基地学习；坚持开门纳谏听取意见建议，在16个州市侨联、第九届省侨联常委、7个直属团体联谊会、部分退休老干部和机关干部职工中广泛征求对党组和党组成员在践行“三严三实”，遵守政治纪律、政治规矩、组织纪律方面，落实党风廉政建设主体责任、监督责任方面的意见和建议。

10月10日，云南省侨联党组书记和向红（左二）到云南省侨联“挂包帮”联系点鹤庆县西邑镇奇峰村调研走访

9月23日，云南省侨联机关干部到云南省全国廉政教育基地参加警示教育学习，前排左二为段林副主席，前排左三为聂河云副主席

【扶贫攻坚“挂包帮”“转走访”工作】 2015年，云南省侨联按照全省扶贫攻坚“挂包帮”“转走访”工作动员大会精神要求，及时动员部署，组建领导机构和工作班子，安排部署建立扶贫攻坚“领导挂点、部门包村、干部帮户”长效机制，扎实开展“转作风走基层遍访贫困村贫困户”工作，以严和实的作风抓好扶贫攻坚“挂包帮”“转走访”工作。班子成员分别深入16个州市、省侨联挂钩村鹤庆县西邑镇奇峰村开展随机调研，走访了贫困村和贫困户，召开了民情座谈会，认真了解乡情、村情，掌握了导致贫困的原因和实际需要，认真填写了《云南省贫困村访谈问卷》和《云南省贫困户访谈问卷》，建立了帮扶联系卡。根据走访了解的情况，协同当地党委、政府和有关部门制订贫困村、贫困户脱贫发展计划。召开了云南省侨联“领导挂点、部门包村、干部帮户”“转作风走基层遍访贫困村贫困户”专题扶贫工作推进会议。聚集社会力量，筹集了50多万元资金，支援挂钩联系点建设。

【承办第八届世界云南同乡联谊大会】 6月8日，第八届世界云南同乡联谊大会在普洱市开幕。大会以“团结、联谊、合作、发展”为宗旨，以“叙乡情·爱云南——相约世界茶源·普洱，共筑发展之梦”为主题，畅叙乡情友谊，共话家乡发展。国务院侨务办公室主任裘援平，中国侨联副主席乔卫，中共云南省委常委、省委统战部部长黄毅，云南省政府党组成员张登亮出席开幕式。来自缅甸、泰国、新加坡、菲律宾、老挝、柬埔寨、美国、加拿大、澳大利亚、新西兰、阿联酋、挪威、法国、俄罗斯、南非、意大利以及中

6 月 8 日，举办第八届世界云南同乡联谊会

国香港、澳门、台湾等 19 个国家和地区的 400 余名世界云南同乡和特邀嘉宾出席大会。中华海外联谊会向大会发来贺信。裘援平代表国务院侨办对大会的召开表示热烈祝贺。黄毅代表省委、省人大常委会、省政府、省政协向远道而来的各位乡亲和朋友们致以诚挚的问候。乔卫在讲话中指出，云南 200 多万海外云南籍乡亲秉承中华民族的优良传统，为住在国和地区的经济发展、社会进步做出了重要贡献，赢得了住在国人民的赞誉与尊重。会议期间，还组织了青年文化沙龙、招商引资项目及旅游产品推介会、“和谐侨社”论坛、民族文化展演、普洱茶文化讲坛等一系列具有云南特色、普洱特点的活动。

【承办第十三届东盟华商会】6 月 11 日，第十三届东盟华商会在昆明开幕。来自东南亚、南亚、西亚、非洲、欧洲、南北美洲、大洋洲和中国香港、澳门、台湾等 30 多个国家和地区的 500 余名政要、知名侨领、华商领袖、著名专家学者相聚昆明，共谋“一带一路”国家战略机遇与华商事业发展。中共云南省委书记李纪恒、国务院侨务办公室主任裘援平、中国侨联副主席李卓彬出席开幕式并致辞。海峡两岸关系协会会长陈德铭出席开幕式。华商会紧扣国家“一带一路”战略，共设立 126 个引资引智项目洽谈展位。云南省 16 个州市、重庆、四川、成都等省区市的 160 多家招商部门、园区和企业参会，700 余个招商引资项目在会上推介洽谈。来自美国、加拿大、日本等 11 个国家的知名大学、科研机构和科技企业的 50 名海外知名华裔专业人士携带 91 项科技成果亮相，成果包括生物医药、IT 产业和绿色食品三个方面。本届华商会签约瑞丽国际华商产业园、美国泛亚国际生态工程研究院建设等 5 个项目，项目资金合计人民币 70 亿元。首次与怒江州合办地方专场推介会。

【协办第十七届“中国国际旅游交易会”】11 月 13 日—15 日，由中国国家旅游局、中国民用航空局和云南省人民政府共同主办，云南省旅游

6 月 11 日，中国侨联副主席李卓彬出席第十三届东盟华商会开幕式并致辞

11 月举行的国际旅交会上，云南省侨联邀请的阿曼蓝星旅游公司参展区

发展委员会承办，云南省侨联协办的“2015 中国国际旅游交易会”在昆明滇池国际会展中心举办。云南省侨联发挥联系广泛的优势，积极在海外华人中进行宣传，邀请了来自法国、意大利、阿联酋、肯尼亚等 16 个国家从事旅游行业的 30 余名华侨华人参会参展。

10 月 30 日，云南省侨联党组书记和向红（第二排左四）观看“亲情中华”相约密支那演出

【开展“亲情中华”文化交流活动】 10 月 29 日—11 月 1 日，由中国侨联、云南省侨联、云南省政府侨办、保山市人民政府主办，保山市侨联、保山市侨办承办的“亲情中华 · 相聚密支那”文艺晚会在缅甸密支那上演。缅甸密支那克钦邦总理和密支那克钦邦政府官员，密支那云南同乡会会长高仲能，云南省侨联党组书记和向红，云南省政府侨办主任杨焱平，云南省保山、德宏等沿边州市侨联、侨办、外办的负责人，以及来自缅甸仰光、曼德勒、东枝、腊戌等地华侨会的侨领和来自美国、泰国、中国香港、台湾等地的侨胞代表出席晚会，密支那克钦邦政府官员，当地华侨华人、华校的师生等共 6000 多名观众观看了演出。

【参与主办中泰情深 2015 曼谷国际艺术展】 11 月 13 日，由云南省侨联、泰国皇家理工大学艺术学院、昆明玉云翔文化传播有限公司及泰国华人青年商会携手策划的庆祝中泰建交 40 周年

11 月 13 日，云南省侨联副主席聂河云在《中泰情深——曼谷国际艺术展》开幕式上致辞

《中泰情深——曼谷国际艺术展》在泰国曼谷开幕，活动意在以文化交流为纽带，以云南省优秀的绘画艺术为桥梁，增进中泰两国人民和艺术家的了解与交流，通过民间文化交流的方式来促进两国人民更广泛的交流与合作，达到更高层次的互联互通。活动邀请了来自中国北京、云南和泰国的艺术家共 70 余人，展出书法、绘画、装置及混合媒介的作品 100 多件，参展的艺术家及作品数量均是云南历史上跨国展览项目比较多的一次。

【以群众工作为主线践行为侨服务】春节前夕，云南省侨联组成慰问组到侨场、省侨联直属团体走访、看望困难归侨侨眷、南侨机工。组织各联谊会的归侨侨眷利用元旦、春节、中秋、国庆节开展丰富多彩的文体活动，聘请专家学者为各联谊会的归侨侨眷讲解国内、国际形势及健康养生知识，为海外的华侨华人回国探亲、观光旅游提供服务；带领演出团队到社会福利院慰问演出，看望鳏寡孤独的老人。积极为基层和群众排忧解难，为陆良华侨管理区争取到生产用电设施项目改造经费 53 万元；筹集资金 50 万元，看望慰问和帮助贫困归侨侨眷和南侨机工；为 7 个直属团体解决工作经费 7 万元；组织医疗专家为缅甸侨胞和困难群体送医送药，捐赠了价值 37 万元的药品。云南华商公益基金会整合侨界资源，共接收中国华商公益基金会、美国妈妈联谊会、香港悉教社教育基金捐赠善款 700 余万元，完成“忠魂归国”、助学助贫、南侨机工事迹宣传等公益项目支出 500 余万元。

【涵养海外侨务资源】2015 年，云南省侨联充分发挥海外联系广泛的优势，加强与海外的友好往来。利用春节、中秋等传统节日的契机，向海外、境外侨团、侨社、侨领、乡亲等发送问候信息。组团参团 8 次访问了泰国、新加坡、澳大利亚、新西兰、缅甸、中国台湾、中国香港、中

9 月 18 日，云南省侨联主席李嵘（左四）看望南侨机工罗开瑚（左三）

6 月 19 日，中共云南省委常委、统战部部长黄毅（前排左九）会见台湾中华侨联总会理事长简汉生（前排左八）一行

7 月 9 日，云南省侨联主席李嵘（中）会见意大利客人 Ulcelli Lucah 和鲜培垚

省级侨联工作

4 月 22 日，云南省侨联副主席段林（右）出访中国台湾，台湾台北云南同乡会理事长蔺斯邦（左）向云南省侨联赠送书法作品

国澳门等 14 个国家和地区，拜会了海外友好社团，积极宣传了云南省情、侨情，结识了一批新朋友、新社团。接待了来自美国、缅甸、泰国、塞尔维亚、老挝等 30 余个国家的华侨华人 300 余人次，加深了与海外侨胞之间的友谊，扩大了交流与合作。配合中国侨联开展“海峡论坛”系列活动，组织台湾中华侨联总会 50 余人参访了腾冲和大理，加深了两岸侨界的交流与共识。

【维护侨益和参政议政】 2015 年，云南省侨联利用节庆日、纪念日，通过开辟侨法宣传专栏、发放宣传图册及资料、网络等形式广泛开展侨法宣传，扩大了依法维护侨益的群众基础和法制基础。承办了中国侨联第五期“法治中国 你我同行”相关省份法治培训班，200 余名侨界干部群众参加培训。对归侨侨眷反映的各类法律纠纷与合法权益的申诉，及时同有关部门进行协调，帮助南侨机工二代、归侨侨眷及侨商处理民事纠纷、房产纠纷、担保诈骗等问题，依法维护了归侨侨眷和海外侨胞的合法权益。充分发挥侨联在人民政协组织中的界别作用，发挥侨界代表在人大中的作用，引导侨界群众有序开展政治参与，依法参与管理国家和社会事务。积极参加提案工作交流大会。提案《逐步落实“户均一个职技生”，加快

9 月 13 日，由中国侨联主办、云南省侨联承办的“法治中国 你我同行”相关省份法治培训在昆明开班，中国侨联副主席李卓彬（主席台左四）出席开班仪式并讲话

滇西边疆民族地区的发展》被云南省政协评为优秀提案。围绕海内外的政治、经济和社会热点主动加强信息工作，信息报送率和采用率大幅提升。上报侨情信息被国家领导人批示1期，省领导批示5期，中国侨联采用11期。

【举办纪念抗战胜利70周年主题活动】2015年，围绕纪念抗战胜利70周年的主题，云南省侨联配合中国侨联完成了电视剧《南侨机工英雄传》的拍摄、制作和宣传发行工作；主办了“血写的历史——日本军国主义在亚太地区罪行图片展”，并承办在缅甸曼德勒的展出活动；举办了弘扬中国远征军和南侨机工爱国精神书画作品展及义拍活动和“纪念中国远征军·南侨机工抗战”公益音乐会。保山市侨联编辑出版了《华侨与滇西抗战》、《天那边的路》、《天堂鸟》等系列丛书，举办了“纪念爱国侨领梁金山先生系列活动”，筹资30万元修缮梁金山故居；各州市侨联及联谊会也围绕抗战胜利70周年开展了大量的活动。

6月5日，在昆明市博物馆纪念抗日战争胜利70周年暨“血写的历史”图片展活动现场，中共云南省委常委、统战部部长黄毅（中）观看展览

10月30日，云南省侨联党组书记和向红向中国远征军忠魂碑敬献花篮

西藏自治区归国华侨联合会

【领导成员名单】

副秘书长：普布扎西（2015年10月任职）

王春英　平　措

【开展贫困归侨侨眷联合义诊活动】 4月28日，自治区侨联协调西藏卓玛医院对拉萨市区内的归侨侨眷（归国定居藏胞及境外藏胞境内的亲属）开展了免费义诊活动。区党委常委、自治区政协党组书记、副主席、区党委统战部部长公保扎西，区党委统战部常务副部长熊刚毅等领导就组织协调开展好义诊活动作出了重要批示，区党委统战部巡视员、自治区侨联副主席、秘书长格桑亲临义诊现场，西藏自治区侨联、拉萨市委统战部有关领导参加活动。此次活动不仅践行了党的群众路线教育实践活动，从日常生活中关心群众，变联系服务群众"最后一公里"为"零距离"，进一步加强了与归侨侨眷（归国定居藏胞及境外藏胞境内亲属）的了解和友谊，真正做到了为归侨侨眷（定居藏胞及境外藏胞境内亲属）排忧解难，提供服务；同时向社会各界表达了党和政府继续贯彻执行"爱国一家，爱国不分先后"的方针政策，一如既往地关心和重视归侨侨眷（归国定居藏胞及境外藏胞境内亲属），全面细致地做好侨务工作。

【魏基成"天籁列车"在拉萨开展捐助活动】 10月27日，澳大利亚"ABC天籁列车"慈善机构中国区负责人黄兆邦先生与西藏自治区侨联取得联系，协商在藏开展助听器及御寒冬衣捐赠事宜。自治区侨联请示区党委统战部后，部领导高度重视，区党委常委、区政协党组书记、区党委统战部部长公保扎西就捐赠活动作出了重要批示。根据区党委统战部领导指示精神，自治区侨联与自治区残联就捐赠活动相关事宜召开了座谈会，制订了《关于黄兆邦先生进藏捐赠助听器活动的实施方案》，同时与拉萨市特殊教育学校进行协商，达成了捐赠共识。11月25日上午，自治区党委统战部副部长洪涛、自治区党委统战部部务会成员、区接待归国藏胞委员会秘书长洛桑旺堆、自治区侨联副秘书长王春英、自治区残联副理事长龚德民、自治区残联就业服务中心副主任银芳、澳大利亚"ABC天籁列车"慈善机构中国区负责人黄兆邦先生就捐赠活动再次进行了座谈，明确了活动相关事宜。11月26日上午在拉萨市特殊教育学校进行了捐赠活动，全校200名师生参加了活动，洪涛、洛桑旺堆、王春英、龚德民、银芳等领导出席了捐赠活动。此次澳大利亚"ABC天籁列车"慈善机构共计捐赠助听器1500部，语言教学机5台，御寒冬衣4000件。西藏自治区侨联、拉萨市特殊教育学校向"天籁列车"慈善机构对该校的捐赠表示了感谢，并教育听障儿童要铭记"天籁列车"慈善机构及海外华人的爱心捐赠和真心帮助。

【举办2016年归侨侨眷春节、藏历新年茶话会】 2016年春节、藏历新年来临之际，拉萨市区68名归侨侨眷（归国定居藏胞及境外藏胞境内亲属）代表及自治区领导和有关部门负责同志在自治区党委统战部爱国人士之家欢聚一堂，举行2016年归侨侨眷春节、藏历新年茶话会，共叙情谊、恭贺新春。自治区政协副主席珠康·土登克珠、策墨林·丹增赤列等自治区领导出席，自治区人大外侨委、自治区外办、拉萨市、城关区有关领导参加茶话会。次仁和贡丹两位归侨侨眷代表分别作了发言。出席会议的自治区领导代表区党委、政府向参会的归侨侨眷一一敬献切玛、哈达，送去慰问金6.8万元。

陕西省归国华侨联合会

【领导成员名单】

党 组 书 记：刘选民

党 组 成 员：王建彬　高俊峰

尚小红（女）　鲍　剑

主　　　席：徐德龙

专职副主席：高俊峰

兼职副主席：俞文彬　张　宏　马忠科

徐鸣喆（女）　刘润生

姜　波　尚小红（女）

秘　书　长：尚小红（女）

【综述】2015 年，陕西省侨联全面贯彻党的十八大和十八届三中、四中、五中全会精神，认真学习贯彻习近平总书记系列重要讲话精神，学习宣传贯彻中共中央《关于加强和改进党的群团工作的意见》，围绕中共陕西省委提出的建设“三个陕西”的战略目标，在服务经济社会发展、服务侨胞、参政议政、维护侨益、拓展海外联谊、发展侨界公益事业、加强自身建设等方面做了大量工作。

【中国侨联慰问陕西侨胞】2 月 11 日—12 日，中国侨联组织人事部部长李杰带领人事部、权益保障部的有关同志来陕走访慰问，亲切看望陕西归侨侨眷。省侨联党组书记刘选民，党组成员、副主席（兼）、秘书长尚小红陪同慰问。慰问期间，李杰一行深入归侨侨眷家中，谈事业、唠家常，详细询问了他们的身体和生活情况，了解归侨侨眷权益保护相关政策的落实情况，认真听取意见建议，并为他们送上党和政府以及各级侨联组织对归侨侨眷的关怀和祝福。

【召开陕西省侨联七届二次全委会】3 月 10 日，陕西省侨联第七届委员会召开第二次全体会议，总结上一年工作，部署本年度工作。70 余名侨联委员参加会议，省侨联党组书记刘选民、各基层侨联主要负责同志列席会议。中国侨联常委、省侨联副主席刘润生传达了中国侨联九届二次全委会精神，受徐德龙主席委托，高俊峰副主席做工作报告。会议要求，全省各级侨联组织要贯彻落实中央关于加强和改进群团工作的意见，主动谋划，要把握侨情新变化，适应工作新常态，坚持“两个并重”、深化“两个拓展”，主动作为、探索创新，建家当友、凝聚侨心，进一步发挥侨联组织自身优势，积极搭建引资引智引才工作平台，在经济社会发展中展现侨联组织的新作为；要加强组织建设，着力推动侨联组织向基层延伸，形成组织网络；要抓准、抓住重点工作，树立久久

3 月 10 日，陕西省侨联召开七届二次全委会

2 月 12 日，中国侨联组织人事部部长李杰（左二）慰问陕西侨胞

为功的意识，打造工作品牌；要加强侨联干部队伍建设，提升为侨服务的能力和水平，在更高起点上推动陕西侨联事业创新发展，埋头苦干，在建设富裕陕西、和谐陕西、美丽陕西的征程上，谱写更加辉煌的篇章。

【举行华侨华人清明节祭祖活动】4 月 5 日，应陕西省侨联邀请，来自英国、瑞典、巴西、澳大利亚、日本以及中国香港、澳门、台湾等 10 余个国家和地区的 120 多名华侨华人赴黄帝陵谒祖寻根。

4 月 21 日，陕西省委副书记胡和平（左一）在省侨联机关调研

4 月 5 日，海外华侨华人清明节拜谒黄帝陵

【胡和平副书记到陕西省侨联机关调研】4 月 21 日，陕西省委副书记胡和平到省侨联机关调研，在听取省侨联党组书记刘选民的汇报后，对侨联近年来开展的工作、取得的成绩给予了充分肯定，对存在困难和一些亟待解决的问题表示要进行研究，尽快推动解决。胡和平指出，侨联工作比较重要，中央一直比较重视侨联工作，做好侨的工作，一是要加强联系、加强联谊。二是要热心开展服务工作。三是要充分发挥好联系对象、工作对象的作用。刘选民表示，要认真学习贯彻落实《关于改进和加强党的群团工作的意见》，紧紧围绕省委省政府的中心工作，发挥职能作用，不断增强广大归侨侨眷、海外侨胞建设陕西的向心力和凝聚力，为建设“三个陕西”贡献力量。

【继续开展“天籁列车”公益项目】5 月 10 日—29 日，澳大利亚魏基成“天籁列车”慈善机构中国区联络员黄兆邦先生带领的澳大利亚魏基成“天籁列车”验配团队一行，在陕西省开展爱心捐赠活动，总共为汉中市、商洛市、安康市、

5 月 20 日，陕西省侨联举行公益捐赠仪式

渭南市、延安市、榆林市捐赠助听器3659副，为24所特教学校捐赠教学机50台，价值合计832万元人民币。

【开展侨商县区行活动】5月20日—21日，由中国侨商会、陕西省侨联共同举办的“丝路情·海内外侨商投资联县（区）行”活动，在陕西咸阳市长武县和宝鸡市扶风县举行，200名侨商与两地招商部门对接洽谈投资项目。其间，签订了总投资51.75亿元的18个招商引资项目，其中工业项目6个、农业项目7个、旅游项目5个。中国侨联经济科技部副部长、中国侨商联合会副会长兼秘书长安晨，陕西省侨联党组书记刘选民，咸阳、宝鸡两市领导出席相关活动。

5月20日，陕西省侨联举行的推介会现场

5月21日，举办海内外侨商投资联县（区）行项目签约现场

【开展“三严三实”专题教育】5月15日，陕西省侨联召开“三严三实”专题教育动员暨党课报告会。党组书记刘选民要求，机关全体党员干部职工要深刻认识开展“三严三实”专题教育的重要意义，切实增强责任感和紧迫感。刘选民强调指出，省侨联专题教育要在扎实做好中央、省委“规定动作”的基础上，结合工作实际创造性地开展“自选动作”，确保专题教育扎实有效开展。要做好结合文章，把开展专题教育与贯彻中央两个“意见”、完成全年目标任务结合起来，与巩固扩大教育实践活动成果结合起来，以优良的作风推动省侨联工作创新发展，服务“三个陕西”建设。为教育引导侨界群众践行社会主义核心价值观，省侨联印发通知，决定从今年6月起到明年年中，在全省侨联开展归侨侨眷模范人物和优秀侨务工作者评选活动，在公益事业中开展“爱心大使”评选活动。“爱心大使”评选的对象主要是长期在陕西省组织参与公益活动、实施公益项目、业绩突出的侨界人士。

【开展参政议政专题调研】6月—9月，陕西省侨联领导刘选民、高俊峰、尚小红先后赴各市，通过召开座谈会、走村入户进侨企等形式，调研侨界人大代表、政协委员参政议政情况。先后听取了10个市、18个区（县）侨联在人大政协换届以来侨界推荐人大代表政协委员情况及工作开展情况，与市区（县）87位侨界人大代表政协委员进行座谈，了解履职情况，听取对侨联参政议政工作的意见建议。针对大家反映的基层组织不健全，市以下政协没有明确侨界界别，侨界委员、代表相应比例较少等，省侨联利用各种机会，向有关部门呼吁，同时，还多方联系，促进省、市、县三级侨联联合运作，就侨界群众关心的这些问题和社会热点等，继续开展专题调研和协商，并在各级两会上提出一批高质量的议案、提案。

【举办陕西省侨联干部培训班】8月17日—21日，陕西省侨联在省委党校举办了全省侨联干部培训班，省侨联党组书记刘选民出席开班式并作动员讲话。省侨联党组成员、副主席高俊峰，党组成员、副主席（兼）、秘书长尚小红出

8月17日，陕西省侨联系统干部培训班举行开班仪式

中心的安排下，代表团前往当地进行考察访问，了解当地经济社会发展和华人华侨在海外的生活工作及分布情况，并拜访部分侨领和侨界知名人士。代表团每到一处，与外方代表都进行深度沟通与洽谈，谋求双方合作的切入点。高俊峰说，近年来，陕西举行中国中西部经济贸易洽谈会与丝博会，这已成为全球侨商了解陕西、投资陕西的一个重要平台。高俊峰分别邀请中俄经济技术合作中心、俄罗斯莫斯科中华总商会、俄罗斯圣彼得堡华人华侨联合会、瑞典华人总会、欧洲华侨华人社团联合总会等社团前来参加2016年5月举办的第20届“中国东西部经济贸易投资洽谈会暨丝绸之路博览会”，并向对方赠送相关资料及公祭黄帝宣传资料。

席开班式，全省各级侨联60余名侨务干部参加了培训。刘选民在讲话中指出，大家要认清新形势，树立新理念，开创新局面。在今后的工作中开创、壮大和发展基层侨联组织的新局面；在先进性方面要有创新，开创新局面；要充分发挥人才资源是第一资源；要面对存在的“四化”问题，要走出大院、走出高楼，走向基层；要利用网络平台，推广“智慧侨联”，适应新的工作平台和工作方法。此次培训班在教学内容上既有世界的、又有中国的，既有党建的、又有廉政的，既有经济的、又有国防的，同时较为详细地培训了“三严三实”、“四个全面”、“一路一带”等当前热点重点问题，整个培训系统性和实用性相结合。高俊峰副主席在总结讲话中要求大家切实用习近平总书记系列重要讲话精神统一思想；要继续加强学习的深度和广度，进一步拓展为侨服务工作的知识视野和能力基础；要始终坚持学习成果的转化力度，真正实现学习与实践的互补效应，真正把学习转化为工作生活实践。

【出访欧洲两国】7月22日—29日，应俄罗斯中俄经济和技术合作中心及瑞典瑞中国际交流中心的邀请，省侨联副主席高俊峰率省侨联代表团赴两国开展侨情考察和招商宣传推介活动。其间，在俄罗斯联邦政府侨务部门、俄罗斯莫斯科中华总商会、俄罗斯圣彼得堡华人华侨联合会，瑞典华人总会、欧洲华侨华人社团联合总会、瑞中国际交流

【贯彻省委党的群团工作会议精神】9月14日，陕西省侨联工作会议在西安举行，会议学习传达中央和省委党的群团工作会议精神，研究制订了全省侨联关于贯彻落实省委群团工作会议精神的《实施方案》和贯彻落实省委群团工作实施意见的《具体措施》。省侨联党组成员、副主席高俊峰传达了省委党的群团工作会议精神，传达了省委书记赵正永重要讲话和省委副书记胡和平的工作要求；省侨联党组成员、副主席（兼）、秘书长尚小红对《实施方案》和《具体措施》的起草情况作了说明；与会人员联系实际对《实施方案》和《具体措施》进行了认真讨论，并结合工作提出了具体的修改建议。刘选民强调，贯彻省委群团工作会议精神只有方案安排、

9月14日，陕西省侨联召开专题会议，贯彻党的群团工作会议精神

工作措施还是不够的，必须迅速、认真、全面地落实到全省侨联工作的各个方面，主要从提高认识和抓好落实两个方面做好做实。省侨联党组成员，省侨联副主席俞文彬、徐鸣喆、马忠科、刘润生、姜波等，以及各市区、高校、企业和研究机构侨联负责人、省侨联机关处以上干部参加了会议。

9 月 28 日，召开陕西省新侨创新成果交流座谈会

【开展宣传和信息培训工作】 9 月 21 日—25 日，陕西省侨联在西安举办了全省侨联宣传和信息工作培训班，来自全省各市、县区、高校、企业和科研院所侨联，以及省侨联机关的 48 名侨务干部参加了培训。此次培训在教学内容上突出“贴近工作”、“贴近应用”，先后邀请了西北大学马锋教授、省委党校李长庚副教授、《华商报》社摄影部李杰主任和省政府办公厅、省公安厅有关领导较为详细地针对“新常态下如何做好信息工作”、“摄影和图像处理技巧”、“新闻写作案例分析”、“新媒体技术”和“网络安全知识”等内容进行了讲述，并利用半天时间围绕“开展侨联文化宣传工作”进行交流讨论。省侨联党组成员、副主席高俊峰在总结讲话中要求学员一定要做到持之以恒、学以致用、与时俱进。

9 月 28 日，新侨代表张卫红发言

9 月 21 日—25 日，陕西省侨联举办全省侨联宣传和信息工作培训班

【召开陕西省新侨创新成果交流会】 9 月 28 日，陕西省侨联在西安召开了陕西省新侨创新成果交流座谈会，这是陕西省侨联首次举办新侨创新成果交流会，省侨联党组书记刘选民出席会议并作总结讲话，省侨联党组成员、副主席高俊峰主持会议。座谈会上，中国侨联创新成果奖获得者、日本陕西文化交流协会常务副会长、西安筑波科技有限公司董事长王波；中国侨联创新人才奖、创新成果奖获得者，西安交通大学地方病研究所所长王治伦；中国侨联创新团队奖获得者、西安留学人员创业园副主任杨戎；中国侨联创新人才奖、创新成果奖获得者，西安航天华讯科技有限公司总经理周文益；长江学者、西北工业大学副校长张卫红等 5 位嘉宾，分别就“用尖端检测技术贡献社会、服务人类”、“研究解决世界医学难题——大骨节病的病因、发病机制和预防方法”、“西安留学人员创业园发展及成绩”、“创新技术在中国北斗系统领域中的应用”、“航空航天结构设计优化方法及其工程应用”等领域作了大会发言，交流

了各自领域的创新创业成果。主题发言后，现场来宾还与5位报告人就拓展新侨工作和创新创业体会进行了现场交流。党组书记刘选民在总结讲话中就抓好新侨创新提出三点希望：一是解决好意识问题，二是转化好科技成果，三是侨联工作要服务好。

【成立西北农林科技大学侨联】12月3日，西北农林科技大学召开归国华侨联合会成立暨第一次归侨侨眷代表大会。陕西省侨联党组成员、副主席高俊峰，杨凌示范区侨联主席侯曦、西北农林科技大学党委副书记任应坤等应邀出席大会。西北农林科技大学党委统战部部长陈晓萍主持会议，学校归侨侨眷代表50余人参加了大会。会议审议通过该校侨联第一届委员会选举办法，选举产生了第一届委员会。第一届委员会第一次会议选举产生由余劲教授为主席、吉红教授和赵善廷教授为副主席、陈红英教授为秘书长的西北农林科技大学侨联第一届委员会领导班子。

7月20日，举行罗掌权教学楼捐赠仪式

12月3日，西北农林科技大学侨联成立现场

【延安市侨联】7月20日，“情系延安·爱心奉献——罗掌权教学楼捐赠仪式”在延安新区高级中学举行。中国侨联常委、施美兰集团主席罗掌权和中国侨联青委会委员、施美兰集团董事罗俊隆向延安新区高级中学分别捐赠1000万元、200万元。中国侨联党组成员、副主席乔卫，陕西省委常委、延安市委书记徐新荣先后致辞，对海外侨胞关心支持延安的建设和发展表示高度赞赏和感谢。罗掌权作为捐赠方代表，表示会以此为起点，争取为国家创建华人华侨教育事业创造更加美好的明天。省侨联党组书记刘选民出席捐赠仪式。

【商洛市侨联】商洛市侨联加强基层组织建设，延长工作手臂。2015年4月初，市侨联在市县区街道、城镇、社区以及侨眷人数较多且居住相对集中的区域，组织5户以上侨眷组成侨联小组，使侨联基层组织建设延伸到街道及重点社区，打牢侨联工作的群众基础。到2015年年底，全市已成立了22个侨联小组，市侨联已经落实了侨联小组工作经费，并组织开展了丰富多彩的活动，使侨联组织的学习和联谊等活动从会议室搬到了侨眷家中，为侨眷搭建了互相联络、互相关爱的“侨眷之家”。

11月4日，商洛市丹凤县侨联小组正在开展活动

省级侨联工作

甘肃省归国华侨联合会

【领导成员名单】

党组书记：张文学

主　　席：樊向勤（9月13日任职）

兼职副主席：闫鹏勋　马文丕（回）

何元庆　陈立观

董化琪（女，回）

秘 书 长：芦小燕（女，满）

【综述】2015年是全面推进依法治国和全面深化改革的关键之年，也是甘肃省侨联扎实推动各项工作有序落实的重要之年。一年来，在省委坚强领导和中国侨联正确指导下，省侨联主动适应经济社会发展新常态，紧紧围绕丝绸之路经济带甘肃黄金段建设的战略部署和“四个全面”战略布局，着力拓展海外工作和新侨工作，持续深化省政府与中国侨联的战略合作，邀请省领导出席在河北廊坊举办的中国—中东欧国家地方省州长联合会第一次工作会议，并与河北省侨联签订合作协议结为友好侨联，续写侨务资源共建共享的新篇章；积极推动侨界科技成果转化利用，选派省内侨商企业——天然玫瑰生物科技有限公司和伎乐天文化传播有限公司参展第十八届科博会；组织开展“迎重阳”老归侨联谊活动和“迎新春”侨界慰问茶话会，在团结凝聚广大归侨侨眷和海外侨胞为甘肃省全面建成小康社会做贡献的同时，积极推动侨联工作创新发展，大力加强组织建设，各项工作取得了明显成效。

【李卓彬副主席率团出席伏羲大典】6月22日，以“同根同祖·中华共祭”为主题的2015（乙未）年公祭中华人文始祖太昊伏羲大典在天水举行。中国侨联作为公祭大典的主办单位之一，李卓彬副主席亲自率团，组织来自美国、英国、荷兰、匈牙利、中国香港等国家和地区的30余名海外侨领、侨商出席大典。大典前，省委书记、省人大常委会主任王三运，省委副书

6月22日，中国侨联副主席李卓彬（前排左二）出席天水公祭伏羲大典

6月21日，省委书记王三运会见李卓彬副主席（前排左一）

记、省长刘伟平，省政协主席冯健身会见了李卓彬副主席。

【王永乐顾问率团出席第21届兰洽会】 7月7日上午，第21届兰洽会暨丝绸之路合作发展高端论坛在兰州开幕。应甘肃省政府邀请，中国侨联作为第21届兰洽会暨丝绸之路合作发展高端论坛的主办单位、中国侨商会作为协办单位，全国政协常委、中国侨联顾问王永乐率来自美国、加拿大以及广东、上海、内蒙古、北京等国家和地区的30余名侨商代表，出席第21届兰洽会暨丝绸之路合作发展高端论坛开幕式。其间，省侨联在兰州举办了省侨商会与广东国际华商会友好商会暨侨商企业合作签约仪式，并赴临夏开展“中国侨商会侨领侨商临夏行”活动。

7月7日，中国侨联顾问王永乐出席第21届兰洽会重点项目签约仪式

【中国侨联法顾委一行来甘调研】 8月3日—8日，中国侨联法顾委主任张耕，中国侨联法顾委秘书长、权益保障部部长张岩，中国侨联法顾委委员张巍等一行6人来甘肃省调研。省委书记、省人大常委会主任王三运，省委副书记、省长刘伟平，省委常委、省委统战部部长王玺玉等分别会见了张耕一行。调研组分别在兰州市、酒泉市、阿克塞哈萨克族自治县召开座谈会，并走访新侨企业——兰州百源基因技术有限公司和汇源投资有限公司，广泛听取侨界群众的意见建议。其间，还慰问了张掖市甘州区平山湖乡蒙古归侨。调研中，张耕指出，甘肃虽然地处祖国西北部，侨的资源比较少，归侨中贫困侨和少数民族侨比例较大，但省侨联根据本省特点，工作开展得有声有色。新形势下，侨联组织要对侨联工作有新的认识：一是法顾委工作必须纳入“四个全面”战略布局中，服务党和国家工作大局，在法治国家建设中发挥独特作用；二是法顾委工作要围绕“一带一路”战略开展，在国家战略中发挥积极作用；三是在全媒体时代，法顾委要充分利用互联网这一平台优势，加强联系、凝聚力量、扩大宣传、发挥作用；四是法顾委工作要承载起法治文化宣传的作用，增强全民族对法治文化的认同，做法治文化的传播者；五是法顾委工作要坚持以维权为导向，在依法维权、主动维权和科学维权的基础上，进一步

8月4日，省委书记王三运（中间）、省长刘伟平（右一）会见中国侨联法顾委主任张耕（左一）

8月4日，中国侨联法顾委在甘肃调研并召开座谈会

加强全面维权和合力维权，积极引导侨胞维护自身合法权益。

【推进精准扶贫精准脱贫】2015年，甘肃省侨联积极响应中央、省委关于社会组织参与精准扶贫、精准脱贫的号召，充分发挥侨联资源优势，选派得力干部到临夏县马集镇多木寺村任村支部第一书记，与村民同吃、同住、同劳动，并在摸清底数、建档立卡的基础上，结合村民需求，制订切实可行的帮扶计划，以进一步发展生产、增加村民收入。精准扶贫工作开展以来，广泛动员侨界社会力量捐资百余万元，为临夏县马集镇多木寺村实施村级巷道硬化、大蒜试验田种植、农技知识培训、幼儿教育等扶贫帮困项目。元旦春节期间，省侨联继续开展“送温暖、献爱心”活动，为各市州下发慰问金，并分赴临夏、武威、张掖、酒泉、金昌实地慰问困难归侨侨眷和特困户，送去党和政府的关怀。2015年，省侨联被中国侨联评为维权工作先进集体。

9月29日，省侨联主席樊向勤（左一）赴多木寺村调研精准扶贫工作

2016年春节前夕，省侨联党组书记张文学（右一）慰问临夏州困难归侨侨眷

【贯彻落实中央和省委决策部署】为落实中央两个《意见》，甘肃省委相继制定出台了《关于加强和改进新形势下侨联工作的实施意见》和《关于加强和改进党的群团工作的实施意见》，并充实加强了省侨联领导班子。省侨联机关干部选拔使用力度明显加大，办公场所和办公条件有了显著改善。为保证中央和省委决策落到实处，省侨联多次深入重点地区和侨企、部分大专院校、科研院所进行实地考察和调研。各地侨联结合本地侨情实际，及时制定出台了一系列贯彻落实意见和具体举措。平凉市、兰州市先后出台贯彻实施意见，明确侨联职能定位，完善党委领导侨联工作体制机制，提出诸多促进侨联工作创新发展的新措施。嘉峪关、庆阳等地进一步

9月，省侨联主席樊向勤（前排中间）调研兰州石化公司

理顺工作体制，增加领导职数。武威市侨联配齐配强班子成员，顺利完成换届。金昌等市州也正在积极推动当地党委尽快出台相关实施意见。

【举办甘肃省侨联干部学习贯彻省委《关于加强和改进党的群团工作的实施意见》培训班】 12 月 7 日—11 日，甘肃省侨联在省委党校举办全省侨联干部学习贯彻省委《关于加强和改进党的群团工作的实施意见》培训班。培训班及时传达学习了省委十二届十四次全委会议精神，重点围绕服务“一带一路”发展战略、协调推进“四个全面”战略布局、积极参与精准扶贫等重大课题，邀请复旦大学、省委党校的专家学者为大家授课。其间，还举办了“互联网 + 侨联通”应用推广讲座。开班式上，省委统战部副部长、省侨联党组书记张文学作了题为《发挥侨务资源优势，助推海外统战工作创新发展》的辅导讲座。省侨联主席樊向勤在结业式上指出，全省各级侨联组织要以此次学习培训为新起点，加大落实力度，力求在推动解决制约侨联发展的突出问题上取得新突破。在小组讨论和大会交流发言中，大家畅所欲言，既有对工作开展的中肯建议，也有对侨联未来发展的展望规划。各市（州）分管侨联工作的领导、侨联主要负责人及工作人员，各大专院校、科研院所、企业分管侨联工作的领导及侨联主要负责人，省侨联机关干部近 80 人参加了培训班。部分在兰的历届省侨联主席、驻会副主席，省侨联六届委员会委员，侨商代表等 20 余人出席培训班开班式。

12 月 7 日，全省侨联干部学习贯彻省委《关于加强和改进党的群团工作的实施意见》培训班在兰州召开

【开展“三严三实”专题教育】 “三严三实”专题教育开展以来，甘肃省侨联领导班子高度重视，带头查摆“不严不实”问题，带头改进提高。同时，注重制度建设，坚持把纪律和规矩放在前面，不断健全议事规则，完善机关各项规章制度。通过“三严三实”专题教育，着力强化“四种意识”，努力做到“四个坚持”，一是强化政治意识，二是强化大局意识，三是强化创新意识，四是强化自律意识。

【召开甘肃省侨联六届六次全委会】 2016 年 3 月 10 日，省侨联六届六次全委会议在兰州召开。省侨联第六届委员会委员、各市州侨联负责人等 60 余人参加会议。会议传达学习了中共中央书记处关于侨联工作的几点意见，省委书记王三运在省委党的群团工作会议上的讲话，以及中国侨联九届三次全委会议审议通过的《关于动员广大归侨侨眷和海外侨胞为实现国民经济和社会发展第十三个五年规划目标任务贡献力量的决议》。会上，樊向勤代表省侨联六届常委会作工作报告。省委统战部副部长、省侨联党组书记张文学发表讲话。会议审议通过了有关增补、卸免事项，选举樊向勤担任省侨联六届委员会委员、常委、主席职务。

2016 年 3 月 10 日，省侨联六届六次全委会在兰州召开

青海省归国华侨联合会

【领导成员名单】

党组书记、主席：高永英（女）

党组副书记：罗士周

兼职副主席：熊英（女） 曲 平

谈长燕 蒋孔夫

秘 书 长：熊 英（女，兼）

【综述】 2015年，青海省侨联以贯彻落实中央和省委《关于加强和改进新形势下侨联工作的意见》为主线，按照“拓展海外工作、拓展新侨工作”的总体思路，认真把握新形势下侨联工作面临的机遇和挑战，突出工作特色，加快基层组织建设步伐，侨联工作的基础得到巩固；深入挖掘并充分利用好侨务资源，打造引资引智引技平台，支持地方经济发展做出新贡献；扎实做好凝聚侨心、促进和谐、维护侨益的各项工作，侨联组织的凝聚力、向心力不断增强；利用各种媒介和载体，多层次开展文化宣传，侨联工作的社会影响力逐步扩展；加强自身建设，增强组织活力，不断提升工作水平，在服务全省工作大局中发挥更大作用。

【部署推进侨联重点工作】 2015年1月，召开青海省侨联六届九次常委会和全委会，传达学习了全国侨联第九届三次常委会和九届二次全委会精神、中央书记处关于侨联工作的几点意见，认真总结经验，查找不足，明确了2015年的工作思路和主要目标，对2015年重点工作任务进行细化，分解落实到人；8月27日，召开省侨联六届十次全委会议，学习省委办公厅《关于加强和改进新形势下侨联工作的实施意见》精神，传达中国侨联九届四次常委会议精神和省委统战会议精神，总结上半年工作，研究部署下半年的重点工作，动员全省各级侨联组织和广大归侨侨眷围绕省委确定的奋斗目标和工作大局，牢固树立以侨为本、为侨服务的理念，增强做好侨联工作的使命感和责任感，团结带领侨界群众为实现省委确定的各项目标任务努力奋斗。

2015年1月，召开青海省侨联六届九次全委会

【召开青海省第七次归侨侨眷代表大会】 12月28日，青海省第七次归侨侨眷代表大会在西宁召开。中国侨联副主席、中央国家机关工委副书记邵旭军到会并致辞，省委副书记王建军出席会议并讲话，省人大常委会副主任昂毛、省政府

12月28日，召开青海省第七次归侨侨眷代表大会

省级侨联工作

参加青海省第七次归侨侨眷代表大会的部分领导

副省长王黎明、省政协副主席马志伟出席会议。省总工会副主席付东明代表各民主党派省委、省工商联、各人民团体致贺词。省内归侨侨眷、海外侨胞、海外顾问及各界人士共130多人参加大会。王建军代表省委、省政府对大会的召开表示祝贺，对省侨联过去五年的工作给予充分肯定。王建军要求各级党委和政府切实加强对侨联工作的领导，努力解决制约侨联工作创新发展的突出问题，支持侨联组织依照法律和章程创造性地开展工作。邵旭军在致辞中高度评价青海省各级侨联五年来取得的成绩，同时要求各级侨联要继续贯彻落实党中央各项战略部署，为青海全面建成小康社会做贡献。会议听取并审议通过了高永英代表省侨联第六届委员会所作的工作报告，表彰了全省侨联系统先进单位和先进个人，选举产生省侨联第七届委员会。高永英当选主席，熊英、曲平、谈长燕、蒋孔夫、李大为当选副主席，熊英兼任秘书长。大会还聘请了21名省侨联海内外顾问。

【关心帮助困难归侨和侨胞】2015年，青海省侨联坚持在慰问活动中了解侨情，维护侨益，温暖侨心，凝聚侨力，全心全意做好为侨服务工作。1月，配合中国侨联青海慰问组，开展春节慰问归侨侨眷活动，筹集资金13万元，慰问侨界代表94人，其中老归侨13人、归侨侨眷代表69人、侨商代表12人。慰问组赴西宁市、格尔木市、湟中县、民和县和循化县，通过发出《致全省各族归侨侨眷的新春慰问信》、走访老归侨侨眷、召开座谈会、到侨界代表工作岗位了解情况等形式，开展慰问活动。在西宁市、民和县分别召开了有当地侨界代表人士参加的座谈会，了解掌握归侨侨眷的生活和工作情况以及在海外亲属的情况，并通过他们把党和政府的关心转达给海外的亲属。归侨侨眷表示将尽自己所能，为国家和地方经济社会发展多做贡献。同时，省侨联常年坚持对遇到困难的归侨侨眷进行看望，送去慰问金和慰问品，表达侨联组织对他们的关怀。

中国侨联领导赴青海开展春节慰问活动

【积极开展招商引资引智】2015年3月，青海省侨联邀请欧洲文成华侨华人（社团）联合总会组织的侨商代表团，在青海开展了侨务侨情工作交流会，来自荷兰、德国、法国、西班牙、意大利、奥地利等国的22名侨商代表参加了活动。其间，省政府专门组织召开了青海省经济发展投资环境及项目推介座谈会，推介了工业和信息化领域的建设项目；省委统战部、省发改委、省经信委、省金融办、省商务厅、省建设厅、省侨联等11个单位的负责人与侨商座谈，就投资环境、

欧洲文成华侨华人社团参加青海省经济发展投资环境及项目推介座谈会

2015 青洽会上，中国侨联副主席康晓萍与侨商合影

青海省侨联与湖北省侨联签订友好协议

招商项目、深化合作等方面进行了互动交流。代表团一行还参观了青海藏羊地毯（集团）有限公司、青海聚尚伟业有限公司、青海文商置业有限责任公司。在 6 月 16 日召开的 2015 中国 · 青海绿色投资贸易洽谈会民营企业、港澳台商、侨商项目对接会暨签约仪式上，中国侨联副主席康晓萍，中国侨商会秘书长安晨及来自荷兰、英国、意大利、中国香港和台湾及内地的 32 位侨商代表参会，签约项目 2 个，签约投资达 6.5 亿元。会议期间，侨商代表参观考察了有关企业，部分侨商对合作感兴趣的特色农产品开发、牦牛肉深加工等项目进行了深度考察。8 月中旬，邀请中国侨联副主席、天津市侨联主席胡胜才一行来青参加第十三届青海文化旅游节活动。组织青海部分侨商参加中国侨商会组织的第十三届（漯河）食品博览会及第二届中国（漯河）华商食品项目投资峰会，参加在武汉召开的 2015 第九届中国中部投资贸易博览会，省侨联与湖北省侨联签订友好侨联协议。

【推进捐资助学活动品牌项目】2015 年 5 月，青海省侨联积极协调中国华侨公益基金会、浙江平湖新华爱心教育基金会进行贫困高中生资助工作，争取到在平安区第一高级中学、互助县民族中学、海南州第一高级中学、都兰县高级中学、黄南州第二民族中学分别开设五个“珍珠班”，在民和县第一中学新设一个“树人班”。两个基金会的工作人员来青进行实地考察，并与当地教育部门和与申请办班的学校进行了沟通。中考结束后，对确定资助的学生进行了家访，了解学生的家庭贫困情况，并与受助学生进行了个别谈话，最终确定今年招收新生 310 名，超计划增加了二个班，增加学生 110 名。受助学生每月可享受资助 250 元，每年享受 2500 元，三年内每人可享受到 7500 元的资助金。新招的 310 名学生可享受 232.5 万元的资助，较年初计划增加 82.5 万元。“珍珠班”和“树人班”在青海的实施，已成为省侨联开展捐资助学活动的一个品牌项目。

【开展侨法宣传活动】2015 年，青海省侨联组织侨联干部和侨界群众学习了《宪法》、《归侨侨眷权益保护法》及《青海省实施〈归侨侨眷权益保护法〉实施办法》，通过参加专题辅导会、观看警示光碟、参观警示教育基地等形式，促进侨联干部进一步树立法治理念，依法维护侨益理念。参加中国侨联“法治中国 你我同行”——“一带一路”侨界群众法治学习活动，7月，组织8名侨联委员、侨商、法律顾问委员会委员、侨联干部赴新疆参加学习。对省侨联“六五”普法工作进行总结，向中国侨联上报了《青海省侨联关于“六五”普法情况的报告》，参加了全国侨联系统“六五”普法总结工作现场会。2015年受理侨胞来信来访2件并妥善解决。省侨联获“2011—2015年度全国侨联系统维权工作先进单位”，罗士周、朱英霞、吴新旺三人获“维权工作先进个人”。

全国人大常委会副委员长艾力更·依明巴海在循化县看望撒拉族侨眷

【组织参与青海文化旅游节】8月12日—15日，第十三届青海文化旅游节在西宁举行，省侨联作为组织者之一，积极参与各项筹备活动，邀请中国侨联和海外侨团来青参加活动。中国侨联副主席胡胜才受林军主席委托，来青参加活动，在省侨联党组书记、主席高永英，党组副书记罗士周陪同下，开展侨情调研。8月13日上午，青海省省长郝鹏在国际会展中心会见胡胜才等代表，郝鹏代表省委、省政府感谢中央各部门及各兄弟省市的支持，并希望在科技、人才等方面继续加强与各方面的交流合作，推动青海更快更好地发展。胡胜才副主席与各方面特邀嘉宾出席青海省第十三届青海文化旅游节开幕式，并在郝鹏省长陪同下一起参观了广电活动、旅游论坛、产业项目推介会等。胡胜才副主席还出席了文化旅游节主题晚会《大美青海丝路之光》，感受了青海绚丽多姿的民族文化与神奇独特的自然景观，对舞台展示青海各族人民实现中国梦、“青海梦”的时代情怀表示赞赏。

【全国人大副委员长艾力更·依明巴海来青海调研侨务工作】7月2日—6日，全国人大常委会副委员长艾力更·依明巴海一行来青，就归侨侨眷权益保护法、公益事业捐赠法以及立法保护华侨和归侨侨眷权益等情况进行调研。调研期间，艾力更·依明巴海副委员长听取省人民政府的汇报后指出，青海省要结合境外藏胞较多的特点，进一步拓展与境外藏胞的联谊，加强服务和引导，通过“走出去、请进来”工作，向境外藏胞宣传国家及家乡经济社会发展成就，宣传党和国家民族、宗教和侨务政策，努力做好境外藏胞在境内眷属的帮扶工作，团结和争取更多境外藏胞心向祖国。要落实中央精神，加强地方涉侨法规规章制度建设，积极推动《青海省实施〈中华人民共和国归侨侨眷权益保护法〉办法》的修订完善工作。在青期间，艾力更·依明巴海副委员长一行深入西宁市、海东市民和回族土族自治县、循化撒拉族自治县，先后听取了西宁市、海东市、民和县侨务工作情况的汇报，与民和县归侨侨眷进行座谈，实地查看了侨资企业——西宁建设集团有限责任公司、西建中英文学校、青海文商置业有限公司，深入藏胞、侨胞侨眷家中，详细了解藏胞侨属的生产生活情况、所需所求，深入基层进行了调研。

【魏基成夫妇捐赠项目在青海全面启动实施】11月21日，由青海省侨联主办的魏基成夫妇捐赠项目青海省启动仪式在西宁举行。经省侨联积极联系和沟通，澳大利亚华人慈善家魏基成夫妇捐赠项目首次在青海落户。这次青海共争取到为贫困地区群众捐赠的过冬棉衣3000件，为听障人员捐赠的助听器1500套，语言教学仪5台，价值440万元人民币。在省教育厅、省残联的积极配合和大力支持下，省侨联制订了详细的工作方案。按照捐赠方的要求，魏基成夫妇“慈善

澳大利亚魏基成冬衣送暖捐赠活动

列车”御寒冬衣项目，在西宁市及所属三县、海东市的民和、乐都、互助、循化县的贫困乡村全面展开，受益人数达3000人。魏基成夫妇“天籁列车”助听器捐赠项目义工方黄兆邦先生，于11月21日—23日在青海省残疾人康复中心、西宁市聋哑学校开展了现场验配服务工作，410名失聪儿童和成年人当中，除2名儿童外，其余的408名在现场都听到了声音，重回有声世界，项目受惠者给予高度评价，收到了良好的社会效果。

【西宁市侨联】 2015年，西宁市侨联充分发挥桥梁纽带作用，积极组织归侨侨眷、海外侨胞和侨资企业家参与市政府承办的“夏都国际论坛”，就如何加强经贸合作、拓展人文交流，扩大经贸往来等方面进行研讨。积极拓展外联渠道，努力搭建侨联工作新平台。组织侨联干部和侨企代表赴上海、浙江等地培训考察，学习先进经验，提高整体素质，为助推侨联工作和壮大侨资企业打下坚实基础。认真履行参政议政职能，努力为党委政府科学决策建言献策，围绕新农村建设、发展循环经济、医疗卫生事业、环境保护、城市建设等领域，深入调研，通过各级人大、政协会议，提出了一些有价值的议案、提案，对推进全市各项社会事业发挥了积极作用。

【青海师大侨联开展学术活动】 2015年，青海师大侨联主动做好海外留学、访学人员团结引导工作，积极举办各类学术讲座，与广大师生分享归国人员学术研究成果，为归国人员教学、科研工作创造条件，在促进高校发展方面起到了独特作用。一是4月15日举办学术讲座，生地学院曹生奎教授（美国亚利桑那州立大学访问学者）、李锦萍副教授（加拿大渥太华大学访问学者）分别主讲了“青海湖流域土壤保持功能及其价值动态”及“青海唐古特大黄有效成分动态变化及元素特征研究”。二是组织外语系副主任李增垠教授（曾在黎巴嫩和塞内加尔从事对外汉语教学）于4月15日作了题为“认知语言学入门”的讲座。三是外语系裴正华老师（英国普利茅斯大学）在11月11日作了“慕课与慕课教学法”专题讲座。四是于7月14日邀请陕西师范大学资源与环境学院孙根年教授主讲了“近30年旅游研究体会”学术讲座。

【民和县侨联以活动拓展侨联社会影响】 2015年，民和县侨联紧紧围绕全县工作大局，通过搭建招商引资平台，积极吸引侨资参与全县城市建设，为县域经济社会发展注入了新活力。至2015年年底，以归侨侨眷为主要成员成立的文商置业有限公司等企业参与老城区改造、川垣新区开发建设的下集中央城项目、万和国际广场项目建设基本实施完成，为提升县城形象、服务市民、便利群众生活发挥积极作用。积极开展捐资助学活动，争取到救助50名高中贫困生的“树人班”项目一个，解决学习费用共计12万余元。为转导乡接管岭村和三湾村小学争取到澳大利亚侨领魏基成捐赠的500套御寒冬衣。积极参政议政，会长蒋孔夫作为市、县两级政协委员，积极建言献策，多次为县域经济社会发展提出了富有建设性的意见建议，切实发挥了政协委员参政议政的作用。

宁夏回族自治区归国华侨联合会

【领导成员名单】

主　　席：朱奕龙

常务副主席：姜小玲（女）

兼职副主席：柯允君　郑俊武　林文斌
　　　　藏志勇　黄瑞贵　于志毅
　　　　田　桦（女）

秘 书 长：姜小玲（女，兼）

【综述】 2015 年，宁夏有归侨 98 人，侨眷 18908 人，海外侨务工作对象合计约 2 万人。散布在 52 个国家和地区，主要有美国、欧盟各国、印度尼西亚、马来西亚、新加坡、加拿大、泰国、日本、菲律宾、朝鲜、澳大利亚、匈牙利、前苏联和中国香港、澳门地区。银川市的归侨有 85 人，侨眷 10106 人，港澳同胞眷属 1808 人。石嘴山市有归侨 8 人、侨眷 5807 人，港澳眷属 108 人，其中大多数为当年支援宁夏到此定居的青年。吴忠市有归侨 3 人，侨眷 1950 人，港澳眷属 360 人。固原市有归侨 1 人，侨眷 65 人，港澳眷属 19 人。中卫市有归侨 1 人，侨眷 980 人，港澳眷属 49 人。2015 年，宁夏侨联全面贯彻党的十八大、十八届三中、四中、五中全会精神和宁夏回族自治区第七次归侨侨眷代表大会精神，深入贯彻习近平总书记系列重要讲话精神，坚持以人为本、为侨服务宗旨，坚持为大局服务、为侨服务统一，坚持国内海外工作并重、老侨新侨工作并重，建好侨胞之家，凝聚侨界力量，以改革创新的勇气、开放包容的胸襟、负重自强的精神、求真务实的作风，为建设开放宁夏、富裕宁夏、和谐宁夏、美丽宁夏，为实现与全国同步进入全面小康社会的目标和实现中华民族伟大复兴的中国梦而努力奋斗。

【加强政治理论学习】 2015 年，宁夏侨联始终坚持加强学习型党组织建设，抓好政治理论学习与业务知识学习，采用集中学与自学相结合、读书与心得交流互动等形式，组织机关党员干部系统学习中国特色社会主义理论和新党章，努力增强学习的实效性。主要做法有：一是采取多种形式深入学习党的十八大和十八届三中、四中、五中全会精神，习近平总书记系列重要讲话精神，宁夏侨联“七代会”精神，召开专题座谈讨论会，及时学习中央重要报道、重要文件、重要评论和新党章，并积极撰写心得体会和读书笔记，确保思想认识始终与中央和宁夏自治区党委的要求相一致。二是不断加强和推进党的群众路线教育实践活动。积极学习、查找问题、召开专题民主生活会，细化解决方案，深化专项管理，严格纪律约束，按照“为民、务实、清廉”的总要求，认真整改，重点突破，力求实效。三是加强侨务政策和统一战线理论政策的学习，向基层侨联及时下发学习中国侨联会议和文件精神的通知，明确学习重点，提出具体要求，努力增强做好工作的自觉性和坚定性。

【召开宁夏侨联七届二次常委会】 2 月 7 日，宁夏侨联七届二次常委会议在银川召开。全国政协委员、中国侨联副主席、宁夏侨联主席朱奕龙，宁夏侨联副主席姜小玲、柯允君、郑俊武、林文斌、田桦、于志毅以及侨联常委等 30 余人出席会议。会议首先由朱奕龙传达中央书记处办公会议指示精神，田桦、藏志勇分别传达学习了中国侨联九届二次全委会议精神和国家副主席李

2 月 7 日，宁夏侨联召开七届二次常委会

源潮同志重要讲话精神。随后，朱奕龙代表宁夏侨联七届委员会向会议做了工作报告，全面总结了2014年宁夏侨联全年工作情况，规划部署了2015年的侨联工作，为全区侨联工作创新工作明确了目标，指明了方向。

【“送温暖、献爱心”活动】1月9日起，宁夏侨联先后走访慰问了银川、石嘴山、吴忠、中卫、固原、西吉等地市的上百户老归侨、困难侨眷和侨界知名人士，尤其是加大了对困难归侨侨眷的慰问力度，每到一户都为他们送去了慰问金及米面油等生活必需品，为他们送去了党和政府的关怀和节日的祝福，保证他们能过上一个欢乐祥和的春节。

2月7日，中国侨联副主席、宁夏侨联主席朱奕龙（右一）、宁夏侨联常务副主席姜小玲（左一）慰问老归侨及困难归侨侨眷

根据五年工作报告要求，做好“侨胞之家”建设工作的总体部署和要求，2015年宁夏侨联多次深入银川市、石嘴山市、吴忠市、固原市、中卫市的街道社区、院校和侨资企业调研，指导基层组织开展侨联工作，为街道社区捐赠了图书和文化活动类物资，新建了6个“侨胞之家”。到2015年年底，全区已有10个街道社区、学院学校和侨资企业建立了“侨胞之家”。

【做好参政议政工作】宁夏侨联建立了与政协侨联界别委员、归侨、侨眷、侨联干部、侨商企业家等保持经常性沟通交流的机制，努力构筑新时期侨联参政议政工作新格局。2015年初，宁夏侨联即联系归侨侨眷，特别是政协侨联界别委员和有代表性的侨界知名人士积极建言献策，征求他们的意见和建议，经归纳整理后，以提案形式提交宁夏“两会”。2015年全区各级侨联和政协侨联界别委员共提交提案68件，被采纳并反馈的有《关于支持文化企业“走出去”的建议》、《关于整合外国人来华工作管理部门简化行政审批事项的建议》等11件。宁夏侨联还及时准确地向中国侨联报送宁夏侨联工作新动态和新发展等方面的信息多条，2015年宁夏侨联被评为“全国侨联信息工作先进单位”。

【做好侨爱心工程】3月30日，宁夏侨联副主席、香港宁夏同乡会副会长、豹王集团执行董事郑俊武，宁夏侨联常务副主席姜小玲及香港爱心人士等一行人来到宁夏育才中学开展捐资助学活动，为育才学子送来温暖和关怀。郑俊武出资10万元为宁夏育才中学购买了60台平板电脑和教学用投影仪，

3月30日，宁夏侨联副主席、香港宁夏同乡会副会长、豹王集团执行董事郑俊武（右三）出资为宁夏育才中学建设“智慧互动教室”

5 月 28 日，经宁夏侨联牵线，宁夏同帮新能源科技有限公司向石嘴山市府佑小学捐赠了价值万元的图书和体育器材

11 月 16 日，宁夏侨联常务副主席姜小玲（右二）在固原市第一中学调研“珍珠班”办班情况

建成了全区为数不多的“智慧互动教室”。该教室通过云端备课、课堂互动教学、随堂测验考试与智能评测、个性化学习等功能，提供贯穿教、学、练、考、测、评、升的信息化教学和个性化学习服务，帮助提高课堂教学质量，提升课堂学习效率。宁夏侨联积极号召各侨资企业在企业稳步发展的同时，积极回报社会，履行社会职责，以实际行动支持教育和慈善事业。5 月 28 日，在宁夏侨联牵线搭桥下，宁夏同帮新能源科技有限公司向石嘴山市府佑小学捐赠了价值 10000 元的图书和体育器材。“六一”国际儿童节，宁夏侨联领导专程前往宁夏儿童福利院为孩子们送去了关爱和“六一”节日的祝福，同时还送去了价值 3000 多元的儿童食品，让小朋友们深切感受到社会大家庭的温暖。2015 年，宁夏侨联多次与台湾新华基金会协商、沟通，在捐建宁夏育才中学“珍珠班”6 个班的基础上，又增加宁夏南部山区名校固原一中 1 个“珍珠班”，共同实施“捡回珍珠计划”。宁夏侨联还多次与固原市政府领导、固原一中校领导座谈，商谈筹备固原一中“国学班”事宜。宁夏侨联还为宁夏大学附属中学争取到了由中国华侨基金会捐建的“树人班”1 个。11 月 16 日，姜小玲副主席一行前往固原市第一中学调研珍珠班办班情况。何成江副校长向宁夏侨联领导汇报了 2015 年珍珠班的生源、学习、管理、教学、升学等情况和今后如何进一步做好新形势下珍珠班的发展规划。双方就拟在固原一中开设“国学班”等事宜进行深入探讨。

【中国侨联法顾委赴宁夏开展专题调研】在 2014 年底由中国侨联和全国普法办共同主办的“法治中国 你我同行——‘侨商杯’全国侨联系统法律知识竞赛”上，宁夏侨联代表队获得第一名，在侨联系统引起了极大的反响。宁夏虽为侨务小省，但在依法护侨，侨法宣传方面做了大量扎实有效的工作，为此，中国侨联法顾委决定于 2015 年组团赴宁开展学习

8 月 17 日—21 日，中国侨联法顾委副主任王秀红（右六）一行 7 人在宁夏调研

8 月 18 日，中国侨联法顾委在石嘴山市调研

考察活动。8 月 17 日—21 日，中国侨联法顾委副主任王秀红带队，中国侨联法顾委秘书长张岩，委员管晓锋、游志雄等一行 7 人赴宁夏开展专题调研活动。调研组走访了宁夏银帝集团、同帮新能源有限公司以及石嘴山文化展示馆等侨资企业，参观了石嘴山市大武口区朝阳街道怡心社区侨胞之家、石嘴山市侨胞法律服务中心，走访慰问了固原市、中卫市的多户侨胞，并与当地侨商、归侨侨眷、侨联干部代表及涉侨部门代表一起座谈，详细了解老侨、新侨的生产生活情况和亟待解决的问题，以及当地侨务工作情况和工作建议等。王秀红副主任在听取了侨联工作汇报后对他们的工作给予了充分肯定。宁夏自治区党委常委、统战部部长马廷礼等领导会见了调研组一行。10 月，全国侨联系统维权工作会议在湖南省长沙市召开。会议对全国侨联系统 2011—2015 年度维权工作成绩突出的单位和个人进行了表彰。宁夏侨联荣获“2011—2015 年度全国侨联系统维权工作先进单位”，李艳丽等 3 人获得“维权工作先进个人”。

【加强基层侨联组织建设】侨联工作的重点在基层、活力在基层，为全面把握“只能加强、不能削弱，只能改进提高、不能停滞不前”的总基调，宁夏侨联多次赴石嘴山市、吴忠市、固原市、中卫市等地调研，指导基层侨联开展工作、了解宁夏侨资企业发展情况，帮助他们解决问题。9 月，宁夏侨联领导专程赴吴忠市就进一步加强基层侨联组织建设开展调研，并与吴忠市委领导举行了座谈交流。初步拟定先成立吴忠市侨联并与吴忠市外事侨务办公室合署办公的意向。吴忠市委领导表示，将尽快把协商意见报吴忠市委、市政府研究，尽快拿出实施意见和办法，目前这项工作正在推进之中。

【开展“魏基成天籁列车宁夏行”活动】经宁夏侨联牵线搭桥，澳大利亚“魏基成天籁列车”慈善机构在宁夏实施义诊义捐活动。11 月 16 日，宁夏侨联代表“魏基成天籁列车”先期赴固原市特教学校、西吉县平峰镇王庆村为残疾儿童、留守儿童和贫困孤寡老人捐赠了御寒冬衣。11 月 18 日，“魏基成天籁列车”慈善机构代表黄兆邦先生专程赴宁，就宁夏听障人士捐赠助听器、语言教学机、御寒冬衣等事宜开展前期捐赠考察。宁夏侨联常务副主席姜小玲会见并听取了黄兆邦先生关于“魏基成天籁列车”捐助项目

11 月 19 日，澳大利亚“魏基成天籁列车”慈善机构代表黄兆邦（后排左二）赴宁举行捐赠活动

有关情况的介绍，并请转达对捐赠人魏基成夫妇的问候与感谢。随后黄先生分别到银川市、石嘴山市的特教学校、儿童福利院、残疾人托养中心等机构捐助御寒冬衣，为听障儿童免费测配助听器，现场指导康复中心和特教学校的教师调试助听器和语言教学机，并借助专用设备开展模拟教学，受到各方的热烈欢迎。“魏基成天籁列车宁夏行”爱心捐赠活动自2015年11月启动以来，宁夏所辖5市的特教学校、敬老院、儿童福利院已有2800多名听障儿童、孤寡老人、残疾人直接受益。整个活动时间跨度长，覆盖面广，社会反响大。

【巩固与港澳的合作交流】 7月6日，宁港青年交流促进会第四届常董会就职典礼在香港举行。宁夏侨联主席朱奕龙当选为宁港青年交流促进会第四届常董会副主席。典礼期间，朱奕龙、香港宁夏同乡会副会长郑俊武与赴港参加夏令营活动的宁夏优秀贫困大、中学生亲切座谈。经宁夏侨联牵线搭桥，宁港青年交流促进会于7月6日分别与石嘴山市侨联、中卫市侨联、吴忠市侨联签署了“青年交流合作协议”。7月11日，由宁夏侨联牵线搭桥的“2015香港大学生暑期内地宁夏实习分享会”在银川举行。此次活动致力于推动香港青年与内地不同群体展开交流。分享会上，香港青年表示，国家正在推动实施“一带一路”战略，这不仅为香港经济发展提供了巨大机遇，也为香港青年特别是大学生未来职业选择和人生规划提供了广阔空间，希望香港特区政府、相关机构和高校创造条件，让更多香港学生能去内地实习体验和交流，香港学生也要珍惜和把握在内地的实习机会。8月12日，宁港青年交流促进会会长彭颖生、副主席陈龙盛带领香港大学生来宁夏学习考察。在为期一周的学习考察中，大学生们实地走访了宁夏儿童福利院、参观了中华回乡文化园、银川、石嘴山等地的多个社区的“侨胞之家”等，了解了宁夏的文化风貌、社会发展和风土

7月6日，宁港青年交流促进会第四届常董会就职典礼在香港举行，中国侨联副主席、宁夏侨联主席朱奕龙（中）当选为宁港青年交流促进会第四届常董会副主席

7月6日，中国侨联副主席、宁夏侨联主席朱奕龙（前排中）与赴港参加夏令营活动的宁夏优秀贫困大、中学生合影留念

7月11日，由宁夏侨联牵线的“2015香港大学生暑期内地宁夏实习分享会”在银川举行

8 月 12 日，宁港青年交流促进会组织香港大学生来宁夏学习考察

人情。此次活动使香港大学生开阔了视野，增强了他们对宁夏经济、文化、社会等情况的直观认识。

【拓展海外联谊】10 月 30 日，旅美华人艺术家尚德林来宁访问，尚先生一行参观了宁夏博物馆、宁夏贺兰山岩画、宁夏银帝博物馆。访问期间，尚先生畅谈中国古文字和书法艺术，并进行了现场书法创作。尚先生的书法作品雄浑朴茂、高古端庄，展示了中华传统文化的古韵与精髓，同时也表达了海外游子对故乡的赤诚情怀。宁夏侨联还聘请尚德林先生为“宁夏侨联第七届委员会委员”并为其颁发了聘书。

【组织参加第十八届中国北京国际科技产业博览会】5 月 13 日，第十八届中国北京国际科技产业博览会主题报告会在全国政协礼堂举行。同日，在中国国际展览中心举办的科博展览会上，7 场专题论坛、8 场科技成果和项目推介洽谈交易活动全面展开。来自经济合作组织、国际金融协会等 4 个国际组织和 19 个国家和地区的 30 多个政府、科技、工商代表团组，全国 31 个省区市和国内外 1600 多家高新技术企业、高校科研机构、科技园区集聚科博会，展示最新科技创新成果，交流研讨引领创新的前瞻思想理念，推介产业合作的优质项目。

5 月 13 日，宁夏侨联选派侨资企业参加第十八届中国北京国际科技产业博览会并获奖

由宁夏侨联推荐选派的侨属企业——宁夏同帮新能源科技有限公司携 7 项科技成果亮相本届科博会。凭借先进的节能技术与自主创新能力在众多参展企业中脱颖而出，并获得“优秀创新项目奖”。这是宁夏侨属企业首次获得该项殊荣。宁夏侨联获得“优秀组织奖”。

10 月 30 日，经宁夏侨联邀请，旅美华人艺术家尚德林（右二）来宁夏访问

【银川市侨联邀请美国旧金山市长夫人访问宁夏】应银川市侨联邀请，美国现任旧金山

8 月 20 日，经银川市侨联邀请，美国旧金山市长夫人林进敏女士访问银川市

市长李孟贤夫人、美籍华人林进敏女士一行 4 人于 8 月 20 日—23 日对银川进行了为期 3 天的访问考察活动。银川市副市长钱秀梅会见了林进敏女士一行，并介绍了银川市建设发展情况，就银川市与旧金山市建立友好城市关系同林进敏女士进行了亲切友好的交流。林进敏女士表示，此次考察的目的是探讨银川当代美术馆与美国西部地区文化项目搭建交流合作事宜，以此来促进银川市与美国北加州和旧金山市在科技创新、文化创意、环境科技、教育培训、现代农业等各领域的交流与合作，并表示一定向美国旧金山市政府转达与银川市建立友好城市关系的意向，并就今后促进双方的进一步合作交流做一些有益的工作。

【石嘴山市侨联召开第六次归侨侨眷代表大会】12 月 29 日，石嘴山市侨联召开第六次归侨侨眷代表大会，大会听取、审议并通过了蔡爱东代表第五届委员会所作的工作报告。选举蔡爱东为石嘴山市侨联第六届委员会主席，马俊江、赵毅、徐道福、赖洪元、王爱军、尹延华、余凤强为副主席。石嘴山市第五次归侨侨眷代表大会召开以来，市侨联全面履行侨联工作职能，扩大海外联谊网络，为招商引资引智牵线搭桥；围绕全市经济发展、社会热点、侨情民意建言献策；创新活动载体，扩大侨联影响力，圆满完成第五次侨代会赋予的各项任务。

【固原市侨联组织医疗队开展义诊活动】12 月 22 日，固原市侨联协调固原市人民医院、隆德县人民医院，抽调医生在隆德县观庄乡开展了“侨爱工程——送温暖医疗队”义诊活动。为广大群众进行医疗义诊、健康咨询、免费发送药物、侨法宣传等活动，各项活动服务人数近千人次，受到了各界群众的好评。

12 月 22 日，固原市侨联联合当地多家医院组成医疗队赴贫困地区开展义诊活动

12 月 29 日，石嘴山市侨联召开第六次归侨侨眷代表大会

新疆维吾尔自治区归国华侨联合会

【领导成员名单】

党组书记、主席：王永刚

专职副主席：阿不都外力·马木提（维吾尔族）

赛克肉汗·曙亚（哈萨克族）

韩　博

兼职副主席：轩江波　吉　祥　翁国亮

塔来提·吐尔地（柯尔克孜族）　齐凤霞（女）

潘世烈

秘　书　长：韩　博（兼）

【综述】 新疆是我国西北的重要侨乡，现有境外华侨华人100多万人，其中少数民族占90%以上，主要是维吾尔族、哈萨克族、回族、乌孜别克族、柯尔克孜族、塔吉克族等少数民族，绝大多数居住在中亚、西亚，以周边国家为多。2015年，新疆侨联在自治区党委的坚强领导和中国侨联的业务指导下，认真学习贯彻党的十八大和十八届四中、五中全会精神，学习贯彻习近平总书记系列重要讲话精神，深入学习中央两个《意见》和自治区党委实施意见，按照自治区党委八届八次、九次、十次全委（扩大）会议和中国侨联九届二次全委会议的部署和要求，根据年初自治区侨联七届三次全委（扩大）会议提出的工作目标，全区侨联系统在人员少、任务重、全力投入“访惠聚”住村工作和“三严三实”专题教育的情况下，开展了大量卓有成效的工作，取得了一定成绩。

【召开新疆侨联七届三次全委（扩大）会】 2月7日，新疆侨联七届三次全委（扩大）会议在乌鲁木齐召开，来自全疆各地的侨联七届委员会委员，自治区有关厅局、各地、州、市侨联和乌鲁木齐市、区两级侨联的负责同志共计90余人，分别出席、列席了会议。新疆维吾尔

2月7日，新疆侨联召开七届三次全委（扩大）会议

族自治区党委常委肖开提·依明出席会议并代表自治区党委、政府作了讲话，王永刚主席代表新疆侨联七届委员会向大会作了工作报告，会议还传达了中央群团意见精神和中央书记处对侨联工作的几点意见，各地州市侨联负责人分别汇报了贯彻落实中央《关于加强和改进新形势下侨联工作的意见》和自治区党委《实施意见》的情况。

【学习贯彻中央两个《意见》】 1月8日，中央下发《关于加强和改进党的群团工作的意见》（中发〔2015〕3号），新疆侨联高度重视，及时组织学习传达，在年初召开的自治区侨联七届三次全委（扩大）会议上，向全体委员和与会代表传达了中央《群团工作意见》精神，并把贯彻落实中央《群团工作意见》作为全区侨联系统全年各项工作的重中之重进行安排部署，要求各级侨联及时向党委和有关领导汇报请示，积极争取工作支持和推动《意见》的有效贯彻落实。在中国侨联《实施意见》、自治区党委《实施意见》下发后，新疆侨联领导班子成员还分别带队赴伊犁、塔城、克拉玛依等9个地、州、市就贯彻落实中央《群团工作意见》、《侨联工作意见》和自治区党委《实施意见》的情况开展了调研，了解掌握基层侨联工作情况，推动贯彻落实工作和侨联组织自身建设。11月6日，专门召开侨联工作会议对全区贯彻落实工作情况进行了督促检查和进一步的详细安排部署，各地、州、市侨联对贯彻落实工作情况及取得的经验和好的做法进行了汇报交流。伊犁州、昌吉州分别制定下发了贯彻落实中央和自治区党委意见的《侨联工作实施意见》，巴州侨联还专门成立了党组，其他部分

11月6日，新疆侨联召开工作会议

地、州、市侨联增加了干部编制，扩大了组织覆盖面，工作环境条件得到了改善。

【开展"三严三实"专题教育】2015年5月，根据中央和自治区党委的安排部署，新疆侨联以党组书记、主席王永刚向全体党员干部讲授题为《践行"三严三实"、争做"四强"干部》的专题教育党课为开局，拉开了自治区侨联机关"三严三实"专题教育的序幕，动员组织全体党员干部深刻认识理解"三严三实"的丰富内涵和重大意义，充分认识开展"三严三实"专题教育的重要性和必要性，严格按照中央和自治区党委的统一要求、统一部署，扎实有效推进"三严三实"专题教育深入开展。为确保专题教育活动顺利开展，新疆侨联机关及时成立了工作班子，制订了《工作方案》和《学习研讨计划》，编印了《侨联机关"三严三实"专题教育干部应学应知内容与研究思考100题》，统一征订、购买配发了"三严三实"学习资料，分阶段对三个专题集中学习，并安排处级以上干部加强自学，每个专题都组织召开研讨会，处级以上干部带头发言，处级以下党员干部谈学习感受。按上级要求，认真查找出班子"不严不实"存在的七个方面问题和侨联工作中的短板，制订了整改方案和清单，班子成员各自认领，下大力气开展整改。通过"三严三实"专题教育，机关党员干部思想认识水平、工作能力、工作质量和工作效率有了明显提升，增强了推动侨联工作开展和侨联事业发展的信心，更加坚定了在侨联工作的具体实践中，有效整改"不严不实"问题的决心。

10月19日，新疆侨联召开"三严三实"专题教育活动研讨会

【加强干部培训工作】第二次中央新疆工作座谈会召开后，中国侨联认真贯彻落实会议精神，更加重视支持援助新疆侨联各项工作。为了使新疆侨联系统干部在贯彻落实中央《群团工作意见》、中央《侨联工作意见》和服务国家"一带一路"战略各项工作中，拓宽思路、提高水平、提升能力、促进工作，经请示中国侨联，林军主席专门做出批示，中国侨联组织人事部和干部培训中心先后在北京、广东、浙江为新疆侨联系统专职干部举办了三期培训班，董中原副

4月21日，中国侨联副主席乔卫为新疆侨联系统专职干部培训班学员授课

4 月 26 日，中国侨联副主席董中原（后排左二）、组织人事部部长李杰（后排右二）、新疆侨联主席王永刚（后排左一）、副主席阿不都外力·马木提（后排右一）为培训班学员颁发结业证书

5 月 26 日，新疆侨联主席王永刚、副主席兼秘书长韩博与新疆侨联系统专职干部培训班（第二期）学员在深圳合影

主席、乔卫副主席、康晓萍副主席、李杰部长等领导亲自到会讲话或授课，共计 172 名来自新疆县级以上侨联的干部先后参加培训，基本上实现了新疆侨联系统专职干部的一次全员轮训。这也是新疆侨联系统干部首次全员走出去，在经济发达省市和侨务资源大省参加的综合性、系统性侨务工作培训。同时，全年还选派干部参加了中国侨联新任职领导培训、青年干部培训、“侨联通”培训和维权工作培训等培训班。通过参训，新疆侨联系统干部普遍感到受益匪浅，坚定了理想信念、提高了理论修养、汲取了先进经验、开阔了工作视野、拓宽了工作思路、建立了联系交流、提高了做好侨务工作的本领，对于新疆侨联系统干部队伍整体素质和工作水平的提升，具有重要意义和有效作用。

【开展“访民情、惠民生、聚民心”活动】根据新疆维吾尔自治区党委统一安排，新疆各级侨联纷纷安排侨联干部奔赴边远乡村深入开展“访民情、惠民生、聚民心”活动。3 月 1 日，由新疆侨联副主席赛克肉汗·曙亚带领 6 名机关干部职工组成的第二批新疆侨联机关住村工作组在第一时间赶赴乡村工作组开展工作。5 月 2 日，温宿县古勒阿瓦提乡加依村 1000 余名村民齐聚村委会院内，参加自治区侨联住村工作组和村委会联合举办的主题为“青春志　中国梦”喜迎“五一”劳动节、“五四”青年节暨民族团结教育月大型文化活动。5 月

6 月 30 日，新疆侨联主席王永刚（右四）、副主席赛克肉汗·曙亚（右三）向温宿县县医院捐赠医疗设备

5月27日，新疆侨联副主席赛克肉汗·曙亚（右一）讲解住村工作机制

5月2日，新疆侨联副主席赛克肉汗·曙亚（二排右六）在住村点与村篮球队、村干部合影

13日，中央人民广播电视台哈语编辑部记者、中央人民广播电视台乌鲁木齐编辑部记者和阿克苏地区“访惠聚”办公室宣传组一行来到温宿县古勒阿瓦提乡加依村，对自治区侨联住加依村工作组组长赛克肉汗·曙亚进行专题采访。5月27日上午，由温宿县县委书记赵黎，县委常委、组织部部长朱英山带队，各乡（镇）场“访惠聚”活动分管领导和各级住村工作组组长组成120人左右的观摩团来古勒阿瓦提乡加依村进行“访惠聚”活动现场观摩。6月30日上午，在中国侨联支持下，新疆侨联联系天津市侨联，争取到天津侨商捐赠温宿县人民医院一套价值17.2万元的现代医疗设备。9月7日，温宿县古勒阿瓦提乡加依村教学点举行了隆重、热烈的教学点开学典礼，标志着加依村从此结束没有学校的历史。自治区侨联和工作组高度关注惠民生项目的下达和推进工作，为村里申请了投资500余万元的电网改造项目，并获得中国侨联50万元扶贫资金用于村民文化活动中心建设和为村里打一口灌溉井。工作组在入户走访中发现加依村6名贫困户还住在摇摇欲坠的危房里，没水没电，生活极不方便，立即与乡党委、政府沟通，为他们免费建造了6套生活设施和用品一应俱全、拎包入住的现代化富民安居房。为了改变单亲家庭聋哑儿童迪力夏提的命运，工作组3天之内多次协调阿克苏地区启明学校（聋哑学校）安排他接受12年的免费教育。

【在阿克苏举行“健康光明行”活动】5月29日，新疆阿迪娅眼科医院受新疆侨联机关住温宿县古勒阿瓦提乡加依村工作组和古勒阿瓦提乡政府的邀请，从乌鲁木齐总院、喀什分院派出10位医生，组成义诊团到古勒阿瓦提乡加依村进行为期半天的

5月29日，新疆侨联委员、新疆阿迪娅眼科医院院长阿迪娅医生参与“携手光明行”活动开展“阿迪娅眼科医院义诊术前筛查”工作

省级侨联工作

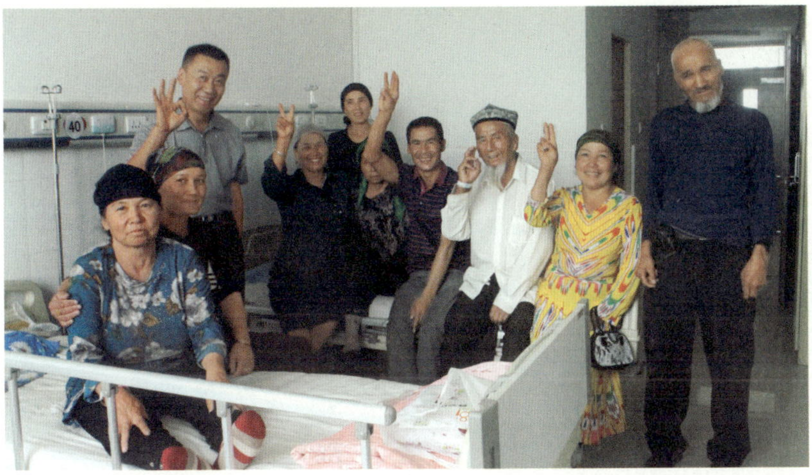

8 月 24 日，新疆侨联住村工作组成员看望“健康光明行”受助白内障康复患者

免费“携手光明行——阿迪娅眼科医院义诊”活动，为 268 名群众提供了义诊服务。8 月 22 日，中国侨联、新疆侨联联合天津医科大学眼科医院在新疆阿克苏地区温宿第一人民医院共同举办“健康光明行”活动。中国华侨公益基金会合作部主任王魁嵩代表中国侨联向阿克苏地区捐赠了 100 枚人工晶体，并走访了少数民族患者。这是中国侨联在新疆开展的第三次“健康光明行”活动，也是中国侨联按照中央关于做好新形势下群众工作的指示精神，发挥侨联优势，整合社会资源，为边疆少数民族地区群众办实事办好事，促进团结互助的重要举措。

【对外交流工作】为树立新疆在国际上的良好形象，坚决贯彻新疆维吾尔自治区党委确定的“立足周边，面向亚洲，走向世界”的对外交往方针，加强与海外侨胞和侨社团的联谊，6 月 9 日—18 日，安排支持阿克苏地区侨联首次组织“亲情中华——魅力阿克苏”艺术团赴塔吉克斯坦和吉尔吉斯斯坦进行文化交流、慰侨演出活动。召开了 2 场由中资企业负责人、留学生侨胞参加的座谈会，慰问了塔、吉两国 15 户侨胞，举办了 6 场演出，近 3000 人观看了演出。7 月 24 日—31 日，阿勒泰地区侨联组织“亲情中华”艺术团赴哈萨克斯坦阿克莫拉州、俄罗斯联邦阿尔泰边疆区开展文化交流、慰侨演出活动，共进行会谈座谈 6 次，走访慰问侨民和有关人员 25 户，举办 3 场慰问演出，当

6 月 11 日，阿克苏地区侨联组织“亲情中华”艺术团赴塔吉克斯坦共和国进行慰问演出

7 月 28 日，阿勒泰地区侨联组织“亲情中华”艺术团赴俄罗斯联邦进行慰问演出

8 月 20 日，昌吉回族自治州侨联组织“亲情中华”艺术团赴俄罗斯联邦进行慰问演出

地市民和广大侨胞近 2000 人观看了演出。8 月 18 日—25 日，昌吉回族自治州侨联组织“亲情中华”文化交流慰问演出团出访俄罗斯开展文化交流慰问演出活动。分别在新西伯利亚别尔茨克市、圣彼得堡、莫斯科等地开展 3 场慰问演出、3 次友城座谈交流、慰问 6 户侨胞家庭。观看演出观众近 3000 人。

【文化宣传工作】新疆侨联认真落实“加强海外新疆籍少数民族华侨华人和留学生工作”有关任务，加强同周边国家和新疆籍海外侨胞较为集中国家的侨团侨领联系联谊，2015 年接待了哈萨克斯坦、吉尔吉斯斯坦、美国、澳大利亚、德国、土耳其、巴基斯坦等国的侨领侨胞赴疆考察交流，开展座谈，沟通侨情，加深了解，增进感情。同时，新疆侨联认真做好第二届世界华侨华人摄影展征集活动和第十六届世界华人华侨学生作文大赛组织工作。在各级侨联精心组织和宣传动员下，全疆各族归侨侨眷、海外侨胞和中小学校积极响应、踊跃投稿。经作文大赛评委会评审，新疆共有 332 篇作文获奖，其中一等奖 45 篇、二等奖 132 篇、三等奖 155 篇。此外，新疆侨联围绕重点工作和重大活动积极做好宣传报道，全疆一半以上地、州、市侨联组织开通了“微信公众号”，利用新媒体手段，开展宣传报道工作，不断扩大侨联社会影响力。全年在中新社、《新疆日报》、新疆电视台、新疆人民广播电台等媒体共计报道新疆侨联稿件 100 余篇（次），全国 40 多家知名网站转载了 200 余篇次。全年编印“新疆侨联”期刊 4 期，“新疆侨联信息”23 期，收录稿件 200 余篇。

【服务经济建设】10 月 9 日，新疆（国际）侨商联合会、新疆维吾尔自治区人社厅、新疆军区政治部在乌鲁木齐市联合举办“首届新疆侨资企业自主择业军转干部招聘会”，此次招聘会吸引了近 600 名自主择业军转干部和疆内的 56 家大中型企业参加，现场签订了就业意向书 200 多份。同时，新疆侨联重视发挥新疆（国际）侨商联合会平台作用，依托侨商会优势，积极服务会员企业，组织开展会员年会、法律知识专题讲座、法律服务座谈会等，协助侨企吉瑞祥集团举办了“中国经济新常态与‘一带一路’发展战略论坛”，协助侨企闽兴集团公司依法维权。并积极组织侨界优秀人才参与自治区天山英才培训计划，为侨企发展和人才培养争取经费，努力做好服务、提供支持。

【普法维权工作】8 月 1 日，中国侨联权益保障部在新疆举办了第三期“法治中国 你我同行”“一带一路”侨界群众法治学习活动，来自山西、内蒙古、陕西、安徽、青海、宁夏、新疆和兵团侨联的 120 名侨界代表参加了学习。自“六五”普法工作开展以来，新疆各级侨联组织始终坚持积极开展侨法宣传活动，不断加强侨联

8 月 2 日，中国侨联权益保障部在新疆举办了第三期“法治中国 你我同行”“一带一路”侨界群众法治学习活动

信访工作，切实做好维护侨益工作。在 2015 年度全国侨联系统维权工作会议上，伊犁州侨联和乌鲁木齐市侨联 2 个先进集体、5 名先进个人受到表彰。同时，为实施“七五”普法做好准备工作，11 月 30 日，新疆侨联机关积极参与自治区“与法同行 万人宣讲”活动，新疆侨联党组书记、主席王永刚以《维护宪法权威 履行法定职责 坚持依法治会 恪守为侨服务》为题向机关全体干部职工进行法治宣讲。

8 月 30 日，新疆侨联副主席兼秘书长韩博（右一）在皮山县科克铁热克乡拉依喀村慰问侨眷

【开展侨爱心活动】8 月 30 日，新疆侨联副主席兼秘书长韩博受自治区侨联党组和王永刚主席委托，代表中国侨联和自治区侨联专程前往和田地区皮山县慰问“7·3”地震受灾归侨侨眷，送去 7.2 万元慰问金。9 月 22 日，新疆首个“树人班”开班仪式在新疆师范大学附中举行，共有 48 名学生受到资助。同时，上海真爱梦想基金会为乌鲁木齐市第 99 小学

9 月 22 日，新疆首个“树人班”在新疆师范大学附属中学开班

捐赠 15 万元建设梦想教室，美籍华人严欣荣先生为乌鲁木齐市高级中学机器人教室捐资助学，侨爱心品牌工程“珍珠班”新增 4 个班 200 名学生。此外，全疆各级侨联组织继续开展中国侨联与澳大利亚 ABC 慈善机构联合主办的“天籁列车新疆行”后续工作，将 5000 部助听器捐赠到乌鲁木齐、喀什、和田等地州市的听障人士手中。积极配合中国侨联积极开展“送温暖、献爱心”活动，共计向侨界群众送去慰问品、慰问金价值 10 余万元。这些公益慈善活动的开展，取得了良好的社会效益和较好的政治影响。

9 月 18 日，新疆侨联副主席阿不都外力・马木提（左二）在喀什市同归侨侨眷座谈

【调研考察座谈工作】12 月 14 日，中国侨联副主席康晓萍到新疆侨联看望干部职工并座谈。新疆侨联党组书记、主席王永刚汇报了新疆侨联工作的情况。听取汇报后，康晓萍副主席表示，希望新疆侨联要继续在实践中不断探索创新，进一步夯实侨联工作基础，争取多出经验、形成特色。在抓好“亲情中华”对外宣传工作的基础上，要利用国家不断重视海外文化宣传工作的有利机遇，在加大理论研究，加强自身建设等方面实现新突破，相信新疆各级侨联在自治区党委的坚强领导下，一定能够强化措施、落实责任、凝心聚力、攻坚克难、不断取得新的更大成绩。2015 年，根据自治区党委、政府统一安排部署，新疆各级侨联组织围绕“访民情、惠民生、聚民心”活动广泛开展调研工作。同时，还开展了“关于《新疆维吾尔自治区实施〈中华人民共和国归侨侨眷权益保护法〉办法》执行情况”调研和“贯彻落实中央《群团工作意见》、《侨联工作意见》和自治区党委《实施意见》的情况”专题调研工作。

12 月 4 日，中国侨联副主席康晓萍（左一）在新疆侨联机关调研

新疆生产建设兵团归国华侨联合会

【领导成员名单】

党组书记、主席：王宇科

党组成员、副主席：轩江波

兼职副主席：闫新梅（女，12 月 14 日当选）

秘 书 长：轩江波（兼）

【综述】 2015 年，兵团侨联在中国侨联的关怀指导和兵团党委的正确领导下，以贯彻落实党的十八大、十八届三中、四中、五中全会精神和兵团党委六届十四次全委扩大会议精神为重点，围绕中心，服务大局，内抓亲和保稳定，外抓招商促发展，调动广大归侨侨眷投身兵团建设、维护社会稳定的积极性，为服务兵团实现社会稳定和长治久安目标发挥了应有作用。12 月，兵团召开第六次归侨侨眷代表大会。兵团第六届侨联委员会现有委员 25 名，其中常委 13 名。

【学习贯彻党的群团工作意见】 2015 年 1 月，中央印发了《关于加强和改进党的群团工作的意见》。《意见》对加强和改进党对群团组织的政治领导、思想领导、组织领导，发挥群团组织作用、推动群团组织改革创新提出了明确要求。兵团侨联党组及时做出安排部署，组织侨联系统认真学习、深刻领会中央《意见》精神和中国侨联贯彻意见，要求各级侨联机关牢牢把握工作的政治方向，始终把侨联组织置于党的领导之下，严守党的政治纪律和政治规矩，坚决贯彻落实中央、自治区党委和兵团党委的决策部署。兵团各级侨联采取多种形式深入学习贯彻习近平总书记在中央外事工作、中央统战工作、中央党的群团工作会议和“三严三实”专题教育的一系列讲话精神。通过开展交流研讨，一是强化了法治意识，使侨联各项工作做到依法履职、依法行事、依法决策；二是强化了外交大局意识，发挥侨联组织民间外交作用，使侨联工作始终服从、服务于中国外交战略；三是进一步认清了侨联工作的统战性，发挥涉侨社团作用，不断凝聚侨心；四是进一步找准做好侨界群众工作的切入点和着力点，关注侨界群众的利益诉求，在服务侨界群众中不断推进工作。

【开展送温暖活动】 2 月 4 日—5 日，中国侨联组织人事部副部长赵珊珊一行 3 人来兵团开展送温暖走访慰问活动。慰问组在兵团侨联副主席轩江波的陪同下，分别赴伊犁第四师 64 团、67 团基层连队和石河子第八师 143 团（新疆华侨农场），对部分贫困归侨侨眷家庭进行慰问，并调研当地侨务扶贫情况。兵团侨联在元旦、春节期间，专门下拨 8 万元慰问金，广泛开展侨界送温暖走访慰问活动。2 月 13 日—15 日，兵团侨联主席王宇科、副主席轩江波分别带队前往 6 师、建工师、12 师、石河子大学、农垦科学院慰问归侨侨眷困难家庭和侨界知识分子代表。各师市、院校领导也带队下连进户，深入少数民族职工家庭，充分了解侨界群众最关心、反应最强烈的问题。走访中，对侨界人大代表和政协委员、企业下岗失业人员、大病致贫家庭进行了重点慰问，为他们送去了慰问金和慰问品，鼓励他

2 月 4 日，中侨联组织部人事部副部长赵珊珊（左二）在 4 师 67 团了解侨务扶贫工作

2 月 13 日，王宇科主席（右一）在 6 师副政委付爱琴（左一）的陪同下慰问五家渠 105 团园艺场退休职工、加拿大侨眷李郁芳

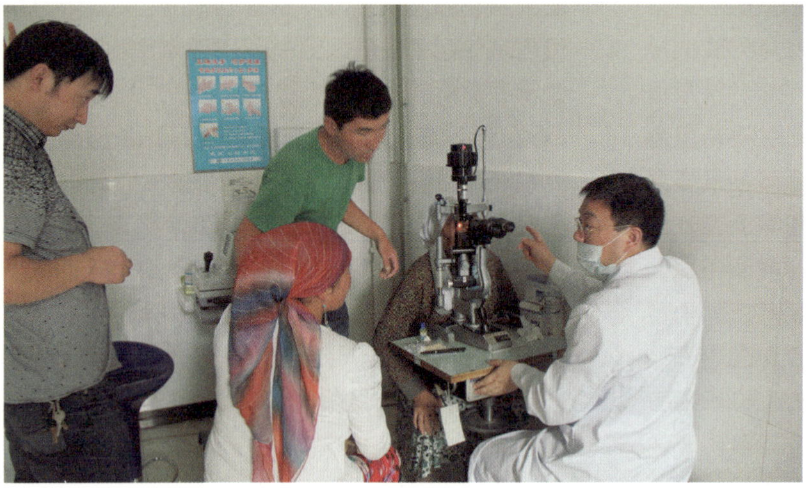

8 月 10 日，上海瑞金医院眼科专家在 10 师北屯医院为侨界群众开展义诊活动

们振奋精神、克服困难、争取早日脱贫。据不完全统计，全兵团共慰问侨界群众 361 户。7 月—8 月，兵团侨联组织送温暖医疗队先后深入地处南疆第十四师一牧场、第五师 88 团和第十师北屯市开展送医送药活动。邀请上海瑞金医院眼科、新华医院心内科和仁济医院妇产科专家来疆在兵团第十师的北屯医院开展义诊活动，共接诊近 400 人次，开展专题讲座 8 次，开展手术 1 例，取得了良好的社会效果。

【搭平台促发展】8 月 19 日—26 日，兵团侨联邀请福建侨商代表团一行 15 人来疆开展侨资企业兵团行活动。其间，代表团就房地产、矿产、金融、信息技术等领域对伊犁第四师、石河子第八师、北屯第十师进行了实地考察，促成福建侨商会副会长、美国华人社团联合总会常务副主席、厦门国鼎投资有限公司董事长丘鸿彬拟在北屯玉带河建设项目的投资合作意向，福建侨商会常务理事、加拿大福建社团联合总会副主席、福建中元瑞泽投资公司董事长洪晓东拟在霍尔果斯口岸中哈合作区商业配套项目的投资合作意向。9 月 17 日，“海外人才为国服务博士团”一行 4 人访问石河子大学并开展学术交流活动。澳大利亚技术科学与工程院院士冯大淦院士等 4 名海外高层次人才在石河子大学经管学院、医学院分别举办了专题讲座和交流互动，精彩的演讲受到广大师生的普遍欢迎。通过此次活动，石河子大学与海外人才建立了联系渠道，为今后开展交流合作奠定了基础。

8 月 23 日，福建侨商代表团在北屯市听取 10 师情况介绍

9 月 17 日，海外人才博士团访问石河子大学

【开展“访惠聚”活动】3 月 1 日，按照自治区党委的统一部署和兵团党委的要求，兵团侨联第二批“访惠聚”工作组入驻所住村和连队。3 月 7 日—9 日，兵团侨联党组书记、主席王宇科一行 3 人赴喀什岳普湖县阿洪鲁库木乡四村、3 师伽师总场 10 连、11 连，看望慰问侨联第二批“访惠聚”工作组。11 月 23 日—24 日，王宇科主席一行 4 人前往南疆 3 师伽师总场，对第二批住连工作组开展“访惠聚”活动进行调研，看望慰问住连干部。轩江波副主席从住村工作组赶到伽师总场一同参加调研活动。调研组召开座谈，听取汇报，现场指导，征求意见，传达了自治区党委和兵团党委对开展“访惠聚”活动的最新指示精神。调研期间，调研组还看望慰问了少数民族贫困家庭。2015 年，兵团侨联共为所住连争取惠民项目资金 61.5 万元，开展了 10 项惠民工程，将真情融入实干。

11 月 23 日，王宇科主席、轩江波副主席在 3 师伽师总场 10 连看望慰问少数民族贫困家庭

3 月 8 日，王宇科（左一）主席赴南疆 3 师看望兵团侨联第二批“访惠聚”工作组全体成员

【助推公益事业】5月13日，经兵团侨联争取，香港应善良福利基金会捐助石河子大学第六批 30 名贫困大学生受助项目获得批准。5 月 25 日，香港应善良福利基金会、兵团侨联、石河子大学三方就无偿设立 2015 级（第六批）“应善良助学金”受助项目签订《捐资（大学生）助学意向书》。12 月 16 日，三方正式签订《捐资（大学生）助学金协议书》，至此该项目共有六批 180 名贫困大学生得到资助。4 月 27 日，应善良福利基金会进一步提高了资

助标准，从2015年起每名受助学生每年获得3000元资助直至四年大学毕业。

【组织参加第十六届世界华人学生作文大赛】第十六届世界华人学生作文大赛评选活动揭晓，兵团共有35名小学生获奖，其中一等奖5名、二等奖11名、三等奖19名；并有36名初中生获奖，其中一等奖5名、二等奖14名、三等奖17名。另外，兵团第一师、五师、八师、十师、建工师侨联获大赛组织奖。兵团侨联组织此次参赛，共收到兵团系统各有关单位报送的参赛作文798篇，根据组委会要求，兵团侨联组织开展了初选工作，共选出454篇作文代表兵团参加第十六届世界华人学生作文大赛。

9月18日，兵团党委、兵团副秘书长奉希文（右）出席2015年兵团侨界“迎中秋·庆国庆”联谊会并发表讲话

【举办“迎中秋·庆国庆”联谊会】9月18日，兵团侨联举办了2015年兵团侨界“迎中秋·庆国庆”联谊会，兵团党委、兵团副秘书长奉希文出席并发表了热情洋溢的讲话，兵团侨联党组书记、主席王宇科主持联谊会并致辞，80多名来自各师市、院校侨务工作负责人、侨界代表、兵团侨联常委和部分侨联委员欢聚一堂，兵团杂技团及五家渠、石河子侨界代表表演了精彩的节目。通过开展品牌活动，活跃了侨界气氛，增强了侨联组织的凝聚力。

【康晓萍副主席来访兵团】12月13日—15日，中国侨联副主席康晓萍来访兵团，12月13日，兵团党委常委、副政委徐伟华会见了来兵团考察的中国侨联副主席、党组成员康晓萍一行。

12月13日，兵团党委常委、副政委徐伟华（右）会见来兵团考察的中国侨联副主席康晓萍（左）一行

兵团杂技团小演员们在侨界联谊会上表演节目

【召开兵团第六次归侨侨眷代表大会】12月14日，兵团第六次归侨侨眷代表大会在乌鲁木齐召开，自治区党委副书记、兵团党委书记、政委韩勇，中国侨联副主席、党组成员康晓萍出席会议并讲话。兵团领导于秀栋、

12 月 14 日，兵团第六次归侨侨眷代表大会在乌鲁木齐召开

12 月 14 日，兵团第六次归侨侨眷代表大会表彰了侨联系统先进单位和个人

刘向松、阿布力孜·尼牙孜、郭永辉，自治区侨联主席王永刚到会祝贺。兵团副政委徐伟华主持开幕式。大会听取和审议了兵团侨联第五届委员会工作报告，选举产生兵团侨联第六届委员会及常委会，通过了关于兵团侨联第五届委员会工作报告的决议。经兵团侨联六届一次全委会选举，王宇科连任主席，轩江波、闫新梅当选副主席，轩江波当选秘书长。会议表彰了兵团侨联系统 5 个先进单位、8 名先进个人。

中央直属机关归国华侨联合会

【领导成员名单】

主　　　席：李君如

常务副主席：张海鸽（女）

副 主 席：廖　东　邢砚庄（女）

谢东梅（女）　李敬祥

赖幼学（女）　李光夏

秘 书 长：谢东梅（女，兼）

副秘书长：吕　涛　高晶民（女）

钱建忠

【综述】 2015年，在中直工委和中国侨联的正确领导下，中直机关侨联及中直各单位侨联组织全面贯彻党的十八大和十八届三中、四中、五中全会精神，深入学习贯彻习近平总书记系列重要讲话精神，坚持围绕中心、服务大局，坚持以人为本、为侨服务，充分发挥桥梁纽带作用，各项工作取得了新进展。

4月1日，中直机关侨联三届二次全委会议召开

【召开中直侨联三届二次全委会】 4月1日，召开中直机关侨联三届二次全委会议，传达学习中直机关党的工作会议和中国侨联九届二次全委会议精神，总结2014年工作，部署2015年任务。中直工委副书记李勇出席会议并讲话。他强调，要坚定不移走中国特色社会主义群团发展道路，要以解决突出问题、推动事业发展为目标，直面归侨侨眷关心关切的热点难点问题，善于从讲话中寻找解决问题的思路，在实践中创新解决问题的方法。要主动围绕党和国家发展大局和单位建设做好牵线搭桥工作，在“引进来”“走出去”的大格局中发挥更大作用。要认真学习宣传和贯彻落实《中共中央关于加强和改进党的群团工作的意见》及中央办公厅《关于加强和改进新形势下侨联工作的意见》，坚持“党建带侨建、侨建为党建”，努力形成党的工作与侨联工作联动推进、共同提高的局面。各级党组织要把侨联工作摆上议事日程，指导侨联组织围绕机关党的工作开展活动，支持侨联组织依照法律和章程独立自主开展工作。侨联组织要自觉服从和接受党的领导，积极配合党组织开展工作，重大问题及时向党组织请示汇报；切实加强自身建设，大力开展调查研究，持续改进工作作风，狠抓基层建设，建好“侨胞之家”，夯实侨联工作的基层基础。中直机关侨联主席李君如围绕贯彻落实中直工委要求，做好2015年侨联工作提出了具体意见。他指出，2015年中直机关侨联工作的总要求是按照中国特色社会主义群团发展道路的基本要求，把党的领导、团结服务群众、依法依章程开展工作有机

4月1日，中直工委副书记李勇（中）出席中直机关侨联三届二次全委会议

统一起来，工作的重中之重是认真贯彻中央两个《意见》，工作的重要任务是形成常态化的工作机制和工作制度。他强调，要突出服务型侨联组织建设，提高侨联干部能力素质和侨联工作科学化水平。

6月23日，中直机关侨联主席李君如（左二）等与应邀出席中直机关纪念中国人民抗日战争暨世界反法西斯战争胜利70周年书画摄影展开幕式并与提供珍藏照片的全国政协委员周幼马在作品前合影

【贯彻落实习近平总书记系列重要讲话精神和中央群团工作会议精神】1月22日和25日，中直机关侨联主席李君如先后出席中央党校侨联成立大会和新华社侨联换届大会并讲话，要求中直机关各级侨联组织深入学习习近平总书记系列重要讲话精神，深刻领会以习近平同志为总书记的党中央治国理政新思想，用讲话精神统一思想和行动。认真学习中央党的群团工作会议精神，准确把握包括侨联工作在内的群团工作在党的工作全局中的重要定位，进一步坚定走中国特色社会主义群团发展道路的信心和决心。配合党组织开展对党绝对忠诚教育，把保持和增强群团工作和群团组织的政治性、先进性、群众性贯彻到侨联各项工作中，自觉践行“三严三实”要求，做到“四个始终”，争当“三个表率”，团结带领中直机关广大归侨侨眷为实现中华民族伟大复兴的中国梦共同奋斗。

【举办纪念中国人民抗日战争暨世界反法西斯战争胜利70周年书画摄影展】6月23日—26日，中直机关侨联会同中直机关书画协会、中直机关工会联合会、中直机关妇工委、中直机关青联在北京国艺美术馆联合举办纪念中国人民抗日战争暨世界反法西斯战争胜利70周年书画摄影展。中直工委副书记李勇，全国总工会党组成员、经审会主任李守镇，共青团中央书记处书记傅振邦，中国文联党组成员、副主席、书记处书记左中一，中国侨联秘书长王宏，中直机关侨联主席李君如，中直机关书画协会主席武春河等出席书画摄影展开幕式；中直各单位、中央国家机关工委、中国书法家协会、中国美术家协会、中国摄影家协会以及北京市直机关工委、北京市文联等单位有关部门负责人应邀出席开幕式。书画摄影展以“铭记历史·开创未来”为主题，展出中直机关书法家、美术家、摄影家以及包括归侨侨眷在内的中直机关广大业余书画摄影爱好者创作的300多幅书法、美术和摄影作品。这些作品主题鲜明、题材多样，紧紧围绕弘扬伟大抗战精神，以不同的艺术形式从多个角度回顾、再现中国人民抗日战争和世界反法西斯战争的伟大历史进程，充分展示了中国共产党凝聚全民族力量的中流砥柱作用。《人民日报》等多家媒体对书画摄影展进行了采访报道，收到了良好的社会效益。

6月23日，中直机关纪念中国人民抗日战争暨世界反法西斯战争胜利70周年书画摄影展开幕式在北京国艺美术馆举行

【李君如主席到中国国际广播电台侨联调研】2月6日，中直机关侨联主席李君如到中国国际广播电台侨联调研，并会见中国国际广播电台台长王庚年。在听取中国国际广播电台侨联情况汇报后，李君如指出，中国国际广播电台侨联是中直系统成立时间较早的侨联组织，工作基础扎实规范，为中直机关侨联做出了积极贡献，有很多值得借鉴推广的工作经验。他希望中国国际广播电台侨联认真贯彻“国内海外工作并重，老侨新侨工作并重”的要求，拓宽工作思路、创新工作方式，扎实做好新侨工作，为侨联组织补充新鲜血液，最大限度地凝聚一切积极力量。王庚年对中直机关侨联重视、关心、支持中国国际广播电台侨联工作表示感谢。他说，中国国际广播电台面向周边国家播出的语种几乎都是依靠华侨力量办起来的，他们为中国国际广播电台的创建和发展做出了卓越贡献。1990年中国国际广播电台侨联成立，是新闻出版广电总局第一个规范的侨联组织。李君如还参观了中国国际广播电台事业发展成果展、主控机房和英语中心直播间，并看望慰问了困难归侨侨眷。

【举行邓艺明遗物捐赠仪式】12月9日，中直机关侨联原常务副主席、中国外文局侨联原主席邓艺明遗物捐赠仪式在中国华侨历史博物馆举行。中直机关侨联主席李君如，中国外文局直属机关党委、侨联负责同志以及邓艺明的家人、亲友出席捐赠仪式。邓艺明（1934年—2014年）原籍广东，7岁时随父母前往越南，15岁加入中共及越共领导的新民主主义联合会，从事华侨学生运动；19岁加入越南人民军，参加了著名的奠边府战役；1955年开始在《新越华报》从事新闻工作。1966年回国后，一直在《人民画报》社越南文组从事翻译工作，被中国翻译协会授予“资深翻译家”称号。自1982年起，邓艺明开始兼职侨联工作，先后任文化部侨联副主席和中直机关侨联常务副主席；曾出席第三次至第八次全国归侨侨眷代表大会，当选中国侨联第四、五届委员，第六、七届常委和第八届名誉委员，为中直机关侨联事业发展做出了突出贡献。此次捐赠的遗物共有16件，包括越南民主共和国主席胡志明授予邓艺明的“奠边府战士”纪念章，胡志明亲笔审改的邓艺明采访古鱼公路新闻稿，越南革命博物馆收藏胡志明赠予邓艺明的黑色上衣的证明书；越南民主共和国“二级战胜”徽章、“祖国记恩”纪念章；越南人民军国防部勋章、证书；越南荣军部抗战纪念章、证明

2月6日，中直机关侨联主席李君如（左）到中国国际广播电台侨联调研，并会见中国国际广播电台台长王庚年（右）

2月6日，中直机关侨联主席李君如（左）看望慰问中直机关侨联顾问、新华社侨联主席王伟

书，越南北宁荣军局“模范战士”奖状；美国B52轰炸机投掷的子母弹等。这些遗物具体展示了海外华侨积极投身殖民地解放运动、维护世界和平、参加住在国建设的历史性贡献，是弥足珍贵的爱国教育史料。

【开展春节送温暖活动】在中直工委关心、支持下，春节前夕，中直机关侨联筹措资金3万多元，慰问中直机关年老生病及生活困难的归侨侨眷共计30人。中直机关侨联主席李君如亲自登门看望慰问中国侨联原副主席、中直机关侨联顾问唐闻生，中直机关侨联顾问、新华社侨联原主席王伟等中直机关侨界老同志，同他们亲切交谈，通报过去一年侨联工作情况和新年度工作安排，听取他们的意见建议。李君如还关切询问了解归侨侨眷及海外亲友的工作、身体、生活状况，祝他们及海外亲友春节快乐、身体健康、阖家幸福。归侨侨眷倍感温暖、备受鼓舞，纷纷表示将一如既往参加侨联活动，支持侨联工作，为中直机关侨联事业发展做出应有的贡献。

【中央党校侨联成立】1月22日，中央党校召开第一次归侨侨眷代表大会，选举产生中央党校侨联第一届领导机构。中央党校副校长、机关党委书记赵长茂，中直机关侨联主席李君如出席大会并讲话。赵长茂在讲话中强调指出，中央党校侨联要深入学习贯彻习近平总书记系列重要讲话精神，要把为侨服务、推动各项权益保障和相关政策落实作为工作的出发点和落脚点，用心去发现问题，用心倾听意见建议，为广大归侨侨眷提供更实在、更有效的服务，推动党校事业发展再上新台阶。李君如对中央党校第一次归侨侨眷代表大会召开表示热烈祝贺。他说，中央党校侨联小组自2002年成立以来，在凝聚侨心、汇聚侨力，服务归侨侨眷、依法维护侨益以及加强自身建设等方面做了大量卓有成效的工作。成立中央党校侨联，有利于在新的发展形势下进一步加强侨联工作，更好地发挥侨联组织作用。他希望中央党校侨联和广大归侨侨眷统一思想、振奋精神，开创工作新局面，为中直机关侨联事业发展做出新的更大贡献。

1月22日，中央党校第一次归侨侨眷代表大会召开

中央国家机关归国华侨联合会

【领导成员名单】

主　席：邵旭军（女）

副主席：许小峰　顾行发　吕彩霞（女）
毛起雄　孙柏瑜　王沙沙
林　松

秘书长：孙柏瑜（兼）

常务副秘书长：王瑞芹（女，兼办公室主任）

副秘书长：叶惠明（女）　黄　清
叶荣华

2 月 13 日，中央国家机关侨联主席邵旭军（左）走访慰问姜景山院士

【综述】 2015 年，中央国家机关侨联在中央国家机关工委的领导和中国侨联的指导下，深入学习贯彻党的十八大和十八届三中、四中、五中全会精神，深入学习贯彻习近平总书记系列重要讲话精神和中央党的群团工作会议精神，认真贯彻执行《中共中央关于加强和改进党的群团工作的意见》，紧紧围绕中央国家机关党建工作大局，积极创新思路，突出工作重点，不断引导归侨侨眷增强对党的事业的认同，增强对中国特色社会主义发展道路的认同，自觉为实现“十二五”奋斗目标贡献智慧和力量。

【走访慰问老归侨】 2015 年春节前夕，中央国家机关侨联主席邵旭军及侨联班子其他成员，在有关部门机关党委和侨联同志的陪同下，分别走访了中国工程院院士、中国微波遥感及航天信息工程专家姜景山，中国社科院侨联海外交流中心副主任凌彰等老归侨，为他们送去物质和精神上的双重慰问。中央国家机关工委提供了经费支持。

【召开 2015 年迎春座谈会】 2 月 6 日下午，中央国家机关侨联在中国气象局气象会堂召开“凝聚侨心　筑梦中华——中央国家机关侨联 2015 年迎春座谈会”，中央国家机关侨联领导班子全体成员向广大归侨侨眷致以节日问候。现场还开展了“我的中国梦”知识竞答，并表演了由归侨侨眷自编自演的节目。来自中央国家机关各部门的归侨侨眷代表约 400 人参加了座谈会。

【中央金融单位机关侨联举办迎新春茶话会暨学术讲座】 2 月 13 日，中央金融单位机关侨联在中国人民银行举办迎新春茶话会暨学术讲座，46 名中央金融单位机关归侨、侨眷、外籍华人欢聚一堂，共迎新春。中央金融单位机关侨联主席、中国人民银行党委委员、副行长易纲出席茶话会并讲话。中国人民银行机关党委常务副书记齐小东代表中国人民银行机关党委向大家拜年。中央金融单位机关侨联副主席兼秘书长、中国人民银行货币政策二司司长李波以《人民币的新角色》为题，为中央金融单位机关侨联做了第一次学术讲座，介绍了人民币国际化的背景、举措和展望。

2 月 13 日，中央国家机关侨联主席邵旭军（左一）走访慰问中国社科院老归侨凌彰

3 月 27 日，中央国家机关侨联召开三届三次全委会，会上增选中央金融单位机关侨联副主席兼秘书长李波为中央国家机关侨联三届委员会常务委员

3 月 27 日，中央国家机关侨联召开三届三次全委会，中央国家机关侨联主席邵旭军讲话

【召开中央国家机关侨联三届三次全委会】3 月 27 日，中央国家机关侨联召开三届三次全委会，传达中央和上级精神，对 2015 年工作进行研究部署。中央国家机关工委副书记、中国侨联副主席、中央国家机关侨联主席邵旭军出席并讲话。会上，中央国家机关侨联副主席，中国气象局党组副书记、副局长许小峰对中央《关于加强和改进党的群团工作的意见》进行了解读和辅导。中央国家机关侨联副主席，国家海洋局北海分局巡视员、副局长吕彩霞对中国侨联九届二次全委会精神进行了传达。中央国家机关侨联副主席、全国人大华侨委员会提案室主任毛起雄对中央国家机关侨联 2014 年工作进行了总结，并对 2015 年工作进行了部署。会议增选中央金融单位机关侨联副主席兼秘书长李波为中央国家机关侨联三届委员会常务委员。

【学习贯彻群团工作会议精神】7 月 23 日—24 日，中央国家机关侨联召开常委（扩大）会议，传达中央党的群团工作会议精神，研究贯彻落实会议精神的工作思路。中央国家机关工委副书记、中国侨联副主席、中央国家机关侨联主席邵旭军出席会议并讲话。会上传达了习近平总书记在中央党的群团工作会议上的重要讲话精神。与会同志就如何学习领会、贯彻落实讲话精神进行了分组研讨，并提出了许多有建设性的意见建议。

7 月 23 日—24 日，中央国家机关侨联召开常委（扩大）会议

【举办第一期新侨沙龙活动】10月27日，中央国家机关侨联举办第一期新侨沙龙活动。中央国家机关工委副书记、中国侨联副主席、中央国家机关侨联主席邵旭军出席活动并讲话。活动邀请中国人民银行研究局首席经济学家马骏作了题为《宏观形势、金融改革与跨太平洋伙伴关系协议（TPP）》的报告。本次活动由中央金融单位机关侨联承办，来自中央国家机关各部门的新侨及部分部门侨联组织负责同志近40人参加。参加活动的新侨结合各自在国外工作、生活的经历，围绕宏观经济、金融形势，与马骏博士作了互动交流。

10月27日，中央国家机关侨联举办第一期新侨沙龙活动，中国人民银行研究局首席经济学家马骏作报告

【召开中央国家机关侨联常委（扩大）学习贯彻十八届五中全会精神会议】11月9日—10日，中央国家机关侨联召开常委（扩大）学习贯彻十八届五中全会精神会议。中央国家机关工委副书记、中国侨联副主席、中央国家机关侨联主席邵旭军出席并讲话。中央国家机关工委统战（群工）部部长谈宜彦主持。会议通过专家辅导、分组研讨、大会交流等较为丰富的形式，系统研读了“十三五”规划《建议》的主要内容，并结合贯彻工委下发的关于加强和改进党的群团工作意见的《实施方案》，深入讨论了群众工作落实全会精神的思路。

【举办第二期新侨沙龙活动】11月24日，中央国家机关侨联在北京清华科技园举办“创新与《中国制造2025》”新侨沙龙活动。中国侨联副主席、中央国家机关侨联主席邵旭军，工信部党组成员兼办公厅主任莫玮出席。大家参观了清华科技园为小微企业和初创企业建立的众创空间。工信部规划司副司长李北光、中小企业局副局长许科敏分别作了关于《中国制造2025》和

11月24日，中央国家机关侨联举办第二期新侨沙龙活动，部分参加活动的归侨侨眷合影

11月9日—10日，中央国家机关侨联召开常委（扩大）学习贯彻十八届五中全会精神会议

11 月 24 日，中央国家机关侨联举办第二期新侨沙龙活动

中小企业扶持政策的主题报告，并与大家进行了热烈互动。工信部及交通运输部、国务院国资委、国家林业局、国家气象局等部门的归侨侨眷 80 余人参加了活动。

【邵旭军率队赴山东调研】12 月 7 日—10 日，受林军主席委托，中国侨联副主席、中央国家机关侨联主席邵旭军，中国侨联常委、中央国家机关侨联副主席兼秘书长孙柏瑜及有关同志，赴山东省开展贯彻落实中央党的群团工作会议精神、推进侨联组织改革情况调研。其间，调研组与山东省侨联、烟台市委市政府、青岛市委市政府有关负责同志交换了意见，分别在烟台、青岛两地召开了由有关部门负责同志、市区县侨联组织负责人、归侨侨眷代表参加的座谈会，并考察了有关侨资企业。调研报告受到中国侨联主席林军、副主席董中原的高度肯定。

中央企业归国华侨联合会

【领导成员名单】

主　　席：张玉卓
第一副主席：芮晓武
副 主 席：李学东　刘大山　张文亮
　　　　　于毅波　许金华　张　诚
秘 书 长：张文亮（兼）

【综述】中央企业侨联成立于 2003 年 10 月。据统计，目前中央企业有归侨侨眷 1.8 万人，归国留学人员 1.2 万人，港澳台籍人士（眷属）2.4 万人。中央企业中设立侨联组织的有 78 家。2015 年，中央企业侨联在国资委党委的领导和中国侨联的指导下，高举中国特色社会主义伟大旗帜，全面贯彻党的十八大、十八届三中、四中、五中全会精神，深入学习贯彻习近平总书记系列重要讲话精神，牢牢坚持为侨服务、维护侨益的宗旨，唱响爱国、爱企、爱岗的主旋律，进一步凝聚侨心、汇聚侨智、发挥侨力，充分发挥联系广泛、人才荟萃的优势，大力开展“聚侨心、促和谐”主题活动，深入开展“爱企业、献良策、做贡献”主题活动和创新创效活动，引导广大归侨侨眷、归国留学人员和广大涉侨人士立足岗位、建功立业，为中央企业的改革发展做出了积极贡献。

1 月 21 日，中央企业侨联召开三届二次主席会议

【召开中央企业侨联三届二次主席会议】1 月 21 日，中央企业侨联召开三届二次主席会议，中央企业侨联主席张玉卓、中央企业侨联副主席李学东、张文亮、张诚、许金华出席会议。会议主要研究了六项工作，一是讨论中央企业基层侨联工作情况调研报告；二是研究“侨与中国梦”活动表彰事宜；三是研究中央企业侨联青年委员会和中央企业归国留学人员联谊会成立事宜；四是研究召开中央企业侨联三届二次全委会议有关内容；五是研究开展节日走访慰问活动；六是结合中国侨联会议精神，总结 2014 年工作，研究 2015 年工作。

【召开中央企业侨联三届二次全委（扩大）会】2 月 10 日下午，中央企业侨联在北京召开

2 月 10 日，召开中央企业侨联三届二次全委（扩大）会议

国资委副主任徐福顺在中央企业侨联三届二次全委（扩大）会议上讲话

中国侨联副主席乔卫在中央企业侨联三届二次全委（扩大）会议上讲话

张玉卓主席在中央企业侨联三届二次全委（扩大）会议上讲话

三届二次全委（扩大）会议。国务院国资委副主任、党委委员徐福顺出席会议并讲话。中国侨联党组成员、副主席乔卫出席会议并讲话。中国侨联副主席、中央企业侨联主席、中国神华集团有限责任公司董事长、党组书记张玉卓代表第三届侨联委员会作工作报告。中央企业侨联副主席张文亮主持并作讲话。中央企业侨联副主席于毅波传达了中国侨联九届二次全委会议精神和中央企业、地方国资委负责人会议精神。会议审议通过了《中央企业侨联青年委员会组织方案》和《中央企业归国留学人员联谊会组织方案》。国资委群工局（党委统战部）局长（部长）谢俊、副局长（副部长）张相红，中央企业侨联委员、顾问、特邀代表等共 40 余人出席会议。

【召开中央企业统战侨务工作座谈交流会】2 月 10 日下午，国务院国资委副主任、党委委员徐福顺主持召开中央企业统战侨务工作座谈交流会。中国侨联党组成员、副主席乔卫同志出席座谈会。国资委群工局（党委统战部）局长（部长）谢俊、副局长（副部长）张相红参加了会议。中央企业统战及侨界代表人士共 17 人参加了座谈会。

【开展送温暖活动】2 月 10 日上午，中国侨联副主席、中央企业侨联主席、神华集团有限责任公司党组书记、董事长张玉卓专程看望了闵恩泽、李桂珍两位中央企业侨界代表人士。感谢他们为中国石油化工和中国农业机械方面发展做出的贡献，希望他们保重身体，继续为中国石油化工和中国农业机械行业发展贡献智慧和力量。张玉卓简要介绍了中央企业侨联第三次代表大会和中国侨联第九次代表大会的情况，以及中央有关对侨的政策和要求。同时表

2 月 10 日，张玉卓主席（右二）看望闵恩泽先生（右一）

2 月 10 日，张玉卓主席（前排左一）看望李桂珍女士（右一）

示，中央企业侨联组织将认真履行群众工作、维护侨益等职能，在凝聚侨心、汇集侨智、发挥侨力、维护侨益等方面充分发挥广大归侨侨眷的优势，为企业改革发展多做贡献。

【贯彻落实中央统战工作会议和群团工作会议精神】2015 年，中央相继召开了中央统战工作会议和中央党的群团工作会议，出台了《中国共产党统一战线工作条例（试行）》和《关于加强和改进党的群团工作的意见》，开启了党的统战工作和群团工作的新篇章。在国资委党委的关怀下，2 位中央企业侨界代表人士和 3 位归国留学人员代表人士成为国资委党委领导的交友对象，进一步畅通了侨界群众表达意见建议的渠道，加强了国资委党委对侨务工作的领导。积极协助国资委党委统战部指导河北省秦皇岛市、湖北省宜昌市开展国有企业统战侨务工作联合联动工作机制试点，为在全国推进国有企业统战侨务工作联席会议机制积累了经验。企业各级侨联组织在本单位党组织的领导下，深刻认识中央两个会议和两个文件的重大意义，认真开展专题研讨，深入做好宣传动员，切实把广大侨界人士的思想和行动统一到中央决策部署上来。

【纪念抗战胜利 70 周年系列活动】2015 年，央企侨联充分发挥侨联群众性、涉外性优势，精心策划纪念活动，开展“老侨讲故事”等各类爱国主义专题讲座，组织观看中国侨联出版发行的《华侨抗战影像实录》及相关图片展览，着力宣传抗战胜利的伟大历史意义和中国人民抗日战争在世界反法西斯战争中的重要地位。一些侨联组织开展对抗战老战士、老红军走访、慰问、帮扶活动，了解他们的所需所想，提供力所能及的帮助，使广大归侨侨眷在学习实践中激发了爱国热情，增强了民族自豪感。

【开展“侨与中国梦”优秀作品展评活动】3 月 23 日—27 日 和 4 月 13 日—24 日，中央企业侨联与国资委统战部联合开展了“侨与中国

3 月 23 日，开展“侨与中国梦”主题活动，张玉卓主席（左一）陪同徐福顺副主任（右二）参观

梦”优秀作品展评活动；精心选取“侨与中国梦”主题活动中30幅书法、26幅绘画作品和150多张照片在国资委两个办公区和涉侨较多的企业进行了集中展览。展览期间，国资委主任、党委书记张毅等领导观看了展览并指导，对展评活动给予了充分肯定。

【继续开展“爱企业、献良策、做贡献”和“我为企业献一言”等主题活动】2015年是“十三五”布局谋篇之年，各级侨联组织把“爱企业、献良策、做贡献”和“我为企业献一言”等主题活动与本企业制定“十三五”规划结合起来，深入动员，广泛发动，全年广大侨界人士为企业改革发展献计献策1.2万余条。中国钢研科技集团还开展了中央企业侨界代表人士建言献策平台试点工作，建成首个侨界人士建言献策平台试点“李卫工作室”，大力推进了中央企业侨界“爱企业、献良策、做贡献”主题活动创新升级。

【推进中央企业侨联青年委员会和留学人员联谊会成立工作】2015年，按照《中国侨联青年委员会章程》和《中央企业侨联工作细则》有关规定，央企侨联扎实做好中央企业侨联青年委员会和留学人员联谊会的筹备事宜。国资委党委统战部和中央企业侨联两次向中国侨联和欧美同学会·中国留学人员联谊会报告会议筹备情况，两次向中央企业征求意见，4次召开筹备协调会议，赢得了上级的关心与支持，调动了各方力量，扎实推进了各项工作。

【夯实组织基础 强化基础工作】2015年，央企侨联积极向中国华侨国际文化交流促进会推荐第四届理事，彰显了中央企业在国际文化交流中的作为。指导国机集团、能建集团侨联组织完成了换届工作，指导中海油成立了侨联组织，进一步加强了基层侨联组织建设。在无编制、无人员、无经费的情况下，采取双向挂职制度，在长江三峡、中国建材、中国联通等企业的支持下，加强了工作力量，推进了侨联工作有序开展。组织人员参加中国侨联“智慧侨联”网络管理员培训，推动了“互联网+智慧侨联”建设。结合国资委党委和中央企业党委（党组）建立统战代表人士数据库工作，建立了侨界代表人士数据库，运用信息技术对侨界代表人士队伍进行科学管理，探索建立侨界人才分析评价体系和人才梯次管理机制。东航集团建立了侨界人士台账和信息库。中盐集团把统战侨务信息管理纳入公司信息化管理系统二期工程，统一抓好统战侨务信息工作。

【坚持开展侨爱心活动】2015年，央企侨联联合“神华爱心基金”，设立了中央企业扶侨帮困专项基金，拨付10多万元做好南侨机工帮扶项目。坚持把节日慰问与平时帮扶结合起来，积极开展困难归侨侨眷扶助活动。据不完全统计，各级侨联组织共组织开展帮扶困难侨界群众1100多人次，发放各类帮扶资金120余万元，切实将党的温暖传递到每一位归侨侨眷手中。

【加大海外人才引进工作】央企侨联充分发挥侨界人士熟悉国外情况、海外朋友众多、信息渠道广泛等优势，在助力企业引进海外高层次人才等方面牵线搭桥，为中央企业引入高科技项目、吸引海外人才参与高新技术产业发展起到积极作用。2015年共组织5家中央企业参加海外人才和归国留学人员招聘活动，吸引留学人员归国创业。各级侨联组织发挥新侨、留学人员与国外企业、科研院所关系密切的优势，充分调动广大归侨侨眷的积极性、主动性和创造性，紧紧围绕企业的战略部署，结合本企业深化改革的实际，开展技术创新、管理创新、服务创新、制度创新，为加快推进产业结构升级和企业创新发展做出了积极贡献。

【开展举荐侨界代表人士工作】2015年，央企侨联选派3名优秀侨界代表人士参加中央统战部组织的培训，提高了侨界人士参政议政的能力。在企业各级党委的领导和支持下，加强与有关方面的沟通联系，在新一届换届工作中，共向各级人大、政府、政协、民主党派组织和统战人民团体推荐了110余名侨界代表人士，随着各级换届工作的开展，越来越多的中央企业侨界代表人士将兼任职务，发挥作用。

【中国建材侨联积极开展活动】中国建材集团侨联在中国建材集团党委的领导下，在央企侨联副主席、中国建材集团侨联主席许金华的带领下，2015年结合本单位与央企侨联工作特点，举办了中国建材集团侨联及所属中国建材科学研究总院侨联的迎新春侨联工作座谈会；组织并邀请中国侨联公益基金会和中央企业侨联及中国建材集团侨联企业中的骨干人员，加入中国企业改革与发展研究会研究员队伍；组织中国建材侨联骨干及分会骨干参观中国华侨历史博物馆，进一步了解不同时期华侨在中国发展中所做出的贡献；邀请中国侨联公益基金会相关研究员深入基层企业开展“贯彻创新发展理念，推动企业转型升级”专题系列调研活动。

【中国机械工业集团有限公司侨联召开第三次归侨侨眷代表大会】11月16日—17日，国机集团侨联在北京召开第三次归侨侨眷代表大会。中央企业侨联及国机集团有关领导出席会议并讲话。来自国机集团系统各单位的归侨侨眷代表30余人参加会议。会议对集团二届侨联的工作进行了全面总结，选举产生了新一届侨联委员会委员、主席、副主席和秘书长。国机集团侨联成立于2002年，原覆盖范围主要为在京所属企业。本次会议覆盖了集团京内和京外各所属企业，标志着集团系统侨联正式成立。

【中国海油京直地区侨（归）联完成换届】9月28日，中国海油京直地区侨（归）联召开第二次归侨侨眷代表大会。中央企业侨联副主席张文亮出席会议。新一届侨联围绕中心、服务大局，按照“组织起来、活跃起来、发挥作用”的要求，组建了秘书处，下设文体部、调研部、宣传部、外联部四个工作部门，创建了微信群，围绕企业发展、个人成长等热点开展了多次线上线下活动，创新性地推动了各项工作。2015年12月，中国海洋石油总公司党组成员、副总经理吕波出席侨联“树信心、度寒冬、助改革、献良策”座谈会，充分肯定了归侨侨眷和留学人员的积极作用，并要求有关部门重视他们的意见建议，积极为他们发挥才智搭建平台、创造条件。

中国侨联

年鉴

侨情概览

中国侨联年鉴

2016 中国侨联年鉴

2015 全球华侨华人十大事件

中国侨网联合中国新闻网评出了“2015 全球华侨华人十大新闻”。十大新闻评选结合专家意见和网友投票，展现了 2015 年华侨华人的成就和荣耀。

“2015 全球华侨华人十大新闻”依次为：

一、习近平高度评价旅美侨胞贡献，寄予三点希望

2015 年 9 月，习近平在访美期间对旅美侨界给予高度评价。他希望侨胞们积极融入美国主流社会，推动当地经济社会发展；发挥学贯中西、融通中美的优势，为中美互利合作牵线搭桥；积极主动宣介中华文化，讲好中国故事。

二、首届世界华侨华人工商大会举行

2015 年 7 月，首届世界华侨华人工商大会在北京举行，来自世界 79 个国家和地区的 300 余名海外华商代表参会。李克强会见大会全体代表，寄望广大华侨华人架起中外经济合作共赢的“彩虹桥”，成为促进中国经济转型发展的“生力军”，打造华商“新形象”。

三、海外华文媒体诞生 200 周年，刘云山寄语

在海外华文媒体走过 200 年之际，第八届世界华文传媒论坛于 2015 年 8 月在贵阳举行。中共中央政治局常委刘云山致信祝贺海外华文媒体诞生 200 周年，并寄语广大海外华文媒体情系桑梓、融通中外。

四、海内外侨界纪念抗战胜利 70 周年

2015 年是中国人民抗日战争暨世界反法西斯战争胜利 70 周年，8 月以来，世界各地华侨华人举行多场盛大纪念活动。约 2000 名华侨华人参加了 9 月 3 日在北京举行的抗战胜利阅兵观礼，部分侨胞获颁“中国人民抗日战争胜利 70 周年”纪念章。

五、华侨华人参与“一带一路”建设作用独特

“一带一路”沿线各国华侨华人超 4000 万，具有雄厚的经济科技实力、成熟的生产营销网络、广泛的政界商界人脉以及沟通中外的独特优势。华侨华人正成为推动“一带一路”建设不可或缺的独特力量。

六、中国“绿卡”申请门槛放宽便利海外华人

2015 年 6 月，中国公安部根据《外国人在中国永久居留审批管理办法》有关规定，扩大申请在华永久居留（中国“绿卡”）外国人工作单位范围，为海外华人高端人才回国发展提供了便利。

七、中国助推侨胞参与“侨梦苑”建设

“侨梦苑”是国务院侨办和地方政府联手合作、重点建设的侨商产业聚集区。截至 2015 年 12 月，全国已设立六家“侨梦苑”，分别在天津、河北北戴河、福建福州、江西南昌和广东广州、江门，旨在为侨搭建可以联手创业、抱团取暖的平台。

八、恐怖袭击多发，华人海外安全话题引关注

2015 年 11 月，法国遭遇恐怖袭击，百余人遇难。中国外交部还证实中国公民樊京辉被“伊斯兰国”极端组织绑架并杀害；马里中资机构又有 3 名同胞遭恐怖袭击遇难。法国恐怖袭击发生后，中国驻多国使领馆发出安全提醒，呼吁海外中国公民注意安全。

九、中国侨商会成立科技创新委员会，裘援平倡议“万侨创新”

为响应国家“大众创业、万众创新”号召，国务院侨办支持中国侨商投资企业协会于 11 月 30 日在北京成立科技创新委员会，首届会员共 243 位。裘援平在会上勉励华侨华人以“万侨创新”的姿态，在“十三五”时期创新型国家建设中发挥更大作用。

十、英国华人参政表现亮眼，创下两项纪录

2015年5月，英国大选尘埃落定，华人突破两项纪录。其一，11位来自保守党、工党、自民党和绿党的华裔候选人参选，数目之大，创下历史最高水平；其二，诞生史上首位华裔国会下议院议员。

东南亚侨情（上）

东南亚地区的华侨华人，占世界华侨华人总数的 80% 以上，其中绝大多数已加入当地国籍，成为居住国公民。东南亚地区的华侨华人，不但与当地人民一道披荆斩棘，艰苦创业，遵守法律，和睦共处，为居住国的经济发展与社会进步做出了卓越贡献；而且他们在融入当地社会的同时，与祖籍国交往密切，对促进中国的经济建设和推动居住国与中国的友好关系发挥了重要作用。东南亚地区范围广大，涉及华侨华人内容多，本部分重点概述印尼、菲律宾、新加坡、马来西亚和泰国五国 2015 年的侨情。

习近平、马英九在新加坡会面，让海外华人兴奋不已。11 月 7 日，两岸领导人习近平、马英九在新加坡会面，就进一步推进两岸和平发展交换意见。这次堪称“世纪握手”的会面，让海外华人兴奋不已。“他们的握手，承载着民族复兴的曙光。他们的握手，承载着对民族负责、对历史负责的担当。”欧洲中国和平统一促进会主席张曼新表示，这是跨越了台湾海峡的握手，是背负了 66 年沉重历史的握手，是震撼世界的握手，是两岸关系新的里程碑。历史证明，不同的政治制度，不是跨越不了的障碍。为了两岸人民的福祉，两只有力的手握在了一起，握出了民族的未来，握出了世界和平的希望。张曼新指出，两边几代领导人都没有放弃“一个中国”的原则，才使今天两岸能大手相握。民族的血脉始终不能被切割，人民的福祉高于一切利益纷争。统一的中国，是整个中华民族的目标，两岸的和平发展，最符合人民大众的最终利益。

马来西亚华人认为李克强访马将全面提升两国友好关系。11 月，中国国务院总理李克强出席在马来西亚吉隆坡举行的第 18 次中国—东盟（10+1）领导人会议、第 18 次东盟与中日韩（10+3）领导人会议和第 10 届东亚峰会并对马来西亚进行正式访问。华社认为，李克强总理访马必将巩固马中千年友谊，全面提升马中两国友好合作关系。11 月 22 日，李克强总理拜访了当地的郑和文化馆，撰文《历史的航道、崭新的坐标、扬起的风帆》。这篇 1800 多字的文章，用了近五分之一的篇幅引述郑和下西洋的例子：中国明代航海家郑和曾七下西洋，五次经过马六甲，郑和率领当时世界上最强大的舰队来到富庶之地，并没有搞掠夺，也没有搞扩张，更没有搞殖民，留下的是当地传颂了几个世纪的善举和义举。他在这里敦睦邦交，发展贸易；帮助当地军民修筑城墙，驱逐海盗，平息冲突，维护海上安宁；传播农业、制造、医学等生产生活技术。李克强将此归功于郑和当年的“有所为”和“有所不为”。

东南亚各国华人举办活动，庆祝抗战胜利 70 周年。在中国人民抗日战争暨世界反法西斯战争胜利 70 周年到来之际，海外华侨华人纷纷举行纪念活动，以各种形式表达其铭记历史、珍爱和平的心声。8 月 15 日，中国驻菲律宾大使馆联合当地华人团体，在马尼拉举办纪念大会，纪念抗战胜利 70 周年。菲律宾和平统一促进会会长卢祖荫表示，日本安倍政权背弃“和平宪法”，军国主义复辟的隐患已经严重威胁到亚太地区的稳定与世界和平，我们必须警钟长鸣。15 日，由泰国中国和平统一促进会总会联合泰华社会各界在曼谷隆披尼公园举行纪念活动。其中的图片展分为九个部分，分别展示了战争期间日本侵略者在亚太地区实施狂轰滥炸、制造惨案、实施细菌战和化学战、虐杀战俘、摧残妇女儿童、掳掠劳工等罪行，以警示后人，勿忘历史、珍视和平。9 月 1 日，菲华各界联合会和菲律宾华支退伍军人总会暨华支后裔联谊会组织侨胞与华侨抗战老兵一起来到马尼拉华侨义山向菲律宾华侨抗日烈士纪念碑献花，缅怀先烈，纪念世界反法西斯战争暨中国人民抗日战争胜利70周年。9月28日，马来西亚七大乡团主办南侨机工回国抗战史——《南侨颂》演出举行。

海外侨胞畅言助推“一带一路”战略。6月，在昆明第13届东盟华商会上，来自30多个国家和地区的政要、知名侨领、华商领袖、著名专家学者，以侨为桥，共同探讨、寻求在“一带一路”机遇下的合作，促进中国与东南亚、南亚及世界各国华商之间的经贸合作交流，实现互利共赢。缅甸华商会会长吴继垣12日表示，“一带一路”构想以交通基础设施为重点和优先，这项横跨缅甸、契合欧亚大陆实际需要的建设将给缅甸带来巨大发展机遇。老挝龙福集团董事长王超说：“通过6年多的实践，目前我们在老挝首都万象为企业搭建一个践行‘一带一路’构想的平台，以实际行动引领更多的云南企业‘走出去’抱团发展。”菲律宾菲华商联总会理事长张昭和说，“一带一路”充满机遇，在基础设施互联互通、国际产能合作、加强各国间贸易投资、扩大新的投资融资平台等方面都有很大的促进作用。

印尼侨团举办书画作品展，纪念亚非会议60周年。2015年4月，由印尼书法家协会和印尼客属联谊会等侨社团联合举办的纪念亚非会议60周年书画作品展在印尼雅加达举行。此次书画展邀请印尼书画院、思源美术馆等十几家印尼书画协会以及中国文化艺术研究中心、新加坡狮城书法篆刻会、马来西亚现代国际书画联盟和泰国等书画艺术家，共计近百幅以弘扬亚非会议、万隆精神、热爱和平以及对当时的国家领导人的赞颂为主题。印尼客属联谊总会总主席叶联礼表示，纪念亚非会议60周年书画作品展，是印尼2015年首次主办的一次意义重大的书画活动，因为亚非会议是在印尼举办震撼全球的一场国际政治会议，而且被世界誉为“万隆精神”，这是身为印尼每个公民的光荣与骄傲。周恩来总理以他的胆识与才华，在会议引起争执的时刻，力挽狂澜，提倡“求同存异，和平共处”，说服了来自亚非29个国家的领导人，为亚非大团结做出了极大贡献，这也是身为炎黄子孙的自豪。

印尼华裔踊跃参政，多名华裔角逐苏门答腊市长选举。由于历史原因，印度尼西亚华裔参政意识薄弱。自1999年民主化改革以来，华裔在当地的社会政治地位与日俱增，印度尼西亚政坛先后涌现了创意与旅游经济部长冯慧兰（Mari Pangestu）、雅加达首都特区首长钟万学（Basuki Tjahaja Purnama），以及西加里曼丹副省长黄汉山等一批华裔政要。2月以来，有数名华裔企业家和政治领袖表态将角逐北苏门答腊多个地区的市长选举。北苏门答腊的20个市镇在2015年底举行选举，竞选活动还未开跑，已有一些华人频频在社区活动中亮相，希望提高选民对他们的认识，增加他们在选举中的胜算。棉兰也有数名华裔政治领袖有意角逐该市的市长选举，其中包括斗争派民主党的哈欣（Hasyim）。哈欣是棉兰市议员，在2014年国会选举中，他是得票率最高的斗争派民主党候选人。他表示，若被该党提名角逐棉兰市长，他有信心胜出。

印尼斗争派民主党首次委任华裔出任棉兰主席。印度尼西亚执政党之一的斗争派民主党中央委员会，3月正式委任华裔领袖黄建霖（Hasyim Se）出任北苏门答腊省首府棉兰的新主席，以化解该党地方选举出现群龙无首的僵局。47岁的黄建霖是棉兰市议员，在2015年国会选举中，他成为得票率最高的斗争派民主党候选人。黄建霖指出，他被选为棉兰党部主席显示，斗争派民主党贯彻了其民族主义价值观，并且排除种族元素。“这对印尼整个华人社会来说是个荣幸，因为我被给予的是领导整个省份的斗争派民主党党员。”棉兰一名华裔青年领袖罗哈林（Halim Lo）认为，黄建霖当选斗争派民主党棉兰党部主席显示出印尼华人社会对国家的忠诚，这完全符合印尼华裔先贤希望下一代能为国家做出贡献的理念。

第13届世界华商大会在印尼举办。9月25日—28日，第13届世界华商大会在巴厘岛举办。本届大会以“融聚华商·共赢在印尼”为主题，旨在融聚全球华商力量，构建更加稳健、广泛的世界华商交流、合作平台，引领全球华商新时期下合力共赢。大会设有开幕式、大会主旨论坛、专题分论坛、经贸文化展览展示、闭幕式及下届华商大会主办方交接旗仪式、巴厘岛民族风光参观、高尔夫球友谊赛等日程。大会适逢中华传统佳节——中秋节，大会筹委会特别在闭幕式中增设了 2015 世界华商中秋大联欢活动，让来自世界各地的嘉宾在巴厘岛度过了一个难忘的中秋佳节。世界华商大会由新加坡中华总商会于 1991 年首先发起倡议，香港中华总商会和泰国中华总商会参与酝酿，决定每隔一年举行一次，以促进各地华商间的交流与合作。首届世界华商大会于 1991 年 8 月在新加坡举办。20 多年来，世界华商大会已成为世界各地华商促进经贸合作的纽带和桥梁。

2015 年亚洲 50 名富豪中有 5 人是印尼商家。他们包括印尼富豪黄惠忠和黄惠祥兄弟、黄奕聪、斯里·普拉卡什·洛希亚（Sri Prakash Lohia）、蔡道平、林逢生。黄惠忠（Robert Budi Hartono）与兄长黄惠祥（Bambang Hartono）是针烟公司创立人黄伟源之子。1951 年，黄伟源收购小型丁香烟公司，名号是“留声机针烟”，黄氏改为“针烟”，不断扩展业务，打入银行、房地产、农产品加工业、电器及多媒体产业。金光集团老板黄奕聪（E k aTjipta），是世界上第二大棕榈油生产商，主要的商务线是“金光农产业”。黄奕聪拥有造纸厂、投资公司、煤矿至发电厂。印多拉马集团业主普拉卡什今年是印尼第三位富豪。普拉卡什是来自印度的移民，他于 1976 年开始创业，生产棉纱，业务不断发展，生产各种产品，包括医疗手套。盐仓香烟厂业主蔡道平是东爪哇省谏义里盐仓香烟厂创立人苏尔雅的第三子。2013 年，《福布斯》杂志把他列为印尼第四位富豪。印尼最大富豪林绍良已经过世，他的三位儿子只有林逢生（AnthonySalim）继承父业。林逢生现在是印多福公司和三林集团首席执行官。林逢生成功回购曾经被政府充公的楠榜“糖业集团”，并在芸林和南苏兴建三座新糖厂，为了扩大外国市场，他与雀巢公司联手，成立“印尼雀巢美味公司”。

华裔企业家李文正及翁俊民被授予印尼国家最高荣誉勋章。印度尼西亚总统佐科配合 70 周年国庆，颁发国家最高荣誉勋章于 46 名有功人士，其中包括华裔企业家力宝集团（Lippo Group）创办人兼主席李文正（Mochtar Riady）及印尼国信集团（Mayapada Group）董事长翁俊民。翁俊民说：“我很荣幸得到这个国家一级荣誉勋章（Bintang Jasa Utama），作为一个土生土长的华人，经过 63 年的奋斗，政府终于认可我对国家的贡献。”他表示，他成立的翁俊民基金会（Tahir Foundation）有两件大事要做，除了教育、奖学金及医疗外，尤其是要提高女佣技能，包括提供语言培训以及医学和商业培训，让她们可以做护士、在酒店或商场任职。他希望五年后，印尼不再向其他国家输出女佣，而是输出技术工人。“另外一个项目是建设雅加达动物园。动物园有 150 公顷土地，我准备和其他华商出钱出力把它建设成一个综合性大型娱乐场所，成为全印尼甚至外国游客的旅游景点。”

中国积极支持海外华文教育师资队伍建设，着力提升海外华教水平。师资不足是影响海外华文教育发展的重要瓶颈。国内多家机构和多所大学通过外派教师及进行培训等方式，帮助海外华人社会解决这一难题。2015 年，国家汉办共向泰国派出志愿者 1500 余名。泰国是最早也是接受中国汉语教师志愿者人数最多的国家，自 2003 年至今，中国国家汉办已先后派遣了一万多人次志愿者来泰任教。目前，泰国学习汉语的人数达 80 多万。2 月，中国国务院侨办和中国驻菲律宾大使馆支持菲律宾晋江同乡总会和菲律宾华文学校联合会举办了第十七届华文教育研习班。6 月 18 日下午，由中国国家汉办主办、广西师范大学承办的 2015 年印尼本土汉语教师研修团举行开班仪式。20 名来自印度尼西亚的本土汉语教师开启了在桂林为期两周的汉语教学技能培训。12 月，印尼“华文教师证书”培训班在印尼登巴萨市的文桥三语学校举行。12 月，由国务院侨办文化司主办、深圳市侨办协办、深圳市耀华实验学校承办的 2015“华文教育·校长研习”马来西亚班结业。来自马来西亚的 60 多名华校负责人和教师经过为期 10 天的学习，汲取了更多教育经验，对中国文化有了更加深刻的了解。

华裔“寻根之旅”火爆，多个东南亚寻根团回中国大陆。语言和文化是一个民族的重要特征，也是民族得以延绵发展的灵魂和血脉。新生代华裔青少年来中国“寻根”，学习中华文化，对根的眷恋和对文化依存深入到血液。2015 年，来自泰国、菲律宾、印尼、马来西亚等国的青少年组成多个寻根团，他们来到泉州、厦门、湘潭、上海、云南、广西等地，学习中国文化，开展了丰富多彩的活动。

菲律宾马尼拉中国城牌坊剪彩，庆祝建市444周年。马尼拉市长埃斯特拉达于6月23日率马尼拉市政府官员、马尼拉华人区发展委员会、马尼拉各区描笼涯负责人在华人区依斯古沓街（Escolta St.）钟示桥头隆重庆祝马尼拉建市444周年庆，并为“中国城”牌坊落成剪彩。马尼拉“中国城”牌坊矗立在华人区金融中心的入口处，让这座全世界历史悠久的中国城焕然一新。埃斯特拉达市长早在竞选时向选民承诺，若他当选马尼拉市长，他施政蓝图的首要任务是建设华人区为菲国首要旅游中心及繁荣马尼拉。2013年埃斯特拉达当选马尼拉市长，实时成立马尼拉华人区发展委员会，并亲自挂帅该委员会主席，上任六个月后，以市政府牵头联合华社各主要领袖商会社团举办马尼拉有史以来最大规模的新春游艺庆祝活动，并以市长的名义假王彬街大连酒店宴请华社市民。2015年2月16日再接再厉，率市政府和马尼拉华人区发展委员会联合华社举行更大规模和更新创意的农历年庆祝活动。

新加坡建国50周年，多家华人社团举办活动热烈庆祝。2015年，新加坡建国50周年。新加坡宗乡会馆联合总会、新加坡华族文化中心和联合早报网联办“我的新加坡故事”微电影大赛。共收到117部微电影，记录了发生在新加坡或和新加坡有关的成长记忆、生活点滴、爱情故事、浪漫想象、喜怒哀乐。6月26日，新加坡中华总商会为配合新加坡建国50周年举办庆祝活动，特展以“并肩共建新加坡”为主轴，透过“宗风远图”、“积基树本”、“继往开来”、“群策匡时”、“万商云集”、“放眼四海”、“再创辉煌”七个主题，讲述新加坡中华总商会100多年来在教育、文化、社会和经济领域扮演的角色和所做的贡献。6月底，新加坡冈州会馆举办活动庆祝新加坡建国50周年暨会馆成立175周年，举办《文化传承跨世纪，狮城共庆金禧年》千人文化盛宴。晚宴通过历史默片、粤剧、龙狮和武术表演，展现先辈过番南来的历史、落地生根、成立会馆、融入当地社会、推动慈善福利事业、兴办教育和参加国家建设等。8月23日，新加坡总理李显龙在国庆群众大会上回顾了新加坡过去50年的发展道路，赞扬华社和华商对新加坡、对推广华族文化、中文、照顾其他群体等方面，都做出了重要贡献。李显龙表示，政府会继续支持各个族群保留自己文化的根，确保华族文化薪火不灭。

李光耀总理去世，牵动华文媒体关注。3月23日，新加坡建国总理李光耀因病去世，终年91岁，引起华文媒体广泛关注。新加坡《联合早报》24日文章表示，李光耀不只是东南亚一个弹丸小国的领导人，也是一个拥有巨大影响力的国际政治人物。他多年来长袖善舞，以具领导人魅力的个性和才智，赢得了跨越时代的国际尊重。菲律宾《世界日报》社论指出，原来的新加坡是一个肮脏的地方，现在却成为全球最干净的国家之一；在一些国际机构的调查中，新加坡公务员的廉洁度在国际上名列前茅。新加坡是中西文明结合的杰出典范。香港《大公报》表示，李光耀毕生具有三点非常明显的特质，即爱国、务实和“铁腕”。李光耀是一位最为成功的“洋为‘新’用”和“‘新’学为体、西学为用”的典范。台湾《联合报》24日社论指出，李光耀与新加坡的组合，看似历史的一场偶然，但这场偶然却为所有的国家社会必然会遭遇到的政经难题，提供了令人无法忽视的特殊解答。李光耀辞世，这似乎是一个无可复制的传奇之句点。

《新加坡华人通史》出版，填补新加坡华人通史空白。11月13日，由李显龙总理主持的《新加坡华人通史》发布仪式，以此作为新加坡建国50周年及新加坡宗乡会馆联合总会成立30周年庆典的献礼。这部80多万字、厚826页、有300多幅插图的史学巨著，是新加坡历史上一项大规模、有计划的民间修史工程，由本地华人会馆最高领导机构——新加坡宗乡会馆联合总会负责这项工作。《新加坡华人通史》主编柯木林表示，该书的出版，打破了过去百年来新加坡华社没有一部系统的华人通史的尴尬局面，填补了目前市面上还没有一部完整的新加坡华人通史的空白，意义非凡。

“苦”字当选马来西亚2015年度汉字。由马来西亚中华大会堂总会和马来西亚汉文化中心联合主办的“2015马来西亚年度汉字”评选揭晓仪式 12 月 11 日揭晓，“苦”字当选 2015 年度汉字。本年度汉字评选共有来自 65 个国家和地区的 14078 位马来西亚籍人士参与投票，投票人数创历届之最。“苦”字以 16.0% 的得票率险胜“贪”字（15.0%），当选 2015 马来西亚年度汉字。排在第三到第五位的年度汉字分别是“税”（14.1%）、“捐”（10.4%）和“乱”（9.5%）。“跌”、“耻”、“霾”、“一”和“震”也依次入选 2015 马来西亚年度十大汉字。“苦”字的当选说明了市民对于今年消费税的征收、物价飞涨和马币贬值等带来的影响深感不满。马来西亚年度汉字评选开始于 2011 年，是全球 7 个主办年度汉字评选活动的国家和地区之一，除马来西亚外，其他国家和地区包括中国、韩国、日本、新加坡、中国香港和中国台湾。2014 年马来西亚年度汉字为“航”字。

华裔商人郭鹤年连续 10 年蝉联马来西亚富豪榜首位。亚洲版《福布斯》杂志（Forbes Asia）2 月 26 日公布 2015 年马来西亚 50 大富豪榜。大马富豪排行榜一如往年，十大富豪中有 8 位华裔。“亚洲糖王”郭鹤年以 113 亿美元（逾 406 亿令吉）身家，连续 10 年蝉联亚洲版《福布斯》富豪榜榜首。排在第二位的是“电讯大亨”阿南达克里斯南，他的总资产高达 97 亿美元。丰隆集团执行主席郭令灿则排第三，其身家总值达 56 亿美元。林国泰排名第四位，他 83 岁的母亲潘斯里李金花及家族成员坐享 55 亿美元的净资产。

大马再调派 2634 名教师赴华小，未来 3 年不缺师资。马来西亚教育部副部长张盛闻 11 月指出，2016 年及 2017 年将有 2634 名老师被派往华小执教，华小在未来 3 年都不会出现师资短缺问题，但临教将面对失业问题。临时教师或称临教，是马来西亚华文教育一个不可分割的名词，几乎到了有华小就有临教的情况，这也是历代负责华文教育的副教育部长必须努力解决的问题。临教们异口同声表示，尽管临教薪资及福利不及正式老师，唯多年来仍然坚持执教仅是为了实现当老师的梦想，为华教奉献。

马来西亚华裔不热衷当公务员，报考者比例不足 0.5%。在马来西亚，大学毕业的公务员起薪已经是 3000 令吉，但华人还是不热衷当公务员。4 月 15 日晚，共有 11624 名来自世界各地的考生，参加 S27 级助理新闻官员的在线考试，但是华人只有 56 人，比例不到 0.5%。公共服务委员会秘书林美霞说，华裔对公共服务领域的兴趣持续低落；2014 年，在全国 1588252 名申请者中，华裔申请者只有约 2%，或 32841 人，比印裔申请者的 3.7% 还低。2014 年华裔公务员录取 31719 人，仅占 2%，巫裔获得录取成为公务员人数为 1233001 人，占到总数的 78.9%。

马来西亚华裔人口比重下降，华人权益或受影响。截至 2013 年，马来西亚人口总数从 10 年前的 2535 万人增至 3021 万人。大马华裔人口占比多年来一直呈下降趋势。数据显示，1957 年马来西亚独立时，华裔人口比例高达 40%，此后鲜有上升。华裔不结婚及生育率减少的现象，是导致马来西亚华裔人口比率下降的因素之一。大马华人普遍经济状况比较好，进入中产阶级后，少子化成为一种趋势。此外，华人离开马来西亚移居他国也是大马华人人口比率下降的原因。过去 18 个月，这一数量就超过 30 万。马来西亚实行“一人一票”的表决制度，这意味着更大的人口比重拥有更多维护自身权益的话语权。华裔人口比例下降会引发此消彼长的问题，导致华裔在各领域的影响力随之下降。

大马已注册华裔传统医师约 7000 人。截至 2015 年 1 月，马来西亚约有 1 万名各族传统医师向卫生部委任的 8 大医药团体注册，其中已注册的华裔传统医师约 7000 人。马来西亚卫生部副总监（医药）占耶印德南指出，中医能给予西医适当辅助，因为中医知识经历了数千年积累，造就了医师们的专业。传统医药具备的一大优点是大部分理念着重于养生与预防，而西药则注重于治疗病症。主流医药应该接受传统医药，两者结合将带给病人更周全的照顾。

马来西亚总理改组内阁，马华再添两名内阁新成员。7 月 28 日，马来西亚总理纳吉布宣布内阁改组，马华再添两名新内阁成员。马华共有 3 位领导出任部长职，另有 4 位出任副部长职。出任部长职者，为出任交通部长的马华总会长廖中莱、署理总会长魏家祥（首相署部长），以及总秘书黄家泉（第二国际贸易及工业部长）。担任副部长职者，为副总会长蔡智勇（财政部副部长）、周美芬（妇女、家庭及社会发展部副部长）、李志亮（国际贸易及工业部副部长），以及马青总团长张盛闻（教育部副部长）。8月，马来西亚吉隆坡市政局公共工程及水利灌溉组主任陈庆祝出任执行总监（Eksekutif Pengarah），成为有史以来第一位市长的华裔副手。

大马华文独中生源总数破8万，连续12年保持增长。2015年全国华文独中学生总人数继续大幅度增长，并且冲破8万人的关卡，学生总人数达到历史新高的83042人，相较2014年的79264人，增加了3778人，增幅为4.77%。马来西亚华校董事联合会总会（董总）首席执行长孔婉莹称，从2003年开始，全国华文独中学生人数就持续12年保持增长。全国华文独中学生总人数从2003年的52850人增加至2015年的83042人，总共增加了30192人，增幅为57%。

泰国举行第七届“诗琳通杯”大学生汉语演讲赛。第七届“诗琳通杯”泰国大学生汉语演讲比赛，于1月22日在朱拉隆功大学孔子学院成功举行，来自泰国19所大学21个泰语相关专业的38名大学生参加了比赛。本次大赛分为主题演讲和才艺展示两个部分。在演讲比赛环节中，38位选手围绕“孔子与和平”这个主题，从不同视角阐述了孔子思想对和平的阐释和理解。在才艺展示环节中，选手们各显神通，充分展示了中国民歌、民族舞、乐器表演等多种形式的文化。诗琳通公主30年如一日学习汉语，为泰国汉语教育的发展做出巨大贡献。为表达对诗琳通公主的崇高敬意，号召泰国师生以公主为榜样学习汉语，自2008年以来，朱拉隆功大学孔子学院已连续举办七届“诗琳通杯”泰国大学生汉语演讲比赛。该项比赛已成为泰国高校范围内最具影响力的赛事之一。

“2015年首届东盟（曼谷）中医药高峰论坛”召开。为纪念泰国中医合法化15周年、庆祝中泰建交40周年，由泰国卫生部、泰中友好协会、泰国中医师总会和泰国皇太后大学联合主办的“2015年首届东盟（曼谷）中医药高峰论坛”于8月20日在曼谷举行。论坛主题是“东盟中医大团结，携手迈进中医药国际化新纪元”。论坛通过了“8·20宣言”，号召东盟各国不分国家、地域、宗教、种族，凝聚力量、智慧、经验，共同探索中医药生存、发展之道，会议决定今后每两年举办一次东盟中医药高峰论坛活动。印尼、新加坡、菲律宾、缅甸等国派代表出席并宣读各自研究领域的学术论文，相互交流了学术成果。泰国中医师及泰国庄甲盛大学中医系学生等300余人参加活动。

泰国“中医热”持续升温，合法中医师近800名。自2000年泰国政府正式批准中医合法化以来，泰国的“中医热”持续升温。目前泰国的合法中医师已近800名，而且每年以100余名的速度增加，中医日益获得泰国民众的认可。泰国中医师总会常务副会长林丹乾在接受记者采访时表示，泰国目前有7所大学设立了中医学系，开展中医本科教育，未来泰国的中医毕业生将越来越多。2015年4月2日，《泰国中医开办诊所（医院）法令》正式生效实施。该法令允许泰国合法的中医师申办诊所，有条件的还可以建立自己的医院。法令实施不到一年，泰国注册成立的中医诊所已有200多个。

东南亚侨情（下）

一、侨情概述

本部分重点概述柬埔寨、缅甸、越南、老挝等国 2015 年的侨情。

2015 年，中缅两国在政治、经济、军事和人文等各领域的友好合作继续深入发展。中国是缅甸的最大经济伙伴，是第一投资来源地，第二进口经贸国。中国国务委员杨晶对缅甸进行友好访问、缅甸吴登盛总统出席“中国人民抗日战争暨世界反法西斯战争胜利 70 周年纪念大会”、副总统赛茂康博士率团出席“东盟博览会”等两国高层领导之间的互访活动，加深了两国政治互信，密切了双边关系。

缅甸侨团为推进中缅交往积极努力，为广大华侨华人在当地更好地生存发展提供平台。例如，缅甸中华总商会拥有 106 年的悠久历史，是缅华社会中最具有影响力的社会团体，由 800 多位不同省籍的缅甸华商聚集组成。在过去的一年中，商会不仅积极促进缅甸华商的事业发展，维护缅甸华商的合法正当权益，也为中缅两国人民源远流长的胞波情谊、为两国经济发展做出力所能及的贡献。缅甸中华总商会先后获得中国国务院侨务办公室委托的“华助中心”设立权，并举行了“华助中心”揭牌仪式，荣获中国暨南大学授予的“暨南大学 MBA 教学实践基地”牌子，为中缅文化交流添砖加瓦。

2015 年，缅甸遭受了数十年一遇的水灾，此次水灾波及的省邦多达 12 个，其中有 4 个省邦受灾严重，损失很大，在缅华人纷纷捐款救灾。缅甸华商总会、曼德勒云南同乡会、曼德勒福建同乡会、曼德勒广东同乡会、多省同乡会、曼德勒缅中友协及多宗教协会、妇女联谊会、金多堰慈善会、金多堰妇女慈善会、福庆妇女慈善会等华侨华人社团以及在缅中资企业纷纷慷慨解囊，得到缅甸政府和民众的高度赞扬，体现了华社热心公益慈善的优良传统以及“天灾无情人有情，胞波有难兄弟帮”的中缅友谊精神。

越南有 100 多万华人，大部分聚居前堤岸的胡志明市，主要以经商为生。胡志明市是越南最大的城市，也是越南华人最集中的城市，有华人 50 余万，占越南华人总数的一半。华文《西贡解放日报》是越南唯一的一份华文报纸，也是越南政府管理越南华人的重要渠道。报纸主要读者为越南 100 多万华人及在越南投资的中国商人，发行量每日四万份。

二、经济合作

中柬双边贸易额从 1992 年的 1295 万美元增至 2014 年的 37.57 亿美元，中国已经成为柬埔寨最大的贸易伙伴和进口来源地。中国企业对柬投资多年稳居第一位。柬埔寨商务部 1994 年—2015 年 4 月统计显示，中国企业在柬埔寨投资项目共有 543 个，总金额 101 亿美元，仅 2014 年就有 70 个投资项目，投资金额 5.32 亿美元，同比增长 22%。根据柬中两国领导人提出的 2017 年双边贸易额 50 亿美元的目标，预计 2015 年两国贸易额会增至 42.1 亿美元（增加 10%），2016 年增至 43.16 亿美元（增加 8%），2017 年会突破 50.14 亿美元（增加 6%）。中国已是柬埔寨最大投资来源国，中国在柬的项目合作与投资取得了显著成果。

中资企业在柬投资、中国援柬建设项目、帮助柬埔寨人才的培训等各领域的合作开展得如火如荼。目前，来柬企业由基础设施建设和纺织工业为主，并涉及农业、旅游业、建筑业等各个领域，柬埔寨 2015 年贸易总额中，中资企业出口贸易占了很大份额。中国还向柬埔寨提供力所能及的经济技术援助，帮助柬埔寨修建了最长的公路、最多的桥梁、最先进的水利设施，为柬埔寨振兴经济、削减贫困、增强自主发展能力做出了贡献。洪森总理及政府高层均高度重视中柬两国友好关系，尤其是中国援柬项目，路桥、水力发电站等建设落成的重要项目就达7个。洪森总理先后7次出席了开工、竣工剪彩仪式，而苏庆副总理、吉春副总理也多次出席现场并亲自剪彩。中国在柬埔寨援建了六座水电站，总金额约30亿美元，修建了7座大桥（柬目前共12座大桥）、修建了2000公里的道路（全柬道路总里程5760公里），同时完善了12处水利枢纽设施、对国家垃圾处理、污水处理、高速公路等建设项目也在运行协商当中，柬中正推进金边—西港高速公路项目。

随着中国“一带一路”建设的推进，在柬埔寨、缅甸、老挝、越南经商的中国企业剧增，商会的作用也越来越重要。商会的主要作用在于团结会员，促进会员企业发展，为会员提供信息、资讯和服务的平台；保持与其他商会的友好联系，争取更多合作伙伴，促进更多务实合作；在社会公益和领事保护方面，积极发挥组织优势，协助和配合当地政府和中国使馆等做好相关工作。2015年，一些商会组织如雨后春笋，纷纷成立。

柬埔寨广东商会成立。由于历史和地理位置接近的原因，广东企业在柬埔寨来得很早，虽然数量不多但成果最为丰盛，在柬埔寨各个行业的领军企业中，广东的企业很多。柬埔寨华人华侨基本上祖籍都是在广东，所以成立广东商会在柬埔寨也有很好的基础。广东省是中国改革开放的先行省，也是中国建设“一带一路”的前沿地区。柬埔寨和广东省在区位、资源、产业、技术、人才和资金等方面都有着很强的互补性，战略合作潜力巨大。2015年1月，在广东省国际商会领导下，在中国驻柬埔寨大使馆的支持下，在柬埔寨柬华理事总会、柬埔寨中国商会等华人华侨社团的鼓励下，首届广东商会领导班子顺利产生。

柬埔寨河南总商会成立。近年来，来柬发展的河南籍中国人越来越多，据不完全统计，河南籍在柬人员已达1000余人，已有100多家河南企业包括国有企业、民营企业、个体企业在柬埔寨投资发展，建立一个旨在代表广大在柬河南老乡整体利益的社团组织已是势在必行。经过两年积极筹备，在中国大使馆的关心下，在柬埔寨政府的支持下，在中国商会和其他各兄弟商会的帮助下，柬埔寨河南总商会于2015年9月28日成立。柬埔寨河南总商会本着“增进友谊、互助互惠、交流合作、共图发展”的宗旨，遵循“共建、共享、共商、共赢”的原则，把在柬河南籍企业家组织、团结起来，以商会为平台，整合资源，信息共享，优势互补，抱团发展，为促进柬中两国的经济繁荣做出不懈的努力。

柬埔寨（中国）纺织企业协会成立。纺织制衣也是柬埔寨重要的支柱产业，也是中资企业对柬投资的传统领域。目前在柬埔寨有进出口权的服装和制鞋企业有553家，其中中国企业有171家、中国香港67家、中国台湾101家、中国澳门4家，合计343家，占柬埔寨成衣和制鞋厂的62%。在柬投资兴业的中资纺织、制衣、制鞋企业已经超过200家，吸纳数十万柬埔寨工人就业。中资纺织企业在实现自身发展的同时，也支撑起了千千万万柬埔寨人民和家庭的生活。但是，在柬中国纺织企业目前面临的困境很多，如国际大环境下市场疲软、汇率波动大、订单量不足或转移向成本更低的国家等。柬埔寨工人涨薪过快，但生产效率不升反降，运营成本也一路高涨。柬埔寨的中国纺织企业渴望共同面对未来的市场竞争及维护企业自身的合法权益。2015年9月24日，柬埔寨（中国）纺织协会成立，为在柬投资的中国纺织企业提供了一个抱团应对的平台。目前会员已增加至110家，包括成衣、制鞋、织造、染色、印绣花、服装辅料、纺织机械、服装设备等企业。在柬政府支持“一带一路”政策有利形势下，再参考中国2015年—2025年工业发展政策，协会将策划筹建行业集聚的经济特区，如中国纺织城和印染园，或以现有在柬相对分散的优势企业为基础整合为联合产业区，不但吸引中国国内产能过剩的纺织企业来柬投资，也为在柬纺织企业实现优势互补、资源互补，抱团发展搭建更新更好的平台，避免重复投资、过度投资、竞争失序等投资损失。柬埔寨（中国）纺织企业协会的成立，增进了中资纺织企业与柬政府、工商界及当地工人的沟通了解和信任，推动各方共同营造良好的行业发展环境，更好地发挥中资纺织企业对柬经济社会发展的促进作用。

柬埔寨川渝、广西、安徽三商会结成战略联盟。随着柬埔寨社会经济发展，华侨华人社团日益认识到，单打独斗的社团发展模式越来越不适合在当地社会的发展，合作共赢成为新的时代主题。建立商会联盟，是在柬华侨华人社团，尤其新侨社团的新发展趋势。柬埔寨川渝商会、广西商会和安徽商会三个商会经过数月的沟通，一致认为有必要加强联系，增进相互间的了解，决定在柬埔寨中国商会的领导下建立友好商会联盟。如今三个商会在中国商会的统一领导下，成立战略联盟将更好地发挥地方商会在地域上的优势，在各个领域精诚合作，共谋发展。联盟内各企业也将通过这个联盟在未来的发展中优势互补，合作共赢，在联盟的平台上获取更大的商业利益。

缅甸浙江商会成立。2015 年 9 月 21 日，缅甸浙江商会在仰光举行成立大会。缅甸浙江商会以“崇儒、尚德、诚信、共赢”为宗旨，构建发展平台和纽带，致力于打造一流团体。商会积极支持和参与中缅两地经济发展，紧密团结协助，以实现和谐共荣、共赢为目标不断发展。会长屠国定用“深情感谢”、“不负众望”来表达商会从筹备到成立的过程，并表示今后将秉承商会宗旨，依靠理事会的力量，发挥全体会员的共同智慧，全心全意地为商会服务，脚踏实地，全力以赴，不断开创商会工作的新局面。屠国定说：“商之大者，为国为民，期望广大浙商合心合力，在缅甸激情创业、创新、感恩社会，争做新时代的诚信浙商、文化浙商、和谐浙商、责任浙商，树立良好的浙商形象，为我们浙商在缅甸树立良好口碑而努力。”

德宏州贸易商会驻缅腊戌商务代表处成立。2015 年 11 月 28 日，德宏州贸易商会驻缅甸腊戌商务代表处在缅甸掸邦腊戌市隆重举行成立揭牌仪式。德宏州驻缅代表处这一平台，将极大地推动中缅商贸合作，特别是缅北地区与德宏州在农业、畜牧业、旅游业、交通物流等领域的交流合作，对推动德宏和掸邦两地区更好更快发展发挥积极作用。

越南中国商会福建分会成立。2015 年 1 月 19 日，中国商会福建分会在胡志明举行首次会员大会，到场的福建会员近 160 人。本次大会以“敢为天下先、爱拼才会赢”的福建精神为主旨，意在进一步提升福建人在越南的整体形象。胡志明市中国商会会长缪仁赖以及中商会代表应邀出席了本次大会。在缪仁赖会长的见证下，经福建分会筹备委员会的推选和全体与会人员的同意，胡志明市中国商会副会长柯育先生成为福建分会的首任会长。随后柯育发表了热情洋溢的致辞，“我有信心也有决心带领福建分会领导班子，为福建分会创造更喜人的成绩和更美好的征程。”本次大会通过了胡志明市中国商会福建分会章程，与会的福建乡亲踊跃报名分会的各种职位。现场还募集了超过 30 亿越南盾的赞助费。

老挝中华总商会成立。2015 年 7 月 30 日，老挝中华总商会成立，这是老挝首个全国性的华侨社团。万象市长、老中友好协会会长辛拉冯，工业与贸易部长开玛妮，老中合作委员会副主席维吉，中国驻老挝大使关华兵，老挝中华总商会会长张明强等出席成立仪式。中国国务院侨务办公室发来贺信，希望老挝中华总商会在全体会员努力下在推动和谐侨社建设、弘扬中华文化、促进中国和平统一、推动中老经贸交流与合作方面做出积极贡献。辛拉冯和开玛妮在分别致辞时，感谢在老华侨华人一直以来积极参与老挝经济社会发展建设，期望华商会带领华侨华人继续推动老挝经济发展，并表示愿为此提供一切必要服务。关华兵和张明强在致辞时表示，老挝中华总商会作为全国性商业侨团，为促进在老华商间的商业合作搭建了新平台。今后，各侨社将努力保持相互依存的和谐关系，为促进祖（籍）国和平统一大业携手共进。

老挝海南同乡联络处成立。2015年2月6日，“老挝海南同乡联络处”成立大会在老挝首都万象召开。海南省外事侨务办（省海外交流协会）、老挝万象中华理事会、世界海南乡团联谊会秘书处、澳大利亚新州海南同乡会代表以及老挝海南乡亲近 50 人出席大会。会上，老挝海南乡亲郭仁贵当选联络处主任，郭仁贵在大会致辞中说：“老挝的海南人虽然不多，但大家和睦友爱，彼此关照，成立联络处的目的是为了让乡亲们更多地联络乡情，相互扶持，一起创造更加幸福的生活。”老挝万象中华理事会理事长李燕金女士到会祝贺并表示，“老挝海南同乡联络处”的成立是老挝华人社会的一件大喜事，希望联络处把海南人更加紧密地团结起来，构建一个温馨和谐的大家庭，中华理事会将为联络处的发展提供积极帮助。老挝海南同乡联络处的成立，填补了老挝无琼属社团的空白，有助于凝聚老挝乡亲力量，广泛联络老挝华裔杰出人士，搭建琼老两地人文交流新平台。

三、社团联谊

2015 年，柬埔寨、缅甸、越南、老挝的社团发展总体上呈现出三种相互关联的趋势：一是国际性的社团联谊活动不断增多，二是本地的宗亲会活动频繁，三是宗亲会积极同国内外宗亲社团开展联谊，参加国际性的宗亲联谊大会，使各地宗亲互相认识、互相交流、共话发展，旨在凝聚海内外宗亲家族，促进世界宗亲之间的交流合作。使来自各国的同姓宗亲本着天下一家亲的理念，增进联谊，互相支持与帮助。

柬埔寨潮州会馆派出代表团参加**国际潮团联谊年会**，此次大会于 2015 年 8 月 19 日—21 日在加拿大蒙特利尔举行，大会有来自世界 80 多个国家的 200 多个华籍团体出席参加。大会期间，还举行了经贸论谈会，各国潮团同谋发展、开拓投资、共创商机，与会同胞们真诚交流、情谊深长，联谊会取得圆满成功。

第九届世界安溪乡亲联谊大会在仰光举行。世界安溪乡亲联谊大会自 1992 年举办以来，历经 20 余载，已成为世界各地安溪乡亲联络乡谊乡情、守望故土家园的桥梁纽带和重要平台。由缅甸安溪会馆承办的第九届世界安溪乡亲联谊大会于 2015 年 9 月 15 日在仰光隆重举行。泉州市人大常委会副主任朱团能、安溪县长高向荣、联谊大会主席林友金、中国驻缅甸大使馆领导、缅甸仰光市政府官员、缅甸华人社会活动家等各级领导和嘉宾，以及新加坡、印度尼西亚、马来西亚、中国香港、中国澳门、中国台湾等安溪籍社团，北京、上海、广州等地安溪经济促进会、商会等共 1000 多人欢聚一堂，共话家乡情谊。联谊大会期间，缅甸安溪会馆也举行创会 95 周年庆典。缅甸安溪会馆是缅甸安溪乡亲敦睦乡情、守望相助、相濡以沫的家，创会以来，历任理事长带领广大乡亲，艰苦创业，奋力打拼，既推动了缅甸当地的经济社会发展，又促进了中缅两国友好往来。

世界越柬寮华人联合会第七届代表大会 2015 年 10 月 21 日在成都举行，柬埔寨柬华理事总会派出以郑源来为团长的代表团参加，将以此作为一个宣传柬埔寨经济、商业、旅游的良好投资环境，分享柬埔寨华人的发展成就的契机，让来自世界各地的越柬寮华人更深入地了解柬埔寨，认识柬埔寨。

粤港澳越柬老侨社团第六次联谊活动于 2015 年 10 月 22 日在澳门举行，它由越柬老归侨联谊会主办、珠海越柬老归侨侨眷联谊会协办，邀请粤港澳越柬老侨团会员 370 多人参加。此次活动旨在加强各地侨团的友好往来，据悉，第七次联谊活动将由香港越柬老华人团体联谊会举办。

缅甸广东工商总会赴澳洲参加**第八届世界粤侨大会**。第八届世界广东同乡联谊大会（世粤联会）暨第二届世界广东华人华侨青年大会（世粤侨青大会）于 2015 年 10 月 5 日—7 日在澳洲悉尼举行，来自 36 个国家和地区、186 个社团、近 2000 位广东乡亲参加了此次大会。本届“世粤联会”的主题是“百载粤侨路、心系中国梦”。缅甸广东工商总会一行 25 人参加了此次大会。

四、文化教育

华侨华人移居海外，既是不同族群相互融合的过程，也是一个各种文化的交流过程。通过海外华侨华人这一载体，中华文化得以传播到其移居地，为当地文化注入新鲜元素。随着互联网等新兴电子媒介的出现，华侨华人的文化教育活动不断丰富和便捷，与祖（籍）国的交流合作日益通畅和紧密。

中国广西人民广播电台在柬埔寨设立工作站。2014 年，中国广西电台和柬埔寨国家电视台合作开办《中国剧场》栏目，定期播放来自中国的优秀影视剧作品，旨在集中展现中国的历史、文化和经济发展的各个方面，以及中柬友好往来的情谊，进一步加深两国人民相互认知了解。近期，由广西电台译制的剧集——柬语版《三国演义》成功热播，获得广大观众热烈反响，社会好评如潮。《中国剧场》在柬埔寨已收获了良好的市场口碑，拥有了稳定的收视人群。为了更好地完成《中国剧场》的译配工作，中国广西人民广播电台还于2015年7月5日在柬埔寨设立工作站，负责《中国剧场》的播出和市场调查，开展译制技术交流，深化合作，进一步增强柬埔寨观众对中国的认知度和亲切感，使中柬两国的文化交流越来越接地气、有共鸣。

2015年12月22日，孔子学院同柬埔寨王家研究院、柬埔寨参议院联合举办了**孔子学院成立6周年庆典暨“一带一路的连锁效应”国际圆桌会议**。孔子学院中、柬双方院长以及柬埔寨参议院、总理府众多学员出席活动。柬埔寨孔子学院于2009年12月挂牌成立，在积极参与推进柬中两国的友好关系与合作中起着相当重要的作用。2009年孔子学院成立挂牌仪式上，洪森总理就指出，建立孔子学院有助增进中柬交流和互相了解，表示大力支持中国在柬国建立孔子学院。成立6年来，使汉语人才的培训深入到柬埔寨王国政府各个阶层，包括参议院、总理府等各个政府重要部门，培养出了大批汉语人才。孔子学院同柬埔寨华文教育建立良好的合作关系，每年，孔子学院推荐柬埔寨华校的学生赴华留学，推举学生参加“汉语桥”的国际性比赛，获得了国际性的大奖。

第8届东南亚华文诗人大会于2015年3月16日在缅甸仰光举办，共有14个国家和地区的100多名诗人参与大会，除了有文莱、马来西亚、新加坡、菲律宾、印尼及主办国缅甸之外，也有来自中国（包括港澳台地区）以及欧洲的德国、西班牙、荷兰的诗人参与，推动了华文诗歌在世界诗坛的发展。

首家中缅文网站《胞波资讯网》启动仪式于2015年4月8日在曼德勒举行。在缅甸语中，“胞”即同胞，“波”即江海，胞波表示两个兄弟的感情像江海一样深。《胞波资讯网》是云南大学与缅甸福庆学校孔子课堂联合搭建的平台。网站的开办得到中国驻曼德勒总领馆、福庆学校董事会、在缅华人社团华校以及中资企业的大力支持，也与其他涉缅媒体，如缅甸《金凤凰》中文报、《缅华网》、《瑞丽特区报》等联手合作，利用网络信息这种现代化技术，将它打造为中缅友好的资讯和服务窗口，促进缅中两国人民的友好交流。

缅北华文教育协会成立。为团结缅北华校和热心华文教育人士，2015年8月2日，在曼德勒云华师范学院召开了关于成立“缅北华文教育协会”的座谈会，250多所华校和华教组织共100多位代表参加，共同讨论制定了协会的宗旨、目标、章程和会员学校的权利及义务等。协会成立了基金并选举产生了协会领导和组织机构及工作人员。该协会是一个由缅北地区华校组成的非盈利性质的民间团体，从教师、教材、教法、考试等方面，对华校进行引导和实质性的帮扶。协会成立后，得到了一些华文教育热心人士的捐助，所得的资金将主要用于教学活动、师资培训、教师福利、学生奖助学金等方面。缅北华文教育协会的成立，是缅北华文教育史上一块新的里程碑，标志着缅北华文教育从此走上了一条有组织、有制度、规范有序、相互促进、共同发展的道路，将促进缅甸华文教育向标准化、正规化、专业化方向转型升级。

2015年中华文化大乐园于8月分别在柬埔寨金边崇正学校、缅甸曼德勒福庆学校开园。在文化大乐园期间，中国来的老师们对当地华校师生进行民族音乐、民族舞蹈、中华武术、传统手工艺、中华书法和绘画等的培训，当地华校师生们都踊跃参加。文化大乐园活动对海外华裔青少年学习中华文化、感受中华文化与传统中华文化具有重要意义。

五、国内来访

中国国内考察团的访问活动，主要目的是考察当地市场，深入了解投资环境，以及同当地同乡会等社团进行友好的交流。通过对包括华侨华人企业在内的当地企业等各个方面的广泛接触，结合该国和中国国内的各种优势互补，寻找合作的空间。

浙江衢州市企业考察团拜访柬青田同乡会，衢州近年来经济建设发展形势突飞猛进，现正在实行产业转移，为配合国家倡导的“一带一路”建设，衢州市山海协作企业联合促进会积极鼓励企业向外发展。这次来柬考察正是为未来拓展海外市场铺垫道路。**山东泰安市政府代表团来柬考察**，为了配合国家倡导的“一带一路”建设，泰安市政府在实现当地产业转移的基础上，积极鼓励企业向外发展。此次来柬埔寨，主要考察柬埔寨市场，包括房地产、经济贸易、文化旅游、粮食、木材等投资环境。**苏州徽商会到访柬安徽商会**，苏州徽商会成员表示，此次组团前来，最大的惊喜就是找到了柬埔寨安徽商会。虽然是抱着决心要将企业“走出国门”，但对于选择东南亚哪个国家进行投资驻点，尚未有足够的信心，看到柬埔寨徽商成立商会，并取得了成绩，感觉到相当自豪。而柬埔寨安徽商会的成员以自己在柬多年打拼的经验，一一介绍了柬埔寨的房地产、建筑等行业的发展前景，同时也提供了公司注册、投资要点等方面的建议。**福建品牌海丝行——柬埔寨展**，来自中国福建省80多家企业参加了在金边举行的此次活动。截止到2015年10月，福建省在柬设立企业13家，对外投资额1.69亿美元，主要从事工业园建设、矿业开发和服装、木制品加工、大米果蔬生产和销售、成衣生产等。目前，柬埔寨在农业、建筑、成衣制造、旅游等方面有很多的投资机会，福建在建筑施工材料、房屋装饰材料、玻璃加工、灯具照明、陶瓷卫浴、厨房配件、食品与粮食加工等方面具有一定的行业优势。福建和柬埔寨双方在经贸合作方面互补性很强，前景广阔。福建与柬埔寨的企业家透过这样的对接会增进了解、洽谈项目、深化合作，进一步扩大双方投资与贸易，实现互利共赢。**柬海南同乡会接待海南省外事侨务办代表团**，代表团访问了柬埔寨海南同乡会及其华文学校集成公校，并赴海南人较为集中的磅湛省考察。此外，浙江省余姚市五金协会代表团访柬，受到柬宁波商会的热情接待，青田县政府一行访柬，柬浙江商会热情接待来宾；山东省日照市也组织代表团访问柬埔寨桔井省；天津教育代表团参观访问西哈努克港港华学校，共谋促进华文教育事业合作发展。

中国海上丝绸之路经贸考察团到访缅甸，缅甸中华总商会热情接待代表团来访，并讲解了缅甸新政府推行改革开放的新政策，落实市场经济策略的新趋势，指出经济各领域中潜伏着蓬勃的商机等。**沈阳市经贸代表团访问缅甸华商商会**，沈阳市是东北的交通中心、文化中心、商贸中心，有无限商机等待缅甸华商企业家们去挖掘。缅甸华商商会也向来访团员介绍了目前缅甸的投资情况，希望共同推进沈阳与缅甸的经贸往来。**厦门同安区代表团抵缅访问**，先后拜访福建同乡总会、同安同乡会，并参加了戴氏家族75周年庆典大会。这次本代表团到访缅甸，是对时隔十年再度回到祖国参加世界同安侨胞联谊大会的乡亲进行回访，以加强同缅甸侨领侨胞的联谊，进一步促进中缅文化交流。云南省与缅甸毗邻，在促进中缅文化交流、经济合作等方面积极展开友好访问。例如，**云南保山市侨办侨联华文教育考察团访问腊戌**，对腊戌黑猛龙中学、果文中学、双龙学校、云南会馆等进行了友好访问，看望和慰问了在缅北华校一线工作的保山地区外派教师，考察团重点参访了黑猛龙中学和果文中学，两校热情接待了贵宾，并与来宾就举办师资培训、夏令营等活动举行了座谈。**云南省侨办组团访问缅甸**，与缅北华文教育协会所属的250多所会员学校代表举行了座谈，参加了曼德勒云华师范学院校舍落成典礼，在密支那瞻仰了远征军墓地，慰问看望了两位远征军老兵，参观走访了密支那育成学校，参加了密支那云南同乡会新会馆落成典礼等。

六、心系祖（籍）国

在天安门广场举行的中国人民抗日战争胜利暨世界反法西斯战争胜利70周年纪念大会（阅兵仪式）吸引了世界各国人民的眼球，特别是海外华人华侨通过见证此次大阅兵，亲眼感受到祖（籍）国的繁荣与强大。

柬埔寨有15名华人华侨代表亲临天安门广场观看“大阅兵”仪式，感受祖籍国的发展和强大。

缅甸华侨华人派代表出席阅兵活动，并参加了抗战胜利纪念章颁发仪式。该奖章由中共中央、国务院、中央军委颁发。国侨办一共争取获得100多枚奖章，其中9枚是颁发给缅甸远征军老兵的。缅甸远征军的奖牌，由中国驻曼德勒总领馆颁发给缅北远征军老兵，这是对抗战有所付出的人们的最高荣誉。

2015年9月25日，在老挝首都万象，中国驻老挝大使关华兵向老挝著名爱国侨领丘公衡之子丘克明颁发中国人民抗日战争胜利70周年纪念章，以追思和表彰丘公衡的历史功勋。据丘克明介绍，其父丘公衡抗战时在老挝巴色地区结识了来自中国国内的抗日志士，受他们启发，毅然投入到支持祖国的抗战事业中。

东亚侨情

日韩两国是中国的近邻，也是国际事务交往的重要国家，日韩华侨华人的人数、状况、发展趋势，都在很大程度上影响国家之间的多种关系。近年来，东亚局势屡现波折，双边关系的恶化成为多边关系的障碍，造成区域合作步伐放慢，个别领域甚至有停滞和倒退之势。

一、东亚侨情变化

（一）东亚华侨华人数量状况

受众多因素影响，日韩华侨华人总数激增。日韩两国已经成为接受中国移民最多的发达国家。

在日外国人当中，中长期居住者和特别永住者合计人数已超过以前历史最多纪录的2008年末（214万人）水平。按照国籍和地域来看，中国人为66.5847万人，居首位，在日中国大陆地区人数约65.5万（不包括赴日游客）。其中在日教授1751人，投资经营者6394人，在日企业职员61040人，中国留学生105557人，研修生105382人，其他为赴日人员的家属等。研修生这一特殊群体是中国提供给日本劳动市场的主力军，中国已成为在日外国专业人才的最大来源地，是日本外来单纯劳动力的最大来源国。

居住在韩国的外国人数量也创新高，已突破180万人。其中，华人以压倒性人数稳居移民榜首位。在韩华人数量高达91.7万人之多，占比超过总数的一半。此外，中国籍劳务人员是韩国外来劳动力的最大来源。

在蒙古的华侨人口约占蒙古国总人口仅约2%，蒙古华侨多是经商。不过，在蒙古工作的华人却达万余人，除了一部分在建筑业工作，也有部分在专业领域服务。

（二）侨胞民族自豪感增强

2015年是中国人民抗日战争暨世界反法西斯战争胜利70周年，日韩华侨华人纷纷举行纪念活动，以各种形式表达其“铭记历史、珍爱和平”的心声。举行这样的纪念活动对于中国、日本，乃至世界都有着重要的意义。尤其在当前的日本，还有一部分人抱持着错误的历史观，这样的纪念活动能够让包括日本在内的国际社会牢记历史，不再重蹈战争覆辙。

9月3日的天安门大阅兵彰显了中国的发展成就，表明了中国已逐渐由大国发展成为强国。日韩的华侨华人也表示“祖国越来越繁荣昌盛，在海外的中国人也愈发扬眉吐气”。

（三）移民政策正逐步放开

2015年日本人口总数为1.27亿。这是自1920年开始实施该项统计以来，日本人口总数首次出现减少的情况。预计该国人口将以每年20万的速度递减，而劳动力的减少速度更是触目惊心。目前，日本劳动人口数量正以每年50万的规模减少。到2025年，日本劳动人口数量将跌破6000万。日本向来是一个非移民国家，日本政府拟通过扩大移民规模维持人口数量。对于这一政策，日本国内不乏反对之声。日本首相安倍晋三在众议院预算委员会答辩时表示:“移民政策事关国家未来的形态和国民生活，在国民充分讨论的基础上需要多角度探讨。”此后，对于移民政策的讨论开始引发关注。为了吸引各国的高端人才，进而提高日本的国际竞争力，2015年3月7日，日本政府出台了新的政策。这项政策旨在扩大吸收科学技术和医疗方面有卓越能力的海外人才，并根据在母国的学历、职历、业绩等进行评分，超过一定分数的将被日本政府认定为“高端人才”。根据日本法律规定，在日外国人申请“永久居留资格”时必须满足在日本连续居住10年以上的条件。这项政策出台后，被认定的“高端人才”在日本连续居住5年以上即可申请。但是，与放宽移民政策并行的是日本拟放宽外国劳动者的引进限制，例如重新审视研修制度，由最长的3年延长为5年，同时允许再入国。对此自民党内部也有人持反对意见，认为放宽外国劳动者引进限制未必能够解决劳动力不足的紧迫问题。

2015年韩国投资移民政策改革，主要分为房地产投资移民制度和金融投资（公益投资）永久居住权制度。韩国政府颁布新政策："购买7亿韩币期房客户，付够5亿韩币房款即可办理F2签证，其中5亿的房款，要求3亿付给开发商，2亿需存入客户在韩国友利银行的公积金账户，交房时由友利银行直接转给开发商。"韩国法务部为吸引优秀外国人才促进韩国国内的创业及就业来激活经济，大幅缓解了外国人对就业、求职及创业的限制，主要包括放缓毕业于韩国大学的留学生的就业签证（E-7）申请要件、放缓毕业于韩国大学的留学生求职签证（D-10）的申请要件、扩大毕业于韩国大学的留学生求职签证（D-10）的居留期限。自2010年起，韩国政府在济州岛推出针对外国人的购房移民政策并收到良好成效，尝到甜头的韩国政府乘胜追击，正不断推出新政，以期用"政策福利"换取更多"移民红利"。

（四）在日研修生数量大幅下降

条件恶劣、收入缩水、心理落差大、学不到东西……在日各国研修生的不满情绪这几年明显增加。作为赴日研修生的最大群体，中国研修生正以每年大约减少1万人的速度，与昔日"可以淘金却要吃很多苦"的日本渐行渐远。尽管中国研修生占赴日研修生总数的64.98%，但总人数少了近1/3。

2008年以前，来日本的研修生年龄基本在18—20岁。现在，随着年轻人学历越来越高、国内的人才需求量激增，想出国干活的年轻人越来越少，来日本的研修生渐渐大龄化，有的已经40多岁。他们的生活、工作方式已基本定型，有时需要做些翻译、解释才能接受。

二、东亚侨情特点

（一）华人参政意识薄弱

日韩华人参政的热情较之过去高涨了许多，如2015年4月，韩籍华人华裔第一次全国代表大会在韩国国会举行。举办韩籍华人华裔代表大会的目的就是今后让更多生活在韩国的同胞们树立起一个参政议政的理念，并积极参与到韩国的主流社会里发出华人自己的声音。但从整体上来说，华人参政难称"积极"。

日韩华人的参政意识淡薄，集中表现在两个方面：一是华人的投票率低；二是华人参选不能得到华人族群的有效支持。在华人社会中，目前还没有出现一个能够在政治选举和参政问题上渴望表达自己心声的华人政治团体。在日本华侨华人集中的三大中华街，都本着"在商言商、不问政治"的原则，对日本的选举保持谨慎距离，不做呼吁和组织活动。神户南京街振兴组合甚至还指出："对于各政党的选举活动，我们一概不介入，不为任何政党和候选人做任何宣传活动。"2015年1月，日本华裔议员莲舫任民主党要职，并且莲舫是日本国会参议员中唯一一位有华裔背景的国会议员。也许莲舫树立的女性从政的新形象会对在日华人的政治选举和参政问题有所推动。

（二）中国游客"爆买"助推日韩经济

中国游客赴日韩旅游的同时，为日韩带来了丰厚的经济效益。外媒用"爆买"一词来形容中国游客，中国游客的"爆买"拉动了日韩经济的增长。2015年，中国赴韩旅游总人数预计达611万人，占到赴韩外国游客总人数的四成多。韩国观光公社的最新统计显示，2015年赴韩中国游客平均每人消费金额约2200美元（约合14283元人民币），高于赴韩游客平均消费额的一倍以上。根据上述统计，2015年，七成以上赴韩中国游客的主要目的是购物，两成左右的中国游客是为了感受韩流文化，另外还有游客专门赴韩整形、观光等。按照韩国观光公社的预计，2015年全年，中国游客在住宿、交通、购物等方面，给韩国带来的综合经济效益为220亿美元，约占韩国GDP的1.6%。换句话说，中国游客去年为韩国贡献了1.6%的GDP。

日本已经连续两年成为中国游客首选旅游目的地。2015年，中国赴日游客达500万，为日本经济贡献近800亿。日本内阁府公布的《日本经济2015—2016》指出，访日外国游客，尤其是中国游客激增带动的国内消费正在日本社会发挥出越来越大的影响力。日本国家旅游局发布的数据显示，2015 年访日游客数量达到 1970 万，其在日本的消费支出总计达到 3.5 万亿日元（300 亿美元）。来自中国大陆的游客数量增长一倍至 500 万，国内股市暴跌以及 8 月以来人民币兑日元汇率 11% 的下降也并未阻止其前往日本旅游的脚步。

（三）华商“抱团”创新求发展

跨境电子商务的兴起为更多华人企业带来了新的机遇，“自贸区”、“通关”、“保税”都成为这一年日韩华人企业家的热门词汇，而微商、代购等成为许多创业者的首选。在韩国，代购微商产业也给在韩华商提供了一条新的发展路径，同时一些大型的中国企业选择通过收购韩国国内企业或以股份投资形式进出韩国市场，其主要进出领域集中在婴幼儿用品、游戏、文化传播、玩具等方面。2015 年，第一届韩籍华人华裔全国代表大会在首尔召开，意气风发的在韩华人正在通过“抱团”谋求更长远的发展。

在经济全球化的浪潮下，越来越多的在日华人企业正从纯粹日本市场、单打独斗的增长方式向依靠国际化市场、互惠合作的现代增长方式转变，正在不断寻求新的市场机会和发展空间，进一步拓展新的领域和新的市场，直面国际化挑战，提升自身竞争优势，实现做大做强的目标。中国企业和个人在日投资规模和数量日益增加，与此同时，在日创业的华商企业也纷纷在中国开办企业、发展业务，已很难定义哪些人是在日华商，哪些又是进驻日本的中国企业家，他们已浑然一体，成为全球化浪潮中司空见惯的存在，在中日两地开办企业，已经成为越来越多华商的选择。2015 年，“大众创业万众创新”的热潮在日本华人中也掀起了波澜，许多华人在思考如何合作互惠，精准发力，提高创业的成功率。通过成立商会提高创业成功率成为了众多华商的选择，日本河南总商会、日本北京总商会、日本黑龙江总商会、日本川渝总商会等各类以出身地域划分的华人商会组织纷纷成立。

（四）留学生为民间交流中坚力量

韩国法务部出入境外国人政策本部发布的数据显示，在韩留学生人数首次突破 10 万大关，从国籍来看，中国留学生共计 6.194 万人，位居首位。在韩中国留学生不仅学习先进知识和文化，刻苦钻研，还在促进两国教育文化交流的各个领域中，发挥着民间对外友好使者的积极作用，以青年学子特有的方式，为推动中韩两国友好关系发展做出积极贡献，已经成为了中韩双边关系发展中一道靓丽的风景线。

在日华侨华人和留学生、就学生人数已突破 60 万。在这 60 万人中，留学生和就学生有 11 万多。在日中国留学生年轻而充满活力，具备较高的素质和能力。他们通过参加各种活动，活跃在中日民间交流的第一线。在中日关系严峻复杂的形势下，在日中国留学生用热情充满真诚的行动，为中日民间交流做出不懈努力。首先，在日中国留学生成为中日文化的桥梁，促进中日民间文化交流，很多优秀的中国留学生被任命为“国际教育顾问”和“亲善大使”，向日本学生传达中国文化，激发了日本学生对中国文化的兴趣和对中国的向往。其次，中国留学生在加强两国经济交流上发挥着重要作用，在日本“高龄少子化”进程带来的经济压力下，中国学子担任起为日本当地吸引中国游客的重要宣传作用，不少留学生承担起“观光大师”的角色。最后，在中日政治关系严峻的背景下，中国留学生敢于发出自己的声音，为促进中日关系朝着良好方向发展积极努力，为促进两国民众相互理解，积极呼吁并付诸行动。

（五）日韩成中国人投资新目的地

日本和韩国都是邻近中国的亚洲经济强国。在当前传统移民国家如美国、英国、澳大利亚等国移民政策一再收紧的情况下，越来越多的中产阶层倾向于在日韩投资房产。日元贬值、日本相对较低的购房门槛、日本相对较高的租金回报等成为了吸引内地中产阶层圆海外购房梦的重要因素，公寓、酒店等高租金回报率的物业类型成为中国买家的首选；而韩国稳定的经济基础，宽松的移民条件以及三面环海的优越地理环境，越来越受到中国投资者的欢迎，特别是作为韩国房地产投资移民项目指定几个投资地区之一的济州岛，凭借丰厚的自然景观资源及温和宜居的气候条件，更是成为中国投资移民客购房移民韩国的首选。除大量投资房产外，中国资本正纷纷涌向韩国娱乐行业。

（六）修养欠佳、违法犯罪等行为带来负面影响

近十年来，日本警察厅按国籍排列的外国人刑事犯罪统计，在日中国籍涉案人数一直名列榜首。这种情况大大抵消了一些华侨华人所做的公共外交工作。

对在韩中国移民来说，韩国永住身份可能比韩国国籍更受欢迎。此外，据韩国法务部的统计估算，在韩不法滞留的中国籍人数在来韩外国人中居首位。大规模的不法滞留者，对在韩华人整体形象也带来了一定的负面影响。

同时中国游客前往日韩旅游已经多次发生被认为"修养欠佳"的事件。日本电视台制播节目探讨中国游客在日本的举止，画面中的中国游客做出在富士山爬树拍照、乱扔烟蒂、捡拾火山岩等明令禁止的行为。中国观光客带来庞大商机，但部分观光客的举止礼仪令人不敢恭维。

（七）在蒙华侨华人人身和财产安全面临挑战

由于蒙古国治安状况欠佳，针对外国公民抢劫案件时有发生，在蒙中国公民应注意安全防范。2015 年 1 月 13 日，2 名中国男性公民遭遇入室抢劫并被杀害；2015 年 3 月 28 日，多名中国游客在蒙古国肯特省不儿罕山游览时，受到极端组织人员的人身攻击和侮辱，受辱视频和照片被上传到社交网站，引发中国国内以及蒙古国社会各界的关注，呼吁应当及时采取有力措施，保护在蒙中资企业及机构和中国公民的生命财产安全和合法权益。

西亚侨情

西亚（Western Asia）又称西南亚，亚洲西南部地理区。因位于亚洲、非洲、欧洲三大洲的交界地带，位于阿拉伯海、红海、地中海、黑海和里海（内陆湖）之间，所以被称为“五海三洲之地”。是联系亚、欧、非三大洲和沟通大西洋、印度洋的枢纽，地理位置十分重要。包括的国家有伊朗、伊拉克、阿塞拜疆、格鲁吉亚、亚美尼亚、土耳其、叙利亚、约旦、以色列、阿富汗、巴勒斯坦、沙特阿拉伯、巴林、卡塔尔、也门、阿曼、阿拉伯联合酋长国、科威特、黎巴嫩、塞浦路斯，共 20 国。

西亚华侨华人的人员构成大概分为三类：一是从事服装、建材、电子、家具、日用品等各种商品贸易的商人，他们构成了华人社团的主体，也是最早来此的中国人；二是从事旅游、零售、金融等服务产业的个体从业者，他们或由亲友介绍，或由劳务中介公司组织，或有欧美留学背景，大部分为年轻的 80 后、90 后，他们中既有冒着酷暑终日奔波的打工族，也有出入高级写字楼的时尚白领，按照收入水平的差异，居住区域和生活方式也显著不同；三是国内企业或机构总部外派的常驻员工，主要包括能源、建筑、通信、金融等领域的大型国有或民营企业，他们的吃住行基本由公费承担，很多集中租住公寓或别墅，配备专职厨师和食堂，过着每天班车—单位“两点一线”的规律生活。

不过由于西亚各国的发展程度不一、社会状况不一，不同行业的中国人在各国的数量也不一。在土耳其，中资企业员工、学生、个人经商者和在土务工人员等组成常住中国人口，总人数 6.3 万人，其中维吾尔族 4 万人左右，哈萨克族近 2 万人，汉族 4000 多人；在伊朗，中国人规模据估在 1 万人到 3 万人之间，也是以中资企业员工为主。其中，成规模的中资企业 78 家，个体户相对较少；值得注意的是，有约 30 万中国人在阿联酋工作生活，其中大部分常住迪拜。中资企业员工也是中国人在西亚国家的主要构成，如在叙利亚、伊拉克、阿富汗等国。

2015 年，西亚侨情的特点有以下四个方面。

（一）中资企业资本实力强大，发展势头看好

经济方面，在西亚的中资企业大多为大型国企或央企，承包了大量的公路、铁路、机场、码头、供水、供电、农业、制造业等基础设施建设工程，在中国与西亚地区各国持续紧密的经济合作进程中已经形成了一定规模的产业和资本布局，在实现“一带一路”战略中发挥着建设性的作用。如 2015 年 9 月 25 日，“中资企业西亚北非地区业务发展研讨会”在中国驻阿联酋大使馆举行，中国工商银行、华为、中国海运等 20 余家中资企业代表出席；最近两年，中国企业积极参与伊拉克战后重建进程，目前中石油、中石化和中海油都有在伊拉克投资油田，其他在伊投资的大型中国企业还有上海电气、天津电建、葛洲坝、中交集团、华为、中兴等。

尽管我国对西亚的投资项目数量以及规模远不及对北美洲、大洋洲以及东南亚国家地区的项目投资，但随着西亚地区投资环境的改善，国际政治斗争的需要以及国内经济结构、市场结构以及外交政策的变化，中资企业在西亚的发展前景将愈发广阔。

（二）侨胞间联系紧密，文化认同感强

西亚华侨华人对中华传统文化有着较强的认同感，彼此间的联系协作加强。虽然还没有类似欧美国家的“唐人街”，但土耳其的在土华人会通过组织足球比赛、相约跑步、在中餐厅共庆节假日等方式联谊，并建立了微信群等加强彼此沟通和联系；阿联酋每年度都会举办“阿联酋中华达人秀”，给予在阿侨胞展示自我的机会，也加强了华侨华人之间的联系；每当中国传统节日时，西亚各国的华侨华人则会通过举办颇具中国特色的活动欢聚一堂，共度佳节。

（三）中国政府也门撤侨，增强华侨华人民族自豪感

自 2011 年中东局势动荡以来，中国就先后从利比亚、也门撤侨共计 3.7 万多人。自 2015 年 3 月 26 日起，由沙特阿拉伯和埃及、约旦、苏丹等其他海湾国家参加的国际联军在也门发动打击胡塞武装的军事行动，战火逐渐升级。根据习近平主席和中央军委命令，中国海军舰艇编队赴也门执行撤离中国公民任务。此次撤离是中国政府应有关国家请求开展的人道主义救援行动，也是中国政府首次为撤离处于危险地区的外国公民采取的专门行动，充分体现了中国政府“以人为本”的理念和国际主义、人道主义精神。撤离行动中，中国外交部协调有关国家精心组织撤离工作，中国海军第一时间调派军舰赴亚丁港执行撤离任务，中国驻也门、亚丁、吉布提等使领馆克服重重困难，及时办妥相关手续，全力组织有关国家侨民安全撤离，行动取得圆满成功。

不少海外侨胞也因此次撤离行动的顺利高效深受鼓舞，表示此举反映了中国政府对人权的重视和保护，让人深深体会到作为中国人的尊严，也增强了中国人的凝聚力和团结力。也门撤侨事件充分说明，中国是海外侨胞生存发展的坚强后盾。随着中国的快速发展，综合实力的提高，侨胞的民族自豪感日益增强，在促进中外经贸文化交流合作、支持国家建设发展、维护国家主权领土完整等方面将会发挥积极的作用。

（四）西亚局势动荡不安，安全形势依然严峻

鉴于西亚地区的地缘位置、宗教信仰以及在石油方面的特殊意义，当地局势持续动荡，由于大部分华人在西亚从事商品贸易，资金尤其是现金流动性强，外语沟通能力和自我保护意识相对薄弱，容易成为不法分子和亡命之徒的目标，恐怖袭击成当地华人人身安全头号威胁，华侨华人由于车祸、非法逮捕、自然灾害等原因不幸身亡的悲剧时有发生。2015 年发生多起华侨华人遭受人身伤害的案件：中国工人在阿富汗被绑架 28 天、土耳其反华游行打砸中餐馆、北大考古研究生在伊拉克北被捕、一名 21 岁中国小伙在迪拜公寓楼货梯内遭遇抢劫并被杀害、4 名中国公民在麦加踩踏事故中遇难等事件充分反映出西亚地区华侨华人不可忽视的安全风险。为此，中石油、中石化、中建、华为等中资企业也制定了一系列相关安全管理措施，努力加强对潜在风险的防范工作。华侨华人也应严格遵守当地法律法规，增强自我安全防范意识，采取必要措施保护好个人生命财产安全。

非洲侨情

近年来，中非关系的快速发展促进了中国与非洲 50 多个国家之间的移民往来。依据北京大学李安山教授的研究，1996 年在非华侨华人有 13.6 万人；2000 年是 24 万人；2006 年—2007 年是 55 万人，到了 2012 年，这个数字已达到约 110 万。尽管这一数字与分布在其他各大洲的华侨华人数量相比是小巫见大巫，但仍呈现出快速增长的趋势。2015 年，非洲联盟成员国领导人在南非最大城市约翰内斯堡通过了为实现“2063 年愿景”的第一个十年规划，向实现地区一体化、建设和平繁荣新非洲的目标迈出了第一步。结合全球产业链调整，尤其是制造业大国中国产能转移的背景，非洲将迎来提升参与全球价值链分工地位的历史性机遇期，这也预示着中非合作前景广阔，中非间的移民往来将更为密切，在非华侨华人也将迎来又一次难得的发展机遇。

中非合作论坛峰会取得丰硕成果。12 月，中共中央总书记、国家主席习近平前往南非参加中非合作论坛约翰内斯堡峰会，峰会全体会议通过了《中非合作论坛约翰内斯堡峰会宣言》和《中非合作论坛——约翰内斯堡行动计划（2016—2018）》。峰会围绕“中非携手并进：合作共赢、共同发展”这一主题，决心共同致力于做强和夯实政治上平等互信、经济上合作共赢、文明上交流互鉴、安全上守望相助、国际事务中团结协作“五大支柱”，明确了中非关系未来发展的具体目标和任务，提出了实现合作共赢、共同发展的重大举措，决心着力实施工业化、农业现代化、基础设施建设、金融、绿色发展、贸易和投资便利化、减贫惠民、公共卫生、人文、和平和安全“十大合作计划”。峰会对中非关系发展和各领域务实合作进行了全面规划，提出了中非关系新定位，描绘了中非合作新蓝图，并就共同关心的国际和地区问题广泛深入交换意见，达成广泛共识，为中非友好合作关系全面发展注入新的强劲动力，为开展更大范围、更广领域、更高层次的互利合作提供了强大的精神引领和政治保障。

中国持续增加对非洲基础设施的投资。2015 年 12 月中非合作论坛约翰内斯堡峰会期间，中国国家主席习近平宣布，设立首批资金为 100 亿美元的“中非产能合作基金”，以支持非洲产业发展、基础设施建设和能源开发。10 月中国政府重申将投资 500 亿美元用于支持南非和其他非洲地区的工业化项目，并提供 50 名技术专家帮助建造和升级工业园区、新建发电厂，提供不同领域的 4 万个培训机会。在过去的几十年间，中国累计帮助非洲修建和在建 5000 多公里铁路、4000 多公里公路，还有机场、港口以及数十个会议中心、政府办公楼和议会大厦等，为改善非洲基础设施滞后状况做出了实实在在的贡献。

非洲友人期待中国发挥更大作用。2009 年中国一跃成为非洲最大贸易伙伴，2014 年 1 月—11 月，中非贸易额已达 2011 亿美元，同期，中国在非洲新签承包工程合同额 708 亿美元，在非洲兴业的中国企业已超过 2500 家，为当地直接创造了十余万个就业岗位。制造业和服务业成为近年中非投资合作的新亮点。2000 年中国对非洲投资累计不足 10 亿美元，到 2015 年这一数字已超过 1000 亿美元，短短十几年增长 100 倍以上。南非学者马丁·戴维斯通过长期研究认为，中国经济增长拉动了非洲发展，因为非洲与中国的经济增长曲线基本吻合。卢旺达记者肯尼斯·阿古坦巴（Kenneth Agutamba）的署名文章称，非洲的工业已有数十年停滞不前，现在有一个新的途径可以使非洲工业重获生机，即与中国合作。在《2015年非洲经济报告》发布会上，坦桑尼亚学者莫西（Humphrey Moshi）认为，在未来10—15年，非洲出口将增长约4倍，与此同时，进口仍将处于主导地位，非洲88%的工业产品仍依赖进口，而这其中只有12%由非洲本土生产。他主张，可以邀请更多中国人到非洲生产产品，尤其是生产非洲需要进口的产品。这将最终降低非洲巨大的进口额，有利于非洲大陆实现更加均衡的贸易。2015年6月非洲26个国家的领导人在埃及签署协定，决定成立“三合一自由贸易区（TFTA）”。南部非洲发展共同体基础设施与服务部主任Remmy Makumbe认为，南共体地区正面临着电力短缺、水资源匮乏、基础设施落后等严重的挑战，危及当地人民的生产生活，而中国在上述方面拥有着世界一流的技术和丰富的经验，欢迎中国发挥参与到推动非洲区域一体化的进程中来。

中国援非项目已成中非友谊曲谱上美妙音符。近年来，在欧美国家流传着对中国援非、投资非洲的种种不实指控，说中国企业只雇用本国工人，中国提供的无条件援助是以交换自然资源为目的的。这些指责，都是别有用心的。在过去60多年中，非洲是中国援助的重点地区，从东非高原到西非海滨，从撒哈拉大沙漠的内陆国家到南部非洲的小岛国，中国援建的铁路、港口、会议中心、人民广场、总统府、体育馆、图书馆等，已成为非洲国家的亮丽风景。2012年，中国援建的非洲联盟会议中心落成，里面随处可见的中国元素也成为非洲了解中国的一面镜子。中国为非洲的基础设施建设做出了实实在在的贡献，受到当地政府和人民的认同。几内亚民间音乐人巴沃吉·科法正在创作一首歌曲，要把历史的记忆糅进现代音乐中，通过歌曲向中国援建的人民宫和人民宫所象征的中非友谊致敬。

侨胞在非投资领域不断拓宽。1月，中国民营企业仕达威集团轻工业制造产业园在坦桑尼亚滨海省姆库兰加区举行开业典礼。这是中国民营企业在坦桑尼亚建成的首家工业园。仕达威集团此次建设的工业园区，总占地面积约为16万平方米。待产业园基地全部建成后，将形成以塑料制品、轻钢结构制造、新型环保建材等产业为主的生产经营基地，为当地带来至少1000个的就业岗位。仕达威起步在坦桑，发展在坦桑，提升在坦桑。典礼当天还举行了坦桑尼亚东方之星国际有限公司的入园剪彩仪式，该公司也成为工业园的首家入驻企业。

3月，坦桑尼亚政府与中国投资商商定，共建达累斯萨拉姆市库拉希尼（Kurasini）商业物流中心项目，力争将该物流中心打造为中东非区域的商业枢纽，物流中心将以公私合营方式运营。库拉希尼商业物流中心将向所有投资商和贸易商开放，旨在让中东非区域的供应商降低货物交易成本。据悉，库拉希尼商业物流中心包括农产品工业园、贸易中心、产品批发市场、仓库和会展中心。

7月，中国商贸城在赞比亚首都卢萨卡开业。商贸城主营建筑材料、五金工具、日用百货等。从2014年初公司规划实施新发展计划至今，已经投入资金总额达400万美元，直接创造就业岗位50多个。

7月，在陕西重型汽车进出口有限公司（陕汽）的推介会上，陕汽与金龙汽车（赞比亚）有限公司表示将携手，打造优秀中国汽车品牌，为赞比亚汽车市场提供优质服务。推介会上，金龙汽车（赞比亚）有限公司还向赞比亚大学捐赠了一辆皮卡车。赞比亚运输、工程、供应与通信部部长亚姆富瓦·穆坎加表示，中国企业为赞比亚带来了专业的工作精神、和高质量的产品与技术。赞比亚政府将为企业与政府合作创造有利的环境，将发展政策落到实处。

7月底8月初，赞比亚第89届农业与商业展览会（农展会）在首都卢萨卡举行。本届农业与商业展览会的主题是“以创新跨越金禧年”（Innovation Beyond the Golden Jubilee）。除赞比亚各政府部门、企业、机构参展外，展会还吸引了来自中国、巴基斯坦、埃及、德国等20多个国家的展商参展，中国展商数量的增长速度要比其他国家快很多。据不完全统计，参与本届赞比亚农业与商业展览会的中国企业及机构有援赞医疗队、赞比亚大学孔子学院、中国银行、赞比亚中国气体有限公司、CAMCO、万达工业、河南国基、吉林强辉新能源科技有限公司等，涵盖了医疗、教育、经济、化工、工程机械、农业、建筑等领域。

11月，中国电商Chinabuy正式宣布进入肯尼亚市场。Chinabuy在肯主要面向大众消费，提供低价商品，经营模式与淘宝相似，通过其网站平台为顾客与厂商搭建直接联系。目前，Chinabuy脸书（Facebook）粉丝已超过2万人。 Chinabuy商品种类丰富，退货政策优惠（退货期长达一年），且可使用M-pesa等手机支付方式。

中非文化交流不断取得进展。4月，博茨瓦纳首座华人佛教寺院“博华寺”在博首都哈博罗内举行开工动土庆典法会。应博茨瓦纳中华佛教协会的邀请，来自北京龙泉寺的两名高僧及南非“南华寺”的两名高僧专程来博主持了当天的法会。应邀出席当天开工法会的还有中国驻博茨瓦纳大使郑竹强、在博华人企业家及个人等100多人。寺址占地4公顷。按照规划，寺庙部分只占整体规划的一部分，而大部分场所建成中国文化中心，用作华侨华人活动、聚会及休闲娱乐的场所。

9月，坦桑尼亚中坦国际学校（暨坦华人华侨子弟学校）在达累斯萨拉姆市举行揭牌仪式。中坦国际学校由坦桑尼亚中非民间商会主办，以创办华人国际学校为目标，前期以语言培训为主要方向，面向华人和国际人士进行斯语、英语、中文、职业技能等方面的培训，同时为华人子女及国际学生开设语言、数理化、美术、舞蹈等课程。坦教育部代表、当地小学的师生代表也在仪式上发言，表达了自己对中国文化的向往和学习的热情。最后，到场嘉宾共同为学校揭牌，见证学校创立的重要时刻。

9月，第八届“汉语桥”世界中学生中文比赛坦桑尼亚赛区决赛在多多马举行。中国驻坦桑尼亚大使馆文化参赞刘东、多多马省省长格拉瓦、多多马大学校长基库拉等嘉宾到场观摩比赛，来自达累斯萨拉姆和多多马等地区的12名中学生选手参加了此次决赛。在比赛间隙，当地乐队还演唱了中文歌曲《最炫民族风》。比赛最后阶段，孔院的教师表演了异常精彩的少林功夫读，赢得了全场的阵阵欢呼和掌声。比赛结束后，获奖选手手捧奖杯，欢呼雀跃，现场的坦桑学生陷入热舞之中。

华侨华人在非洲传播“爱”的力量。每年的2月到4月，是坦桑尼亚的大雨季期。2015年3月初的一场暴雨过后，坦桑尼亚北部欣延加（Shinyanga）省的卡哈马（Kahama）区山洪肆虐，顺势而下冲走了1000多座房屋，造成40多人死亡，3000多人无家可归。听说灾情后，热心的华人迅速组织几家中国企业进行物资和现金捐助。接到救灾物资和善款后，省长和省政府工作人员对在坦华人华侨的善举赞不绝口。5月，为纪念世界电信和信息社会日，华为公司向位于博茨瓦纳杭济（Ghanzi）的三所学校捐赠了60台华为平板电脑，得到马西西副总统和通讯部长Mabeo的高度肯定。7月，华为继续赞助博茨瓦纳大学学生开学典礼。6月，纳米比亚华人爱心基金会在温得和克举行奖学金授予仪式，捐助6名当地学生赴华学习医学。从2010年起，纳米比亚华人爱心基金会每年选拔几名当地学生赴中国南通大学学习临床医学专业，并计划为每人累计提供约40万元人民币的奖学金。7月，台湾佛教慈济基金会南非分会在比勒陀利亚举行发放物资活动，以帮助3000名“感恩户”度过冬天。自1992年进入南非以来，慈济基金会在非洲多个国家设立了分会或联络点。随着近年来一些台湾同胞离开南非，慈济会除了吸引大陆新移民加入，也已经开始了本土化进程。目前，基金会有两三百位来自台湾和大陆的会员，本土的黑人志愿者也已达到近7000人。除了慈善，慈济基金会还发起一些人文、教育、医疗等领域的活动。11月，津巴布韦华商会爱心妈妈团来到了位于哈拉雷市郊的Domboshawa孤儿院参加“孤儿星期日”活动。她们表示自己已是津巴布韦人的一分子，期待与各位爱心人士携手，一起帮助孤儿们，让他们健康地成长，做社会的栋梁之才。

华人女企业家感叹落地容易生根难。在非洲，已有不少事业有成的华人女企业家，她们有的是医生，有的做地产开发，有的在做贸易等。过去，前往非洲的中国移民文化素质普遍不高，如今去非洲发展的中国女大学生逐渐增多。对于广大的华人女企业家来说，与当地人的交流沟通有很大的问题。由于语言文化上的障碍，许多中国人觉得再正常不过的词语可能在当地人看来是具有侮辱性的，容易导致误解。中非文化的差异很大，中国人儒家思想影响很深，做事讲究哥们儿情谊，融入当地社会有难度。其实，融入最大的困难不在语言，而在于华人观念的转变。“许多华人女企业家认为非洲文化原始落后，拒绝融入当地文化”，华人女企业家李曼娟如是说道。

博茨瓦纳华社与博政府建立定期会晤机制。 9月，博茨瓦纳侨界代表与博劳工移民和内务部部长巴楚举行会晤，双方此前商定建立定期会晤机制，今后每六个月会晤一次。会晤中，巴楚部长首先肯定这样的圆桌讨论很有必要且很重要，能够让双方互相了解对方的想法。巴楚部长重复最多的三个词语是“诚实”、“守法”、“给博茨瓦纳创造价值”。无论是申请签证问题，还是中国建筑工程质量问题，部长的用词都非常坦诚、犀利。他表示，博政府一直鼓励在博的外国人参与当地的慈善公益事业。针对华人关心的申请博签证拒签率高的情况，巴楚回应说，签证被拒不是针对中国人，其实印度人、津巴布韦人等也因某种原因被拒签。

南非发生排外暴力事件，华人积极参加反排外游行。 2015年4月14日起，南非多地连续几日发生暴力排外事件，至少导致8人死亡、300人被捕、数百家外国人商店被打砸哄抢，数千名外国人流离失所，德班一家华人店铺在此过程中受到冲击。受冲击的外国人主要来自莫桑比克、马拉维、索马里、尼日利亚、津巴布韦和埃塞俄比亚等非洲国家。南非总统祖马发表电视讲话，呼吁南非民众立即停止针对外国人的暴力袭击。当地时间23日下午，约翰内斯堡市中心举行反排外游行。超过150个民间团体、逾3万名民众参与其中。他们从皮特罗斯公园出发，徒步4公里，手持“非洲团结”、“反对排外”等标语，为抵制排外浪潮发出自己的声音。来自当地华人社区的百余名人士也积极响应，声援活动。

多国治安不靖，华侨华人活动受到影响。 2015年1月中下旬，刚果（金）首都金沙萨发生骚乱，30余家中国商人的店铺被抢劫一空，当地网络通信一度中断。4月23日上午，刚果（金）西部下刚果省博马市3家中国商人的店铺遭到当地人抢劫，其中一家店铺被抢商品价值超过1万美元，另两家的损失也很惨重。据中国驻刚果（金）大使馆介绍，此次中国商人的店铺被抢并非针对中国人的排外行为，而是当地人对政府不满引发骚乱，其中部分人趁火打劫进行抢劫。

南非频发抢劫、杀害华人事件。7月14日下午乘坐一部车的5名华人在家门口遭到3名持枪黑人的抢劫，所幸没人受伤。在抢劫过程中，华人没有进行任何反抗，抢匪将当事人的手机和钱财全部抢走，最后还将当事人的车辆也开走。10月17日下午，南非西开普省亚特兰蒂斯地区一名林姓福建籍商人在其经营的酒品店中遭4名歹徒持枪抢劫。该侨胞来自福建，事发时他正在自己的酒水批发店内看店，被歹徒开枪击中头部，经抢救无效不幸遇难。11月，南非比勒陀利亚东部南华寺附近一家华人瓷砖厂遭10多名当地黑人打砸，损失惨重，参与打砸的黑人大多是由当地无业、吸毒等社会人员组成的非法组织唆使。在此前工厂工人要求加薪的一次罢工中，雇主与工会本已协商好加薪要求，双方在签订合约后，这个非法组织却从中作梗，怂恿工人向雇主要求更高的工资，并威胁工会如果不按照他们的指使进行罢工的话，就采取烧轮胎等暴力手段逼迫工厂雇主加薪。12月7日上午南非约翰内斯堡市东部的马尔文地区发生一起恶性案件，一名63岁的华人在自己店中遭歹徒枪击头部身亡，其85岁的母亲亦遭不幸，被歹徒强奸并受伤。据不完全统计，2015年已有17位侨胞在南非遭劫遇害。

2015年，国际油价在低位徘徊，非洲产油大国安哥拉的经济也因此遭遇2002年停战以来最明显的困境。安哥拉治安状况恶化，在11月短短一个月内，首都罗安达连续发生了十余起武装绑架中国人的案件。

博茨瓦纳一向被视为非洲最安全国家之一，根据伦敦经济与安全研究所发布的2014年全球和平指数显示，毛里求斯的安全指数位居非洲第一，第二位的国家为博茨瓦纳。但是该国也发生了抢劫华人的事件。6月9日，一家位于距博茨瓦纳首都哈博罗内50公里的莫里坡罗里中国店铺遭蒙面人抢劫，店铺华商林某左手臂被刺，损失超过1万普拉（1美元折合9.6普拉）。

针对抢劫、杀害华人案件的事件，中国驻当地使领馆一方面加强领事保护，另一方面发布安全告示，提醒华侨华人注意安全。同时，组织中资企业自救。12 月 15 日上午，近千名旅居南非的华侨华人在约翰内斯堡莫尔文区举行了“停止犯罪”大游行。在当地警方帮助下，华侨华人手举“停止谋杀”、“停止强奸”、“停止针对妇女和儿童的犯罪”等标语，一路吹响制止犯罪的口哨、高呼口号，情绪激昂地从案发现场的福瑞斯奎恩大街出发，沿途经过国王大街、朱丽斯大街，向克利夫兰警察局前进，一些同情华侨华人的当地黑人、白人，也纷纷加入游行队伍，来往车辆纷纷鸣笛示意。11 月 7 日，在中国大使馆指导和帮助下，在安中资企业召开安保协防会议，安哥拉中国总商会、浙江商会、福建商会等侨团发表致在安华人倡议书，呼吁中资企业和华人奋起自救，建立环城公路南线联防机制，呼吁有条件、有实力的企业派出安保车辆上街巡逻，实现南线治安联保。这一倡议得到中资企业热烈响应。经过一周筹划，中资企业目前已把环城路南线划成东、西、中三段，安排巡逻。每辆巡逻车都配备安哥拉当地的持枪保安，每日早 7 时至晚 7 时进行不间断巡逻，最大限度保护中资企业和华人的安全，对沿路劫匪进行震慑，协助当地警方维护治安。

部分华侨华人在风险中求生存、求发展。根据南非咨询机构新世界财富公布的一份研究报告，自2000年以来，已有8000名百万富翁“逃离”南非，移民至澳大利亚、英国、塞浦路斯、毛里求斯、美国和加拿大等国家。南非已成为全球第 7 大富人外流国家。尽管本国富人纷纷“逃离”南非，但越来越多华侨华人却抓住时机进入南非，他们购房置地，生意做得风生水起。据不完全统计，目前在南非的华侨华人已超过 30 万。在过去的 10 多年里，华侨华人当中许多人成为了新一代富翁，令人刮目相看。其中一名代表人物就是石瑞泰。目前石瑞泰的农场长期雇用当地员工近 30 人，农忙时雇用的临时员工近 300 人，是当地创造就业机会最多的农场之一，受到当地政府积极肯定，称赞石瑞泰为“南非最成功的华人农场主”。目前，当地政府正与石瑞泰农场合作，计划在农场开辟环保旅游项目，把农场建设成为中小学生环保教育基地。然而，在这块土地上辛勤耕作的农场主从事的是一项非常危险的职业，用“刀尖上舔血”来形容也不过分，因为他们被杀害的概率远远高于其他南非人。据南非商业工会民权组织“非洲论坛”提供的最新数据显示，2015 年上半年，南非全国发生 116 起农场主被袭击事件，27 名农场主因此而丧生。当南非农场主上演“胜利大逃亡”之际，过去只注重经营店铺的中国人开始把目光投向南非农场。近年来，收购南非农场的中国人呈上升趋势。在开普敦和约翰内斯堡周边地区，已陆续出现几家由中国人经营的农场，他们种植中国蔬菜、养鸡养猪，生意越做越红火，但也冒着很大的安全风险。

一些国人法制观念淡薄，风险意识不强。3 月，3 名中国公民在赞比亚卢萨卡被捕，他们被指控共同非法种植 1.3 公斤的新鲜大麻植株。5 月，4 名中国人涉嫌携带枪支，驾车闯入卢萨卡巴尔莫勒尔地区的一家私人农场捕猎猫头鹰。11 月，坦桑尼亚警方逮捕了从马拉维来到坦桑尼亚的 4 名中国公民。这些人被控走私 11 支犀牛角，他们将犀牛角固定在汽车车底。这批货是坦桑尼亚历史上被截获的犀牛角走私的最大批次之一。报道称，近年来日益猖獗的犀牛角走私和东南亚国家的需求有关，在那里它们会被广泛用于传统医学。在亚洲，一公斤犀牛角的价格已经达到 6.5 万美元，超过白金和黄金的价格。针对国人不守法、不懂法的现象，驻当地使领馆提醒广大华人在非工作和生活期间，严格尊俗守法，共同维护中国公民形象。

南非成立重庆、黑龙江商会。11 月，南非重庆总商会和非洲黑龙江总商会相继成立，唐红和于洋分别当选为两个商会的首任会长。中国驻南非大使馆经商参处荣延松参赞、中国驻约翰内斯堡总领馆买欣全领事及南非企业和华人社区代表出席了成立庆典。目前，南非华侨社团已有 100 多个，形成各具特点、具有一定规模和影响力的华人商协会群体。华人社团越来越成为不同行业、不同领域、不同地域华人团结的核心、交流的平台、成为推动中南两国经贸合作的重要力量之一。两个商会均表示将团结广大在南非的同省籍企业或华商，让侨民们把经济搞上去，同时也融入主流社会，为南非社会发展做出贡献，促进对外交流和国内外优势资源整合，为国家和所在省份的经济发展多做贡献。

美国侨情

2015年，美国提高移民门槛的声音频现，但中国人移民美国热情不减，在美国的中国留学生人数也超过了其他国家。这一年，美国华侨华人精彩纷呈：华人参政精彩不断，华社、华文媒体和华裔新生代成参政主角；华人对美国社会的贡献颇多，受主流社会认可；“中文热”在美国持续升温；春节被纳入纽约公校的法定假日；为纪念抗日战争胜利70周年，美国设立了海外首座抗日战争纪念馆；美国华社除全力助选、支持华人参政外，也热衷集体维权，保障华族权益。当然，也有一些事情令人惋惜或值得深思：华裔美甲业遭受重创；两家华人企业因涉嫌金融欺诈被告上法庭；南加州月子中心遭大规模的“扫荡”；中国留学生内部伤害案件频发，留学生安全引人关注；由于近年来华裔或亚裔科学家被错控的案件频发，不少人认为这种案件带有种族歧视因素，引起民权组织、国会议员、媒体等多方“发声”表示不满。

EB-5延期，改革有惊无险告一段落。BE-5的改革一直以来都受到各利益相关方的密切关注：投资人、开发商、中间人。不少人在涨价收紧的倒计时中神经紧绷。但由于牵扯的利益太多，在大选来临国会精力有限的情况下，2015年12月15日，美国国会公布了综合法案，将EB-5原封不动地延期到2016年9月30日。经历了几番惊悚的改革提案，没有涨价，没有收紧，一切照旧。美国EB-5投资移民运行20多年来，最低投资额一直维持在50万美元。总体状况运行良好，已有近55亿美元的EB-5资金注入美国，为美国创造了大量就业机会。但关于涨价的传闻，早在2012年首次延期审核时就已传出，虽然最终50万美金的投资额度保持不变，但2012年和2015年的美国移民市场已截然不同，美国移民局已经感受到了巨大的申请压力，不可能再像2012年那样持续增加中国的美国移民配额，而涨价也是众多移民国家缓解这一压力的首要措施。值得注意的是，4月13日，美国国务院宣布从2015年5月1日起，EB-5签证对在中国大陆出生的申请人开始2年的排期。

美国移民政策突变，中国高技术移民受影响损失惨重。美国国务院曾在9月9日发布一项公告，详述了在美的哪类人能够在周四提交绿卡申请文书。该公告是为了响应2014年奥巴马总统的行政命令，争取改进并简化移民制度，有助于整合常年积压的来自中国和印度的移民的申请。这项公告令许多正在申请工作签证的人激动万分。许多人立刻开始为此作准备，他们整理了自己的文书，雇佣律师，进行体检并接种疫苗。但是，在2015年9月25日，美国政府在没有解释的情况下修订了那项公告，严重缩减了有资格申请的人数。关于这些人何时能再次被允许申请，美国国务院也没发布任何信息。这一政策突变使得成千上万的高技术人才移民无法成为永久居民。他们本该在10月1日就能够申请这项身份。其中很多已经缴纳了高昂的律师费用和医疗费用。受影响的移民多来自印度和中国，他们很多都拥有高等学历，并在顶尖技术公司或医药公司工作。据称，他们每人都已经为此花费了几千美元，加起来至少有200万美元。他们说政府在感情上戏弄了他们，但最终一无所获。一份向美国西雅图州地方法院提交的诉讼称，几千名守法、高素质的移民，为准备绿卡申请而花费了几百万美元，结果联邦政府却唐突武断地违约了。据估计，受影响的移民在两万到3万之间。

美国联邦机构突查南加州月子中心。针对大批中国孕妇为了生育“美国公民”而进行的签证欺诈、洗钱、偷漏税等犯罪活动，美国移民海关执法局3月3日在南加州27个地方对月子中心进行了大规模的扫荡，其中包括罗兰岗、核桃市、尔湾等华人聚集的城市。根据警方掌握的线索，月子中心的老板会向孕妇收取数万美元服务费，帮助她们获得旅游签证，得以在美国生育“美国小公民”。很多老板公开把自己的生意挂上“月子中心”、“生育服务中心”之类的招牌，以此招揽生意，帮助妈妈们获得新生儿的美国护照，享受美国公民的福利，其中包括免费公共教育和申请父母移民美国的好处等。近年来，中国妈妈来美作“分娩之旅”的人数越来越多，导致南加“月子中心”数量激增，仅南加地区各种规模的月子中心就不下200家。洛杉矶县政府曾一度要彻查“月子中心”，遏制其发展势头。可县政府仅能在其托管区内行使权力，对于大多华人聚居城市中的“月子中心”并不构成杀伤力，而且无论是各小城市政府还是洛杉矶县政府，均无法将对“月子中心”业者的指控上升至刑事犯罪的层面，因此，以往对月子中心惩治的效果难以彰显。此次联邦执法机构联合出手突查月子中心，跨越了地域界限，不仅在规模上是前所未有的，而且联邦政府出手惩治月子中心也是以前闻所未闻的事情。此次遭到联邦执法机构突击抄查的“月子中心”或面临签证及欺诈、偷漏税以及洗钱等罪名的指控，这些均属于联邦重罪的指控，这也是“月子中心”业者首次面临如此严重的刑事指控。媒体多将联邦执法人员此次的行动描述为“突击抄查”，而实际上在3日的抄查之前，南加已有多家“月子中心”遭到了执法人员的调查或指控，不少业者已聘请了律师，但他们却未料到如此大规模的抄查行动来得如此迅猛。

中国移民跻身美国移民数首位。据媒体报道称，如今来自中国的移民已成为每年抵达美国人数最多的族裔。另一项报告同时显示，中国留学生人数也超过了其他国家。根据创建于1919年的美国非营利组织“国际教育机构”（Institute of International Education）2015年公开数据显示，2014—2015学年，有974926名国际学生在美国上学，比上一个学年有10%的增长，是35年来最大的涨幅。而在国际学生中，来自中国的留学生最多，有304040名中国留学生在美国上学，占国际生总人数的31%。据洛杉矶《橙县纪事报》报道，华裔被认为是正在崛起的亚裔美国人的“模范族裔”，他们向世人展现着少数族裔如何在美国立足。媒体的描述时常将亚裔美国人与非法入境的墨西哥移民和受恐怖组织熏染的中东穆斯林移民形成强烈对比。

中国富豪青睐美国移民城市。据胡润百富发布的《2015中国投资移民白皮书》显示，洛杉矶、旧金山、纽约等美国城市跻身最受中国富豪青睐移民城市的前三名。与去年相比，美国移民整体上升较快，占据前十榜单的半壁江山，还包括西雅图、波士顿等。《白皮书》介绍，已移民的富豪受访者们谈到移民的原因时表示，教育质量、环境污染和食品安全是促使他们移民的三大动因。不过在具体的移民地的选择中，富豪们还要综合考虑各项因素，其中教育质量是最重要的因素之一。是否为中国富豪海外置业的首选城市，也是提升移民地吸引力的重要因素。《白皮书》显示，此次调研发现，中国富豪最青睐的移民目的地和全球置业目的地是高度一致的。这也契合了中国人的传统习惯——在哪里生活，在哪里置业。因此，诸如洛杉矶、旧金山、纽约、西雅图、波士顿等华人聚集的美国大城市，既是中国富豪海外置业的首选，也是最受欢迎的移民目的地。

华人积极参政，成绩斐然。2015年在美华人积极参政，取得了不凡的成绩。例如11月3日，已经担任5年旧金山市长的李孟贤顺利连任，将于2016年1月开始他的第二个4年任期，他也因此成为旧金山165年历史上任职时间最长的一位市长。63岁的李孟贤祖籍中国广东台山，出生于华盛顿州西雅图市，毕业于加州大学伯克利法学院，从事过民权律师，曾任职旧金山市工务局长、市府行政官等。又如，代表科罗拉多州进入共和党全国委员会的华裔新面孔梁乔治（George Leing）引起了公众的广泛关注，梁乔治也开创了华裔成为共和党全国委员会委员的历史。此外，柬埔寨出生的华裔林孟（Meng Lim，音译）于1月15日宣誓就任乔治亚州塔拉普萨巡回区高等法院法官，成为乔州史上第一位亚裔高等法院法官。

加州前参议员余胤良终认罪。2014年3月下旬被联邦调查局逮捕起诉的加州前参议员余胤良（Leland Yee），今年7月3日在旧金山联邦法庭对一项涉及帮派的敲诈勒索罪名认罪，他将面临最高20年的刑期，以及25万元的罚款。现年67岁的余胤良是一位加州资深民选官员，也是一位华裔成功参政的代表人物之一。他从1988年步入政界，先后担任旧金山学区委员和旧金山市议员，2002年当选加州众议员、执行议长。2006年，他成功当选加州参议员，成为加州史上首位华裔参议员。2011年他参选旧金山市长失利，去年起，他开始着手准备参选加州州务卿。在担任州参议员期间，余胤良极为关注涉及民生的各种提案，包括反对全面禁止贩售鱼翅案，致力枪支管制，以及支持影响亚裔入学比例的SCA-5提案等。作为加州华裔政治明星，余胤良的被捕和认罪，或多或少对在美华裔参政带来一定的负面影响。

遭纽约州府立法“整治”，华裔美甲业严重受创。由于被《纽约时报》“美甲店起底”风暴所打击，纽约州府自2015年5月开始启动面向美甲业的整顿和专向执法工作，加上受纽约州州长葛谟7月16日正式签署通过美甲行业综合法案的影响，纽约众多美甲业者一方面连吃高额罚单，另一方面被客人抵制，导致生意一落千丈。为了驳斥其报道，众多美甲业主自发组织人员，从8月25日关店抗议、到9月21日百人市政府前集会、再到10月6日和27日两番前往《纽约时报》大楼前示威，要求其道歉，并要求政府修改对美甲业的苛刻新规。虽然《纽约时报》编辑最终承认报道有失偏颇，并表示将来的报道会讨论美甲业主在新规之下所面临的困难，但是这次“整治”令不少华裔美甲店遭受重创。在“美甲业前路难行”的大背景下，大批华裔老板无奈关店，华裔美甲师被迫纷纷转行，寻找生活出路。据行业人士透露，在纽约的近4000家美甲店中，华裔占70%以上，剩下的为少量的越南裔和韩裔，其中韩裔以走高端路线为主，受此次新法影响不大，而大多以物美价廉吸引顾客的华裔美甲店主则损失惨重。在《纽约时报》揭露美甲业员工时薪低等问题后，州府在一个月内就制定出了法律，由于如此迅速的动作在其他法案上都比较少见，不少业主都认为，本次美甲业大“整治”颇有针对华裔之嫌。

两华企涉金融欺诈成被告。2015年，华裔社区两家投资公司涉嫌欺诈被告上法庭，这两家公司是总部设在旧金山湾区的路凯国际能源集团与总部设在亚凯迪亚市的富豪集团。这两家公司所涉嫌金融诈骗的对象以华人为主，而且涉及金额巨大，引起联邦证券交易委员会介入调查。其中路凯国际能源集团已被告上了法庭，而富豪集团也遭到受害人的集体诉讼，求偿1亿元。富豪集团案件导致亚凯迪亚市一名华裔市议员闪辞。2015年7月，美国路凯国际能源集团总裁杨冰清涉嫌欺诈被联邦证券交易委员会正式起诉。在长达26页的起诉书中，详细罗列了杨冰清从2007年—2014年通过石油贸易进行诈骗的具体细节。起诉书内容显示，路凯国际能源集团经营模式并非以石油为主，而是通过石油骗取广大希望通过EB-5投资移民美国的华人。据了解，路凯国际能源总裁杨冰清被起诉之前为中美能源峰会主席。《中国石油石化》杂志等中国内地著名媒体均邀请其进行公开演讲。她一度被冠以巾帼不让须眉之称。现如今已证实杨冰清将广大移民的款项用于购买豪宅及家庭度假，种种行迹令人扼腕。而在9月下旬，富豪集团被政府接管和冻结财产。富豪集团位于亚凯迪亚市、以陈力为首，曾经谎称拥有1600个投资移民名额和改造橙县监狱投资移民项目等，可以办理EB-5投资移民等，以此诈骗华人投资。

春节成纽约公校法定节假日。在亚裔的传统文化里，农历新年是全家团聚的时刻，也是华人一年内最重要的节日。然而，在农历新年成为公校法定假日之前，每逢春节，纽约市众多公立学校都会陷入学生大规模缺勤的窘境，学生也面临与家人团圆欢庆节日还是前往学校保证全勤的两难选择。根据纽约市教育部门的数据，在纽约市110万公立学校学生中，约16%是亚裔。以往在农历新年这一天，不少亚裔学生会以生病为由，请假与家人一起过年。有些亚裔占大多数的学校，当天的缺勤率甚至高达80%。经过华裔社区的呼吁以及民选官员的努力，纽约市政府于2015年6月宣布，自2016年起，纽约全市范围内的公立学校将把农历新年定为法定假日。这不仅意味着华裔学生可以在春节期间与亲人欢度佳节，也标志着中华文化在美国这个多元社会越来越被当地主流社会接受，成为纽约文化乃至美国文化不可或缺的一部分。农历新年最终成为纽约公校假日，得益于纽约华人多年不懈的奋争。将农历新年列为法定公共假日的想法，最早于2005年由纽约市华裔议员提出，并于2012年在市议会形成议案，但在2013年12月底的表决中却遭到否决。经过亚裔社区官员多年的争取，该议案于2014年底终于在纽约州参众两院过关，并获州长葛谟的签字立法。

华人贡献突出受美国主流社会肯定。2015年3月，美国华侨华人安妮·高（Anne Gao）、飞利浦·邱（Philip Chiu）、姚玉栋（Yudong Yao，音译）、提娜·林（Tina Lim）、龙国珠（Guozhu Long，音译）、帕翠克·冯（Patrick Feng）、乔治·陈（George Chan）和保罗·尚（Paul Shang）8位华裔工程师获得2015年度“全美杰出亚裔工程师奖”。“年度杰出亚裔工程师奖”由美洲中国工程师学会举办，历年获奖者中包括8位诺贝尔奖亚裔得主，华裔获奖者中包括田长霖、丁肇中、冯元贞、朱棣文、李远哲等。该奖项被誉为“工程界的奥斯卡奖”。美国加利福尼亚州尔湾的90后中国留学生靳肖骁带领他的团队研发出沐浴节水系统，为加州抗旱节水迈出了可喜的一步。美国华人科学家创办的优瑞科生物技术公司（EurekaTherapeutics）首创靶向性免疫T细胞治疗肝癌项目最近又获得突破性进展，分别在试验动物中的多个肝癌模型、多个病程阶段里得到认证，有望于2016年上半年在美国西海岸最大的癌症治疗中心进入临床实验。

美国地方政府开通官方微博。继洛杉矶阿罕布拉市警局前年在新浪微博开通了全美首个警局官方微博之后，圣盖博市政府20日也在该网站开通了全美首个地方政府的官方微博。为此，市政府举行了记者会，希望广大华裔居民透过微博与市政府进行交流互动。圣盖博市位于美国加利福尼亚州洛杉矶东北部的圣盖博市，离洛杉矶市区只有45分钟的车程，拥有4万居民，其中60%为亚裔，大部分居民会讲中文，这里有很多的华人大型超市和中华料理店，被戏称为“the great mall of China”。同时，这里也是二战著名将领乔治·史密斯·巴顿的诞生地。在加州，新浪微博使用率十分广泛。微博上不仅仅会发布市政府的最新资讯和消息，还会包括警察局、消防局的资讯和消息，让市民第一时间掌握城市动态。

在家讲中文的美国家庭数量上升。据美国联邦人口普查局公布的数据显示，五分之一以上的美国居民在家不讲英语，而说中文、西班牙语、阿拉伯语和乌尔都语（巴基斯坦国语）的人数巨幅上升。移民研究中心（Center for Immigration Studies）发表的报告指出，2014年美国破纪录地有6320万居民在家不说英语，这些人包含美国出生、合法移民和无证移民。这个数字从2000年以来增加了1620万人，而且单从2013年以来就增加了140万人。这项分析美国社区调查（American Community Survey）最近人口普查数据的报告指出，以人数增加而言，从2010年—2014年增加最多的依序是西班牙语（增加230万人）、华语（331000人）、阿拉伯语（252000人）、塔加洛语（115000人）、印度语（114000人），以及乌尔都语（89000人）。塔加洛语是菲律宾的一种语言。

美设海外首座抗战纪念馆。2015年是中国人民抗日战争暨世界反法西斯战争胜利70周年，美国华侨华人举行多场盛大纪念活动。其中，旧金山湾区各界华人华侨在7月举办了大型的“黄河大合唱”音乐会、学术演讲、抗战文物展、征文比赛、座谈会、书画展览等。此外，旧金山地区还于8月设置了海外首座抗战纪念馆。纪念馆坐落在旧金山中国城，海外著名侨领方李邦琴发起，并捐出自己的房产，成立了中国境外首座纪念馆；美国犹他州华侨华人举办了以中国抗日战争为主题的音乐会；华盛顿地区同乡会联合会、大华府中国大专院校校友会联合会，以及美国华人专业团体联合会共同主办了纪念抗战70周年大型图片展。全方位展现广大华侨积极参与抗战的历史，其中涌现出许多可歌可泣的人物与事迹，包括3000名华侨机工回国参加抗战、支持中国抗战的美国飞虎队等千古留存的感人事迹与内容，充分显示出华侨在抗日战争中的无私无畏的贡献，希望主流社会能了解到华侨的可歌可泣的付出。许多华人华侨举家前来观展，亲眼见识到珍贵的历史图片和曾参与抗战的长者们的英勇事迹，他们在画展前驻足观望沉思，心情沉重，感叹今日的和平来之不易，希望人们勿忘历史、珍爱和平。

华裔市议员提议统一该城市中文名。据媒体报道，美国圣利安德鲁市华裔市议员李国斌已经向市议会提议，希望将城市的中文名统一为“圣利安住”，寓意城市安乐、宜居。他希望用好名字推广城市，增强华人文化认同感。美国 San Leandro（圣利安德鲁市）的中文译名一直不统一。李国斌表示，名字叫得好，城市知名度高。名字不好，不利于城市品牌宣传。城市名称的翻译不能拘泥于音译，而是要符合中国的历史文化和表达习惯，“中国人取名字很多时候都是要博个好彩头。比如 San Francisco 音译旧金山，金山在汉语中是财富的意思，更有味道。”基于以上因素，在征求不少华人意见后，李国斌向市议会建议，将 San Leandro 的中文译名定为“圣利安住”，表示这里是个宜居安乐的地方，“五年前的人口普查，San Leandro 华人占全市总人口的 29.7%，估计现在高一些。有个叫得响的中文名，让华人对城市的文化认同和政治参与中，扮演更重要的角色。”

波士顿华埠遭遇美国式拆迁，华裔抗争保家园。近年来，美国许多大城市的华埠面临的最大问题就是贵族化，波士顿华埠就是突出的例子之一。随着城市开发，地价上涨，那里已成为当地租金最高的社区。生活成本的增加迫使居民搬离，商铺关门，而许多华裔新移民也不再将华埠作为生活的首选地。在华埠变得寸土寸金的同时，华埠本身的文化和所蕴含的意义却几乎荡然无存。自华裔移民 1875 年首次抵达波士顿以来，华埠一直是新移民在美国的重要立足扎根之地，也是他们融入主流社会的跳板。但如今这里已是另一番景象，据统计，目前在华埠居住的 12800 名住户中，亚裔占比不到 45%，而 1990 年这一数字还是 70%；与此同时，不少华埠的小商业也接连关门，仅在 2015 年这里就有两家老字号餐馆和一家地标性的甜品店停业。作为波士顿市中心的最后一块移民聚集地，华埠正遭遇建筑业飞速发展的冲击，不过居民不希望它就此消失，仍在为了自己的命运抗争。据报道，新成立的华埠土地信托（Chinatown Land Trust）在努力收购像哈德森大街 103 号这样由红砖砌成的老房子，为了保住波士顿华埠而努力。虽然在整个马萨诸塞州亚裔仍然是增长最快的团体，但是波士顿华埠却第一次出现亚裔成为少数族群的状况。一些居民也批评市政府为附近的一些高档大厦开启绿灯，间接导致了华埠房价的上升。据称，2000 年—2010 年，华埠的白人人口增长速度要快于亚裔。目前亚裔在波士顿华埠 12800 名居民中占比只有 46%。这种转变说明华埠的变化符合全美的一种趋势：靠体力劳动的移民正在被推离市中心的社区，这里往往离工作地点和公共交通更近，取而代之的是学生、医生等群体。华埠如今已是波士顿租金最高的社区，高端房产不断涌入，而原本的居民和商业乃至文化的流失与此形成鲜明对照。

华盛顿中国城改建，在华人圈引起轩然大波。2015 年 11 月，华盛顿中国城改建在华人圈引起轩然大波。很多华盛顿的华人老移民被迫搬离已居住了几十年的中国城，而其特有的中国元素也将面临消失的危险。华盛顿中国城的改建，只是全美范围内中国城所遇困境的一个小小的缩影。中国城内华人数量减少，中国味儿变淡已成为一种较为普遍的现象。历史上，中国城的出现源于当时海外对华人的孤立和歧视，迫使他们不得不聚居。后来中国城又渐渐有了中华文化海外传播的功能。但时过境迁，古老的中国城似乎越来越跟不上时代的脚步。改建成为诸多地区中国城打开局面、寻求发展的共同选择。对于被迫搬迁的华人老移民而言，中国城改建确实有着不小的影响。据报道，这些华人老移民以老弱妇孺为主，缺乏就业能力，中国城一旦被改建成高档社区后，他们将无力回归。与此同时，改建后中国特色是否能够保留、是否还能作为广大华人悠悠故土情的寄托之地，也将被打上问号。然而，从中国城的长远发展来看，此次改造实则有助于其实现功能升级。据调查，华盛顿中国城内居住的华人数量现为 300 人，较 10 年（2004 年）前的 700 人已下降了一半以上。原因是在美华人群体收入越来越高，很多华人搬到更好的区域去了。在美国，中产阶级多数住在郊区，而非中国城所在的市区。

美国司法部屡错控科学家遭众责。近年来，华裔或亚裔科学家被错控的案件频频发生，罪名以间谍、窃取机密等为主，不少人认为这种案件对华裔、亚裔具有针对性，有种族歧视因素。这引起民权组织、国会议员、媒体等多方“发声”表示不满。曾在联邦水利部门工作的华裔专家陈霞芬和天普大学华裔教授郗小星分别在2014年10月和2015年5月被怀疑向中国传输秘密数据和资料，受到联邦调查局的调查和司法部的起诉，但2015年司法部又分别取消了对他们的指控。不过两人的工作、生活、名誉等受到了巨大损失。9月，陈霞芬还收到了被原工作单位、联邦商务部下属的国家气象局的开除通知。2015年9月15日，美国华人全国委员会就华裔教授郗小星、华裔专家陈霞芬被错控的案件召开新闻发布会。11月5日，42名国会众议员联署致信联邦司法部部长林奇（Lorretta Lynch），要求司法部就陈霞芬、郗小星遭到错误指控的冤案及其他类似案件到底是否包含种族、族裔因素进行全面调查。11月17日，国会亚太裔小组在国会山为郗小星间谍案和陈霞芬间谍案举办记者会；当日赵美心（Judy Chu）在一场国会听证会上就这两个案件对司法部长林奇当面质询；18日，赵美心、孟昭文、刘云平、迈克·本田（Mike Honda）等议员与司法部长林奇会面，要求调查与道歉。11月23日，国会下设机构民权委员会通过投票，致信联邦司法部长林奇，对一系列以美籍华裔科学家为目标的间谍错控案表达关切、敦促予以调查，同时要求司法部对现有的和将来的相关调查、指控增加培训与监督，杜绝冤案错案。

华裔警员梁彼得误杀非裔被重罪起诉，华社发起游行声援梁彼得。2014年11月警龄仅18个月的华裔新警员梁彼得在布碌仑高犯罪率的路易斯·平克（Louis Pink House）政府楼漆黑的楼梯间里巡逻时，因枪支走火而误杀了非裔青年葛利（Akai Gurley）。2015年2月，布碌仑检方以重罪起诉梁彼得，这是美国近年来多起警员执法导致非裔死亡案中，首宗涉事警员被刑事起诉的案件。梁彼得遭重罪起诉引发全美华人的强烈关注与反应，很快全美各地的华人在白宫网站发起签名请愿活动。3月8日，纽约3000民众首次在市政厅集会，支持华裔警员梁彼得。4月26日，纽约华社又发起了“亚裔维权大游行”，以更大规模的抗议活动声援梁彼得，并督促检方能公平与公正地审理此案。当天有5000人参与的游行队伍跨过了布碌仑大桥到达纽约市政厅，彰显了亚裔民众的力量与正义之声，也创造了历史。

低龄留学生涉嫌酷刑绑架案。2015年3月，在洛杉矶读书的12名中国小留学生涉嫌酷刑绑架罪等罪名遭警方逮捕或通缉，其中6名嫌犯遭起诉，若被控罪名成立，这些嫌犯或面临终身监禁的刑罚。在这些嫌犯中，最大刚满21岁，最小的仅有14岁。案件发生后，一名嫌犯家长试图以赔钱的方式“私了”，但被警方以贿赂证人罪拘留。

中国留学生内部伤害案频发。2015年9月，美国持续发生两起中国留学生伤害死亡案件，事件肇因都疑似为当事者之间的感情纠葛。9月10日，在纽约州波茨坦的克拉克森大学校园，31岁的马天持刀捅死24岁的姜雅珍，马天被警方击毙。涉案双方均为克拉克森大学的中国留学生。9月30日，印第安纳大学布鲁明顿分校（IUB）的学生公寓内发现21岁中国女留学生王瑶琳、20岁中国男留学生肖传林的尸体。警方推测，肖传林用利器杀害王瑶琳后上吊自杀。近年来，中国留学生内部伤害案件频发，引发社会广泛关注。

加拿大、中美洲侨情

2015年是中国和加拿大建交45周年和建立战略伙伴关系10周年，又是中加文化交流年。两国在政治、经济和文化等领域的交流与合作频繁，互动热络。2015年，加拿大将建立人民币在北美的第一个离岸结算中心、中加“十年签证”落实到位，前三季度中加贸易总额634.2亿加元，同比增长11.5%。中国是加拿大第二大贸易伙伴、第二大进口来源国、第二大出口目的地。2015年，加拿大华侨华人社会持续壮大，积极参政议政，维护自身权益，对祖籍国积极支持声援，华侨华人社团非常活跃，在各方面发挥了积极作用。随着中国综合国力的日益强盛，华侨华人在加拿大的地位越来越高，加拿大政府继续为曾经歧视华人的政策道歉，当地社会对华人的接纳度也越来越高。华侨华人也在推动加拿大与中国的贸易中，扮演越来越重要的角色。

华侨华人数量持续增长。2015年，华人仍为加拿大第一大少数民族，目前人口约为160万，占加拿大3600万总人口的4.44%。据《中国国际移民报告（2015）》数据显示，在过去15年里，中国一直是加拿大永久居民最大来源国之一。在2003年到2012年的10年间，加拿大平均每年接纳移民249456人，其中中国移民数量位居第一。预测到2017年加拿大庆祝建国150周年时，加拿大的华裔人口将达到180万。大多伦多地区是加拿大华侨华人最多的地区，数量已达到70多万人。

加拿大移民门槛提高，中国移民持续增长。2006年—2015年加拿大保守党执政期间，移民人数增长了19%，达2579494人，中国移民人数增加明显，幅度达27%，签发给中国公民的旅游签证数量增长254%，学生签证增加265%，并加快了留学申请审批速度；家庭团聚移民也出现10%的增长，并努力清除积案，加快审批速度。2015年，中国和加拿大开始实行签证互惠便利化措施，并积极探讨给国外优秀人才更加多样化的签证服务，这对于积极促进国与国之间人文交流提供了很大的便利。最新数据显示，2014年中国访加人数达到36.1万人，比2013年增长了34%（约27万人）。约有2.5万名中国公民成为加拿大永久居民。同时，来自中国的国际学生人数也创新高达到6.56万人。2015年，加拿大持续提高移民门槛。过去“花钱就能买身份”的捷径越来越难以行通。2015年加拿大设置了更严格的投资移民门槛，联邦风险投资移民试验于2015年1月落实，首年名额仅50个。新项目要求申请人通过合法方式取得的净资产须达1000万加元，约5000万元人民币。此外，联邦技术移民新政策自2015年1月1日起开始实施。新政后不再设职业和配额限制，无人数上限，每次邀请都是择优选择。因此EE后增加了申请的不确定性。日前，加拿大联邦移民局宣布开始全面实施新的入籍法。新入籍法将全面调整公民入籍政策法规，其中包括延长申请入籍所需居留时间，扩大需要达到语言要求的年龄段，增加申请个人所得税文件等条款。这都标志着加拿大政府持续抬高入籍门槛。加拿大新一届联邦政府11月4日组成，其中移民部长麦家廉（John McCallum）是华人小区比较熟悉的内阁成员，他也是华人女婿。华人对麦家廉表示祝贺外，也希望这位新部长能给加拿大的移民体系带来新气象。

加拿大中国移民掀起回流潮。一份有关中国大陆移民的调查报告显示，大多数大陆移民的回流理由，是为了得到更好的工作和升职机会；其中15%的人在移民加国1年后回流，回流人士中多为财经、商业、教师等专业人士，其中有48%在加国获得最高学历。大多数中国移民的回流理由是为了得到更好的工作和升职机会。对于需要找工作养家的技术移民而言，语言能力与当地工作经验是在加拿大发展的最大桎梏。新移民在加拿大最困难的事情就是找工作，尤其是找到称心的工作，研究学者就此问题对多伦多等 6 个城市的新移民做过一份问卷调查，结果发现只有 31% 在从事专业工作，41% 在打工，很多都是从事体力工，还有 22% 还没有找到工作。

低龄留学趋势更加明显。在最近几年兴起的第四波留学潮中，"大众化" 与 "低龄化" 成为标签。当前出国留学国家中，美国、英国、加拿大和日本排名前四。加拿大魁北克省、安大略省及卑诗省名校资源集中，且有留学生宽松移民政策支持，是该国最热门的三大移民大省。来自加拿大使馆数据显示，每年发放给中国境内的学生签证数量正在以 10%—13% 的速度递增，目前在加拿大留学的中国学生总人数已经超过 10 万人，中国仍是加拿大第一留学来源国。2015 年赴加拿大留学的低龄学生比例接近 75%。其中，赴加读本科的中国学生占比最高，约为 44%；其次是赴加读高中的学生，占比约为 30%，读硕士的占比仅为 20% 左右。SDS（Study Direct Stream）学生直入计划和 SPP（Student Partners Program）学生合作计划的学生签证都比普通学生签证更易获得。

加拿大政府继续为曾经歧视华人道歉。加拿大保守党政府重视加拿大华人社群关注的各项议题，如成立传统中医顾问议会等，以及积极解决移民申请积案，采取多项措施缩短各移民类别审批的等候时间，并增加移民安置服务拨款。2006 年 6 月 22 日，哈珀政府在上台之后兑现其选举承诺，在国会众议院正式就 "人头税" 问题向华人道歉。在该道歉发布 9 年以后，2015 年 6 月 22 日，哈珀从渥太华再发声明，重申当年 "人头税" 政策是 "极大的历史错误" 和 "极大的不公正"。2006 年，哈珀政府在宣布道歉之后，给当年健在的 "人头税" 受害人以及在世的配偶以极少的象征性补偿。9 年后的声明中，哈珀没有提到新的补偿，重申了他们就 "人头税" 政策所建立的社区历史认知项目，以财政支持的方式，帮助研究过去战时措施和限制移民的做法对文化和宗教团体的影响。哈珀希望这些措施能够帮助治愈陈年的旧伤。此外，卑诗省政府 2014 年正式就过去歧视华人政策的历史错误作出道歉，作为后续教育传承计划的一部分，省政府 2015 年 9 月 11 日正式向五年级和十年级学生推出全新历史教材，阐述早期华人先侨的贡献及遭遇的不平等待遇。

联邦大选首位大陆移民进国会。2015 年 10 月 19 日，加拿大开始了为期 37 天的联邦大选。在本届联邦大选中，加拿大全国共有 28 位华裔候选人，其中被四大主要政党提名的有 24 位，创下历史新高。28 位候选人中有 6 位在大选中胜出，当选率为 20.6%，其中自由党 3 人，保守党 2 人，新民主党 1 人。这 6 人为黄陈小萍、庄文浩、关慧贞、谭耕、陈家诺、陈圣源。加拿大总理特鲁多 2015 年 12 月 2 日发布政令，委任华裔国会议员陈家诺（Arnold Chan）为加拿大联邦议会副议长。关慧贞就职温哥华东区国会议员。首位来自中国大陆的华人第一代移民谭耕当选加拿大国会议员，开创了历史。谭耕 1963 年出生于中国湖南省，1998 年才以留学生身份进入多伦多大学攻读化学专业硕士和博士。通过积极参与社区活动，谭耕发现华人社区在政治领域缺少自己的声音。为华人社区和新移民服务的责任心、在中加两地的教育和职业背景、丰富的社区生活经验都是促成其当选的重要原因。

华人参政出现多方支持和联合 "抱团"。2015 年，华人参政不再只是个人的单打独斗，而是演变成了多方支持、联合 "抱团" 的集体行动。多家华人社团或组织，为了促进加拿大华人参政议政，积极宣传联邦大选，鼓励华人行使自己的选举权，提高华人投票率。加拿大中国工商联合会举办了 "为华人参政保驾护航" 新闻发布会，为了倡议华裔社区的人们积极参与政治，关注联邦大选议题，他们计划推行一系列的助选行动，帮助华人在政坛上发出自己的声音。加拿大新华人联合会将印制并发行 2 万册的宣传册，介绍加拿大三级政府选举，普及参政议政知识，并组织义工队伍和车辆接送选民参加联邦大选投票。此外，加拿大本地的多个社区还发起了加拿大 "华人参政论坛"，多位关心华人参政问题的人士举行多次聚会，就华人参政这一议题进行深入探讨。按照加拿大华人人口的比例，华裔国会议员应该至少有15个，但实际上却只有7位华裔国会议员，说明华裔参政还有很大的上升空间。借助华人"抱团"的力量，华人的政治影响力会越来越大。

加拿大华侨华人纪念世界反法西斯战争暨中国抗战胜利70周年。2015年是全世界反法西斯战争暨中国抗日战争胜利70周年，70年前，中国和加拿大携手抗击日本法西斯侵略。加拿大作为当时人口仅为1150万人的国家，就有110万人先后参加二战，42042人为此献出了宝贵生命。为支持中国战场，加拿大军队派出10万人次参与疏通滇缅公路，使之成为支援中国战场运量最大的国际通道；驼峰航线上，依然留有加拿大运输机穿越山巅的英姿。加拿大曾派兵2000多人前往香港参加抵抗日军侵略的香港保卫战。2015年，加拿大华侨华人纷纷隆重举办大型纪念活动。8月15日，温哥华侨社为纪念抗日战争胜利70周年，在华埠举行献花纪念仪式及千人聚会活动。8月13日，总计30多个当地侨团组织的代表在加拿大安大略省议会大楼内举行座谈会及文物史料图片展览等，纪念世界反法西斯战争暨中国抗战胜利70周年。活动组织者联名向联合国秘书长潘基文、美国总统奥巴马和日本首相安倍晋三发表公开信，督促安倍晋三及其所领导的政府正视历史，正视侵略史实，不再做伤害中国人民和亚洲人民感情的事情。10月3日，在多伦多举行《中国心·和平颂》大型演出，以期牢记历史、防止战争、捍卫和平。演出得到多伦多社会各界支持，集结了30多家华人艺术团体、600多位各族裔人士参与，其中包括不少港澳台地区华裔。12月13日，"南京大屠杀死难者国家公祭日"，加拿大华人社团联合举行公祭活动，祭奠在南京大屠杀以及在二战中被日军残忍杀害的中国军民，发表《和平宣言》，并举办图片文物史料展。

华人在加拿大投资房产。在加拿大买房置产的海外投资者不仅包括来自中国的买家，还包括来自印度等亚洲其他国家和欧洲的买家，中国买家实际上仅占很小的比例。在万锦市和士嘉堡这两个华裔移民聚居的地区，确实以华裔买家为主，但在其他较为多元化的地区，买家则拥有多元化的族裔背景，华裔买家所占的比例并不算多。中国买家对房价的影响力仅仅表现在奢侈市场，对于整个房地产市场价格的影响并没那么大。其他市场，中国大陆买家的参与率只有11%。来自中国的买家主导着温哥华火热的房地产市场中的奢侈市场部分。2014年，中国大陆买家占到该公司在温哥华300万加元以上高端地产交易量的70%。中国大陆买家财富的影响力正在不断下降。中国买家占2014年100万加元至300万加元房地产交易量的比例为21%，而在标价100万加元以下的房产交易量中仅占11%。过去十年，中国在温哥华投资的影响力对于价值100万加元以下的房屋影响不大。年轻的家庭被迫去更远的郊区寻找能负担得起的住宅，这也不应归咎于中国投资者。加拿大安全的环境，以及加元近期的汇率，都有利于海外买家，指责中国人抬高本地房价，是不合理的。

华人餐饮业转型升级，中式小吃受欢迎。超市业和餐馆业是加拿大华人的主要行业。加拿大丰泰集团拥有7家大型连锁超市，是多伦多规模最大的华人超市零售企业之一。目前，加拿大中餐馆的任职厨师多是30—40岁的人，年轻的后继人才越来越少。中餐要打入主流市场还有待时日，需要进行努力推广宣传才可能被更多族裔接受。此外，华埠的中产阶级化也在促使华人餐馆业转型。在近几十年中，一些国家的华埠已经衰落。那些最负盛名的"中国城"现在正屈服于中产阶级化。过度拆迁和商业化使华埠的特征渐渐消失。华埠租金、地税的上涨使得一些小中餐馆被淘汰出局，但是能够立住脚跟的中餐馆向高端迈进，餐饮业升级也将促进整个华埠服务行业的经营水平的提高。2015年的一个亮点是中国小吃抢滩海外大市场。在多伦多的多元美食中，中式小吃广受欢迎。港式早茶、上海城隍庙小吃、陕西肉夹馍、天津煎饼果子等中国各地小吃先后落脚多伦多，受到当地民众的欢迎。

华文媒体快速发展。海外华文媒体肩负着在居住国和祖籍国之间搭建桥梁、穿针引线的作用。关于"一带一路"建设及其他多重因素对华文媒体发展的推动作用，不少身居海外的华人感受到，中文的国际地位正在提升，这令华文媒体受到空前关注。越来越多的国际主流媒体开设中文网，推出中文新闻信息。在加拿大，由于大量华人人口聚居，中文已实际成为加拿大第一大非官方语言，大陆移民创办的华文媒体兴盛不衰。11月1日，由著名报人胡仙博士10年前创办的《加拿大商报》（原名《现代日报》）在多伦多庆祝其创刊10周年。2005年11月1日，以多伦多为基地的《现代日报》创刊，成为继《星岛日报》、《明报》和《世界日报》之后，加拿大第四份华文日报。目前该报已经发展成为拥有《加拿大商报》、《加拿大周刊》、《地产商报》、《701周刊》的加拿大传媒集团。该报附属于总部设在香港的环球商报传媒集团。

近年来，中南美洲华人数量增长很快，主要为大陆移民，多来自江门、潮汕和闽南地区这三大侨乡。中南美洲华人过去经营的行业主要有超市、中餐馆、杂货铺、洗衣店等。2015年，华人经营的领域不断扩大，发展到进出口贸易、房地产、现代化农场和制造业等，经济实力有了快速增长。

中美洲中资企业协会在哥斯达黎加成立。2011年中国与哥斯达黎加自贸协定正式生效，加之中美洲地区基础设施建设需求旺盛，这些都为中资企业在中美洲开展业务提供机遇。8月14日，中美洲中资企业协会（中美洲中企协）在哥斯达黎加首都圣何塞成立，这一交流平台可供中资企业分享经验、共享资源、维护权益，同时以集体声音更好地展现中资企业形象。中美洲中企协的成员涵盖在哥斯达黎加、尼加拉瓜、洪都拉斯、危地马拉和萨尔瓦多5个中美洲国家的中资国有企业、合资企业和民营企业。

洪都拉斯华侨华人大多来自广东。洪都拉斯位于中美洲北部，98%的华侨华人为广东人，主要来自广州白云区人和镇及番禺、台山市海宴镇。华侨华人主要集中在首都特古西加尔巴和北部城市圣佩德罗苏拉，多经营餐馆、杂货和超市等行业。华侨华人社会地位较高。旅居洪都拉斯的华侨华人数量虽然不多，但华侨华人在当地社会地位较高、影响较大，为开展相互交流和弘扬中华文化做了许多有益的工作。洪都拉斯华侨总会是当地最大侨团，于1943年成立，现有会员300多人，会馆在老城区中心地带拥有一座会所。洪都拉斯华裔协会主要由当地华裔二、三代组成，成员层次较高，有不少如前三军总司令熊伯洪等活跃于当地政坛的人物。

2015年为华人抵达哥斯达黎加160周年。1855年，第一批中国劳工从广东中山抵达哥太平洋海岸港口城市蓬塔雷纳斯，开始书写华人在哥斯达黎加的艰辛奋斗史。作为苦力的他们，在当地甚至没有名字，而是被编号“1、2、3、4、5……”。第二批抵哥华人，到达的是哥斯达黎加大西洋海岸港口城市利蒙。如今，哥斯达黎加华人已发展至第四代甚至第五代。160年来，金融、医疗、法律、餐饮、零售、进出口贸易、房地产和服务等各行各业均出现了华人的身影，甚至哥斯达黎加制宪委员会也曾有过华人委员。中国人在哥斯达黎加深深扎根，正以各种不同的方式为哥斯达黎加的发展贡献力量。20世纪90年代华人与华裔的人数曾多达6.3万人，2015年，哥斯达黎加有近5万名华人，约占哥总人口的1%，其中90%来自广东省。最新生物基因抽样研究结果显示，哥斯达黎加人口中约5.8%有着华人血统，远远超过先前所有的假设。2015年2月，哥斯达黎加立法大会曾首次举办活动庆祝中国年，以让更多当地人了解华人所做的贡献。11月18日，“丰饶海岸·汉语情”——中国政府援哥斯达黎加汉语教学项目汇报演出在圣何塞举行。援哥汉语教学项目自2014年2月实施以来，迄今累计培训学员220人次，目前在校学员156人。

巴拿马侨情。华人移居巴拿马有160年的历史，大部分祖籍广东江门、中山、广州、清远等地。早在19世纪50年代，巴拿马修建世界上第一条横贯美洲大陆和连接两洋的铁路以及修建巴拿马运河期间，就有2万名中国劳工漂洋过海从广东来到巴拿马。现在，巴拿马有人口380多万，迄今旅巴华侨华人有30多万，华人华侨在巴拿马人口中所占比例较高，改革开放以来许多中国人通过各种方式来到巴拿马，其中90%的华人华侨来自广东。他们在巴拿马主要从事超市、五金店、家电商店、杂货建筑材料和餐馆等。据统计，巴拿马全国有7000多家超市，其中90%由华人经营管理。现在，巴拿马华人华侨的生活比较富足，多数属于中产阶级。如今，第二、第三代华人在巴拿马土生土长，他们接受当地教育，熟悉巴拿马文化传统，开始进入金融界、房地产、高校和政府部门任职，有的担任政府部长、法官、移民局长等。近年来，巴拿马大规模回顾巴拿马运河开凿血泪历史，以及与美国长期抗争的历史，同时也采取措施弥补以往华人贡献被刻意淡化的问题。8 月 7 日，巴拿马首都市长布兰顿公开代表执政的“巴拿马人党”，对70 年前华人所遭受的歧视进行道歉。1941 年该党创始人阿努尔福·阿里亚斯总统以“种族净化”为由，严格限制华人入境，并下令非巴拿马人无权拥有任何产业。长期以来，巴拿马政府对70 年前施加于华人的歧视性待遇未曾采取任何弥补措施，更只字不提巴拿马铁路每根铆钉都等同一名牺牲华人的墓碑。

南美侨情

中国人大规模移居南美始于19世纪初，以"卖猪仔"的方式进入南美，沦为苦力，从事开矿、修筑铁路、种茶种棉等艰苦的工作，主要集中在秘鲁、巴西等国家。在人口规模上，据学者统计，截至2014年，南美洲华侨华人总规模约有82万，其中秘鲁10万，巴西25万，阿根廷10万，委内瑞拉20万，圭亚那7000人，苏里南4万，厄瓜多尔7万，玻利维亚1万，巴拉圭1万，智利1.5万，乌拉圭和法属圭亚那共约有7500人。

2015年5月18日—26日，中国国务院总理李克强应邀访问巴西联邦共和国总统、哥伦比亚共和国、秘鲁共和国、智利共和国南美四国，中国与南美国家的经贸合作与人文交流得到进一步拓展和深化。华人社团通过开展捐款赈灾、救济贫民等社会慈善活动，深入了解并积极融入当地社会，赢得当地民众的尊重。华人参政取得新进展，阿根廷出现了首位华裔议员。为纪念中国抗日战争暨世界反法西斯战争胜利70周年，南美各国侨界举办多种形式的纪念活动。随着华侨华人经济实力的提高与中国影响力的增强，中国文化也在潜移默化地影响着侨居国社会，"汉语热"的出现及传统节日在南美各国逐渐受追捧即是重要表现形式。

中拉经贸合作与人文交流成效显著

最近十多年来，中拉的经贸往来发展迅猛。据联合国拉美经济委员会统计，2000年—2013年，中拉贸易额增加了22倍。今后十年，中拉贸易额将从2014年的2636亿美元增加到5000亿美元，中国对拉美的直接投资将从2014年的累计近1000亿美元增加到2500亿美元。与此同时，中拉之间的文化交往也在持续深入。中国与拉美虽相距万里，文化迥异，但都具有包容性、多元化和多源性特点。2015年1月26日，智利华商联合总会与智利国家首都科技大学（UTEM）签署了长期合作协议，旨在加强智中两国的科技文化交流，共同推动中国科技和文化在智利的传播，加深两国人民的友谊，为中国科技产品进入智利和南美市场搭建平台，为两国的科学技术人员提供专业培训和交流服务。

迄今为止，中国已同拉美地区21个建交国中的19个国家签有文化交流与合作协定，与11个国家签有年度文化交流执行计划，并据此在文化艺术、广播影视、体育、教育和旅游等领域开展了广泛深入的双边文化交流。

受经济危机影响，华商经营面临挑战

巴西是全球第七大经济体、南美最大经济体，拥有丰富的自然资源和较强的工业基础，截至2014年，中国对巴西累计投资额超过200亿美元，在巴西投资的中国企业超过200家，连续6年成为巴西最大贸易伙伴；2014年中巴贸易额达866亿美元，是2000年的23倍。近年来，巴西经济持续低迷，货币雷亚尔不断贬值，给已经在巴西投资，或形成生产、销售、研发、贸易的中资企业带来了前所未有的压力，中资企业经营面临暂时困难。但巴西拥有3700亿美元外汇储备，外债规模不高，对外支付能力良好，同时巴西金融业健康稳定，从长远来看，中巴经贸合作未来潜力很大，中资企业家仍看好巴西中长期投资机会。

位于智利首都圣地亚哥中央火车站的金龙商城于2014年建造完毕。2015年以来，智利逐步进入经济危机，贸易市场萧条，销售额直线下降，而金龙商城影响更为严重，90%的商户每天营业额都难以支付工人工资和昂贵的租金费用，部分商户因亏本而选择放弃初始交付金龙商城的5万美金权利金直接弃店关门，其他继续留在商城经营的76家商户，曾向管理层口头提出申请，希望减租以渡经济难关，管理层经商议后也口头回复了商户们的申请并称，从3月起每月按照原来不同等值的租金减租。可到了3月份管理方并没有履行承诺，而是依旧维持原价。商城华商们对管理层的背信弃义十分愤怒，因此集体罢工闭店停业，抗议该商城从开业以来，欺负华商不懂语言，不了解当地行业常规而乱收物业管理费，以及金龙商场管理层戏谑华商削减房租的口头承诺。

在阿根廷居住着超过10万的中国人。据阿根廷内政部和移民局统计，华人移民是目前阿根廷最大的非南美共同体边境国的外籍移民团体。80%的华人移民生活在首都布宜诺斯艾利斯，其中多数人主要居住在贝尔格拉诺区（Belgrano）和弗洛雷斯区（Flores）。

超市是阿根廷华人经济的支柱产业。据估计，在阿根廷首都平均每两个半街区就会有一家华人超市。这些超市依靠全家庭的人员来运转工作，这些家庭成员几乎每天都在同一个地方工作近12个小时。在阿根廷北部的圣地亚哥省省会圣地亚哥市，有超过12家华人超市在当地营业。华人超市分布越来越广。目前，在当地只剩下2到3家本地人开设的超市，能和华人超市进行较量竞争的只有中大型连锁超市。

在马德普拉塔市，自2003年第一家华人超市开业至2015年，华人超市已多达120家，遍布全市各个角落。据华人超市商会负责人介绍，当地华人超市行业间有不成文的规定，两家超市之间的距离不得小于五条街。一般来讲，每家超市主要是家庭经营，还会请一到两个当地人帮忙。

尽管华人超市在阿根廷发展迅速，但受阿根廷国内经济影响，华人超市的销售量近两年呈现下降趋势。2014年底统计的数字表明，华人超市一年的销售业绩竟然下跌了超过8%。华人超市的销售量在3月份再度下跌13%。除阿根廷国内整体经济以及内需普遍下降之外，市场竞争也是一大因素。其中，Carrefour Express和DIA%超市是主要的两大竞争对手，二者合计起来的店面已经将近900家，主要都分布在首都和大布宜诺地区，也是华人超市主要的竞争对手。连锁小超市的扩展，逼迫愈来愈多华人超市往内陆迁移，到竞争较小的地方去。受阿根廷政府护价协议的影响，更多消费者愿意到连锁超市购物，因而导致华人超市店面转让的现象变得更加频繁。

华人参政有新进展，华人社会地位有所提高

由于文化及语言的原因，拉美地区的华人参政并不容易。据学者研究，在拉美地区，第一代中国移民基本没有参政的，即使第二代也是从基层官员起步，到了第三代，参政的人数多了，职务也提升了。不过，进入政界高层的主要集中在苏里南、秘鲁、巴拿马，如担任总统、总理、外长等。近年来随着中国移民的大量涌入及华人经济实力的增强，华人参政意识逐渐增强，不同的国家参政程度又不一样。

在巴西，华裔威廉巫是华人参政的代表人物。1998年，威廉巫首次竞选圣保罗州议员，2000年，威廉巫在广大华侨华人的支持下，成功当选为圣保罗市议员，四年后又获得连任。在2006年10月1日举行的巴西大选中，威廉巫高票当选联邦众议员。尽管华裔威廉巫在巴西政坛上有了一定的影响力，近几年也出现了第一位华裔女议员李少玉，但总的来看，华人参政之路还很漫长。在2010年巴西国家总统、国会议员、州议员选举中，华裔威廉巫再次竞选国会议员，此外，还有两位华人候选人，分别是竞选巴西国会众议员的华人徐万星、竞选圣保罗州议员的华人简金辉，尽管有两岸华社与广大华侨华人的大力支持，但终因支持票数不足，三位候选人均未能如愿当选。幸运的是，经过多年努力，在2014年竞选中，威廉巫以绿党排名第4的身份候补巴西国会议员。2015年2月进入巴西众议院入职国会议员。威廉巫深得圣保罗侨胞的支持与爱护，他表示，在自己4年的任期内将在治安、教育、就业、健保这4个方面有所倾重，多提议案。

华人在阿根廷属少数族裔，主要以经商为主，参政意识相对薄弱。但随着华人经济实力的增强，一部分有经济实力、受过良好教育的年轻华人开始进入阿根廷政府部门工作。2015年，第一位华裔议员的出现更是改变了阿根廷华人参政的历史。在2015年阿根廷布宜诺斯艾利斯市大选中，阿根廷国家方案党获得竞选成功。国家方案党推选华裔袁建平为布市议员候选人，袁建平从而成为阿根廷政治历史上首位华裔议员。

苏里南位于南美洲北部，华人移居苏里南已有超过160年的历史，目前在苏华侨华人数量超过4万，约占全国人口的十分之一。2014年4月，苏政府将中国农历新年确定为全国永久性公共节假日，这在美洲地区尚属首次，实现了几代旅苏侨胞的夙愿。2015年春节期间，苏里南华侨华人举办了盛大的庆祝活动，包括一场300多桌、2000多人共同参与的春节午宴。举办庙会是另一种重要的庆祝方式，这也是苏里南第一次举办中国庙会。中国驻苏里南大使馆和苏里南十几个侨团积极参与，将中国小吃和极具中国特色的商品呈现给苏里南人民。逛庙会的人群中有其他不同肤色的人，他们对富有中华文化特色的饰品非常感兴趣，摊位上的中国结、鞭炮挂件和书法作品大受追捧。庙会期间，当地华侨华人还带来精彩的文艺表演。

巴西多家侨团换届，新的华人社团不断建立

巴西是南美最大的国家，巴西华侨华人90%分布在圣保罗。据学者分析，巴西华侨华人社团大多以地缘性、业缘性社团为主，血缘性社团较少。目前，在巴西经常活动的社团有60多个，在巴西侨网上，可看到其中38个较活跃、影响较大的社团的资料，按其活动范围，可以粗略分为综合性社团、商业社团、同乡会、联谊会、青年组织、妇女社团、慈善社团、文化社团、中医药学社团和政治社团（主要是和平统一促进会）。最活跃的华人社团主要有巴西华人协会、巴西广东同乡会、巴西青田同乡总会、巴西华人文化交流协会等。另外，台湾侨民中也存在着不少社团，基本包括在上述主要类型中。

2015年，巴西多家华人社团进行换届。例如，巴西中资企业协会自2014年成立以来，截至2015年已有会员63家，包括绝大多数主流在巴中资企业。经选举，中国银行巴西子行当选新一任会长单位，中国银行巴西子行副行长张广华当选新任会长。国家电网巴西公司、中海油等多家企业单位当选副会长，中国贸促会巴西代表处承担协会秘书处工作。

巴西青年联合会以团结巴华青年，促进共同发展为宗旨。自2009年成立以来，举行了一系列文化活动，其中“水立方杯”海外华裔青少年中文歌曲大赛活动，成功举办了数届，已成为青年会的品牌项目，为弘扬中国文化和增进中巴两国人民友谊做出了贡献。经选举，周海军担任第三届青年会会长。

此外，巴西中国浙江商会于2015年11月举办第三届理监事就职典礼，叶新锋被推选为新一届浙商会会长。巴西冀鲁同乡总会于1996年成立，是当地成立较早的华人社团之一。2015年11月举办第九届理监事就职典礼，王学鹏出任新任会长。

巴西华人社团主要分布在圣保罗、里约热内卢等华人聚居的城市，分布相对集中。随着华人数量的增多，其他地区也开始成立华人社团。2015年4月5日，海西飞华侨华人协会正式宣布成立，卢功荣被推选为协会第一届会长。协会以“自重、自律、自强”为口号，致力于提高华侨华人的地位，推动侨团间的和谐，表示将通过积极参与举办慈善活动以回馈巴西社会，同时积极努力为侨服务，推动建设和谐侨社，促进中巴人民的友谊与经贸合作。

在智利，除已有的智京中华会馆、智利中国和平统一促进会、智利华商联合总会、智利福建总商会、智利北京海外联合会等多个华人社团外，2015年5月30日，智利广州总商会在圣地亚哥成立，智利侨界知名人士何国强担任广州总商会首任会长。

华文教育被纳入基础教育体系，“汉语热”升温

阿根廷华人很多忙于经营超市，无暇看护孩子。他们的普遍做法是把孩子送回中国交给祖父母看管。有的小孩从小学时期开始回到阿根廷读书，有的则是在高中时期返回阿根廷。此前阿根廷并没有全日制中西双语学校，大部分侨胞只能忍受离别之苦，把孩子从三四岁就送回国内上学，小部分侨民把孩子送到学费相当昂贵的英西双语学校学习，周末再送孩子到华文补习学校学习中文。然而，阿根廷当地的文化差异和全然不同的教育体系，长时间与父母分开加上适应与父母在一起的生活，都会导致许多家庭矛盾的出现。

2014 年，在中国与阿根廷两国有关部门的推动下，全球第一所中西双语公立全日制小学在布宜诺斯艾利斯市正式建立，将基础教育和语言学习同步推进。该校同时招收中国孩子和阿根廷孩子，中国孩子多来自当地中国移民家庭。学校创立一年来，随着注册人数的增加和师资力量的完善，基本能保证上午半天教授阿根廷教育部规定的学前和小学课程，下午用中文教授中国教育部规定的授课内容。

2014 年 7 月，习近平主席对阿根廷进行国事访问时，把中阿关系提升到全面战略伙伴关系的高度，这次访问进一步提高了阿根廷人对中国的兴趣，也提升了当地人学习中文的热情。据阿根廷中国文化协会的统计，2015 年注册学习汉语的人数，比 2014 年至少增加了 30% 以上。布宜诺斯艾利斯大学语言中心介绍，汉语学习人数由 2014 年的 700 人增加到 2015 年的 1000 多人。语言中心主任罗贝尔多解释说："中国文化的影响力越来越大了，更多的人想要了解中国；与中国做生产的企业越来越多了，更多的企业需要汉语人才。"汉语学生呈现年轻化趋势。5 年前，汉语学生主要以 35—45 岁人群为主，到 2015 年，18—30 岁之间的学生占将近一半。这是因为，年轻人特别是学习经济和贸易专业的大学生，发现学习汉语对自己的职业前景很重要，他们可以到与中国做生意的阿根廷企业工作，也可以到在阿根廷投资的中资企业工作。阿根廷安德烈斯大学经济学教授布萨斯说："中国正在迅速发展为一个全球主要经济体，与中国的贸易、投资和其他合作，都将提供大量的优质就业机会。掌握了汉语，就能在职业竞争中领先一步。"

纪念世界反法西斯战争胜利 70 周年成为侨界重要主题活动

在中国人民抗日战争和世界反法西斯战争中，海外侨胞与祖国人民团结一心，共赴国难，积极宣传抗战，慷慨捐钱捐物，在海外掀起了抗日救国的热潮，还有不少侨胞毅然回国投身抗日战场，或在侨居国直接加入反法西斯战争。2015 年是中国人民抗日战争暨世界反法西斯战争胜利 70 周年，世界各地纷纷举办纪念活动。在南美洲，巴西、阿根廷、智利等国也举办了多种形式的纪念活动。

在巴西，中国人民抗日战争暨世界反法西斯战争胜利 70 周年纪念大会于 8 月 22 日在里约热内卢巴西纪念二战遇难者国家博物馆举行。活动由巴西里约中国和平统一促进会和巴西军事奖章协会共同主办，这是巴西华侨华人社团首次和巴西军方联合举办社会活动。中国驻里约热内卢总领事宋扬、巴西里约中国和平统一促进会主席陈雄彬、巴西军方代表马尔西奥将军一同向在二战中牺牲的巴西烈士敬献花圈。会上，宋扬表示，巴西作为反法西斯阵营的成员，是南美洲唯一派兵参战的国家。中国和巴西同是世界反法西斯战胜国，又同是新兴发展大国，中国人民愿与巴西人民一起，继续为维护世界和平事业而做出贡献。

为了纪念海外侨胞为祖国抗战和世界反法西斯战争胜利，缅怀爱国华侨和抗战先烈的光辉业绩，圣保罗亚洲文化中心、海西飞华侨华人协会联合主办《华侨与抗日战争》图片展，共展出 80 幅照片，记录了世界各地的华侨华人在抗战期间艰苦奋斗、排除万难支援祖国的事迹。

在阿根廷，中国驻阿使馆官员及 100 多位阿根廷侨界代表齐聚首都中国城侨联中文学校，以演讲、书法秀和烛光祈福的方式，纪念中国人民抗日战争暨世界反法西斯战争胜利 70 周年。来自阿根廷侨联中文学校、富兰克林中文学校、新太阳中英西三语学校以及汉阿文化协会、拉普拉塔国立大学孔子学院的代表进行了《和平就是幸福》、《缅怀先烈，祈望和平》等主题的演讲，而阿根廷华人书法爱好者现场挥毫泼墨，写就"前事不忘，后事之师"、"勿忘国耻，警钟长鸣"等字幅。

智利侨界在智利智京中华会馆举行了纪念中国抗日战争胜利 70 周年座谈会。座谈会由智利中国和平统一促进会主办，旅智各侨团负责人出席。智利中国和平统一促进会及各侨团负责人和代表踊跃发言，追忆历史，缅怀先烈，同时呼吁旅智侨胞继承抗战精神，团结一心，为实现中华民族伟大复兴的中国梦做出积极贡献。

在加勒比地区的特立尼达和多巴哥，目前有 5000 多名华人华侨，还有上万名临时身份的华人，他们在这里主要从事餐饮业、超市和杂货店等生意。特多虽与中国远隔万水千山，历史渊源却相当深厚。早在1806年，来自澳门和广东的第一批华工90余人踏上了这片土地，他们在这里辛勤耕耘，与当地人结婚生子，深深融入主流社会。2015年8月16日，由特立尼达和多巴哥中国和平统一促进会举办的特多侨界中国人民抗日战争和世界反法西斯战争胜利70周年纪念会在首都西班牙港举行。特多各侨团侨领、特多主要媒体负责人和友好人士近100人出席。特多中国和平统一促进会、特多中华总会会长萧容庆在发言中说，忘记历史意味着背叛，否认罪责意味着重犯。一切罔顾侵略历史的态度，一切美化侵略战争行为的言论，都是对人类和平和正义的危害，特多广大华侨华人要提高警惕，坚决反对任何企图篡改和否定二战成果的行径，自觉维护团结，为中国和平统一大业不断付出自觉的努力。特多台山同乡会会长黄伟明表示，在纪念抗战胜利和反法西斯战争胜利70周年之际，海外侨胞要更加关心和支持祖国的经济建设和发展，更加主动融入当地社会，遵纪守法、互帮互助、推进中特友好合作深入发展。

治安问题突出，侨团积极服务华社安全

治安问题非南美地区独有，但在南美的阿根廷、智利、巴西等国家却特别突出。

近年来，阿根廷华人超市发展迅速，许多中小型超级市场几乎全是华人的天下，再加上文化语言方面隔阂，阿根廷社会对华人超市缺乏应有的认同感。由于阿根廷商业银行美元资产曾出现巨额亏空，整个银行体系一度濒于破产，华人习惯于将钱存在家中或超市。与此同时，阿根廷治安不断恶化，敲诈、绑架、武装抢劫事件时有发生，特别是针对亚洲人的抢劫、偷盗比率更是极高。2015年8月16日晚，在阿根廷罗萨里奥市西区就发生了一起华人超市抢劫案，超市钱财被洗劫一空。几个月后，当地时间12月16日，在布宜诺斯艾利斯市区一家咖啡馆门口，两位华人青年遭枪击，一人当场身亡，一人重伤。当地警方发言人称，事发时在场人员表示，两位华人男子并没有遭到抢劫，而是直接遇袭。

针对华人的暴力事件不只发生在阿根廷。2015年以来，智利社会治安问题越来越严重，特别是针对华人的偷盗、抢劫事件几乎每天都在发生，作案手法从持枪恐吓抢劫到直接暴力抢劫，其形势越来越严峻。据智利华商安全委员筹备会调查数据显示，2015年年初截至7月26日，智利总共有137名侨胞被抢过，涉及被抢金额竟高达4.04多亿比索，其中约50%的侨胞因语言以及对当地带队警方办案能力缺乏信任等原因，案发后，没有报案登记。

目前旅居巴西的华侨华人绝大部分都生活在圣保罗。他们大多从事贸易，经营着规模不等的商品生意，这其中又以小企业者为主。在华人商铺集中的圣保罗地区，由于贫富差距大、社会治安差，华人被抢、入室盗窃等案件屡有发生。例如，圣保罗时间5月10日，一位华侨从25街的银行里出来时遭到匪徒的抢劫，由于该侨胞没有及时把现金交给匪徒，遭匪徒枪击受伤，后又有两位侨胞遭遇匪徒抢劫；11月10日，一位中国浙江籍21岁女孩在圣保罗州圣母城一家旅馆遭抢并遇害。因此，社会治安状况已经对华人的正常生活带来了一定的困扰甚至安全隐患。为了加强华侨华人社会安全工作，2015年11月，巴西华人协会、圣保罗华助中心联合召开全侨安全工作会议。提出如下计划：一是加强与军警和民警部门的沟通。近期将举办与军警单位和圣保罗第一分局警察负责人的见面会。二是建立华人安全联络员机制。在华人生活和经营的聚集区，派华人代表参加到由圣保罗政府设立的警民联合治安委员会之中。三是加快安全社会网络的建设。以各社团负责人带领社团骨干，各社团骨干再带动热心华人，形成圣保罗安全社会网络，以全侨整体的力量，帮扶救助，推动安全工作的进行。四是进一步充实华助中心法律援助组的人员，以讲座等多种形式开展维权工作。五是继续办好面向新侨的葡语培训课程。六是建好华助中心微信平台，努力传播安全信息提示，增强侨胞们的自我安全防范意识和能力。

华社积极回馈当地社会

海外华侨华人在侨居国生活创业，不能游离于当地社会之外，而要积极融入当地社会。海外华人社团注重维护侨胞权益，鼓励并带领侨胞积极融入当地社会，为华侨华人树立良好形象。无论是支持华人参政、开展慈善活动，还是促进中外文化交流，华人社团都发挥着主导作用。

华人社团注重回馈当地社会，积极开展捐款赈灾、救济贫民等社会慈善活动，赢得了侨居国民众的尊重。2015年7月，委内瑞拉Apure省Guaduarito市发生多年罕见的严重水灾，受灾人数达3.5万人，许多房屋倒塌，有的灾民无家可归，连吃饭、饮水都成问题。该省中华会馆商会筹集了一批物资，救援灾区。

在巴西里约热内卢，华人社团用另一种方式回馈当地社会。巴西贫富差距显著，开展慈善活动、慰问当地贫民是巴西华社了解、融入以及回馈当地社会的有效形式。拉莫斯区属于里约北城贫民窟的一部分，共有4万余居民。2015年12月，巴西中国浙江总商会在此举行了一场“圣诞节无饥饿”慈善活动。在巴西中国浙江总商会会长叶新锋的带领下，侨胞们带来五百份食品，每一份都足够一家人吃用一周。同时，侨胞们还现场捐款，向当地社区献出自己的心意。当地群众给予侨胞们的义举以热烈回应。他们用巴西柔术表演，用乐器，用音乐，来表达发自内心的感激之情。早在11月初，巴西米纳斯吉拉斯州发生水坝崩塌事故后，巴西中国浙江总商会就紧急为灾区民众采购救援物资，惠及数百灾民。当地政府官员表示，巴西中国浙江总商会送来的物资是唯一一份外国社团提供的救援物资，这让他们对巴西华侨华人倍感亲切，并发自内心感恩。

总的来看，在南美各国，华人仍属少数族裔，人口规模及族群影响力还不够强大，华人参政力量相对薄弱。受侨居国经济危机影响，巴西中资企业经营面临暂时困难，但对中长期投资仍充满信心。阿根廷华人超市发展迅速，不仅受到经济危机的冲击，还面对着来自阿根廷本地大型连锁超市带来的竞争压力。

对南美地区而言，持续增长的中国移民终将对当地社会文化、经济、政治领域产生深刻影响。南美很多国家曾为西班牙、葡萄牙殖民地，宗教气氛非常浓厚。同时，由于包含了不同的移民族群，其社会文化融合了欧洲文化、美洲印第安土著文化、非洲黑人文化以及来自东亚的东方文化，具有多样化和包容性，因此，就现有资料来看，有关华侨华人与当地民众文化冲突的内容较少，但社会治安较差成为困扰当地华侨华人的一大难题。

欧洲侨情（上）

2015 年，对于中欧关系来说可谓是“全面开花”的一年，在中欧愈发紧密的同时，在欧华人的联通作用也愈发凸显，外界对于欧洲华人的关注度也与日俱增。中欧纪念反法西斯战争胜利 70 周年，少不了华人身影；“一带一路”联通欧亚，欧洲华侨华人积极参与；随之而来，在融入欧洲主流、更新华人群体形象方面，这一年也取得了不少突破。英国首位华裔国会议员诞生，欧洲主流影像看待华人群体的视角日趋客观和全面……然而一些矛盾和争议依然不可避免，比如留欧中国学生代购影响学业、华人进出口企业转型升级迫在眉睫、遭受恐怖袭击后法国华人旅游业进入寒冬等。本部分重点概述英国、法国、德国、荷兰等国 2015 年的侨情。

回首二战胜利 70 周年，欧洲华侨贡献良多。 2015 年是世界反法西斯战争胜利 70 周年。70 年前，旅欧华侨华人对欧洲战场贡献良多；70 年后，令人铭记历史的纪念活动形式多样、历时长久。如国务院侨办和中央电视台联合摄制了《血脉长城——华侨华人与抗日战争》，这是首部全景展现华侨华人支持祖国抗战的专题纪录片，讲述欧洲侨胞捐款捐物支援抗战、舍身报国参战杀敌等一颗颗赤子之心的故事；又如由《欧洲时报》、中央电视台华人频道等共同主办的“老兵手印”系列活动，在海峡两岸、欧亚两洲寻访 70 位二战老兵，记录参战故事和人生境遇，留取“老兵手印”；巴黎《欧洲时报》文化中心举行《北平记忆——一个法国医生在中国的峥嵘岁月》图片展，讲述贝熙业在中国抗战的感人故事；再如伦敦华人爱乐合唱团首次在英国《黄河大合唱》、法国华界在巴黎凯旋门办纪念活动……在众多纪念活动影响下，华侨华人在 70 年前为世界反法西斯战争胜利所做的贡献不再被封存。

欧洲置业移民热潮升温，投资庄园地产和农业地产成为新趋势。 2015 年，与部分移民国家关停或移民门槛提高相反，欧洲置业移民项目厚积薄发，尤其是葡萄牙、希腊等国家纷纷调整移民政策，出台更为宽松的投资移民新政，放宽了各种限制，吸引了众多感兴趣的投资者，欧洲置业移民项目热潮席卷中外。经过几年发展，欧洲置业移民在 2015 年出现了新型的投资移民方式——投资欧洲庄园地产和农业地产，并成为欧洲投资移民的新趋势。欧盟地中海国家塞浦路斯率先推出了创新型投资移民产品——投资欧洲庄园获取欧盟护照。只要在塞浦路斯投资 250 万欧元即可拥有一大片庄园，并获取欧盟护照。此方式得到越来越多国家的响应。2015 年年底，葡萄牙也推出了欧洲农业地产项目，这种有钱在中国也买不到的土地投资品种，成为移民欧洲、解决家庭财富传承、畅享田园生活方式的极佳项目，一面世就受到了中国投资者的追捧。

“一带一路”联通欧亚，旅欧华侨华人积极参与。 当今世界多极化和经济全球化深入发展，以中国等为代表的发展中国家力量上升，国际格局出现转折性变化。中国提出的“一带一路”战略构想正受到世界关注。联通欧亚的这一构想，为发展的中国和复苏的欧洲提供了千载难逢的合作契机，2015 年中欧“一带一路”合作进一步升级。与英国、法国、德国等西方中等强国的关系是中国大国关系的重要组成部分。中国提出的全球伙伴关系思想与这些国家希望与中国发展务实合作关系、搭中国发展“顺风车”的想法不谋而合。华侨华人在“一带一路”建设中所起到的作用不可或缺，他们是“一带一路”的传播者、实践者、受益者。沿线华人的区位优势更明显，本就是中国企业在这些沿线国家的合作者。很多华商均表示，“一带一路”激发了沿线侨胞参与祖（籍）国和住在国建设的激情。“一带一路”将引领中国与世界各国青年在创业创新的道路上共同前进，呼吁各国华人从文化视角关注“一带一路”，传播和推广“丝路文化”。

欧洲华人餐饮转型各有招：不再“单枪匹马”。2015年12月，“世界中国烹饪联合会”正式更名为“世界中餐业联合会”，进一步推动中餐国际化发展战略，推动中餐走向世界。据不完全统计，目前海外华人餐馆超过40万家，在欧洲更是“遍地开花”。不过，欧洲多数华人餐馆为家庭作坊式的传统经营模式，“单枪匹马”呈碎片化发展。在当前经济持续低迷、市场趋向饱和、竞争压力加剧的背景下，联合华人餐饮企业，以联盟的方式进行统一的协调管理，将有助于增强华人餐馆的抗风险能力，提高中餐业的整体水平。据欧洲当地媒体报道，荷兰华人企业家集团近日开始正式运营工作，目前已有40多家大型中餐快餐企业加盟。在荷兰企业家集团的成立仪式上，公司董事会成员表示，集团的成立，意在促进欧洲华人餐饮从碎片化的个体经营模式向组织化、规模化发展，帮助欧洲华人餐饮业实现抱团取暖，共享优势资源。而在此之前，法国也已成立法国亚洲餐饮联合总会，致力于在当地提升亚洲餐饮业的形象，帮助从业者提高从业素质，改进菜品质量，提升竞争力。此外，华人餐饮不只做中餐，还可以通过自我改良，“混搭”他国餐饮特色。近年来，欧洲华人餐饮业正逐步摆脱单一发展模式，实现多元化延伸，形成自己的发展特色；通过提升档次、打造品牌，很多新开业的欧洲中餐馆都选在了较为繁华的地段，以菜品和服务质量取胜，重质量、重服务是欧洲华人餐饮业发展的重心所在。据英国媒体调查，在经济形势不佳的情况下依然经营良好的风味餐厅，都是有几十年历史的老餐馆。由法国《欧洲时报》社与《中国东方美食杂志》社合作出版的、以“探索天下食风、彰显亚洲美食、引领食尚文化、共促中餐繁荣”为宗旨的欧洲首份亚洲餐饮专业杂志《食尚亚洲》也于12月正式创刊发行，为中餐发扬光大助力。

欧洲华人融入当地社会遇阻，刻板印象亟待改善。据多家媒体报道，在法国、英国、西班牙等国发生了多名华人在当地租房困难的遭遇，这表明海外华人融入当地社会生活时所面临的问题和挑战是一个亟须解决的难题。据报道，两位华人租客都在看房过程中遇到了房东发现华人身份后找借口不愿出租的情况，只能无奈地继续找房。尽管租房难这种现象有一定原因，一方面房东在金融危机后经常收不到房租，风险防范意识有所提高；另一方面，文化、语言这方面的障碍还比较大，他们更喜欢租给本地人。由于语言障碍和文化差异是海外华人面对的主要问题，特别是由于第一代华侨华人的主要精力都用在发展事业上，在融入社会方面没有作什么努力，造成了一定的隔膜，这种隔膜现在也并未消除。这仅仅是海外华人融入当地社会的过程中遇到阻碍的一个缩影。据报道，英国华二代往往大多不谙中文，对中华传统及文化也知之甚少，尽管自小在纯英式文化的染缸中长大，举止谈吐与英国人无异，但仍有很多侨二代在非华裔圈子内被“另眼相看”，甚至遭受歧视。华二代面临的困扰，从侧面反映出移民在国外生活完全剥离其祖籍国的文化是不可能的，肤色总是会被当作最直接的文化标签。意大利媒体发表文章称，华二代在认同中国传统道德观的同时，更加尊崇西方社会的价值观和处世哲学。在东西方文化不断碰撞中，华二代不仅能够积极地面对西方社会，而且还能够用正面的西方文化感染、影响华人社会。富有激情，锐意进取，华二代个人事业的发展也正改变着华人经济的现有模式，在华二代身上很难看到“灰色经济”的影子，因此华人二代青年将会逐步主导华人经济的发展趋势，成为社会经济发展的主力军。

华人在西方社会领跑异族通婚，文化差异挡不住新风潮。早期华人移民通常不通所在国语言，依靠偷渡或劳工形式在底层社会摸爬滚打。同文化和同家族的血缘地缘情谊能够绑定华人，让他们安然存在于某一封闭社区（唐人街的前身）。另外，少数族裔争取平等权益战后才蓬勃兴起。比如直到1967年，跨族婚姻在美国16个州还是非法的。许多国家的“排华法案”一直持续到20世纪中期。华人堪称异族通婚的领跑者。英国去年公布的数据显示，2001年之后的十年里，华裔社群选择跨种族关系的比例从25%增至31%，比例仅次于在英国的加勒比族群。在越来越多的华人跨族群通婚事例中，能够发现两个有趣的现象：一是华人女性外嫁的比例要远远高于华人男性外娶。在美国，包括华裔在内的亚裔新婚女性中有 1/3 以上是跨族婚姻，但只有 1/6 的新婚亚裔男性是与其他族裔的女性结婚。二是华人与其他种族（尤其是白人）组成的家庭，通常拥有很高的家庭年收入。这或许是因为能接受跨族婚姻的人不会是典型的保守派，通常意味着较高的学历和开阔的眼界，再加上如今移民的华人拥有较高社会经济基础，华人和其他族群通婚因此可以看作是“强强联合”。华裔跨族婚姻一定会遭遇文化摩擦，跨国婚姻更可能发生文化碰撞。一边是浸淫数千年的儒家文化，一边是崇尚自由的盎格鲁—撒克逊后裔，他们在家庭观念、宗教认知、政治观点、饮食习惯上等差异明显。跨族婚姻的发展尚不充分，族裔之间的文化冲突目前还难以弥合，跨族婚姻难以终身的数量因此并不少见。但最终，爱情中的幸福感能够胜过差异性。

华人影像在欧洲兴起，还原真实华人形象。2015 年以来，海外华人题材影像兴起，欧洲多国传媒机构推出多部展现华人正面或全面形象的艺术作品。比如英国曼大团队打造的纪录片《英籍华人》，关注华人身份认同问题；马德里大区移民局推出的《马德里新一代华人企业家》，让西班牙社会了解旅西华商；西班牙二台《奔走中国》纪录片，展现华人海外生活实境；意大利出版第一本关于华人移民的漫画，生动形象地描述了一部华人家族奋斗史；BBC 拍摄纪录片《我们的孩子够强吗》，展现了当英国学生遇上中式教育碰撞出的“火花”；中国央视“感动中国”拟将华侨华人群体列为特别致敬的对象……华人影像向欧洲民众更为真实、直观地展现了华人群体的发展实景。随着华人群体的壮大，对于与住在国社会融合的诉求越来越强烈，真实的影像可以让世界认识到，所谓的“中国式侵入”并非充满了负面欺诈和投机取巧，而是给当地社会带来活力、实现共赢发展的一种动力。

法国华侨华人事业领域狭窄，中法合作前景广阔。法国统计局 2009 年的数据显示，法国华人数量在 80 万—100 万人之间，其中 30 多万人聚居于大巴黎地区，形成了几处相当有规模的唐人街：巴黎 13 区、美丽城和龙城唐人街。华人在巴黎乃至整个法国的事业领域都很窄，温州人大多数是做服装、鞋帽之类，留学生毕业的大多数从事文化、旅游相关的工作，真正到大企业上班的留学生也不多。加上法国的工资在西欧的几个国家中偏低，如果只是普通留学毕业，在当地找工作的前景并不理想。根据法国高等教育署的统计数据，2015 年法国政府接收了约 5 万名中国留学生，这一数字到 2020 年有望达到 8 万人，其中 60% 以上为攻读硕士和博士的学生。同时，有超过 8000 名的法国学生在中国高等院校学习。中法两国扩大经贸合作拥有扎实的基础和广阔的未来：第一，两国政治关系友好，拥有很好的合作基础；第二，两国都是对方最主要的贸易伙伴之一；第三，近年来中国对法国的投资增长迅速，中国对法投资规模以每年 20%—30% 的速度在增长，越来越多的中企在法国投资；第四，中法之间经贸合作有优势互补性：中国有资金和市场资源优势，法国则有技术和品牌优势。

周日营业上路，旅法华商遂“夙愿”。法国政府 9 月 24 日发布政令，《马克隆法》涉及的巴黎 12 个国际旅游区（ZTI）有关条款正式生效。有关条款的核心内容是国际旅游区内商家可夜间和周日营业。巴黎华人日常生活主要购物地点——“13 区唐人街”地段幸列其中。周日停止营业在法国由来已久，该传统始于 1906 年。当时在工会施加的“保护劳工权益”压力下，同时出于教徒周日做礼拜的习俗，政府被迫出台法律规定周日为休息日。但 13 区的华人商圈一直保持着东方式营业传统，直至 2011 年 4 月，法国劳动监察部门突然下发“限期改过”通知。经过多年争取，在“马克隆法”将周日营业纳入后，法国华社纷纷表示与自己的呼声相契合。法国经济部长马克隆也对华商寄予厚望，认为法国华商应抓住经济改革的机遇，利用开放周日营业的政策，推动国际旅游区建设。

恐怖袭击影响法国华人生活，赴法旅游遭遇退团潮。11 月 13 日发生的巴黎恐怖袭击，导致 130 多人遇难，让不少身在法国的中国人萌生了回国之意。不过，恐惧过后冷静下来，真正买好机票回国的，大多还是早有回国计划的旅居客——只是将计划提前了而已。大多数的中国留学生和在欧中国人群体，在惊恐过后，依然选择了如常好好上学，好好工作。巴黎引以为豪的象征之一是咖啡馆文化，“对于恐怖分子而言，他们已经成功了，因为巴黎市民再也不能像以往一样悠闲地晒太阳喝咖啡了”，正因如此，“选择留在法国的人，选择的是一种生活方式；选择回国的人，选择的是安全感。”不过，在遭受了恐怖袭击的打击后，法国旅游业却迎来了一个刺骨的寒冬。法新社报道引述旅游界的统计显示，巴黎恐袭后，中国游客减少了30%，日本和美国游客更是大减80%。中国旅游局驻巴黎办事处主任薛桂凤认为，恐袭发生后，中国游客已经报名交钱只等启程而最终取消行程的就有8000多人，那些观望和在筹划中的则根本无法统计。华人旅游业界希望以实际行动恢复国人对巴黎的信心。法国华人旅游协会发动导游、商家等向各自的联系单位发起宣传，增强大家安全的信心。全法华人旅行社协会也推出措施，与法国的奢侈品商家联合推出优惠措施吸引中国游客。

英11名华人参选创纪录，华裔入国会改写历史。5月8日，31岁的中国香港第二代移民麦大粒（Alan Mak）改写了英国华人参政的历史。代表保守党在哈文特（Havant）选区参选的香港第二代移民麦大粒成功取得23159票，票数超过五成，比上届保守党赢得之票数上升超过0.6%，超前第二位的英国独立党近1.4万张票。麦大粒的胜出，将成为英国历史上首名华裔下议院议员。这是英国华人社区的一个历史性时刻，也是一个非常重大的转折点。华人定居英国的历史已有200多年，但他们的参政之路走得甚为坎坷，一直被看作“沉默的大多数”。近年来，华人在英国经济、政治领域的地位正变得越来越重要，各政党都开始重视与华裔群体的联系。与此同时，作为增长最快的少数族裔，英国华人在大选上也变得十分重要。2006年，华人律师李贞驹组织筹建英国第一个政治相关华人社团“华人参政计划”；2009年诞生第一位华人市长——伦敦红桥市市长陈德梁；2010年，8名华裔候选人参选国会议员，虽然最后均以落败告终；2015年，11位华裔候选人角逐国会议员，参选人数创下历史新高的同时，还获得了实质性突破，大大提升了华人社区对选举的关注程度。

误学业，旅欧中国留学生现“代购潮”。近年代购风潮一轮又一轮，而有关留学生代购而引发的一些消极事件也频出。据报道，海外中国留学生退学率高达25%，其中成绩差、违规、违法是主因。在欧洲，一些中国留学生因做代购频繁缺课，导致被取消签证。甚至已经有留学生因沉溺于“海外代购”生意，频繁“带货”回中国而被中断入境资格。10月29日，德媒报道了中国驻德大使史明德有关“一些在德留学生不好好学习，天天买奶粉做代购”的表态引起广泛关注。史明德说，一些留学生做代购被德国警方以从事与自己身份不符的活动为由驱逐出境，坦言很伤心。留学生利用代购赚取一定生活费减轻压力也算是一种“生财之道”，但为此花费大量的时间与精力，以致学业受到影响，则从长远发展来看，可能是“丢了西瓜，捡了芝麻”。随着近期中国不断下调关税幅度以及电商平台大举进入海淘行业，未来留学生“代购党”们将何去何从仍是未知数。

英国警方推中文服务热线“施援手”。英格兰西北部的兰开夏郡警方采取行动，帮助那些受到种族歧视甚至攻击的华人。当地有大约6000华人，他们面临的主要问题是“骚扰”和“一些不起眼的事件”。BBC英伦网5月15日报道，警方表示，不少华人受到侵害后，没有报案。警方因此启动针对当地华人社区的服务热线。兰开夏郡（Lancashire）警察劳拉·罗勒（Laura Lawler）说，开外卖店的和留学生是最易受到伤害的人群，很多当地华人也不太明白什么是“种族仇视犯罪”。这一服务热线每天10:00—20:00服务，由经过专门训练的华人志愿者服务，咨询者可以用中文直接报告和交流。

中文国际班在法国增速明显。作为第14个加入外语国际班行列的中文国际班，经过短短7年的发展，已经在法国众多外语国际班中跃居第三位，仅次于英国英语和美国英语。截止到2015年11月，中文国际班总数已达40个，其中35个分布在法国境内的10个学区，涉及13所小学、13所初中和9所高中，另有5个设置在北京和上海的法国国际学校，共有学生近2000人。11月2日—3日，由法国国民教育部首次举办的中文国际班教师研讨会在巴黎的法国国际教育研究中心举行。全法各学区的38名中国国家汉办公派汉语教师（其中包含2名来自留尼汪学区的教师代表）受邀参加。外语国际班是法国教育体系当中特有的强化专门外语语种教学的正规课程设置，报名学生须通过考试，择优录取。2008 年，法国国民教育部与中国教育部合作设立中文国际班项目，由中国国家汉办派出汉语教师，教授各个水平的汉语语言文学课，且首次使用中文教授数学。课程包括各个水平的中国语言文学课，旨在培养汉语精英，使学生拥有深入的中国语言和文化知识。

法国华人进出口企业转型升级迫在眉睫。法国华侨华人企业在经历了 20 多年的大发展后，随着世界经济的低迷，华商发展也进入缓慢期，一些强势的行业开始走下坡路，转型升级已成瓶颈。华商企业最早的转型就是由最初的“三把刀”（菜刀、剪刀、皮具刀）向进出口生意的转变。老一辈移民受条件限制，在海外很多是从餐馆做起，一部分是从服装加工和皮具加工开始，特别是 20 世纪 80 年代以后的新移民，开始了产业多元化的尝试。从 20 世纪 90 年代到 21 世纪最初的几年，华商的进出口生意一直处在旺盛的发展阶段，为华人事业的发展带来了根本性的改变。除了单纯地进行进出口贸易以外，有些自主设计的华人品牌和产品的加工也转移到国内，使这个阵容看起来日益庞大。华商企业不仅仅给当地经济带来繁荣，同时也催生了国内很多市场，特别是小商品市场的繁荣，像义乌的小商品市场、金华的皮革市场、广东东莞的鞋业市场等。但是华人进出口企业存在着先天性的不足，如同质化严重，这些先天性不足随着市场的发展和环境的改变被逐渐放大严重制约着华人企业的发展。加上外部市场的变化，新的市场难以形成，旧的市场难以为继，造成了华商批发业的逐渐衰落。巴黎北郊华人商圈仓库发生火灾之后，华商圈灾后反思的结果是：不仅是火的风险，更是华商转型的不成功。发展了这么多年，我们的华商还是在走老路。因此，华商还需积极探索新出路，加强全球战略布局、跨界发展、电商等是方向，传统产业内部的创意和创新也值得鼓励。

法国首家华人全频道电视台启动试播。由中谊传媒创办的、命名为“法国华人卫视（Mandarin TV）”的法国首家开播的华人全频道电视台 11 月 2 日晚在巴黎中国文化中心举行试播启动仪式。法国华人卫视通过法国运营商 FREE 公司机顶盒平台播出中法双语节目，代码是 freebox517，是一个 24 小时综合性服务频道。台方拟开办新闻、专题、纪录片、电影、电视剧、读报、旅游等栏目，报道华社、中国、法国以及国际新闻，为旅法华侨华人和中资企业提供资讯服务，并向法国观众介绍中国发展情况，传播中国文化。成立于 2010 年的中谊传媒经过长时间筹备和申请，于 2014 年 12 月获法国政府最高视听委员会颁发的开办 24 小时电视台许可证。此前，中谊传媒已在电视传播领域进行了有效的探索与合作，旗下两档电视栏目《华人天地》和《明日中国》分别在浙江电视台国际频道和法国明日电视台（Demain TV）播出。

英国部分地区华人参与种植大麻。2015 年陆续有当地警方发现华人私下种植大麻的报道：在格拉斯哥市郊 Ruthergler 一处中国夫妇租住的阁楼顶层，屋内安装了功率强大的制热设备用于种植大麻，警方在那儿搜获了上百株大麻；警方在 Carrickmore 发现一家大麻工厂，据悉该工厂与华裔黑帮团伙有关联；警方在 Tyrone 的农村地区也发现了类似的大麻制造设备，早前在 Pomeroy 的 Loughbracken 路区域，警方也发现了另一家大型大麻工厂，其中大麻价值约有 174000 英镑；北威尔士一个小镇上一间供货仓库改建的大麻工厂，被警方捣毁时，里面种了 11276 株大麻，20 名华人涉案被捉，据说这是英国警方捣毁的最大大麻工厂；3 名华人因在北爱尔兰首府贝尔法斯特经营一家大麻种植厂被判处总共 6 年半监禁，等等。英国警方的数据称，一年缴获的大麻达 100 多万株，大批量在英国种植大麻的历史很短，20 年前由土耳其人开始，东欧的罗马尼亚、保加利亚、越南人先后经营过。3 年前福建华人逐步控制了生产环节。据悉英国每年消费大麻数亿英镑，主要来源是从南美走私进口。2007 年后政府打击黑工，福建人工作难寻，开始铤而走险种植大麻，也有原籍是越南的华人从事这种非法工作。警方每年抓获几百个种大麻的，四分之三是华人（个别不是中国籍），几乎全是非法居留的偷渡客，以及个别的伪留学生和少数上当受骗者。

英国留学打假行动牵连广，逾万海外学生“失学又伤财”。英国政府在 2014 年—2015 年集中打击假留学行动导致 12000 多名留学生失去在英国高等院校学习的资格，不仅导致这些留学生没了学校上学，还收不回已上交的部分学费，绝大部分人陷入了两难境地。根据规定，英国高等院校必须持有 Tier 4 担保执照才能从欧洲经济区（European Economic Area）之外招收 Tier 4 移民计分制下的国际学生。如果内政部有理由确信校方无法再承担保荐责任，那么内政部有义务对其即刻采取行动。英国全国学生联合会（NUS）声称，受冲击的留学生至少有 12000 人。NUS 对近 290 名失去留学资格的学生所作调查显示，无人得到校方退还学费。调查还显示近七成学生没有再申请其他学校，主要原因是财务考虑。内政部网站信息说明，学生应该与相关院校的相关部门直接商讨此类事宜；如果学生认为自己可能成为诈骗行动的受害者，则应该报警或寻求法律帮助。但是警察一般建议学校、中介和留学生协商解决，由于诉讼时间长，留学生通常耗不起。如果想要留在英国，要不就是重新找新学校继续读 ACCA，或者申请 PHD 或 MBA；想要找学校重新接纳并非易事，很多学校都不愿冒风险来接收一个从被取缔的学校转学而来的学生。如果在 60 天内找不到学校接纳，就只能回中国从长计议。

旅奥华侨华人探索开辟中奥友好交流新渠道。2015 年，奥地利华人华侨在传承中华传统文化方面做出了很多努力，华人华侨在融入主流社会上也有了新突破。2 月 15 日，由奥地利华人妇女联合会和奥地利中国学生学者联谊会联合主办的奥地利华侨华人留学生新春晚会在维也纳举行，维也纳市政府官员、中国驻奥使馆外交官、旅奥华侨华人、留学生等 800 多人参加。奥地利官方数次为华人庆祝春节。意味着华人得到奥国人的认可，华人的民族包容性强。倪铁平成为奥政府首位华人经济顾问，系旅奥华人乃至整个德语区华人中首位获此殊荣的人，为奥地利华人融入主流社会、积极参政议政开启了序幕。“经济顾问”的荣誉称号具有十足的含金量，根据奥地利联邦宪法第 65 条第二款规定：对于为奥地利经济发展做出杰出贡献的人员，总统将授予“经济顾问”荣誉称号予以褒奖。倪铁平任会长的奥中国际贸易促进会是一支积极融入奥国主流社会的精英队伍，他们既接受以奥地利为代表的西方文化，又保留自身的中国传统文化，为奥地利和中国开启了友好交流的渠道。11 月 3 日，为表彰在奥中友好关系中做出突出贡献的华人鲁家贤教授，奥中友协决定授予其“奥中关系杰出贡献奖”。同时，詹伟平先生荣任奥中友协副主席。

旅德中国学者获奖学金资助人数激增。德国洪堡基金会每年向数百名具有博士学位的优秀外国学者提供奖学金，资助他们在德国进行科学研究工作。根据洪堡基金会的统计，2014 年，亚洲共有 5313 名受过洪堡基金会各项资助的学者，其中中国学者 1433 名，总人数位列日本之后，印度之前，居第二位。自 1979 年以来，共 2042 名中国科学家和学者获资助，世界排名在美国和日本之后，列第三。1953 年建立的洪堡基金会从 1979 年才开始资助中国学者，一开始，获资助的只有 6 名中国人。从这个角度看，来自中国的“洪堡学者”人数能到现在的水平，实在速度惊人。统计还显示，中国受洪堡奖学金资助的研究人员学科分布为，自然科学类占 67%，工程类学科占 27%，人文社科占 6%。洪堡基金会为纪念德国自然科学家亚历山大·封·洪堡于 1860 年在柏林建立，在国际上享有崇高学术声誉。从 1953 年开起，洪堡基金会开始向 40 岁以下的外国科学家提供奖学金，迄今已有 1 万多名青年学者获得该奖学金。

匈牙利形成华人投资移民群体。匈牙利实行优惠的国债投资移民项目 2015 年继续升温，吸引众多中国家庭移民匈牙利，形成匈牙利的华人新移民群体，新移民约 5000 人。2015 年 12 月 18 日，为了这一新移民群体能尽快融合进匈牙利侨界、融入到当地社会并建立互帮互助机制，新移民公益团决定成立“匈牙利华人移民互助协会”。协会宗旨是更好地为新、老移民提供信息、资源的共享和对接服务，共同为树立旅匈华侨、华人良好形象而努力。10 月 26 日，匈牙利侨界在布达佩斯举行大型活动，庆祝匈牙利颁布中医立法细则。在匈牙利中医药学会会长于福年和理事会全体同仁与匈牙利医学界人士十多年共同促进下，匈牙利中医立法细则的颁布，使匈牙利成为第一个在法律上承认中医和中医行医资格的欧洲国家。

欧洲侨情（下）

近年来，随着中国综合国力不断增强，国际地位显著提升，为中国与南欧、东欧各国关系全面发展奠定了坚实基础。2015 年是中意建交 45 周年，中国将作为最大的投资国和建馆方参加米兰世博会；2015 年中国与希腊开展了中希文化年，两国关系面临新的发展机遇；中国与其他国家的关系不断加强，为双边经济社会发展做出了新的贡献。居住在南欧、东欧的华人华侨一直以来对维护祖国统一、推动融入当地社会、支持家乡建设以及推动中欧关系发展都做出了重要贡献。本部分重点概括意大利、西班牙、波兰、捷克等国 2015 年的侨情。

一、南欧、东欧华人动态

中国新年已为越来越多的欧洲人所熟知。品中餐，学中文，在唐人街看中国舞蹈，正逐渐成为中国春节在欧洲各国的“新常态”。对于中国及海外的华人而言，2015 年还有一个重要的节点即中国抗日战争暨世界反法西斯战争胜利 70 周年，无论是中国还是世界各地的华社都举办了纪念活动。

意大利华媒提出海外华人庆春节应量力而行。意大利欧联通讯社 25 日发表评论文章指出，海外华人过春节不应拘泥于俗套的传统，应把欢乐愉悦作为主题，让春节多一些文化色彩、民族色彩。举办春节活动更应量力而行，切莫为奢华的宴请和活动大伤脑筋，把撑“面子”过节变成生活负担。为了庆祝春节，意大利华人每年都有举行年会、聚餐、组织文艺演出、舞龙舞狮的习惯。意大利华人春节聚餐每年从腊月开始，到正月十五结束。其间，华人企业请工人、请客户；华人家庭请亲友、请老乡；华人社团请会员、请同业。今天我请、明日尔宴，吃完张家吃李家。按理华人春节期间互请聚餐本是一件好事，大家可以通过聚餐联络一下乡谊，沟通一下感情。但是，通过多年经济危机的肆虐，在华人经济普遍不景气的情况下，连绵不断的春节“宴请”却又为华人家庭、企业、社团平添了一份无形的压力。通常意大利侨团组织春节活动，无论是慰问形式的文艺演出，还是侨团自己邀请国内文艺团体，一场文艺演出的经费一般最少需要 3 万欧元左右，舞龙舞狮也要 2 万多欧元。活动经费主要来源于侨领和华商赞助。春节搞活动，实力强的商家出些钱倒也痛快，一些勉强为继的商家虽不愿意出钱，为了“面子”也只好打肿脸充胖子。因此，海外华人过春节不应拘泥于俗套的传统，应把欢乐愉悦作为主题，让春节多一些文化色彩、民族色彩。欢乐吉祥才是春节文化的精髓，务实、节俭过春节有益于华人社会的长远发展。

希腊、意大利华人华侨侨团举办纪念反法西斯战争胜利 70 周年座谈会。6 月 26 日，希腊华人华侨侨团在雅典举办中国人民抗日战争暨世界反法西斯战争胜利 70 周年座谈会，希腊华侨华人总商会、希腊华侨华人总会、希腊华人华侨妇女联合总会、希腊中国和平统一促进会、希腊华人华侨联合总会、希腊华人旅游业联合会、希腊华人华侨福建联合总会、希腊青田同乡会、中希文化交流协会以及希腊华文媒体《中希时报》和雅典华文学校负责人等出席并发言。中国驻希腊使馆政务参赞肖业文等应邀出席。8 月 7 日，在意大利华侨华人贸易总会会址举行了罗马侨界纪念抗战胜利暨世界反法西斯战争胜利 70 周年座谈会。座谈会开始前，各位侨领一同观看了二战历史资料短片。座谈活动由罗马华侨华人联合总会会长张国权主持，意大利华侨华人贸易总会会长陈正溪、意大利上海联谊总会会长曹传豪、意大利青田同乡总会秘书长徐孟圣、欧洲华侨华人妇女联合总会主席、意大利——中国贸易发展促进会主席、意大利华商总会会长朱玉华、意大利罗马华侨华人妇女联谊会会长周秀英、意大利（中国）侨商会执行会长胡爱芬、意大利侨爱慈善协会秘书长陈贵沙、欧洲暨意大利衢州同乡总会会长宋福军、意大利华侨华人妇女企业联合会会长郑秀琴、意大利宋庆龄基金会主席金慧、意大利（中国）鞋业商会秘书长锁志源、意大利南部文成同乡总会秘书长黄荣军、罗马华侨华人联合总会执行会长陈和平、意大利南部瑞安同乡会执行会长阮立伟、意大利福建总商会副秘书长杨迪熙、意大利那不勒斯华侨华人工商总会执行会长林道芬依次发言，侨领们表示要继续发扬前辈侨领们爱国的优良传统，加强对侨后代的爱国主义教育，在维护祖国主权统一完整的原则基础上决不妥协，为共同的“中国梦”，为实现伟大的民族复兴贡献力量。

捷克华裔“万里走铁骑”，从南京至欧洲9国交换二战史料。6月10日，在中国南京大屠杀遇难同胞纪念馆，56岁的捷克华裔摩托车手胡忠旭接过史料，跨上摩托。在未来一个半月内，他将带着中国多地抗战馆史料，骑行万里，在欧洲9个国家的19家纪念馆及机构（包括纳粹四大集中营遗址）作二战史料交换，并将外国史料带回中国。胡忠旭这次行程万里的单人骑行路线，将从俄罗斯伏尔加格勒一路向西，经过库尔斯克、莫斯科、华沙、柏林、诺曼底等欧洲六大战场遗址，走过奥斯维辛、毛德豪森、达豪、布痕瓦尔德等纳粹四大集中营遗址。辛德勒、拉贝、辛德贝格、白求恩、魏特琳等国际义人的后人，是胡忠旭和随行团队此行的拜访对象。团队还将通过大使馆力争获得所到之处各国总统签名支持，征集当地民众签名等。身处海外30年的胡忠旭坦言，海外民众对中国战场对二战所做贡献不太了解，一些西方人听说中国抗战史后，甚至感到惊讶。这触发、促成他接受挑战任务的决心，胡忠旭认为他“有传递历史真相的责任”。

赴意留学人数渐增，语言及经济保障成签证“关卡”。意大利被誉为欧洲文化的摇篮，其艺术、设计、时尚类的教育在全世界范围内处于领先地位。近年来，意大利高等教育的优势也渐渐显现，越来越多的中国学生对意大利留学产生了浓厚兴趣，申请意大利高校就读的中国学生人数也出现了增长。据报道，意大利驻华使馆在2014年共发放签证约8300份，其中1500份是大学预注册签证，2600份为马可波罗计划及图兰朵计划签证，另外还有4000份是关于短期课程、博士学位、专业院校培训的签证。而去年，选择前去意大利学习的中国学生相较于2013年也增长了13%，意大利的大学及教育机构也开始注重对中国学生的遴选。从调查数据中发现，从2014年开始，就读于意大利高校艺术、音乐、舞蹈等专业的学生数量有了明显增加，艺术类课程受到中国学生追捧。中国学生申请意大利留学签证需注意两个关键因素。首先，学生的语言水平。语言对学生申请签证是至关重要的一项。使馆会对申请者的语言水平进行考核，以此为学生提供方向上的指导，如果学生语言水平达到一定标准，则可直接进入大学学习，否则必须通过马可波罗计划或者图兰朵计划，通过语言培训课程才能进入到大学学习。其次，经济条件的保障。意大利使馆同样也会对申请学生的经济水平进行一定的考核，这并不是为了刻意为难申请者，不会造成学生的障碍或者壁垒。学生应该对自己的经济状况有良好客观的评估，如经济条件不允许，可积极申请高校奖学金或助学金，避免到达意大利之后出现经济上的困难及窘境。

希腊无力招架难民潮，旅希华商共患难：伸援手送救济物资。欧盟边境管理机构frontex发布的报告显示，7月抵达希腊的难民约为5万人，而2014年全年抵达希腊难民总数仅为43500人。更令人头疼的是，每天仍有大批难民从土耳其坐船到达希腊柯斯岛（Kos）、希俄斯岛（Chios）和莱斯沃斯岛（Lesbos）等岛屿。大量难民的涌入，让债台高筑的希腊根本“无力招架”，难民潮规模已超过希腊国力所限，大批难民露宿街头，生活条件艰难，缺乏必要的饮用水、食物及衣服等。面对日趋严峻的形势，萨洛尼基华商自发组织当地华侨华人，通过提供援助物资向当地难民实施人道主义救援。8月26日，萨洛尼基地区华商代表夏海光、胡建、姜振安、谢立秋、戴丛冰及其女儿戴漪涵驱车赶往距萨洛尼基75公里以外的希腊与马其顿边境口岸——埃夫卓尼（EVZONI），将首批救援物资送到难民手中。此次活动发起人是夏海光、胡建。夏海光认为他们捐资的念头是看到难民生活条件艰难，特别是8月25日，当知道联合国难民署驻希腊办事处官员提倡希腊各界对过境难民进行捐助的消息后，马上采取了捐助行动。这些来自叙利亚、伊拉克等国的难民长途跋涉，饱尽颠沛流离之苦，作为华商有责任帮助他们。胡建表示虽然今年送来的救济物资不能解决所有难民的困难，但是在希腊的华商有信心把捐助工作继续做下去，相信下一次会有更多的华商参与捐助活动，让难民感受到更多的关爱。此次捐助物资全部由萨洛尼基10多家华人批发货行提供，物品包括约3000件衣服、500双鞋及面包、饼干等食品。

波兰中国城现专劫华人团伙，华社商讨安全对策。10月，在波兰华沙南郊Wolka Kosowska商业区一伙犯罪团伙针对当地华商进行疯狂抢劫和盗窃活动。犯罪团伙成员曾被警察拘捕，但因证据不足几日后就被释放，没有起到任何威慑作用却造成当地华商极度恐慌。据报道，10月15日下午，由波兰青田同乡会发起，GD华沙中国城、华人慈善基金会、波兰和平统一促进会、波兰妇女会、波兰青年联合会、波兰福建商会和波兰瑞安同乡会在GD华沙中国城办公室，共同商讨针对此事如何进一步保护当地华商的工作会议。最终决定，通过华文媒体向华商搜集华人犯罪团伙的犯罪证据，希望曾被抢劫或被盗的华商主动与以上华人社团进行联系，华人社团将会给予更多的帮助。GD华沙中国城负责人表示，可以为华商提供保护，如果在华商受到危险的时候可以打电话，GD华沙中国城将派保安前往进行保护。另外GD华沙中国城负责人还表示，也可以向当地警察局提出申请，希望如果警察局再抓到华人犯罪团伙成员不要轻易释放。

二、南欧、东欧侨团发展

罗马华侨华人青年会举行换届庆典大会。2月20日，罗马华侨华人青年会第二届会长团换届庆典大会在罗马喜来登大酒店举行，中国驻意使馆姚成参赞、中国侨联文化交流部副部长邢砚庄、意大利罗马市政府及民主党移民部部长Pacciotti应邀出席，参加庆典大会的还有各侨团侨领代表和青年会会长团成员200多人。换届大会由罗马华侨华人青年会秘书长李志恩主持，青年会首任会长蔡志友首先发表讲话，他总结了青年会过去3年里为华社所做的工作，他说，青年会于2012年成立开始就是一个团结奋斗，充满力量和信心的海外华人华侨青年社团，致力维护旅意华侨华人青年的合法利益，改善罗马华人贸易安全环境，以提高自身在意大利的经济社会地位。新任会长曾步峰表示，青年会是一个年轻的社团，旨在团结和联络旅意的各界华人青年，促进华人青年共同发展，以年轻人特有的活力和激情去维护旅意华人合法权益，提升华人在意大利的经济和社会地位，坚持以人为本、诚信做事的原则，爱国、团结、进步的根本方针，广泛开展与各有关组织的交往与合作，使其成为旅意华人青年文化交流的大学校，交友联谊的大家庭，以及施展才华的大舞台。

希腊华侨华人总会举行换届庆典，徐羽任新会长。5月18日，希腊华侨华人总会在雅典希尔顿饭店举行第3届换届庆典大会暨第三届会长团就职典礼。依据希腊华侨华人总会章程和民主选举原则，大会选举徐羽为会长，邹勇、詹淼、黄旭东、殷作雷、张显武等人当选为执行副会长和常务副会长。第一、第二届希腊华侨华人总会会长陈兵雷被推选为名誉会长。陈兵雷首先代表希腊华侨华人总会作述职报告。徐羽代表希腊华侨华人总会第3届会长团表示作为新任会长，一定不辜负大家的期望，将和新一届会长团一起努力团结广大侨胞，强化会务工作，严格执行总会章程，以维护侨胞权益，弘扬中华文化、支持祖国和平统一为己任，为促进海外华人社会和谐发展做出不懈的努力。雅典市政府代表普罗瓦达斯对华侨华人为当地经济社会发展所做出的贡献表示赞赏，对希腊华侨华人总会为增进希中友好、加强与政府间的交流所做出的成就表示肯定。希望希腊华侨华人总会进一步加强与政府间的交流合作，增进两国友好，为恢复希腊繁荣、推动希中经济发展做出更大贡献。

罗马华侨华人妇女联谊会举行换届庆典大会。6月13日，罗马华侨华人妇女联谊会在喜来登大酒店举行换届庆典大会，周秀英女士当选为新一届会长。据报道，中国驻意大利大使馆参赞姚成和领事部主任李帆，意大利各地侨社代表、罗马华侨华人妇女联谊会会长团成员等200余人参加庆典大会。庆典大会由秘书长龚小初主持，第五届会长康胜燕首先作会长团工作总结报告。她说，感谢中国驻意大使馆对罗马妇女会工作的支持，第五届妇女会在推动中意两国妇女间的交流与合作，帮助旅意华人妇女积极融入当地社会，提高在意华人妇女形象和地位以及维护妇女儿童权益等方面做出不少成绩。

希腊华侨华人妇女会举行换届庆典大会。6月28日，希腊华侨华人妇女会第五届会长团就职典礼在雅典举行。据报道，中国驻希腊使馆大使夫人宁懿参赞及领事部主任刘敬东、前希腊共和国公民保护部部长、希腊警局荣誉局长Eletherios Economou等当地政要应邀出席。来自希腊各界嘉宾约300人参加了此次活动。换届大会由常务副会长陈丽芬主持，上届会长陈爱琴首先做了工作总结报告。她说，希腊华侨华人妇女会自2009年成立以来，在传播中华文化、支持社会公益、争取妇女儿童合法权益等各项工作中均取得了可喜的成绩。新任会长陈雪艳在就职演说中表示，新一届希腊华侨华人妇女会的首要任务将致力于提高妇女儿童安全保护、普及法律知识、提升妇女自身文化素质、推进和谐家庭建设。同时妇女会将积极弘扬爱心慈善事业、推动中希两国妇女之间的交流与合作、帮助旅希华侨华人妇女积极融入当地社会并为提高在希华人妇女形象和地位做出有效的努力。

三、南欧、东欧华人融入

意大利举办多元文化交流活动，促进在意华人融入社会。主题为"'百面墙'三日之带你发现多元文化的普拉托"系列活动在意大利普拉托面料博物馆展开。该活动自2015年3月21日开启以来，受到托斯卡纳大区华侨华人和当地居民及中意两国官方机构的广泛关注和参与。活动由意大利普拉托孔普斯特剧场和普拉托面料博物馆联合举办，旨在拉近普拉托乃至意大利多民族人民之间的关系，帮助生活在意大利的国际移民特别是华人移民及华侨华人后裔，在今后的生活中能够更好地融入主流社会，创造更好的生活氛围。此系列活动包含"关爱女性健康座谈会"、多国侨民卡拉OK大奖赛、中国美食试吃会等。活动中，第一位到达普拉托的华人邓士沛老先生现场演绎了中国书法，并向嘉宾题赠书画；意大利华人音乐家协会青年女高音李蓓蓓倾情演唱了中国民歌《茉莉花》、意大利美声《我的太阳》等。来自当地中文学校和武术学校的师生表演了中国古典传统舞蹈、蒙古舞和拉丁舞以及中国功夫；意大利佛罗伦萨肚皮舞协会表演了富有北非摩洛哥风情的肚皮舞蹈，意大利非洲侨民服装设计师们为活动带来了非洲传统与当代色彩服装秀，塞内加尔侨民表演了当地风俗音乐和舞蹈。"普拉托百面墙"文化项目，通过一系列的摄影装置和视频，细细讲述了生活在普拉托的100对人物的人生故事，100张照片分别印刷在10000面旗帜上。作品在整座城市展出，传达着普拉托城市文化和社会包容的积极正面的信息。

华人与意大利主流社会的融入与互动。在意华人注重与主流社会的融入问题。早在2012年3月10日，意大利内政部正式颁布"移民融入协议"（Accordo di Integrazione），旨在要求并激励在意外国移民尽快掌握意大利语及意基本法规，已达到融入目的。意大利主流社会对移民融入问题的关注，也引起学者对这一问题的研究与探讨。罗马第一大学传播与社会研究系组织的"论旅意华人与意大利主流社会的融入与互动"研讨会7月14日在罗马第一大学举行，中国国际广播台意大利教育中心广播孔子课堂负责人纪元、意大利华人华侨贸易总会会长陈正溪、中欧律师事务所创始人董丽芳、意大利华人华侨参议委员会青年小组负责人杨迪熙、中华语言学校校长蒋忠华等侨界代表应邀出席，罗马一大政治、社会、传播学系副院长兼罗马一大传播与社会研究系社会心理学教授Bruno Mazzaara，più culture社团主席Amalia Ghisani等意大利社会学专家、媒体人、社会学研究者近百人参与了会议。华人围绕旅意华人语言、工作、文化融入、华人给意大利社会带来的影响等主题讨论，加深了意大利社会各界对旅意华人文化、心理、生活习惯等方面的认识与理解。

意大利主流媒体关注华二代跨文化属性身份。根据意大利内政部发布的数据，截至2014年，在意大利居住的华裔人口数量已经达到了32万，其中50%的人年龄不到30岁。随着年轻人在意大利华侨华人群体中比重的不断提高，他们身上体现出的跨文化属性也越来越受到意大利媒体的关注。意大利安莎社注意到，意大利的华裔二代们普遍拥有意大利语名字，他们偶尔会随家人一起去中国，不过在那里他们的身份更像是游客。意大利华裔二代普遍受到两种文化的熏陶，虽然他们当中的每个人都拥有不同的历史、性格以及人生目标，但他们身上存在着一个共同点，就是他们感知到的世界既不是纯西方的，也不是纯东方的。在意大利，华人群体总是显得很封闭。过去，华人在处于封闭状态是因为这一群体当时在意大利并不被完全接纳，而当下的华裔青年则很少表现得封闭，这首先得益于当地一些致力于中意交流的社团。与此同时，意大利的华裔青年仍需要面对许多难题，比如公民身份引发的入学及就业问题。对于意大利华裔二代而言，除了尚需解决的难题，身上带有的多重属性也将为他们带来许多机遇，这些机遇将体现在越来越频繁的中意经贸交流中。许多意大利华裔年轻人正在把他们特殊身份所造成的不利条件转化为有利条件。面对带有多重属性的身份（认为自己是意大利人或是中国人），这些年轻人会有不同的看法，但它带来的机遇总是更多的。在米兰、普拉多或是罗马，意大利华裔年轻人的数量正在不断增长，华人群体因此正在悄然发生着变化。据报道，首届意大利华裔二代首届全国大会于10月10日在罗马举行，大会由意大利华裔协会主办，20余位18岁至30岁的华裔青年从米兰、都灵、帕多瓦、博洛尼亚、佛罗伦萨、普拉多等市来到罗马参加。这些华裔二代普遍可以用流利的意大利语交流，而语言正是年轻意大利华人融入当地社会的“敲门砖”。对于意大利华裔二代来讲，良好的语言基础除了能使他们更好地融入当地社会，还使他们未来的发展之路变得更加宽广。

四、南欧、东欧华人经济

意大利四成个体手工业企业由移民掌控，其中1/3为华商。意大利商会和意大利商业联合会联合对现有企业注册登记情况进行了分析，分析结果显示，意大利境内40%的个体手工业企业由移民掌管，特别是服装类型的手工业企业。报道称，移民个体手工业企业中三分之一由华人掌控，其次是罗马尼亚移民和阿尔巴尼亚移民，华人个体手工业企业以制造业为主，罗马尼亚移民和阿尔巴尼亚移民以建筑业为主。此外，华人个体手工业企业中33.2%从事皮货加工，而从事金属制品加工的移民企业只占10%。在意移民企业的生产模式主要以家庭为主体，因此在经济危机时期很难得到银行的信贷支持，经济危机同样殃及移民企业。

欧洲华人旅游业联合总会召开年会，各国机构深耕华人市场。2月5日，第二届欧洲华人旅游业联合总会年会在迪士尼乐园纽约大酒店召开，欧洲旅游资源供应商交易会暨行业高峰论坛同期举行。据报道，来自法国、瑞士、奥地利、德国、意大利等国家的旅行社、旅游局、酒店等机构代表参加了大会。由欧洲16个国家，100多家华人旅行社组成的欧洲华人旅游业联合会，自成立以来在维护中国游客在欧洲的权益，加强旅游行业之间的协作，增进与所在国旅游机构的互动方面，做了很多卓有成效的工作。比如协会曾致函法国总统奥朗德，要求法国政府保障中国游客在法旅游的安全，马航MH370失联期间，协会曾致函马来西亚政府抗议其迟缓的营救行动，发布公开信协调欧洲地接和国内旅行社的关系，等等。2014年中国游客入住酒店人数增长迅速，大约占全年入住总数的5%。2015年有大幅提高。很多酒店已经配备了说中文的服务人员，和中国人习惯的热水壶等用具，有的酒店还可以提供中式早餐，欧洲各地大部分旅游景点增添了中文介绍，中文导游也在培训之中，大型商场几乎都安排了说中文的员工。欧洲华人旅游业联合总会是由全法华人旅行社协会、德国华人旅游联合会、奥地利华人旅游联合会、意大利华人旅游业协会、瑞士华人旅游业联合会、英国华人旅游业协会、希腊华人旅游业联合会经过数年筹备创建，2014年1月在法国巴黎宣告成立。该联合会由来自欧洲16个国家的百余家华人旅行社组成，是欧洲华人旅游界以旅行社为主体的最大行业组织。

四、南欧、东欧华人文教

罗马孟子中文学校庆新春，意中各界300余人出席。2月7日，罗马孟子中文学校在Guicciardini学校大礼堂举办了2015新春联欢会，中国驻意使馆领事部、罗马侨界、中意友好人士及部分学生及家长代表等300余人与会。Guicciardini学校副校长Alessandra Peleggi认为，Guicciardini 学校很荣幸能与孟子中文学校合作，在这里学习的中国学生，遵守学校的各种规章制度，他们的行为一定能够影响到学校里其他的孩子，让不同的文化能够融合在一起。学校会更加积极地策划推动一些新的活动，共同把这个有深刻意义的合作发展下去。会上，意大利侨爱基金会发起人胡爱芬女士为获得“侨爱教育”奖的同学们颁发了奖状及奖学金。随后，由学校的师生共同参与策划、表演的新春联欢会上，舞蹈《开门红》、《少女时代》，小品《三好学生争霸战》，表演唱《爱因为在心中》、《感恩的心》，芭蕾舞《春》，众人表演《十二生肖闹新春》，以及自我展示节目上中意两国小朋友的同台演出，乐器演奏、表演魔术、环保时装秀，三种不同的表演形式融入在一起，在由课本剧改编的小品《三个儿子》这个节目中，同学们用自己的方式向意中来宾展示了中国的孝文化。

欧洲汉语教学协会成立，将助力汉语推广文化交流。2 月 17 日，欧洲汉语教学协会在法国巴黎正式成立，并召开了欧洲汉语教学协会第一届理事会。来自法国、德国、英国、爱尔兰、荷兰、比利时、意大利、瑞士、西班牙、葡萄牙、塞浦路斯、匈牙利、芬兰等国的汉语教学界代表们共同商讨欧洲汉语教师培训等国际项目。法国教育部汉语总督学、巴黎东方语言文化学院博士生导师白乐桑当选欧洲汉语教学协会第一届常务理事会主席。欧洲汉语教学协会是以促进和提高欧洲汉语语言文化教学和交流为目的，为欧洲各国相关的汉语语言文化教学协会和个人提供互助，其宗旨是推动欧洲的汉语语言教学与文化教学研究。

萨拉热窝大学孔子学院揭牌，“瓦尔特们”可以学汉语了！中国西北师范大学和萨拉热窝大学合作创办的孔子学院 4 月 2 日在萨拉热窝揭牌，这是在波黑成立的第一所孔子学院。中国驻波黑大使董春风、萨拉热窝大学校长阿夫迪斯帕希奇和西北师范大学校长刘仲奎等出席揭牌仪式，并发表讲话。董春风在讲话中说，中国和波黑建交 20 周年之际，波黑第一所孔子学院成立，为波黑学生提供了学习汉语、了解中华文化的机会，有利于两国文化交流深入发展。阿夫迪斯帕希奇说，萨拉热窝大学孔子学院的成立，为中国和波黑搭建了一座加深相互了解的桥梁。萨拉热窝大学是波黑规模最大的高等院校，历史悠久，目前在校学生 2400 多人。按照计划，萨拉热窝大学孔子学院将于 9 月招收新生。

土耳其汉语俱乐部正式成立，将定期举办中文学习。土耳其汉语俱乐部成立仪式 4 月 6 日在首都安卡拉举行。中国驻土耳其大使郁红阳和夫人赵玫玫、安卡拉大学汉学系师生、中东技术大学孔子学院教师以及土耳其各界友好人士出席了俱乐部成立仪式。土耳其汉语俱乐部由安卡拉大学汉学系牵头组建，成员包括土耳其孔子学院和汉学系师生、在中国有过学习和生活经历的人士以及中国文化和汉语爱好者。俱乐部目前共有成员 40 余名，今后将定期举办汉语学习、中国电影、绘画和书法等文化交流活动。目前，土耳其在中东科技大学、伊斯坦布尔海峡大学和奥坎大学等 3 所高校中设有孔子学院，很多土耳其高中和民间教学机构也开设了汉语课程。近年来，随着中土两国关系的不断发展，汉语在土耳其的推广逐渐扩大，已经在全土耳其形成了一股“汉语热”。

俄罗斯、中亚侨情

2015 年，俄罗斯经济遭到了外部多方打击。一方面，西方国家持续多轮的经济制裁，导致俄罗斯大量资金外流，经济下行压力增加；另一方面，国际原油价格持续下探，导致主要依靠石油天然气出口创收的俄罗斯经济又一次滑向低谷。1 月—10 月，石油出口收入同比下降 43%，仅为 767 亿美元；进出口贸易额为 4481 亿美元，同比下降 34.4%。同时，俄国内经济情况也不乐观。1 月—10 月，俄联邦合并预算赤字 5897.74 亿卢布（约 87 亿美元）。2015 年全年，俄卢布相对美元贬值 24%，相对欧元贬值 14.6%。全年俄通货膨胀率为 12.9%，消费价格指数增长 12.7%。

2015 年塔吉克斯坦 GDP 为 484 亿多索莫尼（约合 71 亿美元），同比增长 6%；通货膨胀率为 5.1%；对外贸易额 43 亿多美元，较 2014 年减少了 18%；全年贸易逆差 25 亿多美元；截至 10 月初，塔吉克外债规模为 20.5 亿美元，占 GDP 的比重为 19.5%。2015 年吉尔吉斯斯坦是欧亚经济联盟中经济状况最佳的国家，国内生产总值为 4236 亿索姆（约合 66 亿美元），同比增长 3.5%；通货膨胀控制在 3.4% 的较低水平。2015 年上半年乌兹别克斯坦 GDP 同比增长 8.1%，在全球市场动荡和危机影响的背景下，保持了宏观经济的稳定和增长。2015 年前 7 个月，土库曼斯坦 GDP 增速保持在 8.7% 的水平，对外贸易额同比增长 19.5%。

一、俄罗斯、中亚移民政策的变化及特点

俄罗斯低迷的经济状况对移民政策产生了一定影响。为缓解因经济下滑导致的失业率上升、缓解国内就业压力，规范外国移民管理以及吸引更多优秀人才为社会经济复苏贡献才智，俄当局制定、修改了相关移民政策，主要体现在以下几方面。

提高外国劳务的工作门槛

俄政府对移民的管理以及对移民政策的制定和修改一直是国家战略管理的重要组成部分。从 2015 年 1 月 1 日起，除关税同盟和统一经济空间（白俄罗斯和哈萨克斯坦）国家以外，包括独联体国家在内的外国公民均需持国际护照进入俄罗斯境内。而且，除高级专家人才外，凡需办理工作特许权证、工作许可、暂住证及居住证的所有外国公民，均需参加并通过俄语、俄罗斯历史、俄罗斯法律三门考试。新政还规定，外国劳务在俄从事工作需交纳所得税，意在使外国公民承担一定社会义务，同时也可提升俄罗斯公民在劳动市场上的竞争力。

需通过俄语相关考试方能获得工作特许权证政策的出台，提高了外国劳务进入俄罗斯工作的门槛。这一政策对原独联体国家公民来说，并没有产生太大障碍，但对其他邻国的公民来说，确实是一种限制。由于俄罗斯幅员辽阔，很多地区需要根据本地特点来制定具体政策。如俄罗斯远东地区就很难落实这一新政。2015 年 2 月，俄远东地区总统特使、副总理尤里·特鲁特涅夫针对该政策发表意见，他认为俄语考试对于外国劳工来说难度太高。目前，在俄罗斯远东地区约有 4.6 万名中国人和韩国人在建筑领域工作，俄语考试对他们来说太难了。因此，他建议推迟考试时限或降低考试难度。梅德韦杰夫总理对此回应道，将在远东地区发展委员会会议上讨论此建议。为发展远东地区经济，首先要解决的一个难题就是劳动力供给问题。目前，当地的俄罗斯人数量远远无法满足该地区产业发展对劳动力的需求。因此，俄罗斯当局对中国、韩国等亚洲邻国公民放宽要求是一种现实的选择。

对外国劳务就业和居留期限管理更加严格

2015 年俄政府对外国劳务精准就业的管理

更加严格。6月29日，普京总统签署了针对《俄罗斯联邦外国公民法律地位》的行政法典修订案。新修订案第18条第10、15款规定，对未按工作许可或特许权证指定职业（专业、岗位、工作类型）从业的外国公民或无国籍人士、官员及法人雇主进行处罚，对公民处以2000—5000卢布的罚款，直至驱逐出境；对官员处以2.5—5万卢布的罚款；对法人处以25—80万卢布的罚款，或责令停业14—90天。此前，俄国家杜马在2014年4月15日也发布一项法令，自2015年6月1日起，持外国或国际驾驶证的人员将不得从事具有运营或劳务性质的交通工具驾驶工作。从事该工作的人员（包括外国人）必须持有俄罗斯国内驾驶证。这一修改有利于俄政府对外国公民在俄工作进行更加精细化的分类和更加规范化的管理。

除了对就业管理控制更加严格外，新政对外国公民在俄居留期限也进行了严格控制。2015年初，俄境内有300万名逾期滞留的外国公民，其在俄停留时间远超法律规定的90天居留期限，这些外国公民大部分来自独联体国家。此外，在俄境内有103万外国公民逾期滞留时长已超过360天，此类外国公民将受到10年内禁止入境的惩罚。

放宽对高层次专家人才的入籍限制

与限制劳务相反的是，俄政府对高层次专家人才的吸引力度不断加强。7月13日，俄罗斯劳动与社会保障部制定了外国高级专家人才职业清单，该清单列明了俄罗斯经济社会亟须的包括医生、护士、工程师、冶金专家、经济学带头人、建筑类专门人才等74大类职业（专业、岗位）的外国或无国籍高级专业人才。达到要求的高级专家人才可申请通过简化程序获得俄罗斯国籍。根据俄罗斯联邦《国籍法》第14条第2款，其自俄罗斯国籍申请书递交日起算，在俄罗斯从事清单中所列职业（专业、岗位）已满3年的外国人，可以申请通过简化程序取得俄罗斯公民身份，不再要求在俄罗斯连续工作5年，不需要通过俄语考试，审理期也缩短至6个月。

延续2015年对外国劳务的精细化分类与严格管理，2016年俄罗斯计划将缩减发放给外国公民的暂住许可证。2016年度俄政府计划发放给外国公民的暂住许可仅有12.59万份，较2015年缩减2.53万份。由政府支配的暂住许可配额根据地区政府的提议确定，这些提议将考虑各地区移民形势和经济状况，目的在于提高移民政策的效率。在社会经济领域，确定了2016年从事经营活动的实体雇用外国工人许可比例，其中，建筑领域雇佣外国工人的许可比例由2015年的50%提高到65%，体现了俄政府对社会急需领域移民政策进一步放宽；陆路客运和陆路货运领域的许可比例则由2015年的50%降至35%，其他领域的许可比例与2015年相同。

中亚国家移民政策

2015年，吉尔吉斯斯坦出台了移民新政。2015年3月，为加强对外国人在吉境内居留管理，吉总统签署了关于批准吉尔吉斯斯坦若干法令补充与修订案的第59号法案。该法案对吉尔吉斯斯坦《行政责任法》第511章进行了修订。根据新条款，对于外国公民或无国籍人士的如下行为将处以100个结算参数（目前为10000索姆）的行政罚款，具体包括：违反吉尔吉斯斯坦居留或过境规定，居留目的与入境申请不符，以无效证件居留，不遵守注册、迁移及选择住地的规定，居留时限到期后逃避出境等。根据吉尔吉斯斯坦《行政责任法》第511章，关于行政违法案件的调查，以及处以行政罚款等事项将由吉尔吉斯斯坦内务部门负责。

二、俄罗斯中国公民概况与特点

近年来，赴俄中国公民主要构成为劳务、经商、留学、旅游、公务，并以定期环流为主要生存方式，与欧美或东南亚国家的华侨华人生存方式略有差异。

自2010年开始，赴俄罗斯的中国公民人数呈不断上涨趋势，2013年突破100万人，达到107.15万人，并连续三年在100万人以上。2014年中国公民赴俄人数112.5万人，其中游客37.2万人，商务旅行约30万人。从游客数量上看，中国已超过德国，成为除独联体国家外，俄最大的远程游客来源国。此外，还有200多家中资企业、1.8万留学生和10多万华侨华人在俄学习、工作和生活。2015年1月—9月，共有1117017名中国公民入境俄罗斯，在入境外国公民人数中排名第六，比2014年同期增长

21%。2015年入境俄罗斯的中国公民除总体人数持续增长外，还呈现出以下特点，民间在俄投资有新形式，赴俄旅游人数增长迅速，中俄共庆反法西斯胜利70周年是民间友好的主题，留学生群体非常活跃，中国公民时有违法行为发生，使领馆对入俄中国公民的领事保护力度加大。

中国公民在俄投资形式有新突破

由于俄罗斯社会对中国人的态度逐渐平和，中国人在俄罗斯经济社会中开始逐渐活跃起来。最显著的表现是中国人在俄罗斯投资购房置业现象明显增加。2015年，由于俄罗斯经济、汇率等多种因素影响，中国人在莫斯科住宅市场的表现异常活跃，其中主要群体是国企驻俄公司的负责人或者是普通的私企老板。他们主要购买的是莫斯科周边地区较便宜的楼房，但对豪宅缺乏兴趣。俄罗斯法律未对购买人身份进行限制，在俄的外国公民和俄罗斯人一样有权购买房子，但法律也没有给外国公民任何额外的优惠。外国公民即使拥有自己的房子，也不会降低其获得工卡的难度，反而多了一些义务。如外国人买房与俄罗斯人一样，根据房子面积、质量和位置要付房价0.3%—2%的房地产税。但在出售房产时，外国人却要缴纳30%的税，拥有永久居留权的外国人除外。很多中国公民在没有详细了解当地法律的情况下，仅根据经济形势的判断便贸然投资，确是一种不稳健的经济行为，但也反映出一种新的现象，即中国人开始关注俄罗斯社会本身，并且有意愿去触碰曾经不敢尝试的投资领域，这也是在俄罗斯生活工作的中国人尝试融入主流社会并对俄罗斯社会树立信心的一种表现。

除了在房产领域具有活跃表现外，中国公民对远东农业领域的投资也迈出了一大步。2015年春，黑龙江陆上丝绸之路经济带的重要口岸东宁，以开发境外360万亩农田为契机，陆续有2万多名劳动者走出国门奔赴俄罗斯，占东宁县人口总数的10%，其中农民有1.8万人，工资收入将超过6亿元。东宁人以民营企业为主体、俄罗斯粮食回运加工为特色，在全国对俄农业合作中处于领先位置。尤其是华信集团创办的占地75万亩的农业经贸合作区，是“中俄两国农业合作新典范”；同时，华宇集团在滨海边疆区租赁了23万亩农田种植玉米、大豆等农作物，并向国家发改委、商务部提出申请，分别获得了进口玉米的配额和进口大豆的许可。2015年，华宇集团将把产自俄罗斯的1.44万吨玉米和8000吨大豆陆续运回东宁进行精深加工。据统计，2015年1月—3月，东宁口岸进口粮食18738.54吨、货值415万美元，是2014年全年该口岸进口粮数量的2.65倍、货值的2.66倍。

赴俄旅游人数增长迅速

2015年，俄罗斯吸引了大量中国游客入境游览。2015年1月—9月，赴俄中国旅游人数达583617人，在俄罗斯各国游客人数中排名第一，比上年同期增长63%（2014年1月—9月为358209人），比上年全年高出42.4%（2014年全年游客409817人）。其主要原因是卢布汇率暴跌，相对降低了旅游成本；中俄两国签署的团队旅游互免签证协议为旅客提供了往来便利；酒店住宿、旅游价格、名胜古迹门票及购买国际品牌商品的价格几乎比2014年同期便宜近两倍；加之俄罗斯的异域美景不输欧美，因此有大量中国游客赴俄游览。如按每位游客7天平均消费额1500美元计算，2015年前9个月，中国游客就为俄罗斯旅游市场创造了8.75亿美元的收入，相当于52.5亿元人民币。

中国赴俄旅游人数自2010年开始，连续6年呈增长趋势。俄罗斯旅游市场看到了中国游客巨大的消费潜力，从2014年开始针对中国游客推出符合中国人习惯的服务。目前，已有27个酒店加入到2014年“世界无国界”旅游协会发起创建的“友好中国”项目中，这些酒店可以为中国游客提供中文信息、中文刊物、中文版莫斯科地图和地铁线路图、免费WiFi、茶具、筷子以及中国传统餐饮等，更重要的是，“友好中国”项目注册的酒店可以接受中国银联卡付费。俄罗斯民间正在与中国人的不断磨合交往中，感受到了中国人强大消费能力给俄罗斯带来的巨大收益，开始逐渐削减对中国的抵触和怀疑情绪，转而示好中国。2015年，俄罗斯民众对中国的态度明显好于以往。俄“民意”基金会2015年5月6日公布民调显示，77%的俄罗斯人认为中国是俄的友好国家。近10年持此意见的受访者比例大幅增加，2006年这个比例只有48%。而对中俄友好持反对意见的人则从当年的30%下降到了现在的 9%。54% 的人认为，中国强大不会威胁俄罗斯利益。不仅俄罗斯民众看到了与中国交好的裨益，俄官方高层人士也公开表达了对中国的亲近之意。俄罗斯移民局官员公开表示，此前有关中国向俄罗斯进行大规模移民的威胁论是在玩弄权术，是蛊惑民众的行为。近年来，入境俄罗斯的中国人数量与德国人数量基本相当，并且在俄罗斯得到劳动许可的中国公民人数在持续下降。

当然，是否表达善意，完全取决于双方经济利益的博弈。一旦当经济利益触及土地和能源时，俄方便会出现各种反对声音。尤其对土地的担忧，是远东地区俄罗斯人始终放不开手脚与中方合作的根源。如 2015 年 6 月初，俄罗斯后贝加尔边疆区政府与中国华俄兴邦公司签署了土地租赁意向书，中方准备投资 240 亿卢布开发后贝加尔 11.5 万公顷的荒地和牧场，土地租赁期为 49 年，并承诺吸收不少于 75% 的当地劳动人口就业。但边疆区居民对此表示不满，当地一个名为“后贝加尔志愿者”的社会组织，在边疆区首府赤塔组织了一次群众集会，反对将土地租赁给中国公司。集会约有 100 人参加，其目的是希望举行全民公决，决定是否可以将后贝加尔的土地租赁给中国华俄兴邦公司。该组织负责人认为:“49 年后我们都将不在人世，不会有人记得这是谁的土地了。这片土地的面积比香港还大。同时，中国人会将开发过的土地上最肥沃的一层破坏，并使其变成沼泽。”他表示，如果俄地方和中央政府不对集会做出反应，边疆区居民将采取“激烈措施”。

在中俄双方经济合作中，始终存在一个矛盾。俄方始终希望通过利用其他非战略性资源合作方式从中方获得利益，比如旅游；但中方与俄方合作的关注点更多的是中方稀缺的资源，如土地和能源。这两方利益的博弈，始终影响着中俄作为邻国、更是战略合作伙伴无法达到预想的合作深度和规模。

中俄共庆反法西斯胜利 70 周年是民间友好的主题

4 月 15 日，俄罗斯驻华大使杰尼索夫向亲历过卫国战争的李敏、刘爱琴、瞿独伊、李特特等著名共产党人的后代授予“1941 年—1945 年伟大卫国战争胜利 70 周年”纪念奖章。这种纪念奖章专门授予那些为俄罗斯卫国战争胜利事业做出了贡献的俄罗斯公民、外国公民以及无国籍人士。同时，李敏、刘爱琴、刘丽、刘霞 4 人获邀参加 5 月 9 日在莫斯科举行的卫国战争胜利 70 周年红场阅兵，见证中俄两国人民共同抵抗法西斯侵略的胜果。

在民间，由中国俄罗斯族青年作曲家张晋夫·阿纳多利组织发起的、中国俄侨后裔组成的“俄罗斯族母亲寻根之旅”代表团，于 8 月 1 日—8 日，对莫斯科、圣彼得堡两地进行了参观访问。代表团由来自新疆、北京等地的 80 多名团员组成，其中最年长的有 83 岁，最年轻的也有 50 多岁。团员们都是生在中国长在中国的中国人，但他们的妈妈是俄罗斯人，他们同时也是俄罗斯族，受过俄罗斯文化的熏陶，因此这些团员有着深深的俄罗斯情结。一些被华工带到中国的俄罗斯妇女与早先的俄罗斯移民一起形成了中国 56 个民族之一的俄罗斯族。这些俄罗斯姑娘跟随中国丈夫来到异乡后，大多数再也没有踏上回家的路。这次到俄罗斯的寻根之旅可以说也是中俄开展民间外交、强化人与人之间情感交流的一个重要环节。

此外，借着中俄共庆世界反法西斯战争胜利 70 周年的东风，中俄边境居民也开展起丰富多彩的互动活动。7 月 22 日，俄中两国退休人员在布拉戈维申斯克的阿穆尔河岸街跳起友谊华尔兹，重温那一代人怀念的“喀秋莎”和“莫斯科郊外的晚上”，双方希望以舞蹈的方式，建立起中俄老年人之间的友谊。

留学生群体非常活跃

从苏联时期开始，中国就有留学生陆续赴俄学习。近十年，俄罗斯中国留学生不仅在绝对数量上稳步增加，其所占俄罗斯外国留学生总数比例也不断提高。2014 年，俄罗斯中国留学生总数达到 1.8 万多人，2015 年该数字已经达到 2.5 万人。俄罗斯中国留学生不仅数量继续保持着增长态势，而且他们通过开展或参加多种形式的活动，与俄罗斯高校、中国使馆、中资企业等机构进行了充分交流，成为在俄中国人群体中最具活力的力量。

其中，中国驻俄罗斯大使馆教育处功不可

没，教育处在一年中，组织了一系列有益于留学生学习和发展的活动。2015年1月，教育处启动“在俄优秀毕业生扶持计划”。该计划经教育处近1年时间的调研及筹备，于2014年底获中国教育部批准设立，旨在为在俄罗斯学习的中国优秀自费毕业生提供经费支持，以培养一批既精通专业知识又熟练掌握俄语的高层次复合型人才。该计划的特殊性在于，由国家扶持的、针对在国外优秀毕业生扶持计划目前仅在俄罗斯实施，在其他国家尚无先例。2014—2015学年度，共有来自莫斯科、圣彼得堡、乌法、罗斯托夫各大高校的13名优秀中国毕业生获得了该计划的支持。其中，11人继续攻读副博士学位，2人继续攻读硕士学位。据悉，俄罗斯每年获得红皮毕业证书（俄罗斯高等学校优秀毕业证书制度是针对学士、专家和硕士阶段设立的。因优秀毕业证书封面为红色，有别于一般的蓝色毕业证，故又称“红皮毕业证”。俄罗斯中学毕业生金质奖章制度是针对俄罗斯中学毕业生设立的，代表优秀的最高级别。两种证书的获得均对各学科及毕业考试成绩有着非常严格的要求。）的学生占比约为5%—7%。2014年在俄毕业的2300余名中国留学生中，有174人获得了俄红皮毕业证书，占比约达7.5%，高于俄国内整体平均水平。在俄学习并获得金质奖章的优秀高中应届毕业生、获优秀（红皮）毕业证书的应届本科、专家和硕士毕业生，以及在俄国家级（全俄或国际）大赛获得优胜名次的优秀应届自费留学生取得俄高校录取通知后，均有机会获得中国国家留学基金委的资助，在俄继续攻读更高学位。这是对落实国家留学政策项目的体现，也是对在俄留学优秀人才有效的、具体的、切实的鼓励和支持。

11月28日，中国驻俄使馆教育处和中国留俄学生总会组织在俄中国留学生，参加了首届中国留学生俄语实用技能大赛决赛。这次比赛的一大亮点是中俄两国专家学者与在俄具有招聘需求的大型中资企业及机构代表同时参与评分。通过参加比赛，留学生们不仅可以获得证书及奖品，表现优异者还可成为招聘企业的优先考察对象，并被列为后备关注人才。留学生们通过这种创新形式不仅获得了一次宝贵的锻炼机会，更得到了一个广阔的就业平台。此外，留学生们还经常参加大使馆组织的其他文化活动，如留俄学生春节联欢会、2015年留俄学生干部培训会、新生欢迎会、2014年度国家优秀自费留学生奖学金颁奖仪式等。

此外，中国留学生也与俄罗斯学生开展了丰富多彩的主题活动。如4月28日，参加在莫斯科大学举行的由莫斯科大学孔子学院和莫斯科大学中国学生会联合举办的“中俄大学生联合纪念世界反法西斯战争胜利70周年”活动，这次活动加深了中俄两国学生对反法西斯战争的了解，同时，加强了中国留学生对俄罗斯卫国战争以及俄罗斯学生对中国抗日战争的了解。

中国公民违反当地法律的行为时有发生

2015年在俄罗斯境内就发生了几起中方被诉事件，包括中国公民行贿、中国公民被同胞绑架等事件。多年来，俄罗斯社会索贿、腐败现象严重。随着俄罗斯政府对腐败问题打击力度的加大，以及法律制度不断规范健全，索贿行为对执法人员来说是一种高危行为。如根据俄法律规定，俄移民执法人员有权在街上检查护照，但外国公民在被检查时可拍照摄像。如果遇俄移民执法人员敲诈或侵害合法权益，可立即致电俄联邦移民署24小时热线电话进行投诉，亦可向法院起诉。因此，中国公民在俄罗斯应充分了解并严格遵守当地法律法规，以免给自身带来声誉和经济上的损失。此外，旅俄中国公民被同胞绑架事件时有发生，这不仅违反了当地法律，给当地治安造成负面影响，而且严重破坏了中国人在海外的形象，影响非常恶劣。

2015年1月初，后贝加尔法院因一名中国公民在禁止吸烟的地方吸烟并试图贿赂警察而被处以罚款。该名中国公民在被检查时，为了逃避行政处罚，试图以1000卢布贿赂警察。结果当场被警察拘捕，后刑事立案。后贝加尔地区法院根据俄罗斯刑法第291条，企图因明显的违法行为贿赂官员，判处其有罪，并处以3000卢布的罚款。1000卢布贿赂金被没收。

2015年3月，一名51岁中国男子被绑架，嫌疑人向其家属索要1000万卢布的赎金。在其家人报警后，警方展开调查。在搜查纳戈尔内镇一处民宅时，警方在阁楼发现被绑架男子的尸体，同时，逮捕了4名涉嫌绑架和杀害同胞的中国公民。

2015年7月，一名中国公民因走私木材和逃税4000万卢布（约70万美元）被克拉斯诺亚尔斯克边疆区卡纳市法院判处3年半监禁并处罚9万卢布（约1580美元）的罚款。

2015年12月，一名中国公民因被指控在俄走私合成毒品，被俄罗斯外贝加尔边疆区法院判处劳教16年。

2015年7月，俄联邦动植物卫生监督局在对犹太自治州斯托尔博沃耶村进行检查时，发现中国土地租用者遗弃俄罗斯犹太自治州土地，67.8公顷的土地没有采取有关农业技术、肥料以及植物检疫措施，也没有采取防火安全措施，导致这片土地杂草丛生，可能造成土壤肥力的丧失。这严重违反了俄罗斯土地法律，因此对其处以40万卢布（约合4.3万元人民币）罚款。

领事保护力度加大

中国驻俄罗斯联邦大使馆对入俄中国公民的领事保护力度加大。这不仅体现在反应速度加快，而且也体现在保护效果明显加强。3月5日，发生在莫斯科谢列梅捷沃机场34名中国公民涉嫌走私毒品事件被俄方立案调查。中国驻俄罗斯大使馆闻讯后立即启动应急机制，应急小组于事发当晚赶赴谢列梅捷沃机场向俄海关等执法部门了解事件详细情况并看望被扣人员。经双方核实，被扣中国公民携带的是用于制作豆腐的卤水原料卤水片（含氯化镁、氯化钠）。通过使馆应急小组的协调，3月7日被俄海关扣留的中国公民全部释放。该事件的解决，显示了我国海外领事保护的反应速度不断加快。

在预警和普法方面，俄罗斯大使馆也有所作为。4月24日，中国驻俄罗斯使馆举办了第二期旅俄中国公民普法讲座，为旅俄中国公民认真学习和严格遵守俄罗斯法律法规、诚信经营、合法务工、文明旅游、安全留学提供了解和学习的平台。5月11日，使馆将该次讲座的内容整理成文字，发布在中国驻俄大使馆官方网站上。这一解释可以有效帮助在俄或即将赴俄学习工作的中国公民不再盲目行事，遇到相关问题时可以参照此解释合法工作、依规处事。

综上，2015年，在俄罗斯经济状况下行的背景下，俄当局对移民政策进行的调整，对中国公民入境生存、发展产生了多方面影响。

一方面，入俄中国人数增长的同时，俄民众对中国人的态度有所好转。从2010年—2015年，入俄中国人数量连续六年增长。这不仅是2008年俄罗斯经济危机后中国人对俄罗斯重塑信心的表现，而且也是中国人看好俄罗斯市场、在逆势抄底的一致判断。近两年，由于受到来自中国巨大经济利益的吸引和西方国家制裁的助推，俄罗斯开始寻找战略再平衡；同时，通过与中国的各项合作，俄方也逐渐感受到中方强盛给俄罗斯带来的利益，俄罗斯民众对中国的态度明显好于以往，2015年俄罗斯旅游业对中国游客周到的服务就说明了这一点。俄“民意”基金会2015年5月6日公布民调显示，77%的俄罗斯人认为中国是俄的友好国家，2006年这个比例只有48%。而对中俄友好持反对意见的人，则从当年的30%下降到了现在的9%。54%的人认为中国强大不会威胁俄罗斯利益。

另一方面，俄政府开始对以工作为目的的外国劳务人员进行语言、法律、历史知识的考试，在俄中国公民应以此为契机，自觉提高俄语水平，增强知法守法意识。由于中国商人或劳务在俄主要从事的是小商品贸易类、建筑类、农业种植类工作，对俄语水平要求不高；加之2015年以前，俄罗斯并未对外国公民在俄工作提出语言方面的要求，因此在俄务工的中国公民俄语水平普遍不高，而且对当地法律法规不关注、不了解、不甚解，知法守法意识薄弱。2015年开始执行的考试制度应成为在俄中国公民普遍提高语言能力的一种有效督促。中国公民也应按照相关移民新政规定，主动提高语言水平，主动提高生存能力，主动提高融入意识，在保护自我、提升自我的基础上，塑造整个族群在海外的良好形象。

大洋洲侨情

中国是澳大利亚第二大移民来源国，第一大留学生来源国，也成为新西兰最大永久居民来源国，第一大留学生来源国。2015年，澳新两国政要多次出席华人活动，对华人为本国发展所做贡献给予肯定。澳大利亚、新西兰华人参政意识日益提升，澳大利亚华人工党联合会成立，华裔首次当选澳大利亚新南威尔士州下议院议员。华人社团日益发展，组织召开了各项活动，获得澳华各界的支持和肯定。澳新等国华人热心公益慈善活动，获得澳中两国政府的官方肯定。中文教育在新西兰迅速发展，新增多所孔子学院和孔子课堂。"一带一路"战略的实施，中澳自由贸易协定的签署，为海外华商提供了难得发展机遇。总体来看，澳大利亚、新西兰等国华人已逐步融入主流社会，政治社会地位不断提升，生存发展环境日益改善，在住在国安居乐业。同时，2015年也发生了诸如媒体抹黑中成药事件、一些侨胞和留学生生命财产遭受损失等事件。

中国成为澳大利亚第二大移民来源国，第一大留学生来源国。澳大利亚统计局（ABS）4月1日发布的数据显示，过去10年间中国移民和印度移民的增速超乎寻常，中国移民占比从1%激增至1.9%，印度移民占比从0.7%跳涨至1.7%，这两国移民多数选择在新州和维州定居。截至2015年3月，全澳大利亚的留学生人数为413032人，中国留学生为115311人，占总数的27.9%，人数位居榜首。相对于2014年同期的102277人，中国留学生的人数比例增加了12.7%，总数在不断增长。4月6日，澳大利亚塔州政府表示，为促进当地经济发展以及增加高素质人口，欢迎中国商业技术移民赴塔州定居。塔州政府发言人称，塔州正与联邦商讨商业技术移民签证分配比例，以及商讨这对塔州未来的影响等。数据显示，在过去12个月内，随着塔州与中国经济交往的逐步深入，中国公民获得由塔州政府担保的职业技术签证数量同比增长15%。

中国成为新西兰最大永久居民来源国，第一大留学生来源国。2015年11月公布的《2014—2015新西兰移民趋势前景展望》数据显示，该年度新西兰净移民人数为5.8万人，创下近年来最高的净移民增加纪录。其中，中国作为最大的永久移民来源国，占总量的17%，印度和英国分列二三位。新西兰中国移民多扎堆奥克兰，视其为唯一大城市。AUT的人口地理学家Richard Bedford表示，奥克兰是亚洲移民最心仪的居住地。数据显示，目前新西兰的中国移民中，71%的中国移民在奥克兰安家。新西兰国际教育推广局《2014年国际留学生报告》显示，新西兰的国际学生有110198人，同比增长13%。其中，来自中国的学生有30179人，同比增长12%，占国际学生总数的27%。中国已成新西兰第一大国际生源国。在中国赴新留学生中，就读大学的占33%，约有9900人；就读私立学校（包括语言学校）的占34%，约有1万余人；就读理工学院的占18%，约有5400人；就读中小学的有4800人，占16%。

中国成为澳大利亚、新西兰重要海外游客来源国。11月18日，澳大利亚旅游和国际教育部长理查德·科尔贝克在堪培拉表示，2014—2015年度入境澳大利亚的国际游客增加了6.6%，达到创纪录的660万人。其中，中国游客以21.7%的增速达到86.4万人，中国成为澳大利亚旅游业增长最高的客源国。理查德·科尔贝克表示，中国是澳大利亚最有价值的旅游客源地，中国游客在澳一年消费超过77亿澳元，其中购物消费超过13亿澳元，占国际游客在澳购物消费总额的37%。澳大利亚统计局2016年1

月数据显示，截至2015年11月末中国赴澳游客首次突破100万人次大关。据新西兰统计局数据显示，截止到2015年8月，超过32万中国游客来到新西兰，比去年同期上升了30.5%。2015年9月，新西兰旅游局首席执行官Kevin Bowler表示，中国游客的数量增速之快，完全超出了我们所期望的速度，新西兰的旅游基础设施正努力跟上这种增长。

澳华各界以多种形式纪念在澳华人历史和现状。3月21日，澳大利亚华人总工会（ACWA）主办的“澳洲淘金潮华人矿工死难者公祭大会”在新南威尔士州议会大厦举行。会上播放了关于澳洲淘金潮华人的奋斗以及无辜罹难的短片，随后与会者在黑暗中为澳洲淘金潮中的华人死难者默哀。11月15日，首部由澳大利亚华人探讨旅澳华人先侨历史的口述纪录片《百载粤侨路》在悉尼首映。该片历时一年时间制作，记录了由“掘金时代”开始早期移民的澳大利亚华人的艰辛历史以及4个华人家庭的后代寻根的足迹。12月17日，澳大利亚亚洲媒体中心在悉尼发布《龙的足迹》系列纪录短片。该片讲述了杰出澳大利亚华裔们的磨难、勇气、期盼和成就。他们分别是澳洲羽毛球名将格罗娅·萨莫维尔、中澳友谊小天使邹帼、澳洲新会中华文化中心主席林永义、澳洲国际华语电影节主席宫岚薇和澳洲华裔退伍军人Phillip Chin Quan。《龙的足迹》系列由澳洲活曼特药业、Shearers UGG、澳洲新会中华文化中心和澳洲国家羽毛球中心（NBC）共同支持和赞助。10月8日，《澳大利亚华人年鉴（2014）》发行仪式在悉尼举行，澳大利亚联邦议员菲利普·卢铎、中国驻澳大利亚大使馆武德民参赞和中国驻悉尼副总领事童学军等中澳政要出席发行仪式。《年鉴》包括图辑、澳大利亚概况、特别专题、大事要闻、特辑、澳大利亚华人、澳中关系、居澳指南、附录9个类目和索引，共55万字、数百幅图片，全面记录了2014年澳大利亚华人在澳大利亚生活工作的方方面面。

澳大利亚举办多场纪念活动，肯定华裔军人贡献。1月26日，澳大利亚华侨华人在悉尼华裔退伍军人纪念碑前举行纪念仪式，缅怀华裔军人对澳大利亚的贡献。4月25日，澳大利亚举行“澳新军团日”100周年纪念仪式，纪念1915年土耳其加利波利战役中阵亡的将士。当年参战的华裔军人也得到了澳大利亚各界的缅怀和纪念。墨尔本澳华历史博物馆同时举办了“澳新军团中的华裔：第一次世界大战中的澳大利亚华人”专题展览。在一战中，约有200名澳大利亚华裔军人应征入伍，加入“澳新军团”奔赴前线，107人来自维多利亚州，有41人战死沙场。9月16日，澳大利亚战争纪念馆和澳中友好交流协会在堪培拉共同举办澳洲华裔军人主题纪念活动，以展现华裔军人为澳大利亚在包括反法西斯战争在内的历次战争中所做的贡献。澳大利亚外长毕晓普在讲话中回顾了华裔军人为澳大利亚做出的牺牲和贡献，并向华裔军人以及所有在澳华人致敬。

澳大利亚、新西兰政要出席中国新年活动，肯定华人贡献。2月8日，澳大利亚总理托尼·阿博特与夫人和女儿一道来到悉尼唐人街拜年，众议院议长布朗温·毕晓普以及多名联邦议员陪同参加。悉尼在春节期间共举办80多场中国农历新年庆祝活动。悉尼市市长克洛弗·摩尔表示，“今年的中国农历新年花灯大巡游是历史上最好的一次”，“我们为悉尼的华人社区和亚裔社区骄傲。”2月15日，由新西兰华人媒体中华电视网主办的“2015羊年春节花市”在奥克兰举行，华侨华人及新西兰当地的各界民众近万人参加了这次活动。新西兰总理约翰·基在致辞中高度赞扬中国人的文化传统和家庭观念，肯定华人华商对新西兰做出的贡献。新西兰政府首脑以及工党党魁安德鲁、华人国会议员杨健及相关国家驻新西兰领事长及夫人、中国驻奥克兰总领馆总领事等应邀参会。

澳华各界举办各种活动纪念抗日战争胜利70周年。5月30日，来自澳大利亚全国各地的数百名华侨华人在墨尔本举行世界反法西斯战争暨中国人民抗日战争胜利70周年纪念大会。与会者除了全澳各主要华人侨团代表，还包括部分来自中国福建、广东的代表，以及一些美国华人老兵代表。中国驻墨尔本总领事宋昱旻、维多利亚州上议院议长阿特金森发表致辞。9月6日，中国驻悉尼总领事馆与澳大利亚中国和平统一促进会在悉尼联合举办中国人民抗日战争暨世界反法西斯战争胜利70周年纪念大会。新南威尔士州上议员王国忠、澳洲中国和平统一促进会永远荣誉顾问周光明、澳大利亚华人团体协会主席吴昌茂、澳大利亚孔子研究会会长钱启国分别上台致辞。9月12日，澳大利亚新南威尔士州退伍军人协会与澳洲中国抗日军人后裔联盟在悉尼唐人街澳洲华裔军人纪念碑前共同举行抗日战争胜利70周年纪念会。

澳大利亚华人举行《反种族歧视法》实施40周年纪念活动。11月1日，澳洲中国和平统一促进会和澳洲中华经贸文化交流促进会在澳大利亚国家海事博物馆欢迎墙前广场举行纪念澳大利亚《反种族歧视法》实施40周年纪念活动。澳大利亚联邦总理代表、联邦议员戴维·科尔曼在讲话中指出，联盟党政府肯定和支持落实《反种族歧视法》的重大意义。澳大利亚联邦议会澳中友好委员会主席卢铎、联邦反对党领袖代表邓森、新南威尔士州长代表马克库尔等先后在活动中致辞。中国驻悉尼总领事馆总领事李华新和数百名少数族裔社区代表出席了纪念活动。

澳新两国华人谴责“藏独”分子冲击中国驻悉尼总领馆。7月24日，澳大利亚和新西兰50多个华侨华人团体联名致信澳大利亚新南威尔士州政府，强烈谴责22日发生的“藏独”分子冲击中国驻悉尼总领事馆事件，要求严惩肇事者。华人社团强烈谴责“藏独”分子的暴行，同时要求当地法律部门严惩肇事者，取缔煽动制造该事件的“藏青会”等多次无视法律和秩序的组织。

国侨办、中国侨联访问团出访澳大利亚、新西兰慰问侨胞。2015年10月，中国海外交流协会常务副会长、国务院侨务办公室主任裘援平一行密集走访了新西兰、澳大利亚、斐济三国六城，参加当地侨界重要活动，深入多所中文学校、华助中心、华星艺术团及侨团，通过交流互动送去中国政府对华侨华人的关心和问候。9月1日—6日，中国侨联副主席康晓萍率访问团一行访问澳大利亚和新西兰两国，分别在悉尼、布里斯班、基督城和奥克兰与当地华侨华人社团及侨界进行座谈和友好交流。访问团还到访澳星国际传媒集团和新西兰中文广播电台进行调研和交流。

华人服务社成为澳大利亚首家获选“华助中心”机构。3月18日，中国国务院侨办代表团团长林旭、中国驻悉尼副总领事童学军向澳大利亚的海外华侨华人互助中心正式授牌。华人服务社主席梁瑞昌表示，华人服务社将积极开展敬老、扶弱、助残、救急等服务或活动，在增强侨胞生存发展能力、反映侨胞诉求、维护侨胞合法权益方面，在充分发挥融入、帮扶与关爱职能方面，在惠及侨民、回馈当地、推进海外和谐侨社建设方面，做出更大贡献。当地侨领、澳大利亚华人团体协会主席吴昌茂等出席仪式。

澳大利亚知名侨领邱维廉先生逝世。5月26日，中澳友谊的杰出使者、著名侨领、澳洲中国和平统一促进会创会会长邱维廉先生因病在北京逝世，享年68岁。邱维廉曾任全国政协委员、中国侨联常委、中国和平统一促进会常务理事、中华海外联谊会常务理事、中国海外交流协会顾问、中国侨商联合会创会会长、澳洲中国和平统一促进会创会会长、荣誉会长等。6月21日，邱维廉先生追思会在悉尼市政厅隆重举行。邱维廉生前积极促进澳大利亚多元文化与和谐社会建设，为推动中澳民间外交事业发展做出了积极的贡献。

“第八届世界广东同乡联谊大会”在悉尼召开。10月5日—7日，由澳大利亚广东侨团总会主办的第八届世界广东同乡联谊大会暨第二届世界广东华人华侨青年大会在悉尼举行。来自36个国家和地区186个社团的近2000位广东乡亲与会。国务院侨办主任裘援平出席了大会开幕典礼并致辞，广东省委副书记、省长朱小丹向大会发来贺信，澳大利亚总理特恩布尔的代表、联邦公民及社区事务特使卢铎等有关国家政要，中国驻澳大利亚大使马朝旭、驻悉尼总领事李华新，广东省政府副秘书长刘晓捷，世界广东同乡联谊大会常务理事会主席、广东省人民政府侨务办公室主任李心等出席了大会开幕典礼。

“第十四届世界海南乡团联谊大会”在悉尼召开。10月31日，由澳大利亚海南社团总会和海南省共同主办的第十四届世界海南乡团联谊大会在悉尼召开，来自世界20多个国家和地区近2000名海南乡亲参会，海南省政协副主席林方略、澳大利亚联邦助理多元文化事务部长 Concetta Fierravanti-Wells、中国国务院侨办国外司副司长卢海田等嘉宾出席开幕式。大会围绕“联谊·共赢与可持续发展暨如何推进‘一带一路’和21世纪海上丝绸之路建设”主题举办海南文化节系列活动、青年发展论坛、海南省华侨纪念馆筹建交流会和2015世界海商论坛等多项联谊交流活动。

华人社团日益发展，新华人社团在澳新成立。5月2日，澳大利亚中国和平统一促进会青年委员会正式宣告成立。成员来自社会各界，涵盖商业人才、资深传媒、教育等行业。澳大利亚中国和平统一促进会成立于2000年7月，已成为推动华侨华人和平发展和统一的重要力量。12月14日，澳大利亚广西联谊会在堪培拉市立艺术馆大厅举行了成立庆典。澳大利亚首都领地首席部长安德罗·巴尔、中国驻澳大利亚大使马朝旭等发来贺辞，多元文化部长叶缇·蓓瑞等致辞，各届友好人士80多人出席活动。2015年，新西兰丰盛湾（Bay of Plenty）华人商贸协会成立，旨在帮助和扶持当地华人企业群体在新西兰当地创业发展，同时加强与新西兰其他地区的联系。同年4月，罗托鲁阿（Rotorua）中国商会正式成立，旨在促进华人企业与当地的沟通，帮助中国投资者在当地投资创业。

华裔首次当选澳大利亚新南威尔士州下议院议员。在2015年澳大利亚新南威尔士州大选中，华裔珍妮·梁（Jenny Leong）击败对手，成为该州下议院首位华裔议员。此次参加新州大选的有绿党候选人 Jenny Leong、刘仲权（Kingsley Liu），团结党候选人邓小颖（Tang Annie），独立候选人陈青松（David Chen）、刘敬宇（James Liu）；工党上议院候选人林柳廷（Floris Lam）和黄堃（Kun Huang）等多名华裔候选人。华裔候选人无论是籍贯、年龄、背景、职业、抵澳时间、来自的党派、所持执政理念和政纲都各有不同。

澳大利亚华人工党联合会成立。3月10日，澳大利亚华人工党联合会在西澳州首府珀斯成立，近百位华人社团领袖及工党议员出席成立仪式。澳大利亚华人工党联合会成立的使命是致力于开展和提高澳大利亚华人社区和澳大利亚工党之间的联系，并使华人社区所关心的问题可以被理解，华人社区的呼声可以被听到，促进澳大利亚的多元文化和社会公平与公正。澳大利亚华人工党联合会召集人杨帅表示，联合会成立的工作重点将是在华人社区向华人选民提供澳大利亚工党和其他党派的相关信息，向澳大利亚工党议员候选人、政界人士寻求支持并解决华人社区所关心的问题。

澳大利亚和统会召开华人参政座谈会。5月23日，澳大利亚中国和平统一促进会组织其青年委员会与澳大利亚联邦议员大卫·高民，新南威尔士州议员马克库尔，新州上议院前副议长、澳洲和统会荣誉顾问沈惠霞博士等澳大利亚政要就如何培养参政能力举行交流座谈会。座谈会主旨是增进华人华侨青年精英对澳大利亚政治体系、政治历史的了解，激发他们的参政热情。通过加强与政界的沟通和交流，提高对在澳参政的了解和开展青年工作的能力，加强爱国社团对青年的吸引力和凝聚力。

澳大利亚、新西兰华人获得多项政府奖章和荣誉。1月26日，为表彰对国家和人民做出突出贡献的个人，澳大利亚总督府宣布了国庆日颁发勋章的名单。共有7名华人获得授勋，其中3名华人获 AM（Member of the Order of Australia）勋章，4名华人获 OAM（Medal of the Order of Australia）勋章。他们从事的职业广泛多样，有医学方面的专家、有从事餐饮业的、有土木结构工程师和马戏教育家等。他们除了在自己的专业卓有成就外，还热心积极地投身公益事业并服务社区。11月28日，澳大利亚华人文化团体联合会举行澳华文化界颁奖仪式。李承基获得澳华文化界终身成就奖、萧虹和黄庆辉获颁澳华文化界杰出贡献奖。12月18日，第四届“中华之光——传播中华文化年度人物”颁奖典礼在北京举行，澳大利亚籍华人孙浩良获颁这一奖项。孙浩良创办的新金山中文学校，是目前全球最大的海外中文学校，成立20多年来，为推动中澳政府与人民之间的交流发挥了积极作用。2015年初，新西兰新年荣誉奖章（New Year’s Honours）颁奖名单公布。来自奥克兰的医生 Dr Sai Woh Wong 凭其为华裔群体精神健康方面做出的贡献而获颁

ONZM（New Zealand Order of Merit Officer）奖章，而素来热心于中新文化交流的新西兰邓里文化艺术基金创始人 Simon Deng Li，获膺 MNZM（New Zealand Order of Merit Member）奖章。来自 Napier 的太平绅士 Hai Tong Too 则因为华裔社区提供的优秀服务而获得 QSM（The Queen's Service Medal）奖章。12 月 1 日，新西兰年度"国民英雄"（New Zealand The Year Awards-Local Hero）奖章授予仪式在首都奥克兰举行，王玲娟、郑毛燕美、李永杰和黄敏仪 4 名华人获得"国民英雄"称号，颁奖人对他们在过去 10 年中为华人社区做出的杰出贡献表示肯定和赞扬。

澳新华人获得多项科技、音乐和语言类荣誉和奖项。5 月 25 日，澳大利亚科学家汤华燊获选为澳大利亚科学院院士。作为越南华裔，汤华燊 1987 年毕业于澳大利亚 Griffith 大学，获得化学博士学位；1987 年—1990 年在澳大利亚帝国化学工业公司工作；1990 年—2015 年，在澳大利亚联邦科学与工业研究院（CSIRO）工作。汤华燊在有机化学、高分子化学以及化学与生物交叉领域取得了丰硕成果，在高分子聚合方法以及材料科学方面有多项创新发明，并实现了其在生物医药方面的应用。悉尼 12 岁华裔音乐神童赴丹麦夺得国际钢琴赛冠军。来自悉尼的华裔音乐神童 Joshua Han，在丹麦勇夺久负盛名的奥尔胡斯国际青少年钢琴比赛（Aarhus International Competition for Young Pianists）冠军。新西兰奥克兰 Pakuranga 高中的华裔女孩潘景怡，在"2015 年完美语言世界锦标赛"中荣获殊荣，获得 Top 2% 入围奖。完美语言比赛是一项全球性的语言比赛，每年举办一次，比赛旨在增强参赛者在听力、阅读、写作和理解方面的能力。

中文教育在新西兰发展迅速，面临师资短缺等问题。据新西兰教育部统计，2013 年—2014 年的一年间，小学生学习中文的人数就从 18754 人上升到了 24143 人，上涨了 24%。2015 年初的调查显示，汉语首次超过法语和西班牙语，成为新西兰小学最受欢迎的外语语种。目前，新西兰共有 260 所学校开设了中文普通话课程，其中小学 178 所，中学 82 所。但是，目前仅有 60 所高中拥有本校的中文教学资源。随着新西兰学习中文人数的不断上涨，中文教师短缺的状况显得日益严重。2015 年 10 月，新西兰中国理事会的 Tony Browne 表示，照目前的速度发展，在未来 6 年内将有超过 2 万名学生希望在中学阶段继续学习普通话。2015 年 10 月，新西兰 Dunedin 市 13 所学校获得"亚洲语言学习计划"首笔资金支持，用于开设中国普通话课程。该计划旨在支持学校开展亚洲各国语言的教学，让更多的学生学习亚洲语言，支持新西兰未来与这些国家的经贸或外交往来。

一批孔子学院和孔子课堂在澳大利亚、新西兰等国揭牌。2015 年，澳大利亚维多利亚大学商务孔子学院在墨尔本揭牌。3 月 12 日，惠灵顿女子高中孔子课堂举行揭牌仪式。3 月 17 日，澳大利亚悉尼大学孔子学院与悉尼最负盛名的男子私校——国王学校合作建立的孔子课堂举行揭牌仪式，这是澳大利亚成立的第一所私立男校孔子课堂。11 月 18 日，澳大利亚塔斯马尼亚首个孔子课堂在朗塞斯顿的斯科奇—欧克伯恩学校举行揭牌仪式。10 月 8 日，南太平洋大学库克群岛校区孔子课堂揭牌仪式在库克群岛主岛拉罗汤加岛举行。库克群岛内务部长艾伯特·尼古拉斯、瓦努阿图总统、南太大学董事会主席鲍德温·朗斯代尔等政要出席仪式。

澳大利亚、新西兰举行多场书画、艺术等展览活动。5 月 22 日，由澳大利亚美术家协会、澳中水墨画家联盟、北京画店、中国深圳书画艺术学院联合举办的"第二届中华海内外名人名家书画精品展"在悉尼中国文化中心开幕，共展出了 60 余位中国和旅澳书画艺术家创作的近百幅优秀作品。7 月 2 日，由新西兰太平洋文化艺术交流中心主办，新西兰邓里文化艺术基金会协办的第 12 届新西兰华人美术联展开幕式在奥克兰布鲁斯·梅森中心举行。12 月 15 日，由澳大利亚华人文化团体联合会主办的澳中美华裔作家论坛在悉尼举行。中国作家协会副主席叶辛、澳大利亚华人作家萧虹和美籍华人作家卢新华等来自澳中美的十几位作家参加了论坛。

澳新多家华人文艺团体机构成立，演出活动精彩纷呈。2015 年 4 月，澳洲华人中老年人协会（SASA）举办周年晚宴，并成立艺术团，颁发各大奖项。中国驻悉尼总领事李华新、经济商务领事彭刚参赞、澳洲纽省上议员王国忠、和统会荣誉主席周光明等获邀出席并颁发奖项。10月，在新西兰访问的中国国务院侨办主任裘援平在奥克兰天空城剧院为新西兰华星艺术团揭牌，该团成为入选的第11个华星艺术团。11月22日，代表着澳大利亚华人文化团体的实力、体现艺术家们对本民族文化感悟的华星艺术节在悉尼举行，共400位演员参与演出。12月11日，新西兰中国文化中心在新西兰首都惠灵顿举行揭牌仪式。新西兰总理约翰·基（John Key）为中心成立发来贺词，中国文化部副部长丁伟、新西兰文化和遗产部首席执行官Paul James、惠灵顿市长Celia Wade-Brown及各界代表百余人参加仪式。揭牌仪式上，大惠灵顿地区妇委会儿童艺术团和中国广东民族乐团为现场观众献上了精彩的极具中国特色的文化演出，赢得观众阵阵喝彩。

澳新华人热心教育、卫生等公益事业。澳大利亚大学首座以华人命名大楼正式启用。2月2日，澳大利亚悉尼科技大学为“周泽荣博士大楼”举行正式启用仪式。侨鑫集团董事长周泽荣先生出资2000万澳元，并捐款500万澳元设立澳中高等教育奖学金，鼓励并资助中澳两国优秀学生到对方国家学习交流。在启用仪式上，澳大利亚总督彼得·科斯格罗夫积极评价了华人对澳多元文化建设的贡献。这也是澳大利亚大学中首次以杰出华人名字冠名的地标性建筑。新西兰华商捐赠千万新元，助力奥克兰大学癌症研究。9月，华人企业家李良仁（Liangren Li）向新西兰奥克兰大学捐赠了1000万新元，设立李氏家族基金，为奥克兰大学医学和健康科学院以年利方式提供资金以支持癌症研究，这也是医学院50年历史上获得的最大一笔捐款。李良仁出生于中国山东，1996年迁居新西兰，并成立了专营管道器材的进口业务公司，现在公司业务范围已经扩大到林业和房地产业。

澳大利亚侨胞慈善事迹，获澳中两国政府肯定。2月21日，澳大利亚总理托尼·阿博特出席澳大利亚华人公益金慈善筹款活动。阿博特表示，华人在澳的历史已经有近200年，华人社区为澳大利亚经济社会发展做出了杰出贡献。澳大利亚华人公益金是澳大利亚目前最大的华人慈善组织，成立于1990年。11月9日，国务院侨办主任裘援平在北京会见澳大利亚ABC纸业公司总裁魏基成先生一行。裘援平对魏基成先生长期以来情系祖籍国，大力支持国内公益慈善事业表示感谢。据不完全统计，魏基成夫妇多年来已累计捐赠款物折合人民币近16亿元。

华裔女富商蝉联澳大利亚BRW富豪排行榜冠军。澳大利亚BRW富豪排行榜出炉，华裔女商人维姬·张（Vicky Teoh）自2013年以来一直蝉联冠军，2015年起身家已经达到了9.38亿澳元。维姬·张与丈夫大卫是来自马来西亚的移民，两人在20世纪80年代共同创立了一个网络公司，维姬拥有的股份在她的身家中占据了很大一部分，此外她与丈夫也进行着活跃的电商投资，投资对象包括某在线眼镜零售商等。BRW女富豪排行榜是为了庆祝国际妇女节而公布的，对澳洲最富有的30名白手起家的女性进行表彰。

澳大利亚华人金融集团成功收购当地最大独立券商。5月28日，澳大利亚籍华人金融家王人庆创立的宝泽金融集团宣布，该集团已签署收购澳大利亚和新西兰地区最大的综合性独立券商BBY资产的合同。宝泽金融集团声明指出，BBY业务将作为单独实体纳入“BBY亚太集团”品牌之下，未来还将考虑引入新的投资者。宝泽金融集团成立于1991年，是一家多元化的金融服务及投资集团，业务范围包括房屋抵押贷款、资产证券化、投资银行、基金管理、房地产投资、高科技投资等。

瞄准华裔移民，澳大利亚墨尔本将建中国式老年公寓。2015年10月，澳大利亚开发商在墨尔本为华裔长者打造独立的住宅项目“Tao Home”。《澳洲金融评论报》报道称，博士山（Box Hill）白杨街（Poplar Street）19—21号的82套公寓将配置中国卫星电视连接、适用中国家电的万能电插头以及极具特色的厨房抽油烟机，以适应中国人的炒菜习惯。在公寓首层，将设置中国人喜欢的麻将中心和康乐中心。浴室将安装安全扶手，阳台将增加“湿厨房”木制品，这也是亚洲人的居家特色。据最新统计，涌入澳大利亚的中国移民仅次于英国和新西兰，博士山有超过两成的居民有华裔血统。

澳大利亚规范中医立法，中医诊所逾 2500 家。自 2012 年澳大利亚在西方国家中第一个为中医药立法，正式承认中医合法地位至今，澳大利亚已有逾 2500 家的中医和针灸诊所，有合法身份的中医师可以拥有 Doctor 头衔并被赋予处方权。目前，澳大利亚共有注册中医师和针灸师 4494 人，其中针灸师为 1688 人。澳大利亚澳华医学会会长张翼博士表示，中医立法是中医药走向世界的曙光以及里程碑。但立法也是双刃剑，既能保护行业的健康发展，也将其纳入规章制度的严格管理。据调查，在澳大利亚约有 40% 的病人寻求非西医治疗，而在这些人当中，80% 以上的人都是寻求中医治疗。

澳大利亚媒体涉嫌抹黑中成药，华人社团发声明质疑。2015 年 12 月，澳大利亚中药行业联合会发表声明，质疑澳大利亚广播公司（ABC）的报道关于两所大学有关中成药研究检测的报道对包括媒体在内的大众造成误导。此前，ABC 报道阿德雷德两所大学对 26 种中成药进行研究检测，发现“超过一半不合格”。声明指出，检测样品不合规范，其中 17 个并未在澳大利亚药管局（TGA）列册或注册，属于非法进口及销售，这样的研究结果没有实际意义。联合会指出，这对传统“中成药”整体形象是一种不公平的“抹黑”行为，并以偏概全，给公众对“中成药”产生难以挽回的错误印象。

澳大利亚官员提醒留学生注意安全问题。2015 年 5 月，澳大利亚公平工作专员奈特莉·詹姆斯在社交媒体上发布的留学生工作权利宣传，让更多的学生能够了解到自己可能忽视的社会知识。澳大利亚一共有大约 34 万留学生打工挣钱，其中有 7.6 万来自中国。澳大利亚新南威尔士州侦缉警司、新州警方留学生安全事务新闻发言人 Gavin Dengate 指出，谈及新州留学生在安全意识和行为上存在的安全隐患，中国留学生不少生活习惯很容易带来安全上的问题，也容易成为不法分子的目标。

中国侨联年鉴

附　录

中国侨联年鉴

2016 中国侨联年鉴

附录一　中国侨联第九届委员会名单

中国侨联第九届委员会主席、副主席、秘书长、顾问、常务委员、委员、海外委员、名誉委员名单 *

（2013年12月第九次全国归侨侨眷代表大会
及中国侨联九届一次全委会议产生）

主　　席：林　军

副 主 席：董中原　李卓彬　乔　卫　康晓萍（女）　陈有庆
汪毅夫　李昭玲（女）　邵旭军（女）　万立骏　张玉卓
吴　晶（女）　王荣宝（女）　许荣茂　刘艺良　朱奕龙
王亚君（女）　胡胜才　沈　敏（女）

秘 书 长：王　宏

顾　　问：（按姓氏笔画排序）

内地顾问

王永乐　王成云　王宋大　王善荣　文海英（女）
古华民　叶迪生　朱添华　庄炎林　李本钧
李君如　李星浩　李祖沛　李雪莹（女）　李欲晞
杨玉环（女）　杨国庆　肖　岗　吴幼英（女）　吴承业
吴孟超　何小平　何添发　张小建　张元龙
张伟超　陈兰通　林水龙　林兆枢　林丽韫（女）
林其珍　林明江　林淑娘（女）　俞云波　徐发淦
郭麟恭　唐闻生（女）　黄甘英（女）　黄军军（女）　黄涤岩
黄翠玉（女）　雪克来提·扎克尔（维吾尔族）　梁国扬　谢文霖[①]

港澳顾问

马介璋　王钦贤　古宣辉　卢文端　叶树林
丘　添　包陪庆（女）　吕振万[②]　伍淑清（女）　庄启程

---

* 本名单调整变动信息截至2015年12月31日。

① 2014年8月31日在广东广州逝世，享年74岁。

② 2015年4月5日在香港逝世，享年91岁。

许健康	李群华	吴立胜	余国春	张华峰
陈永棋	陈守仁	陈明金	陈金烈	陈清泉
林广兆	林慧卿（女）	罗少荣①	黄宜弘	梁仲虬

海外顾问

卜南竹（女，澳大利亚）	王必光（奥地利）	王志民（泰国）	方天兴（马来西亚）
方李邦琴（女，美国）	邓柱廷（英国）	邓家昌（加拿大）	古富雄（巴西）
叶伟才（美国）	丘夏莉（女，泰国）	丘超濂（美国）	吕振膑（缅甸）
朱正敏（比利时）	朱庆龙（美国）	朱灼枢（美国）	朱展伦（加拿大）
朱耀棕（尼日利亚）	伍卓生（加拿大）	伍璇灿（美国）	任政光（日本）
刘华安（美国）	刘南辉②（马来西亚）	刘锦庭（泰国）	刘暹有（泰国）
关乃平（日本）	关洛章（美国）	池洪湖（美国）	许　榕（澳大利亚）
许贞木（柬埔寨）	纪辉琦（印尼）	苏均亮（巴西）	苏震西（澳大利亚）
李　扬（美国）	李文正（印尼）	李文忠（阿根廷）	李玉玲（女，美国）
李吉才（塞内加尔）	李光隆（泰国）	李荣郇（菲律宾）	李宪章（日本）
李竞芬（女，美国）	李铿发（南非）	杨天培（马来西亚）	杨华根（荷兰）
杨启秋（柬埔寨）	杨忠勇③（澳大利亚）	吴大为（美国）	吴世华（美国）
吴仲振（菲律宾）	吴宏丰（泰国）	吴国宝（美国）	吴昌茂（澳大利亚）
吴德辉（印尼）	何　行（巴西）	余文蔚（加拿大）	张　茵（女，美国）
张作波（美国）	张素久（女，美国）	张晓卿（马来西亚）	张祥盛（泰国）
张曼新（斯洛伐克）	张锦雄（印尼）	陈　福（加拿大）	陈本显（菲律宾）
陈立人（新加坡）	陈永栽（菲律宾）	陈有汉（泰国）	陈江和（新加坡）
陈克威（法国）	陈和水（澳大利亚）	陈钧铭（美国）	陈俊义（美国）
陈美兰（女，加拿大）	陈祖昌（菲律宾）	陈振治（泰国）	陈清泉（美国）
陈维国（美国）	邵礼平（加拿大）	林文光（印尼）	林文镜（印尼）
林玉唐（马来西亚）	林玉燕（女，菲律宾）	林加者（法国）	林克旭（印尼）
金　翚（日本）	周光明（澳大利亚）	郑　辉（法国）	郑正胜（日本）
郑源来（柬埔寨）	单　声（英国）	胡　顺④（美国）	胡允革（荷兰）
胡志光（荷兰）	钟廷森（马来西亚）	俞雨龄（印尼）	施至成（菲律宾）
夏廷元（比利时）	夏康民（德国）	徐松华（西班牙）	郭祖德（巴西）
唐　裕（新加坡）	黄双安（印尼）	黄玉书（新西兰）	黄如论（菲律宾）
黄志明（荷兰）	黄志源（印尼）	黄玮璋（新西兰）	黄锡海（美国）
萧孝权（秘鲁）	梁权暖（墨西哥）	梁冠军（美国）	梁职臣（南非）
彭云鹏（印尼）	董尚真（菲律宾）	董瑞萼（尼日利亚）	蒋菊英（女，巴拉圭）
韩晟昊（韩国）	傅松望（西班牙）	曾福应（菲律宾）	曾德深（日本）
谢国民（泰国）	靳泽田（韩国）	赖松生（缅甸）	雷　滨（巴西）
雷汉辉（美国）	雷谦光（澳大利亚）	詹文义（加拿大）	鲍悦初（日本）

① 2015 年 12 月 2 日在澳门逝世，享年 91 岁。

② 2015 年 2 月 10 日在新加坡逝世，享年 97 岁。

③ 2014 年 3 月 27 日在澳大利亚布里斯班逝世，享年 78 岁。

④ 2015 年 12 月 1 日在美国洛杉矶逝世，享年 95 岁。

蔡友铁（菲律宾）	蔡文显（葡萄牙）	蔡汉强（泰国）	谭国材（美国）	
戴　锜（美国）	魏宏利（美国）	魏基成（澳大利亚）		

常务委员：（按姓氏笔画排序）

万立骏	马　坚（回族）	马志武（回族）	马勇智（俄罗斯族）	王　宏
王广基	王之锋	王文良	王永刚	王亚君（女）
王宇科	王金狮	王荣宝（女）	王保生	王晓玉
王彬成	王淑娟（女）	王琳达（女）	王锦彪	王鹏杰
王德贤	韦　干（壮族）	毛起雄	史　宇	包　东
冯　燕（女）	冯祖华	司徒荻林	吕　虹（女）	吕耀东
朱世增	朱建山	朱奕龙	朱道弘	乔　卫
庄绍绥	刘艺良	刘以勤（女）	刘志强	刘松勇
刘爱丽（女）	刘润生	安全忠	许并社	许荣茂
许清流	孙柏瑜	纪少雄	麦庆泉	芮晓武
李　嵘（纳西族）	李　崴	李　瑜（满族）	李　辙	李文俊
李卓彬	李昌富	李金松	李昭玲（女）	李碧葱（女）
李曙光	吴　晶（女）	吴化民（蒙古族）	吴向明（满族）	吴换炎
邱天祝	邱维廉[1]	何云霞（女）	汪毅夫	沈　敏（女）
沈家燊	迟国强	张　玲（女）	张玉卓	张光平
张海鸽（女）	张维仁	陈　迈	陈　桦（女）	陈乃科
陈水波	陈世春	陈幼南	陈有庆	陈成秀
陈红天	陈进强	陈励君（女）	陈泽峰	陈钟林（女）
陈晓玉（女）	陈健英	陈家泉	陈智思	邵旭军（女）
范安龙	林　东	林　军	林　惠（女）	林正佳
林龙安	林佑辉	林定强	林树哲	林晓昌
林铭森	罗掌权	周永伟	周伟建	赵建中
胡　翎（女）	胡胜才	胡振木	姜小玲（女）	费亚夫
姚志胜	格　桑（藏族）	顾行发	徐德龙	高　杰
高永英（女）	郭泽伟	浦　江	黄　涛	黄少良
黄和伍	黄焕明	黄琼成	黄朝阳	康玛水
康晓萍（女）	梁　波	梁树森	梁亮胜	梁淦基
屠　杰	彭隆荣	董中原	董锦燕（女）	韩国龙
舒　心	曾焕沙	谢小建	谢余卡	蓝桂兰（女，畲族）
赖庆辉[2]	蔡建国	黎振强	颜延龄	颜宝铃（女）
潘庆林	薛水和			

委　　员：（按姓氏笔画排序）

丁　竑	丁列明	于志毅（回族）	于毅波	万　钧
万立骏	马　坚（回族）	马志武（回族）	马金标	马勇智（俄罗斯族）

① 2015年5月26日在北京逝世，享年68岁。

② 2014年9月27日在香港逝世，享年70岁。

马鸿铭	王　宏	王　胜	王　强	王大鸣（女，蒙古族）
王小玉（女）	王广基	王之锋	王文良	王立和
王永刚	王执礼	王亚君（女）	王曲娜[1]（女）	王廷双
王庆伟	王宇科	王沙沙	王金狮	王绍东
王荣宝（女）	王保生	王晓玉	王海银	王彬成
王淑娟（女）	王琳达（女）	王瑜玲（女）	王锦彪	王锦辉
王鹏杰	王滨沙（女）	王德贤	韦　干（壮族）	区德强
毛起雄	乌兰哈达（蒙古族）	方　玲（女）	方徽琴（女）	孔子为
孔春琼（女）	邓绍平	邓振龙	邓雄汉	石　岳（女）
卢文朋	卢思高	叶水应	叶建州	叶建敏
叶振都	叶谋足	叶谋锋	叶森尧	申永娜（女）
田　桦（女）	田来怀	田炳信	田桂芳（女）	史　宇
代焕江（满族）	白计平	包　东	冯　雷	冯　磊
冯　燕（女）	冯宝华	冯革新	冯祖华	司徒荻林
邢新会	吉　祥	毕志健	曲　平	吕　虹（女）
吕　涛（满族）	吕凤显	吕玉茹（女）	吕彩霞（女）	吕耀东
朱　华（女）	朱　燕（女）	朱世增	朱兴动	朱利民
朱建山	朱奕龙	朱道弘	朱锜锜（女）	乔　卫
华清文	向长江	向国蓉（女）	庄永兴	庄创业
庄学山	庄绍绥	庄哲猛	刘　云（女）	刘　洁（女）
刘　勇	刘大山	刘艺良	刘文华（女）	刘以勤（女）
刘汉祥	刘伟良	刘志强	刘松勇	刘爱丽（女）
刘润生	刘淑英（女）	刘雅煌	齐凤霞（女）	关文良
关文活	池峰龙	汤春甫	安全忠	许　丽（女）
许华芳	许并社	许金华	许荣茂	许清流
孙民生	孙启烈	孙学光	孙柏瑜	牟红岩（女）
纪少雄	麦可君（女）	麦庆泉	芮晓武	苏庆辉
杜　逸（女）	杜宇平	杜秀珍	杜怀泰（女）	李　忠
李　亮（女）	李　琨	李　嵘（纳西族）	李　崴	李　斌
李　瑜（满族）	李　静（女，北京）	李　静（女，吉林）	李　慧（女）	李　毅（女）
李　辙	李天赏	李文俊	李冬娟（女）	李百战
李达生	李仲民	李兴钰	李丽曼（女）	李卓彬
李昌富	李金松	李学东	李昭玲（女）	李贵辉
李桂英（女）	李晓华	李敬祥	李登新	李碧葱（女）
李德增	李鎏麟	李曙光	杨　晖	杨世民
杨宏伟	杨宝庆	杨荣湘	杨锡铭	杨新能
吾尔开西·库开西（哈萨克族）		连小敏	轩江波	肖　军（女）
肖开宁	肖逸生	吴　晶（女）	吴小濛（女）	吴飞飞（女）
吴化民（蒙古族）	吴玉明	吴永平	吴华新	吴向明（满族）
吴武煌	吴青展	吴厚信	吴换炎	吴联盟

① 2015年4月5日在辽宁沈阳逝世，享年59岁。

吴蓓琪（女）	邱天祝	邱维廉	何元庆	何云霞（女）
何建梁	何晓雄	佘德聪	余志勇	余志强
余梅生	狄　文	应凤娟（女）	汪瓦水	汪毅夫
沈　敏（女）	沈家燊	宋政奎	宋晓平	迟国强
张　诚	张　玲（女）	张　俊	张　癸	张　蓓（女）
张卫红	张文亮	张玉卓	张光平	张守业
张志坚	张志猛	张林海	张国蕊（女）	张振灿
张海鸽（女）	张悦英（女）	张维仁	张德兴	
阿不都外力·马木提（维吾尔族）		阿依肯·木和塔尔汉（女，哈萨克族）		
阿曼太·哈力克（哈萨克族）		陈　权	陈　迈	陈　刚
陈　红（女）	陈　坚	陈　杰	陈　桦（女）	陈　珊（女）
陈　雄	陈乃科	陈水波	陈长宝	陈世春
陈幼南	陈式海	陈有庆	陈成秀	陈红天
陈进强	陈志炜	陈励君（女）	陈泽峰	陈宗荣
陈钟林（女）	陈振豪	陈晓玉（女）	陈晓东	陈健英
陈家泉	陈喜东	陈智思	陈新伦	陈碧兰（女）
陈慧华（女，满族）	陈潮南	邵旭军（女）	邵国成	邵金如
武　菁（女）	范安龙	林　东	林　军	林　松
林　惠（女）	林文云	林文斌	林书育	林正佳
林龙安	林传锋	林华生（女）	林佑辉	林明海
林泽春	林定强	林春晖（女）	林树人	林树哲
林威爵（京族）	林贵安	林振龙	林晓昌	林祥华
林铭森	林智勇	林德兴	林懋达	罗丽都（女）
罗掌权	季加宇	岳鸿声	周少华	周永伟
周伟建	周松一	周厚立	周祥薇（女）	周敬民
郑　好	郑　耀	郑小蕊（女）	郑连发	郑茂学（布依族）
郑卓标	郑俊武	宝日胡日嘎（蒙古族）		项芳云（女）
赵建中	赵思群	胡平（女，满族）	胡　翎（女）	胡胜才
胡振木	柯君恒	柳松波	钟　雄	钟达欢
钟保加	段　林（傣族）	俞文彬	施　红（女）	施若龙
施养谊	施能响	姜小玲（女）	洪　华（女）	洪明基
洪春凤（女）	宫　琳（女）	费亚夫	胥家宏	姚向红（女）
姚志胜	姚新文（女）	贺　林	贺　敏（女）	秦　锋
聂河云	莫华福	格　桑（藏族）	顾行发	顾佳丹
徐　葭（女）	徐盛兴	徐新英（女）	徐德龙	殷　强
翁少兰（女）	高　杰	高永英（女）	郭国耀	郭泽伟
郭雪梅（女）	席　真	唐国强	浦　江	谈长燕
陶庆华	黄　涛	黄　维	黄士心	黄少良
黄纪凯	黄志坚	黄宏雁	黄其敏（女）	黄英来
黄和伍	黄洪声	黄海鸿（满族）	黄焕明	黄琼成
黄朝阳	黄楚基	曹文宗	曹明龙	曹堪宏
康　洁（女，满族）	康玛水	康晓萍（女）	康健一	章明伟

梁　波	梁　麒	梁日辉	梁树森	梁亮胜
梁淦基	屠　杰	屠宁之	屠海鸣	彭　霈
彭炜林	彭隆荣	董　泽	董中原	董喜刚
董锦燕（女）	蒋绍华	蒋闽江	蒋晓筠（女，壮族）	韩大伟
韩国龙	韩荣华（女）	喻小平	程　东	程　璇（女）
程　燕（女）	舒　心	童道驰	曾　旭（女）	曾民盛
曾焕沙	温深文	谢小建	谢东梅（女）	谢余卡
谢是海	谢思训	谢俊明	谢硕文	谢惠蓉（女）
登德旺志（藏族）	鄞荣源	蓝桂兰（女，畲族）	赖幼学（女）	赖庆辉
赖英群（女）	蔡　铭	蔡红专（女）	蔡建国	蔡雪嫦（女）
廖凤英（女）	廖怡辉	廖清江	谭　菲（女）	镇　翔（蒙古族）
黎振强	颜延龄	颜宝铃（女）	潘庆林	潘建雄
薛水和	戴一红（女）	戴文威	魏冬梅（女）	

海外委员：（共92个国家，446名）

亚　洲（91名，分国家按姓氏笔画排序）

阿联酋：万长青　张俊毅　陈志远　常　琪

巴基斯坦：阿卜杜尔·克尤木·马吉德　陈宗东

东帝汶：符孝勤

菲律宾：王　勇　杨思育　张昭和　陈錡桓　郑远明　胡国赞　施恭旗　黄祯潭　蔡其仁　戴宏达

哈萨克斯坦：安胡赛　杜肯·玛斯木汗

韩　国：李忠宪　谭绍荣

柬埔寨：杨宗德　施永平　高　华　黄瑞华（女）

老　挝：姚　宾

马来西亚：刘国城　刘瑞发　邱维斌　陈凯希　林伟才　林福山　郑添利　黄汉良　黄国忠　戴良业

蒙　古：白双占　李丽

缅　甸：李松枝　李祖清　杨钏王　林文猛　谢世祥　虞有海

尼泊尔：吉　噶　次丹晋美

日　本：于柏林　杜　进　杨克俭　林唯史　金启功　周玮生　曹德弼　符易亨　谢成发　廖雅彦

泰　国：王睦良　邝锦荣　刘汉城　刘纯鹰　李桂雄　吴亮泰　陈汉民　陈绍扬　陈智淦　欧先慈　赵春森　胡宝锋　蔡荣庄

土耳其：叶德龙　江小斌　郑　壮

文　莱：陈嘉兴　林伯明　韩勉元

乌兹别克斯坦：季求海

新加坡：李秉萱

伊　朗：边柏功

以色列：丁履娟（女）　吴咏（女）

印　　度：丘开勇　关文松

印　　尼：许世经　李川羽　吴孝忠　何文金　林宏修　施柏松

姚忠从　黄一君　黄德新

非　洲（53 名，分国家按姓氏笔画排序）

埃　　及：付金丽（女）　陈建南

博茨瓦纳：刘　冰　南庚戌

加　　纳：苏跃华　沈汉明　萧　波

加　　蓬：张原惠　徐恭德

津巴布韦：丛玉玲（女）　郭法新

科特迪瓦：欧阳日坪　金　浩

肯 尼 亚：郭文昌　韩　军

莱 索 托：陈邦旺　陈克辉

马达加斯加：李耀民　陈健江　商良

马 拉 维：蒋清溪

毛里求斯：田莉英（女）　林努宏　林孟超　熊仕中

莫桑比克：江永生　黄类思

纳米比亚：林金淡　黄松根　傅新利

南　　非：王龙水　王建旭　叶北洋　苏祥金　李新铸　杨天峙

吴少康　张正弟　陈　清（女）　陈玉玲（女）　陈宝进　姒　海

胡建华　徐长斌　曹行知

南 苏 丹：姚　辉

尼日利亚：李晓峰　钱国林　董凤池　薛晓明

坦桑尼亚：丁　贤

乌 干 达：方　忞（女）

赞 比 亚：张　军

欧　洲（141 名，分国家按姓氏笔画排序）

爱 尔 兰：郑齐亮　戴国良

奥 地 利：张维庆　陈安申　林云龙　金剑平　胡焕荣　詹伟平

保加利亚：孙雄标　章志光

比 利 时：朱海安　何少芳（女）　何晓耀　高伟民　傅旭海

冰　　岛：王华胜　贾长文

波　　兰：丁建志　叶圣武　林建清

丹　　麦：陈德娟（女）　曹燕灵（女）

德　　国：叶海杰　叶增雅　冯定献　李福全　杨伟忠　郑光民

萧　英　龚礼明　傅春平　谭笑佰

俄 罗 斯：王广源　关百新　孙　雷　虞安林

法　　国：王加清　刘光敏　池万升　孙爱平　苏荣武　吴武华

邱爱华（女）　张承才　陈文雄　陈胜武　林光武　卓旭光

罗佳君　胡奇业　钱美蓉（女）　徐乐平　郭胜华　郭智敏

萧桂芳　程超辉　温晓光　楼大明　蔡足焕

芬　　兰：罗伟仁

荷　　兰：王剑光　朱伟勋　张巧忠　陈光平　林太松　周山川

周守局　胡志言　胡振款　黄麒麟　傅旭敏　潘世锦

捷　　克：孙悦新　林国光

克罗地亚：尹利敏

罗马尼亚：李国胜　金晓忠

马 耳 他：秦正贤

挪　　威：张林虎　袁亚明

葡 萄 牙：王小伟　朱长龙　麻福标

瑞　　典：王建荣　叶克清　叶意平　张少华　柳少惠

瑞　　士：邓予立　卡纳·加央　谢文根多　德塞·慈诚

斯洛伐克：叶竹民　罗云标

乌 克 兰：李学刚

西 班 牙：毛　峰　叶玉兰（女）　刘光新　刘继东　许飞敏　许建南　李月萍（女）　周志文　倪晔敏　蔡永廉　潘　勇

希　　腊：李　昂　李大乐　陈　灵　徐伟春

匈 牙 利：方良瑞　余美明　陈　震　林胜琴（女）　季绍云　郑杰敏　郑乾有　胡鹏飞

意 大 利：王志敏　王家厚　王增理　刚坚·洛桑土登·赤来央培　刘光华　杨正昭　吴锦泽　张　力　林伟雄　林忠光　林建华（女）　周小斌　周致敏　赵昌琴　胡光利　姜际春　詹杨毅　蔡玉弟　廖宗林

英　　国：邓　珩　许一倩（女）　李雪琳（女）　阿托旦增

美　洲（133名，分国家按姓氏笔画排序）

阿 根 廷：马更生　严盛龙　何文强　陈瑞平

巴　　西：王俊晓　尹相丛　尹楚平　尹霄敏　叶周永　孙特英（女）　吴耀宙　张　伟　张江欧　陈小贤　陈荣正　陈雄斌　林周恩　孟雯华（女）

巴 拿 马：黄伟文

玻利维亚：杜武仁

秘　　鲁：区仲贤　黄小丹　梁　顺　魏　云

多米尼加：吴国祥

厄瓜多尔：徐　涛　潘坤平

哥伦比亚：王静潮　徐铭添

哥斯达黎加：薛　雪（女）

古　　巴：周卓明

圭 亚 那：周绍良　黄浦源

加 拿 大：马君强　王文婉（女）　王家明　文伟建　邝健民　庄少卿　许健伦　李云祥　杨　静（女）　杨贤彪　余绍然　张仕根　张明达　陈德光　林大松　林和平　欧阳元森　庞　燕（女）　段律文　郭泰诚　曹纯华　雷煜植　滕　达　薛金生

美　　国：马森柱　王　珏　王俭美　方伟侠　邓　龙　叶　超　吕坚强　吕诗澄　朱一民　朱国明　乔立华　伍柱钧　庄佩源　刘　红（女）　刘平中　刘杨林　刘健民　刘锦彰

山西省

单位名称	地　址	电话号码	传真号码	邮政编码
山西省侨联	太原市迎泽大街 388 号山西国际大厦 10 层	（0351）6192907	（0351）6192970	030001
太原市侨联	太原市新建路 69 号	（0351）4220222	（0351）4227325	030082
太原市迎泽区侨联	太原市迎泽区云路街 15 号	（0351）4033640		030002
太原市尖草坪区侨联	太原市尖草坪区委区政府大院西 2 楼	（0351）5651806		030023
太原市万柏林区侨联	太原市西矿街 35 号	（0351）3248882		030024
太原市晋源区侨联	太原市晋源新城区委统战部 509 室	13835191291（杨娟）		030052
太原市小店区侨联	太原市小店区昌盛西街 19 号区委统战部转	（0351）7176173		030032
太原市杏花岭区侨联	太原市杏花岭区委统战部	13934600444（王彩萍）		030003
古交市侨联	太原市古交市青年路 1 号市政府大院古交统战部转	13603551278（王忠保）		030200
清徐县侨联	太原市清徐县政府大院清徐统战部转	（0351）5722615		030400
娄烦县侨联	太原市娄烦县城南大街政府大院 6 层统战部办公室转	（0351）5324547		030300
阳曲县侨联	太原市阳曲县新阳大街县委办转	13903419081（田志宏）		030100
大同市侨联	大同市魏都大道 5 号		（0352）2082731	037004
天镇县侨联	大同市天镇县政府大楼 5 层	159346033820（闫锦秀）		038200
阳高县侨联	大同市阳高县委大院人大政协 1 楼	13403608097（李坚）		038100
大同县侨联小组	大同市大同县西街葆华里 5 排 2 号	13653625350（高喜斌）		037300
左云县侨联小组	大同市左云县委统战部	15035260449（陈英）		037100
同煤集团侨联小组	大同市同煤集团办公大楼党委统战部 1613 房间	（0352）7868273		037003
朔州市侨联	朔州市委统战部转		（0349）2163188	036001
忻州市侨联	忻州市长征中路 26 号市委北院 409 室		（0350）3309105	034000
吕梁市侨联	吕梁市离石区永宁中路 9 号		（0358）8238064	033000
孝义市侨联	吕梁孝义市党政大楼 922 房间	（0358）7828033	（0358）7828033	032300
晋中市侨联	晋中市汇通路民营经济大厦七层 712 室		（0354）3968536	030600
晋中市榆次区侨联	晋中市榆次区迎宾西路区政府 713 房间	（0354）3368596		030600
太谷县侨联	晋中市太谷县新建路 202 号政府大院 2 号楼 508 房间	（0354）6223012		030800
祁县侨联	晋中市祁县东风路 101 号政府大院 1 号楼 312 房间	（0354）5222802		030900
平遥县侨联	晋中市平遥县曙光路 13 号党政大楼 430 房间	（0354）5624173		031100
介休市侨联	晋中市介休市西大街市委 219 房间	（0354）7222439		032000
灵石县侨联	晋中市灵石县新建路政府办公大楼 612 房间	（0354）7623563		031300
寿阳县侨联	晋中市寿阳县朝阳街行政大楼 222 房间	（0354）4623838		045400
榆社县侨联	榆社县东大街 19 号县委统战部	（0354）6622377		031899
昔阳县侨联	昔阳县行政服务大楼 6 楼 601	（0354）4123562		045300
和顺县侨联	和顺县城新华街 3 号政府大楼 1039	（0354）8122484		032700
左权县侨联	左权县城北大街 22 号政府大院后楼 504	（0354）8631556		032600
阳泉市侨联	阳泉市南大东街 534 号农业大厦 9 层		（0353）2163918	045000
阳泉市城区侨联	阳泉市城区财政局转	13643538989（王为华）		045000
阳泉市郊区侨联	阳泉市郊区区委统战部转	18703530806（梁世钟）		045000
阳泉市矿区侨联	阳泉市矿区区委统战部转	13835334676（赵璟）		045000
平定县侨联	阳泉市平定县委统战部转	13096503307（贾光升）		045200
盂县侨联	阳泉市盂县县委统战部转	（0353）8083329		045100
长治市侨联	长治市政协楼党派楼一层		（0355）2049195	046000
长治市城区侨联	长治市太行东街 66 号长治市城区政府	（0355）2239231	（0355）2239233	046000
长治市郊区侨联	长治市延安中路 61 号郊区侨联	（0355）2188582		046011
长治县侨联	长治市长治县委统战部转	（0355）8084355	（0355）8089368	047100
屯留县侨联	长治市屯留县委统战部侨联办公室	18635529519		046100
襄垣县侨联	长治市襄垣县府东街 1 号统战部	13015363729		046200
平顺县侨联	长治市平顺县委统战部侨联办公室	15534569582		047400
壶关县侨联	长治市壶关县委统战部侨联办公室	13096568815		047300
沁源县侨联	长治市沁源县委统战部侨联办公室	13935577237		046500
长子县侨联	长治市长子县委统战部侨联办公室	15364958222		046600
黎城县侨联	长治市黎城县委统战部侨联办公室	13935596330		047600

山西省

单位名称	地　址	电话号码	传真号码	邮政编码
沁县侨联	长治市沁县县委统战部侨联办公室	（0355）7837587		046400
武乡县侨联	长治市武乡县委统战部侨联办公室	（03565）6385319		046300
潞城市侨联	长治市潞城市委统战部侨联办公室	13935510389		047500
潞安矿业集团侨联小组	山西襄垣县侯堡潞安矿业集团人才交流中心	13995559165（林虹）		046204
首钢（长钢）有限公司侨联小组	首钢长治钢铁有限公司宣传部	（0355）5086660		046031
晋城市侨联	晋城市市委大楼 930 室	（0356）2198798	（0356）2025757	048000
晋城市城区侨联	晋城市城区新市西街 75 号城区政府西 2 楼	（0356）2039420		048000
泽州县侨联	晋城市西安街 101 号泽州县政府 528 房间	（0356）3033077		048000
阳城县侨联	晋城市阳城县五中政府办公区 C 区 507 室	（0356）4229290		048100
高平市侨联	晋城市高平市长平西街 44 号 3 楼	（0356）5225601		048400
沁水县侨联	沁水县城新建西路县委新楼 124 号	（0356）7023445		048200
陵川县侨联	晋城市陵川县梅园东街 1 号	（0356）6203488		048300
晋煤集团侨联	山西晋城煤业集团侨联	（0356）3664218		048000
临汾市侨联	临汾市尧都区财神楼北街 17 号统战大楼 1 层		（0357）3985856	041000
曲沃县侨联	临汾市曲沃县府东街县委大院中共曲沃统战部转	（0357）4522054		043400
尧都区侨联	尧都区华州路一号尧都区侨联	（0357）2228383		041000
洪洞县侨联	洪洞县文庙街统战部 123 号 001 室	（0357）6223224		041600
运城市侨联	运城市盐湖区河东东街 268 号市气象局 2 楼		（0359）2022070	044000
运城市盐湖区侨联	运城市盐湖区解放北路 46 号中共盐湖区委大楼五楼	13327480288（范安师）		044000
永济市侨联	运城市永济市博物馆	13015415248（党圣召）		044500
闻喜县侨联	运城市闻喜县太风路领秀花苑东一排 3 号	13935943013（陈颖）		043800
河津市侨联	运城市河津市新耿北大街 115 号河津市总工会	13835887988（史玉玲）		043300

内蒙古自治区

单位名称	地　址	电话号码	邮政编码
内蒙古自治区侨联	呼和浩特市敕勒川大街 1 号 718 室	（0471）4813674	010096
呼和浩特市侨联	呼和浩特市党政办公大楼 834B	（0471）4606209	010025
包头市侨联	包头市昆都仑区钢铁大街 33 号万豪国际写字楼 515 室	（0472）5363631	014010
呼伦贝尔市侨联	呼伦贝尔市海拉尔区新区行政中心 D 座 1234 室	（0470）8216590	021000
兴安盟侨联	乌兰浩特市兴安盟党政综合办公大楼 1428 室	（0482）8267428	137400
通辽市侨联	通辽市新城区行政中心大楼 0206 室	（0475）8836952	028000
赤峰市侨联	赤峰市新城区党政综合楼 A220 室	（0476）8822596	024000
锡林郭勒盟侨联	锡林浩特市经济技术开发区盟党政大楼 521 室	（0479）8110422	026000
乌兰察布市侨联	乌兰察布市集宁新区党政大楼 938 室	（0474）8810587	012000
鄂尔多斯市侨联	鄂尔多斯市康巴什新区党政大楼 C424 室	（0477）8589078	017010
巴彦淖尔市侨联	巴彦淖尔市临河区新华西街市党政办公大楼 7041 室	（0478）8655741	015000
乌海市侨联	乌海市海勃湾区市滨河行政中心 A 座 1336 室	（0473）3998852	016000
阿拉善盟侨联	阿拉善盟行政大楼一号楼 1008 室	（0483）8332081	750306
满洲里市侨联	满洲里市新区党政办公大楼 3101 室	（0470）6262159	021400
二连浩特市侨联	二连浩特市党政大楼一号楼 313 室	（0479）7525654	011100
内蒙古大学侨联	呼和浩特市大学西路 235 号	（0471）4992252	010021
内蒙古师范大学侨联	呼和浩特市昭乌达路 81 号	（0471）4392510	010022
内蒙古工业大学侨联	呼和浩特市爱民街 49 号	（0471）6575134	010051
内蒙古农业大学侨联	呼和浩特市昭乌达路 306 号	（0471）4309272	010018
内蒙古财经大学侨联	呼和浩特市回民区北二环路 185 号	（0471）3661120	010071
内蒙古医科大学侨联	呼和浩特市金山经济技术开发区	（0471）6653071 （0471）6653055	010059
内蒙古侨商会	呼和浩特市敕勒川大街 1 号 718	（0471）4813674	010096

辽宁省

单位名称	地　　址	电话号码	传真号码	邮政编码
辽宁省侨联	沈阳市皇姑区崇山东路 37 号	（024）24846715	（024）24846711	110032
沈阳市侨联	沈阳市总站路 115 号 A 1303	（024）22517732	（024）22517732	110002
大连市侨联	大连市中山区鲁迅路 278 号	（0411）82750062	（0411）82750062	116001
鞍山市侨联	鞍山市铁东区中华南路 240 甲 710 室	（0412）5539130	（0421）5539130	114002
抚顺市侨联	抚顺市顺城区新华大街 5 号（中辽大厦六楼）	（024）53885033	（024）53885033	113006
本溪市侨联	本溪市平山区人民路 31 号	（0414）2822956	（0414）2822956	117000
丹东市侨联	丹东市振兴区银河大街 100 号	（0415）2127161	（0415）2127161	118000
锦州市侨联	锦州市太和区市府路 68 号	（0416）3880666	（0416）3880666	121013
营口市侨联	营口市站前区东双桥里 29 号	（0417）2631814	（0417）2631814	115000
阜新市侨联	阜新市海州区爱国街 6 号	（0418）3319630	（0418）3319630	123099
辽阳市侨联	辽阳市白塔区陈家胡同 18 号	（0419）2125085	（0419）2125085	111000
铁岭市侨联	铁岭市凡河新区行政中心 1437 房间（金沙江路 28 号）	（024）72681103	（024）72681103	112608
朝阳市侨联	朝阳市朝阳大街三段 7 号	（0421）2858041	（0421）2622353	122000
盘锦市侨联	盘锦市兴隆台石油大街劳动大厦 8 楼	（0427）2824344	（0427）2824344	124010
葫芦岛市侨联	葫芦岛市龙湾区龙湾大街 15 号	（0429）3114239	（0429）3114239	125001

吉林省

单位名称	地　　址	电话号码	邮政编码
吉林省侨联	长春市工农大路 825 号	（0431）85087566　（0431）85087577	130021
长春市侨联	长春市南关区自由大路 3708 号	（0431）85286491　（0431）85281638	130022
吉林市侨联	吉林市北京路 82 号市委综合楼	（0432）62071196　（0432）62071107	132011
延边州侨联	延吉市公园路 2799 号州政务中心	（0433）2514924　（0433）2537937	133002
四平市侨联	四平市市府路 59 号	（0434）3266386　（0434）3266729	136000
通化市侨联	通化市秀泉路 702 号政协 2 楼	（0435）3214297	134001
白城市侨联	白城市文化东路 1 号市委院内	（0436）3225257　（0436）3237387	137000
辽源市侨联	辽源市辽河大路 4227 号市委院内	（0437）3319797　（0437）3316635	136200
松原市侨联	松原市宁江区沿江东路 189 号市委院内	（0438）2130742	138000
白山市侨联	白山市浑江区铁南街 1718 号	（0439）3233009	134300

黑龙江省

单位名称	地　　址	电话号码	邮政编码
黑龙江省侨联	哈尔滨市香坊区中山路 99 号	（0451）82300868	150036
哈尔滨市侨联	哈尔滨市道里区兆麟街 125 号市委 8 号楼	（0451）84619510	150010
齐齐哈尔市侨联	齐齐哈尔市建华区新明大街 27 号党政办公中心	（0452）2791719	161006
牡丹江市侨联	牡丹江市江南党政中心三号楼 409	（0453）6171089	157000
佳木斯市侨联	佳木斯市长安路 2666 号行政中心 1103 室	（0454）8222224	154004
大庆市侨联	大庆市政府大楼 3219 室	（0459）6363074	163311
双鸭山市侨联	双鸭山市新兴大街市委楼	（0469）4231260	155100
七台河市侨联	七台河市桃山区大同路 47 号市政府 1 号楼	（0464）8261332	154600
伊春市侨联	伊春市河西新区市委楼 A 座 201	（0458）3879768	153000
鸡西市侨联	鸡西市鸡冠区红旗路 18 号	（0467）2355200	158100
鹤岗市侨联	鹤岗市委大楼 侨联	（0468）3350053	154101
黑河市侨联	黑河市通江路 1 号市委市政府南楼	（0456）8222713	164300
大兴安岭地区侨联	加格达奇大兴安岭地委办公楼	（0457）2730303	165000
绥化市侨联	绥化市黄河北路党政办公中心	（0455）8386390	152054
农场总局侨联	哈尔滨市香坊区红旗大街 175 号	（0451）55198219	150036
森工总局侨联	哈尔滨市南岗区文昌街 66 号	（0451）82627404	150008
哈尔滨铁路局侨联	哈市南岗区西大直街 51 号	（0451）86423149	150006
绥芬河市侨联	绥芬河市委统战部	（0453）3987266	157300
抚远县侨联	抚远县委统战部	（0454）2154345	156500

上海市

单位名称	地　　址	电话号码	邮政编码
上海市侨联	上海市延安西路 129 号	（021）62497515	200040
徐汇区侨联	上海市乌鲁木齐南路 218 号	（021）64453044	200031
长宁区侨联	上海市安西路 37 号 402 室	（021）62522757	200050
普陀区侨联	上海市大渡河路 1718 号	（021）52564588	200333
虹口区侨联	上海市唐山路 902 号 1 号楼	（021）65853997	200082
杨浦区侨联	上海市控江路 1535 号	（021）65155251	200093
黄浦区侨联	上海市茂名南路 151 号 6 楼	（021）64662970	200020
静安区侨联	上海市康定路 950 弄 50 号	（021）62188083	200042
浦东新区侨联	上海市民生路 1286 号 6 楼	（021）68543935	200135
宝山区侨联	上海市密山路 5 号 A 区 2 楼	（021）56691373	201900
闵行区侨联	上海市沪闵路 6258 号	（021）54172386	201100
嘉定区侨联	上海市嘉定镇博乐南路 111 号	（021）69989809	201800
金山区侨联	上海市卫零路 809 号	（021）57962248	200540
松江区侨联	上海市谷阳北路 3 号	（021）57723031	201600
奉贤区侨联	上海市南奉公路 9503 号	（021）57187523	201400
青浦区侨联	上海市青浦镇公园路 100 号	（021）59733721	201700
崇明县侨联	上海市崇明县城桥镇人民路 35 号	（021）59621826	202150

江苏省

单位名称	地　　址	电话号码	传真号码	邮政编码
江苏省侨联	南京市中山北路 283 号 10 号楼	（025）83329483	（025）83425335	210003
江苏省侨商总会	南京市中山北路 283 号 10 号楼	（025）83580514	（025）83531265	210003
江苏省华侨公益基金会	南京市中山北路 283 号 10 号楼	（025）83580532	（025）83531265	210003
江苏省侨界专家委员会	南京市中山北路 283 号 10 号楼	（025）83580536	（025）83531265	210003
江苏省侨界法律顾问委员会	南京市中山北路 283 号 10 号楼	（025）83580537	（025）83531265	210003
江苏省侨界青年总会	南京市中山北路 283 号 10 号楼	（025）83580515	（025）83706180	210003
江苏省华侨书画院	南京市中山北路 283 号 10 号楼	（025）83580526	（025）83425335	210003
江苏省华侨艺术团	南京市中山北路 283 号 10 号楼	（025）83580538	（025）83706180	210003
南京市侨联	南京市成贤街 43 号 3 号楼	（025）83196235	（025）83190462	210018
南京市建邺区侨联	南京市江东中路 269 号	（025）87778231	（025）87778987	210019
南京市秦淮区侨联	南京市太平南路 69 号	（025）84556518	（025）84556529	210002
南京市鼓楼区侨联	南京市山西路 124 号	（025）83230169	（025）83230140	210009
南京市浦口区侨联	南京市浦口区江浦街道文德路 18 号	（025）58887757	（025）58882101	211800
南京市雨花台区侨联	南京市雨花南路区机关大楼	（025）52873627	（025）52883237	210012
南京市栖霞区侨联	南京市尧化门街 189 号	（025）85566945	（025）85570387	210046
南京市玄武区侨联	南京市珠江路 455 号	（025）83678267	（025）83682235	210018
南京市六合区侨联	南京市六合区雄州街道雄州南路 268 号六合大厦 26 楼	（025）57121052	（025）57759550	211500
南京市江宁区侨联	南京市江宁区上元大街 369 号	（025）87180020	（025）52281054	211100
南京市溧水区侨联	南京市溧水区永阳镇大东门 68 号	（025）57212823	（025）57212823	211200
南京市高淳区侨联	南京市高淳区镇兴路 228 号	（025）57338177	（025）57338311	211300
无锡市侨联	无锡市新金匮路 1 号市民中心 7 号楼	（0510）81827210	（0510）81827223	214131
无锡市锡山区侨联	无锡市锡山区锡州中路 1 号	（0510）88205091	（0510）88205091	214101
无锡市惠山区侨联	无锡市惠山区文惠路 8 号	（0510）83588907	（0510）83588907	214174
无锡市滨湖区侨联	无锡市滨湖区金城西路 500 号	（0510）81178158	（0510）81178158	214123
无锡市新吴区侨联	无锡市太科园和风路 28 号	（0510）81890505	（0510）81891620	214135
江阴市侨联	江阴市澄江中路 9 号	（0510）86860343	（0510）86860343	214400
宜兴市侨联	宜兴市陶都路 8 号	（0510）87986573	（0510）87986573	214200
徐州市侨联	徐州市新城区元和路 1 号 B 区 316 室	（0516）83850220	（0516）83850220	221018
睢宁县侨联	睢宁县行政中心 8 楼 812 室	（0516）88387595	（0516）88387595	221200
丰县侨联	丰县人民东路 8 号	（0516）89210432	（0516）89210432	221700
沛县侨联	沛县新城区沛公路 2 号行政服务中心统战部	（0516）68868828	（0516）89887189	221600

江苏省

单位名称	地　址	电话号码	传真号码	邮政编码
徐州市铜山区侨联	铜山新区政协楼 1 楼区委统战部	（0516）83405152		221100
徐州市泉山区侨联	徐州市解放南路延长段 26 号泉山区政府 932 室	（0516）85936260		221006
徐州市鼓楼区侨联	徐州市中山北路 253 号	（0516）87636222	（0516）87636222	221005
新沂市侨联	新沂市市府路 37 号综合楼 5 楼市侨联	（0516）88920693		221400
常州市侨联	常州市龙城大道 1280 号行政中心 3 号楼 B 座 3 楼	（0519）85683830	（0519）85683830	213022
溧阳市侨联	溧阳市南环路 18 号	（0519）87269175	（0519）87269175	213300
常州市金坛区侨联	常州市金坛区华阳南路 88 号	（0519）82825550	（0519）82825550	213200
常州市武进区侨联	常州市武进区行政中心 1 号楼 7 楼	（0519）86313660	（0519）86310875	213159
常州市新北区侨联	常州市新北区衡山路 8 号 2015 室	（0519）85177978	（0519）85115905	213022
苏州市侨联	苏州市五卅路 148 号	（0512）65221000	（0512）65221000	215006
张家港市侨联	张家港市华昌路 3 号港城大厦 22 楼	（0512）58682926	（0512）58682926	215600
常熟市侨联	常熟市金沙江路 8 号政府内	（0512）52871305	（0512）52871305	215500
太仓市侨联	太仓市县府东街 99 号 2 号楼 2 楼	（0512）53952256	（0512）53952256	215400
昆山市侨联	昆山市前进中路 167 号国际大厦五楼	（0512）57553540	（0512）55238651	215300
苏州市吴江区侨联	吴江区吴江大厦 B15 楼	（0512）63981589	（0512）63981581	215200
苏州市吴中区侨联	苏州吴中区太湖东路 288 号	（0512）65251767	（0512）65251767	215128
苏州市相城区侨联	苏州相城区阳澄湖东路 8 号相城区行政中心	（0512）85181610	（0512）85181601	215131
苏州市姑苏区侨联	苏州市平川路 510 号 1 楼	（0512）68728516		215000
苏州市工业园区侨联	苏州工业园区现代大道 999 号现代大厦社会事业局（侨联）			215028
苏州市高新区侨联	苏州高新区科普路 58 号 高新区统战部转侨联			215163
南通市侨联	南通市工农南路 88 号海联大厦 3 楼	（0513）51015782	（0513）51015783	226018
海安县侨联	海安县海安镇长江中路 106 号县政府大楼 1417	（0513）88852585	（0513）429405058	226600
如皋市侨联	如皋市福寿路 398 号市行政中心中 B 楼 15 楼	（0513）87658825	（0513）87199868	226500
如东县侨联	如东县掘港镇富春江中路 1 号	（0513）84513050	（0513）84113431	226400
海门市侨联	海门市北京中路 600 号	（0513）81261693	（0513）82222994	226100
启东市侨联	启东市牡丹路 1288 号 1414 室	（0513）83310041	（0513）83310041	226200
南通市通州区侨联	通州区朝霞路 88 号	（0513）86513625	（0513）86028620	226300
南通市崇川区侨联	崇川区桃坞路 44 号	（0513）85062062	（0513）85062091	226000
南通市港闸区侨联	南通市城港路 58 号	（0513）85609665	（0513）85609657	226005
连云港市侨联	连云港市新浦区苍梧路 36 号振兴学生公寓（院内）4 号楼 5 楼	（0518）85501782	（0518）85501782	222000
连云港市海州区侨联	连云港市海州区秦东门大街 28 号海州区政府 243 室	（0518）85456151	（0518）85456151	222000
连云港市赣榆区侨联	连云港市赣榆区政府大楼 1425 室	（0518）86223335	（0518）86223335	222100
灌南县侨联	连云港市灌南县行政中心 828 室	（0518）83222563	（0518）83222094	223500
东海县侨联	连云港市东海县桃林镇人民政府	（0518）87672266	（0518）87672266	222300
连云港市连云区侨联	连云港市连云区西墅路 1 号连云区政府 A117 室	（0518）82308895	（0518）82309473	222000
灌云县侨联	连云港市灌云县西苑南路 1 号灌云县行政中心 405 室	（0518）88997233	（0518）88997233	222200
淮安市侨联	淮安市健康东路 116 号	（0517）83606212	（0517）83606212	223001
淮安市淮阴区侨联	淮安市淮阴区行政中心 428 室	（0517）84997649		223300
淮安市淮安区侨联	淮安市淮安区兴文街区委大院 1 楼侨联	（0517）85882223		223200
涟水县侨联	涟水县涟城镇红日大道 1 号县政府办公楼 632 室	（0517）82380871	（0517）82380871	223400
淮安市清河区侨联	淮安市北京北路 103 号北楼 316 室	（0517）83643221		223001
洪泽县侨联	洪泽县人民路 26 号县侨联	（0517）87230587	（0517）87230587	223100
盐城市侨联	盐城市世纪大道 21 号市行政中心	（0515）86662432	（0515）86662432	224005
东台市侨联	东台市北海路 8 号新市政府大楼	（0515）85213938	（0515）60600621	224200
盐城市大丰区侨联	大丰区政府大院	（0515）83818549	（0515）83818549	224100
建湖县侨联	建湖卫生局南二楼 206 室	（0515）86215389		224700
射阳县侨联	射阳县合德镇朝阳街 1 号老地税局 4 楼	（0515）82354960	（0515）82354960	224300
阜宁县侨联	阜宁县城南 C 座国土局 1802 室	（0515）87238630	（0515）87238630	224400
滨海县侨联	滨海县行政办公中心 1123 室	（0515）84108356	（0515）68982178	224500

江苏省

单位名称	地址	电话号码	传真号码	邮政编码
盐城市盐都区侨联	盐都新区行政中心盐都区侨联	（0515）88426085	（0515）88426085	224005
扬州市侨联	扬州市汶河北路 29 号 4 楼	（0514）87341695	（0514）87312513	225002
高邮市侨联	高邮市海潮东路 28 号	（0514）85080190	（0514）84688213	225600
仪征市侨联	仪征市真州西路 1 号交通大厦六楼	（0514）83441118	（0514）83416982	211400
扬州市广陵区侨联	扬州市广陵区文昌中路 548 号广陵区政府大院内	（0514）87342215	（0514）87342215	225001
扬州市江都区侨联	扬州市江都区江淮路 388 号行政中心 15 楼	（0514）86299353	（0514）86299353	225200
扬州市邗江区侨联	扬州市邗江区邗江中路 338 号	（0514）87862114	（0514）87636136	225009
宝应县侨联	宝应县宝应大道 88 号行政中心	（0514）88282650	（0514）88290321	225800
镇江市侨联	镇江市南徐大道 68 号新行政中心 6 号楼	（0511）84420188	（0511）84420188	212004
丹阳市侨联	丹阳市开发区兰陵路 8 号市行政中心	（0511）86922123		212300
扬中市侨联	扬中市中电大道 8 号市行政中心 1 号楼	（0511）88326627	（0511）88326627	212200
句容市侨联	句容市华阳南路党校教学楼 2 楼句容新闻报道中心	（0511）87225849		212400
镇江市丹徒区侨联	镇江市丹徒区谷阳大道 1 号	（0511）88977123	（0511）88977124	212028
镇江市京口区侨联	镇江市学府路 39 号区政府大院内	（0511）80850602		212002
镇江市润州区侨联	镇江市润州路 5 号（区政府大院内）	（0511）85636198		212005
泰州市侨联	泰州市凤凰东路 58 号政府大院 B 楼 203	（0523）86839430	（0523）86839430	225309
靖江市侨联	靖江市阳光大道 1 号靖江市政府主楼 1308 室	（0523）89181308	（0523）89181386	214500
泰兴市侨联	泰兴市中兴大道 218 号（泰兴市政府大院内）	（0523）87623070	（0523）87766030	225400
兴化市侨联	兴化市新区行政中心 7 号楼（兴化市政府大院内）	（0523）83326750	（0523）83326759	225700
泰州市海陵区侨联	泰州市海陵区东进西路 109 号（单声珍藏文物馆内）	（0523）86235614	（0523）86235614	225300
泰州市高港区侨联	泰州市高港区港城路 8 号（高港区政府大院内）	（0523）86966100	（0523）86966037	225321
泰州市姜堰区侨联	泰州市姜堰区上海路 1 号姜堰区行政大楼 704 室	（0523）88869665	（0523）88869665	225500
宿迁市侨联	宿迁市南湖路 1 号市党政大楼 810 房间	（0527）84368534	（0527）84368532	223800

浙江省

单位名称	地址	电话号码	邮政编码
浙江省侨联	杭州市保俶路 24 号	（0571）85119617	（0571）85119059
市级侨联			
杭州市侨联	杭州市庆春路 178 号金融大厦 2 楼	（0571）87229807	310003
宁波市侨联	宁波市江东区和济街 95 号 18 楼	（0574）89184337	315042
温州市侨联	温州市行政管理中心 12 楼	（0577）88965226	325009
湖州市侨联	湖州市仁皇山新区行政中心 2 号楼	（0572）2398609	313000
嘉兴市侨联	嘉兴市广场路 1 号行政中心 5 号楼	（0573）82521872	314001
绍兴市侨联	绍兴市府山西路 360 号	（0575）85172769	312000
金华市侨联	金华市八一北街芙苑路 16 号	（0579）82436190	321000
衢州市侨联	衢州市西区白云大道 37 号市级机关综合办公大楼	（0570）3080122	324002
台州市侨联	台州市政府大楼 6 楼	（0576）88510726	318000
丽水市侨联	丽水市花园路 1 号行政中心主楼 11 楼	（0578）2091947	323000
舟山市侨联	舟山市新城海天大道 681 号	（0580）2280862	316021
义乌市侨联	义乌市县前街 21 号（市委统战部 301 办公室）	（0579）85535230	322000
省（部）属高校侨联			
浙江大学侨联	杭州市余杭塘路 866 号浙江大学紫金港校区党委统战部转	（0571）88981496	310058
浙江工业大学侨联	杭州市潮王路 18 号浙江工业大学统战部	（0571）88320703	310014
浙江理工大学侨联	杭州下沙高教园区浙江理工大学统战部	（0571）86843018	310018
浙江工商大学侨联	杭州市下沙高教园区学正街 18 号浙江工商大学党委统战部	（0571）28877089	310018
中国美术学院侨联	杭州市南山路 218 号	（0571）87164620	310002
浙江传媒学院侨联	杭州下沙高教园区学源街西 998 号行政楼 501 党委统战部	（0571）86879226	310018

浙江省

单位名称	地　址	电话号码	邮政编码
浙江师范大学侨联	金华市迎宾大道 688 号浙师大统战部	（0579）82288359	321004
浙江财经学院侨联	杭州下沙高教园区学源街 18 号行政楼 301 东	（0571）87557034	310018
浙江中医药大学侨联	杭州市滨江区滨文路 548 号党委统战部	（0571）96633125	310053
浙江科技学院侨联	杭州小和山高教园区留和路 318 号	（0571）85070109	310023
杭州电子科技大学侨联	杭州市下沙高教园区 2 号大街	（0571）86915064	310018
中国计量学院侨联	杭州下沙高教园区学源街 258 号	（0571）86836039	310018
宁波大学侨联	宁波市风华路 818 号 12# 统战部	（0574）87609035	315211
温州医科大学侨联	温州市茶山高教园区温州医学院同心楼 5 楼党委统战部	（0577）86699979	325035
温州大学侨联	温州市高教园区温州大学统战部	（0577）86598039	325035
嘉兴学院侨联	嘉兴市越秀南路 56 号	（0573）83642203	314001
绍兴文理学院侨联	绍兴市越城区环城西路 508 号	（0575）88342941	312000
社会团体			
浙江省留学人员和家属联谊会	杭州市保俶路 24 号	（0571）85118540	310007
浙江省侨联青年总会	杭州市保俶路 24 号	（0571）87057059	310007
浙江省侨界名媛会	杭州市保俶路 24 号	（0571）87057059	310007
浙江省侨商会	杭州市保俶路 24 号	（0571）85117581 （0571）85111631	310007
浙江侨界文协	杭州市保俶路 24 号	（0571）85212633	310007
浙江省直属机关侨（留）联	杭州市保俶路 24 号	（0571）85213789	310007
浙江省省外浙籍侨联之友联谊会	杭州市保俶路 24 号	（0571）87057059	310007
浙江省侨缘公益互助促进会	杭州市保俶路 24 号	（0571）85119617	310007
浙江省侨联法律顾问委员会	杭州市中山北路 607 号现代城建大厦二楼浙联律师事务所内	（0571）56852685 （0571）56852601	310009
浙江省侨联华侨华人定点体检中心	杭州市解放路 78 号浙医二院国际保健中心	（0571）87767108	310009
浙江省侨联华侨文化研究专家委员会	杭州市保俶路 24 号	（0571）85118535	310007

安徽省

单位名称	地　址	电话号码	传真号码	邮政编码
安徽省侨联	合肥市马鞍山路 509 号省政务服务中心 B 座 16 楼	（0551）62999181	（0551）62999182	230002
合肥市侨联	合肥市东流路 100 号政务中心一区 B 楼 4 层	（0551）63538902	（0551）63538901	230071
淮北市侨联	淮北市人民中路 199 号招商大厦 7 楼	（0561）3119263	（0561）3119263	235000
亳州市侨联	亳州市芍花路 1 号市行政中心 5065	（0558）5555371	（0558）5555372	236800
宿州市侨联	宿州市淮海北路金通宾馆三楼 306	（0557）3054522	（0557）3045308	234103
蚌埠市侨联	蚌埠市东海大道行政办公中心	（0552）3119928	（0552）3122007	233000
阜阳市侨联	阜阳市清流东路明珠建设 3 楼	（0558）2198925	（0558）2195276	236000
淮南市侨联	淮南市洞山中路 9 号市政府大院	（0554）6644872	（0554）6678283	232001
滁州市侨联	滁州市育新路 174 号	（0550）3037317	（0550）3041041	239000
六安市侨联	六安市佛子岭路行政中心	（0564）3379766	（0564）3374696	237001
马鞍山市侨联	马鞍山市雨山区太白大道与印山路交叉口新教育局大楼 12 层	（0555）2474491	（0555）2474491	243000
芜湖市侨联	芜湖市政务文化中心 B 区 117 室	（0553）3815780	（0553）3885586	241006
宣城市侨联	宣城市鳌峰中路 45 号	（0563）3021263	（0563）3028741	242000
铜陵市侨联	铜陵市行政中心北 7 楼	（0562）5880800	（0562）5880801	244000
池州市侨联	池州市翠柏路百翠综合楼 3 楼	（0566）2811419	（0566）2811482	247000
安庆市侨联	安庆市菱湖北路 30 号	（0556）5346557	（0556）5346557	246002
黄山市侨联	黄山市委市政府大楼	（0559）2310106	（0559）2355262	245011
中国科学技术大学侨联	合肥市金寨路 96 号中国科技大学	（0551）63602586		230026
合肥工业大学侨联	合肥市屯溪路 193 号	（0551）63161989		230001
安徽大学侨联	合肥市肥西路 3 号安徽大学历史系	（0551）65106117		230039
安徽医科大学侨联	安徽医科大学第一附属医院心血管内科 10 楼	（0551）62922066		230022
安徽工业大学侨联	马鞍山市安工大工商学院	（0555）2311975		243000

福建省

单位名称	地　址	电话号码	传真号码	邮政编码
福建省侨联	福州市东水路 18 号金仕顿华侨大酒店 14 － 15 层	（0591）87804224	（0591）87818370	350001
福州市侨联	福州市五一北路 106 号新侨联广场 A 座 6 层	（0591）87537290	（0591）87506180	350001
福州市鼓楼区侨联	福州市鼓楼区津泰路 98 号档案楼 7 楼	（0591）87554621	（0591）87554621	350001
福州市台江区侨联	福州市台江区台江路 88 号安平大厦 3 楼	（0591）83272144	（0591）83272144	350009
福州市仓山区侨联	福州市仓山区对湖路 21 号	（0591）83478613	（0591）83478613	350007
福州市晋安区侨联	福州市晋安区福马路 241 号 4 层	（0591）83640979	（0591）83640979	350011
福州市马尾区侨联	福州市马尾区君竹路 30 号	（0591）83683557	（0591）83987897	350015
长乐市侨联	长乐市爱心路 232 号	（0591）28922307	（0591）28831623	350200
福清市侨联	福清市融城一拂路 116 号	（0591）85222577	（0591）85222577	350300
平潭县侨联（平潭综合实验开发区）	平潭县城关东大路 130 号	（0591）38716389	（0591）24325036	350400
连江县侨联	连江县凤城镇丹凤路	（0591）87537290	（0591）87501578	350500
罗源县侨联	罗源县凤山镇北大路 15 号政府大楼	（0591）26831381	（0591）26831381	350600
永泰县侨联	永泰县樟城镇较场路 3 号	（0591）24833068	（0591）24833068	350700
闽清县侨联	闽清县梅城镇解放大街 55 号华侨大厦 3 层	（0591）22332197	（0591）22375030	350800
闽侯县侨联	闽侯县甘蔗镇八一八西路 136 号海联大厦三楼县侨联	（0591）22068268	（0591）22069269	350100
厦门市侨联	厦门市白鹭洲路 16 号 8 楼	（0592）2699090	（0592）2699083	361004
厦门市思明区侨联	厦门市禾祥东路 168 号	（0592）5818358	（0592）5880950	361004
厦门市湖里区侨联	厦门市湖里区枋湖南路 161 号 8 楼	（0592）5722317	（0592）5722260	361006
厦门市集美区侨联	厦门市集美区集源路 82 号	（0592）6067114	（0592）6102079	361021
厦门市同安区侨联	厦门市同安区南门路 87 号	（0592）7022730	（0592）7311831	361100
厦门市翔安区侨联	厦门市翔安区行政中心	（0592）7889787	（0592）7889727	361102
厦门市海沧区侨联	厦门市海沧区滨湖北路 9 号	（0592）6589322	（0592）6588306	361026
宁德市侨联	宁德市署前路 14 号	（0593）2869025	（0593）2869025	352100
宁德市蕉城区侨联	宁德市莲峰路 4 号	（0593）2825966	（0593）2825575	352100
古田县侨联	宁德古田县解放路 192 号	（0593）3882970	（0593）3882142	352200
屏南县侨联	宁德屏南县县府路 1 号	（0593）3322096	（0593）3322096	352300
福安市侨联	宁德福安市上杭路 10 号	（0593）6382589	（0593）6382589	355000
霞浦县侨联	宁德霞浦县政协大院内	（0593）8893249	（0593）8636396	355100
福鼎市侨联	宁德福鼎市委大院内	（0593）7810546	（0593）7810546	355200
柘荣县侨联	宁德柘荣县委大院内	（0593）8352848	（0593）8352848	355300
周宁县侨联	宁德周宁县委大院内	（0593）5627910	（0593）5627910	355400
寿宁县侨联	宁德寿宁县政府大院内	（0593）5522783	（0593）5522181	355500
宁德市东湖塘华侨农场侨联	宁德市东湖塘华侨农场	（0593）2871231	（0593）2871231	352101
莆田市侨联	莆田市荔城区六城门城门街 551 号 3 号楼	（0594）2333766	（0594）2333766	351100
莆田市城厢区侨联	莆田市城厢区政府 3 楼（329、330）	（0594）2681872	（0594）2681872	351100
莆田市秀屿区侨联	莆田市秀屿区侨联大厦	（0594）5869808	（0594）5871808	351146
莆田市荔城区侨联	莆田市东大路 135 号	（0594）2292665	（0594）2291579	351100
莆田市涵江区侨联	莆田市涵江区华侨路 119 号涵江侨联大厦	（0594）3597088	（0594）3396704	351111
仙游县侨联	仙游县鲤城街道八二五大街 919 号	（0594）8599510	（0594）8599510	351200
泉州市侨联	泉州市东湖街 732 号华侨历史博物馆内	（0595）22282352	（0595）22190737	362000
泉州市鲤城区侨联	泉州市区打锡街 157 号旧区政府 4 号楼 2 楼	（0595）22285808	（0595）22178220	362000
泉州市丰泽区侨联	泉州市津淮街迎津新村 8 幢 13 楼梯 2 楼	（0595）22567501	（0595）22508385	362000
泉州市洛江区侨联	泉州市洛江区政府办公室 5 楼	（0595）22633866	（0595）22633866	362000
泉州市泉港区侨联	泉州市泉港区联检大楼 6 楼	（0595）87971357	（0595）87971356	362800
泉州台商投资区侨联	泉州台商投资区政府 9 楼	（0595）27398893	（0595）27396690	362100
石狮市侨联	石狮市群英北路侨联大厦 7 楼	（0595）88781041	（0595）88792929	362700
晋江市侨联	晋江市青阳新大街南路 41 号	（0595）85661318	（0595）85668158	362200
南安市侨联	南安市溪美镇新华路 4 号	（0595）86382252	（0595）86372252	362300
惠安县侨联	惠安县螺城科山路 2 号	（0595）87382115	（0595）87393561	362100

福建省

单位名称	地　　址	电话号码	传真号码	邮政编码
安溪县侨联	安溪县凤城北街联谊大厦	（0595）23232435	（0595）23281658	362400
永春县侨联	永春县桃城环城路 1—3 号	（0595）23882653	（0595）23875808	362600
德化县侨联	德化县龙津路北段 28 号	（0595）23522321	（0595）23522321	362500
漳州市侨联	漳州市芗城区南昌路小商品城 C 幢 305 室	（0596）2031137	（0596）2024960	363000
漳州市芗城区侨联	漳州市芗城区华侨新村 1 号	（0596）2033101	（0596）2033101	363000
漳州市龙文区侨联	漳州市龙文区政府大楼 202 号	（0596）2128787	（0596）2128787	363000
漳州市常山华侨经济开发区侨联	漳州常山华侨经济开发区	（0596）8626112	（0596）8628220	363300
诏安县侨联	诏安县南诏镇中心路 487 号	（0596）3322323	（0596）3323889	363500
东山县侨联	东山县西埔镇白石街府后路 92 号	（0596）5835485	（0596）5839767	363400
云霄县侨联	云霄县云东路 84 号政协大楼	（0596）8533171	（0596）8530766	363300
龙海市侨联	龙海市侨联	（0596）6522209	（0596）6559865	363100
漳浦县侨联	漳州市漳浦县绥安镇民主路联谊大厦	（0595）3220930	（0595）3220930	363200
南靖县侨联	南靖县山城镇沿江路 16 号	（0596）7832467	（0596）7837806	363600
长泰县侨联	长泰县委大院 B 幢	（0596）8322321	（0596）8322321	363900
平和县侨联	平和县小溪镇东大路侨联大厦	（0596）5232239	（0596）5232239	363700
华安县侨联	华安县城关大同路 40 号	（0596）7362465	（0596）7362465	363800
龙岩市侨联	龙岩市龙岩大道 1 号行政办公中心东附楼北 4 层	（0597）3213322	（0597）2324871	364000
龙岩市新罗区侨联	龙岩市西宫巷 14 号	（0597）2108559	（0597）2290922	364000
武平县侨联	武平县政协巷 11 号	（0597）4836833	（0597）4836833	364300
长汀县侨联	长汀县汀州镇兆征路 19 号	（0597）6808898	（0597）6834252	366300
连城县侨联	连城县政府一楼	（0597）8922439	（0597）8922634	366200
上杭县侨联	上杭县北大路 12 号	（0597）3843907	（0597）3843907	364200
永定县侨联	永定县凤城镇金凤路 49 号三楼	（0597）5832128	（0597）3159368	364100
漳平市侨联	漳平市八一路 41 号	（0597）7532375	（0597）7532375	364400
三明市侨联	三明市梅列区丁香新村 61 幢一楼	（0598）8242531	（0598）8296011	365000
三明市三元区侨联	三明市三元区桨宁路 10 号	（0598）8337483	（0598）8325850	365001
三明市梅列区侨联	梅列区政府大院内	（0598）8246853	（0598）8246853	365000
明溪县侨联	明溪县雪峰镇民族路 9 号	（0598）2813663	（0598）2813663	365200
永安市侨联	永安市南山路 1 号市委大院	（0598）3833321	（0598）3833321	366000
大田县侨联	大田县政府大院	（0598）7222549	（0598）7222549	366100
大田县侨联	大田县政府大院	（0598）7222549	（0598）7222549	366100
沙县侨联	沙县金鼎城机关大楼五楼	（0598）5826672	（0598）5826672	365500
宁化县侨联	宁化县城关中山路 1 号	（0598）6822586	（0598）6822586	365500
建宁县侨联	建宁县城关中山南路 21 号	（0598）3960049	（0598）3960049	354500
尤溪县侨联	尤溪县城关建设东街 66 号	（0598）6307956	（0598）6307953	365100
泰宁县侨联	泰宁县政务大楼北四楼	（0598）7833454	（0598）7833454	354400
清流县侨联	清流县龙城街 22 幢	（0598）5390399	（0598）5322212	365300
将乐县侨联	将乐县古镛镇建新路 11 号	（0598）2324226	（0598）2324226	353300
南平市侨联	南平市延平区人民路 196 号	（0599）8854856	（0599）8854856	353000
南平市延平区侨联	南平市人民路 93 号区政协大楼	（0599）8832930	（0599）8832930	353000
武夷山市侨联	武夷山市文公路度假区大楼 10 楼	（0599）5301596	（0599）5314630	354300
松溪县侨联	松溪县大街 80 号	（0599）2328637	（0599）2321093	353500
政和县侨联	政和县解放街 2 号县委一楼	（0599）3327298	（0599）3327298	353600
邵武市侨联	邵武市新建路 8 号	（0599）6322849	（0599）6322849	353400
建阳市侨联	建阳市潭城镇西桥北路 5 号（市委大楼一楼）	（0599）6156600	（0599）6153200	354200
光泽县侨联	光泽县文昌路 45 号 102 信箱	（0599）7923295	（0599）7923295	354100
顺昌县侨联	顺昌县城中路 50 号	（0599）7820880	（0599）7821326	353200
浦城县侨联	浦城县武夷山路县招待所	（0599）6175736	（0599）6175736	353400
建瓯市侨联	建瓯市行政中心大楼	（0599）3834458	（0599）3733536	353100

江西省

单位名称	地　址	电话号码	传真号码	邮政编码
江西省侨联	江西省南昌市红谷滩新区卧龙路 999 号	（0791）88918920	（0791）88918966	330036
南昌市侨联	南昌市红谷滩市委大楼 1 楼	（0791）83885545	（0791）83885545	330038
南昌县侨联	江西省南昌市南昌县县委统战部	（0791）85712978	85712479	330200
新建县侨联	江西省南昌市新建县县委大楼	（0791）83703719	83702871	330111
进贤县侨联	江西省南昌市进贤县行政新区县委大楼 315 室	（0791）85622356		331700
安义县侨联	江西省南昌市安义县县委统战部	（0791）83413469		330500
东湖区侨联	南昌市三经路 699 号东湖区委统战部	（0791）86210568	（0791）86210568	330006
西湖区侨联	江西省南昌市抚生路 369 号 1 号楼 1 楼	（0791）86564632	（0791）86565235	330025
青山湖区侨联	江西省南昌市南京东路 699 号青山湖区政府区侨联 918	（0791）88100993	（0791）88100993	330029
湾里区侨联	江西省南昌市湾里区工农路 63 号	（0791）83766128	83760989	330004
青云谱区侨联	江西省南昌市青云谱区广州路 268 号	（0791）88462526	88463110	330001
九江市侨联	江西省九江市八里湖大道 166 号市民服务中心西楼 6 楼 C 区 C622 室	（0792）8227479	（0792）8227479	332099
浔阳区侨联	江西省九江市浔阳区庾亮北路 2 号浔阳区政府办公室	（0792）8217486	（0792）8217486	332000
修水县侨联	江西省九江市修水县城凤凰山路老县政府大院内县委党史办	（0792）7808757		332400
都昌县侨联	江西省九江市都昌县政府办公室	（0792）5232983	（0792）5223576	332600
武宁县侨联	江西省九江市武宁县政府办公室	（0792）6812219	（0792）2761550	332300
九江县侨联	江西省九江市九江县政府 4 楼县侨联	（0792）6812219	（0792）6813022	332100
星子县侨联	江西省九江市星子县人民政府	（0792）2672906	（0792）2666883	332800
共青城市侨联	江西省九江市共青城市人民政府外侨办	（0792）4378379	（0792）4341555	332020
永修县侨联	江西省九江市永修县政府办	（0792）3232106	（0792）3223145	330304
湖口县侨联	江西省九江市湖口县政府	（0792）6332113	（0792）6332379	332500
彭泽县侨联	江西省九江市彭泽县山南新区行政服务大楼 711 室	（0792）5625817	（0792）5625817	332700
瑞昌市侨联	江西省九江市瑞昌市政府行政大楼 6 楼外侨办	（0792）4811885	（0792）4811885	332200
庐山区侨联	江西省九江市庐山区政府新行政服务中心西 4 楼	（0792）8251227	（0792）8251227	332005
景德镇市侨联	江西省景德镇市莲花塘 8 号	（0798）8221875	（0798）8229293	333000
乐平市侨联	江西省景德镇市乐平市为民服务中心 7 楼	（0798）6568336		333300
萍乡市侨联	江西省萍乡市迎宾路 18 号萍乡市政府大院 3 号楼	（0799）6821596	（0799）6821596	337000
安源区侨联	江西省萍乡市安源区人民政府办公室	（0799）6661993	（0799）6661090	337000
湘东区侨联	江西省萍乡市湘东区政府大院区委统战部	（0799）3375057	（0799）3376626	337016
上栗县侨联	江西省萍乡市上栗县公共政务局三楼县工商联	（0799）3662683	（0799）3662690	337009
芦溪县侨联	江西省萍乡市芦溪县政府大院县委统战部	（0799）7551120	（0799）7551120	337200
莲花县侨联	江西省萍乡市莲花县政府大院县委统战部	（0799）7221247	（0799）7221247	337100
新余市侨联	新余市仰天东大道 181 号人力资源市场附楼 10 楼	0790-6343887	0790-6343887	338000
分宜县侨联	江西省新余市分宜县委办公室	0790-5888928	5881204	336600
渝水区侨联	江西省新余市渝水区委统战部	0790-6222830		333800
鹰潭市侨联	鹰潭市信江新区经济大厦 C245	（0701）6445381	（0701）6445380	335001
余江县侨联	江西省鹰潭市余江县龙岗政府大楼	6445381	（0701）6445380	335200
贵溪市侨联	江西省鹰潭市贵溪市市政府大楼 7 楼 709	（0701）3316616	（0701）3316616	335400
月湖区侨联	鹰潭市月湖新城经济大厦 609	（0701）6257696	（0701）6257696	335000
赣州市侨联	江西省赣州市市政中心 1 号 1756 房	（0797）8391696	（0797）8391698	341000
章贡区侨联	江西省赣州市章贡区政中心东楼 16 楼	（0797）8199187	（0797）8199187	341000
赣县侨联	江西省赣县兴农路 2 号县委统战部	（0797）4441632	（0797）4441632	341100
上犹县侨联	江西省上犹县政府院内	13803585778		341200
崇义县侨联	江西省崇义县委统战部	（0797）7612612		341300
南康区侨联	江西省南康市政府院内	（0797）6605310	（0797）6632393	341400
大余县侨联	江西省大余县委统战部	（0797）8722762	（0797）8723939	341500
信丰县侨联	江西省信丰县政府院内	（0797）3336706	（0797）3336706	341600

江西省

单位名称	地　　址	电话号码	传真号码	邮政编码
龙南县侨联	江西省龙南县委统战部	（0797）3512228		341700
全南县侨联	江西省全南县委统战部	（0797）2632916	（0797）2632916	341800
定南县侨联	江西省定南县委统战部	（0797）4289116	（0797）4289116	341900
安远县侨联	江西省安远县委院内	（0797）3732161	（0797）3732161	342100
寻乌县侨联	江西省寻乌县委统战部	13807073590		342200
兴国县侨联	江西省兴国县委统战部	（0797）5322215	（0797）5326368	342400
瑞金市侨联	江西省瑞金市公务大楼 604 室	（0797）2525118		342500
会昌县侨联	江西省会昌县委统战部	（0797）5622428	（0797）5622428	342600
石城县侨联	江西省石城县政中心 A 区 306 室	（0797）5712025	（0797）5792308	342700
宁都县侨联	江西省宁都县委统战部	（0797）6832180	（0797）6832180	342800
于都县侨联	江西省于都县贡江镇红军大道 108 号县委大院	（0797）6233280	（0797）6233280	342300
宜春市侨联	宜春市宜阳大厦西 730	（0795）3229266	（0795）3229266	336000
丰城市侨联	江西省宜春市丰城市政府大院	（0795）6608429	（0795）6608429	331100
上高县侨联	江西省宜春市上高县政府办	（0795）2513275	（0795）2517517	336400
宜丰县侨联	江西省宜春市宜丰县政府办	（0795）2765503	（0795）2765486	336300
万载县侨联	江西省宜春市万载县政府大院	（0795）8822660	（0795）8822660	336100
高安市侨联	江西省宜春市高安市政府大院	（0795）5212617	（0795）5212617	330800
袁州区侨联	江西省宜春市袁州区政府办	（0795）3223676	（0795）3222518	336000
铜鼓县侨联	江西省宜春市铜鼓县政府办	（0795）8722090	（0795）8722090	336200
奉新县侨联	江西省宜春市奉新县政府办	（0795）4539151	（0795）4539151	330700
樟树市侨联	江西省宜春市樟树市吉佛路 59 号市文化馆	（0795）7362767	（0795）7362767	331200
靖安县侨联	江西省宜春市靖安县统战部	（0795）4662545	（0795）4661802	330600
上饶市侨联	江西省上饶市信州区锦绣路 2 号广信大厦 A-15	（0793）8223370	（0793）8223370	334000
信州区侨联	江西省上饶市信州区区政府大楼	（0793）8309733	（0793）8309733	334000
上饶县侨联	江西省上饶市上饶县吉阳西路 1 号	（0793）8466079	（0793）8466079	334100
广丰县侨联	江西省上饶市广丰县府前街 1 号	（0793）2650312	（0793）2650312	334600
玉山县侨联	江西省上饶市玉山县行政中心 13 楼	（0793）2552429		334700
铅山县侨联	江西省上饶市铅山县西海岸大酒店			334500
德兴市侨联	江西省上饶市德兴市朝阳路 4 号	（0793）7522292		334200
婺源县侨联	江西省上饶市婺源县蚺城路 26 号	（0793）7355418	（0793）7351440	333200
鄱阳县侨联	江西省上饶市鄱阳县县委大院	（0793）6267728		333100
余干县侨联	江西省上饶市余干县县委大院 4 楼	（0793）3398425		335100
弋阳县侨联	江西省弋阳县行政中心	李细萍 15279331960		334400
横峰县侨联	江西省横峰县行政中心	周戎 13694807350		334300
万年县侨联	江西省万年县新政府大楼 1237	张稹 13607936096		335500
吉安市侨联	吉安市城南行政中心 B 座 7 楼	8935216	（0796）8935218	343000
青原区侨联	青原区行政中心区委统战部	0796-8106996		
井冈山市侨联	江西省井冈山市新城区市政府大楼 3 楼	（0796）6890881	（0796）6890881	343600
吉安县侨联	江西省吉安县庐陵大道 27 号县政府大院	（0796）8442439	（0796）8442439	343100
新干县侨联	江西省新干县行政服务中心大楼	（0796）2160097	（0796）2160096	331300
永丰县侨联	江西省永丰县跃进路 27 号县委大院	（0796）2511795	（0796）2526792	331500
峡江县侨联	江西省峡江县百花路 6 号县委、县政府大楼	（0796）3672892	（0796）3672892	331409
吉水县侨联	江西省吉水县万里大道县委大楼	（0796）8689545	（0796）8689545	331600
泰和县侨联	江西省泰和县工农兵大道 003 号县委大院	（0796）8638206	（0796）8638206	343700
遂川县侨联	江西省遂川县行政办公中心	（0796）3628136	（0796）6328136	343900
安福县侨联	江西省安福县县委、县政府大楼	（0796）7622067	（0796）7622067	343200
永新县侨联	江西省永新县委统战部	（0796）7722975		
抚州市侨联	江西省抚州市行政中心 A-305	（0794）8259980	（0794）8282448	344000
金溪县侨联	江西省抚州市金溪县行政中心 421	（0794）5397550	（0794）5397550	344800

山东省

单位名称	地　址	电话号码	邮政编码
山东省侨联	济南市经十路 18262 号	（0531）86093950	250061
济南市侨联	济南市龙鼎大道 1 号龙奥大厦 E1316 室	（0531）66601651	250099
济南市历下区侨联	济南市解放东路 99 号	（0531）88151011	250014
济南市市中区侨联	济南市经八路济南大厦 509 室	（0531）82078182	250001
济南市天桥区侨联	济南市堤口路 53 号	（0531）81601068	250031
济南市槐荫区侨联	济南市经十路 29851 号槐荫区政务中心 5 层 528 室	（0531）87589528	250117
济南市历城区侨联	济南市洪楼南路 2 号	（0531）66899784	250100
济南市长清区侨联	济南市经十西路 17166 号长清区政务中心 3 层贸促会	（0531）87228086	250300
济南市平阴县侨联	济南平阴县府前街 35 号外侨办	（0531）87893351	250400
章丘市侨联	济南章丘市龙泉大厦 12010 室	（0531）83278956	250200
商河县侨联	济南商河县行政服务中心五层	（0531）84876399	251600
济阳县侨联	济阳县政务中心一层投资服务中心	（0531）81178117	251400
青岛市侨联	青岛市香港中路 17 号 12 楼 1208 室	（0532）85912375	266071
青岛市市南区侨联	青岛市宁夏路 286 号	（0532）88729625	266071
青岛市市北区侨联	青岛市延吉路 80 号	（0532）85801290	266033
青岛市李沧区侨联	青岛市黑龙江中路 615 号	（0532）87610771	
青岛市崂山区委统战部侨联	青岛市仙霞岭路 18 号	（0532）88997027	266061
青岛市城阳区侨联	城阳区山城路 195 号行政服务中心南 5 楼	（0532）87968063	266109
青岛市黄岛区侨联	胶南市北京路 10 号阳光大厦 815 房间	（0532）85166828	266400
胶州市侨联	胶州市北京路 2 号行政服务西楼 931 室	（0532）82206105	266300
即墨市侨联	即墨市振中街 16 号	（0532）88551361	266200
平度市侨联	平度市红旗路 16-1 号	（0532）87362051	266700
莱西市侨联	莱西市行政办公中心 0855 房间	（0532）88405333	266600
淄博市侨联	淄博市张店区联通路 306 号 1104 室	（0533）3887502	255000
淄博市张店区侨联	张店区中心路 140 号侨兴书店	13906436241	255020
淄博市淄川区侨联	淄川区人口和计划生育局（般阳路 41 号）	（0533）5182836	255100
淄博市博山区侨联	博山区县前街 10 号院 3 号楼 1 单元 302	（0533）4180314	255200
淄博市周村区侨联	周村区恒丰盛世豪庭 11 号楼 2 单元 302	13805336142	255300
淄博市临淄区侨联	临淄区桓公路 268 号临淄区河道管理处	（0533）7180086	255400
淄博市桓台县侨联	淄博柳泉路 107 号国贸大厦 1210 室	（0533）3190617	255000
淄博市高青县侨联	高青县田镇二中宿舍楼中间楼西单元 2 楼东户	13325221386	256300
淄博市沂源县侨联	沂源县招商局转	13589590929	256100
枣庄市侨联	枣庄市新城光明大道 629 号综合楼 513 室	（0632）8687882	277800
滕州市侨联	枣庄市滕州市政府	（0632）5512748	277500
枣庄市薛城区侨联	枣庄市薛城区政府	（0632）4412417	277800
枣矿集团侨联	枣庄市枣矿集团	（0632）4081336	277800
枣庄市高新区侨联	枣庄市高新区	（0632）6611502	277800
枣庄市台儿庄侨联	枣庄市台儿庄区政府	（0632）6638998	
枣庄市山亭区侨联	枣庄市山亭区政府	（0632）8812329	
枣庄市市中区侨联	枣庄市市中区政府	（0632）3083023	277100
枣庄市峄城区侨联	枣庄市峄城区政府	（0632）7715196	277300
东营市侨联	东营市南一路 1226 号	（0546）8331817	257091
东营市广饶县侨联	广饶县乐安大街 501 号	（0546）6441429	257300
烟台市侨联	烟台市芝罘区环山路 30 号	（0535）6225321	264001
芝罘区侨联	烟台市芝罘区市府街 76 号	（0535）6214216	264001
福山区侨联	烟台市福山区河滨路 109 号	（0535）6363680	265500
牟平区侨联	烟台市牟平区文兴路 510 号	（0535）4219075	264100
龙口市侨联	龙口市行政中心 1535 室	（0535）8516939	265701
莱州市侨联	莱州市府东街南首	（0535）3070515	261400
蓬莱市侨联	蓬莱市钟楼东路 1 号	（0535）5642609	265600
招远市侨联	招远市泉山路 27 号	（0535）8211071	265400

山东省

单位名称	地　址	电话号码	邮政编码
海阳市侨联	海阳国际会议中心海滨中路 196 号	（0535）3223745	265100
栖霞市侨联	栖霞市腾飞路 199 号	（0535）5212395	265395
莱阳市侨联	莱阳市金水路 1 号	（0535）7215815	265200
长岛县侨联	长岛县委统战部	（0535）3212148	265800
潍坊市侨联	潍坊市高新区胜利东街 99 号市级机关综合办公大楼 2006 室	（0536）8789981	261061
昌邑市侨联	昌邑市会议中心	（0536）7112236	261300
济宁市侨联	济宁市红星中路 15 号	（0537）2967844	272045
泰安市侨联	泰安市擂鼓石大街市政大楼 A8050 室	（0538）6991076	271000
山东农业大学侨联	泰安市岱宗大街 86 号山东农业大学统战部转	13805489518	271018
泰山医学院侨联	泰安市长城路 619 号泰山医学院统战部转	13668686899	271000
威海市侨联	威海市市政府六号楼	（0631）5220008	264200
荣成市侨联	荣成市外侨办	（0631）7562200	264300
文登市侨联	文登市外侨办	（0631）8452620	264400
乳山市侨联	乳山市侨联	（0631）6651932	264500
环翠区侨联	威海市环翠区外侨办	（0631）5227422	264200
日照市侨联	日照市北京路 189 号市政府大楼 346 室	（0633）8779938	276826
东港区侨联	日照市海曲中路 19 号	（0633）8253498	276800
岚山区侨联	日照市岚山区岚山中路 1 号区级办公楼 505 室	（0633）2618799	276808
莱芜市侨联	莱芜市文化北路 1 号	（0634）6216081	271100
临沂市侨联	临沂市北城新区行政中心 1636 室	（0539）8727635	276000
兰山区侨联	临沂市金雀山路 57 号	（0539）8198530	276000
德州市侨联	德州市东风东路 1566 号新城综合楼主楼	（0534）2687416	253076
德城区侨联	德州市德城区地安街 97 号	（0534）2666051	253001
聊城市侨联	聊城市东昌西路 24 号市政府南楼 3020 室	（0635）8288690	252000
东昌府区侨联	聊城市聊堂路 2 号	（0635）8413752	252000
滨州市侨联	滨州市滨城区黄河五路 385 号市政大楼	（0543）3162167	256603
邹平县侨联	邹平县政务中心	（0543）4261953	256200
菏泽市侨联	菏泽市中华路 1009 号	（0530）5310919	274020

河南省

单位名称	地　址	电话号码	传真号码	邮政编码
河南省侨联	郑州市纬二路 10 号	（0371）65919601	（0371）65919620	450003
市级侨联				
郑州市侨联	郑州市互助路 73 号市委北院 3 号楼 207 室	（0371）67183139	（0371）67183139	450000
开封市侨联	开封市金明大道 196 号政协大楼 430 室	（0371）23381211	（0371）23381211	475004
洛阳市侨联	洛阳市新区政和路市委院东楼 108 室	（0379）63317355	（0379）63317355	471023
平顶山市侨联	平顶山市新城区市政大厦 9 楼	（0375）2666686	（0375）2666686	467000
安阳市侨联	安阳市党政综合大楼	（0372）2550342	（0372）2550342	455000
鹤壁市侨联	鹤壁市淇滨区九州路市委第一综合楼	（0392）3327196	（0392）3327196	458030
新乡市侨联	新乡市人民东路甲 1 号 1356 室	（0373）3696865	（0373）3696865	453000
焦作市侨联	焦作市人民路市政大厦东配楼 303 室	（0391）3568311	（0391）3568311	454000
濮阳市侨联	濮阳市委统战部转市侨联	（0393）6669899	（0393）6669994	457000
许昌市侨联	许昌市健安大道市委 6 号楼 6341 室	（0374）2965758	（0374）2965269	461000
漯河市侨联	漯河市淮河路 10 号	（0395）3101680	（0395）3101680	462000
三门峡市侨联	三门峡市崤山路中段 14 号	（0398）2935007	（0398）2935007	472000
南阳市侨联	南阳市七一路 706 号（市委第二办公区）	（0377）63133120	（0377）63133120	473067
商丘市侨联	商丘市府前路 1 号市委 1 号楼 11014 室	（0370）3288561	（0370）3288561	476000
信阳市侨联	信阳市羊山新区行政中心 7 层	（0376）6366381	（0376）6366381	464000
周口市侨联	周口市莲花路市政府综合办公大楼 4 层	（0394）8262060	（0394）8262601	466000
驻马店市侨联	驻马店市开源大道 56 号 2521 室	（0396）2601728	（0396）2601728	463000
济源市侨联	济源市第一行政区 4 号楼 210 室	（0391）6835293	（0391）6835293	454650

河南省

单位名称	地 址	电话号码	传真号码	邮政编码
省直管县侨联				
巩义市侨联	巩义市东区行政中心 B 区市委统战部	（0371）64577768	（0371）64353529	451200
兰考县侨联	兰考县裕禄大道 12 号	（0371）26985471	（0371）26985108	475300
汝州市侨联	汝州市广成东路 22 号市委 210 室	（0375）3332136	（0375）3321310	467599
滑县侨联	滑县侨联	（0372）8113717	（0372）8113717	455000
长垣县侨联	长垣县人民路县委综合大楼 7034 室	（0373）8889345	（0373）8889522	453400
邓州市侨联	邓州市侨联	（0377）62289376	（0377）62289376	473000
永城市侨联	永城市侨联	（0370）2718691	（0370）5113567	476000
固始县侨联	固始县侨联	（0376）4667146	（0376）4667146	465200
鹿邑县侨联	鹿邑县侨联	（0394）7223178		466000
新蔡县侨联	新蔡县侨联	（0396）5922052	（0396）5922052	463000

湖北省

单位名称	地 址	电话号码	传真号码	邮政编码
湖北省侨联	武汉市武昌区水果湖路 272 号	（027）87821332 （027）87123269	（027）87123269	430071
武汉市侨联	武汉市汉口发展大道 176 号兴城大厦 A 座 11 楼	（027）85602297	（027）85602297	430022
江汉区侨联	江汉区新华下路特 15 号（区政府院内）	（027）85481663	（027）85481663	430022
江岸区侨联	江岸区六合路 1 号（区政府院内）	（027）82738792	（027）82738792	430010
硚口区侨联	硚口区沿河大道 518 号（区党委院内）	（027）83426340	（027）83426340	430034
汉阳区侨联	汉阳区芳草路特 1 号（区政府院内）	（027）84468590	（027）84468590	430050
洪山区侨联	洪山区珞狮路 318 号（区政府院内）	（027）87678215	（027）87678215	430077
武昌区侨联	武昌区中山路 307 号（区政府院内）	（027）88936342	（027）88936342	430060
青山区侨联	武汉市和平大道 971 号（区政府院内）	（027）68865065	（027）68865065	430080
江汉大学侨联	武汉市汉阳区（沌口）经济技术开发区（校综合楼）	（027）84225811	（027）84225811	430051
黄冈市侨联	黄冈市黄州区阮家凉亭 5 号	（0713）8615097 （0713）8353819 （0713）8364742	（0713）8364742	438000
浠水县侨联	浠水县政府办公楼 4 楼	（0713）4228489	（0713）4228489	438200
麻城市侨联	麻城县金桥大道路 1 号 6 楼	（0713）2950428	（0713）2950428	438300
襄阳市侨联	襄阳市荆州街 73 号政府大院	（0710）3511681-8383 （0710）3610498	（0710）3610498	441021
谷城县侨联	襄阳市谷城县侨联	（0710）7233505	（0710）7232388	441700
宜城市侨联	宜城市侨联	（0710）4250159	（0710）4250159	441400
老河口市侨联	老河口市侨联	（0710）8222069	（0710）8222069	441800
襄城区侨联	襄城区广电中心编辑部	（0710）3566203 （0710）3570263	（0710）3566203 （0710）3570263	441000
樊城区侨联	樊城区委统战部侨联	（0710）3705325 （0710）3705326	（0710）3705325 （0710）3705326	441100
襄州区侨联	襄州区侨联（襄州区政府内）	（0710）2826826 （0710）2815424	（0710）2826826 （0710）2815424	441100
枣阳市侨联	枣阳市侨联（枣阳市政府内）	（0710）6990988 （0710）6228648	（0710）6990988 （0710）6228648	441200
南漳县侨联	南漳县委统战部侨联	（0710）5231418	（0710）5231418	441500
襄阳市中心医院侨联	襄阳市中心医院	（0710）3512850	（0710）3512850	441021
襄北监狱侨联	湖北省襄北监狱	（0710）2649618 （0710）2641999	（0710）2649618 （0710）2641999	441123
荆州市侨联	荆州沙市区碧波路 6 号	（0716）8246941 （0716）8115056	（0716）8115056	434000
沙市区侨联	沙市区文官路 8 号（区党委院内）	（0716）4310086 （0716）4316303	（0716）4310086 （0716）4316303	434000
公安县侨联	公安县斗湖堤镇青路 2 号	（0716）5225619	（0716）5225619	434000
江陵县侨联	江陵县（郝穴镇）江陵县财政局	18908617909 13508617815		434139
监利县侨联	监利县容城镇民主路 48 号	（0716）3387318	（0716）3387318	433300

附录

湖北省

单位名称	地　址	电话号码	传真号码	邮政编码
松滋市侨联	松滋市新江口镇民主路 166 号	(0716) 6225777	(0716) 6225777	434200
石首市侨联	石首市政府大院内	(0716) 7814834 (0716) 7813103	(0716) 7814834 (0716) 7813103	434400
洪湖市侨联	洪湖市赤卫西路市委大院内	(0716) 2212159	(0716) 2212159	433200
长江大学侨联	荆州市荆州区南环路 1 号长江大学统战部	13677229122		434023
宜昌市侨联	宜昌市云集路 21 号 2 号楼 4 楼	(0717) 6252978	(0717) 6252977	443000
当阳市侨联	当阳市子龙路 9 号 10063 信箱	(0717) 3253361 (0717) 3250768	(0717) 3253361 (0717) 3250768	444000
宜都市侨联	宜都市委、市政府综合办公大楼 6 楼	(0717) 4843813 (0717) 4843827	(0717) 4843813 (0717) 4843827	443300
远安县侨联	远安县委统战部	(0717) 3812254 (0717) 3812256	(0717) 3812254 (0717) 3812256	444200
兴山县侨联	兴山县委统战部	(0717) 2583042	(0717) 2583042	443711
秭归县侨联	秭归县委统战部	(0717) 2886020	(0717) 2886020	443600
五峰县侨联	五峰土家族自治县五峰西北路 3 号	(0717) 5821301	(0717) 5821301	443400
长阳县侨联	长阳土家族自治县县委统战部	(0717) 5326430	(0717) 5326430	443500
夷陵区侨联	宜昌市夷陵区委统战部	(0717) 7825407 (0717) 7821309	(0717) 7825407 (0717) 7821309	443100
西陵区侨联	宜昌市西陵区委统战部	(0717) 6768128	(0717) 6768128	443000
点军区侨联	宜昌市点军区委统战部	(0717) 6080079	(0717) 6080079	443000
三峡大学侨联	宜昌市大学路 8 号三峡大学统战部	(0717) 6392625	(0717) 6392625	443000
葛洲坝集团侨联	宜昌市葛洲坝六公司工会	(0717) 6722523	(0717) 6722523	443000
七一〇所侨联	宜昌市 710 所	(0717) 6436084	(0717) 6436084	443000
孝感市侨联	孝感市城站路 71 号	(0712) 2856885 (0712) 2861498	(0712) 2861498	432100
孝南区侨联	孝感市孝南区书院街 6 号	(0712) 2859453 (0712) 2059611	(0712) 2859453 (0712) 2059611	432100
汉川市侨联	汉川市侨联	(0712) 8392910	(0712) 8392910	431600
应城市侨联	应城市政府侨务办公室	(0712) 3268213	(0712) 3268213	432400
安陆市侨联	安陆市外事侨务旅游局	(0712) 5226989	(0712) 5226989	432600
大悟县侨联	大悟县外事侨务旅游局	(0712) 7228318	(0712) 7228318	432800
孝昌县侨联	孝昌县政府侨务办公室	(0712) 4776079	(0712) 4776079	432900
云梦县侨联	云梦县政府侨务办公室	(0712) 4322805	(0712) 4322805	432505
十堰市侨联	十堰市北京中路信访楼 6 楼	(0719) 8109889 (0719) 8666673	(0719) 8666673	442000
丹江口市侨联	丹江口市侨联	(0719) 5223372	(0719) 5223372	442700
房县侨联	房县侨联	(0719) 3249318 (0719) 3224385	(0719) 3249318 (0719) 3224385	442100
竹山县侨联	竹山县侨联	(0719) 4231406 (0719) 4220168	(0719) 4231406 (0719) 4220168	442200
竹溪县侨联	竹溪县侨联	(0719) 2722211	(0719) 2722211	442300
郧县侨联	郧县侨联	(0719) 7227876 (0719) 7229136	(0719) 7227876 (0719) 7229136	442500
郧西县侨联	郧西县侨联	(0719) 6227601 (0719) 6227833	(0719) 6227601 (0719) 6227833	442600
张湾区侨联	张湾区公园路 82 号	(0719) 8676960 (0719) 8662316	(0719) 8676960 (0719) 8662316	442000
茅箭区侨联	茅箭区侨联	(0719) 8782733 (0719) 8795662	(0719) 8782733 (0719) 8795662	442012
黄石市侨联	黄石市杭州东路 1 号人大政协楼 321 室	(0714) 6350100	(0714) 6350100	435003
铁山区侨联	铁山区人民政府 9 楼	(0714) 5421977	(0714) 5421977	435000
黄石港区侨联	黄石港区人民政府 2 楼	(0714) 6588108	(0714) 6588108	435000
西塞山区侨联	西塞山区人民政府 10 楼	(0714) 6481267	(0714) 6481267	435000
下陆区侨联	下陆区人民政府 7 楼	(0714) 5316026	(0714) 5316026	435000

湖北省

单位名称	地 址	电话号码	传真号码	邮政编码
鄂州市侨联	鄂州市政府大楼 905 室	（0711）3830210 （0711）3830211	（0711）3830210	436000
随州市侨联	随州市城南新区市政府 6 楼	（0722）3596126 （0722）3596127	（0722）3596126 （0722）3596127	431300
荆门市侨联	荆门市象山大道 53 号市政府大院	（0724）2378056	（0724）2378056	448000
京山县侨联	京山县京开市镇中路 47 号	（0724）7331920 （0724）7328004	（0724）7331920 （0724）7328004	431900
钟祥市侨联	钟祥市呈祥镇石城中路 12 号	（0724）4222624 （0724）4225305	（0724）4222624 （0724）4225305	431900
沙洋县侨联	沙洋县平湖路 16 号	（0724）8558695 （0724）8551947	（0724）8558695 （0724）8551947	448200
咸宁市侨联	咸宁市行政服务中心 538 号	（0715）8126343	（0715）8126241	437100
咸安区侨联	咸宁市咸安区政府办公大楼	（0715）8368058 （0715）8322688	（0715）8368058 （0715）8322688	437000
嘉鱼县侨联	嘉鱼县委统战部	（0715）6355996	（0715）6355996	437200
崇阳县侨联	崇阳县委统战部	（0715）3395413 （0715）3398702	（0715）3395413 （0715）3398702	437500
赤壁市侨联	赤壁市赤马港行政新区赤壁市侨联	（0715）5336261 5336355	（0715）5336261 （0715）5336355	437300
天门市侨联	天门市陆羽大道市政府办公大楼 2 楼	（0728）5222335 （0728）5225505	（0728）5225505	431700
潜江市侨联	潜江市章华南路 18 号	（0728）6242671 （0728）6293462	（0728）6293462	433100
仙桃市侨联	仙桃市外事侨务旅游局办公室	（0715）3491176	（0715）3491176	433000
恩施州侨联	恩施市施州大道 29 号	（0718）8306546	（0718）8306542	445000
高校、大型企事业单位、科研院所侨联				
武汉大学侨联	武汉市武昌武珞路武汉大学统战部转	（027）68765162	（027）68762975	430072
华中科技大学侨联	武汉市珞喻路 1073 号华中科技大学统战部转	（027）87542801	（027）87544483	430074
武汉理工大学侨联	武汉市珞狮路 122 号武汉理工大学统战部转	（027）87651415	（027）87651415	430070
中南财经政法大学侨联	武汉市南湖南路 1 号中南财经政法大学统战部转	（027）88386935	（027）88386935	430073
中国地质大学（武汉）侨联	武汉市喻家山中国地质大学（武汉）统战部转	（027）67884338	（027）67884891	430074
华中师范大学侨联	武汉市武昌珞喻路 152 号华中师范大学统战部转	（027）67868029	（027）67867501	430079
华中农业大学侨联	武汉市狮子山街 1 号华中农业大学统战部转	（027）87282051	（027）87282056	430070
武汉体育学院侨联	武汉市武昌珞喻路武汉体育学院统战部转	（027）87190831	（027）87191698	430079
武汉音乐学院侨联	武汉市解放路 255 号武汉音乐学院党办转	（027）88066354	（027）88069436	430060
湖北第二师范学院侨联	武汉东湖高新技术开发区湖北第二师范学院统战部转	（027）87943623	（027）87943840	430205
湖北工业大学侨联	武汉市武昌南湖湖北工业大学统战部转	（027）59750040	（027）59750041	430068
武汉工程大学侨联	武汉市雄楚大街 693 号武汉工程大学统战部转	（027）87194621	（027）87195310	430074
湖北经济学院侨联	武汉江夏臧龙岛科技开发园区洋湖大道特 1 号湖北经济学院组织部转	（027）81973709	（027）81973781	430205
中南民族大学侨联	武汉市洪山区民院路 708 号中南民族大学统战部转	（027）67842674	（027）67842674	430074
武汉纺织大学侨联	武汉市鲁巷纺织路 1 号武汉纺织大学组织部转	（027）87181452 转 9426（组办） 62358788	（027）59367597	430073
武汉科技大学侨联	武汉市青山建设一路武汉科技大学统战部转	（027）68862793	（027）68862793	430081
湖北中医药大学侨联	湖北省武汉市洪山区黄家湖西路 1 号	（027）68890011	（027）68890031	430061
中科院武汉分院侨联	武汉市小洪山 1 号楼中科院武汉分院党办转	（027）87199982 （027）87199480	（027）87199315	430071
湖北大学侨联	武汉市武昌宝积庵湖北大学统战部转	（027）88663912	（027）88663912	430062
湖北省农科院侨联	武汉市武昌南湖瑶苑特一号湖北省农科院党办转	（027）87389577	（027）87389499	430064
铁道部第四勘察设计院侨联	武汉市武昌杨园和平大道 745 号铁四院宣传部转	（027）51155786 转 878	（027）51155389 （027）86814198	430063
湖北大学侨联	武汉市武昌宝积庵湖北大学统战部转	（027）88663912	（027）88663912	430062

湖北省

单位名称	地　址	电话号码	传真号码	邮政编码
中国长江航运总公司侨联	武汉市沿江大道 69 号长航大厦 32 楼	（027）82766527	（027）82766550	430021
中铁大桥局侨联	武汉市经济技术开发区（沌口）博学路 8 号中铁大桥局组织统战部转	（027）84957158	（027）84846738	430050
交通部长江航务管理局侨联	武汉市汉口沿江大道 134 号长江航务管理局统战部转	（027）82767322	（027）82766274	430014
长江水利委员会侨联	武汉市解放大道 1863 号长江水利委员会党委直属统战处转	（027）8282303	（027）8282307	430010
武汉铁路局侨联	武汉市武昌八一路 2 号武汉铁路局统战部转	（027）51126159	（027）51126159	430071
中南建筑设计院侨联	武汉市武昌中南路 17 号中南建筑设计院组织处	（027）87336632	（027）87317735	430071
湖北电力公司侨联	武汉市武昌徐东路 341 号湖北电力公司组干处	（027）88566522	（027）88565641	430077
武汉钢铁公司侨联	武汉市友谊大道 999 号武钢集团组织人事部（党委统战部）转	（027）86893613	（027）86899867	430080
武汉油料研究所侨联	武汉市武昌徐东二路 2 号武汉油料研究所党办转	（027）86812770	（027）86816451	430062
东风汽车公司侨联	武汉市东风大道特 1 号东风公司党委工作部统战部转	（027）84285179 （027）84285149	（027）84285155	430056
华中电网公司侨联	武汉市武昌东湖梨园华中电网公司人事处转	（027）86762222	（027）86765100	430077

湖南省

单位名称	地　址	电话号码	传真号码	邮政编码
湖南省侨联	长沙市迎宾路 185 号	（0731）84420029	（0731）84432327	410011
各市州侨联（14 个）				
长沙市侨联	长沙市白沙路 255 号	（0731）85112576	（0731）85111802	410002
衡阳市侨联	衡阳市高新区延安路 22 号	（0734）8866810	（0734）8866820	421001
株洲市侨联	株洲市沿江中路 86 号	（0731）28687597	（0731）28687597	412000
湘潭市侨联	湘潭市双拥路市委大院 3 楼	（0731）58583235	（0731）58583235	411104
邵阳市侨联	邵阳市城北路 6 号市政府大院	（0739）5685356	（0739）5363389	422000
岳阳市侨联	岳阳市金鹗路 235 号市外侨办	（0730）8880421	（0730）8880425	414000
常德市侨联	常德市洞庭大道中段 760 号市政府第三办公楼 6 楼	（0736）7133915	（0736）7133915	415000
张家界市侨联	张家界市委办公楼 4 楼西	（0744）8288889	（0744）8288889	427000
益阳市侨联	益阳市人民政府办公楼	（0737）6206301	（0737）6206585	413000
郴州市侨联	郴州市五岭大道 9 号	（0735）2368215	（0735）2368213	423000
永州市侨联	永州市湘永路 48 号	（0746）8358222	（0746）8358222	425000
怀化市侨联	怀化市迎风中路 665 号	（0745）2719343	（0745）2719343	418000
娄底市侨联	娄底市湘中大道 290 号	（0738）8314652	（0738）8312118	417000
湘西自治州侨联	吉首市人民中路 5 号	（0743）8238486	（0743）8238486	416000
各高校侨联（9 个）				
中南大学侨联	中南大学党委统战部	（0731）88879601		410083
湖南大学侨联	湖南大学党委统战部	（0731）88823893		410082
湖南师范大学侨联	湖南师范大学党委统战部	（0731）88872407		410081
湖南农业大学侨联	湖南农业大学党委统战部	（0731）84618011		410128
湖南工业大学侨联	湖南工业大学党委统战部（株洲市）	（0731）22622733		412008
南华大学侨联	南华大学党委统战部（衡阳市）	（0734）8281280		421001
湖南文理学院侨联	湖南文理学院党委统战部（常德市）	（0736）7186030		415000
长沙学院侨联	长沙学院党委统战部	（0731）84261433		410003
湖南人文科技学院侨联	湖南人文科技学院党委统战部（娄底市）	（0735）8325415		417000
直属事业单位、社会团体（8 个）				
华商杂志社	长沙市迎宾路 185 号	（0731）84439275	（0731）84439275	410011
省侨商联合会	长沙市迎宾路 185 号	（0731）84443372	（0731）84443372	410011
省华侨公益基金会	长沙市迎宾路 185 号	（0731）84420399	（0731）84432327	410011
省侨联法顾委	长沙市迎宾路 185 号	（0731）84154612	（0731）84154612	410011

湖南省

单位名称	地　址	电话号码	传真号码	邮政编码
省侨联参政议政委员会	长沙市迎宾路 185 号	（0731）84442009	（0731）84432327	410011
省海外侨社团联谊总会	长沙市迎宾路 185 号	（0731）84448721	（0731）84448721	410011
省侨联特聘专家委员会	长沙市迎宾路 185 号	（0731）84443372	（0731）84443372	410011
湖南 · 福建侨商会	株洲市天元区庐山路铭逸酒店 18 楼	（0731）22220591		412007

广东省

单位名称	地　址	电话号码	传真号码	邮政编码
广东省侨联	广州市天河区体育东路 140-148 号 23 楼	（020）38879251	（020）38879252	510620
广州市侨联	广州市东风东路 555 号粤海集团大厦 24 楼	（020）83876508	（020）83802278	510050
深圳市侨联	深圳市福田区上步中路 1023 号市府二办 6 楼西	（0755）82106483	（0755）82099277	518028
珠海市侨联	珠海市香洲区人民东路 101 号 4 楼	（0756）2252084	（0756）2115687	519000
汕头市侨联	汕头市金平区汕樟路 39 号侨联大厦 3 楼	（0754）88626580	（0754）88910149	515031
佛山市侨联	佛山市禅城区季华五路 18 号 10 楼	（0757）83358346	（0757）83358346	528000
韶关市侨联	韶关市风度北路 75 号市政府大楼 14 楼 1405 室	（0751）8882463	（0751）8882463	512000
河源市侨联	河源市富民街 2 号金视办公楼 2 楼	（0762）3335561	（0762）3821366	517000
梅州市侨联	梅州市嘉应东路侨联大厦	（0753）2259118	（0753）2259839	514011
惠州市侨联	惠州市惠城区江北市行政中心 5 号楼 1 楼	（0752）2808735	（0752）2808335	516003
汕尾市侨联	汕尾市区文德路市委党校综合楼 1 楼	（0660）3367524	（0660）3367524	516600
东莞市侨联	东莞市莞城区向阳路 18 号侨务楼 12 楼	（0769）22233372	（0769）22224823	523007
中山市侨联	中山市民权路 3 号	（0760）88824520	（0760）88855313	528400
江门市侨联	江门市建设路 26 号	（0750）3309627	（0750）3335022	529000
阳江市侨联	阳江市东风二路 60 号市府大院诚投集团综合楼 8 楼	（0662）3386193	（0662）3361292	529500
湛江市侨联	湛江市人民大道南 43 号 115 室	（0759）2274360	（0759）2218320	524001
茂名市侨联	茂名市油城六路市政府大院 2 号楼 1 楼	（0668）2911216	（0668）2274128	525000
肇庆市侨联	肇庆市城中路 49 号市府大院 1 幢 105	（0758）2202052	（0758）2231311	526040
清远市侨联	清远市新城鹿鸣路广源街清远大厦 12 楼	（0763）3365545	（0763）3365594	511515
潮州市侨联	潮州市新桥西路 414 号侨联大厦	（0768）2268275	（0768）2267293	521000
揭阳市侨联	揭阳市榕城区马牙路揭阳市侨联大厦 6 楼	（0663）8768460	（0663）8768463	522000
云浮市侨联	云浮市天马行政中心	（0766）8988234	（0766）8988234	527300

广西壮族自治区

单位名称	地　址	电话号码	传真号码	邮政编码
广西壮族自治区侨联	南宁市桃源路 4-2 号	（0771）2625323	（0771）2806452	530021
南宁市侨联	嘉宾路 2 号市委七号院 14 楼	（0771）5852861	（0771）5857859	530028
柳州市侨联	柳州市瑞康路 9 号北 2 楼	（0772）2826950	（0772）2826950	545001
桂林市侨联	桂林市榕湖北路 8 号	（0773）2848941	（0773）2829472	541001
梧州市侨联	梧州市新兴一路 121 号 6 楼办公室	（0774）2822280	（0774）2822280	543003
北海市侨联	北海市中山东路 213 号 9 号楼 5 楼	（0779）2068421	（0779）2068421	536000
防城港市侨联	防城港市港口区迎宾路红树林大厦东塔十楼 1001 室	（0770）2832582	（0770）2832582	538100
钦州市侨联	钦州市永福东大街 11 号市行政中心 A0428	（0777）3688218	（0777）3688218	535000
贵港市侨联	贵港市荷城路行政中心 A 区 551 室	（0775）4563106	（0775）4563106	537100
玉林市侨联	玉林市城东办公大楼 3 楼	（0775）2823391	（0775）2822338	537000
百色市侨联	百色市右江区爱新街文体巷 16 号	（0776）2825093	（0776）2826599	533000
贺州市侨联	贺州市贺州大道 1-3 号	（0774）5120616	（0774）5120616	542899
河池市侨联	河池市百旺路 17 号市行政办公中心 8 楼	（0778）2284801	（0778）2112728	547000
来宾市侨联	来宾市人民路 1 号	（0772）4228286	（0772）4228286	546100
崇左市侨联	崇左市新城区 1 号市行政中心	（0771）7969026	（0771）7969026	532200
广西农垦局侨联	南宁市民族大道 32 号	（0771）2828330	（0771）2828330	530022
广西华商会	南宁市桃源路 4-2 号	（0771）2823196	（0771）2823196	530021
广西华侨爱心基金会	南宁市桃源路 4-2 号	（0771）2840825	（0771）2840825	530021

海南省

单位名称	地　址	电话号码	传真号码	邮政编码
海南省侨联	海南省海口市海府路 49 号原省委大院 2 号楼 2 楼	（0898）65355926	（0898）65331609	570204
海口市侨联	海南省海口市海甸岛一西路 2 号（原市财政大楼）8 楼	（0898）68532306	（0898）68546025	570208
三亚市侨联	海南省三亚市河西区市政府第二办公楼	（0898）88260739	（0898）88260739	572000
文昌市侨联	海南省文昌市文清大道市委办公楼东楼 406 房	（0898）63330840	（0898）63330249	571339
琼海市侨联	海南省琼海市新民街 202 号侨联大厦 5 楼	（0898）62822406	（0898）62825229	571400
万宁市侨联	海南省万宁市党政办公楼 507 室	（0898）62224201	（0898）62229098	571500
儋州市侨联	海南省儋州市东风路 189 号原市委第一办公楼 4 楼	（0898）23326672	（0898）23326672	571700
五指山市侨联	海南省五指山市政府办公楼	（0898）86633023	（0898）86639939	572200
东方市侨联	海南省东方市政府大院综合办公楼	（0898）25522186	（0898）25522186	572600
乐东县侨联	海南省乐东县政府办公楼 1 楼	（0898）85532511	（0898）85532511	572500
琼中县侨联	海南省琼中县政府办公楼	（0898）86229739	（0898）86222810	572900
保亭县侨联	海南省保亭县保城镇县政府大楼 2 楼	（0898）83668491	（0898）83668491	572300
定安县侨联	海南省定安县政府办公楼	（0898）63822482	（0898）63830531	571200
澄迈县侨联	海南省澄迈县政府办公楼 1 楼	（0898）67631028	（0898）67631028	571900
白沙县侨联	海南省白沙县新政府办公大楼 1 楼	（0898）27715696	（0898）27715696	572800
昌江县侨联	海南省昌江县政府机关办公楼 4424 房	（0898）26699068	（0898）26699068	572700
临高县侨联	海南省临高县委大院 2 号办公楼 3084 房	（0898）28284569	（0898）26699068	571800
省农垦侨联	海南省海口市海垦路绿海大厦 411 室	（0898）68963203	（0898）68915468	570226

重庆市

名称	地　址	电话号码	传真号码	邮政编码
重庆市侨联	重庆市渝中区中山三路二巷 8 号	（023）63865696	（023）63610849	400015
重庆市万州区侨联	重庆市万州区黑龙江路 50 号 6 楼	（023）85795103	（023）85795103	404000
重庆市黔江区侨联	重庆市黔江区西山二环路综合楼	（023）79248521	（023）79243038	409700
重庆市涪陵区侨联	重庆市涪陵区太极大道 71 号侨联办公室	（023）72813197	（023）72813197	408000
重庆市渝中区侨联	重庆市渝中区和平路 192 号新民花园 5 楼	（023）63507411	（023）63507411	400013
重庆市大渡口区侨联	重庆市大渡口区文体路 126 号	（023）68173813	（023）68833423	400084
重庆市江北区侨联	重庆市江北区金港新区 16 号 1831 室	（023）67712828	（023）67712828	400025
重庆市沙坪坝区侨联	重庆市沙坪坝区凤天大道 8 号	（023）65368697	（023）65368692	400038
重庆市九龙坡区侨联	重庆市九龙坡区杨家坪西郊路 27 号	（023）68782424	（023）68780345	400050
重庆市南岸区侨联	重庆市南岸区南城大道 199 号	（023）62988769	（023）62988769	400060
重庆市北碚区侨联	重庆市北碚城南海宇大厦 7 楼	（023）60300009	（023）68862795	400711
重庆市渝北区侨联	重庆市渝北区义学路 64 号	（023）67821706	（023）67821706	401120
重庆市巴南区侨联	重庆市巴南区龙洲大道 6 号行政中心 1 号楼	（023）66221279	（023）66221157	401320
重庆市长寿区侨联	重庆市长寿区桃花行政中心南楼 220 室	（023）40661225	（023）40661225	401220
重庆市江津区侨联	重庆市江津区几江鞍子街原劳动局 2 楼	（023）47550381	（023）47550371	402260
重庆市合川区侨联	重庆市合川区希尔安大道中段档案局内	（023）85181849	（023）85181849	401520
重庆市永川区侨联	重庆市永川区人民大道 191 号	（023）49818959	（023）49818989	402160
重庆市南川区侨联	重庆市南川区委统战部	（023）71410689	（023）71422365	408400
重庆市綦江区侨联	重庆市綦江区古南街道北街 88 号	（023）48662881	（023）48662801	401420
重庆市大足区侨联	重庆市大足区侨联（党政办公中心）	（023）43763149	（023）43763150	402360
重庆市璧山区侨联	璧山区璧城街道双星大道 369 号新行政中心 1 号楼 6 楼	（023）41423420	（023）41423420	402760
重庆市铜梁区侨联	重庆市铜梁区巴川镇白龙大道 118 号	（023）45695550	（023）45695099	402560
重庆市潼南区侨联	重庆市潼南区江北行政中心一楼	（023）44551967	（023）44551967	402660
重庆市荣昌区侨联	重庆市荣昌区昌元镇人民路 2 号	（023）46732346	（023）46732346	402460
重庆市梁平县侨联	重庆市梁平县梁山街道人民南路 1 号	（023）53220331	（023）53220331	405200
重庆市城口县侨联	重庆市城口县葛城镇土城路北门口 2 号（县委统战部）	（023）59222331	（023）59222331	405900
重庆市丰都县侨联	重庆市丰都县三合镇平都大道西段 5 号党政办公大楼 5 楼 521 室	（023）70605589	（023）70605521	408200
重庆市垫江县侨联	重庆市垫江县桂溪镇桂西大道行政办公中心垫江县侨联	（023）74512519	（023）74512519	408300
重庆市武隆县侨联	重庆市武隆县委统战部	（023）77729600	（023）77722145	408500
重庆市忠县侨联	重庆市忠县忠州镇中博大道行政中心 3 楼	（023）54238533	（023）54238535	404300

重庆市

单位名称	地　址	电话号码	传真号码	邮政编码
重庆市开县侨联	重庆市开县新城永兴街 1 号	（023）52661553	（023）52218248	405400
重庆市云阳县侨联	重庆市云阳县新县城杏花路 60 号	（023）55128107	（023）55128025	404500
重庆市奉节县侨联	重庆市奉节县委办公楼 420 室	（023）56557086	（023）56557836	404600
重庆市巫山县侨联	重庆市巫山县广东中路行政大楼 2 楼	（023）57699187	（023）57682731	404700
重庆市巫溪县侨联	重庆市巫溪县行政综合大楼 4 楼	（023）51523497	（023）51522571	405800
重庆市石柱县侨联	重庆市石柱县委统战部	（023）73332037	（023）73332037	409100
重庆市秀山县侨联	重庆市秀山县行政中心办公大楼	（023）73333393	（023）73332037	409900
重庆市酉阳县侨联	重庆市酉阳县桃花源镇西山路 10 号	（023）75552407	（023）75552046	409800
重庆市彭水县侨联	重庆市彭水县委办公大楼 1 楼	（023）78442756	（023）78442756	409600
重庆市万盛经开区侨联	重庆市万盛经开区勤俭路 36 号	（023）64183014	（023）48271358	400800
重庆大学侨联	重庆大学党委统战部	（023）65105240	（023）65105240	400030
西南大学侨联	重庆市北碚区西南大学党委统战部	（023）68251202	（023）68252558	400715
重庆医科大学侨联	重庆市渝中区医学院路 1 号	（023）68485045	（023）68485005	400016
重庆工商大学侨联	重庆市南岸区五公里重庆工商大学	（023）62768147	（023）62768147	400067
重庆师范大学侨联	重庆市沙坪坝大学城中路 37 号重庆师范大学综合办公楼 415 室	（023）65362481	（023）65362481	401331
重庆三峡学院侨联	重庆市万州区沙龙路二段 780 号	（023）58101157	（023）58101157	404100
重庆第二师范学院侨联	重庆市南岸区学府大道 9 号	（023）62658909	（023）61638004	400067
西南铝业集团公司侨联	重庆市九龙坡区西彭	（023）65809514	（023）65809743	401326
中石油重庆公管中心侨联	渝北区龙溪镇龙脊路 101 号石油重庆公管中心	（023）67321378	（023）67321378	401147
重庆钢铁集团公司侨联	大渡口区大堰三村重钢集团党委统战部	（023）68877172	（023）68877172	400080
重庆华商会	重庆市渝中区上清寺路 1 号昂内世纪环岛 7—16	（023）63897683	（023）63897682	400015
重庆侨界青年联谊会	重庆市渝中区中山三路二巷 8 号	（023）63609030	（023）63608355	400015
重庆市侨联法律顾问委员会	重庆市渝中区中山三路二巷 8 号	（023）63624206	（023）63610849	400015
重庆渝闽经济文化交流促进会	重庆市渝中区中山三路二巷 8 号	（023）67999386	（023）67999586	400020
中国华侨公益基金会重庆分会	重庆市渝中区中山三路二巷 8 号	（023）63627439	（023）63627439	400015
《新华侨》编辑部	重庆市渝中区长江二路 183 号 17—2	（023）68739953	（023）68739953	400016

四川省

单位名称	地　址	电话号码	传真号码	邮政编码
四川省侨联	成都市一环路南三段 15 号 13 层	（028）85592363	（028）85535286	610041
成都市侨联	成都市高新区蜀锦路 68 号 4 号楼三楼 304 房间	（028）61886828	（028）61886828	610012
自贡市侨联	自贡市自流井区塘坎上路 29 号	（0813）2204694	（0813）5508617	643000
攀枝花市侨联	攀枝花市人民街 48 号市人大办公楼 5 楼	（0812）3337068	（0812）3337068	617000
泸州市侨联	泸州市大山坪市政府院内	（0830）3114886	（0830）3114886	646000
德阳市侨联	德阳市长江西路 1 段 37 号市政府大楼	（0838）2307957	（0838）2203393	618000
绵阳市侨联	绵阳市绵兴东路 100 号	（0816）2240463	（0816）2240463	621000
广元市侨联	广元市东坝新区市政府大楼 4 楼	（0839）3263981	（0839）3267689	628017
遂宁市侨联	遂宁市嘉禾路市府大楼 9 楼 17 号	（0825）5899019	（0825）5808256	629000
内江市侨联	内江市中区新华路政府大院八楼	（0832）2025181	（0832）2036767	641000
乐山市侨联	乐山市市中区滨河路 98 号	（0833）21149450	（0833）2132380	614000
南充市侨联	南充市涪江路 19 号	（0817）2226664	（0817）2223092	637000
眉山市侨联	眉山市投资促进大厦 407 室	（028）38169310	（028）38165352	620020
宜宾市侨联	宜宾市都长街 82 号	（0831）8224665	（0831）8224665	644000
广安市侨联	广安市思源大道 2 号市政府办公楼 13 层	（0826）2338916	（0826）2398163	638000
达州市侨联	达州市西外市政综合楼 17-17	（0818）2131063	（0818）2131063	635000
雅安市侨联	雅安市西城区新兴街 1 号行政中心 B 区 705 室	（0835）2225189	（0835）2225189	625000
巴中市侨联	巴中市市政新楼 19 楼 23 号	（0827）5281159	（0827）5281159	636000
资阳市侨联	资阳市雁江区广厦路 39 号市政府综合楼 2 号楼 10 楼 109 室	（028）6110060	（028）26110060	641300
阿坝州侨联	阿坝州马尔康县马尔康镇达尔玛街 63 号	（0837）2877085	（0837）2826855	624000
甘孜州侨联	康定县炉城镇西大街 102 号	（0836）2832321	（0836）2832321	626000
凉山州侨联	西昌市三岔口南路 309 号金财大厦 2 楼	（0834）3203335	（0834）2162861	615000

贵州省

单位名称	地址	电话号码	传真号码	邮政编码
贵州省侨联	贵州省贵阳市北京路 141 号省政协大楼 16 楼	（0851）86822627	（0851）86822627	550004
贵州侨商企业联合会	贵州省贵阳市北京路 141 号省政协大楼 15 楼	（0851）86821308	（0851）86821308	550004
贵州海外青年创新创业协会	贵阳国家高新区国际人才城 3 楼	18302677817（朱方舟）		
贵州归侨联谊会	贵州省贵阳市北京路 141 号省政协大楼 15 楼	（0851）86821308	（0851）86821308	550004
贵阳市侨联	贵州省贵阳市金阳行政中心市委大楼 4 楼	（0851）87988515	（0851）87988515	550023
遵义市侨联	贵州省遵义市汇川区厦门路遵银大厦 6 楼	（0851）28266548	（0852）28222100	563000
安顺市侨联	贵州省安顺市市委大院原电影公司办公楼内	（0851）33282299	（0851）33282355	61000
六盘水市侨联	贵州省六盘水市开发区开投大厦 10 楼	（0858）8325497	（0858）8325497	553001
铜仁市侨联	铜仁市花果山中路 8 号市政府 2 楼	（0856）5223508	（0856）5223508	554300
毕节市侨联	贵州省毕节市行政办公中心 C 栋东 1209	（0857）8257726	（0857）8257726	551700
黔南州侨联	贵州省都匀剑峰小区	（0854）7105855	（0854）7105855	558000
黔东南州侨联	贵州省凯里市营盘东路 40 号	（0855）8223118	（0855）82223823	556000
黔西南州侨联	贵州省兴义市遵义路 3 号	（0859）3222819	（0859）3222819	562400

云南省

单位名称	地址	电话号码	传真号码	邮政编码
云南省侨联	昆明市翠湖南路 94 号	（0871）65152778	（0871）65152947	650031
昆明市侨联	昆明市呈贡新区锦绣大街 1 号市级行政中心 7 号楼 281 室	（0871）68241798	（0871）68241798	650500
昆明市五华区侨联	昆明市五华区华山西路 1 号五华区政府大楼 913 办公室	（0871）63629639	（0871）63629639	650031
昆明市盘龙区侨联	昆明市盘龙区北京路 2198 号盘龙区行政中心 2 栋 205 室	（0871）63169160	（0871）63163562（盘龙区委统战部）	650000
昆明市官渡区侨联	昆明市官渡区云秀路国投大厦 1229 室	（0871）67180778	（0871）67180778	650206
昆明市西山区侨联	昆明市西山区西苑路 188 号 12 楼 2 号西山区委统战部转西山区侨联	（0871）68227972（西山区委统战部）	（0871）68227972（西山区委统战部）	650118
昆明市东川区侨联	昆明市东川区市府街 1 号区政府办公大楼 1 楼东川区委统战部转区侨联	（0871）62130547（东川区委统战部）	（0871）62130547（东川区委统战部）	654100
昆明市禄劝县侨联	昆明市禄劝县政府办公大楼 5 楼禄劝县为统战部转禄劝县侨联	（0871）68999058（禄劝县委统战部）	（0871）68999058（禄劝县委统战部）	651500
昆明市嵩明县侨联	昆明市嵩明县嵩阳镇北街 102 号嵩明县委统战部转嵩明县侨联	（0871）67911122（嵩明县委统战部）	（0871）67911122（嵩明县委统战部）	651700
昆明学院侨联	昆明市昆师路 2 号昆明学院 昆明学院侨联	（0871）65324523（转郭卫舵主席）	（0871）65324523（转郭卫舵主席）	650031
曲靖市侨联	曲靖市文昌街 172 号政府 2 号院曲靖市侨联	（0874）8994282	（0874）8994282	655000
曲靖市麒麟区侨联	曲靖市南宁西路 28 号区政府内麒麟区侨联	（0874）3130016	（0874）3130016	655000
曲靖市陆良县侨联	曲靖市陆良县人民政府东门街 23 号陆良县侨联	（0874）6222766	（0874）6222766	655000
玉溪市侨联	玉溪市红塔区抚仙路 86 号高新区创业大厦 15 楼	（0877）2024577	（0877）2024577	653100
玉溪市红塔区侨联	玉溪市红塔区玉兴路 39 号	（0877）2024628	（0877）2024628	653100
玉溪市峨山县侨联	峨山县委办公大院 5 楼	（0877）4011762	（0877）4011161	653200
玉溪市元江县侨联	元江县文化路 1 号	（0877）6515161	（0877）6515161	653300
保山市侨联	保山市隆阳区同仁街 26 号	（0875）2122786	（0875）2122786	678000
保山市隆阳区侨联	保山市隆阳区永昌文化园 1 号	（0875）2229079	（0875）2229079	678000
保山市施甸县侨联	保山市施甸县甸阳中路 31 号	（0875）8123053	（0875）8123053	678200
保山市腾冲县侨联	保山市腾冲县腾越镇山源社区范家坡小区 5 号	（0875）5133709	（0875）5133709	679100
保山市龙陵县侨联	保山市龙陵县龙山路 133 号	（0875）6121030	（0875）6121030	678300
保山市昌宁县侨联	保山市昌宁县田园镇龙井社区南门街 8 号	（0875）7130191	（0875）7130191	678100
昭通市侨联	昭通市昭阳区公园路 45 号市委大院内	（0870）2125666	（0870）2122489	657000
丽江市侨联	丽江市行政中心四号楼 2 楼	（0888）5102909	（0888）5102909	674100
普洱市侨联	普洱市思茅区月光路 1 号	（0879）2148196	（0879）2148196	665000
普洱市景谷县侨联	景谷县政府大院	（0879）5222272	（0879）5222272	666400
普洱市思茅区侨联	思茅区委统战部	（0879）2122067	（0879）2122067	666500
普洱市澜沧县侨联	澜沧县政府	（0879）7222441	（0879）7222441	665600

云南省

单位名称	地　址	电话号码	传真号码	邮政编码
临沧市侨联	临沧市临翔区世纪路 350 号（市政府大楼）	（0883）2127321 （0883）2122774	（0883）2127321 （0883）2122774	677000
临沧市凤庆县侨联	凤庆育贤街 35 号	（0883）4211155	（0883）4211155	675900
临沧市耿马县侨联	耿马县委大院	（0883）6121305	（0883）6121305	677500
临沧市双江县侨联	双江县委大院	（0883）7621393	（0883）7621393	677300
临沧市镇康县侨联	耿康县南伞镇政府办公区	（0883）6633715	（0883）6633715	677700
楚雄州侨联	楚雄州楚雄市经济开发区丰胜路 667 号楚雄州公务中心楚雄州侨联	（0878）3389554	（0878）3389554	675000
红河州侨联	红河州行政中心州委办公楼 B508	（0873）3730519	（0873）3730519	661100
红河州蒙自市侨联	蒙自市行政中心 c 区 214	（0873）3812180	（0873）3812180	661100
红河州个旧市侨联	个旧市中山路市委大院 1122 号	（0873）2123036	（0873）2123036	661400
红河州开远市侨联	开远市行政中心 406 号	（0873）7133207	（0873）7133207	661600
红河州建水县侨联	建水县新县委大楼 3-6	（0873）7662225	（0873）7662225	654399
红河州石屏县侨联小组	石屏县委办公楼	（0873）4857349	（0873）4857349	662200
红河州红河县侨联	红河县迤萨镇三棵树街 3 号	（0873）4621234	（0873）4621234	654400
红河州元阳县侨联	元阳县南沙镇元桂路 3 号	（0873）5642293	（0873）5642293	662400
红河州屏边县侨联	屏边县昆河公路地震局 1 楼	（0873）3223258	（0873）3223258	661200
红河州金平县侨联	金平县文化路 5 号	（0873）5225508	（0873）5225508	661500
红河州河口县侨联	河口县北山行政中心 422 室	（0873）3451110	（0873）3451110	661399
云锡集团（控股）公司侨联	个旧市金湖东路 121 号	（0873）3116242	（0873）3116438 统战部转	661400
文山州侨联	云南省文山市华龙西路 1 号文山州州委州政府信访综合楼 3 楼	（0876）2122366	（0876）2122366	663100
文山州麻栗坡县侨联	麻栗坡县公务楼 18 楼	（0876）6622523	（0876）6622523	663600
文山州富宁县侨联	文山州富宁县新华镇普厅南路 5 号金土地办公楼 4 楼	（0876）6122629	（0876）6122629	663400
文山州砚山县	文山州砚山县江那镇龙头街 24 号	（0876）3130863	（0876）3130863	663100
西双版纳州侨联	景洪市宣慰大道 69 号	（0691）2124337	（0691）2124337	666100
西双版纳州景洪市侨联	嘎兰中路 55 号	（0691）2144523	（0691）2122596	666100
西双版纳州勐海县侨联	勐海县景广路 12 号	（0691）5128926	（0691）5122547	666200
西双版纳州勐腊县侨联	勐腊县新城行政中心	（0691）8161121	（0691）8161121	666300
大理州侨联	大理市龙山州级行政办公区	（0872）2319542	（0872）2319539	671000
大理州大理市侨联	大理市政府大院	（0872）2126675	（0872）2126675	671000
大理州宾川县侨联	宾川县政府大院	（0872）7142010	（0872）7142010	671600
大理州祥云县侨联	祥云县委统战部	（0872）3121400	（0872）3121400	672100
大理州漾濞县侨联	漾濞县委统战部	（0872）7520895	（0872）7520895	672500
大理州巍山县侨联	巍山县委统战部	（0872）6120077	（0872）6120077	672400
大理州弥渡县侨联	弥渡县政府大院	（0872）8163296	（0872）8163296	675600
大理州鹤庆县侨联	鹤庆县委统战部	（0872）4121129	（0872）4121129	671500
德宏州侨联	芒市德瑞路 6 号	（0692）2122201	（0692）8886708	678400
德宏州芒市侨联	芒市胞波路 115 号	（0692）2121206	（0692）2121206	678400
德宏州畹町区侨联	瑞丽市畹町开发区建设路 23 号	（0692）5151268	（0692）5151268	678500
德宏州瑞丽市侨联	瑞丽市边城街 57 号	（0692）8890837	（0692）8890837	678600
德宏州陇川县侨联	陇川县人民政府东楼	（0692）7173053	（0692）8891600	678700
德宏州盈江县侨联	盈江县平原镇永盛花园巷 4 号	（0692）8180528	（0692）8180528	679300
德宏州梁河县侨联	梁河县遮岛镇振兴路 13 号	（0692）6161347	（0692）6161347	679200
怒江州侨联	怒江州六库镇州级行政中心 2 楼	（0886）3888902	（0886）3888902	673100
迪庆州侨联	迪庆州香格里拉县建塘镇康珠大道 8 号州委统战部	（0887）8222432	（0887）8232386	674400

西藏自治区

单位名称	地　址	电话号码	邮政编码
西藏自治区侨联	西藏拉萨城关区北京东路 62 号	（0891）6332116	850000

陕西省

单位名称	地　址	电话号码	传真号码	邮政编码
陕西省侨联	西安市新城广场省政府大院		(029)87291597	710006
西安市侨联	西安市凤城八路109号7号楼1楼		(029)86788180	710007
咸阳市侨联	咸阳市渭阳中路6号市政府大院	(029)33210751		712000
宝鸡市侨联	宝鸡市宝虢路125号行政中心2号楼313室	(0917)3260892 (0917)3260893		721004
安康市侨联	陕西省安康市育才路113号市政府大楼14楼	(0915)3209755		725000
铜川市侨联	陕西省铜川市新区朝阳路9号		(0919)3283217	727031
宜君县侨联	宜君县宜阳中街		(0919)5281401	727200
铜川市印台区侨联	铜川市印台区同官路80号		(0919)4185115	727000
铜川市王益区侨联	铜川市王益区红旗街9号		(0919)2188026	727000
铜川市耀州区侨联	铜川市耀州区学古路3号		(0919)6182479	727100
延安市侨联	延安市南关街市委大院124号		(0911)2136342	716000
宝塔区侨联	宝塔区区委1楼	(0911)2113234		716000
延川县侨联	延川县南大街政府办公楼	(0911)8117140		717200
子长县侨联	子长县人大办公楼117室	(0911)7114138		717300
延长县侨联	延长县委办公楼五楼517室	(0911)8612872		717100
黄陵县侨联	黄陵县县委四楼	(0911)5212081		717300
洛川县侨联	洛川县纪委三楼306室	(0911)3622135		717300
汉中市侨联	陕西省汉中市汉台区民主街43号	(0916)2626910 (0916)2626565	(0916)2626992	723000
汉台区侨联	陕西省汉中市汉台区区委大院内	(0916)2211219	(0916)2211219	
渭南市侨联	渭南市三贤路北段渭南市民综合服务心东配楼412	(0913)2933539	(0913)2933539	714000
商洛市侨联	商洛市行政中心517室	(0914)2383687	(0914)2383687	726000
安康市侨联	安康市汉滨区育才路113号市政府行政中心1412室	(0915)3218781	(0915)3209755	725099
榆林市侨联	榆林市榆阳区青山路8号市政府大楼205号	(0912)3890262	(0912)3893662	719000
杨凌农业高新技术产业示范区侨联	杨凌农业高新技术产业示范区新桥北路6号			712100

甘肃省

单位名称	地　址	电话号码	邮政编码
甘肃省侨联	兰州市广场南路51号	(0931)7821504	730030
兰州市侨联	兰州市畅家巷方盛大厦7楼706	(0931)8826376 (0931)8829139	730030
嘉峪关市侨联	嘉峪关市政府办公楼	(0937)6328923 (0937)6328095	735100
金昌市侨联	金昌市建设路68号市委统战部	(0935)8332606	737100
酒泉市侨联	酒泉市肃州区富康路市政大厦西2楼	(0937)2614380 (0937)2680540	735000
张掖市侨联	张掖市甘州区南环路679号	(0936)8219719 (0936)8214834	734000
武威市侨联	武威市东大街118号	(0935)2220732	733000
白银市侨联	白银市广场北路1号政府西区统办3号楼北1楼	(0943)8221790 (0943)8230838	730900
天水市侨联	天水市秦城区民主西路34号	(0938)8212265	741000
平凉市侨联	平凉市红旗街113号平凉市委办公大楼104	(0933)8237366	744000
庆阳市侨联	庆阳市庆州西路1号市委市政府统办大楼907	(0934)8215741	745000
定西市侨联	定西市中华路43号	(0932)8212959	743000
陇南市侨联	陇南市武都区东江镇市行政中心统办大楼829、831室	(0939)8211517	746000
临夏州侨联	临夏市红园路84号	(0930)6221887 (0930)6225701	731100

青海省

单位名称	地　　址	电话号码（含区号）
青海省侨联	青海省西宁市城中区七一路 346 号	（0971）8457060
西宁市侨联	青海省西宁市城中区南关街 43 号	（0971）8230640
青海师范大学侨联	青海省西宁市城西区五四西路 38 号	（0971）6331129
青海省民和县侨联	青海省海东市民和县党政大楼	（0972）8522007

宁夏回族自治区

单位名称	地　　址	电话号码	传真号码	邮政编码
宁夏回族自治区侨联	宁夏银川市兴庆区凤凰北街 106 号	（0951）5057809	（0951）5045260	750001
银川市侨联	宁夏银川市金凤区北京中路 166 号 1 号楼	（0951）6889206	（0951）6889204	750001
石嘴山市侨联	宁夏石嘴山市大武口区行政新区 A3 区	（0952）2218192	（0952）2218192	753000
中卫市侨联	宁夏中卫市人民政府——外事侨务办公室	（0955）7068812	（0955）7068823	755000

新疆维吾尔自治区

单位名称	地　　址	电话号码	传真号码	邮政编码
新疆维吾尔自治区侨联	乌鲁木齐市文化路 38 号	（0991）2812108	（0991）2810003	830002
伊犁哈萨克自治州侨联	伊宁市解放路 63 号	（0999）8031557	（0999）8034967	835000
塔城地区侨联	塔城市光明路 986 号	（0901）6238716	（0901）6223328	834700
阿勒泰地区侨联	阿勒泰市解放路 340 号	（0906）2135257	（0906）2135257	836500
克拉玛依市侨联	克拉玛依市友谊路 98 号	（0990）6233078	（0990）6235578	834000
博尔塔拉蒙古自治州侨联	博乐市青得里大街 201 号	（0909）2318222	（0909）2318222	833400
昌吉回族自治州侨联	昌吉市延安北路 54 号	（0994）2342916	（0994）2345634	831100
乌鲁木齐市侨联	乌鲁木齐市新兴街 5 号	（0991）4628116	（0991）4621593	830063
哈密地区侨联	哈密市建国南路 210 号	（0902）2230576	（0902）2230576	839000
吐鲁番地区侨联	吐鲁番市帕孜克里克路 58 号	（0995）8521268	（0995）8528038	838000
巴音郭楞蒙古族自治州侨联	库尔勒市州党委大院统战部	（0996）2024385	（0996）2024385	841000
阿克苏地区侨联	阿克苏市西大街 19 号	（0997）2139393	（0997）2139393	843000
克孜勒苏柯尔克孜自治州侨联	阿图什市帕米尔路西 3 院	（0908）4229725	（0908）4229725	845350
喀什地区侨联	喀什市解放北路 46 号	（0998）2846355	（0998）2846355	844000
和田地区侨联	和田市木巴格路 23 号	（0903）2512937	（0903）2512937	848000
石河子市侨联	石河子市北二路 10 号	（0993）2012414	（0993）2012414	832001

新疆生产建设兵团

侨联名称	地　　址	电话号码	传真号码	邮政编码
新疆生产建设兵团侨联	新疆乌鲁木齐市光明路 196 号	（0991）2896655	（0991）2896659	830002
新疆兵团第一师侨联	阿克苏市东大街	（0997）6352022	（0997）4610336	843000
新疆兵团第二师侨联	库尔勒市人民西路	（0996）2024849	（0996）2028424	841000
新疆兵团第三师侨联	喀什市克孜都维路	（0998）2526067	（0998）2523729	844000
新疆兵团第四师侨联	伊宁市解放路	（0999）8182286	（0999）8182545	835000
新疆兵团第五师侨联	博乐市红星路	（0909）2296630	（0909）2296810	833400
新疆兵团第六师侨联	五家渠市长征东街	（0994）5800272	（0994）5800497	831300
新疆兵团第七师侨联	奎屯市军垦广场	（0992）6867333	（0992）6867210	833200
新疆兵团第八师侨联	石河子市北三东路	（0993）2600777	（0993）2012414	832000
新疆兵团第九师侨联	塔城市额敏县	（0901）3384281	（0901）3341104	834600
新疆兵团第十师侨联	北屯市团结路	（0906）3374419	（0906）3374247	836000
新疆兵团建工师侨联	乌鲁木齐市八家户	（0991）6686675	（0991）6686676	830054
新疆兵团第十二师侨联	乌鲁木齐市常州街	（0991）3781255	（0991）3676831	830013
新疆兵团第十三师侨联	哈密市大营房	（0902）2566403	（0902）2565603	839000
新疆兵团第十四师侨联	和田市屯垦路	（0903）2566211	（0903）2566000	848000
新疆兵团石河子大学侨联	石河子市北四路	（0993）2057613	（0993）2057352	832003
新疆兵团农垦科学院侨联	石河子市乌伊公路	（0993）6683660	（0993）2553691	832000

中央直属机关

单位名称	地　址	电话号码	邮政编码
中央直属机关侨联	北京西城区丰盛胡同 21 号	（010）66172454（传真）	100032
中央对外联络部机关侨联	北京海淀区复兴路 4 号		100860
中央党校侨联	北京海淀区大有庄 100 号		100091
中国侨联直属机关侨联	北京东城区工人体育场西路 1 号		100027
中国国际广播电台侨联	北京石景山区石景山路甲 16 号		100040
中央电视台侨联	北京复兴路 11 号		100859
新华社侨联	北京宣武区宣武门西大街 57 号		100803
中国外文局侨联	北京西城区百万庄 24 号		100037
中国出版集团公司侨联	北京东城区朝内大街甲 55 号		100010
全国政协机关侨联小组	北京西城区太平桥大街 23 号		100811
中央直属机关工委机关侨联小组	北京西城区丰盛胡同 21 号		100032
中央文献研究室机关侨联小组	北京西城区前毛家湾甲 1 号		100017
中央党史研究室机关侨联小组	北京海淀区北四环西路 69 号		100080
全国总工会机关侨联小组	北京西城区复兴门外大街 10 号		100865

中央国家机关

单位名称	地　址	电话号码	邮政编码
中央国家机关侨联	北京市西城区平安里西大街 33 号	（010）68850815	100035
中央金融单位机关侨联	北京市西城区成方街 32 号	（010）66194999	100800
外交部侨联	北京市朝阳区朝阳门南大街 2 号	（010）65966311	100701
教育部侨联	北京市西城区西单大木仓胡同 35 号	（010）66096481	100816
工业和信息化部侨联	北京市西城区西长安街 13 号	（010）62302448	100804
财政部侨联	北京市西城区三里河南三巷 3 号	（010）68231862	100820
人力资源和社会保障部侨联	北京市东城区和平里东街 3 号	（010）84207105	100716
国土资源部侨联	北京市西城区阜成门内大街 64 号	（010）66558230	100812
住房和城乡建设部侨联	北京市海淀区三里河路 9 号	（010）88082068	100835
交通运输部侨联	北京市建国门内大街 11 号	（010）67982584	100736
中国铁路总公司侨联	北京市海淀区复兴路 10 号	（010）51848722	100844
水利部侨联	北京市西城区白广路二条 2 号	（010）63203599	100053
农业部侨联	北京市朝阳区农展南里 11 号	（010）59195072	100125
商务部侨联	北京市东城区东长安街 2 号	（010）65197429	100731
文化部侨联	北京市朝阳门北大街 10 号	（010）59882035	100002
卫生计生委侨联	北京市西城区西直门外南路 1 号	（010）68792777	100044
国务院国资委侨联	北京市西城区宣武门西大街 26 号	（010）64519661	100053
国家质量监督检验检疫总局侨联	北京市海淀区马甸东路 9 号	（010）82262093	100088
国家体育总局侨联	北京市东城区体育馆路 2 号	（010）87180566	100763
国家安全生产监督管理总局侨联	北京市东城区和平里北街 21 号	（010）84261294	100713
国家林业局侨联	北京市东城区和平里东街 18 号	（010）64326983	100714
国家知识产权局侨联	北京市海淀区西土城路 6 号	（010）62083913	100088
国务院侨务办公室侨联	北京市西城区阜成门外大街 35 号	（010）64680101	100037
中国科学院侨联	北京市海淀区中关村南四街 18 号	（010）62661363	100190
中国社会科学院侨联	北京市东城区建国门内大街 5 号	（010）67765336	100732
中国气象局侨联	北京市海淀区中关村南大街 46 号	（010）68409901	100081
国务院扶贫办侨联	朝阳区太阳宫北街 1 号	（010）84419692	100028
中国民用航空局侨联	北京市东城区东四西大街 155 号	（010）64091153	100710
国家食品药品监督管理总局侨联	北京市西城区宣武门西大街 26 号院 2 号楼	（010）62219478	100053
国家中医药管理局侨联	北京市东城区工体西路 1 号	（010）59957731	100027

中央企业

单位名称	地　　址	电话号码	邮政编码
中央企业侨联	北京市东城区安定门外大街 56 号	（010）64471930	100011
机械科学研究院侨联	北京市德外教场口 1 号自动化所	（010）62376029 13681497043	100011
中国铁道建筑总公司侨联	北京市复兴路 40 号	（010）52688256 13810877792	100855
中国海诚国际工程投资总院侨联	北京市朝阳区白家庄东里 42 号	（010）65826045 13718096828	100026
中国石油化工集团公司侨联	北京市朝阳区安惠北里安园 21 号楼	（010）84876691 13910506993	100101
中国机械工业集团公司侨联	北京市西城区三里河路 46 号	（010）68458343	100823
中国海洋石油总公司侨联	北京市东城区东直门外小街 6 号	（010）64604649 （010）68014511	100027
冶金自动化研究设计院（并入中国钢研科技集团）侨联	北京市西四环南路 72 号	13520395089	100071
中国建筑设计研究院侨联	北京市海淀主语国际 2 号楼中国建筑标准设计研究院	（010）68799342 13910591922	100044
中国兵器工业集团公司侨联	北京市西城区三里河路 46 号	（010）63553451 13001126327	100821
中国煤炭地质总局侨联	北京市丰台区靛厂 299 号中国煤炭地质总局	03123685752 13131268341	100039
中国建筑材料集团有限公司侨联	北京市海淀区紫竹院南路 2 号	（010）88416688-6432 13601286978	100048
中国网络通信集团公司侨联	北京市海淀区北蜂窝 1 号	（010）63329995 13801016139	100036
中国农业机械化科学研究院侨联	北京市德胜门外北沙滩 1 号	（010）64882959	100083
中国电力工程顾问集团公司侨联	北京市西城区安德路 65 号	（010）83834272	100011
中国纺织工业设计院（并入中国石油天然气集团公司）侨联	北京市海淀区增光路 21 号	（010）68395408 13601200570	100037
电信科学技术研究院侨联	北京市海淀区学院路 40 号	（010）62301977	100083
中国航空工业第一集团公司侨联小组	北京市海淀区温泉镇环山村 38 楼 4 门 12 号	（010）62454174 13681113857	100095
中国航空工业第二集团公司侨联小组	北京市东城区交道口南大街 67 号	（010）64094353 13901312773	100712
国家开发投资公司侨联小组	北京市西城区阜成门北大街 6-6 国家开发投资公司	（010）66579048 13701309345	100034
中国华孚贸易发展集团公司侨联小组	北京市丰台区右外大街 99 号	（010）63390143	100054
中国钢研科技集团公司侨联小组	北京市海淀区学院南路 76 号 31 号楼	（010）62181541 13621304236	100081
中国化工集团公司侨联小组	北京市海淀区阜石路甲 19 号	（010）51338413	100039
中国建筑材料科学研究院侨联小组	北京市朝阳区管庄东里 1 号中国建筑材料科学研究总院中国建材检验认证中心	（010）51167397 13611264325	100024
北京矿冶研究总院侨联小组	北京市西直门外文兴街 1 号北京矿冶研究总院	（010）68310569 （010）68333366-2304	100044
中国纺织科学研究院侨联小组	北京市朝阳区延静里中街 3 号	（010）65010802	100025
中国化学工程总公司侨联小组	北京市朝阳区酒仙桥电子城小区 3 号楼 1202	（010）64380471	102600
中国轻工集团公司侨联小组	北京市东城区工体北路新中西街 2 号	（010）65015880 13801381169	100027
北京有色金属研究总院侨联小组	北京市西城区新外大街 2 号离退休办	（010）62022824	100088
中国建筑科学研究院侨联小组	北京市安外北三环东路 30 号	（010）84517315 13671236511	100013
中国水利投资集团公司侨联小组	北京市西城区六铺炕街三号中水电大厦	（010）59302113 13671011370	100011
中国对外贸易运输（集团）总公司侨联小组	北京市海淀区大泥湾路 5 号楼 5 门 301 室	（010）62536557	100044
中国水电工程顾问集团公司侨联小组	北京市西城区六铺炕北小街 2 号	（010）51973473 13671010366	100011

中央企业

单位名称	地　址	电话号码	邮政编码
中国华能集团公司侨联小组	北京市海淀区学院南路 40 号	（010）63542820 13611287344	100088
中国移动通信集团公司侨联小组	北京市西城区金融街 29 号	13901228845	100032
中国电子科技集团公司侨联小组	北京市酒仙桥路 13 号	（010）64362878 13311119909	100015
中国北方机车车辆工业集团公司侨联小组	北京市海淀区羊坊店路 11 号	（010）83304222 13671389469	100038
中国有色工程设计研究总院侨联小组	北京市海淀区复兴路 12 号	（010）63952506 13701294776	100038
中国路桥（集团）总公司侨联小组	北京市朝阳区管庄周家井大院科研所	（010）65757987	100024
中国国旅集团公司侨联小组	北京市东城区东单北大街 1 号	（010）85228316	100005
国家电网公司侨联小组	北京市宣武区白广路二条一号东楼 228	（010）63415505 13621116058	100761